高铭暄教授近照

1981年版《中华人民共和国刑法的孕育和诞生》封面

中华人民共和国
刑法的孕育诞生和发展完善

本书根据作者1981年版
《中华人民共和国刑法的孕育和诞生》修订

中华人民共和国刑法的孕育诞生和发展完善

THE BIRTH AND DEVELOPMENT OF THE CRIMINAL LAW
OF THE PEOPLE'S REPUBLIC OF CHINA

高铭暄 著

北京大学出版社
PEKING UNIVERSITY PRESS

自 序

1981年7月,法律出版社出版了我的第一本专著(也是改革开放以后法学界的第一本专著)《中华人民共和国刑法的孕育和诞生》,印数12 000册,发行之后不到一个月就销售一空。当时人们之所以看重这本书,是因为1979年7月1日第五届全国人民代表大会第二次会议通过的《中华人民共和国刑法》已于1980年1月1日起施行,而刑法学界尚未从"文化大革命"冲击下形成的荒芜状态中走出来,面对这部刑法,除了法律文本和彭真同志所作的《关于七个法律草案的说明》之外,尚没有诠释性和解读性的书可资参考。而我本人作为一名被借调到全国人大常委会办公厅法律室工作的教师,从1954年10月至1979年7月,除了工作停顿的时间不算,基本上自始至终地参加了起草拟定《中华人民共和国刑法》的工作。按照我治学的习惯,在工作中我注意收集一些实际资料,作一些讨论记录,写一些心得笔记。1964年我还曾应我所在单位——中国人民大学法律系刑法教研室的要求,作了一次系统的汇报,整理成文,取名《中华人民共和国刑法学习纪要》。上述这些情况让当时法律出版社知道了,他们就出面邀我一定要写一本有关刑法立法的书,以解决当时的"书荒"问题。这就是我的《中华人民共和国刑法的孕育和诞生》一书撰写出版的缘起。

这本书供不应求,有的人因买不到干脆就手抄(当时还没有复印机)。法律出版社的意思是想再次印刷,为慎重起见,征求了我的意见。我当时也比较保守,考虑到从1981年起,国家立法机关就不断制定单行刑法,如《中华人民共和国惩治军人违反职责罪暂行条例》、《关于处理逃跑或者重新犯罪的劳改犯和劳教人员的决定》……这本书并没有包括这些内容,我心想有些滞后了,所以我就婉拒了,表示等以后有机会修订时再印为妥。可是单行刑法和附属刑法不断出台,从1988年开始,国家立法机关又着手修订刑法典,至1997年3月,修订的刑法典也颁布了。这本来是修订出版上述书稿的好机会,然而从1998年又开始出台单行刑法,从1999年开始连续出台了一系列刑法修正案,使我举棋不定,出书计划一拖再拖,直至《中华人民共和国刑法修正案(八)》颁行,我才最终下决心把该书修整完毕,取名《中华人民共和国刑法的孕育诞生和发展完善》,并按与北京大学出版社蒋浩先生的事先约定,交由北京大学出版社出版。

本书分上下两卷。上卷定名"中华人民共和国刑法的孕育和诞生",除了做一些文字技术性处理外,基本上就是1981年出版的那本书的再现,内容主要按照1979年刑法典的章节条文次序进行论述,主要反映该刑法典的孕育诞生过程,特别是从第22稿到第33稿再到定稿这些主要阶段在条文的起草、讨论、修改过程中的一些情况和问题,有些地方也对条文的精神和含义作一些学理解释。下卷定名"中华人民共和国刑法的发展和完善",基本采取上卷的体例,围绕1997年修订的刑法典的章节条文次序进行论述,上溯1979年刑法典及其之后的单行刑法和附属刑法的有关规定,下延伸至1997年刑法典之后的单行刑法,特别是8个"刑法修正案"和9个"刑法立法解释"的相关内容,讲清每个规定的来龙去脉,使之浑然一体。本书文前还以"前言"方式介绍了我国刑法的孕育诞生和发展完善的整个简要历程,以便读者有一个全面、历史、宏观的把握。

我想,如果本书能对广大读者特别是从事政法工作的同志们学习领会我国刑法的精神有所帮助,那就是我最大的愿望。当然,由于个人水平所限,书中的缺点和错误在所难免,尚希读者不吝赐正。

本书的出版端赖于北京大学出版社特别是蒋浩先生的鼎力支持,在此深致谢忱。我的学生和助手王俊平教授和陈冉博士为本书付出了大量辛勤的劳动,也一并致谢。

高铭暄

2012年3月24日

于北师大寓舍

前 言

新中国刑法孕育诞生和发展完善的简要历程

一、新中国刑法的孕育和诞生

1949年10月1日,中华人民共和国宣告成立。新中国的刑法,是随着新中国的政治、经济和社会的发展而发展的。新中国成立初期,百废待兴,那时还没有条件制定刑法典,为了配合社会改革运动的需要,国家制定了几个单行刑法,如1951年的《中华人民共和国惩治反革命条例》(以下简称《惩治反革命条例》)、《妨害国家货币治罪暂行条例》,1952年的《中华人民共和国惩治贪污条例》(以下简称《惩治贪污条例》)等。单行刑法覆盖面不大,办案主要靠政策。但与此同时,国家也并没有忽视刑法典的起草准备工作。

早在1950年,前中央人民政府法制委员会就曾集合了一批法律专家,如陈瑾昆、蔡枢衡、李祖荫、李光灿等,他们先后起草出两个刑法文本:一是1950年7月25日的《中华人民共和国刑法大纲草案》[①],共12章157条(总则33条、分则124条);二是1954年9月30日的《中华人民共和国刑法指导原则(初稿)》[②],除序言外,包括3章76条(第一章犯罪7条、第二章刑罚19条、第三章几类犯罪量刑的规定50条)。不过,这两个稿本都没有拿出去向社会征求过意见,也没有进入立法程序。

1954年9月召开的第一届全国人民代表大会第一次会议,通过了中国第一部宪法和5个组织法[③],从那以后,刑法的起草工作正式由全国人大常委会办公厅法律室负责。法律室于1954年10月开始起草,到1957年6月28日,已草拟出第22稿。[④]这个稿子经过中共中央法律委员会、中央书记处审查修改,又经过全国人大

[①] 参见高铭暄、赵秉志编:《中国刑法立法文献资料精选》,法律出版社2007年版,第198—226页。

[②] 同上书,第226—247页。

[③] 这5个组织法是:《中华人民共和国全国人民代表大会组织法》、《中华人民共和国国务院组织法》、《中华人民共和国人民法院组织法》、《中华人民共和国人民检察院组织法》和《中华人民共和国地方各级人民代表大会和地方各级人民委员会组织法》。

[④] 参见高铭暄、赵秉志编:《中国刑法立法文献资料精选》,法律出版社2007年版,第247—274页。

法案委员会审议,并在第一届全国人民代表大会第四次会议上发给全体代表征求意见。这次会议还曾作出决议:授权人大常委会根据人大代表和其他方面所提的意见,将第22稿进行修改后,作为草案公布试行。

决议作了,征求意见的工作也做了,但刑法典草案并没有公布。原因是1957年下半年开始进行"反右派"斗争,之后还有各种名目的政治运动,给立法工作带来不小的冲击,足足有三四年时间,刑法典起草工作停止了。直到1961年10月,才又开始对刑法典草案进行一些座谈研究。从1962年5月开始,对刑法典草案第22稿进行全面修改工作。经过多次的重大修改和征求意见,其中也包括中央政法小组的几次开会审查修改,到了1963年10月9日,拟出第33稿。[①] 但是,很快"四清"运动就起来了,接着又开始了为期10年的"文化大革命"。在这种猛烈的政治运动的冲击下,刑法典草案第33稿也就不得不束之高阁了。

粉碎"四人帮"以后,1978年2月26日至3月5日举行的第五届全国人民代表大会第一次会议对法制工作开始有所重视。叶剑英委员长在会上所作的《关于修改宪法的报告》指出:"我们还要依据新宪法,修改和制定各种法律、法令和各方面的工作条例、规章制度。"[②] 特别是邓小平同志1978年10月的一次谈话,具体指出:"过去'文化大革命'前,曾经搞过刑法草案,经过多次修改,准备公布。'四清'一来,事情就放下了。"现在"很需要搞个机构,集中些人,着手研究这方面的问题,起草有关法律"[③]。就在这次谈话以后不久,由中央政法小组牵头,组成刑法草案修订班子,对第33稿进行修改工作,先后搞了两个稿子。[④] 在此过程中,中国共产党召开了具有历史意义的第十一届三中全会,拉开了改革开放的帷幕,并对发扬社会主义民主、加强社会主义法制作了明确的指示。1979年2月下旬,全国人大常委会法制委员会宣告成立,在彭真同志的主持下,从3月中旬开始,抓紧进行立法工作。刑法典草案以第33稿为基础,结合新情况、新经验和新问题,征求了中央有关部门的意见,作了较大的修改。先后拟了三个稿子。[⑤] 第二个稿子于5月29日获得中共中央政治局原则通过,接着又在法制委员会全体会议和第五届全国人大常委会第八次会议上进行审议,之后提交第五届全国人民代表大会第二次会议审议,审议中又作了一些修改和补充,最后于7月1日获得一致通过。7月6日正式公布,并规定自1980年1月1日起施行。至此,中国1979年刑法典宣告诞生。这也

---

① 参见高铭暄、赵秉志编:《新中国刑法立法文献资料总览》(上册),中国人民公安大学出版社1998年版,第337—365页。
② 《中华人民共和国第五届全国人民代表大会第一次会议文件》,人民出版社1978年版,第132页。
③ 参见高铭暄:《中华人民共和国刑法的孕育和诞生》,法律出版社1981年版,第4页。
④ 参见高铭暄、赵秉志编:《新中国刑法立法文献资料总览》(上册),中国人民公安大学出版社1998年版,第365—434页。
⑤ 同上书,第435—490、496—524页。

是中华人民共和国成立近30年第一次有了刑法典。

1979年刑法典和1979年刑事诉讼法典一起,都是改革开放之后第一批通过的法律。这两部法律的通过,标志着新中国刑事法典从无到有,其意义是巨大的、深远的。从此以后,刑事立案、刑事侦查、刑事起诉、刑事审判由主要依靠政策转变为主要依靠法律,起诉书、判决书、裁定书都要引用法条作为依据,不引用法条的刑事司法文书一去不复返了。1979年刑法典共有13章192条,其中总则5章89条、分则8章103条。它是司法机关办理刑事案件的强大法律武器,也是教育广大公民提高法治观念、预防违法犯罪的上好教材。

二、对1979年刑法典的局部修改补充

1979年刑法典从整体上说是一部保护人民、惩罚犯罪、维护社会秩序、保障改革开放和现代化建设的好法。但是,由于受当时历史条件和立法经验的限制,这部刑法典不论在体系结构、规范内容还是在立法技术上,都还存在一些缺陷。1981年以来,最高立法机关先后通过了24个单行刑法,并在107个非刑事法律中设置了附属刑法规范,对1979年刑法典作了一系列的补充和修改,概括而言,主要有以下诸方面:

1. 在空间效力上,除了刑法典规定的属地原则、属人原则、保护原则外,还增加了普遍管辖权原则。

2. 在犯罪主体上,增加了某些罪的单位犯罪规定。

3. 在刑罚种类上,对危害重大的犯罪军人,增加了剥夺勋章、奖章和荣誉称号作为附加刑;对被判处剥夺政治权利或者3年以上有期徒刑的军官,还可剥夺军衔。[①]

4. 在量刑制度上,增加了不少从重处罚的情节和个别从轻、减轻或者免除处罚的情节。

5. 在缓刑制度上,增设了战时缓刑制度。

6. 在分则罪名上,补充规定了133个新罪名。1979年刑法典只有129个罪名,至1997年修订的刑法典通过之前,已增加到262个罪名。

7. 在分则法定刑上,提高了不少罪的法定刑。

8. 在罚金上,开始对某些犯罪规定罚金的数额,包括普通数额或倍比数额。

9. 在法条适用上,通过"比照"的立法方式,扩大了刑法分则某些条文(如1979年《中华人民共和国刑法》第187条、第188条)所规定的犯罪的适用范围。

从上述补充和修改情况来看,中国在制定刑法典之后,对刑法立法工作仍然是抓得很紧的,对司法实践的引导和规范作用也是有力的。但是,由于在刑法典之

---

① 在1997年修订的刑法典中未采纳这两个附加刑。

外,还有这么多单行刑法和附属刑法,缺乏一个体系上的归纳,显得有些分散、零乱,不便于全面掌握。特别是中国共产党第十四次全国代表大会以来,为了建立社会主义市场经济体制和实现体制转轨,各方面都发生了许多深刻变化,在犯罪现象上也出现了许多新情况、新特点和新问题。对市场经济中出现的不轨行为,哪些应规定为犯罪,罪与非罪的界限如何划分,如何对社会上出现的各式各样的犯罪进一步加以科学的归纳和分类,这些都要作通盘的考虑。因此,为了更加有效地发挥刑法的社会调整功能,更好地保护社会和保障人权,刑法学界和司法实务部门都要求能够全面系统地修订刑法,把分散、凌乱的这些规范统一加以整合。这个呼声反映到国家立法部门,引起了立法部门的高度重视。

三、刑法典的全面修订:1997 年刑法典的公布施行

1988 年 7 月 1 日,《七届全国人大常委会工作要点》将刑法典的修订工作正式列入立法规划。之后即开始调查研究、开座谈会、汇编条文、征求意见、拟刑法修订草案稿本等工作。1996 年 12 月,立法工作机关将一部较为成熟的刑法修订草案提交第八届全国人大常委会进行审议。第八届全国人大常委会于 1996 年 12 月 26 日召开第二十三次会议、于 1997 年 2 月 19 日召开第二十四次会议,审议了刑法修订草案,并决定提交 1997 年 3 月召开的第八届全国人大第五次会议审议。

1997 年 3 月 14 日,第八届全国人民代表大会经审议通过了修订的《中华人民共和国刑法》即 1997 年刑法典(以下简称 1997 年《刑法》),并规定自 1997 年 10 月 1 日起施行。这是新中国历史上最完备、最系统、最具有时代气息并具有里程碑意义的刑法典。这部新刑法典科学地概括了刑法的基本精神,明文规定了刑法的三大基本原则,即罪刑法定原则、适用刑法人人平等原则、罪责刑相适应原则;这部新刑法典将 1979 年刑法典及其实施以后 17 年时间内的所有单行刑法和附属刑法,经过研究、修改、整合后编入刑法典有关部分,同时对于新出现的需要追究刑事责任的犯罪行为,增加到刑法典分则中去,这样就使刑法典的体系更加完整,此罪与彼罪之间的界限更加明确、具体,法定刑之间更加平衡,可操作性更强。新刑法典共有 15 章 452 条,其中总则 5 章 101 条、分则 10 章 350 条、附则 1 条。包含的罪名有 412 个,其中源自 1979 年刑法典的罪名 116 个,源自单行刑法和附属刑法的罪名有 132 个,修订中新设的罪名有 164 个。新刑法典的公布施行,基本实现了中国刑法的统一性和完备性,贯彻了刑事法治原则,加强了刑法保护社会和保障人权的功能,因此,受到了社会各界特别是刑事法学界和实务界的高度评价,也引起了国际刑事法学界的重视。

四、对 1997 年刑法典进一步的局部修改补充

1997 年刑法典的完备性,也还是相对的。随着社会的改革和进步,根据同犯罪

作斗争的需要,国家立法机关又对刑法典陆续作了局部性的修改补充。全国人大常委会于 1998 年 12 月 29 日通过《关于惩治骗购外汇、逃汇和非法买卖外汇犯罪的决定》、1999 年 12 月 25 日通过《中华人民共和国刑法修正案》(以下简称《刑法修正案》)、2001 年 8 月 31 日通过《中华人民共和国刑法修正案(二)》[以下简称《刑法修正案(二)》]、2001 年 12 月 29 日通过《中华人民共和国刑法修正案(三)》[以下简称《刑法修正案(三)》]、2002 年 12 月 28 日通过《中华人民共和国刑法修正案(四)》[以下简称《刑法修正案(四)》]、2005 年 2 月 28 日通过《中华人民共和国刑法修正案(五)》[以下简称《刑法修正案(五)》]、2006 年 6 月 29 日通过《中华人民共和国刑法修正案(六)》[以下简称《刑法修正案(六)》]、2009 年 2 月 28 日通过《中华人民共和国刑法修正案(七)》[以下简称《刑法修正案(七)》]、2011 年 2 月 25 日通过《中华人民共和国刑法修正案(八)》[以下简称《刑法修正案(八)》],在刑法典总则以及分则具体罪上作了一系列修改补充。归纳起来,主要有以下几方面:

(一) 补充修改了某些总则规范①

按刑法典条文顺序排列,补充修改的刑法典总则规定主要有:

1. 对已满 75 周岁的犯罪人增设从宽处罚的原则(第 17 条之一)。

2. 对判处管制的犯罪分子可同时予以禁止令(第 38 条第 2 款),依法实行社区矫正(第 38 条第 3 款),违反禁止令的,依照《中华人民共和国治安管理处罚法》的规定处罚(第 38 条第 4 款)。

3. 审判时已满 75 周岁的人原则上不适用死刑(第 49 条第 2 款)。

4. 将死缓期满减为有期徒刑的刑期由原先的"十五年以上二十年以下"修改为"二十五年"(第 50 条第 1 款);对判处"死缓"的累犯和特定种类的暴力犯罪限制减刑(第 50 条第 2 款)。

5. 进一步明确减轻处罚的含义(第 63 条第 1 款)。

6. 明确规定不满 18 周岁的人犯罪的不构成累犯(第 65 条第 1 款)。

7. 扩展了构成特殊累犯的对象范围(第 66 条)。

8. 增设坦白从宽处罚的原则(第 67 条第 3 款)。

9. 提高数罪并罚时有期徒刑的最高刑期,补充附加刑的并罚规则(第 69 条)。

10. 细化缓刑的条件,增设"应当缓刑"的规定,对缓刑犯可同时予以禁止令(第 72 条)。

11. 增加犯罪集团首要分子不适用缓刑的规定(第 74 条)。

12. 对缓刑犯依法实行社区矫正(第 76 条)。

13. 缓刑犯违反禁止令情节严重的,撤销缓刑(第 77 条第 2 款)。

---

① 对刑法总则规范的补充修改是由《刑法修正案(八)》开始的。

14. 把无期徒刑犯减刑以后的实际执行刑期提高为不少于 13 年,对限制减刑的死缓犯减为无期徒刑或者 25 年有期徒刑后的实际执行刑期分别规定为不少于 25 年和 20 年(第 78 条第 2 款)。

15. 将无期徒刑犯假释前的实际执行刑期提高为 13 年以上,将"没有再犯罪的危险"作为假释的实质条件之一,进一步明确不得假释的对象范围,将假释后对所居住社区的影响作为决定假释的考虑因素(第 81 条)。

16. 对假释的犯罪分子依法实行社区矫正(第 85 条)。

17. 犯罪时不满 18 周岁被判处 5 年有期徒刑以下刑罚的人,在入伍、就业时免除前科报告义务(第 100 条第 2 款)。

此外,《刑法修正案(八)》还删除了《刑法》第 68 条第 2 款犯罪后自首又有重大立功表现的情节。

(二) 增设新罪名 41 个,相应删去原有的罪名 2 个

增设的新罪名有:

1. 资助恐怖活动罪(第 120 条之一)。
2. 危险驾驶罪(第 133 条之一)。
3. 强令违章冒险作业罪(修正后的第 134 条第 2 款)。
4. 大型群众性活动重大安全事故罪(第 135 条之一)。
5. 不报、谎报安全事故罪(第 139 条之一)。
6. 隐匿、故意销毁会计凭证、会计账簿、财务会计报告罪(第 162 条之一)。
7. 虚假破产罪(第 162 条之二)。
8. 对外国公职人员、国际公共组织官员行贿罪(修正后的第 164 条第 2 款)。
9. 国有公司、企业、事业单位人员失职罪(修正后的第 168 条)。
10. 国有公司、企业、事业单位人员滥用职权罪(修正后的第 168 条)。
11. 背信损害上市公司利益罪(第 169 条之一)。
12. 骗取贷款、票据承兑、金融票证罪(第 175 条之一)。
13. 妨害信用卡管理罪(第 177 条之一第 1 款)。
14. 窃取、收买、非法提供信用卡信息资料罪(第 177 条之一第 2 款)。
15. 利用未公开信息交易罪(修正后的第 180 条第 4 款)。
16. 背信运用受托财产罪(第 185 条之一第 1 款)。
17. 违法运用资金罪(第 185 条之一第 2 款)。
18. 骗购外汇罪(全国人大常委会《关于惩治骗购外汇、逃汇和非法买卖外汇犯罪的决定》第 1 条)。
19. 虚开发票罪(第 205 条之一)。
20. 持有伪造的发票罪(第 210 条之一)。
21. 组织、领导传销活动罪(第 224 条之一)。

22. 组织出卖人体器官罪（第 234 条之一）。

23. 雇用童工从事危重劳动罪（第 244 条之一）。

24. 出售、非法提供公民个人信息罪（第 253 条之一第 1 款）。

25. 非法获取公民个人信息罪（第 253 条之一第 2 款）。

26. 组织残疾人、儿童乞讨罪（第 262 条之一）。

27. 组织未成年人进行违反治安管理活动罪（第 262 条之二）。

28. 拒不支付劳动报酬罪（第 276 条之一）。

29. 非法获取计算机信息系统数据、非法控制计算机信息系统罪（修正后的第 285 条第 2 款）。

30. 提供侵入、非法控制计算机信息系统程序、工具罪（修正后的第 285 条第 3 款）。

31. 投放虚假危险物质罪（第 291 条之一）。

32. 编造、故意传播虚假恐怖信息罪（第 291 条之一）。

33. 开设赌场罪（修正后的第 303 条第 2 款）。

34. 非法收购、运输、加工、出售国家重点保护植物、国家重点保护植物制品罪（修正后的第 344 条）。

35. 过失损坏武器装备、军事设施、军事通信罪（修正后的第 369 条第 2 款）。

36. 非法生产、买卖武装部队制式服装罪（修正后的第 375 条第 2 款）。

37. 利用影响力受贿罪（第 388 条之一）。

38. 执行判决、裁定失职罪（修正后的第 399 条第 3 款）。

39. 执行判决、裁定滥用职权罪（修正后的第 399 条第 3 款）。

40. 枉法仲裁罪（第 399 条之一）。

41. 食品监管渎职罪（第 408 条之一）。

删去的罪名有：

1. 徇私舞弊造成破产、亏损罪（原第 168 条）。

2. 违法向关系人发放贷款罪（原第 186 条）。

综上所述，截至目前，中国现行刑法分则的具体罪名已达 451 个。

（三）对犯罪构成要件要素的修正

其中仅修正构成要件要素而未影响罪名的主要有：

1.《刑法修正案（八）》对第 141 条第 1 款规定的生产、销售假药罪由危险犯修改为行为犯，即删除了原法条中"足以严重危害人体健康"的表述。同时，修改了本罪的罚金刑，由原先的倍比罚金制改为无限额罚金制，并进一步明确了法定刑情节要求的表述。

2.《刑法修正案（四）》将第 145 条规定的"生产、销售不符合标准的医用器材罪"的构成条件由"对人体健康造成严重危害"修改为"足以严重危害人体健康"，并对其法定刑作了趋重的修改。

3.《刑法修正案(八)》对第153条第1款规定的"走私普通货物、物品罪"作了较大的修改：一是将各档法定刑由重至轻改为由轻至重排列；二是在废止此罪死刑的基础上，重新梳理了各档法定刑的情节，修正后的各档情节为"税额较大或者一年内曾因走私被给予二次行政处罚后又走私"、"税额巨大或者有其他严重情节"和"税额特别巨大或者有其他特别严重情节"。

4.《刑法修正案》在第180条中注入了期货内幕交易和泄露期货交易内幕信息的内容；《刑法修正案(七)》在此基础上，又将"明示、暗示他人从事上述交易活动"规定为内幕交易、泄露内幕信息罪构成要件要素的行为。

5.《刑法修正案(六)》对第186条改变了原先区分向"关系人"和"非关系人"违规发放贷款而构成不同犯罪的立法模式，简化了本条罪状的表述，保留"违法发放贷款罪"，将"违法向关系人发放贷款"从独立的罪名修改为从重处罚的情节。

6.《刑法修正案(六)》对第188条"非法出具金融票证罪"的两个档次法定刑的情节表述作了修改，由原先的"造成较大损失"和"造成重大损失"分别修改为"情节严重"和"情节特别严重"。

7. 对第191条洗钱罪的构成要件先后经过两次修改：一是《刑法修正案(三)》将"恐怖活动犯罪"列为本罪的"上游犯罪"。二是《刑法修正案(六)》在以上修正基础上，又扩张了"上游犯罪"的范围，将"贪污贿赂犯罪"、"破坏金融管理秩序犯罪"和"金融诈骗犯罪"列入"上游犯罪"，同时在本条第1款第(2)项中增加规定了"有价证券"，这样协助将财产转换为有价证券的，亦为洗钱。

8.《刑法修正案(五)》在第196条信用卡诈骗罪第(1)项中增加"使用以虚假的身份证明骗领的信用卡"的内容。

9.《刑法修正案》在第225条非法经营罪中增加"未经国家有关主管部门批准，非法经营证券、期货或者保险业务"作为第(3)项内容；《刑法修正案(七)》在上述第(3)项中又增加了"非法从事资金支付结算业务"的内容。

10.《刑法修正案(八)》在第226条原规定的基础上，将"强迫他人参与或者退出投标、拍卖的"、"强迫他人转让或者收购公司、企业的股份、债券或者其他资产的"以及"强迫他人参与或者退出特定的经营活动的"补充规定为强迫交易罪的构成要件要素行为。

11.《刑法修正案(八)》将"入户盗窃、携带凶器盗窃、扒窃"补充进第264条盗窃罪的罪状中，并在废止此罪死刑的基础上，重新梳理了其法定刑。

12.《刑法修正案(八)》将"多次敲诈勒索"补充进第274条敲诈勒索罪的罪状中，并为此罪增加规定了第三档法定刑，即："数额特别巨大或者有其他特别严重情节的，处十年以上有期徒刑，并处罚金。"

13.《刑法修正案(八)》在第293条寻衅滋事罪第(2)项中增加规定"恐吓"他

人,并为"纠集他人多次实施前款行为,严重破坏社会秩序"的行为增加规定独立的法定刑。

14.《刑法修正案(八)》对第294条组织、领导、参加黑社会性质组织罪的积极参加行为,规定了独立的法定刑,简化了此罪的罪状表述,适当调整了法定刑,同时将有关"黑社会性质组织"立法解释的内容吸收到《刑法》第294条中作为第5款。

15.《刑法修正案(八)》对第343条第1款非法采矿罪的罪状作了修改,将原"……擅自开采国家规定实行保护性开采的特定矿种,经责令停止开采后拒不停止开采,造成矿产资源破坏"的规定修改为"……或者擅自开采国家规定实行保护性开采的特定矿种,情节严重的"。

与上述情况不同,以下列举的是导致修正罪名的情况。由于立法机关修改了1997年刑法典某些罪的构成要件要素(如主体范围、行为方式、对象范围等),致使最高司法机关原来解释确定的罪名已涵盖不了,从而也必须随之修正。属于这些情况的有下列25个罪名:

1. "投毒罪"修正为"投放危险物质罪"(第144条、第115条)。

2. "过失投毒罪"修正为"过失投放危险物质罪"(第115条第2款)。

3. "非法买卖、运输核材料罪"修正为"非法制造、买卖、运输、储存危险物质罪"(第125条第2款)。

4. "盗窃、抢夺枪支、弹药、爆炸物罪"修正为"盗窃、抢夺枪支、弹药、爆炸物、危险物质罪"(第127条第1款)。

5. "抢劫枪支、弹药、爆炸物罪"修正为"抢劫枪支、弹药、爆炸物、危险物质罪"(第127条第2款)。

6. "生产、销售不符合卫生标准的食品罪"修正为"生产、销售不符合安全标准的食品罪"(第143条)。

7. "走私珍稀植物、珍稀植物制品罪"修正为"走私国家禁止进出口的货物、物品罪"(第151条第3款)。

8. "走私固体废物罪"修正为"走私废物罪"(修正后的第152条第2款)。

9. "提供虚假财会报告罪"修正为"违规披露、不披露重要信息罪"(第161条)。

10. "公司、企业人员受贿罪"修正为"非国家工作人员受贿罪"(第163条)。

11. "对公司、企业人员行贿罪"修正为"对非国家工作人员行贿罪"(第164条)。

12. "伪造、变造、转让金融机构经营许可证罪"修正为"伪造、变造、转让金融机构经营许可证、批准文件罪"(第174条第2款)。

13. "编造并传播证券交易虚假信息罪"修正为"编造并传播证券、期货交易虚假信息罪"(第181条第1款)。

14. "诱骗投资者买卖证券罪"修正为"诱骗投资者买卖证券、期货合约罪"(第181条第2款)。

15. "操纵证券交易价格罪"第一次修正为"操纵证券、期货交易价格罪",再次修正为"操纵证券、期货市场罪"(第182条)。

16. "用账外客户资金非法拆借、发放贷款罪"修正为"吸收客户资金不入账罪"(第187条)。

17. "偷税罪"修正为"逃税罪"(第201条)。

18. "强迫职工劳动罪"修正为"强迫劳动罪"(第244条)。

19. "窝藏、转移、收购、销售赃物罪"修正为"掩饰、隐瞒犯罪所得、犯罪所得收益罪"(第312条)。

20. "逃避动植物检疫罪"修正为"妨害动植物防疫、检疫罪"(第337条)。

21. "重大环境污染事故罪"修正为"污染环境罪"(第338条)。

22. "非法占用耕地罪"修正为"非法占用农用地罪"(第342条)。

23. "非法采伐、毁坏珍贵树木罪"修正为"非法采伐、毁坏国家重点保护植物罪"(第344条)。

24. "非法收购盗伐、滥伐的林木罪"修正为"非法收购、运输盗伐、滥伐的林木罪"(第345条第3款)。

25. "非法生产、买卖军用标志罪"修正为"伪造、盗窃、买卖、非法提供、非法使用武装部队专用标志罪"(修正后的第375条第3款)。

(四)增设了相当数量的单位犯罪

包括两种情况:

1. 在增设的新罪名中,有的不仅指自然人犯罪,还规定有单位犯罪,如资助恐怖活动罪,隐匿、故意销毁会计凭证、会计账簿、财务会计报告罪,对外国公职人员、国际公共组织官员行贿罪,背信损害上市公司利益罪,骗取贷款、票据承兑、金融票证罪,骗购外汇罪,虚开发票罪,持有伪造的发票罪,出售、非法提供公民个人信息罪,非法获取公民个人信息罪,拒不支付劳动报酬罪,非法收购、运输、加工、出售国家重点保护植物、国家重点保护植物制品罪等;有的本身就是单位犯罪,如大型群众性活动重大安全事故罪,虚假破产罪,背信运用受托财产罪,违法运用资金罪,雇用童工从事危重劳动罪等。

2. 某些罪原来没有规定单位犯罪,后来修正时增设单位犯罪。例如,1997年《刑法》第155条原第(3)项规定的"走私固体废物罪",无具体法定刑,也无单位犯罪的规定,2002年12月28日的《刑法修正案(四)》将其修正为"走私废物罪",移位至第152条第2款,设置了具体法定刑,并于同条第三款对之设置了单位犯罪。又如,2009年2月28日的《刑法修正案(七)》对《刑法》第312条所规定的"掩饰、隐瞒犯罪所得、犯罪所得收益罪",增设了单位犯罪的规定(见该条新增的第2款)。

（五）废止了13种犯罪的死刑，提高了某些罪的法定刑，降低了某些罪的法定刑，对个别罪还规定符合一定条件时不予追究刑事责任

废止死刑并相应调整法定刑的13种犯罪是：走私文物罪，走私贵重金属罪，走私珍贵动物、珍贵动物制品罪，走私普通货物、物品罪，票据诈骗罪，金融凭证诈骗罪，信用证诈骗罪，虚开增值税专用发票、用于骗取出口退税、抵扣税款发票罪，伪造、出售伪造的增值税专用发票罪，盗窃罪，传授犯罪方法罪，盗掘古文化遗址、古墓葬罪，盗掘古人类化石、古脊椎动物化石罪。

提高法定刑的主要有：

1. 《刑法》第120条第1款规定的"组织、领导恐怖活动组织的"，法定最高刑由原定的10年有期徒刑提高为无期徒刑。

2. 《刑法》第182条第2款经《刑法修正案》修正后规定的单位犯操纵证券、期货交易价格罪中的直接责任人员，在罪名改变为操纵证券、期货市场罪时，其法定最高刑由原定的5年有期徒刑提高为10年有期徒刑。

3. 《刑法》第190条规定的单位犯逃汇罪中的直接责任人员，其法定最高刑由原定的5年有期徒刑提高为15年有期徒刑。

4. 《刑法》第191条第2款规定的单位犯洗钱罪中的直接责任人员，其法定最高刑由原定的5年有期徒刑提高为10年有期徒刑。

5. 《刑法》第226条规定的强迫交易罪，法定最高刑由原定的3年有期徒刑提高为7年有期徒刑。

6. 《刑法》第244条原规定的"强迫职工劳动罪"，在修订为"强迫劳动罪"的同时，法定最高刑也由原定的3年有期徒刑提高为10年有期徒刑。

7. 《刑法》第274条规定的敲诈勒索罪，法定最高刑由原定的10年有期徒刑提高为15年有期徒刑。

8. 《刑法》第293条规定的寻衅滋事罪，法定最高刑由原定的5年有期徒刑提高为10年有期徒刑。

9. 《刑法》第294条第1款规定的组织、领导黑社会性质组织的行为，法定最高刑由原定的10年有期徒刑提高为15年有期徒刑；该条原第4款（现第3款）规定的包庇、纵容黑社会性质组织罪，法定最高刑也由原定的10年有期徒刑提高为15年有期徒刑。

10. 《刑法》第312条原规定的"窝藏、转移、收购、销售赃物罪"，在修订为"掩饰、隐瞒犯罪所得、犯罪所得收益罪"的同时，法定最高刑也由原定的3年有期徒刑提高为7年有期徒刑。

11. 《刑法》第375条原规定的非法生产、买卖武装部队车辆号牌等专用标志的犯罪，被涵盖在修正后的"伪造、盗窃、买卖、非法提供、非法使用武装部队专用标志罪"之中，法定最高刑由原定的3年有期徒刑提高为7年有期徒刑。

12.《刑法》第 395 条第 1 款规定的"巨额财产来源不明罪",法定最高刑由原定的 5 年有期徒刑提高为 10 年有期徒刑。

除废止死刑的 13 个罪名外,其他降低法定刑的有:

1.《刑法》第 151 条第 3 款原规定的"走私珍稀植物、珍稀植物制品罪",在修正为"走私国家禁止进出口的货物、物品罪"的同时,法定最低刑由原定的 6 个月有期徒刑降低为 1 个月拘役。

2.《刑法》第 239 条规定的"绑架罪",法定最低刑由原定的 10 年有期徒刑降低为 5 年有期徒刑。

此外,对《刑法》第 201 条原规定的"偷税罪"作了重大的修正,除改偷税为逃税外,特别增设第 4 款规定:"有第一款行为(指有逃避缴纳税款违法犯罪行为——引者注),经税务机关依法下达追缴通知后,补缴应纳税款,缴纳滞纳金,已受行政处罚的,不予追究刑事责任;但是,五年内因逃避缴纳税款受过刑事处罚或者被税务机关给予二次以上行政处罚的除外。"这说明,对偶犯、初犯逃税罪的,只要符合上述法定条件,就不追究其刑事责任。这是体现宽严相济刑事政策的一个鲜明例证。

此外,立法机关还对个别条款作了文字技术的修改,例如,《刑法修正案(八)》出于文字技术的考虑,删除了第 107 条资助危害国家安全犯罪活动罪中的资助对象"境内组织或者个人",删除了第 109 条叛逃罪罪状中的"危害中华人民共和国家安全"。

五、对 1997 年刑法典的立法解释

从 2000 年 4 月开始,全国人大常委会先后对 1997 年刑法典作了 9 次立法解释,这就是:

1. 2000 年 4 月 29 日《关于〈中华人民共和国刑法〉第九十三条第二款的解释》。

2. 2001 年 8 月 31 日《关于〈中华人民共和国刑法〉第二百二十八条、第三百四十二条、第四百一十条的解释》。

3. 2002 年 4 月 28 日《关于〈中华人民共和国刑法〉第二百九十四条第一款的解释》。

4. 2002 年 4 月 28 日《关于〈中华人民共和国刑法〉第三百八十四条第一款的解释》。

5. 2002 年 8 月 29 日《关于〈中华人民共和国刑法〉第三百一十三条的解释》。

6. 2002 年 12 月 28 日《关于〈中华人民共和国刑法〉第九章渎职罪主体适用问题的解释》。

7. 2004 年 12 月 29 日《关于〈中华人民共和国刑法〉有关信用卡规定的解释》。

8. 2005年12月29日《关于〈中华人民共和国刑法〉有关出口退税、抵扣税款的其他发票规定的解释》。

9. 2005年12月29日《关于〈中华人民共和国刑法〉有关文物的规定适用于具有科学价值的古脊椎动物化石、古人类化石的解释》。

上述立法解释解决了刑法适用中的某些疑难问题,如:村民委员会等村基层组织人员是否属于国家工作人员或者准国家工作人员问题;"违反土地管理法规"及"非法批准征收、征用、占用土地"两个法律用语的含义问题;"黑社会性质组织"具有哪些特征问题;挪用公款"归个人使用"的含义问题;"对人民法院的判决、裁定有能力执行而拒不执行,情节严重"的含义问题;《刑法》分则第九章渎职罪主体的范围确定问题;《刑法》规定的"信用卡"一词的含义问题;《刑法》规定的"出口退税、抵扣税款的其他发票"的含义问题;《刑法》有关文物的规定是否适用于具有科学价值的古脊椎动物化石、古人类化石问题。

"刑法立法解释"是对刑法规定的某些内容予以阐明,而不是修正,它的效力与刑法典文本的效力是同步的;而"刑法修正案"则是对刑法所作的修正,即修改或补充,它的效力要遵循《刑法》第12条的规定,采取从旧兼从轻原则。

六、结语

综上所述,我们可以得出几点规律性的认识:

第一,新中国刑法是随着新中国经济、政治、社会的发展而发展的。新中国成立初期,只颁布了几个单行刑法。1978年党的十一届三中全会以来,随着社会主义市场经济体制的逐步确立,随着社会主义法治建设的逐步推进,刑法也不断发展:先是制定1979年刑法典,后经不断修改补充,又修订成为1997年新刑法典,之后又不断修正,现已基本完备。当然还要进一步趋于完善。

第二,对刑法典的修正方式也有一个发展变化的过程。1979年刑法典生效之后的修改补充,主要采取单行刑法和附属刑法的方式;而1997年刑法典生效之后的修改补充,除了颁行一个单行刑法即1998年12月29日的《关于惩治骗购外汇、逃汇和非法买卖外汇犯罪的决定》外,其他均采取"刑法修正案"的方式。可以说,已经确立了刑法修正案作为刑法典修改补充方式的基本地位。采取修正案方式的好处是不打乱刑法典的体系结构和条文的排列次序,有利于保持刑法典的统一性和完整性,有利于司法工作的实际操作和掌握运用,也便于广大公民的学习和遵守,同时,也较好地解决了刑法的稳定性与适应性之间的关系。采取"刑法修正案"的立法形式,标志着中国刑事立法技术日趋成熟。

第三,对1997年刑法典的修正,截至《刑法修正案(七)》,都是针对刑法分则具体罪的修正,《刑法修正案(八)》除了继续对刑法分则具体罪作出修正外,首次对刑法总则作出某些修改和补充规定,如对75周岁以上老年人从宽处罚,对未成年人犯罪进一步采取从宽措施,对刑罚结构特别是死刑与生刑的衔接问题作了调整和完善,对缓刑制度作了大幅修改,将社区矫正正式写入刑法,等等。尤其是该修正案废止了13个罪的死刑,在死刑改革道路上迈出了坚实的一步,起着示范导向的作用,意义巨大,影响深远。

第四,我国刑法的改革和完善取得了重大的进展,成绩斐然,但也不能就此止步,因为刑法还有改革和完善的不小空间。比如,犯罪与犯罪之间的竞合问题,我国刑法总则没有明确作出一般性的规定;某些主刑如管制、拘役、有期徒刑并存时如何并罚,我国刑法中的数罪并罚对此显然是未予置理的;信息网络高速发展条件下所出现的新的犯罪类型,也值得立法机关密切加以关注,适时作出回应;特别是死刑问题,改革之路还任重道远。这些问题,都有待于今后的刑法立法分阶段、有步骤地一一予以稳妥解决。

笔者坚信,中华人民共和国刑法,必将在继承本民族优良的刑法文化传统、注重刑法本土化建设、兼收并蓄国外一切对我国有用的先进合理的文明成果的基础上,朝着更为科学、文明和人道的方向发展。

目　录

上卷　中华人民共和国刑法的孕育和诞生
——1979年刑法典

第一编　总则

第一章　刑法的指导思想、任务和适用范围　003

第二章　犯罪　020
　第一节　犯罪和刑事责任　020
　第二节　犯罪的预备、未遂和中止　026
　第三节　共同犯罪　028

第三章　刑罚　035
　第一节　刑罚的种类　035
　第二节　管制　041
　第三节　拘役　042
　第四节　有期徒刑、无期徒刑　043
　第五节　死刑　045
　第六节　罚金　047
　第七节　剥夺政治权利　048
　第八节　没收财产　052

第四章　刑罚的具体运用　054
　第一节　量刑　054
　第二节　累犯　060
　第三节　自首　062
　第四节　数罪并罚　063
　第五节　缓刑　066

第六节　减刑　　　　　　　　　　　068
第七节　假释　　　　　　　　　　　071
第八节　时效　　　　　　　　　　　074

第五章　其他规定　　　　　　　　　078

第二编　分则

第一章　反革命罪　　　　　　　　　085

第二章　危害公共安全罪　　　　　　094

第三章　破坏社会主义经济秩序罪　　101

第四章　侵犯公民人身权利、民主权利罪　113

第五章　侵犯财产罪　　　　　　　　129

第六章　妨害社会管理秩序罪　　　　136

第七章　妨害婚姻、家庭罪　　　　　152

第八章　渎职罪　　　　　　　　　　158

下卷　中华人民共和国刑法的发展和完善
——1997年修订的刑法典

第一编　总则

第一章　刑法的任务、基本原则和适用范围　167

第二章　犯罪　　　　　　　　　　　184
　第一节　犯罪和刑事责任　　　　　184
　第二节　犯罪的预备、未遂和中止　202
　第三节　共同犯罪　　　　　　　　205
　第四节　单位犯罪　　　　　　　　210

第三章 刑罚 — 217
- 第一节 刑罚的种类 — 217
- 第二节 管制 — 218
- 第三节 拘役 — 223
- 第四节 有期徒刑、无期徒刑 — 224
- 第五节 死刑 — 225
- 第六节 罚金 — 231
- 第七节 剥夺政治权利 — 234
- 第八节 没收财产 — 241

第四章 刑罚的具体运用 — 243
- 第一节 量刑 — 243
- 第二节 累犯 — 247
- 第三节 自首和立功 — 253
- 第四节 数罪并罚 — 258
- 第五节 缓刑 — 263
- 第六节 减刑 — 271
- 第七节 假释 — 275
- 第八节 时效 — 282

第五章 其他规定 — 285

第二编 分则

第一章 危害国家安全罪 — 295

第二章 危害公共安全罪 — 308

第三章 破坏社会主义市场经济秩序罪 — 340
- 第一节 生产、销售伪劣商品罪 — 340
- 第二节 走私罪 — 355
- 第三节 妨害对公司、企业的管理秩序罪 — 366
- 第四节 破坏金融管理秩序罪 — 380
- 第五节 金融诈骗罪 — 406
- 第六节 危害税收征管罪 — 414
- 第七节 侵犯知识产权罪 — 427
- 第八节 扰乱市场秩序罪 — 435

第四章　侵犯公民人身权利、民主权利罪　　　　448

第五章　侵犯财产罪　　　　484

第六章　妨害社会管理秩序罪　　　　505
　第一节　扰乱公共秩序罪　　　　505
　第二节　妨害司法罪　　　　531
　第三节　妨害国(边)境管理罪　　　　545
　第四节　妨害文物管理罪　　　　549
　第五节　危害公共卫生罪　　　　554
　第六节　破坏环境资源保护罪　　　　561
　第七节　走私、贩卖、运输、制造毒品罪　　　　572
　第八节　组织、强迫、引诱、容留、介绍卖淫罪　　　　580
　第九节　制作、贩卖、传播淫秽物品罪　　　　585

第七章　危害国防利益罪　　　　589

第八章　贪污贿赂罪　　　　598

第九章　渎职罪　　　　618

第十章　军人违反职责罪　　　　640

附则　　　　657

主题词索引　　　　659

上　卷
中华人民共和国刑法的孕育和诞生
——1979年刑法典

第一编 总 则

第一章

刑法的指导思想、任务和适用范围

一、关于要不要"前言"的问题

在1962—1963年对第22稿进行讨论修改的过程中,有的同志主张在总则前增加一个"前言",同时删去本章中有关刑法制定根据和任务的条文,将本章的标题改为"刑法的适用范围"。理由是:有些问题,如关于正确区分和处理两类不同性质矛盾的犯罪的原则,党的基本刑事政策,我国刑事立法随着阶级斗争形势的发展变化而发展变化等问题,在条文中不易写得具体,可以写在"前言"里,以便司法干部从中了解我国刑法的指导思想和基本精神,有助于正确掌握和运用条文。此外,考虑到外国刑法除去1919年《苏俄刑法指导原则》外,都没有前言,我们如果有个"前言",更可以表现我国刑法的特点。根据这个意见,在修改过程中曾尝试写了一个"前言",文字上作了几次修改,并在1962年10—11月全国政法工作会议期间讨论刑法草案时,把"前言"作为一种方案提出,供出席会议的同志们考虑。当时提出的"前言"的内容如下:

中华人民共和国刑法的任务,是用刑罚同一切反革命分子和其他犯罪分子作斗争,以保卫工人阶级领导的人民民主专政制度,维护社会秩序,保护公共财产,保护公民的人身和其他权利,保障国家的社会主义革命和社会主义建设事业的顺利进行。

中华人民共和国刑法,对于反革命犯,对于严重地危害国家和人民利益的盗窃犯、诈骗犯、杀人放火犯、流氓集团的首要分子,以及其他严重破坏社会秩序的罪犯,是一个专政工具,是为了压迫、惩罚和改造他们。对于人民中个别偶尔触犯刑法的人,虽然也要给以刑法的制裁,但这和压迫敌人的专政有原则区别,刑罚对于他们是一种说服教育的辅助手段。

中华人民共和国刑法,对于追究犯罪分子刑事责任和具体适用刑罚等方面的规定,贯彻了惩办与宽大相结合的政策。

司法机关在执行本法的时候,必须根据上述原则和政策,实事求是地运用条文的规定。

但是,在讨论过程中一直有另一种意见,即不要"前言",保留有关刑法制定根据和任务的条文。当时参加全国政法工作会议的大多数同志,也主张不要写"前言"。理由是:一个简短的"前言"不能把两类矛盾、党的刑事政策等问题写得很具体,写得不具体对人无启发作用,如写得具体,又感到累赘,而且也容易产生副作用。关于刑法的指导思想和基本精神,主要应在刑法的条文中体现,并且可在关于刑法草案说明的报告中详细地阐述。本章中有关刑法制定根据和任务的条文,写得简明扼要,已包括了"前言"的原则精神和基本内容,因此没有必要另写个"前言"。

经过反复研究,采用了后一种意见,不写"前言"。

因为要不要"前言"的问题在1962—1963年间已作过充分的讨论和考虑,因此在1978—1979年对第33稿进行修订的过程中,尽管又有个别同志提出要写"前言"的意见,但这个意见始终未得到赞同和采纳。

二、我国刑法的指导思想和制定根据(第1条)

《刑法》第1条规定:"中华人民共和国刑法,以马克思列宁主义毛泽东思想为指针,以宪法为根据,依据惩办与宽大相结合的政策,结合我国各族人民实行无产阶级领导的、工农联盟为基础的人民民主专政即无产阶级专政和进行社会主义革命、社会主义建设的具体经验及实际情况制定。"这条讲的就是我国刑法的指导思想和制定根据。这条条文是以第33稿的第1条为基础,总结了其后十几年来的新情况和新经验写成的。它的内容很丰富,全面体现和坚持了四项基本原则;同时指明了马列主义毛泽东思想与刑法的关系,宪法与刑法的关系,刑事政策与刑法的关系以及司法实践与刑法的关系。在世界各国的刑法中,开宗明义第1条这样写是没有的。资本主义国家的刑法要掩盖阶级性,不可能写它是根据资产阶级利益制定的,就是其他社会主义国家的刑法也没有这样写的。因此这条是很有创造性的。在这条规定里,最重要之点就是指明我国刑法是以马克思列宁主义、毛泽东思想为指针,结合我国具体情况制定的。这是我国刑法最鲜明的特色。

马克思列宁主义、毛泽东思想是我们党和国家的指导思想和理论基础。毛泽东思想是马克思列宁主义在中国的运用和发展,是马克思列宁主义普遍真理和中国革命具体实践相结合的产物,是被实践证明了的关于中国革命的正确的理论原则和经验总结,是中国共产党集体智慧的结晶。刑法是我国的基本法之一,它从立法的原则到具体规定,从制定到实施,都必须以马克思列宁主义、毛泽东思想为指针。

说刑法以马克思列宁主义、毛泽东思想为指针,都体现在哪些方面呢?方面很多,也不容易讲全,这里仅就以下五方面谈谈笔者个人的体会:

(1)马克思列宁主义、毛泽东思想关于社会主义时期的阶级斗争和无产阶级专政的理论,对于刑法有着直接的指导意义。大家知道,毛泽东同志在《关于正确处理人民内部矛盾的问题》这篇重要著作中,科学地分析了在社会主义改造基本完成之后国内的政治经济形势,提出了正确区分和处理两类不同性质的社会矛盾的学说,明确地指出了"革命时期的大规模的急风暴雨式的群众阶级斗争基本结束","还有反革命,但是不多了","我们的根本任务已经由解放生产力变为在新的生产关系下面保护和发展生产力"。[①]这些论述对于刑法是有重大指导意义的。在社会主义的一定时期内,阶级斗争是客观存在的,是不以人们的意志为转移的。但是,应该看到,随着社会主义事业的顺利发展,我国阶级状况和阶级斗争形势已经发生了根本变化,作为阶级的地主阶级和富农已经消灭,作为阶级的资本家阶级也已经不再存在。经过新中国成立以来30年的斗争和教育,这些阶级中的绝大多数人已经改造成为自食其力的劳动者。当然,我国还有极少数敌对势力和敌对分子,他们还会继续进行反社会主义的政治经济活动。这就是说,阶级斗争在一定范围内仍然存在,阶级斗争并没有消灭。但是,它已经不是我国社会目前的主要矛盾,我们再不能"以阶级斗争为纲"了。

一方面,由于阶级斗争没有熄灭,由于社会上还有敌对分子和刑事犯罪分子,因此,无产阶级专政的国家机器不能削弱,刑法就必须要制定,要公布实施。另一方面,由于阶级斗争已经不是我国社会的主要矛盾,因此,今后不需要也不应该再进行大规模的急风暴雨式的群众阶级斗争了,而要充分运用法律武器来打击敌人,惩罚犯罪。

为了给司法机关提供同犯罪作斗争的有力武器,我国刑法严格规定了罪与非罪的界限、反革命罪与普通刑事犯罪的界限,以便在打击敌人、惩罚犯罪的时候,防止人为地把阶级斗争扩大化。同时,我国刑法把对敌人的专政与保护人民民主紧密结合起来。无产阶级专政是最广大人民的民主和对极少数敌人的专政。只有坚持对敌专政,才能有效地维护人民民主;也只有发扬人民民主,才能更好地实现对敌专政。我国刑法作为人民民主专政的法律武器,把专政的锋芒集中指向阶级敌人的破坏,而且首先是对准反革命。在刑法分则体系上,把反革命罪列为各类犯罪

---

① 《毛泽东选集》(第5卷),人民出版社1977年版,第375、378、379页。

的首位,同时对反革命和各种严重破坏社会秩序的犯罪,都规定了较重的刑罚。在总则中也对反革命分子和严重破坏社会秩序的犯罪分子作了某些从严的规定。刑法对于人民内部的犯罪问题也严肃对待。根据缩小打击面和扩大教育面的精神,刑法只对那些危害社会的情节比较严重,用一般的党纪、政纪处理办法已显得不够,非要追究刑事责任不可的行为,才规定为犯罪并给以相应的刑罚处罚。例如过失犯罪、婚姻家庭方面的犯罪、责任事故中的犯罪、渎职罪等就是这样。对于人民内部的犯罪,法定刑相对来说,也就是与反革命及重大刑事犯罪相比来说,定得要轻些(因为犯罪的性质有很大不同);在一定条件下,可以宣告缓刑(第67条);如果犯罪情节轻微不需要判处刑罚的,可以免予刑事处分(第32条)。但是,情节恶劣后果严重的,也规定处以严重的刑罚。比如,工矿企业、建筑企业重大责任事故的犯罪,一般处3年以下有期徒刑或者拘役;情节特别恶劣的,则处3年以上7年以下有期徒刑。交通肇事罪也是这样。过失杀人,一般处5年以下有期徒刑;情节特别恶劣的,处5年以上有期徒刑。无论是敌我问题还是人民内部的犯罪问题,刑法都严禁采用非法手段如私行拘禁、非法搜查、私设公堂、刑讯逼供等去解决,而强调必须依法办事。我国刑法就是通过上述这些规定和精神,有效地保护人民,打击敌人,惩罚犯罪,实现自己作为人民民主专政法律武器的作用。

(2)毛泽东同志教导我们,在认定犯罪上"要注意讲规格","要合乎标准"。所谓"讲规格"、"合乎标准",就是要坚持主、客观相一致的原则,坚持要有犯罪构成才能追究刑事责任。犯罪是客观上危害社会、主观上有故意或过失的行为。故意或过失是支配危害社会行为的思想原因,危害社会行为是故意或过失的外在表现,二者是有机的统一,缺一不可。如果一个人只有犯罪思想而没有犯罪行为,不能构成犯罪;同样,一个人客观上给社会造成了损害,而主观上没有故意或过失,也不能构成犯罪。我国刑法就是这样严格规定的。它既反对只讲客观不问主观的"客观归罪",也反对只讲主观不看客观的"思想犯罪",而坚持主观和客观的统一,要有主、客观条件的有机统一即犯罪构成,才能追究刑事责任。这是我国刑法的法制原则,是绝不容许违反的。林彪、"四人帮"把思想作为定罪的根据,赤裸裸地镇压"思想犯"。他们所规定的"恶毒攻击罪",实际上就是把思想当成犯罪,而且当成反革命罪!张志新同志,这个为真理而斗争的不屈不挠的战士,就是牺牲在这个强加的罪名之下。想想全国有多少人因为这个罪名而含冤受屈呀!马克思说:"凡是不以行为本身而以当事人的思想方式作为主要标准的法律,无非是对非法行为的公开认可。"①林彪、"四人帮"搞的那一套就是对非法行为的公开认可!思想问题,只能通过自由讨论辨明是非,通过社会实践检验是非。如果不是这样,而是动用法律的强制手段解决思想上的是非,那本身就是非法行为,就是封建法西斯专

---

① 《马克思恩格斯全集》(第1卷),人民出版社1956年版,第16页。

横。"文化大革命"中,有多少人因为在日记中,在书信中,在与亲人的闲谈中,甚至在夜晚的梦话中,说了一些林彪、"四人帮"不中听的话,就被打成"现行反革命"!有多少人因为无意中损毁一张领袖像,因笔误口误写错了一条语录、喊错了一句口号被打成"反革命"!这个深刻的经验教训,我们一定要记取。在认定犯罪上坚持主、客观相一致的原则,就是坚持马列主义,坚持法制原则,坚持对林彪、"四人帮"的批判。这是一个非常重要的问题,是我们必须予以高度重视的。

(3) 马克思说:"刑罚不外是社会对付违犯它的生存条件(不管这是些什么样的条件)的行为的一种自卫手段。"①这就是说,在任何有阶级的社会,刑罚都是统治阶级用来对付犯罪、保护自身利益的手段。社会主义社会也不例外。但是,社会主义国家的刑罚与一切剥削阶级国家的刑罚有着原则的区别:它不是剥削阶级的护身法宝,而是工人阶级和广大人民的护身法宝;它不是镇压人民群众的工具,而是掌握在人民司法机关手中,代表了广大人民群众的利益,打击敌人、惩罚犯罪的锐利武器。我国的刑罚贯穿着革命人道主义精神。在我国的刑罚方法中,没有剥削阶级那种残酷的肉体刑和侮辱人格的侮辱刑。人民法院对犯罪分子适用刑罚,不是实行惩罚主义和报复主义,而是惩罚与教育相结合。通过刑罚,把可以改造的大多数罪犯改造成为新人,化有害为无害,化消极因素为积极因素,预防和逐步地消灭犯罪。我国刑法根据斗争的需要和革命的利益,遵照毛泽东同志的指示,不宣布废除死刑,但坚持少杀,把死刑的适用,压缩到最低限度,而对于一切不杀的犯罪分子,一律通过改造,给予出路。因此,我国的刑罚是革命人道主义的,它对于预防犯罪和逐步消灭犯罪是有效的。

为了使刑罚起到很好的效果,就必须让刑罚与罪行相适应,做到重罪重判,轻罪轻判,罚当其罪,反对畸重畸轻,罚不当罪。马克思说:"不考虑任何差别的残酷手段,使惩罚毫无效果";"如果犯罪的概念要有惩罚,实际的罪行就要有一定的惩罚尺度"。罪犯"受惩罚的界限应该是他的行为的界限"。② 马克思讲的就是刑罚要与罪行相适应。毛泽东同志也曾告诫政法部门的工作人员说:"轻罪重判不对,重罪轻判也不对。"③只有坚持罪刑相适应的原则,才能使犯罪分子受到公平合理的处罚,从而使刑罚达到应有的效果。林彪、"四人帮"根本不讲什么罪刑相适应。他们颠倒敌我,颠倒黑白,把无罪的人说成有罪,把好人打成"反革命",而真正的坏人,却被他们包庇起来,加以重用。他们炮制了一个反动口号,叫做"罪恶不在大小,关键在于态度"。就是说,谁要是出卖灵魂,投靠他们,或是充当他们的打手,罪恶再大,他也说你"态度好",千方百计加以包庇;谁要是坚持革命原则,坚持共产党

---

① 《马克思恩格斯全集》(第8卷),人民出版社1961年版,第579页。
② 《马克思恩格斯全集》(第1卷),人民出版社1956年版,第139—140页、第140—141页。
③ 《毛泽东选集》(第5卷),人民出版社1977年版,第459页。

员的气节,不吃他们那一套,不同他们同流合污,尽管你根本无罪,他也说你"态度不好",把你整得死去活来!所以坚持罪刑相适应的原则,也是对林彪、"四人帮"大搞封建法西斯专政的一个否定。罪刑相适应原则是确定刑法分则中每一具体罪的法定刑的指针:罪重,法定刑也重;罪轻,法定刑也轻。例如,反革命罪比妨害婚姻、家庭罪的社会危害性大,所以法定刑也比后者重;同是侵犯人身权利罪,故意杀人就比故意伤害罪重,故意杀人也比过失杀人罪重,所以分别规定了轻重不同的法定刑。不仅如此,罪刑相适应原则也是确定刑法总则中某些规范的依据,比如:预备犯、未遂犯、中止犯的处罚原则,各种共同犯罪人(主犯、从犯、胁从犯、教唆犯)的处罚原则,累犯的处罚原则,数罪并罚的处罚原则,等等,都是体现罪刑相适应原则的。我们应当严格依照刑法的规定,掌握罪刑相适应的原则,防止判刑畸重畸轻,有效地同犯罪作斗争。

(4)我国刑法坚持了马列主义、毛泽东思想关于原则性与灵活性相统一的思想,把原则性和灵活性恰当地结合起来。毛泽东同志说:"我们的原则性必须是坚定的,我们也要有为了实现原则性的一切许可的和必需的灵活性。"①"原则性要灵活执行。"②毛泽东同志在谈到我国1954年的宪法时指出:"我们的宪法草案,结合了原则性和灵活性。"③宪法如此,刑法也是如此。

比如,我国《刑法》规定:我国刑法适用于我国的全部领域(第3条)。同时又规定:"民族自治地方不能全部适用本法规定的,可以由自治区或者省的国家权力机关根据当地民族的政治、经济、文化的特点和本法规定的基本原则,制定变通或者补充的规定,报请全国人民代表大会常务委员会批准施行。"(第80条)既坚持法制的统一,又照顾少数民族地区的特点,这是原则性和灵活性的结合。

又比如,刑法分则的条文,规定了量刑幅度,犯了条文规定的罪行,一般只能在幅度之内选定刑罚,不能超出幅度之外判处刑罚。这个幅度,就是个原则。但是因为触犯同一条条文的犯罪行为有各种不同的情节,犯罪人的主观情况也是多种多样的,要适应这种情况,就要有一个处刑的活动余地:不仅允许在这个幅度之内判处较低或较高的刑罚,有时具备减轻处罚的情节,还可以低于这个幅度判处刑罚(高于幅度一般是不允许的);对于犯罪情节轻微不需要判处刑罚的,根据第32条,还可以免予刑事处分。这就体现了法律规定的灵活性。

总之,我国刑法中原则性和灵活性是紧密结合的,这个结合无论在总则还是在分则中到处都可以看到。有了这个结合,既可以保证法制的统一,又便于因地、因时、因事制宜。这是符合我国人民同犯罪作斗争的需要和利益的。

---

① 《毛泽东选集》横排本,第1374页。
② 《毛泽东选集》(第5卷),人民出版社1977年版,第86页。
③ 同上书,第127页。

（5）马列主义、毛泽东思想关于调查研究、实事求是、一切从实际出发的思想，是刑事立法工作的根本指导原则。制定刑法，不能凭主观想象，也不能照抄照搬前人或别人现成的东西，而是要系统地进行调查研究，总结我国同犯罪作斗争的经验，一切立足于本国的实际。我们的立法机关正是这样做的。在整个刑法起草过程中，我们系统地总结了过去各解放区和中华人民共和国成立以来的刑事立法和刑事审判的经验，同时也吸取了中国历史上和国际上在刑事立法方面对人民有益的经验，而最根本的则是从我国实际情况出发，一切都以是否有利于巩固人民民主专政和社会主义制度，有利于发扬人民民主，有利于巩固安定团结的政治局面，有利于实现四个现代化为依据。

起草这部刑法的调查研究和总结经验的工作是做得很多的。以 20 世纪 50 年代为例，在起草工作开始以前，立法工作机关就搜集了大量的实际资料，并翻译了苏联、各人民民主国家以及法、德、美等资本主义国家的刑法典。在 1955 年 6 月起草出刑法草案的时候，首先征求了当时参加最高人民法院、司法部召开的司法座谈会的各省、市、自治区同志和中央各有关部门的意见，还曾会同天津市高级人民法院对该院 1953、1954 两年的刑事判决进行了全面的总结，同时，还配合最高人民法院对刑事案件的罪名、刑种和量刑幅度进行了总结。这些总结为立法提供了重要的参考资料。在这以后，总结经验、编参考资料、开座谈会、征求意见等工作，进行了很多次，1963 年，曾经做了这样的工作，就是把从新中国成立开始到 1963 年为止的中央国家机关和前各大行政区公布的法律、法令、指示、批复中有关刑事问题的规定，都统统加以摘录，汇编成书。这对研究中华人民共和国刑事立法史是很有价值的。至于征求意见，就笔者所知，光是对刑法草案所提的意见，汇编成册的，从 50 年代到 1979 年 6 月份，先后就有 14 本，至少有 100 万字。这些意见来自各个方面，有政法机关提的，有政府其他部门提的，有人大代表、人大常委委员、政协委员、政协常委提的，有法案委员会委员、民族委员会委员、法制委员会委员提的，有法学研究机构、政法院系和法律专家提的，还有人民来信提的，代表性很广泛。对这些意见，基本上都认真做了考虑，不少好的意见，都已吸收到条文当中去了。我国刑法从整个体系到各个具体章节，从犯罪的一般概念到八类具体犯罪的规定，从刑罚的种类、量刑的原则到分则各条的法定刑，都是从人民司法机关长期同犯罪作斗争的极其丰富的经验中科学地概括出来的，也是深刻地吸取了林彪、"四人帮"给我们的反面教训后总结出来的。我国刑法这种丰富的实践性以及立法过程的民主性，就是这部刑法得以顺利实施的基础。

刑法立法要从实际出发，因此规定的应当是比较成熟的经验和迫切需要规定的问题。用毛泽东同志的话说就是："现在能实行的我们就写，不能实行的就不写。"[①]

[①]《毛泽东选集》(第 5 卷)，人民出版社 1977 年版，第 128 页。

对于那些经验还不成熟的、没有把握的、不能保证执行的问题,先不忙于规定。例如环境污染、侵犯发明权和著作权等问题,情况比较复杂,目前很难用刑法解决,勉强规定下来,不是行不通,就是打击面过宽,这对解决问题不仅没有好处,还会带来害处。因此可由有关部门先制定单行法规,待经验成熟后再考虑补充到刑法中去。还要划清刑法和党纪、政纪的界限,对于有些只需要用党纪、政纪处理的问题(如经济管理上发生的某些问题),就不要列入刑法,这样有利于安定团结。正因为从实际出发,尽量缩小刑法的打击面,因此我国刑法的条文写得就比较少(总则5章89条,分则8章103条,共13章192条),尽管在国内已颁布的法律中它的条文算是最多的,但与世界各国刑法典相比,我国刑法条文可能是最少的(按此前掌握的刑法典资料,印度551条、法国484条、保加利亚377条、朝鲜301条、日本264条、苏俄269条、蒙古225条)。少,也有好处,简明扼要,不烦琐,好掌握。条文虽然少,但有些是我国独创的东西,如管制、死缓、刑罚执行中的减刑制度,等等,则都规定进去了。因此我们的刑法是很有特色的。

以上从几个方面说明了马克思列宁主义、毛泽东思想是我国刑法的指针。我国刑法正是在马克思列宁主义、毛泽东思想指导下制定出来的,它是一部闪耀着马克思列宁主义、毛泽东思想光辉的刑法。

《刑法》第1条除了指明马克思列宁主义、毛泽东思想对刑法的巨大指导意义外,也指出了宪法、刑事政策与刑法的极其密切的关系。

宪法是国家的根本大法,是国家的总章程,其他各项法律包括刑法在内,都应以宪法为立法根据,不能与宪法相抵触。宪法规定了我国的国家制度和社会制度,规定了我国新时期的总任务,规定了我国对内对外的各项重大方针政策,规定了国家机构的组成及其权力,规定了公民的基本权利和义务,等等。这些都是刑法的立法根据,刑法和宪法的关系概括说就是:刑法是根据宪法制定的,刑法也是为保障和实施宪法所规定的基本内容和各项基本原则服务的。例如,1978年《中华人民共和国宪法》(以下简称《宪法》)第18条规定:"国家保卫社会主义制度,镇压一切叛国的和反革命的活动,惩办一切卖国贼和反革命分子……"为了保证贯彻实施宪法的这个规定,刑法专章规定了反革命罪,并在总则中对反革命犯作了某些从严的规定。又如《宪法》第8条规定:"社会主义的公共财产不可侵犯……"第9条规定:"国家保护公民的合法收入、储蓄、房屋和其他生活资料的所有权。"为了保证贯彻实施宪法的这些规定,刑法也专章规定了侵犯财产罪,其中包括抢劫、盗窃、诈骗、抢夺、敲诈勒索、贪污和故意毁坏公私财物等具体罪和对它们应处的刑罚。刑法就是这样通过同犯罪作斗争来保证宪法的贯彻实施的。

惩办与宽大相结合是我们党和国家同犯罪作斗争的基本政策。这项政策是从无产阶级改造世界、改造人类的历史使命出发,根据反革命分子和其他刑事犯罪分子中存在着不同情况而制定的。它对于争取改造多数,孤立打击少数,分化瓦解敌人,有着重大的作用。根据这项政策精神和实践经验,我国刑法针对犯罪的不同情况作了一系列区别对待的规定。例如,对主犯从重处罚,对从犯比照主犯从轻、减轻处罚或者免除处罚,对胁从犯比照从犯减轻处罚或者免除处罚;累犯和惯犯从严,偶犯从宽;抗拒从严,自首的、立功的从宽;历史从宽,现行从严;未成年人犯罪从宽,教唆未成年人犯罪从严;等等。这些规定,使惩办与宽大相结合的政策具体化、条文化,有利于继续发挥这项政策的巨大威力。

三、我国刑法的任务(第2条)

《刑法》第2条规定:"中华人民共和国刑法的任务,是用刑罚同一切反革命和其他刑事犯罪行为作斗争,以保卫无产阶级专政制度,保护社会主义的全民所有的财产和劳动群众集体所有的财产,保护公民私人所有的合法财产,保护公民的人身权利、民主权利和其他权利,维护社会秩序、生产秩序、工作秩序、教学科研秩序和人民群众生活秩序,保障社会主义革命和社会主义建设事业的顺利进行。"这条与第33稿第2条相比,内容基本相同,但更加充实了。充实的地方包括:

(1)将"保护国家所有的和集体所有的公共财产"改为"保护社会主义的全民所有的财产和劳动群众集体所有的财产",这样与《宪法》第8条的精神相一致,而且明确"集体所有"是指的"劳动群众集体所有",不致误解为包括资本家的集体所有(如股份有限公司、无限公司)。

(2)将"保护公民的人身和其他权利"改为"保护公民的人身权利、民主权利和其他权利",强调了保护民主权利,有利于发扬社会主义民主。

(3)将"维护社会秩序"改为维护"五个"秩序,使社会主义秩序更加具体化,照顾的面更广一些。

这一条主要讲了刑法打击什么,保护什么,也就是打击的锋芒和保护的对象;讲了刑罚这个武器,是用来同犯罪作斗争的,反革命分子和其他刑事犯罪分子实施犯罪,危害了国家和人民的利益,国家就运用刑罚的手段对付他。犯罪和刑罚构成刑法的基本内容。因此这是一条具有重大政治意义和法律意义的条文。

我国刑法的任务是要打击敌人、惩罚犯罪。对于反革命和杀人、放火、抢劫、强奸等严重破坏社会秩序的重大刑事犯罪,刑法规定要处以较重的刑罚,危害特别严重、情节特别恶劣的,甚至可处以死刑。刑法分则规定可处死刑的条文共有7条,其中反革命罪总的规定1条(第103条),实际上管9条,其他6条是:放火、决水、爆炸、投毒罪(第106条),破坏交通工具、交通设备、电力煤气设备、易燃易爆设备罪(第110条),故意杀人罪(第132条),强奸罪(第139条),抢劫罪(第150条),贪污罪(第155条)。所以形式上看是7条,实际上是15条。可处无期徒刑的共20条,除上述可处死刑的15条都同时挂了无期徒刑以外,其余5条是:非法制造、买卖、运输或者盗窃、抢夺枪支弹药罪(第112条),伪造国家货币或者贩运伪造的国家货币罪（第122条），故意伤害致死罪（第134条），惯窃、惯骗罪（第152条），盗运珍贵文物出口罪（第173条）。死刑、无期徒刑共20条，占分则条文总数103条的19.4%。这些重刑都是对付反革命罪和重大刑事犯罪的。从这里也就可以看出我国刑法的打击锋芒了。

这里顺便谈一个问题。在讨论学习刑法的时候，有的同志曾提出，我们这部刑法，刑规定得太轻了。是不是轻了？这要具体分析。与第33稿比，总的说是轻一些，例如第33稿规定的死刑有16条，现在是15条（按实际说）；第33稿规定的无期徒刑是29条，现在是20条；第33稿可能判处超过5年徒刑的条文有77条，现在是62条。其他的量刑幅度，一般也有所降低。但是，考虑到现在的形势：国内剥削阶级已经消灭了，大规模的急风暴雨式的阶级斗争今后不搞了；从犯罪情况看，反革命罪、重大刑事犯罪只是少数，多数是人民内部犯罪，特别是青少年犯罪。在这种情况下，刑罚总的应当比过去轻些。我们现在是处于社会主义建设新时期，强调社会主义民主和社会主义法制，不加区别地一味采取严刑峻法是不符合人民利益的。多杀人，多判重刑，就那么好？不见得。当然，对于重大反革命罪、重大刑事犯罪，法定刑该重的还是要重，决不能心慈手软，打击不力。我们的刑法现在有15条死刑、20条无期徒刑，占分则条文总数的19.4%，比例不算小；加上可能判处超过5年有期徒刑的条文共有62条，比例就更大了（占60.2%）。所以，总的说不能认为我们现在这部刑法的刑规定得轻了。该重的要重，该轻的要轻，我们的法定刑基本上是合理的。

我国刑法在打击敌人、惩罚犯罪的同时，保护着国家和人民的利益，保护着社会主义的社会关系。

我国刑法把保卫人民民主专政制度作为自己头等重要的任务。多年来的斗争实践表明，国内外敌人总是千方百计妄图推翻我们这个制度，复辟地主资产阶级统治。"文化大革命"期间，林彪、"四人帮"一伙的倒行逆施，大搞封建法西斯专政，就是一个铁证。惨痛的历史事实教育了人民，时刻不能放松保卫人民民主专政制度的斗争。反革命分子虽然是极少数，但是他们的危险性很大，而且由于受到了打击，他们的活动更隐蔽，手段更狡猾。我国刑法总结了多年同反革命斗争的经验，详尽地规定了各种反革命罪及其量刑幅度，为我们镇压反革命的活动提供了有力的法律武器。我们必须善于运用这个武器，准确地打击敌人，有效地保护人民。

我国刑法作为社会主义上层建筑的一部分，积极为社会主义经济基础服务。条文规定，要保护社会主义的全民所有的财产和劳动群众集体所有的财产，也就是要保护两种社会主义公有制，保护社会主义经济基础。社会主义公共财产不仅是建设社会主义、巩固国防、使国家日益繁荣富强的物质基础，而且是人民物质文化生活水平不断提高的源泉，也是人民享受各项自由权利的物质保证。因此，保护社会主义公共财产不受侵犯，是关系到坚持社会主义道路，保卫社会主义成果的重大问题。在保护公共财产的同时,对公民私人所有的合法财产,包括公民的合法收入、储蓄、房屋等生活资料,以及依法归个人或者家庭所有、使用的自留地、自留畜、自留树等生产资料,也要予以保护。前些年,由于林彪、"四人帮"的干扰破坏,有些人总想"割私有制的尾巴",不仅强收社员自留地,乱砍社员房前屋后的林木、果树,而且蛮横地侵犯他们的各种财物和家庭副业;在城市,一度也发生过侵占私人房屋和冻结某些私人存款等事情。这些违反政策任意侵犯公民私人所有的合法财产的做法,造成了很大的危害和思想混乱。因此,在刑法条文中明确写上保护私人所有的合法财产是很有针对性的。这既符合社会主义经济发展的规律,也是广大人民群众所迫切要求的。

切实保护广大人民的人身权利、民主权利和其他权利,是由我们国家的人民民主性质所决定的。早在抗日战争时期,毛泽东同志就指出:"全国人民都要有人身自由的权利,参与政治的权利和保护财产的权利。全国人民都要有说话的机会,都要有衣穿,有饭吃,有事做,有书读,总之是要各得其所。"①毛泽东同志的这个预言,在新中国成立以后,即逐步变成了生动的现实。令人愤慨的是,林彪、江青反革命集团一度篡夺了党和国家很大的一部分权力,他们破坏人民民主,践踏社会主义法制,把国民经济推到崩溃的边缘,使公民的人身权利、劳动权利毫无保障,民主权利被剥夺殆尽。只是在粉碎"四人帮"之后,公民的这些权利才又重新得到了保障,而且党和国家比以往任何时候都更加注意加强这方面的工作和教育。总结这一正一反的极其深刻的经验教训,在刑法中特别强调保护公民人身权利、民主权利和其他权利是很有意义的。

刑法既要充分保护人民行使民主权利,又要注意维护社会秩序、生产秩序、工作秩序、教学科研秩序和人民群众生活秩序,打击极个别利用错误思潮煽动闹事,制造动乱,严重扰乱社会秩序,破坏社会安定的"害群之马"。早在1957年,毛泽东同志就严肃地指出:对于煽动群众闹事,破坏社会正常秩序的人,"我们并不赞成放纵他们。相反,必须给予必要的法律的制裁。惩治这种人是社会广大群众的要求,不予惩治则是违反群众意愿的"。② 因此,刑法针对这方面的问题作了相应的规定(第158条、第159条),是完全必要的。

我国当前以及今后相当长一个历史时期的主要任务,也可以说是中心任务,是有系统、有计划地进行社会主义现代化建设,是集中精力搞"四化"。能否实现"四化",决定着我们国家和民族的命运。"四化"建设代表着最大多数人的最大利益,是当前最大的政治。国家的巩固,社会的安定,人民物质文化生活的改善,最终都取决于现代化建设的成功,取决于生产的发展。我国刑法通过同犯罪作斗争,保卫

---

① 《毛泽东选集》横排本,第766页。
② 《毛泽东选集》(第5卷),人民出版社1977年版,第396页。

人民民主专政和社会主义制度,保护公民的权利和合法利益,维护社会主义秩序,归根到底,也就是为了保障和促进社会主义现代化建设。有些犯罪如贪污、盗窃、走私、伪造倒卖票证等,直接危害社会主义经济建设,加强同这些犯罪作斗争,自然更是"四化"所绝对必需的。为社会主义四化服务,就是为我国全体人民的最大利益服务,为我国当前最大的政治服务。我国刑法的这种社会主义本质,是任何剥削阶级刑法所没有也不可能有的。

总之,我国刑法的任务就是运用刑罚手段,打击敌人,惩办罪犯,保护人民,巩固和发展安定团结、生动活泼的政治局面,保障社会主义现代化建设的顺利进行。这也就是我国刑法在新长征中所起的作用。我们必须正确地发挥刑法的这个作用。

四、刑法的空间效力(第3—8条)

刑法在什么地方有效力?对什么人有效力?这就叫做刑法的空间效力。我国《刑法》第3条至第8条规定的即是刑法的空间效力,涉及的不外是四个方面的问题:

(1) 中国人在国内犯罪怎么办?

(2) 外国人在中国犯罪怎么办?

(3) 中国人在国外犯罪怎么办?

(4) 外国人在国外对我国国家或公民犯罪怎么办?第3条至第8条就是回答和解决这些问题的。

外国解决上述问题是有一些原则的:

第一个叫属地原则——以地为标准。凡在本国领域内犯罪,不问犯罪人是本国人或外国人,都适用本国刑法;在本国领域外犯罪,都不适用本国刑法。

第二个叫属人原则——以人为标准。凡本国人犯罪,不问在本国领域内或本国领域外,都适用本国刑法;外国人即使在本国领域内犯罪,也不适用本国刑法。

第三个叫保护原则(或叫自卫原则)——以保护本国利益为标准。对于侵害本国国家或公民利益的犯罪,不问犯罪人是本国人或外国人,也不问犯罪地在本国领域内或本国领域外,都适用本国刑法。

还有第四个原则:以属地原则为基础,以其他原则为补充,即凡在本国领域内犯罪的,不问犯罪人是本国人或外国人,都适用本国刑法;本国人或外国人在本国领域外犯罪,在一定情况下,也适用本国刑法。

从传统上说,英美法系采取属地原则;欧洲大陆法系采取属人原则。但后来都有例外。到了近代,各国刑法多数都采取上述第四个原则。

我们刑法采取的也是这个原则。以下分别谈谈各条的基本精神和主要问题。

《刑法》第3条第1款规定,凡在我国领域内犯罪的,不论是中国人、外国人,都适用本法,但是法律有特别规定的除外。这里所说的"领域",就是指国境以内的全部领域,包括领陆、领水和领空。所说的"法律有特别规定",主要是指第8条关于享有外交特权和豁免权的外国人的刑事责任问题的规定,第80条对民族自治地方制定的变通或者补充的规定,以及国家在刑法施行以后可能制定的其他刑事法律的特别规定(如有关军人违反职责罪的规定等)。在有这些特别规定的情况下,当然要适用特别规定进行处理。

第3条第2款还规定:"凡在中华人民共和国船舶或者飞机内犯罪的,也适用本法。"这个规定在第22稿和第33稿都没有,是对第33稿进行修订时新增加的。本来以为这个问题不规定也可以,其实是个漏洞,因为"领域"的概念并不包括船舶、飞机在内,如不增加这个规定,就有可能引起不必要的纠纷。因此这次仿照日本、德国等国的立法例,对此加以明文规定。条文中所说的船舶、飞机,既指军用的,也指民用的;既指航行途中,也指停泊状态;地点既指在公海或公海的上空,也指在别国的领域内(在别国领域内犯罪,当然别国也有权管辖)。

本条第3款还规定:犯罪的行为或者结果有一项发生在我国领域内的,就认为是在我国领域内犯罪。这就是指在国外实施犯罪行为而在我国领域内发生危害结果(例如在国境线外侧向内侧开枪,射死我边境居民),或者在我国领域内实施犯罪行为而危害结果发生在国外(例如在国内邮寄包裹时蒙混寄运爆炸性物品,而在国外发生爆炸的情形)。关于这个问题,外国的立法理论和立法例原有三种主张和做法:一是"行为地说",即必须行为发生在本国领域内,才认为是在本国领域内犯罪;二是"结果地说",即必须结果发生在本国领域内,才认为是在本国领域内犯罪;三是"行为或结果择一说",即只要行为或结果有一项发生在本国领域内,就认为是在本国领域内犯罪。我国刑法的上述规定表明,我们采取的是"行为或结果择一说"。这样的规定有利于加强同犯罪作斗争,更好地保卫国家和人民的利益;特别是在当代科学技术日益发达,交通日益方便,犯罪方式增多,跨国犯罪现象增长的情况下,犯罪分子往往钻各国法律不同规定的空子来逃避法网,作这样的规定尤其必要。

《刑法》第4条规定:我国公民在国外犯反革命罪,伪造国家货币罪,伪造有价证券罪,贪污罪,受贿罪,泄露国家机密罪,冒充国家工作人员招摇撞骗罪,伪造公文、证件、印章罪的,适用我国刑法。第5条作了补充:我国公民在国外犯第4条以外的罪,如果按刑法规定的最低刑为3年以上有期徒刑,而且按照犯罪地的法律亦应受处罚的,也适用我国刑法。这两条既体现了我们国家对在国外的我国公民有管辖权,同时也照顾到他们在国外生活、学习和工作不同于在国内的实际情况,对他们的犯罪只规定有选择有重点地予以追究。第4条列举的那些罪,犯罪性质明显,危险性较大,不发生犯罪人是否了解我国法律规定的问题,因此虽发生在国外,也理应予以追究;第5条补充的都是重罪,而且犯罪地的法律也是处罚的,例如故意杀人、放火、抢劫、强奸,等等,因此也应予以追究。除此之外,追究就没有什么必要了。

《刑法》第6条规定:外国人在我国领域外对我国国家或者公民犯了罪,如果按我国刑法规定的最低刑为3年以上有期徒刑,而且按照犯罪地的法律也应受处罚的,可以适用我国刑法。有人怀疑这样规定是否实际?他们认为最好写明在我国领域内被捕的,适用我国刑法。其实,条文用"可以"二字,表明已考虑到这种实际情况,留有灵活余地。因为犯罪分子是外国人,而且是在国外,如果没有为我所捕获,或由国外引渡过来,是无法适用我国刑法对其加以惩罚的。但是,根据国家主权不可侵犯的原则和保护国家利益及公民权利的原则,规定本条是有必要的。有了这条规定,我们同犯罪人所在国通过外交途径进行交涉,就有了法律上的根据;如果犯罪人是对华侨犯罪,这样规定对华侨也是有力的声援和支持。因此本条的规定可以在政治上保持主动,是符合国家利益的。

《刑法》第7条规定:"凡在中华人民共和国领域外犯罪、依照本法应当负刑事责任的,虽然经过外国审判,仍然可以依照本法处理;但是在外国已经受过刑罚处罚的,可以免除或者减轻处罚。"这条规定既体现了我国独立自主的主权原则,不受外国审判效力的约束,同时又照顾到犯罪分子已在外国受过刑罚处罚的实际情况,因此是合情合理的。这里所说的"在外国已经受过刑罚处罚的",既包括在外国被判缓刑的,也包括执行了刑罚的一部或全部的,不论哪种情况,都可以适用本条的规定,予以免除或者减轻处罚。

《刑法》第8条规定:"享有外交特权和豁免权的外国人的刑事责任问题,通过外交途径解决。"这是对第3条关于外国人在我国犯罪问题的规定的一种例外。也就是说,对享有外交特权和豁免权的外国人,不能直接适用我国刑法进行惩治。这个规定不是单方面的,而是依照国际法和国与国之间的平等互惠原则作出的。

豁免权的内容是:① 人身不可侵犯;② 办公处、住所和公文档案不可侵犯;③ 不受司法管辖;④ 免纳关税和捐税,免除一切役务。外交特权有广义和狭义两种理解。

广义的包括豁免权及下列特权:① 在使馆可以装置并使用无线电发报机(须经接受国同意),可以使用密码电信;② 使馆馆舍、馆长寓邸与交通工具可以悬挂本国国旗、国徽;③ 可以派遣外交信使等。狭义的仅指豁免权以外的上述特权。

第8条所说的外交特权,因为是与豁免权并列在一起的,故应作狭义的理解。享有外交特权和豁免权的外国人通常是指外国元首、政府首脑、外交代表、外交官及其亲属(配偶、未成年之子、未结婚之女)等。需要指出的是,第8条规定的精神,不是说享有外交特权和豁免权的外国人有权胡作非为,也不是说他犯了罪不算犯罪,更不是说他可以任意挑衅而不许他人自卫,而是说他的刑事责任问题,应当通过外交途径解决。解决的方法可以是建议派遣国依法予以处理,也可以是宣布为不受欢迎的人,令其限期出境;罪行严重的也可以由政府宣布驱逐出境。究竟采取何种方法,是应当由我国有关部门很好考虑决定的。

五、刑法的时间效力(第9条)

《刑法》第9条规定的是时间上的效力。内容包括两个问题:

1. 刑法从什么时候开始生效?

条文和叶剑英委员长1979年7月6日发布的第5号令中都已作了明确的回答:自1980年1月1日起生效。

刑法是国家的基本法之一,从公布到施行需要有一段间隔时间,便于向群众和干部进行宣传教育,加强法制观念,同时也使执法机关有一个培养、训练、提高的机会,从思想上、组织上、业务上做好充分的准备。我国刑法从公布到施行,相隔时间是半年,这当然是从我国实际情况出发考虑决定的,但也适当参考了各国刑法公布施行的一些经验和做法。我们查阅了二十几个国家的刑法,除1942年《蒙古人民共和国刑法典》从批准之日(1月17日)生效外,其余均在公布之后相隔一段时间才开始施行。相隔时间最长的为《荷兰刑法典》,1881年3月3日颁布,1887年9月1日生效,相隔6年半。最短的为《捷克斯洛伐克共和国刑法典》,1950年7月18日公布,1950年8月1日施行,相隔仅14天。其余有1个月、几个月的,也有1年、2年、3年的,看来几个月至一年的居多数。

关于以什么方式规定刑法的施行问题,大体上有两种情况:

(1)通过专门的法律或法令。如国民党政府于1935年1月1日公布刑法,于4月1日公布刑法施行法,二者皆于同年7月1日起施行;阿尔巴尼亚于1952年5月23日公布刑法典,于8月7日通过关于施行刑法典的法令,二者均于同年9月1日起生效;苏俄最高苏维埃也曾于1960年10月27日通过一项批准《苏俄刑法典》的法律,规定该法典自1961年1月1日起施行。

(2)在刑法典中对施行问题附带加以规定。其中有写入条文的,如《捷克斯洛伐克共和国刑法典》的"附则"、《保加利亚人民共和国刑法典》的"过渡性规定"、《巴西联邦共和国刑法典》的"最后规定";也有不写入条文,而附于刑法典末尾的,如《蒙古人民共和国刑法典》。

各国关于刑法施行问题的规定,主要有以下内容:

(1)刑法施行(生效)的时间(年月日)。

(2)因刑法施行而废除的法律、法令或条文(一般都详细列举,有的如巴西只作原则规定,也有的未加规定,而依新法优于旧法的原则来解决)。

(3) 刑法施行后,对过去已处理、正在处理或未处理的某些问题,适用或不适用新刑法的规定(包括时效、定罪、量刑、某些刑种的适用、刑罚的执行等问题)。

比较了各国的这些规定,可以看出,我国在《刑法》第9条直接规定刑法的施行问题,的确是相当简便的,而且从公布到施行间隔半年,也是很适当的。

2. 刑法有没有溯及力?

刑法有没有溯及力,也就是说,对刑法生效以前发生的犯罪行为能不能用本刑法处理?这个问题比上一个问题要复杂一些。从各国立法例看,解决这个问题有以下几种原则:

第一个是从新原则——按新法处理,即新法有溯及力;

第二个是从旧原则——按旧法处理,即新法没有溯及力;

第三个是从新兼从轻原则——新法原则上有溯及力,但旧法处罚更轻时除外;

第四个是从旧兼从轻原则——新法原则上没有溯及力,但新法处罚更轻时除外。

近代和现代资本主义国家刑法,多数采取从旧兼从轻原则。苏联建国初期,为了迅速确立社会主义法律秩序,在颁布第一个刑法典(1922年)时,规定刑法典有溯及既往的效力,即从新原则。以后就有变化,采取从旧兼从轻原则。所以这个原则差不多成了世界各国的通例。我国《刑法》第9条所体现的也是从旧兼从轻原则。按照这条的规定,1949年10月1日至1979年12月31日这段时间内发生的行为,要按以下办法解决:

(1) 当时的法律、法令、政策不认为犯罪的行为,不论现在的刑法如何规定,均不认为犯罪。例如《刑法》第144条规定的非法侵入他人住宅罪、第149条规定的非法开拆他人信件罪,过去的法律、法令、政策并不认为是犯罪,现在强调保护公民的人身自由和民主权利,才规定为犯罪。既然如此,就不能拿现在的情况去套过去,如果那样,打击面就宽了,不利于安定团结;而且这样做对行为人显然是"不教而诛",既不公平,也不符合社会主义法制的要求。

(2) 当时的法律、法令、政策认为犯罪,而现在的刑法不认为犯罪的,只要该行为未经审判或者判决未确定的,即不认为犯罪。例如通奸妨害家庭,就属于这种情况。现在认为这种行为主要是道德问题,要靠批评教育解决,必要时可以给予纪律处分。既然国家已不把这种行为列入刑事犯罪的范围,因此,刑法生效以后,对过去的这种行为,只要未经审判或者判决未确定的,就不应再当犯罪予以判刑。

(3) 当时的法律、法令、政策和现在的刑法都认为犯罪,而且未过追诉时效的,除了现在的刑法处刑较轻的适用现在的刑法外,都按照当时的法律、法令、政策追究刑事责任。例如各种具体反革命罪,过去规定于《惩治反革命条例》,现在规定于刑法分则第一章,二者基本上是一致的,但后者的法定刑普遍比前者的法定刑稍轻,因此,刑法生效以后,对过去的反革命罪如需要追究刑事责任的,应当适用刑法的规定,而不再适用《惩治反革命条例》的规定。又比如对"文化大革命"中发生的"打砸抢"等犯罪案件的处理,中央在刑法施行前已有专门文件,总的精神比刑法的有关规定要宽些,因此,对这类问题就不宜适用刑法的规定。

《刑法》第9条的规定,贯彻了"过去从宽"的精神,有利于缩小打击面,扩大教育面,促进安定团结,化消极因素为积极因素,因此是符合国家和人民利益的。

第二章

犯罪

第一节　犯罪和刑事责任

一、犯罪的概念（第10条）

犯罪不是自古就有的，也不是永恒存在的。它是人类社会发展到一定阶段，随着私有制的产生，随着社会分裂为阶级和国家的形成而出现的。一切剥削阶级统治的国家，为了维护其统治，总是把危害自己阶级利益和统治秩序的行为宣布为犯罪，并予以刑罚处罚。

社会主义国家与一切剥削阶级国家有本质的不同，它确定什么样的行为是犯罪，是根据无产阶级和广大人民的意志和利益决定的。我国《刑法》第10条规定："一切危害国家主权和领土完整，危害无产阶级专政制度，破坏社会主义革命和社会主义建设，破坏社会秩序，侵犯全民所有的财产或者劳动群众集体所有的财产，侵犯公民私人所有的合法财产，侵犯公民的人身权利、民主权利和其他权利，以及其他危害社会的行为，依照法律应当受刑罚处罚的，都是犯罪；但是情节显著轻微危害不大的，不认为是犯罪。"这就是我国刑法上的犯罪概念，这个概念是运用马克思主义的观点和方法，对我国社会上存在的各种犯罪现象所作的科学概括，它是我们划分罪与非罪界限的总标准。

从这个概念可以看出，犯罪具有以下三个基本特征：

1. 犯罪是危害社会的行为

行为具有一定社会危害性，是犯罪的最本质、具有决定意义的特征。如果某人的行为不具有社会危害性，或者行为的情节显著轻微，危害不大，就不能认为是犯罪。

2. 犯罪是触犯刑律的行为

也就是说犯罪是刑法所禁止的违反刑法的行为。如果行为仅仅违反党纪、政纪或其他法律、法令的规定，其严重性还没达到触犯刑律的程度，就不能认为是犯罪。

3. 犯罪是应当受刑罚处罚的行为

这是前两个特征派生出来的。如果一个行为从性质上说不应当受刑罚处罚，那也不是犯罪。不应受处罚和不需要处罚是两个意思。有的行为已构成犯罪本应受刑罚处罚,但因具有某种从宽条件不需要判刑而予以免除刑罚,这与犯罪应受刑罚处罚这个特征是不矛盾的。只有在犯罪应当受刑罚处罚这个前提下,才有免除刑罚处罚的问题。

以上三个基本特征的紧密结合,就构成了完整的犯罪概念。这个概念是实质与形式兼顾的概念,它揭露了犯罪的阶级性和对国家、对人民、对社会的危害性,同时也指出犯罪的法律特征;它与资产阶级刑法中犯罪的形式概念也即以犯罪的形式特征掩盖犯罪的阶级实质是根本不同的。

在整个刑法起草讨论过程中,对于这一条的中心内容即犯罪是危害社会的、依照法律应当受刑罚处罚的行为,从未引起争论,争论主要集中在两点上:

(1)对社会危害性如何表述,是简单些还是详细些,条文中列举的犯罪侵犯的客体要不要与规定刑法任务的条文中所列举的保护对象一一对口?这个问题在历次草稿中的解决方式是有所不同的。第22稿的条文列举得比较简单,仅提到"一切危害工人阶级领导的人民民主专政制度,破坏社会秩序……"而且与规定刑法任务的条文所列举的保护对象不对口,后者除了列举"人民民主专政制度"、"社会秩序"外,还列举了"公共财产"、"公民的人身和权利"、"国家的社会主义改造和社会主义建设事业"。第33稿的条文列举得比较详细:"一切危害工人阶级领导的、工农联盟为基础的人民民主专政制度,破坏社会主义革命和社会主义建设、破坏社会秩序、侵犯国家所有的和集体所有的公共财产,侵犯公民所有的合法财产,侵犯公民的人身和其他权利……"而且与规定刑法任务的第2条所列举的保护对象一一对口。《刑法》第10条是在第33稿相应条文的基础上修订的,列举得更详细了,增加了危害国家主权和领土完整、侵犯民主权利等内容,但与第2条的列举只是基本上对口,而不是一一对口。

(2)本条"但书"的表述,究竟是解决罪与非罪的界限,还是解决论处不论处的界限?第22稿的写法是:"情节显著轻微危害不大的,不以犯罪论处";第33稿的写法是:"情节轻微危害不大的,不以犯罪论处";现在刑法的写法是"情节显著轻微危害不大的,不认为是犯罪"。看来这条"但书"的任务是从原则上划分罪与非罪的界限,而不是划分论处不论处的界限,否则与第32条就不好区分了。

二、犯罪的故意和过失(第10—13条)

犯罪行为就行为人的主观方面来分析,必须是出于故意或者过失。故意、过失是构成犯罪从而负刑事责任的必要条件,没有故意、过失,尽管客观上造成了较大的损害结果,也不能认为是犯罪从而令其负刑事责任。这是我国刑法反对"客观归罪"、反对处罚无辜的原则立场。第13条的规定,正是表明了这一立场。

什么是故意,什么是过失?第11条、第12条分别作了明确的规定。这里既包括理论上所说的"直接故意"和"间接故意",也包括了理论上所说的"有认识过失"(过于自信)和"无认识过失"(疏忽大意),是有关故意、过失的比较全面的定义,也是参照其他一些国家刑法理论上已经解决了的观点所作的规定。由于考虑到直接故意和间接故意之间、有认识过失和无认识过失之间,并没有原则的区别,同时在实际工作中一一划分起来也有困难,因此在条文上就没有分开来写。

在讨论过程中,有人曾建议,在过失犯罪一条中"疏忽大意"前面增加"严重不负责任"一语,或者在"疏忽大意"后面增加"不负责任"一语,以便作为责任事故方面犯罪的构成条件之一。但是经过研究,认为"严重不负责任"或"不负责任"的表现,不外乎是疏忽大意或过于自信,而这些内容在条文中已有规定,所以没有必要再增加了。

犯罪行为如果是出于故意的,比起出于过失有着更大的社会危害性,故意犯罪的人,主观恶性也比较大,因此第11条第2款规定:"故意犯罪,应当负刑事责任。"刑法分则所规定的犯罪,绝大多数是故意罪,有些罪按其本质来说,只能是故意构成的,例如反革命罪、抢劫罪、盗窃罪、强奸罪,等等。故意罪经常是敌人为了反抗社会主义革命和敌视、破坏社会主义建设、破坏社会秩序所实施的,敌我矛盾性质的犯罪都是表现在故意罪上,因此对故意犯罪规定严格追究刑事责任是完全必要的。当然某些故意罪也可能是人民内部的人犯的,甚至少数故意罪(如虐待、重婚等)一般的说是属于人民内部问题,但是对他们依法给予制裁,作为说服教育的一种辅助手段,也是不可缺少的。

至于过失行为,由于行为人主观上并不具有犯罪的意图,而是犯了错误,造成了严重后果,因此,虽不能忽视必要的法律制裁,但在刑事追究面上一定要小。《刑法》第12条第2款规定:"过失犯罪,法律有规定的才负刑事责任。"这就是要把过失犯罪的面严加控制,如果不是法律有规定的,即不能当作犯罪来追究。刑法分则规定的过失罪,只有失火、过失决水、过失爆炸、过失引起中毒(第106条第2款),过失毁坏交通工具、交通设备、电力煤气设备、易燃易爆设备(第110条第2款),过失破坏通讯设备(第111条第2款),交通肇事(第113条),厂矿重大责任事故(第114条),违反危险物品管理规定重大事故(第115条),过失杀人(第133条),过失致人重伤(第135条),玩忽职守(第187条)等少数几条,这些都是经过慎重周密考虑,认为在一定条件下非给予刑罚处罚不可,才规定为犯罪的。

三、刑事责任年龄(第14条)

我们国家对未成年人是无限关怀的。未成年人实施危害社会的行为,国家一贯坚持"教育为主、惩罚为辅"的方针,即一般的着重于教育、感化和挽救,必要时追究刑事责任,目的也还是为了教育、感化和挽救。但是,关于未成年人从什么年龄开始担负刑事责任的问题,新中国成立以来则有过不同的规定。1951年11月7日中央人民政府法制委员会在一个批复中指出:未满12岁者的行为不予处罚;未满14岁者犯一般情节轻微的罪可不予处罚,但应交其家属、监护人或者所属机关团体,予以管理教育;已满12岁者如犯杀人、重伤、惯窃以及其他公共危险性的罪,法院认为有处罚必要者,得酌情予以处罚;14岁以上未满18岁者的犯罪,一律予以处罚,但得较18岁以上的成年人犯罪从轻或减轻处罚。1954年8月26日通过的《中华人民共和国劳动改造条例》第21条规定:"少年犯管教所,管教十三周岁以上未满十八周岁的少年犯。"1955年10月28日司法部的一个批复指出:什么是少年犯及应负刑事责任的年龄,应依劳动改造条例第21条的规定,13周岁以上未满18周岁的少年犯了罪可以称为少年犯,在此范围内的少年,如犯反革命、杀人、放火、烧山等严重罪行,应负一定的刑事责任。如果不是反革命、杀人、放火等严重罪行,而是一般轻微刑事犯罪的少年犯,经屡教不改,其家庭又不能负责,但无须判刑,又必须给予管教者,可由公安机关提请人民法院核定后送管教所管教。

1957年6月28日的刑法草案第22稿,总结了已往的规定,将刑事责任年龄划分为三个阶段:① 不满13岁的人,不论实施任何危害社会的行为,都不负刑事责任。② 已满13岁不满15岁的人,犯杀人、重伤、放火、严重偷窃罪或者严重破坏交通罪,应当负刑事责任,犯其他罪,不负刑事责任。③ 已满15岁的人犯罪的,应当负刑事责任。还规定:已满13岁不满18岁的人犯罪,从轻或者减轻处罚;因不满15岁不处罚的,责令他的家属或者监护人加以管教。

1963年10月9日的第33稿对第22稿的上述规定作了如下几处修改补充:

(1) 把"十五岁"一律改为"十六岁"。理由是少年犯主要靠教育,追究刑事责任的面要尽量缩小些。不满16岁的人总还是小孩子,缺乏刑法观念,一般不宜追究刑事责任。要追究的只能限于条文所列举的杀人、放火等少数几种罪。至于已满16岁的人,体力与智力已有了相当的发展,具有一定的社会知识和分辨是非、控制意志的能力,他们在农村已经可以当人民公社的社员,作为全劳动力从事生产劳动;上学的,一般已经初中毕业,该上高中了,因此,以满16岁作为完全负责任年龄的起点是比较合适的。

(2) 由于把"十五岁"改为"十六岁",相应的把"十三岁"也改为"十四岁",仍保持原来两岁的距离。

(3) 在"责令他的家属或者监护人加以管教"后面,增加一句"在必要的时候,也可以由政府收容教养"。所谓必要的时候,一般是指家长或者监护人确实管教不了,或者行为情节严重,引起公愤等情况。有了这样的规定,就可以为某些不宜或不便追究刑事责任的少年的收容教育,提供法律依据,比较主动。这是一项必要的社会保护措施。在讨论过程中,曾考虑要不要对被收容教养的人规定最低年龄限制,大家认为不加限制,执行起来更灵活。实际上不会把很小的孩子收容起来(以往实践中一般是从满13岁开始)。对于无人管教,恶性又大,放在外边仍有危险性的儿童,即便小一点也可收容,这样做对社会并没有坏处。

《刑法》第14条基本上维持了第33稿相应条文的内容,仅在第2款列举的罪名中增加"抢劫"一项,把"严重偷窃罪"改为"惯窃罪",把"严重破坏交通罪"改为"其他严重破坏社会秩序罪",这样概括得全面些,不致把已满14岁不满16岁的人在实践中所犯的一些严重罪行放纵了。另外,把第4款中的"家属"改为"家长",更为确切。

第14条关于刑事责任年龄的规定,以及第44条关于未成年人犯罪不适用死刑的规定,体现了我们国家对下一代的关怀和保护,对少年犯宽大处理和着重于教育、改造和挽救的精神。此外,第26条还规定:教唆未成年人犯罪的,应当从重处罚。以打击和防止坏人将少年、儿童引入歧途。这也是对未成年人关怀和保护的表现。

四、刑事责任能力(第15条、第16条)

《刑法》第15条完全维持了第22稿和第33稿相应条文的规定,只字未改。

在讨论过程中,有过争论的问题是:

1. 在"精神病人"后面是否还增加"或者有其他病态的人"一词

有的同志提出,在生活中,像患痴呆症、夜游症、发高烧神志不清以及病理醉酒的人,如果在不能辨认或者不能控制自己行为的时候造成危害结果的,也理应不负刑事责任,可是这些人不好说是精神病人。因此,他们认为可以仿照某些社会主义国家的立法例,在条文中增加"其他病态"字样,以便概括上述情况。但多数同志认为,精神病多种多样,有慢性精神病,如精神分裂症、渐进性麻痹症、癫痫症等;有一时精神错乱,如病理的奋激、病理的醉酒等。因此条文中的"精神病人"可以作广义上的理解,不必再增加"其他病态"字样。后来采取了多数同志的意见。

2. 要不要规定对精神病人强制医疗

有人认为,只规定"责令他的家属或者监护人严加看管和医疗"是不够的,应该增加"必要时由政府强制医疗",这样,对个别需要强制医疗的,也可做到于法有据。经过讨论,大家认为,对于个别严重的精神病人,实在需要集中管理给予强制医疗的,只要家属同意,就可以这样做,这并不违反什么法;相反,从我们的实际出发,法律上对这点倒不宜明文规定。因为我们的医疗机构(精神病院)不足,法律规定了容易落空,反而被动。同时,不明文规定,也可避免某些精神病人的家属借此把自己的管教责任推给政府,或者放松自己的管教责任。

第15条第3款规定:"醉酒的人犯罪,应当负刑事责任。"这是因为醉酒的人不属于无责任能力的人,在醉酒状态下通常只能在某种程度上减弱对自己行为的控制能力,并不是完全丧失控制能力和辨认能力;而且更重要的是,有了这条规定,可以加强同酗酒这种恶习作斗争,防止某些人借酒发疯进行犯罪活动。

第16条规定:"又聋又哑的人或者盲人犯罪,可以从轻、减轻或者免除处罚。"

这条与第33稿相应条文相比,一是增加了"盲人";二是增加了"免除处罚"。出发点是对这些人要宽大些。这些人并不属于无责任能力的人,但由于他们生理上有严重缺陷,在接受教育方面受到限制,辨别事物的能力总的来说比健康人要差,因此,规定对他们的犯罪"可以从轻、减轻或者免除处罚"是适宜的。这一规定也体现了我国刑法的革命人道主义精神。

第22稿在本条后面还有一条关于不知法律而犯罪的规定:"对于不知法律而犯罪的,不能免除刑事责任;但是根据情节,可以从轻或者减轻处罚。"第33稿删去此条。因为在实际工作中,很难辨别犯罪分子是否知道法律。同时删去此条,也可免得某些犯罪分子钻空子。但是,如果查明行为人因确实不知法律而犯了某种罪,有情有可原的一面,人民法院可以酌情从宽处理。

五、正当防卫(第17条)

正当防卫是公民的一项合法权利。当公民正确行使这项权利的时候,不仅对社会无害处,而且对社会有好处。故法律规定:正当防卫行为不负刑事责任。但是,法律禁止滥用此项权利,过当地对不法侵害分子给予不必要的报复。所以条文规定正当防卫必须具备一定的条件:

(1) 从侵害行为方面说,它必须是不法的,而且必须是实际存在的和正在进行的。

(2) 从防卫行为方面说,首先,只有当法律所保护的公共利益、本人或者他人的人身和其他权利受到侵害时才能采取防卫行为;其次,防卫行为只能使侵害者的利益遭到损失,而不能以反对第三者为目的;最后,防卫行为不能超过必要限度,如果超过必要限度造成不应有的危害的,仍要负刑事责任,只是考虑到防卫行为系对不法侵害分子实施的,情有可原,故规定应当酌情减轻或者免除处罚。至于什么是"必要限度",则要根据不法侵害行为的性质和强度以及所防卫利益的性质和大小等,具体问题具体分析,很难规定一个统一的标准。

六、紧急避险(第18条)

紧急避险和正当防卫一样是公民的一项合法权利,正确行使这项权利,对社会也是有益无害的,故法律规定紧急避险行为也不负刑事责任。条文中规定紧急避险的条件是:

(1) 从危险方面说,它必须是实际存在的、正在发生的而且是紧急的。

(2) 从避险行为方面说,首先,它必须是为了避免公共利益、本人或者他人的人身和其他权利遭受危险;其次,它必须是在没有其他办法的情况下不得已采取的行为,所以规定要"不得已",是因为它所损害的是第三者的利益,而这一利益也是受到法律保护的;最后,它必须不超过必要限度,如果超过必要限度造成不应有的危害的,仍要负刑事责任,不过根据情况,应当予以减轻或者免除处罚。所谓"必要限度",也要具体问题具体分析。如果所避免的损害和引起的损害是两个可比的利益的话,必要限度通常是指引起的损害比所避免的损害较轻的情况,因为只有在这种情况下,才能说紧急避险行为客观上对社会是有益的。

关于行使紧急避险的权利,有一个例外的规定,这就是本条第3款。这款所说的人之所以不适用关于避免本人危险的规定,是因为他们所从事的职务和业务的性质决定他们有冒某种危险的义务,他们不能借口危险而逃避自己的义务。例如当犯罪分子袭击工厂时,警卫人员不能借口有生命危险而袖手不管;当房子失火时,消防队员不能怕火烧而坐视不救;当船只遇到风暴袭击时,船长不能怕船只沉没而只身逃跑;等等。

附带说明一下,"紧急避险"在第22稿中称为"紧急避难",许多同志反映,"紧急避难"一词沿自旧法,不通俗、不明确,因为谈"危难"通常是指灾难,而实际上本条的危险来源不见得都是灾难,因此,"危难"不如"危险"确切;同时,"紧急避难"也易与"政治避难"混淆,不足以表明它是对正在发生的危险所采取的一种紧急措施。故第33稿改为"紧急避险",以后各稿均照此未变。

第二节 犯罪的预备、未遂和中止

一、犯罪的预备(第19条)

这条维持了第33稿相应条文的规定,与第22稿同条相比,仅补充了"免除处罚"的内容。

关于对预备犯要不要在条文中规定"免除处罚",修改过程中曾有争论。主张不应规定的同志认为:预备犯中包括反革命罪的预备犯,如果规定了"免除处罚",就有可能放纵反革命犯。至于普通刑事犯罪的预备犯,一般提不到法院里来,因此,不发生人民法院对他们免除处罚的问题。主张在条文中规定"免除处罚"的同志认为:普通刑事案件的预备犯比较多,如果不规定免除处罚,就意味着都处罚,而这是不符合实际情况和政策精神的。实际情况是:对于普通刑事犯罪中的预备犯,一般的不予处罚,只是对少数重大刑事犯罪(如杀人、抢劫等)的预备犯才予处罚,而这是符合区别对待政策原则的。另外,对预备犯的处罚,原则上应该轻于对未遂犯的处罚,如果不规定"免除处罚",在条文中就不能体现出这一区别。经过再三考虑,认为第二种意见的理由比较充分,故采纳。

当然,第一种意见担心会放纵反革命犯,这也是值得注意的。笔者认为,问题的关键是在于如何根据预备犯罪的性质、预备犯的恶性大小以及预备的内容和程度,正确掌握区别对待的原则。反革命罪对于国家具有特别严重的危险性,反革命分子是人民最凶恶的敌人,这种犯罪尽管还只处在预备阶段,一般也应予以处罚;当然,考虑到预备犯毕竟和既遂犯有所不同,所以也可以根据情节,适当比照既遂犯从轻或者减轻处罚。个别反革命罪的预备犯,由于还具备其他从宽情节,也可以考虑予以免除处罚。总之,对预备犯补充"免除处罚"的规定,只要掌握得当,是不会放纵敌人的。实际上,补充这一规定的主要目的,还是给一些轻微犯罪的预备犯以解脱,因为轻罪本来就应该判处得轻,其中的预备犯,社会危害程度更轻一些,所以免予处罚是合理的,是有利于人民内部团结的。

二、犯罪的未遂(第20条)

本条除了一处修辞性的改动("由于……而未遂的"改为"由于……而未得逞的")外,其余均维持了第33稿相应条文的规定。

犯罪的未遂与犯罪的预备不同,它已经着手实行犯罪,但由于犯罪分子意志以外的原因而未得逞。所谓"着手实行",就是说开始实施某种犯罪构成所要求的行为,如故意杀人罪中的杀害行为、盗窃罪中的偷窃财物行为,等等;而犯罪预备虽然也有行为,但这种行为只是为上述犯罪构成所要求的行为做准备的行为。是否着手实行,这是划分犯罪预备和犯罪未遂的界限。所谓"未得逞",就是说没有完成犯罪,如举枪杀人没有打中;正要偷东西,巡逻的来了,没有偷成;等等。完成没完成犯罪,这是犯罪未遂和犯罪既遂的界限所在。凡是一种犯罪,法律要求必须发生某种危害结果才算既遂,其他构成要件要素皆具备,仅仅这个危害结果没有发生,这就叫犯罪未遂。所谓"犯罪分子意志以外的原因",就是说未完成犯罪是被迫的,违反犯罪分子意愿的。被迫还是自动,违反不违反犯罪分子的意愿,这是区别犯罪未遂与犯罪中止的关键。

从以上分析可以看出,犯罪未遂这个情节比起犯罪既遂来要轻些,比起犯罪预备来要重些,比起犯罪中止来更要重些(撇开其他条件不谈)。条文中对未遂犯的处理原则("可以比照既遂犯从轻或者减轻处罚")就是根据这个分析确定的。

三、犯罪的中止(第21条)

犯罪的中止就是犯罪分子在犯罪过程中自动中止犯罪或者自动有效地防止犯罪结果的发生。犯罪中止是犯罪分子悔悟的实际表现,而且由于中止犯罪,避免了给社会造成严重危害后果,因此,第21条第2款规定:"对于中止犯,应当免除或者减轻处罚。"对中止犯规定宽大的处理办法,对于鼓励犯罪分子悬崖勒马,促使他不要把犯罪行为进行到底,从而避免给国家和人民利益造成损失,是有积极作用的。

第三节 共同犯罪

本节共有5条条文(第22—26条),均保持第33稿的写法,仅有两处修改:一是第24条第2款,第33稿的规定是:"对于从犯,应当比照主犯从轻或者减轻处罚。"现在的规定是:"对于从犯,应当比照主犯从轻、减轻处罚或者免除处罚。"二是第26条第2款,第33稿的规定是:"如果被教唆的人,没有犯被教唆的罪,对于教唆犯,可以从轻、减轻或者免除处罚。"现在的规定是:"如果被教唆的人没有犯被教唆的罪,对于教唆犯,可以从轻或者减轻处罚。"修改的精神是:对从犯更宽些,对教唆犯更严些。

一、共同犯罪的概念(第22条)

《刑法》第22条第1款规定:"共同犯罪是指二人以上共同故意犯罪。"根据这个规定,成立共同犯罪要有两方面的条件:

(1) 在客观方面,各个共同犯罪人都参与了一定的犯罪活动,这些活动彼此联系、互相配合,他们对危害结果的发生都起着一定的作用,也就是说,每个共同犯罪人的犯罪行为与危害结果之间都具有因果关系。

(2) 在主观方面,每个共同犯罪人都有共同犯罪的故意,也就是说,他们都知道自己不是一个人在犯罪,而是与其他人一起在实施某种犯罪,对于共同的危害结果的发生都抱着故意的态度。

正是由于这两方面的结合,才使各个共同犯罪人的犯罪活动形成有机联系的整体,构成一个比单个人犯罪具有更大危害性的共同犯罪。二人以上共同过失犯罪,仅仅是各人的过失行为在客观上有联系,而主观上并没有共同犯罪的故意,而且也不说明这种情况比单个人犯罪危害性要大,因此不能以共同犯罪论处;"应当负刑事责任的,按照他们所犯的罪分别处罚"。

二、共同犯罪人(简称共犯)的分类问题

关于共犯的分类问题,是50年代、60年代起草、修订刑法草案过程中争论比较多的一个重要问题。为什么会有较多的争论?一方面是因为古今中外的立法例在这个问题上有歧义;另一方面也由于实践中这个问题比较复杂,分法也不一致。因此就使我们一些同志见仁见智,各谈各的主张。一直到第33稿,才基本结束了分歧,确立了统一的看法。

下面先谈谈立法例,再介绍起草讨论情况,供同行们深入研究这个问题时参考。

(一) 立法例

资产阶级刑事立法上第一个规定共同犯罪刑事责任的是 1791 年和 1810 年法国刑法典。法国刑法典采取二分法,把共犯分为正犯、从犯两类。它把教唆他人犯罪或帮助他人犯罪的都以从犯论处,而不把教唆犯或帮助犯列为独立一类。[1] 这种分类方法是和法国刑法典采取"共犯附属性"的原则有联系的。依照"共犯附属性"的原则,共犯的责任依实行犯行为的性质和情况来决定,实行犯以外的共犯的行为,没有独立的意义。换句话说,只有当实行犯实施了犯罪,其他共犯才负刑事责任,如果实行犯的行为是犯罪未遂,他们就只对犯罪未遂负责;如果实行犯因自动中止而免除处罚,他们也免除处罚。因此,实行犯被称为正犯,其他共犯被称为从犯。以后,某些资产阶级国家的刑法,又把教唆犯从从犯中分离出来,单列为一类,也就是把共犯分为正犯、教唆犯、从犯三类。这就是目前资本主义各国比较流行的三分法。例如,1871 年德国刑法典、1907 年日本刑法典、1937 年瑞士刑法典,都是采取三分法。

苏联刑事立法历来都把共犯分为三类,即实行犯(或译为执行犯)、教唆犯和帮助犯。[2] 但后来感到这种分法不能完全适应客观要求,于是许多刑法学家都主张在上述三类共犯之外另立一类组织犯。因为组织、领导犯罪集团进行犯罪活动,是最危险的犯罪形式之一。在这种犯罪活动中,组织犯有特殊的地位,起特殊的作用,具有特别重大的社会危害性,应当严加惩罚。因此,1958 年 12 月通过的《苏联和各加盟共和国刑事立法纲要》就把共犯分为四类,即实行犯、组织犯、教唆犯和帮助犯。1960 年《苏俄刑法典》和其他各加盟共和国刑法典都接受了这种分类。

除以上分类外,苏联有的刑法学者还指出:当几个人共犯一罪时,通常每一个共犯的罪过程度都是不同的。法院必须用心地弄清每一个共犯的作用,以便正确地区分主犯和从犯。也就是说,法院在定罪量刑时,要根据各个共犯在共同犯罪中所起的作用来区别主犯和从犯。

蒙古、捷克斯洛伐克、保加利亚等国刑法上关于共犯的分类,和苏联过去的分类相同,即都分为实行犯、教唆犯和帮助犯三类。但 1952 年《阿尔巴尼亚刑法典》,在上述三类之外,已明确地增加了组织犯这一类。

在旧中国,历代封建法律一向把共犯分为首犯、从犯两类。唐律规定:"诸共犯罪者,以造意为首,随从者,减一等。"明律、清律的规定也是这样。以造意者为首犯,以其他实施犯罪者为从犯,这是我国封建统治阶级"诛心"思想的表现。到北洋政府《暂行新刑律》,采用了德、日等资本主义国家立法上的三分法,把共犯分为正犯、造意犯、从犯三类,并使造意犯"依正犯之例处断"。国民党政府 1928 年和 1935 年的两个刑法,沿袭了《暂行新刑律》的规定,把共犯分为正犯、教唆犯、从犯三类。

---

[1] 参见《刑法总则分解资料汇编》,法律出版社 1957 年版,第 95 页。
[2] 同上书,第 90—92 页。

除把"造意犯"改名为"教唆犯"外,只是"从犯"的含义与《暂行新刑律》有些不同。《暂行新刑律》规定:"于实施犯罪行为以前帮助正犯者为从犯";1928年刑法规定:"帮助正犯者为从犯";1935年刑法规定:"帮助他人犯罪者为从犯。"

中华人民共和国成立以后,中央人民政府所颁行的法令中,对于共犯虽未作专门的规定和全面的分类,但在实质上,已指出它的某些种类和各类共犯的刑事责任。例如,《惩治反革命条例》在规定"持械聚众叛乱"罪和"聚众劫狱或暴动越狱"罪的刑事责任时,即区别犯罪的"组织者"、"主谋者"、"指挥者"、"罪恶重大者"、"积极参加者"等不同情况。该条例所规定的反革命挑拨煽惑罪,实质上也是教唆犯罪的一种特殊形式。在地方人民政府所发布的条例、指示中,更有直接使用"共犯"这个名称并把它分为"主犯"、"从犯"或"直接参加者"、"帮助他人者"等类的。① 1951年《中南区惩治贪污暂行条例》明确规定:"直属首长明知属员贪污有据,予以庇护或不为举发者,以共犯论。"

(二) 起草讨论情况

全国人大常委会法律室起草的刑法草案最初两个草稿(1955年1月10日稿和1955年2月20日稿),把共犯分为主犯(包括组织犯和实行犯罪的主要分子)、教唆犯和从犯三类。第二个草稿并规定,被胁迫参加犯罪的人不以从犯论处。以后参考多数国家的立法例,并考虑到组织犯的特殊危险性,从3稿(1955年3月3日)起改用四分法,把共犯分为组织犯、实行犯(正犯)、教唆犯和帮助犯四类,并仍规定被胁迫参加犯罪的人不以共犯论处。1956年2月1日草稿把被胁迫参加犯罪列为"量刑"一节中从轻处罚的诸情节之一。1956年11月12日的第13稿又在"共同犯罪"一节中规定:被胁迫、被欺骗参加犯罪的,不以共犯论处。到了1957年上半年,又感到在总则中规定组织犯,容易扩大组织犯的范围,倒不如只在分则的有关条文中对其规定较重的法定刑,这样既能使组织犯受到相应的刑事处罚,又能避免扩大组织犯的范围。因此,1957年5月12日草稿在共犯的分类中又将组织犯删除了,而改用三分法,分为正犯、教唆犯和帮助犯。对于被胁迫、被欺骗参加犯罪的,仍规定不以共犯论处。1957年6月28日的刑法草案第22稿,继续采用三分法,虽然有关胁从犯的条文删去"不以共犯论处"的字样,但共犯的分类并不包括胁从犯。

在1962—1963年对第22稿进行讨论修改过程中,关于共犯的分类问题,除对胁从犯单独规定一条意见一致外,曾提出各种方案,归纳起来大体分为五种分类法。

1. 根据犯罪分子在共同犯罪中所起的作用分类

主要理由是:

(1) 这样分类符合我国的历史传统和司法习惯。自解放区时代到现在,审判

---

① 参见1950年《西南区禁绝鸦片烟毒治罪暂行条例》。

实践中主要是根据犯罪分子在共同犯罪中所起的作用确定各个犯罪分子的刑事责任的。

（2）这样分类明确地体现出党和国家对犯罪分子区别对待的政策和原则,根据犯罪分子在共同犯罪中所起作用的大小,确定刑事责任和惩罚的轻重,策略性比较强。

（3）对犯罪分子分清主次首从,便于分化瓦解犯罪集团,而犯罪集团是最危险的犯罪形式,是我们打击的重点。

（4）共犯分类的主要目的在于区分共犯成员各自的刑事责任,便于分别量刑,而社会危害性的大小就是确定他们各自刑事责任,对他们分别量刑的重要根据。犯罪分子在共同犯罪中的分工,虽然有的(如组织犯、帮助犯)也体现社会危害性的大小,但有的(如实行犯)却体现得不直接、不明确,不像按作用分类,能直接明确地体现出社会危害性的大小,从而便于确定各自的刑事责任,便于分别量刑。

根据上述理由提出以下两种写法：一是把共犯分为主犯、从犯；二是把共犯分为主犯、从犯和其他积极参加犯罪的(指主犯、从犯之间的一般犯)。

2. 根据犯罪分子在共同犯罪中的分工分类

主要理由是：

（1）犯罪分子在共同犯罪中的分工,明确地显示出每类共犯在共同犯罪中的地位和所从事的活动,也就是说明了他们各自的犯罪事实,而确定每一犯罪分子所起作用的大小,是不能脱离分工的犯罪事实的。

（2）根据犯罪分子的分工行为,可以较好地解决定罪问题,例如教唆他人杀人与本人实行杀人,行为是不同的,因而罪名也应有所不同：一是故意杀人罪；二是教唆杀人罪。单纯按作用分类,就显示不出这种区别。又如教唆他人犯罪,当被教唆的人没有犯被教唆的罪时,教唆犯应该对他教唆的罪独立负责,单纯按作用分类,也解决不了这样的定罪问题。定罪问题是非常重要的,"共同犯罪"之所以列入"犯罪"一章,而不列入"刑罚的具体运用"一章,首先就是要解决定罪问题。

（3）按分工分类,可以较好地反映共同犯罪中的复杂情况,避免非主犯即从犯的较粗略的划分方法,而且分类标准是一致的。按作用分类,就包括不了教唆犯这一类,因为教唆犯的情况很复杂,既不能一律列入主犯,更不能一律列入从犯。如果在主犯、从犯之外另列教唆犯一类,又不是一个分类标准,在逻辑上不够圆满。

根据上述理由提出以下两种写法：一是维持第22稿的规定,把共犯分为正犯、教唆犯和帮助犯；二是分为实行犯、教唆犯、帮助犯和组织犯,但在条文中不挂"犯"字,只写为"直接实行犯罪的"、"教唆他人犯罪的"、"帮助他人犯罪的"等。

3. 以按分工分类为主

以按分工分类为主划分为组织犯、实行犯、教唆犯和帮助犯,在这个分类的基础上再把主从的分类吸收进去,即肯定组织犯是主犯,肯定帮助犯是从犯,至于教唆犯,就要区分是主犯或不是主犯,对于实行犯,就要区分是主犯、从犯或一般犯。认为这样就能兼有上述两种分类法的优点,既解决定罪问题,又解决量刑问题,比较全面。

4. 基本上按作用分类

考虑到教唆犯在定罪上确有其特点,可以单写一条,虽说分类标准有点不一致,但只要符合实际需要,不算什么问题,何况教唆犯在形式上虽然与主犯、从犯分开,但实际上仍要按照他在共同犯罪中所起的作用处罚。因此教唆犯的规定与主犯、从犯的分类并不是不相容的。

根据上述理由提出以下三种写法:

(1) 把共犯分为主犯、要犯、从犯、教唆犯。
(2) 分为主犯、从犯、其他积极参加犯罪的、教唆犯。
(3) 分为主犯、从犯、教唆犯。

5. 把共犯分为两种类型:集团性的共犯和一般的共犯

对集团性的共犯(如反革命集团、走私集团等)按犯罪分子在共同犯罪中的作用分类,认为过去我们政策中说的主犯、从犯,主要是指集团性的共犯。至于一般的共犯,有一些很难说谁是主谁是从,勉强划分不太自然,所以应该按犯罪分子在共同犯罪中的分工分类,分为正犯、教唆犯和帮助犯。

以上五种意见中的各种方案①,经过反复比较研究,第33稿最后确定采用第4种意见中的方案(3),认为这项方案比较符合我国的审判实际,能更好地体现出党和国家的政策精神,特别是对集团性的犯罪来说,更是如此。一般共同犯罪中如果很难区别主犯、从犯,那么都算是主犯,但在量刑上应当综合案件的一切情节全面考虑,不能孤立地只从主犯这样一个情节出发,就过重地判处刑罚。至于主犯、从犯之间是否还需要分一般犯或要犯?大家认为必要性不大,因为主犯、从犯本来就是相对的,量刑的轻重也是相对的,即主犯从重处罚,从犯比照主犯从轻或者减轻处罚(按:现在还加上免除处罚),而从重、从轻并不是像过去那样理解为法定刑中线以上、以下(见第22稿),它们不过是法定刑限度内两个相对比较的概念,因此不是主犯就可列入从犯,用不着再来个一般犯或要犯,分得过细,界限反而更难划,没有好处。这项方案是否解决了定罪问题?由于为教唆犯单独规定了一条,可以说已解决了定罪问题,因为像组织犯、实行犯、帮助犯,在条文中已包含,定罪是不成问题的。

关于共犯的分类问题,从争论到认识上基本统一的过程,大体上就是这样。

此外,有个别地区的同志建议把"知情不举"视为犯罪行为,列入本节的条文

---

① 所有方案中都规定有胁从犯一条,但是否把胁从犯列为共犯分类中的一类,看法不尽一致。为了避免节外生枝,在讲各个方案时,都把胁从犯略去不提。

中。大家考虑,非事前通谋的"知情不举",主要是觉悟问题,是一种落后行为,应当给予批评教育,但不宜当作犯罪处理。至于事前通谋的"知情不举",那是帮助他人犯罪的一种情况,可以包括在从犯之内,也不需单独规定。

三、主犯(第23条)

本条第1款规定:"组织、领导犯罪集团进行犯罪活动的或者在共同犯罪中起主要作用的,是主犯。"联系第86条对首要分子的规定,所谓主犯实际上包括两种人:一是组织、领导犯罪集团进行犯罪活动或在聚众犯罪中起组织、策划、指挥作用的首要分子;二是其他在犯罪集团或一般共同犯罪中起主要作用的分子或罪恶重大的分子。

主犯对共同犯罪负主要的责任,因此,本条第2款规定:"对于主犯,除本法分则已有规定的以外,应当从重处罚。"分则某些条文,对主犯已专门规定了较重的法定刑,属于这类条文的有:第94条、第95条、第96条、第98条、第102条、第118条、第120条、第122条、第137条、第158条、第159条、第160条等。遇到这种情况,就不再适用第23条第2款对主犯的一般从重处罚原则,而直接适用有关条文已特别规定的法定刑来处罚。

四、从犯(第24条)

本条第1款规定:"在共同犯罪中起次要或者辅助作用的,是从犯。"从犯不是共同犯罪的主要实施者,其行为并不是造成危害结果的主要原因,他们是帮助了或促成了共同犯罪的实施。帮助或促成的方法是多种多样的,如提供犯罪工具、窥测被害人行踪、清除犯罪障碍、事先答应为之窝赃销赃,等等。在犯罪集团的成员中,除了首要分子和其他主犯,一般都是从犯。从犯没有严重的罪恶,危害性比主犯要小,因此本条第2款规定:"对于从犯,应当比照主犯从轻、减轻处罚或者免除处罚。"

五、胁从犯(第25条)

按照本条的规定,胁从犯就是指被胁迫、被诱骗参加犯罪的分子。所谓"被胁迫",是指在别人的暴力或精神威胁下,不完全自愿地参加共同犯罪。所谓"被诱骗",是指因为思想糊涂或愚昧无知,受骗上当而参加共同犯罪。在这里,应把被诱骗与由于资产阶级思想的腐蚀,受他人的物质、金钱或美色的引诱而自愿参加犯罪的情况区别开来,后者不能认为是胁从犯。胁从犯参加犯罪是被迫的、不完全自愿的,他们在整个犯罪活动中所起作用比较小,是共同犯罪人中危险性最小的一种。因此条文规定,对于胁从犯,"应当按照他的犯罪情节,比照从犯减轻处罚或者免除处罚"。

六、教唆犯(第 26 条)

教唆犯就是用威逼、利诱、挑拨、怂恿等方法故意唆使他人犯罪的人。教唆犯罪有两个特征：

（1）在客观上以教唆行为使被教唆者产生犯罪意图，进而实施犯罪行为，也就是在教唆行为与被教唆者的犯罪行为之间有着因果关系。

（2）在主观上有教唆他人实施某一种犯罪的故意，如果只是言行不慎，无意中引起了他人的犯罪意图，不构成教唆犯罪。

关于对教唆犯的处罚原则，第 26 条规定了三点内容：

（1）如果被教唆者犯了被教唆的罪，对教唆犯"应当按照他在共同犯罪中所起的作用处罚"。第 22 稿的提法是"根据他所教唆的罪处罚"，第 33 稿改为现在的提法。理由是："按所起作用处罚"比"按所教唆的罪处罚"，更能表现共同犯罪量刑上的实质原则；同时，提"按所起作用处罚"，就可把教唆犯这一类别同主犯、从犯的分类从实质上统一起来。

（2）如果被教唆的人没有犯被教唆的罪，对于教唆犯来说，并不排除其教唆行为的社会危害性，这在刑法理论上叫做"教唆未遂"，或者叫做"未成功的教唆"。应当如何处罚？理论上有的主张这种情况相当于犯罪的预备，应按犯罪预备的处罚原则加以处罚；有的主张这种情况相当于犯罪未遂，应按犯罪未遂的处罚原则加以处罚。第 33 稿规定"可以从轻、减轻或者免除处罚"，相当于预备犯；刑法规定"可以从轻或者减轻处罚"，相当于未遂犯。

（3）教唆不满 18 岁的人犯罪的，应当从重处罚。这是因为未成年人思想不够成熟，社会经验不足，容易听信坏人的挑唆而走上歧途；为了更好地保护青少年，预防坏人唆使利用未成年人干坏事，刑法对这种教唆犯规定着重予以打击，显然是必要的。

第三章

刑罚

第一节 刑罚的种类

一、关于要不要规定刑罚的目的问题

有的同志主张,在本节的开头或本章的开头专设一条,规定刑罚的目的,相应的把本节改名为"刑罚的目的和种类",或在本节前面增加一节"刑罚的目的"。理由是:总则其他各章(除第五章"其他规定"外)开头都有虚的条文,如第一章中刑法的制定根据和任务(第1条、第2条)、第二章中犯罪的概念(第10条)、第四章中量刑的一般原则(第57条)。本章开头如规定刑罚的目的一条,体例上可以相称;同时,有了这条规定,在适用刑罚的目的性上可以更加明确。基于上述理由,他们提出在本章开头可增加如下条文:"人民法院适用刑罚的目的,是惩罚和改造犯罪分子,警戒有犯罪可能的分子,并且教育公民同犯罪作斗争,预防犯罪。"

但是,在讨论中,多数同志认为,刑罚的目的究竟如何表述,在理论上还有争论,同时,《中华人民共和国人民法院组织法》第3条的规定,已给人民法院适用刑罚的目的性作出指示,刑法上再规定一条"刑罚的目的"也是重复。为了不束缚理论上的探讨,也为了避免重复,刑罚一章中对刑罚的目的可以不作规定,而把这个问题交给教科书去阐述。

二、主刑和附加刑(第27—30条)

刑罚是人民法院依法对犯罪分子适用的刑事惩罚方法。从人民民主专政法制建设的历史上来看,我们过去适用过的刑罚种类是很多的。在第二次国内革命战争时期和抗日战争时期,各解放区适用过的刑罚计有:死刑、无期徒刑、有期徒刑、拘役、远地劳役、剥夺政治权利、没收财产、罚金等。新中国成立后,除沿用过去的刑罚外,又创造了一些新的刑罚,如《惩治贪污条例》将管制和劳役规定为刑罚,最高人民法院曾对外国人适用过"驱逐出境"的刑罚。各地人民法院根据过去革命斗争中的经验及新中国刑事立法的规定,所适用的主要刑罚是大体相同的,但也存有同种异名、同名异种等不统一的现象。据1956年最高人民法院根据5 500余个刑事判决的统计,援用的刑罚名称就有132个之多。

在草拟刑法草案的过程中,我们对过去适用过的刑罚进行了比较研究,根据当时和可以预见的将来斗争的需要,选择确定了今后适用的刑罚的种类。第22稿中确定的刑罚种类计有9种,其中管制、拘役、有期徒刑、无期徒刑、死刑5种是基本的、只能独立适用的,称为主刑;罚金、剥夺政治权利、没收财产3种是作为主刑的补充而附加适用的,称为附加刑;此外还有逐出国境,作为只适用于犯罪的外国人的一种刑罚。第33稿和最后定稿都维持了这9个刑种,无一增减,修改之处仅仅是:① 第33稿把主刑中的拘役和管制的次序对调了一下,定稿又对调回来,仍维持第22稿中的次序。② 第22稿规定附加刑中仅"罚金也可以独立适用",第33稿修改为"罚金、没收部分财产也可以独立适用",定稿修订为"附加刑也可以独立适用",也即罚金、剥夺政治权利、没收财产均可独立适用。③ 定稿把"逐出国境"改名为"驱逐出境",这是采用实践中的通用名称。

以上是从事情的结果来看,说明从第22稿到最后定稿,关于要规定哪些刑种问题,并没有什么变化;实际上在讨论修改过程中,对刑种的选择和确定,争论还是比较多的。

在1962—1963年对第22稿进行修改阶段,主要有以下几个争论问题:

1. 要不要在主刑中增加"监督劳动"?

有的同志主张增加"监督劳动"一个刑种,用以处理人民内部的轻微犯罪,力求贯彻少捕、少关的政策精神。并相应的把管制的适用范围限制在处理敌我矛盾性质的犯罪上。后来经过反复研究,大家倾向于不要增加。理由是:

(1) 对劳动人民判处"监督劳动",没有多大实际意义。

(2) 有了拘役、罚金等较轻的刑罚和训诫、责令具结悔过、赔礼道歉、赔偿损失等非刑罚的处理方法,再加上缓刑等办法的运用,足可以解决犯罪情节较轻的案件,不需要再增加一个新的刑种。

(3) 对被判处管制的反革命分子和其他犯罪分子,要由基层组织监督执行,对没有犯罪的地主、富农分子,依照《1956年到1967年全国农业发展纲要》的规定,要由基层组织监督生产,还有缓刑、假释等放回去的人,也要由基层组织进行监督。

对这几个"监督",在实际工作中已经感到监督管理的界限不易划得很清楚,如果再加上一个"监督劳动",就更容易混淆不清。权衡利弊得失,以不增加这一刑种为宜。

2. 要不要把拘役作为刑种之一?

有的同志主张不要拘役。理由是:

(1) 现行法律中没有怎么规定拘役,拘役名称也不通俗。

(2) 拘役与有期徒刑一样,都是剥夺犯罪分子的自由,只有期限长短的不同,如果将有期徒刑的起刑期降低,即可代替拘役。

(3) 拘役主要适用于人民内部轻微的犯罪分子,对于这种犯罪分子,本来应该依靠说服教育解决问题,有了拘役这一刑种,就可能动辄判处拘役,容易扩大打击面。

(4)被判处拘役的犯罪分子要关押执行,这样容易扩大逮捕面,不利于执行"少捕"的政策。

(5)被判处几天拘役,执行完毕以后,就算有了前科,问题也会很多,后果影响深远。

但有的同志主张还是要有拘役这一刑种。理由是:

(1)拘役作为刑种,在解放区时期就用过,新中国成立后有些法院仍然使用,有的使用已成为习惯,而且现行法律中也不是完全没有规定拘役。

(2)在传统观念上,有期徒刑是一种比较严厉的刑罚,拘役则是一种轻刑,如果取消拘役而把有期徒刑的起刑期降得过低,将会影响有期徒刑这个刑种的严肃性,不符合人们的习惯,况且有期徒刑的起刑期也不可能降为几日以上,这说明有期徒刑不能代替拘役。

(3)对于人民内部的某些犯罪分子,判徒刑够不上,可是放回去被害人意见又很大,群众不满,为了避免事态扩大,判个拘役作为教育和徒刑之间的缓冲措施,消除一下被害人的气愤和群众的不满情绪,是比较合适的。

(4)如果取消拘役,就在有期徒刑和免予刑事处分之间出现一个"空白"(因为管制当时只适用于敌我矛盾),这样就可能把本来判拘役即可解决问题的人判处有期徒刑,这也不利于贯彻"少捕"的政策。

(5)关于被判处拘役的犯罪分子,执行完毕以后算不算有前科,立法上是可以解决的。

我们对第22稿有关累犯的条文修改以后,犯拘役罪的(不论前罪或后罪),都不算累犯,而且被执行过拘役的人放回去以后,各方面的权利均不受限制,因此,不发生后果影响深远的问题。当然,主张保留拘役,不等于容许滥用拘役。拘役既是一种刑罚,适用就必须严肃,尽可能少用,为此在审批程序上要有适当控制。经过讨论,保留了这一刑种。

3. "死刑缓期执行"可不可列为刑种?

有的同志认为,"死缓"是我国创造的行之有效的一种刑罚方法,在审判实践中,往往把"死缓"作为死刑立即执行与无期徒刑之间的一个格子来考虑。又鉴于多年来判处"死缓"的犯罪分子不少,因此,认为可以把"死缓"作为一个独立的刑种规定到刑法里。但是经过讨论,多数同志认为"死缓"是死刑范围内的一种过渡性的刑罚方法。被判处"死缓"的犯罪分子,经过劳动改造,如果真诚悔改,就将死刑减为无期徒刑;如果真诚悔改并有立功表现,减为15年以上20年以下有期徒刑;如果拒绝改造,仍执行死刑。从实际情况来看,被判处"死缓"的犯罪分子,一般都没有杀,其中多数减为无期徒刑,少数减为有期徒刑,过渡到死刑立即执行只是个别的。虽然实际上执行死刑的人极少,但不等于绝对不执行死刑了。由"死缓"过渡到死刑立即执行,并不是改判的问题,而是"死缓"本身的一种可能性的问题,因此司法文书上不需要用判决,只需要用裁定。这说明,"死缓"仍属于死刑的范畴,不宜独立列为一个刑种。还有一个补充性的理由,即有期徒刑也有缓刑的,被判处有期徒刑缓刑的犯罪分子,也有过渡到执行徒刑或不执行徒刑两个可能,但不能因为这点就把有期徒刑缓刑与有期徒刑脱离而单独作为一个刑种。

4. 要不要取消罚金这一刑种?

有的同志主张在刑种中取消罚金。理由是:

(1)我国的工人、农民、干部的经济收入较少,罚了钱影响他们的生活,甚至还要救济。

(2)犯了罪应该治罪,较轻的罪不需要关起来,可以判处缓刑,严重的应该关起来。对于经济方面的犯罪,如对他们罚钱少了,他们不在乎,一次投机生意就赚回来了,罚多了他们就纳不起了。

(3)资本主义国家和旧中国的刑法规定罚金作为一种刑罚,是剥削人民的一种手段,同时对资本家有利,有钱可以赎罪,我们社会主义国家不能采用。基于上述理由,他们主张不要把罚金列为刑种,如果一定要作为刑种,也不要规定可以独立适用,适用范围应该尽量窄一些。

但是多数同志认为,罚金应当列入刑种,它既是一种附加刑,又可以独立适用。它的适用对象主要是与谋取非法经济利益有联系的犯罪。

在独立适用时,它主要作为一种轻刑,用以解决人民内部比较轻微的犯罪问题。理由是:

(1)对人民内部比较轻微的犯罪,根据犯罪分子的财产状况,罚一定数额的钱,比坐班房要好,也可少关一些人。

(2)对经济方面牟取暴利的犯罪分子,因他们见利妄为,针对这种卑鄙的剥削阶级思想,给予他们一定的金钱上的剥夺,使他们在经济上捞不到便宜,这不仅能起到惩罚与教育的作用,同时也是剥夺他们犯罪的资本,可以收到良好效果。

(3)罚金作为刑种,在世界各国较为普遍,社会主义各国刑法都有此规定。社会主义国家刑法中的罚金同资本主义国家刑法中的罚金在阶级本质上是不同的。在我国,无论在解放区时期或中华人民共和国成立以后,一直适用这一刑罚,总的说效果是好的。因此,不能把它从刑种中加以取消。

讨论结果,认为第二种意见理由较为充分,因此维持罚金作为刑种。

在1978—1979年对第33稿进行修订阶段,主要有以下两个争论问题:

1. 要不要取消管制,代之以"劳役"?

有的同志认为,管制是在第一次镇反运动中,为了对反革命分子实行区别对待,有利于改造历史上有罪行但罪行不大、不宜判处徒刑的反革命分子而创制的。

开始多数由公安机关适用,少数由法院判处。1956年11月16日全国人大常委会就管制作出决定以后,统一作为刑罚由法院判处。现在经过20多年,情况已发生很大变化:历史反革命早已处理完毕;对现行反革命一般应依法关押,适用管制的极少。鉴于前些年在林彪、"四人帮"的干扰破坏下,不少地方乱戴帽子,滥施管制,严重混淆两类矛盾;而且管制往往不经法院判决,搞成没有期限,被管制的对象日趋扩大,不仅使不少人本人含冤受屈,也使其家属长期受连累。根据这种情况,他们建议应当取消管制,而代之以"劳役"作为刑种。他们认为,"劳役"是过去老解放区行之有效的一种刑罚,新中国成立初期对贪污分子也使用过。考虑到我国现实情况,人民内部犯轻罪的相对来说数目不少,对那些不需关押的犯罪分子判处"劳役",由原单位、原地区执行(执行期间不计算工龄,并扣除一定工资或工分),在群众监督下进行劳动改造,有利于贯彻少捕、少关政策。但是经过讨论并征求有关部门的意见,对上述建议未加采纳。不采纳的理由是:管制是我国法制上的一项创造,是我国长期以来行之有效的办法,敌人是害怕的。对于不必关押的犯罪分子,采取管制的办法,由群众加以监督,在原单位劳动或工作,实行同工同酬,既可以少捕一些人,发挥群众监督改造的作用,又不致影响他们的家庭生活,这样做对社会是有好处的。

前些年在执行管制方面发生了不少严重问题,这是事实,但不能因噎废食,据此就否定甚至废除管制这个刑种。这些问题是可以通过刑法上对管制作某些明确的规定来加以避免和解决的。这些规定是:

(1)哪些罪可以判处管制,由分则条文明文加以规定。

(2)重申管制要由人民法院判决,由公安机关执行,其他任何机关、团体、单位和个人都无权决定,并规定非法管制他人,乃是犯罪行为,应追究刑事责任。

(3)对管制的期限明确加以规定,取消过去管制可以延长的规定,并明确管制期满,执行机关应即向本人和有关群众宣布解除管制,防止发生"管制无期"的现象。

(4)考虑到国内犯罪分子的变化情况及管制适用范围的变化情况,改变过去管制必然剥夺政治权利的规定,对管制分子只限制一部分自由,也就是把管制作为最轻的一种主刑来使用。这样经过法律上的调整,就可以继续把管制作为一个刑种,而且有利于拨乱反正。既然管制仍作为一个刑种,增加"劳役"就没有必要了。

2. 附加刑中的剥夺政治权利能否独立适用?

第22稿和第33稿都未规定剥夺政治权利可以独立适用,在对第33稿进行修订过程中,有的同志仍主张不独立适用。理由是:

(1)这种刑罚性质比较严重,历来是专政措施,它作为附加刑,附加适用于反革命分子(一律附加)和严重破坏社会秩序的犯罪分子(必要时附加)是适合的,如果独立适用,就势必对犯了一些轻罪的犯罪分子也适用,这是否有点混淆两类矛盾,扩大专政范围?!

(2)剥夺政治权利既可以适用于敌我矛盾,也可以适用于人民内部某些犯罪,问题是要对这些罪名的范围严加规定,这样就不易扩大化。再者,现在的管制不包含剥夺政治权利的内容,如果剥夺政治权利不能独立适用,那么遇到某种滥用政治权利的犯罪(如写"大字报"诽谤他人,打着"民主"、"自由"的旗号扰乱社会秩序,等等),本来判个剥夺政治权利就行了,现在弄得没法判,只能改用其他刑种,这难道不是束缚手足,对斗争不利?!

讨论采纳了第二种意见,规定剥夺政治权利也可以独立适用,独立适用的罪名范围由分则加以规定,就是说,分则条文没规定可以独立适用剥夺政治权利的罪,就不得独立适用剥夺政治权利。

三、非刑罚的处理方法(第31条、第32条)

对于情节轻微不需要判处刑罚的犯罪分子,第22稿规定可以予以训诫。训诫是一种多少带有一点强制性的教育方法和处理方法,但不是刑罚。训诫在解放区就有,新中国成立后在司法实践中运用也较多,行之有效,但名称不一,有的叫做"公开批评教育"、"传讯教育",有的叫做"当庭训诫",还有叫做"警告"、"谴责"、"申斥"的,都不算刑罚。

在对第22稿的修改中,大家总结了实践经验,认为方法还可以多些,除了训诫外,像具结悔过、取保、赔礼道歉、赔偿损失这些方法,实践中也是行之有效的。因此第33稿把它们都列进条文(第31条),规定人民法院可以根据案件的不同情况,分别加以运用。

《刑法》第32条以第33稿的这一条为基础,略有修订:一是增加了"免予刑事处分"的字样,使这条的中心意思更加明确,一方面与《刑法》第10条的"但书"严格区别开来;另一方面能更好地表明条文中所列的那些处理方法不是刑罚。二是在非刑罚的处理方法中删去了"取保",因为"取保候审"是刑事诉讼上的一种强制措施,"取保监外就医"(简称"保外就医")是监外执行的一种情况,再搞"取保"这种教育处理方法,内容上容易混淆;而且既是"取保"就意味着案子未了结,这与第32条的精神是不符的,故予删去。三是增加了"由主管部门予以行政处分",以便适用于某些犯罪情节轻微不需要判处刑罚,但需要给予劳动教养或行政纪律处分的情况。

第32条中的责令赔偿损失,按性质说是刑事附带民事的强制处分,但适用的对象是免予刑事处分的人。这就发生一个问题:如果犯罪分子被判刑了,能不能责令赔偿经济损失?这个问题在第33稿中没有规定,但实践中存在这个问题。例如有的诬告陷害、刑讯逼供造成了冤假错案,使被害人无辜受到开除、关押,经济上蒙受损失;还有"打砸抢"、过失伤害等,造成被害人的经济损失,确有一个赔偿经济损失的问题。这个问题也可由民法加以规定,但由于民法尚待制定,而实际问题又需要解决,因此吸收了某些同志的意见,就在第32条之前增设一条,专门解决这个问题。这就是第31条的由来。

第二节 管 制

一、关于管制的对象问题

管制作为一种刑罚,最初只对某些反革命分子和贪污分子适用,后来也逐步适用于其他犯罪分子。1959年3月20日中央批转的《全国政法工作会议关于当前对敌斗争中几个政策问题的规定》中,规定管制对象"主要是可捕可不捕的反革命分子和坏分子,监督劳动中表现不好、屡教不改的地、富、反、坏分子,以及其他虽构成犯罪,但捕后尚不够判处徒刑的反革命分子和坏分子"。这就把管制明确作为解决敌我矛盾的一种方法。

第33稿继续贯彻了上述政策思想,把管制用来解决敌我矛盾。

公布施行的刑法与第33稿不同,没有就管制的对象问题专设一条条文,而是分散在分则某些条文中,把管制作为选择的法定刑加以规定。前面已经讲到,现在的管制是作为最轻的主刑适用的。分则规定有管制的条文共20条,其中反革命罪3条,即第98条、第99条、第102条;其他刑事犯罪17条,即第151条、第158条、第159条、第160条、第162条、第164条、第165条、第166条、第167条、第168条、第169条、第170条、第172条、第176条、第177条、第182条、第183条。从上述条文可以看出,管制不仅适用于罪行较轻的反革命分子,也适用于人民内部某些犯罪分子,再把管制看成是仅仅用来解决敌我矛盾的专政方法,在刑法上是没有根据的。

二、管制的期限和执行机关(第33条)

过去,管制的期限一般为6个月以上3年以下,但可以视罪犯的表现加以延长。第22稿和第33稿的规定都是如此。实践中有一延再延的,搞成没有期限,失去了法律的严肃性。现在,刑法统一规定管制的期限为3个月以上两年以下,数罪并罚的时候也不能超过3年。分则条文法定刑中的管制都未具体写明期限,实际上按照总则第33条的规定就意味着3个月以上两年以下。此外,刑法没有延长管制的规定(管制期间重新犯罪,又判管制的除外)。

执行管制的机关,条文明确规定是公安机关。公安机关执行管制的时候当然要依靠基层组织和走群众路线,但不能大撒手,放弃自己的职责,否则将失去执法的严肃性。

三、管制的内容(第34条)

过去的管制都包含剥夺政治权利的内容,第22稿和第33稿也是这样规定的。现在刑法规定的管制并不意味着同时剥夺政治权利,需要剥夺政治权利的,应当依法附加判处,剥夺政治权利的期限与管制的期限相等,同时执行(第51条)。

管制本身不包含剥夺政治权利,但要限制一定的自由。《刑法》第34条所列的被管制分子必须遵守的3项规定,就是这个限制自由的具体内容。在限制自由的同时,在劳动中应当同工同酬,不得克扣。这有利于犯罪分子的改造,也使其家属生活不致受影响,有利于社会的安定。

四、管制的解除(第35条)

这条是针对实际工作中存在的问题新增加的。条文明确规定:"被判处管制的犯罪分子,管制期满,执行机关应即向本人和有关的群众宣布解除管制。"(附加剥夺政治权利的,应当同时宣布恢复政治权利)这就可以防止随意延长管制时间、侵犯公民合法权利的错误现象的发生。

五、管制刑期的计算(第36条)

管制的刑期,从判决执行之日起计算。判决执行以前先行羁押的,第22稿规定羁押1日折抵刑期3日,第33稿改为羁押1日折抵刑期两日,刑法保持第33稿的这个规定。

第三节 拘 役

一、拘役的期限(第37条)

拘役是一种短期剥夺自由的刑罚。把拘役的最高期限规定为6个月,以便与有期徒刑的最低刑期衔接,而在数罪并罚时也不能超过1年,这点在起草讨论中没有不同意见。但拘役的最低期限究竟定多少? 则意见不一。第22稿和第33稿定的都是3日。修改中有主张仍维持这个时间的,也有主张7日、10日、15日或1个月的。主张时间稍长一些的理由是:

(1) 时间太短,只够来回走路办手续,实际意义不大,也容易失去法律严肃性。

(2) 时间太短了,起不到教育改造的作用。

但另外也考虑到:

(1) 拘役主要适用于轻微犯罪,起刑期不能定得过高。

(2) 治安管理处罚的拘留最高可以到15日,作为刑罚的拘役,如果与这个期限衔接起来,这样可以把行政处罚与刑罚更明确地区别开来。

因此,最后考虑结果认为起刑期定为15日较为合适,这就是第37条的由来。有了第37条的规定,虽然分则条文法定刑中的拘役都未具体写明期限,实际上就意味着是15日以上6个月以下。

二、拘役的执行(第38条)

第33稿规定:"被判处拘役的犯罪分子,由公安机关执行。"这个规定仅解决一个执行机关问题,没有解决执行的场所和方法问题,修订中研究了这个问题,把条文的内容加以充实。《刑法》第38条是这样规定的:"被判处拘役的犯罪分子,由公安机关就近执行。在执行期间,被判处拘役的犯罪分子每月可以回家一天至两天;参加劳动的,可以酌量发给报酬。"何谓就近?这有待于公安劳改部门作进一步的具体化,需要考虑城市、农村、交通便利与否等不同情况。但有两点可以肯定:第一,不宜把拘役犯放在监狱或劳动改造管教队中执行。第二,既然法律上允许拘役犯每月可以回家一天至两天,执行地点离罪犯原居住地就不能太远。第38条的上述规定,使拘役与徒刑的区别更加明确,有利于对犯罪分子的教育改造。

三、拘役刑期的计算(第39条)

拘役的刑期,从判决执行之日起计算;判决以前先行羁押的,羁押1日折抵刑期1日。这在历次草稿的讨论中都是没有争论的。

第四节 有期徒刑、无期徒刑

一、有期徒刑的期限(第40条)

有期徒刑的期限,为6个月以上15年以下,这是一般的规定。因此,分则条文的法定刑中,如只写"五年以上有期徒刑"、"七年以上有期徒刑"、"十年以上有期徒刑"而未指明上限的,这个上限就是15年;如只写"一年以下有期徒刑"、"二年以下有期徒刑"、"三年以下有期徒刑"、"五年以下有期徒刑"、"七年以下有期徒刑"而未指明下限的,这个下限就是6个月。

有期徒刑能不能超过15年呢?刑法规定了两种情况可以超过15年达到20年:一是数罪并罚(第64条);二是死缓减为有期徒刑(第46条)。此外不得超过15年。第33稿还规定有一种情况,即无期徒刑减为有期徒刑的时候,也可以到20年。修订时考虑到无期徒刑减为有期徒刑的刑期是从裁定减刑之日起计算(第72条),减刑之前业已执行了几年甚至多年,再规定无期徒刑减为有期徒刑可以到20年,未免过严,故将这个规定删除。但司法实践中无期徒刑减为有期徒刑时仍有超过 15 年的。

二、有期徒刑、无期徒刑的执行方法（第 41 条）

第 22 稿规定："被判处有期徒刑、无期徒刑的犯罪分子，在劳动改造机关指定的地区或者场所实行劳动改造。"第 33 稿修订为："被判处有期徒刑、无期徒刑的犯罪分子，在监狱或者其他劳动改造场所执行；凡有劳动能力的，实行劳动改造。"这样一改就更加明确，更加符合实际情况了。因此《刑法》第 41 条采用了这个规定。

三、有期徒刑刑期的计算（第 42 条）

有期徒刑的刑期，从判决执行之日起计算；判决执行以前先行羁押的，羁押 1 日折抵刑期 1 日。这个规定在历次稿子中几乎都是这样的。

判决执行以前的羁押期间对无期徒刑来说不发生折算问题，故第 42 条不需要加以规定。但是，对无期徒刑犯考虑减刑、假释的时候，会遇到一个实际执行的刑期问题。就是说，被判处无期徒刑的犯罪分子，经过一次或者几次减刑以后实际执行的刑期，不能少于 10 年（第 71 条）；对无期徒刑犯的假释，除其他条件外，必须是实际执行 10 年以上（第 73 条）。在这两种场合计算实际执行的刑期时，都不把判决以前的羁押期间计算在内。

四、关于要不要规定无期徒刑缓刑的问题

在刑法起草讨论过程中，有的同志提出，是否考虑增加关于无期徒刑缓刑的规定，因为在 1952 年 3 月 8 日政务院批准的《中央节约检查委员会关于处理贪污、浪费及克服官僚主义错误的若干规定》和 1952 年 4 月 18 日彭真同志所作的《关于中华人民共和国惩治贪污条例草案的说明》中都提到：死刑、无期徒刑和有期徒刑均得酌情宣告缓刑。无期徒刑缓刑的内容是：对犯罪分子"实行关押并强迫劳动"，犯罪分子"在宣告缓刑的一定时期内（例如缓刑两年）如改造得好，即可于缓刑期满时，根据其表现重新判处，酌予减刑；否则，即仍执行无期徒刑"[①]。但是，鉴于审判实践中一直很少适用无期徒刑缓刑，而且减刑制度规定无期徒刑本身也可以减刑，缓刑不缓刑意义不太大，因此，刑法草案历次稿中都没有采用无期徒刑缓刑的制度。

---

① 1953 年 5 月 13 日《人民日报》"信箱"；《政务院政治法律委员会关于无期徒刑缓刑问题的答复》。

第五节 死 刑

一、死刑的适用和控制(第43—45条)

死刑是只适用于罪大恶极的犯罪分子的最严厉的刑罚方法。死刑的必要性是由阶级斗争的尖锐性和残酷性所决定的。对极少数罪大恶极的反革命分子和杀人犯、抢劫犯、强奸犯、放火犯等重大刑事犯罪分子,如不判处死刑,就不能伸张正义,震慑敌人。因此没有死刑是不行的。

但是,我们是人民民主专政的社会主义国家,不靠杀人来统治。我们党和国家历来对死刑的适用采取非常严肃而又谨慎的态度。毛泽东同志多次指出:"杀人要少,但是决不废除死刑"[1];"必须坚持少杀,严禁乱杀"[2]。这就是我们对待死刑的坚定不移的政策。新中国成立以来,为了坚持"少杀"政策,党和国家作了一系列的明确规定,例如,"凡介于可杀可不杀之间的人一定不要杀,如果杀了就是犯错误";对于没有血债、民愤不大而虽然严重地损害国家利益但尚未达到最严重的程度、而又罪该处死者,应当采取判处死刑,缓期两年执行,强迫劳动,以观后效的政策;"机关、学校、部队里面清查反革命,要坚持在延安开始的一条,就是一个不杀,大部不捉"[3];以及将死刑的批准程序严加控制;等等。实践证明,这些规定是完全正确的。在保留死刑的前提下尽量少处死刑,不仅可以获得社会的同情,有利于分化瓦解敌人,有利于争取教育罪犯的家属、子女,而且可以保存一批劳动力为社会创造财富,还可以保留一批活证据,有利于逐步彻底肃清反革命。总之,这样做,对人民事业、对国际影响都有好处。

刑法对行之有效的"少杀"政策是坚决加以贯彻的:

(1) 严格控制死刑的适用范围。第43条规定:"死刑只适用于罪大恶极的犯罪分子。……"分则把规定有死刑的条文数压缩到最低限度,仅有7条条文规定有死刑(涉及15条条文的罪名),而且都同时规定了无期徒刑和长期徒刑,没有一个绝对死刑的条文。为了贯彻革命人道主义精神,刑法还从犯罪主体上对死刑的适用作了限制,第44条规定:"犯罪的时候不满十八岁的人和审判的时候怀孕的妇女,不适用死刑。……"这里所说的"不适用死刑",是指不允许判处死刑,而不是仅仅"不执行死刑"待满18岁或者分娩以后再执行死刑。但是,"已满十六岁不满十八岁的,如果所犯罪行特别严重,可以判处死刑缓期二年执行"。后面这一点在

---

[1] 《毛泽东选集》(第5卷),人民出版社1977年版,第459页。
[2] 《毛泽东选集》横排本,第1214页。
[3] 《毛泽东选集》(第5卷),人民出版社1977年版,第40、281页。

过去历次草稿中都没有,是根据第五届全国人大第二次会议上的代表的意见仓促规定的。这一规定使得本条前后的内容产生内在矛盾。

(2)把死刑缓期两年执行的制度进一步具体化、条文化,继续发挥这项制度的威力,减少杀人,促进犯罪分子的改造(详见本节"二")。

(3)规定了严格的核准程序。第43条第2款规定:"死刑除依法由最高人民法院判决的以外,都应当报请最高人民法院核准。死刑缓期执行的,可以由高级人民法院判决或者核准。"刑事诉讼法还就死刑复核程序和死刑判决的执行程序作了进一步详细、周密的规定。

以上这些规定,从立法上为"少杀"政策的贯彻落实提供了保证。

二、死刑缓期执行(第43条、第46条、第47条)

死刑缓期执行制度是我国刑事政策上的一个重大创造,是贯彻"少杀"政策的重要方法。自1951年第一次镇反运动中开始适用死缓制度以来,改造了许多罪恶重大的犯罪分子,保存了一批劳动力,在对敌斗争上起到了巨大的、良好的作用。死缓制度有力地说明,我们国家对那些犯有死罪但还不是非杀不可的犯罪分子,没有放弃对他们进行改造的一线希望,这就可以把死刑的适用实际上缩小到最小的范围。刑法对这项制度作了进一步详细的规定。

《刑法》第43条第1款规定:"……对于应当判处死刑的犯罪分子,如果不是必须立即执行的,可以判处死刑同时宣告缓期二年执行,实行劳动改造,以观后效。"第46条规定:"判处死刑缓期执行的,在死刑缓期执行期间,如果确有悔改,二年期满以后,减为无期徒刑;如果确有悔改并有立功表现,二年期满以后,减为十五年以上二十年以下有期徒刑;如果抗拒改造情节恶劣、查证属实的,由最高人民法院裁定或者核准,执行死刑。"第47条规定:"死刑缓期执行的期间,从判决确定之日起计算。死刑缓期执行减为有期徒刑的刑期,从裁定减刑之日起计算。"这就是刑法对死缓制度所作的完整的规定。下面说一说死缓制度规定中的几个具体问题:

1. 关于死缓减刑的时间

第22稿没有明文规定,第33稿明确为"二年期满以后",《刑法》第46条规定的也是"二年期满以后"。用"以后"二字,是给予人民法院办理减刑手续以合法时间,同时联系第47条"死刑缓期执行减为有期徒刑的刑期,从裁定减刑之日起计算"的规定,说明缓期两年执行期满至裁定减刑以前的关押时间,不算在减刑以后的刑期以内。这样规定对于处理实践中存在的那些已过了缓期两年执行期间的案件,比较主动。但是从精神上说,这一规定并不意味着任意延长死缓期是合法的。对死缓犯人缓期两年届满的,还是应当抓紧处理,以利于对犯人的改造。

2. 关于死缓减刑减为何种刑罚

第22稿规定:如果犯人真诚悔改,可以减为无期徒刑或者15年有期徒刑。第

33稿区分为:如果真诚悔改,减为无期徒刑;如果真诚悔改并有立功表现,减为15年以上20年以下有期徒刑。《刑法》第46条基本上也是这样(仅把"真诚"二字改为"确有"二字)。这实际上就是说,死缓减刑,一般应该减为无期徒刑,只有个别的才可以减为有期徒刑。这样就保持了死缓、无期徒刑、有期徒刑之间应有的距离,避免死缓减刑比无期徒刑还轻的现象发生,是比较合理的,同时对于减少原判无期徒刑的犯人的抵触情绪,也是有意义的。

3. 关于死缓减刑由哪一级人民法院裁定

第22稿规定"由高级人民法院裁定",修改时大家认为,这个问题由刑事诉讼法规定为宜,故第33稿删去此项规定。以后各稿均未规定。1979年《中华人民共和国刑事诉讼法》(以下简称《刑事诉讼法》)第153条第2款已对此作了规定,即:死缓减刑,"由执行机关提出书面意见,报请当地高级人民法院裁定"。

4. 关于死缓罪犯抗拒改造执行死刑的问题

第22稿的写法是:"如果拒绝改造,由最高人民法院裁定,执行死刑。"第33稿在"裁定"二字之后加"或者核准"4个字。《刑法》第46条的写法是:"如果抗拒改造情节恶劣、查证属实的,由最高人民法院裁定或者核准,执行死刑。"因为事关人头落地的问题,刑法把条件规定得严格些是完全必要的。从实践来看,被判处死缓的犯罪分子,两年期满以后,百分之九十几都减了刑,因抗拒改造而被执行死刑是非常个别的。在"裁定"之后加上"核准",可以区别两种情况:如死缓判决原由最高人民法院作出的,执行死刑时,即由最高人民法院裁定;如死缓判决原由下级人民法院作出的,执行死刑时,须报请最高人民法院核准。

第六节 罚 金

一、判处罚金的原则(第48条)

罚金是人民法院依照法律强制犯罪分子向国家缴纳一定数量金钱的刑罚。它与海关、税务部门、工商管理部门以及公安机关对违反行政法规的人科处的罚款,在性质上是不同的。

我国刑法在总则中只规定判处罚金的一般原则,这就是第48条所规定的"判处罚金,应当根据犯罪情节决定罚金数额";至于对哪些犯罪适用罚金以及单处或者并处的问题,都由分则的有关条文去规定。分则规定有罚金的条文共20条,主要是贪财图利的犯罪,如投机倒把、伪造或倒卖计划供应票证、伪造货币、伪造有价证券、制造贩卖假药、聚众赌博等;此外还有几种较轻的犯罪,如故意毁坏公私财物、违反国境卫生检疫规定等。

我国刑法对罚金未作数额幅度的规定,这与世界各国刑事立法的通例是有所不同的。各国刑法一般都规定了罚金的数额问题,大体上有三种不同的做法:第一种是在刑法总则中规定判处罚金的一般原则,而在分则有关条文中具体规定罚金的数额,如《苏俄刑法典》、《阿尔巴尼亚刑法典》、《朝鲜刑法》、《法国刑法典》等。第二种是在刑法总则中规定判处罚金的一般原则和罚金的数额,在分则条文中不再规定罚金的数额,如《德国刑法典》、《捷克斯洛伐克刑法典》等。第三种是在刑法总则中规定罚金数额的低限,而在分则有关条文中规定罚金的高限,如《日本刑法》等。我国刑法草案第22稿曾采取上述第一种做法,在总则中规定罚金的一般原则,在分则有关条文中规定罚金的数额;以后修改中考虑到我国地大人多,情况复杂,把数额规定死了,未必适合斗争需要,故又把分则条文中具体数额予以删除。当然,这不是说可以任意决定罚金的数额,而是要求人民法院依照《刑法》第48条规定的判处罚金的原则,很好考虑犯罪的情节,包括犯罪人非法得利的多少、行为的恶劣程度、危害的大小,等等,同时也要估计犯罪分子的缴纳能力,从而正确地决定罚金的具体数额。

二、罚金的执行(第49条)

本条规定:"罚金在判决指定的期限内一次或者分期缴纳。期满不缴纳的,强制缴纳。如果由于遭遇不能抗拒的灾祸缴纳确实有困难的,可以酌情减少或者免除。"这里所说的"强制缴纳",是指人民法院有权采取像查封财产、扣押存款或收入等强制措施,来保证实现罚金的缴纳。如果犯罪分子遭受不能抗拒的灾祸,例如水火灾害、地震灾害、家中劳动力的死亡等,以致无力缴纳,由犯罪分子提出申请,法院可以裁定减少原判的罚金或者予以免除。本条没有规定可以延期缴纳,但是,如果犯罪分子只是在规定期限内暂时无力缴纳的,法院从实际出发,可裁定予以宽限,责令其在新的期限内缴纳完毕。应当说这样做是并不违背法律精神的。

关于期满不缴纳罚金可否易服劳役,有的国家是允许的,我国则严格禁止。1960年5月12日最高人民法院在一个复函中曾明确规定"不能以罚金折服劳役",刑法也是采取否定态度的。

第七节 剥夺政治权利

一、剥夺政治权利的内容(第50条)

剥夺政治权利,依照本条的规定,是指剥夺下列权利:① 选举权和被选举权;② 《宪法》(按:指1978年《宪法》)第45条规定的各种权利;③ 担任国家机关职务的权利;④ 担任企业、事业单位和人民团体领导职务的权利。这是对第33稿的相应条文做了调整、归并和充实而写成的。修改较大的地方是增加了剥夺"宪法第四十五条规定的各种权利"这个内容。《宪法》第45条规定:公民有言论、通信、出版、集会、结社、游行、示威、罢工的自由。在对第33稿进行讨论修订过程中有的同志提出:上述这些自由权利都是政治权利,一个被人民法院判处剥夺政治权利的罪犯,如果不包括剥夺上述自由权利,这是不可想象的,是说不过去的;只有同时剥夺了这些权利,才会使犯罪分子真正感到政治上的压力,剥夺政治权利这个刑罚也才名副其实。

关于剥夺政治权利的内容中要不要增加一项享有国家勋章、奖章、荣誉称号的权利?这个问题过去也曾讨论过。不少同志认为不规定似乎也不会发生什么问题,因为判罪前享有勋章、奖章、荣誉称号的人,在判罪后不可能再称他英雄模范;判罪前没有授勋、受奖和享有荣誉称号的人,在判罪后也不可能授予他。反之,如果剥夺犯罪分子这项权利,又是有期的剥夺,就会发生在犯罪分子剥夺政治权利期满以后是否还要发还他的勋章、奖章和恢复他的荣誉称号的问题。基于上述考虑,就未加规定。

在过去讨论中,还有同志主张增加受领恤金之权。但是考虑到受领恤金之权范围很广泛,恤金既有国家发的,也有企业事业单位发的,很难一概称为政治权利;而且剥夺受领恤金之权,就可能影响其家属的生活,一人犯罪累及家属也不妥当,因此没有列入。

二、剥夺政治权利适用的对象(第52条、第53条)

剥夺政治权利附加适用的对象,由总则第52条、第53条加以规定。这就是:"对于反革命分子应当附加剥夺政治权利;对于严重破坏社会秩序的犯罪分子,在必要的时候,也可以附加剥夺政治权利。""对于被判处死刑、无期徒刑的犯罪分子,应当剥夺政治权利终身。……"对于反革命分子,即犯有刑法分则第一章各条反革命罪的罪犯,在判处任何主刑的时候,都应一律附加判处剥夺政治权利,如果判处的主刑是死刑(包括死缓)、无期徒刑,还应附加判处剥夺政治权利终身。但是,如果犯了第98条、第99条或第102条的反革命罪而情节较轻,依照各该条法定刑的规定单独判处剥夺政治权利的,当然这时就不再发生上述"附加"的问题了。所谓"严重破坏社会秩序的犯罪分子",就是指的重大刑事犯罪分子,如杀人犯、抢劫犯、强奸犯、放火犯,等等。对于他们,如果判处的主刑是死刑(包括死缓)、无期徒刑,当然应附加判处剥夺政治权利(终身);即使不是判处死刑(包括死缓)、无期徒刑,而是判处长期徒刑(例如5年以上、7年以上或10年以上有期徒刑),如果法院认为必要,也可以附加判处剥夺政治权利。

剥夺政治权利独立适用的对象,由分则加以规定。分则规定可以单处剥夺政治权利的条文共13条。其中反革命罪3条,即第98条、第99条、第102条;其他刑事犯罪10条,即第137条、第143条、第145条、第157条、第158条、第159条、第

166 条、第 167 条、第 186 条、第 188 条。从规定的面来看,不算太小。鉴于剥夺政治权利是一种政治性的刑罚方法,是在一定期限内剥夺犯罪分子原来作为公民所享有的参加国家管理和政治活动的自由和民主的权利,因此在适用上一定要非常严肃谨慎,决不能轻率从事,把打击面搞宽了。

三、剥夺政治权利的期限(第 51 条、第 53 条)

依照《刑法》第 51 条、第 53 条的规定,剥夺政治权利的期限具有下列几种情况:

1. 单独判处剥夺政治权利的,其期限为 1 年以上 5 年以下。
2. 附加判处剥夺政治权利的,其期限随主刑的不同而有所不同:

(1) 判处管制附加剥夺政治权利的,剥夺政治权利的期限与管制的期限相等,同时执行(例如,判处管制 6 个月,即附加剥夺政治权利 6 个月,同时执行)。

(2) 判处拘役附加剥夺政治权利的(这实际上是指犯第 98 条、第 99 条或第 102 条的反革命罪而判处拘役,又依照第 52 条附加剥夺政治权利的情况),剥夺政治权利的期限为 1 年以上 5 年以下。

(3) 判处有期徒刑附加剥夺政治权利的,剥夺政治权利的期限为 1 年以上 5 年以下。

(4) 判处死刑(包括死缓)或无期徒刑的,一律附加剥夺政治权利终身;在死刑缓期执行减为有期徒刑或者无期徒刑减为有期徒刑的时候,应当把附加的剥夺政治权利终身减为 3 年以上 10 年以下。为什么规定减为"三年以上十年以下",而不是一般的"一年以上五年以下"呢?这是考虑到这些犯罪分子都犯了极严重罪行(死刑之罪或无期徒刑之罪),本来是剥夺政治权利终身,与其他被剥夺政治权利的罪犯有很大不同,减刑一下子把剥夺政治权利减到 1 年以上 5 年以下,就显示不出这种重大区别来。因此在刑度上需要保持一个距离,以示区别对待。

四、剥夺政治权利刑期的起算(第 54 条)

剥夺政治权利除终身剥夺的以外,都有一个刑期起算的问题。这个刑期起算也有几种不同的情况(第 54 条规定的仅是其中一部分情况):

1. 单独判处剥夺政治权利的

刑期从何日起算,刑法上没有明文规定,这就应按判决执行的一般规则,理解为自判决执行之日起计算。如果判决以前先行羁押的,应否折抵刑期?因为法律没有规定,不能遽下结论。但笔者个人认为,既然羁押期间可以折抵管制的刑期(第 36 条),折抵剥夺政治权利的刑期也未始不可。这个问题需要通过补充立法或立法解释来解决。

2. 附加判处剥夺政治权利的

刑期的起算随主刑的不同而有所不同：

（1）判处管制附加剥夺政治权利的，剥夺政治权利的刑期与管制的刑期相等，同时起算。如果判决执行以前先行羁押的，羁押1日折抵管制的刑期2日（第36条），也就意味着同时折抵附加的剥夺政治权利的刑期2日，否则便不能保证二者同时执行。

（2）判处拘役附加剥夺政治权利的，剥夺政治权利的刑期从拘役执行完毕之日起计算；在拘役执行期间，当然地也剥夺政治权利。

（3）判处有期徒刑附加剥夺政治权利的，剥夺政治权利的刑期从有期徒刑执行完毕之日或者从假释之日起计算；在有期徒刑执行期间，当然地也剥夺政治权利。

（4）判处死刑（包括死缓）或无期徒刑的，因附加的是剥夺政治权利终身，不发生刑期起算问题；但是，在死刑缓期执行减为有期徒刑或者无期徒刑减为有期徒刑的时候，因为附加的剥夺政治权利减为3年以上10年以下，这时就发生刑期起算问题。

这个3年以上10年以下的剥夺政治权利的刑期，应从减刑以后的有期徒刑执行完毕之日或者从假释之日起计算。在主刑执行期间，当然地一律剥夺政治权利。

判处有期徒刑、拘役附加剥夺政治权利的，依照第54条的规定，剥夺政治权利的效力当然施用于主刑执行期间。在这里合乎逻辑地会提出一个问题：如果判处有期徒刑、拘役而没有附加剥夺政治权利的，在有期徒刑、拘役执行期间犯罪分子有没有政治权利？这个问题在刑法上没有明确，讨论中每人所持的见解也不甚相同：有的认为既然犯罪分子没有被剥夺政治权利，他就有政治权利，并主张在服刑期间可以行使其能够行使的某种政治权利（如选举权等）；但更多的同志认为应停止行使政治权利，理由是人身自由都被剥夺了，还能行使什么政治权利？法律根据只有一个，即1953年4月3日《中央选举委员会关于选民资格若干问题的解答》，提到一切在关押中的已决犯，未经宣布剥夺政治权利的，"应停止其选举权利的行使"。刑法草案有的草稿中，曾试图解决这个问题，如1962年12月第27稿中曾写过一条："对于被判处拘役、有期徒刑没有附加剥夺政治权利的犯罪分子，在执行期间，应当停止行使政治权利。"后来考虑到这样写虽然道理上是正确的，但容易给实际工作带来困难：究竟在劳改期间剥夺政治权利和停止行使政治权利有何区别？既然没有剥夺政治权利，为什么要停止行使？可否停止一部分，行使一部分？这些问题都不是很好解决的，道理讲透也很不容易。可是只要在条文上规定"停止行使政治权利"，就要引起人们提这些问题，容易造成工作上的被动。参考其他各国立法例，一般都没有作这样的规定，因此还是决定把它删掉。在对第33稿进行修订的过程中，有的同志又提出这个问题，建议在有关条文中增加一款："被判处有期徒刑不附加剥夺政治权利的犯罪分子,在刑罚执行期间,中止行使本法第××条规定的权利,到徒刑执行期满后恢复。"理由是:如果不增加此款规定,没有被剥夺政治权利的犯罪分子,在刑罚执行期间,仍然有行使《宪法》第45条规定的言论、通信、出版、集会、结社、游行、示威、罢工的自由,这必然影响劳改场所的管理秩序,使监管工作难以执行。但是,基于上述同样的考虑,对此建议未予采纳。此外,有人主张在本节中增加如下一条:"对于被判处或者被减为有期徒刑附加剥夺政治权利的犯罪分子,在主刑减刑、假释、特赦或者刑期执行完毕的时候,原判法院或者同级法院根据犯罪分子的改造情况,可以缩短剥夺政治权利的期限,或者免除剥夺政治权利。"大家认为这方面还没有比较成熟的经验,而且这样规定对于同犯罪作斗争是否有利,也值得怀疑。因此没有采纳。

第八节　没收财产

一、没收财产适用的原则(第55条)

本条规定:"没收财产是没收犯罪分子个人所有财产的一部或者全部。在判处没收财产的时候,不得没收属于犯罪分子家属所有或者应有的财产。"这条第1款完全维持第33稿和第22稿的写法,第2款则有所修改。①

没收财产是比罚金更重的财产刑,主要适用于分则第一章反革命罪以及第三章破坏社会主义经济秩序罪、第五章侵犯财产罪、第六章妨害社会管理秩序罪中某些出于贪财图利动机而实施的犯罪,如走私、投机倒把、伪造或倒卖计划供应票证、伪造货币、抢劫、惯窃惯骗、贪污、制造或贩运烟毒、盗运珍贵文物出口等。除反革命罪总的规定1条(第104条)"可以并处没收财产"外,上述其他三章中规定可以并处或单处没收财产的条文共有12条。对这些犯罪分子适用没收财产,不仅是对他们的惩罚,而且也是剥夺他们进行犯罪活动的"资本",迫使他们接受教育改造,悔罪自新。

没收财产可以没收一部分,也可以没收全部,这要由人民法院根据犯罪分子罪行的轻重和案件的具体情况来决定。第33稿明确规定只有没收部分财产可以独立适用,也就是说,分则规定单处没收财产的场合,只能是没收财产的一部分。刑法条文上虽然没作这一个规定,但实际上在单处没收财产的时候,因为犯罪分子还在社会上生活,也只能是没收其财产的一部分。不论是没收一部分或没收全部,依照第55条的规定,都只能没收属于犯罪分子个人所有的财产,而不得没收属于犯

---

① 第33稿和第22稿相应条文第2款的写法是:"在判处没收财产的时候,应当给犯罪分子的家属留下必需的生产资料和生活资料。"

罪分子家属所有或者应有的财产。所谓"属于家属所有的财产",是指所有权明确属于家属的那部分财产,如家属自己穿用的衣物、家属自己劳动所得的钱物等。所谓"属于家属应有的财产",是指的什么呢?

(1) 有些财产是犯罪分子和家属共同所有、共同使用的,如某些小生产工具以及食具家具等,没收时必须考虑到家属从事生产和维持生活的需要,留出必要的部分,这部分财产就叫"属于家属应有的财产"。

(2) 有的家属没有独立生活能力或者没有其他生活来源,原来就依靠犯罪分子赡养、扶养或抚养的,即使没收的是犯罪分子个人所有的财产,也必须给犯罪分子家属留下必要的部分,供其维持生活。这部分需要留下的财产,也叫"属于家属应有的财产"。

因此,人民法院在判处没收财产时,应当进行很细致的工作,应当在判决中明确指出没收的范围。特别是判处没收财产的一部分,要在判决中明确指出要没收被告人财产中的哪一部分,或者逐一举出要没收的财物。

总之,第55条的精神是要贯彻一个罪责自负、不株连家属的原则。没收犯罪分子的财产,但不株连家属才是我们党和国家的一贯政策。还在解放初期没收反革命分子财产时就是这样做的。《刑法》第55条坚持了这项政策原则,条文的写法准确鲜明,不仅使人有所准绳,而且富有教育意义。

二、以没收的财产偿还债务问题(第56条)

本条规定:"查封财产以前犯罪分子所负的正当债务,需要以没收的财产偿还的,经债权人请求,由人民法院裁定。"这条指出了偿还这种债务的条件:

(1) 必须是犯罪分子在其财产被查封以前所负的债务,包括对国家、对集体或对个人的债务。

(2) 必须是正当的债务,例如在正当的买卖、借贷、租赁、承揽、雇佣等民事关系中所发生的债务,如果属于赌博之类所负的非正当债务,当然不在偿还之列。

(3) 必须债权人提出请求。

符合这些条件的,由人民法院裁定,可以在没收财产的限度以内适当偿还。如果提出请求的债权人不止1人,人民法院可依处理民事债权债务关系的一般原则,确定偿还的顺序和办法,在没收财产的限度以内适当偿还。

此外,在没收财产中,如果发现有犯罪分子过去所抢所盗和霸占的公民财物,经原主请求,查明属实之后,应当将原物退回原主,以保护公民的合法权利。

第四章

刑罚的具体运用

第一节 量 刑

一、量刑的一般原则(第57条)

量刑就是人民法院在查明犯罪事实的基础上,依法决定对犯罪分子是否判处刑罚以及判处什么刑罚。定罪和量刑是刑事审判工作的两个主要环节。衡量刑事审判工作的质量,归根结底,要看定罪是否准确,量刑是否适当。

《刑法》第57条规定:"对于犯罪分子决定刑罚的时候,应当根据犯罪的事实、犯罪的性质、情节和对于社会的危害程度,依照本法的有关规定判处。"这是总结我国司法机关多年来量刑的经验规定出来的量刑的一般原则,它是以事实为根据,以法律为准绳这一审判工作的指导原则在量刑方面的具体体现。

在本条的讨论修改过程中,曾考虑过以下一些问题:

(1)要不要增加"形势"作为量刑的根据之一。有的同志认为,"形势"是定罪量刑的重要根据,离开形势,就不可能理解为什么对同一行为在不同的地区和不同的时间作不同的处理,因而他们主张在量刑原则的条文中应当增加"形势"的内容。但另一些同志不同意这个看法,认为形势本身并不是量刑的根据,量刑的根据乃是犯罪的事实,也就是犯罪的性质、情节和对社会的危害程度等。不过在评定行为的社会危害程度时要适当考虑"形势"的因素,如平时与战时、前线与后方、发案率上升与下降、治安秩序良好与混乱,等等。把"形势"作为评定行为社会危害程度时的一个因素加以考虑,同把"形势"直接作为量刑的根据,这无论在概念上或提法上都是不一样的。我们不能像过去搞运动时那样强调所谓"紧跟形势,配合中心",而是要坚持以事实为根据,以法律为准绳,强调严格依法办事。依法办事就要尊重事实,忠实于事实真相。犯罪事实严重的就重判,犯罪事实轻微的就轻判。既然在评定犯罪行为的社会危害程度时已把"形势"的因素考虑在内,就没有必要在犯罪事实之外再把"形势"列为量刑的根据之一。经过讨论,没有采纳把"形势"列入量刑原则的条文的意见。

(2)有的同志主张本条增加1款,作为第2款,内容是:"对于犯罪分子决定刑罚的时候,应当考虑下列情况:(一)犯罪的动机;(二)犯罪的目的;(三)犯罪的手段；(四) 犯罪造成的损害和影响；(五) 犯罪分子在共同犯罪中所起的作用；(六) 犯罪分子的已往表现；(七) 犯罪分子的生活境遇；(八) 犯罪分子和被害人平日的关系；(九) 犯罪分子的认罪态度和悔改表现；(十) 民愤大小。"讨论中大家认为，量刑原则的内容已很概括，不需要另行详细列举，以免重复。

(3) 第33稿关于量刑原则的条文中，在"应当根据犯罪的事实、犯罪的性质、情节和对于社会的危害程度"一句之后，还有"参照犯罪分子的个人情况、认罪的老实程度和对犯罪的悔改态度"一句。修改中认为，这些情况在量刑工作中适当加以掌握就行了，不必在条文上明白规定，规定上去，容易产生副作用：第一，不顾犯罪事实本身怎样，片面强调犯罪后的态度，势必导致量刑上的偏颇。第二，片面强调认罪和悔改态度，易使被告人产生顾虑，不敢充分行使辩护权，这对弄清事实没什么好处。第三，"犯罪分子的个人情况"，易使人理解为包括出身成分，出身成分好就从轻处罚，出身成分不好就从重处罚，这势必违反在法律面前人人平等的原则。为了避免可能产生的这些副作用，因此将上述那一句删除。

二、从重处罚、从轻处罚、减轻处罚和免除处罚 (第58条、第59条等)

从重处罚、从轻处罚、减轻处罚和免除处罚，是量刑工作中表现宽严的几种处理做法。第58条规定的是从重处罚、从轻处罚的原则；第59条规定的是减轻处罚的原则。至于免除处罚，即免予刑事处分，因含意明显，除第32条情况外，不需要专作解释。

无论是从重处罚还是从轻、减轻、免除处罚，前提是要有相应的情节。这些情节在刑法上如何规定？是集中规定还是分散规定？起草过程中曾有不同的意见。有的同志主张，在量刑一般原则的条文后面增加两条：分别集中列举一些从重处罚的情节和从轻处罚的情节，便于审判人员掌握运用。

列举的从重处罚情节是：(1) 犯罪中的首恶分子或主要犯罪分子；(2) 惯犯；(3) 累犯；(4) 拒不坦白或者阻止他人坦白的；(5) 犯罪手段残酷的；(6) 使国家和人民利益遭受重大损失的；(7) 引诱、教唆未成年人犯罪的；(8) 对孕妇、未成年人或者孤立无援的人实行犯罪侵害的。

列举的从轻处罚情节是：(1) 投案自首的；(2) 真诚坦白或者有立功表现的；(3) 被胁迫或受欺骗参加犯罪的；(4) 犯罪以后采取办法消除或者减轻危害后果的；(5) 一时激于义愤犯罪的。

由于这里已集中地列举了从重、从轻处罚的情节，因此总则中原来关于从重从轻处罚的一些分散规定(如"共同犯罪"中的某些条文、"累犯"一节的条文、"自首"一节的条文等)一律删去。经过研究，大家认为，首先，逐项列举很不容易列举得全，例如犯罪分子的一贯表现、犯罪分子平日的生活状况、犯罪分子和被害人平日的关系，等等，在量刑时都是要考虑的，但作为法定从重处罚或从轻处罚的情节来列举就有困难。其次,对列举的情节,有的很难解释得具体、确切,例如"犯罪手段残酷的",怎样才叫"残酷"?"一时激于义愤犯罪的",怎样才叫"义愤"?不容易有统一的理解,如果解释不好,反而弊多利少。再者,列举的情节在程度上也是不一样的,例如"有立功表现"与"投案自首"、"真诚坦白"在程度上就很不一样,有立功表现的,不能只是从轻处罚,而是也可以减轻或者免除处罚。又如惯犯,在分则的某些条文(如第152条等)已作为加重处罚的罪名来单独加以规定,在总则如再列举惯犯作为从重处罚的情节,在适用上就会造成混乱。根据上述种种考虑,还是以不集中列举规定为宜。

不集中列举,就要分散规定。刑法草案历次草稿,除个别外,都是采取分散性规定的。公布施行的刑法也是如此。分散规定的好处是,根据情节的不同,条文的叙述有详有简,比较清楚、准确;缺点是散见各条,如果对条文没有熟悉地掌握,运用起来容易顾此失彼。为了避免这个缺点,便于运用,现将刑法中分散规定的从重处罚和从轻处罚、减轻处罚、免除处罚的情节,按由严到宽的次序,排列如下:

1. 应当从重处罚的情节

主犯(除分则已有规定的以外)(第23条);教唆不满18岁的人犯罪的(第26条);累犯(第61条);国家工作人员利用职务上的便利犯走私、投机倒把罪的(第119条);国家工作人员以肉刑致人伤残的(以伤害罪)(第136条);国家工作人员犯诬陷罪的(第138条);奸淫不满14岁幼女的(依照强奸罪)(第139条第2款);二人以上犯强奸罪而共同轮奸的(第139条第4款);非法拘禁他人或者以其他方法非法剥夺他人人身自由,具有殴打、侮辱情节的(第143条);邮电工作人员私自开拆或者隐匿、毁弃邮件、电报而窃取财物的(依照贪污罪)(第191条)。

2. 可以从轻处罚的情节

犯罪以后自首的(第63条)。

3. 可以从轻或者减轻处罚的情节

未遂犯(比照既遂犯)(第20条);被教唆的人没有犯被教唆的罪的教唆犯(第26条)。

4. 应当从轻或者减轻处罚的情节

已满14岁不满18岁的人犯罪(第14条)。

5. 可以从轻、减轻或者免除处罚的情节

又聋又哑的人或者盲人犯罪(第16条);预备犯(比照既遂犯)(第19条)。

6. 应当从轻、减轻或者免除处罚的情节

从犯(比照主犯)(第24条)。

7. 可以减轻或者免除处罚的情节

在国外犯罪已在外国受过刑罚处罚的(第7条);犯罪以后自首、犯罪又较轻的(第63条);自首并且有立功表现的(第63条)。

8. 应当减轻或者免除处罚的情节

正当防卫超过必要限度的(第17条);紧急避险超过必要限度的(第18条);中止犯(第21条);被胁迫、被诱骗参加犯罪的(比照从犯)(第25条)。

9. 可以免予刑事处分的情节

犯罪情节轻微不需要判处刑罚的(第32条)。

以上排列的情节中,有的是属于"应当"从重处罚或"应当"从轻、减轻、免除处罚,有的是属于"可以"从轻、减轻、免除处罚。"应当"是硬性的规定,人民法院必须这样做;"可以"是选择性的规定,要不要这样做,由人民法院根据案件的具体情况决定。

在上述从宽情节中,除个别外,有的情节既是从轻处罚的情节,也是减轻处罚的情节(如未遂犯);有的情节既是减轻处罚的情节,也是免除处罚的情节(如中止犯);甚至有的兼三者而有之(如预备犯)。面对这些情节,究竟是从轻处罚合适,还是减轻处罚合适,还是免除处罚合适,这也要由人民法院根据案件的具体情况来决定。

当犯罪分子具有法律规定的从重处罚或从轻处罚情节的时候,应当怎样量刑?第22稿的规定是"应当在法定刑的限度以内判处较重或者较轻的刑罚"。意思即是说,在法定刑幅度中间划一中线,从重处罚是在中线以上量刑,从轻处罚是在中线以下量刑。经过讨论,大家认为这样规定不妥当,应当将"较重或者较轻的"几字删去。理由是:

(1) 对犯罪分子判处刑罚,应当根据量刑原则条文的规定,综合分析案件的各种情节,而不能只根据其中的某一个情节。如果某个案件整个案情是轻微的,不足以判处法定刑中线以上的刑罚,就不能因为它具有某个法定从重处罚的情节而判处法定刑中线以上的刑罚;反之,如果某个案件整个案情是严重的,足以判处法定刑中线以上的刑罚,也不能因为它具有某个法定从轻处罚的情节就判处中线以下的刑罚。片面地强调和夸大某个法定从重、从轻处罚情节的作用,使它独立地决定刑罚,是与量刑原则的规定精神相矛盾的。

(2) 有些法定刑幅度可以划一中线,如1年以上7年以下有期徒刑,4年是中线;5年以上有期徒刑,10年是中线。但有些包括几个刑种的法定刑(如处10年以上有期徒刑、无期徒刑或者死刑)则无法划中线,不得不另立标准(说从重处罚就是判处最重或次重的刑种,从轻处罚就是判处最轻或次轻的刑种),结果不能自圆其说。

(3) 如果同时具备几个从重处罚或从轻处罚情节,怎么划中线呢?既有从重处罚情节,又有从轻处罚情节,又怎么划呢?这里用机械的办法和简单数字加减的办法是解决不了问题的。

基于以上理由,故第33稿就将"较重或者较轻的"字样删去。《刑法》第58条完全维持第 33 稿的规定。条文的意思是说：有从重处罚、从轻处罚情节，是在法定刑的限度以内比没有这个情节相对要重些或轻些，至于在这个限度以内究竟多重多轻，究竟在法定刑中线以上或以下，那就要综合分析，全面考虑。这样规定是合乎辩证法的，是有利于实际工作的。

关于犯罪分子具有法律规定的减轻处罚情节的时候应当怎样量刑的问题，第 22 稿为了防止判刑畸轻现象的发生，曾根据法定刑的最低刑的不同情况，划分了 7 项减轻的幅度，例如：最低刑为 10 年有期徒刑的，可以减到 7 年有期徒刑；最低刑为 7 年有期徒刑的，可以减到 5 年有期徒刑；如此等等。讨论中大家认为这样规定太琐细，限制也太死，故第 33 稿删去这些杠杠，只写为"应当在法定刑以下判处刑罚"。《刑法》第 59 条的规定也相同。这意思是说，减轻处罚是比法定刑的最低刑还轻的处刑，至于具体减多少，包括有时减为另一更轻的刑种（例如法定刑为 5 年以下有期徒刑的，减轻处罚时就不得不减为拘役多少时间或者管制多少时间），则由人民法院根据每一案件的情况去斟酌办理。这样就比第 22 稿的规定灵活得多。

但是，第 33 稿和公布的刑法也有比第 22 稿限制更严的。第 22 稿规定："根据案件的特殊情节，对于犯罪分子从轻判处法定刑的最低限度还是过重的时候，可以减轻或者免除处罚，但是是应当在判决书中说明理由。"这就是说，犯罪分子虽然不具有法律规定的减轻处罚情节或免除处罚情节，只要人民法院考虑到案件具有特殊情况，并在判决书中说明理由，就可以自己决定减轻或者免除处罚。第 33 稿则删去上文当中法院可以自行免除处罚的规定，仅保留其可以减轻处罚的规定，并且对法院自行减轻处罚还作了程序上比在判决书中说明理由更为严格的限制，即必须经过上一级人民法院核准。《刑法》第 59 条第 2 款将第 33 稿相应条款中的"特殊情况"改为"具体情况"，将"经过上一级人民法院核准"改为"经人民法院审判委员会决定"，这样虽然也有限制，但不如第 33 稿严格，对人民法院来说，显得更灵活些。

三、要不要规定加重处罚的问题

第 22 稿和以前的历次稿，没有关于加重处罚的条文，在对第 22 稿进行修订的过程中增加了一条，即后来第 33 稿的第 64 条。该条规定："对于个别罪行严重、情节恶劣、怙恶不悛的犯罪分子，如果判处法定刑的最高刑还是过轻的，经过最高人民法院核准，可以在法定刑以上判处刑罚。"当时增加这一条的主要理由是：可以适应阶级斗争的某种特殊需要。当时认为，刑法草案分则对各种犯罪所定的法定刑，基本上是根据一般情况规定的，同时也尽可能地照顾到某些带有一定特殊的情况，因而所规定的幅度一般说来既不太宽也不太窄，在通常的情况下是适合的。但是考虑到我国过渡时期阶级斗争的规律和特点，在各种犯罪中总还会有少数很特殊的情况和问题，如果法律上不解决这些特殊问题，就不利于审判机关在实际工作中对复杂的犯罪区别对待。如果为了解决这些特殊问题而扩大法定刑幅度,就势必在分则条文中过多地增加死刑、无期徒刑,也容易导致在处理一般案件上产生量刑轻重悬殊的现象,不利于国家法制的统一。另外,既然给法院以减轻处罚的机动权力,也应给以加重处罚的机动权力,这样才比较全面。基于上述认识,于是就增设了加重处罚的一条。对第33稿修订中,认为增加这条有问题。

(1) 有了这一条,等于分则每一条的法定刑上面都打开了缺口,这就降低甚至丧失了设法定刑的意义。

(2) 设这一条,本想分则可以少规定几个死刑,但从逻辑上说,开了口子以后,因加重幅度上没有限制,每条都可能加重到死刑,死刑岂非更多了?

(3) 这种一般性加重处罚的条文(不是针对某一条罪或某一个情况如劳改犯逃跑后又犯罪的有限制的加重),在各国刑法中都是没有的,第22稿以前的历次稿中也都没有,而是在1962年强调"千万不要忘记阶级斗争"时加进去的。设了这一条,法律本身定下来的法定刑就不能算数,被告人随时有被加重处罚的可能,这不是巩固和加强法制,而是削弱和破坏法制。

(4) 把加重条文和减轻条文相提并论是站不住脚的。减轻处罚的情节在法律上有具体规定,因恐列举不全,又给法院以机动权力,这是在惩办的前提下对犯罪分子的宽大措施,是有教育感化作用的,是得人心的;而一般性的加重处罚超越了法定刑的范围,使被告人在受多大惩罚的问题上处于不可捉摸的状态,也就是说,他的合法权利(犯多大罪只能受多大惩罚,而不能受更重的惩罚)得不到法律应有的保障,这是易招人怨、不得人心的。

(5) 虽然把适用这一条的核准权控制在最高人民法院,也难免有司法权超越立法权的嫌疑,因为毕竟是把法律规定的量刑幅度的最高限给冲破了。

基于上述这些理由,于是又把第33稿增设的这一条删掉了。

四、违法所得的追缴和犯罪物的没收(第60条)

第22稿有一款规定:"犯罪分子如果有违法所得的财物,在判处刑罚的时候,应当予以追缴。"第33稿用专条规定:"犯罪分子违法所得的一切财物,应当予以追缴或者责令退赔;供犯罪所用的一切财物,应当予以没收。"这样在内容上更完整一些,加强了对犯罪分子的经济制裁。《刑法》第60条基本上维持第33稿的规定,只是把"供犯罪所用的一切财物"修改为"违禁品和供犯罪所用的本人财物",这样使内容进一步丰富和确切了。

犯罪分子违法所得的一切财物,例如贪污、盗窃、抢劫来的赃款赃物,犯罪分子本无权占有,自然应当予以追缴或者责令退赔,查明物主的要退还物主,使公私财产恢复原状。

违禁品是指法律禁止私人持有的物品,如枪支、弹药、鸦片、吗啡等,犯罪分子持有这些物品就是非法的,当然应予没收。

供犯罪所用的财物,例如杀人的凶器、盗窃的工具、供抢劫用的车辆等,如是本人的财物,应当予以没收,如是盗窃来或借来的公家的汽车等财物或他人的财物,原则上不在没收之列,但如该项财物能起物证的作用,依照《刑事诉讼法》第84条的规定,公检法机关有权予以扣押。

以上这些没收(广义上也包括追缴犯罪所得在内),在刑法理论上叫做特别的没收,它与作为刑种的没收财产是不同的。

第二节 累　　犯

一、累犯的概念和构成(第61条)

本条规定:"被判处有期徒刑以上刑罚的犯罪分子,刑罚执行完毕或者赦免以后,在三年以内再犯应当判处有期徒刑以上刑罚之罪的,是累犯,应当从重处罚;但是过失犯罪除外。前款规定的期限,对于被假释的犯罪分子,从假释期满之日起计算。"这条与第33稿相应条文比较,仅作了一处修订,即条文中的"三年以内",在第33稿相应条文中是"五年以内"。而第33稿的这一条,与第22稿有关条文相比,则有较大的修改。现将修改的情况分析如下:

1. 什么是累犯？第22稿规定:刑罚执行完毕或者赦免以后,在一定期限以内(按原判刑罚轻重的不同,分为3年内、5年内、7年内)再犯同类性质罪的,是累犯。对于累犯,从重处罚。第33稿则改为:"被判处有期徒刑以上刑罚的犯罪分子,刑罚执行完毕或者赦免以后,在五年以内再犯应当判处有期徒刑以上刑罚之罪的,是累犯,应当从重处罚;但是过失犯罪除外。"为什么这样修改呢？可以分以下两点说明。

(1) 累犯是刑事政策上打击重点之一,条文规定"应当从重处罚"。其所以从重处罚的根据,是这种犯罪分子主观恶性和社会危险性较大,比较难于改造。何以说明这点呢？第22稿主要着眼于"再犯同类性质罪",认为一个人犯了罪被判过刑,以后又犯同类性质的罪,就是主观恶性和社会危险性较大,不好改造,故应按累犯从重处罚。修改中认为这样规定有一定缺陷:首先,"同类性质罪"的概念不好确定,例如,先犯盗窃罪再犯盗窃罪当然是同类性质罪,那么,先犯盗窃罪再犯敲诈勒索罪叫不叫同类罪(都是贪财图利将公私财物据为己有)？先犯盗窃罪再犯故意毁坏公私财物罪叫不叫同类罪(都规定在分则"侵犯财产罪"一章)？先犯诈骗罪再犯冒充国家工作人员招摇撞骗罪叫不叫同类罪(一个规定在"侵犯财产罪"一章,另一个规定在"妨害社会管理秩序罪"一章)？如此等等,究竟以什么标准来确定同类性质,不易解释清楚。其次,再犯不同类性质罪,其主观恶性和社会危险性不一定小于犯同类性质罪。例如,先犯流氓罪,刑满后再犯抢劫罪,较之先犯流氓罪,刑满后又犯流氓罪,主观恶性和社会危险性不一定就小。再次,不区分故意犯罪和过失犯罪,不问先后两个罪所判的刑罚如何,只要再犯的是同类性质罪,就以累犯论处,这样就把某些过失犯罪分子或者仅仅被判处拘役等轻刑的犯罪分子也当累犯打击,显然打击面是过宽了。因此,第33稿删去"再犯同类性质罪"的提法,而改为以先后两个罪都是判处有期徒刑以上刑罚(包括有期徒刑、无期徒刑、死缓)的故意罪,为构成累犯的主要条件。一个人犯故意罪被判处有期徒刑以上刑罚,刑满或赦免后又犯应当被判处有期徒刑以上刑罚的故意罪(劳动改造实践中所说的"二进宫"、"三进宫",通常就是指的这种情况),足以说明这些人的主观恶性和社会危险性较大,是较难改造的。因此把他们列为累犯,作为打击重点之一,才是符合刑事政策精神的。

（2）第22稿对于构成累犯的期限,根据原判刑罚轻重的不同,分别规定为"三年内"、"五年内"、"七年内",精神是:刑越重的,考验时间越长。修改中认为这样划分过细,不便于适用,同时所犯的既然都是判处有期徒刑以上刑罚之罪,不包括判轻刑的罪,反革命累犯不受时间限制又已有专条作了规定,因此这里可以简化,不必再细分。考虑到对累犯要贯彻从严精神,期限如果定得过长,就会扩大累犯面;期限定得过短,又会失之宽纵,所以第33稿统一规定为"五年以内"。在对第33稿修改中,认为"五年以内"面还过大,又改为"三年以内"。从对犯罪分子改造效果看来,一般说,如果被判处有期徒刑以上刑罚的犯罪分子,在刑罚执行完毕或者赦免以后3年以内没有再犯应判有期徒刑以上刑罚之罪,可以说明他得到了一定的改造;否则就可以说明他恶性未改。故以3年为界限一般是比较合适的。

2. 第22稿规定:构成累犯的期限,"对于被缓刑或者被假释的犯罪分子,从缓刑(考验)期满或者假释(考验)期满之日起计算"。第33稿删去有关缓刑部分的起算问题。因为缓刑是附条件的不执行原判的刑罚,缓刑考验期满说明犯罪分子没有被执行过刑罚。对缓刑考验期满谈累犯问题,这是与累犯的概念本身相矛盾的。至于假释考验期满,法律上认为是原判刑罚执行完毕(参见《刑法》第75条),故构成累犯的期限,要从这一天起计算。为什么不从假释之日起计算？因为假释以后还有一段假释考验期限,在假释考验期限内,如果再犯新罪,包括再犯应当判处有期徒刑以上刑罚的新罪,是要撤销假释按数罪并罚原则处理的(参看同上)。既已按数罪并罚原则处理,自不应再按累犯处理。

二、反革命累犯（第62条）

本条规定:"刑罚执行完毕或者赦免以后的反革命分子,在任何时候再犯反革命罪的,都以累犯论处。"这条完全保持了第33稿相应条文的内容,只字未改。把这一条与上一条对照一下,就可以看出法律的精神是:对反革命更加从严。因为构成反革命累犯,既不受时间上的限制,也不问判刑的轻重如何,只要前后两个罪都是反革命性质就够了。反革命罪是对国家最危险的罪行,反革命分子是人民最凶恶的敌人,从累犯的规定上也体现对反革命从严的精神,这是完全必要的。

第三节 自 首

一、自首的概念和处罚原则(第63条)

第22稿规定:"犯罪没有被发觉而自首的,可以从轻处罚;自首并且有立功表现的,可以减轻或者免除处罚。"第33稿修改为:"犯罪以后自首的,可以从轻处罚;自首并且有立功表现的,可以减轻或者免除处罚;立大功的,可以给予适当奖励。"《刑法》第63条又进一步修订为:"犯罪以后自首的,可以从轻处罚。其中,犯罪较轻的,可以减轻或者免除处罚;犯罪较重的,如果有立功表现,也可以减轻或者免除处罚。"从修订的情况可以看出以下三点:

(1) 关于自首的概念问题。第22稿把自首限制为"犯罪没有被发觉而自首"这种情况。修订中认为这个面太窄了,删去了"没有被发觉"这个限制词。但法律没有给自首确定概念。笔者认为,自首就是犯罪分子在犯罪以后,自动向政法机关或者有关组织投案并如实供述自己的罪行。自首说明犯罪分子主观上有认罪悔过的表现,客观上便利了案件的侦破,也有利于分化瓦解犯罪分子,因此,自首的面不应理解得太窄。在下面任何一种情况下,只要是犯罪分子自动投案的,均应视为自首:① 犯罪事实未被发现;② 犯罪事实已被发现,但犯罪人尚未被发现;③ 犯罪事实和犯罪人都已被发现,但犯罪人尚未受到拘传、拘留或逮捕等强制措施的处置。另外,从犯罪分子自首的原因分析,有的是慑于无产阶级专政的威力,有的是受到党的政策的感召,有的是经过亲属的规劝,有的是受到良心的责备,等等。不论出于哪种原因,只要不是被政法机关抓获或者被公民扭送,而是自己前去投案或者在亲属的监督陪同下前去投案的,都应认为自首。当然,上述各种情况下的自首,表现犯罪分子悔悟的早晚及悔悟的程度并不完全相同,这点在量刑时是要加以区别,适当掌握的。还有一点必须注意,就是自首必须是真诚的,如果为了骗取信任以便继续进行犯罪活动,或者为了掩盖其他重大罪行而进行假自首,经查证属实后,不仅不能视为自首给予宽大处理,而且还应从严处理。

(2) 在自首的处罚原则中要不要区分犯罪的轻重? 第22稿和第33稿均未加区别。《刑法》第63条则加以区别,即自首可以从轻处罚;但如犯罪较轻的,可以减轻或者免除处罚;犯罪较重的,除自首外,还要有立功表现,才可以减轻或者免除处罚。这样就更加有分寸了。所谓立功表现,是指犯罪分子除了如实供述自己的罪行外,还揭发了其他犯罪活动,检举了他案的犯罪人,经查证属实的,以及协助政法机关侦破重大案件的,等等。

(3) 第33稿中有"立大功的,可以给予适当奖励"一句,这是沿袭过去肃反政策中"立大功受奖"的提法。修改中认为,"奖励"问题不是刑法的内容,而刑法中规定的"立功表现",业已概括了功大功小的各种情况,因此将这句删去。

二、关于"坦白从宽"问题

自首是坦白中比较好的情况,刑法规定了犯罪以后自首的可以从轻处罚,有的还可以减轻或者免除处罚,这就是从法律上体现了"坦白从宽"的政策精神。但自首没有包括坦白中的一切情况,有的犯罪分子被拘留、逮捕以后,也可能坦白交代罪行比较好,有的甚至交代了政法机关事先没有掌握的一些罪行。这要不要从宽处理？有的同志主张这种情况在刑法上也要有所反映,有的还主张把本节标题改为"自首、坦白",以便能包括上述这种情况。经过讨论,认为这种情况与自首相比,还是有较大差距的,把它与自首相提并论列为法定的从轻处罚情节是不必要的；而且规定了还有副作用,有的工作作风不好的人可能利用它作为诱供、套供的手段,违反刑事诉讼中"重证据不轻信口供"的实事求是原则。因此,刑法上就不予规定。法律没有规定不等于说实际工作中就不要考虑,这种情况在审判工作中是可以当作犯罪分子犯罪后态度较好的一种表现来适当加以掌握的。这是当时认识上的局限性,后来实践证明,不规定确是一个缺陷。

第四节　数 罪 并 罚

一、关于数罪并罚的处罚原则问题

关于数罪并罚,从各国立法例来看,大致有四种处罚原则：
(1) 吸收原则,即对一人犯数罪的采取重罪吸收轻罪或重刑吸收轻刑的原则。
(2) 累加原则,即对数罪分别判刑,数刑相加,合并执行。
(3) 限制加重原则,即对所犯数罪,依最重犯罪的刑罚加重处罚,或者在总和刑期以下、数刑中最高刑期以上,决定执行的刑期,并规定不得超过一定的期限。
(4) 折中原则,即对数罪分别判刑,根据不同情况,分别采取吸收、累加、限制加重等不同的处罚原则。

具体说,对数罪中有判处死刑或者无期徒刑的,即吸收其他轻刑,只执行死刑或者无期徒刑（即吸收原则）；对判处数个有期徒刑、拘役等刑罚的,即在总和刑期以下、数刑中最高刑期以上,决定执行的刑期,并规定不得超过一定期限（即限制加重原则）；对判处有期徒刑、拘役又判处罚金等刑罚的,合并执行（即累加原则）。

我国过去的刑事法律和司法机关的指示中,对数罪并罚问题也有过一些规定。

例如，1951年《惩治反革命条例》第15条规定："凡犯多种罪者，除判处死刑和无期徒刑者外，应在总和刑以下，多种刑中的最高刑以上酌情定刑。"1952年《惩治贪污条例》第4条第2款规定："因贪污而兼犯他种罪者，合并处刑。"最高人民法院1951年2月15日给华东分院的《关于一人犯数罪如何量刑的问题的解答》中指出："法院审判一被告犯数罪时，除判处死刑和无期徒刑者外，原则上仍应先就各个犯罪，分别宣告其所处的刑罚，再宣告其应执行的刑罚；就数罪都处有期徒刑来说，应在该数罪所处的总和刑以下，及其中一罪所处最高刑以上，酌定其应执行的刑期。"从这些规定和指示来看，我国对数罪并罚问题也不是只采取一种办法的。但从多年的审判实践来看，对于一人犯数罪的，先分别量刑，然后决定应执行的刑罚，这样做的很少，一般都是采取"估堆"的办法，即把数罪当作一个整体综合加以考虑，适当判处刑罚。"估堆"的办法在刑法颁行以前是无可非议的，因为那时对很多罪毕竟缺乏具体的量刑标准，每个罪都先分别量刑，实际上是有一定困难的。

但是，有了刑法就不同了。刑法从历次草稿到最后定稿都是采取折中原则，这个原则要求对数罪先要分别量刑，然后决定应执行的刑罚。由于刑法对每种罪都规定有量刑幅度，这样做并不发生困难。而且这样做有很大好处：一是眉目清楚，什么罪判什么刑，最后决定执行什么刑，判决书上一一都有交代，便于人民群众、检察机关和上级法院实行监督。二是万一这几个罪中有一个罪搞错了或者已过时效了，应当撤销，整个判决也不需要推倒重来，因为根据判得正确的罪重新计算一下，还是可以决定出应执行的刑罚来的。所以分别量刑是有重大实际意义的。

二、数罪并罚的不同情况和区别对待（第64—66条）

这3条规定的是数罪并罚的3种不同情况。与第33稿相比，除了第64条把第33稿相应条文中"管制最高不能超过五年"改为"管制最高不能超过三年"外，其余基本上都保持了第33稿的规定。

第64条规定的是判决宣告前一人犯数罪均已被发觉的数罪并罚。第65条和第66条则分别规定了判决宣告后又发现余罪以及判决宣告后刑罚没有执行完毕前又犯新罪的数罪并罚。第65条是第64条的补充，其采用的并罚原则与第64条应当一样，是没有问题的。这一条与第22稿相应条文的不同之处，仅是补充了一句刑期计算："已经执行的刑期，应当计算在新判决决定的刑期以内。"这个补充是完全必要的。第66条所说的犯罪分子与第65条所说的犯罪分子即有所不同。这一条所说的犯罪分子是在判决宣告后刑罚没有执行完毕前又犯新罪，也即旧账未清又添新账，而不是像第64条、第65条所说的犯罪分子那样都是旧账。由于这种犯罪分子已经过法院判决的教育，甚至已部分地执行了刑罚，尚且犯罪，说明他的恶性较深，社会危险性较大，因此原则上应当比第64条、第65条的情况从严处罚。

第66条的从严精神表现在哪里？从表面上看，这一条也是采用第64条的并罚原则,似乎没有更严的地方,实际上并非如此。这一条不是采取把前罪所判处的刑罚和后罪所判处的刑罚予以并罚,然后减去已执行刑期的办法(先并后减),而是采取把前罪没有执行的刑罚和后罪所判处的刑罚予以并罚的办法(先减后并),正是体现了从严的精神。因为:

(1)先减后并办法比起先并后减办法来,在某种情况下(具体说,就是在新罪所判刑期比前罪残余刑期长的情况下),其决定执行刑罚的最低刑的基础提高了。例如,某甲犯强奸罪,被判刑6年,已经执行3年,又犯故意伤害他人致人重伤罪,被判刑7年,以前罪残余刑期3年与新罪的刑期7年并罚,可以在7年以上10年以下决定刑期,加上已执行的3年,实际上等于在10年以上13年以下量刑。这同以前罪的原判刑6年与新罪的刑期7年并罚可以在7年以上13年以下量刑相比较,最低刑的基础提高了。

(2)采取先并后减的办法,实际执行的刑罚不可能超过第64条所规定的最高限制;采取先减后并的办法,虽然并罚时决定执行的刑罚也不超过这个最高限制,但把已执行的那一部分刑罚算在一起,就有可能超过这个限制。例如,某乙犯抢劫罪被判处有期徒刑12年,已经执行8年,还剩4年,又犯杀人罪未遂,被判处有期徒刑15年,如果按照先并后减的办法,实际执行的刑期无论如何不可能超过20年;但如按照先减后并的办法,则并罚时要在15年以上19年以下决定执行的刑期,加上已执行的8年,实际执行的刑期最低是23年,最高可达到27年,超过了20年的限制。由此可见,第66条比起第64条、第65条来,在处罚精神上是从严一些,这是符合区别对待的政策原则的。

第66条的办法还有一个优点,就是对同一犯罪分子来说,他改造的时间越长(也即残余刑期越短),表明处罚上越严。例如,某丙犯放火罪被判处有期徒刑7年,已改造了1年,还有6年,又犯盗窃罪被判处有期徒刑5年,这时就要在6年以上11年以下决定执行的刑期,加上已执行的1年,实际执行的刑期最低是7年,最高是12年。如果这个人是在改造了6年还剩1年时犯新罪被判5年,那么实际执行的刑期最低是11年,最高是12年,比前一种情况要严。又如前面已举过的那个某乙的例子,如果他是在执行了4年还剩8年的时候又犯新罪被判刑15年,并罚时只能在15年以上20年以下决定执行的刑期,实际执行的刑期最低是19年,最高是24年,这就不比上个例子中最低是23年、最高是27年的处罚严。改造时间越长,处罚越严,这和判决宣告后新犯罪比判决宣告前犯罪处罚要严一样,都是符合区别对待原则的。

但是,也有人主张对第66条所说的犯罪分子,一律采取累加原则,即把前罪没有执行的刑罚和后罪所判处的刑罚加在一起执行,并罚时不采取第64条中的限制加重原则。讨论中考虑到这样未免太死太严,而且从前面的分析中也可看出,这不能很好地体现区别对待原则,因而未予采纳。

三、关于一罪数罪等问题

第22稿在"数罪并罚"一节中,还有3条条文,规定了一罪数罪等问题。该稿第71条规定:"数罪并罚,判决确定以后,如果数罪中有受赦免的,其余没有赦免的罪,如果是两个以上的,仍然依照本法第六十八条(按:类似现在《刑法》第64条)的规定,决定执行的刑罚;如果是一个罪的,依照原判处的刑罚执行。"第72条规定:"一个行为触犯两个以上罪名或者犯一个罪而犯罪的方法、结果触犯其他罪名的,应当най重的一个罪处罚。"第73条规定:"连续几个行为犯一个罪名的,按照一个罪论处;但是可以从重处罚。"后来修订中,把这3条都删除了。理由是:

(1) 该稿第71条所说的"数罪中有受赦免的"情况,在我国不存在;按照我国1959年以来颁布的几个特赦令来看,都是赦免某些罪犯,而不是赦免某项罪。故删去此条。

(2) 该稿第72条所说的情况,其中"一个行为触犯两个以上罪名",在刑法理论上叫做"想象的竞合犯";"犯一个罪而犯罪的方法、结果触犯其他罪名",在刑法理论上叫做"牵连犯"。这些情况不发生数罪并罚问题是容易理解的,不规定也不会发生问题。故此条也删去。

(3) 该稿第73条规定的是"连续犯"的情况。但何谓"连续行为",认识上不太一致,法律上规定了,容易引起争论,不如由学理上去解释,更灵活些。因此也删去。

第五节 缓 刑

一、缓刑适用的原则和条件(第67条、第69条)

缓刑是一种既宽大又严肃的刑罚制度。它基本上适用于人民内部社会危害性不大、判刑较轻、不关押也不致再危害社会的犯罪分子。人民法院适用缓刑,就在根据一定条件维持原判刑罚效力的影响下,给了犯罪分子以悔过自新的机会,因此,缓刑是对人民内部犯罪分子进行说服教育的一种良好的辅助手段。

但是,要使缓刑制度发挥积极的作用,首先必须严格适用的条件,做到该适用的适用,不该适用的不适用。滥用缓刑,就会使缓刑制度流于形式,使被缓刑的犯罪分子产生"逍遥自在"或"无所谓"的感觉,起不到教育效果,并且损害法制的严肃性,引起群众正当的不满。

第33稿对适用缓刑的条件从正面、反面作了一些严格的规定。这些条件归纳起来就是:

(1) 犯罪分子必须是被判处拘役或者3年以下有期徒刑的;

（2）必须是人民法院根据犯罪分子的犯罪情节和悔罪表现，认为适用缓刑确实不致再危害社会和引起群众不满的；

（3）犯罪分子必须不是反革命犯，也不是累犯。

除了上述条件之外，还有程序上的控制：

（1）宣告缓刑以前责令犯罪分子具结悔罪；

（2）宣告缓刑必须经过上一级人民法院核准。

修订中对上述主要条件均予保留，但有几处删节：一是删去"引起群众不满"这几个字，认为把会不会"引起群众不满"作为适用缓刑的法定条件之一不大必要，而且也不好掌握，因为群众中有时有派性或其他干扰，意见不太一致，到底多少群众或者多大范围的群众表示不满才叫"引起群众不满"呢？不易说得很确切。二是删去上述程序上的两点规定，认为这两点规定是过严了，也不符合审判实践中的一般做法。对被缓刑的人来说，他还有一个考验期，搞具结悔罪必要性不大；就宣告缓刑的权限来说，第一审法院应当有这个权限，这种事还需先经上级法院核准，未免限制太死了。经过讨论作了这些删节修订，就成了《刑法》第67条的内容。第69条与第33稿的相应条文是完全一样的。

二、缓刑考验期限（第68条）

缓刑考验期限，第22稿规定为"原判刑期以上五年以下"，但"不能少于六个月"。讨论中大家认为，犯拘役罪的和犯有期徒刑罪的情况不同，缓刑考验期限也应当有区别。考虑到考验期限过长会影响犯罪分子改造的积极性，过短不能起到教育改造和考验的作用；同时考验期限长短与原判刑期长短要有所适应，最高期限和最低期限要有个限制，因此第33稿修改为："拘役的缓刑考验期限为原判刑期以上一年以下，但是不能少于一个月。""有期徒刑的缓刑考验期限为原判刑期以上五年以下，但是不能少于一年。缓刑考验期限，从判决确定之日起计算。"《刑法》第68条完全维持了这个规定。

三、缓刑考验期限内的考察和撤销缓刑的条件（第70条）

关于缓刑考验期限内的考察问题，第22稿规定"由居住地的公安机关、乡人民委员会或者原工作单位予以监管"，第33稿考虑到司法工作中的实际情况，改为"由公安机关交所在单位或者基层组织予以监督"（"监管"一词原是监督管理的意思，但易与对劳改犯的监管混同，故改为监督）。《刑法》第70条又把"监督"改为"考察"，语气更轻些，以便与假释犯的"监督"区别开来。这就是说，被宣告缓刑的犯罪分子，如果原来是在机关、团体、企业、事业单位工作的，宣告缓刑以后即由所在单位负责予以考察；如果是散居在农村的，即由乡政府或村民委员会负责予以考察；如果是散居在城市的，即由街道办事处或居民委员会负责予以考察。

关于撤销缓刑的条件,第22稿、第33稿和《刑法》第70条规定的都是"再犯新罪"。在讨论中曾经考虑过两个问题:

(1)被宣告缓刑的犯罪分子,在缓刑考验期间表现很坏,但没有构成犯罪,应否撤销缓刑?对此大家认为,"表现很坏"没有具体的标准,不好掌握,还是以"再犯新罪"作为撤销缓刑的条件为宜。因为"新罪"表明了"坏"的性质和程度,便于掌握。

(2)过失犯罪应否撤销缓刑?有的同志认为,过失犯罪是犯罪分子偶尔不慎犯罪,不能说明犯罪分子经不起缓刑的考验,因此主张过失犯罪的不撤销缓刑。也有的同志认为,过失犯罪的情节有轻有重,有恶劣有不恶劣的,要加以区别,不能一概而论,因此主张在条文中写"过失犯罪的,可以不撤销缓刑"。可以不撤销,也包含有可以撤销的意思,这样就能根据过失犯罪的不同情况,灵活加以运用。但是多数同志认为,被宣告缓刑的犯罪分子,不少原来就是犯的过失罪,在缓刑考验期间又犯了过失罪,说明他没有接受过去的教训,没有经受住缓刑的考验,应该撤销缓刑。原来犯过失罪的再犯过失罪尚且要撤销缓刑,如果原来犯故意罪的再犯故意罪当然更要撤销缓刑。故主张只要再犯新罪,不论故意犯罪或过失犯罪,都撤销缓刑。

此外,有人还表示过这样的意见:"对缓刑犯,在考验期内表现很好的,可适当缩短考验期。"讨论认为,缓刑考验只不过考察被宣告缓刑的犯罪分子犯不犯新罪,此外并没有什么限制。再说,考验期尚未期满,是否表现很好,还不能最后下结论。因此,这个必要的考验期限不能缩短。否则,不仅使判决失去稳定性,而且也达不到考验的目的。所以上述意见未被采纳。

第六节 减 刑

一、减刑的条件和限度(第71条)

减刑是我国特有的一种刑罚制度,也是我国刑事政策上的一项重要创造,它是对服刑中的犯罪分子所适用的一种宽大制度。确立减刑制度是为了加强对罪犯的改造效果,促进罪犯改造的积极性,鼓励罪犯加速改恶从善或悔过自新,因此它对于实现刑罚的目的,有着积极的作用。

但是,不是一切刑种都有减刑问题。依照我国刑法规定,仅被判处死缓、无期徒刑、有期徒刑、拘役或管制的犯罪分子,在执行中才可能发生减刑问题。死缓减刑已在总则第三章第五节("死刑")中专门作了规定;本节所讲的减刑是指无期徒刑、有期徒刑、拘役、管制的减刑。管制的减刑在第22稿和第33稿都规定在"管制"一节里,称为"缩短管制期限或者提前解除管制",因问题实质相同,故修订中将它归并在本节里。此外,被判处罚金的,如果由于遭遇不能抗拒的灾祸缴纳确实有困难的,可以酌情减少或者免除(《刑法》第49条),但那是另一个性质的问题,不可与减刑制度混为一谈。

减刑与减轻处罚也不是一个概念。减轻处罚是在量刑工作中发生的、对具有减轻处罚情节的犯罪分子判处低于法定刑的刑罚;而减刑则发生在刑罚执行期间根据犯罪分子的悔改或立功表现对其原判刑罚予以适当减轻。

关于减刑的条件和限度,《刑法》第71条作了明文的规定:"被判处管制、拘役、有期徒刑、无期徒刑的犯罪分子,在执行期间,如果确有悔改或者立功表现,可以减刑。但是经过一次或者几次减刑以后实际执行的刑期,判处管制、拘役、有期徒刑的,不能少于原判刑期的二分之一;判处无期徒刑的,不能少于十年。"这条与第33稿相应条文比较,除增加"管制"字样外,其他都是一样的。第22稿对减刑条件的规定是:犯罪分子"在执行期间,如果有悔改和立功表现,可以减刑"。这里把悔改和立功并列为一个条件,意味着必须有悔改和立功两种表现才能减刑。讨论中认为,这个条件定得过严,不符合实际情况,故改为"……如果确有悔改或者立功表现,可以减刑"。第22稿对减刑限度的规定是:"经过一次或者几次减刑以后实际执行的刑期,判处拘役、有期徒刑的,不能少于原(判)刑期的二分之一,判处无期徒刑的,不能少于十年。"有的同志建议,可否根据1959年9月17日《中华人民共和国主席特赦令》第2条、第3条所规定的服刑期限,分别规定反革命犯和普通刑事犯的减刑限度,比如:反革命犯"经过一次或者几次减刑以后实际执行的刑期,被判处五年以下(包括五年在内)有期徒刑的,不能少于原判刑期的二分之一;被判处五年以上有期徒刑的,不能少于原判刑期的三分之二"。普通刑事犯"经过一次或者几次减刑以后实际执行的刑期,被判处五年以下(包括五年在内)有期徒刑的,不能少于原判刑期的三分之一;被判处五年以上有期徒刑的,不能少于原判刑期的二分之一"。被判处无期徒刑的,也可作些区别。但是经过讨论,大家认为,特赦令是单行法规,解决问题单一,可以规定细一些,刑法就不一定这样细,规定得过细,执行起来不灵活,同时考虑到反革命犯和普通刑事犯,其刑罚轻重在法院判决时已分别作了考虑,在掌握"确有悔改或者立功表现"这一减刑条件时也要分别衡量,因此在减刑限度上可以不再区别。此外,修改中还曾一度考虑,在减刑限度后面增加一句:"如果有特殊情节,可以不受上述执行刑期的限制。"后来感到这样把口子开得太大,容易失去判决的法律严肃性,也予删除。

二、关于无期徒刑减为有期徒刑时,已执行的刑期是否折抵的问题(第72条)

这是起草讨论中争论较多的问题之一。

1954年6月29日最高人民法院、司法部《关于无期徒刑和刑期较长之有期徒刑人犯是否可以改判及改判后其刑期应自何日起算问题的指示》中规定:"……减刑后其刑期的计算应自原判决确定后宣告执行之日起算,即原判无期徒刑或刑期较长的有期徒刑已执行的时间,应分别计算在减为有期徒刑或刑期较短的有期徒刑的刑期之内。……在此情况下,原来无期徒刑判决确定前的羁押日期,应在减刑后的刑期之内予以折抵。折抵办法是羁押一日抵徒刑一日。"第22稿根据这个精神规定:"无期徒刑已经执行的刑期,计算在减为有期徒刑的刑期以内。"但是,自从1959年9月中央关于特赦罪犯的指示中规定"原判死刑缓期和无期徒刑的罪犯,凡减为有期徒刑的,新的刑期,一律从减刑之日起算,减刑以前已经关押的时间不予折抵"以后,实践中的做法就和以前不同了。1959年10月13日最高人民法院《关于无期徒刑减为有期徒刑,其刑期应从何日起算问题的批复》中,肯定了无期徒刑减为有期徒刑以后的新刑期,"应从减刑确定之日起算,减刑以前的关押日期不予折抵"。在1960年2月18日最高人民法院《关于无期徒刑减为有期徒刑和死刑缓期执行直接减为有期徒刑的刑期计算问题的复函》中,又重申了这个意见。至此,实践中的做法就统一了。

但是,在1962—1963年对第22稿进行修改过程中,有的同志仍然主张应该折抵。理由是:

(1)如果不折抵,刑期太长。如一无期徒刑犯,在执行10年以后,减为15年徒刑,这样实际上是25年,仍等于一个小无期徒刑,对改造犯人不利。

(2)不折抵不能保持死缓、无期徒刑、有期徒刑之间的平衡。例如,死缓犯人经过缓期两年执行后减为15年有期徒刑,两项相加才17年,而上述无期徒刑犯却要执行25年;又如,有期徒刑一般最高刑期为15年,经过减刑1/2,只执行7年半,与上述25年比,也相差过大。这样,三者之间就显得很不平衡。

(3)如果不折抵,假如有一无期徒刑犯人已执行了8年,按照无期徒刑犯人经过一次或几次减刑后实际执行的刑期不能少于10年的规定,在减刑裁定书上就可能对他写"减为二年有期徒刑"。由无期徒刑一下减为两年有期徒刑,这就不严肃。如果允许折抵,就能写"减为十年有期徒刑",显得严肃。

然而,多数同志认为这些理由是站不住的。因为:

(1)折抵不符合斗争利益。1951年大镇反时,有一批被判处无期徒刑的反革命犯,到当时已关了十一二年,如果采取折抵办法,不减刑则已,一减为有期徒刑,再过很少几年,就要放出去了,对工作不利。

(2)对无期徒刑犯的关押,本来就应当比有期徒刑犯长些,实际关押期间可以在20年以上。

(3)不折抵对犯人改造有利,可以促使犯人及早争取减刑,减刑后虽然刑期较长,但还可以争取再减,这就成为鞭策犯人改恶从善、悔罪自新的武器。

(4)将死缓减刑原则修改为:一般减为无期徒刑,只对个别确有立功表现的才减为15年以上20年以下有期徒刑(参见《刑法》第46条),这样就不会发生无期徒刑减刑与死缓减刑不平衡的矛盾。

(5)无期徒刑执行8年后,一下被减为两年有期徒刑,这种情况实际上是很难发生的。退言之,假如在极特殊的情况下,有极个别的无期徒刑犯,减刑后只需再执行两年,硬要裁定书写得好些,"减为十年有期徒刑,已执行的八年予以折抵",这又有多大意思呢?何必走这个形式呢?

经过反复讨论,并主要考虑到司法实践中已有政策规定,第33稿删去了第22稿中关于折抵的规定,而采取了不折抵的办法。《刑法》第72条照此未改:"无期徒刑减为有期徒刑的刑期,从裁定减刑之日起计算。"

第七节 假 释

一、假释的对象和条件(第73条)

假释就是对被判处徒刑的犯罪分子,附条件地予以提前释放。假释制度的确立,也同减刑制度一样,是为了达到有效改造罪犯的目的。它也是对服刑中的犯人所适用的一种宽大制度。但是与减刑相比,它一般在程度上更多地体现了对改造确有成绩的罪犯宽大的一面。

关于假释的对象和条件,《刑法》第73条作了详细的规定:"被判处有期徒刑的犯罪分子,执行原判刑期二分之一以上,被判处无期徒刑的犯罪分子,实际执行十年以上,如果确有悔改表现,不致再危害社会,可以假释。如果有特殊情节,可以不受上述执行刑期的限制。"这条一字未改地保持了第33稿相应条文的规定,而与第22稿相应条文对比,则是作了某些修订。

第22稿规定:"被判处有期徒刑的犯罪分子,执行刑期二分之一以上,被判处无期徒刑的犯罪分子,执行刑期十年以上,如果确有悔改表现,不致再危害社会,可以假释。"讨论中认为,首先,这里的"刑期二分之一",不太明确,因为犯人在被假释前,也可能被减过刑,甚至不止一次地被减过刑,那么所说的"刑期二分之一"是指哪个刑期的1/2:原判刑期?第一次被减刑后的刑期?第二次被减刑后的刑期?为了统一理解,并且避免一些犯人关押时间过短而得不到适当的改造,因此将"刑期二分之一"改为"原判刑期二分之一"。其次,对无期徒刑犯人来说,条文中的"执行刑期十年以上",是否包括判决执行以前先行羁押的期间?也不太明确,改为"实际执行十年以上",就明确了,即指从无期徒刑判决确定之日起执行10年以上。经过修改可以看出,无论假释或减刑,在实际执行时间上的规定是一致的,即无期徒刑犯人都必须实际执行10年以上,有期徒刑犯人都必须执行原判刑期1/2以上。但是也有一点区别,即修订中对假释增加了一个例外:"如果有特殊情节,可以不受上述执行刑期的限制"。这是考虑到实际情况是很复杂的。有的犯罪分子在当时按其罪行需要判处重刑,但后来鉴于他在劳改当中作出特殊成绩或者有其他特殊原因需要给予假释,那么是不是一定还要受实际执行时间的限制?所以,有了这个例外规定,就比较主动了。当然,对这个例外规定在掌握上要严格,真正是"有特殊情节"的才可以假释,否则滥用这个例外规定,形成一个大口子,对实际斗争也是不利的。

在对第22稿的修改中,还曾考虑过以下两个问题:

(1)对被判处无期徒刑的犯罪分子能否直接予以假释,还是必须经过减刑以后才能假释?有的同志认为,一个无期徒刑犯人关了10年以上还没有减刑,说明这个犯人表现不好,因此不能由无期徒刑直接假释。这个说法有一定道理,从实际情况来看,由无期徒刑直接假释的也的确很少。但是考虑到有些老弱残的无期徒刑犯,虽然执行10年以上没有减刑,但确有悔改表现,释放出去也不致再危害社会,因此,用假释的方法放出去也还是可以的。不在条文上规定减刑是无期徒刑犯人假释的必经条件,比较灵活。

(2)有的同志对假释也像对减刑一样,建议根据1959年特赦令第2条、第3条所规定的服刑期限,分别规定反革命犯和普通刑事犯的不同实际关押时间。经过研究,也没有采纳,理由与在减刑限度问题上所说的相同。

二、假释考验期限(第74条)

本条规定:"有期徒刑的假释考验期限,为没有执行完毕的刑期;无期徒刑的假释考验期限,为十年。假释考验期限,从假释之日起计算。"这基本上保持了第33稿的规定。但第33稿中"无期徒刑的假释考验期限,为十五年"(第22稿"为十年"),讨论中认为,考验期超过10年没有必要,故又改为10年。

第22稿的相应条文中设有第2款:"被判处有期徒刑、无期徒刑的犯罪分子,如果是经过减刑以后假释的,假释的(考验)期限按照减刑以后的刑期计算。"修订中一度打算把这款内容在文字上加以修订后予以保留,后来嫌繁琐了一些,予以删去。看来,对有期徒刑犯人经过减刑以后假释的,假释考验期限为减刑以后没有执行完毕的刑期这一点,不致发生问题。但是对无期徒刑犯人经过减刑以后假释的,假释考验期限究竟仍是10年,还是减刑以后没有执行完毕的刑期?不明确就会引起疑问。如果不问减刑多少次,减为多少年有期徒刑,考验期一律按10年计算,显然不合理;但如一律按减刑以后没有执行完毕的刑期计算,有时也会发生矛盾。例如,一无期徒刑犯执行7年后被减刑为15年有期徒刑,再执行3年,合乎假释条件,予以假释。这时假释考验期限如果按减刑以后没有执行完毕的刑期计算,就是12年,这比无期徒刑不经减刑直接假释的考验期10年还要长,显然是有矛盾的。为了解决这个问题,将来是否可以在条文解释中作如下说明:"无期徒刑的假释考验期限,为十年;如果是经过减刑以后假释的,假释考验期限为减刑以后没有执行完毕的刑期,但是不能超过十年。"

三、假释考验期限内的监督和撤销假释的条件(第75条)

《刑法》第75条规定:"被假释的犯罪分子,在假释考验期限内,由公安机关予以监督,如果没有再犯新罪,就认为原判刑罚已经执行完毕;如果再犯新罪,撤销假释,把前罪没有执行的刑罚和后罪所判处的刑罚,依照本法第六十四条的规定,决定执行的刑罚。"这条与第33稿相应条文对比,主要有以下几处修改:

(1) 关于监督的机关,第33稿的规定是"由公安机关或者人民公社管理委员会(乡人民委员会)予以监督"。修改中认为,被假释的犯罪分子是从劳改单位放出来的,刑罚尚未执行完毕,尚有待考验,应由作为执法机关的公安机关来统一进行监督比较严肃。故删去"或者人民公社管理委员会(乡人民委员会)"。

(2) 关于撤销假释的条件,第33稿的规定是"再犯应当判处有期徒刑以上的罪",这比撤销缓刑的条件"再犯新罪",限制较严格。当时的考虑是:假释犯人一般比缓刑犯人原犯的罪较重,处刑较长;假释考验期限一般也比缓刑考验期限长。如果在假释考验期间犯了一个轻微的罪只够处拘役或者罚金的,就撤销假释,收监执行其没有执行完毕的有期徒刑甚至执行原判的无期徒刑,似不尽恰当;不如不撤销假释,而只对新罪作另案处理。修改中认为,把撤销假释的条件与撤销缓刑的条件搞成两个标准,说服力不强。被宣告缓刑的一般是犯轻罪的人,其撤销缓刑的条件尚且是"再犯新罪",那么被假释的人犯罪较重,而且受过劳改机关相当时间的教育改造,其撤销假释的条件更应是"再犯新罪";如果再犯新罪不撤销假释,非要犯应当判处有期徒刑以上的罪,才撤销假释,这就显得对假释犯要求宽,对缓刑犯要求严,很不平衡。再者,如果在假释考验期限内犯应判拘役(例如3个月)的罪不撤销假释,拘役执行期间算不算在假释考验期限内?如果算,假释期套着服刑期,怎样解释?如果不算,假释考验期是否顺延?这些问题规定起来很繁琐,不规定又是漏洞,矛盾重重,不好解决。因此,考虑结果还是以"再犯新罪"作为撤销假释的条件较为合适。

(3) 第22稿相应条文中设有第二款:"因过失犯罪的,可以不撤销假释。"这个规定与缓刑中的规定不一致(缓刑考验期限内再犯新罪,不论是故意罪或过失罪,均撤销缓刑),而且同样产生上述矛盾,故不宜采用。

四、关于"监外执行"问题

中华人民共和国成立以前,在解放区,对于某些被判处短期徒刑的犯罪分子,曾采用过回村服役、回村执行等办法。中华人民共和国成立以后,在某些地区的司法实践中,也曾继续采用过这些办法。当时的名称不一,从判决书来看,有"监外劳动改造"、"交机关管制执行"、"交农会在监外执行"、"交由当地居民委员会、群众监督执行"、"回厂由工人监督执行"、"回村执行",等等。它们都是徒刑监外执行的具体方式,而且这种监外执行,是在人民法院判决的当时就决定了的。在 50 年代内部肃反运动中,对于某些罪恶较大,交代不好,需要控制使用的高级知识分子和技术人员,也曾采用过判处徒刑之后,放在一定岗位上控制使用的办法,这种办法也是监外执行。不过,最高人民法院在 1963 年 6 月 15 日的《关于判处徒刑监外执行等问题的批复》中曾指出:今后,除了对内部肃反中的上述人员仍可判处徒刑控制使用外,"不要再行普遍适用判处徒刑监外执行的办法"。1964 年 8 月 27 日的一个批复中又重申了这个意见。自此以后,判处徒刑监外执行的做法就很少采用了。

监外执行的另一种情况是,徒刑执行期间,因犯人病势严重的保外就医,以及年龄在 55 岁以上或者身体残废、刑期 5 年以下,已失去对社会危害可能的犯人的保外执行。这是根据《中华人民共和国劳动改造条例》第 60 条的规定办理的。犯人在监外期间,算入刑期以内。

在刑法起草讨论过程中,有的同志主张,在"假释"这节后面,增加一节"监外执行"。理由除了引证这是历史上有过的做法以外,主要有两点:一是这样可以减轻劳改机关的负担,体现少关的政策精神,争取更好的政治效果;二是可以把一些犯人放在生产岗位,不减少生产战线特别是农业战线上的劳动力,而且还可少吃商品粮。经过反复研究,认为提出这个建议的意图是很好的,但考虑到这个问题一部分是属于劳改执行中的问题,应由刑事诉讼法和劳动改造法(后定名监狱法)加以规定(《刑事诉讼法》第 157 条已规定了暂予监外执行的两种情况及其执行办法),另一部分内容不够定型,过去实际工作中的做法五花八门,到底判了徒刑监外执行如何执行,并没有一个成文的规定,它与管制、缓刑的实际区别在哪里,也说不太清楚,加之最高人民法院已明确指出今后"不要再行普遍适用"这个办法,因此最后未加采纳。

第八节 时 效

一、规定时效的意义

我国刑法为什么要规定时效?这在某些同志思想上感到还是一个迷惑不解或者说没有吃透的问题。有的同志提出,本来坦白从宽,抗拒和逃避责任的应从严,为什么还用时效为犯罪分子开脱?这样会不会使犯罪分子存在侥幸心理?自首的规定会不会落空?对打击犯罪是否有利?从提出这一连串的问题来看,说明这些同志对我国刑法规定时效制度的意义还不大理解。

事情都是一分为二的,时效制度也是这样。说它一点消极作用都没有,上述那些同志所提的问题都毫无根据,恐怕不好这样说。因为谁也不能保证,在实践中就没有个别犯罪分子会钻时效规定的空子,用躲过时效期限的办法逃避刑事制裁。但是,从整个时效制度的作用来看,应当说好处比坏处多。不然的话,就很难想象,为什么各国刑法普遍都规定了时效制度呢?

那么,规定时效到底有什么意义?笔者体会,主要有以下几个方面的意义:

1. 时效的规定适合于我国刑罚的目的

司法机关对犯罪分子追究刑事责任和适用刑罚不是实行报复主义,而是通过惩罚对他们进行教育改造(除判处死刑立即执行的外),达到预防犯罪的目的。如果一个犯罪分子,在实施犯罪以后相当长的时间没有受到追诉的情况下,并没有再干犯罪的事,这至少说明他已得到一定程度的改造,遵纪守法,不再危害社会,甚至有的还可能在劳动或工作中做出显著成绩。这时再对他进行追诉和判刑,不仅从刑罚的特殊预防目的来看是不必要的,而且从刑罚的一般预防目的来看,这样做只会丧失社会同情,也起不到教育群众的良好作用。

2. 时效的规定体现了"历史从宽、现行从严"的政策

我国刑法对于解放以前的犯罪,无论是从反革命罪的定义(第90条),从刑法的时间效力(第9条),还是从时效一节的规定来看,基本上就不追究了。这不仅考虑到祖国大陆历史反革命已经肃清的实际情况,而且有利于台湾地区回归祖国和团结海外侨胞。即使是对新中国成立后的犯罪,也要体现"过去从宽"的政策精神。依据这个精神,一个人犯了罪,经过多少年,并没有再犯罪,应当对他宽大一些。如果在这些年内再犯罪,对待就不同了,就要比前面那种情况从严了。《刑法》第76条关于按照罪刑轻重分别所作的时效期限的规定,第78条第2款关于因犯新罪时效中断的规定,正是体现了这个精神。这样规定有利于促使犯罪人洗手不干,而不会鼓励他再犯罪。

3. 时效的规定有利于司法机关的工作

犯罪以后经过时间越长,由于证据散失、证人死亡或不知去向等原因,证据就越不好搜集,侦查、审判工作就越加困难。对于人民司法机关来说,打击现行犯罪乃是头等重要的任务。有了时效的规定,就使司法机关可以摆脱一些难以查清而现实意义又不大的陈年老案的拖累,集中力量开展对现行犯罪活动的斗争。即使有的无头陈案事主坚持要追,司法机关也可以此作为说服解释的依据。同时,为使犯罪分子能在时效期限内受到追诉和审判,也会激励司法机关加强工作,提高效率,力争迅速破案,这对司法工作无疑是一个有力的鞭策和促进。

4. 时效的规定有助于稳定人民内部的安定团结

在人民群众中,有些私人之间发生的犯罪案件,如打架斗殴而致伤害、非法开拆他人信件、故意毁坏他人财物,等等,本来罪行就不很严重,加之已过相当长时间

并未提起诉讼,这时被害人和犯罪人可能已经释怨弃嫌,重归于好。有了时效的规定,就可以稳定这种和睦关系,有利于四化建设。否则,过了多少年还"算老账"予以追诉,就难免使这种关系重新陷于混乱。而且一些轻微的刑事案件,过了多少年以后,还使一些人背着"犯过罪"的沉重包袱,终日惶惶不安,不知哪一天会被突然追诉,这不利于社会秩序的安定;甚至会使有些人认为反正自己犯过罪,即使以后不再犯罪也要无限期地受追诉,因而自暴自弃,重新犯罪。这对于维护人民内部的安定团结,是没有好处的。

5. 时效的规定并不失去而是坚持了法律的严肃性

时效不是犯罪分子的避风港,而是追究刑事责任的有效期限。我国刑法在规定时效的时候,充分估计到犯罪分子利用时效制度逃避法网的这种可能性,因此,从司法机关办案的实际需要出发,吸取各国刑事立法的经验,避免了规定过短的时效,而是按照罪行的轻重,分别规定了相对较长的追诉期限。对于法定最高刑为无期徒刑、死刑的严重罪行,在追诉期限20年上还进一步作了适当的保留。同时,刑法还明确规定了时效中断和不受追诉期限限制的情况。这样,就可以在很大程度上防止某些犯罪分子特别是罪恶重大的犯罪分子逍遥法外、逃避制裁,从而维护了刑法应有的严肃性。

从以上几点可以看出,我国刑法规定时效制度,并不是消极的,而是积极的;并不是单纯从有利于被告出发的,而是从国家和人民的利益出发的;并不是削弱同犯罪的斗争,而是加强同犯罪的斗争。因此,认为时效制度可有可无,甚至认为时效制度对打击犯罪不利,这种认识显然是表面的,是不正确的。

二、追诉的期限及其例外(第76—78条)

第76条根据罪行法定刑的轻重规定了长短不等的追诉期限。罪行的法定刑越重,追诉期限越长;反之,追诉期限越短。具体地说,法定最高刑为不满5年有期徒刑的,追诉期限为5年;法定最高刑为5年以上不满10年有期徒刑的,追诉期限为10年;法定最高刑为10年以上有期徒刑的,追诉期限为15年;法定最高刑为无期徒刑、死刑的,追诉期限为20年。如果20年以后认为必须追诉的,在报请最高人民检察院核准后,仍可追诉。这条一方面体现出对重罪、轻罪的区别对待;另一方面,为了尽量减少给犯罪分子提供逃避制裁的可能性,规定了相对较长的追诉期限,特别是对有可能判处死刑、无期徒刑的罪,更作了从严的规定。

第77条还规定了追诉期限的一种例外情况,即:"在人民法院、人民检察院、公安机关采取强制措施以后,逃避侦查或者审判的,不受追诉期限的限制。"这是"抗拒从严"政策在刑法中的体现之一。

第78条规定的是追诉期限的起算和中断问题,即:"追诉期限从犯罪之日起计算;犯罪行为有连续或者继续状态的,从犯罪行为终了之日起计算。在追诉期限以内又犯罪的,前罪追诉的期限从犯后罪之日起计算。"时效期内又犯罪的和不再犯罪的,法律效果应当有所不同,这也是区别对待原则的体现。

在追诉时效问题上,公布施行的刑法与第33稿不同的地方,除了纯文字和技术性的修订以外,主要有以下几点:

(1)第33稿对新中国成立前的反革命分子,如果是罪行严重的,或者新中国成立后经过宽大处理没有判处刑罚而又犯反革命罪或者窝藏反革命分子的,规定予以追诉。修订中考虑到现在的新情况,我国大陆的历史反革命已肃清得差不多了,对于尚待回归祖国的地区,党和国家专有政策,因此将上述规定删去。

(2)第33稿对新中国成立前的杀人犯,如果从犯罪的时候起到提起刑事案件时候止不满20年的,也保留追诉权。修订时考虑到新中国成立已近30年,这个规定已无现实意义,故也予删去。

(3)第33稿对新中国成立以后犯反革命罪的,规定不受追诉期限的限制。修订中认为,反革命罪与普通刑事犯罪虽然性质上有区别,但都是刑法上规定的犯罪;规定时效不仅对普通刑事犯罪有意义,对反革命罪也是有意义的,不能把反革命罪排除在时效之外。故将这个规定也删除了。

(4)第33稿把法定最高刑为无期徒刑的罪,与法定最高刑为10年以上有期徒刑的罪列在一起,规定追诉期限为15年。修订中把它改为与法定最高刑为死刑的罪列在一起,规定追诉期限为20年。法定最高刑为死刑、无期徒刑的罪,在分则中共有20条。这些都是严重的犯罪,也是刑法打击的重点。为了不束缚手足,保持主动,刑法在规定这类罪的追诉期限为20年的时候,作了一个保留,"如果二十年以后认为必须追诉的,须报请最高人民检察院核准"。

(5)第33稿规定,法定最高刑为拘役的罪,追诉期限为1年。修订时在刑法分则中没有这样的罪,故这项规定没有设置。

三、关于行刑时效问题

刑法中的时效,从理论和各国立法例来看,本有两种:一是追诉时效;二是行刑时效。但我国刑法从实际出发,只采取前者,而摒弃后者。第22稿曾经有过一条关于行刑时效的规定,即对于犯罪分子所判处的刑罚,从判决确定之日起,经过一定期限没有执行的,不再执行。判决没有执行的原因,可能是发生战争或大的自然灾害,也可能是审判机关或执行机关的官僚主义,判决以后忘了执行。在我国司法实践中还没有遇到过这种情况。修订中大家认为规定这一条没有实际意义,相反还可能对被判刑后的犯罪分子的逃跑,起鼓励作用,害多利少。因此删除了这一条。

第五章

其他规定

本章章名在历次稿中都叫"附则",是在快要定稿时改名为"其他规定"的。"附则"引起一个争论:位置摆在哪里?有的同志主张"附则"一章应当放在分则后面,理由是:附则是总则、分则的附则,而不单是总则的附则。但是更多的同志认为,放在分则后面,就要成立第三编,按附则的内容来看,撑不起来;同时,总则是管分则的,附则中的内容,不少也涉及分则,因此把附则列入总则一编中作为一章,在逻辑上也还说得过去。从内容分量说,作为一章要比作为一编相称得多。基于以上考虑,摆的位置仍维持原状不变。但因"附则"这个名称,容易从逻辑上联想为总则、分则、附则,因此改为"其他规定"。

本章包括 11 条条文(第 79—89 条),与第 33 稿相比,有 1 条(第 87 条)是新增加的,有 7 条(第 79 条、第 81 条、第 82 条、第 83 条、第 84 条、第 86 条、第 89 条)是作了不同程度的修改。现将讨论修改中的一些主要情况,记述如下:

一、类推问题(第 79 条)

我国人民民主专政刑法中的类推,远在第二次国内革命战争时期就已存在。1934 年 4 月 8 日公布的《中华苏维埃共和国惩治反革命条例》第 38 条规定:"凡本条例所未包括的反革命犯罪行为,得按照本条例相类似的条文处罚之。"中华人民共和国成立以后,在 1951 年 2 月 21 日公布的《中华人民共和国惩治反革命条例》中,继续规定了类推。该条例第 16 条规定:"以反革命为目的之其他罪犯未经本条例规定者,得比照本条例类似之罪处刑。"

在刑法草案的历次草稿中,都有关于类推的规定,《刑法》第 79 条继续作了规定。但是,在快要定稿时,关于类推问题有过一场小小的争论。有的同志主张,我国刑法应当采取罪刑法定主义,明确宣布法律无明文规定的不为罪、不处罚。有的认为规定类推,"后患无穷",而且很可能造成"不教而诛",因此法律上不是"限制类推"的问题,而应当是"禁止类推"的问题。有的认为把适用类推的核准权交给最高人民法院,会造成司法侵越立法权力。

但是,多数同志不这样看。他们认为,我国刑法在罪刑法定原则的基础上,应当允许类推,作为罪刑法定原则的一种补充。为什么要允许类推呢?这是因为,我国地大人多,情况复杂,加之政治经济形势发展变化较快,刑法特别是第一部刑法,不可能把一切复杂多样的犯罪形式包罗无遗,而且也不可能把将来可能出现又必须处理的新的犯罪形式完全预见,予以规定;有的犯罪虽然现在已经存在,但我们与它作斗争的经验还不成熟,也不宜匆忙规定到刑法中去。因此,为了使我们的司法机关能及时有效地同刑法虽无明文规定但实际上确属危害社会的犯罪行为作斗争,以保卫国家和人民的利益,就必须允许类推。有了类推,可以使刑法不必朝令夕改,这对于保持法律在一定时期内的相对稳定性是有好处的。而且,有了类推,可以积累同新的犯罪形式作斗争的经验材料,这就为将来修改、补充刑法提供了实际依据。

当然,类推决不是"乱推",它必须按照第79条规定的"比照本法分则最相类似的条文"这个基本条件办事,也就是按照犯罪构成的原理原则办事。按照犯罪构成的原理原则,比照和被比照的两个犯罪行为,如果它们侵犯的客体不同(例如,一个侵犯人身权利,一个侵犯财产),不能认为是"最相类似的";如果它们构成的主体不同(例如,一为特定主体,一为一般主体),也不能认为是"最相类似的";如果它们的主观方面不同(例如,一为故意,一为过失),更不能认为是"最相类似的"。所谓"最相类似的",是指二者在犯罪构成的上述三个方面都相同的前提下,仅仅行为的方式方法等客观方面有所不同。只有这样,才能表明二者在性质上是"最相类似的"。如果在刑法分则找不到"最相类似的"条文可资比照,那就不能认为构成犯罪。如果分则对这种犯罪行为已有明文规定,就不能为了加重或减轻刑罚,去找别的什么"最相类似的"条文来比照。只有坚持这样严格的条件,才不致产生牵强附会妄入人罪的弊病。而且,为了防止在类推问题上出现随心所欲的现象和轻率粗糙的做法,第79条还对类推规定了极其严格的控制程序:类推应当报请最高人民法院核准(第33稿规定的是"报请高级人民法院或者最高人民法院核准",修订中删去"高级人民法院或者"几个字)。这样,从全国范围说,类推就只能是极少数,不可能很多。

由此可见,我国刑法上规定的类推,是仔细又仔细、谨慎又谨慎的。严格依照刑法的规定去做,就只会巩固法制,不会破坏法制;只会加强同犯罪的斗争,更好地保卫国家和全体人民的利益,而不会产生"后患无穷"的问题。最高人民法院核准类推,是依法办事,也根本不发生什么"侵越立法权"的问题。所以,对于刑法规定类推的意义,我们应有充分的认识。

关于类推的条文放在哪里,起草过程中曾有过不同的意见。有的同志认为,本条是关于定罪问题的规定,主张将这一条放在第10条(犯罪的概念)的后面;也有的同志认为,这一条规定的是量刑问题,主张把它放在第57条(量刑的原则)的后面。经过研究,大家认为本条的规定,既是定罪问题,又是量刑问题,但它不是定罪量刑的主要规定,而只是个补充,是解决某种特殊问题的原则,而不是一般原则,因此放在"其他规定"中较适合。

以上是当年主张采纳类推制度的一些观点。后来的实践证明，类推与罪刑法定原则确有矛盾，而且按类推定罪量刑的都是一些小罪，却背着"违反罪刑法定原则"的恶名，实属得不偿失。故类推制度宜废不宜存。

二、民族自治地方的变通补充规定问题（第80条）

本条规定："民族自治地方不能全部适用本法规定的，可以由自治区或者省的国家权力机关根据当地民族的政治、经济、文化的特点和本法规定的基本原则，制定变通或者补充的规定，报请全国人民代表大会常务委员会批准施行。"民族自治地方是指由于少数民族聚居或者多民族杂居而经国家规定实行民族区域自治的地方，包括自治区、自治州、自治县等。这条除个别标点外，完全维持了第33稿相应条文的内容。有人怀疑，规定这条有无必要？国家的刑法还不统一地适用于各个民族？是的，我国是统一的多民族的国家，各民族自治地方都是中华人民共和国不可分离的部分，因此我国刑法原则上都适用于各个民族地区。但是，我国各个民族由于社会、历史上的原因，政治、经济、文化上的发展是不平衡的，有的少数民族保有自己传统的宗教信仰和风俗习惯，有的在婚姻家庭方面带有自己明显的特点。凡此种种，决定了在刑法的适用上不能完全"一刀切"，而必须尊重和照顾各少数民族的特点，这样才能促进各民族的团结，有利于祖国四化建设事业。刑法规定这一条，是坚决贯彻了宪法原则和民族政策的，其意义是不可低估的。

三、公共财产的含义（第81条）

这条是对第33稿相应条文作了适当修改而成的。修改之处有三：一是将"国家所有的财产"改为"全民所有的财产"；二是将"集体所有的财产"改为"劳动群众集体所有的财产"；三是将"公私合营企业"改为"合营企业"。前两点是为了与《宪法》第8条的规定对口，同时与本法第2条、第10条的提法一致起来。后一点是因为实际情况发生了变化：新中国成立初期的那种公私合营企业不存在了，中外合资经营企业开始出现了。

四、公民私人所有的合法财产的含义（第82条）

本条对第33稿相应条文也作了某些修订：

（1）将"公民所有的合法财产"改为"公民私人所有的合法财产"。突出一下"私人"两个字，以便与林彪、"四人帮"横行时期所谓"割私有制的尾巴"作鲜明的对比，这是有拨乱反正意义的。

（2）将"公民个人或者家庭所有的生活资料"改为"公民的合法收入、储蓄、房屋和其他生活资料"，这是与《宪法》第9条的规定相呼应，而且也具体化一些。

（3）将"依法归个人或者家庭所有的生产资料"改为"依法归个人、家庭所有或者使用的自留地、自留畜、自留树等生产资料"。这也是为了具体化一些。因自留地的土地所有权不属个人或家庭,个人或家庭只有使用权,故条文中增加"使用"字样。

五、国家工作人员的含义(第83条)

第33稿规定:"本法所说的国家工作人员是指一切国家机关、企业、事业单位、人民团体和它们的附属机构依照法律从事公务的人员。"《刑法》第83条简化为:"本法所说的国家工作人员是指一切国家机关、企业、事业单位和其他依照法律从事公务的人员。"条文中所说的"其他",理解起来可包括民主党派、人民团体等。所说的"依照法律",是指从事公务的法律依据,包括《中华人民共和国全国人民代表大会组织法》、《中华人民共和国国务院组织法》、《中华人民共和国地方各级人民代表大会和地方各级人民政府组织法》、《中华人民共和国人民法院组织法》、《中华人民共和国人民检察院组织法》、《中国人民解放军军官服役条例》、《中华人民共和国人民警察条例》,等等,至于是经过选举的或者任命、聘任的,是常任职或者临时职,在所不问。所说的"从事公务",是指办理国家政治、法律、财政、经济、外交、国防、文化、教育、科学技术等事务。公务基本上是属于国家管理活动,因此直接从事生产作业、运输作业,不属于"公务"这个范畴。直接从事生产的工人,不包括在"国家工作人员"概念之内;售货员是商业工人,还有炊事员等勤杂人员,也都不包括在"国家工作人员"概念之内。集体组织的工作人员(如生产队的队长、会计,城乡集体企业的管理人员等),当然也不算国家工作人员。

六、司法工作人员的含义(第84条)

第84条规定:"本法所说的司法工作人员是指有侦讯、检察、审判、监管人犯职务的人员。"这里对"司法"作了广义的理解,即把公、检、法、司机关的所有执法人员都包括在内。"检察"二字在第33稿相应条文中是"追诉"。"追诉"是指追究犯罪分子的刑事责任,意义比较广泛,它不等同于"起诉",故不能与"侦讯"等并列,同时"追诉"包括不了"侦查监督"、"审判监督"、"监所监督"这些检察职能活动,因此改为"检察"较为妥切。

七、重伤的含义(第85条)

这条与第33稿和第22稿的相应条文完全相同。条文中所说的"丧失听觉、视觉",不能机械地理解为双目失明、双耳失聪,只要一目、一耳的机能完全丧失就够了。所说的"其他器官机能",系泛指嗅觉、味觉、手关节、脚关节等各种各样的器官机能。所说的"其他对于人身健康有重大伤害的",是指例如因伤害引起创伤性愚钝、创伤性癫痫,等等。

八、首要分子的含义(第 86 条)

这条是为了统一对分则中有关首要分子的理解,避免把首要分子的面搞得过宽因而引起不良后果而设的。它同第 23 条(主犯)也有着紧密的联系。第 33 稿原来把首要分子限制为"在犯罪集团中起组织、策划、指挥作用的犯罪分子",修订中考虑到,像扰乱社会秩序罪和聚众扰乱公共场所秩序或交通秩序罪中的那种首要分子,不一定是在犯罪集团里面。故在条文中紧接"犯罪集团"之后,增加"或者聚众犯罪"几个字。

九、告诉才处理的含义(第 87 条)

这条是对第 33 稿修订中新增加的。有了这一条,分则第 145 条、第 179 条、第 182 条所规定的三个"告诉的才处理",就具体化了。

十、刑法总则与其他刑事法律、法令的关系(第 89 条)

刑法总则规定的是定罪量刑的一般原理原则,而单行刑事法律、法令常常只是对某一类具体犯罪或某一个具体问题作出规定。为了避免法律的重复规定,给法律的适用增加困难,因此第 89 条前段规定,"本法总则适用于其他有刑罚规定的法律、法令"。但是,其他刑事法律也可能就总则中的某个问题(如某个刑种)作特别的规定,根据"后法优于前法"、"特别法优于普通法"的原则,这时对这个问题就应适用该刑事法律的规定,而不适用刑法总则的有关规定。因此第 89 条又设一"但书":"但是其他法律有特别规定的除外"。

第二编 分 则

关于刑法分则的概述

刑法分总则和分则两编。总则除了规定刑法的指导思想、任务和适用范围外，主要规定定罪量刑的一般原理原则；而分则规定的则是犯罪的分类以及各类具体罪的犯罪构成(罪状)和量刑幅度(法定刑)。

分则根据不同犯罪所侵犯的不同客体，把犯罪分为八大类，每类1章，共成8章，103条。即：第一章反革命罪，15条；第二章危害公共安全罪，11条；第三章破坏社会主义经济秩序罪，15条；第四章侵犯公民人身权利、民主权利罪，19条；第五章侵犯财产罪，7条；第六章妨害社会管理秩序罪，22条；第七章妨害婚姻、家庭罪，6条；第八章渎职罪，8条。这个分类体系同第33稿相比，基本上是一致的，但有几处改动：其一，第三章的章名在第33稿称为"破坏社会经济秩序罪"，现改为"破坏社会主义经济秩序罪"，突出"社会主义"字样，性质更明确了。其二，第四章在第33稿是"侵犯人身权利罪"，修订中总结了"文化大革命"的惨痛教训，除强调保护公民人身权利外，也加强保护公民的民主权利，适当增加侵犯公民民主权利罪的内容，故把章名改为"侵犯公民人身权利、民主权利罪"。其三，"妨害社会管理秩序罪"在第33稿少"社会"二字，而且列为第七章，现根据这章的重要性，改列第六章。此外，在对第33稿修订过程中，还有的同志主张把诬告陷害罪和贪污罪也分列成章，后经讨论，认为这样做在体系上不太相称，而且在犯罪分类标准上也不协调，故终未采纳。

分则规定有一百多种具体罪名，除了少数犯罪(如故意杀人、过失杀人等)因本身性质特点明确，故采用简单罪状对构成要件要素未加描述外，绝大多数都以叙明罪状的形式，对构成要件要素做了相当明确的规定。叙明罪状的优点是便于划清罪与非罪、此罪与彼罪以及重罪与轻罪的界限，但就一般而言，实际上有不少条文在叙述犯罪构成时，用了"情节严重"、"情节特别严重"、"情节恶劣"、"情节特别恶劣"、"数额较大"、"数额巨大"等比较笼统的词汇，掌握起来仍嫌不够具体。为什么用这些比较笼统的词汇而不能写得更细密、更具体、更明确呢？这里固然有一个对实践经验总结的广度和深度的问题，但更重要的是考虑到像我们这样大的国家，各地情况千差万别，情况又是在不断变化，条文规定得过细过死，缺乏必要的灵活性，反而容易发生偏差。因此，某些条文不得不规定得原则一些，概括一些，这样适应性就可大一些，运用起来就可灵活一些，便于"因地制宜"、"因时制宜"。

分则对法定刑的规定都是采取相对确定的法定刑，也就是说，对各种具体罪所规定的法定刑，都有一定的幅度，有最高刑和最低刑。例如，第132条规定："故意杀人的，处死刑、无期徒刑或者十年以上有期徒刑；情节较轻的，处三年以上十年以下有期徒刑。"第154条规定："敲诈勒索公私财物的，处三年以下有期徒刑或者拘役；情节严重的，处三年以上七年以下有期徒刑。"这里的量刑幅度，其高限和低限，都是很明确的。相对确定的法定刑，不像绝对确定的法定刑那样死，又不像绝对不确定的法定刑那样活，它既便于司法机关根据各种不同的犯罪情况，实事求是地判罪量刑，也便于贯彻执行宽严结合、区别对待的政策原则，又能对基本相同的犯罪行为在量刑轻重上做到大体一致。因此，它是比较适合我国同犯罪作斗争的实际需要的。

总之，刑法分则有关罪名和量刑幅度的规定，都是总结了新中国成立以来司法工作的实际经验，研究了有关的刑事政策和法律、法令，并适当参考了历史上和外国刑法上的有关规定而做出的。这些规定事先经过多次反复的讨论和修改，比较符合客观实际情况，因而是切实可行的。

刑法分则没有规定军人违反职责罪，这是考虑到军人违反职责罪有其特殊性，而且又有平时、战时的区别，情况相当复杂，加之其起草工作起步远比刑法典晚，如果等其完成再并入刑法典，势必推迟刑法典通过的时间，因此决定另搞一个单行法。

第一章

反革命罪

一、反革命罪的定义（第90条）

在法律上明确规定什么是反革命罪，以便划清反革命罪与非反革命罪的界限，这是我国人民民主法制的一个传统做法。早在1934年4月，中央苏区公布施行的《中华苏维埃共和国惩治反革命条例》第2条就曾规定："凡一切图谋推翻或破坏苏维埃政府及工农民主革命所得到的权利，意图保持或恢复豪绅地主资产阶级的统治者，不论用何种方法都是反革命行为。"新中国成立后，中央人民政府于1951年2月公布施行的《惩治反革命条例》第2条复规定："凡以推翻人民民主政权，破坏人民民主事业为目的之各种反革命罪犯，皆依本条例治罪。"在刑法起草过程中，历次草稿都无例外地对反革命罪下了定义。

第33稿给反革命罪下的定义，包括历史反革命和现行反革命。"解放以前，镇压革命或者破坏革命事业的行为"，这是指的历史反革命；"解放以后，以推翻工人阶级领导的人民民主政权、破坏人民民主制度、破坏社会主义革命和社会主义建设为目的的行为"，这是指的现行反革命。在对第33稿修订过程中考虑到，我们新中国成立已近30年，历史反革命已肃清得差不多了，在反革命罪的定义中再包括历史反革命，显然已无实际意义，故应把这部分内容删去。同时，总结"文化大革命"十年浩劫的教训，避免对敌斗争扩大化，对反革命罪的构成要件应严格加以限制，不能给动辄扣上"反革命"帽子的错误做法留下可乘之机。因此，《刑法》第90条对反革命罪规定了十分严格的定义："以推翻无产阶级专政的政权和社会主义制度为目的的、危害中华人民共和国的行为，都是反革命罪。"这就是说，构成反革命罪必须同时具备两个最基本的条件：一是客观上要有危害中华人民共和国的行为，即反革命行为；二是主观上要有推翻无产阶级专政的政权和社会主义制度的目的，即反革命目的。这两个条件是缺一不可的，否则就不成其为反革命罪。

法律条文规定反革命罪的概念，既符合历史传统，更切合斗争实践的需要。但在起草过程中，也有个别同志主张不要这一条，其所持的理由是：这一条是"虚"的，判案时不好引用；在体例上，分则八章罪中只有反革命罪有定义，其他七章都没有，显得不一致；这个内容要写的话，也最好放在总则中写。经过讨论，否定了这个意见。同志们认为：这一条与《惩治反革命条例》第2条的精神是一脉相承的。从《惩治反革命条例》施行的经验来看,这一条对于区分反革命罪与普通刑事犯罪,特别是区分反革命破坏与一般破坏,很有好处。由于本章开宗明义概括地写出了反革命目的,下面的有些条文就可以不再写这一内容,从而减少了重复。反革命犯是"目的犯",反革命罪是政治性犯罪,它与其他刑事犯比起来有极大特殊性,故在本章的开头可以突出地写上这一条,在体例上不必与其他各章强求一致。至于"虚"与"实"的问题,这是辩证统一的,从这一条是概括性的定义来说是"虚"的,但从反革命罪中的每个具体罪都必须具有这个定义中的要件来说,它又是"实"的。

二、勾结外国、阴谋危害祖国罪(第91条)

这一条惩办的对象是背叛祖国的大汉奸、大卖国贼,如过去的汪精卫、伪满洲国战犯等。这种人有权有势有政治影响,他们一旦勾结外国、背叛祖国,就会严重危害祖国的主权、领土完整和安全。至于一般的投敌叛变以及参加外国特务、间谍组织,虽然也与外国有勾结,但不是按本条处理,而是按本章其他有关条款处理。

《惩治反革命条例》第3条对这个罪的表述是"勾结帝国主义背叛祖国",第22稿和第33稿均将"勾结帝国主义"改为"勾结外国",这样含意更广泛一些。不管勾结什么国家,只要具有"阴谋危害祖国的主权、领土完整和安全"的基本特征,就构成本条的罪。这里所谓"阴谋",是指与外国勾结共同进行谋划的意思。如谋划签订卖国条约,谋划对我发动侵略战争,等等。只要有勾结谋划的行为,即使谋划的内容并未实现,也足以成立本罪。

第22稿沿袭《惩治反革命条例》的成例,规定本条的法定刑是"处死刑或者无期徒刑",修订中考虑到,即使是背叛祖国罪,情节也有不同,量刑幅度不宜太窄,故把起刑点降低到10年有期徒刑。

三、阴谋颠覆政府、分裂国家罪(第92条)

《惩治反革命条例》没有这一条,过去司法实践中也没有这方面的案例。但是从国际国内阶级斗争的特点来看,规定这一条比较主动。故第22稿和第33稿均规定有这一条。

本条所规定的罪,是由妄图篡党窃国的阴谋家、野心家所干的。林彪、江青反革命集团所犯的反革命罪行之一就有这一条罪。条文中所说的"颠覆政府",是指凭借武力,推翻我中央或地方人民政府,或者篡夺党和国家部分权力,使原来的人民政府蜕化成为封建法西斯专政的工具。所说的"分裂国家",是指控制部分地区,另立伪组织,对抗中央的统一领导,分裂我统一的多民族的国家。由于这种行为性质极其严重、危害极大,故只要有谋划的活动,即构成本罪。

第22稿规定本条和前条一样"处死刑或者无期徒刑",修订中考虑到前条的起刑点已降低为10年有期徒刑,本条也应有所改动;同时考虑到本条与第95条实质上都是叛乱罪,虽然从危害的范围来说本条的罪比第 95 条的罪大,但从犯罪行为所处的阶段来看,第 95 条的罪已到动武的地步,比本条罪的"阴谋"走得远,综合衡量一下,本条同第 95 条的"首要分子或者其他罪恶重大的"处刑应大体相同。根据这些理由,故把本条的最低刑也降到 10 年有期徒刑。

四、策动投敌叛变或叛乱罪(第 93 条)

策动投敌叛变或叛乱罪,是指策动、勾引、收买国家工作人员、武装部队、人民警察、民兵投敌叛变或叛乱的行为。实施这种犯罪的人,实际上就是投敌叛变或者叛乱的教唆犯。但因这种行为具有很大的危险性,故单独规定一条予以严惩。按照刑法对这条罪的规定,只要有策动、勾引、收买的行为,不论对方是否接受,均构成本罪。本罪的法定刑与前两条罪的法定刑相同。

第 22 稿在本条中未提"民兵",第 33 稿予以补充;第 33 稿在本条中未提"人民警察",修订时予以补充;第 22 稿和第 33 稿均只提策动叛变,而未提策动叛乱,修订时把后者补充了进去。这样,本条的内容就臻于完善了。

五、投敌叛变罪(第 94 条)

投敌叛变罪是指国家工作人员、军事人员、人民警察、民兵或者其他中国公民,背叛革命,投奔敌方,或者在被捕、被俘后,向敌人屈膝投降,出卖组织和同志的行为。第 22 稿仅写了国家工作人员的叛变问题,而未写非国家工作人员的叛变问题,这显然是不全面的,故以后诸稿即予补充。现在的条文虽未明确提国家工作人员和非国家工作人员问题,但解释起来自然都包括在内。

投敌叛变,可以是单个人实施的,也可能率众进行,甚至还可能是率领武装部队、人民警察、民兵进行的。这些情节,反映了不同的危害程度,立法上应当区别对待。第 22 稿对此未加反映,第 33 稿有所反映,但不如现在的条文反映充分。

六、持械聚众叛乱罪(第 95 条)

本条和第 92 条大体上有个分工。第 92 条的犯罪,只能由那些有可能进行"颠覆政府、分裂国家"的人构成,因为危害范围大,所以只要有"阴谋",就构成这个罪的既遂。本条的犯罪主体,是一般的反革命罪犯,叛乱是局部地区性的,所以必须具有"持械聚众叛乱"的活动,才构成这个罪的既遂;如仅有隐蔽的预谋活动,应按犯罪的预备处理。

持械聚众叛乱,是指纠集多人实行武装叛乱。一持械,二聚众,三叛乱,就是构成这个罪的基本要件要素。所谓"持械",不仅指拥有枪炮之类的发火武器,也包括任何可以杀伤人命或毁坏财物的凶器如刀矛、棍棒、匕首等。所谓"聚众",是指纠合参加这种犯罪的有那么一伙子人,其中有反革命分子,多数也可能是被裹胁的群众。所谓"叛乱",是指矛头直指无产阶级专政的一系列暴力破坏活动,如袭击党政军机关,杀害干部群众,抢夺枪支弹药,抢劫、烧毁公私财物等。

对反革命叛乱活动必须坚决镇压,但又要讲究斗争策略,实行区别对待。条文规定惩办的对象是叛乱的首要分子,罪恶重大的以及积极参加的分子。至于多数因被裹胁而参与叛乱的一般群众,则应分别情况作不同的处理。第22稿规定"持械聚众叛乱的,处五年以上有期徒刑;首要分子处死刑或者无期徒刑"。修订中认为,这个规定体现区别对待的政策精神还不够,打击面容易过大,量刑幅度也偏窄了,故作了改动。

七、聚众劫狱、组织越狱罪(第96条)

《惩治反革命条例》第12条有这个罪的规定。组织越狱在《惩治反革命条例》上称为暴动越狱。第22稿把这个罪移入"危害公共安全罪"一章,当时认为这个罪不一定具有反革命目的,如果具有反革命目的,可以按照持械聚众叛乱罪或按反革命破坏、杀害罪处理。修订中考虑到,监狱或者其他劳动改造场所是国家对敌人实行专政的工具之一,是关押反革命犯和其他刑事犯的地方,有人竟公然聚众劫狱或者暴动越狱,明目张胆地用这种直接对抗的行为来搞垮、破坏专政机关,使大批罪犯逃脱法网,其反革命目的和性质已经十分明显,因此应当把这个罪列入"反革命罪"一章,方为妥当。这是当时的观点。以后认识上又有变化,详见下卷对1997年《刑法》第317条的论述。

聚众劫狱,是指在狱外纠集多人,以暴力劫夺被关押的罪犯。组织越狱,是指在押的罪犯秘密串联,使用暴力越狱逃跑。聚众劫狱、组织越狱罪的特点,除了有反革命目的外,一是集体实行;二是使用暴力。一个人脱逃不构成此罪;虽属集体逃跑,但未使用暴力的,也不构成此罪。

第22稿对这个罪只规定了一个罪刑单位,法定刑为"十年以上有期徒刑、无期徒刑或者死刑";修订中参照了《惩治反革命条例》的原有规定,并考虑到对这个罪也需要区分首要分子、罪恶重大的和积极参加的分子,因此改为两个罪刑单位,如刑法该条文所显示的那样,这样在体例上也可与前条持械聚众叛乱罪保持一致。

八、间谍、资敌罪(第97条)

《惩治反革命条例》第6条规定了此罪,内容包括3项:一是为国内外敌人窃取、刺探国家机密或供给情报的。二是为敌机、敌舰指示轰击目标的。三是为国内外敌人供给武器军火或其他军用物资的。第22稿沿袭这个规定,只是把"国内外敌人"简化为"敌人",把"敌机、敌舰"概括为"敌人"。

在对第22稿的修改中,考虑到在新的反革命分子中,有给外国人送情报的,也有主动与敌特机关联系要求布置任务的,因此在间谍、资敌罪中增加两项,即"里通外国,为外国人送情报的"和"与敌人联系,要求布置任务的"。另外,考虑到"为敌人指示轰击目标"一项,实质上属于反革命破坏行为,因此从本条中删去,改列入反革命破坏罪的条文作为一项内容。这就是第33稿的修改情况。

在对第33稿修订过程中,由于总结了"文化大革命"中对敌斗争扩大化的惨痛教训,特别是所谓"里通外国",纯系林彪、"四人帮"、康生、谢富治一伙强加给某些领导干部、科学家、外语工作者和归国华侨的诬陷不实之词,还有所谓"反革命挂钩"案件,其中不少并不是基于反革命目的,而是由于年轻幼稚,上当受骗,或是受好奇心驱使,做了错事。因此大家认为,对第33稿的这一条,应作适当修订。修订以后的条文,就是《刑法》的第97条。

本条实际上包括两项罪名:间谍罪和资敌罪。间谍罪就是指为敌人窃取、刺探、提供情报的行为,以及参加特务、间谍组织或接受敌人派遣任务的行为。资敌罪就是指供给敌人武器军火或其他军用物资的行为。

关于间谍、资敌罪的法定刑,起草过程中几经反复:第22稿规定"处死刑、无期徒刑或者十年以上有期徒刑;情节较轻的,处五年以上十年以下有期徒刑";第33稿修改为"处十年以上有期徒刑或者无期徒刑;情节较轻的,处三年以上十年以下有期徒刑",也就是说,删去死刑,并适当降低起刑点;刑法本条,后段保持第33稿的规定,前段实际上重新规定有死刑(参见《刑法》第103条)。

九、反革命集团罪(第98条)

反革命集团罪是组织、领导、积极参加反革命集团罪的简称。依照本条的规定,只要有组织、领导或积极参加反革命集团的行为,就构成本罪。如果进一步又进行其他的反革命活动,触犯了本章其他条款的,按数罪并罚原则处理。

第22稿只规定组织、领导及参加"特务、间谍组织"的问题,第33稿根据实际情况,又增加了组织、领导及参加"其他反革命组织"的内容。"其他反革命组织"是指土生土长,与特务、间谍组织不同的那些反革命组织。这种反革命组织,司法实践中一般就直接称之为反革命集团。因此在对第33稿修订过程中,在条文中就采用反革命集团这个名称。

反革命集团当然不是指群众中的落后小集团,它也不同于走私、投机倒把、贪污、盗窃、流氓等普通刑事犯罪集团。反革命集团乃是以推翻无产阶级专政的政权和社会主义制度为目的的一种犯罪集团。反革命集团的危险性一般说比普通刑事犯罪集团要大,因此刑法上就有单独规定一条的必要。

本条规定的惩办对象是反革命集团的组织、领导者和其他积极参加者,他们参加反革命集团是自觉的,情节是严重的,至于那些被胁迫、被诱骗参加的,以及态度犹豫、情节轻微的,应当根据不同情况作其他处理,不应以本条论罪科刑。

十、组织、利用封建迷信、会道门进行反革命活动罪(第99条)

本罪的特点是以封建迷信活动为形式,或以非法的封建会道门组织为据点,进行反革命活动。《惩治反革命条例》第8条规定的是利用封建会道门进行反革命活动。第22稿也是如此。修订中考虑到,所谓"利用",原是指封建会道门本身已经存在的情况下,通过它来进行反革命活动;然而新中国成立初期,封建会道门即被人民政府明令取缔了,其后,"利用"的情况就比较少,往往是死灰复燃、改头换面地重新组织封建会道门进行反革命复辟活动。因此条文在"利用"前面加上"组织"二字。意思是组织也好,利用也好,只要进行反革命活动,就依本条治罪。除此之外,修订中还考虑到,封建会道门虽然总是同封建迷信结合在一起,但封建迷信不等于封建会道门。有的地区,虽然没有封建会道门,但仍可组织、利用封建迷信进行反革命活动。因此,条文在"会道门"之前又增加"封建迷信"的字样。这就是刑法这一条的写法。

这一条罪的构成要件,除了"组织、利用封建迷信、会道门"外,还要"进行反革命活动"。这里所说的反革命活动,内容是比较广泛的,诸如制造、散布反革命谣言,破坏工农业生产,秘密发展道徒,以及称孤道寡、封王拜相、妄图进行武装暴乱,等等,均包括在内。所以称之为"反革命活动",当然需要具有反革命目的,不然的话,就划不清这种罪同人民群众中一般封建迷信活动的界限,也划不清这种罪同神汉、巫婆借迷信进行造谣、诈骗财物罪(《刑法》第165条)的界限,因为后者是不具有反革命目的的。

在起草这一条的时候,有人主张把"利用宗教进行反革命活动"的意思也概括进去。经过讨论,否定了这个意见。理由是:宗教不同于封建迷信,更不同于封建会道门,宗教在我国是合法存在的,宗教信仰自由是受宪法和法律保护的,把宗教与封建迷信、会道门相提并论,不仅为政策、法律所不允许,而且将严重损伤信教公民的感情,不利于我国各族人民的团结。当然,不言而喻,一切宗教活动都要遵守法律的规定,不得利用宗教进行非法活动,更不得利用宗教进行反革命活动。但这不需要在刑法上专门加以规定,因为"非法活动"、"反革命活动"总是有其具体内容的。例如以宗教团体为掩护进行间谍活动,或利用传教的机会进行反革命煽动,这里的"反革命活动"是具体的:就是指的间谍活动、反革命煽动,因此对这种行为就可直接运用有关间谍罪、反革命煽动罪的条文来论处,根本用不着另行专门规定。

处理组织、利用封建会道门进行反革命活动的案件,应当严格区分首要分子、骨干分子同一般道徒的界限。条文惩办的对象,理解起来应当是指罪恶严重的反动道首和其他积极参加反革命活动犯有不同程度罪行的分子;而对于受蒙骗参加会道门并未犯有什么罪行的一般道徒,则应当进行耐心教育,不能任意采取惩办手段。

十一、反革命破坏罪(第100条)

本条是以《惩治反革命条例》第9条为基础,总结了新中国成立以来这种罪的实际情况写成的。同条例相比,本条的内容更加充实,概括得更加全面、合理。例如,"抢劫国家档案"、"劫持船舰、飞机、火车、电车、汽车"这些问题,在条例制定的当时,尚缺乏现实经验,故未能反映,现在充实进去了。"为敌人指示轰击目标",条例上列为间谍、资敌罪的一项,现改为列入本罪,从逻辑上说更加确切了。

反革命破坏罪,从某些破坏行为来看,同普通刑事犯罪是类似的:例如爆炸、放火、决水;抢劫公共财物;制造、抢夺、盗窃枪支、弹药等。这里区分的界限,主要看行为人主观上有无反革命目的。为了强调这点,条文特别写明本罪"以反革命为目的"。除本条外,还有第101条、第102条,也存在与普通刑事犯罪或非犯罪的界限问题,所以也特别标明"以反革命为目的"。从这里当然不能得出结论,认为其他各种反革命罪不需要有反革命目的,因为反革命目的是构成反革命罪的基本要件,在第90条反革命罪的定义中是总的作了规定的。

十二、反革命杀人、伤人罪(第101条)

反革命杀人、伤人罪在《惩治反革命条例》中是同反革命破坏罪一起规定在同一条文里;第22稿和第33稿均因袭了这个成例。在对第33稿修订过程中,大家认为这个罪与反革命破坏罪二者的犯罪对象是不同的:一是人;二是物。因此应以分开规定为宜。

条文规定这个罪的构成要件:一是以反革命为目的;二是以投放毒物、散布病菌或者其他方法杀人、伤人。反革命目的是这个罪同第132条故意杀人罪及第134条故意伤害罪的基本界限所在。"投放毒物"和"散布病菌"是两种有可能造成多人伤亡的危险方法,故条文予以特别标明;其他如使用刀、枪、斧、棍等凶器,也是这种犯罪的方法。

在本条起草讨论过程中,曾有同志提到是否以专条规定杀伤外国外交代表的刑事责任问题。大家认为,这条所说的人,既包括我国国家工作人员和公民,也包括外国的代表和公民(别的章条凡涉及"人"的,如故意杀人、过失杀人等,分析起来也是如此)。既然已经内涵了,就没有必要再专门加以规定。保护外交代表是国际惯例,也是法律常识,条文中不专门规定是不会引起误解的。

十三、反革命煽动罪(第102条)

反革命煽动罪原规定在《惩治反革命条例》第10条,该条除了指出"以反革命为目的"外,内容有3项:"(一)煽动群众抗拒、破坏人民政府征粮、征税、公役、兵役或其他政令之实施者;(二)挑拨离间各民族、各民主阶级、各民主党派、各人民团体或人民与政府间的团结者;(三)进行反革命宣传鼓动、制造和散布谣言者。"第22稿根据当时实际情况,删去了其中的第(二)项,并把第(一)项、第(三)项改写成两条:一条是"以反革命为目的,煽动群众抗拒、破坏政府征粮、征税、统购、统销、公役、兵役或者其他政令实行的";另一条是"以反革命为目的,进行宣传鼓动或者制造和散布谣言的"。第33稿基本恢复《惩治反革命条例》第10条的写法,内容还是三项:第(一)项是"煽动群众抗拒、破坏政府政令实施的"。这比原来更简练些,概括性更大些。第(二)项是恢复被第22稿删去了的内容,重新予以规定。当时的考虑认为这是符合过渡时期阶级斗争需要的,因为我国有自然灾害,工作中的缺点错误也难以完全避免,阶级敌人总是千方百计钻这些空子,来破坏我们内部团结的。第(三)项比原来增加些内容,是这样写的:"书写、张贴、散发反革命标语、传单,制造、散布谣言,或者以其他方法进行反革命宣传、恐吓的。"

修订第33稿时,对这一条作了反复的推敲。因为"文化大革命"期间发生的冤假错案,不少是所谓"恶毒攻击"和涉及反革命宣传煽动这方面的问题。"恶毒攻击"这个罪名是"公安六条"这个错误文件上的东西,已被中央明令予以撤销,但对其影响仍要继续保持警惕。为了既不放纵一个真正的反革命分子,又要防止新的冤假错案的发生,对于反革命煽动罪的构成条件就必须作严格的限制。据此,本条规定,构成反革命煽动罪,除了主观上必须具有反革命目的外,其煽动行为必须是:① 煽动群众抗拒、破坏国家法律、法令实施的;或者② 以反革命标语、传单或者其他方法宣传煽动推翻无产阶级专政的政权和社会主义制度的。这个规定把反革命煽动行为的内容、方法与主观上的反革命目的紧密结合起来,防止任何的片面性和表面性,防止搞"思想犯罪",罗织文字狱,因此它是科学的,是适合于斗争实践需要的。

十四、要否规定"反攻倒算罪"和"反革命偷越国境罪"问题

第33稿规定了一条"反攻倒算罪",内容是:"地主、富农分子或者其他反动分子,进行反攻倒算或者其他复辟活动的,处一年以上七年以下有期徒刑;情节严重的,处七年以上有期徒刑。"在当时"以阶级斗争为纲"和夸大估计国内阶级斗争形势的情况下,规定这一条是可以理解的。粉碎"四人帮"以后,特别是党的十一届三中全会以后,党中央对我国内部的阶级状况和阶级斗争问题作出了符合实际情况的科学论断:明确指出作为阶级的地主阶级、富农阶级已经消灭,作为阶级的资本家阶级也已经不再存在;明确指出阶级斗争已经不是我国社会目前的主要矛盾,与此相适应,党中央还坚决落实了一系列的政策:中央决定全部摘掉右派分子的帽子,并对错划的右派坚决予以改正;摘掉改造好的地、富、反、坏四类分子的帽子;落实原民族工商业者的政策、小业主的政策;等等。这些决策大大有利于安定团结,有利于调动广大群众的社会主义积极性。

因此,第33稿规定的这一条,必要性不大了;而且所谓"反攻倒算",所谓"复辟

活动",乃是政治上的术语,写在法律上作为具体犯罪构成的要件,就嫌过于笼统,不好掌握。为了避免人为制造"阶级斗争",避免斗争的扩大化,大家认为这条以删去为宜。因此,刑法就没有采用这一条。

关于"反革命偷越国境罪"的问题,在起草过程中几经反复。《惩治反革命条例》第11条规定有这个罪;在第22稿中删去了;第33稿恢复规定;最后定稿又予删除。以反革命为目的偷越国境,这个犯罪事实本身是存在的,问题是,要否专条加以规定。主张专条规定的同志认为,规定了这个罪可以更好地保护国境,如果当偷越国境本身是现实的行为而别的罪行还没有着手的时候,有了这条规定,处理上就可以保持主动。但是讨论结果认为还是删去为好,理由是:如果真的出于反革命目的而偷越国境,那么这种行为不过是进行反革命活动过程中的一个环节,它总是与实施一定的反革命行为(如投敌叛变、间谍行为)联系在一起的,这时就应以后面这个行为定罪,而不应孤立地处以"反革命偷越国境罪"。如果后面这个行为证实不了,那就说明"反革命目的"也证实不了,这时就只应以普通的偷越国境(参见第176条)论罪,而决不应以"反革命偷越国境"论罪。由此可见,单独规定"反革命偷越国境罪"是不必要的。所以刑法就没有关于这条罪的规定。

十五、反革命罪中的死刑和没收财产(第103条、第104条)

反革命罪中的死刑,第33稿以前都是分散规定在有关条文里,对第33稿修订时认为,在社会主义建设新的历史时期,要坚决贯彻"少杀"政策,即使是反革命罪,也要严格控制死刑的适用。因此对反革命罪中的死刑,不再作分散性的规定,而以第103条专条加以规定。这条指出:有三种反革命罪,即反革命集团罪(第98条),组织、利用封建迷信、会道门进行反革命活动罪(第99条),反革命煽动罪(第102条),不能处死刑;其他各种反革命罪,只有对国家和人民危害特别严重、情节特别恶劣的时候,才可以判处死刑。这样规定,限制条件更严了,有利于"少杀"政策的贯彻。

关于反革命罪的没收财产问题,刑法的历次草稿都是承袭《惩治反革命条例》的成例,单写一条,最后定稿仍然如此。因为不论犯哪一种反革命罪,从政策原则上说,必要时都可以并处没收财产,单写一条,就避免了各条重复规定,可以省去不少文字,也不致使有关条文失之臃肿。

第二章

危害公共安全罪

一、放火、决水、爆炸、投毒罪(第105条、第106条)

这两个条文规定的是以危险方法危害公共安全的犯罪,实际上包括了一系列具体罪:如放火罪、决水罪、爆炸罪、投毒罪、失火罪、过失决水罪、过失爆炸罪、过失引起中毒罪等。在第22稿中,单是放火罪、失火罪、决水罪、过失决水罪,由于考虑破坏对象的不同意义(如区分公共设施和公共设施以外的公私财产等),就规定了7个条文;修改中认为这样规定过于繁复,而且挂死刑的条文不免增多,于是加以删除、合并,调整成为第33稿的3个条文。对第33稿进行修订时,感到3个条文还是多了,而且仅提到放火、决水这两种危险方法,没有提实践中也不时遇到的爆炸、投毒等危险方法,似不够全面,加之列举的对象也嫌不足,像油田、港口、河流、水源、重要管道等,均未提到。因此又加以充实、调整,最后修订成为现在的这两个条文。

这两个条文对犯罪的客体、犯罪的对象、犯罪的行为及方法、犯罪的结果、犯罪的主观方面,都作了明确的表述。有了这种表述,就把这些罪同后面各章条文中的故意杀人、故意伤害、过失杀人、过失重伤、故意毁坏公私财物等罪区别开来:因为前者危害的是公共安全,即不特定的众人的生命、健康和重大的公私财产的安全;而后者则是危害特定个人的生命、健康或特定的公私财产。

这两个条文列举的各种危险方法基本上是一致的,但第106条具体提到"投毒",而第105条则没有提到,如果遇有投毒行为,足以危害公共安全,但尚未造成严重后果的,能否依照第105条论罪?回答是肯定的。因为该条所说的"其他危险方法",逻辑上是可以包括投毒、利用放射性物质、散布有害微生物等破坏方法在内的。

第106条第2款的过失犯罪,即失火、过失决水、过失爆炸、过失引起中毒等罪,同第113条至第115条的几种重大事故罪的区别就在于:后者是在特定过程即生产、运输、管理和使用过程中,由于违反规章制度而发生的,其中有的罪还限定犯罪主体的条件(如从事交通运输的人员、企业事业单位的职工等);而前者则是一般人在日常生活中由于行为不慎而发生的。

二、破坏交通工具、交通设备、电力煤气或其他易燃易爆设备罪(第107—110条)

这几条的内容,在第22稿中基本上就有,第33稿所作的修改是:

(1) 在体例上作了一点调整。第22稿把造成严重后果的以及过失犯罪,分散在各条中写,第33稿把它们集中在专条来写,故条文由3条增为4条。

(2) 在量刑幅度上有所变动,特别是当时考虑到这类案件在实践中很少发生,为了避免造成分则死刑比例大的假象,删去了死刑。

(3) 补充列举了个别犯罪对象(如电车)。

(4) 文字上作了一些增删和统一(如把"破坏"、"损毁"两个用语统一为"破坏")。

在第33稿的基础上,以后又作了如下修改:

(1) 在前三条条文中各增加"尚未造成严重后果"字样,使之与第4个条文的关系搞得更明确了。

(2) 在列举的交通设备中增加"隧道、公路、机场、航道"几种,在"电力、煤气"之后增加"其他易燃易爆设备",这样就更完善了。

(3) 第33稿中前三条的法定刑有所不同:头一条破坏交通工具罪,法定刑为"三年以上十年以下有期徒刑";第2、3条分别为破坏交通设备罪和破坏电力、煤气设备罪,法定刑均为"一年以上七年以下有期徒刑"。修订时把这3条的法定刑统一为"三年以上十年以下有期徒刑"。

(4) 上述几种罪造成严重后果的,也即第4个条文的第1款,第33稿的法定刑为"七年以上有期徒刑或者无期徒刑",修订时改为"十年以上有期徒刑、无期徒刑或者死刑",也就是恢复第22稿原规定有的死刑。恢复的原因是考虑到各方都提了意见,认为这种罪尽管实践中很少发生,但一旦发生,后果往往极其严重,不可不挂死刑。

以上这几点修订,也就是从第33稿那4条到刑法这4条的基本情况。

这4条的基本特点是分别通过破坏交通工具、破坏交通设备、破坏电力煤气或其他易燃易爆设备危害公共安全。前三条规定的是故意破坏尚未造成严重后果的情况,后一条规定的是故意破坏造成严重后果以及过失毁坏造成严重后果的情况。这类故意破坏罪同故意毁坏公私财物罪的界限,就在于是否危害公共安全,如果破坏行为只是损害工具、设备本身,即使情节严重,但并未危害公共安全的,例如破坏火车上的盥洗设备、破坏电车上的车窗玻璃、破坏未出厂的汽车、破坏尚待安装的锅炉、破坏库存中的交通指挥灯等,就只能按第156条论罪,而不能按这几条论罪。过失毁坏交通工具、交通设备、电力煤气或其他易燃易爆设备,只有在造成严重后果的情况下才构成犯罪而负刑事责任。这种过失罪是由于一般人在日常生活中的行为不慎而发生的;如果由于交通运输工作人员或企业事业单位职工在工作中违反规章制度而损坏上述工具、设备以致发生重大事故的,则应按第113条至第115条的有关规定论罪。

三、破坏通讯设备罪(第111条)

这个罪在第22稿和第33稿中也均有规定。但第22稿对造成严重后果的以及过失犯这个罪的未作规定,在列举的通讯设备中只具体提到"电报、电话"而未提"广播电台";第33稿对这些都作了补充。这个罪的法定刑,第22稿笼统地规定"处五年以下有期徒刑或者拘役",第33稿作了区分:一般的"处七年以下有期徒刑或者拘役";造成严重后果的,同破坏交通工具、交通设备、电力煤气设备造成严重后果的一样,规定"处七年以上有期徒刑或者无期徒刑";过失毁坏引起严重后果的,同过失毁损交通工具、交通设备、电力煤气设备引起严重后果的一样,规定"处七年以下有期徒刑或者拘役"。刑法基本采用第33稿对这个罪规定的内容,但在体例上作了调整,即把一般的、造成严重后果的以及过失毁坏引起严重后果的,都集中在一个条文里加以规定。这就是《刑法》第111条的由来。

破坏通讯设备罪,从表面上看,不像破坏交通工具罪、破坏交通设备罪、破坏电力煤气或其他易燃易爆设备罪那样直接明显地可以造成多人伤亡或公私财产的重大损失,但由于广播电台、电报、电话等通讯设备,都是现代社会传送信息、交互联系的重要手段,如果遭到破坏而发生中断,就会给政治、军事、经济、文化各方面造成紊乱,从根本上说,也就会使人民生命财产的安全受到威胁。因此刑法把这种罪列入危害公共安全罪,并在条文中明确指出它"危害公共安全"的性质,是有道理的。

四、非法制造、买卖、运输或盗窃、抢夺枪支、弹药罪(第112条)

本条罪在第22稿是用3个条文来规定的,即非法制造、买卖、运输1条,偷窃1条,抢夺1条。第33稿将3条合并为1条,在原规定的基础上增加了偷窃、抢夺"民兵"枪支、弹药的内容,条文的写法分前后两段,量刑幅度比第22稿有所提高。以后修订时基本保持第33稿的写法,仅把"偷窃"改为"盗窃",把法定刑的起刑点稍予降低。

本条按照犯罪的行为来分,实际上包括5种罪,即非法制造枪支、弹药罪,非法买卖枪支、弹药罪,非法运输枪支、弹药罪,盗窃枪支、弹药罪,抢夺枪支、弹药罪。由于它们的危害程度不相上下,而且犯罪分子也可能同时实施其中的几种行为,而无须按数罪并罚原则处理,因此就结合在一个条文里规定。

本条所说的枪支、弹药,是指军用的手枪、步枪、冲锋枪、机枪、射击用的各种枪支,狩猎用的有膛线枪、散弹枪、火药枪,麻醉动物用的注射枪,能发射金属弹丸的气枪,上述枪支所使用的弹药以及手榴弹、炸弹等。

本条所规定的罪与违反枪支管理规定私藏枪支、弹药罪不同,后者规定在第163条,属于妨害社会管理秩序罪,危害性相对要小些,故法定刑也比本条低。

出于反革命目的而制造、抢夺、盗窃枪支、弹药的,应依第100条第(5)项论罪。

五、交通肇事罪(第113条)

本条包括陆上交通运输、水上交通运输和民用航空运输中一切因肇事而构成的犯罪。但从司法实践来看,主要是指车祸案件,还有少数是铁路运输和航运中的责任事故案件。

交通肇事罪的主体,按照第22稿和第33稿的规定是"从事交通运输的人员",例如驾驶员、扳道员、巡道员、调车员、机长、船长、大副、二副、引水员、轮机手,等等。交通运输人员作为这个罪的主体当然是主要的。但是,在实践中也有非交通运输人员肇事的,如无驾驶执照的人员非法开车造成翻车事故或轧死行人等。因此对第33稿修订时增加了第2款:"非交通运输人员犯前款罪的,依照前款规定处罚。"这样对交通安全的保护就更周密了。

构成交通肇事罪的最重要条件是要有违反规章制度的行为,由于违反规章制度,导致事故的发生,造成他人重伤、死亡或者公私财产重大损失的后果。第22稿和第33稿未提违反规章制度,只提"由于业务上的过失",显然不如修订以后的条文明确。这里所说的规章制度,包括操作规程、交通管理规则(如城市和公路交通管理规则、铁路货物运输规程、危险货物运输规则等)和劳动纪律。如果没有违反规章制度,就说明业务上没有过失,尽管后果严重,也不能构成本罪。虽然有违反规章制度的行为,但如没有"致人重伤、死亡或者使公私财产遭受重大损失的",那是一般违章的问题,也不能构成本罪。

第22稿对这一条只规定了一个罪刑单位,量刑幅度是"五年以下有期徒刑"。修改中考虑到这种罪有的情节相对较轻,或者犯罪分子有可以恕宥的地方,也可能只需判个拘役。另外考虑到这种罪有极少数情节特别恶劣,例如由于严重不负责任,造成多人伤亡,屡次发生事故造成伤亡;破坏现场,毁灭罪证,嫁祸于人等,司法实践中也有判处重刑的。因此第33稿把条文分成两个罪刑单位:一般的"处五年以下有期徒刑或者拘役";"情节特别恶劣的,处五年以上有期徒刑"。对第33稿修订时,大家认为这个法定刑定得过高,尽管这种罪有的后果非常严重,但毕竟属于工作上的失误,是过失犯罪,不是故意破坏,因此处罚不宜太重。基于这种考虑,就把法定刑修订为一般的"处三年以下有期徒刑或者拘役";"情节特别恶劣的,处三年以上七年以下有期徒刑"。

六、厂矿重大责任事故罪（第 114 条）

这一条在第 22 稿中没有，是后来修改中增加的。

写不写这一条，反复讨论过多次。有同志主张不写这一条，理由是：我国国民经济还不发达，生产设备条件差，经验不足，规章制度也不健全，不少责任事故与这些客观因素有联系。在这样的情况下，出了重大事故，就当作犯罪处理，未免失之过重，并且有扩大打击面的危险。多数同志对于不能扩大打击面这一点是表示同意的，因为责任事故的发生，原因确是多方面的，要想减少和预防责任事故，首先不是靠惩办，而是靠加强对职工进行安全生产和遵守劳动纪律的教育，提高企业管理水平。但是，他们指出，对于少数情节恶劣、后果严重的重大责任事故，不以犯罪追究刑事责任，对国家和人民是不利的，在群众中也是通不过的。惩罚是为了更好地教育责任者本人，也是为了教育多数，这与加强对职工的教育、提高企业管理水平不仅不矛盾，恰恰是相辅相成的。再者，过去的法令、指示也规定严重的责任事故是要受刑事处分的。例如，1954 年 7 月 14 日政务院公布的《国营企业内部劳动规则纲要》第 16 条规定："违反劳动纪律的情节严重，使企业遭受重大损失者，应给予开除的处分或送法院依法处理。"第 23 条规定："企业的领导人员犯错误或违反劳动纪律时，得按隶属系统由原任命机关分别情节轻重给予纪律处分，或送法院依法处理。"1961 年 9 月 16 日中央指示试行的《国营工业企业工作条例（草案）》第 52 条第 3 款规定："每个企业，都应当自上而下地和自下而上地加强监察工作，认真检查各种责任制和各方面的规章制度的执行情况。对于不负责任、违反规章制度而造成损失的，应当根据情节的轻重和损失的大小，给以不同的处分，直至提请法院给以刑事处分。"1963 年 3 月 30 日国务院发布的《关于加强企业生产中安全工作的几项规定》也指出："对于违反政策法令和规章制度或工作不负责任而造成事故的，应该根据情节的轻重和损失的大小，给以不同的处分，直至送交司法机关处理。"

正是根据这些法令和指示的精神，人民司法机关对一些造成重大责任事故的责任者，过去也是追究刑事责任的。同时，不少有关业务部门的意见，也都主张要写上这一条。因此，在反复讨论的基础上，第 33 稿规定了一条："工厂、矿山、林场、建筑企业或者其他企业的职工，由于严重不负责任，违反规章制度因而发生重大事故，造成严重后果的，处五年以下有期徒刑或者拘役；情节特别恶劣的，处五年以上有期徒刑。"这条就是《刑法》第 114 条的基础，改动的地方有：一是在"企业"之后加上"事业单位"，因为像校办工厂、科研所办的工厂等也有责任事故问题，但它们并非企业。二是把"严重不负责任"改为"不服管理"，并在"违反规章制度"之后增加"或者强令工人违章冒险作业"一句，这样就把从事生产的一般职工所犯的和领导、指挥生产的人员所犯的都明确表达出来了。三是把"重大事故"改为"重大伤亡事故"，以表明这类事故首先是人身事故，其次才是生产事故、设备事故等，把人放在第一位,不能见物不见人。四是法定刑有所降低,其理由如同"交通肇事罪"一条所述。

关于本条放在哪一章,也有过一些想法。这个罪所侵害的,既有人身,也有财产,是危害公共安全的;同时,造成事故,也必然影响生产,妨害经济秩序;国家工作人员犯了这个罪,也是一种渎职行为。因此,放在"危害公共安全罪"、"破坏社会主义经济秩序罪"或"渎职罪"中都有一定道理。但比较一下,感到还是放在"危害公共安全罪"中同交通肇事罪摆在一起更好些。因为分则各章的划分,基本上是以犯罪客体为标准的,而厂矿重大责任事故罪所侵犯的客体主要是公共安全,因此把它列入"危害公共安全罪"一章,符合犯罪分类的标准。

构成本条罪,也同构成交通肇事罪一样,最重要的条件是有违反规章制度的行为,由于有这个行为,才造成人身伤亡或者使公私财产遭受重大损失。条文中所说的"不服管理",所说的"强令工人违章冒险作业",实质上也都是违反规章制度的行为,不是违反操作规程,就是违反劳动纪律,或者违反安全生产制度、劳动保护法规。不违反规章制度,就说明业务上没有过失,那么所发生的事故,或者是技术事故(技术条件达不到而无法克服的事故),或者是自然事故(由于不可抗拒的自然原因如雷电、风暴、地震等造成的事故),但不可能是责任事故,因而也不可能构成责任事故的犯罪。

七、违反危险物品管理规定重大事故罪(第115条)

第22稿规定了一条"违反邮政法规、交通运输法规,蒙混寄运或者秘密携带有爆炸性、易燃性、侵蚀性的物品的"犯罪,列于"妨害管理秩序罪"一章;第33稿考虑到这也是有关安全事故的一种情况,因此把它集中到本章来,并在"易燃性"之后增加"毒害性",把"侵蚀性"改为"腐蚀性"。另外,按照第22稿,这个罪分两段规定:前一段是一般的,后一段是"造成严重后果的"。第33稿改为只有造成严重后果的才当犯罪处理,相应的在量刑幅度上也作了调整。

讨论第33稿的时候,认为这条规定得不全,好多情况没有概括进去。这方面的问题,不仅可以在邮政寄运、交通运输中遇到,也可以在生产、储存、使用中遇到;违章行为的方式不仅有"蒙混寄运"、"秘密携带",而且还有其他种种,如乱堆乱放、封存不严、擅离岗位以及在现场吸烟,等等;危险物品按性质分类,除列举的那几类以外,还应增加"放射性"一类;罪刑单位只有一个,量刑幅度太小,应再增加一个。基于上述一系列的考虑,因此对条文作了较大的修订,这就是《刑法》第115条的由来。

构成本条罪的基本条件是违反危险物品的管理规定,因而在生产、储存、运输、使用中发生重大事故,造成严重后果。当然,对后果的心理态度,也同前两条一样是过失的。所谓危险物品,条文列举了五类,即:爆炸性物品,如雷管、雷汞、炸药等;易燃性物品,如汽油、酒精、胶片等;放射性物品,如镭、钴等;毒害性物品,如砒霜、氰化钾、"敌敌畏"等;腐蚀性物品,如硫酸、硝酸、盐酸等。对这些危险物品,我国政府及其主管部门制定了一系列管理规定,如《爆炸物品管理规则》《危险货物运输规则》、《化学易燃物品防火管理规则》、《化学危险物品储存管理暂行办法》,等等。这些管理规定都必须严格、切实地得到遵守,否则,一旦发生重大事故,造成严重甚至特别严重的后果,行为人便要按本条论罪,承担刑事责任。

第三章

破坏社会主义经济秩序罪

一、走私罪(第 116 条、第 118 条、第 119 条)

1951 年 4 月 18 日政务院命令公布、同年 5 月 1 日施行的《中华人民共和国暂行海关法》,对什么是走私行为,什么是重大走私行为,曾作了明文规定。在暂行海关法施行 28 年的实践经验基础上,1979 年 4 月全国海关工作会议又对走私和重大走私进一步作了明确规定。

依据这次会议的精神,所谓走私,就是指有下列情形之一的行为:
(1) 运输、携带货物或者物品不经过设关地点进出国境的;
(2) 经过设关地点,用藏匿、伪装、伪报等方法,运输、携带、邮寄货物或者物品进出国境的;
(3) 通过进出口货物或者物品逃套外汇的;
(4) 贩运、窝藏、倒卖走私物品的;
(5) 利用进出口信件夹寄物品的;
(6) 走私的预备行为。

所谓重大走私,就是指有下列情形之一的行为:
(1) 惯常走私或者惯常贩运、窝藏、倒卖走私物品的;
(2) 集团性走私;
(3) 走私物品价值数额较大的;
(4) 私运毒品或其他违禁品的;
(5) 伪造、冒用国家机关、部队证件掩护走私的;
(6) 国家工作人员利用职权走私或者勾结国家工作人员走私的;
(7) 检查或者扣留走私物品时,走私人以暴力抗拒的;
(8) 重大走私的预备行为。

对走私案件的处理,根据情节轻重,或科以走私物品等值以下的罚款,或没收走私物品(包括追缴走私物品价款),或罚款和没收走私物品并处。对情节重大的走私案件,并依法移送司法机关究办。

刑法有关走私罪的条文,就是参考了海关法规的上述这些规定和做法,并总结了司法实践中多年以来处理这种犯罪的实际经验制定的。先前,第 22 稿分两款写了这样一条:"违反海关法规,进行走私,情节严重的,除按照海关法规没收走私物品并且可以处罚金外,处一年以上七年以下有期徒刑。走私集团的首要分子处七年以上有期徒刑,可以没收一部或者全部财产。"后来,第33稿把第22稿这条的第1款修改为独立的一条,仅在法定刑末尾增加一句"可以并处没收财产"。对第2款,在充实其内容之后也修改为独立的一条,不过是与投机倒把的严重情节一起规定的。条文的写法是:"以走私、投机倒把为常业的,走私、投机倒把数额巨大的或者走私、投机倒把集团的首要分子,处七年以上有期徒刑或者无期徒刑,可以并处没收财产。"此外,第33稿还增写一条:国家工作人员利用职务上的便利,犯本章上述各条罪的(指犯走私、投机倒把、伪造或贩卖计划供应票证罪的),从重处罚。第33稿的这3条,就是《刑法》第116条、第118条、第119条的坯模,刑法对之修订的地方仅仅是:

(1)把海关适用的"罚金"改称"罚款",以便与作为刑种的罚金相区别。

(2)法定刑有所降低,其精神是:对这种罪,经济上打击要狠,使犯罪分子捞不到便宜,刑期上不需太长。

(3)把国家工作人员从重处罚的条文,明确写出是指犯走私、投机倒把罪的情况,认为突出这两种罪就可以了。

刑法这3条当中,第116条主要解决走私罪的构成及其处罚问题。条文以"违反海关法规,进行走私,情节严重的",作为构成走私罪的基本条件。这里所谓"违反海关法规,进行走私,情节严重的",实际上也就是指的重大走私行为。1958年6月国务院批准的《关于处理走私案件十项原则》中指出:"走私是破坏社会主义经济秩序,损害国家利益的违法行为。重大走私并且是刑事犯罪行为。"可见,掌握好重大走私和一般走私的界限,也就等于划清了走私犯罪和一般走私违法行为的界限。在走私犯罪中,如果是以走私为常业的,走私数额巨大的,或者是走私集团的首要分子,那是属于加重的情节,应按第118条的规定处罚。国家工作人员犯走私罪的,由于考虑到这种人滥用了人民给予的权力,危险性更大,因此第119条规定予以从重处罚,也就是分别依照第116条或第118条从重处罚。这对于纯洁国家机关和挽回政治影响来说,是完全必要的。

二、投机倒把罪(第117—119条)

投机倒把罪,第22稿区别为违反金融、外汇管理法规的投机倒把罪和扰乱市场的投机倒把罪,分条加以规定,第33稿还增加了一条私设工厂的投机倒把罪,这样无论在内容上或文字上都有重复,所以后来修订时将它们简化合并为一条,这就是《刑法》的第117条。这条规定的投机倒把罪,就是指以牟取暴利为目的,违反金融、外汇、金银、工商管理法规,非法从事工商活动,扰乱社会主义经济秩序,情节严重的行为。

构成投机倒把罪,必须具备三个重要的条件:

(1) 要有违反金融、外汇、金银、工商管理法规,非法从事工商活动的行为。例如,倒卖黄金、白银、外币;套购、倒卖国家统购统销物资和计划分配物资;倒卖耕畜;以及黑市经纪,买空卖空,居间牟利;等等,都是投机倒把行为。至于人民群众在农村集市或城市农副产品市场上出售自产自销的农副产品,群众之间自愿调剂余缺,以及集体或个人经过工商行政机关批准,从事某种副业、手工业生产或商业经营,是属于正当的交易和工商活动,应当受到法律保护。

(2) 要有牟取暴利的目的。如果某种行为不是以获取暴利为目的,例如,某些小生产者待价惜售自己的产品,某些居民以自用为目的,抢购、争购某些供不应求的商品,不能认为是投机倒把行为。

(3) 必须是"情节严重的"。前两点是区分投机倒把行为与非投机倒把行为的界限;"情节严重"与否,是区分一般投机倒把行为与投机倒把犯罪的界限。所谓"情节严重",是指投机倒把次数多,数量大,或结成投机倒把集团,对市场管理和物价稳定、对集体生产和群众生活有严重危害等情况。如果有人偶尔进行倒卖活动,数量不大、情节轻微的,不能当作犯罪处理。

投机倒把罪也和走私罪一样,如果是以这个犯罪为常业的,或者投机倒把数额巨大的,或者是投机倒把集团的首要分子,应依第 118 条的规定处罚。国家工作人员利用职务上的便利犯投机倒把罪的,第 119 条规定予以从重处罚,也即分别依照第 117 条或第 118 条从重处罚。

三、伪造、倒卖计划供应票证罪(第 120 条)

从 1953 年、1954 年开始,我国对粮、棉、油等物资实行计划收购和计划供应。这是我国在计划经济时期内所采取和坚持的一项重要经济政策。这项政策对于稳定市场、稳定物价、保障人民生活、保证有计划地从事经济建设,起着重大的作用。而伪造、倒卖计划供应票证的行为,直接破坏这项政策的实施,危害人民群众的正常生活,破坏社会主义的经济秩序,因此必须予以制止,其情节严重的,必须依法惩办。

第 22 稿没有专写这一条,当时是把这种罪行内涵在投机倒把罪里面;1963 年 3 月国务院《关于打击投机倒把和取缔私商长途贩运的几个政策界限的暂行规定》,也是把"伪造或倒卖票证"列为严重投机违法活动的一种。但刑法起草讨论过程中考虑到,这种伪造、倒卖计划供应票证的案件在司法实践中有一定数量,而且犯罪的手段和对象也都很明确,以单写一条为宜。因此第 33 稿写了一条:"伪造或者贩卖计划供应票证的,处七年以下有期徒刑或者拘役,可以并处或者单处罚金或者没收财产。犯前款罪的首要分子或者情节特别严重的,处七年以上有期徒刑或者无期徒刑,可以并处没收财产。"后来,对这条又作了几处修改:

（1）增加"以营利为目的"和"情节严重的"几个字，并把"贩卖"改为"倒卖"，使这种犯罪的性质和界限更加明确。因为有的不是出于营利的目的，例如，有人从黑市上买了一些粮票，原为了自己购粮食用，后来应别人的要求，又以同价转让给别人，就不能以这个罪论处；伪造、倒卖数量不大、情节轻微的，以及为解决一时经济上的困难而出售自己的少量粮票、布票的，也都不能以这个罪论处。这些行为都属于轻微违法，只要给以批评教育或由主管机关予以适当处理即可。

（2）适当降低法定刑。把上述"七年以下有期徒刑"改为"三年以下有期徒刑"；把上述"七年以上有期徒刑或者无期徒刑"改为"三年以上七年以下有期徒刑"。理由也是考虑对这种罪经济上打击要严，刑期上则不需太长。修订以后的条文，就是《刑法》的第120条。

本条所说的"计划供应票证"，主要是指粮票、布票、油票、棉花票、购货券等，也包括购粮证、购货证及一定时期购买自行车、缝纫机、电视机等工业品的票证。"伪造"是指仿照国家（包括地方）制作和发放的计划供应票证的式样，制作假票证的行为。伪造和变造是有区别的。变造是指在真的票证上加以挖补、篡改，例如将购货证、购粮证加以涂改；变造的数量一般不会太大，主要是批评教育或行政处理的问题。如果个别数量很大（例如涂改购粮证卡，先后冒领粮食几千斤），可按伪造类推处理。"倒卖"是指先收买后出售或者为出售而收买计划供应票证的行为，以及将贪污盗窃来的或者伪造的计划供应票证予以出售的行为。伪造、倒卖计划供应票证，必须是"情节严重的"才构成本条的罪。所谓"情节严重"，一般是指伪造、倒卖票证的数量较大，获取非法所得的数额较大，以及结成伪造、倒卖集团等。"情节严重"与否，是本条犯罪和一般伪造、倒卖票证违法行为的界限所在。如果情节特别严重，或者是伪造、倒卖集团的首要分子，则要依本条第2款，处以更重的法定刑。

四、偷税、抗税罪（第121条）

在1956年以前的刑法草案历次草稿中，除"偷税"、"漏税"之外，曾有过"抗税"的内容。以后在讨论中一度认为，"抗税"问题似乎只是在新中国成立之初和对资本主义工商业进行社会主义改造的过程中才有；在所有制问题基本上解决以后，收税和纳税，是全民与全民、全民与集体的关系问题，恐怕不至于再产生"抗税"的问题，因而第22稿删掉了这个内容。但在后来的修改中根据财政税务部门反映的材料了解到，公然拒绝纳税、殴打税务干部的"抗税"行为不仅还有，而且在有些地区还有一定数量，特别是在集市贸易开放以后，这些现象更多一些。因此，第33稿又恢复了"抗税"的内容。以后修订中保持"偷税"、"抗税"，但删去"漏税"，理由是：偷税是指用欺骗、隐瞒的手段，逃避纳税；抗税是指有能力纳税，而超过法定期限，拒不交税，甚至对税务干部使用暴力。这二者都是故意违反税收法规的行为,情节严重的,应构成犯罪。而漏税则只是遗漏了应缴的税款,但不是出于有意欺骗或隐瞒的行为,因此不宜当犯罪处理。

另外,第 22 稿和第 33 稿对这条罪究竟处罚谁,没有在条文中予以明确。修订时增加"对直接责任人员"几个字,也就是指负有缴纳税收的义务或职责而故意不履行此项义务或职责的人员,包括个体的纳税义务人(个体商贩、个体手工业者等);工商企业或人民公社中作出偷税、抗税决定或者参加做假账的财务会计人员和单位负责人等,这样,条文中的犯罪主体就明确了。

关于对这个罪的处理,第 22 稿只规定了刑罚,而没有提到按照税收法规补税和处以罚款的问题。实际上这种案件首先是经税务部门处理的。税务部门认为情节一般不构成犯罪的,就按照税务法规责令补税,必要时还可处以罚款;只有当情节严重(如屡教不改的、数额巨大的、手段恶劣的;等等)构成犯罪的,才把案件移送司法部门处理。人民法院在处理时,仍须按照税收法规责令补税和在必要时处以罚款,这部分是替税务部门来完成工作;除此之外,其余的处罚才属于刑罚的范畴。根据这种认识,第 22 稿在法定刑中规定处以罚金就不很确切,因为既然按照税收法规可处罚款,再处以刑事罚金就显得不必要,实践中也很少这样处理。故第 33 稿在法定刑中删去罚金,而代以没收财产。后来修订中认为,对这种罪处以没收财产,同样也是不必要的,故又予删去。

此外,第 33 稿原来还增设有一款,规定犯这个罪的首要分子或者情节特别严重的,要处以更重的法定刑。修订时根据这种案件的实际发生情况,认为增设的这一款必要性不大,故也予删去。

五、伪造国家货币或贩运伪造的国家货币罪(第 122 条)

关于妨害国家货币的犯罪问题,1951 年 4 月 19 日政务院公布的《妨害国家货币治罪暂行条例》作了详细的规定。这个条例列举的罪名(除以反革命为目的者外)有:伪造国家货币;变造国家货币;贩运、行使伪造、变造的国家货币;散布流言或者用其他方法破坏国家货币信用;误收伪造、变造的国家货币以后,察觉为伪造、变造而仍继续行使等。刑法起草工作中,根据这类案件发生的实际状况,以及对其行为危害性大小所作的衡量,对上述罪名作了慎重取舍,最后确定只写一条,包括伪造国家货币和贩运伪造的国家货币两个罪名。这就是刑法本条的由来。

伪造国家货币,是指仿照中国人民银行发行的人民币的图案、颜色、形状,用印刷、描绘、影印等方法制造假币冒充真币。伪造与变造不同。变造是指将真的人民币,用剪贴、挖补、拼凑等方法,制作出假的来。由于考虑到"变造"一般数量很小,危害不大,故刑法没有规定变造国家货币这个罪名。实践中遇有这种行为,应作为一般违法行为由有关部门予以处理。如果个别变造数量较大,情节恶劣的,可以适用第 79 条比照伪造国家货币罪定罪判刑。

贩运伪造的国家货币,是指将假人民币运至各地加以使用。至于这种假币是自己造的还是他人造的,不影响本罪的构成。贩运者对自己贩运的是假人民币这一点,主观上应当是明确的;如果不明真相,误把假币当真币来接受、携带、使用,不能以贩运伪造的国家货币罪论处。

伪造国家货币或者贩运伪造的国家货币的首要分子(即伪造、贩运集团的组织者、策划者、指挥者),以及伪造、贩运情节特别严重的(如数额巨大、后果严重等),应依本条第2款处以更重的法定刑。

六、伪造有价证券罪(第123条)

本条罪在刑法历次草稿中均有规定,只是例示的对象名目略有增删:第22稿例示的是"公债券、股票";第33稿例示的是"公债券、支票、股票";定稿时删去"公债券",保留"支票、股票"。因历次条文中都有"或者其他有价证券"字样,故改来改去,实质未变。另外,本条罪的法定刑在历次稿中有所调整,第33稿规定"处三年以上十年以下有期徒刑,可以并处罚金或者没收财产",定稿时改为"处七年以下有期徒刑,可以并处罚金"。

本条所说的"支票",系指企业、事业单位等活期存户向银行发出的提款通知单,通知银行从其存款账上支付一定的金额给指定人或持票人;"股票",是指证明投资入股的股份数、并有权取得股息的一种凭证;"其他有价证券",是指支票、股票以外的持有者有权取得一定收入的凭证,如国库券、公债券、公司债券、存款单等。支票、股票和其他有价证券,都代表着一定数额的现金。任何伪造这类有价证券的行为,都是对货币流通和现金管理的一种破坏,也是对国家财政金融制度的一种破坏,因此应当作为犯罪加以规定。

七、伪造车票、船票、邮票、税票、货票罪(第124条)

本条在第22稿分两条写:一条是"伪造或者变造船票、火车票或者其他交通客票";一条是"意图营利,伪造邮票或者印花税票"。第33稿将它们修改合并为一条。但第22稿和第33稿均未提"货票","货票"是在对第33稿修订过程中根据有的地区发生伪造发货票、提货票的案件而增加进去的。

车票、船票、邮票、税票、货票,都是包含一定财产价值的凭证,是为发展我国交通运输、邮政、财政税收等事业服务的,是为人民的生产和生活服务的。伪造这些票,无疑会给上述事业带来损失,给我国社会主义经济秩序造成危害。

条文规定这个罪的构成要"以营利为目的",这是为了区别于实践中遇到的有人贪图便宜伪造车票、船票自用的情况;对于后者,应根据不同情节,由有关部门给予行政处罚,不能按本罪处理。

条文未提到伪造飞机票,这是考虑到,至少在目前民航的规章制度下,这不是现实的问题。如果真的发生这种案件,可按类推的办法处理。

本条分两个罪刑单位,如果犯伪造车票、船票、邮票、税票、货票罪"情节严重的"(例如多次伪造、大量伪造等),则处以更重的法定刑。

八、破坏集体生产罪(第125条)

本条在第22稿中没有规定。在修改第22稿时,有的同志提出,有些人基于个人目的,残害耕畜,使其丧失耕作能力;或者在工业企业中毁坏机器设备,虽然从设备本身来说,损失的财产价值不大(如在机器的关键部位破坏了一个很小的零件),但却严重地破坏了生产。这种行为既不是反革命破坏(因为不具有反革命目的),又不是责任事故(因为主观上是故意的)或者侵犯财产方面的问题(因为从财产被毁坏的价值来说,损失不大),而是一种破坏生产的行为。这种行为在司法实践中也是处理的,建议可否规定上这样一条?经过讨论,认为增加这样一条对保护工农业生产有好处,而且也符合办案的实际情况,因此第33稿就增写了一条:"由于泄愤报复、自私自利或者其他个人目的,毁坏机器设备、残害耕畜或者以其他方法破坏生产的,处七年以下有期徒刑或者拘役;情节严重的,处七年以上有期徒刑。"以后修订时,删去了"自私自利"几个字,在"生产"前面增加"集体"二字,并把法定刑中的"七年以下"改为"二年以下","七年以上"改为"二年以上七年以下"。这就是《刑法》的第125条。由于这条已有保护耕畜的内容,故对第33稿原有的一条"违反保护耕畜规定,宰杀耕畜的"条文,根据大家意见,予以删去。私宰耕畜当然也是错误的、违法的,但如不是出于破坏生产的目的,不宜当作犯罪,可由有关部门予以适当处理。

破坏集体生产罪,客观上表现为对工农业集体生产进行破坏的行为。其破坏的方法可以多种多样,除了毁坏机器设备、残害耕畜外,还可以是切断电源,毁坏种子、秧苗,故意不按工艺规程生产(如该加温不加温、该冷却不冷却等)使产品报废,等等。这个罪与第156条故意毁坏公私财物罪的区别在于:前者的目的是破坏生产,而毁坏机器设备等只不过是为了达到破坏生产的目的所使用的方法;后者则不直接破坏生产,故意的内容是毁坏公私财物本身。

破坏集体生产罪在主观上必须是"由于泄愤报复或者其他个人目的",这是本罪重要的构成条件,也是与反革命破坏、与责任事故相区别的主要标志。

九、挪用救灾救济款物罪(第126条)

本条罪在第33稿以前的历次稿中均未规定,是根据70年代在某些地区(如河南)出现的情况新制定的。

国家拨放的救灾、抢险、防汛、优抚、救济款物,体现着党和国家对人民群众、特别是灾区人民的深情关怀;这些款物对于保障人民群众生命财产安全,安定人民群众正常生活,恢复生产,重建家园,起着重大的作用。为此必须专款专用,不允许在任何借口下予以挪用,否则便是对人民的犯罪。

构成本条罪的,首先要有挪用上述款物的行为。挪用就是移作他用,例如,用来盖楼堂馆所、用来作招待费,等等。挪用"情节严重"(例如,挪用的款物数额较大,将挪用的款物大肆挥霍浪费),致使国家和人民群众利益遭受重大损害的,就构成犯罪。虽有挪用行为,但数额较小,情节轻微的,可作为一般违法行为,由有关部门给予批评教育或必要的纪律处分。如果不是挪用,而是将款物转为己有,则应以贪污论罪。

本条罪的主体,一般说是国家工作人员,但也不排斥个别可能是生产队的干部等。条文特别指明应予追究的是"直接责任人员",这就是指掌管上述款物而实行挪用的工作人员以及指使、批准挪用的有关领导人员。从犯罪主体看,本罪一般也可以说是一种渎职罪,但由于它主要侵害的是国家财政经济管理制度,因而列入"破坏社会主义经济秩序罪"一章。

十、假冒商标罪(第127条)

1950年8月28日政务院批准公布的《商标注册暂行条例》第31条规定:"有下列行为之一时,依法惩处:一、伪造、仿造已注册的商标;二、未经注册的商标,冒称已经注册;三、用欺骗的方法取得商标的注册。"第22稿据此规定了一条假冒商标罪:"工商企业假冒其他企业已注册的商标的,对主管人员处拘役或者五百元以下罚金。"以后修改时曾一度考虑,我国的工商企业基本上都是社会主义的经济,假冒商标的情况估计问题不大,这一条可否删去。但经与工商行政部门联系后,了解到这些问题在实际中还存在,特别在对外贸易上,商标仍然是一个很重要的问题;同时,国家要求大力提高产品质量,恢复名牌产品,这就更不能忽视商标的作用。1963年4月10日国务院还公布了《商标管理条例》,加强了对商标的管理。根据这些情况,第33稿又恢复了这一条,并把法定刑调整为"处三年以下有期徒刑、拘役或者罚金"。对第33稿进行修订时,基本上维持了这条内容,仅有两处修改:一是在条文开头增加"违反商标管理法规"一句;二是把原文"主管人员"改为"直接责任人员"。这就是《刑法》的第127条。

本条所说的"商标",乃是商品的标记,也就是生产企业为了维护自己商品的信誉而使用的文字名称和图形。所说的"假冒",是指不顾其他企业的声誉和经济利益,伪造或者仿造其他企业已经注册的商标。假冒商标是一种弄虚作假、以邻为壑、损人利己的行为。这种行为直接破坏国家对商标的统一管理,破坏社会主义的竞争,造成社会经济秩序的混乱。因此只要达到一定的严重程度,就应认为是构成了本条的罪。另外,按本条罪受追究的是"直接责任人员",即积极参加假冒商标活动的设计制作人员或指使、批准假冒商标的有关领导人员(如厂长、经理等)。假冒的行为当然是出于故意的,如果不了解本企业使用的商标是其他企业已经注册的商标,就不能构成本罪。

十一、盗伐、滥伐森林或者其他林木罪(第128条)

1963年5月27日国务院发布的《森林保护条例》,把"滥伐、盗伐以及其他破坏林木的行为,使森林遭受损失的",列为违法行为的一种,并指出"情节严重,使森林遭受重大损失"的,"送交司法机关处理"。据此,第33稿拟定了一条盗伐、滥伐森林罪,内容是:"违反保护森林法规,盗伐、滥伐森林,情节严重的,处七年以下有期徒刑或者拘役;可以并处或者单处罚金。"第33稿的这一条,在1979年2月23日第五届全国人大常委会第六次会议原则通过的《中华人民共和国森林法(试行)》颁行以后,显得更有必要。因此修订时维持了这一条,仅有两处修改、补充:一是在"盗伐、滥伐森林"之后加上"或者其他林木",使之包括得更全面;二是把"七年以下有期徒刑"改为"三年以下有期徒刑",意思是处理要严格,但法定刑不必过重。这就是《刑法》的第128条。

本条的制定,是为了从刑法上保护森林资源不受破坏。条文所说的"森林"和"其他林木",在《中华人民共和国森林法(试行)》中均有明确的规定。森林根据其不同效益,分为防护林(包括水土保持林、水源涵养林、防风固沙林、农田牧场防护林、护岸林、国防林)、用材林、经济林、薪炭林、特种用途林(包括实验林、母树林、环境保护林、风景林、名胜古迹和革命圣地的林木、自然保护区的森林)五类。根据宪法关于现阶段生产资料所有制的规定,森林属于社会主义全民所有和社会主义劳动群众集体所有。其他林木是指机关、团体、部队、学校、厂矿、农场、牧场等单位,在当地人民政府指定的地方种植的林木(归本单位所有),以及人民公社社员在房前屋后和生产队指定的地方种植的树木(归社员个人所有)。国家、集体和个人的林木所有权均受法律保护,不准任意侵犯。无论是盗伐、滥伐森林,或者是盗伐、滥伐其他林木,均是违反森林法的行为,情节严重的,就是触犯刑法本条的犯罪行为。

盗伐,是指以营利或者非法占有为目的,秘密进行采伐。滥伐,是指不按国家下达的计划或订立的合同办事,任意在非指定的区域采伐,或者虽在指定的区域,但违反有关规定,乱砍滥伐。盗伐和滥伐都是破坏森林资源的行为,只要"情节严重",例如盗伐、滥伐数量较大,经常盗伐、滥伐屡教不改,为首组织或煽动盗伐、滥伐,以及不听劝阻、殴打护林人员、手段恶劣、影响很坏,等等,即构成犯罪。如果是偶尔盗伐、滥伐,情节轻微、危害不大的,则应依保护森林法规,分别情况,由有关部门给以适当的处理,不能依本条论罪。

十二、非法捕捞水产品罪(第129条)

本罪也是第22稿未曾规定而在以后的修改过程中增加的。有的同志提出,在有些地区,任意捕捞水产品以致破坏水产资源的情况相当严重,在刑法上应规定一条,禁止这种行为。经与有关业务部门联系后,增写了一条。第33稿这条的全文是:"违反保护水产资源规定,在禁渔区、禁渔期或者使用禁用的工具、方法捕捞水产品,情节严重的,处二年以下有期徒刑、拘役或者罚金。"这条写成之后的第16个年头,即1979年2月10日,国务院颁布了《水产资源繁殖保护条例》,其中提到:"对严重损害资源造成重大破坏的,或抗拒管理,行凶打人的,要追究刑事责任。"这就证明第33稿写的那一条是必要的。所以该条几乎没作修改(仅"规定"二字改为"法规"二字)就成为《刑法》第129条。

本条指出违反保护水产资源法规行为的两种基本形式:

(1)在禁渔区、禁渔期捕捞水产品。凡是对某些重要鱼、虾、贝类产卵场、越冬场和幼体索饵场,合理规定出一定区域、一定时间,禁止全部作业,或限制作业的种类和某些作业的渔具数量,这个一定区域就叫禁渔区,这个一定时间就叫禁渔期。不顾禁渔区、禁渔期而捕捞水产品,这无疑是对水产资源的一种破坏行为。

(2)使用禁用的工具、方法捕捞水产品。捕捞水产品,必须使用不危害资源的捕捉工具、捕捞方法。例如,各种主要渔具,按不同捕捞对象,分别规定其最小网眼(箔眼)尺寸。小于规定网眼尺寸的,就是危害资源的渔具,因而也就是禁用的渔具。又如,用炸药、毒药和通电的方法来捕鱼,会严重损害水产资源,因而这些方法就是禁用的方法。

具备以上两种基本形式之一的,便是非法捕捞水产品的行为。但是,条文规定,非法捕捞水产品,必须是"情节严重的",才构成犯罪。所谓"情节严重",通常是指非法捕捞数量较大的;多次非法捕捞,屡教不改的;为首组织非法捕捞的;以炸鱼、毒鱼、电鱼等禁用方法捕捞,使水产资源遭受重大损失的;以及抗拒管理,行凶打人,影响恶劣的;等等。如果是偶尔偷鱼、摸虾,情节轻微,危害不大的,应当依据保护水产资源法规,分别情况,由有关部门给以适当处理,不能依本条论罪。

十三、非法狩猎破坏野生动物资源罪(第130条)

1959年2月13日林业部《关于积极开展狩猎事业的指示》中指出:"稀有的珍贵鸟兽在我国历史文物中具有重要意义,因此必须加以保护。如熊猫、金丝猴、长臂猿、东北虎、梅花鹿等,可以活捉一部分供科学研究、文化交流或饲养;不可任意捕杀,防止绝种。"1962年9月14日国务院《关于积极保护和合理利用野生动物资源的指示》,根据当时在不少地区发生的对于野生动物不注意保护,甚至乱捕滥猎珍贵稀有动物的严重情况,明确规定:"对于珍贵、稀有或特产的鸟兽:大熊猫、东北虎、野象、野牛……孔雀、丹顶鹤、褐马鸡、犀鸟等,严禁猎捕,并在其主要栖息、繁殖地区,建立自然保护区,加以保护。如因特殊需要,一定要猎捕上述动物时,必须经过林业部批准。对于经济价值高,数量已经稀少或目前虽有一定数量,但为我国特产的鸟兽:紫貂、石貂、小熊猫、扫雪貂……白鹇、天鹅、鸳鸯、铜鸡等,禁止猎取或严格控制猎取量,每年猎取多少,必须经过省(区、市)主管部门批准。"依据上述规定精神,并考虑到有的科学研究部门提出的要求刑法设立保护珍禽珍兽条文的建议,第33稿增加了一条:"违反保护珍禽、珍兽规定,进行狩猎,情节严重的,处二年以下有期徒刑、拘役或者罚金。"对第33稿进行修订时,认为这条是很有必要的,但限于保护珍禽珍兽,面太窄了。鉴于国务院的上述指示还提到"目前野生动物资源贫乏和破坏比较严重的地区,应该像封山育林那样,建立禁猎区,停猎一个时期";"严禁在禁猎期狩猎";"禁止采用破坏野生动物资源和危害人畜安全的狩猎工具和方法";而且经过十年动乱,今天野生动物资源被破坏的情况,远比1962年那时严重,因此对第33稿的这条作了必要的补充。这就是《刑法》的第130条。

本条违反狩猎法规的行为,也同前条一样,包括两种基本形式:

(1)在禁猎区、禁猎期进行狩猎,破坏珍禽、珍兽或者其他野生动物资源。这里所说的"珍禽、珍兽",就是指国家分三类进行保护和管理的野生珍贵稀有动物:第一类包括金丝猴、大熊猫等38种和亚种,严禁猎捕,如因特殊需要,须经林业部批准;第二类包括白鹤、蜂猴等65种和亚种,禁止猎捕,如需猎捕,须经省、市、自治区林业部门批准,报林业部备案;第三类包括金鸡、穿山甲等47种和亚种,由省、市、自治区依据资源情况,确定禁猎或严格控制猎捕量。为了保护野生动物特别是野生珍贵稀有动物资源,各地根据实际情况,划出一定地区、规定出一定时间,禁止狩猎活动,这就是禁猎区和禁猎期。

(2)使用禁用的工具、方法进行狩猎,破坏珍禽、珍兽或者其他野生动物资源。这里所说的"禁用的工具",是指地弓、地枪、毒药、炸药、阎王碓、绝后窖、自动武器等;"禁用的方法",是指机动车追猎、夜间照明行猎、歼灭性围猎、火攻、烟熏、掏窝、挖洞、拣鸟蛋等。

非法狩猎破坏野生动物资源的行为,如果情节轻微、危害不大,应由有关部门分别不同情况给以适当处理。如果"情节严重",例如盗猎国家一类保护动物;盗猎3只以上国家二、三类保护动物;在禁猎区、禁猎期或使用禁用的工具、方法大量猎取其他野生动物,使野生动物资源遭受重大破坏以及多次非法狩猎,屡教不改;等等,则构成本条的犯罪,应追究刑事责任。

十四、其他一些罪名问题

在本章修订讨论过程中,有的同志主张增加一些罪名,如:明知是劣质品、废品而冒充合格产品出厂发售;以假冒真,以坏充好,以少充多,欺骗顾客;任意压低、抬高购销价格,破坏物价管理;巧立名目,铺张浪费,破坏财经制度;挪用专款专料搞非法工程(楼堂馆所);非法无偿占用土地或抗拒依法征用土地;等等。后来考虑到这些问题,情况和原因很复杂,加之我国经济管理体制正在调整改革之中,对这些经验不成熟、政纪法纪责任界限一时还难于划清的问题,不必匆匆忙忙地在刑法中加以规定。否则不仅执行起来有困难,弄不好还会给工作带来不应有的损失。因此,大家倾向于先由有关部门加以考虑,必要时制定单行条例之类的东西,待实行一个时期以后再来总结经验,那时认为需要补充到刑法中去的,再补充进去也不迟。基于此种考虑,所以刑法中没有规定这些罪名。

第四章

侵犯公民人身权利、民主权利罪

一、公民人身权利、民主权利不受非法侵犯(第131条)

本条在刑法历次稿中均未规定,是在对第33稿进行修订时新增加的。鉴于十年动乱期间,林彪、江青反革命集团实行封建法西斯专政,使广大干部和人民群众的人身权利、民主权利和其他权利横遭摧残,处于丝毫得不到保障的悲惨境地,因此明确写上这一条,宣布保护公民的人身权利、民主权利和其他权利,不受任何人、任何机关非法侵犯,对违法侵犯情节严重的直接责任人员予以刑事处分,这是非常必要的。

二、故意杀人罪(第132条)

故意杀人罪是重大刑事犯罪,历来是打击重点之一,故刑法历次稿均把它置于本章的首位。但第33稿对本罪只规定一个罪刑单位,即"故意杀人的,处死刑、无期徒刑或者十年以上有期徒刑"。

修订中考虑到故意杀人罪的情节也很复杂,有的虽是故意杀人,但情节较轻,例如:因受严重压迫或侮辱,激于义愤杀人;正当防卫超过必要限度杀人;应不治之症患者的要求,为免除其痛苦,用药促其死亡;等等。对这些情节较轻的故意杀人,起刑点一概定为10年,显然是过重的;即使可援用总则有关条文(第59条)予以减轻,但有个"十年"在管着,也不好距离过大。因此经过讨论,增加了后段,"情节较轻的,处三年以上十年以下有期徒刑"。这样,本条的适应性就大了。

三、过失杀人罪(第133条)

过失杀人罪,在第22稿和第33稿称过失致人死亡罪,含义是完全一样的。但第22稿只规定一个罪刑单位;第33稿增加了"情节恶劣的,处五年以上有期徒刑"一个罪刑单位,使本条的适应性更大一些。对第33稿修订时,参照第113条、第114条的写法,把"情节恶劣的"改为"情节特别恶劣的"。所谓"情节特别恶劣",是指从行为当时的具体情况看,这种行为特别令人气愤和不可容忍,或者危害后果特别严重(如造成多人死亡)等。

本条所说的"本法另有规定的,依照规定",是指第106条第2款、第110条第2

款、第 111 条第 2 款、第 113 条、第 114 条、第 115 条、第 126 条、第 164 条后段、第 179 条第 2 款、第 187 条等条款所包含的有关规定。

四、故意伤害罪(第 134 条)

第 22 稿打算把故意重伤罪和故意轻伤罪加以区别。一条写"故意伤害他人身体造成重伤的",意指故意重伤罪;另一条写"故意伤害他人身体造成轻伤的",意指故意轻伤罪。但这样写实际上并没有把两个罪分开,因为都是"故意伤害他人身体",只是造成的后果不同。修订时大家认为不能只依据后果来区别两个罪;同时,分成这两个罪,当主观上和客观上发生矛盾的时候,很不好办。例如一犯罪分子想重伤某人,结果却轻伤了他,到底按故意重伤未遂定罪,还是按故意轻伤定罪?又如一犯罪分子想轻伤某人,结果却重伤了他,到底按过失重伤定罪,还是按故意重伤定罪?可见这样分法容易引起麻烦。因此第 33 稿概括地定为一条"故意伤害罪",造成重伤、死亡结果的,在法定刑上分别予以加重,这样就好掌握了。故意伤害他人身体致人死亡即实践中所说的伤害致死的情况,在第 22 稿中没有规定。讨论中考虑到这是侵犯人身权利罪中一种比较常见的情况,既不同于故意杀人,又不同于过失杀人,而是居于二者之间的一种情况,因此在条文中予以补充。对第 33 稿的这一条修订时,只对第 2 款的法定刑稍作调整,这就是《刑法》的第 134 条。

本条所说的"伤害",是指给他人的身体健康造成器质性的或机能性的损害。伤害行为不同于一般的殴打行为,后者是使他人在肉体上感受疼痛,但并没有损害健康。对未引起伤害的殴打行为,刑法上没有规定为犯罪,这种行为至多可按《中华人民共和国治安管理处罚条例》加以处理。所谓"重伤",是指《刑法》第 85 条所列举的那几种伤害的情况。

本条所说的"本法另有规定的,依照规定",是指第 139 条第 3 款、第 143 条第 2 款、第 150 条第 2 款、第 182 条第 2 款等条款所包含的有关规定。

五、过失致人重伤罪(第 135 条)

本罪在第 22 稿中只有一个罪刑单位。第 33 稿另增加了"情节恶劣的"一个罪刑单位。对第 33 稿修订时,把"情节恶劣的"改为"情节特别恶劣的",并对法定刑稍加调整,即成为《刑法》的第 135 条。

本条的结果必须是重伤,如果是过失致人轻伤,可令赔偿经济损失,但不能作为犯罪追究刑事责任。

本条所说的"本法另有规定的,依照规定",是指第 106 条第 2 款、第 110 条第 2 款、第 111 条第 2 款、第 113 条、第 114 条、第 115 条、第 164 条后段、第 187 条等条款所包含的有关规定。

六、刑讯逼供罪(第 136 条)

本罪在第 22 稿和第 33 稿均放在"渎职罪"一章中,修订时考虑到它主要是侵犯公民的人身权利,因此移入本章。

第 22 稿规定本罪的主体是"有侦讯、审判职务的人员";第 33 稿改为"司法工作人员";修订时根据"文化大革命"期间所发生的情况,非司法工作人员搞刑讯逼供的也不少,故改为"国家工作人员"。但从今后可能发生的情况来估计,这里所说的"国家工作人员",主要还是指司法工作人员,因为条文说的是"对人犯实行刑讯逼供",有权审讯人犯的当然是司法工作人员(人犯就是被指控犯有罪行而受审讯的人)。

刑讯逼供就是对人犯采用肉刑或变相肉刑的手段逼取口供。这完全是封建的、法西斯的审讯方式。它曾经使我们党两度深受其害:一次是王明"左倾"机会主义路线统治时期,在苏区的肃反工作中,由于大搞逼供信,导致肃反扩大化,使一大批优秀的党员和干部受到错误的处理,有的甚至惨遭杀害;另一次是"文化大革命"十年浩劫期间,由于林彪、江青、康生、谢富治一伙大肆鼓吹"棍棒底下出材料",对被诬陷的干部和群众使用了名目繁多的种种骇人听闻的肉刑,从而制造了大量冤假错案,迫害致死了很多好同志,后果极为严重。

毛泽东同志、周恩来同志等老一辈无产阶级革命家,历来反对刑讯逼供。毛泽东同志早在 1940 年就在《论政策》一文中明确指出:"对任何犯人,应坚决废止肉刑,重证据而不轻信口供。"[①]1948 年《在晋绥干部会议上的讲话》中又指出:"在人民法庭和民主政府进行对于犯罪分子的审讯工作时,必须禁止使用肉刑。"[②]

新中国成立以后,在 1952 年论述"三反""五反"斗争时指出:"无论'三反''五反',均不得采用肉刑逼供方法。"[③]以后又多次提到,"要重证据,重调查研究,严禁逼供信",要废除一切法西斯式的审查方式。周恩来同志也讲过,"审判案件不能单凭口供,要有证据,有物证、人证、旁证,不能用逼供信的办法,也不能指供诱供,这样都会犯错误,冤枉人"[④]。他严厉批评刑讯逼供这种野蛮现象,指出"那是向来不允许的,不应该的……群众愤慨之下,来个拳打脚踢,那是可以解释的,但是在审判过程中单独用刑,屡教不改,就应该处分"[⑤]。他还在一个批示中进一步明确指示,以后"如有犯者,当依法惩治,更容许犯人控诉"。

解放区的一些法律性文件,明确规定禁止刑讯逼供。例如,1941 年《陕甘宁边

---

① 《毛泽东选集》横排本,第 725 页。
② 《毛泽东选集》横排本,第 1202 页。
③ 《毛泽东选集》(第 5 卷),人民出版社 1977 年版,第 56 页。
④ 转引自 1978 年 5 月 23 日《人民日报》。
⑤ 转引自《人民公安》1979 年第 3 期。

区施政纲领》曾提出:"改进司法制度,坚决废止肉刑,重证据不重口供。"1942年《陕甘宁边区保障人权财权条例》规定:"逮捕人犯不准施以侮辱、殴打及刑讯逼供、强迫自首,审判采证据主义,不重口供。"1948年《晋察冀边区行政委员会关于人民法庭工作的指示》指出:"人民法庭绝对不准刑讯。"

由此可见,严禁刑讯逼供,乃是我们党和国家的一贯政策,也是人民民主法制的优良传统。然而这个政策和传统,却被林彪、江青反革命集团糟蹋得不成样子。为了拨乱反正,有必要总结正反两方面的历史经验对这个问题加以强调。因此刑法规定这一条是具有重大意义的。

七、聚众"打砸抢"(第137条)

本条是总结了"文化大革命"期间林彪、江青反革命集团所煽起的聚众"打砸抢"这种动乱的教训新制定的。制定这一条的目的当然不是为了处理过去的问题,而是以过去为鉴戒,预防今后再发生这种罪恶的事情。条文明文宣告"严禁聚众'打砸抢'",正是这个意思。至于"文化大革命"期间发生的"打砸抢"问题,则要按照中央1978年8月发布的有关文件,慎重处理。该文件规定,清查和打击的"打砸抢"对象应当是:行凶杀人的刑事犯罪分子;搞阶级报复的地富反坏分子;搞挟嫌报复,后果严重,不处理不足以平民愤的分子;一贯搞"打砸抢",情节恶劣,屡教不改的分子。这里还要明确一点,即在"文化大革命"中参加武斗,在群众性的斗争现场,参与杀伤人,但不是首要分子、主谋分子的,不应列在"行凶杀人的刑事犯罪分子"之内。除上述四种人之外,对于绝大多数受蒙蔽参加过"打砸抢"的人,包括犯有严重错误的,都要本着惩前毖后,治病救人的方针,着重思想教育,不要追究个人责任。

刑法施行以后发生的聚众"打砸抢"的犯罪,则要按照刑法的条文来论罪。这种犯罪的特点:

(1)"聚众"进行,即参加"打砸抢"的不是一个人两个人,而是更多的人,其中有的是主犯,有的是从犯,也还可能有胁从犯。

(2)使用暴力,无论是打是砸是抢,在这里都是暴力行为。犯"打砸抢"之罪的,除了单独判处剥夺政治权利可以只援用本条文外,其余的都不能只援用本条,还要按照具体情况分别适用伤害罪、杀人罪、抢劫罪等有关条文论罪量刑。

八、诬告陷害罪(第138条)

本罪在第22稿和第33稿均放在"妨害管理秩序罪"一章中,修订时为了强调保护公民的人身权利、民主权利,将它移入本章。

第22稿的条文写法是:"意图使他人受刑事处分而诬告他人的,处五年以下有期徒刑;造成严重后果的,按照他所诬告的罪处罚。但是误告的,不适用本条的规定。意图使他人受刑事处分而伪造、变造证据或者使用伪造、变造证据的,按照诬告罪论处。"第33稿对此条作了几处重大的修改:一是取消"造成严重后果的,按照他所诬告的罪处罚"这个"诬告反坐"原则,而代之以明确的法定刑。当时讨论认为,"诬告反坐"这个原则不宜采用。因为诬告造成严重后果(冤狱)的,除诬告者负主要责任外,司法机关也有失察的责任。如果司法机关坚持深入细致的调查研究,坚持证据、口供都必须经过查对的原则,不偏听偏信,不先入为主、主观臆断,诬告的问题势必揭穿,怎么还能造成严重后果呢!"反坐"的原则不仅有时失之过重,同时易使人产生为司法机关的官僚主义推卸责任的印象。因此第33稿取消了"反坐"的规定。二是删去上述条文的第2款。理由是这一款的内容与后面的伪证罪基本上是重复的。此外,还对量刑幅度稍作调整,个别文字也有变动。修改以后的条文是:"意图陷害他人受刑事处分而诬告的,处三年以下有期徒刑;情节严重的,处三年以上十年以下有期徒刑。但是错告的,不适用本条的规定。"

经过十年动乱,人们对林彪、"四人帮"及其帮派体系那种罗织罪名、大肆施展构陷之术切齿痛恨,一致要求制定法律,严惩诬告。在这种伸张正义的强烈呼声下,感到第33稿这条条文有些平淡,又作了重大的修改。修改的精神是加强条文的政治性和处罚的严峻性,并对国家工作人员犯诬陷罪的从严掌握。修订以后的条文,就是《刑法》第138条。对是否采用"诬告反坐"的原则,修订中仍然是有争论的,争论的结果是采用"参照所诬陷的罪行的性质、情节、后果和量刑标准给予刑事处分"这种比较灵活的写法。既然是"参照"而不是"按照",人民法院在裁量上就有斟酌的余地:如果该法定刑合适,就在该法定刑幅度内裁量;如果认为该法定刑过重,也可以低于该法定刑来判处刑罚。这样,对于司法实践中处理各种各样的诬陷罪还是可以适应的。不过这样写终究还带有"诬告反坐"的意味,不如直接规定法定刑为宜。

关于诬告陷害(简称诬陷)的概念,条文未作规定。学理上认为,诬告陷害就是意图使他人受刑事处分,捏造犯罪事实,作虚假告发的行为。这几个要件缺一不可。如果捏造的不是犯罪的事实,可能属于诽谤行为,但不可能构成诬陷罪。如果没有向有关机关或负责人员作虚假告发(不管这种告发是口头的还是书面的,署名的还是匿名的、化名的,直接的还是暗中栽赃形式的),也不能构成诬陷罪。如果谎报某种犯罪事实是为了掩人耳目(例如为了掩盖自己的贪污行为,谎报自己经管的钱被盗),或者出于个人目的,制造案件又自己来"破"(例如为了邀功请赏,自己书写反革命标语,又谎报自己"发现"了反革命标语),只要这种行为不具有陷害他人使之受刑事处分的意图,就不能构成诬陷罪(可按具体情况,作其他处理)。

诬告与错告要严加区别。前者是蓄意陷害,后者是出于公心;前者是故意捏造犯罪事实,后者则是由于对情况了解不全面、不确实而发生误会。对错告不能追究刑事责任,否则将堵塞言路,不利于发动群众揭发犯罪,而且将造成新的冤狱。因此,刑法本条专设第2款阐明这个界限,无疑是必要的。

九、强奸罪(第139条)

在第22稿中,强奸妇女、轮奸妇女和奸淫幼女是分成3条来写的,法定刑起点比较高(最低刑为5年、7年有期徒刑),而且每条都规定有死刑。这个写法显然是有缺点的。因此第33稿合并为一条,并对加重情节和法定刑作了一些调整。第33稿的这一条,就是《刑法》第139条的基础,仅有两处改动:一是在"强奸妇女"之前增加"以暴力、胁迫或者其他手段"几个字。二是把"奸淫不满十四岁幼女的,以强奸论,可以从重处罚"由第1款后段的位置移为第2款,并删去"可以"二字;相应的将原第2款、第3款挪成第3款、第4款,"犯前款罪"改为"犯前两款罪"。

强奸罪是严重侵犯妇女人身权利、摧残妇女身心健康的刑事犯罪,历来也是打击的重点之一。这种犯罪的基本特征是使用暴力、胁迫或者其他手段(如用酒灌醉,用药物麻醉,以及利用妇女患病、昏睡等不能抗拒的状态),违背妇女意志而强行奸淫。如果不是违背妇女意志,而是男女双方自愿发生的不正当两性关系,就不能以强奸论处。

奸淫幼女是一种特殊恶劣形式的强奸罪。对幼女必须给以特殊保护。因此,只要与不满14岁的幼女发生性行为,不论采用什么手段,也不论幼女"同意"与否,都应以强奸论处,并且从重处罚。

本条第3款所说"情节特别严重",一般是指多次犯强奸罪或强奸多人的;手段特别卑鄙、残酷的;强奸病妇或孕妇的;以及利用从属关系或教养关系强奸的;等等。"致人重伤、死亡",是指因强奸导致被害妇女或幼女性器官严重损伤,精神失常或其他重大伤害;造成严重伤害后经治疗无效死亡以及使被害妇女或幼女自杀等。如果强奸又杀人的,应按强奸罪和故意杀人罪合并处罚。

本条第四款规定:轮奸的,从重处罚。这就是说,如果是一般的轮奸,就按照本条第1款的法定刑从重处罚,如果是情节特别严重的或者致人重伤、死亡的轮奸,就按照本条第3款的法定刑从重处罚。

十、强迫妇女卖淫罪(第140条)

本罪在第22稿和第33稿均有规定。第22稿规定"处五年以上有期徒刑",第33稿改为"处三年以上十年以下有期徒刑",定稿保持第33稿的规定,只字未改。

强迫妇女卖淫罪,是指意图获取不法利益,以暴力、胁迫等手段,违反妇女意志,逼使妇女与别人发生不正当的性关系的行为。这种行为严重侵犯妇女身心健康,也是对妇女的一种卑鄙无耻的剥削,因此应当予以打击。

犯这种罪的都是些品质恶劣的人,既可以是被害者的亲属,也可以是其他人。其犯罪动机是为了获取不法利益,既可以是取得钱财,也可以是谋取其他不法利益,如实现个人向上爬的欲望等。

十一、拐卖人口罪(第141条)

第22稿规定本罪"处七年以上有期徒刑",有的省、市政法机关认为这个起刑点太高,故第33稿改为"处五年以上有期徒刑"。对第33稿修订时,根据前些年发生的实际情况,认为量刑上还有进一步区别对待的必要,于是又把法定刑分为两段:一般的"处五年以下有期徒刑";情节严重的,处五年以上有期徒刑。所谓"情节严重",是指拐卖的人数较多,非法所得数额巨大,以及因拐卖引起严重后果,等等。

拐卖人口罪,是指以营利为目的,拐骗、贩卖人口的行为。条文中所说的"人口",未限定是妇女、男子或儿童,但实践中发生的案件,主要是拐卖妇女、儿童,其他则属罕见。

构成拐卖人口罪,必须要有拐卖的行为。这就是说,先是对被害人进行蒙骗、诱惑甚至威逼,然后将其当做"商品"卖予他人。这是严重侵害公民人身自由权利的行为,从根本上说是违反被害人的意志和利益的。因此,如果是介绍男女双方自愿结合,虽然以后从对方得到一定酬谢,也不能以拐卖人口论罪。

拐卖人口罪与《刑法》第184条的拐骗人口罪是有区别的:后者是拐骗不满14岁的儿童脱离家庭或者监护人,而未加贩卖的行为。拐卖人口与买卖婚姻更不可混为一谈。父母基于封建意识,借嫁女索取大量彩礼,搞买卖婚姻,是属于人民内部的错误问题,也是一种干涉婚姻自由的行为,应当批评教育,或者令其退回彩礼,但决不能以拐卖人口论罪。

十二、破坏选举罪(第142条)

本罪在第22稿和第33稿均置于"妨害管理秩序罪"一章,修订时因把"侵犯人身权利罪"一章增订为"侵犯公民人身权利、民主权利罪",故把这个罪也移入本章。

第22稿和第33稿基本上仿效1953年《中华人民共和国全国人民代表大会及地方各级人民代表大会选举法》第62条、第63条的成例,写成两条:一条是"违反选举法的规定,以暴力、威胁、欺骗、贿赂或者其他方法,破坏选举或者妨害选民自由行使选举权和被选举权的";另一条是"虚报选举票数或者以其他方法使投票发生不正确结果的"。修订中考虑到后面这种在选举中进行舞弊的行为,实际上也是一种以欺骗方法破坏选举的行为,可以包括在前条之中,因此就删去了后条,而保留前条,在将其文字稍加修订之后,即成了《刑法》的第142条。本条与1979年《中华人民共和国全国人民代表大会和地方各级人民代表大会选举法》第43条是互相呼应的,后者也讲到依法给予刑事处分的问题,但没有具体法定刑,这就意味着:破坏选举构成犯罪的，应依刑法本条定罪量刑。

破坏选举罪，在实践中很少发生。但是，选举是我国人民政治生活中的大事，是国家民主制度健全与否的重要标志，也是公民表达自己意志、实现自己基本政治权利的有效方式，因此，在刑法上规定这一条，用以保障选举法的顺利贯彻实施，保卫公民庄严的民主权利，乃是完全必要的。

选举有各种各样：有全国和地方各级人民代表的选举，有党派内部的选举，有人民团体内部的选举，有企业、事业单位各级领导人员的选举，等等。条文中载明"违反选举法的规定"字样，说明这里的选举是指各级人民代表的选举。

十三、非法拘禁罪（第143条）

本罪在第22稿和第33稿的罪状写法是"私行拘禁他人，或者以其他方法私行剥夺他人行动自由的"。修订中总结了十年动乱期间发生的严重情况，并考虑到这种罪既可能是非国家工作人员犯的，也可能是国家工作人员滥用职权犯的，因此改成这样的写法："严禁非法拘禁他人，或者以其他方法非法剥夺他人人身自由。违者处……"以示强调和严肃斗争之意。

本条所说的"非法拘禁他人"，是指未经公、检、法机关依法决定或批准，擅自把公民拘留监禁起来；也包括违反《刑事诉讼法》第51条的规定，对于被逮捕的人，在发现不应当逮捕的时候，借故不予释放的情况。"以其他方法非法剥夺他人人身自由"，是指对公民进行绑架，办所谓封闭式的"学习班"，以及所谓"隔离审查"、"监护审查"，等等。"具有殴打、侮辱情节"，是指在非法剥夺他人人身自由过程中，还对被害人施以拳打脚踢，戴高帽或挂牌游斗，以及用言语或举动贬损其人格，等等。具有这种恶劣情节的，应当从重处罚。由于非法拘禁罪总是伴随着暴力或侮辱，因此就有引起被害人重伤、死亡（包括自杀）的危险。如果发生这种后果，就要依照本条第2款处以更重的法定刑。

十四、非法管制他人，非法搜查他人身体、住宅，非法侵入他人住宅罪（第144条）

本条实际上包括3种罪，即：非法管制罪、非法搜查罪和非法侵入住宅罪。第22稿和第33稿只规定非法搜索罪。从十年动乱期间发生的实际情况来看，仅用"非法搜索他人身体、住宅"来概括，显然是不够的，因此修订时又补充了"非法管制他人"和"非法侵入他人住宅"两种罪，并将"搜索"改为"搜查"，以便与刑事诉讼法、逮捕拘留条例上的用语对口。这样，由于有了本条和上一条，加上第141条，就使我国《宪法》规定的"公民的人身自由和住宅不受侵犯"的原则在刑法上得到了全面的贯彻和保护。

非法管制，是指违反我国刑法关于"管制由人民法院判决，由公安机关执行"

的规定，擅自决定管制他人，限制他人的行动自由。非法管制与非法拘禁的区别就在于：后者是剥夺他人的人身自由，使其丧失自由行动的可能；而前者则是限制其行动自由，例如，不准其参加会议，不准其离乡外出，强令其定期汇报自己的思想和活动情况等。

非法搜查，是指根本无权搜查的人，目无法纪，妄自进行搜查；或者滥用职权，不经合法批准，擅自进行搜查。条文规定的是非法搜查他人身体、住宅。第22稿在"身体、住宅"之后还曾提到"船只、车辆"，修改中鉴于宪法只提公民的人身自由和住宅不受侵犯，未提船只、车辆问题，为了与宪法对口，故将"船只、车辆"字样予以删除。但实际上，有的船民以船为家，甚至全家都在船上，非法搜查这样的船只，无异就是非法搜查住宅；另外，非法搜查船只、车辆，往往同时发生对船上、车上人员进行人身搜查。在这种情况下，仍然构成本条规定的非法搜查罪。退而言之，如果非法搜查船只、车辆，确实没有发生对公民人身权利、居住权利的侵犯，则可根据具体情况作其他处理，例如：符合流氓罪或冒充国家工作人员招摇撞骗罪要件的，即可分别按第160条或第166条处理。

非法侵入他人住宅是指未经主人允许，也没有正当理由，擅自闯入他人住宅，或者主人要求其退出而仍不退出。这个罪在主观上是故意的。如果因眩晕、视力模糊、天黑迷路或注意力不集中等原因误入他人住宅的，当然不能按这个罪处理。非法侵入住宅如果是与盗窃、抢劫、流氓、强奸、杀人等犯罪结合在一起，那是牵连犯罪的问题，应按重的罪论处，不必数罪并罚。

十五、侮辱、诽谤罪（第145条）

这条罪在第22稿和第33稿均未规定。鉴于林彪、江青反革命集团横行时期，造谣诽谤、侮辱人格现象层出不穷，使广大干部和群众连做人的最起码的尊严都得不到保护，因此，人们普遍要求制定法律，惩治那些侮辱人、诽谤人的无耻之徒。随着民主生活的健全，这种呼声越来越高，要求越来越迫切。本条就是在这种背景下应运而生的。当然，制定这条时也考虑到，我国地大人多，经济文化落后，文明程度不高，侮辱诽谤不分情节，一概当作犯罪处理，事实上是办不到的，这样做也是无益的。因此，条文限定只有"情节严重的"才构成犯罪；而且对侮辱、诽谤罪，除其严重危害社会秩序和国家利益的（例如，因侮辱、诽谤引起严重后果的）以外，规定"告诉的才处理"。

侮辱，就是用暴力或者口头、书面的方式，公然污蔑、羞辱他人，破坏他人名誉、人格。例如，当众扒光被害人衣服、强令被害人爬过自己的胯下、往被害人身上泼粪便、对被害人进行不堪入耳的辱骂、绘制有损被害人人格的图画，等等。所谓"公然"，是指有第三者或众人在场，或者是在别人看得到听得到的地点进行。侮辱是针对特定人的，如果在公共场所无具体对象的谩骂，可以看做是一种流氓行为，但不构成侮辱罪。

诽谤是无中生有地捏造并散布某种足以损害他人名誉、人格的"事实"。诽谤不同于一般口头或书面的侮辱,它以虚构"事实"来"证明"被害人道德低下,品质恶劣,因而易使不明真相的人受骗上当,错误地去鄙视或憎恨被害人。正是在这个意义上,诽谤比一般口头或书面的侮辱,具有更大的危险性。侮辱可以用暴力实施,诽谤则只能以言论实施。这些就是侮辱和诽谤的不同之处。1849年2月7日马克思在《新莱茵报》审判案的庭审发言中,曾根据《法兰西刑法典》,对侮辱和诽谤的区别作了精辟的论述。他说:"诽谤指的是什么呢?指的是把某些事实归罪于某人的詈骂。侮辱指的是什么呢?指的是谴责某种缺陷和一般的侮辱性言词。如果我说:'你偷了一个银匙子',按照刑法典的理解,我就是对你进行了诽谤。如果我说:'你是一个小偷,你有偷窃的习惯',那我就是侮辱了你。"①这段论述对于我们区分侮辱与诽谤,是有指导意义的。

侮辱和诽谤在主观上是恶意的。如果误信他人的诽谤言论而加以传播,传播人并无诽谤他人的故意,不构成诽谤罪。侮辱、诽谤与善意的批评和反批评更不可混为一谈。正如彭真同志所指出的:国家既不允许以刑法关于侮辱、诽谤罪的规定为借口压制批评、压制民主,也不允许以民主为借口对他人进行侮辱诽谤。"我们必须继续坚持不抓辫子、不扣帽子、不打棍子的'三不主义',保护工作中的批评和反批评,讨论问题时不同意见的相互反驳,以及对领导、对工作提出的批评建议的权利,这些必须同诽谤、侮辱严格加以区别。"②

十六、报复陷害罪(第146条)

本罪在第22稿中未曾规定,是以后修订时增加的。之所以增加这条罪,主要基于两方面的考虑:

(1)新中国成立以来的法律法令中关于同报复陷害行为作斗争的问题屡有规定,这些规定反映了我国人民民主的本质。例如,1951年6月7日政务院《关于处理人民来信和接见人民工作的决定》中规定:"凡属控告机关或工作人员的事件,应交人民监察机关处理。严禁被控机关或人员采取报复行为;如有报复者,应予以处分,情节严重者并应送司法机关依法惩处。"1952年4月21日中央人民政府公布施行的《中华人民共和国惩治贪污条例》第14条第2款规定:"凡对检举人施行打击、报复者,应依其情节轻重,予以刑事处分或行政处分。"1953年3月1日中央人民政府公布施行的《中华人民共和国全国人民代表大会及地方各级人民代表大会

---

① 《马克思恩格斯全集》(第6卷),人民出版社1961年版,第271页。
② 彭真:《关于七个法律草案的说明》,载《中华人民共和国第五届全国人民代表大会第二次会议文件》,人民出版社1979年版,第112页。

选举法》第 64 条规定："对于选举中的违法行为,任何人均有向选举委员会或人民政府司法机关检举、控告之权;任何机关或个人均不得有压制、报复行为,违者应由人民法院或人民法庭给以三年以下之刑事处分。"1954 年 12 月 20 日公布施行的《中华人民共和国逮捕拘留条例》第 12 条规定："人民检察院对违法逮捕、拘留公民的负责人员,应当查究;如果这种违法行为是出于陷害、报复、贪赃或者其他个人目的,应当追究刑事责任。"1957 年 8 月 30 日监察部发布的《关于国家监察机关处理公民控诉工作的暂行办法》也规定："各级监察机关对于控诉人,应该坚决予以保护。如果有人不尊重控诉人的权利、压制批评、打击报复或者陷害,应该追究责任,根据情节的轻重,予以批评教育或者适当的行政纪律处分,情节特别严重的,应该建议司法机关依法惩处。"刑法是同犯罪行为作斗争的基本法律,更不能忽视这个问题。

(2) 从实际情况来看,在一些地区、一些部门,对控告人、批评人实行报复陷害的违法乱纪事件时有发生,不仅对被陷害人造成身体上、精神上和物质上的严重损失,而且给党和国家造成极坏的政治影响。法律对这种胡作非为不能置之不理。

根据上述理由,第 33 稿写了一条："国家工作人员利用职权、假公济私,对控告人、批评人实行报复陷害的,处七年以下有期徒刑;情节严重的,处七年以上有期徒刑。"这条条文被置于"渎职罪"一章中。

由于 1978 年《宪法》第 55 条规定："公民对于任何违法失职的国家机关和企业、事业单位的工作人员,有权向各级国家机关提出控告。公民在权利受到侵害的时候,有权向各级国家机关提出申诉。对这种控告和申诉,任何人不得压制和打击报复。"第 33 稿拟订的上述条文,获得了崭新的立法基础,其必要性无疑是更加提高了。宪法的这一条是放在"公民的基本权利和义务"一章中规定的,由此可见,报复陷害罪主要是侵犯公民的人身权利和民主权利。因此,修订时把它从"渎职罪"一章移入本章。同时,修订过程中还对条文作了适当的补充(在"控告人"之后加"申诉人")和修改("利用职权"改为"滥用职权",法定刑有所降低)。这就成了《刑法》的第 146 条。

本条罪的客观表现是要有报复陷害的行为,而这种行为是与国家工作人员滥用自己的职权有关的。例如,滥用自己掌管人事、财务或保卫的职权,非法对被害人进行刁难迫害;非法克扣其工资、工分或口粮;以及暗中篡改其人事档案进行政治陷害;等等。主观方面只能出于故意。如果并无报复陷害他人之意,仅仅由于思想方法主观片面、工作作风简单粗暴而给某人造成一定损害的,不能构成本罪。另外,本罪与诬告陷害罪在陷害人这点上有共同之处,但二者要加以区别。如果国家工作人员是捏造犯罪事实向有关机关或负责人作虚假告发,不论是否与滥用自己的职权有关,都应以第 138 条的诬告陷害罪从重处罚,不再按本条治罪。

十七、非法剥夺宗教信仰自由、侵犯少数民族风俗习惯罪(第147条)

这个条文在以前历次草稿中都没有规定,是最后一次稿子(第38稿)新加的。为什么增设这一条?主要考虑到我国是一个统一的多民族的国家,同时在国内还存在着不同的宗教信仰。我国《宪法》明文规定,"公民有信仰宗教的自由",各民族"都有保持或者改革自己的风俗习惯的自由"。为了贯彻落实宪法的这些规定,刑法上应当设有相应的条文。另外,有的宗教界和少数民族代表,也强烈呼吁刑法上要有这方面的规定。例如,在1979年6月全国政协常委讨论刑法草案时,有的委员就提出意见:"条文(按:指《刑法》第165条)中规定神汉、巫婆借迷信进行诈骗财物活动的,处二年以下有期徒刑。可是对正当的宗教活动的保护无条文规定。这样有人就可能把正当的宗教活动视为迷信活动。"他担心这个问题。有的委员主张增加一条条文:"凡是故意破坏宗教信仰自由政策、破坏宗教徒正常宗教活动及进行这种活动的教堂寺庙等宗教场所者,处二年以下有期徒刑、拘役或者管制。"认为这样既可防止有人利用《刑法》第165条打击正常的宗教活动,又可保证公民的信仰自由权利。还有的委员主张,"保护少数民族的风俗习惯问题,在刑法上应有体现"。考虑到这些意见都很有道理,所以采纳了。最后就定出了第147条。的确,实践中发生过一些恶劣的情况:1978年《宪法》公布后,1979年某省某地区就有人不顾回民的风俗习惯,把新埋葬的死人硬挖出来火化。"文化大革命"初期,某省有的汉民戴上白帽,冒充回民去拆清真寺,表示"造反"行动!还有一些人肆意侵犯少数民族的风俗习惯,如把藏族的民族服装当作黑衣黑饰来批;哈达本来是象征高尚纯洁,表达敬意的,却硬说白色是不革命的,强制予以取消。

林彪、"四人帮"一伙对于宗教信仰自由政策和民族政策的破坏,是极其严重的。他们肆意践踏马列主义、毛泽东思想关于宗教问题的理论,破坏党和国家有关宗教的政策法律,取消宗教工作,竟然宣称宗教"已经不存在","宗教已经进了历史博物馆了"。他们粗暴地干涉群众的宗教信仰,封闭和拆毁寺庙教堂,强行禁止信教群众正常的宗教活动,企图用行政命令的手段"消灭"宗教。他们甚至把少数民族的某些风俗习惯,一律视为宗教迷信,强行禁止,破坏民族团结。这种倒行逆施,给各族人民和广大信教群众带来了严重的灾难。

毛泽东同志说:"国家的统一,人民的团结,国内各民族的团结,这是我们的事业必定要胜利的基本保证。"①周恩来同志指出:"我们的宗教信仰是自由的。……不信仰宗教的人应当尊重信仰宗教的人,信仰宗教的人也应当尊重不信仰宗教的人。""民族的风俗习惯比宗教信仰还要广泛……风俗习惯也同样应该受到尊重。如果不尊重,就很容易刺激感情。""风俗习惯的改革,要依靠民族经济基础本身的

---

① 《毛泽东选集》(第5卷),人民出版社1977年版,第363页。

发展,不要乱改。"①

由此可见,为了保障党的宗教政策、民族政策和宪法原则的贯彻实施,在刑法上规定一条非法剥夺宗教信仰自由、侵犯少数民族风俗习惯罪,是具有重大意义的。

条文规定,构成本条之罪的主体是国家工作人员,其罪名包括两项:

(1) 非法剥夺公民正当的宗教信仰自由。例如,用暴力、威胁手段,禁止信教群众参加正常的宗教仪式;破坏正常的宗教活动场所和必要的设备;因信教而对教徒实行打击、迫害;等等。

(2) 侵犯少数民族风俗习惯。例如,强迫少数民族的人改变自己民族的风俗习惯(如强迫回民用火葬、吃猪肉等),非法干涉少数民族的人根据自己民族的风俗习惯举行正当活动,等等。条文指出,只有当上述行为"情节严重的",才构成犯罪。所谓"情节严重",是指手段恶劣、后果严重、影响很坏等而言。如果情节不严重,应属教育改正或作其他处理的问题,不能按本条治罪。

十八、伪证罪(第148条)

本罪在第22稿和第33稿均放在"妨害管理秩序罪"一章中规定,修订时主要着眼于它侵犯公民权利的一面,故同诬告陷害罪一起移入本章。

第22稿规定本罪的罪状时,只说"在侦查、审判中,证人、鉴定人、翻译人对(与)案件有重要关系的情节,故意作虚伪证明、鉴定、翻译的",而未涉及犯罪的动机、目的问题。第33稿考虑到这点,为了解除和减少证人、鉴定人、翻译人在日常诉讼过程中很容易产生的不必要的顾虑,在条文中特别增加"意图陷害他人或者包庇犯罪分子"几个字,这样就把这个罪的动机、目的明确表达出来了,这比"故意作虚伪证明、鉴定、翻译"的规定无疑是更清楚了。这样表达,就可以进一步地排除把由于粗心大意或业务能力的限制而造成的错误判断和犯伪证罪相混淆的情况。对第33稿修订时,基本上保留了这个精神,但有三处修订:一是在"证人"、"鉴定人"、"翻译人"之外,增加"记录人",因为他们都是同司法机关收集证据直接有关的人,记录人故意作虚假记录,同样也是危险的。二是为了避免与第162条混淆,将"包庇犯罪分子"改为"隐匿罪证"。三是将法定刑作了一些调整,分成两个罪刑单位来写。这就是《刑法》的第148条。

本条所说的"作虚假的证明、鉴定、记录、翻译",包括两种情况:一种是无中生有,捏造事实;另一种是掩盖事实真相,应提供事实而不提供。其犯罪意图或是为了陷害他人(入人罪),或是为了隐匿罪证(出人罪)。所谓"与案件有重要关系的情节",是指对案件的处理有重大影响的情节,也就是对于决定是否构成犯罪、犯什

---

① 周恩来:《关于我国民族政策的几个问题》,载《红旗》杂志1980年第1期。

么罪以及量刑轻重有直接关系的情节。如果所伪证的事实情节无关紧要,对案件的处理影响不大,可给以批评教育或作其他适当处理,不能以伪证罪论处。

十九、侵犯公民通信自由罪(第149条)

本条在第22稿中是这样写的:"隐藏、毁弃或者非法开拆他人信件的,处拘役。但是侦查机关、审判机关对于反革命分子和反革命嫌疑分子信件的检查除外。"修改中关于是否保留"但书",曾有不同的意见。有的同志认为,宪法规定公民有通信自由,如刑法不规定对反革命嫌疑分子信件的检查,检查就没有法律根据。但多数同志认为,对犯罪嫌疑分子的信件进行检查,属于侦查手段问题,需要规定的话也应由刑事诉讼法来规定(按:《刑事诉讼法》第86条已加以规定),不宜在刑法中规定。至于被逮捕、拘留人犯的信件,执行逮捕、拘留的机关认为有扣押必要的时候,可以通知邮电机关加以扣押。这在《中华人民共和国逮捕拘留条例》中已有明文规定,刑法上不必再作重复规定。此外,在本条规定这个"但书"从逻辑上说也不太好,因为前面说的是"非法开拆"的问题,后面则是"合法检查"的问题,不宜把"合法检查"从"非法开拆"中除外。因此讨论结果是,把"但书"删去。另外还把"隐藏"改为"隐匿"。这就成了第33稿的相应条文。对第33稿修订时,这条有两处修订:

(1)补充"侵犯公民通信自由权利,情节严重的"字样,以缩小打击面。

(2)把法定刑提高为"处一年以下有期徒刑或者拘役"。

本条罪是由故意构成的。如果因粗心大意遗失、积压、毁弃他人信件,或者误把他人信件当做自己信件开拆的,不构成本罪。

本罪的主体是非邮电工作人员。邮电工作人员私自开拆或者隐匿、毁弃他人信件的,应依《刑法》第191条处理。

条文规定"情节严重的"才构成犯罪。所谓"情节严重的",是指多次或者大量隐匿、毁弃、非法开拆他人信件;以及因隐匿、毁弃、非法开拆他人信件而引起严重后果等情况。

二十、其他一些罪名问题

第33稿在本章还规定有几个罪,修订时予以删去:

(1)"对于不满十四岁的男、女实行猥亵的"。大家认为,对猥亵行为的处罚,1957年《中华人民共和国治安管理处罚条例》第10条已有规定,可按该条例办;如果个别情节十分严重,可按《刑法》第160条流氓罪追究刑事责任。

(2)"有花柳病的人,故意隐瞒而同他人结婚,致使他人受传染的"。大家认为,解放已30年,旧社会遗留下来的像花柳病这一些污毒,已经绝迹,本条实际意义不大,故予删去。也有主张把"花柳病"改为"恶性传染病"(包括麻风病在内),

考虑到这样处罚面太宽,对私生活干涉过多,而且把患有恶性传染病的人弄去劳改,实际执行起来也很困难,故未予采纳。

(3)"船长在航行中,对于在海上或者其他水域中遭遇生命危险的人,可能援救而不援救的"。这条原是参考个别国家的立法例拟订的。1910年9月23日在布鲁塞尔召开的第三次海洋法外交会议上签订并于1913年3月1日起生效的《救助公约》第11条规定:"对于在海上遭遇生命危险的人,即使是敌人,只要对其船舶、船员和旅客不致造成严重危险,每个船长均须施救。"以后,有的参加本公约的国家即在刑法典上相应规定船长应负的刑事责任。我们在修订中认为,上述条文主要是人道主义性质的,按照我们的实际情况,在刑法上可以不加规定。因此对原拟订的该条文予以删除。

(4)"医务人员由于严重不负责任,违反规章制度因而发生重大事故,致人重伤、死亡的或者明知对于病人不给治疗就会发生危险结果,没有正当理由而拒绝治疗,致人死亡的"。这条就是实践中所说的医疗责任事故问题。在1951年至1952年期间卫生部公布的《医院诊所管理暂行条例》第25条、《医师暂行条例》第27条、《医士、药剂士、助产士、护士、牙科技士暂行条例》第21条、《牙医师暂行条例》第22条、《药师暂行条例》第25条,均有关于违反各该条例及犯有业务过失,"情节严重者,应受法律处分"的规定。各地司法机关对个别重大医疗责任事故,实际上也有追究刑事责任的。但是,根据近几年实践情况来看,这方面的问题比较复杂,往往与医院行政管理和技术管理上存在的混乱现象有关;有的医疗事故,既有医务人员主观上失误的一面,又有技术条件、药物过敏等原因,事故的性质界限,一时很难弄清。在这种情况下,处理问题需要慎重考虑。处理过严,打击面过大,不仅无助于问题的解决,而且会挫伤广大医务人员的积极性,使其缩手缩脚,反而对工作不利。因此,从多方面衡量利弊,这条以暂时不定为好。当然,删去这一条不等于说今后一切医疗责任事故都不能处理了。如果个别医务人员确实由于极端不负责任而发生重大事故,情节特别恶劣、后果特别严重的,仍可按《刑法》第187条玩忽职守罪予以处理。这样做是合情合理合法的。

除了删去第33稿的上述四条外,也有同志主张在本章增加溺婴、诱奸、鸡奸等罪名。主张增加溺婴罪的理由是:宪法明文规定儿童受国家的保护,溺婴是消灭新生婴儿的生命,故应规定为犯罪,如不规定,审判中就有可能按杀人罪论处,刑罚就太重了。讨论中大家认为,在我国当前情况下,溺婴有其经济原因和社会原因,尚不宜以犯罪论处,可以暂不规定。父母溺婴,实践中还没有发现当故意杀人罪处理的。至于第三者出于报复或嫉妒等动机杀害他人婴儿的,当然是一种故意杀人行为,自不待言。主张增加诱奸罪的理由是:利用职权或者监护、教养关系,以诱骗手段奸淫妇女的,既不是一般通奸行为,也不好说是强奸罪,而是介乎二者之间的行为,定上一条,可以有所区别。但这个意见未获采纳。主要考虑到这方面的问题比较复杂,是不是"诱骗",旁证起来很困难;再说刑法的打击面不能太大,如果证明确是违背妇女意志,那就按强奸罪惩办。至于鸡奸行为,也同前面说的猥亵行为一样,刑法不宜一般地去管它;如果是个别情节、后果十分严重的,可按《刑法》第160条流氓罪论处。

…
第五章

侵犯财产罪

一、关于侵犯财产罪是否分章的问题

关于侵犯公共财产和侵犯公民财产作为一章还是分为两章的问题，早有争论。全国人大常委法律室草拟的刑法草案最初的几个草稿是分为两章写的，后来感到条文几乎全部重复，差别只是对侵犯公民财产罪的处刑一般轻一些（但惯窃、惯骗等条文的量刑也是相同的），为了避免繁琐累赘，又合写为一章。第22稿就是合章写的，章名为"侵犯财产罪"。

在对第22稿讨论修改过程中，关于分写合写问题仍有不同意见。有的同志认为，公共财产是社会主义制度的物质基础，1954年《宪法》规定"公共财产神圣不可侵犯"；公民财产只是公民个人所有的生活资料以及依法归个人所有的一点生产资料（如小农具、小工具等），二者重要性不同。如果把侵犯公共财产和侵犯公民财产的犯罪拧在一起，就会轻、重不分，不能体现宪法着重保护公共财产的精神。分两章写就能把保护公共财产、保护社会主义所有制的任务突出出来。但多数同志认为，两种财产其重要性虽然不同，但在法律上都应该加以保护。特别是鉴于以前许多地方曾发生过任意侵犯公民财产的情况，加之《农村人民公社工作条例》等政策文件都强调保护社员的私人财产问题，刑法上不宜给人以似乎国家不重视保护公民财产的感觉。同时分两章写，除侵犯的客体不同之外，从犯罪行为上说，将有很大的重复。还考虑到，在一个盗窃案件中，甚至在一个盗窃行为中，常常是偷公的与偷私的同时存在，条文分开写的话，可能会造成定罪量刑上的混乱。因此还是合写为宜。讨论结果，保持第22稿的规定。一直到定稿，都是合在一章写的。

二、抢劫罪（第150条、第153条）

抢劫罪是侵犯财产罪中最严重、最危险的犯罪形式，历来是打击的重点之一。

抢劫罪的概念和构成规定在《刑法》第150条。该条完全保持了第33稿相应条文的规定，只字未改。

第22稿的规定是："以暴力、胁迫或者其他方法，使他人不能抗拒而抢劫公私财物的，处……"讨论中大家认为，他人能不能抗拒，并非抢劫罪构成的必要条件，只要犯罪分子使用了暴力或者以暴力相威胁，就是抢劫罪。因此第33稿删去了"使他人不能抗拒"字样。条文中所说的"其他方法",是指用酒灌醉、用药麻醉等方法而言。

这条第2款的"情节严重",是指多次犯抢劫罪,抢劫数额巨大或者具有其他严重情节但未致人重伤、死亡的情况。第22稿规定:犯抢劫罪"致人重伤的,处七年以上有期徒刑;致人死亡的,处死刑或者无期徒刑"。修订中大家认为这条定得太死。事实上,在具有严重情节的抢劫罪中,情况也很复杂,不能仅就"致人死亡"和"致人重伤"作对比来规定法定刑,还应当把其他情节结合起来。所以最后在条文中把"情节严重的"和"致人重伤、死亡的"捏在一起,并且规定法定刑为"十年以上有期徒刑、无期徒刑或者死刑",这样处理起来余地就更大了。同时,考虑到第2款是贪财性质的重罪,所以还增加了"可以并处没收财产"。

这里有个问题,就是犯抢劫罪"致人死亡"包不包括为了抢劫财物当场使用暴力把人杀死或者用毒药把人毒死的情况?笔者认为应当包括这种情况。这是因为,实践中杀人常常被用来作为抢劫财物的手段,为了抢劫财物而杀人,实质上是一种牵连犯罪,对牵连犯罪就不需要数罪并罚,只需按照第150条第2款的法定刑处理即可。与此相比,强奸杀人的情况就有所不同。杀人并不是强奸的手段,二者不是牵连犯罪的关系,所以强奸杀人不应只按第139条第3款处罚(虽然该款法定刑中也有死刑),而应当按强奸罪和故意杀人罪(第132条)并罚。

《刑法》第153条也基本保持了第33稿相应条文的规定,仅仅作了几处文字性的修订,如把"偷窃"改为"盗窃",把"防护赃物"'改为"窝藏赃物"等。这条所规定的是由盗窃、诈骗、抢夺罪转化为抢劫罪的情况。转化的条件是犯罪分子"为窝藏赃物、抗拒逮捕或者毁灭罪证而当场使用暴力或者以暴力相威胁"。必须着重注意的是犯罪的特定时间地点"当场"。这说明犯罪分子还没有离开当时盗窃、诈骗、抢夺的现场,或者刚一离开即被人发觉追捕。所以,条文中所说的"逮捕",不是专指公安人员经人民检察院批准执行的逮捕(一般说,那不可能是"当场"),而是泛指公安人员和人民群众(包括事主)抓捕犯罪分子的行为。条文中所说的"窝藏赃物",也不是指作案得逞以后把赃物放在自己或他人家里隐藏起来(那也不可能是"当场"),而是指犯罪分子把赃物藏住不让追来的人夺回去。既然因当场使用暴力或者以暴力相威胁使犯罪的性质发生转化,因此就要依照第150条的抢劫罪处罚。第22稿没有提到诈骗罪的转化问题,当时考虑,诈骗罪是骗取他人的信任而获得财物,转化为抢劫罪的可能性不大。但讨论中大家认为也不能完全排除这种情况的发生,因此第33稿还是把它增添进去,以后保持未变。

三、盗窃、诈骗、抢夺罪(第151条、第152条)

在第22稿和第33稿中,盗窃、诈骗、抢夺这三种罪是分成不同条文写的。修订中考虑到,它们的轻重程度大体相当,第33稿对它们规定的法定刑也属相同;而且从实践来看,犯罪分子既盗窃又诈骗又抢夺或者兼有其中两种行为的为数不少。为了处理上的方便,无须都搞成数罪并罚,因此就将它们合成一个条文(第151条)来写。条文还写明"数额较大"字样,作为划分罪与非罪的界限。

盗窃罪是我国刑事犯罪中数量最大的一种犯罪,它是以秘密窃取的方法将数额较大的公私财物非法据为己有的行为。所谓秘密窃取,是指犯罪分子避开他人耳目,采用不使财物所有人、保管人发觉的方法而将财物据为己有。秘密窃取,是盗窃罪区别于抢劫、诈骗、抢夺等罪的主要之点。

诈骗罪是用虚构事实或隐瞒真相的欺骗方法将数额较大的公私财物非法转为己有的行为。诈骗罪的特征是使用欺骗的方法,使被害人陷于一种错误的认识而仿佛"自愿"地将财物交给犯罪分子。例如,伪造证件,冒领款物;以帮助旅客看管、提拿东西为名,将财物骗走;以代购某种商品为名,骗取钱款;等等。至于犯罪分子用欺骗的方法混入机关、企业、事业单位或居民住宅进行盗窃,或者在实施盗窃以后用欺骗的方法避免他人发觉,这种欺骗是为盗窃犯罪打掩护,并不是取得财物的直接手段,因此,应该定为盗窃罪,而不应定为诈骗罪。

抢夺罪是非法公开夺取数额较大的公私财物但未使用暴力或以暴力相威胁的行为。因是公开夺取,它与盗窃、诈骗不同;因未使用暴力或以暴力相威胁,它与抢劫也不同。

构成盗窃、诈骗、抢夺罪,必须是盗窃、诈骗、抢夺数额较大的。何谓"数额较大",法律没有规定具体数字,这只能由各地司法机关根据本地实际情况具体掌握。数额不大、情节轻微的如小偷小摸、小量的骗财、偶尔抢夺食物等行为,应当是批评教育或作其他处理的问题,不能按盗窃、诈骗、抢夺罪追究刑事责任。

构成盗窃、诈骗、抢夺罪,在主观上必须具有将公私财物非法据为己有的目的。这里所谓"非法据为己有",应作广义的理解:它既包括变为自己不法所有,也包括在将公私财物置于自己的占有之下以后,进一步变为第三者不法所有。例如,将窃取来的公私财物赠送他人,或为小团体、小集体的利益去偷公私财物等,都不影响盗窃罪的成立。

《刑法》第152条规定的是具有加重情节的盗窃、诈骗、抢夺罪。条文列举的加重情节,一是惯犯,即惯窃、惯骗;二是大犯,即盗窃、诈骗、抢夺公私财物数额巨大的。惯窃、惯骗,是指在相当长的期间内,多次进行盗窃、诈骗活动,以盗窃、诈骗所得为主要生活或挥霍来源,并养成盗窃、诈骗习性的犯罪分子。惯窃、惯骗通常具有手段狡猾、行动诡秘、善于伪装、流窜作案的特点,他们往往是大案要案的制造者,对社会有较大的破坏性和危险性,而且恶习很深,难于改造,因此历来是打击的重点。"数额巨大"是相对于"数额较大"而言,法律也没有指明具体数字,这也要由各地司法机关根据本地实际情况具体掌握。

第22稿对惯犯和大犯规定"处七年以上有期徒刑"。讨论中认为,这个法定刑对一般的惯犯、大犯基本上是适合的,但是对少数情节特别严重的惯犯、大犯,15年有期徒刑则管不住,必须处以更重的刑。因此,第 33 稿修改为"处五年以上十年以下有期徒刑;情节特别严重的,处十年以上有期徒刑、无期徒刑或者死刑,可以并处没收财产"。对第 33 稿修订时,为了进一步贯彻"少杀"政策,将该条文中的死刑予以删除。

四、敲诈勒索罪(第 154 条)

第 22 稿只规定了"敲诈勒索他人财物"而没有规定敲诈勒索公共财物,实际上通过对公共财物的保管人的敲诈勒索而取得公共财物,也不是不可能的,因此第 33 稿将这条罪名改为"敲诈勒索公私财物"。以后各稿均照此未变。

敲诈勒索罪,是指利用财物所有人或保管人的某种要求、困境或弱点,使用威胁讹诈的方法,非法索取公私财物的行为。这种行为既可以由犯罪分子直接以口头或书面的形式向被害人实施,也可以通过第三者的传话向被害人实施。威胁讹诈的内容是:如不满足犯罪分子的要求,把公私财物交出来,将采取对被害人不利的行动。这个不利的行动,可以是对被害人或其亲属实施暴力(包括杀害),可以是毁坏被害人的财产(包括放火烧其房屋),可以是揭发、张扬被害人的隐私,也可以是不让被害人实现某种正当要求(如申请调动工作、申请房子),如此等等。所以,这个罪与抢劫罪、诈骗罪是有区别的。

敲诈勒索罪与抢劫罪的主要区别就在于:抢劫罪是当场使用暴力或者以当场使用暴力相威胁,从而当场取得财物;敲诈勒索罪则是以将要(即以后)使用暴力或者以其他于被害人不利的行动相威胁,而且往往也不是当场取得财物。因此敲诈勒索罪比起抢劫罪来,危险性一般要小些,如果被害人意志坚强一些,就有可能向有关机关揭发犯罪分子的罪行,使其索取财物的图谋不能得逞。

敲诈勒索罪与诈骗罪的主要区别就在于:诈骗罪是用欺骗的方法使被害人信以为真,从而仿佛"自愿"地将财物交给犯罪分子;敲诈勒索罪则是通过威胁讹诈也就是恐吓和要挟的手段,使被害人精神上感到恐惧,从而被迫交出财物。

敲诈勒索罪的法定刑,第 22 稿规定"处五年以下有期徒刑、拘役或者管制";第 33 稿考虑到敲诈勒索也有情节严重的,例如造成被害人精神失常甚至自杀等,故修改为"处五年以下有期徒刑或者拘役;情节严重的,处五年以上有期徒刑"。以后修订时,又考虑到这种罪取得的公私财物数额一般不可能很大,而且比较容易揭露,因此又改为"处三年以下有期徒刑或者拘役;情节严重的,处三年以上七年以下有期徒刑"。

五、贪污罪(第 155 条)

贪污罪,既是侵犯公共财产,也是渎职的犯罪。对第 22 稿修改过程中,曾一度将它从"侵犯财产罪"一章移入"渎职罪"一章,后来考虑到它主要还是侵犯公共财产的问题,所以又恢复了原来的位置。

第22稿规定这一条的罪状是"国家工作人员利用职务上的便利,偷窃、侵占、诈骗公共财物"。这样写有两个缺点:一是人们很熟悉的"贪污"字样在条文中没有表露。二是"偷窃、侵占、诈骗"还不能概括贪污的一切方法,例如将贪污的款项存入银行获得利息,这部分利息也算贪污的一部分,但用"偷窃"、"侵占"、"诈骗"几个方法来衡量则不太吻合;又如国家工作人员利用职务上的便利敲诈勒索公共财物的,也是贪污行为,而上述几个方法概括不了。因此第33稿把罪状改为:"国家工作人员利用职务上的便利,偷窃、侵占、诈骗或者以其他方法贪污公共财物"。后来修订中进一步认为,"贪污"的概念本身比较明确,用不着列举其方法,于是又把"偷窃、侵占、诈骗或者以其他方法"字样予以删除。

贪污罪的主体问题是一个关系重大的问题,因为不具备贪污罪特定主体的条件,就不能构成贪污罪。第22稿规定贪污罪的主体是国家工作人员;修订中考虑到,有的虽非国家工作人员(如一般工人、汽车司机、售货员等),但受委托从事公务的,也可以成为贪污罪的主体,实践中也是这样做的。因此第33稿增加一款:"受国家机关、企业、事业单位、人民团体委托从事公务的人员"犯贪污罪的,也依照国家工作人员犯贪污罪的规定处罚。对第33稿修订时维持了这款的规定,这就是现在《刑法》第155条第3款。

这里涉及一个问题,就是上述"国家工作人员"和"受国家机关、企业、事业单位、人民团体委托从事公务的人员"包括不包括集体组织的工作人员(例如农村社队企业、生产大队、生产队、城市集体企业的厂长、队长、会计员、出纳员、保管员、采购员等)?也就是说,集体组织的工作人员能不能成为本条贪污罪的主体?应当承认,这是一个没有很好解决而实践中迫切需要解决的问题。按照"国家工作人员"的传统习惯理解,不应包括集体组织的工作人员;《刑法》第83条对"国家工作人员"所作的规定,也不能认为当然包括集体组织的工作人员(理由已在前面论述该条时说明);本条第3款"受国家机关、企业、事业单位、人民团体委托从事公务的人员",也不好理解为是集体组织的工作人员。然而,从实践看,集体组织中确也存在利用职务上的便利进行贪污的问题。不能说集体组织中的贪污就不叫贪污,只能叫盗窃、诈骗等,这是不符合实际情况的,也是人们难以接受的。

那怎么办呢?笔者当时认为有几个办法可供选择:一是对本条第1款进行修改,在"国家工作人员"之后增加"或者集体组织的工作人员"几个字。二是对本条第3款进行修改,在"人民团体"之后增加"或者集体组织"几个字。三是对本条第1款中的"国家工作人员"作特定的扩大的立法解释,解释为包括集体组织的工作人员在内。四是对第83条中的"其他"作扩大解释,解释为也包括集体组织在内,不过这样一来,所有本法涉及"国家工作人员"的都将包括集体组织的工作人员在内,这是否妥当,是否切实可行,确是令人怀疑的。所以最好还是从前面三个办法当中进行选择。在立法机关未做修改或解释之前,司法机关就只能从实际出发,按照自己对本条精神的理解去执行。

贪污罪也有个数额问题。本条虽不像第151条那样明文规定"数额较大"才构成犯罪,但实际上数额不大也是很难当犯罪处理的。贪污的数额大小,对于量刑起着重大的作用。但是,量刑不能单纯根据数额,还要结合其他情节。第22稿规定:一般的贪污罪,"处七年以下有期徒刑;数额在五千元以上的,处七年以上有期徒刑"。修改讨论中大家认为,以固定的数额作为划分法定刑的依据,未必适合不同时期和不同地区的情况;同时,贪污罪最高只处15年有期徒刑,也嫌偏轻;此外,《惩治贪污条例》中规定贪污罪行特别严重的可以并处没收财产,刑法也要有所反映。因此,第33稿修改为:一般的贪污罪,"处五年以下有期徒刑或者拘役;数额巨大、情节严重的,处五年以上有期徒刑或者无期徒刑,可以并处没收财产"。对第33稿修订时,大家又进一步考虑到,实践中有的贪污案件数额非常巨大、情节特别严重(如黑龙江省宾县王守信贪污案),应当像《惩治贪污条例》那样保留有死刑以供选择。因此,对第33稿的上述规定又作了适当调整补充,这就成了《刑法》第155条第1款、第2款。

六、故意毁坏公私财物罪(第一百五十六条)

第22稿规定:"故意毁弃、损坏公私财物的,处五年以下有期徒刑或者拘役。"第33稿修改为:"故意毁坏公私财物的,处三年以下有期徒刑或者拘役。"以后又修订为:"故意毁坏公私财物,情节严重的,处三年以下有期徒刑、拘役或者罚金。"这就是《刑法》第156条。

本罪不同于上述各种侵犯财产罪,它不具有将公私财物非法据为己有的目的,而是出于泄私愤、图报复等动机,将公私财物予以毁灭或损坏。毁灭是指使财物的价值和效用完全丧失;损坏是指使财物的价值和效用部分丧失。所以,本罪只能由故意构成。过失毁坏公私财物的,除了合乎失火、过失决水、过失爆炸、交通肇事、厂矿重大责任事故、玩忽职守等犯罪的构成要件须依有关的条文追究刑事责外,一般不构成犯罪。

构成本条的罪,必须是情节严重。这里所说的"情节严重",主要是指财产损失价值大以及手段恶劣、动机卑鄙等。如果情节不严重,就不构成本罪,可以由有关部门责令赔偿损失或作其他处理。还须指出,故意毁坏公私财物,如果是毁坏机器设备、残害耕畜等合乎破坏集体生产罪构成要件的,应按第125条处理,如果是破坏国家保护的珍贵文物、名胜古迹的,应按第174条处理。本条由于不包括上述内容,因此法定刑相对来说定得低些。

七、关于侵占问题

第22稿和第33稿在本章还规定了一条侵占公私财物罪。侵占,是指合法持有公私财物的人非法地将该财物据为己有。例如受委托保管他人的财物,年长日久,乘他人忘记了这件事,就把该财物转为己有。修订中考虑到,国家工作人员或受国家机关、企业、事业单位、人民团体委托从事公务的人员利用职务上的便利侵占公共财物的,要按贪污罪论处,剩下的其他侵占公私财物,数量一般比较有限,可以不作犯罪处理(参见《治安管理处罚条例》第11条),故将此条删除。这是当时认识上的不足,直至1988年开始修订刑法时,方又重新加以规定。

第六章

妨害社会管理秩序罪

一、妨害公务或拒不执行判决、裁定罪(第157条)

本条实际上包括两种罪:一是妨害公务罪,即条文所说的"以暴力、威胁方法阻碍国家工作人员依法执行职务的"行为;二是拒不执行判决、裁定罪,即条文所说的"拒不执行人民法院已经发生法律效力的判决、裁定的"行为。前者在第22稿和第33稿均有规定("威胁方法"几个字是第33稿补充的);后者则是对第33稿修订时根据近些年来发生的实际情况新增加的。

构成妨害公务罪,客观上必须是使用暴力或威胁的方法来阻碍国家工作人员依法执行职务。例如,殴打市场管理人员,不让其征收农副产品市场管理费;捆绑执行警戒任务的哨兵,强行通过警戒区;威胁公安人员,不让其依法进行搜查;等等。主观上必须是出于故意,即明知是国家工作人员正在执行公务,而采取暴力或威胁方法阻止其执行。如果不知其为依法执行职务的国家工作人员而对其实施暴力或威胁,虽也有可能构成其他犯罪(例如打伤人的构成伤害罪),但不能构成本罪。

制定这条罪时,也有同志担心是否会助长某些干部的强迫命令、违法乱纪,是否会错误地打击某些一时行为有些过火的群众。这种担心是可以理解的,但笔者认为是不必要的。因为条文写得很清楚,这条要保护的是国家工作人员依法执行职务,而不是保护强迫命令、违法乱纪,要打击的是真正妨害公务的犯罪,而不是打击那些虽有点过火但并不构成犯罪的行为。例如,由于干部在执行职务过程中滥用职权,违法乱纪,欺压群众,激起公愤,群众将他扭送到有关部门说理,甚至气愤不过,动手打了他一两下子,这能轻率地按照本条处理吗?显然不能。关键是要弄清罪与非罪、违法犯罪与合法行为的界限。只要界限掌握好了,上述那种偏差是完全可以防止的。

拒不执行判决、裁定现象的发生,同十年浩劫期间林彪、"四人帮"推行极"左"路线、"砸烂公检法"、煽动无政府主义思潮有着直接的关系。在极"左"思潮的毒害下,有的人毫无法纪观念。他们把人民法院作出的于己不利的判决、裁定,视同草芥,不予理会;有的当众撕毁判决书;有的假借组织名义公开宣布"坚决抵制",并把判决文书退回法院;有的自恃职位高、资格老,谩骂"法院算老几";甚至有的借口

"判决不公",聚众殴打、捆绑审判人员。这种种公然藐视法院、拒不执行判决、裁定的现象,如不坚决予以纠正,不仅使人民法院无法顺利地行使审判权,而且严重损害法律的权威,还会从根本上破坏国家和人民的利益。因此,刑法宣布这种行为(当然指情节严重的那部分行为)为犯罪,规定予以追究刑事责任,是完全必要的。这也是贯彻法治的一项有力的措施。

拒不执行判决、裁定罪,客观上必须是拒不执行人民法院已经发生法律效力的判决或裁定。这里所谓"已经发生法律效力的判决或裁定",是指已过法定期限,当事人没有上诉,人民检察院也没有抗诉的判决或裁定,以及终审判决或裁定等。从实践来看,多半是民事判决或裁定。没有发生法律效力的判决或裁定,由于还不能交付执行,当然不存在拒不执行的问题。这种罪,主观上只能是故意的,即明知故犯。如果行为人尚不知道判决、裁定已经生效,就谈不上拒不执行,当然也就不构成本罪。

二、扰乱社会秩序罪(第158条)

本条是在对第33稿修订过程中新增加的。设置本条,主要是为了维护社会秩序的安宁,防止少数"害群之马"的破坏捣乱,以利于工作、生产、营业和教学、科研的顺利进行。条文明确宣告"禁止任何人利用任何手段扰乱社会秩序"。就体现了这个精神。

本来,从广义讲,凡是犯罪行为都扰乱社会秩序,没有不扰乱社会秩序的犯罪。本条所规定的"扰乱社会秩序"罪,显然是从狭义讲的,也就是说,它有特定的含义。它的含义就是指利用各种手段,扰乱甚至冲击党政机关、企业、事业单位、人民团体,情节严重,致使这些部门或单位的工作、生产、营业、教学、科研无法进行,国家和社会遭受严重损失的行为。例如,在机关、单位门前、院内大肆喧嚣哄闹,强行封闭机关、单位的出入通道,冲击、强占办公室、实验室、营业室、生产车间或其他工作场所,以及围攻甚至殴打有关负责人和工作人员,等等,就属于这种情况。

这种犯罪的产生,有着多方面的原因。它既有林彪、"四人帮"当年煽动极"左"思潮和无政府主义的流毒影响;也有行为者本人极端个人主义的思想原因;在个别情况下,也可能同我们机关、单位领导上的官僚主义作风及工作上的缺点错误有关。因而在处理这种犯罪时,必须采取十分严肃谨慎的态度。首先,必须划清罪与非罪的界限。有的行为虽然也扰乱社会秩序,但情节不太严重,就只能批评教育或按《治安管理处罚条例》加以处理;只有情节严重的,才能按本条处理。其次,按本条处理的,也只限于首要分子,即在聚众扰乱中起组织、策划、指挥作用的犯罪分子。而对于被煽动、受蒙蔽的一般参与者,则应坚持说服教育,使他们端正态度,提高认识,改正错误;个别做了坏事的,也可以视情节作适当处理,但不能按本条治罪。

三、聚众扰乱公共场所秩序或交通秩序罪(第159条)

本条也是在对第33稿修订过程中新增加的。它同前条在立法宗旨和处罚原则上都是一致的。

的确,本条罪同前条罪有比较多的共同之点:都是纠集多人实施;都使用包括暴力在内的各种手段;都扰乱社会秩序和安宁;都限于"情节严重的"才构成犯罪;都是以"首要分子"为惩办对象。但是,为什么不合写一条而分写两条呢?这主要考虑到它们发生的场所和危害的直接客体有所不同:前条罪是扰乱、冲击党政机关、企业、事业单位、人民团体,破坏的是这些单位的工作、生产、营业和教学、科研秩序;本条罪则是发生在车站、码头、民用航空站、商场、公园、影剧院、展览会、运动场等公共场所或者交通要道等人员集结和车辆通行的地方,破坏的是公共场所秩序或者交通秩序。此外,由于本条罪发生在公共场所或者交通要道,还有可能发生抗拒、阻碍国家治安管理工作人员依法执行职务的情事。因此,分开两条写,对于具体分析具体案件的性质以及针对不同问题作不同的处理,是有一定意义的。

四、流氓罪(第160条)

第22稿规定:"聚众斗殴,寻衅滋事,侮辱妇女,破坏公共秩序屡教不改的,处五年以下有期徒刑、拘役或者管制。"这条条文的缺点是:

(1) 仅列举了几种行为方式,而缺乏概括性的罪名。

(2) 以"屡教不改"作为犯罪构成要件,有可能漏掉那种虽一次作案但情节非常恶劣的情况。

(3) 法定刑偏低了些。因此,第33稿修改为:"聚众斗殴,寻衅滋事,侮辱妇女或者进行其他流氓行为,破坏公共秩序,情节恶劣的,处七年以下有期徒刑或者拘役。"同时,考虑到流氓集团的头子对社会的破坏性和腐蚀性很大,应当列为打击的重点,因此又增设了第2款:"流氓集团的首要分子,处七年以上有期徒刑或者无期徒刑。"

对第33稿修订时,基本上保持了这条规定的内容,仅有三处改动:

(1) 将第1款中"进行其他流氓行为"改为"进行其他流氓活动"。

(2) 在第1款法定刑中增加"管制"。

(3) 考虑到流氓罪只包括属于"流氓活动"的那些行为,如果同时犯有杀人、放火、重伤、强奸、抢劫、抢夺、盗窃、诈骗等罪,要按数罪并罚的规定处理,因此删去第2款法定刑中的"无期徒刑"。这就是《刑法》的第160条。

流氓罪侵犯的客体是公共秩序。这种犯罪虽然使公民的人身、妇女的人格或者公私财物受到一定的损害,但从本质上看,它主要不是以特定的人或财物为侵害的对象,而是使很多人精神上受到威胁,破坏的是某个地区或某些街道、某些地段的公共秩序。因此,条文在列举流氓活动最常见的几种表现形式(聚众斗殴、寻衅滋事、侮辱妇女)之后,归结成一句话,叫做"破坏公共秩序"。破坏公共秩序是流氓罪的一个最本质的特征。

流氓罪另一个重要的特征是厚颜无耻,卑鄙下流,蔑视国家法纪和社会公德。犯这种罪的人往往以耻辱为"光荣",以追求荒淫腐朽的生活为"乐趣",以敢于扰乱社会治安为"英雄",以不怕社会舆论和司法制裁为"能耐"。这种人的是非观、荣辱观是颠倒的。他们的法纪观念简直等于零。因此他们干起犯罪活动来往往不择手段,不计后果,胆大妄为,摆出一副向社会挑衅的架势。

条文以"情节恶劣"几个字,作为构成流氓罪的要件。这说明,情节是否恶劣,乃是区分流氓罪和一般流氓违法行为、流氓作风的界限所在。情节是否恶劣,要从该流氓活动的全部过程和全部情节综合加以考虑。例如,流氓成性,屡教不改;在光天化日之下,把妇女的衣服撕碎扒光,当众加以羞辱;在公共场所大规模地聚众斗殴,大打出手;成帮结伙,封锁街道,拦截车辆,见人就打,见东西就抢;以及携带凶器进行流氓活动;等等,应当说这些都属于情节恶劣。相反,沾染流氓习气、流氓作风,偶尔用下流语言、举动挑逗调戏妇女或偶尔怄气打群架,以及未成年人受诱骗参与男女鬼混的,等等,就不能当作恶劣的情节,按流氓罪论处。

流氓集团的首要分子是本条打击的重点。流氓集团是指以多次实施流氓犯罪为目的而建立起来的犯罪组织,他们有头子、有分工、有内部纪律、有暗号黑话联系,危害性很大。流氓集团同落后小集团是有严格区别的。后者一般是由于共同追求某种低级趣味而形成的,他们并没有进行流氓犯罪活动,因此决不能错误地将其当作流氓集团予以打击。

五、脱逃罪(第161条)

脱逃罪是指有罪的人脱逃的行为。假如本来是没有罪的人脱逃的,实质上不能算作犯罪行为。第22稿条文规定为"依法被逮捕、关押的人脱逃的",比较笼统,不问实际上是否有罪,只要在被逮捕、关押过程中脱逃的,就按脱逃罪处理,即使是被错捕错押的人也不例外,这不尽合理;第33稿改为"依法被逮捕、关押的犯罪分子脱逃的",排除了实际上无罪的人,这就比较合理了。对第33稿修订时,基本上保持了第33稿的这条规定,只是在法定刑轻重和写法上作了一些调整。

脱逃罪的主体只能是"依法被逮捕、关押的犯罪分子"。这里既包括未决犯,也包括已决犯;既可能是从押解途中脱逃,也可能是从羁押或劳改场所逃跑。这些对于构成本罪均无影响。但是,被公安机关、人民检察院、人民法院采取拘传、取保候审、监视居住等强制措施的犯罪嫌疑人、刑事被告人逃走的,则不构成脱逃罪,虽然对有的可以采取通缉追捕的办法使之归案。劳教分子从劳教场所逃走,受行政拘留处分的人从拘留场所逃走,也不具备构成本罪的条件,对他们仍只应采取行政措施予以处置。

采用暴力、威胁方法脱逃的,是脱逃罪中的严重情况。它既可能是一个人干的,也可能是几个人共同干的。如果是共同干的,就要弄清是否具有反革命目的,以便决定是按第96条的组织越狱罪处理,还是按本条第2款处理。

六、窝藏、包庇罪(第162条)

这条罪无论在罪状的描述上还是在法定刑的规定上,都经历了一番变化。

1. 在罪状的描述上

第22稿规定的是"事前没有通谋,事后隐藏犯罪分子或者为犯罪分子毁灭、隐藏罪证的"行为以及"事后隐藏反革命分子或者为反革命分子毁灭、隐藏罪证的"行为。这个规定表明,这种罪只以"事前没有通谋"的为限,意思说,事前通谋的,应以共同犯罪论处。这无疑是正确的。同时,指出行为的特点是隐藏犯罪分子,是毁灭、隐藏罪证,原则上也无可非议。但是,这样规定毕竟有缺点:一是把"隐藏犯罪分子"和"隐藏反革命分子"一先一后加以平列,容易使人搞不清两个概念的关系,难道"犯罪分子"不包括"反革命分子"? 二是"毁灭、隐藏罪证"包括不了所有的包庇行为。三是没有区分一般的和情节严重的两个层次,不能更好地体现区别对待政策。因此,第33稿分两款把它修改为"窝藏、包庇反革命分子的"、"窝藏、包庇其他犯罪分子的";并且对这两者,都增加了"情节严重的"(例如多次实行窝藏、包庇行为或者窝藏、包庇多人等)如何处理的规定。此外,还增设第3款:"犯前两款罪,事前通谋的,以共同犯罪论处。"这样,比起第22稿,上述的写法来就更全面和科学了。后来修订时,基本上维持了第33稿的这种写法,但把"窝藏、包庇"改为"窝藏或者作假证明包庇",意思是窝藏、包庇二者不需要同时具备,只要具有其中之一即可构成本条罪;同时把包庇的概念明确起来,包庇不是单纯的知情不举(不作为),而是弄虚作假的积极行为(作为)。这就是《刑法》的第162条。总之,按照刑法的规定,所谓窝藏、包庇罪,就是指明知是反革命分子或者其他犯罪分子,而为其提供隐藏处所,或者弄虚作假帮助其掩盖罪行,使之逃避法律制裁的行为。

2. 在法定刑的规定上

第22稿对隐藏一般犯罪分子或为其毁灭、隐藏罪证的,规定"处三年以下有期徒刑或者拘役";对隐藏反革命分子或为其毁灭、隐藏罪证的,规定"处三年以上十年以下有期徒刑"。并规定:"国家工作人员犯前款罪的,从重处罚。直系血亲、配偶或者在一个家庭共同生活的亲属,犯第一款罪的,可以减轻或者免除处罚。"讨论中认为,后面两款,可以由审判人员在量刑时自行掌握,在法律上不必硬作规定;而且最后这款规定,还有点容忍封建社会提倡的"亲属相隐"、"父为子隐,子为父隐"那种伦理道德的味道,与鼓励"大义灭亲"这种新型道德是有矛盾的。因此第33稿把这两款删去,而将第1款的法定刑分成两款修改为:"窝藏、包庇反革命分子的,处一年以上七年以下有期徒刑;情节严重的,比照其窝藏、包庇的反革命分子的罪刑,酌情处罚。""窝藏、包庇其他犯罪分子的,处五年以下有期徒刑或者拘役;情节严重的,比照其窝藏、包庇的犯罪分子的罪刑,酌情处罚。"以后修订时,认为对"情节严重的"窝藏、包庇罪采取"反坐"原则是不合适的,对一般的窝藏、包庇罪的法定刑也稍高了些,因此修订为:窝藏、包庇反革命分子,"处三年以下有期徒刑、拘役或者管制;情节严重的,处三年以上十年以下有期徒刑"。窝藏、包庇其他犯罪分子,"处二年以下有期徒刑、拘役或者管制;情节严重的,处二年以上七年以下有期徒刑"。这就是《刑法》第162条的由来。

本条包庇罪与第148条意图隐匿罪证的伪证罪以及第188条故意包庇有罪人的徇私枉法罪,有共同之处,但后两者或者是证人、鉴定人、记录人、翻译人在侦查、审判中所实施的,或者是司法工作人员利用职权通过办案形式所实施的,它们都是特殊主体在特殊场合下构成的犯罪,与本罪作为一般性的犯罪有所不同,因此不可混淆。对具体案件来说,凡具备上述这些特殊条件的,应分别按第148条或第188条治罪,只有不具备这些特殊条件的包庇行为,才按本条治罪。

七、私藏枪支、弹药罪(第163条)

这条罪在第22稿中曾有规定,第33稿予以删除。当时的考虑是,我国经过长期的战争,枪支、弹药散失在群众中的不少;有的干部、转业军人过去在革命战争时期佩带枪支的,后来在工作调动时出于种种原因也有未交的。这些问题主要靠教育和行政管理解决,不必规定在刑法中当犯罪处理。对第33稿修订时,认为这种考虑是不全面的,理由也是站不住的。特别是经过十年浩劫,枪支、弹药散失的情况比较严重,对这个问题如果在刑法上不作规定,势必给坏人以可乘之机,对社会的安全带来不利的影响。因此,又重新规定了这条罪,内容比第22稿要具体些:第22稿规定:"私藏枪支、弹药的,处二年以下有期徒刑或者拘役。"现在的规定是:"违反枪支管理规定,私藏枪支、弹药,拒不交出的,处二年以下有期徒刑或者拘役。"

对枪支管理问题,新中国成立以来,有关部门曾多次作了规定。早在1951年6月17日,经政务院批准,公安部公布施行了《枪支管理暂行办法》,对步枪、马枪、手枪等各式枪支及其弹药实行严格管理,不容许任何人私自隐藏,非经政府许可任何人不得持有。1958年2月24日经国务院批准,3月29日国家体委、公安部发布试行的《射击运动枪支弹药管理使用暂行规定》,明文规定:"私人不准购买枪支和弹药","私人不准保存枪支和弹药"。枪种包括:口径为5.6公厘的小口径步枪和手枪;口径为7.02公厘的大口径运动步枪;作为射击运动的军用步枪和军用手枪;作为射击运动的猎枪。1965年3月29日林业部、公安部、国家体委下达的《关于狩猎使用小口径步枪管理问题的几项规定》指出,"狩猎用的小口径步枪,为各狩猎生产单位公有或集体所有,不准个人私有";在非生产季节,也"不准个人存放"。1973年5月10日农林部、卫生部、公安部《关于注射枪管理规定的通知》规定:"注射枪只准用于狩猎生产、野生动物饲养和畜牧业等部门捕猎动物、锯茸、取麝香、防、治动物疾病和科学研究。""任何个人不准私有,并严禁私自转借、赠送或互相交换。"1981年1月5日国务院批准,同年4月25日公安部公布施行的《中华人民共和国枪支管理办法》,对非军事系统的各种枪支的管理作了新的统一规定。

如果违反枪支管理规定,私藏枪支、弹药,经教育动员而拒不交出的,就应按本条追究刑事责任。

另外,实践中还发生有的盗窃犯在盗窃他人财物(如手提包)时,意外地发现里面装有手枪和子弹;在这种情况下,如果该盗窃犯不把手枪、子弹交出来,就应按盗窃罪和本罪合并处罚。

八、制造、贩卖假药罪(第164条)

本罪在第22稿和第33稿均有规定。第22稿以"造成严重后果"作为犯罪构成要件,有些偏宽。第33稿把它改成作为加重法定刑的情节。刑法本条基本上保持了第33稿的规定,仅在文字上和量刑幅度上作了一些调整。

条文中所说的假药,一般是指主要成分不合药典规定,用其他无效的甚至有害的成分代替,或者把不是药材冒充药材的情况而言。至于超过有效期的药品,或者由于制作过程中的缺陷,药品未能全部达到国家规定的质量标准的,一般不属于假药的范围。制作假药和贩卖假药常常是两位一体,"一身二任",但有时也可能不是同一人所为,只要以营利为目的,实施其中的一种,危及人民健康的,即可按本条治罪。如果"造成严重后果",即造成重病、残疾、死亡等后果的,还要按本条规定的加重法定刑处罚。

在适用本条时,要注意把制造、贩卖假药同按照民间的土方、偏方制造药品或贩卖这种药品严格区别开来,对后者不能视为假药,因而也不能按本条治罪。

九、神汉、巫婆造谣、诈骗罪(第165条)

这条罪是在对第22稿修订过程中,根据当时在某些地区发生的实际情况规定的。对第33稿修订时,把"神汉、巫婆进行诈骗活动"修订为"神汉、巫婆借迷信进行造谣、诈骗财物活动",使这个罪的性质更为明确;同时对法定刑稍加调整。这就是现在的条文。

"神汉、巫婆"是南方的称呼,实际这里是泛指那些不务正业,专以迷信手段造谣惑众、诈骗财物的人。

神汉、巫婆借迷信进行造谣活动,同第99条组织、利用封建迷信进行反革命活动,在行为的方法上有类似之处,但目的和侵犯客体截然不同,不可混淆。神汉、巫婆借迷信进行诈骗财物活动,同第151条的诈骗罪,虽然目的都是骗取财物,但行为的主体和诈骗的手段有很大不同,因而犯罪的具体性质也不一样。还要特别注意把本条的犯罪活动同宗教职业者所进行的正当宗教活动严格区别开来。后者是受宪法和法律保护的,不仅不是犯罪,而且如果非法加以侵犯,情节严重的,本身还可能构成《刑法》第147条之罪。同时,还要把神汉、巫婆进行造谣、诈骗的犯罪活动同一般群众的迷信活动区别开来。对后者只能通过耐心细致的教育去解决,不能当犯罪处理。

本条的法定刑规定:一般的"处二年以下有期徒刑、拘役或者管制";情节严重的"处二年以上七年以下有期徒刑"。所谓"情节严重",一般是指散布的迷信思想和谣言已造成人心惶惶,严重影响生产,破坏社会秩序;或者装神弄鬼为人"治病",造成他人病重死亡,或者诈骗财物数额大的;等等。

十、冒充国家工作人员招摇撞骗罪(第166条)

本条是以李万铭等案件为鉴,参考国内外有关立法例规定下来的。从第22稿到第33稿再到定稿,除了法定刑轻重上有所调整以外,没有什么变化。

条文明确指出本罪有两个基本要件:

(1) 冒充国家工作人员。国家工作人员就是《刑法》第83条规定的种种依照法律从事公务的人员,其中也包括军职人员。冒充国家工作人员,既可能是非国家工作人员冒充国家工作人员,也可能是普通国家工作人员冒充高职国家工作人员。如果不是冒充国家工作人员,而是冒充党团员、高干子弟、烈士子弟等进行诈骗活动的,可能构成诈骗罪,但不构成本罪。

(2) 招摇撞骗。这里既包括骗取财物,也包括骗取信任,骗取职位,骗取政治荣誉及政治待遇,等等。不过,利用冒充的身份诈骗财物,如果数额巨大或者本身就是惯骗分子,按照一行为触犯数罪从重罪处断的原则,应依《刑法》第152条治罪,不应依本条治罪。

除了上述两个基本要件以外,本罪还有一个特点,就是使国家政权的威信和公私利益遭到了实际损害。如果没有造成现实损害,说明这种行为情节显著轻微,危害不大,是属于一般的自我吹嘘性质,是属于思想作风问题,应予批评教育,但不构成本罪。

本条规定情节严重的要处以更重的法定刑。这里所谓"情节严重",是指犯罪手段特别卑鄙、恶劣,或者后果严重,政治影响极坏的,等等。

十一、妨害公文、证件、印章罪(第167条)

本条的内容在起草过程中逐步趋于完善。第22稿规定的是"伪造、变造、盗用国家机关、人民团体的印章、公文、证件的,处……""盗用"一词不甚贴切,容易把日常工作中那种因保管印章、公文的人不在,别人因公事临时使用一下印章、公文的情况,也包括进去。同时,条文未分一般的和情节严重的,不能更好地体现区别对待的政策精神;行为的方式规定得不完全;仅列举"国家机关、人民团体",也嫌不够全面。因此第33稿修改为:"伪造、变造或者盗窃、毁灭国家机关、企业、人民团体的公文、证件、印章的,处……情节严重的,处……"对第33稿修订时,在"盗窃"之后增加"抢夺",在"企业"之后增加"事业单位",并对法定刑作了一些调整,这样就使条文趋于完善了。

条文列举了伪造、变造、盗窃、抢夺、毁灭5种行为方式。对于构成本罪来说,只需实施其中的一种行为就够了。如果实施本罪是为了给实施其他犯罪(如诈骗罪、贪污罪、冒充国家工作人员招摇撞骗罪等)做准备,这时就应根据牵连犯罪的处理原则,按照其中最重的罪论罪科刑,不按数罪并罚的原则处理。

犯本条罪情节严重的,例如多次伪造、大量伪造公文、证件、印章的,或者伪造公文、证件、印章给国家机关、企业、事业单位、人民团体在政治上、物质上造成重大损失的,应按本条规定的更重的法定刑处理。

十二、赌博罪(第168条)

本条打击的是赌头赌棍。第22稿规定了两条:一条是"意图营利,开赌、窝赌的"(赌头);另一条是"以赌博为常业的"(赌棍)。第33稿概括为一条"意图营利,聚众赌博的"。后来修订时,认为这个概括不够全面,又把"以赌博为常业"一句补充进去。同时为了统一用语,把"意图营利"改订为"以营利为目的",在法定刑中增加"管制"。这就是现在的条文。

条文中所说的"聚众赌博",是指提供赌场和赌具,为首招人聚赌,从中抽头赢利。所说的"以赌博为常业",是指不务正业,嗜赌成性,经常借赌博榨取钱财,以赌博赢利为其主要生活或挥霍来源。这两者只需具备其一,即可构成本罪。

在适用本条时,要注意防止扩大打击面。追究刑事责任的只能限于条文规定的两种人。对于一般参加赌博的人,主要是批评教育问题,必要时可给予治安管理处罚,但不能以犯罪论处。至于在阴雨天或节假日,偶尔邀集几个人进行少量钱财输赢的轻微赌博行为,实际上带有消遣性质,更应重在教育,不能轻易使用处罚手段,更不容许当作犯罪处理。

十三、引诱、容留妇女卖淫罪(第169条)

本罪在第22稿和第33稿均有规定。但该两稿都只设一个罪刑单位,修订时考虑到近几年来的实际情况,增加了"情节严重的"一个罪刑单位,使本条的量刑幅度更大一些,适应性更强一些。

本条与第140条有一定区别。首先,第140条规定的是违背妇女意志,强迫妇女去卖淫的情况,因此它是一种侵犯人身权利罪;本条规定的则是通过物质引诱的方法,取得妇女对卖淫的同意,或者提供妇女卖淫的场所,因此基本上不是侵犯人身权利的问题,而是妨害社会管理秩序的问题。其次,本条的法定刑一般比第140条的要低;但如情节严重,例如多次引诱、容留妇女卖淫,或者引诱、容留妇女多人卖淫,则法定刑还有可能超过第140条的。此外,鉴于本条的犯罪分子是以营利为目的,所以对于情节严重的,除判处主刑外,还可以附加判处罚金或者没收财产,以便从经济上也加强打击,有力地制止此种犯罪。

十四、制作、贩卖淫书、淫画罪（第170条）

本罪在第22稿和第33稿中都未曾规定,是根据70年代近几年发生的实际情况增订的。

淫书、淫画是指赤裸裸地描写性行为和宣扬色情淫乱的小说、唱本、画册、照片等而言。这些东西对于群众特别是青少年有很大的腐蚀和毒害作用。它们是导致犯罪特别是性犯罪的一个罪恶的深渊。因此,为了保持良好的社会风气,维护社会秩序,保护青少年身心健康,就必须对这些东西严加取缔;同时对制作、贩卖这些东西的犯罪分子,给予必要的法律制裁。

早在1955年7月,国务院《关于处理反动的、淫秽的、荒诞的书刊图画的指示》就曾指出,对于极少数专门著绘、摄制、印行、贩运和租售反动、淫秽、荒诞图书的犯罪分子,应依法给以惩处。1975年7月公安部《关于坚决打击阶级敌人利用反动黄色书刊毒害青少年的通知》也指出："对于反动黄色书刊的炮制者和那些利用反动黄色书刊、歌曲进行破坏活动的阶级敌人,以及蓄意传播坏书、坏歌,引诱青少年犯罪的教唆犯,要坚决依法惩办。"现在刑法作了专条规定,就可以统一这方面定罪量刑的标准。这对于加强同这种犯罪作斗争,无疑是大有裨益的。

条文规定,构成本罪的必须是客观上有制作、贩卖淫书、淫画的行为,主观上有营利的目的。"制作"和"贩卖",只要具备其一,即可构成本罪。是否以营利为目的,是区分本罪与非罪的重要界限。制作淫书、淫画如果不是为了出卖赚钱,而只是自己保存,这种行为虽也是错误的,应当批评教育,但不能以本罪论处。对于一般看过或传抄过、传画过淫书、淫画的青少年,更应坚持正面教育,提高思想,分清美丑,自觉抵制不良影响,不能乱加处罚。

还要严格分清淫书、淫画同描绘男女正当爱情生活的文艺书刊、图画的界限;同宣传生理卫生及性知识的科学书刊、图画的界限;同美术工作者、医务工作者为了专业需要而制作的裸体画、裸体像的界限。后者是正当的、合法的、有益于社会的,决不能乱加干涉。

十五、制造、贩卖、运输毒品罪（第 171 条）

本条基本上维持了第 22 稿和第 33 稿相应条文的规定，仅在法定刑上作了一些调整。

鸦片烟毒原是帝国主义侵略带来的一大祸害。在旧中国，由于反动政府采取"明禁暗倡"的政策，使这种病态的社会现象到处蔓延，严重毒害我各族人民。新中国成立以后，人民政府立即采取一系列措施，清除烟毒流害，保护人民健康。1950 年 2 月 24 日，政务院发布《关于严禁鸦片烟毒的通令》，指出："从本禁令颁布之日起，全国各地不许再有贩运制造及售卖烟土毒品情事，犯者不论何人，除没收其烟土毒品外，还须从严治罪。"同年 9 月 12 日，内务部发布《关于贯彻严禁烟毒工作的指示》，重申"严厉禁止运烟、售烟，违者严予治罪"。与此同时，有的地区也发布了有关的规范性文件。1952 年 5 月 21 日，政务院再次发布《关于严禁鸦片烟毒的通令》，指出禁烟禁毒要依靠群众，要采取严厉惩办与教育改造相结合的政策。依据通令的精神，这一年在全国各大城市开展了禁烟禁毒的群众运动，有力地打击了各种烟毒罪犯，教育和挽救了一大批吸食毒品的公民。正是通过上述措施，使得鸦片烟毒这种社会的溃疡现象在我国获得了医治。当时可以自豪地说，我们已经基本上肃清了这种污毒。然而，"基本上"不等于是"全部"。即使是 70 年代，在一些边境地区，从境外走私贩运鸦片烟毒的案件还有所发生，说明这种犯罪并没有绝迹（80 年代以后情况更为严峻，后文再叙）。正因为如此，刑法规定这一条有其现实的意义。我们要很好地运用这个武器，继续开展同这种犯罪的斗争。

构成本条罪，必须是制造、贩卖、运输鸦片、海洛因、吗啡或者其他毒品（如高根、金丹等）的行为。"制造"、"贩卖"、"运输"是三种互有联系又有区别的行为形式，不需同时具备而只要具有其中之一，即可构成本罪。条文未提到吸食或注射毒品的问题。第 22 稿和第 33 稿曾把吸食或者注射毒品也规定为犯罪，修订时考虑到，对吸食或注射毒品的人，主要是令其限期戒除的问题，而且只要把制造、贩卖、运输毒品的行为制止了，吸食或注射也就失掉基础。因此，将第 22 稿和第 33 稿规定的那一条删除。

此外，在适用本条时，还要注意把毒品同医疗上使用的麻醉药品区别开来。经政府特许生产的药用麻醉品如阿片、吗啡、杜冷丁等，对于治疗某些疾病是不可缺少的，所以不能把它们当做本条的毒品。但是，由于这些麻醉药品中有的同毒品在物质和化学成分上是同一种东西，如果管理不严，它们也有可能被别有用心的人移作毒品之用。因此，必须按照 1978 年 9 月 13 日国务院发布施行的《麻醉药品管理条例》，加强对麻醉药品的管理工作，严格监督检查其生产、供应和使用情况，以便堵塞漏洞，防止发生问题。

十六、窝赃、销赃罪(第172条)

第22稿没有明确规定窝赃、销赃罪,而是规定了一个"明知是犯罪所得的赃物而收买的"条文。第33稿把这条的罪状增订为"意图营利,明知是犯罪所得的赃物而收买或者代为销售的"。对第33稿修订时,感到把购买赃物列为犯罪,打击面过大,也未必行得通,故将"收买"改订为"予以窝藏",相应删去前面"意图营利"几个字。

本罪具有两个基本的要件:一是客观上要有窝藏赃物或者销售赃物的行为;二是主观上必须明知是犯罪所得的赃物。如果确实不知道是犯罪所得的赃物而代为保管或销售的,不能构成本罪。条文说的是"窝藏"、"销售",但实践中也遇到过有人帮助犯罪分子改装赃物、转移赃物的情况,这实质上还是一种窝藏的行为,仍可按本条论罪。还须指出,本条所说的"明知",是指行为人在犯罪分子作案获得赃物之后对该赃物所产生的"明知",而不是事前同犯罪分子有通谋。如果事先答应犯罪分子,在作案后帮助他窝藏、销售赃物,或者引诱指使青少年进行犯罪活动,坐地分赃或廉价收购其赃物从中渔利,这些都应以共同犯罪论处,不属于本罪的范围。

十七、盗运珍贵文物出口罪 (第173条)

第22稿和第33稿都规定了这个罪。本条基本上保持第33稿的规定,仅有两处修改:一是增加"违反保护文物法规"一句,使本罪的性质更为明确;二是将"珍贵历史文物"改订为"珍贵文物",以便包括一切具有历史、艺术、科学价值的重要文物在内,使条文保护的对象范围更宽些。

我国是一个历史悠久、富于革命传统和优秀文化遗产的国家。历史和革命文物星罗棋布,内容极其丰富多彩。这些文物都是国家和人民的宝贵财富,其中不少是举世罕见甚至是绝无仅有的无价珍品。盗运珍贵文物出口,不仅使我国丧失巨大的物质财富,而且从精神文明和文化价值来说,更是不可估量的无法挽回的损失,也会大大伤害我国人民的民族自尊心。因此,新中国成立以后,人民政府立即采取一系列措施,加强对珍贵文物的保护,特别是为了防止珍贵文物流往国外,还制定了专门的法规,这就是1950年5月24日政务院公布的《禁止珍贵文物图书出口暂行办法》。按照这个办法的规定,凡是具有历史、艺术、科学价值的革命文献及实物、古生物、史前遗物、建筑及其模型或附属品、绘画、雕塑、铭刻、图书、货币、舆服、器具等,都属于禁运出口的珍贵文物之列。因此,只要盗运上述珍贵文物出口的,就应当认为是构成了刑法本条的犯罪。

这里需要指出,盗运珍贵文物出口从海关法的角度来看,也是一种重大走私行为,但因刑法已专条规定予以治罪,就不必再按走私罪论处。

还须指出,"盗运"与"盗窃"不是一个概念。如果行为人先是盗窃了珍贵文物,而后又盗运出口,这是两种行为构成两种罪,既非牵连犯罪,也非结合犯罪,因此应按盗窃罪和本条罪合并处罚,而不能仅仅依盗窃罪或本条罪治罪。

十八、破坏珍贵文物、名胜古迹罪（第 174 条）

本罪在第 22 稿中未加规定,是以后修订时增加的。因为保护珍贵文物,不能仅限于禁止盗运文物出口,也要禁止对文物进行破坏,只有这样才能使珍贵文物得到全面保护。我国过去颁布的一系列关于保护文物的法规,都十分强调要同破坏珍贵文物的行为进行坚决的斗争。例如,政务院 1953 年 10 月 12 日《关于在基本建设工程中保护历史及革命文物的指示》中指出:"如有对革命纪念建筑、名胜古迹、古代建筑物、纪念物、古墓葬及古文化遗址等采取粗暴态度,任意加以拆毁、破坏,致使遭受不可挽回的损失者,应由各级文化主管部门提请监察部门予以适当的处分。其情节重大者,依法移送人民法院判处。"国务院 1956 年 4 月 2 日《关于在农业生产建设中保护文物的通知》又一次作了这样的指示:"对于文化遗迹和文物采取粗暴态度,以致造成不可弥补的损失者,应该由当地文化部门提请监察部门予以适当的处分,情节重大者,依法移送人民法院判处。"国务院 1961 年 3 月 4 日公布的《文物保护管理暂行条例》,明确规定下列文物受国家保护:

（1）与重大历史事件、革命运动和重要人物有关的、具有纪念意义和史料价值的建筑物、遗址、纪念物等；

（2）具有历史、艺术、科学价值的古文化遗址、古墓葬、古建筑、石窟寺、石刻等；

（3）各时代有价值的艺术品、工艺美术品；

（4）革命文献资料以及具有历史、艺术和科学价值的古旧图书资料；

（5）反映各时代社会制度、社会生产、社会生活的代表性实物。该条例并且指出:对于破坏、损毁文物的分子,"应当按照情节轻重给予应得的处分"。

正是考虑到上述这些法规的精神,所以在修订第 22 稿的过程中,就把破坏珍贵文物罪增加了进去。第 33 稿的条文规定:"故意破坏国家保护的珍贵历史文物的,处三年以上十年以下有期徒刑。"这条就是《刑法》第 174 条的基础,修改之处有三:一是将"珍贵历史文物"改订为"珍贵文物",理由如同前条;二是在"文物"之后增加"名胜古迹",使保护的对象范围更加完整;三是将法定刑改为"处七年以下有期徒刑或者拘役",这是同前条以及第 156 条（故意毁坏财物罪）的法定刑作了对比之后确定下来的。

十九、破坏边境界碑、界桩或永久性测量标志罪（第 175 条）

本条实际上包括两种罪:一是破坏边境界碑、界桩罪；二是破坏永久性测量标志罪。

破坏边境界碑、界桩罪,在过去历次稿中均未规定,是根据70年代以来出现的实际情况,为了加强国家边境管理而新增加的。条文中所说的界碑、界桩,是指我国与邻国按照条约的规定或历史的实际管辖范围,在陆地接壤地区埋设的区分疆域界限的标志物。这种标志物直接关系到国家领土主权和边境地区的管理秩序,所以它是神圣不可侵犯的。谁要是故意破坏它,包括盗窃、拆毁或者移动,都会给国家和人民利益带来损失,而且还有可能引起国际争端,因此,应当按照本条追究其刑事责任。如果破坏边境界碑、界桩是以叛国为目的,即行为人用这种犯罪勾当作为向国外敌人卖身投靠的手段,则应当以反革命罪中的投敌叛变罪追究其刑事责任。

破坏永久性测量标志罪在第22稿和第33稿中都有规定。第33稿对罪状的写法是"盗窃或者故意破坏国家的永久性测量标志"。后来修订时认为,这里的"盗窃",实际上是破坏的一种手段,可以不单提,因此便删去了。

测量机关在全国各地进行测量工作(三角、水准、天文、地形)中所建造和埋设的永久性测量标志(包括木标、钢标、三角点中心标石、天文点和基线点的中心标石、水准标志与水准标石、地形测图的固定标志等),对于国家各项建设事业有着十分重要的作用,为此必须妥善保护。国务院早在1955年12月29日就发布了《关于长期保护测量标志的命令》,要求地方各级政府和全国人民,应该将测量标志视为国家财产和建筑物而妥加保护。命令规定:"盗窃或者有意破坏国家的永久性测量标志的,应该按照情节的轻重依法惩办。"1962年12月6日《国务院批转国家测绘总局、人民解放军总参谋部测绘局关于加强保护测量标志的报告》又重申:"今后,对盗窃或有意破坏测量标志的分子,应当根据情节,依法给予应得的惩处。"上述命令和指示,就是刑法规定破坏永久性测量标志罪的主要根据。由于刑法规定了这个罪,就使我国测绘事业进一步获得了强有力的法律保护。

二十、偷越国(边)境罪(第176条)

这个罪是在对第22稿修改过程中,根据1962年11月全国政法工作会议上一些代表提出的关于严格国境管理、加强边防工作的意见增订的。第33稿的写法是:"违反出入国境管理规定,偷越国境的,处二年以下有期徒刑或者拘役。"1978年12月修订稿将条文中"偷越国境"修改为"偷越国(边)境"。后来修订中考虑到,偷越国(边)境的情况比较复杂,动机、目的和手段也不太一样。从动机、目的说,有的是为了进行走私而偷越国(边)境的;有的是因犯罪为逃避法律制裁而偷越国(边)境的;也有的是沿边居民(包括归国华侨)为了探亲、访友、赶集、过境耕种或者出国谋生,因贪图省事而偷越国(边)境的;等等。从手段说,有的是一般性的偷越;有的是伪造证件偷越;也有的是对边境执勤人员使用暴力强行偷越的;等等。对这些都要作具体分析。同时,处理这类问题时,还要考虑与我国接壤的国家的性质和边境的实际情况,不能一概而论。因此,为了控制和缩小打击面,就在条文中增加"情节严重"几个字,作为划分罪与非罪的界限;同时把法定刑降低为"处一年以下有期徒刑、拘役或者管制"。这就是《刑法》的第176条。

按照该条文的规定,构成偷越国(边)境罪需要具备两个最基本的条件:

(1)违反出入国境管理法规,这就是指违反《中华人民共和国外国人入境出境过境居留旅行管理条例》(1964年)、《进出口列车、车员、旅客、行李检查暂行通则》(1951年)、《进出口飞机、机员、旅客、行李检查暂行通则》(1951年)或者其他有关出入国(边)境的管理法规而言。按照这些法规的规定,一切人员出入国(边)境,都必须持有合法的有效的证件,并按照指定的路线和开放口岸出入;如果违反这些规定而进出国(边)境,就是偷越的行为。

(2)"情节严重",如上面所说的那种为走私、为逃避法律制裁或者对边防人员使用暴力而偷越国(边)境的,以及多次偷越、屡教不改的,均应当认为是属于"情节严重"。

至于以反革命为目的偷越国(边)境的,就应以有关的反革命罪论处,这点在"反革命罪"一章中已经讲过,这里不再赘述。

二十一、组织、运送他人偷越国(边)境罪(第177条)

本条罪是与前条罪同时增订的。

在我国的沿海和其他边境地区,有一些人以贪利为目的,专门组织、运送偷越国(边)境的人。这些人比偷越国(边)境的人危险性更大,如不给予打击,不仅使国(边)境管理秩序无法正常维持,而且还会给国家的信誉和国际交往带来不利影响,并给敌特分子的破坏以可乘之机。因此刑法除规定前一条外,还专门规定了这一条。

条文中所说的"组织"他人偷越国(边)境,是指通过串联、联络的方法,有计划地为偷越分子安排偷越的时间、地点、路线和交通工具等;所说的"运送"他人偷越国(边)境,是指用车、船等交通工具,将偷越分子载送出入国(边)境线。组织、运送必须是以营利为目的,才构成本罪。如果是以反革命为目的,应以有关的反革命罪论处。如果是基于其他个人目的,则应作为偷越国(边)境的共同犯罪人,按照前条和总则第二章第三节的有关条文论罪科刑。

二十二、违反国境卫生检疫规定罪(第178条)

1957年12月23日公布的《中华人民共和国国境卫生检疫条例》第7条第1款规定:"……如果因违反本条例和本条例实施规则而引起检疫传染病的传播,或者有引起检疫传染病传播的严重危险,人民法院可以根据情节轻重依法判处二年以下有期徒刑或者拘役,并处或者单处一千元以上五千元以下罚金。"据此,第33稿增设了一条,内容基本相同,只是法定刑稍加调整。以后修订时,这条只字未改。

条文中所说的"检疫传染病",是指鼠疫、霍乱、黄热病、斑疹伤寒和回归热等。

二十三、其他个别罪名问题

第33稿中还有一条"伪造、变造或者盗窃、毁灭私人图章、文书"罪,修订中大家认为,这种行为与第167条的妨害公文、证件、印章罪不同,其危害性不太大,而且往往只是作为别的罪(如诈骗、贪污等)的一种预备手段,可以不单独规定,因此便删去了。

另外,还有人主张把妇女卖淫也列为一条犯罪。讨论中认为,卖淫的情况各种各样,有的是由于被强迫,有的是被引诱,有的是一时失足,不能笼统地都定为犯罪。卖淫主要是妨害社会治安管理,可以视情况给予治安管理处罚[参见1957年《中华人民共和国治安管理处罚条例》第5条第(8)项];个别情节恶劣,实质上带有流氓活动性质的,可按第160条流氓罪处理。所以上述意见未予采纳。

第七章

妨害婚姻、家庭罪

一、干涉婚姻自由罪（第179条）

婚姻自由是宪法规定的权利，也是婚姻法的一个最基本原则。婚姻关系只能以男女双方的思想相通、感情相投为基础。如果两人本来没有什么恩爱感情，却用包办、买卖、索财、暴力等手段硬把他们拉在一起，不仅不能给当事人带来幸福，而且常常是造成种种悲剧的根源。因此，婚姻法规定，禁止包办、买卖婚姻和其他干涉婚姻自由的行为，禁止借婚姻索取财物。

但是，由于我国是经历了两千余年封建统治的国家，封建主义婚姻家庭制度的影响根深蒂固。新中国成立以后，经过婚姻法的宣传贯彻，这种影响虽然大大削弱了，但并没有彻底清除。特别是在经济文化落后的穷乡僻壤，这个问题仍然相当严重。在这种情况下，如果对一切干涉婚姻自由的行为不加分析地都当做犯罪来规定，不仅打击面过大，丧失社会同情，而且事实上也不可能办到。因此，在刑法起草过程中，在规定干涉婚姻自由这条罪的时候，总是在前面加上"以暴力"三个字作为限制词。这就是说，不是一般的干涉婚姻自由，而只有使用暴力（如殴打、捆绑、禁闭、强抢等）干涉他人婚姻自由的，才构成犯罪。这点从历次草稿直至定稿都是一致的。这样，就把一般违反婚姻法的行为同触犯刑律的行为区别开来了。

婚姻自由包括结婚自由和离婚自由两个方面。干涉婚姻自由当然也就包括干涉结婚自由和干涉离婚自由两个方面。具体说，凡是强迫对方与自己结婚、强迫他人与某人结婚或非法禁止其与某人结婚、强迫他人与某人离婚或非法禁止其与某人离婚的，都属于干涉婚姻自由的行为。以暴力干涉婚姻自由的，多为被干涉者的父母、兄长、同族或者违法乱纪的基层干部。干涉的动机或由于贪图钱财，或由于高攀权势或坚持所谓"门当户对"，或为了维护旧传统、旧习惯，等等。但是，如果是父母、亲属、长辈、朋友出于善意，提出批评或不同意见供考虑的，不能认为是"干涉"。

因暴力干涉婚姻自由引起被害人死亡的，条文第2款规定要处以更重的法定刑。这里的"死亡"，主要是指自杀，第22稿和第33稿相应条款使用的就是"自杀"字样，但也不排斥个别在实施捆绑吊打等暴力干涉的过程中致人死亡的情况。因此用"死亡"二字来概括更加全面些。

暴力干涉婚姻自由一般属于人民内部问题。在干涉者与被干涉者之间往往存在密切的亲属关系特别是父母和子女的关系。由于有这种特殊关系，被害人为了不使关系破裂，通常只要求行为人改正错误，不再干涉自己的婚姻自由就满意了，不到万不得已，决不希望司法机关主动干预，更不希望对行为人处以刑罚。正是基于这种特殊情况的考虑，所以条文第3款规定：暴力干涉他人婚姻自由，没有引起被害人死亡的，"告诉的才处理"。这是对第22稿和第33稿所作的一个重要修订。

二、重婚罪（第180条）

本条包括有配偶而重婚的，以及本人虽然没有配偶，但明知他人有配偶而与之结婚的。这个内容写法在历次稿中都是一样的。

重婚行为有发生在1950年《中华人民共和国婚姻法》（以下简称《婚姻法》）施行以前，也有发生在《婚姻法》施行以后。

《婚姻法》施行以前的重婚问题，人民政府早有政策规定。1950年10月23日中央人民政府法制委员会《关于重婚案件的处理原则》中说："……对婚姻法施行前的重婚不采取积极干涉的态度。一方面对已有觉悟的男女（特别是妇女），所提出的离婚或其他合法要求，予以保护，使其早日解脱痛苦，在这种情况下，对于重婚一点，可不科刑。"1953年3月法制委员会《有关婚姻问题的若干解答》中说："……至于婚姻法施行以前的重婚、纳妾，是旧社会遗留下来的问题，是否离婚，要看女方（妻、妾）要求来决定。……如果女方没有这样要求，就仍应让他们保持原来共同生活关系。"根据这些规定，就将《婚姻法》施行以前的重婚解脱了，《刑法》公布施行以后，当然不会重新予以追究。

如何处理《婚姻法》施行以后、刑法公布施行以前的重婚问题，比较复杂一些。除了考虑刑法的时间效力和追诉时效的有关规定外，第22稿条文中还设有一款：重婚罪，"本人告诉的才处理"。以后修改中对是否保留这一款有不同的看法。有的同志认为，重婚问题，不单纯是法律问题，还有生活出路的实际问题。《婚姻法》虽然颁布多年，但某些地区的重婚现象仍然存在，这说明一个地区在长时间中形成的不良习惯，不是短时间内就能改变的。特别是遇到大灾之年，有些灾区的灾民外流，因为生活所迫，有些妇女与人结了婚，其中重婚的不少。鉴于这种情况，如果凡是《婚姻法》施行以后重婚的一律追究，结果是办不胜办，而且必然造成混乱。如果规定"本人告诉的才处理"，就可以限制一下处理的面，假如双方相安无事，司法机关就可不管了。但是，有些同志从另一角度提出：《婚姻法》颁布已这么多年了，我们应该严格贯彻执行，坚决维护一夫一妻制的原则，对重婚问题应该采取严肃态度处理；如果我们对重婚问题不告不理，就会引起群众的正当不满，同时也会被一些人钻空子，破坏法制的威信。因此，关于重婚罪"本人告诉的才处理"的规定，应予删去。当然，删去这一款不等于说处理重婚问题就不考虑实际情况了。如果重婚确实是由于遭受自然灾害、生活所迫引起的,以及在实际生活中偶尔遇到的有个别已婚妇女,为了坚决反抗父母包办强迫的婚姻或不堪丈夫、翁姑的虐待而逃离夫家,在没有办理离婚手续的情况下又与他人结婚的,这些行为实际上带有紧急避险的性质,就不能按照通常那种基于资产阶级思想或封建思想而实施的重婚罪处理,而应当细致地进行工作,正确地解决他(她)们的婚姻问题。所以,取消关于重婚罪"本人告诉的才处理"的规定,既坚持了法律的严肃性,同时仍能照顾到实际问题。讨论的结果,采纳了第二种意见,删除了"本人告诉的才处理"这一款。一直到定稿,都照此未变。

另外,在适用本条时还须注意,本条所说的"重婚"或"与之结婚",不仅是指去婚姻登记机关隐瞒真相非法进行了登记结婚的情况,而且也包括那种彼此以夫妻身份相待,对外也以夫妻自居,长期同居的事实上的夫妻关系的情况。也就是说,法律婚与事实婚都包括在内。关于这点,1958年1月27日最高人民法院《关于如何认定重婚行为问题的批复》已有清楚的说明,可以认为是对本条的一个很好的注释。

三、破坏军人婚姻罪(第181条)

破坏军人婚姻罪就是"明知是现役军人的配偶而与之同居或者结婚的"行为。这个规定比之第33稿"破坏军人婚姻家庭的"那个规定,在概念范围上要小。第33稿的那个规定,是根据当时的一些政策文件作出的,意思是指:凡与现役军人的妻子或未婚妻通奸的(更不用说与其同居或结婚了),就构成破坏军人婚姻罪。当时司法实践中一般也是这样办的。可是经过多年的实践证明,这样做打击面太大,特别是保护"婚约",问题很多。婚约(订婚)并非结婚前的必经手续,也缺乏明显的标志,常常对有无婚约存在,双方各执一词,纠缠不清。尤其是由于男方一句话,说是订有"婚约",从此就不准该女青年与别人恋爱、结婚,直接违反了婚姻自由的基本原则,给一些女青年精神上带来莫大的痛苦。至于因此把与女青年自愿发生两性关系的男青年逮捕判刑,其悲剧性的后果更是可想而知。而且,原来那种做法,只是片面地保护男性军人,而没有同时强调也保护女性军人,这也不平等。因此,对第33稿的那个规定作了较大的修订。这就是《刑法》的第181条。这条的精神不是要削弱对军人婚姻的保护,而是要缩小打击面,更加鲜明地体现男女平等的原则,有利于保护男女恋爱、结婚的自由,有利于鼓励军人实行晚婚,同时也可以避免实际工作中存在的对"婚约"关系不易判断的那种困难。所以,这样的规定是正确的、必要的。

按照条文的规定,构成破坏军人婚姻罪需要具备两个基本的要件:

(1)客观上要有破坏现役军人婚姻的行为,这个行为的表现就在于同现役军人的配偶同居或者结婚。所谓现役军人,是指正在人民解放军部队或人民武装警察部队服役的男女军人,不包括退役军人、转业军人、复员军人和虽在军事部门工作但无军籍的职工。所谓配偶,是指已与现役军人结婚的妻子或丈夫,不包括仅仅与现役军人有某种所谓"婚约"关系的"未婚妻"或"未婚夫"。所谓同居,是指公开或秘密地共同生活,至于是长期姘居或临时姘居,在所不问。但同居不是指一般的通奸行为,更不是指男女间一般的交往,这是需要区别清楚的。

(2)主观上要有破坏军人婚姻的故意,这个故意表现在明知对方是现役军人的配偶而竟然与其同居或者结婚。如果由于军人的配偶隐瞒了事实真相,致使他人受骗而与之同居或结婚,经调查属实的,就不能认为是构成本罪。

附带介绍一点:在制定本条的过程中,有人主张在"现役军人"之后增加"我驻外、援外人员和边疆建设人员"。讨论中考虑到这样一增加,就失去设立本条的特殊意义了,故未予采纳。

四、虐待罪(第182条)

本条与第22稿和第33稿相应条文比较,基本相同,仅有两处修订:一是第2款"引起被害人重伤、死亡",在第22稿和第33稿是分成"致被害人重伤"和"致被害人死亡"两种情况写的,修订时认为不必分得过细,就合在一起写。二是相应对法定刑也作了一些调整。

本条所说的"虐待家庭成员",是指经常以打骂、冻饿、禁闭、强迫从事过度劳动、有病不给治疗等方法,肆意摧残、折磨家庭成员身心的行为。虐待与一般的家庭纠纷有显著区别。不能把家庭成员之间偶然引起的打骂之类的纠纷,认为是虐待;也不能把父母对子女的教育方法不当、态度简单粗暴看成是虐待。

虐待的情节有轻有重,其恶劣程度和造成的后果也各有不同,这就需要具体分析,区别对待。刑法本条为了控制打击面,以虐待行为是否"情节恶劣"作为划分这个罪与非罪的界限。这里所谓"情节恶劣",主要是指虐待手段凶狠残忍;虐待动机十分卑鄙;虐待延续的时间长;以及屡教不改,引起强烈公愤;等等。如果因虐待而引起被害人重伤、死亡的,则要依本条第二款处以更重的法定刑。

由于虐待罪是发生在家庭成员之间,而且虐待者一般在经济上处于优势地位,被虐待者或其他家庭成员往往需要依靠虐待者,这就决定了被虐待者通常只希望虐待者改弦易辙,停止虐待就满意了,非到万不得已,不要求司法机关干预,更不希望对其亲属——虐待者论罪判刑。正是基于这种特殊情况的考虑,所以本条第3款规定:犯一般虐待罪的,"告诉的才处理"。这样就进一步对打击面加以限制。

五、遗弃罪(第183条)

本条给遗弃罪下了完整的定义:遗弃罪是指"对于年老、年幼、患病或者其他没有独立生活能力的人,负有扶养义务而拒绝扶养,情节恶劣的"行为。这个定义在第 22 稿和第 33 稿中基本上就有了,但为了限制打击面,严格区分罪与非罪的界限,修订时仿照前条虐待罪的体例,在条文中增加"情节恶劣"的字样;同时把上述两个稿中的第二款(犯遗弃罪"致被害人死亡的")予以删除,法定刑也作了一些调整。

遗弃罪,从被遗弃的对象来说,是缺乏独立生活能力、在家庭经济上处于从属地位的人。遗弃他们,不仅使他们享有的受扶养的合法权利直接遭受损害,而且使他们的生命和健康陷于危险境地。因此,从一定意义上讲,这种罪比一般的虐待罪危害性更大些,所以法定刑也稍重些,并且不受"告诉的才处理"的限制。

条文中所规定的"扶养"一词,应作广义理解,实际上包括婚姻法所规定的"扶养"(夫妻之间)、"抚养"(父母对子女)"赡养"(子女对父母)三个含义在内。扶养不仅指经济上的供养,也包括生活上必要的照料和帮助。对于没有独立生活能力的家庭成员,负有扶养义务而拒绝扶养,情节恶劣的,就构成本条的遗弃罪。所谓"情节恶劣",主要是指因遗弃引起严重后果(如被害人走投无路被迫自杀、因生活无着而流离失所);遗弃的动机十分卑劣;在遗弃的同时夹杂打骂、虐待行为;以及屡教不改,激起公愤等。

在本条制定过程中,也有人提出,可否在条文中写明"有负担能力"字样。大家讨论认为,这点可以不写,因为生活水平可高可低,把问题定得太死,容易给人钻空子。当然这并不是说对扶养者的经济能力就不考虑了。如扶养人确实自己也处在生活非常困难的境地,不是"拒绝扶养",而是无能为力,当然也就不能追究其刑事责任,这是不言而喻的。

六、拐骗儿童罪(第 184 条)

拐骗儿童罪就是指拐骗不满 14 岁的男、女,脱离家庭或者监护人的行为。"拐骗",是指用欺骗手段将儿童弄走。"监护人",是指对儿童的人身、财产和其他合法权益负责监督和保护的人。

第 22 稿规定的是"拐骗不满十八岁的男、女"。修改中考虑到,满 16 岁的人,在农村已可成为社员,上学的也已是高中学生,虽然尚未成年,但已有相当独立的生活能力和判断能力,不大可能被拐骗,因此第 33 稿把"不满十八岁"改为"不满十六岁"。对第 33 稿修订时,感到定"不满十六岁"仍嫌过高,又进一步改订为"不满十四岁",这样就使本条成为保护儿童性质的条文,与宪法、婚姻法强调保护儿童的精神是一致的。

拐骗儿童,从实践来看,往往都是一些无子女的人干的,目的是要把拐来的儿童变成自己的子女。这种人主观上并没有坑害儿童的动机,但是,他们的思想是损人利己的,手段是卑鄙的,他们把自己的幸福建筑在别人的痛苦之上。他们选择这种不光彩的行为,不仅使受骗儿童的心灵受到严重创伤,而且给儿童的父母和其他亲人造成极大的精神痛苦，给周围群众的生活秩序带来威胁。所以对这种行为不能不宣布为犯罪而给以应得的惩处。

当然，这种犯罪行为同第141条规定的拐卖人口罪是有区别的。后者是以营利为目的，把被拐的人当做特殊商品出卖，严重地侵犯他人的人身自由和人格，其性质更为恶劣，社会危害性更大，从而法定刑也更重。如果拐骗不满14岁的儿童是为了进行贩卖，那就应当按拐卖人口治罪，不再适用本条。

七、其他个别罪名问题

第33稿还规定了一条"借婚姻关系索取财物而妨害他人婚姻自由"的犯罪。修订中考虑到，这是封建婚姻制度遗留下来的不良习惯，带有相当的普遍性，涉及的人很多，只能通过宣传贯彻婚姻法，加强思想教育来解决，不宜规定为犯罪。因此将该条删除。

第33稿还有一条"破坏他人婚姻家庭"罪，即通常所说的通奸罪。是否把通奸规定为犯罪，在刑法起草过程中历来有争论。主张规定的理由是：

（1）通奸影响家庭和睦，影响生产，并容易发生杀伤人命等后果，对社会治安危害很大，应当处刑。

（2）有的情节很严重，屡教不改，告了不管，群众接受不了，你不管他自己管，更容易发生严重后果。

（3）将通奸规定为亲告罪，不告不理，处罚面也不致过宽。

（4）各地法院过去对情节严重的通奸，实际上也是处理的。

主张不规定的理由是：

（1）通奸是旧婚姻制度和旧思想意识带来的不良现象，基本上是道德问题；主要应靠加强道德教育和树立良好的社会风气逐步加以克服，必要时辅之以党纪、政纪处分，靠刑罚解决不了。

（2）通奸问题比较普遍，"法不治众"，如果规定为犯罪，就会牵制司法机关很大一部分力量处理这种案件，而且处不胜处，效果到底如何，却令人怀疑。

（3）世界上除极少几个国家的刑法对通奸作了规定，绝大多数国家都没规定通奸罪，我们要是规定了，似乎太显眼了。

（4）有的人一贯乱搞男女关系，搞了很多人，引起广大群众的强烈不满，这实质上是情节恶劣的流氓行为，可以按流氓罪论处；还有的因通奸而造成虐待、遗弃甚至伤人、杀人等后果的，也应依照有关规定处罚。因此不能理解为是法律对这种行为的放纵。

上述两种意见都有一定道理。第22稿主要采纳了第二种意见，所以就没有写通奸这一条。第33稿主要采纳了第一种意见，所以又把这条写上了。到了修订第33稿时，又感到第二种意见更值得考虑，所以又把这条删除了。

第八章

渎职罪

一、贿赂罪(第185条)

贿赂罪包括"国家工作人员利用职务上的便利,收受贿赂"罪和"向国家工作人员行贿或者介绍贿赂"罪。前者无疑是渎职罪,后者则未必是,但因为它与前者有密切联系,而且都侵犯了国家机关的正常活动,因此顺便也规定在这里。

受贿罪是指国家工作人员利用职务上的便利,为行贿人谋取私利,而非法接受其财物或财产性利益的行为。受贿罪有两个基本特点:一是国家工作人员利用职务上的便利,为行贿人谋取私利。如果与执行职务无关,则不构成受贿罪。二是非法接受行贿人给予的财物或财产性利益。如果没有接受他人的财物或财产性利益问题,当然也不构成受贿罪。

这两个特点缺一不可,二者结合在一起,就显示出行贿受贿之间这种非法的肮脏交易的特殊本质。它与亲友之间的正常往来,接受一些礼物或赠品是截然不同的。

第22稿对受贿罪,根据受贿后有没有枉法,分别规定了不同的法定刑;以后修改中认为这样划分意义不大,而且还容易给人造成似乎受贿本身并不枉法的模糊观念,因此予以删除合并。对第33稿修订时,在条文中增加"赃款、赃物没收,公款、公物追还"一句。这就是说,以私人款物作贿赂的,要没收归入国库;以公款公物作贿赂的,要追还给原单位。如果受贿人已消费掉,依据《刑法》第60条的规定,应当责令退赔。这里需要注意一点:如果是国家工作人员以满足某人的某种合法要求为诱饵,通过威胁要挟手段向他敲诈勒索财物,也即俗称的"敲竹杠",则被敲诈勒索者乃是受害的一方,既不能把他当做行贿人,也不能把他被迫给予的财物当作贿赂,这时就不发生没收的问题,而应当把财物退还给被害人。对于实施敲诈勒索行为的该国家工作人员,也不是依照本条的收受贿赂罪追究刑事责任,而应当依照《刑法》第154条的敲诈勒索罪追究刑事责任。以后法律在受贿罪中明文规定,索贿的从重处罚。上述行为自应依法定为受贿罪,处罚上予以从重。

行贿罪是指用财物或财产性利益收买国家工作人员,使其利用职务上的便利,非法为自己谋取私利的行为。介绍贿赂罪是指在行贿人和受贿人之间进行引荐、撮合,使他们得以实现行贿和受贿的行为。它们同受贿罪交织在一起,互相依存。

行贿、介绍贿赂罪同受贿罪相比,孰轻孰重？各稿评价不一。第22稿规定行贿或者介绍贿赂的,比照受贿罪"从轻处罚",这是表明前两者轻于后者;第33稿改为依照受贿罪的规定处罚,这是表明前二者不一定比后者轻,究竟孰轻孰重,要根据具体情况。对第33稿修订时,考虑到受贿是国家工作人员利用职务实施的犯罪,而且行贿人、介绍贿赂人的犯罪目的必须通过受贿人的犯罪活动才能实现,因此受贿罪的社会危害性一般应当认为比行贿、介绍贿赂罪的社会危害性更大。基于这种认识,所以本条规定:受贿的,"处五年以下有期徒刑或者拘役","致使国家或者公民利益遭受严重损失的,处五年以上有期徒刑";而行贿或者介绍贿赂的,"处三年以下有期徒刑或者拘役"。

第22稿还有"胁迫国家工作人员收受贿赂的,从重处罚"和"行贿以后即行自首的,可以免除或者减轻处罚"的规定。修订中认为,前者可以让审判人员自行掌握,法律上不必作硬性规定;后者可以直接适用总则有关自首的条文的规定,不必另立原则。因此,均予删除。

二、泄露国家机密罪(第186条)

1950年2月24日政务院发布的《关于各级政府工作人员保守国家机密的指示》第5条规定:"各级政府如发现工作人员不善保守国家机密,或有泄露国家机密行为时,应分别轻重作如下之处理:(一)批评教育与行政处分。(二)送司法机关依法处理……"1951年6月8日政务院公布的《保守国家机密暂行条例》第15条规定:"凡因疏忽泄露国家机密或遗失国家机密材料者,应视其情节轻重予以处分。"刑法本条就是根据上述规定的精神结合多年来的实践情况制定的。在打击面上本条较之第33稿相应条文限制得更严些。第33稿规定:"国家工作人员泄露国家重要机密的,处七年以下有期徒刑或者拘役。非国家工作人员犯前款罪的,依照前款的规定处罚。"本条的规定是:"国家工作人员违反国家保密法规,泄露国家重要机密,情节严重的,处七年以下有期徒刑、拘役或者剥夺政治权利。非国家工作人员犯前款罪的,依照前款的规定酌情处罚。"

所谓国家重要机密,是指列入国家保密法规范围、应予严格保守的国家重大事项。概括地说,凡是涉及国家的安全和重大利益,尚未公布或不准公布的政治、经济、军事和科学技术方面的重大事项,都属于国家重要机密。至于具体范围,在《保守国家机密暂行条例》第2条中有详细的列举,可资查阅。凡是把国家重要机密让不应知道该项机密的人知道了,这就是泄密。泄密的方式可以是口头的,也可以是书面的(如写信、写文章、写书等),还可以是直接将包含重要机密的文件、资料、照片、实物、图纸等交予不该交予的人或者丢失了。

泄密既有故意的,也有过失的。故意泄露国家机密如果具有反革命目的,应按第97条的间谍罪论处;如果基于贪利或显示自己消息灵通等的个人目的,才按本条处理。过失泄露国家重要机密的行为,一般应按其情节轻重给予批评教育或党纪、政纪处分;只有极个别情节十分严重,给国家和人民利益造成重大损失的,方应按本条处理。不过这里有一个立法技术上的问题,即总则第12条第2款规定,"过失犯罪,法律有规定的才负刑事责任",而本条应包括过失但没标明"过失"字样,因此将来立法解释时最好能予以明确,不然易使人理解为似乎本条不包括过失情况。例如,有的同志主张,过失泄露国家重要机密,情节严重的,应按第187条玩忽职守罪处理。可见,将本条犯罪的主观方面明确解释一下是有必要的。

泄露国家机密罪作为一种渎职罪,它的主体应是国家工作人员。但是,从实际情况看,非国家工作人员知道国家重要机密的也不少。例如,在国家机关或军工单位工作的工人,某些负责干部的家属子女等,都或多或少接触到了一些国家重要机密。为了很好地履行宪法规定的公民必须"保守国家机密"的义务,为了加强公民的保密责任,因此本条第2款规定:"非国家工作人员犯前款罪的,依照前款的规定酌情处罚。"这是必要的。

三、玩忽职守罪(第187条)

本罪在第22稿中未加规定,是在对第22稿修订过程中,根据当时参加全国政法工作会议的代表们所提的意见增订的。不少省、市代表在讨论刑法草案草稿时提出:粮食、商业、物资保管部门的一些工作人员,由于严重不负责任,使经管的大批粮食和其他市场上比较缺乏的商品霉烂、变质,造成国家很大的损失。对这些责任者应当考虑追究刑事责任。修订中大家认为,不仅上述部门有这个问题,其他部门也有,因而条文中的犯罪主体一般仍写"国家工作人员",而不在部门上加以限制。第33稿的写法是:"国家工作人员由于玩忽职守、严重不负责任,致使公共财产遭受重大损失的,处七年以下有期徒刑或者拘役。"后来修订中考虑到,"严重不负责任"与"玩忽职守"实际上是一个意思,可以删去;后果方面仅提到"致使公共财产遭受重大损失",不够全面,故修改为"致使公共财产、国家和人民利益遭受重大损失"。此外,在法定刑上也稍有降低。这就是《刑法》的第187条。

玩忽职守罪是一种过失犯罪。这种犯罪在客观上表现为不履行或不正确履行自己的职责,致使公共财产、国家和人民利益遭受重大损失。如果没有造成重大损失,那是属于工作上的错误,不应当做犯罪追究刑事责任。这种犯罪在主观上是出于过失,也就是说,上述重大损失是由于行为人的严重官僚主义或对工作极端不负责任造成的。如果有意造成重大损失,那就不是玩忽职守的问题,而是构成其他犯罪了。

在适用本条时,要注意把本罪同《刑法》第114条厂矿重大责任事故罪区别开来。二者在主观上都是过失,在客观上都造成严重后果。但有两点区别:

(1)厂矿重大责任事故罪是在生产作业中发生的;而本罪则是在非生产作业

的工作中往往是在经济管理工作中发生的。

（2）厂矿重大责任事故罪的主体可以是国家工作人员，也可以是工人；而本罪的主体只能是国家工作人员。

四、徇私枉法罪（第188条）

本罪在第22稿是分两条写的：一条是"有追诉职务的人员，对明知是无罪的人而使他受追诉或者对明知是有罪的人而不使他受追诉的"；另一条是"有审判职务的人员，故意做枉法裁判的"。第33稿合并为一条："司法工作人员对明知是无罪的人而使他受追诉、对明知是有罪的人而故意包庇不使他受追诉，或者故意颠倒黑白作枉法裁判的。"第33稿加上"故意包庇"、"颠倒黑白"这些贬词，就把条文的含意搞得更明确了。刑法本条基本上保持第33稿这个规定，仅有两处修订：一是在"司法工作人员"之后增加"徇私舞弊"四个字，这样就把本条的三种情况从性质上作了统一概括，便于确定罪名。二是对法定刑作了适当调整，由原来单一的"处三年以上十年以下有期徒刑"，改为一般"处五年以下有期徒刑、拘役或者剥夺政治权利"，情节特别严重的（例如，造成他人妻离子散、家破人亡等）"处五年以上有期徒刑"。这样，扩大了量刑幅度，便于更好地适应各种不同情况。

本罪是只能由司法工作人员构成的故意犯罪。其基本特征：一是徇私；二是枉法。徇私，就是说不是从工作出发，而是徇私情，假公济私。其所以徇私情，或由于贪赃受贿，或为了袒护亲友，或出于报私仇、泄私愤，等等。枉法，就是故意歪曲事实，违反法律，颠倒黑白地处理案件。其表现形式就是条文中所列举的三种情况。由于徇私枉法罪是故意犯罪，所以，它同司法工作人员因主观片面、粗枝大叶、工作不深入或者因水平低、缺乏专业知识而在侦查、起诉、审判工作中发生的错误，是有原则区别的。对后者主要是总结经验教训、加强教育、提高水平的问题，不能按本条追究刑事责任。

五、体罚虐待被监管人罪（第189条）

第22稿原有一条"对人犯施行虐待"的条文，后来修订时删去了。对第33稿修订时，考虑到给被监管人以人道主义待遇，禁止对他们体罚虐待，以利改造工作的进行，乃是我们党和国家的一贯政策，这样的条文不可缺少。因此又新设了一条，这就是《刑法》的第189条。

本条所说的"被监管人"，不仅指监狱、劳改队、少年犯管教所、拘役所中的已决犯，也包括看守所中的未决犯以及被拘留审查的其他人员。所谓"对被监管人实行体罚虐待"，就是指负有监管职务的司法工作人员，违反监管法规，对被监管人施用罚站、罚跪、殴打、冻饿、不给睡觉等非人道手段，摧残其身心的行为。这种行为如果"情节严重"，例如多次进行体罚虐待，屡教不改；体罚虐待的手段残酷；因体罚虐待造成严重后果等,就构成了本罪,应追究其刑事责任。如果"情节特别严重",例如因体罚虐待引起了多人的死亡等,还要处以更重的法定刑。

六、私放罪犯罪(第190条)

本罪在第22稿和第33稿中均有规定。第22稿条文在"私放人犯"后面还有"或者便利人犯脱逃"的字样。修订中考虑到,"便利人犯脱逃",意思不太明确,如果是有意使罪犯脱逃,这就等于私放;如果是麻痹大意、管理松懈,使个别罪犯乘机脱逃,这一般说不构成犯罪。因此将这几个字删掉。第33稿规定:"司法工作人员私放罪犯的,比照所放罪犯的罪刑处罚。"修订中认为,对这个罪采用"反坐"的处罚原则是不合适的,应当给予明确的法定刑,因而规定:犯本罪,一般的"处五年以下有期徒刑或者拘役",情节严重的(例如,私放了重大的罪犯出狱,出狱后对被害人实行报复或者继续犯罪等)"处五年以上十年以下有期徒刑"。

本罪也是由司法工作人员构成的故意犯罪。其客观表现是把处于关押中(包括押解途中)的罪犯(包括已决犯和未决犯)私自放走;主观上完全是出于故意。至于其动机或由于徇亲友私情,或由于收受了贿赂,或由于本身是罪犯的同伙而予以包庇,等等,不影响本罪的成立。

七、邮电工作人员私拆、隐匿、毁弃邮件、电报罪(第191条)

本条基本上维持第33稿相应条文的规定,只是在法定刑上稍有调整,并在第2款增加"从重"二字。

本罪的主体只能是邮电工作人员。如果非邮电工作人员私拆、隐匿、毁弃他人信件,情节严重的,应按《刑法》第149条侵犯公民通信自由罪处理。

本罪的主观方面只能是故意。如果过失遗失邮件、电报,情节严重,使国家和公民利益遭受重大损失的,应按《刑法》第187条玩忽职守罪处理,而不能按本条处理。

邮电工作人员犯本罪而窃取财物的,应依《刑法》第155条贪污罪从重处罚。其所以"从重",是因为这种行为不仅贪污财物,而且侵犯公民通信自由,危害邮电部门的正常管理活动。

八、其他个别罪名问题

在本章起草过程中,有一度打算增加一条:"国家工作人员滥用职权、违法乱纪,使公民人身权利遭受严重损害或者使公私财产遭受重大损失的,处……"后来考虑,"滥用职权、违法乱纪"这个罪名太广泛,差不多是"渎职罪"概括性的总称,与其他具体条文并列在一起,引用起来有困难;弄得不好,就会不适当地过多运用数罪并罚的原则,结果是普遍地加重了刑罚,不能正确体现政策。于是未采纳这一条。

还有的同志主张,在本章规定"故意制作假报告欺骗组织"的犯罪。考虑到这方面情况很复杂,尚无成熟经验,因此未做规定。

九、对情节轻微的渎职罪的行政处分(第192条)

国家工作人员犯渎职罪,情节轻微的,可以由主管部门酌情予以行政处分。这是"扩大教育面、缩小打击面"的政策精神的具体体现。本来,《刑法》第32条已包括有这个精神,本条也可以不写;但考虑到第22稿和第33稿在本章都设有这样的条文,有了这一条,在"慎刑"上可以更加引起注意,因此还是保留下来了。

下　　卷

中华人民共和国刑法的发展和完善
——1997年修订的刑法典

第一编 总 则

第一章
刑法的任务、基本原则和适用范围

一、刑法的目的和根据(第 1 条)

关于刑法的指导思想和制定根据,1979 年《刑法》第 1 条规定:"中华人民共和国刑法,以马克思列宁主义毛泽东思想为指针,以宪法为根据,依照惩办与宽大相结合的政策,结合我国各族人民实行无产阶级领导的、工农联盟为基础的人民民主专政即无产阶级专政和进行社会主义革命、社会主义建设的具体经验及实际情况制定。"

在自 1988 年开始全面修订刑法的研拟过程中,对于本条规定的存废,我国刑法学界、法律实务界存在着不同见解。总括而言,主要有三种意见:第一种意见认为,本条内容不需要规定在刑法中,主张删去;第二种意见认为,既然已经作了规定,没有大的问题就不必大改;第三种意见主张保留本条的规定,但考虑到我国包括宪法在内的所有法律都是以马克思列宁主义、毛泽东思想为指导的,我国制定的其他法律大多并没有将指导思想的内容规定在其中,况且原条文中"结合我国各族人民实行无产阶级领导的、工农联盟为基础的人民民主专政即无产阶级专政和进行社会主义革命、社会主义建设的具体经验及实际情况"这一刑法的实践根据的表述过于笼统,因此原则上在保留本条规定的情况下,应当对其内容予以简化。[①] 立

[①] 参见全国人大常委会法工委刑法室 1989 年 2 月 17 日整理:《刑法总则中争论较多的几个问题》,载高铭暄、赵秉志编:《新中国刑法立法文献资料总览》(下),中国人民公安大学出版社 1998 年版,第 2123 页。

法机关采纳了第三种见解,最终在 1997 年刑法典中保留了该条,规定:"为了惩罚犯罪,保护人民,根据宪法,结合我国同犯罪作斗争的具体经验及实际情况,制定本法。"对比新旧刑法的规定,可见如下三处修改:

1. 不再明确规定刑法立法的指导思想,同时简化了刑法制定的根据

1979 年刑法典之所以将"马克思列宁主义毛泽东思想"作为刑法的指导思想,并且明确规定刑法的制定结合了"我国各族人民实行无产阶级领导的、工农联盟为基础的人民民主专政即无产阶级专政"的具体经验,是因为我国 1978 年宪法当时尚没有修改,尚未规定坚持四项基本原则的内容,而且"文革"流毒尚未完全肃清,为了更好地拨乱反正、正本清源,在刑法中开宗明义地规定上述指导思想具有重大的现实的政治意义。1982 年我国宪法进行了修改,明确地确立了马克思列宁主义毛泽东思想和四项基本原则的宪法地位,而宪法是制定包括刑法在内的所有法律法规的根据,鉴于其他法律大都没有写指导思想的内容,1997 年刑法典对此也不再作规定。

2. 不再明确规定惩办与宽大相结合的刑事政策

1979 年刑法典规定的立法根据之一是"惩办与宽大相结合的政策",这一政策是我们党和政府同犯罪作斗争的基本政策,对于改造多数、孤立少数具有重要的作用和意义。在全面修订刑法的过程中,究竟要不要在刑法中规定这一政策,对其如何表述,无论是刑法学界还是政法实务界,争议极大,几经反复。在修订刑法研拟之初,立法工作机关考虑到惩办与宽大相结合政策的内涵和精神已经内化在具体的法条中,如刑法对累犯、教唆未成年人犯罪的犯罪分子从重处罚的规定,对预备犯、未遂犯、中止犯、从犯、胁从犯从轻、减轻、免除处罚的规定,对正在服刑的罪犯予以减刑、假释的规定等,均体现了这一政策精神,因此,1988 年 9 月刑法修改稿第 1 条中就没有再规定"惩办与宽大相结合的政策"。

然而,在此后的研拟中,一些单位的同志提出,为了发挥"惩办与宽大相结合政策"的威力,有必要在刑法中对这一政策予以体现。采纳这一建议,1988 年 11 月 16 日和 12 月 25 日的刑法修改稿以及 1995 年 8 月 8 日和 1996 年 6 月 24 日的刑法总则修改稿第 1 条又都规定了"惩办与宽大相结合的政策"。

随着刑法基本原则研讨的深入以及罪刑法定原则写入刑法典即将成为现实,最高人民检察院和最高人民法院等部门提出,应该增加惩罚与教育相结合原则,这样有助于完善我国的刑事法治,不仅有利于惩办、分化、瓦解犯罪,也有助于对罪犯的教育和改造。于是,1996 年 8 月 8 日的刑法总则修改稿第 1 条又将原"惩办与宽大相结合的政策"的写法改为"依照惩办与教育改造相结合的原则"。但在 1996 年 8 月 12 日至 16 日全国人大常委会法制工作委员会邀请的"刑法修改专家座

谈会"①上,与会的专家一致认为,对这一条作适当的修改是必要的,但不赞成将"依照惩办与宽大相结合的政策"修改为"依照惩办与教育改造相结合的原则"。主要理由是:

(1)惩办与宽大相结合的政策,是我国长期坚持的基本刑事政策,这一政策在同犯罪作斗争中发挥了重要作用。实践证明是成功的刑事政策,不应放弃。

(2)我国刑法中的许多规定,如对累犯、主犯规定从重处罚,对有自首、立功表现的从轻或者减轻处罚,对正在服刑的罪犯可以减刑或假释等,都体现了惩办与宽大相结合的政策,如将这一政策修改,会使人误认为我们的基本刑事政策变了。

(3)惩办与宽大相结合的政策是定罪量刑的基本刑事政策,而惩办与教育改造相结合的政策是执行中改造罪犯的基本政策,二者不完全相同,基于此,"惩办与宽大相结合的政策"也不宜修改为"惩办与教育改造相结合的原则"。②

(4)立法工作机关采纳了与会专家的建议,在此后的1996年8月31日的刑法修改草稿中,重新恢复了"惩办与宽大相结合的政策"的表述。

后来,出于对"惩办与宽大相结合"究竟是"政策"还是"原则"这一问题理解上的分歧,在1996年10月10日的刑法修订草案(征求意见稿)中,立法机关曾一度将"惩办与宽大相结合的政策"改为"惩办与宽大相结合的原则"。此后,在对上述"征求意见稿"讨论的过程中,围绕着"惩办与宽大相结合"究竟是"政策"还是"原则"、要不要增加"教育与改造相结合的原则"等问题展开了激烈的争论。有的部门提出,"惩办与宽大相结合"只是刑法规定的诸原则之一,不应该放在第1条的"立法根据"中,而应该与其他原则规定在一起。也有意见认为,"惩办与宽大相结合"是刑事政策而不是刑法原则,应当恢复"惩办与宽大相结合的政策"的写法,仍规定在第1条中。最终,立法工作机关折中了各方的意见,对"惩办与宽大相结合"仍然采用"原则"的提法,同时增加了"惩办与改造"的表述。这样,我们看到的1996年12月20日的刑法(修订草案)第1条的规定就是:"中华人民共和国刑法,以宪法为根据,依照惩办与改造和惩办与宽大相结合的原则,结合我国同犯罪作斗争的具体经验及实际情况制定。"

在之后研拟和全国人大常委分组审议的过程中,再次对"惩办与宽大相结合"是"政策"还是"原则"的问题产生了争议。有的委员认为,"惩办与宽大相结合"不是原则,建议将"原则"改为"政策";有人建议将"惩办与宽大相结合"与刑法的基本原则规定在一起;也有人建议,干脆删去"惩办与宽大相结合"的表述。考虑到这

---

① 参加此次座谈的有:王作富教授、马克昌教授、储槐植教授、曹子丹教授、单长宗教授,以及笔者本人。

② 参见全国人大常委会法工委刑法室1996年9月6日整理:《法律专家对〈刑法总则修改稿〉和〈刑法分则修改草稿〉的意见》,载高铭暄、赵秉志主编:《新中国刑法立法文献资料总览》(下),中国人民公安大学出版社1998年版,第2127—2128页。

一问题的分歧太大,而且惩办与宽大相结合的政策的内涵和精神已经内化在具体的法条中,最终,立法机关删去了刑法修订草案第1条"依照惩办与改造和惩办与宽大相结合的原则"的规定。这样,1997年1月10日以后的修订草案以及后来最终通过的《刑法》第1条就没有再提这一政策。

3. 明确增加了制定刑法的目的

考虑到1996年《刑事诉讼法》第1条明确规定了刑事诉讼法的目的——惩罚犯罪,保护人民。为了更好地与程序法相呼应和配套,刑法在修改时,也明确规定制定刑法的目的是"惩罚犯罪,保护人民"。

二、刑法的任务(第2条)

关于刑法的任务,1979年《刑法》第2条规定:"中华人民共和国刑法的任务,是用刑罚同一切反革命和其他刑事犯罪行为作斗争,以保卫无产阶级专政制度,保护社会主义的全民所有的财产和劳动群众集体所有的财产,保护公民私人所有的合法财产,保护公民的人身权利、民主权利和其他权利,维护社会秩序、生产秩序、工作秩序、教学科研秩序和人民群众生活秩序,保障社会主义革命和社会主义建设事业的顺利进行。"

此次刑法修订,基本上沿袭了1979年刑法典的内容,只是根据我国社会、政治、经济的发展变化和法治的进展情况作了一些小的修改:

(1) 将"用刑罚同一切反革命和其他刑事犯罪行为作斗争"修改为"用刑罚同一切犯罪行为作斗争"。这主要是考虑到全面修订刑法时,刑法典分则拟将"反革命罪"更名为"危害国家安全罪",而且"一切犯罪"实际上已经包括"危害国家安全罪",故1997年刑法典作了上述修改。

(2) 将"保卫无产阶级专政制度"修改为"保卫国家安全,保护人民民主专政的政权和社会主义制度"。既然刑法规定了危害国家安全罪,就应该将保卫国家安全作为刑法的任务之一,这也与本法第13条犯罪概念的提法相一致;而且"人民民主专政的政权和社会主义制度"与单纯的"无产阶级专政制度"的表述相比较,内容更加充实、具体,更能体现时代的精神。

(3) 将"保护社会主义的全民所有的财产和劳动群众集体所有的财产"改为"保护国有财产和劳动群众集体所有的财产",含义不变,用语更加简洁,而且也如有些同志所建议的那样"可以使其与刑法第八十八条①的'国有财产'的规定相一致"。

(4) 将"保护公民私人所有的合法财产"改为"保护公民私人所有的财产"。法律保护的自然是合法财产,非法财产不受法律的保护,删除"合法"二字,用语更加简洁。

---

① 此处第88条指1996年10月10日征求意见稿第88条。

(5) 将"维护社会秩序、生产秩序、工作秩序、教学科研秩序和人民群众生活秩序"改为"维护社会秩序、经济秩序"。这样修改，不仅使文字更加简练，而且涵盖的范围更加广泛。

(6) 将"保障社会主义革命和社会主义建设事业的顺利进行"修改为"保障社会主义建设事业的顺利进行"。这样修改，主要是考虑到社会形势的发展变化，社会主义革命已经完成，当前我国的根本任务是进行社会主义现代化建设，而且也与现行《宪法》序言第七自然段后两句的精神相一致。

经过以上的修改和调整，最终形成了1997年《刑法》第2条的规定："中华人民共和国刑法的任务，是用刑罚同一切犯罪行为作斗争，以保卫国家安全，保卫人民民主专政的政权和社会主义制度，保护国有财产和劳动群众集体所有的财产，保护公民私人所有的财产，保护公民的人身权利、民主权利和其他权利，维护社会秩序、经济秩序，保障社会主义建设事业的顺利进行。"

三、刑法的基本原则（第3条、第4条、第5条）

1997年《刑法》第3条、第4条、第5条分别规定的是罪刑法定原则、适用刑法人人平等原则和罪责刑相适应原则，这三条是1997年刑法修改时新增加的内容。由于刑法的基本原则是刑事立法中一个根本性的问题，所以，在此次刑法典修订的过程中，围绕要不要增设刑法的基本原则，增设哪些基本原则，各个基本原则应该如何表述，分别增设在刑法典的哪些章节等问题，立法部门、司法部门和专家学者曾存在不同的意见。

（一）罪刑法定原则（第3条）

1. 罪刑法定原则的确立过程

在1997年刑法典增设的三个基本原则中，为世界各国普遍规定、最能体现现代法治精神、民主发展趋势的最重要的一个原则便是罪刑法定原则。由于受"宜粗不宜细"立法思想的影响，我国1979年刑法典诸多条文的表述含混不清，加之刑法典中规定有类推制度以及此后的特别刑法中有个别规定了重法溯及既往的效力等内容，故可以说，罪刑法定原则在我国1979年刑法典中并没有得到彻底的贯彻。当时立法的这种现状，不仅影响了我国刑法人权保障机能的发挥，而且在一定程度上也影响了我国刑事法治在国际社会中的形象。

其实，对于罪刑法定原则立法化的价值和类推制度弊端的认识，早在1979年刑法典颁布不久我国刑法学界就开始有所反映，并随着国家立法机关将刑法修改列入立法规划之进程，我国刑法学界和法律实务界对这一问题的认识更加深入而全面。但回顾我国刑法典修改研讨的过程可以发现，罪刑法定原则写进刑法典之路并不是一帆风顺的，而是曲折的，其间经过了多次针锋相对的力量较量与观点争鸣，并曾经达到白热化的程度。

在全面修订刑法被正式列入国家立法日程之后相当长的一段时间里,刑法学界对是否在刑法典中确立罪刑法定原则并废除类推曾存在着不同的意见。就罪刑法定原则是否要写入刑法的态度而言,否定论者认为,罪刑法定原则要求立法机关把一切犯罪和刑罚预先规定在刑法中,实际上违背了实事求是的认识路线;实行罪刑法定原则会束缚司法实践的手脚,不利于处理一些新类型的案件,不利于严厉打击犯罪。所以,罪刑法定原则不应成为我国刑法的基本原则。肯定论者认为,应该在未来的刑法典中明确规定罪刑法定原则。① 其主要理由是:

(1) 我国刑法坚持并明文规定罪刑法定原则能够严正地表明我国是社会主义法治国家,能够适应国际进步潮流,更好地与国际接轨,有利于维护我国刑法的国际形象,提高我国刑法乃至整个法治的威望。

(2) 罪刑法定原则最大的价值就是能够避免罪刑擅断和保障人权,规定罪刑法定原则虽然可能产生一点负面效应:将来遇到危害社会的行为而刑法无明文规定的,司法机关将不能对之定罪处罚。但这一问题是任何实行罪刑法定原则的国家都会同样遇到的,立法的疏漏及滞后应该通过刑事立法本身的完善解决,而不是依靠司法类推弥补。对罪刑法定原则不作规定,会使我国刑法隐藏着破坏法治,让广大公民不放心的危险事实,而彻底实行罪刑法定,刑法难以避免的漏洞固然可能导致某些法无明文规定的危害行为得不到应有的惩罚,但与类推制度下公民权利自由和社会民主观念遭受的损害相比,只是个极小的缺陷。所以,应当坚定不移地实行罪刑法定原则。

我国刑法是否要废除类推?对此当时大致有以下三种观点②:

(1)"永久保留说",认为制定一部详尽完备的刑法典是不切合实际的幻想,而保留类推,一方面可以避免刑法的朝令夕改,维护刑法的稳定性;另一方面还可以为以后修改、制定刑法积累经验,故保留类推制度是必要的。

(2)"暂时保留说",认为类推制度在立法经验不足、立法不完备的情况下,有积极作用,但条件成熟时,明确规定罪刑法定原则以后,就应当废止类推制度。

(3)"立即废止说",认为罪刑法定在本质上与类推制度是水火不相容的,因此,如要真正彻底地贯彻罪刑法定原则,就必须取消类推制度,明确规定罪刑法定原则。

应当说,在当时占统治地位、为多数人所主张的,还不是"立即废止说",而是"暂时保留说"。国家立法工作机关亦倾向于"暂时保留说"。因而1988年11月16日的刑法修改稿第85条中不仅保留了1979年刑法典原有类推制度的内容,而

---

① 参见高铭暄:《略论我国刑法对罪刑法定原则的确定》,载《中国法学》1995年第5期;马克昌:《罪刑法定原则立法化刍议》,载高铭暄主编:《刑法修改建议文集》,中国人民大学出版社1997年版,第93页。

② 参见赵秉志:《刑法总则问题专论》,法律出版社2004年版,第233—234页。

且放宽了适用类推制度的程序条件,规定类推案件不必每案都报请最高人民法院核准,凡经最高人民法院核准的类推案例,各级法院即可参照适用。但这个草案的内容立即遭到刑法学界和法律实务部门多数人的反对。因此1988年12月25日的刑法修改稿中又纠正了放宽类推适用的规定。基于当时的主导性观点还是暂时保留类推制度,所以,在1988年9月、11月16日和12月25日的刑法修改稿中,都没有规定罪刑法定原则,而在总则中都相应规定了类推制度。

随着刑法修订研讨的不断深入以及我国政治、经济的变迁和刑事立法的不断发展,在类推制度存废的问题上,上述三种意见逐渐分化为两种观点:保留说和废止说。1996年4月30日,全国人大常委会法工委在京专门就刑法修改问题召开了一个座谈会,立法机关、司法部门和高等院校、科研机构的专家学者约60人参加了此次座谈会。时任全国人大常委会法工委副主任的高西江同志提出了刑法修改中应当着重研究的十大问题,并把是否规定罪刑法定原则、取消类推列为之首。会后,最高人民法院、最高人民检察院和公安部就法工委提出的十大问题分别进行了研究和论证,并提出了书面意见。

公安部认为,确立罪刑法定原则,对于促进严格执法,保护公民的合法权益,具有十分重要的意义。但是,刑法是同犯罪作斗争的工具,确定刑法的基本原则应从现实斗争的需要出发,要有利于打击犯罪。我国正处在经济体制改革和社会主义市场经济建立时期,各种经济管理制度尚不健全,加之社会分配制度方面存在的一些问题和资本主义腐朽思想的影响以及国外犯罪组织的渗透等原因,使我国的刑事犯罪呈多样化和上升发展的趋势,新的犯罪类型和犯罪手段不断出现,有些在立法时是无法预见的。确立罪刑法定原则,就应当取消类推制度。因此,在这次修改刑法时,如明确规定了罪刑法定原则,就必须充分考虑到现实斗争的需要,把需要规定为犯罪的危害行为分析、界定清楚,尽最大努力做到没有疏漏,做到有较大的前瞻性,保证不放纵犯罪。如果不能够做到这一点,就可以考虑不要匆忙取消类推制度。①

最高人民法院和最高人民检察院的态度明确而一致,认为刑法总则中应当明确规定罪刑法定原则,并取消类推制度。可以说,"两高"的态度与我国刑法学界的主流观点是一致的。事实上,我国1979年刑法典实施的十多年来,最高立法机关制定了24个单行刑事法律,并在107个非刑事法律中设置了刑事责任条款,对刑法典作了大量的修改和补充。仅是增加的新罪名就有130多个,超过了1979年刑法典原规定罪名的总和。这些罪名,囊括了社会生活特别是社会经济领域所发生

---

① 参见公安部修改刑法领导小组办公室1996年5月29日提交的《当前修改刑法工作中亟待研究解决的十大问题(汇报提纲)》,载高铭暄、赵秉志主编:《新中国刑法立法文献资料总览》(下),中国人民公安大学出版社1998年版,第2653页。

的各种各样危害社会的行为,可以说,相当完备、相当周密。尤其是严重的罪行,已无无法可依之虞。因此再规定类推制度,实无必要,而且这样做只会因小失大、得不偿失。况且类推制度在 1979 年刑法典颁行的十几年中适用率并不高。考虑到这些情况,全国人大常委会法制工作委员会在 1995 年 8 月 8 日形成的刑法总则修改稿中取消了类推规定,同时在第 3 条首次明文规定了罪刑法定原则——对于行为时没有明文规定为犯罪的,不得定罪处罚。可以说,这一稿本为我国 1997 年刑法典取消类推、明文规定罪刑法定原则奠定了基础,此后的历次稿本均无一例外地规定了罪刑法定原则并取消了类推。

2. 罪刑法定原则在刑法中的位置

在 1995 年 8 月 8 日的刑法总则修改稿中,罪刑法定原则被规定在刑法总则第一章"刑法的任务、基本原则和适用范围"中的第 3 条,之后的历次总则修改稿以及 1996 年 8 月 31 日的刑法修改草稿中,这一位置一直未变。然而,到了 1996 年 10 月 10 日的修订草案(征求意见稿),立法机关将总则第一章的章名修改为"刑法的任务和适用范围",并删去了"基本原则"的内容,而关于"罪刑法定原则"的规定则被放在刑法总则第二章"犯罪"第 11 条中。

后来在对上述征求意见稿的讨论中,刑法学界和实务部门提出,刑法的基本原则是贯穿全部刑法规范和刑法适用、体现刑法的基本性质与基本精神的准则,在刑法中起到统帅和核心的作用,其地位决定了它应当规定在刑法的首章,而罪刑法定原则作为贯穿于刑事立法和刑事司法全部活动的基本原则,将其仅仅看做定罪原则规定在第二章第一节"犯罪和刑事责任"中,显然不妥。只有将刑法的基本原则集中规定在刑法总则第一章中,才能充分体现这些原则在刑法典中的重要地位,充分体现其对刑事立法和司法的重要指导意义。该建议最终被立法机关采纳,在 1996 年 12 月中旬的修订草案以及之后的历次稿本中,罪刑法定原则又重新回归到刑法总则第一章"刑法的任务、基本原则和适用范围"作为第 3 条。

3. 罪刑法定原则的具体表述

在刑法修订研拟中,罪刑法定原则的立法表述经历了一个变化的过程。1995 年 8 月 8 日的刑法总则修改稿第 3 条第一次在刑法修改稿本中明文规定罪刑法定原则,立法工作机关采用了"对于行为时没有明文规定为犯罪的,不得定罪处罚"这样的表述。这种写法与罪刑法定的传统表述和经典含义是完全一致的。1996 年 6 月 24 日的刑法总则修改稿第 3 条曾删除"明文"两个字,其他则与上述规定的表述相同。在 1996 年 8 月 8 日的刑法总则修改稿中,第 3 条的表述又发生了变化。该条规定:"法律没有规定为犯罪的,不得定罪。定罪处罚应当以行为时的法律和本法第十条的规定为依据。"对于这种变化,1996 年 8 月 12 日至 16 日全国人大常委会法制工作委员会邀请的专家座谈会上,与会专家一致认为,该稿本的第 3 条后一句"定罪处罚应当以行为时的法律和本法第十条的规定为依据"是多余的,建议删去。① 这样,1996年8月31日的刑法修改草稿关于罪刑法定原则的表述又回归到1996年6月24日刑法总则修改稿的写法。在1996年10月10日的刑法修订草案(征求意见稿)中,罪刑法定原则的表述与之前的写法相比又发生了重大变化,该稿第一次从入罪和出罪正反两个方面对此进行了双向表述,而且还取消了关于"行为时"的规定,第11条将罪刑法定原则表述为:"法律明文规定为犯罪行为的,依照法律定罪处刑;法律没有明文规定为犯罪行为的,不得定罪处刑。"之后的修订草案乃至1997年刑法典均沿用此一表述。

(二) 适用刑法人人平等原则(第4条)

1997年《刑法》第4条规定:"对任何人犯罪,在适用法律上一律平等。不允许任何人有超越法律的特权。"这就是1997年刑法典确立的适用刑法人人平等原则。

在刑法修订研拟过程中,对于该原则是否有必要写入新刑法典,曾经产生过激烈的争论。反对论者认为,刑法的基本原则必须是刑法所特有的原则,不应该包括作为法的一般原则的法律面前人人平等原则,况且该原则作为法的一般原则在宪法中已有明确规定,就不宜在刑法中再作重复规定。而赞成论者则认为,把"刑法部门所特有"作为确立刑法基本原则的标准之一,是不妥当的。主要理由是:

(1) 我国社会主义法治的一般原则与各个部门法的基本原则,是一般与特殊、抽象与具体的关系,法治的一般原则指导和制约各部门法基本原则的确立,部门法的基本原则具体体现法治的一般原则,二者相互依存、密切关联。如果离开了各部门法基本原则的具体体现,法治一般原则就难免空泛无用。

(2) 从其他部门法关于基本原则的规定看,刑事诉讼法、民事诉讼法中的"以事实为根据,以法律为准绳"、"适用法律上一律平等"等基本原则,都是我国社会主义法治的一般原则或者说是这些一般原则在各部门法律中的具体体现。所以刑法不宜完全排斥将法治的一般原则作为其基本原则。

(3) 从我国刑事法治的现实需要来看,虽然法律面前人人平等原则在宪法中已有规定,但在刑法中再明确规定是有实际意义的,能够体现我国刑事法治的基本性质与基本精神,会有助于司法实务中减少与消除在适用刑法方面的特权现象。②

最终,立法工作机关采纳了后者的建议,首次在1996年10月10日的修订草案(征求意见稿)第60条第1款中规定了此原则,即:"对任何人犯罪,在适用法律上一律平等,在法律面前,不允许有任何特权。"

后来在对上述征求意见稿的讨论中,刑法学界和实务部门的专家学者认为,刑

---

① 参见全国人大常委会法工委刑法室1996年9月6日整理:《法律专家对〈刑法总则修改稿〉和〈刑法分则修改草稿〉的意见》,载高铭暄、赵秉志编:《新中国刑法立法文献资料总览》(下),中国人民公安大学出版社1998年版,第2128页。

② 参见赵秉志:《刑法总则问题专论》,法律出版社2004年版,第219页。

法的基本原则是贯穿全部刑法规范和刑法适用、体现刑法的基本性质与基本精神的准则,在刑法中起到统帅和核心的作用,其地位决定了它应当规定在刑法的首章,而"适用刑法人人平等原则"能够贯穿于刑事立法和刑事司法的全部活动中,将其仅仅看作量刑原则规定在刑法总则第四章第一节"量刑"中,显然不妥。建议将刑法的基本原则集中规定在刑法总则第一章。该建议被立法工作机关采纳,在此后的 1996 年 12 月中旬的修订草案中,"适用刑法人人平等原则"被规定在刑法总则第一章"刑法的任务、基本原则和适用范围"中的第 4 条,同时在内容上也作了适当的调整,将"不允许有任何特权"修改为"不允许任何人有超越法律的特权",并最终形成了 1997 年《刑法》第 4 条的规定。

(三) 罪责刑相适应原则(第 5 条)

1997 年《刑法》第 5 条规定:"刑罚的轻重,应当与犯罪分子所犯罪行和承担的刑事责任相适应。"这就是我国刑法的罪责刑相适应原则。

罪责刑相适应原则是借鉴西方刑法中的罪刑相适应原则而发展形成的。由于刑罚不仅要与犯罪相适应,而且要与犯罪分子所承担的刑事责任相适应,故称之为罪责刑相适应原则更为妥切。在修订刑法的研拟过程中,应否在刑法中规定这一原则,我国学界、法律实务界曾有不同的意见。有学者认为,罪责刑相适应原则只是量刑原则,不是贯穿于整个刑法之中的基本原则;罪责刑相适应原则只是一种指导思想,在实践中并不能作为定罪量刑的根据,故不必单独地、明确地加以规定。它也不应成为我国刑法的基本原则。而赞成者认为,罪责刑相适应原则不仅是裁量决定刑罚时必须遵循的原则,而且也是制定刑法时为各种犯罪设定法定刑种类和幅度时必须遵循的原则。这一原则并不是仅仅涉及刑法的某个局部,而是能够贯穿于刑事立法和刑事司法的全部活动的准则,因而它具有作为刑法基本原则的功能。从功效上看,罪责刑相适应原则不仅仅是一个宣示式的条文,在刑法中明确规定该原则,对于促进刑法典本身和其他刑法规范更加全面地贯彻我国刑法应有的基本精神,以及推动司法实践中对刑法规范的正确理解与适用,都具有重要的作用和积极的意义。

最后,立法工作机关综合考虑了上述两个方面的意见,在 1996 年 10 月 10 日的修订草案(征求意见稿)第 60 条第 2 款中首次将此原则写入修订草案中,即:"对犯罪分子判处刑罚的轻重,应当与其所犯罪行和承担的刑事责任相适应。"

在对上述征求意见稿的讨论中,立法工作机关采纳了应将刑法基本原则集中规定在刑法典总则首章这一合理的建议,故在 1996 年 12 月中旬的修订草案中,将罪责刑相适应原则规定在刑法总则第一章"刑法的任务、基本原则和适用范围"中的第 5 条,同时对某些文字作了语序上的调整,最终为 1997 年刑法典所沿用。

(四) 刑法是否需要增设其他基本原则的问题

在刑法修订研拟过程中,关于刑法应否规定基本原则,应该增设哪些基本原则的问题,我国刑法学界一直存在争议,特别是1995年8月8日刑法总则修改稿第3条首次明文规定了罪刑法定原则后,这种争论一度曾达到白热化的状态。

据不完全统计,专家学者们当时反映的意见是,除上述三个基本原则外,还包括建议增设主观和客观相一致原则、惩办与宽大相结合原则、教育与改造相结合原则、刑法法制的统一原则、罪责自负原则、刑事责任的公正原则、刑事责任的不可避免原则、刑罚人道主义原则和刑罚个别化原则。对于这些原则,考虑到要么分歧太大,立法条件尚不成熟,要么属于量刑、行刑的原则,并不属于基本原则,因而最终都没有被立法机关采纳写入新刑法典中。

四、刑法的空间效力(第6—9条)

(一) 刑法的属地管辖权(第6条)

关于刑法的属地管辖权,1997年《刑法》第6条规定:"凡在中华人民共和国领域内犯罪的,除法律有特别规定的以外,都适用本法。凡在中华人民共和国船舶或者航空器内犯罪的,也适用本法。犯罪的行为或者结果有一项发生在中华人民共和国领域内的,就认为是在中华人民共和国领域内犯罪。"

上述规定,基本沿用了1979年《刑法》第3条规定的写法,只是将原来法条中的"飞机"改为"航空器"。所谓航空器,是指空间中航行的多种航空工具,其外延明显大于飞机,而有关的国际公约规定的也是"航空器",故作此修改。

(二) 刑法的属人管辖权(第7条)

1979年刑法典制定的时候,由于我国改革开放刚刚开始,在国外的中国公民比较少而且主要是华侨,所以,刑法对在我国领域外犯罪的我国公民采取了有选择地适用中国刑法的立场。根据1979年《刑法》第4条的规定:"中华人民共和国公民在中华人民共和国领域外犯下列各罪的,适用本法:(一) 反革命罪①;(二) 伪造国家货币罪(第一百二十二条),伪造有价证券罪(第一百二十三条);(三) 贪污罪(第一百五十五条),受贿罪(第一百八十五条),泄露国家机密罪(第一百八十六条);(四) 冒充国家工作人员招摇撞骗罪(第一百六十六条),伪造公文、证件、印章罪(第一百六十七条)。"第5条规定:"中华人民共和国公民在中华人民共和国领域外犯前条以外的罪,而按本法规定的最低刑为三年以上有期徒刑的,也适用本法;但是按照犯罪地的法律不受处罚的除外。"这种只对严重的犯罪有选择有重点地予以管辖的规定模式,既表明了我国刑法对在国外的我国公民的管辖权,同时也照顾到了他们在国外的学习、生活和工作不同于国内的实际情况,在当时应该说是适当的。但是随着对外开放的进一步发展,我国出国留学、访问、考察、劳务等人员越来越多,各种驻外机构、中资企业也越来越多,中国公民在域外犯罪的数量也势

---

① 随着社会形势的变化,"反革命罪"在1997年刑法修订时被修改为"危害国家安全罪"。

必有所增加;我国1979年《刑法》第4条在罪名上采取列举方式,列举罪名虽然有突出重点的优点,但是难免挂一漏万,有失全面;加之我国公民在域外犯罪的刑法适用范围的规定,所包括的犯罪种类过少,显得过于狭窄,有些滞后,不利于保护我国的国家利益和中国公民的合法权益。修改刑法中属人管辖的规定,调整其适用范围乃势在必行。

1. 属人管辖适用范围界定之争

如何合理地调整刑法属人管辖的适用范围?对此,我国刑法学界和法律实务界存在不同的观点。争议主要集中在以下四个方面:

(1) 如何确定我国刑法属人管辖的犯罪之范围?有学者认为,1979年刑法典所列举的既有类罪名,也有具体的罪名,为了避免列举具体罪名的繁杂和可能存在的遗漏,可以用概括的方式列举;能使用类罪名的就使用类罪名,没有现成的类罪名的,也要适当概括。建议刑法规定:"中国公民在中国领域外犯下列各类罪的,适用中国刑法:(一) 危害国家安全罪;(二) 危害国家金融秩序罪;(三) 国家工作人员、军人的职务犯罪;(四) 妨害国家机关职能的犯罪。"①也有些学者认为,我国立法应当扩大对公民域外犯罪的刑法适用范围,建议增加一些新的具体罪名,如为境外的机构、组织、人员窃取、刺探、收买、非法提供国家秘密罪,隐瞒境外存款罪,等等,不一而足。②

(2) 如何确定我国刑法属人管辖之罪的刑罚标准?按照我国1979年《刑法》第5条的规定,对于第4条列举之外的犯罪,只有其法定最低刑为3年以上有期徒刑时,我国刑法才可予以管辖。对此,有人提出,我国刑法的这一规定应当同我国与有关国家签订的引渡条约中的规定相一致,而这也是我国刑法同国际接轨的一个重要表现方面,为此,建议将上述刑罚标准由3年修改为1年。③ 但也有学者对此写法不以为然,而主张改为:"应处三年以上有期徒刑、无期徒刑、死刑的犯罪,适用我国刑法。"主要理由是:我国1979年刑法典的法定最低刑除了3年有期徒刑以外,其余的都是某一刑种的最低度,并没有以1年有期徒刑作为法定最低刑的犯罪;即令作上述修改,我国刑法对我国公民在国外犯罪的适用范围也还是不会有很大的扩张;以国际法中可以引渡的犯罪限于1年以上有期徒刑的犯罪作为根据不合适,因为国际法上可以引渡的犯罪通常是1年以上有期徒刑的犯罪,并不是指法

---

① 中国人民大学法学院刑法修改专题研究小组:《关于修改刑法若干基本问题的建议——〈中国刑法改革与完善基本问题研究报告〉概要》,载高铭暄、赵秉志编:《新中国刑法立法文献资料总览》(下),中国人民公安大学出版社1998年版,第3055—3056页。

② 参见最高人民法院刑法修改小组:《对修改刑法的十个问题的意见(1996年5月30日)》,载高铭暄、赵秉志编:《新中国刑法立法文献资料总览》(下),中国人民公安大学出版社1998年版,第2405页。

③ 同上书,第2406页。

定最低刑是 1 年以上有期徒刑的犯罪,而是指实际应处的刑罚是 1 年以上有期徒刑,况且国际上多把应处 1 年以上有期徒刑的犯罪作为重罪,而根据我国的刑罚观念和标准,应处 1 年有期徒刑的犯罪尚达不到重罪的程度。因此,以法定最低刑 1 年有期徒刑代替 3 年有期徒刑,作为我国刑法对我国公民在域外犯罪予以适用的刑罚标准,既不符合我国刑法关于罪行轻重与刑罚轻重的一般观念,也不可能在更大程度上增加适用我国刑法的犯罪种类。①

(3) 关于 1979 年《刑法》第 5 条"但书"的去留。在修订刑法研拟过程中,有部门提出,建议取消"按照犯罪地的法律不受处罚的除外"的规定,主要理由是:在国外的中资企业、留学生中的内部案件较多,中国公民与中国公民之间发生的刑事案件也较多,其中许多案件,按照当地法律是不管的,如果仍规定这一限制条件,不符合目前的实际情况,不利于对我国的国家利益和公民权益的保护。② 也有部门提出,取消 1979 年《刑法》第 5 条关于我国公民在我国领域外犯罪,按照犯罪地法律不受处罚的,不适用我国刑法的规定,不符合世界各国刑事立法的通例,有悖刑法的目的。另一方面,1996 年 10 月 10 日的修订草案(征求意见稿)第 5 条也规定:"外国人在中华人民共和国领域外对中华人民共和国国家或者公民犯罪,而按本法规定的最低刑为三年以上有期徒刑的,可以适用本法,但是按照犯罪地的法律不受处罚的除外。"所以,如果取消"但书"关于"按照犯罪地的法律不受处罚的除外"的规定,势必造成与上述刑法修订草案关于外国人在我国领域外对我国国家或者公民犯罪的处理的规定不相协调。③

(4) 对国家工作人员和军人的管辖应否作出单独规定? 对此,立法工作机关起草的多个刑法稿本以及通过的 1997 年刑法典均持肯定态度。但在刑法修订研拟过程中,也曾有部门持不同意见,认为国家工作人员和军人既是有特殊身份的公民,同时又是普通公民。对国家工作人员和军人在国外实施职务犯罪的,为了体现刑法对职务犯罪从严的精神,规定一律适用我国刑法是必要的。但是对国家工作人员和军人在国外实施与职务无关的普通犯罪的,其适用范围则应与普通公民相同。④

2. 属人管辖立法表述的演变

自国家立法机关将全面修订刑法列入国家立法规划以后,刑法的属人管辖如

---

① 参见赵秉志:《刑法改革问题研究》,中国法制出版社 1996 年版,第 153—154 页。
② 参见最高人民检察院刑法修改研究小组:《关于修改刑法十个重点问题的研究意见(1996 年 5 月)》,载高铭暄、赵秉志编:《新中国刑法立法文献资料总览》(下),中国人民公安大学出版社 1998 年版,第 2592—2593 页。
③ 参见最高人民法院刑法修改小组:《关于对〈中华人民共和国刑法(修订草案)〉(征求意见稿)的修改意见(1996 年 11 月 8 日)》,载高铭暄、赵秉志编:《新中国刑法立法文献资料总览》(下),中国人民公安大学出版社 1998 年版,第 2426 页。
④ 同上注。

何规定,一直是一个引人注目并曾引起广泛争议的问题。就其立法的写法演变而言,在1988年12月25日的刑法修改稿中,该稿本第5条第1款规定:"中华人民共和国公民在中华人民共和国领域外犯本法分则第一章危害国家安全罪的,适用本法;犯其他罪,本法规定最低刑为三年以上有期徒刑的,也可以适用本法,但是按照犯罪地的法律不受处罚的除外。"同时,考虑到有些出国的国家工作人员在国外违法犯罪,严重损害党和政府在国际上的形象,故第5条第2款规定:"中华人民共和国国家工作人员,在中华人民共和国领域外犯罪的,都适用本法。"

在此后的研拟过程中,有人提出,军人和国家工作人员一样,在国外违法犯罪,同样会严重损害党和政府在人民群众中的形象和中国在世界上的形象,所以刑法也应当增设"军人在我国领域外犯罪,一律适用我国刑法"的规定。1996年6月24日的刑法总则修改稿本采纳了这一建议。该稿第5条第1款规定:"中华人民共和国国家工作人员和军人在中华人民共和国领域外犯罪的,适用本法。"第2款规定:"中华人民共和国公民在中华人民共和国领域外犯罪的,适用本法;但是对本法规定的最高刑为三年以下有期徒刑的,或者按照犯罪地的法律不受处罚的,可以不予追究。"1996年8月8日的刑法总则修改稿和1996年8月31日的修改草稿第5条基本上均延续了这一写法。

在此后进一步的讨论中,立法工作机关采纳了取消"按照犯罪地的法律不受处罚的除外"的建议,并对1996年6月24日稿第5条第1款和第2款的写法顺序进行了对调,由此形成了1996年10月10日修订草案(征求意见稿)第4条的规定,并为我国1997年《刑法》第7条所沿用。

(三) 刑法的保护管辖权(第8条)

关于刑法的保护管辖权,1979年《刑法》第6条规定:"外国人在中华人民共和国领域外对中华人民共和国国家或者公民犯罪,而按本法规定的最低刑为三年以上有期徒刑的,可以适用本法;但是按照犯罪地的法律不受处罚的除外。"

1997年刑法典完全沿用了1979年《刑法》第6条的规定,没有做任何修改。但在刑法修订研拟过程中,曾有人建议将此条分为两款:第1款规定"外国人对我国犯罪,适用我国刑法";第2款规定"外国人对我国公民犯罪,按照本法规定最低刑为三年以上有期徒刑的,适用本法,但是按照犯罪地的法律不受处罚的除外"。考虑到上述修改建议没有什么实质意义,并且立足于"原则上没有问题的,尽量不作调整"的修法指导思想,立法工作机关没有采纳该建议。

(四) 刑法的普遍管辖权(第9条)

1979年刑法典并没有关于普遍管辖权的内容。1979年刑法典生效后,我国于1980年10月加入了《关于制止非法劫持航空器的公约》和《关于制止危害民用航空安全的非法行为的公约》,于1987年6月加入了《关于防止和惩处侵害应受国际保护人员包括外交代表的罪行的公约》。这些公约中分别规定了一些国际犯罪,如劫持航空器罪、劫持船只罪、侵害应受保护的外交代表罪等,并同时规定,各缔约国应将上述国际犯罪规定为国内法上的罪行,予以惩处;有关缔约国应采取必要措施,对任何这类罪行确立管辖权,而不论罪犯是否是其本国人,罪行是否发生在国内。这一旨在应对危害人类生命财产安全、损害国际关系的国际性犯罪行为而确立的普遍管辖权的条款,已成为有关国际条约的基本内容。

显而易见,对于我国已经加入或批准的这类条约,承担公约所要求的我国所承诺的管辖义务是我国义不容辞的责任。特别是对于在我国境外针对其他国家应受条约保护的对象,犯有条约所规定的罪行而后进入我国境内的外国人,我国也有义务行使刑事管辖权。为了表明我国对所承担的国际义务予以履行的严肃立场,经国务院提请,1987年6月23日,第六届全国人大常委会第二十一次会议通过了《关于对中华人民共和国缔结或者参加的国际条约所规定的罪行行使刑事管辖权的决定》,该决定明确规定:"对于中华人民共和国缔结或者参加的国际条约所规定的罪行,中华人民共和国在所承担条约义务的范围内,行使刑事管辖权。"从而,普遍管辖原则以单行刑法的形式在我国刑法中得以确立。应当说,这一决定填补了我国1979年刑法典在普遍管辖规定上的立法空缺,同时也解决了我国适用普遍管辖的国内法律依据问题。

在刑法修订研拟过程中,需要纳入新刑法典的普遍管辖规定究竟应该放在刑法中的什么位置,立法工作机关对此经历了一个认识变化的过程。在1988年9月的刑法修改稿中,普遍管辖的规定单独作为一条插在属地原则和属人原则规定之间,但这种做法是不符合普遍管辖的性质和逻辑的。因为,从本质上讲,普遍管辖权具有补充性,只有在一个国家或地区的刑法所规定的其他管辖原则不能适用时,才能适用普遍管辖的规定;如果依照其他管辖原则能行使管辖权的,就不再适用普遍管辖原则。从这一意义上说,普遍管辖原则只能是一个国家的刑事管辖体制中的一个辅助性原则。考虑到普遍管辖原则的补充性,立法工作机关在1988年11月16日和12月25日的刑法修改稿本中将普遍管辖的规定移到了"外国判决的效力"规定之后。

后来,考虑到普遍管辖原则与属地管辖原则、属人管辖原则和保护管辖原则的内在联系性,于是,1996年8月8日的刑法总则修改草稿调整了普遍管辖原则在刑法中的位置,将其规定在第6条保护管辖原则之后和第8条"外国判决的效力"之前。这样,普遍管辖原则在刑法草案中的位置就被确定了下来,并最终为1997年刑法典所沿用。1997年《刑法》第9条规定:"对于中华人民共和国缔结或者参加的国际条约所规定的罪行,中华人民共和国在所承担条约义务的范围内行使刑事管辖权的,适用本法。"

五、外国刑事判决的效力(第10条)

关于外国刑事判决的效力,1979年《刑法》第7条规定:"凡在中华人民共和国领域外犯罪,依照本法应当负刑事责任的,虽然经过外国审判,仍然可以依照本法处理;但是在外国已经受过刑罚处罚的,可以免除或者减轻处罚。"

1997年刑法典基本上沿用了1979年刑法典的上述规定,有所不同的是,为使立法用语更加规范准确,在将上述写法纳入1997年《刑法》第10条时,原来1979年刑法典规定的"仍然可以依照本法处理"的写法,被修改成了"仍然可以依照本法追究"。

六、外交豁免(第11条)

关于外交的刑事豁免,1979年《刑法》第8条规定:"享有外交特权和豁免权的外国人的刑事责任问题,通过外交途径解决。"

1997年《刑法》第11条规定的内容基本上沿用了1979年《刑法》第8条的写法,只是删除了原来规定中的"问题"二字,以使法条表述更加简明顺畅。

七、刑法的溯及力(第12条)

关于刑法的溯及力,1979年《刑法》第9条的规定坚持了从旧兼从轻的原则,这一刑法溯及力的原则与罪刑法定原则的要求是一致的。然而,自1981年至新刑法典通过前,我国立法机关通过了20多部以"决定"或"补充规定"为表现形式的单行刑法,个别单行刑法事实上并没有奉行从旧兼从轻的原则,而是明确规定了从新原则或者有条件的从新原则。例如,1982年3月8日全国人大常委会《关于严惩严重破坏经济的罪犯的决定》第2条规定:"凡在本决定施行之日以前犯罪,而在一九八二年五月一日以前投案自首,或者已被逮捕而如实地坦白承认全部罪行,并如实地检举其他犯罪人员的犯罪事实的,一律按本决定施行以前的有关法律规定处理。凡在一九八二年五月一日以前对所犯的罪行继续隐瞒拒不投案自首,或者拒不坦白承认本人的全部罪行,亦不检举其他犯罪人员的犯罪事实的,作为继续犯罪,一律按本决定处理。"此即有条件的从新原则的典型适例。也有单行刑法明确规定采用从新的原则,如1983年9月2日全国人大常委会《关于严惩严重危害社会治安的犯罪分子的决定》第3条规定:"本决定公布后审判上述犯罪案件,适用本决定。"显然,该决定采用的即是从新原则,对其生效前的行为具有溯及力,即决定生效前发生但未经审判或者判决尚未确定的属于本决定列举的犯罪,一律适用决定。尽管以上两个决定是出于当时刑事政策的需要而制定的,但这种违背从旧兼从轻原则的规定显然是与罪刑法定原则的精神内涵和内在要求格格不入的,因此,在奉行罪刑法定原则的新刑法典中摒弃这种规定,实属法理和情理的必然要求。

新刑法典关于刑法的溯及力，采取的依然是从旧兼从轻原则，其基本内容和精神与1979年刑法典的规定完全一致。但与1979年刑法典相比，作了三处调整：

（1）将1979年《刑法》第9条关于刑法生效时间的内容移入新刑法典附则之中。

（2）删除了原条文中的"法令"和"政策"。之所以作这种修改，是因为在1979年刑法典颁布之前，我国没有完整统一的刑法，规定犯罪、刑事责任和刑罚的不仅有法律，而且各类法令甚至国家的政策都会有这方面的内容。而新刑法颁布时，我国新时期的法制建设已经经过了十多年的发展完善，规定犯罪、刑事责任和刑罚的只能是统一的刑法，而不再可能是法令和政策了，因此没有必要再规定"法令"和"政策"。

（3）增加了关于1997年刑法生效以前所作出的生效判决的效力的规定。主要是因为考虑到此次刑法修改较大，为了避免有人借机翻案，实现新旧刑法的顺利过渡，增加了一款。根据该款规定，对于1997年刑法生效以前，依照1979年刑法典及其后的单行刑法和附属刑法已经作出的生效判决，仍然继续有效，不能因为1997年刑法的实施而有所改变。

这样，1997年3月14日第八届全国人大第五次会议修订通过的新《刑法》第12条的规定是："中华人民共和国成立以后本法施行以前的行为，如果当时的法律不认为是犯罪的，适用当时的法律；如果当时的法律认为是犯罪的，依照本法总则第四章第八节的规定应当追诉的，按照当时的法律追究刑事责任，但是如果本法不认为是犯罪或者处刑较轻的，适用本法。本法施行以前，依照当时的法律已经作出的生效判决，继续有效。"

第二章

犯罪

第一节 犯罪和刑事责任

一、犯罪的概念(第13条)

关于犯罪的概念,1979年《刑法》第10条规定:"一切危害国家主权和领土完整,危害无产阶级专政制度,破坏社会主义革命和社会主义建设,破坏社会秩序,侵犯全民所有的财产或者劳动群众集体所有的财产,侵犯公民私人所有的合法财产,侵犯公民的人身权利、民主权利和其他权利,以及其他危害社会的行为,依照法律应当受刑罚处罚的,都是犯罪;但是情节显著轻微危害不大的,不认为是犯罪。"

1997年刑法典的规定与1979年刑法典的上述写法大体上相同,但也作了如下三处调整:

(1) 在"危害国家主权、领土完整"后加上了"安全",同时将"危害无产阶级专政制度,破坏社会主义革命和社会主义建设"修改补充为"分裂国家、颠覆人民民主专政的政权和推翻社会主义制度"。之所以作这样的修改,一是在《刑法》第2条关于刑法的任务的规定也使用了"国家安全"、"人民民主专政"、"社会主义制度"等概念,为了保持刑法用语的一致性,特作此修改。二是"分裂国家、颠覆人民民主专政的政权和推翻社会主义制度"等行为都是严重危害国家安全的行为,将上述行为明确规定在犯罪的概念中,有助于我们正确认识和准确把握犯罪危害社会的本质,有利于打击危害国家安全的犯罪活动,维护国家安全和人民的根本利益。三是"社会主义革命"已经完成,不必再写,而且"社会主义建设"一词足以表明我国社会现阶段的中心任务,故在犯罪概念中删除"社会主义革命"的表述。

(2) 在"破坏社会秩序"后增加了"经济秩序"。作此修改的原因主要是考虑到社会主义经济秩序的重要性,故需要在犯罪的概念中突出规定以重点保护,同时也是为了与刑法任务和刑法分则的相关规定尽可能一致和协调。

(3) 将"全民所有的财产"修改为"国有财产",同时删除了"公民私人所有的合法财产"中"合法"两字。前者的修改,主要考虑到"国有财产"的概念是宪法中的提法,在新《刑法》第91条"公共财产的范围"中使用的也是"国有财产"一词,应当统一起来。后者的修改,主要是考虑到受法律保护的财产都是合法财产,"合法"

两字实属赘语,删除后使用语更加准确规范。

经过以上调整和修改,1997年《刑法》第13条的规定是:"一切危害国家主权、领土完整和安全,分裂国家、颠覆人民民主专政的政权和推翻社会主义制度,破坏社会秩序和经济秩序,侵犯国有财产或者劳动群众集体所有的财产,侵犯公民私人所有的财产,侵犯公民的人身权利、民主权利和其他权利,以及其他危害社会的行为,依照法律应当受刑罚处罚的,都是犯罪,但是情节显著轻微危害不大的,不认为是犯罪。"

二、故意犯罪和过失犯罪(第14条、第15条)

新《刑法》第14条第1款规定:"明知自己的行为会发生危害社会的结果,并且希望或者放任这种结果发生,因而构成犯罪的,是故意犯罪。"第2款规定:"故意犯罪,应当负刑事责任。"

第15条第1款规定:"应当预见自己的行为可能发生危害社会的结果,因为疏忽大意而没有预见,或者已经预见而轻信能够避免,以致发生这种结果的,是过失犯罪。"第2款规定:"过失犯罪,法律有规定的才负刑事责任。"

这两条关于故意犯罪和过失犯罪概念的规定,完全沿用了1979年《刑法》第11条和第12条的规定。

事实上,在刑法修订研拟过程中,对于这两条规定的具体写法,也是存在着一定争议的。争议主要集中在:

(1)应否保留上述两条第2款的规定?对此,一种观点认为,既然我国刑法已经明确规定了罪刑法定原则,故意犯罪、过失犯罪当然要负刑事责任,建议删去"故意犯罪,应当负刑事责任"和"过失犯罪,法律有规定的才负刑事责任"的规定。1995年8月8日、1996年6月24日、1996年8月8日的刑法总则修改稿,即将故意犯罪和过失犯罪规定于一个条文中,并且删除了1979年刑法典中"过失犯罪,法律有规定的才负刑事责任"的规定。具体写法是:"故意犯罪和过失犯罪,应该负刑事责任。明知自己的行为会发生危害社会的结果,并且希望或者放任这种结果发生,因而构成犯罪的,是故意犯罪。应当预见自己的行为可能发生危害社会的结果,因为疏忽大意而没有预见,或者已经预见而轻信能够避免,以致发生这种结果的,是过失犯罪。"另一种观点认为,我国刑法分则大部分条文都没有明确区分是故意犯罪还是过失犯罪,为了避免执法时引起不同的理解,因此,建议保留上述总则修改稿删去的"过失犯罪,法律有规定的才负刑事责任"的规定。同时为了同新增加的罪刑法定原则相一致,使措辞更为周延,建议修改为"过失行为,法律规定为犯罪的才负刑事责任"。立法机关曾在一定程度上采纳了上述建议。但在此后的刑法草案中又恢复了1979年刑法典关于"过失犯罪,法律有规定的才负刑事责任"的规定。

(2) 关于认定犯罪故意的标准。在刑法修订研拟过程中,有学者提出,刑法关于故意犯罪的规定,把构成犯罪的要素落在"会发生危害社会的结果"上,是客观主义刑法理论的体现,这在 18 世纪是占统治地位的刑法理论。当前各国刑事立法则强调犯罪的行为和行为产生的事实,"危害社会"的说法不符合犯罪人的心理,而实际上有些犯罪则不要求犯罪结果发生即构成既遂,这些犯罪就是刑法理论所称的"举动犯"。因而 1979 年刑法典关于故意犯罪概念的规定是不准确的,建议修改为:"明知自己行为将会发生法律规定为犯罪的结果或者明知自己的行为就是法律规定为犯罪的行为,并且希望或者放任发生这种结果或者实施这种行为,因而构成犯罪的,是故意犯罪。"①然而,受"原则上没有问题,就尽量不作调整"的立法修订指导思想的影响和支配,新刑法典继续沿用了 1979 年《刑法》第 11 条和第 12 条的规定。

三、不可抗力和意外事件(第 16 条)

新《刑法》第 16 条规定:"行为在客观上虽然造成了损害结果,但是不是出于故意或者过失,而是由于不能抗拒或者不能预见的原因所引起的,不是犯罪。"

本条是不可抗力和意外事件的规定,其立法内容基本上沿用了 1979 年《刑法》第 13 条的规定,只是将原来规定中的"不认为是犯罪"修改为"不是犯罪",从而使用语更加准确。

四、刑事责任能力(第 17—19 条)

(一) 刑事责任年龄(第 17 条、第 17 条之一)

在刑法修订研拟的漫长过程中,刑事责任年龄问题一直是一个引起广泛争议的问题。我国刑法学界、法律实务界围绕着最低刑事责任年龄的起点问题,以及相对责任年龄阶段的未成年人负担刑事责任的范围等问题,进行了广泛的争鸣,并最终达成了共识。

1. 最低刑事责任年龄问题

根据我国 1979 年《刑法》第 14 条的规定,最低刑事责任年龄为 14 岁,这意味着对于不满 14 岁者,即使其实施了刑法禁止实行的危害行为,也不承担刑事责任。

对于最低刑事责任年龄的确定,在刑法修订研拟中,一些人主张应由原来规定的 14 岁修改为 13 岁,主要理由是:

(1) 目前犯罪有低龄化的趋势,有些不满十四岁的人实施极其严重的危害行

---

① 全国人大常委会法工委刑法室 1996 年 9 月 6 日整理:《法律专家对〈刑法总则修改稿〉和〈刑法分则修改草稿〉的意见》,载高铭暄、赵秉志编:《新中国刑法立法文献资料总览》(下),中国人民公安大学出版社 1998 年版,第 2128—2129 页。

为,民愤极大,若不予处刑,群众极为不满。

(2) 随着政治、经济、文化的发展,未成年人身心发育成熟较早,13 岁的人对于杀人、重伤、抢劫、放火、爆炸等罪行等具有识别和控制能力。

(3) 外国刑法也有 13 岁甚至 12 岁承担刑事责任的规定。

(4) 通过刑事立法的方式,遏制犯罪低龄化的趋势,防止青少年走上犯罪道路,这对社会的安宁、人民权益的保护均具有积极意义。① 针对这一建议,立法工作机关曾一度在 1988 年 11 月 16 日和 12 月 25 日的刑法修改稿本中作出了积极回应,将最低刑事责任年龄由 14 岁修改成了 13 岁。

但在之后的刑法修订研拟过程中,多数人不同意这种修改。主要理由是:

(1) 虽然青少年犯罪低龄化问题比较突出,但是青少年犯罪的主要年龄段仍然是 16 周岁左右,不满 14 岁所占的比例极少。

(2) 虽然未成年人身心发育程度有所提高,青少年犯罪日趋严重,但这种情况主要存在于经济文化比较发达的大中城市和地区。我们不能只考虑大中城市的青少年犯罪情况,不考虑发展相对落后的广大农村和小城市,从而使刑事立法脱离我国国情。

(3) 降低刑事责任年龄,有悖于国家对违法犯罪青少年"教育为主、惩罚为辅"的原则,不利于教育、挽救青少年。事实上,要从根本上预防、杜绝未满 14 岁的少年实施严重的越轨行为,单纯靠判刑是不行的,应当通过社会治安的综合治理,依靠社会、学校、家庭等多方面的努力,加强对未满 14 岁少年的教育和管理,预防、减少不满 14 岁少年走向违法犯罪。

(4) 世界多数国家都把 14 岁作为负刑事责任年龄的起点年龄,而且国际上第一个有关青少年犯罪问题的指导性文件——《北京规则》也反对将刑事责任年龄的起点规定得过低;我们在规定刑事责任年龄时,不仅应当考虑各国刑法关于年龄的规定状况和趋势,也应充分考虑《北京规则》规定的精神。②

基于以上理由,我国刑法不应降低未成年人负刑事责任的年龄起点。立法工作机关采纳了这一建议,在此后的 1995 年 8 月 8 日刑法总则修改稿中,又将最低刑事责任年龄由 13 岁恢复为 14 岁。

此后,虽然仍有人建议降低未成年人负刑事责任的年龄起点,但是立法机关并没有采纳其建议。这样,经过八届全国人大五次会议修订的 1997 年刑法典关于未

---

① 参见全国人大常委会法工委刑法室 1989 年 2 月 17 日整理:《刑法总则中争论较多的几个问题》,载高铭暄、赵秉志编:《新中国刑法立法文献资料总览》(下),中国人民公安大学出版社 1998 年版,第 2124 页。

② 参见最高人民法院刑法修改小组:《关于刑法总则修改的若干问题(草稿)(1989 年 3 月)》,载高铭暄、赵秉志编:《新中国刑法立法文献资料总览》(下),中国人民公安大学出版社 1998 年版,第 2234—2235 页。

成年人负刑事责任的起点年龄就继续沿用了 1979 年刑法典的规定。但年龄的表述已由"岁"改为"周岁"。

2. 相对责任年龄阶段的未成年人负担刑事责任的范围

关于已满 14 周岁未满 16 周岁的人负刑事责任的范围问题，1979 年《刑法》第 14 条第 2 款规定："已满十四岁不满十六岁的人，犯杀人、重伤、抢劫、放火、惯窃罪或者其他严重破坏社会秩序罪，应当负刑事责任。"1979 年刑法典实施后，随着司法实践的逐步深入，围绕着该款规定的司法适用，也产生了诸多的争议，如法条列举的"杀人、重伤"是否包括过失行为？如何把握"其他严重破坏社会秩序罪"的具体范围？等等。司法实践在理解和把握上的分歧势必导致司法适用在一定程度上的不统一。因此，为了规范立法，统一司法，在修订刑法的过程中，关于相对责任年龄阶段负刑事责任的范围问题，自然而然就成了立法机关、法律实务部门、专家学者们关注的焦点之一，并引发了一些争议。概而言之，争议的焦点主要集中在如下三个方面：

（1）如何将过失犯罪排除在列举的犯罪范围之外？由于 1979 年《刑法》第 14 条第 2 款并没有明确所列举的杀人、重伤等行为是否包括过失行为，故在司法实践中就产生了理解上的争议。一种观点认为，1979 年《刑法》第 14 条第 2 款没有对"杀人、重伤"作任何限定，所以理应将其理解为包括过失和故意两种行为。另一种观点则认为，《刑法》第 14 条第 2 款的立法思想是只让已满 14 岁不满 16 岁的人对那些他们能够辨认和控制的具有重大危害的行为负刑事责任，过失犯罪不属于严重犯罪，已满 14 岁不满 16 岁的人往往缺乏足够的辨认和控制能力，因此，把过失犯罪包括进去会导致打击范围过宽，违背立法精神。① 应该说，第二种观点属于我国刑法学界的主流观点，在刑法修订研拟的过程中，也得到了立法工作机关的认可，但如何将过失犯罪明确排除在列举的犯罪范围之外，却仁者见仁，智者见智。有人主张将"杀人、重伤"改为"故意杀人、故意重伤"，还有人建议在该款后增加"但是过失犯罪除外"的规定，即通过"但书"规定来达到排除过失犯罪的目的。立法工作机关起初采用的是"但书"写法，在 1988 年 9 月和 11 月 16 日的刑法修改稿中，在相应条款之后增加"但是过失行为除外"或"但是过失犯罪除外"的规定。后来，考虑到这两种建议的效果是相同的，而且"但书"排除的范围主要是针对"杀人、重伤"两种行为，因此，后来的 1995 年 8 月 8 日和 1996 年 6 月 24 日的刑法总则修改稿，相应的法条又取消了"但书"的规定，将"杀人、重伤"明确为"故意杀人、故意重伤"。虽然其后的刑法修改稿本如 1996 年 8 月 8 日的刑法总则修改稿、1996

---

① 参见最高人民法院刑法修改小组：《关于刑法修改若干问题的研讨与建议（1991 年草拟，1993 年修改补充）》，载高铭暄、赵秉志编：《新中国刑法立法文献资料总览》（下），中国人民公安大学出版社 1998 年版，第 2349 页。

年8月31日的刑法修改草稿、1996年10月10日的修订草案(征求意见稿)又曾经一度恢复了1979年刑法典的写法,但是,在此后的征求意见中,专家们一致建议:在杀人、重伤前面加"故意",以区别于"过失"。立法者终于采纳专家们的建议,在之后的刑法修订草案中又重新恢复了"故意杀人、故意伤害致人重伤或者死亡"的写法,该种表述最终为1997年刑法典所沿用。

(2) 应否保留"其他严重破坏社会秩序罪"的规定?在刑法修订研拟过程中,对此问题存在着两种不同意见①:一种意见认为,"其他严重破坏社会秩序罪"这种口袋式的规定是立法经验不足、不成熟的表现,规定过于模糊,含义不清,导致实践中执行标准不统一,违背罪刑法定原则的明确化要求,建议删除。另一种意见则认为,犯罪的社会危害程度大小是通过罪行性质、情节等反映出来的,刑法难以将所有严重危害社会的犯罪都列出来,如果采取穷尽列举的办法,遇到刑法没有规定而所犯罪行情节、性质等都很严重的情形就无法处理;"其他严重破坏社会秩序罪"属于兜底性的规定,可以避免列举无法穷尽的弊端,有利于打击犯罪,应该予以保留,但是必须严格控制,避免被滥用。对此,可以考虑规定对已满14岁不满16岁的人犯其他严重破坏社会秩序罪追究刑事责任的案件,应当报请高级人民法院核准。

立法工作机关在刑法修改稿或者修订草案中,对此问题的写法也曾经有过反复,作过不同的规定。如在1988年12月25日、1995年8月8日、1996年6月24日的刑法修改稿本中,立法工作机关曾一度取消了"其他严重破坏社会秩序罪"的规定。在1988年9月和11月16日的修改稿,1996年8月8日和8月31日的修改草稿,以及1996年10月10日、12中旬和12月20日的刑法修订草案中,均有"其他严重破坏社会秩序罪"的规定。后来,基于贯彻罪刑法定原则的考虑,立法机关在1997年1月10日的《中华人民共和国刑法(修订草案)》中又删除了"其他严重破坏社会秩序罪"的规定,并且一直维持到新刑法典通过。

(3) 相对责任年龄阶段负刑事责任范围的确定。在刑法修订研拟过程中,如何确定已满14周岁不满16周岁的未成年人负担刑事责任的范围,无论是刑法学界,还是司法实务部门,均有不同的意见。一种意见认为,根据我国的实际情况,已满14岁不满16岁的人应对严重的罪行负责,而严重犯罪的标准主要不在于罪名,而在于其法定刑的轻重,建议以法定刑为标准来划分这些人负刑事责任的范围,可以考虑规定犯法定最低刑为3年有期徒刑之罪的,应负刑事责任。② 另一种意见则认为,对于这一年龄阶段的未成年人负刑事责任的范围,可以采取罪名列举与最低

---

① 参见最高人民法院刑法修改小组:《关于刑法修改若干问题的研讨与建议(1991年草拟,1993年修改补充)》,载高铭暄、赵秉志编:《新中国刑法立法文献资料总览》(下),中国人民公安大学出版社1998年版,第2350页。

② 参见最高人民检察院刑法修改小组:《修改刑法研究报告(1989年10月12日)》,载高铭暄、赵秉志编:《新中国刑法立法文献资料总览》(下),中国人民公安大学出版社1998年版,第2520页。

法定刑相结合的形式进行修改,把犯罪限于故意犯罪,且为特别重大的常见犯罪,以"法定最低刑为三年有期徒刑以上"为严重犯罪的法律标准。具体写法建议修改为:"已满十四岁未满十六岁的人,犯杀人、重伤、抢劫、重大盗窃以及其他法定最低刑为三年有期徒刑以上的故意犯罪,应当负刑事责任。"①也有一种观点主张,修订后的刑法应当明确规定具体的严重故意犯罪的罪名,同时指明这些犯罪在刑法中的条款。②

立法工作机关虽然在一些刑法修改稿本或修订草案中曾一度有过不同的写法,但从具体写法上看,显然并没有倾向上述任何一种意见,而是以1979年刑法典的原有规定为基础,并考虑到已满14周岁未满16周岁的人辨认能力和控制能力的实际情况,在法条中增列了强奸、贩卖毒品、爆炸、投毒四种性质严重、发案较多的常见犯罪。这样做的好处是比较明确,又可以避免大量列举而造成的法条写法上的繁琐。同时,鉴于修订后的刑法典分则关于故意伤害罪的不同结果规定,并考虑到不同伤害结果的社会危害程度差别甚大,从而最终将"故意伤害"具体表述为"故意伤害致人重伤或者死亡"。此外,考虑到新刑法典分则取消了"惯窃罪"的规定,因此,宜相应删除"惯窃"。这样,在1997年刑法典中,已满14周岁未满16周岁的人应当负刑事责任的犯罪就只局限于故意杀人、故意伤害致人重伤或者死亡、强奸、抢劫、贩卖毒品、放火、爆炸、投毒罪。③

3. 关于刑事责任年龄的其他补充和修改

除了上述重大的发展外,1997年刑法典以及刑法修正案还在以下三个方面对刑事责任年龄的规定作了一定的修改:

(1) 修改了年龄表述方法。1979年刑法典对责任年龄的表述均用"岁"字,如14岁、16岁、18岁等,其实这里的"岁"字,不是指虚岁,而是指实足年龄即周岁。在刑法修订过程中,考虑到目前我国民间计算年龄的方法存在周岁和虚岁之分的实际情况,为了避免实务中引起误解,同时亦使立法用语确切、严谨,以及与宪法、婚姻法关于年龄的规定相协调,故国家立法机关在1997年2月17日的《中华人民共和国刑法》(修订草案)中将1979年刑法典条文中的年龄表述方法"岁"字一律改为"周岁",并最终为1997年刑法典所沿用。

(2) 明确了"不处罚"的性质。1979年《刑法》第14条第4款规定:"因不满十六岁不处罚的,责令他的家长或者监护人加以管教;在必要的时候,也可以由政府收容教养。"在刑法修改过程中,有人提出:从实践中看,此类实施危害行为的未成

---

① 参见高铭暄、赵秉志编:《新中国刑法立法文献资料总览》(下),中国人民公安大学出版社1998年版,第3042页。
② 参见赵秉志:《刑法改革问题研究》,中国法制出版社1991年版,第408页。
③ 根据《刑法修正案(三)》第2条的规定,"两高"的有关司法解释已将"投毒罪"的罪名修改为"投放危险物质罪"。

年人尚有可能实际承担其他性质的处罚,如果不明确处罚性质,会导致理解上的偏差并导致司法适用的不统一,建议改为"不负刑事责任"。立法工作机关基本采纳了该建议,在1995年8月8日的刑法总则修改稿中将"不处罚"明确写为"不予刑事处罚",这样,用语更加明确而规范。此后的刑法修改草案皆延续这一表述,直至成为1997年《刑法》第17条第4款。

(3)老年人犯罪从宽处罚原则的确立。为了更好地体现宽严相济刑事政策的要求,彰显中国特色社会主义刑法的文明和人道主义,促进社会和谐,根据老年人的生理、心理特点,在总结我国司法实践经验并借鉴我国历史上和国外有关立法例的基础上,《刑法修正案(八)》补充规定了对老年人犯罪从宽处罚的原则,即:"已满七十五周岁的人故意犯罪的,可以从轻或者减轻处罚;过失犯罪的,应当从轻或者减轻处罚。"

《刑法修正案(八)》颁布以前,我国刑法中没有专门规定老年人的刑事责任,但是在其他相关法律和规范性文件中,不乏涉及对老年人违法、犯罪行为从宽处理的规定,并且在司法实践中对老年人犯罪也普遍采取了从宽的做法。公安部2006年8月24日发布了《公安机关办理行政案件程序规定》,其第140条明确规定:违法行为人七十周岁以上,依法应当给予行政拘留处罚的,应当作出处罚决定,但不送拘留所执行。最高人民检察院2010年2月5日印发的《关于深入推进社会矛盾化解、社会管理创新、公正廉洁执法的实施意见》中,对老年人犯罪作出了规定,建议建立老年人犯罪依法适当从宽处理机制。2010年2月8日最高人民法院发布的《关于贯彻宽严相济刑事政策的若干意见》第21条规定:"对于老年人犯罪,要充分考虑其犯罪的动机、目的、情节、后果以及悔罪表现等,并结合其人身危险性和再犯可能性,酌情予以从宽处罚。"由此可见,无论是相关规范还是司法实践,对老年人犯罪从宽处理的做法已经成为一种共识,因此,在我国刑法中增加老年人犯罪从宽处理规定的时机已经相当成熟。

在《刑法修正案(八)》审议的整个过程中,对老年人犯罪免死的规定问题在社会范围内也引起了意想不到的极大争议,争议主要集中在两个问题:一是老年人犯罪的年龄界限问题,有委员和专家提出60岁以上,也有的提出70岁、80岁以上。立法机关综合考虑后确定了75周岁以上老年人犯罪从宽。二是对老年人从宽处罚的尺度问题。第一种意见认为,对老年人犯罪一律从宽,不应区别对待。第二种意见认为,老年人虽然身体衰弱,但生活经验丰富更应当遵纪守法,一律从宽不妥。立法机关经过综合考虑最终采纳了第二种意见。规定:故意犯罪的,可以从轻或者减轻处罚;过失犯罪的,应当从轻或者减轻处罚。

(二)精神障碍者和醉酒者的刑事责任(第18条)

1. 精神障碍者的刑事责任

关于精神障碍者的刑事责任,1997年《刑法》第18条共使用了3款加以规定。

第1款规定:"精神病人在不能辨认或者不能控制自己行为的时候造成危害结果,经法定程序鉴定确认的,不负刑事责任,但是应当责令他的家属或者监护人严加看管和医疗;在必要的时候,由政府强制医疗。"第2款规定:"间歇性的精神病人在精神正常的时候犯罪,应当负刑事责任。"第3款规定:"尚未完全丧失辨认或者控制自己行为能力的精神病人犯罪的,应当负刑事责任,但是可以从轻或者减轻处罚。"

(1) 新刑法典关于精神障碍者刑事责任的立法,与1979年《刑法》第15条的规定相比,在以下方面有所发展:

第一,增加了政府强制医疗的规定。在刑法修订研拟过程中,有学者提出,由于我国当时精神病医疗机构不足以及其他种种原因的影响,我国刑法(注:1979年刑法典)关于责令精神病患者家属或者监护人严加看管和医疗的规定,执行得并不令人满意,其家属因财力、人力所限等原因,也往往难以完全承担起此种责任,从而难以有效地控制此种精神病人使其不再危害社会。因此,为了有效地对此种精神病患者实施治疗,防止其再危害社会,刑法应该增设"必要时由政府强制医疗"的规定。① 1979年刑法典制定时,之所以没有"必要时由政府强制医疗"的规定,主要是考虑到当时我国的精神病医疗机构严重缺乏,法律规定了,但实践中无法落实反而会损害刑法的权威,而随着社会经济的进一步发展,一些精神病医疗机构已经陆续建立起来,因医疗机构不足而产生的困难大大地减小了。所以,考虑到我国当前医疗现状以及防范精神病患者实施危害行为的必要性,立法工作机关采纳了该建议,在1988年9月的刑法修改稿第15条第1款后增加了"必要时可以由政府强制医疗"的规定。1988年12月25日的刑法修改稿基于修辞上的考虑,将前述写法修改成了"必要的时候,由政府强制医疗",这一写法最终为1997年刑法典所沿用。

第二,增加了对精神病人须经法定程序鉴定确认的规定。在刑法修订研拟的过程中,鉴于司法实务中一些地方存在精神病鉴定程序混乱、鉴定机构对精神病患者的标准实际掌握不一的现状,1996年10月10日的修订草稿(征求意见稿)曾经增加一款作为第4款:"对精神病的医学鉴定,由省级人民政府指定的医院进行。"后来,考虑到该款在《刑事诉讼法》第120条第2款已有明确规定,作为实体法的刑法没有必要再对程序性的内容作重复性规定,于是,1997年1月10日的刑法修订草案取消了该款,并在第18条第1款增加"经法定程序鉴定确认"的规定,当时的法条是这样拟定的:"经法定程序鉴定确认的精神病人在不能辨认或者不能控制自己行为的时候造成危害结果的,不负刑事责任;但是应当责令他的家属或者监护人严加看管和医疗,必要的时候,由政府强制医疗。"后来基于文字修辞上的考虑,刑法草案又调整了"经法定程序鉴定确认"在法条表述中的位置。经过以上的修改和调整,最终形成了1997年《刑法》第18条第1款的规定。

---

① 参见赵秉志:《刑法改革问题研究》,中国法制出版社1996年版,第412页。

第三,增设了限制刑事责任能力的精神障碍者的刑事责任的规定。1979年刑法典对于精神病人责任能力采取的是"无"或"有"的两分法,并无限制责任能力的规定。在刑法修订研拟的过程中,有学者提出,精神障碍人的限制责任能力,即其责任能力因精神障碍而较正常人有所减弱,这是现代各国司法精神病学界不争的客观事实。根据责任能力与刑事责任的内在关系,现代多数国家的刑事立法中都设有限制责任能力的精神障碍人的条款,规定对其犯罪行为予以从宽处理。况且,我国司法精神病医学鉴定的理论与实践历来承认限制责任能力的精神障碍人的存在,我国司法实践也实事求是地接受了司法精神病学的这一主张,并根据我国刑法的基本原理,对构成犯罪的限制责任能力的精神障碍者酌情予以程度不同的从宽处罚。因此,为使我国刑法关于精神障碍人刑事责任问题的立法更加严谨和完善,为使我国刑法与现代外国刑法的有关通例相协调,我国刑法应该增设限制刑事责任能力的精神障碍者的刑事责任的规定。① 立法工作机关经过研究和论证,最终采纳了这一建议,在1996年6月24日的刑法总则修改稿以及之后的刑法修改稿本中,增加了限制刑事责任能力的精神障碍者的刑事责任的规定。

应当指出的是,对于这类精神障碍者如何处罚,曾经有过争议。一种意见认为,既然精神障碍者对自己行为的辨认或者控制能力因精神障碍而明显减弱,所以对其处罚就理应轻于正常人,对限制责任能力的精神障碍者实行必减主义是适当的。另一种意见认为,限制责任能力的精神障碍者的情况十分复杂,障碍程度重者与无责任能力接近,程度轻者无异于精神正常的人,所以,立法不宜规定得太死。处理这类案件,不仅要研究精神障碍者的责任能力程度,也要研究整个案件的全部情节,处罚时力求在"轻"与"重"之间达到平衡。故此立法上应采"得减主义"。② 考虑到不同的限制责任能力的精神病人的辨认和控制力的不同情况,并结合我国的审判实践经验以及外国的立法例,刑法修改稿本、修订草案乃至最终讨论通过的新刑法典对限制责任能力的精神病人的处罚均采取"得减主义"。从具体的表述看,1996年6月24日的刑法总则修改稿规定对这类精神障碍者"可以从轻、减轻或者免除处罚"。考虑到这种写法对这类精神障碍者从宽处理的跨度太大,1996年8月8日的总则修改稿改写为"可以减轻处罚"。显然这一写法又走上了另一极端,所以,1996年8月31日的刑法修改草稿以及之后的修订草案又改为"可以从轻或者减轻处罚"。最终通过的1997年《刑法》第18条第3款沿用了此规定。

(2)精神障碍者刑事责任立法的其他争议问题。在对精神障碍者刑事责任立

---

① 参见赵秉志:《刑法改革问题研究》,中国法制出版社1996年版,第410页。
② 参见最高人民法院刑法修改小组:《关于刑法修改若干问题的研讨与建议(1991年草拟,1993年修改补充)》,载高铭暄、赵秉志主编:《新中国刑法立法文献资料总览》(下),中国人民公安大学出版社1998年版,第2356页。

法的起草研拟过程中,以下两个问题也曾有过讨论。虽然这些讨论最终没有体现在新刑法典中,但为全面了解当时的立法情况,这里也作一简单介绍。

第一,关于"精神病"的具体范围。对于这一问题,在我国刑法学界乃至司法精神病学界都曾存在争议,主要存在广义和狭义两种观点。在刑法修订研拟过程中,有学者认为,有些精神病,如病理性醉酒这种暂时性精神活动失常、痴呆症(重度精神发育不全)等,与人们通常理解的典型精神病有所不同,近年来我国刑法理论上和司法实践中之所以对病理性醉酒人、痴呆人应否负刑事责任的问题存有不同看法,究其原因,法律关于"精神病"的规定过于概括也是一个方面。为了准确地执行法律,可以考虑把法条中的"精神病"规定得具体些,指明包括慢性精神病、暂时性精神病活动失常(如病理性醉酒)、痴呆症等。① 也有人主张增设智力发育不全者刑事责任的规定。应当说,这些主张在个别刑法修改稿本中也曾得到了不同程度的体现。如1988年9月的刑法修改稿第15条第1款规定:"患有精神病或其他精神病态的人在不能辨认或者不能控制自己行为的时候造成危害结果的,不负刑事责任,但是应当责令他的家属或者监护人严加看管和医疗。必要时,可以由政府强制医疗。"1988年12月25日的刑法修改稿在第15条之后增列一条:"智力发育不全的人犯罪,可以从轻、减轻或者免除处罚。"但是,对于上述写法,一些学者表达了不同的看法,认为,从实践中看,精神疾病的范围、类别、轻重程度及其与责任能力的关系极其复杂。哪些类型和程度的精神疾病可以使患者丧失行为时的辨认或控制能力,哪些类型和程度的精神疾病可以使患者在行为时的辨认或者控制能力明显减弱,哪些类型和程度的精神疾病并不影响责任能力,在立法上很难用简要分类列举的办法表述清楚。因此,医学上对精神疾病的范围、分类虽然可以不断地修改补充,但法律规定应保持稳定性,立法上不宜硬性规定某种分类模式。不采取简要分类列举方法,在立法上比较主动。既然是在广义上使用"精神病"的概念,再采用"其他精神病态的人"的概括方式也没有必要;而智力发育不全也就是精神发育不全,属于精神病的一种,没有再作单独规定的必要。② 立法工作机关采纳了该建议,在此后的刑法草案稿中取消了"其他精神病态的人"和"智力发育不全的人"的规定,仍然采用1979年刑法典"精神病"这一广义的概念。

第二,关于间歇性精神病的规定。1979年《刑法》第15条第2款规定:"间歇性的精神病人在精神正常的时候犯罪,应当负刑事责任。"在刑法修订研拟过程中,曾有学者提出,间歇性的精神病并非我国临床精神医学和司法精神病学所使用的

---

① 参见赵秉志:《刑法改革问题研究》,中国法制出版社1996年版,第409—410页。
② 参见最高人民法院刑法修改小组:《关于刑法修改若干问题的研讨与建议(1991年草拟,1993年修改补充)》,载高铭暄、赵秉志主编:《新中国刑法立法文献资料总览》(下),中国人民公安大学出版社1998年版,第2352—2353页。

概念,而是刑事立法根据人民群众日常观念而在法律上使用的一个术语。但在司法实践中,对被告人是否患有所谓的"间歇性的精神病",以及是否处于"精神正常"的状态,又要依靠司法精神病学鉴定,而刑事立法与司法精神病学的不一致,就给司法精神病学鉴定造成了困难,因而也难免影响刑事司法工作的准确无误。为保证该款立法的科学、严谨和便利司法实践,建议立法机关征询、研究司法精神病学界的意见,本着使刑法的这一规定与司法精神病学鉴定的通行理论和实践相协调的原则加以修改。① 也有学者认为,间歇性精神病是一个法律概念,而非精神医学概念。在司法实践中,对间歇性的精神病人可依据不同的情况依照第1款的医学标准和法学标准分别定为限制责任能力人或者完全责任能力人,没有必要将其在精神正常的时候犯罪、承担刑事责任的情况单列出来。因此,建议废除该款规定。立法机关最终没有采纳上述建议,通过的1997年《刑法》第18条第2款的内容完全沿用了1979年《刑法》第15条第2款的规定。

2. 醉酒者的刑事责任

1979年《刑法》第15条第3款规定:"醉酒的人犯罪,应当负刑事责任。"1997年刑法典完全沿用了本条的表述,没有作任何修改。然而,在刑法修订研拟过程中,也曾有部门主张:醉酒不属于精神病,不应该与精神病人的刑事责任规定在一起,建议将醉酒人的刑事责任这一款从本条中分出去另写一个独立的条文。立法工作机关考虑到本款与病理性醉酒的内在联系性,没有采纳这一建议。

(三) 聋哑人、盲人的刑事责任(第19条)

1997年《刑法》第19条规定:"又聋又哑的人或者盲人犯罪,可以从轻、减轻或者免除处罚。"

本条立法内容完全沿用1979年《刑法》第16条的规定,没有作任何修改。

五、正当行为(第20条、第21条)

(一) 正当防卫(第20条)

我国1997年《刑法》第20条共用3款对正当防卫作出了规定。其中,第1款规定:"为了使国家、公共利益、本人或者他人的人身、财产和其他权利免受正在进行的不法侵害,而采取的制止不法侵害的行为,对不法侵害人造成损害的,属于正当防卫,不负刑事责任。"第2款规定:"正当防卫明显超过必要限度造成重大损害的,应当负刑事责任,但是应当减轻或者免除处罚。"第3款规定:"对正在进行行凶、杀人、抢劫、强奸、绑架以及其他严重危及人身安全的暴力犯罪,采取防卫行为,造成不法侵害人伤亡的,不属于防卫过当,不负刑事责任。"

---

① 参见赵秉志:《刑法改革问题研究》,中国法制出版社1996年版,第411页。

1. 新刑法关于正当防卫制度的新发展

这次刑法修订,立法机关对原有的正当防卫的立法内容进行了重大修改,主要表现为如下方面:

(1) 对正当防卫概念的修改。1997 年刑法典对正当防卫概念的修改表现在以下两点:

第一,扩展了保护对象的范围。首先,增加规定了可以以正当防卫的形式予以保护的权利种类。1979 年《刑法》第 17 条第 1 款规定:"为了使公共利益、本人或者他人的人身和其他权利免受正在进行的不法侵害,而采取的正当防卫行为,不负刑事责任。"当时刑法在正当防卫的保护范围方面,只局限于"公共利益、本人或者他人的人身和其他权利",由于"其他权利"的范围没有具体指明,实践中,通常只重视和强调对人身权利的保护,而忽视对其他权利的保护。因此,在刑法修订研拟过程中,专家学者们提出,应当将正当防卫保护的权利种类予以明确。究竟应当明确哪些权利种类,意见不一。一种意见主张,应当明确列举自由权利,即明确规定:"为了使公共利益、本人或他人的人身、自由、财产等权利免受正在进行的不法侵害,而采取的正当防卫行为,不负刑事责任。"一种意见主张,除人身、财产外,还应当将"住宅"列举出来。另一种意见则认为,应当将"其他权利"取消,直接以"财产权利"取而代之,这样既可以克服"其他权利"范围宽泛抽象、不宜操作的不足,又可防止实践中通常只重视和强调对人身权利的保护而忽视对财产权利保护的偏差。而且,从公民权利的种类和正当防卫的性质来看,作为正当防卫保护范围的权利,除主要是指人身权利外,也只有财产权利。其他公民权利如政治权利、民主权利、劳动权利、婚姻家庭权利等,实际上是不可能单独成为正当防卫的保护权利的。至于有论者提出宜将"自由权利"作出规定,实无必要。因为事实上,只有人身自由权利可能通过正当防卫加以保护,而这已为"人身权利"所包括。[①] 考虑到实践中公民的人身权利、财产权利较多地受到侵犯和对财产权利又保护较弱的现实情况,刑法修订时,一方面,在新《刑法》第 20 条第 1 款将公民的"人身权利"和"财产权利"明确规定为正当防卫的保护范围;另一方面,考虑到除了"人身权利"和"财产权利"两种主要权利外,不能完全排除其他权利受不法侵害的可能性,因此,基于全面有效地保护防卫人的合法权益的考虑,新刑法典仍然采用了"其他权利"的概括性规定作为补充。其次,增加规定"国家利益"。考虑到国家利益和公共利益的差异性,在正当防卫的保护权益方面明确规定了"国家利益",与"公共利益"并列,从而使得正当防卫的保护范围更加全面。

第二,明确了正当防卫行为的内在属性。在此次刑法修订研拟过程中,有部门和专家学者提出,公民对于正在发生的不法侵害行为所采取的制止不法侵害所必

[①] 参见赵秉志:《刑法改革问题研究》,中国法制出版社 1996 年版,第 170 页。

需的行为,属于正当防卫行为。将正当防卫行为界定为制止不法侵害所必需的行为,可使司法机关在判断防卫行为是否正当时,有一个比较大的灵活度,不仅可以对于公民的正当防卫权利给予有效的司法保护,也有助于鼓励公民积极行使正当防卫权利。① 立法机关显然采纳了这种意见,自1996年8月8日的刑法总则修改稿起直至新刑法典通过,立法机关摒弃了原来条文中使用"正当防卫"一词同语反复的表述,将正当防卫行为的内在属性明确为"对不法侵害人"实施的"制止不法侵害的行为"。

(2)对防卫过当的修改。1997年刑法典对防卫过当概念的修改表现在以下两个方面:

第一,放宽了防卫限度的条件。1979年刑法典因为受"法条宜粗不宜细"的指导思想的影响,以及出于避免正当防卫权利被滥用等原因的考虑,对正当防卫限度的规定过于原则和笼统,以至于实践中对正当防卫掌握过严,对防卫过当掌握过宽,致使受害人不仅得不到保护,反而会被以防卫过当追究刑事责任,伤害了人民群众见义勇为的积极性。因此,在刑法典修订研拟过程中,要求放宽正当防卫限度条件的呼声很高。为了解决正当防卫掌握过严的问题,立法工作机关采纳了放宽正当防卫限度条件的建议,在一些刑法修改稿本或者修订草案中尝试放宽了正当防卫的限度。1995年8月8日的刑法总则修改稿第17条第2款规定:"防卫行为显然超过必要限度,造成不应有的危害的,应当负刑事责任;但是……"在该款中增加"显然"一词,目的是将防卫过当限制在至少有过失的范围内,这在一定程度上放宽了正当防卫的限度。1996年6月24日的刑法总则修改稿第17条第3款在将上述刑法修改稿本中使用的"显然"修改为"明显"的同时,将"不应有的危害"修改为"不应有的重大损害",从而进一步放宽了正当防卫的限度。1996年12月中旬的修订草案第20条第2款在1996年6月24日稿本的基础上,取消了"重大损害"之前的"不应有"一词,旨在力求划清正当防卫与防卫过当的界限。这样,经过数次修改尝试,我国刑法最终将正当防卫的限度条件划定为"没有明显超过必要限度,造成重大损害"。据此规定,防卫行为只要是为制止不法侵害所必需,防卫行为的性质、手段、强度和损害后果又不是明显超过不法侵害的性质、手段、强度,或者虽然造成的损害明显超过不法侵害,但实际造成的损害不算重大的,均属于正当防卫。

第二,对防卫过当处罚原则的修改。关于防卫过当的处罚原则,1979年刑法典的规定是"应当负刑事责任;但是应当酌情减轻或者免除处罚"。由于"酌情"一词

---

① 参见最高人民法院刑法修改小组:《对修改刑法的十个问题的意见(1996年5月30日)》,载高铭暄、赵秉志编:《新中国刑法立法文献资料总览》(下),中国人民公安大学出版社1998年版,第2406页。

含义不明,容易产生歧义,实践中不好统一把握其标准,致使执法具有很大的随意性,难以操作,因此,在刑法修订研拟过程中,有部门建议删除"酌情"一词。立法工作机关经过研究和论证,最终采纳了该建议。自1996年8月31日的修改草稿起,立法工作机关删除了防卫过当处罚原则规定中的"酌情"的表述。

(3)增设特殊防卫权的规定。司法实践中,许多正当防卫的案件都是针对暴力犯罪实行的,然而,由于1979年刑法典对正当防卫限度的规定过于原则和笼统,更没有对暴力犯罪而实施正当防卫之限度的专门规定,导致在很多情况下,遭遇暴力侵害的行为人不仅得不到保护,反而可能被以防卫过当追究刑事责任。对此,刑法学界和法律实务界纷纷要求通过立法的形式,改变这种状况,以强化公民的正当防卫权利。其中有人建议,鉴于暴力犯罪的猖獗性、极其严重的社会危害性,立法应当确立特殊防卫权,即对暴力犯罪实行正当防卫不作防卫限度的要求,造成不法侵害人伤亡后果的,不负刑事责任。也有部门提出,在我国的社会治安尚未根本好转的情况下,以破门撬锁、暴力等非法手段侵入他人住宅和有人看守的银行、仓库、办公室的犯罪时有发生,这对公民的人身权利和财产安全构成了极大的威胁,而公安机关又警力不足、快速反应能力较差,在这种现实情况下,为了有利于保护公民的人身和财产权利,刑法典应在正当防卫的条文中增加一款,规定对以破门撬锁、暴力方法强行非法侵入或以秘密方法侵入他人住宅、银行、仓库等重要场所的人,不论其意图的非法行为是否实际实施,都可以实行必要的防卫。①

立法工作机关曾采纳了上述建议,在1996年8月8日的刑法总则修改稿第18条规定:"夜间以破门撬锁、暴力或者以秘密等方法非法侵入他人住宅、银行、仓库等重要场所的,不论其是否实施其他侵害行为,都可以实行必要的防卫。"第19条规定:"对以暴力、威胁等方法实施杀害、抢劫、强奸、绑架等严重侵害本人或他人生命安全或人身权利的犯罪行为,实施正当防卫行为,造成不法侵害人伤亡后果的,不负刑事责任。"第20条规定:"公民实施正当防卫行为,已使不法侵害人丧失了侵害能力,有效地制止了不法侵害以后,又对不法侵害人实施侵害的,属于不法侵害行为。这种不法侵害行为构成犯罪的,应当负刑事责任。"但全国人大常委会法制工作委员会在同年8月12日至16日邀请的专家座谈会上,与会专家一致认为,第18、19、20条规定的精神虽好,但是其中的"以秘密方法非法侵入他人住宅"以及"严重侵害本人或他人生命安全或人身权利的犯罪行为"的规定面太宽,司法实践中难以掌握,可能会被犯罪分子所利用。写法不太成熟,建议不作规定。立法工作机关部分采纳了上述专家的建议,在1996年10月10日的修订草案(征求意见稿)

---

① 参见最高人民检察院刑法修改小组:《关于修改刑法十个重点问题的研究意见(1996年5月)》,载高铭暄、赵秉志主编:《新中国刑法立法文献资料总览》(下),中国人民公安大学出版社1998年版,第2593—2594页。

中取消了1996年8月8日刑法总则修改稿第20条的规定,修改了该稿第18、19条的内容,并将其作为1996年10月10日的征求意见稿第18条的第4款、第5款。其中,第18条第4款规定:"对以暴力方法实施杀人、抢劫、强奸、绑架以及严重危害国家、公共利益的犯罪行为,采取防卫行为,造成不法侵害人伤亡后果的,不负刑事责任。"第5款规定:"对以破门撬锁或者使用暴力方法非法侵入他人住宅的,采取防卫行为,适用第四款规定。"该征求意见稿下发中央有关部门和各省、自治区、直辖市以及一些法律院校征求意见后,多数人对上述第5款的规定持反对意见:非法侵入他人住宅行为的情况非常复杂,行为人的动机、目的各种各样,不加区分地规定特殊防卫权,容易造成对公民权利的不当侵害,产生消极后果;而且非法侵入他人住宅行为在刑法中是一个轻罪,它不能与故意杀人、抢劫等严重暴力犯罪相提并论,不适合赋予其特殊防卫权。因此建议取消第18条第5款的规定。立法工作机关采纳了上述建议,在1996年12月中旬的《中华人民共和国刑法(修订草案)》中删除了同年10月10日修订草案(征求意见稿)第18条第5款的规定,同时以该修订草案(征求意见稿)第18条第4款为基础作了修改,形成1996年12月中旬修订草案第20条第3款的规定,即:"受害人受到暴力不法侵害而采取制止暴力侵害的行为,造成不法侵害人伤亡后果的,属于正当防卫,不存在防卫过当。"

但在此后的进一步征求意见中,有学者针对1996年12月中旬刑法修订草案第20条第3款的规定又提出:"暴力侵害"的含义不明,可以作十分宽泛的理解,不仅殴打、捆绑属于暴力,拉扯、打耳光等轻微袭击行为也可视为暴力的范畴。如果对实施这些轻微袭击行为的不法侵害人造成伤亡后果的情形,也一律视为正当防卫行为,会弱化对不法侵害人应有合法权益的保障,导致防卫权的滥用。建议进一步明确"暴力侵害"的含义。有学者甚至建议明确规定为:"对正在以暴力方法实施杀人、伤害、抢劫、强奸、绑架以及其他严重危害社会治安的犯罪行为,采取防卫措施造成不法侵害人伤亡后果的,属于正当防卫,不负刑事责任。"[①]立法机关经过斟酌,综合地采纳了上述建议,于是,1997年2月17日的《中华人民共和国刑法(修订草案)(修改稿)》第20条第3款规定:"对正在进行行凶、杀人、抢劫、强奸、绑架以及其他严重危及人身安全的暴力犯罪,采取防卫行为,造成不法侵害人伤亡和其他后果的,不属于防卫过当,不负刑事责任。"与1996年12月中旬的刑法修订草案第20条第3款的规定相比,有如下两点改动:

第一,1997年2月17日的刑法修订草案(修改稿)明确将"暴力侵害"限制为"暴力犯罪"。

第二,在刑法修订草案(修改稿)中,暴力犯罪被限定为必须具有"严重危及人

[①] 《中央有关部门、地方对刑法修订草案的意见》,载高铭暄、赵秉志编:《新中国刑法立法文献资料总览》(下),中国人民公安大学出版社1998年版,第2206页。

身安全"的特征。此后第八届全国人大第五次会议修订的《中华人民共和国刑法》基本保留了上述刑法修订草案修改稿的内容,只删除了"伤亡"后果之后的"其他后果"。这样,最终形成1997年《刑法》第20条第3款关于特殊防卫的规定:"对正在进行行凶、杀人、抢劫、强奸、绑架以及其他严重危及人身安全的暴力犯罪,采取防卫行为,造成不法侵害人伤亡的,不属于防卫过当,不负刑事责任。"

2. 正当防卫立法的其他问题

在正当防卫立法修订研拟过程中,以下两个问题也曾有过讨论。虽然这些讨论最终没有体现在新刑法典中,但曾经在一些刑法修改稿本中出现过,为了全面了解当时立法的经过,这里亦做简单介绍。

(1) 对见义勇为有重大贡献的人予以奖励的问题。如前所述,1979年刑法典对正当防卫的规定过严,很多情况下,致使受害人被以防卫过当追究刑事责任,伤害了人民群众见义勇为的积极性。因此,在刑法典修订过程中,有部门建议,对见义勇为有重大贡献的人,刑法有必要作出予以奖励的规定。① 在个别刑法修改稿本中,立法机关曾一度采纳了该建议,例如,1995年8月8日的刑法总则修改稿第17条第1款在第一句正当防卫的界定之后增加了一句:"对见义勇为作出重大贡献的,国家予以奖励。"后来,考虑到见义勇为不是刑法问题,对见义勇为行为人的奖励规定在刑法中不是很妥当,于是,在1996年8月8日的刑法总则修改稿中取消了该规定。此后的刑法修订草案直至最终通过的1997年刑法典也就没有该问题的规定。

(2) 防卫人因恐慌、激愤而超过防卫限度的处理问题。在刑法修订研拟过程中,一些学者和部门提出,在实践中,由于许多不法侵害是突然的、急促的,而防卫人在仓促、紧张的状态下往往很难准确地判断侵害行为的性质和强度,因此不容易周全、慎重地选择相应的防卫手段,建议在关于防卫过当减免刑事责任的规定中再规定一款:"防卫人因激愤、恐惧或慌乱而防卫过当的,免除处罚。"或者:"防卫人因激愤、恐惧而超过防卫限度,主观上没有罪过的,不以犯罪论处。"② 立法工作机关考虑到实践中对激愤、恐惧或慌乱这些主观状态的认定具有复杂性,不宜匆忙作出规定,况且刑法关于防卫过当处罚的规定,本身就包含了"免除处罚"的内容,对于防卫人因激愤、恐惧或慌乱超过必要限度的情形,完全可以按照这一款的规定来

---

① 参见公安部修改刑法领导小组办公室1996年5月29日提交的《当前修改刑法工作中亟待研究解决的十大问题(汇报提纲)》,载高铭暄、赵秉志编:《新中国刑法立法文献资料总览》(下),中国人民公安大学出版社1998年版,第2654页。

② 最高人民检察院刑法修改研究小组:《关于修改刑法十个重点问题的研究意见(1996年5月)》,中国人民大学法学院刑法修改专题研究小组:《关于修改刑法若干基本问题的建议——〈中国刑法改革与完善基本问题研究报告〉概要(1996年7月10日)》,分别载高铭暄、赵秉志编:《新中国刑法立法文献资料总览》(下),中国人民公安大学出版社1998年版,第2349、3060页。

处理,因此没有采纳上述建议。

(二) 紧急避险(第21条)

1979年《刑法》第18条第1款规定:"为了使公共利益、本人或者他人的人身和其他权利免受正在发生的危险,不得已采取的紧急避险行为,不负刑事责任。"第2款规定:"紧急避险超过必要限度造成不应有的危害的,应当负刑事责任;但是应当酌情减轻或者免除处罚。"第3款规定:"第一款中关于避免本人危险的规定,不适用于职务上、业务上负有特定责任的人。"

1997年《刑法》第21条基本上沿用了1979年《刑法》第18条的规定,只是在内容上作了三处调整:

(1) 在对紧急避险保护权益范围的规定上,增列了"国家"利益、公民的"财产"权利,扩大了对合法权益的保护范围。

(2) 在第1款中的"不负刑事责任"前增加"造成损害的"一句,以使条文表述更加确切。

(3) 在对避险过当的处罚规定上,删去了原来条文中的"酌情"二字,进一步明确了对避险过当的处罚规定的含义,增强了司法实践中的可操作性。

(三) 依法执行职务行为的立法化问题

1979年刑法典只规定了正当防卫和紧急避险两种正当行为。在刑法修订研拟过程中,一些专家学者提出:形式上符合犯罪构成,而实质上不具有社会危害性的行为并不局限于正当防卫和紧急避险;有些行为如警察和其他执法人员执行职务的行为,同属形式上符合犯罪构成但实质上不具有社会危害性的情形,而此类行为既不属于正当防卫,又不属于紧急避险,依法执行职务行为立法化有助于保障公务活动的实行。因此从立法完善、科学的角度出发,建议借鉴国外立法,在正当行为中增补依法执行职务的行为。[①] 立法工作机关曾经采纳了这一建议,在1996年12月中旬的《中华人民共和国刑法(修订草案)》第21条用两款单独对警察执行公务的行为作出了规定。其中,第1款规定:"人民警察在依法执行盘问、拘留、逮捕、追捕逃犯或者制止违法犯罪职务的时候,依法使用武器和警械,造成人员伤亡后果的,不负刑事责任。"第2款规定:"人民警察受到暴力侵害而采取制止暴力侵害的行为,造成不法侵害人伤亡后果的,不负刑事责任。"但是,在此后的征求意见中,许多专家学者和代表人士对该规定提出了异议:规定人民警察执行职务时不存在防卫过当,这不合适,特别是执行盘问时依法使用武器和警械造成人员伤亡后果不负刑事责任的规定,会造成警察与群众的对立和矛盾,而且目前执法人员中不少人素

---

① 参见最高人民法院刑法修改小组:《关于对〈中华人民共和国刑法(修订草案)〉(征求意见稿)的修改意见(1996年11月8日)》,载高铭暄、赵秉志编:《新中国刑法立法文献资料总览》(下),中国人民公安大学出版社1998年版,第2429页。

质不高,不应给他们太大的权力,对警察使用武器和警械的情况应该依法限制,否则会出现滥用权力的行为。因此建议要么增加"警察违法使用警械,应该承担刑事责任"的规定;要么删去该条。① 但也有人提出,人民警察在执行职务的过程中,常常会遭遇暴力侵犯,人身安全也常常受到威胁,为了有利于人民警察执行职务,更好地保护其合法权益,建议刑法保留人民警察执行职务的规定。

立法机关综合考虑了各方的意见,在1997年1月10日的《中华人民共和国刑法(修订草案)》第92条中保留了人民警察执行职务的规定,但同时增加了"违法使用警械和武器,造成不应有的人员伤亡或财产损失,构成犯罪的,应当负刑事责任"的规定,从而对警察使用警械和武器的行为作了一定限制。后来,基于各方面的意见,在1997年3月1日的《中华人民共和国刑法(修订草案)》第21条中,进一步严格了使用警械和武器实行防卫的时间和起因,该条文规定:"人民警察在依法执行盘问、拘留、逮捕、追捕逃犯或者制止违法犯罪职务的时候,受到暴力侵犯或者人身安全受到威胁,依法使用武器和警械的职务行为,造成人员伤亡后果的,不属于防卫过当,不负刑事责任。"但是在此后的第八届全国人大第五次会议分组审议过程中,一些代表再次就该问题提出,《中华人民共和国人民警察法》规定,人民警察依法执行职务,受法律保护;《中华人民共和国人民警察法》和《中华人民共和国人民警察使用警械和武器条例》对人民警察在执行职务中,什么情况下依法使用警械、武器不承担责任,违法使用警械、武器要承担责任,都已有规定,该问题可以不在刑法中另作规定,因此建议删去上述规定。立法机关采纳了这种意见,最终,第八届全国人大第五次会议修订的《中华人民共和国刑法》没有再对"人民警察依法执行职务的行为"作出规定。

第二节　犯罪的预备、未遂和中止

一、犯罪预备(第22条)

1997年《刑法》第22条第1款规定:"为了犯罪,准备工具、制造条件的,是犯罪预备。"第2款规定:"对于预备犯,可以比照既遂犯从轻、减轻处罚或者免除处罚。"

本条完全沿用了1979年《刑法》第19条的规定。但是在刑法修订研拟过程中,对于本条的完善,一些专家学者和立法工作机关曾经在犯罪预备的界定和处罚原则的改进两个方面作过尝试。

---

① 参见高铭暄、赵秉志编:《新中国刑法立法文献资料总览》(下),中国人民公安大学出版社1998年版,第2226—2227页。

（1）关于犯罪预备的界定,1988 年 9 月的刑法修改稿第 19 条在 1979 年刑法原有规定的基础上写明了"由于犯罪分子意志以外的原因而尚未着手实行犯罪"的内容。中国人民大学法学院刑法总则修改小组在 1994 年草拟的一个刑法总则大纲和四个总则修改稿中对犯罪预备的界定提出了进一步的完善方案,即:"为实施犯罪创造条件,由于行为人意志以外的原因而未能着手实施刑法分则所规定的犯罪行为的,是犯罪预备。"1995 年 8 月 8 日全国人大常委会法制工作委员会刑法修改小组草拟的刑法总则修改稿也涉及犯罪预备的完善,该稿第 19 条第 1 款规定:"为实施犯罪,准备工具或者创造其他便利条件的,是犯罪预备。"应当说,如果立法工作机关能够综合考虑上述完善方案,是可以拟出更为合理科学的犯罪预备概念的,但由于受决策者"原则上没有什么问题,尽量不改"的指导思想的影响,最终还是放弃了对犯罪预备概念予以完善的努力。

（2）关于犯罪预备的处罚原则,曾有人提出,预备犯犯罪情节较轻,社会危害性较小,国外多以处罚预备犯为例外,且以刑法明文规定处罚的为限。因此,建议将 1979 年刑法典处罚预备犯的原则由"得减主义"改为"必减主义",从而增大从宽的力度。此后 1995 年 8 月 8 日的刑法总则修改稿采纳了这一建议,该稿第 19 条第 2 款规定:"对于预备犯,应当比照既遂犯从轻、减轻处罚或者免除处罚。"后来又有人提出,应该根据预备犯的不同情节采取不同的处罚原则,故在 1996 年 8 月 8 日的刑法总则修改稿中又将预备犯的处罚规定修改为:"对于预备犯,可以比照既遂犯从轻处罚;情节较轻的,可以免除处罚。"对于这一写法,在同年 8 月 12 日至 16 日的全国人大常委会法制工作委员会邀请的专家座谈会上,专家们一致认为,预备犯本来情节就比较轻,不必再进一步区分情节较轻的如何处罚,建议不作这样的修改。① 立法工作机关采纳了专家们的建议,从 1996 年 8 月 31 日的刑法修改草稿开始,重新将预备犯的处罚规定修改为:"对于预备犯,可以比照既遂犯从轻、减轻处罚或者免除处罚。"该种表述一直延续到第八届全国人大第五次会议修订的《中华人民共和国刑法》。

二、犯罪未遂(第 23 条)

1997 年《刑法》第 23 条第 1 款规定:"已经着手实行犯罪,由于犯罪分子意志以外的原因而未得逞的,是犯罪未遂。"第 2 款规定:"对于未遂犯,可以比照既遂犯从轻或者减轻处罚。"

关于犯罪未遂立法的完善,一些学者提出建议,犯罪未遂立法应当采取总则概

---

① 参见全国人大常委会法工委刑法室 1996 年 9 月 6 日整理:《法律专家对〈刑法总则修改稿〉和〈刑法分则修改草稿〉的意见》,载高铭暄、赵秉志主编:《新中国刑法立法文献资料总览》(下),中国人民公安大学出版社 1998 年版,第 2129 页。

括规定与分则具体规定相结合的规定方法;犯罪未遂概念中的"已经着手实行犯罪"应当修改为"已经着手实施刑法分则所规定的犯罪行为",以区别于犯罪预备;"未得逞"应当修改为"没有完全具备犯罪的构成要件",以区别于犯罪既遂;立法应当考虑补充对迷信犯、愚昧犯不作为犯罪未遂处理的规定。[①] 也有学者提出,经济犯罪的未遂不同于一般刑事犯罪未遂的一个特点是有时无法比照既遂犯处罚。因为在许多经济犯罪案件中,行为人的故意内容是概括的,如果财物尚未到手,很难说他可能会得多少,所以缺乏实在的比照内容,所谓比照既遂犯从轻或者减轻处罚,实际上在这种情况下很难适用。因此,建议立法在保留未遂犯比照既遂犯处罚的基础上,另外规定:"无法比照的,可以根据案件的具体情况,在犯罪的法定有期徒刑刑期三分之二以下酌情处罚。"以上的建议由于同样受决策者指导思想的影响,并没有得到立法采纳,1997年《刑法》第23条仍然沿用了1979年《刑法》第20条的规定。

三、犯罪中止(第24条)

1979年《刑法》第21条第1款规定:"在犯罪过程中,自动中止犯罪或者自动有效地防止犯罪结果发生的,是犯罪中止。"第2款规定:"对于中止犯,应当免除或者减轻处罚。"

与1979年刑法典的上述规定相比,1997年刑法典主要作了两处修改:

(1)将犯罪中止概念中的"自动中止"修改为"自动放弃"。这样修改的原因有二:一是"中止"有中间停止而未终止的含义,即可以在停止犯罪后再接着实行。而"放弃"则能准确地反映犯罪中止立法的原意。二是摒弃了原来条文中使用"中止"一词同语反复的表述,从而使文字表述更加确切,概念更加科学。

(2)基于罪责刑相适应原则的要求,同时考虑到中止犯的人身危险性的大小,对中止犯的处罚原则作了更加明确、具体的区分,即对中止犯没有造成损害的,应当免除处罚;造成损害的,应当减轻处罚。

这样,经过如上修改的1997年《刑法》第24条的规定是:"在犯罪过程中,自动放弃犯罪或者自动有效地防止犯罪结果发生的,是犯罪中止。对于中止犯,没有造成损害的,应当免除处罚;造成损害的,应当减轻处罚。"

[①] 参见赵秉志:《刑法改革问题研究》,中国法制出版社1996年版,第448—449页。具体法条设计可见中国人民大学法学院刑法总则修改小组草拟的一个刑法总则大纲和四个刑法总则修改稿(载高铭暄、赵秉志编:《新中国刑法立法文献资料总览》(下册),中国人民公安大学出版社1998年版,第2877—2960页)。

第三节 共同犯罪

一、共同犯罪的概念(第25条)

1997年《刑法》第25条第1款规定:"共同犯罪是指二人以上共同故意犯罪。"第2款规定:"二人以上共同过失犯罪,不以共同犯罪论处;应当负刑事责任的,按照他们所犯的罪分别处罚。"

本条关于共同犯罪概念的规定,完全沿用了1979年《刑法》第22条的规定。

在刑法修订研拟过程中,我国刑法学界和法律实务部门曾经对上述第2款的规定进行过一些讨论。有部门提出,在司法实践中,处理共同过失犯罪案件(如玩忽职守、重大责任事故等)比处理共同故意犯罪案件更难,其中的主要原因在于刑法关于共同过失负责方式的规定不切合实际。实际中发生的共同过失案件,并不是可以明确地将每一个人的行为都划分出来,以确定它们是否要负刑事责任,或者应受何等程度的处罚。对于共同过失案件,也要考虑每个人对危害后果所起的实际作用,在处罚时也要把不同犯罪人进行比较。据此,立法应考虑把本款修改为:"二人以上共同过失犯罪,不以共同犯罪论处,应根据他们对造成危害后果所起的实际作用分别处罚。"[①]立法工作机关并没有采纳这种建议。而且,从刑法修改的稿本看,有的甚至取消了第25条第2款的规定,如1996年6月24日和1996年8月8日的刑法总则修改稿。

二、主犯(第26条)

关于主犯及其处罚原则,1997年《刑法》第26条用四款加以规定。其中,第1款规定:"组织、领导犯罪集团进行犯罪活动的或者在共同犯罪中起主要作用的,是主犯。"第2款规定:"三人以上为共同实施犯罪而组成的较为固定的犯罪组织,是犯罪集团。"第3款规定:"对组织、领导犯罪集团的首要分子,按照集团所犯的全部罪行处罚。"第4款规定:"对于第三款规定以外的主犯,应当按照其所参与的或者组织、指挥的全部犯罪处罚。"

与1979年《刑法》第23条的规定相比,1997年刑法典在如下两方面发展了主犯的规定:

1. 增加了犯罪集团概念的规定

1979年刑法典虽有犯罪集团的名称,但并没有就犯罪集团的概念作出明确的

[①] 最高人民检察院刑法修改小组:《修改刑法研究报告(1989年10月12日)》,载高铭暄、赵秉志编:《新中国刑法立法文献资料总览》(下),中国人民公安大学出版社1998年版,第2527页。

界定,由此导致了理论上的争议以及司法实务中对犯罪集团的实际标准掌握不一、认定混乱。为了准确地认定犯罪集团,1984年6月15日最高人民法院、最高人民检察院、公安部联合作出《关于当前办理集团犯罪案件中具体应用法律的若干问题的解答》(以下简称《解答》),其中第2条规定:刑事犯罪集团一般应具备下列基本特征:① 人数较多(3人以上),重要成员固定或基本固定。② 经常纠集一起进行一种或数种严重的刑事犯罪活动。③ 有明显的首要分子。有的首要分子是在纠集过程中形成的,有的首要分子在纠集开始时就是组织者和领导者。④ 有预谋地实施犯罪活动。⑤ 不论作案次数多少,对社会造成的危害严重或其具有的人身危险性巨大。在刑法修订研拟过程中,立法工作机关根据打击犯罪集团的实际需要,在总结实践经验的基础上参考了上述《解答》中的有关内容,在第26条增加了犯罪集团的概念一款作为第2款,规定:"三人以上为共同实施犯罪而组成的较为固定的犯罪组织,是犯罪集团。"

从写法的演变上看,犯罪集团的概念写入刑法典有一个变化的过程。首次规定犯罪集团概念的是1996年12月中旬的刑法修订草案,该草案第27条第1款的规定为1996年12月20日和1997年1月10日的修订草案完全采纳。这些草案的规定与新刑法典的规定相比,区别比较微妙,草案使用"稳定的犯罪组织"来界定犯罪集团,而1997年2月17日的草案则将"稳定的犯罪组织"修改为"固定的犯罪组织",并为新刑法典所沿用。

当然,对于犯罪集团的规定,也有部门提出,应当以有组织犯罪和黑社会犯罪的规定予以替代,把有关犯罪集团的规定消化包容在共同犯罪、有组织犯罪和黑社会犯罪的规定之中。规定有组织犯罪作为共同犯罪的特殊形式,黑社会犯罪作为有组织犯罪的特殊形式。在刑法总则中规定共同犯罪,规定主犯从重,同时规定什么是有组织犯罪和黑社会犯罪;在分则中规定策划、指挥、参加犯罪组织罪以及策划、指挥、参加黑社会组织罪,对于一些经常以有组织的形式实施的犯罪,可在具体条文中规定有组织实施该罪的首要分子加重处罚。但该建议并没有被立法工作机关采纳。

2. 对主犯处罚原则作了重大修改

1979年刑法典虽然将主犯划分为犯罪集团中的首要分子和首要分子之外的其他主犯,但只是笼统地规定,"对于主犯,除本法分则已有规定的以外,应当从重处罚",并没有根据主犯种类的不同而区分不同的处罚原则。率先区分主犯的种类并规定不同处罚原则的是1996年8月8日的刑法总则修改稿,该稿本第26条第2款规定:"对犯罪集团的首要分子,按照集团所犯的全部罪行处罚。对于其他主犯,除本法分则已有规定的以外,应当从重处罚。"1996年8月31日的刑法修改草稿将主犯的处罚原则分为两款规定在第26条第2款和第3款中。第2款规定:"对于主犯,应当按照其所参与的全部犯罪从重处罚。"第3款规定:"对犯罪集团的首要分子,按照集团所犯的全部罪行处罚。"1996年10月10日的刑法修订草案(征求意见稿)第24条基本上维持了前述刑法修改草稿分两款规定主犯处罚原则的格局,但也作了重要的修改,取消了对主犯从重处罚的规定。对于该刑法修订草案的写法,在刑法修订研拟过程中,有部门提出,修订草案仅规定"对组织、领导犯罪集团的首要分子,按照集团所犯的全部罪行处罚","对于主犯,应当按照其所参与的全部犯罪处罚",没有规定"从重处罚";而对从犯的处罚却规定"应当从轻、减轻处罚或者免除处罚",并且没有规定按参与的犯罪处罚,显然二者不够协调。因此对犯罪集团的首要分子和其他主犯均应规定从重处罚。[①] 考虑到如果对主犯规定从重处罚,而从犯是需要从宽处罚的,这样对主犯和从犯的处罚就会失去判断的基准,因此立法者最终并没有采纳这种意见。

对于1996年10月10日修订草案(征求意见稿)的上述写法,也有部门提出,修订草案把共同犯罪中首犯和主犯的负责范围和处罚原则混同规定在一起,是不妥当的。建议把共同犯罪中共同犯罪人的负责范围问题单列一条专门规定,并确立共同犯罪、共同负责的一般原则。只有将共同犯罪人的负责范围问题设专条规定,才有利于实践中具体操作。[②] 然而这种意见也没有为立法工作机关所采纳,而是以上述修订草案的规定为基础,明确了其他主犯负责的范围,并经过技术性调整,最终形成了新刑法典的规定。

应当指出的是,我国1979年刑法典实施以后,全国人大常委会通过的一些单行刑法对经济共同犯罪中首要分子和其他主犯的处罚原则作了一定的补充。例如,1988年1月21日全国人大常委会通过的《关于惩治走私罪的补充规定》第4条第2款规定:"二人以上共同走私的,按照个人走私货物、物品的价额及其在犯罪中的作用,分别处罚。对走私集团的首要分子,按照集团走私货物、物品的总价额处罚;对其他共同走私犯罪中的主犯,情节严重的,按照共同走私货物、物品的总价额处罚。"1988年1月21日全国人大常委会通过的《关于惩治贪污罪贿赂罪的补充规定》第2条第2款规定:"二人以上共同贪污的,按照个人所得数额及其在犯罪中的作用,分别处罚。对贪污集团的首要分子,按照集团贪污的总数额处罚;对其他共同贪污犯罪中的主犯,情节严重的,按照共同贪污的总数额处罚。"可见,在经济性、财产性犯罪中,对犯罪的总数额负责的,不仅是犯罪集团的首要分子,而且还有其他情节严重的主犯。对于这些分则性规范所确立的经济类共同犯罪主犯的处罚

---

① 参见最高人民法院刑法修改小组:《关于对〈中华人民共和国刑法(修订草案)〉(征求意见稿)的修改意见(1996年11月8日)》,载高铭暄、赵秉志编:《新中国刑法立法文献资料总览》(下),中国人民公安大学出版社1998年版,第2429页。
② 参见最高人民检察院刑法修改研究小组:《关于对〈中华人民共和国刑法(修订草案)〉(征求意见稿)的修改意见(1996年11月15日)》,载高铭暄、赵秉志编:《新中国刑法立法文献资料总览》(下),中国人民公安大学出版社1998年版,第2635页。

原则是否需要纳入新刑法典,学者们一般持否定态度,认为,既然刑法总则中规定了统一的共同犯罪的处罚原则,就没有必要在分则中规定某一犯罪的共同犯罪处罚原则。因此,这些分则性的规范并没有为1997年刑法典所吸纳。

三、从犯(第27条)

关于从犯及其处罚原则,1997年《刑法》第27条第1款规定:"在共同犯罪中起次要或者辅助作用的,是从犯。"第2款规定:"对于从犯,应当从轻、减轻处罚或者免除处罚。"

1997年刑法典完全沿用了1979年《刑法》第24条第1款的规定,只是对第2款作了些许调整,即删除了原来规定的处罚原则中的"比照主犯"的内容。之所以作这样的修改,主要是考虑到影响共同犯罪人刑事责任大小的因素除了其在共同犯罪中的地位和作用大小之外,还有各共同犯罪人本身的一些情节,如自首、立功、累犯等从轻、减轻、免除、从重等处罚情节,当主犯具有某种从重、从轻、减轻或者免除处罚的情节而从犯没有这样的情节时,自然就不会发生比照主犯的处罚而处罚的问题。此外,当主犯死亡或逃亡而从犯归案时,对从犯的处罚也不可能发生比照主犯的问题。

四、胁从犯(第28条)

关于胁从犯及其处罚原则,1979年《刑法》第25条规定:"对于被胁迫、被诱骗参加犯罪的,应当按照他的犯罪情节,比照从犯减轻处罚或者免除处罚。"

1997年《刑法》第28条对上述写法主要作了两处修改:一是删去了"被诱骗"一词。在刑法修订研拟过程中,一些学者提出:刑法理论和司法实践中对"被诱骗"如何理解,常有歧见;如何认定较难掌握。而且"被诱骗"与"被胁迫"是两个不同的概念,前者不能成为胁从犯的特征。因此应删去"被诱骗"一词。立法机关采纳了上述意见,在修订的刑法中只保留了"被胁迫"的概念,从而使构成胁从犯的条件更趋科学和明确。二是基于前述原因,删除了胁从犯原来规定的处罚原则中的"比照从犯"的内容。

五、教唆犯(第29条)

关于教唆犯及其处罚原则,1979年《刑法》第26条第1款规定:"教唆他人犯罪的,应当按照他在共同犯罪中所起的作用处罚。教唆不满十八岁的人犯罪的,应当从重处罚。"第2款规定:"如果被教唆的人没有犯被教唆的罪,对于教唆犯,可以从轻或者减轻处罚。"

1997年《刑法》第29条将上述"不满十八岁的人"改为"不满十八周岁的人",其他规定未变。

在刑法修订研拟的过程中,1996年6月24日、1996年8月8日的刑法总则修改稿,1996年10月10日的刑法修订草案(征求意见稿),以及1996年12月中旬、1996年12月20日、1997年1月10日的刑法修订草案均曾明确规定,教唆他人犯罪的,不是按照其在共同犯罪中的作用而是直接按照共同犯罪中的主犯处罚。对于这一写法,学者们普遍认为,从实践中看,教唆犯不一定都是主犯,一律按照主犯处罚,是不合理的。有鉴于此,在1997年2月17日的刑法修订草案(修改稿)中,立法机关又将其改回"按照他在共同犯罪中所起的作用处罚",并一直维持到新刑法典通过。

六、与共同犯罪立法相关的其他问题

(一)关于共同犯罪人的分类问题

如何在立法上对共同犯罪人进行分类,无论是刑法学界还是法律实务界均有不同的看法。1979年刑法典颁布前,我国刑事法律、法规及司法实践对共同犯罪人的分类因为缺乏统一的标准而比较混乱。我国1979年《刑法》第23条至第26条关于共同犯罪人的分类,采取了按共犯人作用分类为主,同时将教唆犯作为一种特殊情况并列于主犯、从犯、胁从犯之后,并规定对教唆犯要按照其在共同犯罪中所起的作用处罚。司法实践证明,1979年刑法典对共同犯罪人的分类还是比较合理科学的。但在1979年刑法典颁行十余年中,有学者提出,共犯人的分类虽然有利于共同犯罪的量刑,但却给共同犯罪的认定带来了不少困难,同时也在某种程度上导致了量刑方面的矛盾。为此,学者们提出了三种修正意见:

(1)将作用分类法改为分工分类法,将共同犯罪人分为实行犯、组织犯、教唆犯和帮助犯,以利于对共同犯罪的认定,消除司法人员量刑时的主观色彩。

(2)坚持按作用分类法,将共同犯罪人分为主犯、从犯和胁从犯。

(3)中国人民大学法学院刑法总则修改小组1994年拟出的一个刑法总则大纲和四个总则修改稿,根据定罪和量刑的不同需要对共同犯罪人采取不同的分类方法。对共同犯罪人的定罪采取分工分类法,对共同犯罪人的量刑采取作用分类法,以取二者之长,补二者之短,方便定罪量刑。

然而,由于受立法决策者指导思想的影响,这些讨论仅限于理论层面,并没有体现在全国人大常委会法工委牵头拟定的刑法修改稿本和修订草案中。

(二)共同犯罪与身份

1979年刑法典通过以后,全国人大常委会通过的个别单行刑法曾规定,身份犯和非身份犯共同犯罪时按照身份犯的犯罪性质定罪。如1988年1月21日全国人大常委会通过的《关于惩治贪污罪贿赂罪的补充规定》第1条第2款规定:"与国家工作人员、集体经济组织工作人员或者其他经手、管理公共财物的人员勾结,伙同贪污的,以共犯论处。"第4条第2款规定:"与国家工作人员、集体经济组织工作

人员或者其他从事公务的人员勾结,伙同受贿的,以共犯论处。……"

在刑法修订研拟的过程中,是否在刑法典总则中明确规定共同犯罪与身份问题,有不同看法,但多数人持赞成态度,主要理由是①:

(1) 我国过去曾长期以司法解释的方法,规定以主犯的行为性质确定共犯的性质,有不合理或者难以确定的问题。而《关于惩治贪污罪贿赂罪的补充规定》对贪污罪和受贿罪的共犯的规定是比较合理的,实践中容易行得通。

(2)《关于惩治贪污罪贿赂罪的补充规定》的规定限于贪污和受贿的共同犯罪,而其他条文也运用了这个原理,如妇女帮助男子犯强奸罪,以共犯论处。因此在分则中不能逐条分别规定,可在总则中写一条。

(3) 许多国家的法律中都有身份犯的共犯问题的单独规定,为我国相关立法的完善提供了可以借鉴的资料。中国人民大学法学院刑法总则修改小组 1994 年拟出的一个刑法总则大纲和四个总则修改稿曾就身份犯的共犯问题结合我国的立法和司法实践,在借鉴国外合理规定的基础上,提出了参考性的写法:"没有特定身份的人组织、教唆和帮助有特定身份的人犯法律要求特定身份的罪的,没有特定身份的人应当以该罪的共犯论处。因特定身份而致刑有轻重或者免除的,其效力不及于没有这种身份的人。"从全国人大常委会法制工作委员会牵头拟定的刑法修改稿本和刑法修订草案的写法看,除了一些刑法修改稿本和修订草案将《关于惩治贪污罪贿赂罪的补充规定》的规定吸纳其中外②,并没有在刑法总则中作身份犯共犯的规定。

第四节 单位犯罪

一、单位犯罪立法背景之回顾

单位犯罪,在我国刑法理论上曾被称为法人犯罪。众所周知,在新中国成立以后的很长一段时间里,我国一直实行的是计划经济体制,法人组织数量少、所有制性质相对单一,参与社会活动的广度和深度都不是很大,因而历次刑法草案乃至 1979 年刑法典中均未规定单位犯罪。

到了 20 世纪 80 年代初,随着我国改革开放的逐步深入,法人组织日益增多,经济活动逐渐频繁,利益诉求也渐趋多元化,一些单位利用法律漏洞实施犯罪的现

---

① 参见最高人民检察院刑法修改小组:《修改刑法研究报告(1989 年 10 月 12 日)》,载高铭暄、赵秉志编:《新中国刑法立法文献资料总览》(下),中国人民公安大学出版社 1998 年版,第 2527 页。

② 1996 年 8 月 8 日的刑法分则修改草稿将《关于惩治贪污罪贿赂罪的补充规定》关于贪污共犯和受贿共犯的规定写入其中,但 1996 年 8 月 31 日的刑法修改草稿及其以后的刑法修订草案则只保留了贪污共犯的规定。

象不断涌现出来,于是,开始有学者论及单位犯罪刑事责任的问题,对单位不能成为犯罪主体的传统观点提出了挑战,并进而引发了我国 20 世纪 80 年代中期以后关于单位能否成为犯罪主体的论战。在当时,虽然肯定说和否定说两种观点势均力敌,长期以来争持不下,但是对于实践中日益增多的单位犯罪现象,立法的天平却倒向了肯定论。1987 年全国人大常委会通过的《中华人民共和国海关法》明确规定对犯走私罪的"企业事业单位、国家机关、社会团体"追究刑事责任,从而开辟了立法上以附属刑法的方式确立单位犯罪的先河。尔后,全国人大常委会相继在十多个单行刑法中也规定了单位犯罪的刑事责任。据统计,1979 年刑法典通过之后,立法机关增设的单位犯罪的罪种就多达 50 余种。

对于以往单行刑法和个别附属刑法中规定的单位犯罪,在国家决定全面修订刑法典以后,首先面临的就是要否将这些单位犯罪的规定纳入修订的刑法典的问题。对此,有学者认为,我国单行刑法已对单位犯走私、行贿、受贿、逃汇等 50 多种犯罪作了规定,修订的刑法典应当对此予以吸收纳入。也有学者认为,对于单位(法人)犯罪如何规定,外国刑法就未能很好地解决这个问题,而我国立法虽然规定了 50 多种单位犯罪的罪种,但司法实践判定单位犯罪的案例极其鲜见,我国还缺乏实践的经验,不在修订的刑法典中规定为宜。对这一问题的见解和争论持续了很长一段时间,而且即使在立法机关决定将这些单位犯罪的规定经过调整纳入新刑法典后,也还有不同的看法。因此,可以说,单位犯罪的立法问题在刑法修订研拟的过程中,是一个曾经引起重大争议并且几经反复的为数不多的问题之一。

二、关于单位犯罪的称谓问题

在刑法修订研拟过程中,对于非自然人犯罪如何称呼,存在多种观点和建议。主要有以下两种见解:

一种见解主张称"法人犯罪",其主要理由是:单位不是法律上的概念,含义模糊,不好界定;法人则是法律上的概念,法人犯罪在国际上也是通用的概念。对于使用法人犯罪,带来的某些非法人组织犯罪无法适用法律的问题,通过规定"非法人组织犯罪,以法人论",可以得到妥善解决。[①]

多数人主张称"单位犯罪",因为从我国的情况来看,非自然人犯罪的,并非仅限于具有法人资格的单位,还包括大量非法人团体、法人分支机构甚至内设机构,"法人犯罪"的称谓明显不能涵盖非自然人犯罪的全部情况。我国以前的单行刑法采用的名称基本都是单位犯罪,社会民众对这一称谓比较熟悉。虽然"单位"存

[①] 参见最高人民法院刑法修改小组:《关于对〈中华人民共和国刑法(修订草案)〉的修改意见的函(1997 年 1 月 2 日)》,载高铭暄、赵秉志编:《新中国刑法立法文献资料总览》(下),中国人民公安大学出版社 1998 年版,第 2445 页。

在属非法律用语、含义不大明了的问题,但可以通过立法或司法解释解决,即可以将其规定为或解释为包括法人、非法人团体以及不具有法人资格的法人分支机构、内设机构等。广义的法人论虽然符合国际通例,但只是保留了法人的名称,其中的"非法人组织"的含义仍然模糊,需要通过立法或司法解释加以界定;如果使用"法人及其他组织犯罪"的称谓,"其他组织"和"单位"则一样含义不明,倒不如使用更容易为人所了解的"单位"这一称谓。

从刑法修改稿本以及刑法修订草案的情况看,除1988年9月、1988年11月16日和1988年12月25日的刑法修改稿本使用了"法人犯罪"的称谓外,其余的刑法修改稿本和刑法修订草案乃至最终通过的新刑法典均采纳"单位犯罪"的称谓。虽然在整个刑法修订研拟过程中,在称谓问题上一直存在着不同的声音,立法机关最终并没有采纳"法人犯罪"的称谓。

三、单位犯罪的规定模式

如何在刑法中规定单位犯罪,在立法修订研拟过程中,主要存在三种意见[①]:

(1) 对法人犯罪只在总则中作概括性的原则规定,在分则中不作规定,因为分则中涉及法人犯罪的条文很多,规定实有困难。

(2) 在刑法典总则中对单位犯罪作概括性的原则规定的同时,在分则中对单位可能触犯的罪名及处罚作出具体规定。

(3) 建议立法机关制定一个单行法,仿效刑法典分总则和分则两部分,将单位犯罪的概念、处罚原则等刑罚制度、具体单位犯罪的罪名、罪状、法定刑都作出专门规定。

考虑到第一种方案会造成法院在实际执行中的标准不统一,导致司法混乱,而第三种方案又会造成立法和司法的成本过高,浪费资源,立法机关最终采纳了第二种方案,这种方案,不仅有助于实现与总则所规定的自然人犯罪的内容协调一致,而且有利于单位犯罪立法和司法的系统化、成型化,便于法院实际执行,同时这也是国外刑法规定单位犯罪的通常做法。

四、单位犯罪的界定(第30条)

在刑法修订研拟的过程中,关于单位犯罪的界定,我国刑法学界始终存在着不同的主张。一种观点认为,单位犯罪必须具备以单位名义实施(包括代理人的代理行为,但仅限于经单位认可的代理行为)和为本单位谋取利益或非法利益的目的两

---

① 参见最高人民法院刑法修改小组:《关于刑法修改若干问题的研讨与建议(1991年草拟,1993年修改补充)》,载高铭暄、赵秉志编:《新中国刑法立法文献资料总览》(下),中国人民公安大学出版社1998年版,第2366页。

个特征。一种观点认为,单位犯罪的概念除了上述两特征外,还需要具备"经单位决策机构或者负责人员决定"第三个特征。还有一种观点侧重于从一切犯罪(包括自然人犯罪和单位犯罪)的共同特征的角度,即从体现行为的社会危害性、刑事违法性、应受刑罚惩罚性的角度,将单位犯罪界定为:"在单位意志支配之下,单位的法定代表人或其他成员,为了单位利益,以单位名义实施的危害社会的、依法应受刑罚处罚的行为。"

在刑法修订研拟过程中,立法工作机关主要使用"为单位谋取利益"和"经单位的决策机构或者负责人员决定"两个要素来界定单位犯罪,只不过在一些刑法修改稿本以及修订草案中,围绕着这两个要素进行修辞上的调整而已。如1995年8月8日的刑法总则修改稿规定:"企业、事业单位、机关、团体,为本单位谋取利益,经单位的决策机构或者人员决定,实施犯罪的,是单位犯罪。"1996年6月24日和1996年8月8日的刑法总则修改稿规定:"企业、事业单位、机关、团体,为本单位谋取非法利益,经单位集体研究决定或者由负责人员决定,实施犯罪的,是单位犯罪。"后来在对1996年8月8日的刑法总则修改稿征求意见中,有专家建议:不是所有犯罪都可以由单位构成,应当在第30条增加一款"单位犯罪,分则有规定的才处罚"。立法工作机关采纳了该建议。在1996年8月31日的刑法总则修改草稿第30条增加一款作为第3款:"单位犯罪,法律有规定的,才处罚。"后来考虑到该款不仅是处罚条款,同时也是犯罪构成条款,因此,1996年12月中旬的《中华人民共和国刑法(修订草案)》第30条将其作为第2款放在了第1款单位犯罪概念之后,第30条第1款规定:"公司、企业、事业单位、机关、团体,为本单位谋取非法利益,经单位集体研究决定或者由负责人员决定,实施犯罪的,是单位犯罪。"第2款规定:"单位犯罪,法律有规定的,才处罚。"此后的刑法草案基本延续了这一内容和表述。

然而,在1997年3月6日下午,第八届全国人大第五次会议代表团分组审议刑法修订草案时,有代表提出:根据修订草案的规定,"为本单位谋取非法利益"是单位犯罪的构成条件之一,但在分则规定的单位犯罪中,有些是过失犯罪,而过失犯罪很难说有非法牟利的目的。草案关于单位犯罪定义的规定不够全面,尚不能完全包括分则规定的所有单位犯罪,建议修改。[①] 考虑到上述建议的合理性,同时鉴于刑法理论和实践对单位犯罪的概念和特征研究得不够成熟且争议较多的现实情况,1997年3月13日提交第八届全国人大第五次会议的《中华人民共和国刑法(修订草案)》对单位犯罪的概念作出了修改:一是取消了对单位犯罪特征的规定;二是增加了犯罪本质特征"社会危害性"的规定。这样,经过第八届全国人大第五

[①] 参见高铭暄、赵秉志编:《新中国刑法立法文献资料总览》(下),中国人民公安大学出版社1998年版,第2227页。

次会议修订的刑法第 30 条的条文内容最终表述为:"公司、企业、事业单位、机关、团体实施的危害社会的行为,法律规定为单位犯罪的,应当负刑事责任。"

单位犯罪主体的范围,也是一个聚讼的问题之一。争议的焦点在于国家机关应否被界定为单位犯罪的主体。

我们知道,自立法工作机关决定在立法上使用"单位犯罪"的称谓以来,所起草拟定的刑法修改稿本和刑法修订草案均无一例外地将国家机关列为单位犯罪的主体之一。对于这种写法,专家学者们大多持反对态度,即使在 1997 年 3 月 6 日下午的第八届全国人大第五次会议代表团分组审议刑法修订草案时,也有人提出反对意见。综合这些意见,反对将国家机关列为单位犯罪主体的理由主要是[①]:

(1) 国家机关是代表国家行使管理职能的机关,它在活动中体现的是国家的意志,这种意志与犯罪意志不能共存。犯罪行为不论是否打着机关名义,都是自然人在犯罪,而非机关犯罪。

(2) 在中国,行政权、立法权实质上大于司法权,同级别的行政机关、权力机关的地位绝不低于审判机关、检察机关,在这种情况下,由检察机关和审判机关起诉审判行政机关、权力机关,在操作上困难重重。如果刑事被告人是司法机关,问题更为复杂,所以在司法操作上具有极大的困难。

(3) 尽管国家机关有一定的经费,但经费来自国家拨款,犯罪的非法所得应依法予以没收,自然不可能用来缴付罚金,国家机关只能用财政拨款来缴付罚金。但罚金又要上交财政,这就等于是国家在自我惩罚,也势必会影响国家机关的正常职能活动,并最终损害国家自身的利益。

(4) 追究国家机关的刑事责任,会招致严重的恶果。如果一个国家机关被定罪,它将无法履行维护现行统治秩序的职能,失去继续存在的法理依据。其在所谓犯罪行为期间制定的规章、条例等的效力也将受到质疑。

(5) 从国外情况看,鲜见将国家机关作为犯罪主体的立法例,而且有的甚至在法条中明确排除国家机关作为犯罪主体的可能性。总之,把国家机关作为单位犯罪主体,无论从理论上或实践上都是讲不通的。

五、单位犯罪的处罚原则(第 31 条)

对单位犯罪的处罚,世界各国刑事立法和刑法理论主要有两种原则:一是双罚制,即单位犯罪的,对单位和直接责任人员均处以刑罚。二是单罚制,单罚制又有

[①] 参见全国人大常委会法工委刑法室 1996 年 9 月 6 日整理:《法律专家对〈刑法总则修改稿〉和〈刑法分则修改草稿〉的意见》、《中央有关部门、地方及法律专家对刑法修订草案(征求意见稿)的意见》,载高铭暄、赵秉志编:《新中国刑法立法文献资料总览》(下),中国人民公安大学出版社 1998 年版,第 2130、2156 页;高铭暄:《刑法肄言》,法律出版社 2004 年版,第 330 页等。

转嫁制和代罚制之分。在代罚制下,只处罚单位的直接责任人员;在转嫁制下,只处罚犯罪的单位。

在我国以往的立法中,除了个别单行刑法规定有单罚制外,基本上采用的都是双罚制。考虑到以往的立法经验和实践做法,虽然写法各异,但在20世纪80年代的3个刑法修改稿本中,对单位犯罪采用的均为双罚制。1995年8月8日的刑法总则修改稿对单位犯罪的处罚采取了两种方案:第一种方案是双罚制,即"单位犯罪的,对单位判处罚金,对直接负责的主管人员和其他直接责任人员,依照刑法分则的处罚规定处罚"。第二种方案的写法是:"单位实施犯罪的,依照分则的规定处罚。"在第二种方案中,究竟是双罚制还是单罚制,取决于刑法分则的具体规定。在立法研拟中,由于绝大多数部门、地方和专家学者都主张采用双罚制,所以,在此后的1996年6月24日、8月8日和8月31日的修改稿本中,立法工作机关对单位犯罪均明确地采纳了双罚制。

然而,到了1996年10月10日的《中华人民共和国刑法(修订草案)(征求意见稿)》,立法工作机关一度取消了对单位犯罪处罚原则的规定,只保留了单位犯罪的概念。对此,有部门和专家认为过于简单,建议增加对单位犯罪的处罚原则。鉴于单位犯罪的情况具有复杂性,其社会危害程度差别很大,单罚制对于个别单位犯罪案件具有合理性,如提供虚假财会报告罪,故若一律采用双罚制,就不能全面准确地体现罪责刑相适应原则的要求。因此,主张修改刑法时,应当确立以双罚制为原则,以单罚制为补充的单位犯罪刑罚原则。具体可规定为:"单位犯罪,除法律有特别规定者外,依法追究单位及有关直接责任人员的刑事责任。"1996年12月20日的《中华人民共和国刑法(修订草案)》采纳了这一建议,当时拟制的法条是:"对单位犯罪,除对单位判处罚金外,还应对单位直接负责的主管人员和其他直接责任人员判处刑罚。本法分则和其他法律另有规定的,依照规定。"后来在对该草案的讨论中,一些学者提出:应该将国家机关和人民团体排除在单位犯罪的主体之外,因为如果对国家机关和人民团体处以罚金,将影响其履行职能,影响对社会的正常管理;对某些国家机关和人民团体犯罪的情形,若只处罚其主管人员和直接责任人员,同样可以达到预防犯罪的目的。为此,1997年1月10日的《中华人民共和国刑法(修订草案)》中曾在单位处罚原则后增加一款:"由机关、人民团体实施的单位犯罪,只对其直接负责的主管人员和其他直接责任人员判处刑罚。"该款规定意味着对机关、人民团体实施的单位犯罪,只能适用单罚制。后来在1997年1月13日至24日讨论此稿的过程中,有人提出:机关、人民团体犯罪具有复杂性,社会危害程度的差别性也各不相同,对于个别机关、人民团体犯罪案件,如单位受贿罪、单位行贿罪,双罚制可以更全面准确地体现罪责刑相适应原则和对单位犯罪起到足以警戒的作用。因此建议删去该款规定。立法机关采纳了这一建议,这样,1997年3月14日第八届全国人大第五次会议修订的《中华人民共和国刑法》第31条关于单位犯罪处罚的条文内容最终表述为:"单位犯罪的,对单位判处罚金,并对其直接负责的主管人员和其他直接责任人员判处刑罚。本法分则和其他法律另有规定的,依照规定。"

关于单位犯罪的处罚方法,在刑法修订研拟过程中,也有过一些讨论。有部门和专家曾提议:为了有效地惩治和防范单位犯罪,除了可对单位规定判处罚金之外,还可以仿效国外立法例,增设适用于单位的一些新刑种,如限制业务活动范围、吊销营业执照、没收财产、剥夺荣誉称号等。[①] 立法工作机关考虑到这些建议涉及具体的刑种问题,况且有些措施在一些行政法规中早已有规定,新刑法若再对此规定,不利于司法机关与行政执法部门之间的协调,实践中比较难办。所以,1997年刑法典就没有采纳上述建议,从而对犯罪单位的处罚方法就仅局限于罚金一种。

[①] 参见全国人大常委会法工委刑法室1996年9月6日整理:《法律专家对〈刑法总则修改稿〉和〈刑法分则修改草稿〉的意见》,载高铭暄、赵秉志编:《新中国刑法立法文献资料总览》(下),中国人民公安大学出版社1998年版,第2130页。

第三章

刑罚

第一节 刑罚的种类

一、刑罚的分类(第32条)

1997年《刑法》第32条规定:"刑罚分为主刑和附加刑。"

本条完全沿用1979年《刑法》第27条的规定,没有作任何修改。

二、主刑的种类(第33条)

1997年《刑法》第33条规定:"主刑的种类如下:(一)管制;(二)拘役;(三)有期徒刑;(四)无期徒刑;(五)死刑。"

本条完全沿用1979年《刑法》第28条的规定,没有作任何修改。

三、附加刑的种类(第34条、第35条)

1997年《刑法》第34条第1款规定:"附加刑的种类如下:(一)罚金;(二)剥夺政治权利;(三)没收财产。"第2款规定:"附加刑也可以独立适用。"

1997年《刑法》第35条规定:"对于犯罪的外国人,可以独立适用或者附加适用驱逐出境。"

以上两条完全沿用1979年《刑法》第29条和第30条的规定,没有作任何修改。

四、非刑罚处理方法(第36条、第37条)

(一)犯罪的民事责任

1997年《刑法》第36条第1款规定:"由于犯罪行为而使被害人遭受经济损失的,对犯罪分子除依法给予刑事处罚外,并应根据情况判处赔偿经济损失。"第2款规定:"承担民事赔偿责任的犯罪分子,同时被判处罚金,其财产不足以全部支付的,或者被判处没收财产的,应当先承担对被害人的民事赔偿责任。"

1997年《刑法》第36条第1款基本上沿用了1979年《刑法》第31条的规定,只是将原条文中的"刑事处分"修改为"刑事处罚",以使用语更加准确。

1997年《刑法》第36条第2款确立的"民事赔偿优先"原则在1979年刑法典中没有规定。从立法沿革上看,"民事赔偿优先"原则的内容来源于1995年全国人大常委会通过的《关于惩治违反公司法的犯罪的决定》,该决定第13条规定:"犯本决定规定之罪有违法所得的,应当予以没收。犯本决定规定之罪,被没收违法所得,判处罚金、没收财产,承担民事赔偿责任的,其财产不足以支付时,先承担民事赔偿责任。"在刑法修订研拟中,立法机关将上述内容略加调整后就形成了新《刑法》第36条第2款的规定。

(二)非刑罚处罚措施

1997年《刑法》第37条规定:"对于犯罪情节轻微不需要判处刑罚的,可以免予刑事处罚,但是可以根据案件的不同情况,予以训诫或者责令具结悔过、赔礼道歉、赔偿损失,或者由主管部门予以行政处罚或者行政处分。"

新刑法典的上述规定基本上沿用了1979年《刑法》第32条的规定,只是将原条文中的"免予刑事处分"修改为"免予刑事处罚",并在原条文中增加了"行政处罚"的内容,从而使非刑罚处理方法的种类更加丰富,更加科学合理。

第二节 管 制

一、管制的存废

管制是我国刑法的独创,1979年刑法典将其作为最轻的主刑加以规定。在刑法修订研拟过程中,对于管制的存废问题,一直存在着争论。

主废论者认为,管制赖以存在的历史条件早已消失;管制虽然是最轻的主刑,但其最长期限为两年,按照管制2日相当于拘役1日的比例折算,管制比拘役还严厉两倍,造成与其他刑罚的不协调;在数罪并罚的情况下,管制可能成为多余的刑种;随着形势的发展,1979年《刑法》第34条对管制犯遵守事项的规定已不完全合乎时宜;管制与我国的现实国情不适应,难以有效地执行,以致判而不管,名存实亡;司法实践中法院很少判处管制,即使判处管制,也往往会产生"不管不制"的现象。[1]

保留论者则认为,管制蕴含着丰富的刑事政策思想,是专门机关工作与群众路

---

[1] 参见最高人民法院刑法修改小组:《关于刑法总则修改的若干问题(草稿)(1989年3月)》、《中央有关部门、地方及法律专家对刑法修订草案(征求意见稿)的意见》、最高人民检察院刑法修改研究小组:《关于修改刑法十个重点问题的研究意见(1996年5月)》、公安部修改刑法领导小组办公室:《关于完善刑罚种类与刑罚制度的建议(1996年7月)》,载高铭暄、赵秉志主编:《新中国刑法立法文献资料总览》(下),中国人民公安大学出版社1998年版,第2240页、第2156页、第2595页、第2693—2694页等。

线相结合的典范;管制作为一种限制人身自由的刑罚,与剥夺自由的刑罚轻重搭配,而拘役与管制属于不同性质的刑罚,不能通过简单的折抵来比较轻重,因此,管制的存在不仅不会损害我国刑罚体系的完整性和科学性,而且有利于区别对待,符合罪责刑相适应的基本原则;管制作为一种开放式的刑罚,有利于对犯罪较轻的罪犯的改造,符合刑罚的目的和世界刑罚改革的潮流;在改革开放的新形势下,管制虽然用得少,作用小,但并不是管制本身的问题,而在于执行机关对犯罪分子的管束、监督措施没有得到真正的落实。管制存在的不足,可以通过完善监管和落实管制犯权利义务等途径加以弥补。①

在保留论中,有种观点主张,对于管制,不能简单地予以废除,应当在保留的基础上,将其由主刑变为附加刑。② 其主要理由是:

(1) 在我国刑法中,管制作为主刑,其适用范围非常有限,要突破原来适用范围的局限,充分发挥管制的功效,就应当改为附加刑,使其既可以独立适用于罪行较轻的犯罪分子,也能附加适用于罪行严重、人身危险性大的犯罪人,从而使这些犯罪分子在主刑执行完毕返回社会后的最初一段时间里,其人身自由受到一定的限制,在社会力量的直接监督下逐步适应社会生活。

(2) 管制作为主刑,使拘役与治安处罚中的拘留在期限上发生了中断,管制在实质上重于拘役,这样使得我国刑罚体系的轻重次序显得自相矛盾,要消除这种矛盾和缺陷,管制变为附加刑是比较好的选择。

(3) 有利于提高管制的地位,提高附加刑种的完善性和灵活性。③

立法工作机关一直持保留论的观点,在历次的刑法草案稿本中均保留了管制,维持了管制的主刑地位,并对管制的期限、内容、解除等规定不断予以完善。

二、管制的期限和执行(第38条)

1979年《刑法》第33条规定:"管制的期限,为三个月以上二年以下。管制由人民法院判决,由公安机关执行。"

1997年《刑法》第38条基本沿用了上述规定,只是考虑到任何刑事判决都必然由人民法院来作出,突出强调"人民法院判决"没有必要,所以将该条后段的内容修改为"被判处管制的犯罪分子,由公安机关执行"。并将其列为第38条第

---

① 参见最高人民检察院刑法修改小组:《修改刑法研究报告(1989年10月12日)》,载高铭暄、赵秉志编:《新中国刑法立法文献资料总览》(下),中国人民公安大学出版社1998年版,第2530页等。

② 参见公安部修改刑法领导小组办公室1996年5月29日提交《当前修改刑法工作中亟待研究解决的十大问题(汇报提纲)》,载高铭暄、赵秉志编:《新中国刑法立法文献资料总览》(下),中国人民公安大学出版社1998年版,第2654页。

③ 参见公安部修改刑法领导小组办公室:《关于完善刑罚种类与刑罚制度的建议(1996年7月)》,载高铭暄、赵秉志编:《新中国刑法立法文献资料总览》(下),中国人民公安大学出版社1998年版,第2693—2694页。

2款。

1997年刑法典实施后,《刑法修正案(八)》对上述规定又作了较大幅度的修改和补充,主要集中在以下方面:

1. 完善了管制的执行方式

近年来,一些人大代表和学者提出,应当根据我国实行社会主义市场经济的现实情况,对管制的执行方式作出必要的调整,有针对性地对被判处管制的犯罪分子进行必要的行为约束,以适应对其改造和预防再次犯罪的需要。采纳这一建议,《刑法修正案(八)》在本条中新规定了一款作为该条第2款,即:"判处管制,可以根据犯罪情况,同时禁止犯罪分子在执行期间从事特定活动,进入特定区域、场所,接触特定的人。"

2. 增设"社区矫正"的规定

随着行刑社会化的发展,社区矫正在世界各国被普遍采用。但在我国,社区矫正一直是以试行的方式存在的,并没有明确而正式的法律地位,此次我国立法机关将其正式写入刑法,既是我国刑法立法对国际社会倡行的行刑社会化趋势的回应,也是对社区矫正在我国试行7年以来积极意义的重要肯定,并进一步促进了我国刑罚配置结构的合理化。

其实,在《刑法修正案(八)》起草研拟过程中,关于要不要将社区矫正纳入刑法,存在着不同的认识和见解。一种观点认为,将"社区矫正"纳入刑法规定,解决了社区矫正的法律依据问题,具有前瞻性,为下一步社区矫正立法奠定了基础。另一种观点则认为,社区矫正不是简单的刑罚执行问题,实践中的一些做法也不是很妥当,如果只是在刑法中笼统规定"实行社区矫正",可能会被滥用,甚至形成群众专政。

立法工作机关显然采纳了第一种观点,在《刑法修正案(八)》(草案)中,对1997年《刑法》第38条第2款的规定进行了修改,即"对判处管制的犯罪分子,实行社区矫正"。对于这一修改,在征求意见过程中,有的常委委员、部门和地方表达了忧虑,提出应当慎重研究,主要意见是:

(1) 目前基层组织的管理能力都还比较弱,社区矫正、社区戒毒等都还没有到位,对几类人的监督管理,主要还是靠派出所,其他社区组织包括基层司法行政机关的司法所根本管不了,建议暂时保留由公安机关执行的规定,等各方面条件成熟了,再考虑修改。

(2) 社区矫正工作2009年才在全国试行,制度正在建立,还不完善,国家关于社区矫正的专门立法还未出台,社区矫正工作机构、工作制度等还需要进一步落实,建议先从立法、组织机构建设上加快这一制度的构建,不急于在刑法中规定将公安机关的部分职责交由社区矫正。

(3) 重点人口管理属于公安派出所工作的重要内容,草案删去了由公安机关执行的规定,容易让人理解此事不再让公安机关管了,建议抓紧在相关法律中对社区矫正的对象、执行机关、社区矫正条件等均作出明确规定后,再考虑在刑法中规定。

(4)社区矫正制度如何建立,如何处理好各部门之间的职责和关系,情况很复杂,需要认真研究,但无论怎么规定,公安派出所还是要负有责任的。

刑法的修改应当与社区矫正立法相配套。立法工作机关经过反复研究论证后认为,社区矫正是对部分罪犯刑罚执行方式的重要改革,通过在部分地方试点到目前已在全国推开试行,实践证明是可行的,社会效果也是好的。有的委员担心社区矫正落实不了的情况,有关司法机关将通过进一步加强工作配合与衔接,防止这种情况的发生。社区矫正是一项复杂的系统工程,它改变了我国传统的以监禁为主导的行刑模式,带来改造罪犯理念和方式的巨大变化,需要各有关国家机关、社会团体、社区基层组织和志愿者积极参加,各司其职,分工配合。虽然《刑法修正案(八)》将刑法原来规定的管制、缓刑、假释"由公安机关执行"修改为"依法实行社区矫正",但并不意味着社区矫正的执行机关简单地从公安机关移交给司法行政机关,更不是说公安机关将来不再承担对被管制、缓刑、假释的罪犯的监督管理职责了。无论在目前正在试行的社区矫正工作中,还是将来社区矫正法出台以后,公安机关作为主要的社会治安管理部门,都始终会在社区矫正工作中承担相应的职责,发挥重要作用。不仅公安机关,人民法院、检察机关在社区矫正工作中也都担当着重要角色。

3. 增设了"违反禁止令的法律责任"的规定

在《刑法修正案(八)》(草案)一次审议稿中,并没有对违反禁止令的行为的法律责任作出规定。为了进一步明确违反禁止令行为的法律责任,并与未来的社区矫正法相协调,在《刑法修正案(八)》(草案)的二次审议稿中单设了一款作为《刑法》第38条第4款,规定了违反禁止令行为的法律责任,后来又经过语词表达的修饰,最终获得了立法机关通过的该款内容是:"违反第二款规定的禁止令的,由公安机关依照《中华人民共和国治安管理处罚法》的规定处罚。"根据《中华人民共和国治安管理处罚法》第60条的规定,被依法执行管制、剥夺政治权利或者在缓刑、保外就医等监外执行中的罪犯或者被依法采取刑事强制措施的人,有违反法律、行政法规和国务院公安部门有关监督管理规定的行为的,处5日以上10日以下拘留,并处200元以上500元以下罚款。

三、管制的内容(第39条)

1979年《刑法》第34条第1款规定:"被判处管制的犯罪分子,在执行期间,必须遵守下列规定:(一)遵守法律、法令,服从群众监督,积极参加集体劳动生产或者工作;(二)向执行机关定期报告自己的活动情况;(三)迁居或者外出必须报经执行机关批准。"第 2 款规定:"对于被判处管制的犯罪分子,在劳动中应当同工同酬。"

根据社会发展变化情况,1997 年《刑法》第 39 条第 1 款对 1979 年《刑法》第 34 条第 1 款的规定作了如下的修改补充:一是取消了第(一)项中"积极参加集体劳动生产或者工作"这一不合时宜的内容。将"法令"修改为"行政法规",以使用语更规范。同时将"服从群众监督"中的"群众"去掉,以扩大监督主体的范围。二是将第(三)项中的"外出"修改为"离开所居住的市、县",以使得监管的内容更符合实际情况,便于管制的执行。三是增加两项内容:遵守执行机关关于会客的规定;未经执行机关批准,不得行使言论、出版、集会、结社、游行、示威自由的权利,以增强管制的监管,有利于管制效力的发挥。这样,经过以上的修改调整,最终形成的 1997 年《刑法》第 39 条第 1 款的规定是:"被判处管制的犯罪分子,在执行期间,应当遵守下列规定:(一) 遵守法律、行政法规,服从监督;(二) 未经执行机关批准,不得行使言论、出版、集会、结社、游行、示威自由的权利;(三) 按照执行机关规定报告自己的活动情况;(四) 遵守执行机关关于会客的规定;(五) 离开所居住的市、县或者迁居,应当报经执行机关批准。"

1997 年《刑法》第 39 条第 2 款完全沿用了 1979 年《刑法》第 34 条第 2 款的规定,没有作任何修改。

四、管制的解除(第 40 条)

1979 年《刑法》第 35 条规定:"被判处管制的犯罪分子,管制期满,执行机关应即向本人和有关的群众宣布解除管制。"

1997 年《刑法》第 40 条基本沿用了上述规定,只是将原文中的"有关的群众"修改为"其所在单位或者居住地的群众"。

在刑法修订过程中,也曾有人从加强监管、实现刑罚目的的角度,建议对于不服管教的犯罪分子可以延长管制期限。立法工作机关曾一度采纳了这种建议。例如,1996 年 8 月 8 日的《刑法总则修改稿》第 39 条就规定:"被判处管制的犯罪分子,在被管制期间,违反第三十八条规定的,经人民法院决定可以延长原判管制期限的二分之一,延长后的管制期限不受第三十七条规定的最高期限的限制。"但是在此后对该草案的征求意见中,有专家提出了反对意见,认为没有新的犯罪,延长管制期限,显然不合适,标准也不容易掌握,解决问题的办法是应当加强管理,一味延长管制期限,将导致管制无期。① 立法工作机关采纳了这种建议,在此后的刑法

---

① 参见全国人大常委会法工委刑法室 1996 年 9 月 6 日整理:《法律专家对〈刑法总则修改稿〉和〈刑法分则修改草稿〉的意见》,载高铭暄、赵秉志编:《新中国刑法立法文献资料总览》(下),中国人民公安大学出版社 1998 年版,第 2131 页。

修改稿本以及修订草案中没有再对"延长管制期限"作出规定。

五、管制的刑期的计算(第41条)

1979年《刑法》第36条规定："管制的刑期,从判决执行之日起计算;判决执行以前先行羁押的,羁押一日折抵刑期二日。"

1997年《刑法》第41条完全沿用了上述规定,没有作任何修改。

第三节 拘 役

一、拘役的存废

在刑法修订研拟的过程中,一些学者主张废除拘役,在刑法中增设劳役刑取而代之。其主要理由是:在我国1979年刑法典中,拘役刑的适用范围比较宽,但由于该刑种关押期过短、改造效果差,司法机关适用率极低。从世界范围内来看,限制适用和改造短期自由刑,是大势所趋。因此,修订刑法时,应当考虑废除拘役。同时可考虑增设一个不剥夺自由的劳役刑。这样,既可以避免拘役刑的弊端,也可以保证我国刑种的多样化,提高刑罚的开放性程度,使之更臻于现代化、科学化;同时,也可为取消严厉程度不亚于刑罚但适用对象行为的危害性不及于犯罪的劳动教养奠定基础。① 从拘役法条起草研拟的过程看,立法工作机关并没有在刑法修改稿本或修订草案中对上述见解作出回应。因此,这种见解在当时仅局限在理论层面上进行研讨。

二、拘役的期限(第42条)

1979年《刑法》第37条规定:"拘役的期限,为十五日以上六个月以下。"

在刑法修订研拟过程中,有地方提出,拘役作为适用于犯罪分子的一个刑种,其期限还不如处理违法行为的劳动教养期限长,建议适当延长拘役期限。其中有人建议将拘役期限改为30日以上6个月以下;也有人建议改为3个月以上1年以下。② 立法工作机关考虑到司法实践中判15日拘役的情况极少,而1996年修改后的《刑事诉讼法》规定的刑事拘留最长时间达到37天,15日还不够折抵刑事拘留的羁押期限,故此立法机关最终将拘役的最低期限提高到1个月。这样,经过修改

---

① 参见中国人民大学法学院刑法修改专题研究小组:《关于修改刑法若干基本问题的建议——〈中国刑法改革与完善基本问题研究报告〉概要》,载高铭暄、赵秉志编:《新中国刑法立法文献资料总览》(下),中国人民公安大学出版社1998年版,第3061—3062页。

② 参见《中央有关部门、地方及法律专家对刑法修订草案(征求意见稿)的意见》,载高铭暄、赵秉志编:《新中国刑法立法文献资料总览》(下),中国人民公安大学出版社1998年版,第2157页。

后的新《刑法》第 42 条规定:"拘役的期限,为一个月以上六个月以下。"

三、拘役的执行(第 43 条)

1979 年《刑法》第 38 条第 1 款规定:"被判处拘役的犯罪分子,由公安机关就近执行。"第 2 款规定:"在执行期间,被判处拘役的犯罪分子每月可以回家一天至两天;参加劳动的,可以酌量发给报酬。"

1997 年《刑法》第 43 条完全沿用了 1979 年刑法典的上述规定,没有作任何修改。

四、拘役期限的计算(第 44 条)

1979 年《刑法》第 39 条规定:"拘役的刑期,从判决执行之日起计算;判决执行以前先行羁押的,羁押一日折抵刑期一日。"

1997 年《刑法》第 44 条完全沿用了原来的规定,没有作任何修改。

第四节　有期徒刑、无期徒刑

一、有期徒刑的刑期(第 45 条)

1979 年《刑法》第 40 条规定:"有期徒刑的期限,为六个月以上十五年以下。"

1997 年《刑法》第 45 条基本上沿用了原来的规定,只是增加了"除本法第五十条、第六十九条规定外"的例外性规定,以做到与第 50 条、第 69 条的规定相协调。

关于有期徒刑的刑期,在刑法修订研拟过程中,一些学者提出了完善改进的建议,认为有期徒刑的最高刑期与无期徒刑之间差距太大,建议将有期徒刑的最高刑期延长至 20 年,数罪并罚不得超过 30 年[①];也有的建议将有期徒刑的最高刑期提高到 25 年。[②] 这些建议曾在 1996 年 6 月 24 日的刑法总则修改稿中得到了一定程度的体现。该稿第 41 条规定:"有期徒刑的期限,为六个月以上二十年以下。"第 67 条规定:"有期徒刑数罪并罚最高不能超过二十五年。"后来考虑到有期徒刑刑期的修改是一个系统工程,牵一动百,为慎重起见,1996 年 8 月 8 日的刑法总则修改稿第 44 条又改回与 1979 年《刑法》第 40 条一样的规定,1997 年 2 月 17 日《中华

---

　　① 参见中国人民大学法学院刑法修改专题研究小组:《关于修改刑法若干基本问题的建议——〈中国刑法改革与完善基本问题研究报告〉概要》、《中央有关部门、地方及法律专家对刑法修订草案(征求意见稿)的意见》,载高铭暄、赵秉志编:《新中国刑法立法文献资料总览》(下),中国人民公安大学出版社 1998 年版,第 3061、2157 页。

　　② 参见《中央有关部门、地方及法律专家对刑法修订草案(征求意见稿)的意见》,载高铭暄、赵秉志编:《新中国刑法立法文献资料总览》(下),中国人民公安大学出版社 1998 年版,第 2157 页。

人民共和国刑法(修订草案)(修改稿)》第46条改写为:"有期徒刑的期限,除本法第五十一条、第七十条规定外,为六个月以上十五年以下。"后因条文编号有变,1997年《刑法》第45条规定:"有期徒刑的期限,除本法第五十条、第六十九条规定外,为六个月以上十五年以下。"

二、有期徒刑、无期徒刑的执行(第46条)

1979年《刑法》第41条规定:"被判处有期徒刑、无期徒刑的犯罪分子,在监狱或者其他劳动改造场所执行;凡有劳动能力的,实行劳动改造。"

1997年《刑法》第46条对上述规定作了两处修改:一是将原条文中的"其他劳动改造场所"改为"其他执行场所",以与监狱这一刑罚执行场所相协调。二是将"凡有劳动能力的,实行劳动改造"修改为"凡有劳动能力的,都应当参加劳动,接受教育和改造",以此强调劳动的强制性以及刑罚的目的和功能。这样,经过修改和调整的1997年《刑法》第46条的规定是:"被判处有期徒刑、无期徒刑的犯罪分子,在监狱或者其他执行场所执行;凡有劳动能力的,都应当参加劳动,接受教育和改造。"

三、有期徒刑刑期的计算(第47条)

1979年《刑法》第42条规定:"有期徒刑的刑期,从判决执行之日起计算;判决执行以前先行羁押的,羁押一日折抵刑期一日。"

1997年《刑法》第47条完全沿用上述规定,没有作任何修改。

第五节 死　　刑

一、死刑适用范围的限制和死刑核准程序(第48条)

关于死刑的适用条件,1979年《刑法》第43条第1款规定:"死刑只适用于罪大恶极的犯罪分子。对于应当判处死刑的犯罪分子,如果不是必须立即执行的,可以判处死刑同时宣告缓期二年执行,实行劳动改造,以观后效。"1997年刑法典对于该款的修改主要集中在以下方面:

(1) 修改了死刑的适用标准。1979年刑法典颁布后,对于"罪大恶极",一些学者提出,这一死刑的适用标准在理论上有多种理解,实践中理解和执行标准不一,势必造成司法的不统一,故应当将其具体化为"犯罪性质和危害后果特别严重,而且犯罪人的主观恶性特别巨大"。考虑到立法用语规范化的要求,1997年1月10日的刑法修订草案将"罪大恶极"修改为"罪行极其严重"。后来,这一修改为1997年刑法典所沿用。在这里,"罪行极其严重"应当理解为犯罪性质和犯罪情节极其严重,而且犯罪分子的主观恶性也极其严重。

(2) 删除"实行劳动改造,以观后效"的规定。因为,死缓不是一个独立的刑种,死缓期间重视的是对罪犯的考察,而不是刑罚的执行。所以在死缓考察中列入行刑的内容,是不妥当的。故修订中删除了上述内容。

此外,在全国人大常委会分组审议刑法修订草案过程中,有委员提出,"不是必须立即执行"的规定不够明确,导致实践中死刑立即执行与死缓之间没有严格具体的区分标准,罪重的判了死缓,而罪轻的反而执行了死刑,建议立法将其明确化,以减少执法的随意性。[①] 对此,立法机关考虑到刑法不可能做到事无巨细、面面俱到,相应的问题可以留待立法解释或司法解释解决。因此,就没有采纳这一建议。这样,第八届全国人大第五次会议修订的《中华人民共和国刑法》第48条第1款的规定就是:"死刑只适用于罪行极其严重的犯罪分子。对于应当判处死刑的犯罪分子,如果不是必须立即执行的,可以判处死刑同时宣告缓期二年执行。"

关于死刑的核准程序,在刑法修订研拟过程中,也有争议。1979年《刑法》第43条第2款规定:"死刑除依法由最高人民法院判决的以外,都应当报请最高人民法院核准。死刑缓期执行的,可以由高级人民法院判决或者核准。"对于该规定的存留,主要存在三种意见。[②] 第一种意见认为,应该将1983年修订的《中华人民共和国人民法院组织法》(以下简称《人民法院组织法》)第13条关于最高人民法院在必要时得授权省、自治区、直辖市高级人民法院对部分死刑案件行使核准权的规定吸收到刑法中来。第二种意见认为,死刑核准权是程序性问题,刑法不应规定,可放在刑事诉讼法中加以规定,从而主张予以删除。第三种意见认为,死刑复核权下放是暂时的,为了严格控制死刑,不适于将死刑复核权下放的规定补充到刑法中;而且死刑核准权不完全是程序性问题,还关系到慎用死刑的实体问题,因此建议保留原规定。立法机关最后采纳了第三种意见。

死刑复核程序是对死刑案件所实行的特殊审判监督程序,死刑复核权在整个国家审判权中,可谓一种最高权力。1979年的《刑法》、《刑事诉讼法》和《人民法院组织法》,分别对死刑核准权作出了规定,即判处死刑的权限划归中级人民法院行使,死刑立即执行的核准权由最高人民法院行使。不久,由于社会治安形势日益严峻,全国人大常委会于1980年3月和1981年6月分别授权省、直辖市、自治区高级人民法院对杀人、抢劫、强奸、放火和其他严重危害社会治安的现行犯罪分子判处死刑的案件行使核准权,1983年《人民法院组织法》修改规定对杀人、强奸、抢劫、

---

① 参见《八届全国人大常委会第二十四次会议分组审议刑法修订草案(修改稿)的意见》,载高铭暄、赵秉志编:《新中国刑法立法文献资料总览》(下),中国人民公安大学出版社1998年版,第2195页。

② 参见最高人民法院刑法修改小组:《关于刑法总则修改的若干问题(草稿)》,载高铭暄、赵秉志编:《新中国刑法立法文献资料总览》(下),中国人民公安大学出版社1998年版,第2241页。

爆炸以及其他严重危害公共安全和社会治安判处死刑的案件的核准权,最高人民法院在必要的时候,可授权给省、自治区、直辖市的高级人民法院,随后,最高人民法院也据此进行了授权。1991—1997年间,最高人民法院又分别授权六省市高级人民法院对毒品死刑案件行使核准权。1996年和1997年全国人大先后对《刑事诉讼法》和《刑法》作了重大修改,修改后的两法仍然规定死刑案件的核准权由最高人民法院行使。然而,最高人民法院于1997年9月26日发出《关于授权高级人民法院和解放军军事法院核准部分死刑案件的通知》,仍规定高级人民法院和解放军军事法院继续享有部分死刑案件的核准权。最高人民法院和高级人民法院分别行使死刑案件核准权的局面一直并存着,维持到2006年10月30日前。10月31日,第十届全国人大常委会第二十四次会议表决通过了《关于修改〈中华人民共和国人民法院组织法〉的决定》,将《人民法院组织法》第13条修改为:"死刑除依法由最高人民法院判决的以外,应当报请最高人民法院核准。"(修改后为第12条)从而从根本上打破了死刑核准权分别由最高人民法院与高级人民法院共享的局面。死刑复核权的下放,实际上使得死刑案件的二审程序与死刑复核程序合二为一,死刑复核流于形式。鉴于死刑的严厉性和错杀的不可挽回性,将死刑复核权收回最高人民法院统一行使是非常必要的,也是从立法和司法两方面进一步限制死刑的要求。

二、死刑适用对象的限制(第49条)

1979年《刑法》第44条规定:"犯罪的时候不满十八岁的人和审判的时候怀孕的妇女,不适用死刑。已满十六岁不满十八岁的,如果所犯罪行特别严重,可以判处死刑缓期二年执行。"1997年《刑法》第49条对上述规定作了如下两点修改:

(1)删除对未成年犯可以判死缓的规定。未成年犯能否适用死缓?在刑法修改的过程中,围绕着这一问题有两种观点。第一种观点认为,死缓不是一个独立的刑种,只是死刑执行的一种制度。1979年《刑法》第44条规定的"不满十八岁的人不适用死刑"与后面的"已满十六岁不满十八岁的,如果所犯罪行特别严重,可以判处死刑缓期二年执行"存在逻辑上的矛盾。从世界范围看,目前大多数保留死刑的国家和地区都规定对未满18岁的未成年人不适用死刑;而且《公民权利和政治权利国际公约》及联合国经社理事会1984年通过的《关于保护面对死刑的人的权利的保障措施》也都规定,对未满18岁的人不得判处死刑。因此,建议删去对未成年人可以判处死缓的规定。[①] 也有少数人认为,1979年《刑法》第44条存在的上述

---

① 参见全国人大常委会法工委刑法室1996年9月6日整理:《法律专家对〈刑法总则修改稿〉和〈刑法分则修改草稿〉的意见》,载高铭暄、赵秉志编:《新中国刑法立法文献资料总览》(下),中国人民公安大学出版社1998年版,第2131页。

缺陷可以通过完善加以弥补,我国没有参加上述国际公约,上述公约规定的内容对我国法律没有强制约束力;从我国现阶段的治安情况来看,不适合取消对未成年人可以判处死缓的规定。

针对上述两种观点,立法者最初基于维护社会秩序、打击犯罪的考虑,在1988年9月、11月16日、12月25日的刑法修改稿和1995年8月8日的总则修改稿中维持了1979年刑法典原来的规定。后来,基于严格限制死刑、维护中国政府在国际上的形象的考虑,立法机关最终还是删除了对未成年人可以判处死缓的规定。

（2）修改年龄表述方法,将"不满十八岁"改为"不满十八周岁",理由已在"刑事责任年龄"一目中提及。

这样,第八届全国人大第五次会议修订的《中华人民共和国刑法》第49条的规定就是:"犯罪的时候不满十八周岁的人和审判的时候怀孕的妇女,不适用死刑。"

1997年刑法典颁行后,《刑法修正案（八）》又对死刑限制适用的对象范围作了重要的补充,在《刑法》第49条原规定的基础上,增加了第2款的规定,即:"审判的时候已满七十五周岁的人,不适用死刑,但以特别残忍手段致人死亡的除外。"

在《刑法修正案（八）》起草研拟中,关于老年人犯罪的死刑适用问题,曾经引起了广泛而激烈的争议,在具体法条的写法上,经历了一个由"排除死刑适用"到"限制死刑适用"的变化过程。按照2010年8月23日审议的《刑法修正案（八）》草案拟定的条文之规定,已满75周岁的人,一律不适用死刑。对于这一写法,在征求意见和审议过程中,一些部门、地方以及专家学者表示赞成,有的甚至建议将75周岁改为70周岁,因为,一方面,这与老年人权益保障法等相关法律中关于老年人的标准一致;另一方面,实践中对70周岁以上的人适用死刑极少,这样规定既不影响对犯罪的打击,又有利于进一步体现人道主义,但也有一些常委委员、部门、地方以及社会公众则表达了忧虑,认为这样不加任何限制的规定,遇到一些极端的案件不好处理,况且对于老年人犯罪,草案已经作了从宽处理的规定,不能宽大无边,故建议,对于这类犯罪人,不能一律排除死刑的适用,应当增加一定的限制条件。为适应司法实践中各种复杂的情况,经过研究,立法机关在草案二次审议稿中,单设了一款作为《刑法》第49条第2款,对老年人犯罪不适用死刑以"但书"的形式作了一定的限制并最终获得通过,即:"审判的时候已满七十五周岁的人,不适用死刑,但以特别残忍手段致人死亡的除外。"

三、死刑缓期执行期满后的法律后果（第50条）

1979年《刑法》第46条规定:"判处死刑缓期执行的,在死刑缓期执行期间,如果确有悔改,二年期满以后,减为无期徒刑;如果确有悔改并有立功表现,二年期满以后,减为十五年以上二十年以下有期徒刑;如果抗拒改造情节恶劣、查证属实的,由最高人民法院裁定或者核准,执行死刑。"

这一规定将死缓减为无期徒刑的条件限定为"确有悔改",将死缓减为有期徒刑的条件限定为"确有悔改并有立功表现"。然而,在实践中,有的被判处死刑缓期两年执行的罪犯,在死缓改造期间既无悔改也没有抗拒改造情节恶劣的情况,对此不论是减刑还是核准死刑都于法无据,司法部门很难处理。另外,对于确有立功但没有悔改表现的死缓犯能否将其减为有期徒刑,也存在争议。而且"抗拒改造情节恶劣"的含义不明,实践中标准宽严不一,认识分歧很大。因此,自国家决定全面修订刑法以后,立法工作机关就对死缓制度的修改给予了关注,并在一系列刑法修改稿本中做了尝试和努力。

关于死缓减为无期徒刑的条件,1988年9月的刑法修改稿本曾经写为"没有抗拒改造的恶劣表现",1988年11月16日的稿本写为"服从监管,无抗拒改造表现",1988年12月25日的稿本写为"确有悔改或者服从监管、无抗拒改造表现",1995年8月8日的总则修改稿本又写为"没有抗拒改造的恶劣表现"。关于减为有期徒刑的条件,上述1988年的3个稿本的写法与1979年刑法典的相同,到了1995年8月8日的总则修改稿本,立法工作机关则将其写为"确有悔改或者有立功表现"。关于执行死刑的条件,1988年9月的稿本维持了1979年刑法典的规定,1988年11月16日稿本和1988年12月25日稿本写为"抗拒改造,查证属实",而1995年8月8日的刑法总则修改稿本又写为"抗拒改造情节恶劣、查证属实"。1996年3月17日第八届全国人大第四次会议通过了新《刑事诉讼法》,该法第210条第2款规定:"被判处死刑缓期二年执行的罪犯,在死刑缓期执行期间,如果没有故意犯罪,死刑缓期执行期满,应当予以减刑,由执行机关提出书面意见,报请高级人民法院裁定;如果故意犯罪,查证属实,应当执行死刑,由高级人民法院报请最高人民法院核准。"自此以后,为了与刑事诉讼法的立法规定相一致,一系列刑法修改稿本和修订草案均对死刑缓期执行期满后的处理作了与《刑事诉讼法》第210条第2款实质相同的规定。最终形成了1997年《刑法》第50条的规定:"判处死刑缓期执行的,在死刑缓期执行期间,如果没有故意犯罪,二年期满以后,减为无期徒刑;如果确有重大立功表现,二年期满以后,减为十五年以上二十年以下有期徒刑;如果故意犯罪,查证属实的,由最高人民法院核准,执行死刑。"

1997年刑法典颁行后,为了落实中央深化司法体制和工作机制改革的要求,完善死刑法律规定,适当减少死刑罪名,调整刑罚结构,解决实践中存在的死刑偏重、生刑偏轻等问题,以适应当前惩治犯罪,教育改造罪犯,预防和减少犯罪的需要,我国立法机关又对1997年《刑法》第50条的规定作了较大幅度的修改和补充:

1. 对死缓期满减为有期徒刑的规定作了趋严的修改

从实践中看,被依法宣告死缓的均为罪行极其严重的犯罪分子,如果不对其减为有期徒刑作严格的限制,势必会造成罪和刑的严重失衡,从而违反罪责刑相适应原则的要求,故有必要适当延长其实际服刑期限。基于这种考虑,在《刑法修正案

（八）》（草案）中，对1997年《刑法》第50条中的"十五年以上二十年以下有期徒刑"修改为"二十年有期徒刑"。后来，在草案的二次审议稿中，"二十年有期徒刑"又被调整为"二十五年有期徒刑"，并最终获得通过。

2. 增设了限制减刑的规定

《刑法修正案（八）》（草案）原先拟定的条款为："对被判处死刑缓期执行的累犯以及因故意杀人、强奸、抢劫、绑架、放火、爆炸、投放危险物质或者有组织的暴力性犯罪被判处死刑缓期执行的犯罪分子，人民法院根据犯罪情节等情况可以同时决定在依照前款规定减为无期徒刑或者二十年有期徒刑后，不得再减刑。"对于这一写法，在对草案征求意见和审议过程中，存在着认识上的分歧和争议。一种观点认为，总体上这一写法体现了宽严相济刑事政策的要求，在一定程度上解决了"生刑过轻"的问题。但现在的规定实际上还是将"不得减刑"作为例外，而且是否减刑由法院根据犯罪情节等情况决定，过于原则，不利于操作，也不便于监督，难以避免不同法院对相同情形作出不同决定的情况，对犯罪分子不公平，影响法制的统一性和权威性，建议改为以不得减刑为原则，减刑为例外，对确有必要减刑的，报经最高人民法院核准，方可以减刑。另一种观点则认为，草案的规定过于严厉，只强调了刑罚的惩罚性，不符合我国以改造人为宗旨的刑罚目的。从实际情况看，我国死缓、无期徒刑罪犯实际执行刑期多在15—20年，经过长期关押改造后，重新犯罪率在1%左右，远低于"二进宫"、"三进宫"的短刑犯，这表明刑罚执行的效果是好的，延长实际执行期没有必要，而且还增加了行刑成本和监狱的监管压力。基于此，有的建议保留刑法对这部分人可以减刑、不得假释的规定；有的建议改为"对上述犯罪分子，在一定年限内不得减刑"；有的则建议改为"减为无期徒刑或者二十年以上二十五年以下有期徒刑"。综合各方面的意见，立法机关在草案二次审议稿中，将草案原先"不得再减刑"写法改为"限制减刑"，并最终获得通过，成为1997年《刑法》第50条第2款："对被判处死刑缓期执行的累犯以及因故意杀人、强奸、抢劫、绑架、放火、爆炸、投放危险物质或者有组织的暴力性犯罪被判处死刑缓期执行的犯罪分子，人民法院根据犯罪情节等情况可以同时决定对其限制减刑。"

四、死缓执行的期间及减为有期徒刑的刑期计算（第51条）

1979年《刑法》第47条规定："死刑缓期执行的期间，从判决确定之日起计算。死刑缓期执行减为有期徒刑的刑期，从裁定减刑之日起计算。"

1997年《刑法》第51条关于"死刑缓期执行的期间"完全沿用了1979年《刑法》第47条第一句的规定，没有做任何修改。但是第二句则将死刑缓期执行减为有期徒刑的刑期"从裁定减刑之日起计算"修改为"从死刑缓期执行期满之日起计算"。这主要是因为，在司法实践中，"裁定减刑之日"通常要比"死刑缓期执行期满之日"晚一段时间。这段时间既不属于死刑缓期执行的两年期间，又不属于有期徒刑的执行期间;如果减刑后的刑期从裁定减刑之日起计算,无疑延长了犯罪分子的实际服刑期。而将其修改为"从死刑缓期执行期满之日起计算"后,就可以把死刑缓期执行期满之日与裁定减刑之日间的时间计算在执行有期徒刑的刑期内,从而有助于保护死缓犯的合法权益。

五、死刑执行方式条文的删除

1979年《刑法》第45条规定:"死刑用枪决的方法执行。"在刑法修订过程中,考虑到死刑执行方式的内容属于程序法问题,况且1996年《刑事诉讼法》第212条对死刑的执行方式已作了明确规定,故在1997刑法典中就没有必要再作重复性的规定。

第六节　罚　　金

在刑法修订研拟过程中,我国刑法学界和法律实务部门曾围绕罚金刑的下列问题展开过争论。

一、罚金刑可否提升为主刑的问题

罚金刑在1979年刑法典中是作为附加刑而存在的。在刑法修订研拟过程中,有人提出,鉴于罚金刑在实践中应用的比较少,为了适应在市场经济条件下同贪利性犯罪作斗争的需要,以加强经济处罚的力度,我国刑法应该借鉴国外的立法例,扩大罚金刑的适用范围,将罚金刑由原来的附加刑提升为主刑。对于该建议,立法工作机关曾经一度采纳。如1988年9月的刑法修改稿第28条就曾将罚金作为主刑的一种写在稿本中。

但在后来的征求意见中,一些专家学者和最高司法机关均反对将罚金刑提升为主刑。[1] 其主要理由是:

(1)附加刑是既可独立适用又可附加适用于主刑的刑罚方法,但决不能说,所有的附加刑都是立法者不予重视的刑罚方法。也不能说,凡是附加刑,司法机关就都不重视适用,凡是主刑,司法机关就都重视适用。即是否重视罚金刑的立法与适用,并不取决于罚金刑是主刑还是附加刑。

(2)扩大罚金刑适用范围的途径很多,不是说只有当罚金刑上升为主刑才可

---

[1] 参见最高人民法院刑法修改小组:《关于刑法修改若干问题的研讨与建议(1991年草拟,1993年修改补充)》、最高人民法院刑法修改小组:《对修改刑法的十个问题的意见》、公安部修改刑法领导小组办公室:《关于完善刑罚种类与刑罚制度的建议(1996年7月)》,载高铭暄、赵秉志编:《新中国刑法立法文献资料总览》(下),中国人民公安大学出版社1998年版,第2369—2370页、第2408页、第2695页;赵秉志主编:《刑法争议问题研究》(上卷),河南人民出版社1996年版,第663—666页等。

得到充分适用。所以,扩大罚金刑的适用范围,也不是将罚金刑上升为主刑的理由。

(3)对于一个犯罪只能判处一个主刑,不宜判处两个主刑。如果将罚金提高为主刑,会出现一个罪判处两个主刑的问题。而将罚金作为附加刑,既可以附加适用,又能独立适用,比较灵活。退而言之,将罚金刑上升为主刑后,如果认为主刑与主刑不能同时适用,则会造成对一些经济犯罪分子不能并处罚金,不利于有效惩治犯罪。如果认为两个主刑不能同时并用的刑法理论的通说可以打破,而将罚金刑与其他主刑同时适用,则又使主刑和附加刑的界限模糊化,刑法体系将发生混乱,即有的主刑与主刑可以同时适用,有的主刑与主刑不可同时适用。

(4)实践中依法判处罚金的比例很低,而且由于被告人没有缴纳能力,导致罚金刑空判不能执行的情况较多。如果提高为主刑,执行不了,则将严重影响法律的严肃性。

立法机关最终采纳了第二种建议,在1997年刑法典中维持了罚金刑的原来地位,即罚金刑仍属于附加刑。

二、罚金刑的裁量原则(第52条)

1979年《刑法》第48条规定:"判处罚金,应当根据犯罪情节决定罚金数额。"

1997年《刑法》第52条沿用了上述规定,没有作任何修改。但在刑法修订研拟过程中,对罚金的裁量原则和数额曾经进行过研讨。对于1979年刑法典的上述规定,有实务部门提出,其过于笼统,给审判工作带来不少困难,还容易造成决定罚金数额的随意性。因此建议将本条修改成:"判处罚金,应当根据犯罪的性质、情节和犯罪人的实际经济情况,决定罚金数额。"以此作为原则,再在分则中根据不同犯罪的性质、情节规定罚金的具体数额。也有人主张在总则中作出原则性规定:罚金数额不得低于法律规定的行政罚款数额,不得高于该罚款数额的几倍。在最初的刑法修改稿本中,立法工作机关曾一度采纳了上述主张。如1988年12月25日的刑法修改稿第48条即规定:"判处罚金,应该根据犯罪情节和犯罪分子的经济情况,决定罚金数额;对于以贪利为目的的犯罪,罚金数额一般不得低于犯罪的违法所得数额或者法律规定的罚款数额。"

然而,在后来的修订研拟中,有部门提出,将贪利性犯罪的罚金数额规定为不低于犯罪的违法所得数额或者法律规定的罚款数额,是不合理的。其主要理由是:

(1)判处非法所得数额以上的罚金,或者法律规定的罚款数额以上的罚金,在实际中很难行得通,一般的人没有那么大的负担能力,因为有的犯罪的非法所得数额特别巨大,法律规定的罚款数额有的是非法所得的10倍,有的犯罪分子被追缴或退赔之后,实际经济能力已很小。

(2)罚金是刑罚,而不是补偿,不必要求与非法所得数额和罚款数额相对比,况且罚金作为附加刑，其惩罚的严厉程度不应该过高，如果罚金数额相当于一个人十几年、几十年的劳动所得，就太重了。

（3）实践中许多经济犯罪案件都是由行政执法部门移送司法机关的，在行政执法部门多已作罚款处理，如果再判处过多的罚金，是不合理的。

（4）对于贪利性犯罪以外的其他犯罪如何确定罚金额，仍然没有法律依据，实践中还是问题。

综上，可以考虑根据犯罪的性质和犯罪人的实际经济情况，将罚金的数额具体确定为100元以上5万元以下。[①]

考虑到罚金刑在实践中适用的范围比较广，情况很复杂，罚金刑数额在总则中作出原则性规定，不仅不能增加适用的便利性，反而可能影响司法人员具体适用罚金的自由裁量权。自此以后，立法工作机关在一系列刑法修订稿本、修订草案中均维持了1979年《刑法》第48条的规定，没有再作任何修订的尝试，并最终获得通过。

三、罚金刑的缴纳方法和期限（第53条）

1997年《刑法》第53条规定："罚金在判决指定的期限内一次或者分期缴纳。期满不缴纳的，强制缴纳。对于不能全部缴纳罚金的，人民法院在任何时候发现被执行人有可以执行的财产，应当随时追缴。如果由于遭遇不能抗拒的灾祸缴纳确实有困难的，可以酌情减少或者免除。"

1979年刑法典实施后，实践中经常会发生判决罚金容易，但执行难的问题。执行难的原因主要有两种情况：一是在指定的期限期满后，犯罪人有能力缴纳却故意不缴纳罚金，采取强制缴纳措施不足以奏效的情况；二是在指定的期限届满后，犯罪人无力或无法缴纳罚金，又不能采取强制缴纳措施的情况。针对罚金刑执行难的现状，在刑法修订研拟过程中，有人主张，对于被判处罚金的犯罪分子经强制执行仍不缴纳罚金的，可以易服劳役或者劳动。立法工作机关曾一度采纳了这一建议，在1995年8月8日的刑法总则修改稿第49条规定："罚金在判决指定的期限内一次或者分期缴纳。期满不缴纳的，强制缴纳，或者责令其以劳动代替。劳动的期限由人民法院决定，最长不得超过二年。如果由于遭遇不能抗拒的灾祸缴纳确实有困难的，可以酌情减少或者免除。"1996年6月24日的刑法总则修改稿第49条将第二句修改为"期满不缴纳的，强制缴纳，或者责令其到指定的劳动场所，以劳动代替"。1996年8月8日的总则修改稿将上述劳动的期限由"二年"修改成了

[①] 参见最高人民检察院刑法修改小组：《修改刑法研究报告（1989年10月12日）》，载高铭暄、赵秉志编：《新中国刑法立法文献资料总览》（下），中国人民公安大学出版社1998年版，第2531—2532页。

"五年"。在征求意见的过程中,专家们一致认为,作为解决罚金刑执行难的罚金易服劳动的规定基本上是可行的,但同时认为,规定可以易服最长5年的劳动,期限太长,应作调整。① 故在1996年8月31日刑法修改草稿中,罚金易服劳动的期限由"五年"又改回"二年",同时罚金易服劳动的内容被单独作为第53条的第2款而规定下来。

后来,在1996年10月10日的《中华人民共和国刑法(修订草案)(征求意见稿)》中又取消了罚金易服劳动的内容,而以"对于不能全部缴纳罚金的,人民法院在任何时候发现被执行人有可以执行的财产,应当随时追缴"的内容取代。此项规定,实际上是在否定罚金易服劳动制度的前提下,对不能缴纳罚金的人的另一种变通措施。对于这一写法,在征求意见的过程中,一些部门提出了不同的意见,认为应当取消强制追缴的规定,同时规定对确实不能缴纳罚金的,易服劳役。其理由是:草案中的强制追缴的规定在实践中无法执行,且与刑法的其他规定不太协调;国外刑法中大多有罚金易服劳役的规定,实际效果较好,值得借鉴。② 但立法工作机关研究认为,我国刑法规定罚金刑执行措施,实无创设罚金易科制度的必要。是否创设该制度,关键在于其是否为我国法律现实所需要。根据最终形成的1997年《刑法》第53条的规定,罚金的执行,包括以下几种方式:一次缴纳、分期缴纳、强制缴纳、随时缴纳和减免缴纳。对于实践中罚金不能缴纳的原因,不外两种:一是确实无力缴纳;二是有财产而拒不缴纳。对于第一种情况,对贫困者因贫困就让其易服劳役,于情于理都无法令人信服,而对于第二种情况,无须罚金易科也足以惩治。因为对这些犯罪分子,法院首先可以适用强制缴纳。如果强制缴纳后,犯罪人仍然未完成缴纳的,可以适用随时追缴。对于那些拒不缴纳罚金并秘密转移财产、暴力抗拒执行等情节严重的犯罪人,还可以依照1997年《刑法》第313条拒不执行判决、裁定罪的规定追究刑事责任。所以,刑法不采纳罚金易科的做法是妥当的。

第七节 剥夺政治权利

一、剥夺政治权利的内容(第54条)

1979年《刑法》第50条规定:"剥夺政治权利是剥夺下列权利:(一)选举权和

---

① 参见全国人大常委会法工委刑法室1996年9月6日整理:《法律专家对〈刑法总则修改稿〉和〈刑法分则修改草稿〉的意见》,载高铭暄、赵秉志编:《新中国刑法立法文献资料总览》(下),中国人民公安大学出版社1998年版,第2131页。

② 参见最高人民法院刑法修改小组:《关于对〈中华人民共和国刑法(修订草案)〉(征求意见稿)的修改意见(1996年11月8日)》,载高铭暄、赵秉志编:《新中国刑法立法文献资料总览》(下),中国人民公安大学出版社1998年版,第2432—2433页。

被选举权;(二)宪法第四十五条规定的各种权利;(三)担任国家机关职务的权利;(四)担任企业、事业单位和人民团体领导职务的权利。"

1997年《刑法》第54条完全保留了上述规定的第(1)项和第(3)项,对上述第(2)项和第(4)项的规定作了如下修改:

(1)将第50条第(2)项"宪法第四十五条规定的各种权利"修改为"言论、出版、集会、结社、游行、示威自由的权利"。1979年《刑法》第50条第(2)项提到的"宪法第四十五条规定的各种权利"是相对于1978年《宪法》而言的,1978年《宪法》经过修改后,条文内容和次序已经发生了很大的变化,其第45条规定的"言论、出版、集会、结社、游行、示威自由的权利",在现行《宪法》中是第35条的规定。新刑法典按照我国现行《宪法》第35条的规定内容,将1979年《刑法》第50条第(2)项规定的"宪法第四十五条规定的各种权利"予以删除,直接规定为"言论、出版、集会、结社、游行、示威自由的权利"。

其实,关于言论、出版、集会、结社、游行、示威自由的权利能否成为剥夺政治权利的内容问题,在刑法修订研拟过程中,也曾经发生过争议。一种观点认为,这六项权利是宪法所赋予的,《宪法》第35条并没有规定上述六项权利可以被剥夺,这一点不同于《宪法》第34条规定的选举权和被选举权的写法。《宪法》第34条规定:"中华人民共和国年满十八周岁的公民,不分民族、种族、性别、职业、家庭出身、宗教信仰、教育程度、财产状况、居住期限,都有选举权和被选举权;但是依照法律被剥夺政治权利的人除外。"所以,刑法对这六项权利予以剥夺是缺乏宪法依据的。另一方面,言论如果是好的,任何人都应受法律保护;如果是反动言论,任何人都不准自由散播;出版由国家依法管理,任何人都不能出版非法书刊。出版自由还涉及版权问题,犯人的科研成果写成论文,一概禁止发表也不利于科研成果的转化。所以,笼统地规定剥夺出版自由,容易使政治权利与民事权利相混淆;此外,对集会、结社、游行、示威的自由而言,有些集会、结社属于非政治性的,一概予以禁止,也不合适。如果不写剥夺六项权利,实践中并不至于会出问题,写了,实践中反而会难以执行,硬要执行,会出现不利的负面后果。① 考虑到尽管上述六项权利是宪法赋予公民的基本权利,但宪法也规定,任何公民在行使自己权利的时候都不得妨害别人行使这些权利,并且不能危害国家、社会利益。否则就有可能触犯刑法,接受刑法的制裁。这就使得刑法规定对上述六项权利的剥夺具有宪法依据。有鉴于此,立法机关没有采纳上述意见,第八届全国人大第五次会议修订的《中华人民共和国刑法》第54条第(2)项剥夺"言论、出版、集会、结社、游行、示威自由的权利"的规定仍然保留。

---

① 参见最高人民法院刑法修改小组:《关于刑法总则修改的若干问题(草稿)》,载高铭暄、赵秉志编:《新中国刑法立法文献资料总览》(下),中国人民公安大学出版社1998年版,第2247页。

(2) 将第(4)项"担任企业、事业单位和人民团体领导职务的权利"修改为"担任国有公司、企业、事业单位和人民团体领导职务的权利"。鉴于1979年刑法典实施多年来,企业、事业单位的性质已呈现出多元化的发展趋势,简单笼统地规定剥夺企业、事业单位领导职务的权利已不符合实际情况,不能充分发挥刑罚惩罚与教育改造的功能,反之,若限定为国有公司、企业、事业单位的领导职务,则能大大提高剥夺政治权利刑的特殊预防的效果。从立法写法的变化上看,1988年的3个刑法修改稿本均对"公司"作了"国营"的限制,而"企业"则被规定为"集体企业"。到了1995年8月8日、1996年6月24日以及1996年8月8日的刑法总则修改稿本,立法工作机关不仅取消了所列举单位的所有制限制,而且也删除了"公司"。直至1996年8月31日的刑法修改草稿起,才又恢复"企业"的"国有"的限制,到了1996年12月中旬的修订草案,立法工作机关基于我国市场参与主体的实际状况,又将"国有公司"列入其中,由此所形成的该项规定最终为我国1997年《刑法》第54条所沿用。

是否可以剥夺政治权利的一部分或全部?对此,在刑法修订研拟过程中,一些人提出,剥夺政治权利除了具有政治上的惩罚意义外,也具有预防某些犯罪人可能利用其政治权利再实施犯罪的作用。根据不同的犯罪性质和情节,有的需要剥夺全部政治权利,有的只需要有针对性地剥夺其部分政治权利即可以达到预防犯罪的目的。如果不加分析地一律剥夺,是不合理的,也没有实际意义。因此建议,将剥夺政治权利规定为可以剥夺一部分或全部。对此,立法工作机关曾一度采纳了上述建议,如在1988年9月、11月16日、12月25日,1995年8月8日,1996年6月24日的刑法修改稿本中都有"剥夺政治权利是剥夺下列权利的全部或一部"的规定。

在之后的研拟中,对于上述建议和写法,也有学者和部门提出反对意见,认为制定和修改刑法,必须以宪法为根据。《宪法》第34条规定:"中华人民共和国年满十八周岁的公民,都有选举权和被选举权……但是依照法律被剥夺政治权利的人除外。"可见,宪法对剥夺政治权利的适用是从整体上规定的。其中,"选举权和被选举权"是政治权利的核心,如果不剥夺选举权和被选举权,只剥夺其他权利,或者将"剥夺政治权利"这一整体性的刑罚名称分解为若干条剥夺具体政治权利的规定,都会与宪法规定相抵触。刑法规定的剥夺政治权利的四项内容,性质非常接近,联系极为紧密,根据宪法规定的精神,只能从整体上剥夺全部政治权利,不可能部分剥夺政治权利。立法工作机关采纳了这一建议,这样,从1996年8月8日的刑法总则修改稿本起直至1997年刑法典通过,均没有再规定剥夺部分政治权利的内容。

二、剥夺政治权利的期限(第55条)

1979年《刑法》第51条第1款规定:"剥夺政治权利的期限,除本法第五十三条规定外,为一年以上五年以下。"第2款规定:"判处管制附加剥夺政治权利的,剥夺政治权利的期限与管制的期限相等,同时执行。"

关于第1款的规定,1997年《刑法》第55条除了根据刑法修改后的内容将原条文中"第五十三条"修改为"第五十七条"外,完全保留了其内容。

关于第2款的规定,在刑法修订研拟过程中,曾酝酿过修改。1996年10月10日的刑法修订草案(征求意见稿),1996年12月中旬、1996年12月20日、1997年1月10日的修订草案曾删除了1979年《刑法》第51条第2款的规定。对此,一些人提出,刑法并没有规定管制不得附加剥夺政治权利,而且从实践中看,判处管制的,完全有可能被剥夺政治权利。如删除管制附加剥夺政治权利时期限与执行的规定,会导致在这种情况下,如何执行剥夺政治权利失去法律依据,所以应当增补1979年《刑法》第51条第2款的合理规定。于是,1997年2月17日的修订草案(修改稿)又恢复了原来的规定,并被1997年刑法典所沿用。

三、剥夺政治权利的对象(第56条、第57条)

1979年《刑法》第52条规定:"对于反革命分子应当附加剥夺政治权利;对于严重破坏社会秩序的犯罪分子,在必要的时候,也可以附加剥夺政治权利。"

本条在刑法修订过程中,主要作了两处修改:一是将原条文中的"反革命分子"修改为"危害国家安全的犯罪分子",这是一种为与刑法分则"反革命罪"罪名更改为"危害国家安全罪"相协调而作的纯属技术上的修改。二是将原条文中的"严重破坏社会秩序的犯罪分子"修改为"对于故意杀人、强奸、放火、爆炸、投毒、抢劫等严重破坏社会秩序的犯罪分子"。

对于"可以附加剥夺政治权利"的标准和对象范围,1979年刑法典只是笼统地规定为"严重破坏社会秩序的犯罪分子",但究竟何为"严重",何为"必要的时候"以及"破坏社会秩序的犯罪"的具体范围等问题并不清晰,理解易生歧义,实践中标准也不统一,因此,在刑法修订研拟过程中,很多人都主张对"可以附加剥夺政治权利"的标准和对象范围作出明确界定。其中对"可以附加剥夺政治权利"标准的理解,有人认为应该以"判处十年以上有期徒刑"为限,还有人认为应该以"判处五年以上有期徒刑"为限,立法工作机关最初曾采纳了第二种建议,例如,1988年9月的刑法修改稿本第52条就规定:"对于危害国家安全的犯罪分子应当附加剥夺政治权利;对于被判处五年以上有期徒刑严重破坏社会秩序的犯罪分子,也可以附加剥夺政治权利。"1988年11月16日的刑法修改稿本第51条写为:"对于危害国家安全的犯罪分子和判处五年以上有期徒刑的犯罪分子,应当附加剥夺全部政治权利;对于判处五年以下有期徒刑、拘役、管制并需要附加剥夺政治权利以及单处剥夺政治权利的犯罪分子,可以剥夺一部或者全部政治权利。"后来,也有刑法修改稿本采纳第一种意见,如1995年8月8日的总则修改稿第52条规定:"对于犯危害国家安全罪的犯罪分子和犯其他罪被判处十年以上有期徒刑的犯罪分子,应当附加剥夺政治权利;对于因破坏社会秩序、利用职务或者业务上的便利实施犯罪,被判处十年以下有期徒刑、拘役、管制的犯罪分子,根据其犯罪情况,可以判处剥夺政治权利的一部。"对于这一写法,有人曾提出异议,认为在我国,剥夺政治权利的功能不仅是剥夺或限制罪犯利用某种资格进行再次犯罪的再犯能力,还有着强烈的政治上的否定性评价作用,在历史上,其适用范围主要是限于敌我矛盾性质的犯罪,因此是一种很严厉的刑罚。所以,对于因破坏社会秩序、利用职务或者业务上的便利实施的较轻的犯罪行为大面积适用剥夺政治权利,未免过于严厉;而且上述写法对"破坏社会秩序的犯罪"具体范围仍然没有界定清楚;此外,单纯以判处刑罚的轻重作为判断是否剥夺政治权利的标准过于片面。因此建议将剥夺政治权利仅适用于严重犯罪,并明确规定"破坏社会秩序的犯罪"的具体范围。立法工作机关采纳了这一建议,于1996年8月31日的刑法修改草稿第56条规定:"对于危害国家安全的犯罪分子应当剥夺政治权利;对于故意杀人、强奸、放火、爆炸、投毒、抢劫等严重破坏社会秩序的犯罪分子,在必要的时候,可以附加剥夺政治权利。"后来,在第八届全国人大常委会第二十四次会议分组审议刑法修订草案的过程中,有委员提出,"必要的时候"在实践中不好掌握,建议改为"被判处十年以上有期徒刑的",立法机关部分采纳了其建议,删除条文中"在必要的时候"几个字,这样,第八届全国人大第五次会议修订的《中华人民共和国刑法》第56条的规定就是:"对于危害国家安全的犯罪分子应当附加剥夺政治权利;对于故意杀人、强奸、放火、爆炸、投毒、抢劫等严重破坏社会秩序的犯罪分子,可以附加剥夺政治权利。"

1979年刑法典对于单处剥夺政治权利的问题没有明确规定,考虑到剥夺政治权利作为一种附加刑,既可以附加适用,也可以独立适用,为了与分则相照应,同时也为了谨慎地独立适用剥夺政治权利,1997年《刑法》在第56条增加一款作为第2款,该款规定:"独立适用剥夺政治权利的,依照本法分则的规定。"

关于被判处死刑、无期徒刑罪犯剥夺政治权利的适用,1997年《刑法》第57条完全沿用了1979年《刑法》第53条的规定:"对于被判处死刑、无期徒刑的犯罪分子,应当剥夺政治权利终身。在死刑缓期执行减为有期徒刑或者无期徒刑减为有期徒刑的时候,应当把附加剥夺政治权利的期限改为三年以上十年以下。"

四、剥夺政治权利刑期的起算和行刑期间的行为规则(第58条)

关于剥夺政治权利刑期的起算,1979年《刑法》第54条规定:"附加剥夺政治权利的刑期,从徒刑、拘役执行完毕之日或者从假释之日起计算;剥夺政治权利的效力当然施用于主刑执行期间。"

1997年《刑法》第58条第1款完全沿用了1979年《刑法》第54条的内容,同时在第2款增设了被剥夺政治权利的犯罪分子在执行期间的行为规则,即:"被剥夺政治权利的犯罪分子,在执行期间,应当遵守法律、行政法规和国务院公安部门有关监督管理的规定,服从监督;不得行使本法第五十四条规定的各项权利。"

之所以作第2款的补充规定,主要是因为,1979年刑法典没有对被剥夺政治权利的犯罪分子如何监督和管理作出规定,实践中无章可循。为了加强对被剥夺政治权利的犯罪分子的监管,1989年8月最高人民法院、最高人民检察院、公安部、司法部曾颁布《关于依法加强对管制、剥夺政治权利、缓刑、假释和暂予监外执行罪犯监督考察工作的通知》,该通知要求,被剥夺政治权利暂予监外执行的罪犯,如外出经商,需事先经县级公安机关允许。因医病、探亲等特殊情况需要离开所在地域到本县、市以外地方的,必须经过县级公安机关批准;离开居住地到本县、市内其他地方的,由具体负责监督考察的执行单位批准。1995年2月公安部颁布的《对被管制、剥夺政治权利、缓刑、假释、保外就医罪犯的监督管理规定》中也曾对被剥夺政治权利的犯罪分子在执行期间遵守监督管理作出比较详细的规定。在总结上述实践经验的基础上,同时考虑到实践中对被剥夺政治权利的犯罪分子的监管效果,自1996年10月10日的刑法修订草案征求意见稿起直至1997年刑法典通过,立法机关均对被剥夺政治权利的罪犯应当遵守的行为规则作出了明确规定。

五、与剥夺政治权利修订相关的其他问题

(一)关于剥夺从事特定职业资格的权利问题

在刑法修订研拟过程中,有部门、地方和专家学者提出,我国1979年刑法典规定的资格刑只有剥夺政治权利和驱逐出境两种,种类太少,不够完善。在现实生活中,有些犯罪与犯罪人的职业有关,犯罪人常常利用自己从事的职业进行相关的犯罪活动,而我国现行刑法规定的这些资格刑并不足以剥夺这些罪犯犯罪的条件和能力,达不到预防犯罪的目的。现代世界不少国家的刑法都规定有种类较为广泛并具有适用针对性的资格刑,这些刑罚方法增加了刑罚的开放程度,如果运用得当,能够在一定程度上达到有效地预防犯罪的目的。

对于以上建议,立法工作机关曾一度予以采纳。在1995年8月8日的刑法总则修改稿第30条附加刑的种类中增加了"剥夺从事特定职业资格"的内容,同时第55条还规定:"对于利用所从事的职业进行犯罪活动,情节严重,并有继续利用职业进行犯罪活动可能的,可以独立适用或者附加剥夺从事该项职业的资格。"第56

条规定:"剥夺从事特定职业资格的期限为一年以上五年以下。剥夺从事特定职业资格的期限,从判决发生法律效力之日起计算;附加适用的,从主刑执行完毕之日或者从假释之日起计算。"此后的 1996 年 6 月 24 日的刑法总则修改稿沿用了这一规定。后来,考虑到吊销执照、许可证、责令停业整顿等制裁措施在有关行政法规中已有规定,在刑法中再作规定会显得重复多余,而且不利于各部门法之间的协调,有损法律的严肃性。有鉴于此,之后的 1996 年 8 月 8 日的刑法总则修改稿取消了"剥夺从事特定职业资格"的内容。虽然,在后来的征求意见和分组审议中,有代表和专家再次建议增设"剥夺从事特定职业资格"的规定,立法机关基于上述考虑没有采纳其建议。这样,第八届全国人大第五次会议修订的《中华人民共和国刑法》第 34 条就没有再对"剥夺从事特定职业资格"作出规定。

(二) 关于剥夺军衔、警衔、勋章的问题

在我国以往的刑事法律规范中,1979 年刑法典规定的附加刑只有罚金、剥夺政治权利、没收财产和驱逐出境,在单行刑法和附属刑法中,又增设了剥夺勋章、奖章和荣誉称号以及剥夺军衔。前者系 1981 年的《中华人民共和国惩治军人违反职责罪暂行条例》第 24 条规定增设的,适用于危害重大的犯罪军人;后者系 1988 年全国人大常委会通过的《中国人民解放军军官军衔条例》第 27 条规定的,即:"军官犯罪,被依法判处剥夺政治权利或者三年以上有期徒刑的,由法院判决剥夺军衔。退役军官犯罪的,依照前款规定剥夺其军衔……"

在刑法修订研拟过程中,立法者曾经将上述有关内容吸收到一些刑法修改稿本中。只不过,在最初拟定的法条中,对军衔、警衔、勋章等的剥夺并不是作为一种单独的附加刑而规定的,而是作为剥夺政治权利的一部分内容而存在的。如 1988 年 12 月 25 日的刑法总则修改稿第 50 条就规定:"剥夺政治权利是指剥夺下列权利的一部或全部:……对于被剥夺政治权利的犯罪分子,如果拥有军衔、警衔、勋章、奖章和荣誉称号,可以一并宣告剥夺。"后来,为了使刑法的规定与《中国人民解放军军官军衔条例》的规定相一致,同时考虑一些人提出应当扩大剥夺军衔、警衔、勋章、奖章和荣誉称号的适用范围,1996 年 8 月 31 日的《中华人民共和国刑法(修改草稿)》第 54 条,又将前述剥夺政治权利的内容修改为:"对于被剥夺政治权利的犯罪分子,如果拥有军衔、警衔、勋章、国家授予的奖章和荣誉称号,应当一并判决剥夺。其他判处三年以上有期徒刑的犯罪分子,虽未判处剥夺政治权利,上述资格也应予剥夺。"后来考虑到既然被判处 3 年以上有期徒刑的犯罪分子在没有被剥夺政治权利的时候也可以剥夺其军衔、警衔、勋章、国家授予的奖章和荣誉称号,那就表明对军衔、警衔、勋章等的剥夺就不再是剥夺政治权利的内容了,于是,在 1996 年 10 月 10 日的《中华人民共和国刑法(修订草案)(征求意见稿)》第 32 条中,立法工作机关将"剥夺军衔、警衔、勋章"规定成了一种独立的附加刑。第 32 条规定:

"被判处三年以上有期徒刑的犯罪分子和被判处剥夺政治权利的犯罪分子,如果有军衔、警衔或者勋章的,应当一并判处剥夺。"

对于上述规定,在1997年3月6日下午的第八届全国人大第五次会议代表团分组审议刑法修订草案的过程中,有代表提出:对于军人、警察犯罪需要剥夺军衔、警衔的,可以按照《中国人民解放军军官军衔条例》、《中华人民共和国人民警察警衔条例》的有关规定执行;根据宪法规定,授予国家的勋章,应当由国家权力机关决定,需要剥夺勋章的,也应当由国家权力机关决定,不宜由人民法院判处剥夺。也有人提出,勋章代表的是过去的功绩,一个人犯罪后,不可一概否定,剥夺其勋章不合适,建议删除上述规定。① 立法机关最终采纳了这一建议。这样,第八届全国人大第五次会议修订的《中华人民共和国刑法》就没有关于剥夺军衔、警衔、勋章的规定。

第八节 没收财产

一、没收财产的范围(第59条)

1979年《刑法》第55条第1款规定:"没收财产是没收犯罪分子个人所有财产的一部或者全部。"第2款规定:"在判处没收财产的时候,不得没收属于犯罪分子家属所有或者应有的财产。"

1997年《刑法》第59条完全沿用了上述规定。同时,在第1款增加了"没收全部财产的,应当对犯罪分子个人及其扶养的家属保留必需的生活费用"的内容作为该款的第二句。这主要是考虑到没收财产刑只是为了从经济上惩罚打击犯罪分子并剥夺其再次从事犯罪的资本,并非使其生活无着,而且,犯罪分子扶养的家属也不能因为犯罪分子的犯罪行为而受牵连,所以,从刑罚的人道主义精神出发,也为了保障犯罪分子及其家属的生活,避免造成不必要的社会负担和困难,遂增加了上述内容。

二、犯罪分子正当债务的偿还(第60条)

1979年《刑法》第56条规定:"查封财产以前犯罪分子所负的正当债务,需要以没收的财产偿还的,经债权人请求,由人民法院裁定。"

与上述规定相比,1997年《刑法》第60条主要作了两处修改:一是将原条文中的"查封财产以前"修改为"没收财产以前"。这主要是考虑到,没收财产未必使用

---

① 参见《八届全国人大五次会议分组审议〈中华人民共和国刑法(修订草案)〉的意见》,载高铭暄、赵秉志编:《新中国刑法立法文献资料总览》(下),中国人民公安大学出版社1998年版,第2227页。

查封方式进行,为了使用语更准确,更好地保护公民的合法权益,所以作此修改。二是把原条文中的"由人民法院裁定"修改为"应当偿还"。本条的立法初衷是优先保护被判处没收财产犯罪分子的债权人的合法权益,对于没收财产以前犯罪分子所负的正当债务,需要以没收的财产偿还的,只要是经债权人请求,人民法院就应该裁定偿还。这比原条文中的"由人民法院裁定"的含义更加明确肯定。

第四章

刑罚的具体运用

第一节 量 刑

一、量刑的一般原则(第61条)

1979年《刑法》第57条规定:"对于犯罪分子决定刑罚的时候,应当根据犯罪的事实、犯罪的性质、情节和对于社会的危害程度,依照本法的有关规定判处。"

1997年《刑法》第61条完全沿用了上述规定,没有作任何修改。但在刑法修订研拟过程中,对于量刑一般原则的写法也进行过一些研究和讨论。例如,全国人大常委会法工委1996年8月12日至16日曾邀请一些刑法专家对1996年8月8日的刑法总则和分则两个修改稿的有关问题进行了座谈。在此次座谈会上,与会专家一致认为,总则修改稿第61条规定的量刑原则,以考虑客观方面居多,而对犯罪人主观方面考虑不够,同主客观统一的原则不一致。对犯罪分子确定刑罚,应当体现刑罚个别化的精神。建议增加有关犯罪分子的一贯表现、认罪态度等个人方面的规定。[①] 1988年9月的刑法修改稿第57条就曾规定:"对于犯罪分子决定刑罚的时候,应当根据犯罪的事实、犯罪的性质、情节和对于社会的危害程度,参照犯罪分子的悔罪态度及一贯表现,依照本法的有关规定判处。"后来,考虑到总则修改稿第61条规定的"情节"指的就是定罪情节以外的表明行为的社会危害程度和行为人的人身危险程度的主客观事实情况,自然包括了犯罪分子的个人因素,如犯罪分子的悔罪态度及一贯表现,立法工作机关没有采纳上述建议。这样,1997年《刑法》第61条就完全沿用了1979年《刑法》第57条的规定。

二、从重处罚、从轻处罚(第62条)

1979年《刑法》第58条规定:"犯罪分子具有本法规定的从重处罚、从轻处罚情节的,应当在法定刑的限度以内判处刑罚。"

[①] 参见全国人大常委会法工委刑法室1996年9月6日整理:《法律专家对〈刑法总则修改稿〉和〈刑法分则修改草稿〉的意见》,载高铭暄、赵秉志编:《新中国刑法立法文献资料总览》(下),中国人民公安大学出版社1998年版,第2131页。

1997年《刑法》第62条完全沿用了上述规定,没有作任何修改。

三、减轻处罚(第63条)

1979年《刑法》第59条第1款规定:"犯罪分子具有本法规定的减轻处罚情节的,应当在法定刑以下判处刑罚。"第2款规定:"犯罪分子虽然不具有本法规定的减轻处罚情节,如果根据案件的具体情况,判处法定刑的最低刑还是过重的,经人民法院审判委员会决定,也可以在法定刑以下判处刑罚。"

1997年《刑法》第63条第1款完全沿用了1979年《刑法》第59条第1款的规定,但对第2款规定的去留问题,在刑法修订研拟过程中,曾经引起过较大的争议。

一种意见主张废除第2款的规定,其主要理由是:

(1)从司法实践看,第2款对严格执法冲击很大,严重损害了法律的统一正确实施,许多应当判刑的经济犯罪,因适用这一规定而被免于刑罚或者宣告缓刑,造成了对犯罪尤其是经济犯罪的打击不力。

(2)赋予审判人员的自由裁量权太大,容易滋长审判人员徇私枉法的现象,而且也与刑法确立的罪刑法定原则相违背。

(3)对于实践中的特殊情况,如危害国家安全犯罪,仅仅属于特例,如果从政治斗争需要的实际出发,确实需要在法定刑以下判处刑罚,可以在分则中予以特别规定。①

另一种意见主张保留第2款,其主要理由是:

(1)该规定体现了原则性和灵活性、普遍性和特殊性相结合的原则,既满足了国防、外交、统战、民族、宗教等实际工作的需要,又有利于刑罚个别化的实现;实践中的特殊情况,并不局限于危害国家安全犯罪,采用在分则特别规定的做法,难免挂一漏万。

(2)罪刑法定原则并不是绝对的,在有利于被告人的情况下,完全可以有例外,例如刑法溯及力方面采用的从旧兼从轻原则中的从轻原则,就是罪刑法定原则的例外,因此,不能认为这一规定与罪刑法定原则相违背。

(3)实践中发生的滥用刑罚裁量权的现象,是极个别的,不带有普遍性。当然,酌定减轻处罚的规定具有一定的缺陷,但这可从程序上加以严格限制,防止滥

---

① 参见最高人民检察院刑法修改研究小组:《关于对〈中华人民共和国刑法(修订草案)〉(征求意见稿)的修改意见(1996年11月15日)》,载高铭暄、赵秉志编:《新中国刑法立法文献资料总览》(下),中国人民公安大学出版社1998年版,第2631—2632页。

用。因此,不能因为有缺陷就予以全盘否定乃至废除。①

在立法抉择过程中,立法工作机关起先在1988年9月、11月16日、12月25日,1995年8月8日,1996年6月24日的刑法修改稿本中,曾采纳了"保留论"的主张,完全保留了1979年《刑法》第59条第2款的规定,但在1996年8月8日的刑法总则修改稿本中,转而采纳"废除论"的建议,取消了酌定减轻处罚的规定。对此,全国人大常委会法工委邀请的一些刑法专家对1996年8月8日的刑法总则和分则两个修改稿的有关问题进行座谈时,有些专家认为,修改稿取消酌定减轻处罚的规定不妥当,因为,现实情况十分复杂,删去以后可能会遇到一些情况不好处理,特别是一些政治性的犯罪的处理,缺乏灵活性。为了防止滥用,严肃执法,建议增加规定由高级人民法院审判委员会决定,从程序上加以限制。②

之后,全国人大常委会法制工作委员会在1996年10月10日的《中华人民共和国刑法(修订草案)(征求意见稿)》中曾提供了两种选择方案:一是取消酌定减轻处罚的规定;另一方案是保留酌定减轻处罚的规定,但是从程序上严格加以限制,具体条文是这样拟定的:"犯罪分子虽然不具有本法规定的减轻处罚情节,如果根据案件的具体情况,判处法定刑的最低刑还是过重的,经高级人民法院或者最高人民法院审判委员会决定,也可以在法定刑以下判处刑罚。"经过充分讨论、反复研究,立法工作机关最终采纳"保留但严格限制论"的观点,1996年12月20日的《中华人民共和国刑法(修订草案)》第65条第2款规定:"犯罪分子虽然不具有本法规定的减轻处罚情节,如果根据案件的具体情况,判处法定刑的最低刑还是过重的,经最高人民法院审判委员会决定,也可以在法定刑以下判处刑罚。"

之后,对1996年12月20日的刑法修订草案作了进一步的修改:一是将"根据案件的具体情况"修改为"根据案件的特殊情况",因为每个案件都有具体情况,具体适用时不好掌握,而且本款的立法初衷主要是满足实践中的特殊情况,如政治、外交、国防等情况。二是删去"判处法定刑的最低刑还是过重"的内容,这主要是考虑到判断"判处法定刑的最低刑还是过重"的具体标准不明确,司法实践中随意性较大,容易造成执法不严。三是将"经最高人民法院审判委员会决定"修改为"经最高人民法院核准",这样修改主要是考虑到我国法院上下级之间是业务上的指导与被指导的关系,"经最高人民法院审判委员会决定"的规定,容易产生量刑

---

① 参见最高人民法院刑法修改小组:《关于对〈中华人民共和国刑法(修订草案)〉(征求意见稿)的修改意见(1996年11月8日)》、《中央有关部门、地方及法律专家对刑法修订草案(征求意见稿)的意见》,载高铭暄、赵秉志主编:《新中国刑法立法文献资料总览》(下),中国人民公安大学出版社1998年版,第2433—2434页、第2158页。
② 参见全国人大常委会法工委刑法室1996年9月6日整理:《法律专家对〈刑法总则修改稿〉和〈刑法分则修改草稿〉的意见》,载高铭暄、赵秉志主编:《新中国刑法立法文献资料总览》(下),中国人民公安大学出版社1998年版,第2131—2132页。

时要请示上级法院决定的错觉。将其修改为"经最高人民法院核准"后,表明地方法院在量刑时,对酌定减轻的特殊案件并不需要向上级法院请示汇报,具有独立的判决权,但是作出的判决并不自然生效,只有报送最高人民法院核准后,方可具有法律效力,最高人民法院只是通过程序来加强对下级法院判决的监督,并没有干涉下级法院独立行使审判权。

这样,经过以上的修改和调整,第八届全国人大第五次会议修订的《中华人民共和国刑法》第63条第2款的规定就是:"犯罪分子虽然不具有本法规定的减轻处罚情节,但是根据案件的特殊情况,经最高人民法院核准,也可以在法定刑以下判处刑罚。"

1997年刑法典颁行后,通过司法实践的检验,第63条第1款的规定暴露出了过于原则的缺陷,如何理解该款中的"法定刑以下",当犯罪有多个量刑幅度时,又如何适用本款的规定,这些问题的存在势必会影响刑法的统一适用,有必要对本款的规定作出修改。经过研拟,《刑法修正案(八)》将本款的规定修改为:"犯罪分子具有本法规定的减轻处罚情节的,应当在法定刑以下判处刑罚;本法规定有数个量刑幅度的,应当在法定量刑幅度的下一个量刑幅度内判处刑罚。"

四、要不要规定加重处罚的问题

1979年刑法典颁行以后,1981年全国人大常委会《关于处理逃跑或者重新犯罪的劳改犯和劳教人员的决定》中曾补充规定了加重处罚的情节。该决定第2条第2款规定:"劳改犯逃跑后又犯罪的,从重或者加重处罚;刑满释放后又犯罪的,从重处罚。……"第3条规定:"劳教人员、劳改罪犯对检举人、被害人和有关的司法工作人员以及制止违法犯罪行为的干部、群众行凶报复的,按照其所犯罪行的法律规定,从重或者加重处罚。"按照全国人大常委会所作的说明,所谓"加重处罚","不是可以无限制地加重,而是罪加一等",即在法定最高刑以上一格判处。但在实践中,何谓"一格"或者"一等",并不能清楚地界定。

在刑法修订研拟过程中,对于单行刑法中所规定的加重处罚情节是否要纳入未来的刑法典,存在着不同意见。有人主张未来刑法典应该规定加重处罚的情节,这样可以严厉打击那些怙恶不悛的犯罪分子,并且可以避免为提高某些犯罪的处刑而频繁地修改刑法。也有人主张不应在刑法中普遍规定加重处罚情节。因为我国刑法规定的量刑幅度本来就较大,如果再规定加重处罚情节,审判机关的自由裁量权更大,不利于社会主义法治建设;对于个别情况下确需给予严惩的犯罪行为,如刑满释放后或者劳改期间又故意犯罪的,如果情节特别严重,就明确规定为累犯而允许加重处罚,可以达到同样的目的。① 还有人明确反对在刑法中规定加重处罚,认为如果在刑法中规定一般的加重处罚情节,会在刑法分则所有的罪名上打开加重处罚的缺口,违背法定刑设置的初衷,更会导致无期徒刑和死刑的增多,导致重刑主义泛滥;对于实践中需要从严处罚的犯罪行为,如劳改犯逃跑后又犯罪的,可以通过从重原则来解决,如在原有刑罚的幅度内从重还不足以惩罚犯罪,可以再增加规定一个量刑幅度,以此同样可以达到加重处罚的目的。② 立法机关最终采纳了第三种建议,没有将加重处罚原则纳入1997年刑法典中。

五、追缴、退赔和没收(第64条)

1979年《刑法》第60条规定:"犯罪分子违法所得的一切财物,应当予以追缴或者责令退赔;违禁品和供犯罪所用的本人财物,应当予以没收。"

刑法修订中,主要作了两处补充:一是对被害人的合法财产,应当及时返还。二是对罚没的财物,一律上缴国库,不得挪用和自行处理。经过以上两处补充,最终形成的1997年《刑法》第64条的规定是:"犯罪分子违法所得的一切财物,应当予以追缴或者责令退赔;对被害人的合法财产,应当及时返还;违禁品和供犯罪所用的本人财物,应当予以没收。没收的财物和罚金,一律上缴国库,不得挪用和自行处理。"这比原规定更为丰富和完善。

第二节 累 犯

一、一般累犯(第65条)

经过《刑法修正案(八)》修正后的《刑法》第65条第1款规定:"被判处有期徒刑以上刑罚的犯罪分子,刑罚执行完毕或者赦免以后,在五年以内再犯应当判处有期徒刑以上刑罚之罪的,是累犯,应当从重处罚,但是过失犯罪和不满十八周岁的人犯罪的除外。"第2款规定:"前款规定的期限,对于被假释的犯罪分子,从假释期满之日起计算。"本条就是一般累犯的规定。

(一)关于一般累犯成立所要求的前后罪时间间隔问题

在刑法修订研拟过程中,专家学者们一致认为,1979年刑法典将构成累犯后

---

① 参见全国人大常委会法工委刑法室整理:《各政法机关、政法院校、法学研究单位的一些同志和刑法专家对刑法的修改意见(1988年12月9日)》,载高铭暄、赵秉志编:《新中国刑法立法文献资料总览》(下),中国人民公安大学出版社1998年版,第2117页。

② 参见最高人民检察院刑法修改小组:《关于修改刑法十个重点问题的研究意见(1996年5月)》,载高铭暄、赵秉志编:《新中国刑法立法文献资料总览》(下),中国人民公安大学出版社1998年版,第2598页。

罪发生的时间间隔规定为刑罚执行完毕或赦免之后3年,明显过短,因此建议适当延长构成一般累犯成立所要求的前后罪的时间间隔。但究竟应当规定多长的时间间隔却有不同的主张。其中,有人主张,将3年改为5年,主要理由是:根据对重新犯罪的调查情况来看,尽管犯罪人在刑罚执行完毕或赦免之后3年内重新犯罪的比例较高,但在刑满释放后4至5年内再次犯罪的还占相当比例,适当延长前后罪的时间间隔,有利于巩固犯罪人的教育改造成果,有助于刑罚特殊预防的目的的实现;而且从世界各国的规定来看,多数国家刑法都规定构成累犯,后罪发生于前罪刑罚执行完毕或者赦免后5年甚至更长时间以内,较少有规定3年以内的。也有人主张,对构成累犯前后罪的间隔期不宜一概而论,应该根据前罪的性质、处罚的轻重决定累犯成立所要求的前后罪的时间间隔,前罪越轻,后罪构成累犯要求的时间越短;前罪越重,后罪构成累犯要求的时间越长。其主要理由是:

(1)根据前罪的性质、处罚的轻重决定后罪发生的期间,可以体现区别对待的精神。如果不问前罪罪行及处罚轻重,按同一个时间标准来认定累犯,有失公平。

(2)与我国刑法以犯罪的法定最高刑来决定追诉时效期间的规定模式及思路相一致。

(3)国外刑法,如法国就是采用这种方法,我国1979年刑法典草案第22稿也是按照原判刑罚轻重的不同,将累犯的期限分别规定为3年、5年和7年。

1996年5月最高人民检察院刑法修改研究小组提交的就是这种思路的修改方案,即:根据原判刑罚的不同,规定三个档次的禁止再犯期限:一是原判管制、拘役、不满3年有期徒刑,在3年内又犯罪的。二是原判3年以上不满10年有期徒刑,在5年内又犯罪的。三是原判10年以上有期徒刑、无期徒刑,在7年内又犯罪的。应该说,第二种建议并没有明显的不妥之处,但是考虑到按照犯罪性质和轻重决定累犯的间隔期过于繁琐,而且有期徒刑的刑期条件已经将轻刑排除在外,加之刑法对特别累犯不受时间条件的限制也已作专门规定,再对累犯前后罪的间隔期作详细的划分实无太大必要。所以,参考大多数国家刑事立法的经验,并结合我国刑事立法的现状,立法机关最终采纳了第一种建议,即将1979年刑法典中规定的3年改为5年。

(二)与一般累犯成立条件相关的其他问题

1. 关于1979年刑法典中的再犯问题

1979年刑法典对构成一般累犯的前后罪时间间隔作了严格的限定,那就是后罪发生在前罪执行完毕或赦免之后3年内,如果是被假释的犯罪分子,则是从假释期满后的3年内;如果超过3年的,便不能再以累犯论处。1979年刑法典颁行以后,随着国内治安形势的恶化以及罪犯重新犯罪率的升高,为了维护社会稳定,对犯罪分子加大惩治力度,1981年全国人大常委会颁布了《关于处理逃跑或者重新犯罪的劳改犯和劳教人员的决定》,在该决定中,确立了再犯制度,即刑满释放后再犯罪的,从重处罚;同时,为了加强对劳改犯逃跑后又犯罪的打击,对其规定从重或者加重处罚。毋庸置疑,这一规定,打破了累犯构成条件中前后罪之间不得超过3年的时间条件限制,造成了与累犯时间间隔条件之间的冲突。

在刑法修订研拟过程中,对于上述再犯规定,在未来的刑法典中如何取舍,存在着不同看法。有人主张将《关于处理逃跑或者重新犯罪的劳改犯和劳教人员的决定》中的"在刑罚执行期间又犯罪或者逃跑后又犯罪"的情形作为累犯的一种情形吸收到刑法典中,即将构成累犯的时间条件从刑罚执行完毕或者赦免后的一段时间扩大到刑罚执行过程中。这一建议曾一度得到立法工作机关的采纳,例如,在1988年9月的刑法修改稿第61条即规定:"具有下列情形之一的,是累犯:……(3)被判处有期徒刑以上刑罚的犯罪分子,在劳动改造期间越狱逃跑后又犯应当判处有期徒刑以上刑罚之罪的;但是过失犯罪者除外。"1988年11月16日的刑法修改稿第62条也规定:"被判处拘役、有期徒刑、无期徒刑的犯罪分子,有下列情形之一的,是累犯:(一)在刑罚执行期间又故意犯罪的……"除此之外,1988年12月25日、1995年8月8日、1996年6月24日的全国人大常委会法制工作委员会的刑法修改稿本中,也都有类似的规定。到了1996年8月8日的刑法总则修改草稿,立法工作机关最终取消了上述规定,并且直至1997年刑法典通过均没有再对再犯问题作出规定。其主要原因在于:累犯制度的设立初衷是对过去有前科的人予以警戒,在服刑期间又犯罪的人不属于此种情况;对于在刑罚执行过程中又故意犯罪的人,在按照"先减后并"的数罪并罚原则予以处理时,已经考虑到了犯罪人再次犯罪的人身危险性因素,如果再将其作为累犯从重处罚,无异于对其再次犯罪的人身危险性作重复评价,是不合理的;对于劳改犯逃跑后又犯罪的,如果有必要从重处罚,完全可以在脱逃罪中单列一个从重的情节,没有必要和累犯问题扯在一起。

2. 缓刑犯能否构成累犯的问题

被判处有期徒刑同时宣告缓刑的犯罪分子在缓刑考验期满的一定期间内能否构成累犯的问题,在1979年刑法典起草研拟过程中,就曾经存在不同的意见。刑法草案第22稿规定:构成累犯的期限,"对于被缓刑、假释的犯罪分子,从缓刑、假释期满之日起计算"。第33稿删除了有关缓刑部分构成累犯的规定。这是因为,刑法草案缓刑条款中对缓刑期满后的法律后果规定为"原判刑罚不再执行",也就是说,缓刑是附条件地不执行原判刑罚,缓刑考验期满说明犯罪分子没有被执行过刑罚,这不符合构成累犯所需要的"刑罚执行完毕"的条件。在此次刑法修订研拟过程中,又有人基于严厉打击缓刑犯的考虑,提出缓刑犯可以构成累犯的建议,而在相关的刑法修改稿本中,这种建议也曾一度得到了体现。如1988年11月16日的刑法修改稿第62条第1款就规定:"被判处拘役、有期徒刑、无期徒刑的犯罪分子,有下列情形之一的,是累犯:……(二)在缓刑、假释期间又故意犯罪的。"第2款规定:构成累犯的期限,"对于被缓刑、假释的犯罪分子,从缓刑、假释期满之日起计算"。1997年2月17日的《中华人民共和国刑法(修订草案)(修改稿)》第66条第2款也规定:"前款规定的期限,对于被宣告缓刑的犯罪分子,从缓刑考验期满之日起计算;对于被假释的犯罪分子,从假释期满之日起计算。"后来考虑到缓刑犯构成累犯的规定,确实是与累犯概念相冲突的,故此立法机关在其后的刑法草案以及新刑法典中没有再对缓刑犯构成累犯的问题作出规定。

3. 累犯成立的刑种条件

根据1979年刑法典的规定,构成累犯的刑种条件是前罪必须是被判处有期徒刑以上刑罚之罪,后罪也属于应当被判处有期徒刑以上刑罚之罪。对于这种限定,在刑法修订研拟过程中,有人提出,1979年刑法典将管制犯和拘役犯排除在普通累犯范围之外,对遏制再犯的发生缺乏威慑力,因此建议扩大一般累犯的刑种条件。其中,有人主张将前后罪刑种放宽到拘役刑;有人主张前罪维持原有的刑种规定,取消后罪的刑种限制;甚至还有人主张取消前后罪的刑种限制。其中,1988年12月25日的刑法修改稿第61条曾采纳第一种主张,将被判处拘役的犯罪分子纳入到累犯的构成之中。但在此后的研讨中,有人提出反对意见,认为被判处拘役的是轻罪,不属于司法实践中打击的重点,而且如此一来会不当地扩大累犯的范围,不符合刑事政策的要求。立法工作机关最终采纳了后者的建议,在之后的刑法修改稿本、修订草案直至新刑法典中没有再规定拘役犯构成一般累犯的条款。

4. 关于未成年犯能否成立累犯问题

累犯制度的设立根据在于罪犯具有较大的人身危险性因而有必要予以从严惩处,而未成年人的心智尚不够健全且可塑性强,如果立法上允许未成年犯可成立累犯从而予以从严惩处,既违背了我国对未成年犯的一贯刑事政策,而且对未成年犯的教育和改造不利,况且从世界刑法立法的现状及趋势来看,有相当多的国家和地区的立法明确规定未成年犯不成立累犯。有鉴于此,《刑法修正案(八)》在1997年刑法典的基础上,增加规定了不满18周岁的人不能成立累犯。

(三) 累犯的处罚原则

关于累犯的处罚原则,在刑法修订研拟过程中,有人主张,国外对累犯的处罚都比较重,也不乏有国家(如1968年《意大利刑法典》)对累犯可以加重处罚的规定,我国刑法对累犯一律规定从重处罚,不足以打击和威慑严重的犯罪,不利于区别对待,既然我国《关于处理逃跑或者重新犯罪的劳改犯和劳教人员的决定》中规定了加重情节,刑法典就应该吸收这一规定,即对累犯一般应当从重处罚,具有法定的特殊情节时,也可以加重处罚。如何加重处罚?对此也存在不同看法。第一种意见主张,依照再犯的次数递增,在原刑上分别规定加重的不同档次或者刑种加重,如对于初次累犯,应当加重宣告刑1/3以下刑罚处罚;对于多次累犯,采用加重宣告刑1/2以下刑罚处罚或由有期徒刑加重到无期徒刑。第二种意见认为,加重处罚不宜采用"罪加一等"或法定最高刑以上一格判处的做法,因为何谓"一格"或者"一等",并不能清楚地界定,对无期徒刑不能加重为死刑,有期徒刑15年也不能加重为无期徒刑,有期徒刑以加重本刑的最高刑期至1/2为宜。也有部门反对对累犯加重处罚。其主要理由是:我国刑法分则的量刑幅度一般较大,从重处罚足以判处较重的刑罚;在法定刑以上判处刑罚,实践中并不好掌握,况且如果法定最高刑为死刑,实际上是无法加重的,这样势必造成加重条款在分则中不能得到完全贯彻;再者,对于个别单行刑法中规定的劳改犯逃跑后又犯罪的情形,不符合立法和理论对累犯内涵和外延的一般认知,不应属于累犯,因此没有必要非得为了吸收上述个别单行刑法的精神,将"在刑罚执行期间又犯罪或者逃跑后又犯罪"的情形规定为累犯。

对于这一问题,立法工作机关的态度曾经有过一个变化的过程。在1988年9月、11月16日、12月25日,1995年8月8日,1996年6月24日的刑法修改稿本中,立法工作机关一度曾采纳了对累犯加重处罚的主张,如1988年12月25日的刑法修改稿第61条就规定:"对于累犯,应当从重处罚;具有下列情节之一的,可以在法定最高刑以上判处刑罚:(一)刑罚执行期间逃跑以后又犯罪的;(二)所犯后罪情节特别严重的。"1995年8月8日的刑法总则修改稿第63条规定:"对于累犯,应当从重处罚;有下列情节之一的,可以加重处罚,但是不得超过法定最高刑的二分之一:(一)刑罚执行期间逃跑后又犯罪的;(二)对检举人、被害人和有关的司法工作人员以及制止其违法犯罪的人行凶报复的;(三)犯罪情节特别严重的。"后来,在研拟过程中,多数人认为加重处罚打击面过宽,原来特别刑法中的规定也仅仅是为了一时之需,不宜保留,同时考虑到前述反对者的理由,立法工作机关在此后的刑法草案中删除了对累犯加重处罚的规定。这样,最终通过的1997年刑法典仍然维持了1979年刑法典对累犯"应当从重处罚"的写法。

二、特别累犯(第66条)

1979年《刑法》第62条规定:"刑罚执行完毕或者赦免以后的反革命分子,在任何时候再犯反革命罪的,都以累犯论处。"

本条属于特别累犯的规定。1997年刑法典除了将"反革命分子"修改为"危害国家安全的犯罪分子",将"反革命罪"修改为"危害国家安全罪"以外,基本上沿用了1979年刑法典的规定。

但是,在刑法修订研拟过程中,围绕着特别累犯的去留及其范围问题也曾有过不同的意见。为了全面了解立法的过程,这里也作一介绍。

通观现代各国立法例,累犯制度可以分为普通累犯制、特别累犯制和混合累犯制三种情况。普通累犯制是指不区分前后两罪的种类和性质,凡是受过刑罚处罚之人,再犯任何罪,都可以构成累犯的制度。特别累犯制是指在刑法中仅规定屡犯同一种或同一类罪的犯罪分子,才构成累犯的制度。混合累犯制是指既规定同种累犯,又规定异种累犯的制度。在中国1979年刑法典起草过程中,第22稿曾采用特别累犯制,但是后来考虑到同类性质犯罪的概念不好确定,而且再犯其他性质之罪的犯罪分子的主观恶性并不一定小于同类性质之罪的犯罪分子,因而1979年刑法典最终没有采用特别累犯制度,而是采用了既规定普通累犯又规定特别累犯的混合累犯制。

在刑法修订研拟过程中,未来的刑法典究竟应该采用何种立法例,在立法的写法上有过一个变化过程。其中,在1988年9月、11月16日、12月25日,1995年8月8日、1996年6月24日、8月31日的刑法修改稿本中,保留了1979年刑法典中的混合累犯制,而在1996年10月10日的刑法修订草案征求意见稿、1996年12月中旬以及12月20日的刑法修订草案又删除了特别累犯的规定,只保留了一般累犯的规定。后来考虑到同种累犯的特殊性,为了更好地贯彻刑罚个别化的精神,更好地实现刑罚预防犯罪的目的,之后的刑法草案又恢复了特别累犯的规定,这样,最终通过的刑法典仍然维持了1979年刑法典既规定普通累犯又规定特别累犯的混合累犯制。

关于特别累犯的种类,1979年刑法典仅仅规定了反革命累犯一种。1979年刑法典颁行后,为了严厉打击毒品犯罪分子,1990年全国人大常委会通过的《关于禁毒的决定》中曾确立了毒品犯罪的再犯制度。该决定第11条第2款规定:"因走私、贩卖、运输、制造、非法持有毒品罪被判过刑,又犯本决定规定之罪的,从重处罚。"对于这一规定,在刑法修订研拟过程中,立法工作机关曾经考虑将其内容吸收到刑法典总则中,同危害国家安全罪累犯规定在一起,作为两种特别累犯之一。这一设想在1996年8月8日、8月31日刑法修改稿本以及1997年1月10日的刑法修订草案中都有所体现,如在1997年1月10日的修订草案第66条即规定:"危害国家安全的犯罪分子和毒品犯罪分子,在刑罚执行完毕或者赦免以后,任何时候再犯危害国家安全罪和再犯毒品罪的,都以累犯论处。"后来考虑到《关于禁毒的决定》中毒品犯罪的再犯制度的范围明显大于刑法草案中的累犯制度的范围,为了不缩小对毒品犯罪分子的打击力度和范围,在此后的刑法草案中又取消了这一规定,同时在新《刑法》第356条吸收了《关于禁毒的决定》中毒品犯罪的再犯制度的内容。这样,1997年刑法典最终依然维持了1979年刑法典将危害国家安全罪作为唯一的特别累犯的做法。

1997年刑法典颁行后,立法机关基于当前我国恐怖活动犯罪、黑社会性质的组织犯罪的现状及发展态势,在《刑法修正案(八)》扩大了特殊累犯的成立范围,从而加大了对这两类犯罪的惩处力度。修正后的《刑法》第66条规定:"危害国家安全犯罪、恐怖活动犯罪、黑社会性质的组织犯罪的犯罪分子,在刑罚执行完毕或者赦免以后,在任何时候再犯上述任一类罪的,都以累犯论处。"应当说明的是,在2010年8月23日审议的《刑法修正案(八)》草案中,立法工作机关原拟定的写法是:"危害国家安全犯罪、恐怖活动犯罪、黑社会性质的组织犯罪的犯罪分子,在刑罚执行完毕或者赦免以后,在任何时候再犯上述罪的,都以累犯论处。"由于这一写法中的"再犯上述罪"有些模糊,易产生理解上的分歧,故在第二次审议稿中,对其作了进一步的明确,即调整为"再犯上述任一类罪",这一写法最后为《刑法修正案(八)》所沿用。

第三节 自首和立功

一、自首(第67条)

1997年《刑法》第67条第1款规定:"犯罪以后自动投案,如实供述自己的罪行的,是自首。对于自首的犯罪分子,可以从轻或者减轻处罚。其中,犯罪较轻的,可以免除处罚。"第2款规定:"被采取强制措施的犯罪嫌疑人、被告人和正在服刑的罪犯,如实供述司法机关还未掌握的本人其他罪行的,以自首论。"

本条是关于自首制度的规定,与1979年《刑法》第63条的规定相比,新刑法典在以下三个方面作了完善:

1. 规定了成立一般自首的概念

1979年刑法典只是笼统地使用了自首这一术语,没有明确地界定成立自首的条件,这一抽象、模糊的规定导致了对自首的不同理解,也造成了司法实践中对自首认定的混乱。为了统一标准,增强操作性,最高人民法院、最高人民检察院和公安部在总结刑法理论和司法实践经验的基础上,于1984年联合发布了《关于当前处理自首和有关问题具体应用法律的解答》,该解答规定:"对于犯罪分子作案后,同时具备自动投案、如实交代自己的罪行、并接受审查和裁判这三个条件的,都认为是自首。"在刑法修订研拟过程中,立法工作机关基本吸收了上述解答的内容。如1988年9月的刑法修订稿本第63条就规定:"犯罪分子作案以后,主动向公安、检察、审判机关或者所在单位、城乡基层组织投案,如实交代自己的罪行,接受国家的审查和裁判的,是自首。"此后的1988年11月16日、12月25日、1995年8月8日、1996年6月24日、8月31日的刑法修改稿本以及1996年10月10日、12月20日、1997年1月10日的刑法修订草案也都基本上沿用了成立自首"三条件说"的内容,只是在自动投案的时间、对象等具体内容上有些细微的区别,如投案的时间只限于"犯罪分子尚未被发觉"前,还是包括"虽已被发觉但尚未受到讯问,未被施以强制措施时";投案的对象是仅限于"公安、检察、审判机关",还是也包括"犯罪分子所在单位、城乡基层组织及其负责人"等。后来考虑到自动投案的时间和对象在实践中的情况比较复杂,为了避免挂一漏万,立法机关就在刑法草案中删除了对投案时间和对象的具体规定。这样,1997年1月10日的刑法草案对一般自首规定的条文就简化为:"犯罪以后自动投案,如实供述自己的罪行,接受审判的,是自首。"后来经过进一步的研究,立法机关认识到,"接受审判"是指犯罪分子投案后自愿置于有关机关或个人的控制之下,等待进一步交代犯罪事实,不能逃避,如果犯罪分子投案后又逃跑以逃避审查与裁判的,说明其自动投案不彻底,因此,"接受审判"不应当成为成立自首的独立条件,而是自动投案条件下的构成要素。于是,1997年2月17日的刑法修订草案修改稿第68条就删去了"接受审判"的内容,将一般自首界定为:"犯罪以后自动投案,如实供述自己的罪行的,是自首。"1997年年通过的新刑法典维持了这一写法。

2. 加大了对自首的从宽幅度

1979年刑法典对自首的处罚规定是:"犯罪以后自首的,可以从轻处罚。其中,犯罪较轻的,可以减轻或者免除处罚;犯罪较重的,如果有立功表现,也可以减轻或者免除处罚。"在刑法修订研拟中,对自首处罚原则的规定一直处在不断变化的过程中。例如,1988年11月16日修改稿本规定"可以从轻或者减轻处罚"。1988年12月25日的稿本在11月16日稿本的基础上,增加了"犯罪较轻的,可以免除处罚"的规定。1995年8月8日、1996年6月24日稿本将其修改为:"可以从轻处罚。其中,犯罪较轻的,可以减轻或者免除处罚。"1996年8月8日的稿本又修改为:"可以从轻处罚。情节较轻的,可以免除处罚。"也即删除了"犯罪较轻的,可以减轻处罚"的内容。对于这一修改,有专家认为,自首处罚原则中应当包括减轻处罚,否则从从轻处罚直接到免除处罚,中间缺一块,而1979年刑法典的规定就比较严密。① 于是,1996年8月31日的稿本又将自首犯的处罚原则写为:"可以从轻处罚。其中,犯罪较轻的,可以减轻或者免除处罚。"1996年10月10日刑法草案征求意见稿又在8月31日稿本的基础上增加规定了犯罪较重的自首犯的处罚原则,也就是说,又恢复了1979年刑法典的写法。这一规定其实涉及犯罪情节的交叉和冲突问题,况且立法机关欲将立功独立成条写入未来的刑法典中,如果量刑情节设置不当,会导致不合理的情况发生。有鉴于此,之后的1996年12月20日以及1997年1月10日、2月17日、3月1日的修订草案又删除了犯罪较重的自首犯的处罚规定,并最终为1997年刑法典所沿用,即:"对于自首的犯罪分子,可以从轻或者减轻处罚。其中,犯罪较轻的,可以免除处罚。"对比1979年刑法典对自首处罚原则的规定,新刑法典的从宽幅度明显加大:对于所有的自首犯,无论罪重罪轻,有无立功表现,都可以从轻或者减轻处罚,其中,犯罪较轻的,可以免除处罚。

---

① 参见全国人大常委会法工委刑法室1996年9月6日整理:《法律专家对〈刑法总则修改稿〉和〈刑法分则修改草稿〉的意见》,载高铭暄、赵秉志编:《新中国刑法立法文献资料总览》(下),中国人民公安大学出版社1998年版,第2132页。

3. 增加了特别自首的规定

1986年最高人民检察院、最高人民法院、公安部《关于严格依法处理反盗窃斗争中自首案犯的通知》第1条规定:"……对于犯罪分子因为其犯罪行为以外的问题被收容或采取强制措施后,主动交代了自己未被公安、司法机关掌握的犯罪事实,经查证属实的,虽然不属于'自动投案',但也可以酌情从轻、减轻或免除处罚。"应该说,严格根据有关司法解释的规定,通知中的情形并不属于自首。然而,在刑法修订研拟过程中,学界和实务部门主导性的观点认为,自首的本质在于犯罪人通过自己的实际行动表明其具有悔罪自新、改恶从善的意愿,从而减轻其人身危险性,增加可改造性,因而可得到从宽处罚。犯罪人被采取强制措施后或者在服刑过程中,主动交代司法机关尚未掌握的犯罪行为,虽然表面上不符合"自动投案"的条件,但是符合自首的悔罪自新、改恶从善的本质特征,为了分化瓦解犯罪分子,更好地实现司法经济性和刑罚的目的,未来的刑法典应该将被采取强制措施后或者在服刑过程中主动交代司法机关尚未掌握的犯罪行为作为自首的一种特别情况规定下来。经过论证和研究,立法工作机关最终采纳了这一建议,自1995年8月8日的刑法修改稿本起,即尝试将这种特别自首写进刑法修改稿本,后来经过多次措辞上的调整,最终形成了新《刑法》第67条第2款的规定,即:"被采取强制措施的犯罪嫌疑人、被告人和正在服刑的罪犯,如实供述司法机关还未掌握的本人其他罪行的,以自首论。"

二、关于坦白的问题(第67条第3款)

在1979年刑法典中,没有关于坦白的规定。1984年最高人民法院、最高人民检察院和公安部颁布了《关于当前处理自首和有关问题具体应用法律的解答》,该解答不仅界定了何谓"坦白",而且也规定了坦白行为的处理,即:坦白通常是指犯罪行为已被有关组织或者司法机关发觉、怀疑,而对犯罪分子进行询问、传讯,或者采取强制措施后,犯罪分子如实供认这些罪行的行为。对于罪犯确能坦白其罪行的,依照《刑法》第57条的规定,视坦白程度,可以酌情从宽处理。

在刑法修订研拟过程中,有人提出,刑法没有规定坦白,实践中不好掌握,易发生歧义,建议未来的刑法典吸收《关于当前处理自首和有关问题具体应用法律的解答》中关于坦白的规定。立法工作机关曾一度采纳了这一建议,在1988年9月的刑法修改稿中即拟定了一个条文,将《关于当前处理自首和有关问题具体应用法律的解答》关于坦白规定的内容吸纳其中:"犯罪行为已被有关组织或者司法机关发觉、怀疑,而对犯罪分子进行询问、传讯,或者采取强制措施后,犯罪分子如实交代这些罪行的,是坦白。对于坦白交代自己罪行的,可以视其坦白程度,酌情从轻处理。"后来基于对构成坦白条件的认识的不同,立法工作机关又对前述修改稿中的坦白制度进行了修改。其中,1988年11月16日的修改稿写为:"犯罪行为已被追诉,犯罪分子如实供认自己罪行的,是坦白。对于坦白自己罪行的犯罪分子,可以从轻处罚。"1988年12月25日的修改稿作了调整,写法是:"犯罪分子已被公安、安全、检察、审判机关或所在单位发觉,而如实供认自己罪行的,是坦白。对于坦白的犯罪分子,可以从轻处罚。"对于这种写法,有部门提出,坦白与自首的重要区别在于:坦白是犯罪分子被强制到案后,在司法机关掌握一定证据的情况下供述自己的罪行;自首则是犯罪分子尚未到案(含犯罪已被发觉尚未受到传讯、被施以强制措施),而主动投案并供述自己罪行。如果只写"被……发觉而如实供述自己罪行",就与自首相混淆了,建议改回1988年9月稿的写法。也有部门提出,被司法机关讯问、关押或者被采取其他强制措施的犯罪分子,如实供认已被司法机关发觉、怀疑的罪行,或者未被司法机关发觉的罪行的,是坦白。对坦白的犯罪分子,可以从轻或者减轻处罚。也就是说,无论供述的是否属于被发觉、怀疑的罪行,均应作为坦白对待。因为,从基本特征看,被追诉或关押的罪犯如实供述其他罪行,更相似于坦白;如以自首论,经常会发生供述其他同种罪行是不是自首的争议,实践中不好解决,如果所供述的其他罪行无论是同种罪还是异种罪,都作为坦白,则掌握起来比较方便;罪犯对其他罪行长期隐瞒不供,而在关押之后再供述的,本身存在恶性,如以自首论,不合理;如果主动供述的是自首,被动供述的是坦白,在实践中很难区分。立法工作机关考虑到坦白不是一个法律术语,而且理论和实践中对坦白条件的认识分歧比较大,坦白的情况又比较复杂,于是在1995年8月8日的刑法总则修改稿中删除了坦白的规定。这样,最终通过的新刑法典就没有再规定坦白制度,在司法实践中,仍然将坦白作为一个酌定从宽处罚的情节来处理。

1997年刑法典颁行后,为了进一步落实坦白从宽的刑事政策,坦白情节的法定化问题再次引起了立法机关的关注。在《刑法修正案(八)》(草案)中,立法工作机关原先拟定的条文是:"犯罪嫌疑人虽不具有前两款规定的自首情节,但是能够如实供述自己罪行的,可以从轻处罚。"在研拟中,有的常委委员、部门和地方提出,为了进一步体现坦白从宽的刑事政策,还应增加可以减轻处罚的规定,立法工作机关经过认真研究,在草案第二次审议稿中采纳了这一意见,即:"犯罪嫌疑人虽不具有前两款规定的自首情节,但是如实供述自己罪行的,可以从轻处罚;因其如实供述自己罪行,避免特别严重后果发生的,可以减轻处罚。"这一写法最后被《刑法修正案(八)》所沿用,而成为修正后的《刑法》第67条第3款。

三、立功(第68条)

1979年刑法典中没有独立立功制度的规定,但有一些散见的有关"立功表现"的规定,如第63条即自首条文中规定:"……犯罪较重的,如果有立功表现,也可以减轻或者免除处罚。"还有个别条文如第46条、第71条,也提到了"立功表现"。刑法对立功规定得过于笼统和抽象,导致理论和实践中对立功的概念、种类以及处罚等一系列问题产生争议。为了统一标准,增强操作性,1984年最高人民法院、最高人民检察院和公安部颁布的《关于当前处理自首和有关问题具体应用法律的解答》第4条第1款曾规定:"立功通常是指犯罪分子揭发检举其他犯罪分子的重大罪行得到证实的,或者提供重要线索、证据,从而得以侦破其他重大案件的,或者协助司法机关缉捕其他罪犯的。检举揭发其他犯罪分子较多的一般罪行,或者犯罪线索,经查属实的,也应视为立功表现。"第2款规定:"对于自首又立功的,依法可以减轻或者免除处罚。在实践中,对于虽未自首,但有立功表现的,应参照刑法第六十三条规定的精神,并依照刑法第五十九条的规定,也可以视具体情节,分别从宽处理。已被判处死刑立即执行的罪犯,在执行前如果确有重大立功表现的,参照刑法第七十一条、第四十六条规定的精神,也可以改判死缓或者其他刑罚。"1990年全国人大常委会通过的《关于禁毒的决定》对毒品犯罪规定了立功制度。该决定第14条规定:"犯本决定规定之罪,有检举、揭发其他毒品犯罪立功表现的,可以从轻、减轻处罚或者免除处罚。"1993年《中华人民共和国国家安全法》第24条也规定:"犯间谍罪自首或者有立功表现的,可以从轻、减轻或者免除处罚;有重大立功表现的,给予奖励。"应当说,以上的规定为立功单独成条写入新刑法典奠定了实践基础。

在刑法修订研拟过程中,立功制度的具体写法在刑法修改稿本中经历了一个变化的过程。其变化主要集中在以下两个方面:

(1)如何界定立功?从立法的表述看,1988年9月的刑法修改稿写为:"犯罪分子揭发检举其他犯罪分子的重大罪行经查证属实的,或者提供重要线索、证据,从而得以侦破其他重大案件的,或者协助司法机关将其他罪犯缉拿归案的,是立功。检举揭发其他犯罪分子较多的一般罪行或者犯罪线索,经查证属实的,也视为立功表现。"1988年12月25日刑法修改稿本,1995年8月8日、1996年6月24日、1996年8月8日的总则修改稿以及1996年8月31日的刑法修改草稿等则对立功的界定作了简化,规定只有犯罪分子揭发他人的犯罪行为,查证属实,或者有其他立功表现的,才可以从宽处理。何谓"其他立功表现",则语焉不详。鉴于"其他立功表现"的表述过于笼统,1996年10月10日的刑法修订草案征求意见稿第67条又将立功界定为:"犯罪分子有揭发他人犯罪行为,查证属实的或者提供重要线索,从而得以侦破其他案件等立功表现的,可以从轻或者减轻处罚。"由于"查证属实的或者提供重要线索"中间没有断开,会导致仅仅提供重要线索并得以侦破其他案件的行为不能被认定为立功,只有同时揭发他人犯罪行为时,才可认定为立功。故此,基于语法修辞上的考虑,1996年12月中旬的修订草案在"查证属实的"之后加了逗号,从而避免了上述误解。1996年12月中旬稿的表述最终为新刑法典所沿用。

(2)如何规定重大立功表现的处罚原则?对此,从刑法修改稿的写法上看,也有一个变化的过程。1988年9月和11月16日的刑法修改稿并没有写重大立功表现的处罚原则,首次将重大立功表现写入其中的是1988年12月25日的修改稿,即对有重大立功表现的,可以免除处罚。在征求意见的过程中,有部门提出,有重大立功表现的只规定免除处罚太绝对,对于罪行严重的犯罪分子不宜一律免除处罚,应增加"减轻处罚"一档,以便于执行。① 于是,1995年8月8日总则修改稿在此基础上增设了减轻处罚情节。为了增强立功制度的适应性,1996年8月31日的刑法修改稿曾取消了重大立功表现情节,规定对有立功表现的,可以从轻、减轻或者免除处罚。考虑到重大立功表现毕竟不同于一般立功表现,如果糅在一起规定,这种笼统的规定赋予司法机关的裁量权过大,实践中标准难以掌握,于是,1996年10月10日的修订草案征求意见稿又规定:"有重大立功表现的,可以免除处罚。"1996年12月中旬的修订草案在前稿写法的基础上增加了"减轻处罚"情节,与此同时,又增设了"犯罪后自首又有重大立功表现"的专款规定,由此最终形成了1997年《刑法》第68条的规定:"犯罪分子有揭发他人犯罪行为,查证属实的,或者提供重要线索,从而得以侦破其他案件等立功表现的,可以从轻或者减轻处罚;有重大立功表现的,可以减轻或者免除处罚。犯罪后自首又有重大立功表现的,应当减轻或者免除处罚。"

新刑法典颁行后,为进一步完善刑法中从宽处罚的规定,《刑法修正案(八)》删除了《刑法》原第68条第2款的规定。认为该规定过于刚性,不够灵活,不能适应同极严重犯罪作斗争的需要。当然,在研拟中,也有专家学者不同意这一修改,建议维持原有的规定,理由是实践中有重刑主义的倾向,从严判处易而从宽判处难,若删除该规定不利于宽严相济刑事政策的贯彻,不利于自首与立功制度的衔接和平衡。这也许是过虑了,因为自首和重大立功表现作为两个从宽情节仍然存在,该从宽的仍可从宽,只不过不像原规定那样刚性而已。

第四节 数罪并罚

一、判决宣告前一人犯数罪的并罚原则(第69条)

1979年《刑法》第64条第1款规定:"判决宣告以前一人犯数罪的,除判处死刑和无期徒刑的以外,应当在总和刑期以下、数刑中最高刑期以上,酌情决定执行的刑期;但是管制最高不能超过三年,拘役最高不能超过一年,有期徒刑最高不能

---

① 参见最高人民法院刑法修改小组:《关于刑法总则修改的若干问题(草稿)(1989年3月)》,载高铭暄、赵秉志编:《新中国刑法立法文献资料总览》(下),中国人民公安大学出版社1998年版,第2256页。

超过二十年。"第 2 款规定:"如果数罪中有判处附加刑的,附加刑仍须执行。"

1997 年《刑法》第 69 条除了将 1979 年《刑法》第 64 条规定的"但书"之前的分号修改为逗号外,没有作其他任何修改。

在刑法修订研拟的过程中,立法工作机关曾经就以下两个问题进行过研拟:

(一) 是否要规定附加刑的并罚规则问题

1979 年《刑法》第 64 条对一部分主刑之间的并罚以及主刑与附加刑之间的并罚都作了明确的规定,但对于附加刑之间的并罚规则却没有规定。在刑法修订研拟过程中,立法工作机关曾经一度将附加刑之间的并罚规则也纳入刑法修改稿本,如 1988 年 9 月的刑法修改稿第 64 条第 2 款就规定:"如果数罪中有判处附加刑的,附加刑仍须执行。但是有数罪被判处剥夺政治权利刑的,应就其中最长的刑期执行之。"第 3 款规定:"对于有数罪被单处或者并处罚金刑的,应当在总和数额以下、数刑中最高数额以上,酌情决定应执行的数额。"1988 年 12 月 25 日的刑法修改稿本又修改为:"如果数罪中有判处附加刑的,附加刑仍须执行。判处两个以上剥夺政治权利的,应当执行最长的刑期;判处两个以上罚金刑的,合并执行。"

对于这一修改,有部门认为不尽合理,建议修改为:"判处二个以上罚金的,应当在罚金总和金额以下,数个罚金中最高金额以上决定罚金金额。判处二个以上剥夺政治权利的,应当执行最长的刑期。判处二个以上没收财产的,合并执行。"主要理由是:对于罚金刑而言,其并罚采取限制加重原则是因为犯罪分子经济状况不同。既要防止对富者制裁不力,也要避免穷者无力缴纳。采取限制加重原则就既能在经济上给犯罪分子以有力打击,又不至于使其承受过重的经济负担。

对于剥夺政治权利而言,其并罚采取吸收原则是因为:

(1) 剥夺政治权利多是附加适用的,其效力当然适用于主刑执行过程中,经过劳动改造一般都有悔罪表现,主刑执行完毕以后剥夺政治权利时间不宜过长,单处的一般是较轻的犯罪,采取吸收原则剥夺政治权利,对犯罪分子本人的改造有积极意义。

(2) 剥夺政治权利的内容相当广泛。为了防止罪犯利用这些权利进行犯罪活动,在一定时期内予以剥夺政治权利是必要的,但使其长期处于无政治权利的不正常状态,则不利于化消极因素为积极因素。

(3) 从世界上一些国家的刑法看,数个剥夺政治权利的并罚一般采取吸收原则,我们可以参考借鉴。

对于没收财产的并罚采取相加原则,是因为:

(1) 没收的财产一般都是实物,它们分别具有不同的性质、状态、价值和用途。一般来说没有相互替代吸收的可能,只能按相加原则没收。

(2) 数罪中如有一罪被判处没收全部财产,其他罪就不应再判处没收财产,否则无实际意义。故不存在吸收和限制加重的问题。

(3) 采取相加原则并不会与罪犯的经济状况相矛盾,因为判处没收财产时需要考虑罪犯的经济状况,相加的结果并不会超出罪犯的经济承担能力。①

考虑到理论和实践中对附加刑之间的并罚规则的认识分歧比较大,附加刑之间的并罚情况又比较复杂,单纯地采纳并科原则、吸收原则或者限制加重原则都难免以偏概全,加之1996年上半年刑法修订已进入重点问题重点研拟阶段,因此,自1995年8月8日的刑法总则修改稿本删除了附加刑之间的并罚规则的规定以后,就没有再对这一问题进行研究。1997年《刑法》第69条第2款仍维持1979年《刑法》第64条第2款的规定:"如果数罪中有判处附加刑的,附加刑仍须执行。"

(二) 有期徒刑数罪并罚的期限要不要提高的问题

根据1979年刑法典的规定,有期徒刑数罪并罚的最高期限不得超过20年。1988年9月、11月16日、12月25日以及1995年8月8日的刑法修改稿本都沿用了1979年刑法典的这一规定。但在后来的研拟中,一些学者提出,犯一罪有期徒刑最高可以判到15年,数罪并罚却不能超过20年,体现不出对犯数罪的加重处罚,建议修改为数罪并罚合并执行的有期徒刑最高不超过25年或者30年。② 这一主张在1996年6月24日的刑法修改稿本中曾得到一定的体现,该稿本第67条规定:"……有期徒刑最高不能超过二十五年。"后来考虑到有期徒刑期限的修改涉及很多方面的复杂问题,而且如果大幅提高,会大大增加对犯罪分子的劳动改造成本,故此之后的刑法修订稿本直至1997年刑法典又将有期徒刑数罪并罚的期限恢复为最高不超过20年。

新刑法典颁行后,《刑法修正案(八)》对第69条的规定又反复考虑,从而又作了以下两处修改和补充:

(1) 适当延长有期徒刑数罪并罚的刑期,即"有期徒刑总和刑期不满三十五年的,最高不能超过二十年,总和刑期在三十五年以上的,最高不能超过二十五年"。之所以延长有期徒刑并罚时的刑期上限,是因为在实践中有一些犯罪分子一人犯有较多的罪行,判处有期徒刑的总和刑期较高,如果只能决定执行最高20年有期徒刑,难以体现罪责刑相适应的原则,故此适当延长了这种情况下数罪并罚时有期徒刑的上限。

(2) 补充了附加刑的数罪并罚规则,即"数罪中有判处附加刑的,附加刑仍须执行,其中附加刑种类相同的,合并执行,种类不同的,分别执行"。显然,这样的补充修改,对于进一步促进量刑的规范化具有重要的积极意义。

---

① 参见最高人民法院刑法修改小组:《关于刑法总则修改的若干问题(草稿)(1989年3月)》,载高铭暄、赵秉志编:《新中国刑法立法文献资料总览》(下),中国人民公安大学出版社1998年版,第2256页。

② 参见《中央有关部门、地方及法律专家对刑法修订草案(征求意见稿)的意见》,载高铭暄、赵秉志编:《新中国刑法立法文献资料总览》(下),中国人民公安大学出版社1998年版,第2159页。

二、判决宣告后发现漏罪的并罚(第70条)

1979年《刑法》第65条规定:"判决宣告以后,刑罚还没有执行完毕以前,发现被判刑的犯罪分子在判决宣告以前还有其他罪没有判决的,应当对新发现的罪作出判决,把前后两个判决所判处的刑罚,依照本法第六十四条的规定,决定执行的刑罚。已经执行的刑期,应当计算在新判决决定的刑期以内。"

1997年《刑法》第70条基本上保留了1979年《刑法》第65条的规定,只是对个别文字作了两处修改:一是将原条文中的"刑罚还没有执行完毕以前"修改为"刑罚执行完毕以前";二是将原条文中的"第六十四条"相应修改为1997年《刑法》的"第六十九条"。这样,1997年《刑法》第70条的规定是:"判决宣告以后,刑罚执行完毕以前,发现被判刑的犯罪分子在判决宣告以前还有其他罪没有判决的,应当对新发现的罪作出判决,把前后两个判决所判处的刑罚,依照本法第六十九条的规定,决定执行的刑罚。已经执行的刑期,应当计算在新判决决定的刑期以内。"

三、判决宣告后又犯新罪的并罚(第71条)

1979年《刑法》第66条规定:"判决宣告以后,刑罚还没有执行完毕以前,被判刑的犯罪分子又犯罪的,应当对新犯的罪作出判决,把前罪没有执行的刑罚和后罪所判处的刑罚,依照本法第六十四条的规定,决定执行的刑罚。"

1997年《刑法》第71条基本上保留了1979年《刑法》第66条的规定,只是对个别文字作了两处修改:一是将原条文中的"刑罚还没有执行完毕以前"修改为"刑罚执行完毕以前";二是将原条文中的"第六十四条"相应修改为1997年《刑法》的"第六十九条"。

关于本条规定的写法,在刑法修订研拟的过程中,也有过一些研究和讨论。有人提出,犯罪分子在刑罚执行过程中再次犯罪,说明其屡教不改,人身危险性非常严重,为了更好地实现改造的效果,避免其再次犯罪,应该对其所犯的新罪从重处罚。也有人主张对犯新罪的犯罪分子数罪并罚时,应该对前后罪一律采用累加原则,即把前罪没有执行的刑罚和后罪所判处的刑罚加在一起执行,而不采取1979年刑法典所规定的限制加重原则或吸收原则。这种主张曾在1996年8月8日的刑法总则修改稿第70条中得到体现:"判决宣告以后,刑罚还没有执行完毕以前,被判刑的犯罪分子又犯罪的,应当对新犯的罪从重作出判决,把前罪没有执行的刑罚和后罪所判处的刑罚合并执行。实际执行的刑期不受本法第六十八条规定的最高刑期的限制。"

对新犯罪从重判决的写法,有专家提出,这既没有必要,也不合理。因为按照"先减后并"的数罪并罚原则来决定处罚的时候,就已经考虑到犯新罪的犯罪分子的人身危险性因素,已经是从重了。建议删去"从重"的规定。① 立法工作机关采纳了这一建议,在此后的 1996 年 8 月 31 日的刑法修改草稿中删去了"从重"的规定。

关于累加原则的写法,有人提出,这是不合理的。其主要理由是:

(1)如果所犯新罪是无期徒刑或者死刑,在与前罪并罚的时候,实际上无法采用累加原则,只能采用吸收原则,草案中规定的将前后罪合并执行的规定不能满足现实中的所有情况。

(2)将前罪没有执行的刑罚与后罪之刑按照限制加重的原则并罚的时候,有一个特点,就是犯罪分子再犯新罪时前罪所判刑罚的残余刑期越少,数罪并罚时决定执行刑期的最低限期以及实际执行的刑期的最低期限就越高,或者说犯罪分子改造的时间越长,处罚上就越严。这符合区别对待的原则,而将前后罪一律合并执行的规定就不能很好地体现区别对待的原则,不利于对犯罪分子的改造和刑罚目的的实现。因此建议取消草案中将前后罪合并执行的规定。

立法工作机关采纳了这一建议,从此后的 1996 年 10 月 10 日的刑法修订草案(征求意见稿)起又重新恢复了 1979 年刑法典的写法。这样,第八届全国人大第五次会议修订的《中华人民共和国刑法》第 71 条规定:"判决宣告以后,刑罚执行完毕以前,被判刑的犯罪分子又犯罪的,应当对新犯的罪作出判决,把前罪没有执行的刑罚和后罪所判处的刑罚,依照本法第六十九条的规定,决定执行的刑罚。"

四、关于罪数的问题

1979 年刑法典在数罪并罚一节中并没有规定罪数的问题,但在刑法修订研拟过程中,有部门曾提出,刑法典仅仅规定数罪并罚的原则还不够,应该对罪数的认定标准及种类也作出规定,这样有利于在实践中区分犯数种罪和连续犯、牵连犯的界限。立法工作机关曾一度采纳了这一建议,1988 年 9 月刑法修订稿本规定:"一行为而触犯数罪名,或者为了实施某一犯罪,其手段行为或者结果行为触犯其他罪名的,按照其中最重的罪定罪判刑。"1988 年 11 月 16 日的稿本第 71 条规定:"连续数个行为触犯同一个罪名的,按照一个罪名从重处罚;以实施某一犯罪为目的,而其犯罪方法或者结果又触犯其他罪名的,按照其中最重的罪处罚。"1988 年 12 月 25 日的稿本也规定:"一个行为触犯二个以上罪名的;或者犯罪的手段、结果触犯其他罪名的,按照其中处罚最重的一个罪定罪量刑。"

上述刑法修改稿本对想象竞合犯、连续犯、牵连犯的设想若能立法化,毫无疑

---

① 参见全国人大常委会法工委刑法室 1996 年 9 月 6 日整理:《法律专家对〈刑法总则修改稿〉和〈刑法分则修改草稿〉的意见》,载高铭暄、赵秉志编:《新中国刑法立法文献资料总览》(下),中国人民公安大学出版社 1998 年版,第 2132 页。

问有助于实践中对罪数形态的统一认定和处理。但是后来考虑到理论和实践对想象竞合犯、连续犯、牵连犯的概念以及条件的认识分歧较大，纳入立法的时间还不成熟，于是，在此后的1995年8月8日的刑法总则修改稿中删除了想象竞合犯、连续犯、牵连犯的规定，并且一直到1997年刑法典通过，立法机关没有再对罪数问题作出规定。

第五节 缓 刑

一、缓刑的适用条件（第72条）

1979年《刑法》第67条第1款规定："对于被判处拘役、三年以下有期徒刑的犯罪分子，根据犯罪分子的犯罪情节和悔罪表现，认为适用缓刑确实不致再危害社会的，可以宣告缓刑。"第2款规定："被宣告缓刑的犯罪分子，如果被判处附加刑，附加刑仍须执行。"

1997年《刑法》第72条的规定基本上是1979年《刑法》第67条的延续。唯一的一处修改是把原第1款中的"认为适用缓刑确实不致再危害社会"修改为"适用缓刑确实不致再危害社会"，以使语言更简练。

1997年刑法典颁行后，通过司法实践的检验，也暴露出了缓刑适用条件过于模糊的问题，由此而导致司法实践对缓刑的适用尺度不一，影响了司法的统一性，故有必要进一步明确缓刑的适用条件，以统一司法，维护刑法的权威性。基于这种考虑，《刑法修正案（八）》对1997年《刑法》第72条的规定进行了如下补充修改。

1. 进一步明确了缓刑的适用条件

2010年8月23日第十一届全国人大常委会第十六次会议审议的《刑法修正案（八）（草案）（一次审议稿）》的写法是："对于被判处拘役、三年以下有期徒刑的犯罪分子，根据犯罪分子的犯罪情节和悔罪表现，人民法院认为其没有再犯罪的危险的，可以宣告缓刑，对其中不满十八周岁和已满七十五周岁的，应当宣告缓刑。对犯罪分子决定宣告缓刑，应当考虑其缓刑后对所居住社区的影响以及是否具备有效监管的条件。"在第二次审议稿中，立法机关又对上述写法进行了梳理和明确，区分"可以缓刑"和"应当缓刑"两种情况，采用分项的方式，对缓刑的适用条件进行了列举，即："对于被判处拘役、三年以下有期徒刑的犯罪分子，同时符合下列条件的，可以宣告缓刑，对其中不满十八周岁的人、怀孕的妇女和已满七十五周岁的人，应当宣告缓刑：（一）犯罪情节较轻；（二）有悔罪表现；（三）没有再犯罪的危险；（四）宣告缓刑对所居住社区没有重大不良影响。"这一写法最终为《刑法修正案（八）》沿用。

在起草和审议过程中，有的意见认为，本条规定的"没有再犯罪的危险"的条件主观判断的色彩太浓,容易导致法官裁量的随意性。立法机关经过研究认为,社会危险性标准是世界各国适用缓刑的基本判断标准,对于犯罪人是否具有社会危险性,并没有绝对客观的、确定性的判断标准,而只能交由法官根据个案情况判断。法官应根据案件和犯罪人的具体情况,综合各方面因素考虑,如果认为犯罪人"没有再犯罪的危险",即符合没有社会危险性判断标准。所以保留了此规定。

还有意见认为,将"宣告缓刑对所居住社区没有重大不良影响"作为缓刑条件之一,可能使法官作出缓刑决定很大程度上受社区意见的制约,从而影响缓刑的适用。立法机关经过研究认为,这一缓刑条件是基于我国社会发展的现实情况,是为了加强对犯罪分子的监管和改造,本着有利于社区广大居民能够安居乐业的目的作出的。因此,在适用缓刑制度时,既要考虑被告人的个人情况,还要考虑适用缓刑对社区的影响,否则就不能达到适用缓刑的目的和社会效果。当然,可能对社区造成的不良影响必须"重大"才能成为不适用缓刑的条件,如果只是一般的影响则不影响缓刑的适用。

2. 对缓刑犯补充了禁止令的规定

即在《刑法》第72条中增加一款为第2款:"宣告缓刑,可以根据犯罪情况,同时禁止犯罪分子在缓刑考验期限内从事特定活动,进入特定区域、场所,接触特定的人。"此规定使得对缓刑犯的监管更加严格,更好地发挥缓刑教育、改造犯罪人的功效。在法院宣告缓刑的判决中对缓刑犯附带处置措施是各国(地区)的一种行之有效的立法例。根据实务部门的意见,所谓"根据犯罪情况"主要是指根据犯罪分子的犯罪情节、主观恶性大小等情况;所谓"特定活动",一般是指与原犯罪行为相关联的活动,如与操纵证券、期货交易价格罪相关的炒股活动,与贪污、挪用犯罪相关的财务会计活动等;所谓"特定的区域、场所",一般是指原犯罪的区域、场所或者相类似的区域、场所,如与寻衅滋事罪、猥亵、侮辱妇女罪有关的娱乐场所等;"特定的人"一般是指被害人及其近亲属、证人等。禁止令应当有正当理由或者基于合理推断,有针对性地禁止一项或几项。禁止令的内容应体现在判决中,具有强制性的法律效力,犯罪分子必须遵守。在宣告缓刑的同时是否有必要附加禁止令,规定哪些禁止内容,法官有自由裁量权,如果法官认为没有必要,也可以在宣告缓刑的同时不附加禁止令。

经过以上的补充修改,新《刑法》原第72条第2款的规定在保留的基础上调整为第3款。

二、缓刑考验期(第73条)

1979年《刑法》第68条第1款规定:"拘役的缓刑考验期限为原判刑期以上一年以下,但是不能少于一个月。"第2款规定:"有期徒刑的缓刑考验期限为原判刑期以上五年以下,但是不能少于一年。"第3款规定:"缓刑考验期限,从判决确定之日起计算。"

与1979年刑法典的规定相比,1997年《刑法》第73条作了一处修改,即:将拘役的缓刑考验期下限由原来规定的"一个月"修改为"二个月"。因为,一个月的考验期太短,为维护刑罚适用的严肃性,遂作上述修改。

此外,在刑法修订研拟中,1988年9月的刑法修改稿第68条第3款曾将缓刑考验期限的起算时间由"从判决确定之日起计算"改为"从判决生效之日起计算",后来考虑到这里的"判决确定之日"在理论上和实践中一般也都理解为"判决生效之日",并不存在任何歧义,故后来的刑法修改稿本以及最终通过的1997年刑法典又恢复了原来的规定。

三、累犯和犯罪集团的首要分子不适用缓刑(第74条)

关于排除适用缓刑的对象,1979年《刑法》第69条规定:"对于反革命犯和累犯,不适用缓刑。"在刑法修订研拟过程中,1988年9月、11月16日、12月25日,1995年8月8日,1996年6月24日的刑法修改稿本均基本上沿用了1979年刑法典的规定,只是基于立法前后协调一致的考虑,将"反革命犯"修改为"危害国家安全的犯罪分子"。到了1996年8月8日的刑法总则修改稿,立法工作机关又在该稿第73条增加规定了严重危害社会治安的犯罪分子也不能适用缓刑。这样,不得适用缓刑的既有危害国家安全的犯罪分子和累犯,也有严重危害社会治安的犯罪分子。

对上述稿本的修改,有学者指出,这是不合适的,因为缓刑本身就是对判处3年以下有期徒刑或拘役等轻罪适用的,严重危害社会治安的犯罪一般不可能判处3年以下有期徒刑或拘役,但某些危害社会治安的犯罪,可能因具有从轻、减轻情节而被判处3年以下有期徒刑或者拘役,如果根据其犯罪情节和悔罪表现,不再危害社会的,也应该允许适用缓刑。[①] 建议删去"严重危害社会治安的犯罪分子不适用缓刑"的规定。

关于危害国家安全的犯罪分子不能适用缓刑的规定,也有人提出异议,认为,一方面,1979年刑法典将危害国家安全罪排除在适用缓刑的对象范围之外,与其立法当时的社会形势、国内外的政治状况有关,但随着我国社会主义建设事业的发展,国内形势的变化,国际环境也趋于好转,1979年刑法典将危害国家安全的犯罪分子一律排除在缓刑之外的必要性已经丧失;另一方面,罪行较轻和不予关押不致再危害社会是适用缓刑的两个根本性条件,其中,决定罪行轻重的因素除了犯罪性

[①] 参见全国人大常委会法工委刑法室1996年9月6日整理:《法律专家对〈刑法总则修改稿〉和〈刑法分则修改草稿〉的意见》,载高铭暄、赵秉志编:《新中国刑法立法文献资料总览》(下),中国人民公安大学出版社1998年版,第2132页。

质的严重程度外,还有其他因素。危害国家安全的犯罪分子虽然所犯罪行的性质非常严重,但也不能据此就认定其一定不符合缓刑的条件,进而对其禁用缓刑,否则,就是对缓刑适用条件的误解。实践中,对于被判处 3 年以下有期徒刑或者拘役的危害国家安全的犯罪分子,根据其犯罪情节和悔罪表现,如果适用缓刑不致再危害社会的,也应当允许适用缓刑。

最终,立法工作机关采纳了上述建议,在 1996 年 10 月 10 日的刑法修订草案(征求意见稿)中,删除了危害社会治安的犯罪分子和危害国家安全的犯罪分子不适用缓刑的规定。由此,形成了新《刑法》第 74 条的规定:"对于累犯,不适用缓刑。"之后,《刑法修正案(八)》基于当前惩治和防范集团犯罪的需要,拓展了不得适用缓刑的范围,将犯罪集团的首要分子也纳入其中。首要分子在犯罪集团中起组织、领导作用,这类犯罪集团经常多次犯罪,有些犯罪行为性质恶劣,对社会危害严重,犯罪集团的首要分子主观恶性极大,需要依法予以严惩,如果构成犯罪,即便被判处 3 年以下有期徒刑,也不能适用缓刑,应当予以实际执行。这样经过修正后的第 74 条的规定是:"对于累犯和犯罪集团的首要分子,不适用缓刑。"应当指出的是,由于《刑法修正案(八)》对特殊累犯的对象范围作了扩大,由"危害国家安全的犯罪分子"扩大到"危害国家安全犯罪、恐怖活动犯罪、黑社会性质的组织犯罪的犯罪分子",故不适用缓刑的范围实际上也扩大了。

四、缓刑的监督考察内容(第 75 条)

由于 1979 年刑法典没有对缓刑犯监督考察内容作出明确的规定,所以,在实践中,如何对缓刑犯监督和管理,往往无章可循、流于形式,这在一定程度上影响了对缓刑犯的监管效果。

为了纠正这种偏差,当时不得不通过司法解释和行政规章的形式加以规范。例如,1989 年 8 月最高人民法院、最高人民检察院、公安部、司法部曾颁布《关于依法加强对管制、剥夺政治权利、缓刑、假释和暂予监外执行罪犯监督考察工作的通知》,该通知规定:被宣告缓刑的罪犯,如外出经商,需事先经县级公安机关允许。未经执行机关或执行单位批准,不得组织、发动和参加公民组织的集会、游行、示威活动。确因医病、探亲等特殊情况需要离开所在地域到本县、市以外地方的,必须经过县级公安机关批准;离开居住地到本县、市内其他地方的,由具体负责监督考察的执行单位批准。1995 年 2 月公安部颁布的《对被管制、剥夺政治权利、缓刑、假释、保外就医罪犯的监督管理规定》第 17 条也明确规定:"公安机关应当向被宣告缓刑或者假释的罪犯宣布必须遵守下列规定:(一)遵守国家法律、法规和公安部制定的有关规定;(二)定期向执行机关报告自己的活动情况;(三)迁居或者离开所居住区域必须经公安机关批准;(四)附加剥夺政治权利的缓刑、假释罪犯必须遵守本规定第十二条的规定;(五)遵守公安机关制定的具体监督管理措施。"

鉴于现实的需要,在刑法修订研拟过程中,立法工作机关在总结实践经验并借鉴上述通知和规定合理内容的基础上,在1996年8月8日的刑法总则修改稿第74条中,对缓刑犯的监督考察内容作出了规定,即:"被宣告缓刑的犯罪分子,必须遵守下列规定:(一)遵守法律、法规,服从群众监督;(二)向执行机关定期报告自己的活动情况;(三)迁居或者暂时离开居住区域,应当报经执行机关批准。"

在之后的研拟中,立法工作机关又对缓刑犯的监督考察内容作了补充完善:一是取消了第(一)项中"服从群众监督"中的"群众"两字,以扩大监督主体的范围。二是将第(三)项中的"暂时离开居住区域"修改为"离开所居住的市、县",以使得监管的内容更符合实际情况,便于对缓刑犯的监督考察。三是将"执行机关"修改为"考察机关",以与缓刑是"附条件不执行原判刑罚"的性质相适应。四是增加"遵守考察机关关于会客的规定"的内容。这样,新《刑法》第75条关于缓刑犯的监督考察内容就是:"被宣告缓刑的犯罪分子,应当遵守下列规定:(一)遵守法律、行政法规,服从监督;(二)按照考察机关的规定报告自己的活动情况;(三)遵守考察机关关于会客的规定;(四)离开所居住的市、县或者迁居,应当报经考察机关批准。"

此外,为了加强对宣告缓刑的犯罪分子进行有效的监督管理,一些部门和地方提出,建议设立缓刑保证金制度,即:人民法院对宣告缓刑的犯罪分子,应当责令其交纳保证金。保证金交人民法院指定的银行。被宣告缓刑的犯罪分子,在考验期限内,违反法律、行政法规和国务院、公安部门有关缓刑的监督管理规定,没收保证金;情节严重的,应当撤销缓刑,收监执行原判刑罚。犯罪分子没有违反监督管理规定的,缓刑考验期满,应当退还保证金。主要理由是:

(1)实践中对判处缓刑的犯罪分子缺乏监督管理手段,不利于缓刑犯的教育改造,群众对此也很有意见,增设缓刑保证金制度,可以加强司法机关对缓刑犯的考察监督。

(2)一些地方法院曾试行缓刑保证金制度,取得了良好的效果。

(3)在法律中规定财产保证的方法在我国已有先例,如修正后的《刑事诉讼法》规定,对取保候审的可以用财产保证的方法。

(4)为防止实践中滥用缓刑保证金制度,可以在法律中严格规定缓刑保证金的数量、保管、上缴、返还等制度,如规定缓刑保证金交到由人民法院指定的银行专户。这些配套性制度可以保证缓刑保证金制度的正确运行。①

考虑到缓刑保证金制度的构建涉及诸多的问题,加之立法已对缓刑犯的行为

---

① 参见最高人民法院刑法修改小组:《关于对〈中华人民共和国刑法(修订草案)〉(征求意见稿)的修改意见(1996年11月8日)》,载高铭暄、赵秉志编:《新中国刑法立法文献资料总览》(下),中国人民公安大学出版社1998年版,第2434—2435页。

规则、监督考察机关以及缓刑的撤销作了更加明确的规定,故此,立法机关没有采纳这一建议。

五、缓刑的考察机关和缓刑考验期满的法律后果(第76条)

1997年《刑法》第76条规定:"被宣告缓刑的犯罪分子,在缓刑考验期限内,由公安机关考察,所在单位或者基层组织予以配合,如果没有本法第七十七条规定的情形,缓刑考验期满,原判的刑罚就不再执行,并公开予以宣告。"

本条是关于缓刑的考察机关和缓刑考验期满的法律后果的规定。与1979年《刑法》第70条规定的相关内容相比,本条有如下两处修改变化:

(1)关于缓刑考察机关的变化。1979年《刑法》第70条规定:"被宣告缓刑的犯罪分子,在缓刑考验期限内,由公安机关交所在单位或者基层组织予以考察……"据此,缓刑犯考察机关是缓刑犯所在单位或者基层组织,而不包括公安机关。但是,随着社会的发展,我国传统的计划经济体制逐渐被市场经济体制所取代,缓刑犯所在单位或者基层组织特别是农村基层组织的职能发生了很大变化,已经不能像以前那样通过某些措施对村民或居民施以较强的约束和影响力,故从一定意义上说,1979年刑法典确立的由缓刑犯所在单位或者基层组织予以考察的条件日益丧失;再者,据实际了解,缓刑犯所在的某些单位或者基层组织基于某种原因常常疏于对缓刑犯的考察和监督,而根据刑法规定,公安机关不是考察机关,对缓刑犯无权考察和监管,由此导致对缓刑犯监督考察的规定形同虚设,其结果必然导致缓刑犯的放任自流。据此,修改缓刑犯的考察机关,势在必行。

从刑法修订的过程看,立法工作机关先是在有关刑法修改稿本中将考察机关修改为"由公安机关或者基层组织予以考察",如1995年8月8日、1996年6月24日、8月8日以及8月31日的刑法修改稿本均是如此规定的。后来,考虑到公安机关或者基层组织对缓刑犯都有考察权,不利于明确职责,落实责任,甚至可能导致缓刑犯无人过问、毫无约束的情况发生。因此,1996年10月10日的刑法修订草案(征求意见稿)又将缓刑犯的考察机关修改为:"由公安机关考察,所在单位或者基层组织予以配合"。这一写法最为1997年《刑法》第76条所沿用。

新刑法典颁行后,《刑法修正案(八)》又对该条的规定进行了修改,以"依法实行社区矫正"取代原考察机关的规定。在《刑法修正案(八)》(草案)起草和修改过程中,不少同志提出,草案应当明确"司法行政机关是社区矫正工作的主管机关"。考虑到社区矫正是一项复杂的系统工程,它改变了我国传统的以监禁为主导的行刑模式,带来改造罪犯理念和方式的巨大变化,目前还在试点,其工作方针、工作方法、工作范围、工作主体等都有待于系统总结。之后还要制定"社区矫正法",将上述内容加以规范。故刑法中只需明确社区矫正的法律地位,其他问题均暂不涉及。基于以上考虑,立法机关对上述意见未加采纳。

(2) 关于缓刑考验期满的法律后果。1979年《刑法》第70条规定:"……缓刑考验期满,原判的刑罚就不再执行……"1997年《刑法》第76条修改为:"……缓刑考验期满,原判的刑罚就不再执行,并公开予以宣告。"因为缓刑犯生活在人民群众之中,其身份变化了,理应让所在单位或基层组织的群众知情。这也是对其解除社区矫正的一个信号。

这样,经过修正后的《刑法》第76条就是:"对宣告缓刑的犯罪分子,在缓刑考验期限内,依法实行社区矫正,如果没有本法第七十七条规定的情形,缓刑考验期满,原判的刑罚就不再执行,并公开予以宣告。"

六、缓刑的撤销(第77条)

(一) 新刑法典对缓刑撤销事由的修改

关于缓刑的撤销,与1979年刑法典的规定相比,1997年刑法典增设并细化了缓刑撤销的情形。

众所周知,依照我国1979年《刑法》第70条的规定,被宣告缓刑的犯罪分子只有在缓刑考验期内再犯新罪时,才撤销缓刑。这种规定显然是不全面的。在实践中常常会遇到如下情况:一是在缓刑考验期限内,发现被宣告缓刑的犯罪分子在缓刑宣告以前还有其他罪没有判决;二是在缓刑考验期限内,犯罪分子实施严重违法行为但没有达到犯罪的程度。对这两种情况,按照1979年刑法典都不能撤销缓刑,但这在一定程度上会宽纵犯罪分子,不利于缓刑制度在改造犯罪分子中应有功效的发挥,从而有违缓刑制度设立的初衷。

有鉴于此,在刑法修订研拟过程中,立法工作机关扩充了缓刑撤销的事由。从写法演变上看,1995年8月8日的总则修改稿将其扩充为四种情形,该稿本第74条规定:"被宣告缓刑的犯罪分子,在缓刑考验期间,有下列情形之一的,撤销缓刑:(一)再犯新罪的;(二)发现判决宣告以前还有其他罪没有判决的;(三)有违反法律、行政法规或者公安机关有关缓刑监督管理规定行为,情节较重的;(四)不执行人民法院关于赔偿的判决或者裁定的。"考虑到不执行法院关于赔偿的判决或者裁定,既有可能是被宣告缓刑者个人主观方面不想执行造成的,也有可能是因其经济困难不能执行造成的,一律对此撤销缓刑不尽妥当,故在1996年8月31日的刑法修改草稿第75条中,立法工作机关删除了不执行法院关于赔偿的判决或者裁定而撤销缓刑的规定,具体表述是:"被宣告缓刑的犯罪分子,在缓刑考验期内,有下列情形之一的,撤销缓刑:(一)再犯新罪的;(二)发现判决宣告以前还有其他罪没有判决的;(三)有违反法律、行政法规和国务院公安部门有关缓刑的监督管理规定的行为,情节严重的。有前款第(一)项规定情形的,依照本法第七十条规定的处罚原则处罚;有前款第(二)项情形的,依照本法第六十九条规定的处罚原则处罚;有前款第(三)项情形的,撤销缓刑,执行原判的刑罚。"到了1996年10月10日的修订草案(征求意见稿),立法工作机关又对上述写法作了修改和调整,并由此形成了新《刑法》第77条的规定:"被宣告缓刑的犯罪分子,在缓刑考验期限内犯新罪或者发现判决宣告以前还有其他罪没有判决的,应当撤销缓刑,对新犯的罪或者新发现的罪作出判决,把前罪和后罪所判处的刑罚,依照本法第六十九条的规定,决定执行的刑罚。被宣告缓刑的犯罪分子,在缓刑考验期限内,违反法律、行政法规或者国务院公安部门有关缓刑的监督管理规定,情节严重的,应当撤销缓刑,执行原判刑罚。"

(二)《刑法修正案(八)》对撤销缓刑规定的补充

新刑法典颁行后,我国立法机关通过《刑法修正案(八)》又对《刑法》第77条原第2款的规定作了补充修改,将违反法院禁止令且情节严重的行为增加规定为撤销缓刑的情形,这样,经过修正后的该条款的规定是:"被宣告缓刑的犯罪分子,在缓刑考验期限内,违反法律、行政法规或者国务院有关部门关于缓刑的监督管理规定,或者违反人民法院判决中的禁止令,情节严重的,应当撤销缓刑,执行原判刑罚。"

(三)与缓刑撤销有关的其他问题

1. 在缓刑考验期间实施一般违法行为的,应否撤销缓刑

对此,在刑法修订研拟过程中,有部门提出,刑法规定的适用缓刑的本质条件是"不致再危害社会",因此,只要缓刑犯在缓刑考验期内实施一般违法行为即意味着违背了该本质条件,就应该撤销缓刑,而且国外也不乏将不遵守考验期内应该遵守的事项都作为撤销缓刑条件的立法例。因此,有必要将撤销缓刑的条件进一步扩大到一切违法行为。[1] 但后来,立法机关考虑到被判处缓刑的犯罪分子所犯之罪一般都是轻罪,社会危害性并不大,将撤销缓刑的条件扩大到一切违法行为,失之过严,不利于缓刑犯的教育和改造,最终没有采纳这一建议。

2. 缓刑撤销后的数罪并罚问题

1979年刑法典规定,缓刑考验期内如果再犯新罪,应该撤销缓刑,把前罪和后罪所判处的刑罚,依照本法第64条的规定(即数罪并罚的一般原则),决定执行的刑罚。在刑法修订研拟过程中,1988年9月、11月16日、12月25日,1995年8月8日,1996年6月24日和8月8日的刑法修改稿本也都沿用了这一规定,而且对缓刑考验期内发现漏罪的情形,也都规定按照数罪并罚的一般原则决定执行的刑罚。然而,到了1996年8月31日的刑法修改草稿,立法工作机关却一度改变了适用数罪并罚的一般原则的做法,而是对再犯新罪的情况适用"先减后并"的计算方法,对发现漏罪的情况则适用"先并后减"的计算方法。该稿本第75条第1款规定:

---

[1] 参见最高人民检察院刑法修改小组:《修改刑法研究报告(1989年10月12日)》,载高铭暄、赵秉志编:《新中国刑法立法文献资料总览》(下),中国人民公安大学出版社1998年版,第2539页。

"被宣告缓刑的犯罪分子,在缓刑考验期限内,有下列情形之一的,撤销缓刑:(一)再犯新罪的;(二)发现判决宣告以前还有其他罪没有判决的;(三)有违反法律、行政法规或者国务院公安部门有关缓刑的监督管理规定的行为,情节严重的。"第2款规定:"有前款第(一)项规定情形的,依照本法第七十条规定的处罚原则处罚;有前款第(二)项情形的,依照本法第六十九条规定的处罚原则处罚;有前款第(三)项情形的,撤销缓刑,执行原判的刑罚。"第2款的这一规定是不妥当的,因为,在数罪并罚原则中,适用"先减后并"和"先并后减"的计算方法的时间条件是判决宣告之后,刑罚执行完毕之前,也就是说,必须以刑罚的实际执行为前提,而缓刑是附条件的不执行原判刑罚,在缓刑考验期限内,无论因为再犯新罪还是发现漏罪而撤销缓刑时,都意味着原判刑罚没有执行过。既然如此,对缓刑考验期限内再犯新罪和发现漏罪的情况,就不能适用"先减后并"和"先并后减"的计算方法,而只能按照1979年刑法典规定的数罪并罚的一般原则来决定执行的刑罚。有鉴于此,之后的刑法修订草案改变了依照发现漏罪和犯新罪而区分不同并罚规则的写法,恢复了最初的规定,并为1997年刑法典所沿用。

第六节 减 刑

一、减刑的适用条件及限度(第78条)

1997年《刑法》第78条第1款规定:"被判处管制、拘役、有期徒刑、无期徒刑的犯罪分子,在执行期间,如果认真遵守监规,接受教育改造,确有悔改表现的,或者有立功表现的,可以减刑;有下列重大立功表现之一的,应当减刑:(一)阻止他人重大犯罪活动的;(二)检举监狱内外重大犯罪活动,经查证属实的;(三)有发明创造或者重大技术革新的;(四)在日常生产、生活中舍己救人的;(五)在抗御自然灾害或者排除重大事故中,有突出表现的;(六)对国家和社会有其他重大贡献的。"第2款规定:"减刑以后实际执行的刑期,判处管制、拘役、有期徒刑的,不能少于原判刑期的二分之一;判处无期徒刑的,不能少于十年。"

本条是关于减刑适用条件及限度的规定。与1979年《刑法》第71条的规定相比,新刑法典在以下方面作了修改:

1. 修改了"可以减刑"的实质条件

根据1979年刑法典的规定,减刑适用的实质条件是确有悔改或者立功表现。而新刑法将其修改为"认真遵守监规,接受教育改造,确有悔改表现的,或者有立功表现的"。这一修改在把握减刑的适用标准上作了进一步的明确,有助于统一法律的执行、正确地适用减刑。应当指出的是,在刑法修订研拟过程中,1996年10月10日的刑法修订草案(征求意见稿)曾删去了确有悔改表现可以减刑的规定。对此,一些学者提出,实践中因立功而被减刑的人毕竟是少数,将减刑的条件局限于立功表现,过于苛刻,不利于鼓励犯罪人认真改造和服刑;对于实践执行中,对"确有悔改"没有明确的界限、较难掌握、随意性比较大的问题,可以借鉴1991年最高人民法院《关于办理减刑、假释案件具体应用法律若干问题的规定》的精神加以修改和完善。这一建议最后被立法工作机关所采纳,于是,1996年12月中旬的修订草案将"可以减刑"的悔改条件表述为"认真遵守监规,接受教育改造,确有悔改表现",这一表述最终被规定在1997年刑法典中。

2. 增加了有重大立功表现的,应当减刑的规定,并细化了重大立功的情形

1979年刑法典规定的可以减刑的根据条件之一是具有立功表现,但对于立功的程度并没有做详细的界定。为了更好地贯彻行刑个别化的刑罚原则,鼓励罪犯服刑改造,1994年颁布的《中华人民共和国监狱法》(以下简称《监狱法》)第29条将立功分为一般立功和重大立功,并根据立功程度的不同将减刑分为可减和必减两大类。第29条规定:"被判处无期徒刑、有期徒刑的罪犯,在服刑期间确有悔改或者立功表现的,根据监狱考核的结果,可以减刑。有下列重大立功表现之一的,应当减刑:(一)阻止他人重大犯罪活动的;(二)检举监狱内外重大犯罪活动,经查证属实的;(三)有发明创造或者重大技术革新的;(四)在日常生产、生活中舍己救人的;(五)在抗御自然灾害或者排除重大事故中,有突出表现的;(六)对国家和社会有其他重大贡献的。"为了司法实践准确地把握重大立功的标准,并与《中华人民共和国监狱法》的有关规定相协调,考虑到上述立法经验以及实践中对罪犯区分立功程度而收到的良好的改造效果,立法工作机关最终在1996年10月10日的刑法修订草案(征求意见稿)中吸收了《中华人民共和国监狱法》中关于重大立功表现的规定,并为1997年刑法典所沿用。

3. 关于减刑限度的修改

从刑法修改稿本和修订草案的表述看,立法工作机关对减刑限度的修改经历了一个非常复杂的变化过程。应当说,在国家决定将全面修订刑法纳入立法规划后的相当长一段时间内,减刑限度的修改并不是一个重要的问题。因此,从1988年到1996年之前的刑法修改稿本基本上都沿用了1979年刑法典的内容,即:"……经过一次或者几次减刑以后实际执行的刑期,判处管制、拘役、有期徒刑的,不能少于原判刑期的二分之一;判处无期徒刑的,不能少于十年。"到了1996年,由于受当时正在开展的声势浩大的"严打"的影响,立法工作机关在多个刑法修改稿和修订草案中对减刑的限度条件的写法曾一度日趋严格。其中,1996年8月8日的刑法总则修改稿第76条将减刑的限度条件修改为"无期徒刑减刑以后实际执行的刑期不得少于十五年;对同一犯罪分子只能减刑一次并依照法定程序进行减刑"。虽然在此后的法律专家座谈会上,一些专家明确提出,修改稿"对同一犯罪分子只能减刑一次"的规定,不利于鼓励犯罪人认真改造和服刑,减刑是监狱奖励罪

犯的最好手段。减刑的次数虽多,但每次减刑的幅度小,有利于罪犯改造,建议刑法不作这样的修改。① 但此后的1996年8月31日刑法修改草稿仍然保持了8月8日稿本的内容。到了1996年10月10日的刑法修订草案(征求意见稿),减刑适用条件的严格性更是达到前所未有的程度,该草案第77条一方面将减刑的对象条件缩小为"被判处有期徒刑和无期徒刑的犯罪分子",另一方面将减刑的限度条件修改为:"减刑以后实际执行的刑期,判处有期徒刑的,不能少于原判刑期的三分之二;判处无期徒刑的,不能少于十五年。对于罪行严重的危害国家安全的犯罪分子、犯罪集团的首要分子、累犯,不得减刑。对同一犯罪分子只能减刑一次,减刑应当依照法定程序进行。"

1996年10月10日的刑法修订草案(征求意见稿)印发中央有关部门和各省、自治区、直辖市、较大的市以及一些法律院校后,很多部门、地方和专家都对减刑的适用条件提出质疑。有人提出,刑法修订草案(征求意见稿)第77条第4款关于"对同一犯罪分子只能减刑一次"的规定,不利于罪犯的教育改造,实践证明,只有"小减多次,细水长流",才能不断地调动罪犯改造的积极性,建议刑法不对减刑的次数做硬性规定。② 还有人提出,刑法规定减刑的目的在于鼓励犯罪人真诚悔过,因此,减刑的条件重点应放在有悔改或者立功表现上。无论是判处管制、拘役的犯罪分子,还是罪行严重的危害国家安全的犯罪分子、犯罪集团的首要分子、累犯,只要有悔改或者立功表现,就可以减刑,否则,无异于断送了这些犯罪分子的自新之路,不符合我国惩罚与教育改造相结合的刑事政策。③

立法工作机关采纳了上述建议,在此后的1996年12月中旬的刑法修订草稿中恢复了1979年刑法典关于减刑的对象条件、限度条件的规定;删除了"对于罪行严重的危害国家安全的犯罪分子、犯罪集团的首要分子、累犯,不得减刑"以及"对同一犯罪分子只能减刑一次"的规定;同时,考虑到原条文中的"经过一次或者几次"几个字没有意义,也将其删除。这就是1997年《刑法》第78条的由来。

新刑法典实施十余年后,由于研拟中的《刑法修正案(八)》(草案)拟对死缓制度以及数罪并罚时有期徒刑的上限予以调整,故有必要对1997年《刑法》第78条第2款的规定作通盘考虑,相应予以调整。在《刑法修正案(八)》(草案)第二次审议稿中,立法工作机关经过调研论证后将第78条第2款改写为:"减刑以后实际执

---

① 参见全国人大常委会法工委刑法室1996年9月6日整理:《法律专家对〈刑法总则修改稿〉和〈刑法分则修改草稿〉的意见》,载高铭暄、赵秉志编:《新中国刑法立法文献资料总览》(下),中国人民公安大学出版社1998年版,第2132页。

② 参见最高人民法院刑法修改小组:《关于对〈中华人民共和国刑法(修订草案)〉(征求意见稿)的修改意见(1996年11月8日)》,载高铭暄、赵秉志编:《新中国刑法立法文献资料总览》(下),中国人民公安大学出版社1998年版,第2419页。

③ 同上注。

行的刑期不能少于下列期限:(一)判处管制、拘役、有期徒刑的,不能少于原判刑期的二分之一;(二)判处无期徒刑的,不能少于十五年;(三)判处死刑缓期二年执行,缓期执行期满后依法减为二十五年有期徒刑的,不能少于十八年,其中,人民法院依照本法第五十条第二款规定限制减刑的,不能少于二十年;(四)判处死刑缓期二年执行,缓期执行期满后依法减为无期徒刑的,不能少于二十年,其中,人民法院依照本法第五十条第二款规定限制减刑的,不能少于二十五年。"

对于上述写法,在征求意见过程中,最高人民法院和一些专家提出,按照宽严相济刑事政策的要求,应主要针对判处死刑缓期执行并限制减刑的累犯以及因故意杀人、强奸、抢劫、绑架、放火、爆炸、投放危险物质或者有组织的暴力性犯罪罪犯,延长其减为无期徒刑、有期徒刑后的最低执行期限,草案二次审议稿对这部分罪犯的规定是必要的、妥当的。但不宜普遍提高刑罚执行期限,关于其他判处死刑缓期执行减为无期徒刑、有期徒刑罪犯的最低执行期限和判处无期徒刑的最低执行期限,从实践看,按照现行刑法规定执行,对教育改造这部分人发挥了较好的作用,建议不作修改。立法机关经过研究,赞成对因累犯和八类重罪判处死刑缓期执行并限制减刑的罪犯与其他罪犯加以区分。据此,在草案三次审议稿中,《刑法》第78条第2款被改写为:"减刑以后实际执行的刑期不能少于下列期限:(一)判处管制、拘役、有期徒刑的,不能少于原判刑期的二分之一;(二)判处无期徒刑的,不能少于十三年;(三)人民法院依照本法第五十条第二款规定限制减刑的死刑缓期执行的犯罪分子,缓期执行期满后依法减为无期徒刑的,不能少于二十五年,缓期执行期满后依法减为二十五年有期徒刑的,不能少于二十年。"这一写法最后被《刑法修正案(八)》所沿用。

二、减刑的程序(第79条)

1979年刑法典没有规定减刑的程序,为了维护人民法院判决的严肃性,保证减刑工作的质量,发挥减刑制度的积极作用,1994年颁布的《中华人民共和国监狱法》以及一些司法解释都对减刑的具体规程作了规定,其中《监狱法》第30条规定:"减刑建议由监狱向人民法院提出,人民法院应当自收到减刑建议书之日起一个月内予以审核裁定;案情复杂或者情况特殊的,可以延长一个月。减刑裁定的副本应当抄送人民检察院。"1994年最高人民法院《关于审理刑事案件程序的具体规定》第243条规定:"减刑、假释案件按下列情形分别处理:(一)对于被判处死刑缓期二年执行和无期徒刑的罪犯的减刑、假释,应当由罪犯所在监狱、劳动改造机关提出意见,经司法厅(局)审核同意,报请当地高级人民法院裁定。(二)对于被判处有期徒刑的(包括减为有期徒刑)罪犯的减刑、假释,由罪犯所在的监狱、劳动改造机关提出意见,报请当地中级人民法院裁定。(三)对于被判处拘役的罪犯的减刑,由拘役场所提出意见,经当地县级公安机关审查同意后,报请当地基层人民法院裁定。(四)对于被判处管制的罪犯的减刑,由执行管制的公安派出所提出意见,经当地县级公安机关审查同意后,报请当地基层人民法院裁定。(五)被宣告缓刑的罪犯,在缓刑考验期限内确有立功表现,需要予以减刑,并相应缩减缓刑考验期限的,应当由公安派出所会同负责考察罪犯的所在单位或者基层组织提出书面意见,经当地县级公安机关审查同意后,报请当地人民法院裁定。对被判处有期徒刑宣告缓刑的罪犯的减刑,由中级人民法院裁定;对被判处拘役宣告缓刑的罪犯的减刑,由基层人民法院裁定。(六)对于被判处有期徒刑一年以下,或者余刑在一年以下,由看守所监管的罪犯的减刑、假释,由罪犯所在的看守所提出意见,经当地县级公安机关审查同意后,分别报请当地中级或者基层人民法院裁定。"

在刑法修订研拟过程中,考虑到以往的立法经验以及司法实践的需要,立法机关吸收了前述立法和司法解释中关于减刑程序的合理成分,在刑法典中明确规定了减刑的程序。1997年《刑法》第79条规定:"对于犯罪分子的减刑,由执行机关向中级以上人民法院提出减刑建议书。人民法院应当组成合议庭进行审理,对确有悔改或者立功事实的,裁定予以减刑。非经法定程序不得减刑。"

三、无期徒刑减为有期徒刑的起算(第80条)

1979年《刑法》第72条规定:"无期徒刑减为有期徒刑的刑期,从裁定减刑之日起计算。"

1997年《刑法》第80条完全沿用了上述规定,没有作任何修改。

第七节 假 释

一、假释的条件(第81条)

1979年《刑法》第73条规定:"被判处有期徒刑的犯罪分子,执行原判刑期二分之一以上,被判处无期徒刑的犯罪分子,实际执行十年以上,如果确有悔改表现,不致再危害社会,可以假释。如果有特殊情节,可以不受上述执行刑期的限制。"

我国1997年《刑法》第81条对上述规定作了如下修改:

1. 修改假释的条件、增设不得假释的规定

根据1979年《刑法》第73条的规定,假释的条件有三个:对象条件是只适用于被判处有期徒刑和无期徒刑的犯罪分子;限制条件是必须已经执行一部分刑罚;实质条件是确有悔改表现,不致再危害社会。在1988年到1996年之前的刑法修订研拟过程中,各个刑法修改稿本均基本上沿用了1979年刑法典关于上述三个条件的规定。然而,到了1996年以后,由于受当时正在全国范围内开展的严打的影响,刑法修改稿本关于假释的适用条件日趋严格。例如,1996年6月24日的刑法总则

修改稿第 77 条即删除了 1979 年刑法典中规定的"如果有特殊情节,可以不受上述执行刑期的限制"的内容。1996 年 8 月 8 日的刑法总则修改稿第 78 条,进一步将假释的限制条件修改为"被判处有期徒刑的犯罪分子,或者由无期徒刑减为有期徒刑的犯罪分子执行原判刑期二分之一以上",意思是无期徒刑犯不能直接适用假释,而是需要先经过减刑,减为有期徒刑以后,才存在假释的可能性。同时该稿本还增加了"严重危害社会治安的犯罪分子不适用假释"的规定,并将"不致再危害社会"的实质条件修改为"不致再危害社会治安秩序"。该节第 78 条的全文是:"被判处有期徒刑的犯罪分子,或者由无期徒刑减为有期徒刑的犯罪分子执行原判刑期二分之一以上,如果确有悔改表现,不致再危害社会治安秩序,可以假释。但是严重危害社会治安的犯罪分子,不适用假释。"

对于上述写法,在有关的专家座谈会上,一些专家指出,无期徒刑不能适用假释,过于严厉,并且与新修改的刑事诉讼法典和监狱法的规定也不一致,考虑到被判处无期徒刑的犯罪分子的严重社会危害性,可以在假释的条件方面对其进行严格限制,如从原来的实际执行 10 年以上改为 15 年;对于因具有特殊情节不受实际执行刑期限制的假释规定还应当予以保留,但为了防止滥用,可以在程序上加以限制,如增加规定由高级人民法院批准;草案中"不致再危害社会"的规定不宜修改为"不致再危害社会治安秩序",因为犯罪的社会危害性不仅限于社会治安,假释所要求的"不致再危害社会"的实质条件远比社会治安的范围宽泛得多。因此建议维持 1979 年刑法典的规定。①

立法工作机关在一定程度上采纳了专家的建议,在此后的 1996 年 8 月 31 日的刑法修改草稿中,"不致再危害社会治安秩序"重新被改为"不致再危害社会",但同时却删除了"无期徒刑犯减为有期徒刑后可以假释"的规定,从而将无期徒刑犯彻底地排除在可以适用假释的范围之外,进一步严格了假释的适用条件。在 1996 年 10 月 10 日的刑法修订草案(征求意见稿)中,假释适用条件的写法并没有实质性的改变,只是在 1996 年 8 月 31 日刑法修改草稿的基础上作了两处修改:一是将"确有悔改表现"替换为"认真遵守监规,接受教育改造"。二是将"严重危害社会治安的犯罪分子不适用假释"的写法修改为"累犯不适用假释"。

1996 年 10 月 10 日的刑法修订草案(征求意见稿)印发中央有关部门和各省、自治区、直辖市、较大的市以及一些法律院校后,很多部门、地方和专家都对假释的适用条件提出了质疑。有人提出,假释的实质条件是罪犯确有悔改表现,不致再危害社会,因此,不论是被判处有期徒刑还是被判处无期徒刑的罪犯,只要具备这一

---

① 参见全国人大常委会法工委刑法室 1996 年 9 月 6 日整理:《法律专家对〈刑法总则修改稿〉和〈刑法分则修改草稿〉的意见》,载高铭暄、赵秉志编:《新中国刑法立法文献资料总览》(下),中国人民公安大学出版社 1998 年版,第 2132—2133 页。

条件,在刑罚执行一定时间之后,都可以予以假释。但为了体现罪责刑相适应的原则,可考虑对无期徒刑犯假释,适当延长其假释所必需的实际执行的刑期,如可以由10年提高到15年。① 还有人提出,将一切无期徒刑犯排除在假释的对象之外不合理,可以在区分无期徒刑犯所犯之罪的性质的基础上,对严重的暴力性犯罪禁止适用假释。此外,针对刑法修订草案(征求意见稿)用"认真遵守监规,接受教育改造"代替"确有悔改"这一假释的实质条件的做法,有人提出,"确有悔改"是判断能否适用假释的实质性条件,如果删除会不当地扩大假释的范围,影响假释工作的质量,对于"确有悔改"所存在的界限不明、较难掌握、随意性比较大的问题,可以借鉴1991年最高人民法院《关于办理减刑、假释案件具体应用法律若干问题的规定》的精神加以修改和完善,但将其去掉,实无此必要。

立法工作机关基本上采纳了上述建议,在1996年12月中旬的刑法修订草案第82条中,在"如果认真遵守监规,接受教育改造"之后,加上"确有悔改表现"字样,以增强假释的实质条件的可操作性;以后各个稿本,都基本维持了这样的写法,同时增加了对于一些特定的犯罪分子不得假释的规定。

2. 完善特殊情节假释的程序

根据1979年刑法典的规定,如果案件有特殊情节,假释时可以不受刑法规定的实际服刑期的限制。对于这一规定,学界和实务部门一般认为,它体现了原则性和灵活性相统一的原则,对于处理特殊情况案件的假释具有重要的积极作用。但在刑法修订研拟过程中,立法工作机关基于严格限制假释制度的考虑,曾在一些修订稿本中取消了这一规定。如1996年6月24日和8月8日的总则修改稿、1996年8月31日的刑法修订草稿、1996年10月10日的修订草案(征求意见稿)以及1996年12月中旬、12月20日的修订草案等均删除了这一写法。在征求意见的过程中,一些部门、地方和专家指出,1979年刑法典关于"有特殊情节的",假释可以不受执行刑期限制的规定,体现了原则性和灵活性相结合的精神,可以适应国防、外交、统战及经济建设的需要,应当继续保留,但为了防止滥用,可以在程序上加以限制,如增加规定由高级人民法院或者最高人民法院批准等。立法机关最终采纳了这一建议,在1997年1月10日的修订草案恢复并修改了1979年刑法典关于特殊情节假释的规定,即"如果有特殊情况,经最高人民法院核准,可以不受上述执行刑期的限制。"这一规定最后被写入新刑法典中。

通过以上两个方面的修改,新《刑法》第81条完善了假释的规定。其中,第1款规定:"被判处有期徒刑的犯罪分子,执行原判刑期二分之一以上,被判处无期徒

---

① 参见最高人民法院刑法修改小组:《关于对〈中华人民共和国刑法(修订草案)〉(征求意见稿)的修改意见(1996年11月8日)》,载高铭暄、赵秉志主编:《新中国刑法立法文献资料总览》(下),中国人民公安大学出版社1998年版,第2419页。

刑的犯罪分子，实际执行十年以上，如果认真遵守监规，接受教育改造，确有悔改表现，假释后不致再危害社会的，可以假释。如果有特殊情况，经最高人民法院核准，可以不受上述执行刑期的限制。"第2款规定："对累犯以及因杀人、爆炸、抢劫、强奸、绑架等暴力性犯罪被判处十年以上有期徒刑、无期徒刑的犯罪分子，不得假释。"

1997年刑法典颁行十余年后，为了加强对被假释的犯罪分子的监督管理，《刑法修正案（八）》对《刑法》第81条作了较大幅度的补充和修改。概括而言，有以下几点：

（1）将无期徒刑犯假释的前提条件"实际执行十年以上"修改为"实际执行十三年以上"。这是因为有期徒刑的最高刑期在特定情况下可达到25年，该刑期的罪犯假释所要求的实际执行刑期为1/2以上，即12年半以上；无期徒刑犯假释所要求的实际执行刑期应高于有期徒刑犯，故将实际执行刑期由10年以上改为13年以上，以保持二者的平衡。

（2）完善假释的实质条件。即将《刑法》第81条第1款中的"假释后不致再危害社会"修改为"没有再犯罪的危险"，从而更明确地规范了假释的这一关键性条件。

（3）扩大"不得假释"的罪犯的范围。即将《刑法》第81条第2款中的累犯以及因故意杀人、爆炸、抢劫、强奸、绑架等暴力性犯罪被判处10年以上有期徒刑、无期徒刑的犯罪分子修改补充为"累犯以及因故意杀人、抢劫、强奸、绑架、放火、爆炸、投放危险物质或者有组织的暴力性犯罪被判处十年以上有期徒刑、无期徒刑的犯罪分子"。这里的"有组织的暴力性犯罪"，是指以犯罪组织形式实施的暴力犯罪，如黑社会性质的组织、恐怖组织、犯罪集团实施的暴力犯罪等。

（4）补充了法院在作出假释决定时必须考虑的因素，即"假释后对所居住社区的影响"。

在对草案稿征求意见和审议过程中，关于"不得假释"规定的去留，曾有不同看法。一种观点认为，对这部分人应规定可以假释，给这些人以出路，能够更好地实现刑罚目的。而且假释制度设有考验期，对假释期间违反规定的，随时可以撤销假释，收监执行，这样对罪犯的监督更为有效。另一种观点则认为，对累犯和严重暴力性犯罪被判处10年以上有期徒刑、无期徒刑的犯罪分子不得假释的规定，可不作修改。因为，目前我国假释适用率很低（1%～3%），危险性相对较低的一般刑事犯，尚大多未能适用假释，如果将假释面一下扩得很大，可能会产生负面影响。即使在假释适用率达到70%左右的美国，严重暴力性犯罪分子也很少予以假释。建议待假释制度在我国发展成熟后，再适当扩大适用面为妥。立法工作机关在草案第一次审议稿中曾规定对这部分犯罪分子"可以假释"，后来经过反复研究论证，在草案二次审议稿中，经过修改调整，恢复了"不得假释"的决定，并为《刑法修正案(八)》所沿用。

此外,草案第一次审议稿也曾将"是否具备有效监管的条件"作为法院决定假释时的斟酌因素,有人提出,这一写法既不现实,也有可能架空假释制度,故在二次审议稿中,立法机关删除了这一写法,而维持了第一次审议稿中"对犯罪分子决定假释时,应当考虑其假释后对所居住社区的影响"的规定。因为被假释的犯罪分子一般都要回到原来所居住的社区,如果犯罪分子假释后对所居住社区的影响不好,势必影响其融入社会,甚至会诱发新的犯罪,不利于社会的稳定与安宁。因此,增加上述规定是必要的。

经过以上的修改补充,《刑法》第81条最终被《刑法修正案(八)》修改为:"被判处有期徒刑的犯罪分子,执行原判刑期二分之一以上,被判处无期徒刑的犯罪分子,实际执行十三年以上,如果认真遵守监规,接受教育改造,确有悔改表现,没有再犯罪的危险的,可以假释。如果有特殊情况,经最高人民法院核准,可以不受上述执行刑期的限制。对累犯以及因故意杀人、强奸、抢劫、绑架、放火、爆炸、投放危险物质或者有组织的暴力性犯罪被判处十年以上有期徒刑、无期徒刑的犯罪分子,不得假释。对犯罪分子决定假释时,应当考虑其假释后对所居住社区的影响。"

二、假释的程序(第82条)

1979年刑法典没有关于假释程序的规定,基于与减刑程序增设相同的原因和背景,刑法修订中增加了假释程序的内容。新《刑法》第82条规定:"对于犯罪分子的假释,依照本法第七十九条规定的程序进行。非经法定程序不得假释。"

三、假释的考验期(第83条)

1979年《刑法》第74条第1款规定:"有期徒刑的假释考验期限,为没有执行完毕的刑期;无期徒刑的假释考验期限为十年。"第2款规定:"假释考验期限,从假释之日起计算。"

1997年《刑法》第83条完全沿用了上述规定,没有作任何修改。

四、假释的监督考察(第84条)

在1979年刑法典中,没有对假释犯监督考察内容的明确规定。为加强对假释犯的监督和管理,1989年8月最高人民法院、最高人民检察院、公安部、司法部曾下发《关于依法加强对管制、剥夺政治权利、缓刑、假释和暂予监外执行罪犯监督考察工作的通知》和1995年2月公安部曾颁布《对被管制、剥夺政治权利、缓刑、假释、保外就医罪犯的监督管理规定》,这些要求和行政性规章对假释犯在假释期间应该遵守的行为规则作了比较详细的规定。考虑到以前的立法经验以及实践中对假释犯的监管效果,修订刑法时,立法工作机关吸收了上述通知和规定的基本内容。1996年8月8日的刑法总则修改稿第80条规定:"被宣告假释的犯罪分子,必须遵守下列规定:(一)遵守法律、法规,服从群众监督;(二)向监狱和公安机关定期报告自己的活动情况;(三)迁居或者暂时离开居住区域,应当报经公安机关批准。"

后来,经过多次修改和研拟,立法工作机关又对假释犯的监督考察内容作了补充完善:一是取消了第(一)项中"服从群众监督"中的"群众"两字,以扩大监督主体的范围。二是将第(三)项中的"暂时离开居住区域"修改为"离开所居住的市、县",使得监督的内容更符合实际情况,更便于对假释犯的监督。三是将"监狱和公安机关"修改为"监督机关"。四是增加一项内容,即遵守监督机关关于会客的规定。

这样,第八届全国人大第五次会议修订的《中华人民共和国刑法》第84条对假释犯行为规则的规定就是:"被宣告假释的犯罪分子,应当遵守下列规定:(一)遵守法律、行政法规,服从监督;(二)按照监督机关的规定报告自己的活动情况;(三)遵守监督机关关于会客的规定;(四)离开所居住的市、县或者迁居,应当报经监督机关批准。"

五、假释的考验及法律后果(第85条)

1979年《刑法》第75条规定:"被假释的犯罪分子,在假释考验期限内,由公安机关予以监督,如果没有再犯新罪,就认为原判刑罚已经执行完毕……"

与1979年《刑法》第75条的上述规定相比,新刑法典补充规定了"公开予以宣告"的内容。原判刑罚被认为已经执行完毕后,被假释者便不能被认为是犯罪分子,其在假释考验期间所受的各种限制应当解除,公开予以宣告,让社区或农村的群众知情,对于保障被假释者的正当权利是有益而必要的。之后,《刑法修正案(八)》又对1997年《刑法》第85条的规定作了修改,原"由公安机关予以监督"被修改为"依法实行社区矫正"。这样,经过上述修改补充的《刑法》第85条的规定是:"对假释的犯罪分子,在假释考验期限内,依法实行社区矫正,如果没有本法第八十六条规定的情形,假释考验期满,就认为原判刑罚已经执行完毕,并公开予以宣告。"

六、假释的撤销及法律后果(第86条)

1997年《刑法》第86条用3款对假释的撤销及其法律后果作了规定,其中,第1款规定:"被假释的犯罪分子,在假释考验期限内犯新罪,应当撤销假释,依照本法第七十一条的规定实行数罪并罚。"第2款规定:"在假释考验期限内,发现被假释的犯罪分子在判决宣告以前还有其他罪没有判决的,应当撤销假释,依照本法第七十条的规定实行数罪并罚。"第 3 款规定:"被假释的犯罪分子,在假释考验期限内,有违反法律、行政法规或者国务院公安部门有关假释的监督管理规定的行为,尚未构成新的犯罪的,应当依照法定程序撤销假释,收监执行未执行完毕的刑罚。"

与 1979 年《刑法》第 75 条的规定相比,新《刑法》第 86 条补充并完善了假释的撤销条件及其相应的法律后果。具体而言:

1. 增设在假释考验期限内发现漏罪时如何处理的规定

关于假释的撤销,1979 年刑法只规定了一种情形,即在假释考验期内再犯新罪。但是在实践中常常会遇到在假释考验期限内,发现被宣告假释的犯罪分子在判决宣告以前还有其他罪没有判决的情况,对于这种情况,按照 1979 年刑法典不能撤销假释,这有违假释制度设立的初衷,会宽纵犯罪分子,不利于假释制度在改造犯罪分子中应有功效的发挥。有鉴于此,立法机关在修订刑法时特作了补充规定。

2. 增设假释考验期间内严重违法时撤销假释的规定

对于这种情况,1994 年《监狱法》第 33 条曾规定:"……被假释的罪犯,在假释期间有违反法律、行政法规和国务院公安部门有关假释的监督管理规定的行为,尚未构成新的犯罪的,公安机关可以向人民法院提出撤销假释的建议,人民法院应当自收到撤销假释建议书之日起一个月内予以审核裁定。人民法院裁定撤销假释的,由公安机关将罪犯送交监狱收监。"刑法修订中,立法机关考虑到司法实践的需要,特将《监狱法》上述规定的基本精神吸纳到刑法中,以完善撤销假释的规定。

对于这种情况的撤销假释如何表述,在修订研拟过程中,曾经有过一个变化过程。1997 年 2 月 17 日刑法草案(修改稿)之前的稿本均将其表述为"在假释考验期内违反法律、行政法规或者国务院公安部门有关假释的监督管理规定,情节严重",其中"情节严重"是撤销假释不可缺少的条件。但是在此后的讨论过程中,有部门提出,刑法规定的适用假释的本质条件是"不致再危害社会",因此,只要假释犯在假释考验期内实施了违法行为,即使是一般的违法行为,也意味着违背了适用假释的本质条件,就应当撤销假释,而且国外也不乏将不遵守考验期内应该遵守的事项都作为撤销假释的条件的立法例。立法机关考虑到假释犯所犯之罪一般比缓刑犯重,社会危害性也大得多,本着区别对待的原则,理应作出与缓刑犯不同的规定,于是采纳了这一建议,将撤销假释的第三种情形修改为"在假释考验期内有违反法律、行政法规或者国务院公安部门有关假释的监督管理规定的行为,尚未构成新的犯罪的"。如此则意味着,只要罪犯在假释考验期内违反了法律、行政法规或者国务院公安部门有关假释的监督管理规定的,无论违反的程度轻重,一概需要撤销假释,收监执行未执行完毕的刑罚。

此外,关于撤销假释的条件,在 1995 年 8 月 8 日、1996 年 6 月 24 日的刑法修改稿本中,除了规定前述的三种撤销假释的条件外,还有第四种,即"不执行人民法院关于赔偿的判决或者裁定的",撤销假释。后来考虑到如果不执行法院裁判的行为有可能构成犯罪,即使没有构成犯罪,这种行为也属于情节严重的违法行为,所以,若将此作为撤销假释的第四种情形,与本条其他项的规定交叉重复。有鉴于此,立法工作机关在后来的刑法修订草案中取消了这种规定。

新刑法典颁行十余年后,为了适应国家对社区矫正制度的构建以及有关部门职能调整的需要,《刑法修正案(八)》对 1997 年《刑法》第 86 条第 3 款的规定作了微调,将原规定的"国务院公安部门有关假释的监督管理规定"修改为"国务院有关部门关于假释的监督管理规定"。

第八节 时 效

一、追诉时效(第 87 条)

1979 年《刑法》第 76 条规定:"犯罪经过下列期限不再追诉:(一) 法定最高刑为不满五年有期徒刑的,经过五年;(二) 法定最高刑为五年以上不满十年有期徒刑的,经过十年;(三) 法定最高刑为十年以上有期徒刑的,经过十五年;(四) 法定最高刑为无期徒刑、死刑的,经过二十年。如果二十年以后认为必须追诉的,须报请最高人民检察院核准。"

我国学界和实务界对于 1979 年刑法典确立的追诉时效的规定,在国家决定全面修订刑法之后的相当长的一段时间里,基本上没有什么异议,因此,1996 年之前的刑法修改稿本皆延续了 1979 年《刑法》第 76 条的规定。后来,由于受 1996 年"严打"思想的影响,1996 年 10 月 10 日的刑法修订草案(征求意见稿)不仅将追诉时效的确定标准由法定最高刑修改为宣告刑,而且还规定,应当判处 10 年以上有期徒刑、无期徒刑和死刑的,不受追诉时效的限制。当时拟制的条文是:"犯罪经过下列期限不再追诉:(一) 依法应当判处不满五年有期徒刑的,经过五年;(二) 依法应当判处五年以上不满十年有期徒刑的,经过十年。依法应当判处十年以上有期徒刑、无期徒刑、死刑的,不受追诉时效的限制。"

在此后的修订研讨中,多数人认为如此修改过于严厉,1979 年《刑法》第 76 条关于时效规定的适用在司法实践中没有发现问题,也与外国刑事立法的通例相一致;以宣告刑作为决定是否追诉的标准,等于在立案前公安、检察机关就要先行量刑,不仅颠倒了程序,而且也不易做到;"依法应当判处十年以上有期徒刑、无期徒刑、死刑的,不受追诉时效的限制"的规定,使得追诉范围过宽,不利于维持稳定的社会关系,不符合刑罚的目的。有鉴于此,建议维持 1979 年《刑法》第 76 条关于时效的规定。立法机关采纳了这一建议,这样,第八届全国人大第五次会议修订的《中华人民共和国刑法》第 87 条关于追诉时效的内容就完全沿用了 1979 年《刑法》

第76条的规定。

二、无限期的追诉效力(第88条)

1979年《刑法》第77条规定:"在人民法院、人民检察院、公安机关采取强制措施以后,逃避侦查或者审判的,不受追诉期限的限制。"

与1979年《刑法》第77条的上述规定相比,1997年《刑法》第88条主要作了如下补充和修改:

1. 增加"国家安全机关"的规定

1979年刑法制定之时,还未设立国家安全机关。后来出于侦查和惩治危害国家安全犯罪的需要,1983年7月第六届全国人民代表大会第一次会议决定设立国家安全机关。根据1983年9月全国人大常委会《关于国家安全机关行使公安机关的侦查、拘留、预审和执行逮捕的职权的决定》的规定,国家安全机关,承担原由公安机关主管的间谍、特务案件的侦查工作,是国家公安机关的性质,可以行使宪法和法律规定的侦查、拘留、预审和执行逮捕的职权。根据这一决定的精神和司法工作的实际需要,刑法修订时增加了"国家安全机关"的规定。

2. 修改了无限期追诉的条件

1979年刑法典将无限期追诉的条件限定为司法机关"采取强制措施以后,逃避侦查或者审判"。在刑法修订过程中,有部门提出,这样的规定,不能很好地解决实践中发生的问题,无法满足司法实践的需要,因为司法机关在办案过程中,经常是先进行案前调查,然后再考虑是否要采取强制措施,而在采取强制措施之前很多犯罪分子已经逃跑,对这些人不予追诉不合理,因此,在条文中除"强制措施"外,还应增加"讯问"和"公开通缉"。经过研究,立法机关部分采纳了这一建议,在1997年1月10日的刑法修订草案第89条中增加了"通缉"的内容。当时拟制的条文是:"在人民法院、人民检察院、公安机关、国家安全机关采取强制措施或者通缉以后,逃避侦查或者审判的,不受追诉期限的限制。"1997年2月17日的刑法修订草案(修改稿)以及1997年3月1日提交第八届全国人大第五次会议审议的刑法修订草案均采用与上述规定相同的表述。

后来,在全国人大五次会议讨论审议中,考虑到对犯罪的有力惩治和对被害人更有效保护的需要,在1997年3月13日的《中华人民共和国刑法(修订草案)》第90条第1款中再次将无限期追诉的适用从"采取强制措施或通缉"之后,提前到"立案侦查"和人民法院的"受理案件"之后,凡是处于这个时间的"逃避侦查或者审判"的行为,都不再受追诉期限的限制。这样,经过第八届全国人大第五次会议修订的《中华人民共和国刑法》第88条第1款的条文就演变为:"在人民检察院、公安机关、国家安全机关立案侦查或者在人民法院受理案件以后,逃避侦查或者审判的,不受追诉期限的限制。"

3. 增加规定被害人控告而导致无限期追诉的制度

根据1979年刑法典的规定,如果被害人在追诉期内提出控告,国家追诉机关应当立案而不立案仍然要受追诉时效的限制。这种情况明显不利于保护被害人的合法权益,更不利于对犯罪分子的惩治和威慑。基于此,刑法修订中特增加一款作为新《刑法》第88条第2款:"被害人在追诉期限内提出控告,人民法院、人民检察院、公安机关应当立案而不予立案的,不受追诉期限的限制。"

三、追诉时效的中断与起算(第89条)

1997年《刑法》第89条第1款规定:"追诉期限从犯罪之日起计算;犯罪行为有连续或者继续状态的,从犯罪行为终了之日起计算。"第2款规定:"在追诉期限以内又犯罪的,前罪追诉的期限从犯后罪之日起计算。"

上述规定完全沿用了1979年《刑法》第78条的规定,没有作任何修改。

第五章

其他规定

一、民族自治地方变通立法(第90条)

1979年《刑法》第80条规定:"民族自治地方不能全部适用本法规定的,可以由自治区或者省的国家权力机关根据当地民族的政治、经济、文化的特点和本法规定的基本原则,制定变通或者补充的规定,报请全国人民代表大会常务委员会批准施行。"

考虑到国家权力机关包括人民代表大会及其常设机关人大常委会,而根据宪法的规定,只有民族自治地方的人民代表大会才有权制定自治条例和单行条例,为使刑法用语更加准确,避免歧义,故在1997年《刑法》第90条中,立法机关将"国家权力机关"明确修改为"人民代表大会",此外的其他内容,完全沿用了1979年《刑法》第80条的规定。

二、公共财产(第91条)

关于公共财产的含义,1979年《刑法》第81条第1款规定:"本法所说的公共财产是指下列财产:(一)全民所有的财产;(二)劳动群众集体所有的财产。"第2款规定:"在国家、人民公社、合作社、合营企业和人民团体管理、使用或者运输中的私人财产,以公共财产论。"

在刑法修订研拟过程中,要不要在刑法典总则中界定公共财产,曾经有过不同的看法。从刑法修改稿本的具体情况看,一些稿本曾取消了公共财产的规定,如,1988年11月16日和12月25日的刑法修改稿本。对此,有部门提出,上述刑法修改稿本取消公共财产的解释,有些不妥。因为司法机关在处理贪污案件时,特别是办理中外合资、合作企业、承包企业的案件时,在掌握公共财产的范围上尤感困难,立法中不能回避这一问题。于是,立法工作机关在1995年8月8日的总则修改稿又重新对公共财产作出界定。该稿第85条第1款的表述与1979年刑法典的规定相同,第2款将1979年《刑法》第81条第2款规定中的"国家、人民公社、合作社、合营企业"的表述修改为"国家机关、全民所有制、集体所有制企业"。这一表述历经1996年6月24日、8月8日和8月31日稿而未变。到了1996年10月10日的修订草案(征求意见稿),该稿第88条第2款又将"全民所有制、集体所有制企业"

的表述修改为"国有企业、集体企业"。1996年12月中旬的修订草案在上述修改的基础上又增加列举了"国有公司",由此而形成了新《刑法》第91条第2款的规定。

在刑法修订研拟过程中,也有人提出,公益事业的社会捐助和专项基金既不属于国有,也不属于集体所有,但其一旦形成,无论来源如何,便不再属于个人所有,而是属于公共财产,故应当将用于公益事业的社会捐助和专项基金也纳入公共财产的范围。立法机关采纳了这一建议,故1997年2月17日的刑法修订草案修改稿第93条第1款第(3)项特增加规定,"用于扶贫和其他公益事业的社会捐助或者专项基金的财产",也属于公共财产。

经过以上修改和补充,1997年《刑法》第91条第1款规定:"本法所称公共财产,是指下列财产:(一)国有财产;(二)劳动群众集体所有的财产;(三)用于扶贫和其他公益事业的社会捐助或者专项基金的财产。"第2款规定:"在国家机关、国有公司、企业、集体企业和人民团体管理、使用或者运输中的私人财产,以公共财产论。"

三、公民私人所有的财产(第92条)

关于公民私人所有的财产的含义,根据1979年《刑法》第82条的规定,是指下列财产:"(一)公民的合法收入、储蓄、房屋和其他生活资料;(二)依法归个人、家庭所有或者使用的自留地、自留畜、自留树等生产资料"。

1979年刑法典制定的时候,我国改革开放才刚刚起步,受当时法律和政策的局限,公民合法所有的生活和生产资料很少。但随着经济体制改革的逐步发展,我国的社会经济形势发生了巨大的变化,公民个人合法所有的财产逐渐增多,财产的表现形态也渐趋多样化,故此,重新调整私人所有财产的范围,以与现实情况相协调,极具其必要性。

在刑法修订研拟过程中,立法机关对"公民私人所有的财产"的规定作了如下的删改:一是删除了"自留地、自留畜、自留树",因为这些生产资料不需要再单独列举,生产资料的范围很宽,也列举不全。二是增设了对"个体户和私营企业的合法财产"予以保护的规定,因为个体劳动者和私营企业主的大量出现,在客观上要求法律对他们的财产予以承认和保护。三是增设了需要法律保护的新的财产形态,如股份、股票、债券、基金等。四是去掉了原条文中"本法所说的公民私人所有的合法财产"中的"合法"两字。

经过以上的修改和补充,最终形成的1997年《刑法》第92条的规定是:"本法所称公民私人所有的财产,是指下列财产:(一)公民的合法收入、储蓄、房屋和其他生活资料;(二)依法归个人、家庭所有的生产资料;(三)个体户和私营企业的合法财产;(四)依法归个人所有的股份、股票、债券和其他财产。"

四、国家工作人员(第93条)

关于国家工作人员的含义,1979年《刑法》第83条规定:"本法所说的国家工作人员是指一切国家机关、企业、事业单位和其他依照法律从事公务的人员。"

1979年刑法典颁行后,随着我国改革开放的发展,单一的所有制形式被打破,以公有制为基础的多种所有制经济共同发展。适应这种形势,1982年3月8日第五届全国人大常委会第二十二次会议通过了《关于严惩严重破坏经济的罪犯的决定》,在其第1条第2款中,立法机关对"国家工作人员"的规定作出了修正,即:"本决定所称国家工作人员,包括在国家各级权力机关、各级行政机关、各级司法机关、军队、国营企业、国家事业机构中工作的人员,以及其他各种依照法律从事公务的人员。"

然而,随着市场经济体制的不断深入和发展,尤其是政企分开,经营权与所有权分离,1995年2月28日第八届全国人大常委会第十二次会议通过了《关于惩治违反公司法的犯罪的决定》,该决定第12条规定:"国家工作人员犯本决定第九条、第十条、第十一条规定之罪的,依照《关于惩治贪污罪贿赂罪的补充规定》的规定处罚。"该决定第14条规定:"有限责任公司、股份有限公司以外的企业职工有本决定第九条、第十条、第十一条规定的犯罪行为的,适用本决定。"在这种情况下,必须对国家工作人员的范围予以厘清,以适应司法实践认定、惩治国家工作人员和国家工作人员以外的其他公司人员实施的犯罪行为的需要。

于是,最高人民检察院于1995年11月7日下达《关于办理公司、企业人员受贿、侵占和挪用公司、企业资金犯罪案件适用法律的几个问题的通知》,该通知第1条第2款指出:"……'所谓国家工作人员',是指:(1)国家机关工作人员,即在国家各级权力机关、各级行政机关、各级司法机关和军队工作的人员;(2)在国家各类事业机构中工作的人员;(3)国有企业中的管理工作人员;(4)公司、企业中由政府主管部门任命或者委派的管理人员;(5)国有企业委派到参股、合营公司、企业中行使管理职能的人员;(6)其他依法从事公务的人员。"

最高人民法院也于1995年12月25日制定了《关于办理违反公司法受贿、侵占、挪用等刑事案件适用法律若干问题的解释》。该解释第4条第2款对1995年2月28日全国人大常委会《关于惩治违反公司法的犯罪的决定》第12条所说的"国家工作人员"作出了司法解释,即:"在国有公司、企业或者其他公司、企业中行使管理职权,并具有国家工作人员身份的人员,包括受国有公司、国有企业委派或者聘请,作为国有公司、国有企业代表,在中外合资、合作、股份制公司、企业中,行使管理职权,并具有国家工作人员身份的人员。"第5条对《关于惩治违反公司法的犯罪的决定》第14条所说的"有限责任公司、股份有限公司以外的企业职工"进行了解释:"是指有限责任公司、股份有限公司以外的企业中非国家工作人员的职工"。应当说,这些规定和司法解释在一定程度上给司法实践认定犯罪造成了歧义。

在刑法修订研拟过程中,围绕着国家工作人员的范围,刑法学界和实务界的争论都非常大,尤其是刑法典的修改进入了全面重点的修改阶段以后,围绕着上述规定及各方意见,立法工作机关的刑法修订稿本对国家工作人员的范围收了放,放了收,收了再放:1995年8月8日刑法总则修改稿第87条将国家工作人员的范围限制为:在国家权力机关、行政机关、司法机关、军队、政党中从事公务的人员。1996年8月8日刑法总则修改稿第88条则扩大为:"……是指国家行政机关的公务员和在国家权力机关、司法机关、军队、人民团体中依照法律从事公务的人员。受国家机关委托,在企业、事业单位从事公务的人员,或者参照公务员系列的,以国家工作人员论。"1996年10月10日的刑法修订草案(征求意见稿)第90条又将国家工作人员的范围进一步扩大,规定:"本法所说的国家工作人员是指在国家机关、国有企业、事业单位、人民团体中从事公务的人员和国家机关、国有企业、事业单位委派到非国有企业、事业单位、社会团体从事公务的人员。受国家机关、国有企业、事业单位委托从事公务的人员,以国家工作人员论。"1997年1月10日刑法修订草案第95条缩小了国家工作人员的范围:"本法所称国家工作人员,是指在国家权力机关、行政机关、司法机关、军事机关和人民团体中从事公务的人员。"1997年2月17日的刑法修订草案(修改稿)第95条将国家工作人员的范围重新扩张为:"本法所称国家工作人员,是指国家机关中从事公务的人员。国有公司、企业、事业单位、人民团体中从事公务的人员和国家机关、国有公司、企业、事业单位委派到非国有公司、企业、事业单位、社会团体从事公务的人员,以国家工作人员论。"1997年3月1日的刑法修订草案第93条在1997年2月17日稿本的基础上又增加了"其他依照法律从事公务的人员"的内容,由此,最终完成对国家工作人员范围的界定。这就是1997年《刑法》第93条的由来。

回顾立法的研拟进程,基本上是围绕着两种意见在论争。以最高人民法院为代表的意见主张缩小刑法中国家工作人员的范围,将其限定为国家机关中依法从事公务的人员;受国家机关委派从事公务的人员,以国家工作人员论。其主要理由是:

(1)在企业、事业单位从事经营管理职权的人员在性质上不同于国家行政机关、权力机关、司法机关及军队中依法从事公务的人员,后者是代表国家管理社会,前者则不具备这种特征。

(2)对国家工作人员的范围从严掌握,有利于突出刑法打击重点,维护国家机关的廉洁性。

(3)把企业、事业单位的工作人员也作为国家工作人员,既不符合政企分开的经济体制改革的方向,也不符合干部分类管理的人事制度改革的方向。

(4)修订后的刑法已有侵占罪、非国家工作人员受贿罪、挪用资金罪等规定,将国家工作人员的范围从严掌握，不影响对国家工作人员以外的企业、事业等单位中人员的经济犯罪的惩处。

（5）实践中对于企业、事业单位中哪些是国家工作人员，哪些是非国家工作人员很难认定。

（6）规定"受国家机关委派从事公务的人员，以国家工作人员论"，既把国家机关以外的工作人员与国家工作人员相区别，又不妨碍对他们的职务犯罪按国家工作人员职务犯罪处理。①

以最高人民检察院为代表的意见则主张对国家工作人员的范围适度扩张，赞成1996年10月10日刑法修订草案（征求意见稿）对国家工作人员的界定。其主要理由是：

（1）我国是公有制占主导地位的社会主义国家，宪法和法律对公共财产规定加以特殊保护，国有公司、企业中的管理人员有责任有义务使国有资产得以保值和增值，对国有财产的管理是对国家和社会进行管理的重要方面，所以国有公司、企业中的管理人员应该属于国家工作人员的范围。

（2）国有资产流失是我国目前一个大问题。为有效保护国有财产，有必要加大对国有财产的保护力度。

（3）国家工作人员的概念不能等同于国家机关工作人员或公务员，这在新修改的刑事诉讼法中已有明确规定，所以那些把国家工作人员解释为在国家机关中从事公务人员的意见，与法律规定不符。

（4）随着现代企业制度的逐步发展，企业的人事制度有了一些变化，企业的干部不都是由国家机关任命和委派，打破了工人和干部的身份界限。在这种情况下，把是否具有国家干部的身份作为衡量是否属于国家工作人员的标准，显然不合适。

（5）1996年10月10日征求意见稿第90条的规定，有实际的操作性，在实践中较好掌握，而且也解决了有关司法解释关于国家工作人员界定的分歧之处，对于统一认识、统一执法都有好处。

（6）保持征求意见稿第90条规定的国家工作人员的合适范围，有利于反腐败斗争的深入发展。目前的腐败问题不仅反映在国家机关，在一些企业事业单位和人民团体中也大量存在。从总的情况看，贪污罪的大案，绝大多数都在企业中，特别是在金融系统等垄断性经济中，腐败问题异常突出。检察机关查办的贪污案件发生在国家机关的所占比例极小。所以不能从简单的概念出发，而应从客观实际出发来确定国家工作人员的范围。

---

① 参见最高人民法院刑法修改小组：《关于对〈中华人民共和国刑法（修订草案）〉（征求意见稿）的修改意见（1996年11月15日）》，载高铭暄、赵秉志编：《新中国刑法立法文献资料总览》（下），中国人民公安大学出版社1998年版，第2436—2437页。

(7) 在总则中确定国家工作人员的范围,直接关系到分则许多罪名的适用问题。在渎职罪等一系列犯罪中,如果把国家工作人员的范围划得过窄,将产生一系列的复杂问题,将人为地造成适用上的混乱。

(8) 我国社会主义市场经济体制的建立和发展将有一个过程,政企分开也要循序渐进,政企不分的问题在相当长的时间内仍会存在,一些企业特别是垄断行业,行政管理职能不会在短期内取消。如果现在把企业人员全都从国家工作人员中划出,将会直接影响反腐斗争的发展。①

经过研究和论证,考虑到,国家工作人员应该主要是指在国家机关中代表国家对公共事务进行组织、领导、执行、监督等管理职能的人员,但在我国公有制为主导的体制下,国家不可能完全取消对国有公司、企业的干预,而且在国家体制改革与社会转型的现阶段,也需要对计划经济体制下的遗留问题进行充分地吸收和过渡。因此,为了加强对国有资产的管理,立法也需要将国家机关直接任命到国有公司、企业、事业单位从事公务的人员,以及国有单位委派到非国有单位从事公务的人员,列入国家工作人员的范围。此外,根据我国的政治体制,在工会、妇联等人民团体中从事公务的人员,也应该列入国家工作人员的范围。最终,第八届全国人大第五次会议修订的《中华人民共和国刑法》第93条采用了折中的办法,即国家工作人员是指在国家机关中从事公务的人员,但在国有公司、企业、事业单位、人民团体中从事公务的人员和国家机关、国有公司、企业、事业单位委派到非国有公司、企业、事业单位、社会团体从事公务的人员,以及其他依照法律从事公务的人员,也以国家工作人员论。

此外,在司法实践具体认定国家工作人员的范围时,村民委员会等村基层组织人员管理公共事务工作时,是否属于第93条第2款中的"其他依照法律从事公务的人员",一直是困扰司法机关的一个难题。为此,基于最高人民法院和最高人民检察院的建议,2000年4月29日,全国人大常委会通过了《关于〈中华人民共和国刑法〉第九十三条第二款的解释》,最终使这一司法难题得以比较圆满地解决。根据这一立法解释,村民委员会等村基层组织人员协助人民政府从事下列行政管理工作,属于《刑法》第93条第2款规定的"其他依照法律从事公务的人员":救灾、抢险、防汛、优抚、扶贫、移民、救济款物的管理;社会捐助公益事业款物的管理;国有土地的经营和管理;土地征用补偿费用的管理;代征、代缴税款;有关计划生育、户籍、征兵工作;协助人民政府从事的其他行政管理工作。

这一立法解释还规定,村民委员会等村基层组织人员从事以上规定的公务,利

---

① 参见最高人民检察院刑法修改研究小组:《关于对〈中华人民共和国刑法(修订草案)〉(征求意见稿)的修改意见(1996年11月15日)》,载高铭暄、赵秉志编:《新中国刑法立法文献资料总览》(下),中国人民公安大学出版社1998年版,第2633—2634页。

用职务上的便利,非法占有公共财物、挪用公款、索取他人财物或者非法收受他人财物,构成犯罪的,适用《刑法》第382条和第383条贪污罪、第384条挪用公款罪、第385条和第386条受贿罪的规定。

随着社会情势的变化,2009年8月27日第十一届全国人民代表大会常务委员会第十次会议通过了《全国人民代表大会常务委员会关于修改部分法律的决定》,该决定第二部分规定了将部分法律"征用"的写法修改为"征收、征用",将该解释"土地征用补偿费用的管理"也修改为"土地征收、征用补偿费用的管理"。

五、司法工作人员的含义(第94条)

关于司法工作人员的含义,1979年《刑法》第84条规定:"本法所说的司法工作人员是指有侦讯、检察、审判、监管人犯职务的人员。"

在刑法修订过程中,立法机关对此作了三处修改:一是将原条文中的"本法所说的"改为"本法所称";二是将"侦讯"改为"侦查";三是将"监管人犯职务的人员"修改为"监管职责的工作人员",以使刑法用语更加准确、文字更加简练。经过这些调整,新《刑法》第94条的规定是:"本法所称司法工作人员,是指有侦查、检察、审判、监管职责的工作人员。"

六、重伤的含义(第95条)

关于重伤的含义,1979年《刑法》第85条规定:"本法所说的重伤是指有下列情形之一的伤害:(一)使人肢体残废或者毁人容貌的;(二)使人丧失听觉、视觉或者其他器官机能的;(三)其他对于人身健康有重大伤害的。"

刑法修订中,立法机关仅对原规定作了一处文字上的调整,即将原条文中的"本法所说的"修改为"本法所称",以使文字更加简练,其他则完全沿用了1979年《刑法》第85条的规定。

七、违反国家规定的含义(第96条)

出于立法技术上的考虑,无论是1979年刑法典分则还是新刑法典分则,均有一些犯罪(法定犯)系采用空白罪状的方式来表述,在这种情况下,要认定某一犯罪的构成要件要素,必须参照其他相关法律法规的规定。由于1979年刑法典没有对"违反××规定"的层级作出明确规定,司法实践中,难免认识不一,随意性较大。为了统一概念和司法标准,维护法律的严肃性和权威性,更好地贯彻罪刑法定原则的要求,在刑法修订时,立法机关特在新刑法典中增加了"违反国家规定"的含义的界定。

从立法修订草案的表述演变看,"违反国家规定"的界定首先出现在1996年10月10日的刑法修订草案(征求意见稿)中,该稿第93条规定:"本法所说违反国家规定是指违反全国人民代表大会及其常务委员会制定的法律和决定,国务院制定的行政法规和行政措施、发布的决定和命令。"之后,这一表述历经1996年12月中旬和12月20日刑法修订草案均没有变化。到了1997年1月10日的刑法修订草案稿,立法机关出于统一并规范立法用语的考虑,将"本法所说"修改为"本法所称",其他的表述未变。1997年3月1日的修订草案又将"国务院制定的行政法规和行政措施"修改为"国务院制定的行政法规、规定的行政措施"。经过这些调整,最终形成了1997年《刑法》第96条的规定:"本法所称违反国家规定,是指违反全国人民代表大会及其常务委员会制定的法律和决定,国务院制定的行政法规、规定的行政措施、发布的决定和命令。"据此,国务院各部委、中国人民银行、审计署及直属机构发布的部门规章、地方人大及其常委会制定的地方性法规、地方政府发布的地方政府规章,从层级上说,均不能作为认定行为人是否违法从而是否构成犯罪的依据。

八、首要分子的含义(第97条)

关于首要分子的含义,1979年《刑法》第86条规定:"本法所说的首要分子是指在犯罪集团或者聚众犯罪中起组织、策划、指挥作用的犯罪分子。"

刑法修订中,立法机关对该条仅作了一处文字上的调整,即将原条文中的"本法所说的"修改为"本法所称",以使文字更加简练,其他则丝毫未改,此即新《刑法》第97条的规定。

九、告诉才处理的含义(第98条)

关于告诉才处理的含义,1979年《刑法》第87条规定:"本法所说的告诉才处理,是指被害人告诉才处理。如果被害人因受强制、威吓无法告诉的,人民检察院和被害人的近亲属也可以告诉。"

刑法修订中,立法机关对该条仅作了一处修改,即将原条文中的"本法所说的"修改为"本法所称",以使文字更简练,其他别无所动,此即1997年《刑法》第98条的规定。

顺便指出的是,关于代为告诉条件的表述,在刑法修订稿的表述上曾经历过一些变化。在1988年9月的刑法修改稿中,第87条将代为告诉的规定写为:"如果被害人因受强制、威吓或者其他原因愿意告诉而无法告诉的,人民检察院和被害人的近亲属也可以告诉。"1988年11月16日稿则将代为告诉的条件修改为"因受强制、威吓或者其他原因无法告诉"。考虑到"其他原因"的表述很宽泛,有可能架空被害人告诉才处理的规定,因此从1996年8月8日稿起,删去了"其他原因"的表述。

十、以上、以下、以内的含义(第99条)

关于以上、以下、以内的含义,1979年《刑法》第88条规定:"本法所说的以上、以下、以内,都连本数在内。"

为使立法用语更加准确、文字更加简练,在修订研拟中,立法机关将原条文中的"本法所说的"修改为"本法所称",将"都连本数在内"修改为"包括本数",此外则完全沿用了1979年《刑法》第88条的规定。

十一、前科报告制度(第100条)

1979年刑法典没有规定前科报告制度。时任全国人大常委会副委员长的王汉斌同志在1996年11月11日修改刑法座谈会开幕式上的讲话中指出,规定对某些犯罪剥夺某种资格,实践中比较难办。能否考虑倒过来规定,即规定担任某种资格前,必须登记刑事犯罪记录。不如实申报,就不能任职。国外有这样的做法,我们能否也研究一下。① 在之后的研拟过程中,也有人提出,在现实中一些受过刑事处罚的人,在回归社会后,主观恶性仍然很深,在入伍或就业后仍有可能继续犯罪,而我国现行法律中并未规定这些人在入伍或就业时应当如实报告受刑记录,有些接收单位对该人员的一贯表现及是否受过刑事处罚无从了解,不利于有关单位对这些人及时采取教育、监督措施,也不利于军队队伍的纯洁。因此,建议在刑法中规定前科报告制度。立法工作机关经过研究,在1996年12月中旬的刑法修订草案第102条对此作了规定:"依法受过刑事处罚的人,在入伍、就业的时候,应当如实向有关单位报告自己曾受过刑事处罚,不得隐瞒。"这一规定最终为1997年《刑法》第100条所采用。

1997年刑法典颁行后,为进一步贯彻对未成年犯从宽处理的刑事政策,考虑到未成年人处在体力、智力发育过程中,虽已具有一定的辨别和控制自己行为的能力,但由于其经历短,社会知识少,其成熟程度不同于成年人,因此,对于未成年时的犯罪记录与成年后的犯罪记录应当区别对待。对于未成年时有较轻犯罪记录的人,如果要求他们在入伍、就业时如实报告自己曾受刑事处罚的情况,可能会对他们的录取或录用造成困难,对他们人生发展道路产生不利影响。立法机关根据全国人大代表的建议和有关部门的意见,于是在《刑法修正案(八)》中单设一款作为《刑法》第100条第2款,免除了犯轻罪的未成年犯罪人前科报告义务,即:"犯罪的时候不满十八周岁被判处五年有期徒刑以下刑罚的人,免除前款规定的报告义务。"这一规定有利于促进未成年犯复归社会,具有十分积极的意义。

---

① 参见王汉斌:《在修改刑法座谈会开幕式上的讲话(摘要)(1996年11月11日)》,载高铭暄、赵秉志编:《新中国刑法立法文献资料总览》(下),中国人民公安大学出版社1998年版,第2151页。

十二、刑法典总则的效力(第101条)

关于刑法典总则的效力,1979年《刑法》第89条规定:"本法总则适用于其他有刑罚规定的法律、法令,但是其他法律有特别规定的除外。"

1978年《宪法》中规定全国人大常委会制定的规范性文件称为"法令",1979年《刑法》以1978年《宪法》为依据,也保留了"法令"的称呼。现行宪法在界定全国人大常委会的职权时,取消"法令"而代之以"法律"的称谓,这意味着,"法令"一词已不是法定用语,再予保留,易生歧义,故刑法修订时,立法机关将其删去。除此之外,1997年《刑法》第101条则完全沿用了1979年《刑法》第89条的规定。

第二编 分 则

第一章

危害国家安全罪

一、"反革命"罪名的更改

反革命罪是中国1979年刑法典分则规定的一个类罪名,它包含了从1979年《刑法》第91条至第102条的20种具体犯罪。根据我国1979年《刑法》第90条的规定,所谓反革命罪,是指以推翻无产阶级专政的政权和社会主义制度为目的,危害中华人民共和国的行为。随着我国的政治、经济、文化、社会生活各方面的变化,反革命犯罪案件也出现了许多新情况和新问题:一方面,反革命犯罪案件逐年在下降,在全国刑事案件中所占的比例越来越小;另一方面,司法实践对反革命目的的认定普遍感到比较棘手,客观上也影响了对反革命犯罪案件的正确处理。因此,自1983年起,我国刑法学界的一些学者就提出立法建议,要求对反革命罪进行修改,将反革命罪更名为危害国家安全罪。这一建议很快得到了学者们的响应和支持,并被全国人大常委会法工委1988年的刑法修改稿本所采纳。

到了20世纪80年代末90年代初,关于反革命罪应否更名为危害国家安全罪的问题,在我国刑法学界出现了不同意见。肯定论与否定论两种见解针锋相对,僵持不下。

肯定论者的主要理由是:反革命是一个含义不确定的政治概念,不宜作为严格的法律概念来使用;把反革命作为罪名,规定构成反革命罪就必须具备反革命目的这一主观要件,这会给司法机关认定反革命犯罪时带来不必要的困难;在我国,作为反革命罪这一类罪名赖以存在的阶级基础的剥削阶级已被消灭,在此情况下,不修改反革命类罪名,就不能反映已经变化了的新的政治形势和阶级关系的变化;改革开放要求我国加强国际交流和合作,而反革命罪在国际上被认为是政治犯罪,根据国际惯例,政治犯不予引渡,因此,继续沿用反革命罪类罪名不利于对实施这类犯罪而逃到国外或者中国公民在国外实施这类犯罪的犯罪分子的惩治;1979年刑法典中关于反革命罪的规定不符合"一国两制"的需要,必须从名称和有关内容上予以修改;将反革命类罪名修改为危害国家安全罪,不仅与世界其他国家刑事立法的通常做法相一致,而且也有利于我国同其他国家间的刑事司法交流与协助、合作;将反革命罪类罪名修改为危害国家安全罪,并不影响对相应犯罪行为的惩治。①

在否定论中,一些主张毫无疑问是立足于学术研究的角度进行争鸣和论证的,并没有超出学术争鸣的范围,但也有个别学者将反革命罪名修改的问题提到了政治的高度进行论战,认为取消反革命罪系政治错误甚至是反动思潮,这种观点甚至通过一定的渠道上达中共中央,引起了中央高层的关注。综合来看,否定论的主要理由有:反革命不仅是个政治概念,而且是个法律概念;我国的反革命罪不仅规定于我国刑法中,而且在宪法中也有规定;不能以反革命目的难以认定为由就废除反革命罪名,犯罪目的作为主观上的东西,难以认定并不限于反革命罪,对其他故意犯罪而言,同样存在;在我国目前,虽然剥削阶级已经不存在,但阶级斗争还将在一定范围内长期存在,在某种条件下还可能激化,反革命破坏活动仍然是我国人民民主专政的社会主义国家的主要威胁;"一国两制"实际上是"一国两法",两法并存,相互抵触的并非仅仅是反革命概念,也并非仅仅存在于刑法一个部门法领域;一国的刑事立法,无论在内容上还是在体例形式上都应当有自己的特色,无须强求与别国刑法协调一致,保留反革命罪名正是保留了我国刑法的特色;反革命罪的概念从第二次国内革命战争起一直至今,已为广大人民群众所熟悉、承认和接受,符合人民民主政权的司法传统和习惯,具有广泛的认识和实践基础;北京1989年春夏之交发生的反革命暴乱,证明了反革命概念不仅适用于过去革命战争年代,也同样适用于社会主义建设时期。②

最终,在我国刑法学界、司法实务界的有力推动下,中央高层的支持下,反革命罪被更名为危害国家安全罪。与此同时,立法机关还删除了此类犯罪主观上反革命目的的定义,并按照危害国家安全的性质对此类犯罪作了修改和调整,将该章中实际属于普通刑事犯罪性质的罪行移入其他罪章。应当说,这一修改是中国刑法致力于科学化和迎合现代刑法之通例的重要举措,从而为海内外所瞩目。

---

① 转引自赵秉志主编:《刑法争议问题研究》(下卷),河南人民出版社1996年版,第57—58页。
② 同上书,第59页。

二、背叛国家罪(第102条)

新《刑法》第102条规定的是背叛国家罪,该条系对1979年《刑法》第91条所规定的背叛祖国罪修改而来。1979年《刑法》第91条规定:"勾结外国,阴谋危害祖国的主权、领土完整和安全的,处无期徒刑或者十年以上有期徒刑。"[1]

背叛国家罪是最严重的危害国家安全犯罪,刑法修订时,对此罪首当其冲地配置了高度的法定刑。1988年9月的刑法修改稿第91条将1979年《刑法》第91条的内容修改为:"勾结外国,阴谋危害祖国的主权、领土完整和安全的,处无期徒刑或者十年以上有期徒刑;情节特别严重的,处死刑,并处没收财产。"

该修改稿在讨论中,有人提出,本罪刑罚设置方式不符合通常的刑罚设置方式,由于在后半段设置了加重情节的死刑档次,因此,第一档法定刑宜按照由轻到重的顺序设置。也有人提出,"勾结外国"的表述不够具体,应当包括境外的敌对势力,同时,背叛国家与分裂国家、颠覆政府往往是结合在一起的,建议合并规定。这样,1988年11月16日的刑法修改稿第94条将其修改为:"阴谋颠覆人民民主专政的政权、分裂国家的,或者与外国、境外地区的敌对势力相勾结,阴谋危害国家的主权、安全的,处七年以上有期徒刑或者无期徒刑,可以并处没收财产;情节特别严重的,处死刑,并处没收财产。"1988年12月25日的刑法修改稿本第94条又将上述规定的写法修改为:"勾结外国,阴谋危害祖国的主权、领土完整和安全的,处七年以上有期徒刑或者无期徒刑,可以并处没收财产;情节特别严重的,处死刑,并处没收财产。"

由于"阴谋"两字的含义可以理解为仅仅只有思想,而刑法是不能惩治思想的,而且,阴谋作为犯罪的构成要素,在外国刑法中也较为少见,一般来说,阴谋属于犯罪预备甚至早期预备,因此,在修订研拟过程中,有人提出应当删除"危害祖国的主权、领土完整和安全"前的"阴谋"两字,把刑法追究的对象限定在客观危害行为上,以贯彻刑法不追究单纯的思想的立法要求;同时,由于刑法在属地管辖的情况下,也处罚外国人,如果用"祖国"的概念,指代不明,需要将"祖国"改为"中华人民共和国",以使行文更加明确。故此,1996年12月20日刑法修订草案第104条又将该条内容修改为:"勾结外国,危害中华人民共和国的主权、领土完整和安全的,处无期徒刑或者十年以上有期徒刑。"[2]1997年2月17日刑法修订草案(修改稿)第104条也作出了相同的规定。

鉴于在现实中,除了存在与外国政府勾结的情形外,还存在着与境外非政府的

---

[1] 1979年刑法典中反革命罪的死刑集中规定在第103条;对反革命罪可以并处的没收财产刑,集中规定在第104条。以下不另作说明。

[2] 死刑和没收财产,仿照1979年刑法典体例,另写成条。

机构、组织甚至个人相勾结的情形,故此,1997年3月1日提交第八届全国人大第五次会议的《中华人民共和国刑法(修订草案)》第104条增加了一款内容:"与境外机构、组织、个人相勾结,犯前款罪的,依照前款的规定处罚。"这实际上是1988年11月16日刑法修改稿本的翻版。当然,这里的"个人"主要是指有一定政治背景和重要影响力的个人,但不限于此。

这样,经过第八届全国人大第五次会议修订的《刑法》第102条的规定是:"勾结外国,危害中华人民共和国的主权、领土完整和安全的,处无期徒刑或者十年以上有期徒刑。与境外机构、组织、个人相勾结,犯前款罪的,依照前款的规定处罚。"①

三、分裂国家罪(第103条第1款)

新《刑法》第103条第1款规定的分裂国家罪是在1979年《刑法》第92条规定的阴谋分裂国家罪的基础上修改而来的。1979年《刑法》第92条规定:"阴谋颠覆政府、分裂国家的,处无期徒刑或者十年以上有期徒刑。"其中规定了"阴谋颠覆政府"和"阴谋分裂国家"两种危害行为。

基于与背叛国家罪同样的原因,1988年9月的刑法修改稿本第92条规定:"阴谋颠覆政府、分裂国家的,处无期徒刑或者十年以上有期徒刑;情节特别严重的,处死刑。"如前所述,由于在当时的讨论中,有人主张将分裂国家与背叛国家、颠覆政府并在一起写,因此,1988年11月16日全国人大常委会法制工作委员会的刑法修改稿本第94条即规定:"阴谋颠覆人民民主专政的政权、分裂国家的,或者与外国、境外地区的敌对势力相勾结,阴谋危害国家主权、安全的,处七年以上有期徒刑或者无期徒刑,可以并处没收财产;情节特别严重的,处死刑,并处没收财产。"

1988年12月25日的刑法修改稿本第95条对此罪又作了修改,将原规定中"政府"修改为"国家政权";将原来由重到轻的刑种刑期排列修改为由轻到重。拟写的条文是:"阴谋颠覆国家政权、分裂国家的,处七年以上有期徒刑或者无期徒刑,可以并处没收财产;情节特别严重的,处死刑,并处没收财产。"

上述规定,从犯罪形态上看,属于阴谋犯,对阴谋犯规定死刑并不合适。有人提出,应当将其修改为行为犯,并分级处罚。同时,"分裂国家罪"的实施往往是有组织进行的,单个人或者松散的几个人一般并不能对国家主权、领土完整和安全构成威胁。因此,需要把惩治的对象限定在一定的范围内:一种是组织、策划、实施分裂国家、破坏国家统一的首要分子或者罪行重大者;另一种是积极参加者;再一种是其他参加者,并分别配置不同的刑罚。为了突出打击的重点,需要改变1979年《刑法》第92条一律"处无期徒刑或者十年以上有期徒刑"的规定,把"积极参加

---

① 危害国家安全罪的死刑和没收财产,另写在第113条。以下不另作说明。

的"和"其他参加的"刑期作趋轻的规定,甚至可以单处剥夺政治权利。所以,1996年12月20日作为第八届全国人大常委会第二十三次会议文件的《中华人民共和国刑法(修订草案)》第105条第1款将其修改为:"组织、策划、实施分裂国家、破坏国家统一活动的,对首要分子或者罪恶重大的,处无期徒刑或者十年以上有期徒刑;对积极参加的,处三年以上十年以下有期徒刑;对其他参加的,处三年以下有期徒刑、拘役、管制或者剥夺政治权利。"到了1997年1月10日的刑法修订草案,考虑到"罪行重大"的表述比"罪恶重大"更易理解和把握,故在该稿第106条第1款将其中的"罪恶重大"修改为"罪行重大",由此而形成了1997年《刑法》第103条第1款的规定:"组织、策划、实施分裂国家、破坏国家统一的,对首要分子或者罪行重大的,处无期徒刑或者十年以上有期徒刑;对积极参加的,处三年以上十年以下有期徒刑;对其他参加的,处三年以下有期徒刑、拘役、管制或者剥夺政治权利。"

四、煽动分裂国家罪(第103条第2款)

本款规定之罪源自1979年《刑法》第102条规定的反革命宣传煽动罪。其写法最初见于1996年12月中旬的修订草案,该草案第105条第2款规定:"煽动分裂国家、破坏国家统一的,处五年以下有期徒刑、拘役、管制或者剥夺政治权利;首要分子或者罪恶重大的,处五年以上有期徒刑。"在刑法修订研拟中,一些部门和地方提出,建议将其中"罪恶重大"的规定修改为"情节严重"或者"情节特别严重",或者将其修改为"罪行严重"。经过研究,立法机关最终在1997年1月10日的修订草案第106条第2款规定中,将之前稿本"罪恶重大"的写法修改为"罪行重大",并由此形成了1997年《刑法》第103条第2款的规定:"煽动分裂国家、破坏国家统一的,处五年以下有期徒刑、拘役、管制或者剥夺政治权利;首要分子或者罪行重大的,处五年以上有期徒刑。"

五、武装叛乱、暴乱罪(第104条)

新《刑法》第104条规定的武装叛乱、暴乱罪是在1979年《刑法》第93条规定的策动叛变、叛乱罪基础上修改而成的。

1979年《刑法》第93条规定:"策动、勾引、收买国家工作人员、武装部队、人民警察、民兵投敌叛变或者叛乱的,处无期徒刑或者十年以上有期徒刑。"

在刑法修订研拟过程中,有人提出,刑法惩罚的重点应当是在叛乱中起策划、组织、指挥作用的首要分子、骨干分子以及其他罪行严重的叛乱分子,建议对此罪的主体范围予以一定的控制。立法工作机关经过研究和论证,采纳了这一建议,在1988年11月16日的刑法修改稿本第95条中,将犯罪主体限定为首要分子、罪恶重大的和积极参加的三类,拟写的条文是:"持械聚众叛乱的首要分子或者其他罪恶重大的,处七年以上有期徒刑或者无期徒刑,可以并处没收财产;情节特别严重的,处死刑,并处没收财产;其他积极参加的,处一年以上七年以下有期徒刑。"后来,又有人提出,策动投敌叛变或者叛乱往往是多人实施的,刑法规定应当突出重点,"持械"不是这种犯罪行为的本质特征,只要"聚众叛乱"就应当追究刑事责任。基于这一考虑,1988 年 12 月 25 日刑法修改稿第 96 条删除了前稿中"持械"的规定。

到了 1996 年 12 月中旬的修订草案,立法工作机关对此罪罪状和法定刑的写法作了较大的调整,该稿第 106 条规定:"组织、策划、实施武装叛乱或者武装暴乱的,对首要分子或者罪恶重大的,处无期徒刑或者十年以上有期徒刑;对积极参加的,处三年以上十年以下有期徒刑;对其他参加的,处三年以下有期徒刑、拘役、管制或者剥夺政治权利。策动、勾引、收买国家工作人员、武装部队人员、人民警察、民兵进行武装叛乱的,依照前款的规定从重处罚。"对于这一写法,1997 年 1 月 10 日的修订草案第 107 条作了两处修改:一是基于前述相同的原因,立法机关将前稿中的"罪恶重大"的规定修改为"罪行重大"。二是在前述第 2 款的规定中,增加了"胁迫"行为的规定。为了限制处罚的范围,1997 年 2 月 17 日的修订草案(修改稿)将前稿第 2 款中的"国家工作人员"限定为"国家机关工作人员"。为了与之前稿本第 1 款规定的两种行为相协调,立法机关在 1997 年 3 月 13 日的修订草案中,对第 2 款的规定增加了"武装暴乱"的内容,由此形成了 1997 年《刑法》第 104 条的规定:"组织、策划、实施武装叛乱或者武装暴乱的,对首要分子或者罪行重大的,处无期徒刑或者十年以上有期徒刑;对积极参加的,处三年以上十年以下有期徒刑;对其他参加的,处三年以下有期徒刑、拘役、管制或者剥夺政治权利。策动、胁迫、勾引、收买国家机关工作人员、武装部队人员、人民警察、民兵进行武装叛乱或者武装暴乱的,依照前款的规定从重处罚。"

六、颠覆国家政权罪、煽动颠覆国家政权罪(第 105 条)

本条第 1 款的规定源自 1979 年《刑法》第 92 条规定的"阴谋颠覆政府、分裂国家罪"。1979 年《刑法》第 92 条规定:"阴谋颠覆政府、分裂国家的,处无期徒刑或者十年以上有期徒刑。"从刑法修改稿本对此罪的写法演变上看,1988 年 9 月的修改稿第 92 条除了在 1979 年刑法典原有规定的基础上增加了死刑的规定外,其他的内容均沿用了 1979 刑法典的规定。1988 年 11 月 16 日的稿本对此罪罪状和法定刑的写法作了较大的调整,该稿第 94 条规定:"阴谋颠覆人民民主专政的政权、分裂国家的,或者与外国、境外地区的敌对势力相勾结,阴谋危害国家的主权、安全的,处七年以上有期徒刑或者无期徒刑,可以并处没收财产;情节特别严重的,处死刑,并处没收财产。"到了 1988 年 12 月 25 日的刑法修改稿本,立法工作机关对此罪罪状的写法又改回了 1988 年 9 月稿的写法。

在之后的研拟中,有部门和学者提出,所谓"阴谋颠覆",就其本质而言,属于一种预备的行为,不包括将其密谋的内容付诸实施的行为,而后者在司法实践中是肯定存在的,若对其按照阴谋颠覆政府罪定罪处罚就显得名实不符,不尽妥当。为扩大此罪法条的适用范围,建议删除原规定中的"阴谋"二字。经过研究和论证,立法工作机关最终采纳了这一建议。在1996年12月中旬的修订草案第107条第1款的规定中,不仅删除了此罪罪状中"阴谋"的规定,而且也对此罪的实行行为进一步作了明确。具体表述是:"组织、策划、实施颠覆国家政权、推翻社会主义制度的,对首要分子或者罪恶重大的,处无期徒刑或者十年以上有期徒刑;对其他积极参加的,处三年以上十年以下有期徒刑。"到了1997年1月10日的修订草案,立法机关对上述写法又作了两处调整:一是将原"罪恶重大"的规定修改为"罪行重大";二是对上述写法中的第二档法定刑作了分解:对积极参加的,处三年以上十年以下有期徒刑;对其他参加的,处三年以下有期徒刑、拘役、管制或者剥夺政治权利。该稿的这一写法最终被写进1997年《刑法》第105条,即:"组织、策划、实施颠覆国家政权、推翻社会主义制度的,对首要分子或者罪行重大的,处无期徒刑或者十年以上有期徒刑;对积极参加的,处三年以上十年以下有期徒刑;对其他参加的,处三年以下有期徒刑、拘役、管制或者剥夺政治权利。"

1997年《刑法》第105条第2款的规定系在1979年《刑法》第102条规定的基础上分解而成的。1979年《刑法》第102条规定:"以反革命为目的,进行下列行为之一的,处五年以下有期徒刑、拘役、管制或者剥夺政治权利;首要分子或者罪恶重大的,处五年以上有期徒刑:(一)煽动群众抗拒、破坏国家法律、法令实施的;(二)以反革命标语、传单或者其他方法宣传煽动推翻无产阶级专政的政权和社会主义制度的。"在刑法修订研拟中,1988年9月的刑法修改稿将上述规定中的第(二)项内容抽取出来,并加以修改后,作了独立的规定:"以标语、传单或者其他方法煽动推翻国家政权的,处五年以下有期徒刑、拘役、管制或者剥夺政治权利;情节严重的,处五年以上有期徒刑。"1988年11月16日的修改稿对此罪对象的写法作了修改,即将"国家政权"修改为"人民民主专政政权",增设了"分裂国家"的行为,并删除了原规定第一档法定刑中的剥夺政治权利。在1988年12月25日的修改稿中,立法工作机关在前稿写法的基础上对此罪对象的写法又作了简化,将"人民民主专政政权"的写法改回"国家政权"。

到了1996年12月中旬的修订草案,立法工作机关对此罪罪状和法定刑的写法作了较大的修改和补充,具体写法是:"以造谣、诽谤或者其他方式煽动颠覆国家政权、推翻社会主义制度的,处五年以下有期徒刑、拘役、管制或者剥夺政治权利;对首要分子或者罪恶重大的,处五年以上有期徒刑。"在1997年1月10日的修订草案中,"罪恶重大"的表述被修改成了"罪行重大",由此而形成了1997年《刑法》第105条第2款的规定:"以造谣、诽谤或者其他方式煽动颠覆国家政权、推翻社会主义制度的,处五年以下有期徒刑、拘役、管制或者剥夺政治权利;首要分子或者罪行重大的,处五年以上有期徒刑。"

七、与境外勾结的从重处罚(第106条)

本条系1997年刑法典新增加的规定,其写法最初见于1996年12月中旬的修订草案第108条。在之后的研拟中,立法机关在对该条表述所涉及的相关法条序号进行相应的调整后,最终形成了1997年《刑法》第106条的规定:"与境外机构、组织、个人相勾结,实施本章第一百零三条、第一百零四条、第一百零五条规定之罪的,依照各该条的规定从重处罚。"

八、资助危害国家安全犯罪活动罪(第107条)

本罪系1997年《刑法》第107条所规定的新罪并经《刑法修正案(八)》所修正,修正后的条文规定是:"境内外机构、组织或者个人资助实施本章第一百零二条、第一百零三条、第一百零四条、第一百零五条规定之罪的,对直接责任人员,处五年以下有期徒刑、拘役、管制或者剥夺政治权利;情节严重的,处五年以上有期徒刑。"

随着20世纪80年代我国改革开放的实行,西方敌对势力也开始加紧对我国实行渗透和演变,国内外的渗透与反渗透的斗争交织在一起,斗争的环境异常复杂。在这种环境下,国内一小撮敌对分子和组织在境内外组织或者个人的资助下,实施危害国家安全的犯罪活动,其行为的社会危害性和人身的危险性极大。因此,对于这些资助行为,必须予以追究刑事责任,否则,就不能有效地维护国家的安全。基于这种需要,在刑法修订研拟过程中,一些地方和部门提出,应当在本章中增加对资助或者指使境内组织、个人实施危害国家安全罪判处刑罚的规定,立法工作机关经过研究和论证,采纳了这种建议,最终在1997年《刑法》第107条增设了资助危害国家安全犯罪活动罪。

从法条写法的演变上看,立法机关对此罪法条的研拟实际上经历了一个变化的过程。在1997年1月10日的刑法修订草案第109条第2款的写法中,构成本罪的行为不限于资助,还包括指使行为;行为主体没有明确限定为境内外机构、组织或个人;同时,也没有独立的法定刑。即:"指使或者资助境内组织或者个人实施本章第一百零五条、第一百零六条、第一百零七条、第一百零八条规定的犯罪的,依照各该条的规定处罚。"1997年2月17日的刑法修订草案(修改稿)对上述写法作了较大的修改:一是单独设置一条,并明确限定了行为主体的范围,即本罪的主体只能是境内外的机构、组织或者个人。二是考虑到指使他人实施危害国家安全犯罪的,可以通过刑法总则中共同犯罪的条款来追究其刑事责任,故立法机关删除了原写法中的"指使"行为。三是规定了独立的法定刑,即:对于基本犯,"处五年以下有期徒刑、拘役或者剥夺政治权利;情节严重的,处五年以上有期徒刑"。

1997年3月1日刑法修订草案第109条在前一稿本对此罪写法的基础上,在"拘役"之后增加了"管制",由此,形成了1997年《刑法》第107条的规定。1997年刑法典颁行后,立法机关基于司法实践惩处这类犯罪的需要,在《刑法修正案(八)》中删除了此罪的资助对象"境内组织或者个人",可见,这一修正实际上拓展了本条的适用范围。

九、投敌叛变罪(第108条)

1979年《刑法》第94条规定:"投敌叛变的,处三年以上十年以下有期徒刑;情节严重的或者率众投敌叛变的,处十年以上有期徒刑或者无期徒刑。率领武装部队、人民警察、民兵投敌叛变的,处无期徒刑或者十年以上有期徒刑。"

在刑法修订研拟中,1988年的三个刑法修改稿本曾对此罪由原先简单罪状的写法改为叙明罪状。例如,1988年9月的刑法修改稿第94条规定:"投靠外国、境外地区,从事危害国家的叛变活动,处三年以上十年以下有期徒刑,情节严重的,处十年以上有期徒刑或者无期徒刑。"1988年11月16日的刑法修改稿将其修改为:"投靠外国或者境外地区的机构、组织,进行危害国家安全和利益的活动的,处三年以上十年以下有期徒刑;对首要分子或者其他罪恶重大的,处十年以上有期徒刑或者无期徒刑,可以并处没收财产;情节特别严重的,处死刑,并处没收财产。策动、勾引、收买国家工作人员、武装部队、人民警察、民兵实施前款行为的,依照前款的规定处罚。"1988年12月25日的刑法修改稿继续这个写法,仅作一处文字修改,即将"进行危害国家安全和利益的活动的"修改为"危害国家安全和利益的"。

到了1996年12月中旬的修订草案,立法工作机关放弃了1988年对此罪法条写法研拟的努力。在该稿中,立法机关以1979年刑法典的写法为基础,对此罪加重情节的法定刑重新作了梳理:1979年《刑法》第94条第1款中"情节严重的或者率众投敌叛变的"是作为加重条件规定的,但其刑期与第2款的规定有交叉和重合,没有必要,应当删除;第2款法定刑的设置过分夸大了这种行为的现实危险性,在现时以和平和发展为主题且战争发生概率较小的国内国际背景下,这种设置既不实际,也没有必要,应当与其他加重情节进行归并。这样,经过调整,最终形成了1997年《刑法》第108条的规定:"投敌叛变的,处三年以上十年以下有期徒刑;情节严重或者带领武装部队人员、人民警察、民兵投敌叛变的,处十年以上有期徒刑或者无期徒刑。"

十、叛逃罪(第109条)

本罪系在1979年刑法典规定的投敌叛变罪基础上分解而新增设的一个罪名,且经过《刑法修正案(八)》的修正。随着国家工作人员出国出境的日益频繁,有些人借考察、访问、探亲、治病等各种名义出境,然后逃逸或者隐匿。为了惩治和防范这些人员在境外实施危害国家安全的行为,需要对此作出规定。有鉴于此,1996年12月中旬的修订草案第110条即规定:"背叛国家、投靠境外机构、组织,实施危害中华人民共和国安全的行为,处三年以上十年以下有期徒刑;情节严重的,处十年以上有期徒刑或者无期徒刑。掌握国家秘密的国家工作人员,背叛国家、投靠境外机构、组织,实施危害中华人民共和国安全的行为,依照前款规定从重处罚。"1997年2月17日的修订草案(修改稿)第110条对上述写法作了较大的修改:一是将此罪第1款规定的主体由原先一般主体的规定限定为"国家机关工作人员"。二是限定了此罪成立所必须具备的时间要素,即只有在履行公务期间,实施此罪行为的,才可以成立此罪。三是重新梳理了此罪的法定刑。该稿的写法最终被写进1997年《刑法》第109条中,即:"国家机关工作人员在履行公务期间,擅离岗位,叛逃境外或者在境外叛逃,危害中华人民共和国国家安全的,处五年以下有期徒刑、拘役、管制或者剥夺政治权利;情节严重的,处五年以上十年以下有期徒刑。掌握国家秘密的国家工作人员犯前款罪的,依照前款的规定从重处罚。"

新刑法典颁行后,立法机关通过《刑法修正案(八)》,对此罪法条进行了两处修改:一是删除了此条第1款中的"危害中华人民共和国国家安全"的表述;二是将第2款中的"犯前款罪"的表述直接明确为"叛逃境外或者在境外叛逃"。这表明,本罪由危险犯修改成为行为犯。

十一、间谍罪(第110条)

1979年刑法典将间谍罪与资敌罪合写在一个条款中,即第97条规定:"进行下列间谍或者资敌行为之一的,处十年以上有期徒刑或者无期徒刑;情节较轻的,处三年以上十年以下有期徒刑:(一)为敌人窃取、刺探、提供情报的;(二)供给敌人武器军火或者其他军用物资的;(三)参加特务、间谍组织或者接受敌人派遣任务的。"

在立法工作机关对此罪法条研拟的过程中,1988年9月的刑法修改稿第97条取消了"资敌"行为,并把"参加特务、间谍组织"与"接受敌人派遣任务"分开加以规定,即:"具有下列间谍、特务行为之一的,处十年以上有期徒刑或者无期徒刑;情节特别严重的,处死刑;情节较轻的,处三年以上十年以下有期徒刑:(一)参加间谍、特务组织的;(二)胁迫、策动、勾引、收买他人从事间谍、特务活动的;(三)为间谍、特务组织窃取、刺探、收买、提供情报的;(四)从事暗杀、爆炸或者其他间谍、特务活动的。"针对世界上出现的恐怖犯罪活动的苗头,为了增强刑法的适应性和前瞻性,1988年11月16日的刑法修改稿第101条将间谍、特务和恐怖组织放在一起规定:"参加外国或者境外地区的间谍、特务、恐怖组织的,处一年以上七年以下有期徒刑。参加间谍、特务、恐怖组织,并犯有本章其他罪行的,分别依照各该条规定从重处罚。策动、勾引、收买他人参加间谍、特务、恐怖组织或者从事间谍、特务、恐怖活动的,依照前款规定处罚。"考虑到对间谍、特务和恐怖组织增加地理范围的限定,会不合理地限制此罪的成立范围,故在1988年12月25日的刑法修改稿第102条中,立法工作机关取消了"参加外国或者境外地区"的字样,具体写法是:"参加间谍、特务、恐怖组织的,处一年以上七年以下有期徒刑。参加间谍、特务、恐怖组织,并犯有本章其他罪行的,依照各该条的规定从重处罚。策动、勾引、收买他人参加间谍、特务、恐怖组织或者从事间谍、特务、恐怖活动的,依照前款的规定处罚。"

对于上述稿本的写法,在征求意见的过程中,一些部门提出,把间谍、特务罪的要件规定为"参加",最高刑只有7年,又规定"并犯本章其他罪行的,依照各该条规定从重处罚"。这样规定值得研究。参加间谍、特务组织或者接受任务均应是本罪的成立要件,刑罚也应是重刑,不宜只规定"参加",而将这两个重罪的罪名改为轻刑。"犯本章其他罪行的,依照各该条规定从重处罚"的规定,究竟是数罪并罚,还是牵连犯,含义不清。此外,恐怖组织的概念不清,尚不宜列入。

在之后的研拟中,立法工作机关经过研究和论证,在1996年12月中旬的修订草案中对此罪的罪状和法定刑又重新作了规定,该稿第110条规定:"进行下列间谍行为之一,危害国家安全的,处十年以上有期徒刑或者无期徒刑;情节较轻的,处三年以上十年以下有期徒刑:(一) 参加间谍组织或者接受间谍组织及其代理人的间谍活动任务的;(二) 为境外机构、组织、人员窃取、刺探、收买、非法提供国家秘密或者情报的;(三) 为敌人指示轰击目标的。"到了1997年3月1日的修订草案,立法机关将上述第(二)项的规定抽取了出来,并作为一种独立的犯罪加以规定。经过这一调整和修改,最终形成了1997年《刑法》第110条的规定:"有下列间谍行为之一,危害国家安全的,处十年以上有期徒刑或者无期徒刑;情节较轻的,处三年以上十年以下有期徒刑:(一) 参加间谍组织或者接受间谍组织及其代理人的任务的;(二) 为敌人指示轰击目标的。"

十二、为境外窃取、刺探、收买、非法提供国家秘密、情报罪(第111条)

在1979年刑法典中,第97条第(1)项是把"为敌人窃取、刺探、提供情报"的行为作为间谍罪的一种形式加以规定的。在刑法修订研拟中,一些部门和学者提出,国家秘密的范围很广,虽然间谍组织的主要目标是通过各种途径窃取、刺探各种秘密、情报,但这些秘密、情报也是其他一些机构、组织的行动目标,所以,如果窃取、刺探国家秘密、情报的不是间谍组织及其人员,就不能认定为间谍罪。实践中时常遇到这样的情况:对我国非法进行情报活动的人具有合法身份,其政治背景往往无法查清,其所在组织或国家(地区)不能视为"敌人",中国公民为他们窃取、刺探、收买、非法提供国家秘密的,就很难定为间谍罪。但此种行为确实对国家的安全构成了威胁,故有必要对此加以规定。有鉴于此,1988年9月的刑法修改稿新增了此罪的规定:"为境外的机构、组织、人员窃取、刺探、收买、提供国家秘密危害国家安全的,处五年以上十年以下有期徒刑;情节较轻的,处五年以下有期徒刑、拘役、管制或者剥夺政治权利;情节特别严重的,处十年以上有期徒刑或者无期徒刑。"这个规定经过适当调整,实际上也就成了一个单行刑法即1988年9月5日第七届全国人大常委会第三次会议通过的《关于惩治泄露国家秘密犯罪的补充规定》的内容:"为境外的机构、组织、人员窃取、刺探、收买、非法提供国家秘密的,处五年以上十年以下有期徒刑;情节较轻的,处五年以下有期徒刑、拘役或者剥夺政治权利;情节特别严重的,处十年以上有期徒刑、无期徒刑或者死刑,并处剥夺政治权利。"在1988年11月16日和12月25日的修改稿中,立法工作机关对此罪"机构、组织、人员"的地域条件作了进一步的明确,并调整了此罪的法定刑,即:"为外国或者境外地区的机构、组织、人员窃取、刺探、收买、提供国家秘密的,处五年以下有期徒刑、拘役或者管制;情节严重的,处五年以上有期徒刑;情节特别严重的,处无期徒刑或者死刑,并处没收财产。"

在之后的研拟中,此罪行为又曾被1996年12月中旬的修订草案作为间谍罪的一种形式规定在间谍罪法条中,直至1997年3月1日的修订草案,立法机关才又把窃取、刺探、收买、非法提供国家秘密、情报的行为作为独立犯罪,即第113条规定:"为境外的机构、组织、人员窃取、刺探、收买、非法提供国家秘密或者情报的,处五年以上十年以下有期徒刑;情节特别严重的,处十年以上有期徒刑或者无期徒刑;情节较轻的,处五年以下有期徒刑、拘役、管制或者剥夺政治权利。"这一规定最后为我国1997年《刑法》第111条所沿用。

十三、资敌罪(第112条)

1979年刑法典是把资敌行为与间谍行为一起加以规定的,根据1979年《刑法》第97条第(2)项的规定,供给敌人武器军火或者其他军用物资的,构成资敌罪,处10年以上有期徒刑或者无期徒刑;情节较轻的,处3年以上10年以下有期徒刑。1988年9月的刑法修改稿没有对资敌行为作出规定。到了1988年11月16日和12月25日的修改稿,鉴于资敌行为与间谍行为存在着重大的区别,立法工作机关将资敌行为作了独立的规定:"为境内外敌对势力提供武器军火或者其他帮助的,处五年以下有期徒刑、拘役或者管制;情节严重的,处五年以上有期徒刑,可以并处没收财产;情节特别严重的,处无期徒刑或者死刑,并处没收财产。"

由于在和平时期较难识别"敌人",而且资敌的行为主要发生在战时,为更符合这种犯罪发生的实际,在1996年12月中旬的修订草案中,立法工作机关为此罪构成要件增加了"战时"的规定,并调整了此罪的法定刑,即第112条规定:"战时供给敌人武器、军火、军事装备或者其他军用物资资敌的,处十年以上有期徒刑或无期徒刑;情节较轻的,处三年以上十年以下有期徒刑。"到了1997年2月17日的修订草案(修改稿),立法机关又对此罪的对象作了调整和简化,由此形成1997年《刑法》第112条的规定:"战时供给敌人武器装备、军用物资资敌的,处十年以上有期徒刑或者无期徒刑;情节较轻的,处三年以上十年以下有期徒刑。"

十四、死刑和没收财产的适用(第113条)

本条规定系在1979年《刑法》第103条和第104条规定的基础上修改和补充而来。1979年《刑法》第103条规定:"本章上述反革命罪行中,除第九十八条、第九十九条、第一百零二条外,对国家和人民危害特别严重、情节特别恶劣的,可以判处死刑。"第104条规定:"犯本章之罪的,可以并处没收财产。"

在刑法修订研拟中,各个刑法修改稿本中对没收财产规定的写法均沿用了1979年《刑法》第104条的规定。死刑法条的研拟主要是围绕着本章死刑之罪的范围而进行的。根据1996年12月中旬修订草案第113条第1款的规定,本章不适用死刑的犯罪有煽动分裂国家罪、颠覆国家政权罪以及煽动颠覆国家政权罪。对于本章其他犯罪而言,只要对国家和人民造成了特别严重的危害,且情节特别恶劣的,就可以判处死刑。在1997年2月17日的修订草案(修改稿)中,立法机关将资助危害国家安全犯罪活动罪列为不适用死刑的犯罪。到了1997年3月13日的修订草案,立法机关又增列叛逃罪为不适用死刑的犯罪,由此形成了1997年《刑法》第113条第1款的规定:"本章上述危害国家安全罪行中,除第一百零三条第二款、第一百零五条、第一百零七条、第一百零九条外,对国家和人民危害特别严重、情节特别恶劣的,可以判处死刑。"

第二章

危害公共安全罪

一、放火罪、决水罪、爆炸罪、投放危险物质罪、以危险方法危害公共安全罪（第114条、第115条第1款）

1979年《刑法》第105条规定："放火、决水、爆炸或者以其他危险方法破坏工厂、矿场、油田、港口、河流、水源、仓库、住宅、森林、农场、谷场、牧场、重要管道、公共建筑物或者其他公私财产、危害公共安全，尚未造成严重后果的，处三年以上十年以下有期徒刑。"第106条第1款规定："放火、决水、爆炸、投毒或者以其他危险方法致人重伤、死亡或者使公私财产遭受重大损失的，处十年以上有期徒刑、无期徒刑或者死刑。"

上述规定，把多个罪名规定在一个条文，形似选择性罪名，实则不能作为选择性罪名对待。因此，有人提出应该把其分开，基本犯罪应该单独配置法定刑。同时，除这里列明的"放火、决水、爆炸"外，还需增加"投毒"和"利用技术手段"的行为方式。这样，1988年9月全国人大常委会法制工作委员会的《中华人民共和国刑法》（修改稿）用了5个条文规定了"放火罪"、"爆炸罪"、"决水罪"、"投毒罪"、"利用技术手段危害公共安全罪"等5种犯罪的基本犯形态。同时对这5种犯罪的加重犯形态另行规定了一条："放火、决水、爆炸、投毒或者利用技术手段致人重伤、死亡或者使公私财产遭受重大损失的，处七年以上有期徒刑、无期徒刑或者死刑。"在对该修改稿讨论过程中，多数同志认为这样写太繁琐，并且"利用技术手段危害公共安全"的界限不容易把握，它可以包含在"其他危险方法"中，建议按照原先的模式加以规定。也有人提出，1979年刑法典规定中的犯罪对象列得太具体，没有必要，建议删除。经过综合考虑，立法工作机关在1988年11月16日和12月25日的刑法修改稿把这些犯罪写为："放火、决水、爆炸、投毒或者以其他危险方法危害公共安全的，处三年以上十年以下有期徒刑；致人重伤、死亡或者使公私财产遭受重大损失的，处十年以上有期徒刑、无期徒刑或者死刑，并处没收财产。"

在1996年8月8日的刑法分则修改草稿中，第二章危害公共安全罪第1条照搬了1979年《刑法》第105条的规定，第2条的规定系根据1979年《刑法》第106条的规定修改而成的，即："放火、决水、爆炸、投毒或者以其他危险方法致人重伤、死亡或者使公私财产遭受重大损失的,处十年以上有期徒刑、无期徒刑或者死刑。"对于这种写法,在 1996 年 8 月 12 日至 16 日全国人大常委会、法工委邀请的专家座谈会上,一些专家指出,这两条规定的罪名是相同的,区别只是犯罪造成的后果不同,第 1 条对犯罪对象进行了列举,犯罪对象是否列举不影响犯罪构成,而且也列举不全,建议将第 1 条和第 2 条合并,在体例上更加科学也更符合逻辑。① 此外,关于上述第 1 条和第 2 条中规定的"其他危险方法",有些专家建议删去。其主要理由是:

(1) 根据罪刑法定原则,法律规定应尽量严格规范,用语准确。

(2) 随着这些年来刑法规范的不断完善,制造、销售假酒、假药劣药的犯罪刑法中都已规定,对私设电网的行为可以适用过失杀人罪的规定处理,对开车撞人的行为可以适用杀人罪的规定处理,删除"其他危险方法"不影响对犯罪行为的打击。

(3) 国外没有这样的规定,实践中也没有出现什么问题。②

立法工作机关部分采纳了以上的建议,于是,在 1996 年 8 月 31 日的刑法修订草稿"危害公共安全罪"一章第 1 条第 1 款中,取消了具体的犯罪对象,并将这些危害公共安全犯罪的危险犯和结果加重犯的构成规定在一个条文中,即:"放火、决水、爆炸、投毒或者以其他危险方法危害公共安全,尚未造成严重后果的,处三年以上十年以下有期徒刑;致人重伤、死亡或者使公私财产遭受重大损失的,处十年以上有期徒刑、无期徒刑或者死刑。"然而,到了 1996 年 10 月 10 日的刑法修订草案(征求意见稿),立法工作机关又恢复了 1979 年刑法规定的写法,同时删除了"投毒"。这一写法为 1996 年 12 月中旬、12 月 20 日以及 1997 年 1 月 10 日、2 月 17 日、3 月 1 日的修订草案所沿用。在对刑法修订草案征求意见的过程中,有地方提出,在破坏手段中应该增加"投毒",以便与第 115 条的规定相协调。于是,立法机关在 1997 年 3 月 13 日的刑法修订草案第 114 条中又增列了"投毒罪"。经过这些修改和调整,最终形成了我国 1997 年《刑法》第 114 条的规定。

在美国"9·11"恐怖事件发生后,我国作为恐怖犯罪的受害国,也需要针对恐怖犯罪发生发展的新动向,对我国的刑法立法作出相应的调整,以应对国际范围内的恐怖犯罪。为此,全国人民代表大会常务委员会根据我国反恐斗争的实际需要,于 2001 年 12 月 29 日通过了《刑法修正案(三)》,该修正案对《刑法》第 114 条作出了两个方面的修改:一是对"以危险方法危害公共安全的行为"作了重新界定。原来的规定采用的是列举方法,对事关公共安全的具体犯罪对象作了一一列举,但列举是无法穷尽的,因此,《刑法修正案(三)》删除了列举的部分,代之以"以其他危

---

① 参见全国人大常委会法工委刑法室 1996 年 9 月 6 日整理:《法律专家对〈刑法总则修改稿〉和〈刑法分则修改草稿〉的意见》,载高铭暄、赵秉志编:《新中国刑法立法文献资料总览》(下),中国人民公安大学出版社 1998 年版,第 2134—2135 页。

② 同上书,第 2135 页。

险方法危害公共安全"这一概括性的表述,以便于惩治和防范实践中出现的各种以危险方法危害公共安全的犯罪活动。二是修改了原规定中"投毒"的含义,代之以"投放毒害性、放射性、传染病病原体等物质",从而使条文更加明确严整。经过以上的修改,1997年《刑法》第114条的规定为:"放火、决水、爆炸以及投放毒害性、放射性、传染病病原体等物质或者以其他危险方法危害公共安全,尚未造成严重后果的,处三年以上十年以下有期徒刑。"第115条第1款的规定为:"放火、决水、爆炸以及投放毒害性、放射性、传染病病原体等物质或者以其他危险方法致人重伤、死亡或者使公私财产遭受重大损失的,处十年以上有期徒刑、无期徒刑或者死刑。"

二、失火罪、过失决水罪、过失爆炸罪、过失投放危险物质罪、过失以危险方法危害公共安全罪(第115条第2款)

1979年《刑法》第106条第2款规定:"过失犯前款罪的,处七年以下有期徒刑或者拘役。"本条规定了失火罪、过失决水罪、过失爆炸罪、过失投毒罪(过失投放危险物质罪)、过失以危险方法危害公共安全罪。

对于这些犯罪在刑法修改稿上的写法,在刑法修订研拟过程中,曾经有过一个变化的过程。1988年11月16日的刑法修改稿第104条第2款以1979年刑法典的写法为基础补充了犯罪结果的要求,即:过失犯前款罪,致人重伤、死亡或者使公私财产遭受重大损失的,处七年以下有期徒刑或者拘役。1988年12月25日的稿本第105条第2款又进一步完善了法定刑的结构,即:过失犯前款罪,致人重伤、死亡或者使公私财产遭受重大损失的,处五年以下有期徒刑或者拘役;情节特别严重的,处五年以上十年以下有期徒刑。在1996年8月8日的刑法分则修改草稿中,立法工作机关对这些犯罪的写法作了较大的修改,即将失火罪、过失决水罪等与其他责任事故犯罪一起写入分则"妨害社会管理秩序罪"中。该章第九节"重大责任事故罪"第1条规定:"过失行为,引起火灾、决水、爆炸、毒害等重大事故,致人重伤、死亡或者使公私财产造成重大损失的,处七年以下有期徒刑或者拘役。"1996年8月31日的刑法修改草稿又将这些犯罪移回危害公共安全罪一章中,该章第1条第1款规定的是故意犯罪,第2款规定了过失犯罪,即:过失犯前款罪,致人重伤、死亡或者使公私财产遭受重大损失的,处七年以下有期徒刑或者拘役。在1996年10月10日的刑法修订草案(征求意见稿)中,第110条恢复了1979年刑法典的写法。后来考虑到这些过失犯罪在实践中,其社会危害程度差别很大,单一的法定刑幅度恐不能满足实践的需要,故1997年3月1日的刑法修订草案对这些过失犯罪的法定刑区分情节轻重又重新作了调整:"过失犯前款罪的,处三年以上七年以下有期徒刑;情节较轻的,处三年以下有期徒刑或者拘役。"这一写法为1997年《刑法》第115条第2款所采用。

三、破坏交通工具罪的危险犯形态(第 116 条)

1979 年《刑法》第 107 条规定:"破坏火车、汽车、电车、船只、飞机,足以使火车、汽车、电车、船只、飞机发生倾覆、毁坏危险,尚未造成严重后果的,处三年以上十年以下有期徒刑。"

1997 年《刑法》第 116 条除了将上述规定中的"飞机"修改为"航空器"外,其他没有作任何改动。

在立法修订研拟过程中,对于本条规定的写法曾进行过一些研究和讨论。从刑法修改稿本上看,写法上也曾有过变化。1988 年 9 月刑法修改稿本第 107 条除了将"飞机"改为"航空器"外,还降低了本罪法定刑的上下限,即由 1979 年刑法典规定的"三年以上十年以下有期徒刑"修改为"二年以上七年以下有期徒刑"。在研拟中,有部门提出,交通工具、设备、电力、煤气、易燃易爆设备,放射性和毒害性设备等,在性质上均有公共安全的意义,对这些设备进行破坏,危害后果相当,1979 年刑法典对这些破坏犯罪规定的刑罚也相同,为了减少条款,可以合并。① 立法工作机关采纳了这一建议,在 1988 年 11 月 16 日和 12 月 25 日的刑法修改稿中,把交通工具、交通设备、电力煤气设备、易燃易爆设备、通讯设备等这些犯罪对象规定在一起,作为选择性罪名,同时把这些犯罪的危险犯形态和结果加重犯形态规定在一个条款中,即:"破坏交通工具、交通设备、电力煤气设备、易燃易爆设备、通讯设备,危害公共安全的,处三年以上十年以下有期徒刑;造成严重后果的,处十年以上有期徒刑、无期徒刑或者死刑,并处没收财产。"

到了 1996 年 8 月 8 日的刑法分则修改草稿,立法工作机关除了维持原来将"飞机"改为"航空器"的修改外,对这些犯罪的表述模式又回到了 1979 年刑法典的规定上,并最终为 1997 年《刑法》第 116 条所采纳,即:"破坏火车、汽车、电车、船只、航空器,足以使火车、汽车、电车、船只、航空器发生倾覆、毁坏危险,尚未造成严重后果的,处三年以上十年以下有期徒刑。"

四、破坏交通设施罪的危险犯形态(第 117 条)

1979 年《刑法》第 108 条规定:"破坏轨道、桥梁、隧道、公路、机场、航道、灯塔、标志或者进行其他破坏活动,足以使火车、汽车、电车、船只、飞机发生倾覆、毁坏危险,尚未造成严重后果的,处三年以上十年以下有期徒刑。"

我国 1997 年《刑法》第 117 条的规定除了将 1979 年刑法典中的"飞机"改为

---

① 参见最高人民法院刑法修改小组:《关于刑法分则修改的若干问题(草稿)(1989 年 3 月)》,载高铭暄、赵秉志编:《新中国刑法立法文献资料总览》(下),中国人民公安大学出版社 1998 年版,第 2271 页。

"航空器"外,没有作其他修改。但在刑法修订研拟过程中,对于本罪法条的设置,立法机关也进行过一些研究,法条的写法亦经历过一些变化。

在研拟过程中,考虑到本罪的危险犯形态,没有造成实际的损害,法定刑的设置过高,应当降一格。于是,1988年9月的刑法修改稿第108条规定:"破坏轨道、桥梁、隧道、公路、机场、航道、灯塔、标志或者进行其他破坏活动,足以使火车、汽车、电车、船只、飞机发生倾覆、毁坏危险,尚未造成严重后果的,处二年以上七年以下有期徒刑。"

后来,有部门提出,交通设施与交通工具、电力设备等,在性质上均有公共安全的意义,对这些设备进行破坏,危害后果相当,1979年刑法典对这些破坏犯罪规定的法定刑也相同,为了精炼条文,减少条款,应当予以合并处理。① 立法机关采纳了这一建议,在1988年11月16日和12月25日的刑法修改稿中,交通设施与交通工具、电力煤气设备、易燃易爆设备、通讯设备等犯罪对象规定在一起,作为选择性罪名,同时这些犯罪的危险犯形态和实害犯形态也被规定在一个条款中,即:"破坏交通工具、交通设备、电力煤气设备、易燃易爆设备、通讯设备,危害公共安全的,处三年以上十年以下有期徒刑;造成严重后果的,处十年以上有期徒刑、无期徒刑或者死刑,并处没收财产。"

在1996年8月8日的刑法分则修改草稿中,立法工作机关除了将条文中的"飞机"改为"航空器"外,对犯罪的立法规定模式又回到了1979年《刑法》第108条的规定上,该草稿第二章危害公共安全罪第4条规定:"破坏轨道、桥梁、隧道、公路、机场、航道、灯塔、标志或者进行其他破坏活动,足以使火车、汽车、电车、船只、航空器发生倾覆、毁坏危险,尚未造成严重后果的,处三年以上十年以下有期徒刑。"在对该稿进行讨论的过程中,有专家指出:草稿第3条②、第4条和第6条③是破坏交通工具、交通设备方面的犯罪的规定。第3条和第4条具体列举了交通工具、交通设备的种类,第6条中则直接规定破坏交通工具、交通设备,体例不一致,给确定罪名造成了困难,第3、4的列举也不全面,建议第3条直接规定破坏交通工具,第4条直接规定破坏交通设备,并将第6条的相关规定纳入到第3条、第4

---

① 参见最高人民法院刑法修改小组:《关于刑法分则修改的若干问题(草稿)(1989年3月)》,载高铭暄、赵秉志编:《新中国刑法立法文献资料总览》(下),中国人民公安大学出版社1998年版,第2271页。

② 1996年8月8日刑法分则修改草稿第二章危害公共安全罪第3条的写法是:破坏火车、汽车、电车、船只、航空器,足以使火车、汽车、电车、船只、航空器发生倾覆、毁坏危险,尚未造成严重后果的,处3年以上10年以下有期徒刑。

③ 上述草稿第二章第6条的写法是:破坏交通工具、交通设备、电力煤气设备、易燃易爆设备造成严重后果的,处10年以上有期徒刑、无期徒刑或者死刑。

条,分别作为第 2 款加以规定。① 然而,由于受立法修订指导思想的影响,这些意见并没有被立法机关采纳。于是,之后的刑法修改稿、刑法修订草案乃至 1997 年刑法典仍然维持了 1996 年 8 月 8 日的刑法分则修改草稿的写法。

五、破坏电力设备罪和破坏易燃易爆设备罪的危险犯形态(第 118 条)

1979 年《刑法》第 109 条规定:"破坏电力、煤气或者其他易燃易爆设备,危害公共安全,尚未造成严重后果的,处三年以上十年以下有期徒刑。"

本条规定了破坏电力设备和破坏易燃易爆设备两种犯罪,1997 年《刑法》第 118 条完全沿用了 1979 年刑法典的上述规定,没有作任何修改。但在修改刑法研拟过程中,对于这两种犯罪的规定,在刑法修改稿上曾经有过一些写法上的变化。

在 1988 年 9 月的刑法修改稿中,立法工作机关曾使用两个条文来规定破坏电力设备罪和破坏易燃易爆设备罪的危险犯形态,同时,考虑到这两个犯罪的危险犯形态,毕竟没有造成对公共安全实际的损害,规定 3 年以上 10 年以下有期徒刑的法定刑有些严厉,故对这两个犯罪设置的法定刑也作了降格处理。具体写法是:"破坏电力设备,危害公共安全,尚未造成严重后果的,处二年以上七年以下有期徒刑。破坏易燃易爆设备,危害公共安全、尚未造成严重后果的,处二年以上七年以下有期徒刑。"

基于同前述罪名相同的理由,1988 年 11 月 16 日和 12 月 25 日的刑法修改稿本把破坏电力煤气设备、易燃易爆设备与破坏交通设施、破坏交通工具和通讯设备合写在一个条款中,同时把法定刑也由 1988 年 9 月稿的"二年以上七年以下有期徒刑"改为"三年以上十年以下有期徒刑",即:"破坏交通工具、破坏交通设备、电力煤气设备、易燃易爆设备和通讯设备,危害公共安全的,处三年以上十年以下有期徒刑;造成严重后果的,处十年以上有期徒刑、无期徒刑或者死刑,并处没收财产。"

后来,由于受立法修订指导思想的影响,1996 年 8 月 8 日的刑法分则修改草稿、8 月 31 日的刑法修改草稿、10 月 10 日的修订草案(征求意见稿)以及 12 月中旬的修订草案改回了 1979 年刑法典的规定。到了 1996 年 12 月 20 日的修订草案,立法机关又把原规定法条中的"煤气"修改为"燃气",这一调整最终形成了新《刑法》第 118 条的规定。

当然,在对修订草案征求意见的过程中,也有一些部门和地方曾提出,建议在法条中增加一些犯罪对象,如消防、供水、供热设备,通讯设备,锅炉压力容器,压力

---

① 参见全国人大常委会法工委刑法室 1996 年 9 月 6 日整理:《法律专家对〈刑法总则修改稿〉和〈刑法分则修改草稿〉的意见》,载高铭暄、赵秉志编:《新中国刑法立法文献资料总览》(下),中国人民公安大学出版社 1998 年版,第 2135 页。

管道、起重机械、客运索道、大型游乐设施等特种设备等。① 考虑到这些设备,有的在其他法条中已有规定,有的即使没有被规定但也能从刑法中找到保护的依据,故立法机关最终没有采纳这些意见。

六、破坏交通工具罪、破坏交通设施罪、破坏电力设备罪以及破坏易燃易爆设备罪的实害犯形态(第 119 条第 1 款)

1979 年《刑法》第 110 条第 1 款规定:"破坏交通工具、交通设备、电力煤气设备、易燃易爆设备造成严重后果的,处十年以上有期徒刑、无期徒刑或者死刑。"

在刑法修订研拟过程中,对于这四种犯罪的实害犯形态在立法上如何表述,曾经有过一些讨论,刑法修改稿本的表述也曾经有过一些变化。具体而言,主要有以下三个方面:

(1) 这四种犯罪的实害犯形态要不要与危险犯形态规定在一起? 对此,1988 年 11 月 16 日和 12 月 25 日的刑法修改稿曾将这四种犯罪的实害犯形态与危险犯形态合并规定在一个条文中,当时拟定的条文是:"破坏交通工具、交通设备、电力煤气设备、易燃易爆设备、通讯设备,危害公共安全的,处三年以上十年以下有期徒刑;造成严重后果的,处十年以上有期徒刑、无期徒刑或者死刑,并处没收财产。"对于这种写法,有部门和学者持肯定态度,认为,条文中所列的对象均具有公共安全的意义,对其破坏所造成的危害后果相当,而且原规定中的法定刑也相同,予以合并,可以简化条文。然而,由于受"刑法原有的规定原则上没有什么问题,尽管不是很完善,也尽量不作修改"这一立法修订指导思想的影响,1996 年 8 月 8 日的刑法分则修改稿又回到了 1979 年刑法典将危险犯与实害犯分开规定的模式上,并且一直维持到新刑法典通过。

(2) 立法表述上的调整。考虑到电力设备和燃气设备具有不同的功能和性质,将其规定在一起,会造成理解上的分歧,也难以确定罪名,所以,在 1997 年 3 月 13 日的修订草案中,将这两种具有公共安全意义和性质的设备分开作了规定,即由原规定中的"电力煤气设备"修改为"电力设备、燃气设备"。

(3) 要不要调整这四种犯罪实害犯形态的法定刑? 对此,在刑法修改稿上也曾有过变化。在 1988 年 9 月的刑法修改稿中,这四种犯罪的实害犯形态的法定刑曾被调整为"七年以上有期徒刑、无期徒刑或者死刑",后来考虑到由 7 年有期徒刑到死刑,跨度太大,1988 年 11 月 16 日稿又修改为"十年以上有期徒刑、无期徒刑或者死刑",并为 1997 年刑法典所沿用。

经过以上调整,1997 年《刑法》第 119 条第 1 款的规定为:"破坏交通工具、交

---

① 参见《中央有关部门、地方及法律专家对刑法修订草案(征求意见稿)的意见》,载高铭暄、赵秉志编:《新中国刑法立法文献资料总览》(下),中国人民公安大学出版社 1998 年版,第 2160 页。

通设施、电力设备、燃气设备、易燃易爆设备,造成严重后果的,处十年以上有期徒刑、无期徒刑或者死刑。"

七、过失损坏交通工具罪、过失损坏交通设施罪、过失损坏电力设备罪、过失损坏易燃易爆设备罪(第119条第2款)

1979年《刑法》第110条第2款规定:"过失犯前款罪的,处七年以下有期徒刑或者拘役。"

在刑法修订研拟过程中,对于上述规定的修订,立法工作机关曾就以下两个问题进行过研究和讨论:

(1) 法定刑的调整。考虑到过失危害公共安全犯罪的具体情形和危害后果具有复杂性,笼统地规定一个量刑幅度,跨度太大,有碍司法实践统一把握,不能更好地贯彻罪责刑相适应原则的要求,为此,立法工作机关曾在1988年12月25日的刑法修改稿中将这四种过失犯罪的法定刑区分为两个档次:过失犯前款罪,造成严重后果的,处五年以下有期徒刑或者拘役;情节特别严重的,处五年以上十年以下有期徒刑。然而,到了1996年8月8日的分则修改草稿,立法工作机关又将这四种犯罪的法定刑改回1979年刑法典规定的一个档次,即7年以下有期徒刑或者拘役。直到1997年3月1日的修订草案,在对过失危害公共安全犯罪的法定刑予以统一考虑综合把握的情况下,立法机关才又调整了这种犯罪的法定刑写法,即:过失犯前款罪的,处3年以上7年以下有期徒刑;情节较轻的,处3年以下有期徒刑或者拘役。这一写法最终形成了1997年《刑法》第119条第2款的规定。

(2) 这四种犯罪在分则体系编排上的变化。过失危害公共安全的犯罪在1979年刑法典中是规定在刑法分则第二章危害公共安全罪中,而且,在刑法修订研拟过程中,许多刑法修改稿和修订草案也都遵循了1979年刑法典的安排模式,但也有例外。在1996年8月8日的刑法分则修改草稿中,刑法分则第二章危害公共安全罪中的所有过失犯罪都被移入分则第六章妨害社会管理秩序罪中,在该章第九节重大责任事故罪中,规定了过失危害公共安全的犯罪,其中就包括这四种过失犯罪。根据该节第2条的规定:"过失行为,致使交通工具、交通设备、通讯设备、电力煤气设备、易燃易爆设备遭受破坏,造成他人重伤、死亡或者使公私财产遭受重大损失的,处七年以下有期徒刑或者拘役。"后来考虑到,这类犯罪,无论主观方面如何,毕竟都属于危害公共安全的犯罪,如果从危害公共安全罪中抽出来安排在妨害社会管理秩序罪一章中,从犯罪客体的角度看,不尽合理,故之后的修改稿本和修订草案又作了重新调整,将所有的危害公共安全犯罪,无论故意犯罪还是过失犯罪,均统一编排在分则第二章中。

经过以上的调整,最终形成了1997年《刑法》第119条第2款的规定:"过失犯前款罪的,处三年以上七年以下有期徒刑;情节较轻的,处三年以下有期徒刑或者拘役。"

八、组织、领导、参加恐怖组织罪(第 120 条)

这是 1997 年刑法典增加的一种新型犯罪。自从实行改革开放以后,我国对外的政治、经济、文化的交流日益广泛频繁,与此同时,以制造社会恐怖为目标,以杀人、抢劫、爆炸、绑架等犯罪活动为手段,以犯罪组织为表现形式的恐怖犯罪也开始在我国滋生和蔓延,这类犯罪为社会制造了许多不稳定的因素,严重地破坏了我国的社会主义建设事业。为了有效地惩治和防范此类犯罪,保障社会稳定,修订后的《刑法》特在第 120 条增设组织、领导、参加恐怖组织罪。

从立法修订稿和修订草案的具体写法上看,本罪写入刑法经过了一些变化。

(1) 从本罪在分则中的归属看,恐怖组织犯罪起初被规定在危害国家安全罪一章中,如 1988 年 11 月 16 日的刑法修改稿本在分则第一章危害国家安全罪第 101 条第 1 款规定:"参加外国或者境外地区的间谍、特务、恐怖组织的,处一年以上七年以下有期徒刑。参加间谍、特务、恐怖组织,并犯有本章其他罪行的,分别依照各该条规定从重处罚。"第 2 款规定:"策动、勾引、收买他人参加间谍、特务、恐怖组织或者从事间谍、特务、恐怖活动的,依照前款规定处罚。"1988 年 12 月 25 日的刑法修改稿第 102 条对上述写法作了一处改动,即:取消了上述写法中对间谍、特务、恐怖组织所作的"外国或者境外地区"限制。然而,到了 1997 年 2 月 17 日的刑法修订草案(修改稿),组织、领导、积极参加恐怖组织罪则被安排在刑法分则第二章危害公共安全罪一章中。恐怖组织犯罪在刑法分则中的这种位置安排一直维持到新刑法典通过。

(2) 从法条的具体写法上看,1988 年两个稿子的写法与新《刑法》第 120 条规定的写法差别较大。相对而言,1997 年 2 月 17 日的修订草案修改稿的写法则与新刑法典的写法比较接近,即第 120 条第 1 款规定:"组织、领导恐怖活动组织的,对首要分子处三年以上十年以下有期徒刑;其他积极参加的,处三年以下有期徒刑、拘役或者管制。"第 2 款规定:"犯前款罪并实施杀人、爆炸、绑架等犯罪的,依照数罪并罚的规定处罚。"到了 1997 年 3 月 1 日的修订草案,立法机关对此罪的写法又作了一些调整:将积极参加者与组织者、领导者规定在一起,适用 3 年以上 10 年以下有期徒刑的法定刑档次;增加规定处罚其他参加者。具体而言,该修订草案第 122 条第 1 款规定:"组织、领导和积极参加恐怖活动组织的,处三年以上十年以下有期徒刑;其他参加的,处三年以下有期徒刑、拘役或者管制。"第 2 款规定:"犯前款罪并实施杀人、爆炸、绑架等犯罪的,依照数罪并罚的规定处罚。"这一规定最终为 1997 年《刑法》第 120 条所沿用。

进入 21 世纪以后,恐怖犯罪活动也变得十分猖獗,并呈现出愈演愈烈之势。美国"9·11"恐怖事件也表明,恐怖犯罪业已成为新世纪危及全人类生命、健康安全的主要威胁之一。在这种情况下,要求提高组织、领导、参加恐怖组织罪的法定刑的呼声逐渐高涨,希望通过修改调整对本罪的处罚规定,以加大对这些犯罪行为的惩治作用和威慑力。为此,2001年12月29日全国人大常委会通过的《刑法修正案(三)》对新《刑法》第120条第1款作了修改:将原来恐怖活动组织的组织者、领导者和积极参加者共同适用一个法定刑幅度的情况作了分解。根据该修正案的规定,对于恐怖活动组织的组织者、领导者,处10年以上有期徒刑或者无期徒刑;对于积极参加者,处3年以上10年以下有期徒刑;对于其他参加者,处3年以下有期徒刑、拘役、管制或者剥夺政治权利。显然,修正案事实上提高了恐怖活动组织的组织者、领导者的法定刑。

九、资助恐怖活动罪(第120条之一)

为了打击恐怖组织犯罪,切断其赖以生存的经济来源,联合国安理会于2001年9月29日通过了第1373号决议,要求各国采取有效措施,遏制并打击为恐怖活动提供筹集资金的行为。我国作为联合国常任理事国,理性地对此作出积极回应,因此,2001年12月29日全国人大常委会通过的《刑法修正案(三)》增设了资助恐怖活动罪。根据《刑法》第120条之一的规定:"资助恐怖活动组织或者实施恐怖活动的个人的,处五年以下有期徒刑、拘役、管制或者剥夺政治权利,并处罚金;情节严重的,处五年以上有期徒刑,并处罚金或者没收财产。单位犯前款罪的,对单位判处罚金,并对其直接负责的主管人员和其他直接责任人员,依照前款的规定处罚。"增设本罪,为惩治这种犯罪行为提供了有力的法律武器,对于惩治和防范恐怖犯罪具有积极的作用和意义。

十、劫持航空器罪(第121条)

自20世纪60年代初以来,国际上以暴力劫持民航飞机和破坏民航设施的事件频繁发生。为制止这类恐怖活动,维护良好的国际民航秩序,一些国家于1963年签订了《关于在航空器内的犯罪和其他某些行为的公约》,随后又于1970年和1971年签订了《关于制止非法劫持航空器的公约》和《关于制止危害民用航空安全的非法行为公约》,目前,我国已正式加入这三个国际公约。根据《关于制止非法劫持航空器的公约》的规定,各缔约国应承诺对非法劫持航空器的罪行给予严厉惩罚,对非法劫持航空器的罪行,起飞地国家和实际降落地国家均有刑事管辖权。

在我国1979年刑法典中,以反革命为目的,劫持飞机的,构成反革命破坏罪。实践中对有些劫机行为以反革命罪定性是有问题的,特别是对外国人劫持外国航空器到我国的,或者外国人劫持我国航空器的,在追究劫机行为的刑事责任时,直接适用我国刑法的上述规定,就不尽合理。基于这些理由,全国人大常委会1992年12月28日通过了《关于惩治劫持航空器犯罪分子的决定》,根据该决定规定:

"以暴力、胁迫或者其他方法劫持航空器的,处十年以上有期徒刑或者无期徒刑;致人重伤、死亡或者使航空器遭受严重破坏或者情节特别严重的,处死刑;情节较轻的,处五年以上十年以下有期徒刑。"

在刑法修订研拟过程中,对于劫持航空器行为在刑法修改稿本中的写法,以1992年全国人大通过的上述单行刑法为界,而呈现出不同的特点。在1988年的三个刑法修改稿中,受1979年《刑法》第100条反革命破坏罪第(3)项"劫持船舰、飞机、火车、电车、汽车的"规定的影响,并没有对"劫持"进行界定,而且作为本罪犯罪对象的"飞机"是与其他交通工具并列规定的。如,1988年9月的刑法修改稿的条文是:"劫持航空器、船舰的,处七年以上有期徒刑;情节特别严重的,处无期徒刑或者死刑。"1988年11月16日稿的写法是:"劫持航空器、船舶、车辆的,处五年以上有期徒刑;情节特别严重的,处无期徒刑或者死刑,并处没收财产;情节较轻的,处五年以下有期徒刑、拘役或者管制。"1988年12月25日的刑法修改稿除了将11月16日稿中的"车辆"明确为"火车、电车、汽车"外,其他的内容未变。

1992年全国人大常委会通过《关于惩治劫持航空器犯罪分子的决定》以后,刑法修改稿本关于本罪罪状的描述就基本上沿袭了该决定的写法,只是在法定刑的设置上有所不同。1996年8月8日和8月31日的修改草稿、1996年10月10日的刑法修订草案(征求意见稿)、12月中旬和12月20日的草案稿以及1997年1月10日、2月17日、3月1日的修订草案为本罪设置的法定刑均照搬上述单行刑法的规定。对于其中绝对确定的死刑的规定,在征求意见稿过程中,一些部门和地方提出,将死刑作为绝对法定刑加以规定,不给审判机关根据案件具体情况进行裁量的余地,效果不好,建议改为无期徒刑或者死刑。[①] 也有人提出,劫持航空器罪是一种危害极端严重、必须予以严厉惩处的犯罪,不应当在法定刑中设置情节较轻的法定刑档次。从1997年3月13日的修订草案和新刑法典的规定看,取消绝对确定死刑规定的建议并没有被采纳,立法者最终却将情节较轻的刑档删除了。

经过以上的调整,1997年《刑法》第121条规定:"以暴力、胁迫或者其他方法劫持航空器的,处十年以上有期徒刑或者无期徒刑;致人重伤、死亡或者使航空器遭受严重破坏的,处死刑。"

十一、劫持船只、汽车罪(第122条)

1979年刑法典并没有规定劫持船只、汽车罪,只是规定如果行为人以反革命为目的而劫持船只、汽车的,依照1979年《刑法》第100条规定的反革命破坏罪定罪量刑。由于反革命罪要求行为人主观上具有反革命的目的,如果不具备这种目

[①] 参见《中央有关部门、地方及法律专家对刑法修订草案(征求意见稿)的意见》,载高铭暄、赵秉志编:《新中国刑法立法文献资料总览》(下),中国人民公安大学出版社1998年版,第2160页。

的而劫持船只、汽车的,就不能按这种犯罪定罪处罚。所以,出于调整反革命罪、完善立法的需要,全面修订刑法的工作一启动,立法工作机关即将劫持船只、汽车作为犯罪行为写在相应的条文中。如前所述,在1988年的三个刑法修改稿本中,劫持船只和汽车的行为是与劫持飞机相并列而规定的。然而,在之后的研拟中,立法工作机关将劫持航空器的行为作为一种独立的犯罪写进了刑法修改稿本,但却遗漏了对劫持船只、汽车犯罪行为的法条拟制,这不能不说是一种缺憾。因此,在对修订草案征求意见的过程中,一些地方提出,应当在修订草案第120条劫持航空器的犯罪规定之后增加规定"劫持船舶、火车、汽车或者其他机动公共交通工具的犯罪"①。经过研究和论证,立法机关最终在1997年3月13日的刑法修订草案第122条增写了劫持船只、汽车罪并为第八届全国人大第五次会议所通过,即:"以暴力、胁迫或者其他方法劫持船只、汽车的,处五年以上十年以下有期徒刑;造成严重后果的,处十年以上有期徒刑或者无期徒刑。"

十二、暴力危及飞行安全罪(第123条)

本条规定系以1995年《中华人民共和国民用航空法》第192条的规定为基础修订而来。该法第192条规定:"对飞行中的民用航空器上的人员使用暴力,危及飞行安全,尚未造成严重后果的,依照刑法第一百零五条的规定追究刑事责任;造成严重后果的,依照刑法第一百零六条的规定追究刑事责任。"在刑法修订研拟中,本罪法条的写法首次出现在1997年2月17日的修订草案(修改稿)第123条中,该条写法对《中华人民共和国民用航空法》的规定作了两处修改:删除了《中华人民共和国民用航空法》规定中"航空器"的"民用"二字;对这种行为规定了独立的法定刑。该修订草案的这一写法最终为1997年刑法典所采用,即第123条规定:"对飞行中的航空器上的人员使用暴力,危及飞行安全,尚未造成严重后果的,处五年以下有期徒刑或者拘役;造成严重后果的,处五年以上有期徒刑。"

十三、破坏广播电视设施、公用电信设施罪,过失损坏广播电视设施、公用电信设施罪(第124条)

1979年《刑法》第111条规定:"破坏广播电台、电报、电话或者其他通讯设备,危害公共安全的,处七年以下有期徒刑或者拘役;造成严重后果的,处七年以上有期徒刑。过失犯前款罪的,处七年以下有期徒刑或者拘役。"

在全面修订研拟刑法过程中,立法工作机关首次对本罪进行修订的尝试可见于1988年11月16日的刑法修改稿本,在该稿本中,本罪的对象与交通工具、交通

---

① 参见《中央有关部门、地方及法律专家对刑法修订草案(征求意见稿)的意见》,载高铭暄、赵秉志编:《新中国刑法立法文献资料总览》(下),中国人民公安大学出版社1998年版,第2160页。

设备、电力煤气设备、易燃易爆设备等被合并规定在同一条中,拟定的条文是:"破坏交通工具、破坏交通设备、电力煤气设备、易燃易爆设备和通讯设备,危害公共安全的,处三年以上十年以下有期徒刑;造成严重后果的,处十年以上有期徒刑、无期徒刑或者死刑,并处没收财产。过失犯前款罪,造成严重后果的,处七年以下有期徒刑或者拘役。"1988年12月25日的刑法修改稿第106条也作了基本相同的规定。

对于这种写法,在征求意见过程中,有部门提出,本罪的危害程度比破坏交通工具、交通设施、电力、煤气或者其他易燃易爆设备罪要轻些,不宜与破坏交通工具等罪合并,宜另写一条。此外,电视是我国近年来兴起的事业,它和电台、通讯设备具有同等重要的地位,应该在法条中增列"电视设备"。① 这一建议后来被立法工作机关采纳,在1996年8月8日的刑法分则修改草稿中,该稿第二章危害公共安全罪第8条在1979年《刑法》第111条第1款写法的基础上增列了"电视台"。1996年8月31日的刑法修改草稿又在8月8日稿的基础上,增列了"电子通讯网络",并将该稿法条中的"其他通讯设备"修改为"其他公用通讯设备",以体现出本罪危害公共安全的性质。

到了1996年10月10日的刑法修订草案(征求意见稿),立法者对本罪的罪状描述作了较大的修改。该稿第116条第1款规定:"破坏广播电台、电视台、公用通讯设施,危害公共安全的,处七年以下有期徒刑或者拘役;造成严重后果的,处七年以上有期徒刑。"在征求意见过程中,有部门提出,应该将"破坏广播电台、电视台"修改为"破坏广播电视设备、公用电信设备",这样就可以将广播电视发射台、转播台、微波站、监测台及有线广播电视传输覆盖等设施也包括进去。根据《国际电信联盟组织法》对"电信"的定义,现代电信是指以电的方式传递语言、文字、数据、图像等各种性质的信息。并且,通信还可以包括邮政。故为适当拓展此罪的适用范围,宜将"公用通讯设施"修改为"通信设备"。② 这一建议被立法机关所采纳,如1997年1月10日的修订草案第123条第1款规定:"破坏广播电视设施、公用电信设施,危害公共安全的,处三年以上七年以下有期徒刑;造成严重后果的,处七年以上有期徒刑。"1997年《刑法》第124条第1款即采纳了这一写法。

此外,对于本罪的法定刑设置以及单位是否可以构成本罪的问题,在刑法修订研拟过程中也进行过一些研究。有部门和地方认为,破坏广播电台、电视台、公用通讯设施的犯罪危害极大,建议对"造成严重后果"的情形,最高刑可提高到无期

---

① 参见最高人民法院刑法修改小组:《关于刑法分则修改的若干问题(草稿)(1989年3月)》,载高铭暄、赵秉志编:《新中国刑法立法文献资料总览》(下),中国人民公安大学出版社1998年版,第2271页。

② 参见《中央有关部门、地方及法律专家对刑法修订草案(征求意见稿)的意见》,载高铭暄、赵秉志编:《新中国刑法立法文献资料总览》(下),中国人民公安大学出版社1998年版,第2161页。

徒刑或者死刑。关于单位主体问题,有部门提出,目前在实践中对广播电视设施破坏最严重的大多是单位而不是个人,建议立法增设"单位犯前款罪的,对单位判处罚金,并对其直接负责的主管人员和其他直接责任人员,依照前二款的规定处罚"的规定。① 但这些建议最后都没有被采纳。

关于过失损坏广播电视设施、公用电信设施罪的法条设置,1996 年 8 月 8 日的刑法分则修改草稿在写法上有不同于 1979 年刑法典的变化,主要体现在:该稿将本罪与其他危害公共安全的过失犯罪一同从危害公共安全罪一章中移出,放在妨害社会管理秩序罪第九节"重大责任事故罪"中;鉴于立法模式的变化,在该稿中,为这些犯罪也设置了独立的法定刑。具体条文的写法是:"过失行为,致使交通工具、交通设备、通讯设备、电力煤气设备、易燃易爆设备遭受破坏,造成他人重伤、死亡或者使公私财产遭受重大损失的,处七年以下有期徒刑或者拘役。"除该稿本对此罪的写法有变动外,其他的所有稿本对本罪的法条设置均没有变化。

十四、非法制造、买卖、运输、邮寄、储存枪支、弹药、爆炸物罪,非法制造、买卖、运输、储存危险物质罪(第 125 条)

1979 年《刑法》第 112 条规定:"非法制造、买卖、运输枪支、弹药的,或者盗窃、抢夺国家机关、军警人员、民兵的枪支、弹药的,处七年以下有期徒刑;情节严重的,处七年以上有期徒刑或者无期徒刑。"1983 年 9 月 2 日全国人大常委会通过的《关于严惩严重危害社会治安的犯罪分子的决定》对 1979 年刑法典的上述规定作了补充和修改,其中就前一罪而言,即:非法制造、买卖、运输或者盗窃、抢夺枪支、弹药、爆炸物,情节特别严重的,或者造成严重后果的,可以在刑法规定的最高刑以上处刑,直至判处死刑。

1997 年《刑法》第 125 条共设置了 3 款。第 1 款规定:"非法制造、买卖、运输、邮寄、储存枪支、弹药、爆炸物的,处三年以上十年以下有期徒刑;情节严重的,处十年以上有期徒刑、无期徒刑或者死刑。"第 2 款规定:"非法制造、买卖、运输、储存毒害性、放射性、传染病病原体等物质,危害公共安全的,依照前款的规定处罚。"第 3 款规定:"单位犯前两款罪的,对单位判处罚金,并对其直接负责的主管人员和其他直接责任人员,依照第一款的规定处罚。"

与 1979 年刑法相比,1997 年刑法典的规定作了如下的补充和修改:

(1)补充了"邮寄"、"储存"等行为手段。在刑法典修订研拟过程中,有部门提出,实践中违法犯罪分子利用邮政渠道邮寄枪支、弹药、爆炸物案件增多,已发生多起邮件爆炸、邮车失火、邮政职工和用户被炸死、炸伤的案件,建议在刑法中增加

---

① 参见《中央有关部门、地方及法律专家对刑法修订草案(征求意见稿)的意见》,载高铭暄、赵秉志编:《新中国刑法立法文献资料总览》(下),中国人民公安大学出版社 1998 年版,第 2161 页。

规定非法邮寄枪支、弹药、爆炸物犯罪行为。[①] 立法机关采纳了这一建议,在 1997 年 1 月 10 日的刑法修订草案第 125 条第 1 款中增加了"邮寄"的行为手段,同时在该款中增设了"储存"的行为方式,全面概括以枪支、弹药、爆炸物为犯罪对象的犯罪行为。

(2) 补充规定了非法买卖、运输核材料的犯罪。本罪是为了履行 1989 年我国加入的《核材料实物保护公约》所要求的国际义务而规定的,其写法首见于 1996 年 8 月 31 日的刑法修改草稿,并最终为 1997 年《刑法》第 125 条第 2 款所沿用,即:"非法买卖、运输核材料的,依照前款的规定处罚。"

1997 年刑法典颁行后,立法机关根据当前我国反恐斗争面临的新形势以及恐怖犯罪的新发展,于 2001 年 12 月 29 日通过的《刑法修正案(三)》对新《刑法》第 125 条第 2 款的规定作了补充和修改,主要表现在:一是增加规定了犯罪的客观行为形式。在原规定中,行为形式限于"非法买卖"和"非法运输"。显然,所列举的行为手段是不全面的,故此,这次刑法修正又增设了"非法制造"和"非法储存"两种形式,从而严密了法网。二是原规定中的对象是核材料,《刑法修正案(三)》则将"核材料"修改为"毒害性、放射性、传染病病原体等物质",由此拓展了本款的对象范围。三是根据原规定,只要行为人实施了非法买卖、运输核材料,即构成犯罪;而《刑法修正案(三)》则在本款规定之罪的罪状中增加了"危害公共安全"的限制,也即:只有非法制造、买卖、运输、储存毒害性、放射性、传染病病原体等物质,并且危害公共安全时,才能按照前款的规定处罚。经过以上的修改,其罪名也由原先的"非法买卖、运输核材料罪"相应修改为"非法制造、买卖、运输、储存危险物质罪"。

(3) 调整了本条第 1 款之罪的法定刑。在 1988 年 9 月的刑法修改稿本中,与 1979 年刑法典和《关于严惩严重危害社会治安的犯罪分子的决定》的有关规定相比,实际上是调低了基本犯法定刑的上限,相应的也降低了加重犯法定刑的下限,即对于基本犯,处 5 年以下有期徒刑;情节严重的,处 5 年以上有期徒刑或者无期徒刑。1988 年 11 月 16 日的刑法修改稿基本上又改回了 1979 年刑法典的写法,有所不同的是,在 1979 年刑法典规定的基础上,增加了"情节特别严重的,处死刑,并处没收财产"的规定。到了 1988 年 12 月 25 日的刑法修改稿,立法工作机关以 1979 年刑法典的规定为基础,对本条第 1 款之罪法定刑作了两处调整:一是修改了第二档的法定刑,即由 1979 年刑法典规定的"七年以上有期徒刑或者无期徒刑"修改为"七年以上有期徒刑";二是增设了第三档的法定刑,即情节特别严重的,处无期徒刑或者死刑,并处没收财产。后来,出于对危害公共安全罪法定刑设置予以综合平衡的考虑,在 1996 年 8 月 8 日的刑法分则修改草稿中,立法工作机关对本罪

[①] 参见《中央有关部门、地方及法律专家对刑法修订草案(征求意见稿)的意见》,载高铭暄、赵秉志编:《新中国刑法立法文献资料总览》(下),中国人民公安大学出版社 1998 年版,第 2161 页。

的法定刑又作了重大调整:对于基本犯,处3年以上10年以下有期徒刑;对于加重犯,处10年以上有期徒刑、无期徒刑或者死刑。这种法定刑的设置最终为1997年《刑法》第125条第1款的规定所沿用。当然,在第八届全国人大常委会第二十三次会议分组审议刑法修订草案时,也有委员提出,非法制造、买卖、运输枪支、弹药、爆炸物罪第一档处刑应当从"三年以上十年以下有期徒刑"提高到"十年以上有期徒刑",情节严重的,处"无期徒刑或者死刑"。① 这一建议由于大幅度提高了本罪的法定刑,且与社会危害程度相当的其他犯罪的法定刑不协调,最终未予采纳。

(4) 增设了单位犯罪的规定。基于司法实践打击单位参与非法制造、买卖、运输、邮寄、储存枪支、弹药、爆炸物犯罪的实际需要,在1996年8月8日的刑法分则修改草稿及其之后的稿本中,立法工作机关为本罪增设了单位犯罪的条款。在具体的写法上,1996年8月8日稿规定:"单位有前款行为的,对单位判处罚金,并对其直接负责的主管人员和其他直接责任人员依照前款规定处罚。"1996年8月31日的刑法修改草稿根据1996年《中华人民共和国枪支管理法》(以下简称《枪支管理法》)第39条第2款②的规定,并结合1979年《刑法》第112条规定的法定刑,为单位犯罪设置了独立的法定刑,即:"单位有前两款行为的,对单位判处罚金,并对其直接负责的主管人员和其他直接责任人员处七年以下有期徒刑;情节严重的,处七年以上有期徒刑或者无期徒刑。"到了1996年10月10日的刑法修订草案(征求意见稿),立法工作机关取消了独立法定刑的写法,改而采用援引法定刑,这种法定刑的规定方式一直延续到新刑法典通过。

十五、违规制造、销售枪支罪(第126条)

本条之罪系在1996年7月5日全国人大常委会通过的《中华人民共和国枪支管理法》有关规定的基础上修改而成的,该法第40条规定:"依法被指定、确定的枪支制造企业、销售企业,违反本法规定,有下列行为之一的,对单位判处罚金,并对其直接负责的主管人员和其他直接责任人员依照刑法第一百一十二条的规定追究刑事责任;公安机关可以责令其停业整顿或者吊销其枪支制造许可证件、枪支配售许可证件:(一)超过限额或者不按照规定的品种制造、配售枪支的;(二)制造无号、重号、假号的枪支的;(三)私自销售枪支或者在境内销售为出口制造的枪支的。"在全面修订刑法研拟过程中,此罪的规定首见于1996年10月10日的刑法修

---

① 参见《八届全国人大常委会第二十三次会议分组审议刑法修订草案的意见》,载高铭暄、赵秉志编:《新中国刑法立法文献资料总览》(下),中国人民公安大学出版社1998年版,第2187页。
② 《中华人民共和国枪支管理法》第39条第2款规定:"单位有前款行为的,对单位判处罚金,并对其直接负责的主管人员和其他直接责任人员依照刑法(注:1979年刑法)第一百一十二条的规定追究刑事责任。"

订草案(征求意见稿),该征求意见稿第 117 条第 4 款规定:"依法被指定、确定的枪支制造企业、销售企业,违反枪支管理规定,有下列行为之一的,对单位判处罚金,并对其直接负责的主管人员和其他直接责任人员,处七年以下有期徒刑;造成严重后果的,处七年以上有期徒刑或者无期徒刑:(一) 以非法销售为目的超过限额或者不按照规定的品种制造、配售枪支的;(二) 以非法销售为目的,制造无号、重号、假号的枪支的;(三) 非法销售枪支或者在境内销售为出口制造的枪支的。"到了 1997 年 3 月 1 日的修订草案,立法机关又对本罪的法定刑作了较大的调整,将其改为三个档次:对于基本犯,处 5 年以下有期徒刑;情节严重的,处 5 年以上 10 年以下有期徒刑;情节特别严重的,处 10 年以上有期徒刑或者无期徒刑。

经过以上的调整,最终形成了新《刑法》第 126 条的规定:"依法被指定、确定的枪支制造企业、销售企业,违反枪支管理规定,有下列行为之一的,对单位判处罚金,并对其直接负责的主管人员和其他直接责任人员,处五年以下有期徒刑;情节严重的,处五年以上十年以下有期徒刑;情节特别严重的,处十年以上有期徒刑或者无期徒刑:(一) 以非法销售为目的,超过限额或者不按照规定的品种制造、配售枪支的;(二) 以非法销售为目的,制造无号、重号、假号的枪支的;(三) 非法销售枪支或者在境内销售为出口制造的枪支的。"

十六、盗窃、抢夺枪支、弹药、爆炸物、危险物质罪,抢劫枪支、弹药、爆炸物、危险物质罪(第 127 条)

1979 年《刑法》第 112 条规定:"非法制造、买卖、运输枪支、弹药的,或者盗窃、抢夺国家机关、军警人员、民兵的枪支、弹药的,处七年以下有期徒刑;情节严重的,处七年以上有期徒刑或者无期徒刑。"1983 年 9 月 2 日全国人大常委会通过的《关于严惩严重危害社会治安的犯罪分子的决定》对 1979 年刑法典的上述规定作了补充和修改,其中就后一罪而言,即:盗窃、抢夺枪支、弹药、爆炸物,情节特别严重的,或者造成严重后果的,可以在刑法规定的最高刑以上处刑,直至判处死刑。由于该决定没有对枪支、弹药、爆炸物作归属的限制,应当认为单行刑法实际上也修改了本罪的构成要件。①

与 1979 年刑法的上述规定相比,1997 年刑法典作了如下的修改和补充:

---

① 对于盗窃、抢夺枪支、弹药、爆炸物罪的对象,是否仅限于属于国家机关、军警人员、民兵所拥有的枪支、弹药、爆炸物,在当时也有不同的看法。一种意见认为,因为《刑法》第 112 条明文规定了枪支、弹药的上述所有者和持有者,故仍应维持。另一种看法认为,全国人大常委会《关于严惩严重危害社会治安的犯罪分子的决定》对 1979 年《刑法》第 112 条的犯罪对象进行了修改补充,该决定第 1 条第(4)项并没有对枪支、弹药、爆炸物作所有者和持有者的限制,所以,实践中无论盗窃、抢夺的是否属于国家机关、军警人员、民兵所拥有的枪支、弹药、爆炸物,均应以本罪论处。参见高铭暄主编:《中国刑法学》,中国人民大学出版社 1989 年版,第 387—389 页。

（1）将盗窃、抢夺枪支、弹药、爆炸物罪独立成条，改变了1979年刑法将本罪与其他犯罪合并在一个条文的写法。从刑法修改稿本的写法上看，本罪的写法有过变化和反复。在1988年9月的刑法修改稿中，本罪系独立成条加以规定的，但到了1988年11月16日和12月25日稿，立法工作机关基本上又改回了1979年刑法的写法。当时在征求意见的过程中，有部门曾建议，应当根据犯罪对象的性质是否军用为标准，在刑法中规定"非法制造、买卖、运输、抢劫、盗窃、抢夺军火罪"和"非法制造、买卖、运输、抢劫、盗窃、抢夺民用枪支、爆炸物罪"。[①] 这种区分不同对象的性质将不同行为手段合并一起规定为选择式罪状的立法方法并没有被后来的刑法修改稿和修订草案所采纳。从1996年的刑法修改稿起，所有的稿本均采用将盗窃、抢夺行为从"非法制造、买卖、运输、盗窃、抢夺枪支、弹药"犯罪中分离出的立法方法，单独对本罪加以规定。

（2）增设了抢劫枪支、弹药、爆炸物罪。在刑法修订研拟过程中，有部门提出，应当在刑法中增设抢劫枪支、弹药、爆炸物罪，以完善涉枪涉爆的刑法立法规定。立法工作机关对这一建议作出了积极的回应，在1988年9月的刑法修改稿本中，把抢劫枪支、弹药犯罪行为与盗窃、抢夺枪支、弹药行为并列规定在一个条文中。后来，到了1988年11月16日和12月25日的稿本，抢劫行为作为选择式罪状的一部分而与"非法制造、买卖、运输、盗窃、抢夺"合并在一个条文中加以规定。在1996年8月8日的分则修改草稿中，抢劫枪支、弹药、爆炸物不仅被单独作为一个条款加以规定，而且还采用了叙明的方式对本罪罪状作了描述。该稿第二章危害公共安全罪第10条第2款规定："以暴力、威胁或者其他方法抢劫枪支、弹药、爆炸物的，处十年以上有期徒刑、无期徒刑或者死刑。"到了1996年8月31日的刑法修改草稿，立法工作机关又将其改回1988年9月稿对本罪罪状的写法，将抢劫行为与盗窃、抢夺行为合并在一起规定在一个条文中。后来，考虑到抢劫行为的危害程度一般而言要大于盗窃和抢夺行为，有必要予以单独规定；同时，盗窃、抢夺国家机关、军警人员和民兵的枪支、弹药、爆炸物行为的危害程度大于盗窃、抢夺其他枪支、弹药、爆炸物，因此，在1996年10月10日的刑法修订草案（征求意见稿）中，将抢劫枪支、弹药、爆炸物的行为与盗窃、抢夺国家机关、军警人员和民兵的枪支、弹药、爆炸物的行为规定在一个条款中，并共用一个法定刑幅度，即第118条第2款规定："抢劫枪支、弹药、爆炸物或者盗窃、抢夺国家机关、军警人员、民兵的枪支、弹药、爆炸物的，处十年以上有期徒刑、无期徒刑或者死刑。"这种写法后来被新《刑法》第127条第2款所沿用。

[①] 参见最高人民法院刑法修改小组：《关于刑法分则修改的若干问题（草稿）（1989年3月）》，载高铭暄、赵秉志编：《新中国刑法立法文献资料总览》（下），中国人民公安大学出版社1998年版，第2272页。

(3) 调整了盗窃、抢夺枪支、弹药、爆炸物罪的法定刑。在 1988 年 9 月的刑法修改稿本中,基本上沿袭了 1979 年刑法典的规定,有所不同的是,在 1979 年刑法典规定的基础上,增加"情节特别严重的,处死刑"的规定。1988 年 11 月 16 日稿在 9 月稿的基础上,又对情节特别严重的盗窃、抢夺行为规定了"并处没收财产"。1988 年 12 月 25 日稿则以 1979 年刑法典的规定为基础,对本罪法定刑作了两处调整:一是"情节严重"档次的法定刑,由 1979 年刑法典规定的"处七年以上有期徒刑或者无期徒刑"修改为"七年以上有期徒刑";二是"情节特别严重"档次的法定刑,规定为"无期徒刑或者死刑,并处没收财产"。后来,出于对危害公共安全罪的法定刑设置予以综合平衡的考虑,立法工作机关在 1996 年 8 月 8 日的刑法分则修改草稿中对本罪的法定刑作了重大调整:对于基本犯,处 3 年以上 10 年以下有期徒刑;对于加重犯,处 10 年以上有期徒刑、无期徒刑或者死刑。1996 年 10 月 10 日的刑法修订草案(征求意见稿)在 8 月 8 日稿写法的基础上,增加规定了"盗窃、抢夺国家机关、军警人员、民兵的枪支、弹药、爆炸物的,处十年以上有期徒刑、无期徒刑或者死刑"。1996 年 10 月 10 日稿的法定刑档次的设置最终为 1997 年《刑法》第 127 条的规定所采用。

当然,在第八届全国人大常委会第二十三次会议分组审议刑法修订草案过程中,也有委员提出,盗窃、抢夺枪支、弹药、爆炸物罪第一档处刑应当从"三年以上十年以下有期徒刑"提高到"十年以上有期徒刑",情节严重的,处"无期徒刑或者死刑"。① 这一建议由于大幅度提高了本罪的法定刑,且与社会危害程度相当的其他犯罪的法定刑不协调,最终未予采纳。

经过以上的修改和调整,最终形成的 1997 年《刑法》第 127 条的规定是:"盗窃、抢夺枪支、弹药、爆炸物的,处三年以上十年以下有期徒刑;情节严重的,处十年以上有期徒刑、无期徒刑或者死刑。抢劫枪支、弹药、爆炸物或者盗窃、抢夺国家机关、军警人员、民兵的枪支、弹药、爆炸物的,处十年以上有期徒刑、无期徒刑或者死刑。"

1997 年刑法典颁行后,出于遏制恐怖犯罪活动的实际需要,并结合恐怖犯罪活动的发展新动向,2001 年 12 月 29 日全国人大常委会通过的《刑法修正案(三)》对《刑法》第 127 条作了两个方面的补充:一是在该条第 1 款的罪状描述中增加了"盗窃、抢夺毒害性、放射性、传染病病原体等物质,危害公共安全的"规定;二是在第 2 款的罪状描述中增加了"抢劫毒害性、放射性、传染病病原体等物质,危害公共安全的"规定。由此,1997 年《刑法》第 127 条的条文便被修改成:"盗窃、抢夺枪支、弹药、爆炸物的,或者盗窃、抢夺毒害性、放射性、传染病病原体等物质,危

---

① 参见《八届全国人大常委会第二十三次会议分组审议刑法修订草案的意见》,载高铭暄、赵秉志编:《新中国刑法立法文献资料总览》(下),中国人民公安大学出版社 1998 年版,第 2187 页。

害公共安全的,处三年以上十年以下有期徒刑;情节严重的,处十年以上有期徒刑、无期徒刑或者死刑。抢劫枪支、弹药、爆炸物的,或者抢劫毒害性、放射性、传染病病原体等物质,危害公共安全的,或者盗窃、抢夺国家机关、军警人员、民兵的枪支、弹药、爆炸物的,处十年以上有期徒刑、无期徒刑或者死刑。"

十七、非法持有、私藏枪支、弹药罪,非法出租、出借枪支罪(第128条)

1979年《刑法》第163条规定:"违反枪支管理规定,私藏枪支、弹药,拒不交出的,处二年以下有期徒刑或者拘役。"1996年《枪支管理法》第41条第1款规定:"违反本法规定,非法持有、私藏枪支的,依照刑法第一百六十三条的规定追究刑事责任。"该法第43条还规定:"违反枪支管理规定,出租、出借公务用枪的,比照刑法第一百八十七条的规定处罚。单位有前款行为的,对其直接负责的主管人员和其他直接责任人员依照前款规定处罚。配置民用枪支的单位,违反枪支管理规定,出租、出借枪支,造成严重后果或者有其他严重情节的,对其直接负责的主管人员和其他直接责任人员比照刑法第一百八十七条的规定处罚。配置民用枪支的个人,违反枪支管理规定,出租、出借枪支,造成严重后果的,比照刑法第一百六十三条的规定处罚……"

1997年《刑法》第128条的规定就是以上述规定为基础经过修订调整而成的。从刑法修改稿本的写法上看,1979年刑法典中私藏枪支、弹药罪规定在刑法分则"妨害社会管理秩序罪"中,在修订刑法研拟过程中,有人提出,私藏枪支、弹药的行为从本质上看,危害了公共安全,而非单纯的妨害社会管理秩序,主张将此罪移入危害公共安全罪一章中。经过研究和论证,立法工作机关采纳了这一建议,在1988年9月的刑法修改稿中,将1979年《刑法》第163条的规定照搬到了刑法分则危害公共安全罪一章中。然而,到了1988年11月16日和12月25日的刑法修改稿,立法工作机关又维持了1979年刑法典的做法,将此罪规定移回刑法分则妨害社会管理秩序罪一章中。

后来,随着《枪支管理法》的颁行,非法持有、私藏枪支、弹药罪和非法出租、出借枪支罪的法条写法也发生了较大的变化。在1996年8月8日的刑法分则修改稿中,第二章第11条共有4款,即:"违反枪支管理法规定,非法持有、私藏枪支、弹药的,处三年以下有期徒刑或者拘役;情节严重的,处三年以上七年以下有期徒刑。依法配备公务用枪的人员,非法出借、出租枪支的,依照前款的规定处罚。依法配置枪支的人员,非法出借、出租枪支,造成严重后果的,依照第一款的规定处罚。单位有第二、三款行为的,对直接负责的主管人员和其他直接责任人员,依照第一款的规定处罚。"这一写法与1997年《刑法》第128条的规定相比有三点区别:一是1997年刑法典对非法持有、私藏枪支、弹药罪的基本犯法定刑规定有"管制",而上述写法则没有;二是1997年刑法典对这两种犯罪的单位主体采双罚制,而此处的写法则是单罚制;三是表述顺序上,此处是"非法出借、出租枪支",而1997年刑法典则是"非法出租、出借枪支"。

受1979年刑法典对私藏枪支、弹药罪归属的影响,在1996年8月31日的刑法修改草稿中,对8月8日稿中拟订的这两种犯罪的法条原封不动地移入妨害社会管理秩序罪一章中。对这一归属安排,在研拟过程中,有人表示支持,认为这种行为归根到底属于妨害社会管理秩序的行为。也有人认为,枪支、弹药本身具有很大的危险性,对群众的心理威胁很大,枪支、弹药的管理是治安管理的重要内容,规定在危害公共安全罪一章比较合理。立法工作机关最终采纳了第二种见解,在1996年10月10日的刑法修订草案(征求意见稿)中,又将这两种犯罪移回危害公共安全罪一章,同时更改了之前稿本中"非法出借、出租枪支"的表述顺序,直至最终形成了新刑法典对此的表述顺序。

在征求意见的过程中,也有人提出,应当在非法持有、私藏枪支、弹药罪的基本刑中增加规定"管制",因为,本罪的社会危害程度差异很大,不能完全排除适用管制的可能性。立法工作机关采纳这一建议,在1996年12月中旬的修订草案中增加规定了管制。此外,在研拟过程中,不断有意见提出,应当对犯非法出租、出借枪支罪的单位增设判处罚金的规定,经过研究,立法机关最后在1997年2月17日的刑法修订草案修改稿中对犯罪的单位增设了罚金。至此,最终形成了1997年《刑法》第128条的规定:"违反枪支管理规定,非法持有、私藏枪支、弹药的,处三年以下有期徒刑、拘役或者管制;情节严重的,处三年以上七年以下有期徒刑。依法配备公务用枪的人员,非法出租、出借枪支的,依照前款的规定处罚。依法配置枪支的人员,非法出租、出借枪支,造成严重后果的,依照第一款的规定处罚。单位犯第二款、第三款罪的,对单位判处罚金,并对其直接负责的主管人员和其他直接责任人员,依照第一款的规定处罚。"

十八、丢失枪支不报罪(第129条)

在1979年刑法典中,并没有明确规定此罪。1996年7月5日第八届全国人大常委会第二十次会议通过了《枪支管理法》,该法第44条第(4)项规定,违反本法规定,枪支被盗、被抢或者丢失,不及时报告的,由公安机关对个人或者单位负有直接责任的主管人员和其他直接责任人员处警告或者15日以下拘留;构成犯罪的,依法追究刑事责任。因此,可以说,在1997年刑法典通过之前,丢失枪支不及时报告的犯罪行为是由非刑事法律中的附属刑法所规定的。

相应的,在1996年《枪支管理法》通过之前起草的刑法修改稿本中,都没有涉及这一犯罪。首次涉及这一罪名的是1996年10月10日的刑法修订草案(征求意见稿),该稿第120条规定:"依法配备公务用枪的人员,丢失枪支未及时报告,造成严重后果的,处三年以下有期徒刑或者拘役。"1996年12月中旬的刑法修订草案第

126 条规定的内容,在罪状上与上述征求意见稿相同,只是在法定刑上增加了"管制"。但在征求意见的过程中,有人提出,如果规定可单处管制,与其行为所造成的危害不相适应,建议删去"管制"的规定。对于罪状中的"未及时报告"的表述,也有人提出,"未及时报告"的用语与《枪支管理法》的表述不一致,建议修改为"不及时报告"。于是,在 1997 年 2 月 17 日的刑法修订草案修改稿第 129 条中,立法机关将"未及时报告"修改为"不及时报告";在 1997 年 3 月 1 日的刑法修订草案,该稿第 130 条删除了本罪法定刑中的"管制"刑。

经过以上的调整,1997 年《刑法》第 129 条规定:"依法配备公务用枪的人员,丢失枪支不及时报告,造成严重后果的,处三年以下有期徒刑或者拘役。"

十九、非法携带枪支、弹药、管制刀具、危险物品危及公共安全罪(第 130 条)

我国 1979 年刑法典并没有此罪的规定。在 1990 年的《中华人民共和国铁路法》(以下简称《铁路法》)中,第 60 条第 2 款对类似的行为作了规定,即:"携带炸药、雷管或者非法携带枪支子弹、管制刀具进站上车的,比照刑法第一百六十三条[1]的规定追究刑事责任。"为了执行附属刑法的这一规定,最高人民法院 1993 年专门印发了《关于执行〈中华人民共和国铁路法〉中刑事罚则若干问题的解释》指出:"携带炸药、雷管或者非法携带枪支子弹、管制刀具进站上车构成犯罪的,应当定非法携带炸药、雷管、枪支子弹、管制刀具进站上车罪,依照刑法第一百六十三条规定适用刑罚。"应当说,以上的规定和司法解释为本罪最终写入新刑法典提供了实践根据和重要的参考资料。

在刑法修订研拟过程中,对于本罪法条的具体写法,曾经历过一些变化。首次规定此罪的 1988 年 12 月 25 日的刑法修改稿第 112 条第 2 款规定:"非法携带爆炸性、易燃性、放射性、毒害性、腐蚀性物品进入公共场所或者公共交通工具,情节严重的,处一年以下有期徒刑、拘役或者罚金,造成前款规定后果的,依照前款的规定处罚。"[2]对于这一写法,有部门提出,实践中经常发生因携带危险品乘坐公共交通工具,进入公共场所而酿成火灾、爆炸等伤亡事故,补充规定本条是必要的。但在法条设计上,应当考虑将本罪基本犯中的"情节严重"改为"足以引起严重危险"。

后来,随着《铁路法》的施行,立法工作机关开始以《铁路法》的规定为基础展开对本罪法条的研拟。在 1996 年 8 月 8 日的刑法分则修改草稿中,本罪被放在分则第二章危害公共安全罪中,具体的写法是:"违反枪支、爆炸物品、管制刀具管理

---

[1] 此处为 1979 年《刑法》第 163 条规定的私藏枪支、弹药罪。
[2] 前款规定的内容是:"违反爆炸性、易燃性、放射性、毒害性、腐蚀性物品管理规定,在生产、储存、携带、运输、使用中发生重大事故,造成严重后果的,处三年以下有期徒刑或者拘役;后果特别严重的,处三年以上十年以下有期徒刑。"

规定,非法携带枪支、弹药、爆炸物、管制刀具进入公共场所或者乘坐公共交通工具的,处三年以下有期徒刑、拘役或者罚金。"对于本罪的罪名归属,在1996年8月12日至16日全国人大常委会法制工作委员会邀请的专家座谈会上,有专家认为,非法携带枪支、弹药、爆炸物、管制刀具进入公共场所或者乘坐公共交通工具的行为,属于妨害社会管理秩序的行为,这种行为对公共安全没有现实的危害或危险,建议移到分则第六章"妨害社会管理秩序罪"中,并将其与携带武器、管制刀具或者爆炸物参加集会、游行、示威罪加以合并。也有专家认为,枪支、弹药本身具有很大的危险性,对群众的心理威胁很大,枪支、弹药的管理是治安管理的重要内容,规定在"危害公共安全罪"一章比较合理。①

鉴于专家们对本罪归属存在较大的分歧,立法工作机关在此后一些刑法修改稿本和修订草案中曾删除了这一规定,直到1997年1月10日的修订草案,立法机关才在分则第二章"危害公共安全罪"第129条又规定了本罪,拟定的条文是:"非法携带枪支、弹药、易燃易爆物品、放射性物品、剧毒物品、腐蚀性物品,进入公共场所或者公共交通工具,危及公共安全,情节严重的,处三年以下有期徒刑、拘役或者管制。"1997年2月17日的刑法修订草案(修改稿)第130条对上述写法作了一些调整:一是增加了"管制刀具";二是改变了危险物品的列举方式,即由"易燃易爆物品、放射性物品、剧毒物品、腐蚀性物品"修改为"或者爆炸性、易燃性、放射性、毒害性、腐蚀性物品"。经过这一修改和补充,最终形成了1997年《刑法》第130条的规定:"非法携带枪支、弹药、管制刀具或者爆炸性、易燃性、放射性、毒害性、腐蚀性物品,进入公共场所或者公共交通工具,危及公共安全,情节严重的,处三年以下有期徒刑、拘役或者管制。"

二十、重大飞行事故罪(第131条)

本条之罪系在1996年《中华人民共和国民用航空法》(以下简称《民用航空法》)有关规定的基础上修改补充而成的。该法第199条规定:"航空人员玩忽职守,或者违反规章制度,导致发生重大飞行事故,造成严重后果的,分别依照、比照刑法第一百八十七条或者第一百一十四条②的规定追究刑事责任。"

在刑法修订研拟过程中,为了贯彻罪刑法定原则明确性的要求,有必要细化重大责任事故犯罪的立法。随着1996年《民用航空法》的颁行,立法机关经过研究,决定在刑法中规定重大飞行事故罪。从立法进程看,首次将重大飞行事故罪写入

---

① 参见全国人大常委会法工委刑法室1996年9月6日整理:《法律专家对〈刑法总则修改稿〉和〈刑法分则修改草稿〉的意见》,载高铭暄、赵秉志主编:《新中国刑法立法文献资料总览》(下),中国人民公安大学出版社1998年版,第2135页。

② 1979年《刑法》第114条规定的是重大责任事故罪。

其中的是1997年2月17日的刑法修订草案修改稿,该稿第131条规定:"航空人员违反规章制度,致使发生重大飞行事故,造成严重后果的,处五年以下有期徒刑或者拘役;造成飞机坠毁或者人员死亡的,处五年以上十年以下有期徒刑。"后来,考虑到本罪的法定刑应与本章中其他责任事故犯罪的法定刑相协调,立法机关在1997年3月13日的刑法修订草案中,将本罪基本犯的法定刑由"五年以下有期徒刑或者拘役"修改为"三年以下有期徒刑或者拘役";将加重犯的法定刑由"五年以上十年以下有期徒刑"修改为"三年以上七年以下有期徒刑"。这一调整,最终形成了新《刑法》第131条的规定:"航空人员违反规章制度,致使发生重大飞行事故,造成严重后果的,处三年以下有期徒刑或者拘役;造成飞机坠毁或者人员死亡的,处三年以上七年以下有期徒刑。"

二十一、铁路运营安全事故罪(第132条)

本条之罪系在《铁路法》有关规定的基础上修改补充而来的。根据《铁路法》第71条的规定,对于铁路职工违反规章制度造成铁路运营事故,情节严重、构成犯罪的,依照刑法有关规定追究刑事责任。

在刑法修订研拟过程中,包括1996年10月10日的刑法修订草案(征求意见稿)在内的诸多刑法修改稿本均没有把铁路运营安全事故犯罪独立加以规定。后来,为了贯彻罪刑法定原则明确性的要求,细化重大责任事故犯罪的立法,立法机关经过研究,决定在刑法中规定铁路运营安全事故罪。从立法进程看,首次将本罪写入其中的是1997年2月17日的刑法修订草案修改稿,该稿第132条规定:"铁路职工违反规章制度,造成铁路运营事故,情节严重的,处五年以下有期徒刑或者拘役;造成特别严重后果的,处五年以上十年以下有期徒刑。"在以后的研拟中,立法机关考虑到本罪的法定刑应与本章中其他责任事故犯罪的法定刑相协调,因此,在1997年3月13日的刑法修订草案中,将本罪基本犯的法定刑由"五年以下有期徒刑或者拘役"修改为"三年以下有期徒刑或者拘役";将加重犯的法定刑由"五年以上十年以下有期徒刑"修改为"三年以上七年以下有期徒刑"。

经过以上调整,最终形成了新《刑法》第132条的规定:"铁路职工违反规章制度,致使发生铁路运营安全事故,造成严重后果的,处三年以下有期徒刑或者拘役;造成特别严重后果的,处三年以上七年以下有期徒刑。"

二十二、交通肇事罪(第133条)

1979年《刑法》第113条规定:"从事交通运输的人员违反规章制度,因而发生重大事故,致人重伤、死亡或者使公私财产遭受重大损失的,处三年以下有期徒刑或者拘役;情节特别恶劣的,处三年以上七年以下有期徒刑。非交通运输人员犯前款罪的,依照前款规定处罚。"

在刑法修订研拟过程中，一些学者和部门提出，实践中情节恶劣的恶性交通事故频发，后果相当严重，1979 年刑法典规定的 7 年以下有期徒刑明显偏低，且与其他犯罪的刑罚不平衡，应当予以提高。① 立法工作机关采纳了这一建议，于是，在对此罪法条的研拟过程中，如何合理地提高其法定刑，以遏制实践中严重恶性肇事案件的频发，也就成了立法工作机关研究的重点问题。

如何合理地提高本罪的法定刑？对此，有部门研究并提出了两种方案：一是设置两个幅度：3 年以下或者拘役；3 年以上 10 年以下。二是设置三个幅度：3 年以下或者拘役；3 年以上 7 年以下；7 年以上。② 1988 年 11 月 16 日和 12 月 25 日的稿本为本罪设置了两个法定刑档次，具体幅度采纳了第一种方案。在 1996 年 8 月 8 日的刑法分则修改草稿中，立法工作机关为本罪的法定刑设置了三个幅度：对于基本犯，处 3 年以下有期徒刑或者拘役；对情节特别恶劣的，处 3 年以上 7 年以下有期徒刑；对造成他人重伤不予救助而逃逸，致使被害人因迟延救助而死亡的，处 7 年以上有期徒刑。显然，这一设置系采纳了第二种方案。

在 1996 年 10 月 10 日的刑法修订草案（征求意见稿）中，立法工作机关以 8 月 8 日稿的写法为基础，简化了第三档法定刑适用标准的表述，即："因逃逸致人死亡的，处七年以上有期徒刑。"1996 年 12 月中旬、12 月 20 日以及 1997 年 1 月 10 日的修订草案除了对此罪第一档法定刑增加了管制刑外，其他内容未变。到了 1997 年 2 月 17 日的修订草案修改稿，立法机关在之前稿本写法的基础上，对本罪第二档刑的情节作了补充，即规定："交通肇事后逃逸或者有其他特别恶劣情节的，处三年以上七年以下有期徒刑。"后来，立法机关考虑到对交通肇事案件单处管制恐罚不当罪，于是，在 1997 年 3 月 1 日的修订草案中，删除了之前稿本为此罪第一档刑增设的管制。由此，最终形成了 1997 年《刑法》第 133 条规定的法定刑情节和档次。

立法工作机关在对本罪法定刑情节进行修改的同时，对本罪的罪状表述也作了简化，即在 1996 年 10 月 10 日的修订草案（征求意见稿）中，删除了 1979 年刑法典对本罪主体所作的限制。这一写法也为之后的修订草案以及新刑法典所采纳。

经过以上调整，1997 年《刑法》第 133 条的规定是："违反交通运输管理法规，因而发生重大事故，致人重伤、死亡或者使公私财产遭受重大损失的，处三年以下有期徒刑或者拘役；交通运输肇事后逃逸或者有其他特别恶劣情节的，处三年以上七年以下有期徒刑；因逃逸致人死亡的，处七年以上有期徒刑。"

---

① 参见最高人民法院刑法修改小组：《关于刑法分则修改的若干问题（草稿）(1989 年 3 月)》，载高铭暄、赵秉志编：《新中国刑法立法文献资料总览》(下)，中国人民公安大学出版社 1998 年版，第 2273 页。

② 同上注。

二十三、危险驾驶罪(第133条之一)

本条系《刑法修正案(八)》新增之罪。从实践中看,醉酒驾车、飙车等行为较为常见,也极其危险,往往会造成严重的危害后果,人民群众反响强烈。为遏制这类行为,加强对民生的保护,立法机关在《刑法修正案(八)》中特增此罪。

在刑法修正案草案研拟中,此罪法条的写法有过一些变化。在2010年8月23日的草案中,立法工作机关将此罪的法条写为:"在道路上醉酒驾驶机动车的,或者在道路上驾驶机动车追逐竞驶,情节恶劣的,处拘役,并处罚金。"为了明确此罪与相关犯罪的界限,便于司法适用,在草案二次审议稿中,增加了"有前款行为,同时构成其他犯罪的,依照处罚较重的规定定罪处罚"的规定,与此同时,调整了草案中"醉驾"和"飙车"两种危险驾驶行为的表述顺序,并最终形成了《刑法修正案(八)》对本罪的规定。

应当指出的是,对于本罪法条的具体写法,在研拟中曾有不同的看法。有人认为,草案仅仅列举了"醉驾"和"飙车"两种危险驾驶行为,没有穷尽需要处罚的其他危险驾驶行为,如无证驾驶、吸毒后驾驶等,建议在法条中增加"等危险驾驶"的兜底性规定,以为将来增加危险驾驶方式预留空间。有人建议增加对水上、空中、铁路领域的危险驾驶行为的处罚。立法工作机关经过研究,考虑到现实与可能,仅将"醉驾"和"飙车"两种危险行为予以犯罪化。

二十四、重大责任事故罪、强令违章冒险作业罪(第134条)

1979年《刑法》第144条规定:"工厂、矿山、林场、建筑企业或者其他企业、事业单位的职工,由于不服管理、违反规章制度,或者强令工人违章冒险作业,因而发生重大伤亡事故,造成严重后果的,处三年以下有期徒刑或者拘役;情节特别恶劣的,处三年以上七年以下有期徒刑。"

在刑法修订研拟过程中,一些部门提出:一方面,刑法对本罪的主体采取列举的方法加以规定,难以概括全面,虽然后面赘了一句"或者其他企业、事业单位的职工",仍然不能确切地反映实际情况。随着经济结构的变化,社会上已出现群众合作经营组织及个体经营户,如果不适当扩大重大责任事故罪的主体范围,对发生在这种组织或经营户中的责任事故的处罚,将法无依据。故有必要扩大主体的范围。另一方面,本罪罪状中的"强令"的表述,致使许多负有指挥责任的人员所造成的重大责任事故处理不了。[①] 对此,有部门提出,有两个方案可供选择:一是作小的

---

① 参见最高人民检察院刑法修改小组:《修改刑法研究报告(1989年10月12日)》,载高铭暄、赵秉志编:《新中国刑法立法文献资料总览》(下),中国人民公安大学出版社1998年版,第2481—2482页。

修改,即将罪状表述为:"不服管理,违反规章制度或者指挥、放任其他从事生产作业的人员违章冒险作业"。另一种是作较大的修改,即"违反安全生产法规和劳动操作规程,因而发生重大责任事故,致……"也有部门提出,实践中发现有的责任事故犯罪后果极为严重,但规定的刑罚在7年以下,偏轻,应当适当提高本罪的法定刑,或与交通肇事罪刑罚等同或略低些。①

对于以上建议,立法工作机关并没有给予过多的关注,而是将研拟的重点集中在此罪情节及其法定刑的调整和完善上。一是就此罪的法定刑而言,在1988年12月25日的刑法修改稿本中,立法工作机关曾对此罪加重犯的法定刑作了调整,即由原规定的"三年以上七年以下有期徒刑"修改为"三年以上十年以下有期徒刑"。但到了1996年8月8日的刑法分则修改草稿,立法工作机关又放弃了上述写法,改回1979年刑法典的写法。在1996年12月中旬、12月20日以及1997年1月10日、2月17日的修订草案中,此罪的第一档法定刑增加了管制刑的规定。但后来,考虑到重大责任事故案件单处管制恐罚不当罪,故在1997年3月1日的修订草案中,又删除了之前稿本增设的管制刑,并最终维持了1979年《刑法》第114条规定的法定刑幅度和档次。二是对本罪情节的调整。鉴于1979年刑法典关于"因而发生重大伤亡事故,造成严重后果"的表述不清,容易导致对"重大伤亡事故"和"造成严重后果"二者之间关系在理解上的分歧,故在1997年3月1日的修订草案中,立法机关将二者明确规定为选择关系,并最终为新《刑法》第134条的规定所采纳,即:"工厂、矿山、林场、建筑企业或者其他企业、事业单位的职工,由于不服管理、违反规章制度,或者强令工人违章冒险作业,因而发生重大伤亡事故或者造成其他严重后果的,处三年以下有期徒刑或者拘役;情节特别恶劣的,处三年以上七年以下有期徒刑。"

新刑法典颁行后,在修订刑法研拟过程中,一些部门所指出的本罪主体范围狭窄,不能适应惩治和防范重大责任事故犯罪的缺陷表现得越来越明显。特别是一些生产者、经营者为片面地追求经济利益,强令工人违章冒险作业,引致重大责任事故频发,给人民群众的生命健康和公私财产造成重大的损失,群众反响极大。为了遏制这些犯罪,有必要对远不能适应需要的立法作出修改。在这种背景下,立法机关于2006年6月29日通过了《刑法修正案(六)》,该修正案第1条对新《刑法》第134条进行了修改。这些修改主要体现在:

(1)扩大了犯罪主体的范围。在原规定中,本罪的主体限于"工厂、矿山、林场、建筑企业或者其他企业、事业单位的职工",修正案删除了本罪主体的表述,实

---

① 参见最高人民法院刑法修改小组:《关于刑法分则修改的若干问题(草稿)(1989年3月)》,载高铭暄、赵秉志编:《新中国刑法立法文献资料总览》(下),中国人民公安大学出版社1998年版,第2274页。

际上扩大了主体的范围,即凡从事生产、作业的一切人均可构成本罪。

(2) 简化了本罪罪状的表述,使其成为空白罪状。

(3) 从中分离出"强令违章冒险作业罪"这一新的犯罪,并提高了这一犯罪的法定刑。

经过这些调整,1997年《刑法》第134条变成了两款,其中,第1款规定:"在生产、作业中违反有关安全管理的规定,因而发生重大伤亡事故或者造成其他严重后果的,处三年以下有期徒刑或者拘役;情节特别恶劣的,处三年以上七年以下有期徒刑。"第2款规定:"强令他人违章冒险作业,因而发生重大伤亡事故或者造成其他严重后果的,处五年以下有期徒刑或者拘役;情节特别恶劣的,处五年以上有期徒刑。"

二十五、重大劳动安全事故罪(第135条)

虽然我国1979年刑法典没有对本罪作出明确的规定,但1995年施行的《中华人民共和国劳动法》(以下简称《劳动法》)第92条却有类似的规定,即:"用人单位的劳动安全设施和劳动卫生条件不符合国家规定或者未向劳动者提供必要的劳动防护用品和劳动保护设施的,由劳动行政部门或者有关部门责令改正,可以处以罚款;情节严重的,提请县级以上人民政府决定责令停产整顿;对事故隐患不采取措施,致使发生重大事故,造成劳动者生命和财产损失的,对责任人员比照刑法第一百八十七条①的规定追究刑事责任。"

在全面修订刑法起草研拟过程中,立法机关出于完备刑事法律条文的考虑,在参考《劳动法》上述规定的基础上,结合我国司法实践的需要,在1997年2月17日的刑法修订草案(修改稿)第135条中规定了本罪,具体的写法是:"工厂、矿山、林场、建筑企业或者其他企业、事业单位的劳动安全设施和劳动卫生条件不符合国家规定,对事故隐患仍不采取措施,因而发生重大伤亡事故或者造成国家财产重大损失的,对直接责任人员,处三年以下有期徒刑、拘役或者管制;后果特别严重的,处三年以上七年以下有期徒刑。"1997年3月1日的修订草案对上述写法作了四个方面的调整:一是删除了"劳动卫生条件"的表述;二是增加了"经有关部门或者单位职工提出后";三是删除了基本犯法定刑中的"管制";四是将"造成国家财产重大损失"改为"造成其他严重后果",将"后果特别严重"改为"情节特别恶劣"。由此,最终形成了1997年《刑法》第135条的规定:"工厂、矿山、林场、建筑企业或者其他企业、事业单位的劳动安全设施不符合国家规定,经有关部门或者单位职工提出后,对事故隐患仍不采取措施,因而发生重大伤亡事故或者造成其他严重后果的,对直接责任人员,处三年以下有期徒刑或者拘役;情节特别恶劣的,处三年以上七

---

① 1979年《刑法》第187条规定的是玩忽职守罪。

年以下有期徒刑。"

新刑法典颁行后,全国人大常委会 2006 年 6 月 29 日通过的《刑法修正案(六)》又对上述规定作了一些调整:

(1) 扩大了犯罪主体的范围。在原规定中,本罪的主体限于"工厂、矿山、林场、建筑企业或者其他企业、事业单位",修正案删除了本罪主体的表述,实际上扩大了主体的范围,即不仅企业、事业单位,甚至个体经营户、无照生产经营者也能构成。

(2) 删除了"经有关部门或者单位职工提出后,对事故隐患仍不采取措施"的规定;将"劳动安全设施"修改为"安全生产设施或者安全生产条件",由此简化了本罪罪状的表述,使其成为空白罪状。

(3) 修改了"直接责任人员"的表述,以"直接负责的主管人员和其他直接责任人员"取而代之。

经过这些修改,1997 年《刑法》第 135 条的规定最终表述为:"安全生产设施或者安全生产条件不符合国家规定,因而发生重大伤亡事故或者造成其他严重后果的,对直接负责的主管人员和其他直接责任人员,处三年以下有期徒刑或者拘役;情节特别恶劣的,处三年以上七年以下有期徒刑。"

二十六、大型群众性活动重大安全事故罪(第 135 条之一)

1997 年刑法典颁布后,实践中出现了多起在重大庆祝活动或者大型集会时,组织者严重不负责任、疏于管理,导致发生大量人员伤亡的恶性事件。大型群众性活动与生产、作业领域的责任事故不同,也不同于行政管理领域的责任事故,有必要对其单独予以规定。基于这种考虑,2006 年 6 月 29 日第十届全国人民代表大会常务委员会第二十二次会议通过的《刑法修正案(六)》第 3 条在《刑法》第 135 条后增加规定一条,作为第 135 条之一:"举办大型群众性活动违反安全管理规定,因而发生重大伤亡事故或者造成其他严重后果的,对直接负责的主管人员和其他直接责任人员,处三年以下有期徒刑或者拘役;情节特别恶劣的,处三年以上七年以下有期徒刑。"

二十七、危险物品肇事罪(第 136 条)

1979 年《刑法》第 115 条规定:"违反爆炸性、易燃性、放射性、毒害性、腐蚀性物品的管理规定,在生产、储存、运输、使用中发生重大事故,造成严重后果的,处三年以下有期徒刑或者拘役;后果特别严重的,处三年以上七年以下有期徒刑。"

与 1979 年《刑法》的上述规定相比,1997 年《刑法》第 136 条的规定没有任何变化。但在立法修订研拟过程中,立法工作机关拟定的修改稿对本罪法定刑的写法曾经有过一些变化。在 1988 年 12 月 25 日的刑法修改稿本中,第 112 条曾提高了本罪加重情节的法定刑,即由 1979 年刑法典规定的"三年以上七年以下有期徒刑"调整为"三年以上十年以下有期徒刑"。在 1996 年 8 月 8 日的刑法分则修改草稿以及 8 月 31 日的刑法修订草稿中,立法工作机关又对此罪法定刑作了较大的调整:一是将此罪基本犯的法定刑由 1979 年刑法典原先规定的"三年以下有期徒刑或者拘役"修改为"七年以下有期徒刑或者拘役";二是对此罪加重犯的法定刑由 1979 年刑法典原规定的"三年以上七年以下有期徒刑"修改为"七年以上有期徒刑"。到了 1996 年 10 月 10 日的修订草案(征求意见稿),立法工作机关将本罪的法定刑又改回了 1979 年刑法典的写法。在 1996 年 12 月中旬的修订草案中,立法工作机关对本罪基本犯的法定刑曾增加"管制"的规定,后来,鉴于本罪的危害后果和程度,如果单处管制恐罚不当罪,于是立法机关在 1997 年 3 月 1 日的修订草案中又删除了之前稿本所增设的"管制"。最终,新《刑法》第 136 条的规定实际上依然沿袭了 1979 年刑法典的规定。

二十八、工程重大安全事故罪(第 137 条)

本条之罪的写法首见于 1996 年 12 月 20 日的刑法修订草案,该草案用了 3 个条文将本罪行为规定在刑法分则第三章"破坏社会主义市场经济秩序罪"中。其中,第 141 条规定:"建设单位违反规定,要求建筑设计单位或者施工企业降低工程质量,或者提供不合格的建筑材料、建筑构配件和设备强迫施工企业使用,造成重大损失的,对单位判处罚金,对其直接负责的主管人员和其他直接责任人员处三年以下有期徒刑、拘役或者管制;造成特别重大损失的,处三年以上七年以下有期徒刑。"第 142 条规定:"建筑设计单位不按建筑工程质量标准进行设计,造成工程质量事故,损失严重的,对单位判处罚金,对其直接负责的主管人员和其他直接责任人员,处三年以下有期徒刑、拘役或者管制;损失特别严重的,处三年以上七年以下有期徒刑。"第 143 条规定:"施工单位在施工中偷工减料,使用不合格的建筑材料、建筑构配件和设备,或者不按照设计图纸或者施工技术标准施工,造成重大质量事故,损失严重的,对单位判处罚金,对其直接负责的主管人员和其他直接责任人员,处三年以下有期徒刑、拘役或者管制;损失特别严重的,处三年以上七年以下有期徒刑。"到了 1997 年 1 月 10 日的修订草案,立法机关依然将此罪规定在刑法分则第三章"破坏社会主义市场经济秩序罪"中,但有所不同的是,该草案第 145 条对上述 3 个条文的规定进行了归并,即:"在建筑、设计、施工中,违反法律、法规的规定,有下列情形之一的,造成工程质量重大事故的,对单位判处罚金,对其直接负责的主管人员和其他直接责任人员处三年以下有期徒刑、拘役或者管制;造成特别重大事故的,处三年以上七年以下有期徒刑:(一)建设单位要求建筑设计单位或者施工单位降低工程质量,或者提供不合格的建筑材料、建筑构配件和设备强迫施工企业使用的;(二)建筑设计单位不按建筑工程质量标准进行设计的;(三)施工单位在施工中偷工减料,使用不合格的建筑材料、建筑构配件和设备,或者不按照设计图纸或者施工技术标准施工的。"

在征求意见的过程中,有地方提出,此罪更符合危害公共安全罪的特征,并与重大责任事故罪类似,故应当将其移到分则第二章"危害公共安全罪"中。立法机关经过研究,在1997年2月17日的修订草案修改稿中采纳了这一建议,并进一步简化了此罪条文即第137条的写法:"建设单位、建筑设计单位、施工单位违反国家规定,降低工程质量标准,造成重大安全事故的,对直接责任人员,处三年以下有期徒刑、拘役或者管制;后果特别严重的,处三年以上七年以下有期徒刑。"对于这一写法,在八届全国人大五次会议对修订草案进行分组审议中,代表和委员们提出了如下意见:

(1) 这类问题一出就是大事,而且因建筑质量问题不断发生重大质量事故,给国家、集体和个人生命财产造成了严重的损失,立法上应当加大这方面的处罚力度,建议将其加重情节的法定刑改为"三年以上十年以下"。

(2) 施工监理单位要监督施工质量,有质量事故也应同罪,所以该条的主体中应当增列"监理单位",以扩大本罪的适用范围。

(3) 应当规定对单位的处罚,单位也应当对施工建设后果负责,不能只追究有关责任人员的刑事责任。建议将该条修改为,"建设单位、建筑设计单位、施工单位、监理单位违反国家规定,降低工程质量标准或购买不符合国家标准、行业标准的产品,造成重大安全事故的",对单位也处以刑罚。

立法机关经过研究,在1997年3月13日的修订草案中采纳了前两个建议。该草案第137条规定:"建设单位、设计单位、施工单位、工程监理单位违反国家规定,降低工程质量标准,造成重大安全事故的,对直接责任人员,处五年以下有期徒刑或者拘役,并处罚金;后果特别严重的,处五年以上十年以下有期徒刑,并处罚金。"这一写法最终为1997年《刑法》第137条的规定所沿用。

二十九、教育设施重大安全事故罪(第138条)

1979年刑法典没有专门规定这种犯罪,对于这种行为,在当时的司法实践中,基本上是按照玩忽职守罪追究刑事责任的。1995年全国人大通过了《中华人民共和国教育法》(以下简称《教育法》),该法第73条规定:"明知校舍或者教育教学设施有危险,而不采取措施,造成人员伤亡或者重大财产损失的,对直接负责的主管人员和其他直接责任人员,依法追究刑事责任。"这一规定并没有明确依照什么犯罪来追究行为人的刑事责任,既缺乏可操作性,也不符合罪刑法定原则的要求。故在刑法修订研拟过程中,出于完备惩治责任事故犯罪立法体系的考虑,立法机关在1997年2月17日的刑法修订草案(修改稿)第138条中,吸收了《教育法》上述规定的精神,并为此罪规定了独立的法定刑,即:"明知校舍或者教育教学设施有危险,而不采取措施或者不及时报告,致使发生重大伤亡事故的,对直接责任人员,处三年以下有期徒刑、拘役或者管制;后果特别严重的,处三年以上七年以下有期徒刑。"鉴于本罪的社会危害程度较大,若规定可单处管制恐罚不当罪,故此在1997年3月1日的修订草案中,立法机关删除了此罪基本犯法定刑中的管制。由此,最终形成了1997年《刑法》第138条的规定。

三十、消防责任事故罪(第139条)

本条规定之罪的写法首见于1996年12月中旬的刑法修订草案,该草案第130条规定:"违反消防管理法规,经消防监督机构通知采取改正措施而拒绝执行,造成严重后果的,处三年以下有期徒刑、拘役或者管制。"对这一写法,有地方建议对此罪应区分几种不同的情况规定法定刑,即:违反消防管理法规,造成严重后果的,处3年以下有期徒刑、拘役或者管制;违反消防管理法规,经消防监督机构通知采取改正措施而拒绝执行造成严重后果的,从重处罚;造成特别严重后果的,处3年以上10年以下有期徒刑。立法机关经过研究,考虑到本罪行为和情节的复杂性,在1997年2月17日的修订草案修改稿中,对本罪的写法作了一些调整:一是将承担刑事责任的主体限定为直接责任人员;二是增加了加重犯的法定刑档次。具体而言,第139条规定:"违反消防管理法规,经消防监督机构通知采取改正措施而拒绝执行,造成严重后果的,对直接责任人员,处三年以下有期徒刑、拘役或者管制;后果特别严重的,处三年以上七年以下有期徒刑。"在1997年3月1日的修订草案中,鉴于此罪的社会危害程度较大,若可单处管制恐罚不当罪,故立法机关又删除了此罪基本犯法定刑中的管制刑,并由此形成了1997年《刑法》第139条的规定:"违反消防管理法规,经消防监督机构通知采取改正措施而拒绝执行,造成严重后果的,对直接责任人员,处三年以下有期徒刑或者拘役;后果特别严重的,处三年以上七年以下有期徒刑。"

三十一、不报、谎报安全事故罪(第139条之一)

本条之罪系2006年6月29日全国人大常委会通过的《刑法修正案(六)》为1997年刑法典新增加的一种犯罪,根据该修正案第4条的规定:在刑法第一百三十九条后增加一条,作为第一百三十九条之一:"在安全事故发生后,负有报告职责的人员不报或者谎报事故情况,贻误事故抢救,情节严重的,处三年以下有期徒刑或者拘役;情节特别严重的,处三年以上七年以下有期徒刑。"其立法背景是:近年来,一些煤矿等生产单位无视国家法律,在发生安全事故后,责任人员出于利益考虑,不报、谎报事故,以致贻误抢救时机,造成事故后果扩大蔓延。对于这种全然不顾劳动者生命安全和重大利益的行为,应当受到刑事追究。遂作出如上规定。

第三章

破坏社会主义市场经济秩序罪

第一节 生产、销售伪劣商品罪

一、生产、销售伪劣产品罪(第140条)

对于生产、销售伪劣产品的犯罪行为,依照1979年刑法典的规定,只能按照投机倒把罪定罪处罚。由于投机倒把罪的罪状不尽明确,以至于人们多称之为"口袋罪"。而且随着社会经济体制由计划经济向市场经济转轨,社会中也出现了大量的生产、销售伪劣商品的行为,原先投机倒把罪的规定就不能完全适应惩治和防范生产、销售伪劣商品犯罪的行为,故有必要对这些犯罪行为予以专门的规定。有鉴于此,为了进一步促进我国社会主义市场经济体制健康有序的发展,切实保护消费者的合法权益,1993年7月2日,全国人大常委会通过了《关于惩治生产、销售伪劣商品犯罪的决定》(以下简称《伪劣商品犯罪的决定》),该决定第1条就规定了生产、销售伪劣产品罪,即:"生产者、销售者在产品中掺杂、掺假,以假充真,以次充好或者以不合格产品冒充合格产品,违法所得数额在二万元以上不满十万元的,处二年以下有期徒刑或者拘役,可以并处罚金,情节较轻的,可以给予行政处罚;违法所得数额十万元以上不满三十万元的,处二年以上七年以下有期徒刑,并处罚金;违法所得数额三十万元以上不满一百万元的,处七年以上有期徒刑,并处罚金或者没收财产;违法所得数额一百万元以上的,处十五年有期徒刑或者无期徒刑,并处没收财产。"

从1997年刑法立法研拟的进程看,以《伪劣商品犯罪的决定》为界,生产、销售伪劣商品犯罪在刑法修改稿本上的写法存在着明显的区别。例如,1988年9月的刑法修改稿本拟定的条文是:"违反工商管理法规,制造、销售伪劣商品,损害消费者利益,情节严重的,处五年以下有期徒刑,并处、单处罚金或者没收财产;数额巨大的,处五年以上十年以下有期徒刑,并处没收财产;情节特别严重的,处十年以上有期徒刑、无期徒刑或者死刑,并处没收财产。"1988年11月16日和12月25日的刑法修改稿对本罪的罪状和法定刑作了调整,即:"违反工商管理法规,在销售商品中以假充真、以次充好,致使消费者利益遭受重大损害的,处五年以下有期徒刑或者拘役,可以单处或者并处罚金;情节严重的,处五年以上十年以下有期徒刑,并处罚金。"①

到了1996年以后,立法工作机关对本罪法条的起草研拟开始以《伪劣商品犯罪的决定》的规定为蓝本进行。例如,在1996年8月8日的刑法分则修改草稿中,第三章第三节第1条的规定就基本上借鉴了《伪劣商品犯罪的决定》对本罪的写法,但也有一些技术上的调整,将《伪劣商品犯罪的决定》第12条第1款对罚金的解释性规定——"依照本决定判处罚金的,罚金的数额为违法所得的一倍以上五倍以下"吸纳到本罪的法条中,即将原规定中的"罚金"明确以"违法所得一倍以上五倍以下罚金"所取代。1996年8月31日的刑法修改草稿分则第三章第一节第1条的规定,在8月8日稿的基础上,删除了《伪劣商品犯罪的决定》原条文中的"情节较轻的,可以给予行政处罚"的规定。1996年12月中旬的修订草案以8月31日的稿本为基础,对本罪第一档的法定刑增加了"管制"。到了1997年2月17日的修订草案(修改稿),立法机关又调整了本罪第一档法定刑中的罚金,即由其前稿本的"可以并处违法所得一倍以上五倍以下罚金"的规定修改为"并处或者单处违法所得一倍以上五倍以下罚金"。在1997年3月1日的修订草案中,立法机关对2月17日稿的写法又作了四处修改:一是以"销售金额"取代之前稿本使用的"违法所得";二是改变了罚金的数额计算标准,由之前稿本规定的"违法所得一倍以上五倍以下罚金"修改为"销售金额百分之五十以上二倍以下罚金";三是提高了本罪基本犯起刑数额,即由之前稿本规定的"二万"修改为"五万";四是删除了本罪基本犯法定刑中的管制规定。

经过以上修改和研拟,1997年3月1日修订草案的写法最终为1997年《刑法》第140条的规定所沿用,即:"生产者、销售者在产品中掺杂、掺假,以假充真,以次充好或者以不合格产品冒充合格产品,销售金额五万元以上不满二十万元的,处二年以下有期徒刑或者拘役,并处或者单处销售金额百分之五十以上二倍以下罚金;销售金额二十万元以上不满五十万元的,处二年以上七年以下有期徒刑,并处销售金额百分之五十以上二倍以下罚金;销售金额五十万元以上不满二百万元的,处七年以上有期徒刑,并处销售金额百分之五十以上二倍以下罚金;销售金额二百万元以上的,处十五年有期徒刑或者无期徒刑,并处销售金额百分之五十以上二倍以下罚金或者没收财产。"

二、生产、销售假药罪(第141条)

在1979年刑法典中,有惩治假药犯罪的规定,即第164条规定:"以营利为目的,制造、贩卖假药危害人民健康的,处二年以下有期徒刑、拘役或者管制,可以并

---

① 在介绍和研究本节其他伪劣商品犯罪的立法写法演变时,除非有特殊情况,一般不再介绍1988年3个稿本中的这3处规定,特此说明。

处或者单处罚金;造成严重后果的,处二年以上七年以下有期徒刑,可以并处罚金。"全国人大常委会1993年的《伪劣商品犯罪的决定》对1979年刑法典作了补充和修改,该决定第2条第1款规定:"生产、销售假药,足以危害人体健康的,处三年以下有期徒刑或者拘役,并处罚金;对人体健康造成严重危害的,处三年以上十年以下有期徒刑,并处罚金;致人死亡或者对人体健康造成其他特别严重危害的,处十年以上有期徒刑、无期徒刑或者死刑,并处罚金或者没收财产。"第3款规定:"本条所称假药,是指依照《中华人民共和国药品管理法》的规定属于假药和按假药处理的药品、非药品……"

从立法稿本的写法演变看,1988年的3个刑法修改稿本均将本罪安排在"危害公共安全罪"一章中,而且对本罪的写法也与1996年以后稿本的表述存在着明显的区别。1988年9月的刑法修改稿将本罪法条表述为:"故意制造、贩卖假药危害公众健康的,处五年以下有期徒刑、拘役或者单处罚金;造成严重后果的,处五年以上有期徒刑,并处罚金,可以没收财产。"1988年11月16日和12月25日的稿本将本罪法条写为:"违反药品管理法规,制造、贩卖假药危害公众健康的,处五年以下有期徒刑、拘役或者管制,可以单处或者并处罚金;造成严重后果的,处五年以上有期徒刑,并处罚金。"

到了1996年8月8日的刑法分则修改草稿,立法工作机关对此罪的写法基本上借鉴了《伪劣商品犯罪的决定》的规定,具体写法是:"生产、销售假药,足以危害人体健康的,处三年以下有期徒刑或者拘役,并处违法所得一倍以上五倍以下罚金;对人体健康造成严重危害的,处三年以上十年以下有期徒刑,并处罚金;致人死亡或者对人体健康造成其他特别严重危害的,处十年以上有期徒刑、无期徒刑或者死刑,并处违法所得一倍以上五倍以下罚金或者没收财产。""违法所得一倍以上五倍以下罚金",实际上是沿用了《伪劣商品犯罪的决定》第12条对罚金数额的规定,但本条第二档法定刑中的罚金并没有限额,在体例上有些不一致。故到了1996年8月31日的刑法修改草稿,立法工作机关在本罪法条中消除了这种不一致。此外,在1996年10月10日的修订草案(征求意见稿)第125条中,立法工作机关以8月31日修改草稿的写法为基础,还移植了《伪劣商品犯罪的决定》关于假药的认定作为第125条第2款的规定:"本条所称假药,是指依照《中华人民共和国药品管理法》的规定属于假药和按假药处理的药品、非药品。"

在之后的研拟中,又先后3次对本罪的写法进行了修改和调整:

(1)在1996年12月中旬的修订草案中,对本罪第一档法定刑增加了"管制"的规定。

(2)在1997年2月17日的修订草案修改稿中,对本罪第一档法定刑中的罚金规定作了修改,即由其前的"可以并处违法所得一倍以上五倍以下罚金",修改为"并处或者单处违法所得一倍以上五倍以下罚金"。

(3) 在1997年3月1日的修订草案中,又对2月17日稿的写法作了三处修改:一是以"销售金额"取代之前稿本使用的"违法所得";二是改变了罚金的数额计算标准,由之前稿本规定的"违法所得一倍以上五倍以下罚金",修改为"销售金额百分之五十以上二倍以下罚金";三是删除了本罪基本犯法定刑中的管制。

经过以上修改,形成了新《刑法》第141条的规定:"生产、销售假药,足以严重危害人体健康的,处三年以下有期徒刑或者拘役,并处或者单处销售金额百分之五十以上二倍以下罚金;对人体健康造成严重危害的,处三年以上十年以下有期徒刑,并处销售金额百分之五十以上二倍以下罚金;致人死亡或者对人体健康造成特别严重危害的,处十年以上有期徒刑、无期徒刑或者死刑,并处销售金额百分之五十以上二倍以下罚金或者没收财产。本条所称假药,是指依照《中华人民共和国药品管理法》的规定属于假药和按假药处理的药品、非药品。"

近年来,国家药监部门反映,假药与严重危害人体健康两者之间的因果关系,由于个体身体条件的差异、药品的药理、药性作用于人体时间长短的不同,有些假药在部分人身体上危害症状明显,有的则症状表现不明显,有的假药对于人体的危害可能很长时间才能显露出来。在实践中,对人体健康的危害后果难以查明是药品还是疾病本身致的,或是由于其他疾病导致的,更无法确定服用假药后是否会存在隐性的、长期的危害后果。根据现有的科学技术水平和医疗检测手段,假药与危害人体健康的后果之间的因果关系难以完全查明,也在实际中减弱了对生产、销售假药行为的打击力度。由于《刑法》第141条"足以严重危害人体健康"的规定,实践中造成了食品药品监管部门向司法机关移送案件普遍存在着"移送难、立案难、定罪难"现象,加重对本罪行为的惩处成为强烈的呼声。因此,《刑法修正案(八)》对本条第1款进行了三个方面的修改:一是将本罪形态由危险犯修改为行为犯,即删除了原法条中"足以危害人体健康"的表述;二是修改了本罪的罚金刑,由原先的倍比罚金制改为无限额罚金制;三是进一步明确了法定刑情节要求的表述。这样,经过《刑法修正案(八)》修正后的条文是:"生产、销售假药的,处三年以下有期徒刑或者拘役,并处罚金;对人体健康造成严重危害或者有其他严重情节的,处三年以上十年以下有期徒刑,并处罚金;致人死亡或者有其他特别严重情节的,处十年以上有期徒刑、无期徒刑或者死刑,并处罚金或者没收财产。"

三、生产、销售劣药罪(第142条)

本罪原系《伪劣商品犯罪的决定》对1979年刑法典补充的一种犯罪,该决定第2条第2款规定:"生产、销售劣药,对人体健康造成严重危害的,处三年以上十年以下有期徒刑,并处罚金;后果特别严重的,处十年以上有期徒刑或者无期徒刑,并处罚金或者没收财产。"第3款第二句规定:"本条所称劣药,是指依照《中华人民共和国药品管理法》的规定属于劣药的药品。"

在刑法修订研拟中，立法工作机关以《伪劣商品犯罪的决定》上述规定的写法为基础，先后对此罪的法条进行了两次修改和调整：

（1）在1996年8月8日的刑法分则修改草稿中，修改了此罪罚金刑的规定，即以《伪劣商品犯罪的决定》第12条关于罚金刑数额的规定替换了原无限额罚金刑的规定。具体写法是："生产、销售劣药，对人体健康造成严重危害的，处三年以上十年以下有期徒刑，并处违法所得一倍以上五倍以下罚金；后果特别严重的，处十年以上有期徒刑或者无期徒刑，并处违法所得一倍以上五倍以下罚金或者没收财产。"

（2）在1996年10月10日的修订草案（征求意见稿）中，将《伪劣商品犯罪的决定》第2条第3款第二句关于劣药的解释规定作为草案第126条第2款规定下来。进入立法程序以后，1997年3月1日的修订草案第143条对本罪的罚金规定又作了调整，即由之前稿本规定的"违法所得一倍以上五倍以下罚金"修改为"销售金额百分之五十以上二倍以下罚金"。

至此，经过这些调整，最终形成了新《刑法》第142条的规定："生产、销售劣药，对人体健康造成严重危害的，处三年以上十年以下有期徒刑，并处销售金额百分之五十以上二倍以下罚金；后果特别严重的，处十年以上有期徒刑或者无期徒刑，并处销售金额百分之五十以上二倍以下罚金或者没收财产。本条所称劣药，是指依照《中华人民共和国药品管理法》的规定属于劣药的药品。"

四、生产、销售不符合安全标准的食品罪（第143条）

这一罪名在1979年刑法典中没有规定，主要是因为当时的食品生产和销售基本上是国营单位控制的，也没有明确的食品卫生标准。1982年全国人大常委会通过了《中华人民共和国食品卫生法（试行）》，该法第41条规定："违反本法，造成严重食物中毒事故或者其他严重食源性疾患，致人死亡或者致人残疾因而丧失劳动能力的，根据不同情节，对直接责任人员分别依照中华人民共和国刑法第一百八十七条①、第一百一十四条②或者第一百六十四条③的规定，追究刑事责任。情节轻微、依照中华人民共和国刑法规定可以免予刑事处分的，由主管部门酌情给予行政处分。"应当说，这种立法状况与我国当时的这种犯罪现象不突出是密切相关的。然而，随着我国社会主义市场经济体制的进一步发展完善，市场主体的利益诉求逐渐呈现出多元化的趋势，生产、销售不符合卫生标准食品的犯罪现象也随之变得突出起来。为了遏制、防范生产、销售伪劣商品的犯罪行为，全国人大常委会于1993

---

① 1979年《刑法》第187条规定的是玩忽职守罪。
② 本条规定的是重大责任事故罪。
③ 本条规定的是制造、贩卖假药罪。

年专门通过了《伪劣商品犯罪的决定》,该决定第3条第1款就规定了生产、销售不符合卫生标准的食品罪,即:"生产、销售不符合卫生标准的食品,造成严重食物中毒事故或者其他严重食源性疾患,对人体健康造成严重危害的,处七年以下有期徒刑,并处罚金;后果特别严重的,处七年以上有期徒刑或者无期徒刑,并处罚金或者没收财产。"

1997年《刑法》第143条规定的生产、销售不符合卫生标准的食品罪就是在《伪劣商品犯罪的决定》的上述规定的基础上修改调整而成。例如,1996年8月8日的刑法分则修改稿本除了将本罪法定刑中的罚金刑根据《伪劣商品犯罪的决定》第12条的规定加以替换从而在本罪法条中明确了罚金的数额外,其他的写法则直接沿用了《伪劣商品犯罪的决定》的规定。具体而言,该稿的写法是:"生产、销售不符合卫生标准的食品,造成严重食物中毒事故或者其他严重食源性疾患,对人体健康造成严重危害的,处七年以下有期徒刑,并处违法所得一倍以上五倍以下罚金;后果特别严重的,处七年以上有期徒刑或者无期徒刑,并处违法所得一倍以上五倍以下罚金或者没收财产。"1996年8月31日的刑法修改草稿以及1996年10月10日的修订草案(征求意见稿)亦采这种写法。

对于上述写法,一些部门和专家学者指出,生产、销售不合格食品,造成严重食物中毒或者其他严重食源性疾患的后果才负刑事责任,这一规定在实践中很难执行。因为,这类犯罪的受害者是不特定的社会公众,有的由于发病潜伏期长,是否有这一后果,很难查证,即使有人中毒或发生严重的食源性疾患,其发病期与所用食品之间的因果关系也很难举证。有学者建议,将"造成严重食物中毒事故或者其他严重食源性疾患"改为"足以造成严重食物中毒事故或者其他严重食源性疾患",或者"足以对人体健康造成危害"。对未直接造成严重后果的,处刑可轻一些,如果对人体健康造成了严重危害后果,处刑要重一些。[①]

立法工作机关经过研究,采纳了这一建议。于是在1996年12月中旬的修订草案中,第134条不仅将原先规定的实害犯形态改为危险犯,而且也将法定刑由原先的两档调整为三个档次。具体而言:"生产、销售不符合卫生标准的食品,足以造成严重食物中毒事故或者其他严重食源性疾患,处三年以下有期徒刑、拘役或者管制,并处违法所得一倍以上五倍以下罚金;对人体健康造成严重危害的,处三年以上七年以下有期徒刑,并处违法所得一倍以上五倍以下罚金;后果特别严重的,处七年以上有期徒刑或者无期徒刑,并处违法所得一倍以上五倍以下罚金或者没收财产。"在1997年2月17日的修订草案修改稿中,立法机关对本罪第一档法定刑中的罚金作了微调,即由原先"单处"的规定修改成了"并处或单处",其他的内容

[①] 参见《中央有关部门、地方及法律专家对刑法修订草案(征求意见稿)的意见》,载高铭暄、赵秉志编:《新中国刑法立法文献资料总览》(下),中国人民公安大学出版社1998年版,第2162页。

仍采1996年12月中旬稿的写法。到了1997年3月1日的修订草案稿,立法机关以1997年2月17日稿的写法为基础,对此罪法条写法又作了三个方面的调整:一是删除了本罪基本犯法定刑中原先管制刑的规定;二是将确定罚金数额的比照对象由"违法所得"修改成了"销售金额";三是修改了罚金的数额标准,即由原先"违法所得一倍以上五倍以下罚金"修改为"销售金额百分之五十以上二倍以下罚金"。

经过以上的修改和调整,形成了1997年《刑法》第143条的规定:"生产、销售不符合卫生标准的食品,足以造成严重食物中毒事故或者其他严重食源性疾患的,处三年以下有期徒刑或者拘役,并处或者单处销售金额百分之五十以上二倍以下罚金;对人体健康造成严重危害的,处三年以上七年以下有期徒刑,并处销售金额百分之五十以上二倍以下罚金;后果特别严重的,处七年以上有期徒刑或者无期徒刑,并处销售金额百分之五十以上二倍以下罚金或者没收财产。"

近年来,随着《中华人民共和国食品安全法》(以下简称《食品安全法》)的出台,《刑法》第143条的规定与《食品安全法》不衔接,一些全国人大代表、执法机关和社会公众都强烈呼吁对相关立法进行修改,以严厉打击生产、销售不符合安全标准食品的犯罪。《刑法修正案(八)》对本条进行了三个方面的修改:一是修改了本罪的行为对象,由原先的"不符合卫生标准的食品"修改为"不符合食品安全标准的食品";二是修改了本罪的罚金刑,由原先的倍比罚金制改为无限额罚金制,并删除了第一档法定刑中"单处"罚金的规定;三是修改补充了本罪第二档法定刑情节的要求,增加了"或者有其他严重情节"的表述。由于《刑法修正案(八)》对本罪的行为对象作了修改,故罪名亦由"生产、销售不符合卫生标准的食品罪"修改为"生产、销售不符合安全标准的食品罪"。

五、生产、销售有毒、有害食品罪(第144条)

这一罪名在1979年刑法典中没有作专门的规定,但在1982年通过的《中华人民共和国食品卫生法(试行)》中规定有类似的内容,根据该法第41条的规定:"违反本法,造成严重食物中毒事故或者其他严重食源性疾患,致人死亡或者致人残疾因而丧失劳动能力的,根据不同情节,对直接责任人员分别依照中华人民共和国刑法第一百八十七条、第一百一十四条或者第一百六十四条的规定,追究刑事责任。情节轻微,依照中华人民共和国刑法规定可以免予刑事处分的,由主管部门酌情给予行政处分。"如前所述,这种立法状况越来越不能满足惩治日益突出的生产、销售有毒、有害食品犯罪的需要。为了遏制这种犯罪现象的发展蔓延,全国人大常委会专门通过了《伪劣商品犯罪的决定》,该决定第3条第2款规定了本罪,即:"在生产、销售的食品中掺入有毒、有害的非食品原料的,处五年以下有期徒刑或者拘役,可以并处或者单处罚金;造成严重食物中毒事故或者其他严重食源性疾患,对人体健康造成严重危害的,处五年以上十年以下有期徒刑,并处罚金;致人死亡或者对人体健康造成其他特别严重危害的,处十年以上有期徒刑、无期徒刑或者死刑,并处罚金或者没收财产。"

在刑法修订研拟过程中,1988年的3个稿本均将生产、销售有毒有害食品犯罪的行为规定在"危害公共安全罪"一章中,在写法上也与《伪劣商品犯罪的决定》的写法存在明显的区别。例如,1988年9月稿的写法是:"违反食品卫生管理法规,生产、贩卖含毒、腐败或者其他有害食品,危害健康,尚未造成严重后果的,处五年以下有期徒刑或者拘役,并处罚金;致人重伤、死亡引起严重疾病传播的,处五年以上有期徒刑或者无期徒刑,并处罚金,可以没收财产。"1988年11月16日和12月25日稿拟定的条文是:"违反食品卫生管理法规,制作、贩卖含毒、腐败或者其他有害食品,造成严重食物中毒事故或者其他严重食源性疾患的,处五年以下有期徒刑、拘役或者管制,可以单处或者并处罚金;情节特别严重的,处五年以上有期徒刑,并处罚金。"

随着《伪劣商品犯罪的决定》的颁行,立法工作机关对本罪法条的起草研拟随即转向了对《伪劣商品犯罪的决定》规定的修改和调整上。在1996年8月8日的刑法分则修改草稿中,第三章第三节第5条规定:"在食品中掺入有毒、有害的非食品原料的,处五年以下有期徒刑或者拘役,可以并处或者单处违法所得一倍以上五倍以下罚金;造成严重食物中毒事故或者其他严重食源性疾患,对人体健康造成严重危害的,处五年以上十年以下有期徒刑,并处违法所得一倍以上五倍以下罚金;致人死亡或者对人体健康造成其他特别严重危害的,处十年以上有期徒刑、无期徒刑或者死刑,并处违法所得一倍以上五倍以下罚金或者没收财产。"与《伪劣商品犯罪的决定》的规定相比,上述写法作了两处改动:一是调整了罪状的表述,删除了《伪劣商品犯罪的决定》中使用的"生产、销售的"这一表述。二是结合《伪劣商品犯罪的决定》第12条关于罚金数额确定的解释性规定,将罚金的数额在本罪法条中明确化。到了1996年8月31日的刑法修改草稿以及10月10日的修订草案(征求意见稿),立法工作机关对本罪罪状的表述又恢复使用了《伪劣商品犯罪的决定》的写法,而罚金的规定则使用了8月8日稿的写法。

在对修订草案征求意见过程中,一些部门和地方以及专家指出,生产、销售有毒有害的食品,要造成对人身健康的严重危害后果才能处相当的刑罚,这一规定在实践中很难执行。因为,这类犯罪的受害者是不特定的社会公众,有的由于发病潜伏期长,是否有这一后果,很难查证,即使有人中毒或发生严重的食源性疾患,其发病期与所用食品之间的因果关系也很难举证,致使对这类犯罪打击不力。建议将"造成严重食物中毒事故或者其他严重食源性疾患"改为"足以造成严重食物中毒事故或者其他严重食源性疾患",或者"足以对人体健康造成危害"。对未直接造成严重后果的,处刑可轻一些,如果对人体健康造成了严重危害后果,处刑要重一些。①

这一建议虽然没有被采纳,但在1996年12月中旬的稿本中,立法工作机关对本罪的罪状表述作了较大的调整:即由原规定的"在生产、销售的食品中掺入有毒、有害的非食品原料"修改为"在生产、销售的食品中掺入有毒、有害的非食品原料的,或者销售明知掺有有毒、有害的非食品原料的",这样,本罪的行为表述被明确限定为"生产、销售",因而更科学合理些。虽然在全国人大常委会分组审议修订草案时,也有委员提出,销售伪劣商品要以"明知"为前提才构成犯罪,不利于打击销售伪劣商品罪,建议删除其中的"明知"。② 但立法机关考虑到,如果行为人主观上不知道其销售的系掺有有毒、有害的非食品原料的食品,根据主客观相一致原则的要求,就不能认定其具有犯罪的故意,自然不能按本罪处理,因此在罪状的表述中应当加上"明知"这一主观要素。于是,对1996年12月20日的修订草案依然沿用12月中旬稿的写法,未加改动。

到了1997年1月10日的修订草案,立法机关对本罪法定刑的写法又作了较大的调整,将第三档的法定刑修改成了援引法定刑,即"致人死亡或者对人体健康造成其他特别严重危害的,依照本法第一百三十二条的规定处罚,并处违法所得一倍以上五倍以下罚金或者没收财产。"在该修订草案中,第132条规定的是重大责任事故罪,其最高的法定刑为7年有期徒刑。立法本意原本在于加大对生产、销售有毒、有害食品罪的处罚力度,结果对造成特别严重后果的犯罪,若依照重大责任事故罪处罚,显然罚不当罪。有鉴于此,在1997年2月17日的修订草案(修改稿)第144条中,立法机关又将被援引的法条修改为"第一百四十一条",在该草案中,此条规定的是生产、销售假药罪。同时,由于生产、销售假药罪的法定刑中亦有并处罚金或没收财产的规定,为避免重复,该稿第三档法定刑中删除了"并处违法所得一倍以上五倍以下罚金或者没收财产"的内容。

到了1997年3月1日的修订草案稿,本罪的规定在1997年2月17日稿的基础上,又作了三个方面的调整:一是由于法条的序号发生了变化,本罪第三档情节援引的法条序号相应的由"第一百四十一条"修改成了"第一百四十二条",但被援引的罪名未变;二是将确定罚金数额的比照对象由"违法所得"修改成了"销售金额";三是修改了罚金的数额标准,即由"违法所得一倍以上五倍以下罚金"修改为"销售金额百分之五十以上二倍以下罚金"。

---

① 参见《中央有关部门、地方及法律专家对刑法修订草案(征求意见稿)的意见》,载高铭暄、赵秉志编:《新中国刑法立法文献资料总览》(下),中国人民公安大学出版社1998年版,第2162页。

② 参见《八届全国人大常委会第二十三次会议分组审议刑法修订草案的意见》,载高铭暄、赵秉志编:《新中国刑法立法文献资料总览》(下),中国人民公安大学出版社1998年版,第2187页。

经过以上的修改和调整,最终形成了 1997 年《刑法》第 144 条的规定:"在生产、销售的食品中掺入有毒、有害的非食品原料的,或者销售明知掺有有毒、有害的非食品原料的食品的,处五年以下有期徒刑或者拘役,并处或者单处销售金额百分之五十以上二倍以下罚金;造成严重食物中毒事故或者其他严重食源性疾患,对人体健康造成严重危害的,处五年以上十年以下有期徒刑,并处销售金额百分之五十以上二倍以下罚金;致人死亡或者对人体健康造成特别严重危害的,依照本法第一百四十一条的规定处罚。"

1997 年刑法典颁行后,为加强对民生的保护,加重对本罪行为的惩处,《刑法修正案(八)》对本条进行了三个方面的修改:一是删除了本罪第一档法定刑中的"拘役";二是修改了本罪的罚金刑,由原先的倍比罚金制改为无限额罚金制;三是重新梳理了本罪的法定刑及其情节的要求。这样,经过《刑法修正案(八)》修正后的条文是:"在生产、销售的食品中掺入有毒、有害的非食品原料的,或者销售明知掺有有毒、有害的非食品原料的食品的,处五年以下有期徒刑,并处罚金;对人体健康造成严重危害或者有其他严重情节的,处五年以上十年以下有期徒刑,并处罚金;致人死亡或者有其他特别严重情节的,依照本法第一百四十一条的规定处罚。"

六、生产、销售不符合标准的医用器材罪(第 145 条)

本罪原系 1993 年《伪劣商品犯罪的决定》对 1979 年刑法典补充的一种犯罪。根据《伪劣商品犯罪的决定》第 4 条的规定:"生产不符合保障人体健康的国家标准、行业标准的医疗器械、医用卫生材料,或者销售明知是不符合保障人体健康的国家标准、行业标准的医疗器械、医用卫生材料,对人体健康造成严重危害的,处五年以下有期徒刑,并处罚金;后果特别严重的,处五年以上十年以下有期徒刑,并处罚金,其中情节特别恶劣的,处十年以上有期徒刑或者无期徒刑,并处罚金或者没收财产。"

在 1996—1997 年全面修订刑法起草研拟中,以《伪劣商品犯罪的决定》的规定为基础,对本罪法条进行过两次调整:

(1) 1996 年 8 月 8 日分则修改草稿,该稿结合《伪劣商品犯罪的决定》第 12 条关于罚金数额确定的解释性规定,将罚金的数额在本罪法条中明确化,其他的内容则沿用了《伪劣商品犯罪的决定》的写法,即:"生产不符合保障人体健康的国家标准、行业标准的医疗器械、医用卫生材料,或者销售明知是不符合保障人体健康的国家标准、行业标准的医疗器械、医用卫生材料,对人体健康造成严重危害的,处五年以下有期徒刑,并处违法所得一倍以上五倍以下罚金;后果特别严重的,处五年以上十年以下有期徒刑,并处违法所得一倍以上五倍以下罚金,其中情节特别恶劣的,处十年以上有期徒刑或者无期徒刑,并处违法所得一倍以上五倍以下罚金或者没收财产。"

（2）1997年3月1日修订草案，该草案第146条将上述写法中的罚金规定，由"违法所得一倍以上五倍以下罚金"修改为"销售金额百分之五十以上二倍以下罚金"。

经过以上两次调整，最终形成了1997年《刑法》第145条的规定："生产不符合保障人体健康的国家标准、行业标准的医疗器械、医用卫生材料，或者销售明知是不符合保障人体健康的国家标准、行业标准的医疗器械、医用卫生材料，对人体健康造成严重危害的，处五年以下有期徒刑，并处销售金额百分之五十以上二倍以下罚金；后果特别严重的，处五年以上十年以下有期徒刑，并处销售金额百分之五十以上二倍以下罚金，其中情节特别恶劣的，处十年以上有期徒刑或者无期徒刑，并处销售金额百分之五十以上二倍以下罚金或者没收财产。"

1997年刑法典颁行后，2002年12月28日全国人大常委会通过的《刑法修正案（四）》对本罪又作了三处修改：一是将原规定的"实害犯"修改为"危险犯"。按照原来的规定，生产、销售不符合国家标准、行业标准的医用器材，只有对人体健康造成严重危害的，才构成犯罪的既遂。鉴于这种行为涉及不特定或多数人的生命健康，具有严重的社会危害性，故此将成立本罪既遂的标准由严重危害的实际发生修改为"足以严重危害人体健康"。二是调整了本罪的法定刑。对于第一档的主刑由原规定的"五年以下有期徒刑"修改为"三年以下有期徒刑或者拘役"；第二档的主刑由"五年以上十年以下有期徒刑"修改为"三年以上十年以下有期徒刑"；第三档刑未作修改。三是将原规定第三档刑中的"情节特别恶劣"修改为"后果特别严重"。

经过以上的修改，修正后的《刑法》第145条规定："生产不符合保障人体健康的国家标准、行业标准的医疗器械、医用卫生材料，或者销售明知是不符合保障人体健康的国家标准、行业标准的医疗器械、医用卫生材料，足以严重危害人体健康的，处三年以下有期徒刑或者拘役，并处销售金额百分之五十以上二倍以下罚金；对人体健康造成严重危害的，处三年以上十年以下有期徒刑，并处销售金额百分之五十以上二倍以下罚金；后果特别严重的，处十年以上有期徒刑或者无期徒刑，并处销售金额百分之五十以上二倍以下罚金或者没收财产。"

七、生产、销售不符合安全标准的产品罪（第146条）

1979年刑法典没有对本罪作出专门的规定。后来，为了惩治生产、销售伪劣商品的犯罪，保障人体健康和人身、财产安全，保护用户、消费者的合法权益，维护社会经济秩序，全国人大常委会于1993年通过了《伪劣商品犯罪的决定》，该决定第5条规定："生产不符合保障人身、财产安全的国家标准、行业标准的电器、压力容器、易燃易爆产品或者其他不符合保障人身、财产安全的国家标准、行业标准的产品，或者销售明知是以上不符合保障人身、财产安全的国家标准、行业标准的产品，造成严重后果的,处五年以下有期徒刑或者拘役,并处罚金;后果特别严重的,处五年以上有期徒刑,并处罚金。"

在全面修订刑法起草研拟中,1988年的稿本也涉及本罪行为的规定,但在写法上明显与现行的规定不同。例如,1988年9月稿规定:"违反计量法规,制造、销售、使用不合格计量器具,情节严重的,处三年以下有期徒刑、拘役,可以单处或者并处罚金。"1988年11月16日的刑法修改稿本第138条规定:"违反标准化管理法规,生产、进口不符合国家规定的强制性标准的产品,造成严重后果的,处五年以下有期徒刑或者拘役,可以单处或者并处罚金;情节特别严重的,处五年以上十年以下有期徒刑,并处罚金。"第141条规定:"违反计量管理法规,制造、销售不符合国家标准的计量器具,情节严重的,处三年以下有期徒刑或者拘役,可以单处或者并处罚金。"1988年12月25日的刑法修改稿本除了条文序号的调整外,内容则沿袭了11月16日稿的写法。

随着《伪劣商品犯罪的决定》的颁行,对本罪法条的起草研拟随即转向了对《伪劣商品犯罪的决定》规定的修改和调整上。总体而言,以《伪劣商品犯罪的决定》的写法为基础先后对本罪法条进行过两次调整:第一次调整是1996年8月8日的分则修改草稿,该稿结合《伪劣商品犯罪的决定》第12条关于罚金数额确定的解释性规定,将罚金的数额在本罪法条中明确化,其他的内容则沿用了《伪劣商品犯罪的决定》的写法,即:"生产不符合保障人身、财产安全的国家标准、行业标准的电器、压力容器、易燃易爆产品或者其他不符合保障人身、财产安全的国家标准、行业标准的产品,或者销售明知是以上不符合保障人身、财产安全的国家标准、行业标准的产品,造成严重后果的,处五年以下有期徒刑或者拘役,并处违法所得一倍以上五倍以下罚金;后果特别严重的,处五年以上有期徒刑,并处违法所得一倍以上五倍以下罚金。"第二次调整是1997年3月1日的修订草案,该草案第147条将上述写法中的罚金规定,由"违法所得一倍以上五倍以下罚金"修改为"销售金额百分之五十以上二倍以下罚金"。

经过上述修改和调整,最终形成了1997年《刑法》第146条的规定:"生产不符合保障人身、财产安全的国家标准、行业标准的电器、压力容器、易燃易爆产品或者其他不符合保障人身、财产安全的国家标准、行业标准的产品,或者销售明知是以上不符合保障人身、财产安全的国家标准、行业标准的产品,造成严重后果的,处五年以下有期徒刑,并处销售金额百分之五十以上二倍以下罚金;后果特别严重的,处五年以上有期徒刑,并处销售金额百分之五十以上二倍以下罚金。"

八、生产、销售伪劣农药、兽药、化肥、种子罪(第147条)

本罪原系1993年《伪劣商品犯罪的决定》对1979年刑法典补充的一种犯罪。根据《伪劣商品犯罪的决定》第6条的规定:"生产假农药、假兽药、假化肥,销售明知是假的或者是失去使用效能的农药、兽药、化肥、种子,或者生产者、销售者以不合格的农药、兽药、化肥、种子冒充合格的农药、兽药、化肥、种子,使生产遭受较大损失的,处三年以下有期徒刑或者拘役,可以并处或者单处罚金;使生产遭受重大损失的,处三年以上七年以下有期徒刑,并处罚金;使生产遭受特别重大损失的,处七年以上有期徒刑或者无期徒刑,并处罚金或者没收财产。"

在全面修订刑法起草研拟中,以《伪劣商品犯罪的决定》的规定为基础,对本罪法条进行过三次调整:第一次是1996年8月8日的分则修改草稿,该稿结合《伪劣商品犯罪的决定》第12条关于罚金数额确定的解释性规定,将罚金的数额在本罪法条中明确化,其他的内容则沿用了《伪劣商品犯罪的决定》的写法,即:"生产假农药、假兽药、假化肥,销售明知是假的或者是失去使用效能的农药、兽药、化肥、种子,或者生产者、销售者以不合格的农药、兽药、化肥、种子冒充合格的农药、兽药、化肥、种子,使生产遭受较大损失的,处三年以下有期徒刑或者拘役,可以并处或者单处违法所得一倍以上五倍以下罚金;使生产遭受重大损失的,处三年以上七年以下有期徒刑,并处违法所得一倍以上五倍以下罚金;使生产遭受特别重大损失的,处七年以上有期徒刑或者无期徒刑,并处违法所得一倍以上五倍以下罚金或者没收财产。"第二次是1996年12月中旬的修订草案,该稿对本罪第一档法定刑增设了管制刑的规定。第三次是1997年3月1日的修订草案,该草案第146条将上述写法中的罚金规定,由原先的"违法所得一倍以上五倍以下罚金"修改为"销售金额百分之五十以上二倍以下罚金"。同时,删除了1996年12月中旬的修订草案为本罪第一档法定刑增设的管制。

经过以上三次调整,最终形成了1997年《刑法》第147条的规定:"生产假农药、假兽药、假化肥,销售明知是假的或者是失去使用效能的农药、兽药、化肥、种子,或者生产者、销售者以不合格的农药、兽药、化肥、种子冒充合格的农药、兽药、化肥、种子,使生产遭受较大损失的,处三年以下有期徒刑或者拘役,并处或者单处销售金额百分之五十以上二倍以下罚金;使生产遭受重大损失的,处三年以上七年以下有期徒刑,并处销售金额百分之五十以上二倍以下罚金;使生产遭受特别重大损失的,处七年以上有期徒刑或者无期徒刑,并处销售金额百分之五十以上二倍以下罚金或者没收财产。"

应当指出的是,关于本罪的表述,在征求意见过程中,一些部门和地方提出,在基本犯中要求生产、销售假的或者失去使用效能的或者不合格的农药、兽药、化肥、种子,使生产遭受较大损失,而在情节设置上也是根据造成损失的轻重划分不同档次的,这样规定在实践中很难掌握。因为农作物产量是受水、肥、种、光照等因素影响的,有的化肥、农药虽不符合标准,但不是完全不能用,因此,使用后给使用者生产造成的损失难以计算,也不好取证;有的使用后已经可以预见会造成损失,没必要等到秋收后再计算损失,因此建议,对这种犯罪以生产、销售假劣农药、兽药、化肥、种子的经营额大小或者以情节严重、情节特别严重作为定罪量刑的标准。还有部门建议,在本条中增加规定生产、销售假冒、劣质水产种苗、种畜种禽、果苗等坑农、害农的犯罪行为。① 这些意见最终未被采纳。

九、生产、销售不符合卫生标准的化妆品罪(第148条)

本罪原系1993年《伪劣商品犯罪的决定》对1979年刑法典补充的一种犯罪。根据《伪劣商品犯罪的决定》第7条的规定:"生产不符合卫生标准的化妆品,或者销售明知是不符合卫生标准的化妆品,造成严重后果的,处三年以下有期徒刑或者拘役,可以并处或者单处罚金。"

在全面修订刑法起草研拟中,以《伪劣商品犯罪的决定》的规定为基础,对本罪法条的写法进行过四次调整:第一次是1996年8月8日的分则修改草稿,该稿结合《伪劣商品犯罪的决定》第12条关于罚金数额确定的解释性规定,将罚金的数额在本罪法条中予以明确,其他的内容则沿用了《伪劣商品犯罪的决定》的写法,即:"生产不符合卫生标准的化妆品,或者销售明知是不符合卫生标准的化妆品,造成严重后果的,处三年以下有期徒刑或者拘役,可以并处或者单处违法所得一倍以上五倍以下罚金。"第二次是1996年12月中旬的修订草案,该稿对本罪法定刑增设了管制。第三次是1997年1月10日的修订草案,该稿将原先"可以并处或者单处"罚金的规定修改为"并处或者单处"。第四次是1997年3月1日的修订草案,该草案第149条将罚金的规定由"违法所得一倍以上五倍以下罚金"修改为"销售金额百分之五十以上二倍以下罚金"。同时,删除了1996年12月中旬的修订草案为本罪法定刑增设的管制。

经过以上四次调整,最终形成了1997年《刑法》第148条的规定:"生产不符合卫生标准的化妆品,或者销售明知是不符合卫生标准的化妆品,造成严重后果的,处三年以下有期徒刑或者拘役,并处或者单处销售金额百分之五十以上二倍以下罚金。"

十、竞合的适用(第149条)

从立法沿革上看,本条规定渊源于《伪劣商品犯罪的决定》第8条的规定:"生产、销售本决定第二条至第七条所列产品,不构成各该条规定的犯罪,但是违法所得数额在二万元以上的,依照本决定第一条的规定处罚。生产、销售本决定第二条至第七条所列产品,构成各该条规定的犯罪,同时又构成本决定第一条规定的犯罪的,依照处刑较重的规定处罚。"

---

① 参见《中央有关部门、地方及法律专家对刑法修订草案(征求意见稿)的意见》,载高铭暄、赵秉志编:《新中国刑法立法文献资料总览》(下),中国人民公安大学出版社1998年版,第2162页。

在刑法修订研拟过程中,《伪劣商品犯罪的决定》的上述规定被吸收到新刑法典,经历了一个反复调整的过程。在 1996 年 8 月 8 日的刑法分则修改草稿中,《伪劣商品犯罪的决定》第 8 条的规定并没有随着单行刑法中的其他犯罪一起被写入其中。我们知道,《伪劣商品犯罪的决定》采取的是法条竞合的方法立法的,其中《伪劣商品犯罪的决定》的第 1 条可以看做是普通法,其他犯罪的规定是特别法,既然法条之间存在这种关系,所以在实践中肯定会出现一个行为同时符合数个法条的情形。而《伪劣商品犯罪的决定》第 8 条的规定其实就是为了解决这种情况下如何适用法条的问题而作出的。因此,如果《伪劣商品犯罪的决定》的这一规定不与其他犯罪规定一起被写入刑法,则必然会影响司法实践的操作。有鉴于此,1996 年 8 月 31 日的刑法修改草稿遂将《伪劣商品犯罪的决定》的规定吸收了过来。之后,1996 年 10 月 10 日的修订草案(征求意见稿)第 133 条曾删除了《伪劣商品犯罪的决定》第 8 条第 2 款规定的内容,而仅仅保留了第 1 款的写法。然而,为了统一司法,立法工作机关在 1996 年 12 月中旬的草案中又将《伪劣商品犯罪的决定》第 8 条第 2 款的内容增写为第 140 条的第 2 款。到了 1997 年 3 月 1 日的修订草案,由于该草案第 141 条对生产、销售伪劣产品罪的起刑点由原来的"违法所得数额二万元以上"修改为"销售金额五万元以上",于是,该草案第 150 条的规定也作了照应性调整,调整后的法条为:"生产、销售本法第一百四十二条至第一百四十九条所列产品,不构成各该条规定的犯罪,但是销售金额在五万元以上的,依照本法第一百四十一条的规定处罚。生产、销售本法第一百四十二条至第一百四十九条所列产品,构成各该条规定的犯罪,同时又构成本法第一百四十一条规定之罪的,依照处罚较重的规定处罚。"由于刑法修订草案的法条序号发生了变化,故在 1997 年 3 月 13 日稿的第 149 条规定中,对所涉及的法条序号作了调整,并最终形成了 1997 年《刑法》第 149 条的规定:"生产、销售本节第一百四十一条至第一百四十八条所列产品,不构成各该条规定的犯罪,但是销售金额在五万元以上的,依照本节第一百四十条的规定定罪处罚。生产、销售本节第一百四十一条至第一百四十八条所列产品,构成各该条规定的犯罪,同时又构成本节第一百四十条规定之罪的,依照处罚较重的规定定罪处罚。"

十一、单位犯本节之罪的处罚(第 150 条)

本条规定渊源于 1993 年 7 月 2 日全国人大常委会通过的《关于惩治生产、销售伪劣商品犯罪的决定》第 9 条的规定:"企业事业单位犯本决定第二条至第七条罪的,对单位判处罚金,并对直接负责的主管人员和其他直接责任人员依照各该条的规定追究刑事责任。企业事业单位犯本决定第一条罪的,对单位判处罚金,情节恶劣的,并对直接负责的主管人员和其他直接责任人员依照本决定第一条的规定追究刑事责任。"这一规定,把单位犯罪作了区分:单位犯特定生产、销售伪劣产品罪的,直接责任人员必罚;单位犯普通生产、销售伪劣产品罪的,直接责任人员只有在情节恶劣的情况下才承担刑事责任。

在刑法修订研拟中,1996年8月31日的修改草稿以及10月10日的刑法修订草案(征求意见稿)基本上沿用了《伪劣商品犯罪的决定》。然而,到了1996年12月中旬的草案,鉴于学界和法律实务界对单位犯罪的处罚原则基本上达成了共识,故此,该稿第144条对单位犯罪的处罚不再区分单位所犯的是普通罪还是特定罪,而是作了统一规定:"单位犯本法第一百三十一条至第一百三十九条罪的,对单位判处罚金,并对其直接负责的主管人员和其他直接责任人员,依照各该条的规定处罚。"之后的稿本经过文字和技术上的调整后,最终形成了1997年《刑法》第150条的规定:"单位犯本节第一百四十条至第一百四十八条规定之罪的,对单位判处罚金,并对其直接负责的主管人员和其他直接责任人员,依照各该条的规定处罚。"

第二节 走 私 罪

一、走私武器、弹药罪,走私核材料罪,走私假币罪,走私文物罪,走私贵重金属罪,走私珍贵动物、珍贵动物制品罪,走私国家禁止进出口的货物、物品罪(第151条)

受"宜粗不宜细"指导思想的影响,1979年刑法典并没有依照走私对象的不同区分规定走私犯罪,而是对走私罪作了笼统的规定,第116条规定:"违反海关法规,进行走私,情节严重的,除按照海关法规没收走私物品并且可以罚款外,处三年以下有期徒刑或者拘役,可以并处没收财产。"第118条规定:"以走私、投机倒把为常业的,走私、投机倒把数额巨大的或者走私、投机倒把集团的首要分子,处三年以上十年以下有期徒刑,可以并处没收财产。"第119条规定:"国家工作人员利用职务上的便利,犯走私、投机倒把罪的,从重处罚。"

1979年刑法典颁行后,鉴于走私犯罪非常猖獗,危害巨大,而原规定的法定刑又较轻,全国人大常委会于1982年3月8日通过了《关于严惩严重破坏经济的罪犯的决定》,该决定第1条对走私罪的法定刑进行了修改:"情节特别严重的,处十年以上有期徒刑、无期徒刑或者死刑,可以并处没收财产";"国家工作人员利用职务犯前款所列罪行,情节特别严重的,按前款规定从重处罚"。

虽然上述决定提高了走私罪的法定刑,体现了对走私从严打击的精神,但是对走私犯罪与非罪的界限、走私的具体情节仍没有作具体明确的规定,致使在司法实践中难以把握和操作。同时,在实践中还出现了一些新的情况和新的问题,如擅自将保税、特定减免税货物、物品在国内销售等,由于对其处理缺乏法律的明确规定,司法实践的处理做法不一,使法律的严肃性和权威性受到了一定程度的影响。有鉴于此,全国人大常委会在广泛调研的基础上,于 1988 年 1 月 21 日通过了《关于惩治走私罪的补充规定》(以下简称《补充规定》)。该《补充规定》第 1 条规定:"走私鸦片等毒品、武器、弹药或者伪造的货币的,处七年以上有期徒刑,并处罚金或者没收财产;情节特别严重的,处无期徒刑或者死刑,并处没收财产;情节较轻的,处七年以下有期徒刑,并处罚金。"第 2 条规定:"走私国家禁止出口的文物、珍贵动物及其制品、黄金、白银或者其他贵重金属的,处五年以上有期徒刑,并处罚金或者没收财产;情节特别严重的,处无期徒刑或者死刑,并处没收财产;情节较轻的,处五年以下有期徒刑,并处罚金。"按照有关司法解释确定走私犯罪罪名的思路,《补充规定》第 1 条和第 2 条规定了走私毒品罪,走私武器、弹药罪,走私假币罪,走私文物罪,走私贵重金属罪,走私珍贵动物、珍贵动物制品罪等 6 种犯罪。

在刑法修订研拟过程中,立法工作机关曾以《补充规定》的写法为基础,在一些刑法修改稿本中对走私犯罪的法条尝试进行归并和简化。如 1988 年 9 月的刑法修改稿即采取法条竞合的立法方法,在第 163 条第 1 款中规定了作为普通法条的走私罪,第 2、3 款规定了作为特别法条的走私淫秽物品、毒品、武器、弹药、假币、文物、贵重金属、珍贵动物及其制品等犯罪,第 4 款规定的是间接走私,第 5 款是对走私犯罪并处没收财产或罚金的规定。如此规定,法条内容大大得到了简化。1988 年 11 月 16 日和 12 月 25 日的法条设计更为简化,走私特定物品的行为不再作为独立的犯罪,而是被规定为走私罪的加重情节。具体法条是:"违反海关法规逃避海关监督,运输、携带、邮寄禁止、限制进出口的货物、物品或者依法应缴纳关税的货物、物品进出境,情节严重的,是走私罪,处五年以下有期徒刑或者拘役,可以单处或者并处罚金;数额巨大的,处五年以上有期徒刑或者无期徒刑,并处罚金或者没收财产;有下列情形之一的,处死刑,并处没收财产:(一) 走私毒品、武器、弹药、伪造的货币,走私国家禁止出口的文物、珍贵动物及其制品,走私黄金、白银或者其他贵重金属,情节特别严重的;(二) 走私第(一)项以外的其他货物、物品,数额特别巨大的;(三) 武装掩护走私,情节特别严重的;(四) 犯罪集团的首要分子或者惯犯,情节特别严重的。"

然而,20 世纪 90 年代中期以后,受"刑法原有的规定原则上没有什么问题的,尽管不很完善,也尽量不作修改"的立法指导思想的影响,立法工作机关不再对走私犯罪的法条作过大的调整,而是基于将《补充规定》纳入新刑法典的需要,着力于对走私罪法条的微调和完善。就新《刑法》第 151 条规定的研拟而言,立法工作机关曾对原有的规定主要作了如下的调整:一是在本条中删除了原有规定的"走私毒品"的内容。《补充规定》对走私毒品的规定事实上已为 1990 年 12 月 28 日的《关于禁毒的决定》所替代,且在全面修订刑法时,立法工作机关对毒品犯罪已有了统一的考虑和安排,故从 1996 年 8 月 31 日的刑法修订草稿起,立法工作机关不再在走私罪中规定走私毒品罪,而是将其与其他毒品犯罪一起安排在"妨害社会管理秩序罪"一章中。二是增加规定了走私核材料罪。1989年我国加入了《核材料实物保护公约》,为了履行这一国际公约所规定的义务,打击核材料犯罪,防止核材料扩散,维护社会安全,立法工作机关特在1996年8月31日的刑法修改草稿中写入了"走私核材料"的规定,并最终为1997年刑法典所沿用。三是增设"走私国家禁止进出口的珍稀植物及其制品"的规定。在《补充规定》中,有"走私珍贵动物及其制品"的规定,但没有走私珍稀植物及其制品的立法规定。考虑到走私这两类物品的行为具有同样的社会危害性,加上走私珍稀植物及其制品所偷逃的税额计算起来比较困难,因而会影响对这种行为的定罪处罚。故此,立法工作机关在1996年8月8日的刑法分则修改草稿中增加了走私珍稀植物及其制品的规定,并最终为1997年刑法典所沿用。四是对具有特别严重情形的走私犯罪的处刑单设条款即第151条第4款作出规定,这主要是出于技术上的考虑。单设条款的好处在于:第一,可以减少死刑条文的数量;第二,可以简化条文,因为《补充规定》的第一条和第二条规定的犯罪均有"情节特别严重的,处无期徒刑或者死刑,并处没收财产"的规定,单设一款规定,就可以简化条文表述。基于这些考虑,我国立法机关自1996年12月20日的修订草案起,在将这几种走私犯罪合并成一个条文的基础上,把原来为这几个犯罪规定的特别严重情形的法定刑抽出来,单独作为一款规定了下来。此外,还调整了第151条第1款"情节较轻"的法定刑,即自1997年3月1日的修订草案起,情节较轻的法定刑由原规定的"七年以下有期徒刑,并处罚金"修改为"三年以上七年以下有期徒刑,并处罚金"。

经过以上的调整,最终形成了1997年《刑法》第151条的规定:"走私武器、弹药、核材料或者伪造的货币的,处七年以上有期徒刑,并处罚金或者没收财产;情节较轻的,处三年以上七年以下有期徒刑,并处罚金。走私国家禁止出口的文物、黄金、白银和其他贵重金属或者国家禁止进出口的珍贵动物及其制品的,处五年以上有期徒刑,并处罚金;情节较轻的,处五年以下有期徒刑,并处罚金。走私国家禁止进出口的珍稀植物及其制品的,处五年以下有期徒刑,并处或者单处罚金;情节严重的,处五年以上有期徒刑,并处罚金。犯第一款、第二款罪,情节特别严重的,处无期徒刑或者死刑,并处没收财产。单位犯本条规定之罪的,对单位判处罚金,并对其直接负责的主管人员和其他直接责任人员,依照本条各款的规定处罚。"

1997年刑法典颁行后,近年来,海关在缉私活动中发现了走私犯罪的一些新动向。例如,滥掘滥采古生物化石,实践中走私古生物化石的情况非常严重。如果这些古生物化石属于古脊椎动物化石或古人类化石,固然可以依照有关立法解释将其纳入文物的范畴加以保护,但若走私属于这些化石范围之外的其他化石时,因难以计算偷逃关税的数额,而无法依照现行的以走私对象的不同而设置的刑法立法框架加以处理。考虑到国家禁止进出口的货物、物品的范围会随着我国社会经济形势的发展变化而需要不断调整,立法机关通过《刑法修正案(七)》对《刑法》第

151 条第 3 款的罪状作了概括式的描述和调整:"走私珍稀植物及其制品等国家禁止进出口的其他货物、物品的,处五年以下有期徒刑或者拘役,并处或者单处罚金;情节严重的,处五年以上有期徒刑,并处罚金。"经过这一调整,就可以将《刑法》第 151 条第 1、2 款规定之外的所有其他国家禁止进出口的货物、物品都纳入刑法的保护视野了。

之后,为了适应国家削减走私文物罪、走私贵重金属罪、走私珍贵动物、珍贵动物制品罪死刑的需要,《刑法修正案(八)》又对本条规定作了较大幅度的调整,经过修正后的法条为:"走私武器、弹药、核材料或者伪造的货币的,处七年以上有期徒刑,并处罚金或者没收财产;情节特别严重的,处无期徒刑或者死刑,并处没收财产;情节较轻的,处三年以上七年以下有期徒刑,并处罚金。走私国家禁止出口的文物、黄金、白银和其他贵重金属或者国家禁止进出口的珍贵动物及其制品的,处五年以上十年以下有期徒刑,并处罚金;情节特别严重的,处十年以上有期徒刑或者无期徒刑,并处没收财产;情节较轻的,处五年以下有期徒刑,并处罚金。走私珍稀植物及其制品等国家禁止进出口的其他货物、物品的,处五年以下有期徒刑或者拘役,并处或者单处罚金;情节严重的,处五年以上有期徒刑,并处罚金。单位犯本条规定之罪的,对单位判处罚金,并对其直接负责的主管人员和其他直接责任人员,依照本条各款的规定处罚。"

随着限制与控制死刑的逐步深入,《刑法修正案(八)》在修法之初,就拟根据社会经济情况的变化,适当减少一些不直接影响公众安全感、仅侵犯财产或经济秩序的非暴力犯罪的死刑罪名。涉及本条修改的,体现在三个方面:一是删除了原条文第 4 款,同时将犯罪情节特别严重情形的规定移到第 1 款,从而保留了走私武器、弹药、核材料或者伪造的货币这些走私犯罪最高法定刑为死刑的规定,删除了走私文物罪、走私贵重金属罪、走私珍贵动物、珍贵动物制品罪中的死刑。二是在规定走私文物罪、走私贵重金属罪、走私珍贵动物、珍贵动物制品罪的该条文第 2 款中,将触犯这些罪名的一般情形的处罚由原来的"处五年以上有期徒刑,并处罚金"改为"处五年以上十年以下有期徒刑,并处罚金";同时将原来在第 4 款中规定的"情节特别严重"的情形规定在该款中,并将法定刑设置改为"处十年以上有期徒刑或者无期徒刑,并处没收财产"。三是由于条文第 4 款被删除,第 5 款的排序相应变为第 4 款。

二、走私淫秽物品罪、走私废物罪(第 152 条)

1988 年 1 月 21 日全国人大常委会通过的《补充规定》第 3 条规定:"以牟利或者传播为目的,走私淫秽的影片、录像带、录音带、图片、书刊或者其他淫秽物品的,处三年以上十年以下有期徒刑,并处罚金;情节严重的,处十年以上有期徒刑或者无期徒刑,并处罚金或者没收财产;情节较轻的,处三年以下有期徒刑或者拘役,并处罚金。"第 5 条第 1 款规定:"企业事业单位、机关、团体走私本规定第一条至第三条规定的货物、物品的,判处罚金,并对其直接负责的主管人员和其他直接责任人员,依照本规定对个人犯走私罪的规定处罚。"

1997 年 3 月 14 日公布的《刑法》第 152 条除了对本罪法定刑作了一处调整外,基本上沿袭了《补充规定》的上述规定。当然,在刑法全面修订研拟过程中,对于本罪的写法,也曾经有过一些变化:

(1) 关于要不要在刑法典中规定本罪问题。在 1988 年 11 月 16 日和 12 月 25 日的刑法修改稿中,曾经删除了本罪的规定。后来,考虑到走私淫秽物品的,其偷逃关税的数额难以计算,难以按照走私刑法所列举的特定物品犯罪的法条定罪处罚,故此,有必要对此作出明确的规定。于是,在之后的刑法修改稿本以及刑法修订草案中,又规定了走私淫秽物品罪。

(2) 从 1996 年 12 月中旬的修订草案起,立法工作机关在情节较轻的走私淫秽物品罪的法定刑中增加规定了管制,并为新刑法典所沿用。

(3) 出于对新刑法典第三章破坏社会主义市场经济秩序罪第二节走私罪的单位犯罪规定技术调整的需要,立法机关将《补充规定》中单位犯罪的规定吸纳到新《刑法》第 152 条中。

经过以上的调整,形成了新《刑法》第 152 条的规定:"以牟利或者传播为目的,走私淫秽的影片、录像带、录音带、图片、书刊或者其他淫秽物品的,处三年以上十年以下有期徒刑,并处罚金;情节严重的,处十年以上有期徒刑或者无期徒刑,并处罚金或者没收财产;情节较轻的,处三年以下有期徒刑、拘役或者管制,并处罚金。单位犯前款罪的,对单位判处罚金,并对其直接负责的主管人员和其他直接责任人员,依照前款的规定处罚。"

1997 年刑法典实施以后,2002 年 12 月 28 日全国人大常委会通过的《刑法修正案(四)》又对本条的规定作了修订,即将新《刑法》原第 155 条第(3)项规定的"逃避海关监管将境外固体废物运输进境的"内容作为第 2 款移入第 152 条,增加了将液态废物和气态废物运输进境的内容,并规定了独立的法定刑。由此,第 152 条第 2 款规定:"逃避海关监管将境外固体废物、液态废物和气态废物运输进境,情节严重的,处五年以下有期徒刑,并处或者单处罚金;情节特别严重的,处五年以上有期徒刑,并处罚金。"第 152 条原第 2 款单位犯罪的规定相应的变成了第 3 款,并在措辞上作了调整:"单位犯前两款罪的,对单位判处罚金,并对其直接负责的主管人员和其他直接责任人员,依照前两款的规定处罚。"

三、走私普通货物、物品罪(第 153 条)

本罪原系 1988 年 1 月 21 日全国人大常委会通过的《补充规定》第 4 条的规定。该条第 1 款规定:"走私本规定第一条至第三条规定以外的货物、物品的,根据情节轻重,分别依照下列规定处罚:(1) 走私货物、物品价额在五十万元以上的,处十年以上有期徒刑或者无期徒刑,并处罚金或者没收财产;情节特别严重的,处死刑,并处没收财产。(2) 走私货物、物品价额在十五万元以上不满五十万元的,处七年以上有期徒刑,并处罚金或者没收财产;情节特别严重的,处无期徒刑,并处没收财产。(3) 走私货物、物品价额在五万元以上不满十五万元的,处三年以上十年以下有期徒刑,并处罚金。(4) 走私货物、物品价额在二万元以上不满五万元的,处三年以下有期徒刑或者拘役,并处罚金;情节较轻的,或者价额不满二万元的,由海关没收走私货物、物品和违法所得,可以并处罚款。"第 2 款规定:"二人以上共同走私的,按照个人走私货物、物品的价额及其在犯罪中的作用,分别处罚。对走私集团的首要分子,按照集团走私货物、物品的总价额处罚;对其他共同走私犯罪中的主犯,情节严重的,按照共同走私货物、物品的总价额处罚。"第 3 款规定:"对多次走私未经处理的,按照累计走私货物、物品的价额处罚。"第 5 条第 2 款规定:"企业事业单位、机关、团体走私本规定第一条至第三条规定以外的货物、物品,价额在三十万元以上的,判处罚金,并对其直接负责的主管人员和其他直接责任人员,处五年以下有期徒刑或者拘役;情节特别严重,使国家利益遭受重大损失的,处五年以上十年以下有期徒刑;价额不满三十万元的,由海关没收走私货物、物品和违法所得,可以并处罚款,对其直接负责的主管人员和其他直接责任人员,由其所在单位或者上级主管机关酌情给予行政处分。"

在刑法修订研拟过程中,走私普通货物、物品罪在一些刑法修改稿本中曾经被普通的走私罪法条所替代。如 1988 年 9 月刑法修改稿,在第 163 条第 1 款中规定了作为普通法条的走私罪,即:"违反海关法规,走私物品,数额较大的,处三年以下有期徒刑或者拘役;数额巨大的,处三年以上十年以下有期徒刑;数额特别巨大的,处十年以上有期徒刑、无期徒刑或者死刑。"第 2 款和第 3 款规定了作为特别法条的走私淫秽物品、毒品、武器、弹药、假币、文物、贵重金属、珍贵动物及其制品等犯罪,第 4 款规定的是间接走私,第 5 款是对走私犯罪并处没收财产或罚金的规定。1988 年 11 月 16 日和 12 月 25 日的法条设计更为简化,走私特定物品的行为不再作为独立的犯罪,而是被规定为走私罪的加重情节。这样,走私普通货物、物品的犯罪行为也被整合在其中。

然而,从 1996 年 8 月 8 日的刑法分则修改草稿起,对走私罪的立法修订研拟又回到了《补充规定》的写法框架下,并且经过如下的修改和调整历程:

(1) 考虑到走私普通货物、物品罪的危害程度主要体现在行为人偷逃关税的数额大小上,而不在于走私的货物、物品的价额,故此,立法工作机关先是在 1996 年 8 月 31 日的刑法修改稿本中将本罪的计赃单位由《补充规定》的"走私货物、物品价额"修改为"走私货物、物品偷逃关税税额",之后在 1996 年 10 月 10 日的修订草案(征求意见稿)中又改为"走私货物、物品偷逃应缴税额",这一修改最终被新刑法典所采纳。

(2) 鉴于《补充规定》中对本罪规定的无限额罚金不便于司法操作,1996年8月8日的分则修改草稿将原先无限额罚金修改成了"处走私货物、物品价额一至五倍的罚金",1988年8月31日的稿本则修改成"偷逃关税税额一倍以上五倍以下罚金",到了1996年10月10日的修订草案(征求意见稿),立法工作机关又将其改为"偷逃应缴税额一倍以上五倍以下罚金",这一修改一直沿用到新刑法典通过。

(3) 将原先规定的四个档次的法定刑修改为三个档次,并调整了法定刑。从刑法修改稿本的具体写法看,对本罪法定刑的调整经历过一些变化。在1996年8月8日稿中,本罪法定刑的写法沿用了《补充规定》的写法,没有变化。但到了1996年8月31日的刑法修改草稿,写法发生了变化:首先,删除了原《补充规定》中的第四档法定刑。其次,将本罪法定刑设置成了三个档次:第一档的法定刑写法与《补充规定》的相同;第二档由《补充规定》的"走私货物、物品价额在十五万元以上不满五十万元的,处七年以上有期徒刑,并处罚金或者没收财产;情节特别严重的,处无期徒刑,并处没收财产"修改成了"走私货物、物品偷逃关税税额在十五万元以上不满五十万元的,处五年以上十年以下有期徒刑,并处偷逃关税税额一倍以上五倍以下罚金或者没收财产";第三档的法定刑由原先规定的"走私货物、物品价额在五万元以上不满十五万元的,处三年以上十年以下有期徒刑,并处罚金"修改为"走私货物、物品偷逃关税税额在五万元以上不满十五万元的,处五年以上十年以下有期徒刑,并处偷逃关税税额一倍以上五倍以下罚金"。考虑到上述写法中的第三档法定刑的起刑点就是5年有期徒刑,显得过于严厉,且事实上与第二档情形规定的是同一个法定刑,为了纠正这种不合理的规定,在1996年10月10日的修订草案(征求意见稿)中,该档的法定刑又被修改成了"五年以下有期徒刑或者拘役,并处应缴税额一倍以上五倍以下罚金",并删除了《补充规定》在本罪第一档法定刑中设置的死刑规定。

在1996年12月中旬的修订草案中,此罪法条的写法又发生了较大的变化:首先,在第一档法定刑中恢复了《补充规定》关于死刑规定的写法,这一规定在10月10日的稿中原本已被删除。其次,第二档法定刑由10月10日稿的"走私货物、物品偷逃应缴税额在十五万元以上不满五十万元的,处五年以上十年以下有期徒刑,并处偷逃应缴税额一倍以上五倍以下罚金或者没收财产"修改为"走私货物、物品偷逃应缴税额在十五万元以上不满五十万元的,处七年以上有期徒刑,并处偷逃应缴税额一倍以上五倍以下罚金或者没收财产;情节特别严重的,处无期徒刑,并处没收财产"。最后,第三档法定刑也作了修改,即由10月10日稿的"走私货物、物品偷逃应缴税额在五万元以上不满十五万元的,处五年以下有期徒刑或者拘役,并处应缴税额一倍以上五倍以下罚金"修改成"走私货物、物品偷逃应缴税额在五万元以上不满十五万元的,处七年以下有期徒刑或者拘役,并处应缴税额一倍以上五倍以下罚金"。到了1996年12月20日的修订草案,出于限制死刑条文的考虑,立法机关又将本罪第一档法定刑中明确规定的死刑情节修改成了援引法定刑,即"情节特别严重的,依照本法第一百四十五条第四款的规定处罚",该款就是关于死刑的规定。其他的内容,则沿用了1996年12月中旬稿的写法。

在1997年3月13日的修订草案中,立法机关对本罪法定刑的写法又作了两个方面的调整:一是将第二档基本情节的法定刑由之前稿本规定的"七年以上有期徒刑"修改为"三年以上十年以下有期徒刑";二是将第三档的法定刑由"七年以下有期徒刑或者拘役"修改为"三年以下有期徒刑或者拘役"。该草案的这一调整最终为新刑法典所沿用。

(4)对《补充规定》原第5条第2款单位犯罪的规定进行了整合和修改。这些整合和修改主要表现在:一是把单位犯罪的主体由"企业事业单位、机关、团体"统称为"单位"。二是取消了对单位追究刑事责任涉案金额起点的规定。根据《补充规定》的规定,如果单位走私普通货物、物品价额在30万元以上的,追究刑事责任;如果不足30万元的,由海关没收走私货物、物品和违法所得,可以并处罚款,对其直接负责的主管人员和其他直接责任人员,由其所在单位或者上级主管机关酌情给予行政处分。1996年8月8日的刑法分则修改草稿以及8月31日的刑法修改草稿均沿用了上述规定。但到了1996年10月10日的修订草案(征求意见稿),立法工作机关对此罪的写法作了微调,即将原规定的"走私货物、物品价额"修改为"走私货物、物品,偷逃应缴税额",同时,删除了走私普通货物、物品价额不足30万元时的处理规定,并增加规定:"单位走私,违法所得归私人所有的,或者以单位的名义进行走私,共同分取违法所得的,依照本节对个人犯走私罪的规定处罚。"这一写法为1996年12月中旬和12月20日以及1997年1月10日的修订草案所采纳。到了1997年2月17日的修订草案,立法机关取消了对单位追究刑事责任涉案金额起点的规定,而是单设一个对走私犯罪可以统一适用的单位犯罪的条文,与此同时也删除了单位走私符合一定条件时,依照对个人犯走私罪的规定处罚的规定。具体条文设计是:"单位犯本法第一百五十二条、第一百五十三条、第一百五十四条规定之罪的,对单位判处罚金,并对其直接负责的主管人员和其他直接责任人员,依照各该条的规定处罚。"但到了1997年3月13日的修订草案,立法机关又对上述单位犯走私犯罪的集中性规定作了修改,即:对于走私特定货物、物品的,草案重申了《刑法》第31条关于单位犯罪处罚原则的规定;对于走私普通货物、物品的,草案在走私普通货物、物品罪法条中单设一款:"单位犯前款罪的,对单位判处罚金,并对其直接负责的主管人员和其他直接责任人员,处三年以下有期徒刑或者拘役;情节严重的,处三年以上十年以下有期徒刑;情节特别严重的,处十年以上有期徒刑。"这一规定最终为新刑法典所沿用。

(5)鉴于刑法典总则已对共同犯罪人的处罚作了原则性的规定,加之《补充规定》原先对二人以上共同走私普通货物、物品的处理原则的规定也有不合理的地方,故立法工作机关自1996年10月10日的修订草案(征求意见稿)起,删除了共同走私犯罪处罚原则的表述。

(6) 对《补充规定》"多次走私未经处理"的规定进行了修改,即由《补充规定》的"按照累计走私货物、物品的价额处罚"修改为"按照累计走私货物、物品的偷逃应缴税额处罚"。

经过以上的调整,形成了1997年《刑法》第153条的规定:"走私本法第一百五十一条、第一百五十二条、第三百四十七条规定以外的货物、物品的,根据情节轻重,分别依照下列规定处罚:(一) 走私货物、物品偷逃应缴税额在五十万元以上的,处十年以上有期徒刑或者无期徒刑,并处偷逃应缴税额一倍以上五倍以下罚金或者没收财产;情节特别严重的,依照本法第一百五十一条第四款的规定处罚。(二) 走私货物、物品偷逃应缴税额在十五万元以上不满五十万元的,处三年以上十年以下有期徒刑,并处偷逃应缴税额一倍以上五倍以下罚金;情节特别严重的,处十年以上有期徒刑或者无期徒刑,并处偷逃应缴税额一倍以上五倍以下罚金或者没收财产。(三) 走私货物、物品偷逃应缴税额在五万元以上不满十五万元的,处三年以下有期徒刑或者拘役,并处偷逃应缴税额一倍以上五倍以下罚金。单位犯前款罪的,对单位判处罚金,并对其直接负责的主管人员和其他直接责任人员,处三年以下有期徒刑或者拘役;情节严重的,处三年以上十年以下有期徒刑;情节特别严重的,处十年以上有期徒刑。对多次走私未经处理的,按照累计走私货物、物品的偷逃应缴税额处罚。"

之后,立法机关通过《刑法修正案(八)》修改了本条第1款的规定。对走私普通货物、物品罪的修改主要涉及走私普通货物、物品罪的犯罪构成条件,将一年内曾因走私被给予二次行政处罚后又走私的"蚂蚁搬家"式的走私行为规定为犯罪,并将该罪的量刑档次从原来由高到低的顺序改为由低到高的顺序进行排列,取消了该罪的死刑罪名。《刑法修正案(八)》(草案)一次审议稿将《刑法》第153条第1款修改为:"走私本法第一百五十一条、第一百五十二条、第三百四十七条规定以外的货物、物品的,根据情节轻重,分别依照下列规定处罚:(一) 走私货物、物品偷逃应缴税额较大或者一年内曾因走私被给予二次行政处罚后又走私的,处三年以下有期徒刑或者拘役,并处偷逃应缴税额一倍以上五倍以下罚金。(二) 走私货物、物品偷逃应缴税额巨大的,处三年以上十年以下有期徒刑,并处偷逃应缴税额一倍以上五倍以下罚金;情节特别严重的,处十年以上有期徒刑或者无期徒刑,并处偷逃应缴税额一倍以上五倍以下罚金或者没收财产。(三) 走私货物、物品偷逃应缴税额特别巨大的,处十年以上有期徒刑或者无期徒刑,并处偷逃应缴税额一倍以上五倍以下罚金或者没收财产。"二次审议稿又对一次审议稿的条文进行了变动,使条文的表述逻辑更加周延,主要体现在第(二)、(三)项的规定上,即将"走私货物、物品偷逃应缴税额巨大的,处三年以上十年以下有期徒刑,并处偷逃应缴税额一倍以上五倍以下罚金;情节特别严重的,处十年以上有期徒刑或者无期徒刑,并处偷逃应缴税额一倍以上五倍以下罚金或者没收财产"改为"走私货物、物品偷逃应缴税额巨大或者有其他严重情节的,处三年以上十年以下有期徒刑,并处偷逃应缴税额一倍以上五倍以下罚金。"将"走私货物、物品偷逃应缴税额特别巨大的,处十年以上有期徒刑或者无期徒刑,并处偷逃应缴税额一倍以上五倍以下罚金或者没收财产"改为"走私货物、物品偷逃应缴税额特别巨大或者有其他特别严重情节的,处十年以上有期徒刑或者无期徒刑,并处偷逃应缴税额一倍以上五倍以下罚金或者没收财产。"这样,经过修正的第153条第1款的规定为:"走私本法第一百五十一条、第一百五十二条、第三百四十七条规定以外的货物、物品的,根据情节轻重,分别依照下列规定处罚:(一)走私货物、物品偷逃应缴税额较大或者一年内曾因走私被给予二次行政处罚后又走私的,处三年以下有期徒刑或者拘役,并处偷逃应缴税额一倍以上五倍以下罚金。(二)走私货物、物品偷逃应缴税额巨大或者有其他严重情节的,处三年以上十年以下有期徒刑,并处偷逃应缴税额一倍以上五倍以下罚金。(三)走私货物、物品偷逃应缴税额特别巨大或者有其他特别严重情节的,处十年以上有期徒刑或者无期徒刑,并处偷逃应缴税额一倍以上五倍以下罚金或者没收财产。"

四、走私保税、特定减免税货物物品犯罪的处理(第154条)

从渊源上看,本条规定原系《补充规定》第6条的规定:"下列走私行为,根据本规定构成犯罪的,依照第四条、第五条的规定处罚:(1)未经海关许可并且未补缴关税,擅自将批准进口的来料加工、来件装配、补偿贸易的原材料、零件、制成品、设备等保税货物,在境内销售牟利的。(2)假借捐赠名义进口货物、物品的,或者未经海关许可并且未补缴关税,擅自将捐赠进口的货物、物品或者其他特定减税、免税进口的货物、物品,在境内销售牟利的。前款所列走私行为,走私数额较小,不构成犯罪的,由海关没收走私货物、物品和违法所得,可以并处罚款。"

在刑法修订研拟过程中,立法工作机关对此罪的写法曾经发生过一些变化。在1988年的3个稿本中,《补充规定》第6条的规定并没有被写进去。1996年8月8日的分则修改草稿和8月31日的刑法修订草稿删除了《补充规定》第6条第2款行政处罚的规定,其他内容则原封不动照搬到这两个稿本中。在1996年10月10日的修订草案(征求意见稿)中,立法工作机关将原规定中的"未补缴关税"进一步明确为"未补缴应缴关税",这一写法为以后的修订草案和新刑法典所沿用。鉴于原规定中"依照第四条、第五条的规定处罚"的表述只解决了对这些行为的处罚问题,如何定罪仍存在着理解上的分歧,故为消除这些分歧,立法机关在1996年12月20日的修订草案中明确规定为依照走私普通货物、物品罪定罪处罚。到了1997

年3月13日的修订草案,立法机关又对此罪的法条作了调整,删除了以捐赠为名实为走私的规定,并最终形成了1997年《刑法》第154条的规定:"下列走私行为,根据本节规定构成犯罪的,依照本法第一百五十三条的规定定罪处罚:(一)未经海关许可并且未补缴应缴税额,擅自将批准进口的来料加工、来件装配、补偿贸易的原材料、零件、制成品、设备等保税货物,在境内销售牟利的;(二)未经海关许可并且未补缴应缴税额,擅自将特定减税、免税进口的货物、物品,在境内销售牟利的。"

五、准走私(第155条)

准走私不是立法上的术语,而是对"以走私论处"行为的一种概括。准走私行为最先规定在《补充规定》中,该《补充规定》第7条规定:"下列行为,以走私罪论处,依照本规定的有关规定处罚:(1)直接向走私人非法收购国家禁止进口物品的,或者直接向走私人非法收购走私进口的其他货物、物品,数额较大的。(2)在内海、领海运输、收购、贩卖国家禁止进出口物品的,或者运输、收购、贩卖国家限制进出口货物、物品,数额较大,没有合法证明的。前款所列走私行为,走私数额较小,不构成犯罪的,由海关没收走私货物、物品和违法所得,可以并处罚款。"

立法工作机关在采用上述规定过程中,对其在立法稿本上的写法曾经有过一些变化。1988年9月的修改稿基本上照搬了《补充规定》的上述规定,但到了1988年11月16日和12月25日的修改稿,则没有对准走私行为作出规定。1996年以后的一些稿本除了删除《补充规定》第7条第2款行政处罚的规定外,其他内容均基本上沿用了《补充规定》的表述。

对于上述写法,在刑法起草研拟中,海关总署提出,刑法中应当把以下行为也增加规定为走私罪:

(1)逃避海关监管进口或者出口侵犯知识产权的货物物品的。
(2)逃避海关监管将境外固体废弃物运输进境的。
(3)伪造、买卖海关单证及进出口许可证件用于走私的。
(4)进口国家禁止进口的动植物及其产品的。
(5)伪造、买卖、使用加工贸易手册逃税的。

据此,立法机关在1997年1月10日的修订草案中,将海关总署提出的前四种行为增加规定在第153条准走私条款中。但到了1997年2月17日的修订草案(修改稿),除了保留原先规定的"买私贩私"以及走私固体废弃物外,立法机关删除了1997年1月10日稿中规定的其余三种行为。在1997年3月13日的修订草案中,立法机关又将"固体废弃物"的表述修改为"固体废物",由此最终形成了1997年《刑法》第155条的规定。

1997年刑法典颁行后,2002年12月28日全国人大常委会通过了《刑法修正案(四)》,该修正案对《刑法》原第 155 条的规定作了两方面的修正:一是对本条原第(3)项走私固体废物的规定进行了修订,移入《刑法》第 152 条第 2 款中。二是在本条第(2)项"内海、领海"之后增加"界河、界湖"。这样,经过修正的《刑法》第 155 条的规定是:"下列行为,以走私罪论处,依照本节的有关规定处罚:(一) 直接向走私人非法收购国家禁止进口物品的,或者直接向走私人非法收购走私进口的其他货物、物品,数额较大的;(二) 在内海、领海、界河、界湖运输、收购、贩卖国家禁止进出口物品的,或者运输、收购、贩卖国家限制进出口货物、物品,数额较大,没有合法证明的。"

六、走私罪的共犯(第 156 条)

本条渊源于《补充规定》第 8 条的规定:"与走私罪犯通谋,为其提供贷款、资金、账号、发票、证明,或者为其提供运输、保管、邮寄或者其他方便的,以走私罪的共犯论处。"

新《刑法》第 156 条沿用了上述规定,没有作任何修改。

七、武装掩护走私及抗拒缉私的处罚(第 157 条)

本条原系《补充规定》第 10 条的规定:"武装掩护走私的,依照本规定第一条的规定从重处罚。以暴力、威胁方法抗拒缉私的,以走私罪和刑法第一百五十七条规定的阻碍国家工作人员依法执行职务罪,依照数罪并罚的规定处罚。"

立法机关对《补充规定》的上述法条涉及的被援引法条的序号进行相应的调整后,将其移植到了新《刑法》第 157 条中,即:"武装掩护走私的,依照本法第一百五十一条第一款、第四款的规定从重处罚。以暴力、威胁方法抗拒缉私的,以走私罪和本法第二百七十七条规定的阻碍国家机关工作人员依法执行职务罪,依照数罪并罚的规定处罚。"

之后,由于《刑法修正案(八)》对《刑法》第 157 条的规定作了重大调整,相应的,本条第 1 款的规定亦被修改为:"武装掩护走私的,依照本法第一百五十一条第一款的规定从重处罚。"

第三节 妨害对公司、企业的管理秩序罪

一、虚报注册资本罪(第 158 条)

虚报注册资本罪原系 1995 年 2 月 28 日全国人大常委会通过的《关于惩治违反公司法的犯罪的决定》(以下简称《违反公司法的犯罪的决定》)对 1979 年刑法典所补充的一种犯罪。《违反公司法的犯罪的决定》第 1 条规定:"申请公司登记

的人使用虚假证明文件或者采取其他欺诈手段虚报注册资本,欺骗公司登记主管部门,取得公司登记,虚报注册资本数额巨大、后果严重或者有其他严重情节的,处三年以下有期徒刑或者拘役,可以并处虚报注册资本金额百分之十以下罚金。申请公司登记的单位犯前款罪的,对单位判处虚报注册资本金额百分之十以下罚金,并对直接负责的主管人员和其他直接责任人员,依照前款的规定,处三年以下有期徒刑或者拘役。"

与《违反公司法的犯罪的决定》的上述规定相比,1997年《刑法》第158条主要在如下方面对此罪作了调整:

(1)对本罪第1款的罚金规定作了修改。《违反公司法的犯罪的决定》的上述规定对罚金刑仅仅设置了上限,就其实质而言,没有下限,如此则致使司法机关的裁量权过大。故此立法机关在1997年3月1日的修订草案中,将罚金刑由原先"虚报注册资本金额百分之十以下罚金"的规定修改为"虚报注册资本金额百分之二以上百分之十以下罚金"。在1997年3月13日的修订草案中,对罚金刑的规定又作了修改,即修改成"虚报注册资本金额百分之一以上百分之五以下罚金"。同时,鉴于原规定中"可以并处"的表述有些模棱两可,故在该稿中,原规定"可以并处"的表述也被修改为"并处或者单处"。

(2)修改了单位犯罪的规定,主要有两个方面:一是在1997年3月13日的修订草案中,将原规定中的"申请公司登记的单位犯前款罪"的表述简化成"单位犯前款罪"。二是在1997年3月1日的修订草案中,立法机关删除了原先对犯罪的单位判处限额罚金的规定,从而罚金的规定变成了无限额的罚金。此外,在刑法修订研拟过程中,一些稿本还在本罪第1款和第2款规定的主刑刑档中增设了管制刑,如1996年12月中旬、12月20日以及1997年1月10日、2月17日的修订草案均作如此规定。然而,在1997年3月1日的稿本中立法机关又删除了此罪中管制刑的规定。

经过以上调整,1997年《刑法》第158条的规定最终表述为:"申请公司登记使用虚假证明文件或者采取其他欺诈手段虚报注册资本,欺骗公司登记主管部门,取得公司登记,虚报注册资本数额巨大、后果严重或者有其他严重情节的,处三年以下有期徒刑或者拘役,并处或者单处虚报注册资本金额百分之一以上百分之五以下罚金。单位犯前款罪的,对单位判处罚金,并对其直接负责的主管人员和其他直接责任人员,处三年以下有期徒刑或者拘役。"

二、虚假出资、抽逃出资罪(第159条)

虚假出资、抽逃出资罪原系1995年2月28日《违反公司法的犯罪的决定》对1979年刑法典所补充的一种犯罪。《违反公司法的犯罪的决定》第2条规定:"公司发起人、股东违反公司法的规定未交付货币、实物或者未转移财产权,虚假出资,或者在公司成立后又抽逃其出资,数额巨大、后果严重或者有其他严重情节的,处五年以下有期徒刑或者拘役,可以并处虚假出资金额或者抽逃出资金额百分之十以下罚金。单位犯前款罪的,对单位判处虚假出资金额或者抽逃出资金额百分之十以下罚金,并对直接负责的主管人员和其他直接责任人员,依照前款的规定,处五年以下有期徒刑或者拘役。"

与上述规定相比,新《刑法》第159条主要在以下方面作了修改:

(1)修改了第1款中的罚金规定。在1997年3月1日的修订草案中,为使表述更加明确规范,立法机关将原先"可以并处"的规定修改成"并处或者单处"。同时,也修改了可处罚金的比例。由于原规定中"百分之十以下罚金"的表述实际上导致了没有罚金的下限,为了限制司法的裁量权,在1997年3月1日的修订草案中,罚金的规定被修改成"百分之二以上百分之十以下罚金"。

(2)修改了单位犯罪的规定,主要有两个方面:一是在1996年10月10日的修订草案(征求意见稿)中,删除了原先规定中的"依照前款的规定"这一表述。二是在1997年3月1日的修订草案中,对单位判处的罚金由原先规定的限额罚金制修改成了无限额罚金制。

经过以上调整,1997年《刑法》第159条的规定最终表述为:"公司发起人、股东违反公司法的规定未交付货币、实物或者未转移财产权,虚假出资,或者在公司成立后又抽逃其出资,数额巨大、后果严重或者有其他严重情节的,处五年以下有期徒刑或者拘役,并处或者单处虚假出资金额或者抽逃出资金额百分之二以上百分之十以下罚金。单位犯前款罪的,对单位判处罚金,并对其直接负责的主管人员和其他直接责任人员,处五年以下有期徒刑或者拘役。"

三、欺诈发行股票、债券罪(第160条)

欺诈发行股票、债券罪原系《违反公司法的犯罪的决定》对1979年刑法典补充规定的一种犯罪。该决定第3条规定:"制作虚假的招股说明书、认股书、公司债券募集办法发行股票或者公司债券,数额巨大、后果严重或者有其他严重情节的,处五年以下有期徒刑或者拘役,可以并处非法募集资金金额百分之五以下罚金。单位犯前款罪的,对单位判处非法募集资金金额百分之五以下罚金,并对直接负责的主管人员和其他直接责任人员,依照前款的规定,处五年以下有期徒刑或者拘役。"

与上述规定相比,新《刑法》第160条主要在以下方面作了修改:

(1)修改了本罪的罪状。在1997年3月1日的修订草案中,立法机关对本罪的罪状作了修改,即将原先规定的"制作虚假的招股说明书、认股书、公司债券募集办法发行股票或者公司债券"修改为"在招股说明书、认股书、公司、企业债券募集办法中隐瞒重要事实或者编造虚假的内容,发行股票或者公司、企业债券"。

(2)修改了第1款规定的罚金。如前所述,原规定"可以并处"的表述有些模棱两可,不够明确;而且原法条中的罚金规定实际上没有下限,应当对本罪罚金的下限予以限定。因此,在1997年3月1日的修订草案中,立法机关将原先规定的"可以并处非法募集资金金额百分之五以下罚金"修改为"并处或者单处非法募集资金金额百分之一以上百分之五以下罚金。"

(3)对第2款规定进行了两处修改:一是在1997年10月10日的修订草案(征求意见稿)中,立法工作机关删除了原先规定中的"依照前款的规定"这一表述。二是在1997年3月1日的修订草案中,立法机关调整了该款的罚金规定,即将原先规定的"对单位判处非法募集资金金额百分之五以下罚金"修改为"对单位判处罚金"。

经过以上调整,最终形成了1997年《刑法》第160条的规定:"在招股说明书、认股书、公司、企业债券募集办法中隐瞒重要事实或者编造重大虚假内容,发行股票或者公司、企业债券,数额巨大、后果严重或者有其他严重情节的,处五年以下有期徒刑或者拘役,并处或者单处非法募集资金金额百分之一以上百分之五以下罚金。单位犯前款罪的,对单位判处罚金,并对其直接负责的主管人员和其他直接责任人员,处五年以下有期徒刑或者拘役。"

四、违规披露、不披露重要信息罪(第161条)

本罪渊源于1995年2月28日全国人大常委会通过的《违反公司法的犯罪的决定》,该决定第4条规定:"公司向股东和社会公众提供虚假的或者隐瞒重要事实的财务会计报告,严重损害股东或者其他人利益的,对直接负责的主管人员和其他直接责任人员,处三年以下有期徒刑或者拘役,可以并处二十万元以下罚金。"

对于以上写法,立法工作机关在将其纳入研拟中的刑法典草案稿本时,对罚金刑的规定作了调整,即将原先规定的"可以并处二十万元以下罚金"修改成"并处或者单处二万元以上二十万元以下罚金"。此外,在研拟过程中,1997年10月10日的修订草案(征求意见稿)曾为本罪的法定刑增加规定了管制,但到了1997年3月1日的修订草案,立法机关又删除了本罪法定刑中的管制刑。

经过以上调整的新《刑法》第161条的规定是:"公司向股东和社会公众提供虚假的或者隐瞒重要事实的财务会计报告,严重损害股东或者其他人利益的,对其直接负责的主管人员和其他直接责任人员,处三年以下有期徒刑或者拘役,并处或者单处二万元以上二十万元以下罚金。"

1997年刑法典颁行后,司法实践中逐步暴露出了一些问题,主要有:

(1)犯罪对象的范围过于狭窄。根据有关法律的规定,需要向股东和社会公众依法披露的不仅限于财务会计报告,还包括应当依法披露的公司其他重要信息。如果上市公司违反国家规定,对应当披露的公司重要信息不按照规定披露,隐瞒涉及投资者利益的公司重大事项,必然会损害广大公众投资者的利益,扰乱证券市场秩序,对此应当追究刑事责任。

(2)原先对本罪规定的是结果犯,但在实践中对"严重损害股东或者其他人利益"的认定有些难度,从而影响了司法实践对本罪的查处和认定,有必要予以修改和调整。

基于以上原因,2006年6月29日第十届全国人民代表大会常务委员会第二十二次会议通过的《刑法修正案(六)》对《刑法》第161条进行了修改,该条的原规定被修改为:"依法负有信息披露义务的公司、企业向股东和社会公众提供虚假的或者隐瞒重要事实的财务会计报告,或者对依法应当披露的其他重要信息不按照规定披露,严重损害股东或者其他人利益,或者有其他严重情节的,对其直接负责的主管人员和其他直接责任人员,处三年以下有期徒刑或者拘役,并处或者单处二万元以上二十万元以下罚金。"根据有关司法解释,该条的罪名也由原来的"提供虚假财会报告罪"变更为"违规披露、不披露重要信息罪"。

五、妨害清算罪(第162条)

本罪原系1995年2月28日通过的《违反公司法的犯罪的决定》对1979年刑法典补充规定的一种犯罪,该决定第5条规定:"公司进行清算时,隐匿财产,对资产负债表或者财产清单作虚伪记载或者在未清偿债务前分配公司财产,严重损害债权人或者其他人利益的,对直接负责的主管人员和其他直接责任人员,处五年以下有期徒刑或者拘役,可以并处二十万元以下罚金。"

在刑法修订研拟过程中,1988年11月16日的刑法修改稿曾写有本罪,其第145条规定:"违反破产法规,在依法宣告破产前的法定期间内或者在宣告破产以后,隐匿、私分、无偿转让财产,严重损害债权人利益的,处二年以下有期徒刑或者拘役,可以单处或者并处罚金;情节特别严重的,处二年以上五年以下有期徒刑,并处罚金。"然而,随着《违反公司法的犯罪的决定》的颁布,立法机关对本罪的立法修订研拟又回到了该决定的写法框架下,并先后进行了两次修改和调整:

(1)在1997年2月17日的修订草案(修改稿)中,立法机关扩展了本罪的主体范围。原先的规定将本罪主体限于公司,后来考虑到企业破产时也会发生妨害清算的行为,故规定"企业"亦可成为本罪的主体。相应的,原先规定中的"公司财产"也被修改为"公司、企业财产"。

(2)在1997年3月1日的修订草案中,立法机关修改了本罪的罚金刑,即将原先规定的"可以并处二十万元以下罚金"修改为"并处或者单处二万元以上二十万元以下罚金"。

经过以上的研拟,最终形成的1997年《刑法》第162条的规定是:"公司、企业进行清算时,隐匿财产,对资产负债表或者财产清单作虚伪记载或者在未清偿债务前分配公司、企业财产,严重损害债权人或者其他人利益的,对其直接负责的主管人员和其他直接责任人员,处五年以下有期徒刑或者拘役,并处或者单处二万元以上二十万元以下罚金。"

六、隐匿、故意销毁会计凭证、会计账簿、财务会计报告罪(第162条之一)

本条之罪系1999年12月25日全国人大常委会通过的《刑法修正案》对1997年刑法典新增加的一种犯罪。其立法背景是:1997年刑法典对伪造、变造、隐匿、故意销毁会计凭证、会计账簿和编制虚假财务会计报告等严重破坏会计秩序的违法行为,没有作为一种独立的犯罪加以规定,而只是在其已经造成严重后果后,作为犯罪情节、手段,分别以偷税罪、逃避追缴欠税罪、骗取出口退税罪、贷款诈骗罪、贪污罪、挪用公款罪等追究刑事责任。事实上,在市场经济条件下,上述严重违法行为本身,不论出于什么目的、动机,都会造成会计信息失真,不但严重损害国家、公众的利益,而且对社会经济秩序构成严重威胁。对于这些严重的违法行为,仅靠行政手段是难以制止的,需要作为单独犯罪规定刑事处罚,从源头上、基础上维护国家利益、公众利益和社会经济秩序。而且,世界上不少国家和地区对这些严重违法行为是单独定罪处罚的,可以借鉴。有鉴于此,国务院在广泛调研的基础上,拟订了《关于惩治违反会计法犯罪的决定(草案)》,建议对以下3种行为规定为犯罪并分别规定具体的刑罚:"(一)公司、企业伪造、变造会计凭证、会计账簿或者编制虚假财务会计报告,严重破坏会计秩序的;(二)隐匿或者故意销毁依法应当保存的会计凭证、会计账簿、财务会计报告,情节严重的;(三)国家工作人员指使、强令他人实施前两条行为的。"此外,为了缩小打击面并鼓励会计人员抵制或者举报违法行为,规定会计人员被胁迫犯本决定之罪,或者在行为发生后举报的,依照刑法有关规定从轻、减轻或者免除处罚。

鉴于现行刑法中涉及做假账构成犯罪的行为已有不少规定,如虚报注册资本罪,虚假出资、抽逃出资罪,提供虚假财会报告罪,妨害清算罪,用账外客户资金非法拆借、发放贷款罪,偷税罪,骗取出口退税罪,提供虚假证明文件罪以及走私罪,贪污罪,挪用公款罪,私分国有资产罪,私分罚没财物罪等,如再作一个惩治违反会计法犯罪的决定,困难很多。一些委员、部门和专家也提出,考虑到刑法的统一和执行的方便,不宜再单独搞决定,认为采取修正案的方式比较合适。基于以上考虑,就完善刑法的形式而言,立法机关最后没有采用单行刑法的形式,而是采用了刑法修正案的方式。

关于国务院拟定的草案建议增设的犯罪,立法机关认为,在1997年刑法典中,没有将隐匿或者故意销毁依法应当保存的会计凭证、会计账簿、财务会计报告,情节严重的行为,规定为犯罪行为,而这种行为具有相当的社会危害性,应当规定在刑法中。但对于草案建议的其他犯罪行为,究竟哪些应当依照会计法的规定给予行政处罚、行政处分,哪些需要规定为犯罪追究刑事责任,一时还难以确定下来,立法机关最终没有将《关于惩治违反会计法犯罪的决定(草案)》建议的其他行为也规定为犯罪。这样,1999年12月25日全国人大常委会通过的《刑法修正案》第1条规定:在第一百六十二条后增加一条,作为第一百六十二条之一:"隐匿或者故意销毁依法应当保存的会计凭证、会计账簿、财务会计报告,情节严重的,处五年以下有期徒刑或者拘役,并处或者单处二万元以上二十万元以下罚金。单位犯前款罪的,对单位判处罚金,并对其直接负责的主管人员和其他直接责任人员,依照前款的规定处罚。"

七、虚假破产罪(第162条之二)

从司法实践看,一些公司、企业为追求非法的经济利益,在进入破产程序之前,采取隐匿财产、承担虚构的债务或其他方法先行转移、处分公司、企业财产,这种行为不仅妨害了国家对公司、企业的管理秩序,而且也严重地损害了债权人或相关其他人的合法权益,应予刑罚处罚。有鉴于此,2006年6月29日第十届全国人民代表大会常务委员会第二十二次会议通过了《刑法修正案(六)》,该修正案第6条规定:在刑法第一百六十二条之一后增加一条,作为第一百六十二条之二:"公司、企业通过隐匿财产、承担虚构的债务或者以其他方法转移、处分财产,实施虚假破产,严重损害债权人或者其他人利益的,对其直接负责的主管人员和其他直接责任人员,处五年以下有期徒刑或者拘役,并处或者单处二万元以上二十万元以下罚金。"

八、非国家工作人员受贿罪(第163条)

非国家工作人员受贿罪原系《违反公司法的犯罪的决定》对1979年刑法典补充规定的一种犯罪,该决定第9条规定:"公司董事、监事或者职工利用职务上的便利,索取或者收受贿赂,数额较大的,处五年以下有期徒刑或者拘役;数额巨大的,处五年以上有期徒刑,可以并处没收财产。"第12条同时规定:"国家工作人员犯本决定第九条、第十条、第十一条规定之罪的,依照《关于惩治贪污罪贿赂罪的补充规定》的规定处罚。"

在刑法修订研拟过程中,围绕如下问题曾经有过一些争议,在一些修改稿本中,对本罪的写法也曾有过一些变化:

(1)关于本罪的归属。在研拟中,有部门和地方建议将本罪并入"贪污贿赂罪"一章,理由是这种犯罪是贿赂罪的一种形式,侵犯的是职业的廉洁性,把同种性质的犯罪归入一章,体例比较科学合理。但也有部门认为,公司人员受贿与国家工作人员受贿性质不同,不同意将这种罪归入"贪污贿赂罪"一章中。从刑法修改稿本的写法看,除1996年8月8日的刑法分则修改草稿立法工作机关指明本罪被安排在第三章第二节"危害公平竞争罪"外①,本罪均被安排在"破坏社会主义经济秩序罪"一章"妨害公司、企业管理秩序罪"一节中。

(2) 关于本罪主体。在研拟中,有部门提出,《违反公司法的犯罪的决定》增设了公司、企业人员受贿罪,但是,利用业务之便索取或者收受贿赂的行为在许多行业都存在。例如,律师、医生、记者、社会团体的工作人员等,这些人既不属于国家工作人员,也不属于企业工作人员,其索贿、受贿行为虽然危害很大,但按现行法律却难以处理,建议进一步扩大公司、企业人员受贿罪的主体范围,以业务受贿罪取代公司职员受贿罪。凡国家工作人员以外的企业事业单位职员以及为社会公众提供服务的人员,利用职务受贿的,均以业务受贿罪追究刑事责任。② 从刑法修改稿本上看,上述建议并没有被立法工作机关采纳。在 1996 年 8 月 31 日的刑法修改草稿中,立法工作机关将本罪的主体由《违反公司法的犯罪的决定》规定的"公司的董事、监事或者职工"修改为"公司、企业的工作人员",这一写法被 1996 年 12 月中旬的修订草案及其以后的稿本所沿用③,直到新刑法典通过均一直使用这一表述。

(3) 关于本罪罪状的表述。在《违反公司法的犯罪的决定》中,使用的是"索取或者收受贿赂"的表述,但自 1996 年 12 月中旬的修订草案起,本罪的行为由原先"索取或者收受贿赂"的表述修改为"索取他人财物或者非法收受他人财物为他人谋取利益"。这种表述意味着,只有非法收受他人财物时,才要求行为人"为他人谋取利益";索取他人财物时,则不要求这一要件。而立法机关的本意却是无论索取他人财物还是非法收受他人财物,均要求"为他人谋取利益"。有鉴于此,在 1997 年 2 月 17 日的修订草案中,上述表述又被修正为"索取他人财物或者非法收受他人财物,为他人谋取利益",并最终为新刑法典所沿用。

(4) 关于回扣、手续费的规定。实践中,公司、企业人员在经济往来中收受回扣、手续费归个人所有的现象大量存在,这种行为同样侵犯了公司、企业人员职务行为的廉洁性,妨害了国家对公司、企业的管理秩序。有鉴于此,在 1996 年 10 月 10 日的修订草案(征求意见稿)中,立法工作机关对收受回扣、手续费的行为作了规定,即第 149 条第 2 款规定:"公司的工作人员在经济往来中,违反国家规定收受

---

① 虽然立法工作机关在 1996 年 8 月 8 日的刑法分则修改草稿第三章第四节"妨害公司、企业管理秩序罪"第 5 条的注释中指明本罪被安排在本章"危害公平竞争罪"一节中,但该节并没有规定,事实上该稿本遗漏了本罪。特此说明。

② 参见最高人民检察院刑法修改研究小组:《关于刑法修改中几个问题的意见的报告(1996 年 9 月 13 日)》,载高铭暄、赵秉志编:《新中国刑法立法文献资料总览》(下),中国人民公安大学出版社 1998 年版,第 2627 页。

③ 在 1996 年 10 月 10 日的修订草案(征求意见稿)中,对本罪主体的表述有些特殊,即区分公司工作人员和企业工作人员分别加以规定。该稿第 149 条共有 4 款,第 1 款的规定是:"公司的工作人员利用职务上的便利,索取或者收受贿赂,数额较大的,处五年以下有期徒刑或者拘役;数额巨大的,处五年以上有期徒刑,可以并处没收财产。"第 3 款的规定是:"有限责任公司、股份有限公司以外的企业的职工有第一款、第二款规定的犯罪行为的,依照第一款、第二款的规定处罚。"

各种名义的回扣、手续费,归个人所有的,依照前款规定处罚。"根据该条第3款的规定,企业工作人员有这种行为的,依照第2款的规定处罚。到了1996年12月中旬的修订草案,鉴于将公司工作人员与企业工作人员予以分立规定着实没有特别的必要性,故又改变了这种规定方式,即第159条第2款规定:"公司、企业的工作人员在经济往来中,违反国家规定收受各种名义的回扣、手续费,归个人所有的,依照前款规定处罚。"在1997年3月13日的修订草案中,立法机关又对此条规定作了修辞上的微调,即将"违反国家规定收受各种名义的回扣、手续费"修改成了"违反国家规定,收受各种名义的回扣、手续费",由此最终形成了新刑法典的规定。

(5)将国家工作人员犯受贿罪作为提示性规定写入新刑法典中。《违反公司法的犯罪的决定》第12条规定:"国家工作人员犯本决定第九条、第十条、第十一条规定之罪的,依照《关于惩治贪污罪贿赂罪的补充规定》的规定处罚。"为了提示司法工作人员注意区分本罪与受贿罪的界限,在全面修订研拟刑法中,立法工作机关对上述规定进行调整后首先写进了1996年8月31日的修改草稿中,具体写法是:"国家工作人员犯本节第八条规定之罪的,依照本法第×条的规定处罚。"之后稿本的写法基本上与此相同。到了1997年3月1日的修订草案,随着国家工作人员的范围逐步厘清,这一提示性规定的写法以该稿中国家工作人员的规定为基础更加具体化了,即:"国有公司、企业中从事公务的人员和国有公司、企业委派到非国有公司、企业从事公务的人员有前两款行为的,依照本法第三百八十二条、第三百八十三条的规定定罪处罚。"在1997年3月13日的修订草案中,立法机关对被援引的条文序号作相应调整后,最终形成了1997年《刑法》第163条第3款的规定。

此外,在研拟中,有的部门提出,本罪的法定刑应该提高到无期徒刑,从而使之与相关罪名的法定刑相协调。基于这一建议,在一些稿本中曾尝试对本罪的法定刑进行修改和调整,如1996年12月中旬和12月20日以及1997年1月10日的修订草案将本罪法定刑设置三档:基本犯的法定刑是5年以下有期徒刑或者拘役;数额巨大的,处5年以上10年以下有期徒刑;数额特别巨大的,处10年以上有期徒刑或者无期徒刑,可以并处没收财产。后来考虑到本罪的法定刑可以到无期徒刑,未免过重,故此在1997年1月20日的修订草案中,又改回《违反公司法的犯罪的决定》的写法。

有的稿本曾写有国有单位受贿的提示性规定,如1997年3月1日的修订草案第165条第4款规定:"国有公司、企业有第一款、第二款行为的,依照本法第三百八十四条①的规定定罪处罚。"后来考虑到立法中没有非国有单位受贿的规定,在此作这一规定,纯属多余,故立法机关在1997年3月13日稿中删除了这一规定。

1997年刑法典颁行后,在刑法全面修订研拟中一些地方和部门曾经提出的本

---

① 该条规定的是单位受贿罪。

罪主体范围过窄的问题,在司法实践中变得逐步突出起来。实践中经常会遇到既不是国家工作人员,也不是公司、企业人员,索取或者收受贿赂的情况,对此,如何处理在立法上并不明确。为此,2006年6月29日全国人大常委会通过了《刑法修正案(六)》,该修正案第7条对《刑法》第163条进行了修改,在公司、企业工作人员以外增加了"其他单位工作人员"的规定,从而解决了此罪主体的范围问题,即:"公司、企业或者其他单位的工作人员利用职务上的便利,索取他人财物或者非法收受他人财物,为他人谋取利益,数额较大的,处五年以下有期徒刑或者拘役;数额巨大的,处五年以上有期徒刑,可以并处没收财产。公司、企业或者其他单位的工作人员在经济往来中,利用职务上的便利,违反国家规定,收受各种名义的回扣、手续费,归个人所有的,依照前款的规定处罚。国有公司、企业或者其他国有单位中从事公务的人员和国有公司、企业或者其他国有单位委派到非国有公司、企业以及其他单位从事公务的人员有前两款行为的,依照本法第三百八十五条、第三百八十六条的规定定罪处罚。"根据有关的司法解释,第163条的罪名也由原来的"公司、企业人员受贿罪"变为"非国家工作人员受贿罪"。

九、对非国家工作人员行贿罪,对外国公职人员、国际公共组织官员行贿罪(第164条)

对非国家工作人员行贿罪系1997年刑法典新增的一种犯罪,之所以增设本罪,是因为,只打击受贿而不打击行贿,不利于有效地遏制此类行为,为维护国家对公司、企业的管理秩序,保障社会主义市场经济秩序健康有序的发展和运行,立法工作机关将本罪写进了1996年10月10日的修订草案(征求意见稿)中,自此以后,历次的稿本均写有本罪法条,直至新刑法典通过。

此罪的写法曾经有过一些变化。在1996年12月中旬的修订草案中,第159条第4款规定:"为谋取不正当利益,给予公司、企业的工作人员以财物,数额较大的,处三年以下有期徒刑、拘役或者管制,因行贿谋取不正当利益,情节严重的,或者使公司、企业利益遭受重大损失的,处三年以上十年以下有期徒刑,并处罚金。"在1997年2月17日的修订草案(修改稿)中,立法机关为本罪单独设置了一个条文,其中,该条第1款的写法与1996年12月中旬修订草案的写法基本相同。第2款和第3款系新增加的,即:"单位犯前款罪的,对单位判处罚金,并对其直接负责的主管人员和其他直接责任人员,依照前款的规定处罚。行贿人在被追诉前主动交代行贿行为的,可以减轻处罚或者免除处罚。"到了1997年3月1日的修订草案,立法机关删除了本罪基本刑中的管制,由此最终形成了1997年《刑法》第164条的规定。

1997年刑法典颁行后,立法机关考虑到受贿与行贿对向性的特点,结合司法实践中出现的新情况,本罪法条先后经过了两次修正:

(1)《刑法修正案(六)》在扩大《刑法》第163条规定的主体范围的同时,对本罪也作了相应的调整,增加了向其他单位工作人员行贿的规定。

(2)为落实有关国际公约的要求,基于司法实践的需要,《刑法修正案(八)》增加了对外国公职人员、国际公共组织官员行贿罪。与此同时,该修正案还为对非国家工作人员行贿罪和对外国公职人员、国际公共组织官员行贿罪设置了单位犯罪的处罚规定。

随着我国国际经济交往的日益增多,在对外交往中出现了贿赂外国公职人员或者国际公共组织官员以谋取不正当商业利益的情况,这些行为极大地损害了我国公司、企业在国际上的良好形象,破坏了公平竞争的国际贸易秩序,同时会催生国际腐败现象的发生。《联合国反腐败公约》要求各缔约国应当采取必要的立法措施,将贿赂外国公职人员或者国际公共组织官员的行为规定为犯罪并追究刑事责任。

2005年10月27日,第十届全国人民代表大会常务委员会第十八次会议批准了《联合国反腐败公约》。我国作为《联合国反腐败公约》的缔约国,有义务将贿赂外国公职人员或者国际公共组织官员的行为规定为犯罪并予以处罚。

这样,经过两次修正的《刑法》第164条的规定是:"为谋取不正当利益,给予公司、企业或者其他单位的工作人员以财物,数额较大的,处三年以下有期徒刑或者拘役;数额巨大的,处三年以上十年以下有期徒刑,并处罚金。为谋取不正当商业利益,给予外国公职人员或者国际公共组织官员以财物的,依照前款的规定处罚。单位犯前两款罪的,对单位判处罚金,并对其直接负责的主管人员和其他直接责任人员,依照第一款的规定处罚。行贿人在被追诉前主动交代行贿行为的,可以减轻处罚或者免除处罚。"

十、非法经营同类营业罪(第165条)

本条之罪系1997年刑法典新增加的一种犯罪,其写法首见于1997年2月17日的修订草案(修改稿),该草案第167条规定:"国有公司、企业的董事、经理利用职务便利,自己经营或者为他人经营与其所任职公司、企业同类的营业,获取非法利益,数额巨大的,处三年以下有期徒刑、拘役或者管制,并处或者单处罚金;数额特别巨大的,处三年以上七年以下有期徒刑,并处罚金。"到了1997年3月1日的修订草案,立法机关取消了上述基本刑规定中的"管制",由此而形成了新《刑法》第165条的规定。

十一、为亲友非法牟利罪(第166条)

本条之罪系1997年刑法典新增加的一种犯罪,其写法首见于1997年2月17日的刑法修订草案(修改稿),该草案第168条规定:"国有公司、企业、事业单位的工作人员,利用职务便利,损公肥私,将本单位的盈利业务交由自己的亲友进行经营,或者为其经营活动提供其他便利,获取非法利益,数额巨大的,处三年以下有期徒刑、拘役或者管制,并处或者单处罚金;数额特别巨大的,处三年以上七年以下有期徒刑,并处罚金。"到了1997年3月1日的修订草案,立法机关对本罪的罪状和法定刑又作了较大的修改。就罪状而言,补充规定了为亲友非法牟利的一些具体情形,从而使法条更具可操作性;就法定刑而言,删除了2月17日修订草案中为本罪基本刑规定的管制。具体而言,第168条规定:"国有公司、企业、事业单位的工作人员,利用职务便利,有下列情形之一,使国家利益遭受重大损失的,处三年以下有期徒刑或者拘役,并处或者单处罚金;致使国家利益遭受特别重大损失的,处三年以上七年以下有期徒刑,并处罚金:(一)将本单位的盈利业务交由自己的亲友进行经营的;(二)以明显高于市场的价格向自己的亲友经营管理的单位采购商品或者以明显低于市场的价格向自己的亲友经营管理的单位销售商品的;(三)向自己的亲友经营管理的单位采购不合格商品的。"上述规定最终被新《刑法》第166条所沿用。

十二、签订、履行合同失职被骗罪(第167条)

按照1979年刑法典的规定,本罪所涉及的情形应当依照玩忽职守罪定罪处罚。在刑法全面修订中,为了满足刑法法条明确性的要求,根据这种行为的具体特点,立法机关首先将本罪写入1997年2月17日的刑法修订草案修改稿中,该稿第169条规定:"国有公司、企业、事业单位在签订、履行经济贸易合同过程中,因严重不负责任被诈骗,致使国家利益遭受重大损失的,对其直接负责的主管人员和其他直接责任人员,处三年以下有期徒刑、拘役或者管制;致使国家利益遭受特别重大损失的,处三年以上七年以下有期徒刑。"在1997年3月1日的修订草案中,立法机关对上述规定中的法定刑作了两处调整:一是取消了此罪基本犯法定刑中的管制;二是删除了此罪第二档的法定刑。

到了1997年3月13日的修订草案,立法机关对本罪的法条又作了较大的修改:一是对本罪主体的表述进行了修改。在之前的稿本中,立法机关使用的是"国有公司、企业、事业单位"的表述,显然,这是把本罪作为单位犯罪而规定的,只不过追究的是"直接负责的主管人员和其他直接责任人员"的刑事责任。在研拟中,有人提出,本罪规定为单位犯罪是不妥当的,故在该稿本中,此罪主体被明确限定为"国有公司、企业、事业单位直接负责的主管人员",如此一来,原规定中的"其他直接责任人员"就不能再视为本罪的主体。二是对此罪法定刑基本恢复了1997年2月17日稿的写法,这样,本罪的法定刑又由3月1日稿规定的一个档次变成了两档,这样的规定便于司法机关针对犯罪的不同情况依照罪责刑相适应原则的要求裁量刑罚。三是将以前稿本中使用的"签订、履行经济贸易合同"修改为"签订、履行合同"。这样,合同的范围就不再限于经济贸易合同了,还包括非经济贸易性质的合同。

经过3月13日修订草案的调整,最终形成了新《刑法》第167条的规定:"国有公司、企业、事业单位直接负责的主管人员,在签订、履行合同过程中,因严重不负责任被诈骗,致使国家利益遭受重大损失的,处三年以下有期徒刑或者拘役;致使国家利益遭受特别重大损失的,处三年以上七年以下有期徒刑。"

十三、国有公司、企业、事业单位人员失职罪,国有公司、企业、事业单位人员滥用职权罪(第168条)

新《刑法》第168条原先规定的是"徇私舞弊造成破产、亏损罪",具体写法是:"国有公司、企业直接负责的主管人员,徇私舞弊,造成国有公司、企业破产或者严重亏损,致使国家利益遭受重大损失的,处三年以下有期徒刑或者拘役。"这是针对国有公司、企业的工作人员,由于严重不负责任,导致企业遭受严重亏损甚至破产的情况而规定的新罪。在刑法修订研拟中,此罪的写法首见于1997年2月17日的刑法修订草案(修改稿)。由于该稿已将渎职罪的主体由之前稿本的"国家工作人员"改为"国家机关工作人员",国家机关工作人员渎职的,自然可以依照刑法分则第九章规定的渎职罪定罪处罚,但如不对《刑法》第93条规定的准国家工作人员的类似行为作出规制,显然是立法上的一个大的缺憾。有鉴于此,立法机关在该稿第170条规定了准国家工作人员玩忽职守的行为。具体写法是:"国有公司、企业或者其上级主管部门直接负责的主管人员,因玩忽职守造成国有公司、企业破产,致使国家利益遭受重大损失的,处三年以下有期徒刑、拘役或者管制。"在1997年3月1日的刑法修订草案中,立法机关对上述写法又作了三个方面的修改:一是把"玩忽职守"修改为"严重不负责任";二是在"破产"之后增加了"或者严重亏损"的内容;三是去掉了"管制"刑的规定。即:"国有公司、企业或者其上级主管部门直接负责的主管人员,因严重不负责任造成国有公司、企业破产或者严重亏损,致使国家利益遭受重大损失的,处三年以下有期徒刑或者拘役。"到了1997年3月13日的修订草案,立法机关又在1997年3月1日稿的基础上,对本罪法条作了两处调整:一是删除了"上级主管部门直接负责的主管人员",因为这类人员造成国有公司、企业破产或者严重亏损的,可依照渎职罪的有关规定定罪处罚,没有必要在此作重复性规定。二是用"徇私舞弊"替换了3月1日稿中的"严重不负责任"的表述。由此,最终形成了1997年《刑法》第168条的规定。

新刑法典颁行后,上述规定的写法在司法实践中出现了一些问题:

(1)原规定中的"徇私舞弊"的表述致使本罪的构成要件限制得过于狭窄。实践中还出现了一些公然违反国家有关规定的行为,因行为人不具有徇私舞弊的情节,难以据此追究其刑事责任。例如,违法担保、违反国家规定在国际金融衍生品市场上进行投机买卖等,其中有些情况难说行为人具有徇私舞弊的动机,故对此势必会影响其刑事责任的追究。

(2) 将本罪的主体限制为"国有公司、企业直接负责的主管人员",从而将国有公司、企业中的其他工作人员排除在外,不尽妥当。

(3) 本罪行为的情节复杂,只规定一个法定刑档次,难以适应司法实践中贯彻罪责刑相适应原则在量刑时的要求。

有鉴于此,全国人大常委会于1999年12月25日专门通过《刑法修正案》,对第168条的原规定进行了修改:一是将本罪的主体由"国有公司、企业直接负责的主管人员"修改为"国有公司、企业的工作人员";二是将原来规定的"徇私舞弊,造成国有公司、企业破产或者严重亏损"修改为"由于严重不负责任或者滥用职权,造成国有公司、企业破产或者严重损失";三是增设加重犯的法定刑,即致使国家利益遭受特别重大损失的,处3年以上7年以下有期徒刑;四是增设国有事业单位工作人员因严重不负责任或滥用职权,致使国家利益遭受重大损失的处罚规定;五是增设国有公司、企业、事业单位人员,徇私舞弊,致使国家利益遭受损失的处罚规定。

具体而言,经过修正案修正的第168条的规定是:"国有公司、企业的工作人员,由于严重不负责任或者滥用职权,造成国有公司、企业破产或者严重损失,致使国家利益遭受重大损失的,处三年以下有期徒刑或者拘役;致使国家利益遭受特别重大损失的,处三年以上七年以下有期徒刑。国有事业单位的工作人员有前款行为,致使国家利益遭受重大损失的,依照前款的规定处罚。国有公司、企业、事业单位的工作人员,徇私舞弊,犯前两款罪的,依照第一款的规定从重处罚。"由于本条文作了重大修改,根据有关司法解释,其罪名由最初的"徇私舞弊造成破产、亏损罪"一种罪变成"国有公司、企业、事业单位人员失职罪"、"国有公司、企业、事业单位人员滥用职权罪"两种罪。

十四、徇私舞弊低价折股、出售国有资产罪(第169条)

本罪系1997年刑法典新增加的一种犯罪。1997年2月17日的刑法修订草案(修改稿)最先将本罪写入其中,该稿第171条规定:"国有公司、企业或者其上级主管部门直接负责的主管人员,违反国家规定,徇私舞弊,将国有资产低价折股或者低价出售,致使国家利益遭受重大损失的,处三年以下有期徒刑、拘役或者管制;致使国家利益遭受特别重大损失的,处三年以上七年以下有期徒刑。"在研拟中,立法机关先后对上述写法作了两次修改,分别是:

(1) 在立法机关统一调整刑法分则的管制规定时,1997年3月1日的刑法修订草案删除了上述规定中的管制。

(2) 在1997年3月13日的修订草案中,立法机关删除了上述规定罪状中的

"违反国家规定"。

由此,最终形成了新《刑法》第169条的规定:"国有公司、企业或者其上级主管部门直接负责的主管人员,徇私舞弊,将国有资产低价折股或者低价出售,致使国家利益遭受重大损失的,处三年以下有期徒刑或者拘役;致使国家利益遭受特别重大损失的,处三年以上七年以下有期徒刑。"

十五、背信损害上市公司利益罪(第169条之一)

从实践中看,一些上市公司的管理人员、控股股东、实际控制人,以无偿占用或者明显不公允的关联交易等非法手段,侵占上市公司资产,严重损害上市公司和公众投资者的合法权益的现象时有发生,为了维护社会主义市场经济体制的有序运行,促进上市公司的健康发展,维护投资者的合法权益,对于这种掏空上市公司,给上市公司造成重大损失的行为,应当追究刑事责任。为此,2006年6月29日全国人大常委会通过的《刑法修正案(六)》专门在第169条之后增加一条作为第169条之一对本罪作出规定:"上市公司的董事、监事、高级管理人员违背对公司的忠实义务,利用职务便利,操纵上市公司从事下列行为之一,致使上市公司利益遭受重大损失的,处三年以下有期徒刑或者拘役,并处或者单处罚金;致使上市公司利益遭受特别重大损失的,处三年以上七年以下有期徒刑,并处罚金:(一)无偿向其他单位或者个人提供资金、商品、服务或者其他资产的;(二)以明显不公平的条件,提供或者接受资金、商品、服务或者其他资产的;(三)向明显不具有清偿能力的单位或者个人提供资金、商品、服务或者其他资产的;(四)为明显不具有清偿能力的单位或者个人提供担保,或者无正当理由为其他单位或者个人提供担保的;(五)无正当理由放弃债权、承担债务的;(六)采用其他方式损害上市公司利益的。上市公司的控股股东或者实际控制人,指使上市公司董事、监事、高级管理人员实施前款行为的,依照前款的规定处罚。犯前款罪的上市公司的控股股东或者实际控制人是单位的,对单位判处罚金,并对其直接负责的主管人员和其他直接责任人员,依照第一款的规定处罚。"

第四节　破坏金融管理秩序罪

一、伪造货币罪(第170条)

伪造货币罪原系1979年《刑法》第122条的规定,且当时是与"贩运伪造的国家货币"规定在一起的。该条规定:"伪造国家货币或者贩运伪造的国家货币的,处三年以上七年以下有期徒刑,可以并处罚金或者没收财产。犯前款罪的首要分子或者情节特别严重的,处七年以上有期徒刑或者无期徒刑,可以并处没收财产。"

1995年6月30日全国人大常委会通过的《关于惩治破坏金融秩序犯罪的决定》（以下简称《金融秩序犯罪的决定》）第1条对1979年刑法典的上述规定作了修改和补充，即："伪造货币的，处三年以上十年以下有期徒刑，并处五万元以上五十万元以下罚金。有下列情形之一的，处十年以上有期徒刑、无期徒刑或者死刑，并处没收财产：（一）伪造货币集团的首要分子；（二）伪造货币数额特别巨大的；（三）有其他特别严重情节的。"

在全面修订刑法起草研拟过程中，以《金融秩序犯罪的决定》颁布为界，其前后的刑法修改稿本对本罪法条的写法有着明显的区别。在1988年的3个修改稿本中，立法工作机关对伪造货币罪的法条起草研拟基本上是围绕1979年《刑法》第122条的规定展开的。如1988年9月稿第122条的规定除了增加第3款"伪造外币的，适用前两款规定"外，其余的内容与1979年刑法典的规定完全相同。1988年11月16日的稿本在上述稿本写法的基础上，增加了"大量使用伪造的货币"的规定。在法定刑上也作了调整，并增设了死刑，即："伪造国家货币、贩运或者大量使用伪造的国家货币的，处三年以上十年以下有期徒刑，并处罚金；伪造国家货币，贩运、使用伪造的国家货币，数额特别巨大的，处十年以上有期徒刑、无期徒刑或者死刑，并处罚金或者没收财产。伪造外国货币或者贩运、使用伪造的外国货币的，依照前款规定处罚。"1988年12月25日修改稿在前述两个稿本的基础上，又增加了伪造我国特别行政区货币和贩运伪造的我国特别行政区货币的规定。具体写法是："伪造国家货币或者贩运伪造的国家货币的，处三年以上十年以下有期徒刑，并处罚金；伪造国家货币、贩运伪造的国家货币，数额特别巨大的，处十年以上有期徒刑、无期徒刑或者死刑，并处罚金或者没收财产。伪造我国特别行政区货币、外国货币或者贩运伪造的我国特别行政区货币、外国货币的，依照前款的规定处罚。"

1995年《金融秩序犯罪的决定》通过之后，立法机关对本罪法条的起草研拟转而以决定的规定为蓝本。除了1997年3月13日的修订草案曾在本罪加重犯的法定刑中增加规定了"并处五万元以上五十万元以下罚金"外，其余稿本均直接移植了《金融秩序犯罪的决定》的规定。这样，经过1997年3月13日的修订草案调整后的法条最终形成了1997年《刑法》第170条的规定："伪造货币的，处三年以上十年以下有期徒刑，并处五万元以上五十万元以下罚金；有下列情形之一的，处十年以上有期徒刑、无期徒刑或者死刑，并处五万元以上五十万元以下罚金或者没收财产：（一）伪造货币集团的首要分子；（二）伪造货币数额特别巨大的；（三）有其他特别严重情节的。"

二、出售、购买、运输假币罪，金融机构工作人员购买假币、以假币换取货币罪（第171条）

这两种犯罪原系《金融秩序犯罪的决定》对1979年刑法典补充规定的犯罪。

该决定第2条的规定:"出售、购买伪造的货币或者明知是伪造的货币而运输,数额较大的,处三年以下有期徒刑或者拘役,并处二万元以上二十万元以下罚金;数额巨大的,处三年以上十年以下有期徒刑,并处五万元以上五十万元以下罚金;数额特别巨大的,处十年以上有期徒刑或者无期徒刑,并处没收财产。银行或者其他金融机构的工作人员购买伪造的货币或者利用职务上的便利,以伪造的货币换取货币的,处三年以上十年以下有期徒刑,并处二万元以上二十万元以下罚金;数额巨大或者有其他严重情节的,处十年以上有期徒刑或者无期徒刑,并处没收财产;情节较轻的,处三年以下有期徒刑或者拘役,并处或者单处一万元以上十万元以下罚金。伪造货币并出售或者运输伪造的货币的,依照第一条的规定从重处罚。"

在全面修订刑法起草研拟过程中,1988年的3个稿本仅把贩运假币的行为规定为犯罪,上述决定第2条规定的其他行为并没有被写入其中。

在之后的研拟中,立法工作机关以《金融秩序犯罪的决定》的写法为基础先后对这两种犯罪的法条作了如下的调整:

(1)在1996年12月中旬的修订草案中,曾对这两种犯罪的基本犯法定刑增加了管制刑的规定,后来在1997年3月1日的修订草案中,基于综合平衡管制刑分则布局的需要,立法机关又删除了之前诸稿中规定的管制。

(2)在1997年3月13日的修订草案中,立法机关又对这两种犯罪的法定刑作了调整,即在这两种犯罪法定刑中的没收财产规定之前分别插入了"并处五万元以上五十万元以下罚金"和"并处二万元以上二十万元以下罚金"。

由此,最终形成了新《刑法》第171条的规定:"出售、购买伪造的货币或者明知是伪造的货币而运输,数额较大的,处三年以下有期徒刑或者拘役,并处二万元以上二十万元以下罚金;数额巨大的,处三年以上十年以下有期徒刑,并处五万元以上五十万元以下罚金;数额特别巨大的,处十年以上有期徒刑或者无期徒刑,并处五万元以上五十万元以下罚金或者没收财产。银行或者其他金融机构的工作人员购买伪造的货币或者利用职务上的便利,以伪造的货币换取货币的,处三年以上十年以下有期徒刑,并处二万元以上二十万元以下罚金;数额巨大或者有其他严重情节的,处十年以上有期徒刑或者无期徒刑,并处二万元以上二十万元以下罚金或者没收财产;情节较轻的,处三年以下有期徒刑或者拘役,并处或者单处一万元以上十万元以下罚金。伪造货币并出售或者运输伪造的货币的,依照本法第一百七十一条的规定定罪从重处罚。"

三、持有、使用假币罪(第172条)

持有、使用假币罪原系《金融秩序犯罪的决定》第4条对1979年刑法典补充规定的一种犯罪。该条规定:"明知是伪造的货币而持有、使用,数额较大的,处三年以下有期徒刑或者拘役,并处一万元以上十万元以下罚金;数额巨大的,处三年以上十年以下有期徒刑,并处二万元以上二十万元以下罚金;数额特别巨大的,处十年以上有期徒刑,并处五万元以上五十万元以下罚金或者没收财产。"

在刑法修订研拟过程中,本罪法条在被写入刑法修改稿本的过程中曾经历了一些变化。在1988年11月16日和12月25日的修改稿中,立法工作机关规定了使用假币的犯罪行为,但对于持有假币的行为则没有作出规定。到了1996年8月8日的分则修改草稿,立法工作机关直接移植了《金融秩序犯罪的决定》的规定,在之后的研拟中,对这一写法又先后进行了两次修改和调整:

(1)在1996年12月中旬的修订草案中,曾在本罪第一档法定刑中增加规定了管制刑。后来在1997年3月1日的修订草案中,基于综合平衡管制刑的分则布局的需要,又删除了之前诸稿中增设的管制。

(2)在1997年3月1日的修订草案中,此罪第一档法定刑增加了"单处"罚金的规定。

经过这一修改,最终形成的1997年《刑法》第172条的规定是:"明知是伪造的货币而持有、使用,数额较大的,处三年以下有期徒刑或者拘役,并处或者单处一万元以上十万元以下罚金;数额巨大的,处三年以上十年以下有期徒刑,并处二万元以上二十万元以下罚金;数额特别巨大的,处十年以上有期徒刑,并处五万元以上五十万元以下罚金或者没收财产。"

四、变造货币罪(第173条)

变造货币罪系《金融秩序犯罪的决定》对1979年刑法典补充规定的一种犯罪。该决定第5条规定:"变造货币,数额较大的,处三年以下有期徒刑或者拘役,并处一万元以上十万元以下罚金;数额巨大的,处三年以上十年以下有期徒刑,并处二万元以上二十万元以下罚金。"

在全面修订刑法研拟过程中,1988年的3个刑法修改稿本只有1988年9月稿对变造货币犯罪作了规定,该稿规定:"变造国家货币或者明知是伪造货币而使用,情节严重的,处三年以下有期徒刑,可以并处罚金。"1995年《金融秩序犯罪的决定》颁布后,该决定的规定被移植进了研拟的稿本中,其间先后历经两次调整:

(1)在1996年12月中旬的修订草案中,立法工作机关曾对本罪第一档法定刑增加了管制刑的规定。后来,到了1997年3月1日的修订草案,基于综合平衡管制刑的分则布局的需要,立法机关又删除了之前诸稿为此罪规定的管制。

(2)在1997年3月1日的修订草案中,立法机关在此罪第一档法定刑中增加了"单处"罚金的规定。

由此最终形成的新《刑法》第173条的规定是:"变造货币,数额较大的,处三年以下有期徒刑或者拘役,并处或者单处一万元以上十万元以下罚金;数额巨大的,处三年以上十年以下有期徒刑,并处二万元以上二十万元以下罚金。"

五、擅自设立金融机构罪,伪造、变造、转让金融机构经营许可证、批准文件罪(第 174 条)

从立法沿革的角度看,擅自设立金融机构罪和伪造、变造、转让金融机构经营许可证罪原系《金融秩序犯罪的决定》对 1979 年刑法典补充规定的两种犯罪。该决定第 6 条规定:"未经中国人民银行批准,擅自设立商业银行或者其他金融机构的,处三年以下有期徒刑或者拘役,并处或者单处二万元以上二十万元以下罚金;情节严重的,处三年以上十年以下有期徒刑,并处五万元以上五十万元以下罚金。伪造、变造、转让商业银行或者其他金融机构经营许可证的,依照前款的规定处罚。单位犯前两款罪的,对单位判处罚金,并对直接负责的主管人员和其他直接责任人员,依照第一款的规定处罚。"

1997 年刑法典完全沿用了上述规定,未作任何修改。但在研拟中,立法工作机关对此罪的写法也尝试作过调整。如在 1996 年 12 月中旬的修订草案中,立法工作机关曾在本罪第一档法定刑中增加了管制刑的规定,但后来,基于综合平衡考虑管制刑的分则布局的需要,在 1997 年 3 月 1 日的修订草案中又删除了之前诸稿中规定的管制。其结果是,新《刑法》第 174 条的规定完全沿用了上述决定的规定。

1997 年刑法颁行后,立法机关于 1999 年 12 月 25 日通过了《刑法修正案》,对《刑法》第 174 条的规定作出了两个方面的修改:一是具体明确了本条第 1 款规定之罪的对象范围,即将擅自设立的"商业银行或者其他金融机构"的表述,修改为"商业银行、证券交易所、期货交易所、证券公司、期货经纪公司、保险公司或者其他金融机构"。相应的,原规定中的"未经中国人民银行批准",也被修改为"未经国家有关主管部门批准"。二是扩大了本条第 2 款规定之罪的对象范围,即将原规定中的伪造、变造、转让"商业银行或者其他金融机构的经营许可证",修改为伪造、变造、转让"商业银行、证券交易所、期货交易所、证券公司、期货经纪公司、保险公司或者其他金融机构的经营许可证或者批准文件"。

这样,经过修正案修改后的《刑法》第 174 条的规定是:"未经国家有关主管部门批准,擅自设立商业银行、证券交易所、期货交易所、证券公司、期货经纪公司、保险公司或者其他金融机构的,处三年以下有期徒刑或者拘役,并处或者单处二万元以上二十万元以下罚金;情节严重的,处三年以上十年以下有期徒刑,并处五万元以上五十万元以下罚金。伪造、变造、转让商业银行、证券交易所、期货交易所、证券公司、期货经纪公司、保险公司或者其他金融机构的经营许可证或者批准文件的,依照前款的规定处罚。单位犯前两款罪的,对单位判处罚金,并对其直接负责的主管人员和其他直接责任人员,依照第一款的规定处罚。"

六、高利转贷罪(第 175 条)

在审议 1997 年刑法典草案过程中,有代表提出,实践中,一些个人和单位从金融机构套取贷款转贷他人,牟取非法利益的现象比较严重,这种行为严重扰乱了金融管理秩序,应该在刑法分则第三章第四节"破坏金融管理秩序罪"中增加规定高利转贷罪。立法机关最终采纳了这一建议,在1997年3月13日的刑法修订草案中增设了本罪,并获得通过。新《刑法》第175条规定:"以转贷牟利为目的,套取金融机构信贷资金高利转贷他人,违法所得数额较大的,处三年以下有期徒刑或者拘役,并处违法所得一倍以上五倍以下罚金;数额巨大的,处三年以上七年以下有期徒刑,并处违法所得一倍以上五倍以下罚金。单位犯前款罪的,对单位判处罚金,并对其直接负责的主管人员和其他直接责任人员,处三年以下有期徒刑或者拘役。"

七、骗取贷款、票据承兑、金融票证罪(第175条之一)

骗取贷款、票据承兑、金融票证罪系2006年6月29日全国人大常委会通过的《刑法修正案(六)》第10条所规定的一种犯罪,该条规定:"以欺骗手段取得银行或者其他金融机构贷款、票据承兑、信用证、保函等,给银行或者其他金融机构造成重大损失或者有其他严重情节的,处三年以下有期徒刑或者拘役,并处或者单处罚金;给银行或者其他金融机构造成特别重大损失或者有其他特别严重情节的,处三年以上七年以下有期徒刑,并处罚金。单位犯前款罪的,对单位判处罚金,并对其直接负责的主管人员和其他直接责任人员,依照前款的规定处罚。"之所以在刑法典中增加规定本罪,是因为,近年来,一些单位和个人以虚构事实、隐瞒真相等欺骗手段,骗用银行或者其他金融机构的贷款,危害了金融的安全。对于这种行为,若认定行为人构成贷款诈骗罪,必须证明其主观上具有非法占有的目的,而非法占有目的的认定极其困难。再者,在单位实施这种骗贷行为的场合,因刑法规定单位不能成为贷款诈骗罪的主体,而不能认定本罪。为了解决这一问题,立法机关在将贷款诈骗罪予以保留的同时,特在刑法中增设本罪,以有效地惩治和遏制这类犯罪行为,切实维护金融的安全。

八、非法吸收公众存款罪(第176条)

非法吸收公众存款罪原系《金融秩序犯罪的决定》第7条对1979年刑法典补充规定的一种犯罪。该条规定:"非法吸收公众存款或者变相吸收公众存款,扰乱金融秩序的,处三年以下有期徒刑或者拘役,并处或者单处二万元以上二十万元以下罚金;数额巨大或者有其他严重情节的,处三年以上十年以下有期徒刑,并处五万元以上五十万元以下罚金。单位犯前款罪的,对单位判处罚金,并对直接负责的主管人员和其他直接责任人员,依照前款的规定处罚。"

1997年刑法典除了将上述第2款规定中的"对直接负责的主管人员和其他直接责任人员"修改为"对其直接负责的主管人员和其他直接责任人员",以进一步明确犯罪的单位与这些自然人之间的归属关系外,其他的内容未作变动。当然,在研拟过程中,立法工作机关也曾尝试对此罪进行调整,如在1996年12月中旬的修订草案中,就曾在本罪第一档法定刑增设了管制刑的规定,后来,出于综合平衡管制在分则中的布局的考虑,在1997年3月1日的稿本中最终又删除了管制刑。

九、伪造、变造金融票证罪(第177条)

我国1979年刑法典没有专门规定伪造、变造金融票证罪,但在伪造有价证券罪中包含了伪造支票犯罪行为的刑事责任。随着我国改革开放的实行,金融行业的进一步发展,金融票证的使用越来越频繁,司法实践中伪造、变造金融票证的犯罪现象变得突出起来。为此,1995年全国人大常委会通过的《金融秩序犯罪的决定》对1979年刑法典作了补充和修改。该决定第11条规定:"有下列情形之一,伪造、变造金融票证的,处五年以下有期徒刑或者拘役,并处二万元以上二十万元以下罚金;情节严重的,处五年以上十年以下有期徒刑,并处五万元以上五十万元以下罚金;情节特别严重的,处十年以上有期徒刑或者无期徒刑,并处没收财产:(一)伪造、变造汇票、本票、支票的;(二)伪造、变造委托收款凭证、汇款凭证、银行存单等其他银行结算凭证的;(三)伪造、变造信用证或者附随的单据、文件的;(四)伪造信用卡的。单位犯前款罪的,对单位判处罚金,并对直接负责的主管人员和其他直接责任人员,依照前款的规定处罚。"

在1988年的3个修改稿本中,立法工作机关并没有对本罪所涉及的各种行为作出专门的规定,而仅有类似的规定。如1988年9月的刑法修改稿以1979年《刑法》第123条的规定为基础补充了"变造"行为的规定,即:"伪造、变造支票、股票或者其他有价证券的,处七年以下有期徒刑,可以并处罚金。"1988年11月16日和12月25日的修改稿又删除了"变造"行为的规定,但与此同时增加了犯罪对象的种类,并对法定刑情节作了细化,即:"伪造支票、股票、信用支付凭证或者其他有价证券的,处二年以下有期徒刑或者拘役,可以单处或者并处罚金;情节严重的,处二年以上七年以下有期徒刑,并处罚金。"

到了1996年以后,立法工作机关对本罪法条的研拟即以《金融秩序犯罪的决定》的有关规定为基础而展开。其间先后对本罪法条写法进行过三次微调,分别是:

(1) 在1996年10月10日的修订草案(征求意见稿)中,立法工作机关将原先单位犯罪规定中的"对直接负责的主管人员和其他直接责任人员"修改为"对其直接负责的主管人员和其他直接责任人员",以进一步明确犯罪的单位与这些自然人之间的归属关系。

(2) 在1997年3月1日的修订草案中,立法机关对本罪第一档法定刑增加了"单处"罚金的规定。

(3) 在1997年3月13日的修订草案中,立法机关对本罪第三档法定刑增加了"并处五万元以上五十万元以下罚金"的规定。

经过以上3次调整,最终形成了新《刑法》第177条的规定:"有下列情形之一,伪造、变造金融票证的,处五年以下有期徒刑或者拘役,并处或者单处二万元以上二十万元以下罚金;情节严重的,处五年以上十年以下有期徒刑,并处五万元以上五十万元以下罚金;情节特别严重的,处十年以上有期徒刑或者无期徒刑,并处五万元以上五十万元以下罚金或者没收财产:(一)伪造、变造汇票、本票、支票的;(二)伪造、变造委托收款凭证、汇款凭证、银行存单等其他银行结算凭证的;(三)伪造、变造信用证或者附随的单据、文件的;(四)伪造信用卡的。单位犯前款罪的,对单位判处罚金,并对其直接负责的主管人员和其他直接责任人员,依照前款的规定处罚。"

十、妨害信用卡管理罪,窃取、收买、非法提供信用卡信息罪(第177条之一)

1997年《刑法》第177条规定了伪造、变造金融票证的犯罪行为,其中对伪造信用卡的犯罪作了专门规定。近年来,随着信用卡应用的普及,伪造信用卡的犯罪活动也出现了一些新的发展动向。这类犯罪出现了境内外互相勾结、集团化、专业化的特点,从窃取、非法提供他人信用卡信息资料、制作假卡,到运输、销售、使用伪造的信用卡等各个环节,分工细密,犯罪活动猖獗。虽然这些具体的犯罪行为都属于伪造信用卡和使用伪造的信用卡进行诈骗的犯罪,但是由于在各个犯罪环节上的表现形式不同,在具体适用刑法时存在一定困难。为了保护银行等金融机构和公众的合法利益,维护金融机构的信誉和金融秩序,2005年2月28日全国人大常委会通过的《刑法修正案(五)》对刑法典进行了补充规定,在《刑法》第177条后增加一条,作为第177条之一:"有下列情形之一,妨害信用卡管理的,处三年以下有期徒刑或者拘役,并处或者单处一万元以上十万元以下罚金;数量巨大或者有其他严重情节的,处三年以上十年以下有期徒刑,并处二万元以上二十万元以下罚金:(一)明知是伪造的信用卡而持有、运输的,或者明知是伪造的空白信用卡而持有、运输,数量较大的;(二)非法持有他人信用卡,数量较大的;(三)使用虚假的身份证明骗领信用卡的;(四)出售、购买、为他人提供伪造的信用卡或者以虚假的身份证明骗领的信用卡的。窃取、收买或者非法提供他人信用卡信息资料的,依照前款规定处罚。银行或者其他金融机构的工作人员利用职务上的便利,犯第二款罪的,从重处罚。"

十一、伪造、变造国家有价证券罪,伪造、变造股票、公司、企业债券罪(第178条)

1979年《刑法》第123条规定了伪造有价证券罪,即:"伪造支票、股票或者其他有价证券的,处七年以下有期徒刑,可以并处罚金。"在1988年的3个刑法修改稿本中，伪造、变造有价证券的行为是与伪造、变造其他金融票证的行为合并在一个条文中规定的，而且在11月16日和12月25日的稿本中，立法工作机关曾删除了变造行为的规定。

到了1997年1月10日的修订草案，立法机关首次单设了伪造、变造国家有价证券、公司、企业债券罪条文，该草案第170条规定："伪造、变造国库券或者国家发行的其他有价证券，数额较大的，处三年以下有期徒刑、拘役或者管制；数额巨大的，处三年以上十年以下有期徒刑；数额特别巨大的，处十年以上有期徒刑或者无期徒刑。伪造、变造股票、公司、企业债券，数额较大的，处三年以下有期徒刑、拘役或者管制；数额巨大的，处三年以上十年以下有期徒刑。"

在1997年2月17日的刑法修订草案（修改稿）中，立法机关对上述写法又作了较大的修改：一是对上述条文第1款犯罪的第一档和第二档法定刑分别增设了"并处或者单处二万元以上二十万元以下罚金"和"并处五万元以上五十万元以下罚金"的规定，对第三档法定刑增加规定了"并处没收财产"。二是对上述条文第2款犯罪的第一档和第二档法定刑分别增加了"并处或者单处一万元以上十万元以下罚金"和"并处二万元以上二十万元以下罚金"的规定。三是增加规定了单位犯罪。

到了1997年3月1日的刑法修订草案，出于综合平衡管制刑在分则分布的需要，立法机关又删除了此罪第一档法定刑中的管制刑。

经过以上的调整，最后形成了新《刑法》第178条的规定："伪造、变造国库券或者国家发行的其他有价证券，数额较大的，处三年以下有期徒刑或者拘役，并处或者单处二万元以上二十万元以下罚金；数额巨大的，处三年以上十年以下有期徒刑，并处五万元以上五十万元以下罚金；数额特别巨大的，处十年以上有期徒刑或者无期徒刑，并处五万元以上五十万元以下罚金或者没收财产。伪造、变造股票或者公司、企业债券，数额较大的，处三年以下有期徒刑或者拘役，并处或者单处一万元以上十万元以下罚金；数额巨大的，处三年以上十年以下有期徒刑，并处二万元以上二十万元以下罚金。单位犯前两款罪的，对单位判处罚金，并对其直接负责的主管人员和其他直接责任人员，依照前两款的规定处罚。"

十二、擅自发行股票、公司、企业债券罪（第179条）

本罪原系1995年《违反公司法的犯罪的决定》对1979年刑法典补充规定的一种犯罪。该决定第7条规定："未经公司法规定的有关主管部门批准，擅自发行股票、公司债券，数额巨大、后果严重或者有其他严重情节的，处五年以下有期徒刑或者拘役，可以并处非法募集资金金额百分之五以下罚金。单位犯前款罪的，对单位判处非法募集资金金额百分之五以下罚金，并对直接负责的主管人员，依照前款的规定，处五年以下有期徒刑或者拘役。"

在刑法修订研拟过程中，立法工作机关将《违反公司法的犯罪的决定》的上述规定移植到了1996年8月8日和8月31日的修改稿中，并先后对决定的写法进行了4次修改：

（1）在1996年10月10日的刑法修订草案（征求意见稿）中，出于规范并统一单位犯罪用语的考虑，立法工作机关将原规定关于单位犯罪的"对直接负责的主管人员"的表述修改为"对其直接负责的主管人员"，其他内容则与决定的规定相同。

（2）从公司法的有关规定看，企业债券的发行须经国务院授权的部门核准，但没有具体指明由何部门核准；对于股票的发行，公司法也没有规定由哪一个部门批准，有鉴于此，在1997年2月17日的修订草案中，立法机关将原规定中"公司法规定的有关主管部门"的表述修改为"国家有关主管部门"。

（3）到了1997年3月1日的修订草案，立法机关又对本罪的写法作了两个方面的修改：一是对原规定法定刑中的罚金作了下限限制，并增加"单处"罚金的规定，即"可以并处或者单处非法募集资金金额百分之一以上百分之五以下罚金"。二是增加了擅自发行企业债券的规定。

（4）鉴于上述稿本对单位犯罪处罚的规定实际上遗漏了其他直接责任人员，故在1997年3月13日的稿本中，立法机关在第2款单位犯罪规定中的"对其直接负责的主管人员"之后，插入了"和其他直接责任人员"的表述。

由此，形成了新《刑法》第179条的规定："未经国家有关主管部门批准，擅自发行股票或者公司、企业债券，数额巨大、后果严重或者有其他严重情节的，处五年以下有期徒刑或者拘役，并处或者单处非法募集资金金额百分之一以上百分之五以下罚金。单位犯前款罪的，对单位判处罚金，并对其直接负责的主管人员和其他直接责任人员，处五年以下有期徒刑或者拘役。"

十三、内幕交易、泄露内幕信息罪（第180条第1—3款）

本罪是立法机关为了维护证券交易秩序而在1997年刑法典中新增的一种犯罪。从研拟的刑法修改稿本看，本罪被写入立法修订稿本的时间较晚，直到1996年8月8日的分则修改草稿，立法工作机关才将本罪写入刑法修改稿本中，该稿规定："证券交易内幕信息的知情人员或者非法获取证券交易内幕信息的人员，在涉及证券的发行、交易或者其他对证券的价格有重大影响的信息尚未公开前，买入或者卖出该证券，或者泄露该信息，或者建议他人买卖该证券的，处五年以下有期徒刑或者拘役，并处或者单处违法所得一倍以上五倍以下罚金；情节严重的，处五年以上十年以下有期徒刑，并处违法所得一倍以上五倍以下罚金。单位犯前款罪的，对单位判处违法所得一倍以上五倍以下罚金，并对直接负责的主管人员和其他直接责任人员，处五年以下有期徒刑或者拘役。"

在1996年10月10日的刑法修订草案（征求意见稿）中，立法工作机关在该稿

第 159 条对上述写法作了两处修改：一是删除了"建议他人买卖该证券"的规定；二是将上述规定中的"对直接负责的主管人员和其他直接责任人员"的表述，修改为"对其直接负责的主管人员和其他直接责任人员"。到了 1996 年 12 月中旬稿，在 10 月 10 日修订草案（征求意见稿）的基础上，又增加了两款解释性的规定。其中第 3 款规定："本条所称'内幕信息'是指：（一）可能对上市公司股票交易价格产生较大影响，而投资人尚未得知的重大事件；（二）公司分配股利或者增资的计划；（三）公司股权结构的重大变化；（四）公司债务担保的重大变更；（五）公司营业用主要资产的抵押、出售或者报废一次超过资产的百分之三十；（六）公司股东会、董事会或者监事会的决定被依法撤销；（七）公司的董事、监事、高级管理人员的行为可能依法负有重大损害赔偿责任；（八）涉及发行人的重大诉讼事项；（九）上市公司收购的有关方案；（十）国务院证券管理部门认定的对证券价格有显著影响的其他重要信息。"第 4 款规定："本条所称'知情人员'是指：（一）发行股票或者公司债券的公司董事、监事、经理、副经理；（二）持有该公司股份超过百分之十的股东或者其控股公司的负责人；（三）由于所任公司职务可以获取公司有关证券交易信息的人员；（四）由于法定的职责对证券交易进行管理的人员；（五）由于法定职责而参与证券交易的社会中介机构或者证券交易服务机构的有关人员。"

鉴于上述稿本的写法对"内幕信息"和"知情人员"的列举过于繁琐，而且事实上，内幕信息和知情人员的范围应当也完全可能由有关的法律、行政法规加以规定，故在 1997 年 2 月 17 日的刑法修订草案（修改稿）中，立法机关删除了上述列举性的规定，以"内幕信息的范围，依照法律、行政法规的规定确定"以及"知情人员的范围，依照法律、行政法规的规定确定"的规定取而代之；并将原先对本罪作为行为犯的规定改为情节犯，把"情节严重"作为本罪基本的构成要件要素；相应的，原先第二档法定刑中的"情节严重"被修改成了"情节特别严重"。到了 1997 年 3 月 1 日的刑法修订草案，立法机关对本罪的法条又作了修改，即对单位犯罪判处罚金的规定由之前稿本的倍比罚金制修改为没有数额限制的罚金规定。

经过以上多次修改，最终形成了 1997 年《刑法》第 180 条的规定："证券交易内幕信息的知情人员或者非法获取证券交易内幕信息的人员，在涉及证券的发行、交易或者其他对证券的价格有重大影响的信息尚未公开前，买入或者卖出该证券，或者泄露该信息，情节严重的，处五年以下有期徒刑或者拘役，并处或者单处违法所得一倍以上五倍以下罚金；情节特别严重的，处五年以上十年以下有期徒刑，并处违法所得一倍以上五倍以下罚金。单位犯前款罪的，对单位判处罚金，并对其直接负责的主管人员和其他直接责任人员，处五年以下有期徒刑或者拘役。内幕信息的范围，依照法律、行政法规的规定确定。知情人员的范围，依照法律、行政法规的规定确定。"

1997 年刑法典颁行后，全国人大常委会于 1999 年 12 月 25 日通过了《刑法修正案》,该修正案将期货内幕交易、泄露内幕交易信息的犯罪补充规定在《刑法》第180条中,同时将原规定的第3款和第4款压缩成了一款。这样,经过修正案修改后的条文是:"证券、期货交易内幕信息的知情人员或者非法获取证券、期货交易内幕信息的人员,在涉及证券的发行,证券、期货交易或者其他对证券、期货交易价格有重大影响的信息尚未公开前,买入或者卖出该证券,或者从事与该内幕信息有关的期货交易,或者泄露该信息,情节严重的,处五年以下有期徒刑或者拘役,并处或者单处违法所得一倍以上五倍以下罚金;情节特别严重的,处五年以上十年以下有期徒刑,并处违法所得一倍以上五倍以下罚金。单位犯前款罪的,对单位判处罚金,并对其直接负责的主管人员和其他直接责任人员,处五年以下有期徒刑或者拘役。内幕信息、知情人员的范围,依照法律、行政法规的规定确定。"之所以作上述补充规定,是因为:我国1997年刑法典通过时对惩治证券犯罪作了明确规定,但没有涉及期货犯罪。我国期货市场自1990年试点以来,曾一度出现过盲目发展的势头,虽然经过清理、整顿,取得了一定的成效,但仍然存在着一些不容忽视的问题,主要表现在:违反国务院的规定,未经中国证监会批准,擅自设立期货交易所、期货经纪公司,或者伪造、变造、转让期货经纪业务许可证;期货交易内幕信息的知情人员或者非法获取期货交易内幕信息的人员泄露该信息或者从事与该信息有关的期货交易;编造并传播影响期货交易的虚假信息扰乱期货市场,以及期货交易所、期货经纪公司的从业人员等故意提供虚假信息或者伪造、变造、销毁交易记录,诱骗投资者买卖期货合约;单独或者合谋,集中资金优势、持仓优势或者利用信息优势联合或者连续买卖,或者以事先约定的时间、价格和方式相互进行期货交易,操纵期货交易价格;国有企业、国有资产占控股地位或者主导地位的企业违反国家规定进行期货交易,一些单位和个人使用信贷资金、财政资金进行期货交易,以及未经批准擅自从事境外期货交易。为了规范期货交易秩序,保护投资者的合法权益,1999年6月国务院颁布了《期货交易管理暂行条例》,与此同时,向全国人大常委会提出了《关于惩治期货犯罪的决定(草案)》,经过研究和论证,认为期货犯罪和证券犯罪在犯罪构成等方面是基本一致的,宜将两罪予以合并规定。于是全国人大法律委员会提交审议的刑法修正案草案将期货内幕交易等犯罪行为融入《刑法》第180条的规定中,并获得通过。

到了2009年2月28日,全国人大常委会通过的《刑法修正案(七)》又对《刑法》第180条第1款的规定作了修改,在该款对本罪罪状的规定中,增加了"明示、暗示他人从事上述交易活动"的规定。这样,经过该修正案修改后的《刑法》第180条第1款的规定是:"证券、期货交易内幕信息的知情人员或者非法获取证券、期货交易内幕信息的人员,在涉及证券的发行,证券、期货交易或者其他对证券、期货交易价格有重大影响的信息尚未公开前,买入或者卖出该证券,或者从事与该内幕信息有关的期货交易,或者泄露该信息,或者明示、暗示他人从事上述交易活动,情节严重的,处五年以下有期徒刑或者拘役,并处或者单处违法所得一倍以上五倍以下罚金;情节特别严重的,处五年以上十年以下有期徒刑,并处违法所得一倍以上五倍以下罚金。"

十四、利用未公开信息交易罪(第 180 条第 4 款)

一些全国人大代表和中国证监会提出,个别证券投资基金管理公司、证券公司等金融机构的从业人员,利用其因职务便利知悉的法定内幕信息以外的其他未公开的经营信息,如本单位受托管理资金的交易信息等,违反规定从事相关交易活动,牟取非法利益或者转嫁风险。这种被称为"老鼠仓"的行为,严重破坏了金融管理秩序,损害公众投资者的利益,应当作为犯罪追究刑事责任。有鉴于此,全国人大常委会于 2009 年 2 月 28 日通过的《刑法修正案(七)》对《刑法》第 180 条的规定作了补充,即在该条中增设一款作为第 4 款:"证券交易所、期货交易所、证券公司、期货经纪公司、基金管理公司、商业银行、保险公司等金融机构的从业人员以及有关监管部门或者行业协会的工作人员,利用因职务便利获取的内幕信息以外的其他未公开的信息,违反规定,从事与该信息相关的证券、期货交易活动,或者明示、暗示他人从事相关交易活动,情节严重的,依照第一款的规定处罚。"

十五、编造并传播证券、期货交易虚假信息罪,诱骗投资者买卖证券、期货合约罪(第 181 条)

这两种犯罪系 1997 年刑法典新增加的犯罪。在刑法起草修订研拟中,这两种犯罪的写法首见于 1996 年 8 月 8 日的刑法分则修改草稿。该稿规定:"编造并且传播影响证券交易的虚假信息,扰乱证券交易市场,造成严重后果的,处三年以下有期徒刑或者拘役,并处或者单处一万元以上十万元以下罚金。证券交易所、证券公司的从业人员,证券业协会或者证券管理部门的工作人员,故意提供虚假信息,伪造、变造或者销毁交易记录,诱骗投资者买卖证券的,处五年以下有期徒刑或者拘役,并处或者单处一万元以上十万元以下罚金;情节恶劣的,处五年以上十年以下有期徒刑,并处一万元以上十万元以下罚金。单位犯前两款罪的,对单位判处十万元以上五十万元以下罚金,并对直接负责的主管人员和其他直接责任人员处五年以下有期徒刑或者拘役。"

在以后的研拟中,围绕上述规定的写法先后进行了 4 次调整,分别是:

(1)在 1996 年 10 月 10 日的修订草案(征求意见稿)中,为使立法表述规范起见,将上述单位犯罪规定中的"对直接负责的主管人员和其他直接责任人员处五年以下有期徒刑或者拘役",修改成了"对其直接负责的主管人员和其他直接责任人员,处五年以下有期徒刑或者拘役"。

(2)在 1996 年 12 月中旬的修订草案中,对本条第 1 款规定之罪的第一档法定刑增加规定了管制,但到了1997年3月1日稿,立法机关又将其予以删除。

(3)在1997年2月17日的修订草案中,立法机关将犯罪单位中对直接责任人员的处罚由之前稿本的"处五年以下有期徒刑或者拘役"的规定,修改成了"依照前两款的规定处罚";后来,到了1997年3月1日的修订草案,立法机关又恢复了之前对直接责任人员"处五年以下有期徒刑或者拘役"的规定。

(4)在1997年3月1日的修订草案中,立法机关提高了第1款规定之罪的最高主刑,即由之前稿本的"处三年以下有期徒刑或者拘役",修改成"处五年以下有期徒刑或者拘役";进一步明确了第2款中的"故意提供虚假信息"与"伪造、变造、销毁交易记录"的关系,即由之前稿本"故意提供虚假信息,伪造、变造或者销毁交易记录"的表述,修改成了"故意提供虚假信息或者伪造、变造、销毁交易记录"。

经过以上的调整,最终形成了1997年《刑法》第181条的规定:"编造并且传播影响证券交易的虚假信息,扰乱证券交易市场,造成严重后果的,处五年以下有期徒刑或者拘役,并处或者单处一万元以上十万元以下罚金。证券交易所、证券公司的从业人员,证券业协会或者证券管理部门的工作人员,故意提供虚假信息或伪造、变造、销毁交易记录,诱骗投资者买卖证券,造成严重后果的,处五年以下有期徒刑或者拘役,并处或者单处一万元以上十万元以下罚金;情节特别恶劣的,处五年以上十年以下有期徒刑,并处二万元以上二十万元以下罚金。单位犯前两款罪的,对单位判处罚金,并对其直接负责的主管人员和其他直接责任人员,处五年以下有期徒刑或者拘役。"

1997年刑法典通过后,立法机关根据我国司法实践中期货犯罪发生和发展的实际状况,于1999年12月25日通过的《刑法修正案》对《刑法》第181条的规定作了补充,将编造并传播期货交易虚假信息、诱骗投资者买卖期货合约的犯罪行为融入其中。经过这次修改后的条文是:"编造并且传播影响证券、期货交易的虚假信息,扰乱证券、期货交易市场,造成严重后果的,处五年以下有期徒刑或者拘役,并处或者单处一万元以上十万元以下罚金。证券交易所、期货交易所、证券公司、期货经纪公司的从业人员,证券业协会、期货业协会或者证券期货监督管理部门的工作人员,故意提供虚假信息或者伪造、变造、销毁交易记录,诱骗投资者买卖证券、期货合约,造成严重后果的,处五年以下有期徒刑或者拘役,并处或者单处一万元以上十万元以下罚金;情节特别恶劣的,处五年以上十年以下有期徒刑,并处二万元以上二十万元以下罚金。单位犯前两款罪的,对单位判处罚金,并对其直接负责的主管人员和其他直接责任人员,处五年以下有期徒刑或者拘役。"

十六、操纵证券、期货市场罪(第182条)

作为1997年刑法典新增加的一种犯罪,操纵证券交易价格罪最先被写进1996年8月8日的刑法分则修改草稿中。该稿规定:"有下列操纵证券交易价格行为之一,获取不正当利益或者转嫁风险,情节严重的,处五年以下有期徒刑或者拘役,并处或者单处违法所得一倍以上五倍以下罚金:(一)通过合谋,集中资金优势,联合或者连续买卖,操纵证券交易价格的;(二)与他人串通,进行不转移证券所有权的虚买虚卖,制造证券交易的虚假价格的;(三)以自己为交易对象,进行证券的自买自卖,制造证券交易的虚假价格的;(四)利用职务便利抬高或者压低证券交易价格的;(五)以其他方法操纵证券交易价格的。单位犯前款罪的,对单位判处违法所得一倍以上五倍以下罚金,并对直接负责的主管人员和其他直接责任人员,处五年以下有期徒刑或者拘役。"

在以后的研拟中,以上述写法为基础,先后又进行了3次修改和调整:

(1) 在1996年10月10日的修订草案(征求意见稿)中,将上述单位犯罪规定中的"对直接负责的主管人员和其他直接责任人员",修改成了"对其直接负责的主管人员和其他直接责任人员"。

(2) 在1997年2月17日的修订草案修改稿中,上述规定所描述的操纵证券交易价格的行为被压缩了4种情形,并作了较大的修改,即:"(一)单独或者合谋,集中资金优势、持股优势或者利用信息优势联合或者连续买卖,操纵证券交易价格的;(二)与他人串通,以事先约定的时间、价格和方式相互进行证券交易,影响证券交易价格或者证券交易量的;(三)以自己为交易对象,进行不转移证券所有权的自买自卖,影响证券交易价格或者证券交易量的;(四)以其他方法操纵证券交易价格的。"

(3) 在1997年3月13日的修订草案中,对1997年2月17日稿规定的第(二)项操纵证券交易价格的行为进行了修改,即在原规定的"相互进行证券交易"之后增加了"或者相互买卖并不持有的证券"的规定。

经过以上的修改和调整,最后形成了1997年《刑法》第182条的规定:"有下列情形之一,操纵证券交易价格,获取不正当利益或者转嫁风险,情节严重的,处五年以下有期徒刑或者拘役,并处或者单处违法所得一倍以上五倍以下罚金:(一)单独或者合谋,集中资金优势、持股优势或者利用信息优势联合或者连续买卖,操纵证券交易价格的;(二)与他人串通,以事先约定的时间、价格和方式相互进行证券交易或者相互买卖并不持有的证券,影响证券交易价格或者证券交易量的;(三)以自己为交易对象,进行不转移证券所有权的自买自卖,影响证券交易价格或者证券交易量的;(四)以其他方法操纵证券交易价格的。单位犯前款罪的,对单位判处罚金,并对其直接负责的主管人员和其他直接责任人员,处五年以下有期徒刑或者拘役。"

1997年刑法典通过后,立法机关对本条规定又先后作了两次修改。

第一次修改是1999年12月25日全国人大常委会通过的《刑法修正案》将操纵期货交易价格的犯罪行为融入第182条的规定中。经过这次修改后的条文是:

"有下列情形之一,操纵证券、期货交易价格,获取不正当利益或者转嫁风险,情节严重的,处五年以下有期徒刑或者拘役,并处或者单处违法所得一倍以上五倍以下罚金:(一) 单独或者合谋,集中资金优势、持股或者持仓优势或者利用信息优势联合或者连续买卖,操纵证券、期货交易价格的;(二) 与他人串通,以事先约定的时间、价格和方式相互进行证券、期货交易,或者相互买卖并不持有的证券,影响证券、期货交易价格或者证券、期货交易量的;(三) 以自己为交易对象,进行不转移证券所有权的自买自卖,或者以自己为交易对象,自买自卖期货合约,影响证券、期货交易价格或者证券、期货交易量的;(四) 以其他方法操纵证券、期货交易价格的。单位犯前款罪的,对单位判处罚金,并对其直接负责的主管人员和其他直接责任人员,处五年以下有期徒刑或者拘役。"

第二次修改是立法机关根据新修订的证券法以及有关部门的建议于2006年6月29日通过《刑法修正案(六)》作出的,该修正案对上述条文的规定作了较大幅度的修改,具体内容有:一是将原第1款规定中的"操纵证券、期货交易价格"修改为"操纵证券、期货交易市场"。二是删除原规定中的"获取不正当利益或者转嫁风险"的表述。三是增加了加重犯的法定刑,即"情节特别严重的,处五年以上十年以下有期徒刑,并处罚金";同时,将原第1款中规定的"违法所得一倍以上五倍以下罚金"修改为"罚金"。四是删除了原第(二)项规定中的"或者相互买卖并不持有的证券"的表述。五是在原第(三)项规定中增加了"在自己实际控制的账户之间进行证券交易",删除了"以自己为交易对象,进行不转移证券所有权的自买自卖"。六是对单位犯罪中的直接责任人员的处罚由独立的法定刑修改为援引法定刑。

这样,经过这次调整后的《刑法》第182条的规定是:"有下列情形之一,操纵证券、期货市场,情节严重的,处五年以下有期徒刑或者拘役,并处或者单处罚金;情节特别严重的,处五年以上十年以下有期徒刑,并处罚金:(一) 单独或者合谋,集中资金优势、持股或者持仓优势或者利用信息优势联合或者连续买卖,操纵证券、期货交易价格或者证券、期货交易量的;(二) 与他人串通,以事先约定的时间、价格和方式相互进行证券、期货交易,影响证券、期货交易价格或者证券、期货交易量的;(三) 在自己实际控制的账户之间进行证券交易,或者以自己为交易对象,自买自卖期货合约,影响证券、期货交易价格或者证券、期货交易量的;(四) 以其他方法操纵证券、期货市场的。单位犯前款罪的,对单位判处罚金,并对其直接负责的主管人员和其他直接责任人员,依照前款的规定处罚。"

十七、职务侵占罪、贪污罪的提示性规定(第183条)

本条规定源自《金融秩序犯罪的决定》第17条的规定,即:"保险公司的工作人员利用职务上的便利,故意编造未曾发生的保险事故进行虚假理赔,骗取保险金的,分别依照全国人民代表大会常务委员会《关于惩治贪污罪贿赂罪的补充规定》和《关于惩治违反公司法的犯罪的决定》的有关规定处罚。"在刑法修订研拟中,经过相应的修改,上述规定被纳入新刑法典中。

从条文的写法演变看,首先将上述规定吸收其中的是1996年10月10日的修订草案(征求意见稿),该稿第163条规定:"保险公司的工作人员利用职务上的便利,故意编造未曾发生的保险事故进行虚假理赔,骗取保险金归自己所有的,依照侵占罪的规定处罚。国家工作人员有前款行为的,依照贪污罪的规定处罚。"由于"依照某罪的规定处罚"的写法从字面意义上理解,仅仅解决了对这种行为处罚的问题,如何定罪却没有解决,故在1996年12月中旬的稿本中,立法工作机关将其明确为"依照某条的规定定罪处罚"。随着立法对国家工作人员概念的逐步厘清,到了1997年3月1日的修订草案,立法机关以国家工作人员的界定为基础将第2款的规定写为:"国有金融机构工作人员和国有金融机构委派到非国有金融机构从事公务的人员有前款行为的,依照本法第三百七十九条、第三百八十条的规定定罪处罚。"之后的稿本根据法条的变化情况对本规定中涉及的法条序号作了相应的调整,最后形成了新《刑法》第183条的规定:"保险公司的工作人员利用职务上的便利,故意编造未曾发生的保险事故进行虚假埋赔,骗取保险金归自己所有的,依照本法第二百七十一条的规定定罪处罚。国有保险公司工作人员和国有保险公司委派到非国有保险公司从事公务的人员有前款行为的,依照本法第三百八十二条、第三百八十三条的规定定罪处罚。"

十八、非国家工作人员受贿罪和受贿罪的提示性规定(第184条)

本条规定源自《金融秩序犯罪的决定》第18条的规定,即:"银行或者其他金融机构的工作人员在金融业务活动中索取、收受贿赂,或者违反国家规定收受各种名义的回扣、手续费的,分别依照全国人民代表大会常务委员会《关于惩治贪污罪贿赂罪的补充规定》和《关于惩治违反公司法的犯罪的决定》的有关规定处罚。"在刑法修订研拟中,立法机关对其进行了相应的修改,从而将上述规定纳入到新刑法典中。

从条文的写法演变看,首先将上述规定吸收其中的是1996年10月10日的修订草案(征求意见稿),该稿第164条规定:"银行或者其他金融机构的工作人员在金融业务中索取、收受贿赂,或者违反国家规定收受各种名义的回扣、手续费的,依照本法第一百四十九条非国家工作人员受贿罪的规定处罚。国家工作人员有前款行为的,依照本法第三百三十四条受贿罪的规定处罚。"由于"依照某罪的规定处罚"的写法从字面意义上理解,仅仅回答了对这种行为处罚的问题,如何定罪却没有解决,故在1996年12月中旬的稿本中,立法工作机关将其修改成了"依照某条的规定定罪处罚"。随着立法对国家工作人员概念的逐步厘清,到了1997年3月1

日的修订草案,立法机关以国家工作人员的概念为基础将第 2 款的规定修改为:"国有金融机构工作人员和国有金融机构委派到非国有金融机构从事公务的人员有前款行为的,依照本法第三百七十九条、第三百八十条的规定定罪处罚。"同时,对第 1 款的规定也作了两处修改:一是将原规定的"索取、收受贿赂"修改为"索取他人财物或者非法收受他人财物";二是在原规定的"回扣、手续费"之后增加规定了"归个人所有"的内容。之后的稿本根据法条的变化情况对本规定中涉及的法条序号作了相应的调整,最后形成了新《刑法》第 184 条的规定:"银行或者其他金融机构的工作人员在金融业务活动中索取他人财物或者非法收受他人财物,为他人谋取利益的,或者违反国家规定,收受各种名义的回扣、手续费,归个人所有的,依照本法第一百六十三条的规定定罪处罚。国有金融机构工作人员和国有金融机构委派到非国有金融机构从事公务的人员有前款行为的,依照本法第三百八十五条、第三百八十六条的规定定罪处罚。"

十九、挪用资金罪和挪用公款罪的提示性规定(第 185 条)

本条规定源自《金融秩序犯罪的决定》第 19 条的规定,即:"银行或者其他金融机构的工作人员利用职务上的便利,挪用单位或者客户资金的,分别依照全国人民代表大会常务委员会《关于惩治贪污罪贿赂罪的补充规定》和《关于惩治违反公司法的犯罪的决定》的有关规定处罚。"在刑法修订研拟中,立法机关对上述规定进行了相应的修改,从而将其吸纳到新刑法典中。

从条文的写法演变看,首先将上述规定吸收其中的是 1996 年 10 月 10 日的修订草案(征求意见稿),该稿第 165 条规定:"银行或者其他金融机构的工作人员利用职务上的便利,挪用单位或者客户资金的,依照本法第二百四十五条的规定处罚。国家工作人员有前款行为的,依照本法第三百二十二条挪用公款罪的规定处罚。"如前所述,由于"依照某罪的规定处罚"的写法从字面意义上理解,仅仅回答了对这种行为的处罚问题,如何定罪却没有解决,故在 1996 年 12 月中旬的稿本中,立法工作机关将其修改成了"依照某条的规定定罪处罚"。在 1997 年 2 月 17 日的修订草案修改稿中,第 168 条第 1 款的规定对被挪用资金的归属关系作了限制,将原先规定的"挪用单位或者客户资金"的表述修改为"挪用本单位或者客户资金"。其后,随着国家工作人员的概念被逐步厘清,在 1997 年 3 月 1 日的修订草案中,立法机关以国家工作人员的概念为基础将第 2 款的规定修改为:"国有金融机构工作人员和国有金融机构委派到非国有金融机构从事公务的人员有前款行为的,依照本法第三百八十一条的规定定罪处罚。"之后的稿本根据法条的变化情况对本规定中涉及的法条序号作了相应的调整,最后形成了新《刑法》第 185 条的规定:"银行或者其他金融机构的工作人员利用职务上的便利,挪用本单位或者客户资金的,依照本法第二百七十二条的规定定罪处罚。国有金融机构工作人员和国有金融机构委派到非国有金融机构从事公务的人员有前款行为的,依照本法第三百八十四条的规定定罪处罚。"

1997年刑法典颁行后,全国人大常委会于1999年12月25日通过了《刑法修正案》,该修正案第7条将《刑法》第185条的规定修改为:"商业银行、证券交易所、期货交易所、证券公司、期货经纪公司、保险公司或者其他金融机构的工作人员利用职务上的便利,挪用本单位或者客户资金的,依照本法第二百七十二条的规定定罪处罚。国有商业银行、证券交易所、期货交易所、证券公司、期货经纪公司、保险公司或者其他国有金融机构的工作人员和国有商业银行、证券交易所、期货交易所、证券公司、期货经纪公司、保险公司或者其他国有金融机构委派到前款规定中的非国有机构从事公务的人员有前款行为的,依照本法第三百八十四条的规定定罪处罚。"

二十、背信运用受托财产罪、违法运用资金罪(第185条之一)

这两种罪系2006年6月29日全国人大常委会通过的《刑法修正案(六)》对1997年刑法典补充规定的新罪。该修正案第12条规定:在刑法第一百八十五条后增加一条,作为第一百八十五条之一:"商业银行、证券交易所、期货交易所、证券公司、期货经纪公司、保险公司或者其他金融机构,违背受托义务,擅自运用客户资金或者其他委托、信托的财产,情节严重的,对单位判处罚金,并对其直接负责的主管人员和其他直接责任人员,处三年以下有期徒刑或者拘役,并处三万元以上三十万元以下罚金;情节特别严重的,处三年以上十年以下有期徒刑,并处五万元以上五十万元以下罚金。社会保障基金管理机构、住房公积金管理机构等公众资金管理机构,以及保险公司、保险资产管理公司、证券投资基金管理公司,违反国家规定运用资金的,对其直接负责的主管人员和其他直接责任人员,依照前款的规定处罚。"

之所以作出上述规定,是因为,《刑法》第185条对商业银行和其他金融机构的工作人员利用职务上的便利,挪用本单位或者客户资金的犯罪及刑事责任作了规定。然而,在实践中,有些金融机构挪用客户资金的行为并不是其工作人员个人的行为,而是由单位决定实施的。对这种由单位决定实施的擅自运用客户资金或者其他委托、信托财产的行为,情节严重的,也应当追究刑事责任。另外,负责经营、管理保险资金、社会保障基金、住房公积金等公众资金的单位,违反国家规定运用资金的,将会严重影响公众资金的安全,影响社会稳定,也应当追究刑事责任。故此,立法机关遂作出上述规定。

二十一、违法发放贷款罪(第186条)

本条规定原系《金融秩序犯罪的决定》对1979年刑法典补充规定的一种犯罪。该决定第9条规定:"银行或者其他金融机构的工作人员违反法律、行政法规规定,向关系人发放信用贷款或者发放担保贷款的条件优于其他借款人同类贷款的条件,造成较大损失的,处五年以下有期徒刑或者拘役,并处一万元以上十万元以下罚金;造成重大损失的,处五年以上有期徒刑,并处二万元以上二十万元以下罚金。银行或者其他金融机构的工作人员违反法律、行政法规规定,玩忽职守或者滥用职权,向关系人以外的其他人发放贷款,造成重大损失的,处五年以下有期徒刑或者拘役,并处一万元以上十万元以下罚金;造成特别重大损失的,处五年以上有期徒刑,并处二万元以上二十万元以下罚金。单位犯前两款罪的,对单位判处罚金,并对直接负责的主管人员和其他直接责任人员,依照前两款的规定处罚。"

在刑法修订研拟过程中,对于该决定的上述规定在未来刑法典中的归属,起初有两种方案:一种方案是将其融入玩忽职守罪中;另一种方案是对其改造后移植到"破坏金融管理秩序罪"中。从立法稿本的写法上看,1996年8月8日的刑法分则修改草稿采纳了第一种方案,在该稿本中,没有将上述规定吸收其中,对于上述规定涉及的行为则依照玩忽职守罪的有关规定处理。但从1996年8月31日的刑法修改稿本起,立法工作机关倾向性的方案是第二种,故此在该稿本中,上述规定被直接移植到"破坏金融管理秩序罪"中。之后,立法工作机关又对上述规定进行过两次修改:一是在1996年10月10日的修订草案(征求意见稿)中,删除了第2款规定中的"玩忽职守或者滥用职权"的表述;二是1996年12月中旬的修订草案在原规定的基础上增加了一款规定,即:"关系人的范围,依照《中华人民共和国商业银行法》和有关金融法规确定。"

由此,最终形成了1997年《刑法》第186条的规定:"银行或者其他金融机构的工作人员违反法律、行政法规规定,向关系人发放信用贷款或者发放担保贷款的条件优于其他借款人同类贷款的条件,造成较大损失的,处五年以下有期徒刑或者拘役,并处一万元以上十万元以下罚金;造成重大损失的,处五年以上有期徒刑,并处二万元以上二十万元以下罚金。银行或者其他金融机构的工作人员违反法律、行政法规规定,向关系人以外的其他人发放贷款,造成重大损失的,处五年以下有期徒刑或者拘役,并处一万元以上十万元以下罚金;造成特别重大损失的,处五年以上有期徒刑,并处二万元以上二十万元以下罚金。单位犯前两款罪的,对单位判处罚金,并对其直接负责的主管人员和其他直接责任人员,依照前两款的规定处罚。关系人的范围,依照《中华人民共和国商业银行法》和有关金融法规确定。"

1997年刑法典颁行后,一些部门提出,上述规定在司法实践中暴露出了一些问题。主要表现在:对违法发放贷款造成的损失难以认定;金融机构发放贷款需要经过一系列程序,一旦发放贷款造成损失,发放贷款的哪一个环节应对此承担责任难以认定。特别是在借新还旧的场合,是对最早放贷的责任人定罪,还是对后来办理借新还旧的责任人定罪,认识并不一致。为了维护我国的金融安全,促进社会经济的健康发展,2006年6月29日全国人大常委会通过《刑法修正案(六)》,对《刑法》第186条的规定进行了修改,修改之处有:一是删除了原第一款规定中"向关系人发放信用贷款或者发放担保贷款的条件优于其他借款人同类贷款的条件"的规定。二是为第1款规定的两档法定刑分别增设了"数额巨大"、"数额特别巨大"的情节。三是删除了原第2款中"向关系人以外的其他人发放贷款"的规定,并将本款规定由独立的犯罪修改为从重处罚的情节。

具体而言,经过这次修正的《刑法》第186条的规定是:"银行或者其他金融机构的工作人员违反国家规定发放贷款,数额巨大或者造成重大损失的,处五年以下有期徒刑或者拘役,并处一万元以上十万元以下罚金;数额特别巨大或者造成特别重大损失的,处五年以上有期徒刑,并处二万元以上二十万元以下罚金。银行或者其他金融机构的工作人员违反国家规定,向关系人发放贷款的,依照前款的规定从重处罚。单位犯前两款罪的,对单位判处罚金,并对其直接负责的主管人员和其他直接责任人员,依照前两款的规定处罚。关系人的范围,依照《中华人民共和国商业银行法》和有关金融法规确定。"根据有关的司法解释,本条规定的罪名亦由"违法向关系人发放贷款罪"和"违法发放贷款罪"变更为"违法发放贷款罪"。

二十二、吸收客户资金不入账罪(第187条)

本条规定系1997年刑法典新增的一种犯罪。从立法的修改稿本看,最先将本罪写入其中的是1997年2月17日的刑法修订草案修改稿,该稿第188条规定:"银行或者其他金融机构的工作人员徇私舞弊,以吸收客户资金不入账的方式,将资金用于非法拆借、发放贷款,造成重大损失的,处五年以下有期徒刑或者拘役;造成特别重大损失的,处五年以上有期徒刑。单位犯前款罪的,对单位判处罚金,并对其直接负责的主管人员和其他直接责任人员,依照前款的规定处罚。"

在之后的研拟中,立法机关先后对上述规定进行了两次调整:

(1)在1997年3月1日的刑法修订草案第188条中,删除了本罪罪状中的"徇私舞弊"的表述。

(2)在1997年3月13日的修订草案中,在本罪罪状中增加了"以牟利为目的"这一主观要件,同时为本罪法定刑增设了罚金的规定。

这样,最后形成新《刑法》第187条:"银行或者其他金融机构的工作人员以牟利为目的,采取吸收客户资金不入账的方式,将资金用于非法拆借、发放贷款,造成重大损失的,处五年以下有期徒刑或者拘役,并处二万元以上二十万元以下罚金;造成特别重大损失的,处五年以上有期徒刑,并处五万元以上五十万元以下罚金。单位犯前款罪的,对单位判处罚金,并对其直接负责的主管人员和其他直接责任人员,依照前款的规定处罚。"

1997年刑法典颁行后,本罪法条在实践中的运用暴露出了一些问题,例如,原规定中的"以牟利为目的"、"将资金用于非法拆借、发放贷款"、"造成重大损失"

等,认定困难,这也是一直以来对本罪打击不力的主要原因之一。基于此,人民银行、银监会以及一些金融机构等提出,建议规定只要金融机构的工作人员实施了吸收客户资金不入账的行为即应追究刑事责任。经过广泛的调研,立法机关最终在2006年6月29日通过的《刑法修正案(六)》中,对《刑法》第187条第1款的规定进行了修改:删除了"以牟利为目的"的主观要件;删除了"将资金用于非法拆借、发放贷款"的规定;对本罪的基本刑增设了"数额巨大"的情节;对本罪的加重刑增设了"数额特别巨大"的情节。具体而言,经过这次修改后的该条文第1款是:"银行或者其他金融机构的工作人员吸收客户资金不入账,数额巨大或者造成重大损失的,处五年以下有期徒刑或者拘役,并处二万元以上二十万元以下罚金;数额特别巨大或者造成特别重大损失的,处五年以上有期徒刑,并处五万元以上五十万元以下罚金。"

二十三、违规出具金融票证罪(第188条)

本条系1997年刑法典新增的一种犯罪。从立法稿本的演变看,最先将本罪写入其中的是1996年8月31日的刑法修改草稿,该稿规定:"银行或者其他金融机构的工作人员违反规定为他人出具信用证或者其他保函、票据、资信证明,造成较大损失的,处五年以下有期徒刑或者拘役;造成重大损失的,处五年以上有期徒刑。单位犯前款罪的,对单位判处罚金,并对直接负责的主管人员和其他直接责任人员,依照前款的规定处罚。"1996年10月10日的修订草案(征求意见稿)基本上沿用了上述规定,但也作了两处较小的修改:一是在本罪罪状中的"违反规定"之后插入了逗号,以使表达更为顺畅规范;二是将原规定中的"对直接负责的主管人员和其他直接责任人员"修改为"对其直接负责的主管人员和其他直接责任人员",以明确直接责任人员与犯罪单位之间的归属关系。1996年12月中旬的修订草案第177条在10月10日稿第167条第1款列举的对象的基础上增设了"存单",由此,最终形成了新《刑法》第188条的规定:"银行或者其他金融机构的工作人员违反规定,为他人出具信用证或者其他保函、票据、存单、资信证明,造成较大损失的,处五年以下有期徒刑或拘役;造成重大损失的,处五年以上有期徒刑。单位犯前款罪的,对单位判处罚金,并对其直接负责的主管人员和其他直接责任人员依照前款的规定处罚。"

以上规定以造成较大损失和重大损失为犯罪的基本构成和加重构成要件,然而,在实践中,对损失的理解分歧较大,且认定极其困难。这在一定程度上影响了对这类犯罪的惩治和遏制。有鉴于此,2006年6月29日全国人大常委会通过了《刑法修正案(六)》,该修正案第15条对《刑法》第188条第1款原规定作出了修改,即:"银行或者其他金融机构的工作人员违反规定,为他人出具信用证或者其他保函、票据、存单、资信证明,情节严重的,处五年以下有期徒刑或者拘役;情节特别严重的,处五年以上有期徒刑。"

二十四、对违法票据承兑、付款、保证罪(第189条)

本条系1997年刑法典新增的一种犯罪。从立法稿本的演变看,最先将本罪写入其中的是1996年10月10日的刑法修订草案(征求意见稿),该稿第168条规定:"金融机构工作人员在票据业务中,对违反票据法规定的票据予以承兑、付款或者保证,造成重大损失的,处五年以下有期徒刑或者拘役;造成特别重大损失的,处五年以上有期徒刑。"

1996年12月中旬的修订草案第177条对上述稿本的规定作了两个方面的修改:一是把犯罪主体由"金融机构工作人员"修改为"银行或者其他金融机构的工作人员";二是增加规定了单位犯罪。该稿的这一规定最终为新《刑法》第189条所沿用,即:"银行或者其他金融机构的工作人员在票据业务中,对违反票据法规定的票据予以承兑、付款或者保证,造成重大损失的,处五年以下有期徒刑或者拘役;造成特别重大损失的,处五年以上有期徒刑。单位犯前款罪的,对单位判处罚金,并对其直接负责的主管人员和其他直接责任人员,依照前款的规定处罚。"

二十五、逃汇罪(第190条)

在1979年刑法典中,对违反外汇管理法规,情节严重的行为是按照投机倒把罪处理的。1988年全国人大常委会通过的《关于惩治走私罪的补充规定》对1979年刑法典补充规定了逃汇套汇罪。该补充规定第9条规定:"全民所有制、集体所有制企业事业单位、机关、团体违反外汇管理法规,在境外取得的外汇,应该调回境内而不调回,或者不存入国家指定的银行,或者把境内的外汇非法转移到境外,或者把国家拨给的外汇非法出售牟利的,由外汇管理机关依照外汇管理法规强制收兑外汇、没收违法所得,可以并处罚款,并对其直接负责的主管人员和其他直接责任人员,由其所在单位或者上级主管机关酌情给予行政处分;情节严重的,除依照外汇管理法规强制收兑外汇、没收违法所得外,判处罚金,并对其直接负责的主管人员和其他直接责任人员,处五年以下有期徒刑或者拘役。企业事业单位、机关、团体或者个人非法倒买倒卖外汇牟利,情节严重的,按照投机倒把罪处罚。"

在国家将全面修订刑法列入立法规划并启动刑法的起草研拟后,一些稿本并没有按照上述补充规定的写法将本罪写入其中。例如,1988年9月的修改稿将本罪安排在刑法分则"侵犯财产罪"一章中,该稿规定:"违反外汇管理法规,逃汇、套汇,情节严重的,处三年以下有期徒刑或者拘役,可以单处或者并处罚金或者没收财产;数额巨大或者情节特别严重的,处三年以上十年以下有期徒刑,可以并处没收财产。"1988年11月16日和12月25日的刑法修改稿将本罪安排在"破坏社会主义经济秩序罪"一章中,规定:"违反外汇管理法规,逃汇、套汇,数额较大或者情节严重的,处三年以下有期徒刑或者拘役,可以单处或者并处罚金;数额巨大或者情节特别严重的,处三年以上十年以下有期徒刑,并处罚金。"

对于以上写法,在研拟中有部门提出,在刑事立法中,一般以情节严重作为构成犯罪的必要条件,尤其是对经济上的犯罪,在适用刑罚上,情节严重、特别严重均包含数额标准。数额巨大或特别巨大是情节严重或特别严重基本的、主要的条件,因此,建议对这种数额和情节并列选择表述的方法,修改为仅采取情节严重、特别严重的表述方法。对于本罪的法定刑,也有部门提出,逃汇、套汇罪是从走私罪中单列出来的,走私罪最高刑是死刑,而本罪最高刑仅10年,过于悬殊,也不符合有些案件逃汇、套汇数额特别巨大的客观事实,应提高至无期徒刑。

到了1996年8月8日的刑法分则修改稿,鉴于逃汇、套汇罪的罪名归属以及如何规定存在着较大的争议,尚需进一步研究,故没有对该罪作出规定。直到1997年2月17日的修订草案,立法机关才对本罪作出规定,并且基本上沿用了上述补充规定的写法。该稿第191条规定:"国有公司、企业或者其他单位,违反国家规定,擅自将外汇存放境外,或者将境内的外汇非法转移到境外,情节严重的,对单位判处罚金,并对其直接负责的主管人员和其他直接责任人员,处五年以下有期徒刑或者拘役。"1997年3月1日的修订草案第191条,将"其他单位"修改为"其他国有单位",此外一概未动。该草案的这一写法最终为1997年《刑法》第190条所沿用。

新刑法实施后不久,基于当时国际国内严峻的金融和经济形势,全国人大常委会于1998年12月29日通过了《关于惩治骗购外汇、逃汇和非法买卖外汇犯罪的决定》,该决定对《刑法》第190条进行了三个方面的修改:一是取消了原规定中的公司、企业或者其他单位的国有性质,不论是否国有,只要实施了情节严重的逃汇行为的,均应以犯罪追究刑事责任。二是对犯罪的单位规定了限额的罚金。三是增设了加重法定刑的量刑幅度。具体条文是:"公司、企业或者其他单位,违反国家规定,擅自将外汇存放境外,或者将境内的外汇非法转移到境外,数额较大的,对单位判处逃汇数额百分之五以上百分之三十以下罚金,并对其直接负责的主管人员和其他直接责任人员处五年以下有期徒刑或者拘役;数额巨大或者有其他严重情节的,对单位判处逃汇数额百分之五以上百分之三十以下罚金,并对其直接负责的主管人员和其他直接责任人员处五年以上有期徒刑。"

二十六、洗钱罪(第191条)

很多国家的刑法对洗钱的犯罪行为作了规定,我国《关于禁毒的决定》中也曾对洗钱作出过规定。从司法实践看,洗钱犯罪时有发生,并已不限于毒品犯罪。因此,为了遏制洗钱行为,防止罪犯逃避法律制裁,维护金融管理秩序,有必要对此予以专门规定。

从立法稿本的具体情况看,首先将本罪写入其中的是 1997 年 2 月 17 日的刑法修订草案修改稿,该稿第 192 条规定:"明知是毒品犯罪、黑社会性质的组织犯罪、走私犯罪的违法所得及其产生的收益,为掩饰、隐瞒其来源和性质,有下列行为之一的,没收实施以上犯罪的违法所得及其产生的收益,处三年以下有期徒刑、拘役或者管制,并处或者单处洗钱数额一倍以上五倍以下罚金;情节严重的,处三年以上十年以下有期徒刑,并处洗钱数额一倍以上五倍以下罚金:(一)提供资金账户的;(二)协助将财产转换为现金或者金融票据的;(三)通过转账、承兑等结算方式协助资金转移的;(四)协助将资金汇往境外的;(五)以其他方法掩饰、隐瞒犯罪的违法所得及其收益的来源和性质的。单位犯前款罪的,对单位判处罚金,并对其直接负责的主管人员和其他直接责任人员,依照前款的规定处罚。"

在之后的研拟中,立法机关又先后对上述稿本的写法作了两次修改:

(1) 在 1997 年 3 月 1 日的修订草案中,立法机关将本罪基本犯的法定刑由 3 年改为 5 年,罚金刑由"一倍以上五倍以下"修改为"百分之二十以上一倍以下",并删除了本罪基本犯法定刑中的管制;去掉了第(三)项中的"承兑等"的表述;将单位犯罪中直接责任人员的刑事责任由"依照前款的规定处罚"具体化为"处五年以下有期徒刑或者拘役"。

(2) 在 1997 年 3 月 13 日的修订草案中,立法机关将本罪的罚金刑由"百分之二十以上一倍以下"改为"百分之五以上百分之二十以下";将第(三)项的"通过转账、承兑等结算方式协助资金转移的"修改为"通过转账或者其他结算方式协助资金转移的",这实际上包含了所有的结算方式。

这样,最终通过的 1997 年《刑法》第 191 条的规定是:"明知是毒品犯罪、黑社会性质的组织犯罪、走私犯罪的违法所得及其产生的收益,为掩饰、隐瞒其来源和性质,有下列行为之一的,没收实施以上犯罪的违法所得及其产生的收益,处五年以下有期徒刑或者拘役,并处或者单处洗钱数额百分之五以上百分之二十以下罚金;情节严重的,处五年以上十年以下有期徒刑,并处洗钱数额百分之五以上百分之二十以下罚金:(一)提供资金账户的;(二)协助将财产转换为现金或者金融票据的;(三)通过转账或者其他结算方式协助资金转移的;(四)协助将资金汇往境外的;(五)以其他方法掩饰、隐瞒犯罪的违法所得及其收益的性质和来源的。单位犯前款罪的,对单位判处罚金,并对其直接负责的主管人员和其他直接责任人员,处五年以下有期徒刑或者拘役。"

1997 年刑法典实施后,为了进一步适应惩治和防范洗钱犯罪的需要,更好地承担国际义务,我国立法机关又先后两次对洗钱罪作出了修改。这两次修改分别是:

(1) 2001 年 12 月 29 日全国人大常委会通过的《刑法修正案(三)》第 7 条对洗钱罪作了两处修改:一是扩大了"上游犯罪"的范围,将恐怖活动犯罪纳入其中;

二是对单位犯罪中直接责任人员的处罚规定了加重法定刑,即"情节严重的,处五年以上十年以下有期徒刑"。

(2) 2006年6月29日全国人大常委会通过的《刑法修正案(六)》第16条又进一步扩大了"上游犯罪"的范围,增设了"贪污贿赂犯罪、破坏金融管理秩序犯罪、金融诈骗犯罪"为上游犯罪,取消了"犯罪的违法所得"中的"违法"二字,并在原第(二)项"协助将财产转换为现金或者金融票据"的规定中增加了"有价证券"。

这样,经过这两次修正案修改后的《刑法》第191条的规定是:"明知是毒品犯罪、黑社会性质的组织犯罪、恐怖活动犯罪、走私犯罪、贪污贿赂犯罪、破坏金融管理秩序犯罪、金融诈骗犯罪的所得及其产生的收益,为掩饰、隐瞒其来源和性质,有下列行为之一的,没收实施以上犯罪的所得及其产生的收益,处五年以下有期徒刑或者拘役,并处或者单处洗钱数额百分之五以上百分之二十以下罚金;情节严重的,处五年以上十年以下有期徒刑,并处洗钱数额百分之五以上百分之二十以下罚金:(一)提供资金账户的;(二)协助将财产转换为现金、金融票据、有价证券的;(三)通过转账或者其他结算方式协助资金转移的;(四)协助将资金汇往境外的;(五)以其他方法掩饰、隐瞒犯罪所得及其收益的来源和性质的。单位犯前款罪的,对单位判处罚金,并对其直接负责的主管人员和其他直接责任人员,处五年以下有期徒刑或者拘役;情节严重的,处五年以上十年以下有期徒刑。"

二十七、骗购外汇罪(《关于惩治骗购外汇、逃汇和非法买卖外汇犯罪的决定》)

本罪系1998年12月29日全国人大常委会《关于惩治骗购外汇、逃汇和非法买卖外汇犯罪的决定》新增的一种犯罪,旨在应对当时严峻的国际金融形势,惩治和遏制严重危及金融安全的外汇投机行为,维护国家的金融安全和社会经济安全。该决定第1条规定:"有下列情形之一,骗购外汇,数额较大的,处五年以下有期徒刑或者拘役,并处骗购外汇数额百分之五以上百分之三十以下罚金;数额巨大或者有其他严重情节的,处五年以上十年以下有期徒刑,并处骗购外汇数额百分之五以上百分之三十以下罚金;数额特别巨大或者有其他特别严重情节的,处十年以上有期徒刑或无期徒刑,并处骗购外汇数额百分之五以上百分之三十以下罚金或者没收财产:(一)使用伪造、变造的海关签发的报关单、进口证明、外汇管理部门核准件等凭证和单据的;(二)重复使用海关签发的报关单、进口证明、外汇管理部门核准件等凭证和单据的;(三)以其他方式骗购外汇的。伪造、变造海关签发的报关单、进口证明、外汇管理部门核准件等凭证和单据,并用于骗购外汇的,依照前款的规定从重处罚。明知用于骗购外汇而提供人民币资金的,以共犯论处。单位犯前三款罪的,对单位依照第一款的规定判处罚金,并对其直接负责的主管人员和其他直接责任人员,处五年以下有期徒刑或者拘役;数额巨大或者有其他严重情节的,处五年以上十年以下有期徒刑;数额特别巨大或者有其他特别严重情节的,处十年以上有期徒刑或者无期徒刑。"

第五节　金融诈骗罪

一、集资诈骗罪(第192条)

本罪原系《关于惩治破坏金融秩序犯罪的决定》对1979年刑法典补充规定的一种犯罪。该决定第8条规定:"以非法占有为目的,使用诈骗方法非法集资的,处三年以下有期徒刑或者拘役,并处二万元以上二十万元以下罚金;数额巨大或者有其他严重情节的,处三年以上十年以下有期徒刑,并处五万元以上五十万元以下罚金;数额特别巨大或者有其他特别严重情节的,处十年以上有期徒刑、无期徒刑或者死刑,并处没收财产。单位犯前款罪的,对单位判处罚金,并对直接负责的主管人员和其他直接责任人员,依照前款的规定处罚。"

在刑法起草研拟过程中,1996年8月8日的刑法分则修改草稿移植了上述决定的规定,之后立法工作机关和立法机关先后进行了一些修改:

(1)在1996年10月10日的修订草案中,对此罪作了一处较小的调整,即将之前稿本对单位犯罪规定中的"对直接负责的主管人员和其他直接责任人员"修改为"对其直接负责的主管人员和其他直接责任人员",以进一步明确这些直接责任人员与犯罪单位的归属关系。

(2)在1996年12月中旬的修订草案中,曾对本罪的基本法定刑规定了管制,但后来有人提出,本罪的危害严重,规定可单处管制,恐罚不当罪,建议删除。故在1997年3月13日的稿本中,又删除了管制的规定。

(3)为了减少死刑条文,在1996年12月20日的修订草案中,将此罪死刑的规定移出,并将其与其他金融诈骗罪的死刑集中规定在一起。

(4)在1997年2月17日的修订草案修改稿中,在此罪基本构成中增加了"数额较大"的规定。

(5)在1997年3月13日修订草案中,本罪第一档刑中的主刑由原规定的"三年以下有期徒刑或者拘役"修改成"五年以下有期徒刑或者拘役";第二档刑由"三年以上十年以下有期徒刑"修改为"五年以上十年以下有期徒刑";在本罪第三档附加刑的规定中,增设了"并处五万元以上五十万元以下罚金"的规定。同时,将单位犯罪的规定从本条中移出,并与其他金融诈骗单位犯罪的规定合并在一起加以规定。

这样,最终形成的1997年《刑法》第192条的规定是:"以非法占有为目的,使用诈骗方法非法集资,数额较大的,处五年以下有期徒刑或者拘役,并处二万元以上二十万元以下罚金;数额巨大或者有其他严重情节的,处五年以上十年以下有期徒刑,并处五万元以上五十万元以下罚金;数额特别巨大或者有其他特别严重情节的,处十年以上有期徒刑或者无期徒刑,并处五万元以上五十万元以下罚金或者没收财产。"

二、贷款诈骗罪(第193条)

本罪原系《关于惩治破坏金融秩序犯罪的决定》对1979年刑法典补充规定的一种犯罪。该决定第10条规定:"有下列情形之一,以非法占有为目的,诈骗银行或者其他金融机构的贷款,数额较大的,处五年以下有期徒刑或者拘役,并处二万元以上二十万元以下罚金;数额巨大或者有其他严重情节的,处五年以上十年以下有期徒刑,并处五万元以上五十万元以下罚金;数额特别巨大或者有其他特别严重情节的,处十年以上有期徒刑或者无期徒刑,并处没收财产:(一)编造引进资金、项目等虚假理由的;(二)使用虚假的经济合同的;(三)使用虚假的证明文件的;(四)使用虚假的产权证明作担保的;(五)以其他方法诈骗贷款的。"

在刑法起草研拟过程中,1996年8月8日的刑法分则修改草稿移植了上述决定的规定,之后立法机关对其进行一些修改:

(1)在1997年3月1日修订草案中,在本罪第(四)项规定中增加了"超出抵押物价值重复担保"的规定。

(2)在1997年3月13日修订草案中,又在本罪第三档附加刑的规定中,增设了"并处五万元以上五十万元以下罚金"的规定。

这样,最终形成的1997年《刑法》第193条的规定是:"有下列情形之一,以非法占有为目的,诈骗银行或者其他金融机构的贷款,数额较大的,处五年以下有期徒刑或者拘役,并处二万元以上二十万元以下罚金;数额巨大或者有其他严重情节的,处五年以上十年以下有期徒刑,并处五万元以上五十万元以下罚金;数额特别巨大或者有其他特别严重情节的,处十年以上有期徒刑或者无期徒刑,并处五万元以上五十万元以下罚金或者没收财产:(一)编造引进资金、项目等虚假理由的;(二)使用虚假的经济合同的;(三)使用虚假的证明文件的;(四)使用虚假的产权证明作担保或者超出抵押物价值重复担保的;(五)以其他方法诈骗贷款的。"

三、票据诈骗罪、金融凭证诈骗罪(第194条)

本罪原系《关于惩治破坏金融秩序犯罪的决定》对1979年刑法典补充规定的一种犯罪。该决定第12条规定:"有下列情形之一,进行金融票据诈骗活动,数额较大的,处五年以下有期徒刑或者拘役,并处二万元以上二十万元以下罚金,数额巨大或者有其他严重情节的,处五年以上十年以下有期徒刑,并处五万元以上五十万元以下罚金;数额特别巨大或者有其他特别严重情节的,处十年以上有期徒刑、无期徒刑或者死刑,并处没收财产:(一)明知是伪造、变造的汇票、本票、支票而使用的;(二)明知是作废的汇票、本票、支票而使用的;(三)冒用他人的汇票、本票、支票的;(四)签发空头支票或者与其预留印鉴不符的支票,骗取财物的;(五)汇票、本票的出票人签发无资金保证的汇票、本票或者在出票时作虚假记载,骗取财物的。使用伪造、变造的委托收款凭证、汇款凭证、银行存单等其他银行结算凭证的,依照前款的规定处罚。单位犯前两款罪的,对单位判处罚金,并对直接负责的主管人员和其他直接责任人员,依照第一款的规定处罚。"

在刑法起草研拟过程中,1996年8月8日的刑法分则修改草稿移植了上述规定,之后立法工作机关和立法机关又先后进行一些修改:

(1)在1996年10月10日修订草案中,对此罪进行了一处较小的调整,即将之前稿本对单位犯罪规定中的"对直接负责的主管人员和其他直接责任人员"修改为"对其直接负责的主管人员和其他直接责任人员",以进一步明确这些直接责任人员与犯罪单位的归属关系。

(2)为了减少死刑条文,在1996年12月20日的修订草案中,将死刑规定从本罪法定刑中移出,并与其他金融诈骗罪的死刑集中规定在一起。

(3)在1997年3月13日修订草案中,在本罪第三档附加刑的规定中,增设了"并处五万元以上五十万元以下罚金"的规定;将单位犯罪的规定从本条中移出,并与其他金融诈骗单位犯罪的规定合并在一起加以规定。

这样,最终形成的1997年《刑法》第194条的规定是:"有下列情形之一,进行金融票据诈骗活动,数额较大的,处五年以下有期徒刑或者拘役,并处二万元以上二十万元以下罚金;数额巨大或者有其他严重情节的,处五年以上十年以下有期徒刑,并处五万元以上五十万元以下罚金;数额特别巨大或者有其他特别严重情节的,处十年以上有期徒刑或者无期徒刑,并处五万元以上五十万元以下罚金或者没收财产:(一)明知是伪造、变造的汇票、本票、支票而使用的;(二)明知是作废的汇票、本票、支票而使用的;(三)冒用他人的汇票、本票、支票的;(四)签发空头支票或者与其预留印鉴不符的支票,骗取财物的;(五)汇票、本票的出票人签发无资金保证的汇票、本票或者在出票时作虚假记载,骗取财物的。使用伪造、变造的委托收款凭证、汇款凭证、银行存单等其他银行结算凭证的,依照前款的规定处罚。"

四、信用证诈骗罪(第195条)

本罪原系《关于惩治破坏金融秩序犯罪的决定》对1979年刑法典补充规定的一种犯罪。该决定第13条规定:"有下列情形之一,进行信用证诈骗活动的,处五年以下有期徒刑或者拘役,并处二万元以上二十万元以下罚金;数额巨大或者有其他严重情节的,处五年以上十年以下有期徒刑,并处五万元以上五十万元以下罚金;数额特别巨大或者有其他特别严重情节的,处十年以上有期徒刑、无期徒刑或者死刑,并处没收财产:(一)使用伪造、变造的信用证或者附随的单据、文件的;(二)使用作废的信用证的;(三)骗取信用证的;(四)以其他方法进行信用证诈骗活动的。单位犯前款罪的,对单位判处罚金,并对直接负责的主管人员和其他直接责任人员,依照前款的规定处罚。"

在刑法起草研拟过程中,1996年8月8日的刑法分则修改草稿移植了上述决定的规定,之后立法工作机关和立法机关先后进行一些修改:一是在1996年10月10日修订草案中,作了一处微调,即将之前稿本对单位犯罪规定中的"对直接负责的主管人员和其他直接责任人员"修改为"对其直接负责的主管人员和其他直接责任人员",以进一步明确这些直接责任人员与犯罪单位的归属关系。二是为了减少死刑条文,在1996年12月20日修订草案中,将本罪的死刑规定从法定刑中移出,与其他金融诈骗罪的死刑作了集中性的规定。三是1997年3月13日修订草案在本罪第三档附加刑的规定中,增设了"并处五万元以上五十万元以下罚金"的规定;将单位犯罪的规定从本条中移出,与其他金融诈骗单位犯罪的规定合并在一起加以规定。

这样,最终形成的1997年《刑法》第195条的规定是:"有下列情形之一,进行信用证诈骗活动的,处五年以下有期徒刑或者拘役,并处二万元以上二十万元以下罚金;数额巨大或者有其他严重情节的,处五年以上十年以下有期徒刑,并处五万元以上五十万元以下罚金;数额特别巨大或者有其他特别严重情节的,处十年以上有期徒刑或者无期徒刑,并处五万元以上五十万元以下罚金或者没收财产:(一)使用伪造、变造的信用证或者附随的单据、文件的;(二)使用作废的信用证的;(三)骗取信用证的;(四)以其他方法进行信用证诈骗活动的。"

五、信用卡诈骗罪(第196条)

本罪原系《关于惩治破坏金融秩序犯罪的决定》对1979年刑法典补充规定的一种犯罪。该决定第14条规定:"有下列情形之一,进行信用卡诈骗活动,数额较大的,处五年以下有期徒刑或者拘役,并处二万元以上二十万元以下罚金;数额巨大或者有其他严重情节的,处五年以上十年以下有期徒刑,并处五万元以上五十万元以下罚金;数额特别巨大或者有其他特别严重情节的,处十年以上有期徒刑或者无期徒刑,并处没收财产:(一)使用伪造的信用卡的;(二)使用作废的信用卡的;(三)冒用他人信用卡的;(四)恶意透支的。盗窃信用卡并使用的,依照刑法关于盗窃罪的规定处罚。"

在刑法起草研拟过程中,1996年8月8日的刑法分则修改草稿移植了上述决定的规定,之后立法工作机关和立法机关先后进行一些修改:

(1)在1996年12月中旬修订草案中,明确规定,对于盗窃信用卡并使用的行为,依照盗窃罪定罪处罚。这一写法为之后的稿本以及刑法典所沿用。

（2）在1997年3月1日修订草案中，在本罪第2款专门对"恶意透支"作了界定，即："前款所称恶意透支，是指持卡人以非法占有为目的，超过规定限额或者规定期限透支，并且经发卡银行催收后仍不归还的行为。"

（3）1997年3月13日修订草案在本罪第三档附加刑的规定中，增设了"并处五万元以上五十万元以下罚金"的规定。

这样，经过以上的修改，最终形成了1997年《刑法》第196条的规定："有下列情形之一，进行信用卡诈骗活动，数额较大的，处五年以下有期徒刑或者拘役，并处二万元以上二十万元以下罚金；数额巨大或者有其他严重情节的，处五年以上十年以下有期徒刑，并处五万元以上五十万元以下罚金；数额特别巨大或者有其他特别严重情节的，处十年以上有期徒刑或者无期徒刑，并处五万元以上五十万元以下罚金或者没收财产：（一）使用伪造的信用卡的；（二）使用作废的信用卡的；（三）冒用他人信用卡的；（四）恶意透支的。前款所称恶意透支，是指持卡人以非法占有为目的，超过规定限额或者规定期限透支，并且经发卡银行催收后仍不归还的行为。盗窃信用卡并使用的，依照本法第二百六十四条的规定定罪处罚。"

1997年刑法典生效后，立法机关根据司法实践惩治和遏制信用卡犯罪的需要，于2005年2月28日通过了《刑法修正案（五）》，对《刑法》第196条的原规定作了修改，即在本罪规定的第（一）项行为中增加了"或者使用以虚假的身份证明骗领的信用卡"的规定。

此外，针对刑法中涉及的信用卡的犯罪，我国立法机关于2004年12月29日作出了《关于〈中华人民共和国刑法〉有关信用卡规定的解释》，该立法解释对刑法中信用卡的含义作了明确："刑法规定的'信用卡'，是指由商业银行或者其他金融机构发行的具有消费支付、信用贷款、转账结算、存取现金等全部功能或者部分功能的电子支付卡。"立法机关作出这一解释的背景是：我国现行《刑法》第177条和第196条对伪造信用卡和利用信用卡进行诈骗的犯罪作了规定。这些规定中的"信用卡"含义是指商业银行和其他金融机构发行的电子支付卡。随着商业银行和其他金融机构业务的发展，出现了多种形式的电子支付卡。中国人民银行为了加强对电子支付卡的管理，将银行和其他金融机构发行的各种形式的电子支付卡细分为信用卡、借记卡，并将信用卡再细分为贷记卡和准贷记卡。这样，司法实践中对伪造或者利用商业银行或者其他金融机构发行的电子支付卡进行的犯罪活动，在适用法律上就出现了不同认识。有的案件按照信用卡诈骗罪处理，有的按照金融凭证诈骗罪处理，有的按照普通诈骗罪处理，有的未作犯罪处理。为了统一执法，打击犯罪，经司法机关和有关部门建议，全国人大常委会针对这一问题，作出了上述解释。

六、有价证券诈骗罪(第197条)

本罪是1997年刑法典新增加的一种犯罪,在刑法修订研拟中,其写法首见于1997年2月17日的刑法修订草案(修改稿)中,该稿第198条规定:"使用伪造、变造的国库券或者国家发行的其他有价证券,进行诈骗活动,数额较大的,处五年以下有期徒刑或者拘役,并处二万元以上二十万元以下罚金;数额巨大或者有其他严重情节的,处五年以上十年以下有期徒刑,并处五万元以上五十万元以下罚金;数额特别巨大或者有其他特别严重情节的,处十年以上有期徒刑或者无期徒刑,并处没收财产。"1997年3月13日的修订草案在上述规定的基础上,对本罪第三档刑中的附加刑增设了"并处五万元以上五十万元以下罚金"的规定。由此,形成了现行《刑法》第197条的规定:"使用伪造、变造的国库券或者国家发行的其他有价证券,进行诈骗活动,数额较大的,处五年以下有期徒刑或者拘役,并处二万元以上二十万元以下罚金;数额巨大或者有其他严重情节的,处五年以上十年以下有期徒刑,并处五万元以上五十万元以下罚金;数额特别巨大或者有其他特别严重情节的,处十年以上有期徒刑或者无期徒刑,并处五万元以上五十万元以下罚金或者没收财产。"

七、保险诈骗罪(第198条)

1979年刑法典并没有对保险诈骗罪作出规定,在刑法全面修订研拟过程中,立法工作机关曾在1988年9月的刑法修改稿本中,规定有类似的犯罪,即:"违反保险法规,以欺诈方法获取保险赔偿的,处三年以下有期徒刑,可以并处罚金;情节严重的,处三年以上七年以下有期徒刑,并处罚金。"但在随后的1988年11月16日和12月25日的修改稿中,立法工作机关又删除了上述规定。

1995年6月30日,为了惩治金融领域的诈骗犯罪行为,全国人大常委会通过了《关于惩治破坏金融秩序犯罪的决定》,该决定专门规定了保险诈骗罪,其第16条规定:"有下列情形之一,进行保险诈骗活动,数额较大的,处五年以下有期徒刑或者拘役,并处一万元以上十万元以下罚金;数额巨大或者有其他严重情节的,处五年以上十年以下有期徒刑,并处二万元以上二十万元以下罚金;数额特别巨大或者有其他特别严重情节的,处十年以上有期徒刑,并处没收财产:(一)投保人故意虚构保险标的,骗取保险金的;(二)投保人、被保险人或者受益人对发生的保险事故编造虚假的原因或者夸大损失的程度,骗取保险金的;(三)投保人、被保险人或者受益人编造未曾发生的保险事故,骗取保险金的;(四)投保人、被保险人故意造成财产损失的保险事故,骗取保险金的;(五)投保人、受益人故意造成被保险人死亡、伤残或者疾病,骗取保险金的。有前款第(四)项、第(五)项所列行为,同时构成其他犯罪的,依照刑法数罪并罚的规定处罚。保险事故的鉴定人、证明人、财产评估人故意提供虚假的证明文件,为他人诈骗提供条件的,以保险诈骗的共犯论处。单位犯第一款罪的,对单位判处罚金,并对直接负责的主管人员和其他直接责任人员,依照第一款的规定处罚。"

以上的规定为立法工作机关之后对此罪法条的起草研拟提供了蓝本。如1996年8月8日和1996年8月31日稿本就照搬了上述规定。当然,之后的研拟也对上述规定的写法作了一些修改:一是在1996年10月10日的修订草案(征求意见稿)中,曾删除了保险诈骗罪共犯的规定,后来,到1996年12月中旬的稿本,又恢复了《金融秩序犯罪的决定》的写法。二是在1997年3月13日修订草案中,对本罪第三档的法定刑增设了罚金刑的规定,即"并处二万元以上二十万元以下罚金"。三是对本罪单位犯罪规定的写法也经历了一些反复和变化。按照1996年10月10日稿第174条的规定,对于犯罪单位中的直接责任人员,依照该条第1款的规定处罚。但到了1996年12月中旬稿,对本罪用了4款加以规定:第1款是保险诈骗罪及其法定刑的规定;第2款是数罪并罚的规定;第3款是保险诈骗罪共犯的规定;第4款规定的是单位犯罪,该款规定被修改成"单位犯第一款、第三款罪的,对单位判处罚金,并对其直接负责的主管人员和其他直接责任人员,依照各该款的规定处罚"。该稿中单位犯罪的这一写法为1996年12月20日以及1997年1月10日、2月17日和3月1日的修订草案所沿用。到了1997年3月13日修订草案,立法机关对本条单位犯罪的写法又作了较大的调整:一是将单位犯罪的规定由原来的第4款调整为第3款,原第3款的保险诈骗罪共犯的规定变成了第4款;二是对犯罪单位中的直接责任人员规定了独立的法定刑。

经过以上的调整,最后形成了1997年《刑法》第198条的规定:"有下列情形之一,进行保险诈骗活动,数额较大的,处五年以下有期徒刑或者拘役,并处一万元以上十万元以下罚金;数额巨大或者有其他严重情节的,处五年以上十年以下有期徒刑,并处二万元以上二十万元以下罚金;数额特别巨大或者有其他特别严重情节的,处十年以上有期徒刑,并处二万元以上二十万元以下罚金或者没收财产:(一)投保人故意虚构保险标的,骗取保险金的;(二)投保人、被保险人或者受益人对发生的保险事故编造虚假的原因或者夸大损失的程度,骗取保险金的;(三)投保人、被保险人或者受益人编造未曾发生的保险事故,骗取保险金的;(四)投保人、被保险人故意造成财产损失的保险事故,骗取保险金的;(五)投保人、受益人故意造成被保险人死亡、伤残或者疾病,骗取保险金的。有前款第(四)项、第(五)项所列行为,同时构成其他犯罪的,依照数罪并罚的规定处罚。单位犯第一款罪的,对单位判处罚金,并对其直接负责的主管人员和其他直接责任人员,处五年以下有期徒刑或者拘役;数额巨大或者有其他严重情节的,处五年以上十年以下有期徒刑;数额特别巨大或者有其他特别严重情节的,处十年以上有期徒刑。保险事故的鉴定人、证明人、财产评估人故意提供虚假的证明文件,为他人诈骗提供条件的,以保险诈骗的共犯论处。"

八、本节之罪刑罚的特别规定(第199条)

在《关于惩治破坏金融秩序犯罪的决定》中,立法机关对集资诈骗罪、信用证诈骗罪、票据诈骗罪和金融凭证诈骗罪等4种犯罪规定有死刑。在对刑法起草研拟的过程中,为了减少死刑条文的数量,1996年12月20日的修订草案将原分散在各罪中的死刑规定集中在一个条文中加以规定。该草案第184条规定:"犯本节第一百七十八条、第一百八十条、第一百八十一条罪,数额特别巨大并且给国家和人民利益造成特别重大损失的,处无期徒刑或者死刑,并处没收财产。"在对上述规定所涉及的法条序号进行调整后,最终形成了1997年《刑法》第199条的规定,即"犯本节第一百九十二条、第一百九十四条、第一百九十五条规定之罪,数额特别巨大并且给国家和人民利益造成特别重大损失的,处无期徒刑或者死刑,并处没收财产。"之后,由于《刑法修正案(八)》废止了第194条和第195条规定的票据诈骗罪、金融凭证诈骗罪以及信用证诈骗罪3种犯罪的死刑,所以,《刑法修正案(八)》也对本条的规定作了相应的修改:"犯本节第一百九十二条规定之罪,数额特别巨大并且给国家和人民利益造成特别重大损失的,处无期徒刑或者死刑,并处没收财产。"

九、单位犯本节之罪的处罚(第200条)

在《关于惩治破坏金融秩序犯罪的决定》以及一些刑法研拟稿本中,本节中的单位犯罪一直是分散在各该罪的法条中规定的。后来,考虑到这种写法过于繁琐,为简化条文,立法机关在1997年3月13日的修订草案中,方将集资诈骗罪、票据诈骗罪、金融凭证诈骗罪以及信用证诈骗罪的单位犯罪的规定集中在一个条文中规定。该草案第200条规定:"单位犯本节第一百九十二条、第一百九十四条、第一百九十五条规定之罪的,对单位判处罚金,并对其直接负责的主管人员和其他直接责任人员,处五年以下有期徒刑或者拘役;数额巨大或者有其他严重情节的,处五年以上十年以下有期徒刑;数额特别巨大或者有其他特别严重情节的,处十年以上有期徒刑或者无期徒刑。"这也就是1997年《刑法》第200条的规定。之后,《刑法修正案(八)》基于司法实践的需要,在本条中对直接责任人员补充规定了罚金刑,这样,《刑法》第200条的规定被修改为:"单位犯本节第一百九十二条、第一百九十四条、第一百九十五条规定之罪的,对单位判处罚金,并对其直接负责的主管人员和其他直接责任人员,处五年以下有期徒刑或者拘役,可以并处罚金;数额巨大或者有其他严重情节的,处五年以上十年以下有期徒刑,并处罚金;数额特别巨大或者有其他特别严重情节的,处十年以上有期徒刑或者无期徒刑,并处罚金。"

第六节 危害税收征管罪

一、逃税罪（第201条）

1979年《刑法》第121条是把偷税与抗税规定在一起的，并且处罚的是直接责任人员。该条规定："违反税收法规，偷税、抗税，情节严重的，除按照税收法规补税并且可以罚款外，对直接责任人员，处三年以下有期徒刑或者拘役。"显然，这一规定过于粗疏，不能完全适应惩治日益严重的偷税、抗税犯罪的需要，为此，1992年9月4日全国人大常委会专门通过了《关于惩治偷税、抗税犯罪的补充规定》（以下简称《偷税、抗税犯罪的补充规定》），在《偷税、抗税犯罪的补充规定》中，对偷税罪和抗税罪分设两个条文加以规定。《偷税、抗税犯罪的补充规定》第1条规定："纳税人采取伪造、变造、隐匿、擅自销毁账簿、记账凭证，在账簿上多列支出或者不列、少列收入，或者进行虚假的纳税申报的手段，不缴或者少缴应纳税款的，是偷税。偷税数额占应纳税额的百分之十以上并且偷税数额在一万元以上的，或者因偷税被税务机关给予二次行政处罚又偷税的，处三年以下有期徒刑或者拘役，并处偷税数额五倍以下的罚金；偷税数额占应纳税额的百分之三十以上并且偷税数额在十万元以上的，处三年以上七年以下有期徒刑，并处偷税数额五倍以下的罚金。扣缴义务人采取前款所列手段，不缴或者少缴已扣、已收税款，数额占应缴税额的百分之十以上并且数额在一万元以上的，依照前款规定处罚。对多次犯有前两款规定的违法行为未经处罚的，按照累计数额计算。"

在刑法起草研拟中，1988年的3个稿本基本上是以1979年《刑法》第121条的规定为基础起草本罪法条的。如1988年9月的刑法修改稿规定："违反税收法规，偷税、抗税，情节严重的，处三年以下有期徒刑或者拘役，可以并处、单处罚金；情节特别严重的，处三年以上七年以下有期徒刑，可以并处、单处罚金。"1988年11月16日和12月25日稿的写法，除了将上述规定的加重法定刑中的"可以并处、单处罚金"修改为"并处罚金"外，其他的表述与9月稿的写法相同。

1992年《偷税、抗税犯罪的补充规定》通过后，立法工作机关对本罪法条的起草开始以《偷税、抗税犯罪的补充规定》的写法为蓝本，并先后经过一些修改和调整：

（1）在1996年10月10日的修订草案（征求意见稿）中，立法工作机关一改之前稿本对本罪规定采用的"罪状＋罪名＋法定刑"的模式，以"罪状＋法定刑"的模式取而代之。

（2）在立法修订研拟中，国家税务总局和一些地方提出，《偷税、抗税犯罪的补充规定》所列举的偷税行为并没有包括最常见、最主要的偷税手法——应当进行纳税申报而不申报以及扣缴义务人应扣税不扣税的行为,因此建议将纳税义务人不申报或不如实申报、扣缴义务人不扣或者少扣税款,数额较大的,也规定为犯罪。[①] 经过研究和论证,立法机关部分采纳了上述建议,在 1996 年 12 月 20 日的修订草案第 185 条中,增加了"应申报而不申报"的行为方式,但到了 1997 年 2 月 17 日修订草案(修改稿),这一表述又被修改为"经税务机关通知申报而拒不申报"。

(3) 在 1996 年 12 月 20 日修订草案中,立法机关曾对本罪的基本刑增设了"管制",但在 1997 年 3 月 1 日修订草案中,立法机关又删除了管制的规定。

(4) 在 1996 年 10 月 10 日的稿本中,立法工作机关修改了偷税罪定罪量刑标准的表述,即由原规定的"偷税数额占应纳税额的百分之十以上并且偷税数额在一万元以上"修改为"偷税数额占应纳税额的百分之十以上不满百分之三十并且偷税数额在一万元以上不满十万元的"。鉴于原先规定中的罚金实际上没有下限的限制,故在该稿本中,对罚金的规定也作了修改,即由原规定中的"偷税数额五倍以下的罚金"修改为"偷税数额一倍以上五倍以下的罚金"。

(5) 在 1997 年 2 月 17 日修订草案(修改稿)中,立法机关将原规定第 3 款"对多次犯有前两款规定的违法行为未经处罚"的表述修改为"对多次犯有前两款行为,未经处理"。

经过以上的修改和调整,最终形成了 1997 年《刑法》第 201 条的规定:"纳税人采取伪造、变造、隐匿、擅自销毁账簿、记账凭证,在账簿上多列支出或者不列、少列收入,经税务机关通知申报而拒不申报或者进行虚假的纳税申报的手段,不缴或者少缴应纳税款,偷税数额占应纳税额的百分之十以上不满百分之三十并且偷税数额在一万元以上不满十万元的,或者因偷税被税务机关给予二次行政处罚又偷税的,处三年以下有期徒刑或者拘役,并处偷税数额一倍以上五倍以下罚金;偷税数额占应纳税额的百分之三十以上并且偷税数额在十万元以上的,处三年以上七年以下有期徒刑,并处偷税数额一倍以上五倍以下罚金。扣缴义务人采取前款所列手段,不缴或者少缴已扣、已收税款,数额占应缴税额的百分之十以上并且数额在一万元以上的,依照前款的规定处罚。对多次犯有前两款行为,未经处理的,按照累计数额计算。"

1997 年刑法典颁行后,全国人大常委会于 2009 年 2 月 28 日通过了《刑法修正案(七)》,该修正案对《刑法》第 201 条的原规定作了较大的修改和补充,主要表现在:

(1) 从司法实践中看,偷逃税款的情况十分复杂,同样的偷税数额在不同时期对社会的危害程度不同,有鉴于此,有部门建议在刑法中对偷税罪的具体数额标准

[①] 参见《中央有关部门、地方及法律专家对刑法修订草案(征求意见稿)的意见》,载高铭暄、赵秉志编:《新中国刑法立法文献资料总览》(下),中国人民公安大学出版社 1998 年版,第 2163 页。

不作规定,由司法机关根据实际情况作出司法解释并适时调整。立法机关经过研究和论证,采纳这一建议,取消了具体数额的规定,以"数额较大"、"数额巨大"取而代之;同时,也简化了本罪罪状的表述。

(2) 考虑到打击偷税犯罪的主要目的是为了维护税收征管秩序,保证国家税收收入,对属于初犯,经税务机关指出后积极补缴税款和滞纳金,履行了纳税义务,接受行政处罚的,可不作为犯罪追究刑事责任,这样处理可以较好地体现宽严相济的刑事政策。

综上,经过这次修正后的《刑法》第201条的规定是:"纳税人采取欺骗、隐瞒手段进行虚假纳税申报或者不申报,逃避缴纳税款数额较大并且占应纳税额百分之十以上的,处三年以下有期徒刑或者拘役,并处罚金;数额巨大并且占应纳税额百分之三十以上的,处三年以上七年以下有期徒刑,并处罚金。扣缴义务人采取前款所列手段,不缴或者少缴已扣、已收税款,数额较大的,依照前款的规定处罚。对多次实施前两款行为,未经处理的,按照累计数额计算。有第一款行为,经税务机关依法下达追缴通知后,补缴应纳税款,缴纳滞纳金,已受行政处罚的,不予追究刑事责任;但是,五年内因逃避缴纳税款受过刑事处罚或者被税务机关给予二次以上行政处罚的除外。"根据有关的司法解释,本罪的罪名也由"偷税罪"变更为"逃税罪"。

二、抗税罪(第202条)

如前所述,1979年《刑法》第121条的抗税罪是与偷税罪规定在一个条文中的,但在1992年全国人大常委会通过的《偷税、抗税犯罪的补充规定》中,立法机关将这两种犯罪分立两个条文加以规定。该补充规定第6条规定:"以暴力、威胁方法拒不缴纳税款的,是抗税,处三年以下有期徒刑或者拘役,并处拒缴税款五倍以下的罚金;情节严重的,处三年以上七年以下有期徒刑,并处拒缴税款五倍以下的罚金。以暴力方法抗税,致人重伤或者死亡的,按照伤害罪、杀人罪从重处罚,并依照前款规定处以罚金。"

在刑法起草研拟中,1988年的3个稿本与1979年刑法典的规定方式相同,均将偷税与抗税规定在一个条文中。《偷税、抗税犯罪的补充规定》通过后,立法机关即开始以补充规定的写法为基础起草研拟本罪法条,并先后对其进行过三个方面的修改:

(1) 在1996年12月中旬的修订草案中,立法工作机关曾对本罪的基本刑增加规定了管制,但到了1997年3月1日修订草案,立法机关又删除了之前稿本为此罪基本刑增设的管制。

(2) 在1996年12月中旬的修订草案中,立法工作机关将本罪原第2款规定中的"按照伤害罪、杀人罪从重处罚"修改为"按照本法第二百一十五条、第二百一十三条的规定定罪处罚"。这种写法被1996年12月20日、1997年1月10日的修订草案所沿用,然而,到了1997年2月17日修订草案(修改稿),立法机关又删除了本罪原第2款的规定,并一直维持到新刑法典通过。

(3)鉴于原规定中"五倍以下的罚金"实际上没有设定罚金的下限,所以从1996年10月10日的稿本起,将罚金的规定修改为"一倍以上五倍以下的罚金"。

经过以上的修改,最后形成了1997年《刑法》第202条的规定:"以暴力、威胁方法拒不缴纳税款的,处三年以下有期徒刑或者拘役,并处拒缴税款一倍以上五倍以下罚金;情节严重的,处三年以上七年以下有期徒刑,并处拒缴税款一倍以上五倍以下罚金。"

三、逃避追缴欠税罪(第203条)

本罪原系《偷税、抗税犯罪的补充规定》对1979年刑法典补充规定的一种犯罪。该补充规定第2条规定:"纳税人欠缴应纳税款,采取转移或者隐匿财产的手段,致使税务机关无法追缴欠缴的税款,数额在一万元以上不满十万元的,处三年以下有期徒刑或者拘役,并处欠缴税款五倍以下的罚金;数额在十万元以上的,处三年以上七年以下有期徒刑,并处欠缴税款五倍以下的罚金。"

在刑法修订研拟中,1996年8月8日的刑法分则修改草稿移植了上述单行刑法的规定。之后,对这一写法先后进行了一些修改:

(1)在1996年12月中旬的稿本中,曾在本罪的第一档法定刑中增设了管制刑,但后来在1997年3月1日的稿本中,又删除了管制的规定。

(2)鉴于原规定中的"五倍以下的罚金"实际上没有设置罚金的下限,故在1996年10月10日的稿本中,将罚金的规定修改为"一倍以上五倍以下的罚金"。

(3)在1997年3月1日的稿本中,对本罪第一档法定刑增设了"单处罚金"的规定。

这样,经过以上的修改和调整,最终形成了1997年《刑法》第203条的规定:"纳税人欠缴应纳税款,采取转移或者隐匿财产的手段,致使税务机关无法追缴欠缴的税款,数额在一万元以上不满十万元的,处三年以下有期徒刑或者拘役,并处或者单处欠缴税款一倍以上五倍以下罚金;数额在十万元以上的,处三年以上七年以下有期徒刑,并处欠缴税款一倍以上五倍以下罚金。"

四、骗取出口退税罪(第204条)

本罪原系《偷税、抗税犯罪的补充规定》对1979年刑法典补充规定的一种犯罪。该补充规定第5条规定:"企业事业单位采取对所生产或者经营的商品假报出口等欺骗手段,骗取国家出口退税款,数额在一万元以上的,处骗取税款五倍以下的罚金,并对负有直接责任的主管人员和其他直接责任人员,处三年以下有期徒刑或者拘役。前款规定以外的单位或者个人骗取国家出口退税款的,按照诈骗罪追究刑事责任,并处骗取税款五倍以下的罚金;单位犯本款罪的,除处以罚金外,对负有直接责任的主管人员和其他直接责任人员,按照诈骗罪追究刑事责任。"

在刑法修订研拟中,对本罪无论是犯罪构成还是法定刑,都作了较大的修改。

从本罪被写入刑法修改稿本的过程看,其写法先后经历过一系列的变化:

(1) 在1996年8月8日的分则修改草稿中,《偷税、抗税犯罪的补充规定》的上述以犯罪主体的性质决定定罪和量刑的规定被移植进该稿本中,但到了1996年8月31日的稿本,立法工作机关曾删除了本罪。

(2) 在1996年10月10日的修订草案(征求意见稿)中,立法工作机关对骗取出口退税行为的定罪量刑不再以主体的性质来决定,而是以行为人是否缴纳税款为标准。具体规定是:"纳税人缴纳税款后,采取对所生产或者经营的商品假报出口等欺骗手段,骗取国家出口退税款,数额在一万元以上的,处骗取税款一倍以上五倍以下罚金,并对其直接负责的主管人员和其他直接责任人员,处三年以下有期徒刑或者拘役。未缴纳税款,骗取国家出口退税的,依照本法第二百三十九条①的规定处罚,并处骗取税款一倍以上五倍以下罚金。"这一写法一直延续到1996年12月20日的修订草案稿。

(3) 在1996年12月中旬的稿本中,立法工作机关曾对本罪第1款有关责任人员的处刑增加规定了管制刑。但在1997年3月1日的修订草案中,立法机关又删除了前稿对此罪增设的管制。

(4) 对于1996年10月10日修订草案(征求意见稿)的写法,国家税务总局提出,征求意见稿规定的骗取出口退税罪是以是否缴过税款来确定定罪处刑标准的。对缴纳的定骗取出口退税罪,对未缴纳的定诈骗罪,而且这两种罪刑罚相差悬殊,骗取出口退税罪最高刑是3年有期徒刑,诈骗罪可以判到无期徒刑。这种规定既不合理,也难以操作。骗税的危害性应当以骗税的数额大小、手段等情节来衡量。有些犯罪分子缴了一点税就是为了获取有关退税的凭证,然后篡改作假,骗取税款。如果一个犯罪分子只缴10万元税骗取1 000万元税,根据本条规定最高只能判3年,不符合罪刑相适应原则。建议对骗取出口退税罪规定统一的罪名,并根据骗税数额大小,设定几个量刑档次。② 立法机关经过研究和论证,在1997年1月10日的修订草案中,对本罪法条的规定作了调整。具体而言:"以假报出口或者其他欺骗手段,骗取国家出口退税款的,依照本法第二百五十三条③的规定处罚,并处

---

① 本条规定的是诈骗罪。
② 参见《中央有关部门、地方及法律专家对刑法修订草案(征求意见稿)的意见》,载高铭暄、赵秉志编:《新中国刑法立法文献资料总览》(下),中国人民公安大学出版社1998年版,第2164页。
③ 本条规定的是诈骗罪。

骗取税款一倍以上五倍以下罚金。纳税人缴纳税款后,采取前款规定的欺骗方法,骗取所缴纳的税款的,依照本法第一百八十五条①的规定定罪处罚;骗取税款超过所缴纳的税款部分,依照前款的规定处罚。"到了1997年2月17日的修订草案修改稿,立法机关又对本罪法条中被援引的犯罪作了调整,即:"以假报出口或者其他欺骗手段,骗取国家出口退税款的,依照本法第二百六十四条②的规定处罚,并处骗取税款一倍以上五倍以下罚金。纳税人缴纳税款后,采取前款规定的欺骗方法,骗取所缴纳的税款的,依照本法第二百零一条③的规定定罪处罚;骗取税款超过所缴纳的税款部分,依照前款的规定处罚。"

(5)在1997年3月1日的修订草案中,立法机关对本条第1款规定之罪由援引法定刑的模式变为独立的法定刑,即:"以假报出口或者其他欺骗手段,骗取国家出口退税款,数额较大的,处五年以下有期徒刑或者拘役,并处骗取税款一倍以上五倍以下罚金;数额巨大或者有其他严重情节的,处五年以上十年以下有期徒刑,并处骗取税款一倍以上五倍以下罚金;数额特别巨大或者有其他特别严重情节的,处十年以上有期徒刑或者无期徒刑,并处骗取税款一倍以上五倍以下罚金。"本条第2款的内容与1997年2月17日稿的规定相同。

(6)在1997年3月13日的修订草案中,立法机关又在3月1日稿的基础上对本条第1款规定的第三档刑增设了"没收财产"。

经过以上的修改和调整,最后形成的1997年《刑法》第204条的规定是:"以假报出口或者其他欺骗手段,骗取国家出口退税款,数额较大的,处五年以下有期徒刑或者拘役,并处骗取税款一倍以上五倍以下罚金;数额巨大或者有其他严重情节的,处五年以上十年以下有期徒刑,并处骗取税款一倍以上五倍以下罚金;数额特别巨大或者有其他特别严重情节的,处十年以上有期徒刑或者无期徒刑,并处骗取税款一倍以上五倍以下罚金或者没收财产。纳税人缴纳税款后,采取前款规定的欺骗方法,骗取所缴纳的税款的,依照本法第二百零一条的规定定罪处罚;骗取税款超过所缴纳的税款部分,依照前款的规定处罚。"

五、虚开增值税专用发票、用于骗取出口退税、抵扣税款发票罪(第205条)

本罪原系1995年10月30日全国人大常委会通过的《关于惩治虚开、伪造和非法出售增值税专用发票犯罪的决定》(以下简称《增值税发票犯罪的决定》)对1979年刑法典补充规定的一种犯罪。该决定第1条规定:"虚开增值税专用发票

---

① 本条规定的是票据诈骗罪和金融凭证诈骗罪。
② 本条规定的是诈骗罪。
③ 本条规定的是偷税罪。

的,处三年以下有期徒刑或者拘役,并处二万元以上二十万元以下罚金;虚开的税款数额较大或者有其他严重情节的,处三年以上十年以下有期徒刑,并处五万元以上五十万元以下罚金;虚开的税款数额巨大或者有其他特别严重情节的,处十年以上有期徒刑或者无期徒刑,并处没收财产。有前款行为骗取国家税款,数额特别巨大、情节特别严重、给国家利益造成特别重大损失的,处无期徒刑或者死刑,并处没收财产。虚开增值税专用发票的犯罪集团的首要分子,分别依照前两款的规定从重处罚。虚开增值税专用发票是指有为他人虚开、为自己虚开、让他人为自己虚开、介绍他人虚开增值税专用发票行为之一的。"第5条规定:"虚开用于骗取出口退税、抵扣税款的其他发票的,依照本决定第一条的规定处罚。虚开用于骗取出口退税、抵扣税款的其他发票是指有为他人虚开、为自己虚开、让他人为自己虚开、介绍他人虚开用于骗取出口退税、抵扣税款的其他发票行为之一的。"

在刑法修订研拟中,《增值税发票犯罪的决定》的上述规定被写入刑法研拟稿本时,立法工作机关对其作了一些归并和调整。例如,在1996年8月8日的稿本中,立法工作机关在《增值税发票犯罪的决定》第1条第1款和第5条第1款写法的基础上进行了合并,同时保留了第1条第2款的规定,删除了首要分子从重处罚以及两条文中对"虚开"的解释性规定。具体写法是:"虚开增值税专用发票或者虚开用于骗取出口退税、抵扣税款的其他发票的,处三年以下有期徒刑或者拘役,并处二万元以上二十万元以下罚金;虚开的税款数额较大或者有其他严重情节的,处三年以上十年以下有期徒刑,并处五万元以上五十万元以下罚金;虚开的税款数额巨大或者有其他特别严重情节的,处十年以上有期徒刑或者无期徒刑,并处没收财产。有前款行为骗取国家税款,数额特别巨大、情节特别严重、给国家利益造成特别重大损失的,处无期徒刑或者死刑,并处没收财产。"

在1996年10月10日的修订草案(征求意见稿)中,立法工作机关以上述写法为基础,将《增值税发票犯罪的决定》原先对"虚开"的界定作了合并,增加了"虚开"的解释性规定,即第179条第3款规定:"虚开增值税专用发票或者虚开用于骗取出口退税、抵扣税款的其他发票是指有为他人虚开、为自己虚开、让他人为自己虚开、介绍他人虚开行为之一的。"

在1996年12月中旬的稿本中,立法工作机关曾在本罪第一档刑中增设了管制刑,但后来,基于协调管制在分则中的布局的需要,在1997年3月1日的稿本中,立法机关又删除了之前稿本所增设的管制刑。到了1997年3月13日的修订草案,立法机关又将本罪单位犯罪的规定由原来与其他犯罪规定在一起的做法改而作为本罪的一款加以规定,同时在本罪第三档刑中增设了"并处五万元以上五十万元以下罚金"的规定。

经过以上的修改和调整,形成了1997年《刑法》第205条的规定:"虚开增值税专用发票或者虚开用于骗取出口退税、抵扣税款的其他发票的,处三年以下有期徒刑或者拘役,并处二万元以上二十万元以下罚金;虚开的税款数额较大或者有其他严重情节的,处三年以上十年以下有期徒刑,并处五万元以上五十万元以下罚金;虚开的税款数额巨大或者有其他特别严重情节的,处十年以上有期徒刑或者无期徒刑,并处五万元以上五十万元以下罚金或者没收财产。有前款行为骗取国家税款,数额特别巨大,情节特别严重,给国家利益造成特别重大损失的,处无期徒刑或者死刑,并处没收财产。单位犯本条规定之罪的,对单位判处罚金,并对其直接负责的主管人员和其他直接责任人员,处三年以下有期徒刑或者拘役;虚开的税款数额较大或者有其他严重情节的,处三年以上十年以下有期徒刑;虚开的税款数额巨大或者有其他特别严重情节的,处十年以上有期徒刑或者无期徒刑。虚开增值税专用发票或者虚开用于骗取出口退税、抵扣税款的其他发票,是指有为他人虚开、为自己虚开、让他人为自己虚开、介绍他人虚开行为之一的。"

1997年刑法典颁行后,实践中出现了利用伪造的海关代征增值税专用缴款书骗取出口退税、抵扣税款的案件,司法机关和有关部门对于海关代征增值税专用缴款书这类完税凭证,是否属于刑法所规定的出口退税、抵扣税款的其他发票,出现了不同认识。为消除认识上的分歧,统一司法和执法,全国人大常委会于2005年12月29日专门作出的《关于〈中华人民共和国刑法〉有关出口退税、抵扣税款的其他发票规定的解释》认为,刑法规定的"出口退税、抵扣税款的其他发票",是指除增值税专用发票以外的,具有出口退税、抵扣税款功能的收付款凭证或者完税凭证。

之后,本罪的法条又发生了引人瞩目的变化,《刑法修正案(八)》废止了本罪的死刑规定,删除了本条第2款,这样,本罪的法条由原先的4款规定被修改为3款。

六、虚开发票罪(第205条之一)

本条系《刑法修正案(八)》新增之罪。我国1997年刑法典规定了虚开增值税专用发票、用于骗取出口退税、抵扣税款发票罪,使这一行为得到有效遏制,但是由于普通发票种类样式繁多,真伪判别较为困难,一些单位便利用虚假发票套现用于本单位福利补贴等非法用途;一些人利用虚假发票报账;有的利用虚假发票逃避税款等。从税务机关和审计部门的抽查情况看,在金融保险、建筑安装、餐饮服务等行业,乃至部分行政事业单位,使用假发票问题已经十分普遍。由于刑法对于虚开此类发票行为没有作出规定,而这类行为在司法实践中又较为普遍,具有相当的社会危害性。因此,近年来,一些全国人大代表、执法机关和社会公众都强烈呼吁修改完善刑法,以严厉打击虚开、使用假发票的犯罪。有鉴于此,《刑法修正案(八)》增设了此罪,即在《刑法》第205条后增加一条,作为第205条之一:"虚开本法第二百零五条规定以外的其他发票,情节严重的,处二年以下有期徒刑、拘役或者管制,并处罚金;情节特别严重的,处二年以上七年以下有期徒刑,并处罚金。单位犯前款罪的,对单位判处罚金,并对其直接负责的主管人员和其他直接责任人员,依照前款的规定处罚。"

七、伪造、出售伪造的增值税专用发票罪(第206条)

本罪原系《增值税发票犯罪的决定》对1979年刑法典增加规定的一种犯罪。该决定第2条规定:"伪造或者出售伪造的增值税专用发票的,处三年以下有期徒刑或者拘役,并处二万元以上二十万元以下罚金;数量较大或者有其他严重情节的,处三年以上十年以下有期徒刑,并处五万元以上五十万元以下罚金;数量巨大或者有其他特别严重情节的,处十年以上有期徒刑或者无期徒刑,并处没收财产。伪造并出售伪造的增值税专用发票,数量特别巨大、情节特别严重、严重破坏经济秩序的,处无期徒刑或者死刑,并处没收财产。伪造、出售伪造的增值税专用发票的犯罪集团的首要分子,分别依照前两款的规定从重处罚。"

在刑法修订研拟中,1996年8月8日的刑法分则修改草稿保留了《增值税发票犯罪的决定》第2条第1款和第2款的规定,删除了犯罪集团的首要分子从重处罚的规定。到了1996年10月10日稿,立法工作机关在前稿的基础上,将原先被删除的犯罪集团首要分子从重处罚的规定重新规定在本罪中。然而,在1997年2月17日稿中,立法机关又删除了首要分子从重处罚的规定,并且一直到新刑法典通过,再也没有类似的写法。

从本罪法定刑上看,先后也进行了一些调整。在1996年12月中旬的稿本中,立法工作机关曾在本罪第一档法定刑中增设了"管制";在1997年3月13日的稿本中,立法机关为本罪第三档的法定刑增设了"并处五万元以上五十万元以下罚金"的规定,同时对本罪的单位犯罪主体由原先与其他犯罪一起予以集中规定的模式修改成作为本罪的一款加以规定。这些修改均为新刑法典所采纳。

总之,经过以上的修改和调整,最后形成了1997年《刑法》第206条的规定是:"伪造或者出售伪造的增值税专用发票的,处三年以下有期徒刑、拘役或者管制,并处二万元以上二十万元以下罚金;数量较大或者有其他严重情节的,处三年以上十年以下有期徒刑,并处五万元以上五十万元以下罚金;数量巨大或者有其他特别严重情节的,处十年以上有期徒刑或者无期徒刑,并处五万元以上五十万元以下罚金或者没收财产。伪造并出售伪造的增值税专用发票,数量特别巨大,情节特别严重,严重破坏经济秩序的,处无期徒刑或者死刑,并处没收财产。单位犯本条规定之罪的,对单位判处罚金,并对其直接负责的主管人员和其他直接责任人员,处三年以下有期徒刑、拘役或者管制;数量较大或者有其他严重情节的,处三年以上十年以下有期徒刑;数量巨大或者有其他特别严重情节的,处十年以上有期徒刑或者无期徒刑。"1997年刑法典颁行后,《刑法修正案(八)》废止了本罪的死刑,删除了本条第2款的规定,由此,本条的规定由原先的3款被修改成了两款。

八、非法出售增值税专用发票罪(第207条)

本罪原系《增值税发票犯罪的决定》对1979年刑法典补充规定的一种犯罪,该决定第3条规定:"非法出售增值税专用发票的,处三年以下有期徒刑或者拘役,并处二万元以上二十万元以下罚金;数量较大的,处三年以上十年以下有期徒刑,并处五万元以上五十万元以下罚金;数量巨大的,处十年以上有期徒刑或者无期徒刑,并处没收财产。"

在刑法修订研拟中,对该罪条文作了两处调整和修改:一是在1996年12月中旬的修订草案中,立法工作机关在本罪第一档法定刑中增设了"管制"。二是在1997年3月13日的修订草案中,立法机关对本罪第三档的法定刑增设了"并处五万元以上五十万元以下罚金"的规定。由此,最终形成了1997年《刑法》第207条的规定:"非法出售增值税专用发票的,处三年以下有期徒刑、拘役或者管制,并处二万元以上二十万元以下罚金;数量较大的,处三年以上十年以下有期徒刑,并处五万元以上五十万元以下罚金;数量巨大的,处十年以上有期徒刑或者无期徒刑,并处五万元以上五十万元以下罚金或者没收财产。"

九、非法购买增值税专用发票、购买伪造的增值税专用发票罪(第208条)

本罪原系《增值税发票犯罪的决定》对1979年刑法典补充规定的一种犯罪,该决定第4条规定:"非法购买增值税专用发票或者购买伪造的增值税专用发票的,处五年以下有期徒刑或者拘役,并处或者单处二万元以上二十万元以下罚金。非法购买增值税专用发票或者购买伪造的增值税专用发票又虚开或者出售的,分别依照第一条、第二条、第三条的规定处罚。"

立法工作机关在将上述规定写入刑法修改稿本时,仅仅作了一处实质性的调整,即在1996年12月中旬的稿本中,将原第2款中的"依照……处罚"修改成了"依照……定罪处罚"。这样,最后形成的1997年《刑法》第208条的规定是:"非法购买增值税专用发票或者购买伪造的增值税专用发票的,处五年以下有期徒刑或者拘役,并处或者单处二万元以上二十万元以下罚金。非法购买增值税专用发票或者购买伪造的增值税专用发票又虚开或者出售的,分别依照本法第二百零五条、第二百零六条、第二百零七条的规定定罪处罚。"

十、非法制造、出售非法制造的用于骗取出口退税、抵扣税款发票罪,非法制造、出售非法制造的发票罪,非法出售用于骗取出口退税、抵扣税款发票罪,非法出售发票罪(第209条)

本罪原系《增值税发票犯罪的决定》对1979年刑法典补充规定的四种犯罪。

该决定第 6 条规定:"伪造、擅自制造或者出售伪造、擅自制造的可以用于骗取出口退税、抵扣税款的其他发票的,处三年以下有期徒刑或者拘役,并处二万元以上二十万元以下罚金;数量巨大的,处三年以上七年以下有期徒刑,并处五万元以上五十万元以下罚金;数量特别巨大的,处七年以上有期徒刑,并处没收财产。伪造、擅自制造或者出售伪造、擅自制造的前款规定以外的其他发票的,比照刑法第一百二十四条①的规定处罚。非法出售可以用于骗取出口退税、抵扣税款的其他发票的,依照第一款的规定处罚。非法出售前款规定以外的其他发票的,比照刑法第一百二十四条的规定处罚。"

在刑法修订研拟中,立法工作机关和立法机关先后对上述规定作了一些修改和调整:

(1) 在 1996 年 10 月 10 日的修订草案(征求意见稿)中,立法工作机关对《增值税发票犯罪的决定》第 6 条第 2 款和第 4 款所采用的"比照"处罚的写法进行了修改,具体而言,该稿第 183 条第 2 款规定:"伪造、擅自制造或者出售伪造、擅自制造的前款规定以外的其他发票的,处二年以下有期徒刑或者拘役,并处或者单处一万元以上五万元以下罚金;情节严重的,处二年以上七年以下有期徒刑,并处五万元以上五十万元以下罚金。"第 4 款规定:"非法出售前款规定以外的其他发票的,依照第二款的规定处罚。"

(2) 在 1996 年 12 月中旬的修订草案中,立法工作机关以 10 月 10 日的征求意见稿的规定为基础,对第 1 款和第 2 款规定的第一档法定刑分别增设了管制;在 1997 年 2 月 17 日的修订草案(修改稿)中,立法机关将第 4 款规定中"非法出售前款规定以外的其他发票"的表述修改为"非法出售第三款规定以外的其他发票";1997 年 3 月 13 日稿在前一稿规定的基础上,在第 1 款规定的第三档法定刑中增设了"并处五万元以上五十万元以下罚金"的规定。

经过以上的修改和调整,最终形成了 1997 年《刑法》第 209 条的规定:"伪造、擅自制造或者出售伪造、擅自制造的可以用于骗取出口退税、抵扣税款的其他发票的,处三年以下有期徒刑、拘役或者管制,并处二万元以上二十万元以下罚金;数量巨大的,处三年以上七年以下有期徒刑,并处五万元以上五十万元以下罚金;数量特别巨大的,处七年以上有期徒刑,并处五万元以上五十万元以下罚金或者没收财产。伪造、擅自制造或者出售伪造、擅自制造的前款规定以外的其他发票的,处二年以下有期徒刑、拘役或者管制,并处或者单处一万元以上五万元以下罚金;情节严重的,处二年以上七年以下有期徒刑,并处五万元以上五十万元以下罚金。非法出售可以用于骗取出口退税、抵扣税款的其他发票的,依照第一款的规定处罚。非法出售第三款规定以外的其他发票的,依照第二款的规定处罚。"

---

① 本条规定的是伪造有价票证罪。

十一、盗窃、骗取专用发票问题(第210条)

本条源自《增值税发票犯罪的决定》第7条的规定,即:"盗窃增值税专用发票或者其他发票的,依照刑法关于盗窃罪的规定处罚。使用欺骗手段骗取增值税专用发票或者其他发票的,依照刑法关于诈骗罪的规定处罚。"

在将上述规定写入新刑法典修改稿本时,立法机关进行了一些修改和调整,即在1997年1月10日的修订草案中,将原规定的"依照……处罚"修改为"依照……定罪处罚";在1997年2月17日的修订草案(修改稿)中,对原规定中的"其他发票"进行了限定,具体法条是:"盗窃增值税专用发票或者用于骗取出口退税、抵扣税款的其他发票的,依照本法第二百六十二条的规定定罪处罚。使用欺骗手段骗取增值税专用发票或者用于骗取出口退税、抵扣税款的其他发票的,依照本法第二百六十四条的规定定罪处罚。"后来,在对该条规定所涉及的法条序号根据盗窃罪和诈骗罪的序号进行调整,并将"用于"修改为"可以用于"后,形成了1997年《刑法》第210条的规定:"盗窃增值税专用发票或者可以用于骗取出口退税、抵扣税款的其他发票的,依照本法第二百六十四条的规定定罪处罚。使用欺骗手段骗取增值税专用发票或者可以用于骗取出口退税、抵扣税款的其他发票的,依照本法第二百六十六条的规定定罪处罚。"

十二、持有伪造的发票罪(第210条之一)

本条系《刑法修正案(八)》新增的一种犯罪。假发票的泛滥不仅严重扰乱市场经济秩序,还为其他违法犯罪提供了条件,进一步滋生贪污腐败,败坏社会风气,社会危害性大。对于该罪,执法机关反映,在查处发票犯罪案件时,经常在嫌疑人的身边、处所或者运输工具上查获大量的假发票,但无法查明假发票是否系嫌疑人伪造。虽然根据种种迹象判断这些假发票很大可能是用于出售,只是还未售出而已,但由于行为人即便出售假发票也因大多不记账,没有其他证据,很难以非法出售发票罪追究刑事责任。这样,对这类处于伪造与出售假发票中间环节的行为的处理便存在法律上的盲区。

近年来,一些全国人大代表、执法机关和普通群众强烈呼吁修改完善刑法,以严厉打击假发票犯罪。立法机关在深入研究的基础上,对相关条文进行了修改。在2010年8月23日的《刑法修正案(八)》草案和草案二次审议稿中,本罪的法条被拟为:"持有伪造的发票,数量较大,处二年以下有期徒刑、拘役或者管制,并处罚金;数量巨大的,处二年以上七年以下有期徒刑,并处罚金。"在征求意见和审议中,有的常委委员、代表建议将"持有伪造的发票"修改为"明知是伪造的发票而持有",以进一步明确罪与非罪的界限,并建议增加单位犯本罪的规定,因此在草案三次审议稿中,本罪的法条被修改为:"明知是伪造的发票而持有,数量较大的,处二年以下有期徒刑、拘役或者管制,并处罚金;数量巨大的,处二年以上七年以下有期徒刑,并处罚金。单位犯前款罪的,对单位判处罚金,并对其直接负责的主管人员和其他直接责任人员,依照前款的规定处罚。"这一写法最后被《刑法修正案(八)》所沿用。

十三、本节单位犯罪的规定(第211条)

本条规定源自《偷税、抗税犯罪的补充规定》和《增值税发票犯罪的决定》的相关规定。《偷税、抗税犯罪的补充规定》第3条规定:"企业事业单位犯第一条①、第二条②罪的,依照第一条、第二条的规定,判处罚金,并对负有直接责任的主管人员和其他直接责任人员,处三年以下有期徒刑或者拘役。"《增值税发票犯罪的决定》第10条规定:"单位犯本决定第一条、第二条、第三条、第四条、第五条、第六条、第七条第二款规定③之罪的,对单位判处罚金,并对直接负责的主管人员和其他直接责任人员依照各该条的规定追究刑事责任。"

在刑法修订研拟中,1997年2月17日刑法修订草案及其以前的稿本,对本节之罪的单位犯罪主体集中在一个条文中加以规定,而且根据各该规定,即使是抗税罪、盗窃和骗取增值税发票的犯罪,单位也可以构成。到了1997年3月1日稿,立法机关删除了这3种犯罪单位主体的规定。鉴于1997年3月13日稿对虚开增值税专用发票、用于骗取出口退税、抵扣税款发票罪,伪造、出售伪造的增值税专用发票罪专门规定了单位犯罪的处罚④,因此,在该稿中,又将这两种犯罪排除在该稿第211条规定列举范围之外。

经过两次调整,最终形成的1997年《刑法》第211条的规定是:"单位犯本节第二百零一条、第二百零三条、第二百零四条、第二百零七条、第二百零八条、第二百零九条规定之罪的,对单位判处罚金,并对其直接负责的主管人员和其他直接责任人员,依照各该条的规定处罚。"

1997年刑法典颁行后,2011年2月25日全国人大常委会通过的《刑法修正案(八)》对本节增加了两种具体罪,即第205条之一的虚开发票罪和第210条之一的持有伪造的发票罪,这两种罪的单位犯罪尽管其处罚原则与第211条规定的处罚原则相同,但并未增列在第211条范围之中,而是单独作为一款分别规定在本罪的

---

① 本条规定的是偷税罪。
② 本条规定的是逃避追缴欠税罪。
③ 《增值税发票犯罪的决定》第1条至第7条第2款分别规定了虚开增值税专用发票罪,伪造、出售伪造的增值税专用发票罪,非法出售增值税专用发票罪,非法购买增值税专用发票或者购买伪造的增值税专用发票罪,虚开用于骗取出口退税、抵扣税款的其他发票罪,非法制造、出售非法制造的发票罪,非法出售用于骗取出口退税、抵扣税款发票罪,非法出售发票罪。
④ 这两种罪的单位犯罪中对直接责任人员的处罚原则与第211条列举的其他各罪的单位犯罪中对直接责任人员的处罚原则有所不同:前者一律不并处罚金;后者一律并处罚金。

条文中。

由此可见，本节中的单位犯罪，既有集中性规定，又有分散性规定，分散性规定中处罚原则也不尽一致，显示出立法体例上不够协调统一。

十四、关于税款的追缴问题(第212条)

在刑法修订研拟中，有部门提出，税款是国家应征的财政收入，不同于犯罪的一般赃款。税款应按分税制原则和财政预算级次分别缴入中央金库和地方金库，而罚金、没收财产等罚没收入按规定上缴地方财政。目前在办理偷税犯罪案件时，如果犯罪人财产不足以同时抵缴税款和罚没款项，司法机关往往先收罚没收入，这样就把应缴上级、中央财政的税款，按罚没收入缴入地方财政，不仅直接或者变相截留了上级、中央财政收入，还会造成地区间、部门间因经济利益不合作办案，甚至互相抵制，致使案件久查不清，久拖不办。因此，建议在法律中明确偷税犯罪案件所交税款，应当优先追缴的原则，对犯罪人判处罚金和没收财产，其财产不足以全部支付税款、罚没款项或者其他债务时，应当先行缴纳税款。① 采纳这一建议，立法机关自1997年1月10日的修订草案起，在刑法中增加税款优先追缴的规定。该稿第201条规定："犯本节第一百九十条、第一百九十一条、第一百九十二条、第一百九十三条、第一百九十四条规定之罪，责令补交税款、退还骗取的出口退税款和被依法罚款，判处罚金、没收财产的，其财产不足以支付时，先支付补交的税款、退还骗取的出口退税款和罚款。"这一表述先后经过1997年2月17日和3月1日稿的调整简化，最终形成了1997年《刑法》第212条的规定："犯本节第二百零一条至第二百零五条规定之罪，被判处罚金、没收财产的，在执行前，应当先由税务机关追缴税款和所骗取的出口退税款。"

第七节　侵犯知识产权罪

一、假冒注册商标罪(第213条)

1979年《刑法》第127条规定："违反商标管理法规，工商企业假冒其他企业已经注册的商标的，对直接责任人员，处三年以下有期徒刑、拘役或者罚金。"何谓"假冒"，学理和司法解释上一般界定为，在同一种或类似商品上使用与他人注册商标相同或者相似的商标。鉴于在类似商品上使用与他人注册商标相同的商标以及在同一商品上使用与他人注册商标类似商标的行为的危害明显要小一些，对这些行

---

① 参见《中央有关部门、地方及法律专家对刑法修订草案(征求意见稿)的意见》，载高铭暄、赵秉志编：《新中国刑法立法文献资料总览》(下)，中国人民公安大学出版社1998年版，第2164页。

为以商标侵权行为,由工商行政管理部门作出行政处罚,同样可以实现对这种行为的惩治和预防。故此,1993年2月22日全国人大常委会通过的《关于惩治假冒注册商标犯罪的补充规定》(以下简称《假冒注册商标犯罪的补充规定》)明确将上述两种行为排除在犯罪之外,即第1条第1款规定:"未经注册商标所有人许可,在同一种商品上使用与其注册商标相同的商标,违法所得数额较大或者有其他严重情节的,处三年以下有期徒刑或者拘役,可以并处或者单处罚金;违法所得数额巨大的,处三年以上七年以下有期徒刑,并处罚金。"

在刑法修订研拟中,对于本罪的写法,立法工作机关在1988年的3个稿本中即给予了较多的关注。1988年9月的刑法修改稿本第127条第1款规定:"违反商标管理法规,假冒他人注册商标、非法制造或者销售他人注册商标标识,情节严重的,处三年以下有期徒刑、拘役或者罚金。"第2款规定:"制造、销售冒牌产品造成严重后果的,依照本法第×条制造、销售伪劣商品罪处罚,"1988年11月16日和12月25日稿删除了上述第2款的规定,并修改了第1款规定中的法定刑,即:"违反商标管理法规,假冒他人注册商标、非法制造或者销售他人注册商标标识,情节严重的,处三年以下有期徒刑、拘役,可以单处或者并处罚金;情节特别严重的,处三年以上七年以下有期徒刑,并处罚金。"

1993年《假冒注册商标犯罪的补充规定》颁行后,1996年8月8日稿及其后的研拟即以《假冒注册商标犯罪的补充规定》的规定为蓝本而展开,其间,以《假冒注册商标犯罪的补充规定》的写法为基础先后进行过3次修改:

(1)在1996年12月中旬的稿本中,立法工作机关曾对本罪第一档法定刑增设了管制刑,但在1997年3月1日稿中,立法机关在综合考虑和斟酌管制的分则布局时,又删除了管制。

(2)鉴于"违法所得",无论是理论还是实务中,都存在着理解上的分歧和争议,故立法机关在1997年2月17日的稿本中删除了之前稿本总则"其他规定"中对"违法所得"的界定,相应的,在该稿本中,立法机关删除了作为本罪定罪量刑情节的"违法所得数额较大"和"违法所得数额巨大",以"情节严重"和"情节特别严重"取而代之。

(3)在1997年3月1日的稿本中,原规定中的"可以并处或者单处罚金"的表述被修改为"并处或者单处罚金"。

这样,经过以上修改和调整而形成的1997年《刑法》第213条的规定是:"未经注册商标所有人许可,在同一种商品上使用与其注册商标相同的商标,情节严重的,处三年以下有期徒刑或者拘役,并处或者单处罚金;情节特别严重的,处三年以上七年以下有期徒刑,并处罚金。"

二、销售假冒注册商标的商品罪(第214条)

本罪原系《假冒注册商标犯罪的补充规定》对1979年刑法典补充规定的一种犯罪。该规定第1条第2款规定:"销售明知是假冒注册商标的商品,违法所得数额较大的,处三年以下有期徒刑或者拘役,可以并处或者单处罚金;违法所得数额巨大的,处三年以上七年以下有期徒刑,并处罚金。"

在刑法修订研拟中,对上述规定先后进行过3次修改:

(1) 在1996年12月中旬的稿本中,立法工作机关曾在《假冒注册商标犯罪的补充规定》规定的本罪第一档法定刑中增设了管制刑,但到了1997年3月1日的修订草案,立法机关在综合考虑和斟酌管制的分则布局时,又删除了之前稿本所增设的管制。

(2) 鉴于"违法所得",无论是理论还是实务,都存在着理解上的分歧和争议,故立法机关在1997年2月17日的稿本中删除了之前稿本总则"其他规定"中对"违法所得"的界定,相应的,在该稿本中,立法机关也改变了之前以违法所得数额作为本罪定罪量刑依据的写法,以"销售金额"取而代之。

(3) 在1997年3月1日的稿本中,原规定中的"可以并处或者单处罚金"被修改为"并处或者单处罚金"。

这样,经过以上修改和调整而形成的1997年《刑法》第214条的规定是:"销售明知是假冒注册商标的商品,销售金额数额较大的,处三年以下有期徒刑或者拘役,并处或者单处罚金;销售金额数额巨大的,处三年以上七年以下有期徒刑,并处罚金。"

三、非法制造、销售非法制造的注册商标标识罪(第215条)

本罪原系《假冒注册商标犯罪的补充规定》对1979年刑法典补充规定的一种犯罪。该规定第2条规定:"伪造、擅自制造他人注册商标标识或者销售伪造、擅自制造的注册商标标识,违法所得数额较大或者有其他严重情节的,依照第一条第一款的规定处罚。"

在将上述规定纳入新刑法典的研拟过程中,立法机关对上述规定的写法曾先后进行过4次修改:

(1) 在1996年8月8日的刑法分则修改稿中,立法工作机关对上述规定的法定刑作了修改,即将原先的援引法定刑修改为独立的法定刑,即:"伪造、擅自制造他人注册商标标识或者销售伪造、擅自制造的注册商标标识,违法所得数额较大或者有其他严重情节的,处三年以下有期徒刑或者拘役,可以并处或者单处罚金。"

(2) 鉴于理论和实务对"违法所得"存在着理解上的分歧和争议,故立法机关在1997年2月17日的稿本中删除了之前稿本总则"其他规定"中对"违法所得"的界定,相应的,在该稿本中,立法机关也改变了之前以违法所得数额作为本罪定罪量刑依据的写法,改而以销售金额较大或者其他严重情节作为本罪定罪的情节,以销售金额巨大作为本罪的加重情节。到了1997年3月1日的修订草案,立法机关又放弃了以销售金额作为本罪定罪量刑情节的写法,以"情节严重"和"情节特别严重"取而代之,这一写法为新刑法典所沿用。

(3)在1996年12月中旬的稿本中,立法工作机关曾在《假冒注册商标犯罪的补充规定》规定的本罪第一档法定刑中增设了管制刑,但在1997年3月1日稿中,立法机关在综合考虑和斟酌管制的分则布局时,又删除了管制。

(4)在1997年3月1日的稿本中,原规定中的"可以单处或者并处罚金"被修改为"单处或者并处罚金"。

这样,经过以上的修改和调整而形成的1997年《刑法》第215条的规定是:"伪造、擅自制造他人注册商标标识或者销售伪造、擅自制造的注册商标标识,情节严重的,处三年以下有期徒刑、拘役或者管制,并处或者单处罚金;情节特别严重的,处三年以上七年以下有期徒刑,并处罚金。"

四、假冒专利罪(第216条)

本罪原系1984年《中华人民共和国专利法》(以下简称《专利法》)对1979年刑法典补充规定的一种犯罪。该法第63条规定:"假冒他人专利的,依照本法第六十条[①]的规定处理;情节严重的,对直接责任人员比照刑法第一百二十七条[②]的规定追究刑事责任。"

在全面修订刑法过程中,本罪无论是罪状还是法定刑,都曾发生过一些变化和反复。

从本罪罪状上看,起初本罪采用的是空白罪状的立法方法。例如,1988年9月、11月16日和12月25日的刑法修改稿本将本罪的罪状表述为"违反专利管理法规,假冒他人专利,情节严重"。1996年8月8日的分则修改草稿改而采取了简单罪状的表述方法,将本罪的罪状表述为"假冒他人专利,情节严重"。但到了1996年8月31日的刑法修改草稿,立法工作机关又采用叙明的方式表述罪状,即"未经专利权人许可,使用其专利,违法所得数额较大或者有其他严重情节"。这一写法为之后的1996年10月10日修订草案(征求意见稿)、12月中旬、12月20日以及1997年1月10日的修订草案所沿用。在1997年2月17日的修订草案中,立法机关除了将本罪的定罪标准由原规定的"违法所得数额较大或者有其他严重情节"修改为"情节严重"以外,其他的内容则与1996年8月31日稿的写法相同。到

---

① 《专利法》第60条规定的是专利侵权行为的行政责任及诉讼。
② 1979年《刑法》第127条规定的是假冒注册商标罪。

了1997年3月1日稿,立法机关对本罪罪状又恢复采用了1996年8月8日分则修改稿的写法,这种写法最终为新刑法典所沿用。

从法定刑设置上看,1988年9月的刑法修改稿对本罪设置了一个法定刑幅度,即"三年以下有期徒刑、拘役或者罚金"。在1988年11月16日和12月25日的刑法修改稿中,立法工作机关在对9月稿为本罪设置的法定刑中的罚金规定进行修改的同时,又增加规定了一个法定刑幅度,具体而言:情节严重的,"处三年以下有期徒刑或者拘役,可以单处或者并处罚金";情节特别严重的,"处三年以上七年以下有期徒刑,可以单处或者并处罚金"。在1996年8月8日的分则修改草稿中,立法工作机关曾将上述写法中的第一个法定刑档次予以删除,仅仅保留了第二档法定刑。到了1996年8月31日稿本,又恢复了对本罪设置两档法定刑的写法,即违法所得数额较大或者有其他严重情节的,"处三年以下有期徒刑或者拘役,可以单处或者并处罚金";违法所得数额巨大或者有其他特别严重情节的,"处三年以上七年以下有期徒刑,并处罚金"。在1996年10月10日的修订草案(征求意见稿)中,立法工作机关删除了上述稿本规定的第二档刑中的"或者有其他特别严重情节"的表述。该稿的这一写法为以后的诸多稿本基本沿用。当然,也有较小的变化。如1996年12月中旬的修订草案曾在本罪第一档刑中增设了管制。到了1997年1月10日的修订草案,立法机关又删除了之前稿本为本罪设置的第二档法定刑,本罪的法定刑由原先的两个档次变为一个档次,即"三年以下有期徒刑、拘役或者管制,可以并处或者单处罚金"。至1997年3月1日修订草案,立法机关除将之前稿本中的管制予以删除外,罚金也由之前的"可以并处或者单处罚金"修改成了"并处或者单处罚金"。

经过以上的调整和演变,最终形成了1997年《刑法》第216条的规定:"假冒他人专利,情节严重的,处三年以下有期徒刑或者拘役,并处或者单处罚金。"

五、侵犯著作权罪(第217条)

本罪原系1994年7月5日全国人大常委会通过的《关于惩治侵犯著作权的犯罪的决定》对1979年刑法典补充规定的一种犯罪。该决定第1条规定:"以营利为目的,有下列侵犯著作权情形之一,违法所得数额较大或者有其他严重情节的,处三年以下有期徒刑、拘役,单处或者并处罚金;违法所得数额巨大或者有其他特别严重情节的,处三年以上七年以下有期徒刑,并处罚金:(一)未经著作权人许可,复制发行其文字作品、音乐、电影、电视、录像作品、计算机软件及其他作品的;(二)出版他人享有专有出版权的图书的;(三)未经录音录像制作者许可,复制发行其制作的录音录像的;(四)制作、出售假冒他人署名的美术作品的。"

在将上述规定纳入新刑法典草案稿时,先后经过了3次修改和微调:在1996年10月10日的修订草案(征求意见稿)中,立法工作机关将此罪第一档刑原"处三年以下有期徒刑、拘役"的表述修改为"处三年以下有期徒刑或者拘役";在 1996 年 12 月中旬的修订草案中,曾为本罪的第一档法定刑增加规定了管制,后来,在 1997 年 3 月 1 日的修订草案中,又删除了之前稿本所增设的管制,同时将原规定的"可以单处或者并处罚金"修改为"单处或者并处罚金"。

经过以上的修改,最后形成了 1997 年《刑法》第 217 条的规定:"以营利为目的,有下列侵犯著作权情形之一,违法所得数额较大或者有其他严重情节的,处三年以下有期徒刑或者拘役,并处或者单处罚金;违法所得数额巨大或者有其他特别严重情节的,处三年以上七年以下有期徒刑,并处罚金:(一)未经著作权人许可,复制发行其文字作品、音乐、电影、电视、录像作品、计算机软件及其他作品的;(二)出版他人享有专有出版权的图书的;(三)未经录音录像制作者许可,复制发行其制作的录音录像的;(四)制作、出售假冒他人署名的美术作品的。"

六、销售侵权复制品罪(第 218 条)

本条规定之罪原系《关于惩治侵犯著作权的犯罪的决定》对 1979 年刑法典补充规定的一种犯罪。该决定第 2 条规定:"以营利为目的,销售明知是第一条规定的侵权复制品,违法所得数额较大的,处二年以下有期徒刑、拘役,单处或者并处罚金;违法所得数额巨大的,处二年以上五年以下有期徒刑,并处罚金。"

在刑法修订研拟过程中,曾对上述规定的写法进行过如下修改和调整:

(1)在 1996 年 10 月 10 日的修订草案(征求意见稿)中,立法工作机关将此罪第一档刑原"处二年以下有期徒刑、拘役"的表述修改为"处二年以下有期徒刑或者拘役"。

(2)在 1996 年 12 月中旬的修订草案中,立法工作机关以上述写法为基础对本罪第一档法定刑增设了管制。

(3)在 1997 年 3 月 1 日稿中,立法机关对本罪法定刑作了较大的修改:一是将本罪的法定刑由原先规定的两个档次修改为一个档次;二是提高了归罪的标准,之前的稿本以"违法所得数额较大"为定罪的标准,违法所得数额巨大时,立法为之规定了加重的法定刑,此次修改则将"违法所得数额巨大"作为归罪的标准;三是删除了之前稿本中对本罪规定的管制。

经过以上的修改,最后形成的 1997 年《刑法》第 218 条的规定是:"以营利为目的,销售明知是本法第二百一十七条规定的侵权复制品,违法所得数额巨大的,处三年以下有期徒刑或者拘役,并处或者单处罚金。"

七、侵犯商业秘密罪(第 219 条)

1979 年刑法并没有对本罪作出规定,但自国家决定对刑法进行全面修订并开始起草研拟刑法修改稿本时起,立法工作机关即对本罪法条的起草和研拟给予了较多的关注。例如,1988 年 9 月的刑法修改稿本就规定了本罪,即:"故意泄露企业、事业单位的秘密,致使企业、事业单位遭受重大损失的,处三年以下有期徒刑、拘役,可以单处或者并处罚金。窃取、刺探、收买或者以其他手段非法获取企业、事业单位秘密,情节严重的,处五年以下有期徒刑、拘役,可以单处或者并处罚金。"在 1988 年 11 月 16 日和 12 月 25 日的稿本中,本罪曾由以前的结果犯形态修改成为危险犯,即:"故意泄露企业事业单位的名、特产品技术诀窍、招标标底、保密专利、重要的商业秘密或者其他重要秘密,足以使企业事业单位利益遭受重大损失的,处二年以下有期徒刑或者拘役,可以单处或者并处罚金;情节特别严重的,处二年以上七年以下有期徒刑,并处罚金。"1996 年 8 月 8 日的分则修改草稿对本罪法条又重新作了界定:"因工作关系知悉他人商业秘密的人员或者非法获取他人商业秘密的人员,擅自使用、泄露、出卖所知悉的商业秘密,情节严重的,处二年以下有期徒刑或者拘役,可以并处或者单处罚金;情节特别严重的,处二年以上五年以下有期徒刑,可以并处或者单处罚金。"

到了 1996 年 8 月 31 日的刑法修改草稿,立法工作机关为了保持立法之间的协调和一致,开始以 1993 年《中华人民共和国反不正当竞争法》第 10 条①的规定为模版起草本罪法条,即:"经营者有下列行为之一,造成严重后果的,处二年以下有期徒刑或者拘役,可以并处或者单处罚金;造成特别严重后果的,处二年以上五年以下有期徒刑,可以并处或者单处罚金:(一) 以盗窃、利诱、胁迫或者其他不正当手段获取权利人的商业秘密;(二) 披露、使用或者允许他人使用以前项手段获取的权利人的商业秘密;(三) 违反约定或者违反权利人有关保守商业秘密的要求,披露、使用或者允许他人使用其所掌握的商业秘密。第三人明知或者应知前款所列违法行为,获取、使用或者披露他人的商业秘密,以侵犯商业秘密论。"

在之后的研拟中,围绕上述写法进行了如下的修改和调整:

(1) 在 1996 年 10 月 10 日的修订草案(征求意见稿)中,首先,立法工作机关调整了本罪的归属,即由之前稿本的"妨害公平竞争罪"一节调整到"扰乱市场秩序罪"一节。其次,修改了本罪的罪状,即在上述写法中的"造成严重后果"的表述之前增加了"给商业秘密的权利人"的限定。再次,调整了本罪法定刑:对于基本犯,处 3 年以下有期徒刑或者拘役,可以并处或者单处罚金;对于加重犯,处 3 年以上 7 年以下有期徒刑,可以并处或者单处罚金。最后,增加了"商业秘密"和"权利

---

① 1993 年《中华人民共和国反不正当竞争法》第 10 条规定:"经营者不得采用下列手段侵犯商业秘密:(一) 以盗窃、利诱、胁迫或者其他不正当手段获取权利人的商业秘密;(二) 披露、使用或者允许他人使用以前项手段获取的权利人的商业秘密;(三) 违反约定或者违反权利人有关保守商业秘密的要求,披露、使用或者允许他人使用其所掌握的商业秘密。第三人明知或者应知前款所列违法行为,获取、使用或者披露他人的商业秘密,视为侵犯商业秘密。本条所称的商业秘密,是指不为公众所知悉、能为权利人带来经济利益、具有实用性并经权利人采取保密措施的技术信息和经营信息。"

人"的界定。即:"本条所称的商业秘密,是指不为公众所知悉、能为权利人带来经济利益、具有实用性并经权利人采取保密措施的技术信息和经营信息。本条所称的权利人,是指商业秘密的所有人和经商业秘密所有人许可的商业秘密使用人。"

(2) 在对上述写法征求意见的过程中,有部门提出,应当将侵犯商业秘密罪归入"侵犯知识产权罪"一节中,因为商业秘密是民事主体自我保护其技术信息和经营信息的重要形式,是知识产权保护体系中的重要组成部分,《关贸总协定知识产权分协议》、《中美知识产权谈判备忘录》、《中国知识产权白皮书》等均已将商业秘密视为一种重要的知识产权。侵犯商业秘密罪的客体,首先是知识产权,而不是市场秩序,将侵犯商业秘密罪归入"扰乱市场秩序罪"中不合适。[①] 经过研究和论证,立法机关最终采纳了这一建议,在 1997 年 3 月 13 日的修订草案中,将本罪移入"侵犯知识产权罪"一节中。

(3) 在研拟过程中,有部门和学者提出,这种犯罪的犯罪主体不仅限于经营者,从我国目前的实际情况来看,大量是企业职工,建议将这种犯罪的主体规定为一般主体。[②] 立法工作机关采纳了这一建议,在 1996 年 12 月中旬的修订草案中,对此作了调整,即"有下列侵犯商业秘密行为之一,给商业秘密的权利人造成重大损失的",追究刑事责任。

此外,也有部门建议,将侵犯商业秘密的行为表述为:"(一)以盗窃、贿赂、欺诈、利诱、胁迫等不正当手段获取他人商业秘密的;(二)明知或者应知商业秘密是他人以不正当手段获取而获取商业秘密的;(三)以不正当手段获取商业秘密,又予以披露的;(四)违反法律规定或者合同约定的保密义务披露他人商业秘密的;(五)明知或者应知商业秘密是他人以不正当手段获取或违反保密义务披露而披露该商业秘密的;(六)使用、许可使用或者转让以不正当手段获取的商业秘密的;(七)违反法律或者合同约定使用、许可使用或者转让他人商业秘密的;(八)明知或者应知商业秘密是他人以不正当手段获取或者违反保密义务披露而使用、许可使用或者转让该商业秘密的。"[③]以上的列举,基本上能为刑法稿本的现有写法所涵盖,故立法机关最终没有采纳上述建议。

经过以上的修改和调整,最后形成了 1997 年《刑法》第 219 条的规定:"有下列侵犯商业秘密行为之一,给商业秘密的权利人造成重大损失的,处三年以下有期徒刑或者拘役,并处或者单处罚金;造成特别严重后果的,处三年以上七年以下有期徒刑,并处罚金:(一)以盗窃、利诱、胁迫或者其他不正当手段获取权利人的商业

[①] 参见《中央有关部门、地方及法律专家对刑法修订草案(征求意见稿)的意见》,载高铭暄、赵秉志编:《新中国刑法立法文献资料总览》(下),中国人民公安大学出版社 1998 年版,第 2165 页。
[②] 同上注。
[③] 同上注。

秘密的;(二)披露、使用或者允许他人使用以前项手段获取的权利人的商业秘密的;(三)违反约定或者违反权利人有关保守商业秘密的要求,披露、使用或者允许他人使用其所掌握的商业秘密的。明知或者应知前款所列行为,获取、使用或者披露他人的商业秘密的,以侵犯商业秘密论。本条所称商业秘密,是指不为公众所知悉,能为权利人带来经济利益,具有实用性并经权利人采取保密措施的技术信息和经营信息。本条所称权利人,是指商业秘密的所有人和经商业秘密所有人许可的商业秘密使用人。"

八、本节单位犯罪问题(第220条)

在《假冒注册商标犯罪的决定》和《关于惩治侵犯著作权的犯罪的决定》中,假冒注册商标犯罪以及侵犯著作权犯罪均有单位犯罪主体的规定,在研拟起草本节法条中,立法工作机关出于立法技术上的考虑,1996年8月31日的刑法修改草稿将本节单位犯罪及其刑事责任集中规定在一个条文中,即:"单位犯本节规定之罪的,对单位判处罚金,并对直接负责的主管人员和其他直接责任人员,依照本节各该条的规定处罚。"之后的稿本对这一写法作了一些非实质性的调整,最终形成了1997年《刑法》第220条的规定:"单位犯本节第二百一十三条至第二百一十九条规定之罪的,对单位判处罚金,并对其直接负责的主管人员和其他直接责任人员,依照本节各该条的规定处罚。"

第八节 扰乱市场秩序罪

一、损害商业信誉、商品声誉罪(第221条)

本条之罪系1997年刑法典新增的一种犯罪。从法条写法的演变看,最初将该罪写入其中的是1996年8月8日的刑法分则修改草稿。该稿规定:"捏造、散布虚伪事实,损害竞争对手的商业信誉,情节严重的,处二年以下有期徒刑或者拘役,可以并处或者单处罚金。"

1996年8月31日的刑法修改稿在上述稿本写法的基础上,对犯罪主体作了限制,由一般主体改为特殊主体,具体而言:"经营者捏造并散布虚伪事实,损害竞争对手的商业信誉、商品声誉情节严重的,处二年以下有期徒刑或者拘役,可以并处或者单处罚金。"在1996年10月10日的修订草案(征求意见稿)中,上述写法中的"情节严重"被修改成了"给对方造成重大损失",其他内容则未变。鉴于诋毁他人的商业信誉、商品声誉的行为并非只有经营者才可能实施,经营者以外的其他人也有可能基于其他动机实施该种行为,为严密法网,立法工作机关在1996年12月中旬的稿本中,将本罪主体由特殊主体改为一般主体,相应的,原规定中的"损害竞争对手的商业信誉、商品声誉"的表述也被修改为"损害他人的商业信誉、商品声誉";同时,在本罪的法定刑中增设了管制刑。

之后,立法机关对本罪法条的写法又进行了一些修改:一是在1997年2月17日的稿本中,立法机关将本罪定罪量刑的标准由之前稿本的"给他人造成重大损失"修改为"情节严重或者给他人造成重大损失"。立法在通过时,又将二者的顺序作了调整,即调整为"给他人造成重大损失或者有其他严重情节"。二是在1997年3月1日的稿本中,立法机关删除了本罪中的管制刑。

经过以上的修改,最终形成了1997年《刑法》第221条的规定:"捏造并散布虚伪事实,损害他人的商业信誉、商品声誉,给他人造成重大损失或者有其他严重情节的,处二年以下有期徒刑或者拘役,并处或者单处罚金。"

二、虚假广告罪(第222条)

本条之罪系1997年刑法典新增的一种犯罪。在刑法修订研拟中,最先被立法工作机关写在1988年9月的刑法修改稿中,该稿规定:"违反广告管理法规,通过报刊、广播、电视、电影、印刷品等媒介或者形式,刊播不实广告,情节严重的,处三年以下有期徒刑、拘役或者罚金。"在1988年11月16日和12月25日稿中,立法工作机关改变了列举广告传媒形式的罪状表述方式,规定:"违反广告管理法规,在广告中弄虚作假,情节严重的,处三年以下有期徒刑或者拘役,可以单处或者并处罚金。"

1994年10月27日全国人大常委会通过了《中华人民共和国广告法》(以下简称《广告法》),该法第37条规定:"违反本法规定,利用广告对商品或者服务作虚假宣传的,由广告监督管理机关责令广告主停止发布、并以等额广告费用在相应范围内公开更正消除影响,并处广告费用一倍以上五倍以下的罚款;对负有责任的广告经营者、广告发布者没收广告费用,并处广告费用一倍以上五倍以下的罚款;情节严重的,依法停止其广告业务。构成犯罪的,依法追究刑事责任。"《广告法》的这一规定是立法工作机关之后研拟起草本罪法条的基础。例如,1996年8月8日的刑法分则修改草稿即以《广告法》的上述规定为蓝本起草此罪法条,即:"广告主、广告经营者、广告发布者利用广告对商品或者服务作虚假宣传,或者故意制作、发布虚假广告,欺骗和误导消费者,严重损害消费者利益的,处三年以下有期徒刑或者拘役,可以并处或者单处罚金。"1996年8月31日的修改草稿对本罪的写法改而采取空白罪状的方式来表述,取消了本罪主体的限定,并降低了本罪的法定最高刑,即:"违反法律规定,利用广告对商品或者服务作虚假宣传,妨害公平竞争,情节严重的,处二年以下有期徒刑或者拘役,可以并处或者单处罚金。"在1996年10月10日的修订草案(征求意见稿)中,立法工作机关删除了前稿写法中"妨害公平竞争"的表述,其余的内容并没有改变。

到了1996年12月中旬稿,本罪的罪状和法定刑发生了明显的变化:一是在本罪罪状中,作了主体上的限定;二是在本罪法定刑中增设了管制。具体写法是:"广告主、广告经营者、广告发布者违反法律规定,利用广告对商品或者服务作虚假宣传,情节严重的,处二年以下有期徒刑、拘役或者管制,可以并处或者单处罚金。"

鉴于在总则的"其他规定"中,立法稿本对"违反国家规定"作了界定,因此在1997年2月17日的修订草案(修改稿)中,原先"违反法律规定"的表述被修改为"违反国家规定",其他内容则延续了1996年12月中旬稿的写法。到了1997年3月1日的修订草案,立法机关又对本罪的法定刑作了两处调整:一是删除了原规定中的管制;二是将原先规定的"可以并处或者单处罚金"修改为"并处或者单处罚金"。至此,最终形成了1997年《刑法》第222条的规定:"广告主、广告经营者、广告发布者违反国家规定,利用广告对商品或者服务作虚假宣传,情节严重的,处二年以下有期徒刑或者拘役,并处或者单处罚金。"

三、串通投标罪(第223条)

本罪系1997年刑法典新增设的一种犯罪。从法条写法的演变看,最初将该罪写入其中的是1996年8月8日的刑法分则修改草稿。该稿规定:"投标人相互串通投标报价,损害招标方利益,情节严重的,处五年以下有期徒刑或者拘役,可以并处或者单处罚金。投标人与招标人串通投标,损害国家、集体、公民的合法利益的,依照前款的规定处罚。"在1996年8月31日的稿本中,立法工作机关对本罪的写法作了较大的修改:一是删除了前稿第2款的规定;二是修改了本罪罪状和法定刑的写法。具体而言:"投标人相互串通投标报价或者投标人与招标人串通投标,妨害公平竞争,情节严重的,处三年以下有期徒刑或者拘役,可以并处或者单处罚金。"

在之后的研拟中,立法工作机关对本罪法条的写法又进行过多次修改和调整:在1996年10月10日的修订草案(征求意见稿)中,本罪的法条又恢复了原来采用的两款规定的写法,即:"投标人相互串通投标报价,损害招标人或者其他投标人利益,情节严重的,处三年以下有期徒刑或者拘役,可以并处或者单处罚金。投标人与招标人串通投标,损害国家、集体、公民的合法利益的,依照前款的规定处罚。"在1996年12月中旬稿中,立法工作机关以前稿的写法为基础,对第1款规定之罪增设了管制刑。然而,到了1997年3月1日的修订草案,立法机关删除了自1996年12月中旬稿以来为本罪增设的管制刑,并将原先稿本中"可以并处或者单处罚金"的表述修改成"并处或者单处罚金"。

至此,最终形成了1997年《刑法》第223条的规定:"投标人相互串通投标报价,损害招标人或者其他投标人利益,情节严重的,处三年以下有期徒刑或者拘役,并处或者单处罚金。投标人与招标人串通投标,损害国家、集体、公民的合法利益的,依照前款的规定处罚。"

四、合同诈骗罪(第224条)

本条之罪由诈骗罪分离而来,是1997年刑法典新增的一种犯罪。在刑法起草研拟之初,立法工作机关即对本罪法条的研拟给予了一定的关注。例如1988年9月的刑法修改稿就曾规定:"利用经济合同欺诈财物,给合同对方造成重大经济损失的,处三年以下有期徒刑,可以并处罚金;情节严重的,处三年以上十年以下有期徒刑,可以并处罚金;情节特别严重的,处十年以上有期徒刑、无期徒刑,并处没收财产。"

上述规定中的"欺诈"并不是严格意义上的诈骗,可以说,以1997年刑法典对本罪的规定为参照,1988年9月稿的写法还很不成熟。真正为新刑法典合同诈骗罪立法的最终确立奠定基础的是1996年10月10日的修订草案(征求意见稿),该草案第196条规定:"有下列情形之一,以非法占有为目的,在签订、履行合同过程中,骗取对方当事人财物,数额较大的,处三年以下有期徒刑或者拘役,可以并处或者单处罚金;数额巨大或者有其他严重情节的,处三年以上十年以下有期徒刑,并处罚金;数额特别巨大或者有其他特别严重情节的,处十年以上有期徒刑或者无期徒刑,并处没收财产:(一)以虚构的单位或者冒用他人名义签订合同的;(二)以伪造、变造、作废的票据或者其他虚假的产权证明作担保的;(三)没有实际履行能力,以先履行小额合同或者部分履行合同的方法,诱骗对方当事人继续签订和履行合同的;(四)收受对方当事人给付的货物、货款、预付款或者担保财产后逃匿的;(五)以其他方法骗取对方当事人财物的。"

对于以上的写法,在征求意见的过程中,有人提出,该条第(四)项规定收受对方当事人给付的货物、货款、预付款或者担保财产后逃匿的行为,包括不了实践中大量存在的骗得金钱后不逃匿又不还钱的情况,建议对收受对方当事人给付的货物、货款、预付款或者担保财产后无正当理由拒不履行合同也不退还的,或者没有用作履行合同而无法返还的也要增加规定。有的建议增加:"利用合同骗取对方财物用于抵偿债务,而没有实际履约的";有的建议,在"收受对方当事人给付的货物、货款、预付款或者担保财产"后增加"定金、保证金";还有的建议,在第(一)项规定的"以虚构的单位或者冒用他人名义签订合同"中增加以"虚构标的、信息、主体"签订合同的内容,以及规定"擅自转移、隐匿合同担保物以及利用虚假广告、信息,骗取中介费、立项费"等内容。[①] 立法工作机关最终没有采纳上述建议。

在之后的立法研拟中,立足于征求意见稿的写法,对此罪法条的一些细节进行

[①] 参见《中央有关部门、地方及法律专家对刑法修订草案(征求意见稿)的意见》,载高铭暄、赵秉志编:《新中国刑法立法文献资料总览》(下),中国人民公安大学出版社1998年版,第2165—2166页。

了调整:

(1) 在1996年12月中旬的修订草案中,立法工作机关对本罪的第一档法定刑增设了管制,但在1997年3月1日的稿本中,基于对刑法分则管制刑的分布的综合考虑,立法机关又删除了管制刑的规定。

(2) 在1997年3月1日的修订草案中,立法机关将第一档刑中的罚金由之前的"可以并处或者单处罚金"的表述修改为"并处或者单处罚金"。

(3) 在1997年3月13日的修订草案中,立法机关对本罪第三档法定刑增设了"并处罚金"的规定。

经过以上的修改,最终形成了1997年《刑法》第224条的规定:"有下列情形之一,以非法占有为目的,在签订、履行合同过程中,骗取对方当事人财物,数额较大的,处三年以下有期徒刑或者拘役,并处或者单处罚金;数额巨大或者有其他严重情节的,处三年以上十年以下有期徒刑,并处罚金;数额特别巨大或者有其他特别严重情节的,处十年以上有期徒刑或者无期徒刑,并处罚金或者没收财产:(一)以虚构的单位或者冒用他人名义签订合同的;(二)以伪造、变造、作废的票据或者其他虚假的产权证明作担保的;(三)没有实际履行能力,以先履行小额合同或者部分履行合同的方法,诱骗对方当事人继续签订和履行合同的;(四)收受对方当事人给付的货物、货款、预付款或者担保财产后逃匿的;(五)以其他方法骗取对方当事人财物的。"

五、组织、领导传销活动罪(第224条之一)

本条之罪系《刑法修正案(七)》新增加的一个罪名。该修正案第4条规定,在《刑法》第224条后增加一条,作为第224条之一:"组织、领导以推销商品、提供服务等经营活动为名,要求参加者以缴纳费用或者购买商品、服务等方式获得加入资格,并按照一定顺序组成层级,直接或者间接以发展人员的数量作为计酬或者返利依据,引诱、胁迫参加者继续发展他人参加,骗取财物,扰乱经济社会秩序的传销活动的,处五年以下有期徒刑或者拘役,并处罚金;情节严重的,处五年以上有期徒刑,并处罚金。"

当前以"拉人头"、收取"入门费"等方式组织传销的违法犯罪活动,严重扰乱了社会秩序,影响社会稳定,危害严重。在之前的司法实践中,对这类案件主要是根据实施传销行为的不同情况,分别按照非法经营罪、诈骗罪、集资诈骗罪等犯罪追究刑事责任。为更有利于打击组织传销的犯罪,立法机关遂在刑法中对组织、领导传销活动的犯罪作出了专门的规定。

六、非法经营罪(第225条)

本条之罪系从1979年刑法典规定的投机倒把罪中分离出来的一种犯罪。

1979年《刑法》第117条规定:"违反金融、外汇、金银、工商管理法规,投机倒把,情节严重的,处三年以下有期徒刑或者拘役,可以并处、单处罚金或者没收财产。"第118条规定:"以走私、投机倒把为常业的,走私、投机倒把数额巨大的或者走私、投机倒把集团的首要分子,处三年以上十年以下有期徒刑,可以并处没收财产。"

在刑法修订研拟过程中,是否保留投机倒把罪的罪名,有两种不同意见:一种意见认为,投机倒把的含义与市场经济发展不相适应,对投机倒把罪应当分解,去掉"口袋罪"。另一种意见主张保留投机倒把罪,理由是:打击投机倒把在不同的历史时期有着不同的内涵,但它的核心是要打击违反法律、法规,非法牟利的经营行为,维护正常的社会经济秩序。投机倒把罪的规定在今天建立社会主义市场经济秩序的过程中,仍能发挥重要的作用。因此,取消此罪应当慎重。如果要把作为投机倒把罪处理的一些行为另外单独规定罪名,则建议将投机倒把罪作为类罪名保留或者规定"非法经营罪"。①

从立法稿本的写法演变上看,对投机倒把罪予以分解的尝试可以说很早就开始了。例如,在1988年9月的刑法修改稿本中,立法工作机关规定了倒买倒卖、哄抬物价、强买强卖、操控垄断市场、为非法经营活动提供便利等投机倒把的行为,但没有对投机倒把罪罪名作出规定。应当说,当时对投机倒把罪的立法思路以及要不要分解,还没有一个成熟的立法进路。因此,在1988年随后的两个稿本即11月16日和12月25日的稿本中,立法工作机关又恢复了投机倒把罪的写法。如1988年12月25日的刑法修改稿第148条规定:"违反金融、外汇、金银、工商管理法规,倒卖国家禁止、限制自由买卖的物资、物品,情节严重的,是投机倒把罪,处五年以下有期徒刑或者拘役,可以单处或者并处罚金;数额巨大的,处五年以上有期徒刑,并处罚金或者没收财产,有下列行为之一的,处无期徒刑,并处没收财产:(一)倒卖外汇、金银、文物、专营专卖物资、证券、票证,情节特别严重的;(二)倒卖第(一)项以外的国家禁止、限制自由买卖的其他物资,数额特别巨大,情节特别严重的;(三)投机倒把集团的首要分子或者惯犯,情节特别严重的。倒卖伪造的有价证券、票证或者计划供应票证的,依照前款的规定从重处罚。"

1996年8月8日以及8月31日的刑法修改草稿与1988年9月的刑法修改稿的规定类似,立法工作机关对每一类非法经营的犯罪行为都是作为独立的犯罪而规定的,如1996年8月8日的刑法分则修改稿第三章"破坏社会主义经济秩序罪"规定了"扰乱市场秩序罪"专节,本节专门规定有倒卖国家禁止自由买卖的重要物资、非法买卖专营、专卖物品等犯罪,但没有规定作为普通法的非法经营罪的法条。在1996年10月10日的修订草案(征求意见稿)中,非法经营的犯罪行为是分列在

---

① 参见《中央有关部门、地方及法律专家对刑法修订草案(征求意见稿)的意见》,载高铭暄、赵秉志编:《新中国刑法立法文献资料总览》(下),中国人民公安大学出版社1998年版,第2166页。

两个法条中加以规定的。第197条规定了非法经营专营、专卖物品罪,即:"违反国家规定,经营法律、行政法规规定的专营、专卖物品,情节严重的,处五年以下有期徒刑或者拘役,可以并处或者单处违法所得一倍以上五倍以下罚金;情节特别严重的,处五年以上有期徒刑,并处违法所得一倍以上五倍以下罚金或者没收财产。"第198条规定了买卖进出口配额许可证罪,即:"买卖进出口配额许可证,情节严重的,处三年以下有期徒刑或者拘役,可以并处或者单处违法所得一倍以上五倍以下罚金;情节特别严重的,处三年以上十年以下有期徒刑,并处违法所得一倍以上五倍以下罚金。"到了1996年12月中旬稿,立法工作机关在写法的思路上发生了改变,把一些非法经营的犯罪行为集中规定在一个非法经营罪的条文中。该稿第207条规定:"违反国家规定,有下列非法经营行为之一,扰乱市场秩序,情节严重的,处五年以下有期徒刑或者拘役,可以并处或者单处违法所得一倍以上五倍以下罚金;情节特别严重的,处五年以上有期徒刑,并处违法所得一倍以上五倍以下罚金或者没收财产:(一)经营法律、行政法规规定的专营、专卖物品的;(二)买卖进出口配额许可证、进出口原产地证明的;(三)销售走私物品、特许减免税物品,无合法证明的;(四)垄断货源、哄抬物价、扰乱市场的;(五)其他严重扰乱市场秩序的非法经营行为。"

在之后的研讨中,立法机关围绕着1996年12月中旬稿的写法先后进行了一系列的补充和删改,主要是:

(1) 在1997年1月10日的修订草案中,立法机关在第(一)项中增加规定了"或者其他限制买卖的物品";在第(二)项中增加了"以及其他法律、行政法规规定的经营许可证或者批准文件"。

(2) 在1997年2月17日稿中,立法机关在第(一)项规定之首增加了"未经许可"的内容,并删除了第(四)项"垄断货源、哄抬物价、扰乱市场"的规定。

(3) 在1997年3月1日的修订草案中,立法机关删除了第(三)项"销售走私物品、特许减免税物品,无合法证明"的规定,将原先"可以并处或者单处"罚金的规定修改为"并处或者单处"罚金。

经过以上的补充和修改,最终形成了1997年《刑法》第225条的规定:"违反国家规定,有下列非法经营行为之一,扰乱市场秩序,情节严重的,处五年以下有期徒刑或者拘役,并处或者单处违法所得一倍以上五倍以下罚金;情节特别严重的,处五年以上有期徒刑,并处违法所得一倍以上五倍以下罚金或者没收财产:(一)未经许可经营法律、行政法规规定的专营、专卖物品或者其他限制买卖的物品的;(二)买卖进出口许可证、进出口原产地证明以及其他法律、行政法规规定的经营许可证或者批准文件的;(三)其他严重扰乱市场秩序的非法经营行为。"

1997年刑法颁行后,立法机关又先后两次对本罪法条进行了补充:

(1) 1999年12月25日第九届全国人民代表大会常务委员会第十三次会议通

过的《中华人民共和国刑法修正案》在本罪法条中增加规定了"未经国家有关主管部门批准,非法经营证券、期货或者保险业务的"作为第(3)项,原第(3)项相应改为第(4)项。

(2) 2009年2月28日的《刑法修正案(七)》将《刑法》第225条第(3)项修改为:"未经国家有关主管部门批准非法经营证券、期货、保险业务的,或者非法从事资金支付结算业务的。"

七、强迫交易罪(第226条)

本条之罪系从原投机倒把罪中分离出来的一种犯罪。从立法稿本的演变看,1988年的稿本亦有强迫交易的类似规定,但在写法上是与其他扰乱市场秩序的犯罪行为合并在一个条文中加以规定的。如1988年11月16日的刑法修改稿第140条规定:"违反工商管理法规,哄抬物价、强买强卖、非法垄断或者以其他手段扰乱市场秩序,情节严重的,处三年以下有期徒刑或者拘役,可以单处或者并处罚金;情节特别严重的,处三年以上十年以下有期徒刑,并处罚金。"

将强迫交易犯罪作为一个独立犯罪加以规定的尝试始自1996年8月8日的分则修改草稿,该稿规定:"在商品市场上,欺行霸市,以暴力、威胁手段强买强卖,情节严重的,处三年以下有期徒刑或者拘役,可以单处或者并处罚金。"1996年8月31日的修改草稿删除了以上写法中的"欺行霸市",并把"在商品市场上"的表述修改为"在商品交易中"。具体写法是:"在商品交易中,以暴力、威胁手段强买强卖,情节严重的,处三年以下有期徒刑或者拘役,可以单处或者并处罚金。"该稿的这一写法为1996年10月10日的修订草案(征求意见稿)所沿用。

在之后研拟中,以上述写法为基础进行了一些修改和补充,主要是:

(1) 在1996年12月中旬的稿本中,立法工作机关在本罪罪状的表述中增加了"强迫他人提供服务或者强迫他人接受服务",并在法定刑中增加规定了管制刑。

(2) 在1997年3月1日的修订草案中,立法机关删除了之前稿本对本罪增设的管制刑,并将罚金由"可以并处或者单处"修改为"并处或者单处"。

(3) 在1997年3月13日的修订草案中,立法机关删除了罪状中的"在商品交易中"的表述;将原先"强买强卖"的表述修改成"强买强卖商品"。

经过这些补充和修改,最终形成的1997年《刑法》第226条的规定是:"以暴力、威胁手段强买强卖商品、强迫他人提供服务或者强迫他人接受服务,情节严重的,处三年以下有期徒刑或者拘役,并处或者单处罚金。"

1997年刑法典颁行后,随着我国惩治黑社会性质组织犯罪的深入,人们逐渐认识到,以暴力或者暴力威胁手段强迫交易,非法攫取社会经济利益,已经成为当前黑社会性质组织犯罪的一种重要犯罪形式,这些行为严重侵害了公民合法权益,破坏了经济社会秩序。而1997年刑法典的规定比较原则、粗疏,且只有一个法定刑档次,难以适应司法实践的需要。故此,《刑法修正案(八)》对第226条的规定作了补充修改,即:"以暴力、威胁手段,实施下列行为之一,情节严重的,处三年以下有期徒刑或者拘役,并处或者单处罚金;情节特别严重的,处三年以上七年以下有期徒刑,并处罚金:(一)强买强卖商品的;(二)强迫他人提供或者接受服务的;(三)强迫他人参与或者退出投标、拍卖的;(四)强迫他人转让或者收购公司、企业的股份、债券或者其他资产的;(五)强迫他人参与或者退出特定的经营活动的。"

八、伪造、倒卖伪造的有价票证罪(第227条第1款)

1979年《刑法》第124条规定了伪造有价票证罪,即:"以营利为目的,伪造车票、船票、邮票、税票、货票的,处二年以下有期徒刑、拘役或者罚金;情节严重的,处二年以上七年以下有期徒刑,可以并处罚金。"

在刑法修订研拟过程中,有部门和学者提出,伪造上述票证一般都以营利为目的,在表述上删除这一主观目的要素,有利于司法认定。实践中还出现了伪造飞机票倒卖牟利的案件,在本罪的对象中,应增加规定伪造飞机票。① 1988年11月16日的刑法修改稿采纳了上述建议,该稿第134条规定:"伪造飞机票、车票、船票、邮票、税票、货票的,处二年以下有期徒刑或者拘役,可以单处或者并处罚金;情节严重的,处二年以上七年以下有期徒刑,处罚金。"

对于上述写法,在研拟中有部门提出,变造和伪造是不同的行为方式,上述表述中并未包括变造行为,在司法实践中会带来一定的困难,为了便于执法,应当增加规定变造行为。立法工作机关采纳了这一建议,在1996年8月8日的刑法分则修改草稿中,在本罪的罪状中增加了变造行为的规定:"伪造、变造或者倒卖伪造、变造的车票、船票、飞机票等有价票证,数额较大的,处三年以下有期徒刑,可以单处或者并处违法所得一倍以上五倍以下罚金;数额巨大的,处三年以上七年以下有期徒刑,并处违法所得一倍以上五倍以下罚金。"1996年8月31日稿对上述规定的法定刑作了两处修改:一是将原写法中的第一档法定刑修改为"三年以下有期徒刑、拘役或者罚金";二是将原写法中的第二档法定刑中的罚金修改为"可以并处票证价额一倍以上五倍以下罚金"。

在1996年10月10日的修订草案(征求意见稿)中,立法工作机关又对本罪罪状和法定刑作了较大的补充和修改:一是缩小了本罪对象的范围,删除了"飞机票",仅保留"车票、船票"。二是删除了变造行为,将本罪行为限于"伪造"。三是

---

① 参见最高人民法院刑法修改小组:《关于刑法分则修改的若干问题(草稿)(1989年3月)》,载高铭暄、赵秉志编:《新中国刑法立法文献资料总览》(下),中国人民公安大学出版社1998年版,第2294页。

修改了本罪的法定刑:第一档法定刑修改为"处二年以下有期徒刑或者拘役,可以并处或者单处票证价额一倍以上五倍以下罚金";第二档法定刑修改为"处二年以上七年以下有期徒刑,可以并处票证价额一倍以上五倍以下罚金"。具体写法是:"伪造或者倒卖伪造的车票、船票,数额较大的,处二年以下有期徒刑或者拘役,可以并处或者单处票证价额一倍以上五倍以下罚金;数额巨大的,处二年以上七年以下有期徒刑,可以并处票证价额一倍以上五倍以下罚金。"

在对上述修订草案征求意见的过程中,有部门提出,修订草案仅仅规定伪造、倒卖车票、船票,范围太窄,规定为有价票证,既能包括车船票,又能将其他有价票证也包括进来。① 1996 年 12 月中旬稿采纳了这一建议,并在本罪第一档法定刑中增加规定了管制。具体写法是:"伪造或者倒卖伪造的车票、船票或者其他有价票证,数额较大的,处二年以下有期徒刑、拘役或者管制,可以并处或者单处票证价额一倍以上五倍以下罚金;数额巨大的,处二年以上七年以下有期徒刑,可以并处票证价额一倍以上五倍以下罚金。"之后,在 1997 年 1 月 10 日的修订草案中,立法机关又增列"邮票"为此罪的犯罪对象;在 1997 年 3 月 1 日的稿本中,删除了罚金规定中的"可以"。

经过以上的修改和补充,最终形成的 1997 年《刑法》第 227 条第 1 款的规定是:"伪造或者倒卖伪造的车票、船票、邮票或者其他有价票证,数额较大的,处二年以下有期徒刑、拘役或者管制,并处或者单处票证价额一倍以上五倍以下罚金;数额巨大的,处二年以上七年以下有期徒刑,并处票证价额一倍以上五倍以下罚金。"

九、倒卖车票、船票罪(第 227 条第 2 款)

在刑法修订研拟中,倒卖车票、船票罪的写法可见于 1996 年 8 月 8 日的刑法分则修改草稿,该稿规定:"非法倒卖车票、船票、飞机票等有价票证,数额较大的,处二年以下有期徒刑或者拘役,可以单处或者并处违法所得一倍以上五倍以下罚金。"在 1996 年 8 月 31 日的修改草稿中,立法工作机关删除了上述写法中的"非法",同时将罚金数额的确定基准由原规定的"违法所得"修改为"票证金额"。在之后的稿本中,立法工作机关曾一度删除了这一犯罪,直到 1997 年 3 月 1 日的修订草案稿,立法机关才又将这一犯罪写入其中,即第 227 条第 2 款规定:"倒卖车票、船票情节严重的,处三年以下有期徒刑、拘役或者管制,并处或者单处票证价额一倍以上五倍以下罚金。"1997 年 3 月 13 日的修订草案在"情节严重"之前增加了

---

① 参见最高人民法院刑法修改小组:《关于对〈中华人民共和国刑法(修订草案)〉(征求意见稿)的修改意见(1996 年 11 月 8 日)》,载高铭暄、赵秉志编:《新中国刑法立法文献资料总览》(下),中国人民公安大学出版社 1998 年版,第 2441 页。

逗号,至此,最终形成1997年《刑法》第227条第2款的规定。

十、非法转让、倒卖土地使用权罪(第228条)

从立法稿本的演变看,虽然1988年12月25日的刑法修改稿规定了非法转让、买卖土地犯罪,即第168条规定:"违反土地管理法规,非法转让、买卖或者侵占耕地,情节严重的,处三年以下有期徒刑或者拘役,可以单处或者并处罚金;情节特别严重的,处三年以上七年以下有期徒刑,并处罚金。"但是,在之后的很长一段时间里,立法工作机关并没有对本罪法条的起草和研拟给予一定的关注,相反,一些稿本甚至没有本罪的规定。直到1997年1月10日的修订草案,立法机关才又将本罪写入稿本中,该修订草案第217条规定:"以牟利为目的,违反法律和行政法规规定,非法转让、倒卖土地使用权,情节严重的,处三年以下有期徒刑、拘役或者管制,可以并处或者单处非法转让、倒卖土地价额一倍以下的罚金;情节特别严重的,处三年以上十年以下有期徒刑,并处非法转让、倒卖土地价额一倍以下的罚金。"

在之后的研拟中,立法机关又先后对上述修订草案的写法进行过两次修改和补充:

(1) 1997年2月17日的修订草案(修改稿)中,立法机关对本罪法条作了三处修改:将原先"违反法律和行政法规规定"的表述修改为"违反法律、行政法规规定";将有期徒刑的上线由十年降为七年;将罚金数额确定的基准由"土地价额"修改为"土地使用权价额"。

(2) 在1997年3月1日的修订草案中,立法机关删除了以前稿本中对本罪第一档法定刑中设置的管制;罚金的数额也由原先的"一倍以下"修改为"百分之二十以上一倍以下",并删除了罚金原规定中的"可以"的表述。

由此,最终形成的1997年《刑法》第228条的规定:"以牟利为目的,违反土地管理法规,非法转让、倒卖土地使用权,情节严重的,处三年以下有期徒刑或者拘役,并处或者单处非法转让、倒卖土地使用权价额百分之五以上百分之二十以下罚金;情节特别严重的,处三年以上七年以下有期徒刑,并处非法转让、倒卖土地使用权价额百分之五以上百分之二十以下罚金。"

还应当指出的是,为了准确适用法律,消除司法和执法实践中的理解分歧,全国人大常委会于2001年8月31日通过了《关于〈中华人民共和国刑法〉第二百二十八条、第三百四十二条、第四百一十条的解释》,该解释指明:"刑法第二百二十八条、第三百四十二条、第四百一十条规定的'违反土地管理法规',是指违反土地管理法、森林法、草原法等法律以及有关行政法规中关于土地管理的规定。"

十一、提供虚假证明文件罪、出具证明文件重大失实罪(第229条)

本条之罪系1997年刑法典新增的一种犯罪。在刑法修订研拟中,提供虚假证明文件罪的写法可见于1996年8月31日的修订草稿中,该稿曾将提供虚假证明文件罪安排在"渎职罪"一章中,规定:"承担资产评估、验资职责的人员,故意提供虚假证明文件,情节严重的,处五年以下有期徒刑或者拘役。"1996年10月10日的修订草案(征求意见稿)第201条对该罪规定作了四点修改补充:一是将本罪由"渎职罪"一章移入"破坏社会主义市场经济秩序罪"一章中;二是扩充了本罪的主体范围,把承担验证、审计职责的人员也纳入其中;三是增设了罚金的规定;四是增设了单位犯罪的规定。具体条文写法是:"承担资产评估、验资、验证、审计职责的人员故意提供虚假证明文件,情节严重的,处五年以下有期徒刑或者拘役,可以并处二十万元以下罚金。单位犯前款罪的,对单位判处违法所得一倍以上五倍以下罚金,并且对其直接负责的主管人员和其他直接责任人员,处五年以下有期徒刑或者拘役。"

在之后的研拟中,又先后对此罪的写法进行了一系列补充和修改,主要是:

(1) 在1996年12月中旬的修订草案中,立法工作机关删除了此罪单位犯罪主体的规定。

(2) 在1997年2月17日的修订草案(修改稿)中,立法机关进一步扩展了本罪主体的范围,增加了"会计、法律服务人员"为犯罪主体,同时考虑到中介机构的形式多样,为了不至于遗漏,把所有中介机构的人员都包括在内;删除了本罪罚金刑的具体额度;增加规定了一款过失犯罪。具体写法是:"承担资产评估、验资、验证、会计、审计、法律服务等职责的中介组织的人员故意提供虚假证明文件,情节严重的,处五年以下有期徒刑或者拘役,并处罚金。前款规定的人员,严重不负责任,出具的证明文件有重大失实,造成严重后果的,处三年以下有期徒刑、拘役或者管制,并处或者单处罚金。"

(3) 1997年3月13日修订草案对2月17日稿的写法作了两处修改:一是删除了原第2款中的管制刑;二是增设了中介人员收受或索取财物而犯提供虚假证明文件罪的规定。

经过以上修改和补充,最终形成的1997年《刑法》第229条的规定是:"承担资产评估、验资、验证、会计、审计、法律服务等职责的中介组织的人员故意提供虚假证明文件,情节严重的,处五年以下有期徒刑或者拘役,并处罚金。前款规定的人员,索取他人财物或者非法收受他人财物,犯前款罪的,处五年以上十年以下有期徒刑,并处罚金。第一款规定的人员,严重不负责任,出具的证明文件有重大失实,造成严重后果的,处三年以下有期徒刑或者拘役,并处或者单处罚金。"

十二、逃避商检罪(第230条)

本条之罪为1997年刑法典新增的一种犯罪。刑法起草研拟时,立法工作机关将1989年《中华人民共和国进出口商品检验法》第26条的规定经改写后纳入刑法稿本中。从立法稿本写法的演变看,本罪成熟的写法最早可见于1996年8月8日的分则修改草稿,该罪与走私犯罪一同被规定在"破坏社会主义市场经济秩序罪"一章的第八节"妨害进出口管理罪"中。该稿规定:"违反进出口商品检验法的规定,逃避商品检验,将必须依法进行商检的进口商品,未经检验,擅自销售、使用,或者将必须依法进行商检的出口商品,未经检验或者经检验不合格,擅自出口,致使国家、集体遭受重大损失的,处三年以下有期徒刑或者拘役,可以并处或者单处罚金。"1996年8月31日的刑法修改稿对上述写法作了一些措辞上的修改,具体写法是:"违反进出口商品检验法的规定,逃避商品检验,将必须经商检机构检验的进口商品未报经检验而擅自销售、使用或者将必须经商检机构检验的出口商品未报经检验合格而擅自出口,致使国家、集体遭受重大损失的,处三年以下有期徒刑或者拘役,可以并处或者单处罚金。"其归属的节名由"妨害进出口管理罪"改为"妨害进出口管理秩序罪"。

在之后的研拟中,对这一写法先后进行过4次改动:

(1)在1996年10月10日的修订草案(征求意见稿)中,立法工作机关把本罪由"妨害进出口管理秩序罪"一节移入"扰乱市场秩序罪"一节中。

(2)在1996年12月中旬的修订草案中,立法工作机关曾对本罪的法定刑增设了管制刑的规定。

(3)在1997年2月17日的修订草案(修改稿)中,立法机关将本罪定罪量刑的标准由"致使国家、集体遭受重大损失"修改为"情节严重"。

(4)1997年3月1日的修订草案删除了本罪的管制刑,并将原先"可以并处或者单处罚金"的表述修改为"并处或者单处罚金"。

经过以上的修改和补充,形成了1997年《刑法》第230条的规定:"违反进出口商品检验法的规定,逃避商品检验,将必须经商检机构检验的进口商品未报经检验而擅自销售、使用,或者将必须经商检机构检验的出口商品未报经检验合格而擅自出口,情节严重的,处三年以下有期徒刑或者拘役,并处或者单处罚金。"

十三、本节单位犯罪问题(第231条)

1996年10月10日的刑法修订草案(征求意见稿)第204条规定:"单位犯本节规定之罪的,对单位判处罚金,并对其直接负责的主管人员和其他直接责任人员,依照本节各该条的规定处罚。"之后经过一些非实质性的修改和调整,最后形成了1997年《刑法》第231条的规定:"单位犯本节第二百二十一条至第二百三十条规定之罪的,对单位判处罚金,并对其直接负责的主管人员和其他直接责任人员,依照本节各该条的规定处罚。"

第四章

侵犯公民人身权利、民主权利罪

一、故意杀人罪(第232条)

1979年《刑法》第132条规定:"故意杀人的,处死刑、无期徒刑或者十年以上有期徒刑;情节较轻的,处三年以上十年以下有期徒刑。"

1997年《刑法》第232条规定沿袭了上述写法,没有作任何改动。但在刑法修订研拟中,一些稿本曾经作过一些修改的尝试。如1988年11月16日的刑法修改稿针对故意杀人案件的不同情况,区分规定了两个条文。该稿第114条规定:"故意杀人的,处死刑、无期徒刑或者十年以上有期徒刑;有下列情形之一的,从重处罚:(一)抢劫、盗窃杀人的;(二)强奸杀人的;(三)为毁灭罪证杀人灭口的;(四)因罪行被揭发而报复杀人的;(五)杀人手段特别残酷或者后果特别严重的;(六)有其他严重情节的。"第115条规定:"因受欺压或者严重侮辱,出于激愤杀人的,处三年以上十年以下有期徒刑;情节严重的,依照前条规定处罚。"1988年12月25日的刑法修改稿删除了前稿第115条的写法,同时又对故意杀人罪的加重情形作了一些调整。具体写法是:"故意杀人的,处死刑、无期徒刑或者十年以上有期徒刑,有下列情形之一的,从重处罚:(一)杀害二人以上的;(二)为毁灭罪证杀人灭口的;(三)因罪行被揭发而报复杀人的;(四)杀人手段特别残酷的;(五)有其他严重情节的。故意杀人,情节较轻的,处三年以上十年以下有期徒刑。"在1996年8月8日的刑法分则修改草稿中,立法工作机关对情节较轻的故意杀人罪作了修改,即:"生母溺婴或者故意杀人有其他较轻情节的,处三年以上十年以下有期徒刑。"对于这一写法,在1996年8月12日全国人大常委会法制工作委员会邀请的专家座谈会上,有专家提出,考虑到生母溺婴的情况比较特殊,不宜在故意杀人罪中规定,可单独规定一个溺婴罪,国外法律对溺婴罪一般都是单独规定的。① 立法工作机关采纳了这一建议,1996年8月31日稿第116条在1979年刑法典原规定的基础上,在该条第2款增设了生母溺婴罪,即:"生母溺婴的,处三年以上七年以下有期徒刑。"1996年10月10日的修订草案(征求意见稿)曾删除了情节较轻的故意

---

① 参见全国人大常委会法工委刑法室1996年9月6日整理:《法律专家对〈刑法总则修改稿〉和〈刑法分则修改草稿〉的意见》,载高铭暄、赵秉志编:《新中国刑法立法文献资料总览》(下),中国人民公安大学出版社1998年版,第2139页。

杀人的规定,同时采用一个独立条文规定生母溺婴罪,并将溺婴罪的法定刑由前稿的"三年以上七年以下有期徒刑"修改为"五年以下有期徒刑"。

对于1996年10月10日稿的这种写法,在征求意见的过程中,一些部门和地方提出,该稿第206条删除了刑法故意杀人罪中"情节较轻的,处三年以上十年以下有期徒刑"这一档法定刑,不妥当。原刑法故意杀人罪的规定在执行中没有问题,有的案件根据具体情况,就应该在10年以下判刑,如义愤杀人、帮助自杀、防卫过当杀人、大义灭亲、生母溺婴、不堪虐待而杀人等情况,如果都判处10年以上有期徒刑,得不到社会的理解和同情。征求意见稿将杀人罪情节较轻的只限于生母溺婴一罪不妥,建议恢复原《刑法》第132条的写法。同时,建议删去征求意见稿第207条规定的生母溺婴罪,把它只作为杀人罪情节较轻的一种情况处罚,不必单列。①

对于以上意见,立法机关经过研究,最终放弃了对故意杀人罪立法进行修改的尝试,维持了1979年《刑法》第132条的写法。

二、过失致人死亡罪(第233条)

1979年《刑法》第133条规定:"过失杀人的,处五年以下有期徒刑;情节特别恶劣的,处五年以上有期徒刑。本法另有规定的,依照规定。"

在刑法起草研拟过程中,立法工作机关对于本罪的写法曾经作过一些修改和补充。在1988年9月的刑法修改稿本中,本罪系与过失致人重伤罪规定在一个条文中,且在罪状表述上,由1979年刑法典中的"过失杀人"修改为"过失致人死亡",法定刑及其幅度则与1979年刑法典的规定相同。1988年11月16日和12月25日的修改稿将本罪与过失致人重伤罪分开,独立规定一个条文,但其具体内容与1988年8月稿的规定相比并没有变化。该稿的这一写法为1996年8月8日和8月31日的修改草稿所沿用。

对于上述写法,在专家座谈中,有专家提出:过失致人死亡罪情节特别恶劣的,处5年以上有期徒刑,最高刑是15年,重大责任事故犯罪的最高刑只有7年,而重大责任事故犯罪往往造成许多人死亡,危害后果比过失致人死亡罪大得多,两罪的法定刑不平衡。② 立法工作机关经过研究和论证,在1996年10月10日的修订草案(征求意见稿)中,调整了本罪的法定刑,由之前稿本的两个档次的法定刑修改为一个档次,即"七年以下有期徒刑"。到了1997年3月1日的修订草案,考虑到

---

① 参见《中央有关部门、地方及法律专家对刑法修订草案(征求意见稿)的意见》,载高铭暄、赵秉志编:《新中国刑法立法文献资料总览》(下),中国人民公安大学出版社1998年版,第2167页。

② 参见全国人大常委会法工委刑法室1996年9月6日整理:《法律专家对〈刑法总则修改稿〉和〈刑法分则修改草稿〉的意见》,载高铭暄、赵秉志编:《新中国刑法立法文献资料总览》(下),中国人民公安大学出版社1998年版,第2139页。

过失致人死亡的具体情形比较复杂,且需要与刑法中的其他过失造成他人死亡的犯罪的法定刑相协调,立法机关对本罪的法定刑的写法又作了调整,即:对于本罪的基本犯,处3年以上7年以下有期徒刑;对于减轻犯,处3年以下有期徒刑。

经过以上的修改和补充,最终形成的1997年《刑法》第233条的规定是:"过失致人死亡的,处三年以上七年以下有期徒刑;情节较轻的,处三年以下有期徒刑。本法另有规定的,依照规定。"

三、故意伤害罪(第234条)

1979年《刑法》第134条规定:"故意伤害他人身体的,处三年以下有期徒刑或者拘役。犯前款罪,致人重伤的,处三年以上七年以下有期徒刑;致人死亡的,处七年以上有期徒刑或者无期徒刑。本法另有规定的,依照规定。"

对于本罪法条的修订,一些稿本在写法上曾经发生过一些变化。在1988年9月的刑法修改稿中,立法工作机关对第1款的规定没有进行修改,但对于第2款,该稿作了两处修改:在致人死亡之后增加规定了"致人重伤情节特别恶劣"的情节;在本罪第三档刑中,增设了死刑的规定。鉴于7年有期徒刑到死刑的跨度太大,1988年11月16日的刑法修改稿对本罪的法定刑作出了调整:"故意伤害他人身体造成轻伤的,处三年以下有期徒刑或者拘役;造成重伤的,处三年以上十年以下有期徒刑;情节特别恶劣或者致人死亡的,处十年以上有期徒刑、无期徒刑或者死刑。"然而,到了1988年12月25日的稿本,立法工作机关除对本罪情节作出微调外,法定刑的写法又基本恢复了1988年9月稿的写法,具体条文是:"故意伤害他人身体的,处三年以下有期徒刑或者拘役;致人重伤的,处三年以上七年以下有期徒刑;情节特别恶劣的,处七年以上有期徒刑、无期徒刑或者死刑。本法另有规定的,依照规定。"

之后的研拟,基本上是围绕着对本罪要不要规定死刑、如何限制本罪死刑的适用范围等问题而展开的。关于要不要规定死刑,在1996年8月12日的专家座谈会上,专家们一致认为,故意伤害罪不宜规定死刑。主要理由是:无论是主观故意还是客观后果,故意伤害罪与故意杀人罪都有很大的不同,伤害毕竟还不是杀人,过去是杀人偿命,而不是伤害偿命。如果都规定死刑,就没有区别了,这样不妥。从国外的法律规定看,对伤害罪也都没有规定死刑。[①] 立法工作机关在之后的稿本中曾采纳了这一建议,例如,1996年10月10日的修订草案(征求意见稿)第209条就没有挂死刑。然而,到了1996年12月中旬的修订草案,随即又恢复了本罪的死

[①] 参见全国人大常委会法工委刑法室1996年9月6日整理:《法律专家对〈刑法总则修改稿〉和〈刑法分则修改草稿〉的意见》,载高铭暄、赵秉志编:《新中国刑法立法文献资料总览》(下),中国人民公安大学出版社1998年版,第2140页。

刑规定。

如何限制对本罪适用死刑？在1996年8月8日及其以后的一些稿本中，死刑的刑档适用于"致人死亡或者情节特别恶劣"的情形。到了1997年1月10日的修订草案，立法机关一方面取消了"致人死亡"可处死刑的规定；另一方面对"以特别残忍的手段致人死亡或者致人重伤造成严重残疾"的情形，规定了绝对确定的死刑。这样的写法，显然又走到了一个极端。因此，在1997年2月17日修订草案（修改稿）中，立法机关又对此作了一些修改，即将死刑刑档的适用限制为"致人死亡或者以特别残忍手段致人重伤造成严重残疾"的情形。最终，该稿的写法为1997年《刑法》第234条的规定所沿用，即："故意伤害他人身体的，处三年以下有期徒刑、拘役或者管制。犯前款罪，致人重伤的，处三年以上十年以下有期徒刑；致人死亡或者以特别残忍手段致人重伤造成严重残疾的，处十年以上有期徒刑、无期徒刑或者死刑。本法另有规定的，依照规定。"

四、组织出卖人体器官罪及相关行为的处理（第234条之一）

随着现代医疗科技的发展进步，器官移植技术作为"21世纪医学之巅"的杰出成果为全世界的绝症病人带来了生存的希望。然而目前全世界都面临着器官移植的供体严重不足问题。我国每年有100万人进行腹膜透析或血液透析，需要肾脏移植；每年有30万终末期肝病患者需要肝脏移植，而这其中仅有大约1%的患者能够获得器官移植的机会，器官来源的短缺滋生了大量非法交易现象。虽然我国法律对人体器官的捐献、移植都有严格的限制规定①，但是仍然无法遏制非法交易行为的发生，出现了大量的"人体器官买卖中介"，这些中介以营利为目的，大规模

---

① 2007年3月31日国务院颁布了《人体器官移植条例》，该条例第3条规定："任何组织或者个人不得以任何形式买卖人体器官，不得从事与买卖人体器官有关的活动。"第7条规定："人体器官捐献应当遵循自愿、无偿的原则。公民享有捐献或者不捐献其人体器官的权利；任何组织或者个人不得强迫、欺骗或者利诱他人捐献人体器官。"为了更好地贯彻落实《人体器官移植条例》，规范活体器官移植，保证医疗质量和安全，2009年12月28日卫生部下发了《关于规范活体器官移植的若干规定》，进一步严格了活体器官移植的条件，规定活体器官移植的对象仅限于："（一）配偶：仅限于结婚3年以上或者婚后已育有子女的；（二）直系血亲或者三代以内旁系血亲；（三）因帮扶等形成亲情关系：仅限于养父母和养子女之间的关系、继父母与继子女之间的关系。"并规定："从事活体器官移植的医疗机构应当要求申请活体器官移植的捐献人与接受人提交以下相关材料：（一）由活体器官捐献人及其具有完全民事行为能力的父母、成年子女（已结婚的捐献人还应当包括其配偶）共同签署的捐献人自愿、无偿捐献器官的书面意愿和活体器官接受人同意接受捐献人捐献器官的书面意愿；（二）由户籍所在地公安机关出具的活体器官捐献人与接受人的身份证明以及双方第二代居民身份证、户口本原件；（三）由户籍所在地公安机关出具的能反映活体器官捐献人与接受人亲属关系的户籍证明；（四）活体器官捐献人与接受人属于配偶关系，应当提交结婚证原件或者已有生育子女的证明；（五）省级卫生行政部门要求的其他证明材料。"但是在实际中，医院大多对这些材料进行形式审查，这就给从事人体器官买卖的非法分子提供了可乘之机，他们或者让患者家属在户籍证明、身份证上"做手脚"，或者提供一条龙服务，为患者办理整套假手续、假证明、假证件。因此，必须从源头上打击组织出卖人体器官的行为，才能有效遏制此类现象的发生。

组织他人出卖人体器官,甚至还出现了欺骗他人捐献器官或者未经本人同意强行摘取他人,甚至未成年人器官的严重犯罪行为,这些行为不仅严重侵害了他人的生命、健康权利,而且极大地破坏了社会的善良风俗,扰乱了国家器官移植的医疗管理秩序,对社会公共秩序造成了不可估量的侵害。《刑法修正案(八)》颁布之前,我国刑法中并没有专门针对买卖人体器官行为刑事责任的规定,实务中检察机关也多以"非法经营罪"对此类行为提起公诉,难以体现该类行为的反伦理性以及对人体生命、健康的危害。因此,近年来社会各界都在呼吁国家应当尽快修订法律,制定专门的罪名以加大对此类犯罪的打击力度,维护社会稳定。

《刑法修正案(八)》针对司法实践中存在的各种非法买卖人体器官现象规定此罪。其中,本条第1款规定的是组织出卖人体器官罪,即:"组织他人出卖人体器官的,处五年以下有期徒刑,并处罚金;情节严重的,处五年以上有期徒刑,并处罚金或者没收财产。"第2款和第3款是为明确本罪与他罪的界限而作出的特别规定:"未经本人同意摘取其器官,或者摘取不满十八周岁的人的器官,或者强迫、欺骗他人捐献器官的,依照本法第二百三十四条、第二百三十二条的规定定罪处罚。违背本人生前意愿摘取其尸体器官,或者本人生前未表示同意,违反国家规定,违背其近亲属意愿摘取其尸体器官的,依照本法第三百零二条的规定定罪处罚。"

五、过失致人重伤罪(第235条)

1979年《刑法》第135条规定:"过失伤害他人致人重伤的,处二年以下有期徒刑或者拘役;情节特别恶劣的,处二年以上七年以下有期徒刑。本法另有规定的,依照规定。"

在刑法修订研拟过程中,对于本罪法条的写法,除了1988年9月的刑法修改稿曾将过失致人重伤罪与过失致人死亡罪合并规定在一个条文外,一些稿本基本上都沿用了1979年刑法典的写法。

到了1996年10月10日的修订草案(征求意见稿),立法工作机关对本罪法定刑的写法作了较大的修改和调整:一方面删除了本罪原先规定的"情节特别恶劣"的法定刑档次;另一方面将本罪的法定最高刑确定为3年有期徒刑。具体写法是:"过失伤害他人致人重伤的,处三年以下有期徒刑或者拘役。本法另有规定的,依照规定。"1996年12月中旬的稿本曾对本罪法定刑增设了管制,但在1997年3月1日的修订草案中,立法机关基于对管制的分则分布的综合考虑,又删除了管制的规定。至此,最终形成了1997年《刑法》第235条的规定:"过失伤害他人致人重伤的,处三年以下有期徒刑或者拘役。本法另有规定的,依照规定。"

六、强奸罪(第236条)

1979年《刑法》第139条规定:"以暴力、胁迫或者其他手段强奸妇女的,处三年以上十年以下有期徒刑。奸淫不满十四岁幼女的,以强奸论,从重处罚。犯前两款罪,情节特别严重的或者致人重伤、死亡的,处十年以上有期徒刑、无期徒刑或者死刑。二人以上犯强奸罪而共同轮奸的,从重处罚。"

在刑法修订研拟中,立法工作机关对本罪法条改写的尝试始自1988年12月25日的刑法修改稿。由于理论上对1979年《刑法》第139条的规定是一个罪名还是两个罪名有不同意见,司法解释采用两个罪名的观点占多数。故在起草本罪法条时,有人建议把强奸罪和奸淫幼女罪都在条文中写明白。立法工作机关采纳了这样的意见,在1988年12月25日稿第121条规定中,把第4款的"二人以上犯强奸罪而共同轮奸的,从重处罚"的规定改写为"二人以上犯强奸妇女罪、奸淫幼女罪而共同轮奸的,从重处罚";同时,把"不满十四岁"改写为"不满十三岁"。

在1996年8月8日的刑法分则修改草稿中,考虑到不同手段的强奸,对被害人的心理以及社会危害程度有一定的不同影响,立法工作机关对本罪的基本法定刑区分犯罪的手段规定了两个档次;对幼女既要考虑是否性成熟,又要考虑其理解和辨别能力,将幼女的年龄降低为13岁,不利于保护幼女;同时,为使本罪加重情节的法定刑更具明确性和操作性,在该稿中列举了若干可处10年以上有期徒刑、无期徒刑或者死刑的情形。具体写法是:"以暴力、胁迫手段强奸妇女的,处五年以上十年以下有期徒刑;以其他手段强奸妇女的,处三年以上十年以下有期徒刑。奸淫不满十四岁幼女的,以强奸论,从重处罚。轮奸妇女的,从重处罚。强奸妇女,有下列情形之一的,处十年以上有期徒刑、无期徒刑或者死刑:(一) 强奸妇女、奸淫幼女手段残酷的;(二) 强奸妇女、奸淫幼女多人的;(三) 轮奸妇女、幼女的首要分子;(四) 致使被害人死亡、重伤或者造成被害人自杀、精神失常或者其他严重后果的;(五) 具有其他特别严重情节的。"

从理论上而言,虽然不同的手段对妇女的心理及社会危害程度有一定的不同影响,但影响程度应该是有限的,在法定刑幅度内根据案件的具体情况裁量刑罚同样可实现罪责刑相适应原则的要求。有鉴于此,在1996年8月31日稿中,立法工作机关取消了对不同手段设置不同法定刑幅度的做法;同时,删除了前稿列举的"轮奸妇女、幼女的首要分子"这一加重情节。具体写法是:"以暴力、胁迫或者其他手段强奸妇女的,处三年以上十年以下有期徒刑。奸淫不满十四岁幼女的,以强奸论,从重处罚。强奸妇女,有下列情形之一的,处十年以上有期徒刑、无期徒刑或者死刑:(一) 强奸妇女、奸淫幼女手段残酷的;(二) 强奸妇女、奸淫幼女多人的;(三) 致使被害人死亡、重伤或者引起被害人自杀或者其他严重后果的;(四) 有其他严重情节的。二人以上犯强奸罪而共同轮奸的,从重处罚。"

受当时正在开展的"严打"活动的影响,在1996年10月10日的修订草案(征求意见稿)中,立法工作机关提高了本罪基本犯的法定刑,同时将"二人以上轮奸"的列为本罪适用加重刑的加重情形,删除了前稿第(四)项列举的"有其他严重情节"，以"在公共场所当众强奸妇女"取而代之。具体而言，该稿第211条规定："以暴力、胁迫或者其他手段强奸妇女的，处五年以上十年以下有期徒刑。奸淫不满十四岁的幼女的，以强奸论，从重处罚。强奸妇女、幼女，有下列情形之一的，处十年以上有期徒刑、无期徒刑或者死刑：（一）强奸妇女、奸淫幼女情节恶劣的；（二）强奸妇女、奸淫幼女多人的；（三）在公共场所当众强奸妇女的；（四）二人以上轮奸的；（五）致使被害人死亡、重伤或者引起被害人自杀或者其他严重后果的。"

在1996年12月中旬稿中，考虑到"引起被害人自杀"的社会危害程度毕竟不同于因使用暴力而致被害人重伤、死亡的社会危害，将它们并列作为本罪的加重情形，不尽合理，故立法工作机关删除了前稿第（五）项中列举的"引起被害人自杀"的情形。为使表达更为顺畅，并尊重立法用语表达的习惯，1997年2月17日稿把前稿第（五）项中的"致使被害人死亡、重伤"修改为"致使被害人重伤、死亡"，其他内容未变。之后的研拟，曾对轮奸主体的人数界定产生过争议。从稿本上看，1997年3月1日的修订草案曾表述为"三人以上轮奸"，但3月13日稿又改为"二人以上轮奸"。至此，经过以上的修改和补充，最终形成了1997年《刑法》第236条的规定："以暴力、胁迫或者其他手段强奸妇女的，处三年以上十年以下有期徒刑。奸淫不满十四周岁的幼女的，以强奸论，从重处罚。强奸妇女、奸淫幼女，有下列情形之一的，处十年以上有期徒刑、无期徒刑或者死刑：（一）强奸妇女、奸淫幼女情节恶劣的；（二）强奸妇女、奸淫幼女多人的；（三）在公共场所当众强奸妇女的；（四）二人以上轮奸的；（五）致使被害人重伤、死亡或者造成其他严重后果的。"

七、强制猥亵、侮辱妇女罪，猥亵儿童罪（第237条）

本条规定之罪分离自1979年《刑法》第160条规定的流氓罪。第160条规定："聚众斗殴，寻衅滋事，侮辱妇女或者进行其他流氓活动，破坏公共秩序，情节恶劣的，处七年以下有期徒刑、拘役或者管制。流氓集团的首要分子，处七年以上有期徒刑。"1983年9月2日全国人大常委会通过的《关于严惩严重危害社会治安的犯罪分子的决定》第1条对1979年刑法典的上述规定作了补充：流氓犯罪集团的首要分子或者携带凶器进行流氓犯罪活动，情节严重的，或者进行流氓犯罪活动危害特别严重的，可以在刑法规定的最高刑以上处刑，直至判处死刑。

从实践中看，由于流氓罪规定的内容庞杂，行为多样，尤其是对"其他流氓犯罪活动"没有一个统一的法律标准，是一个典型的"口袋罪"，法定刑的幅度又很宽，很笼统，由此难免给执行带来一些弊端。因此，在刑法修订研拟伊始，修改完善流氓罪的规定就很快成了理论界和实务界的共识。但如何修改完善却存在着不同意见。一种意见是继续保留"流氓罪"，修改补充其具体罪状的内容，以使其更加明确规范，便于定罪量刑时掌握。占主导性的意见是取消流氓罪，将流氓罪这个"大口袋"中的各类行为分别规定为若干独立的罪名，再将一部分后果较轻的流氓行为非犯罪化，通过治安处罚解决。① 在具体罪名的分解上，有部门主张分解为聚众斗殴罪、寻衅滋事罪、强制猥亵妇女罪、猥亵儿童罪、侮辱妇女罪、聚众淫乱罪。② 有部门认为，除此之外，还应当增设驾驶车船横行罪、欺压他人罪。③ 也有部门主张，寻衅滋事行为，情节或后果严重时，可根据其行为及后果的具体情况，分别定放火罪、决水罪、侮辱罪、抢夺罪、故意毁坏公私财物罪等。应当把妨害风化的行为如奸尸、挖坟、侮辱毁坏尸体等独立成罪。④ 经过认真的研究和论证，立法机关最终将原流氓罪分解为侮辱、猥亵妇女的犯罪，聚众淫乱的犯罪，聚众斗殴的犯罪和寻衅滋事的犯罪。

　　就本罪而言，其具体写法在一些稿本中经历了一些变化。在1996年8月8日的修改稿中，立法工作机关规定了强制猥亵妇女罪，具体而言："以暴力、胁迫或者其他方法强制猥亵妇女的，处五年以下有期徒刑或者拘役。聚众或者在公众聚集场所犯前款罪，社会影响恶劣的或者造成严重后果的，处五年以上十年以下有期徒刑。"鉴于实践中经常发生猥亵儿童的案件，有的案件甚至是猥亵数十人的大案，因此1996年8月31日的稿本在8月8日稿的基础上增设了一款，即："猥亵儿童的，依照前两款的规定从重处罚。"考虑到"公共场所"的用语比"公众聚集场所"的提法更能为人所接受和理解，立法工作机关在1996年10月10日的修订草案（征求意见稿）中将原先第2款中的"公众聚集场所"的用语修改成了"公共场所"。鉴于侮辱妇女的行为也是流氓行为的重要表现之一，对于危害严重的侮辱妇女行为，亦应追究刑事责任。故此，在1996年12月中旬的稿本中，立法工作机关在本罪第1款中增加了侮辱妇女的规定，该款的具体写法是："以暴力、胁迫或者其他方法强制猥亵妇女、或者侮辱妇女的，处五年以下有期徒刑或者拘役。"出于语法和修辞的考虑，1997年1月10日的修订草案删除了前稿"强制猥亵妇女、或者侮辱妇女"中的顿号，以使其表述更加规范和明确。鉴于聚众或者在公共场所强制猥亵妇女、侮辱妇女的行为本身就蕴含着极其恶劣的社会影响和严重后果，故立法机关在1997年2月17日修订草案（修改稿）中，删除了原规定第2款中"社会影响恶劣的或者造成严重后果"的内容。这样，经过一系列的调整和补充，最终形成了1997年《刑法》

---

①　参见最高人民检察院刑法修改研究小组：《关于修改刑法十个重点问题的研究意见（1996年5月）》，载高铭暄、赵秉志编：《新中国刑法立法文献资料总览》（下），中国人民公安大学出版社1998年版，第2605页。

②　参见最高人民法院刑法修改小组：《关于刑法修改若干问题的研讨与建议（1991年草拟,1993年修改补充）》，载高铭暄、赵秉志编：《新中国刑法立法文献资料总览》（下），中国人民公安大学出版社1998年版，第2390—2392页。

③　参见公安部修改刑法领导小组办公室：《关于分解流氓罪的建议（1996年7月）》，载高铭暄、赵秉志编：《新中国刑法立法文献资料总览》（下），中国人民公安大学出版社1998年版，第2681页。

④　参见最高人民检察院刑法修改研究小组：《关于修改刑法十个重点问题的研究意见（1996年5月）》，载高铭暄、赵秉志编：《新中国刑法立法文献资料总览》（下），中国人民公安大学出版社1998年版，第2605页。

第237条的规定:"以暴力、胁迫或者其他方法强制猥亵妇女或者侮辱妇女的,处五年以下有期徒刑或者拘役。聚众或者在公共场所当众犯前款罪的,处五年以上有期徒刑。猥亵儿童的,依照前两款的规定从重处罚。"

八、非法拘禁罪(第238条)

1979年《刑法》第143条规定:"严禁非法拘禁他人,或者以其他方法非法剥夺他人人身自由,违者处三年以下有期徒刑、拘役或者剥夺政治权利。具有殴打、侮辱情节的,从重处罚。犯前款罪,致人重伤的,处三年以上十年以下有期徒刑;致人死亡的,处七年以上有期徒刑。"

上述规定,是按照法律规范的完整逻辑结构的要求写的,但刑法分则条文通常的表达惯例是"行为模式+法律后果"。为了与刑法分则条文的表达惯例相一致,1988年9月的刑法修改稿本删除了"严禁非法拘禁他人"的语句,直接将本罪的罪状表述为"非法拘禁他人,或者以其他方法非法剥夺他人人身自由",同时,在1979年刑法原有写法的基础上,对本罪致人死亡情形的法定刑规定了无期徒刑。

在1988年11月16日的修改稿中,立法工作机关删除了1979年刑法典规定的殴打和侮辱等从重处罚情节以及致人重伤和死亡的法定刑,对本罪仅仅保留了一个法定刑幅度,即:"非法拘禁他人,或者以其他方法非法剥夺他人人身自由的,处五年以下有期徒刑、拘役或者剥夺政治权利。"显然,这一写法并没有真正解决非法拘禁致人重伤或者死亡的处理问题,同时把非法拘禁罪基本犯的最高刑提高到5年,与刑法其他有关条文的规定不协调。有鉴于此,1988年12月25日的刑法修改稿又基本上恢复了1979年刑法典的写法,即:"非法拘禁他人,或者以其他方法非法剥夺他人人身自由的,处三年以下有期徒刑、拘役或者剥夺政治权利。犯前款罪,致人重伤的,处三年以上十年以下有期徒刑;致人死亡的,处七年以上有期徒刑。"1996年8月8日和8月31日的修改草稿以1988年12月25日稿的写法为基础,进行了两个方面的修改:一是恢复了1979年刑法典关于殴打等从重处罚的规定;二是增加了国家机关工作人员利用职权非法拘禁他人从重处罚的规定。

在1996年10月10日的修订草案(征求意见稿)中,立法工作机关在之前的两个稿本的基础上,对本罪法条的写法作了三处修改补充:一是为与刑法中其他有类似情节的犯罪的法定刑相协调,提高了非法拘禁致人死亡情形的最低法定刑,即将原先规定的"七年以上有期徒刑"修改为"十年以上有期徒刑"。二是增加规定了非法拘禁他人索取债务的处理。三是增加规定了司法工作人员利用职权非法拘禁他人从重处罚的规定。具体而言,该稿第213条规定:"非法拘禁他人或者以其他方法非法剥夺他人人身自由的,处三年以下有期徒刑、拘役或者剥夺政治权利。具有殴打、侮辱情节的,从重处罚。犯前款罪,致人重伤的,处三年以上十年以下有期徒刑;致人死亡的,处十年以上有期徒刑。国家机关工作人员利用职权犯前两款罪的,依照前两款的规定从重处罚。非法拘禁他人索取债务的,依照第一款、第二款的规定处罚。司法工作人员利用职权实施上述行为的,从重处罚。"

在之后的研拟中,围绕着1996年10月10日征求意见稿的写法,进行了一系列的修改和调整:一是在1996年12月中旬的稿本中,为了解决非法拘禁过程中,使用暴力致人伤残或者死亡的定罪问题,立法工作机关增设了"使用暴力致人伤残或者死亡的,依照故意伤害罪、故意杀人罪定罪处罚"的规定,并在本罪的基本犯法定刑中增加规定了管制刑。二是考虑到司法工作人员也是国家机关工作人员,故立法机关在1997年1月10日的修订草案中删除了司法工作人员利用职权实施非法拘禁行为从重处罚的规定。三是在1997年2月17日的修订草案中,立法机关曾删除"'非法拘禁他人索取债务'依照本罪规定处罚"的规定,但后来考虑到司法实践中为索取债务而非法拘禁他人的情形较为常见,为避免混淆罪与非罪的界限,有必要予以强调,故此立法机关在1997年3月1日的修订草案中又对此作了规定。

这样,经过以上的调整,最终形成了1997年《刑法》第238条的规定:"非法拘禁他人或者以其他方法非法剥夺他人人身自由的,处三年以下有期徒刑、拘役、管制或者剥夺政治权利。具有殴打、侮辱情节的,从重处罚。犯前款罪,致人重伤的,处三年以上十年以下有期徒刑;致人死亡的,处十年以上有期徒刑。使用暴力致人伤残、死亡的,依照本法第二百三十四条、第二百三十二条的规定定罪处罚。为索取债务非法扣押、拘禁他人的,依照前两款的规定处罚。国家机关工作人员利用职权犯前三款罪的,依照前三款的规定从重处罚。"

九、绑架罪(第239条)

我国1979年刑法典并没有规定绑架罪,但在司法实践中,经常会发生绑架他人做人质索要钱财的案件。对此,由于1979年刑法典没有专门的规定,司法实践的处理方法极不统一。有的按抢劫罪定罪处罚,有的按抢劫和敲诈勒索并罚,也有的按非法拘禁、敲诈勒索并罚。致人死亡时,有的定抢劫罪;有的定故意杀人罪、抢劫罪两罪并罚;有的则按非法拘禁、故意杀人、敲诈勒索罪三罪并罚。为了统一司法,为实践处理这种案件提供法律依据,1991年9月4日全国人大常委会通过的《关于严惩拐卖、绑架妇女、儿童的犯罪分子的决定》(以下简称《严惩拐卖、绑架犯罪的决定》)第2条第3款规定:"以勒索财物为目的绑架他人的,依照本条第一款①的规定处罚。"

在刑法全面修订研拟中,对于绑架行为要不要新增罪名,新增什么罪名,有三

---

① 该条第1款规定的是绑架妇女、儿童罪,本罪基本犯的法定刑是"十年以上有期徒刑或者无期徒刑,并处一万元以下罚金或者没收财产";加重犯的法定刑是"死刑,并处没收财产"。

种不同意见。① 一种意见认为,这种行为不完全同于抢劫罪,如不在刑法中明确表述,容易产生误解。考虑到这种行为的犯罪构成与抢劫罪相类似,因此,可在抢劫罪中增设一款:"掳人勒赎的,依照前款的规定从重处罚。"这样表述既明确,又可减少死刑条款。一种意见则认为,虽然掳人勒赎的犯罪行为与抢劫罪类似,但在本质上二者有着根本的不同,另立一条掳人勒赎罪更为妥当。也有意见认为,刑法应当根据司法实践中出现的新情况、新问题,新增加一条绑架罪。理由是:绑架罪的内涵与外延要大于掳人勒赎罪。虽然司法实践中发生的多是掳人勒赎的犯罪案件,但也发生了一些为获取非财产性利益而实施的绑架案件;掳人勒赎不如绑架罪言简意赅,后者更容易为人民群众所理解和接受;随着我国对外开放的不断扩大,世界上一些恐怖组织有可能渗透到我国境内犯罪,而这些恐怖组织进行绑架人质的犯罪目的是多种多样的,规定绑架罪也可以有效地打击国际犯罪。

从最初的刑法修改稿本看,有的稿本并没有限定绑架的目的,故此写法从字面意义上看,显然可以包括掳人勒赎和出于其他目的而实施绑架两种情况,如1988年9月的修改稿就规定:"以暴力、胁迫或者其他手段绑架他人的,处七年以下有期徒刑;致人重伤、死亡的,依照数罪并罚的规定处罚。"也有稿本将本罪行为规定为抢劫罪从重处罚的情节,如1988年11月16日和12月25日两个稿本。对于这两个稿本的写法,在研拟中,有部门和学者提出了不同意见,认为,绑架与抢劫的犯罪构成是不尽相同的。抢劫的目的是为了钱财,绑架的目的除了为了钱财外,有些则是为了获取其他非财产性利益,而抢劫罪则不能包括这种行为,故应从中分立出来,单列一罪。之后,刑法修改稿本再也没有把本罪行为作为抢劫罪从重处罚情节的写法了。

从1996年以后的稿本看,立法工作机关对本罪的写法也曾有过一些反复和变化。就本罪罪状而言,8月8日和8月31日稿本没有对本罪作主观目的上的限定,而且采用了简单罪状的方式描述本罪罪状,即:"绑架他人的,处……"这一写法没有局限于掳人勒赎,还包括出于其他目的而绑架他人的情形。1996年10月10日的修订草案(征求意见稿)则以《严惩拐卖、绑架犯罪的决定》的写法为基础,将本罪的归责范围限于掳人勒赎,即"以勒索财物为目的绑架他人"。到了1997年1月10日的修订草案,立法机关对本罪的写法基本又回到了1988年9月的刑法修改稿的写法上,即:"以暴力、胁迫或者麻醉方法绑架他人",构成本罪。1997年2月17日的修订草案(修改稿)推翻了这一写法,改而采用1996年8月8日的写法。到了1997年3月1日的修订草案,立法机关又放弃了2月17日稿的写法,从本罪的外

---

① 参见最高人民法院刑法修改小组:《关于刑法修改若干问题的研讨与建议(1991年草拟,1993年修改补充)》,载高铭暄、赵秉志编:《新中国刑法立法文献资料总览》(下),中国人民公安大学出版社1998年版,第2394—2395页。

延上看,显然采用的是广义的写法,即:"以勒索财物为目的绑架他人的,或者绑架他人作人质的",处以刑罚。该草案对本罪罪状的写法最终为1997年刑法典所采纳。

就本罪的法定刑来说,1996年8月8日的分则修改草稿规定,对于本罪的基本犯,处10年以上有期徒刑、无期徒刑,并处罚金或者没收财产;致使被绑架人死亡或者杀害被绑架人的,处无期徒刑或者死刑,并处没收财产。从实践中看,情节较轻的绑架犯罪还是存在的,为适应各种轻重不同情节的绑架犯罪,立法工作机关在1996年8月31日的刑法修改草稿中,以8月8日稿写法为基础,增加规定了情节较轻情形的法定刑,即"情节较轻的,处三年以上十年以下有期徒刑"。然而,后来由于受当时正在开展的"严打"的影响,1996年10月10日修订草案(征求意见稿)不仅删除了情节较轻情形的法定刑幅度,而且对于"致使被绑架人死亡或者杀害被绑架人"的情形规定了绝对确定的死刑。该草案的这一写法最终为1997年刑法典所沿用。

关于偷盗婴幼儿,1991年的《严惩拐卖、绑架犯罪的决定》曾有专门的规定:"以出卖或者勒索财物为目的,偷盗婴幼儿的,依照本条第一款①的规定处罚。"在研拟中,《严惩拐卖、绑架犯罪的决定》的这一规定并没有被纳入1996年8月8日和8月31日的修改草稿中。后来考虑到,实践中偷盗婴幼儿的情形比较复杂,行为人主观目的的不同,直接影响其行为的性质,为避免混淆此罪与彼罪的界限,立法工作机关遂在1996年10月10日的修订草案(征求意见稿)中,增加了"以勒索财物为目的偷盗婴幼儿的,依照前款规定处罚"的规定。这一写法一直维持到1997年刑法典通过。此外,在1997年1月10日的修订草案中,为提示司法机关注意此罪与彼罪的界限,立法机关曾在第228条第3款规定:"为索取债务,实施第一款行为的,依照第二百二十七条(注:非法拘禁罪)的规定处罚。"后来,考虑到在非法拘禁罪法条中已有类似的规定,再在本罪法条中对此作出规定有些重复,故此在1997年3月1日的修订草案中,立法机关又删除了这一规定。

经过以上的修改和调整,最终形成的1997年《刑法》第239条的规定是:"以勒索财物为目的绑架他人的,或者绑架他人作为人质的,处十年以上有期徒刑或者无期徒刑,并处罚金或者没收财产;致使被绑架人死亡或者杀害被绑架人的,处死刑,并处没收财产。以勒索财物为目的偷盗婴幼儿的,依照前款的规定处罚。"

1997年刑法典实施后,从实践中看,刑法对该罪设定的刑罚层次偏少,而且法定最低刑就是10年,不能完全适应处理这类情况复杂的案件的需要。有鉴于此,2009年2月28日的《刑法修正案(七)》在原有规定的基础上,对本罪增加规定了

---

① 该条第1款规定的是绑架妇女、儿童罪,本罪基本犯的法定刑是"十年以上有期徒刑或者无期徒刑,并处一万元以下罚金或者没收财产";加重犯的法定刑是"死刑,并处没收财产"。

情节较轻情形的法定刑,这样,经过修正的第239条的规定是:"以勒索财物为目的绑架他人的,或者绑架他人作为人质的,处十年以上有期徒刑或者无期徒刑,并处罚金或者没收财产;情节较轻的,处五年以上十年以下有期徒刑,并处罚金。犯前款罪,致使被绑架人死亡或者杀害被绑架人的,处死刑,并处没收财产。以勒索财物为目的偷盗婴幼儿的,依照前两款的规定处罚。"

十、拐卖妇女、儿童罪(第240条)

1979年刑法典规定了拐卖人口罪,即第141条规定:"拐卖人口的,处五年以下有期徒刑;情节严重的,处五年以上有期徒刑。"为了严厉惩治和有效防范包括拐卖人口在内的各种严重犯罪行为,全国人大常委会于1983年9月2日通过了《关于严惩严重危害社会治安的犯罪分子的决定》,该决定规定,对于拐卖人口集团的首要分子,或者拐卖人口情节特别严重的,可以在刑法规定的最高刑以上处刑,直至判处死刑。

在刑法修订研拟中,1988年的3个稿本对拐卖人口罪的写法基本上综合了1979年刑法典和上述决定的规定。例如,1988年9月稿规定:"贩卖人口的,处五年以下有期徒刑;情节严重的,处五年以上有期徒刑;集团的首要分子或者情节特别严重的,处无期徒刑或者死刑。"11月16日的修改稿规定:"拐卖人口的,处五年以下有期徒刑;情节严重的,处五年以上有期徒刑;情节特别严重的,处无期徒刑或者死刑,并处没收财产。"12月25日稿规定:"拐卖人口的,处五年以下有期徒刑;情节严重的,处五年以上十年以下有期徒刑,并处罚金;情节特别严重的,处十年以上有期徒刑或者无期徒刑,并处没收财产。"

随着经济社会的发展,一些地方拐卖妇女、儿童的犯罪行为变得猖獗起来,这些行为严重地危害妇女、儿童的人身安全和身心健康,已经成为严重危害社会安定的一个大问题。为了遏制这些犯罪行为,1991年全国人大常委会通过的《严惩拐卖、绑架犯罪的决定》专门规定了拐卖妇女、儿童罪,即:"拐卖妇女、儿童的,处五年以上十年以下有期徒刑,并处一万元以下罚金;有下列情形之一的,处十年以上有期徒刑或者无期徒刑,并处一万元以下罚金或者没收财产;情节特别严重的,处死刑,并处没收财产:(一)拐卖妇女、儿童集团的首要分子;(二)拐卖妇女、儿童三人以上的;(三)奸淫被拐卖的妇女的;(四)诱骗、强迫被拐卖的妇女卖淫或者将被拐卖的妇女卖给他人迫使其卖淫的;(五)造成被拐卖的妇女、儿童或者其亲属重伤、死亡或者其他严重后果的;(六)将妇女、儿童卖往境外的。拐卖妇女、儿童是指以出卖为目的,有拐骗、收买、贩卖、接送、中转妇女、儿童的行为之一的。"

在之后的刑法修订研拟中,立法工作机关取消了1979年刑法典中原来规定的拐卖人口罪,转而以《严惩拐卖、绑架犯罪的决定》的上述规定为蓝本,对本罪法条进行修改和调整。修改和调整的主要情况如下:

(1) 自1996年8月8日的刑法分则修改草稿起,立法工作机关取消了原来刑法典规定的拐卖人口罪。对此,在研拟中,有学者和部门提出,只规定拐卖妇女、儿童罪,完全取代了拐卖人口罪,对拐卖妇女、儿童以外的人的犯罪,就不好处理。实践中也有拐卖男子当劳动力的情况,建议还是规定拐卖人口罪,对拐卖妇女、儿童的,可以从重处罚。[①] 考虑到拐卖男子属于极其罕见的情况,况且直接规定拐卖妇女、儿童罪具有惩治的针对性,有助于提高立法的威慑力,故此立法机关最终没有采纳这种意见。

(2) 在1996年8月8日的刑法分则修改草稿中,立法工作机关曾将单行刑法中对本罪的两款规定糅合在一起形成本罪的罪状,即:"拐卖妇女、儿童,有拐骗、收买、贩卖、接送、中转被拐卖人的行为之一的,处……"后来考虑到这样处理,不如原来分为两款的写法自然,故自1996年8月31日的稿本起,放弃了前稿的写法,恢复了单行刑法的写法。

(3) 考虑到以一定数额限制为特征的普通罚金制会随着社会经济状况的变化而致立法规定的数额完全脱离现实,而且从实践中看,犯罪分子从拐卖妇女、儿童犯罪行为中获取经济利益的差别也很大,为有效地切断犯罪分子进一步实施犯罪的经济来源,不让其从经济上占到便宜,立法机关自1996年12月中旬的修订草案起,删除了单行刑法中原先普通罚金制的写法,改为无限额的罚金制。

(4) 1996年10月10日的修订草案(征求意见稿)吸纳了《严惩拐卖、绑架犯罪的决定》中原先的绑架妇女、儿童和偷盗婴幼儿独立成罪的规定,即该征求意见稿第215条规定:"以出卖为目的,使用暴力、胁迫或者麻醉方法绑架妇女、儿童的,处十年以上有期徒刑或者无期徒刑,并处一万元以下罚金或者没收财产;情节特别严重的,处死刑,并处没收财产。以出卖为目的偷盗婴幼儿的,依照前款规定处罚。"后来考虑到以出卖为目的绑架妇女、儿童或者偷盗婴幼儿的行为就其本质而言仍然属于一种拐卖行为,可以把这两种情形作为拐卖妇女、儿童罪的严重情节加以规定。故此立法机关在1996年12月20日的修订草案中,取消了绑架妇女、儿童罪以及偷盗婴幼儿罪的规定,将这两种情形作为适用"十年以上有期徒刑或者无期徒刑,并处罚金或者没收财产;情节特别严重的,处死刑,并处没收财产"的情节规定了下来。

(5) 在之后的研讨中,有人提出,本罪中"儿童"的称谓不是规范的法定用语,建议改为"未成年人",在1997年1月10日的修订草案中,立法机关曾一度采纳了这一建议。但后来考虑到,自单行刑法专门规定本罪以来,一直使用的是"儿童"的

[①] 参见全国人大常委会法工委刑法室1996年9月6日整理:《法律专家对〈刑法总则修改稿〉和〈刑法分则修改草稿〉的意见》,载高铭暄、赵秉志编:《新中国刑法立法文献资料总览》(下),中国人民公安大学出版社1998年版,第2140页。

用语,为了规范实践、保证司法的统一,最高司法机关也通过有关的司法解释对"儿童"的含义作了明确,维持"儿童"的用法,不至于给司法实践带来混乱,故自1997年2月17日的修订草案(修改稿)起,立法机关又恢复了之前"儿童"的称谓。

经过以上的修改和调整,最终形成了1997年《刑法》第240条的规定:"拐卖妇女、儿童的,处五年以上十年以下有期徒刑,并处罚金;有下列情形之一的,处十年以上有期徒刑或者无期徒刑,并处罚金或者没收财产;情节特别严重的,处死刑,并处没收财产:(一) 拐卖妇女、儿童集团的首要分子;(二) 拐卖妇女、儿童三人以上的;(三) 奸淫被拐卖的妇女的;(四) 诱骗、强迫被拐卖的妇女卖淫或者将被拐卖的妇女卖给他人迫使其卖淫的;(五) 以出卖为目的,使用暴力、胁迫或者麻醉方法绑架妇女、儿童的;(六) 以出卖为目的,偷盗婴幼儿的;(七) 造成被拐卖的妇女、儿童或者其亲属重伤、死亡或者其他严重后果的;(八) 将妇女、儿童卖往境外的。拐卖妇女、儿童是指以出卖为目的,有拐骗、绑架、收买、贩卖、接送、中转妇女、儿童的行为之一的。"

十一、收买被拐卖的妇女、儿童罪及其关联行为的处理(第241条)

本条规定源自1991年9月4日全国人大常委会通过的《严惩拐卖、绑架犯罪的决定》第3条的规定:"严禁收买被拐卖、绑架的妇女、儿童。收买被拐卖、绑架的妇女、儿童的,处三年以下有期徒刑、拘役或者管制。收买被拐卖、绑架的妇女,强行与其发生性关系的,依照刑法关于强奸罪的规定处罚。收买被拐卖、绑架的妇女、儿童,非法剥夺、限制其人身自由或者有伤害、侮辱、虐待等犯罪行为的,依照刑法的有关规定处罚。收买被拐卖、绑架的妇女、儿童,并有本条第二款、第三款规定的犯罪行为的,依照刑法关于数罪并罚的规定处罚。收买被拐卖、绑架的妇女、儿童又出卖的,依照本决定第一条①的规定处罚。收买被拐卖、绑架的妇女、儿童,按照被买妇女的意愿,不阻碍其返回原居住地的,对被买儿童没有虐待行为,不阻碍对其进行解救的,可以不追究刑事责任。"

在刑法修订研拟中,立法工作机关和立法机关在将上述规定写入刑法修订稿本时先后作了如下的调整和修改:

(1) 自1996年8月8日的分则修改草稿起,立法工作机关删除了原来单行刑法中的"严禁收买被拐卖、绑架的妇女、儿童"这一宣示性规定。

(2) 1996年8月8日和8月31日的修改草稿曾删除了单行刑法第3条第3款关于非法拘禁、故意伤害等提示性的规定,后来考虑到,这一款的规定在实践中适用多年,对于司法机关统一司法具有积极的意义,若删除,会在司法实践中引起理解上的混乱和分歧,故此,自1996年10月10日的修订草案(征求意见稿)起,立法

---

① 本条规定的是拐卖妇女、儿童罪。

工作机关又恢复了单行刑法对此规定的写法。

（3）立法机关曾在1997年1月10日的修订草案中,将本罪中的"儿童"修改为"未成年人",基于同前罪相同的理由,1997年2月17日的修订草案又恢复了之前"儿童"的称谓。

（4）由于立法机关在1996年12月20日的修订草案删除了原先独立成罪的绑架妇女、儿童罪法条,为了立法用语的协调统一,在1997年3月1日的刑法修订草案中,立法机关亦删除了本罪法条中的"绑架"。

经过以上的修改和调整,最终形成了1997年《刑法》第241条的规定:"收买被拐卖的妇女、儿童的,处三年以下有期徒刑、拘役或者管制。收买被拐卖的妇女,强行与其发生性关系的,依照本法第二百三十六条的规定定罪处罚。收买被拐卖的妇女、儿童,非法剥夺、限制其人身自由或者有伤害、侮辱等犯罪行为的,依照本法的有关规定定罪处罚。收买被拐卖的妇女、儿童,并有第二款、第三款规定的犯罪行为的,依照数罪并罚的规定处罚。收买被拐卖的妇女、儿童又出卖的,依照本法第二百四十条的规定定罪处罚。收买被拐卖的妇女、儿童,按照被买妇女的意愿,不阻碍其返回原居住地的,对被买儿童没有虐待行为,不阻碍对其进行解救的,可以不追究刑事责任。"

十二、聚众阻碍解救被收买的妇女、儿童罪（第242条）

本条规定是在《严惩拐卖、绑架犯罪的决定》第4条规定的基础上修改而成的。该决定第4条规定:"任何个人或者组织不得阻碍对被拐卖、绑架的妇女、儿童的解救,并不得向被拐卖、绑架的妇女、儿童及其家属或者解救人索要收买妇女、儿童的费用和生活费用;对已经索取的收买妇女、儿童的费用和生活费用,予以追回。以暴力、威胁方法阻碍国家工作人员解救被收买的妇女、儿童的,依照刑法第一百五十七条①的规定处罚;协助转移、隐藏或者以其他方法阻碍国家工作人员解救被收买的妇女、儿童,未使用暴力、威胁方法的,依照治安管理处罚条例的规定处罚。聚众阻碍国家工作人员解救被收买的妇女、儿童的首要分子,处五年以下有期徒刑或者拘役;其他参与者,依照本条第二款的规定处罚。"

立法工作机关和立法机关在将单行刑法的上述规定写入新刑法典的过程中作了较大的修改和调整,主要是：

（1）自1996年8月8日的分则修改草稿起,立法工作机关删除了《严惩拐卖、绑架犯罪的决定》第4条第1款以及第2款第二句的非刑事性规范。

（2）在1996年8月8日的分则修改草稿中,立法工作机关曾将《严惩拐卖、绑架犯罪的决定》第4条第2款妨害解救被收买的妇女、儿童犯罪行为的援引法定

---

① 1979年《刑法》第157条规定的是妨害公务罪,当时也称阻碍执行公务罪。

刑,修改为独立的法定刑,即:"以暴力、威胁方法阻碍国家工作人员解救被收买的妇女、儿童的,处三年以下有期徒刑、拘役、罚金或者剥夺政治权利。"后来,考虑到如果对这种行为规定独立的法定刑,就意味着这是一种独立的犯罪,但就其本质而言,这种行为无疑是属于妨害公务的犯罪行为,规定为独立的犯罪没有什么特殊的必要性,因此在1996年10月10日的修订草案(征求意见稿)中,立法工作机关又恢复了单行刑法原规定的写法,将独立的法定刑修改为援引法定刑,即依照妨害公务罪处罚。到了1996年12月中旬稿,立法工作机关明确规定,对于这种行为,要依照妨害公务罪定罪处罚。这意味着,对这种行为不仅要依照妨害公务罪处罚,而且也要依该罪定罪。该稿的这一写法最后为1997年刑法典所沿用。

(3)自立法工作机关决定将上述单行刑法第4条第4款的规定写入新刑法典草案稿时起,一些修改稿本和修订草案基本上均直接沿用了单行刑法的写法。后来考虑到,如果在聚众阻碍解救被收买的妇女、儿童犯罪中仅仅是一般的参与者,一律予以定罪处罚,其归责的范围有些过大,因此,在1997年3月1日的修订草案中,立法机关对于首要分子以外的其他参与者规定了"使用暴力、威胁方法"的限制,即只有其他参与者在阻碍解救行动中使用了暴力或者威胁方法时,才予以追究刑事责任。

(4)根据《严惩拐卖、绑架犯罪的决定》第5条的规定:"各级人民政府对被拐卖、绑架的妇女、儿童负有解救职责,解救工作由公安机关会同有关部门负责执行……"各级人民政府中从事公务的人员均为国家机关工作人员,因此,为明确和规范起见,立法机关自1997年2月17日的修订草案(修改稿)起,将本条规定的犯罪对象由之前稿本一直使用的"国家工作人员"明确为"国家机关工作人员"。

经过以上的修改和调整,最终形成了1997年《刑法》第242条的规定:"以暴力、威胁方法阻碍国家机关工作人员解救被收买的妇女、儿童的,依照本法第二百七十七条的规定定罪处罚。聚众阻碍国家机关工作人员解救被收买的妇女、儿童的首要分子,处五年以下有期徒刑或者拘役;其他参与者使用暴力、威胁方法的,依照前款的规定处罚。"

十三、诬告陷害罪(第243条)

1979年《刑法》第138条规定:"严禁用任何方法、手段诬告陷害干部、群众。凡捏造事实诬告陷害他人(包括犯人)的,参照所诬陷的罪行的性质、情节、后果和量刑标准给予刑事处分。国家工作人员犯诬陷罪的,从重处罚。不是有意诬陷,而是错告,或者检举失实的,不适用前款规定。"

上述规定秉承了"诬告反坐"的传统理念,但作为刑法规范,操作性不强,不符合刑法规范明确性的要求。故在研拟中,一些学者和部门就提出,应该为此罪单独规定法定刑,并按情节不同,分别规定量刑幅度。经过研究和论证,立法工作机关采纳了这一建议。

关于本罪的归属,在刑法修订研拟中,有部门和学者提出,如果修订的刑法增设妨害公务罪或妨害司法罪一章节,应将诬告陷害罪规定在妨害公务罪或妨害司法罪一章节中,因为,此罪既侵害了人身权利,也妨害了国家机关的正常活动,而且后者是本罪的主要特征。[①] 立法工作机关曾考虑过这一建议,1988年11月16日、12月25日的刑法修改稿曾将本罪归入"妨害公务罪"一章,在1996年8月8日的分则修改草稿以及1996年8月31日的刑法修改草稿中则将本罪归入"妨害司法罪"一章。但自1996年10月10日的修订草案(征求意见稿)起,最终又将本罪写入"侵犯公民人身权利、民主权利罪"一章中。

关于本罪的罪状,在研拟中也经历了一些变化。在1988年9月和11月16日的修改稿中,立法工作机关将本罪的罪状设定为"捏造犯罪事实诬告陷害他人(包括犯人)",由于"犯人"从逻辑上讲可以包含在"他人"中,没有必要单独指明,因此,1988年12月25日的刑法修改稿删除了"包括犯人"的内容。在1996年8月8日的分则修改草稿中,立法工作机关删除了1988年的3个稿本中一直使用的"捏造犯罪事实"中"犯罪"的表述,但如此一来,则显然扩大了本罪的归责范围,故在1996年8月31日的修改草稿中,立法工作机关在1996年8月8日稿表述的基础上,增加了"意图使他人受到刑事追究"的限制。1996年10月10日的修订草案(征求意见稿)则以"情节严重"取代了1996年8月31日稿对本罪的成立所作的"意图使他人受到刑事追究"的限制,即:"捏造事实诬告陷害他人,情节严重的",处以刑罚。该稿的这一写法为1996年12月中旬和12月20日的修订草案所沿用。到了1997年1月10日的修订草案,立法机关又对本罪的罪状作了微调,即对作为本罪构成要件要素的"捏造事实"作了"犯罪"的限制。显然,对本罪罪状作这样的表述,并不能体现诬告陷害犯罪行为的本质,因为从实践中看,行为人捏造事实诬陷他人的目的归根结底在于意图使他人受到刑事追究,若在本罪罪状中增加犯罪的主观要件,则更能体现这种行为的本质,故此,在1997年2月17日的修订草案(修改稿)中,立法机关删除了前稿"捏造犯罪事实"中的"犯罪",同时增加规定了"意图使他人受刑事追究"这一主观要件。该稿中的这一写法后来为1997年刑法典所沿用。

关于本罪的法定刑,亦经历了一个变化过程。在1988年9月稿中,立法工作机关为本罪设定了两个法定刑幅度:对于基本犯,处3年以下有期徒刑、拘役或者罚金;情节恶劣的,处3年以上7年以下有期徒刑。1988年11月16日和12月25

[①] 参见最高人民法院刑法修改小组:《关于刑法总则修改的若干问题(草稿)(1989年3月)》,载高铭暄、赵秉志编:《新中国刑法立法文献资料总览》(下),中国人民公安大学出版社1998年版,第2279页。

日稿对本罪基本犯的法定刑没有变化,仅仅在加重情节的法定刑中增设了"可以并处罚金"的规定。1996年8月8日的分则修改草稿对本罪的基本犯,除删去罚金刑外,其余的则与1988年稿的法定刑一致;对于第二档的法定刑,该修改草稿提高了本罪的法定最高刑。具体而言:对于基本犯,"处三年以下有期徒刑或者拘役";"造成严重后果的,处三年以上十年以下有期徒刑"。到了1996年12月中旬的修订草案,立法工作机关对本罪的基本犯增加规定了管制刑,其余的则与前稿保持一致,并最终为1997年刑法典所沿用。

关于本罪的从重处罚情节,1979年刑法典规定,国家工作人员犯本罪的,从重处罚。自国家决定全面修订刑法时起,该规定即被写入刑法修改稿本中。后来,随着刑法修订草案对国家工作人员概念的逐步厘清,立法者认识到,国家工作人员的范围很宽,一律从重处罚未必妥当,于是1997年2月17日的修订草案(修改稿)将之前稿本的"国家工作人员犯诬陷罪的,从重处罚"修改为"国家机关工作人员犯前款罪的,从重处罚"。

关于错告或检举失实的规定,各刑法修改稿本基本上直接移植了1979年刑法典的写法,一直没有实质性的修改和调整。

综上所述,经过以上的修改和调整,最终形成的1997年《刑法》第243条的规定是:"捏造事实诬告陷害他人,意图使他人受刑事追究,情节严重的,处三年以下有期徒刑、拘役或者管制;造成严重后果的,处三年以上十年以下有期徒刑。国家机关工作人员犯前款罪的,从重处罚。不是有意诬陷,而是错告,或者检举失实的,不适用前两款的规定。"

十四、强迫劳动罪(第244条)

我国1979年刑法典并没有规定此罪,而1995年1月1日起施行的《中华人民共和国劳动法》(以下简称《劳动法》)中可见类似的规定。根据该法第96条的规定,用人单位以暴力、威胁或者非法限制人身自由的手段强迫劳动的,由公安机关对责任人员处以15日以下拘留、罚款或者警告;构成犯罪的,对责任人员依法追究刑事责任。在刑法修订研拟中,《劳动法》的这一规定的精神被吸收到刑法稿本中。

从各刑法修改稿本看,对本罪法条的写法曾经有过一个变化过程。1996年8月8日的刑法分则修改草稿规定:"违反劳动法的规定,以非法限制人身自由方法强迫他人劳动,情节严重的,处三年以下有期徒刑或者拘役,可以并处罚金。"在1996年8月31日的修改草稿中,立法工作机关除了将之前稿本中的"违反劳动法的规定"修改为"违反劳动管理法"外,其余内容基本上予以维持。到了1996年10月10日的修订草案(征求意见稿),立法工作机关考虑到强迫职工劳动的行为本身即具有严重的社会危害性,故此,在起草的法条中删除了"情节严重"的表述。同时,前稿中"违反劳动管理法"的表述在该稿中也被修改为"违反劳动管理法规"。

1996年12月中旬的稿本在"征求意见稿"的基础上,作了两点变动:一是在本罪法定刑中增加规定了管制;二是增设了"单处罚金"规定。该稿第227条规定:"违反劳动管理法规,以限制人身自由方法强迫他人劳动的,处三年以下有期徒刑、拘役或者管制,可以并处或者单处罚金。"到了1997年2月17日的修订草案(修改稿),为了与《劳动法》的规定相一致,立法机关将本罪主体明确写进罪状中,并增加规定了"情节严重"的表述。即:"用工单位违反劳动管理法规,以限制人身自由方法强迫职工劳动,情节严重的,处……"1997年3月1日的修订草案在前稿写法的基础上,又作了三处调整:一是进一步完善了本罪主体的写法,即明确规定处罚的是直接责任人员;二是删除了之前稿本对本罪规定的管制刑;三是为更明确起见,将之前稿本罚金规定中的"可以"予以删除。经过这些调整,最终形成了1997年《刑法》第244条的规定:"用人单位违反劳动管理法规,以限制人身自由方法强迫职工劳动,情节严重的,对直接责任人员,处三年以下有期徒刑或者拘役,并处或者单处罚金。"

新刑法典颁行后,有些部门提出,近年来,社会上出现了专门为强迫劳动场所招募、接送、转运人员的组织和个人。他们用暴力威胁、诱骗等手段为强迫劳动场所招募、接送人员,自己从中牟利。虽然这些人并不参与在场所里发生的强迫他人劳动的犯罪,但正是由于这些人的招募、接送行为,使源源不断的劳动者落入被强迫劳动的悲惨境地,造成了工人伤残、死亡等恶果,社会影响恶劣。法律应当追究这些人的刑事责任。

2009年12月26日,第十一届全国人大常委会第十二次会议决定,我国加入《联合国打击跨国有组织犯罪公约关于预防、禁止和惩治贩运人口特别是妇女和儿童行为的补充议定书》(以下简称《补充议定书》),该议定书要求缔约国采取必要的立法和其他措施,将以强迫劳动、奴役、劳役为目的而通过暴力、威胁或者其他形式的胁迫,招募、运送、转移、窝藏或接收人员的行为规定为刑事犯罪。

因此,一些全国人大代表、执法机关和社会公众都强烈呼吁对相关立法进行修改,以严厉打击强迫他人劳动犯罪。建议在刑法中设立强迫劳动罪、奴役罪。针对实践中出现的新情况,根据保护公民权利和履行联合国《补充议定书》的缔约国义务,严厉打击这类践踏劳动者人权的犯罪行为的需要,立法机关通过《刑法修正案(八)》对本条规定作了补充和修改:一是修改了原强迫职工劳动罪的罪状,本罪的罪名亦由原先的"强迫职工劳动罪"修改为"强迫劳动罪";二是将协助强迫劳动的行为犯罪化;三是为本罪增设了单位犯罪的规定。这样,修改后的条文是:"以暴力、威胁或者限制人身自由的方法强迫他人劳动的,处三年以下有期徒刑或者拘役,并处罚金;情节严重的,处三年以上十年以下有期徒刑,并处罚金。明知他人实施前款行为,为其招募、运送人员或者有其他协助强迫他人劳动行为的,依照前款的规定处罚。单位犯前两款罪的,对单位判处罚金,并对其直接负责的主管人员和其他直接责任人员,依照第一款的规定处罚。"

十五、雇用童工从事危重劳动罪(第244条之一)

按照1997年刑法典的规定,对于非法雇用童工从事劳动造成重大事故的,可以依照重大责任事故罪、重大劳动安全事故罪的规定处理。但对于其他情节严重的非法雇用童工而未造成重大事故的,则难以按照1997年刑法典的有关规定处理。为了进一步加强对未成年人合法权益的保护,为打击非法雇用童工从事危重劳动情节严重的行为提供刑法依据,2002年12月28日第九届全国人民代表大会常务委员会第三十一次会议通过的《刑法修正案(四)》第4条专门规定了本罪,即第244条之一规定:"违反劳动管理法规,雇用未满十六周岁的未成年人从事超强度体力劳动的,或者从事高空、井下作业的,或者在爆炸性、易燃性、放射性、毒害性等危险环境下从事劳动,情节严重的,对直接责任人员,处三年以下有期徒刑或者拘役,并处罚金;情节特别严重的,处三年以上七年以下有期徒刑,并处罚金。有前款行为,造成事故,又构成其他犯罪的,依照数罪并罚的规定处罚。"

十六、非法搜查罪、非法侵入他人住宅罪(第245条)

1979年《刑法》第144条规定:"非法管制他人,或者非法搜查他人身体、住宅,或者非法侵入他人住宅的,处三年以下有期徒刑或者拘役。"

在刑法修订研拟中,有学者和部门提出,实践中非法管制他人的行为极少发生,情节严重的可按非法拘禁罪处理,没有必要保留非法管制罪的规定。[①] 立法工作机关采纳了这一建议,在1988年9月的刑法修改稿中,删除了非法管制的内容,即该稿"侵犯公民人身权利、民主权利罪"一章中的第14条规定:"非法搜查他人身体、住宅,或者非法侵入他人住宅的,处三年以下有期徒刑或者拘役。"12月25日的刑法修改稿第127条在前稿写法的基础上,增加了"情节严重"的规定:"非法搜查他人身体、住宅,或者非法侵入他人住宅,情节严重的,处三年以下有期徒刑或者拘役。"

在之后的研拟中,有部门提出,实践中经常发生并非无故进入他人住宅,而是进入之后由于某种原因而纠缠不走的情况。这种情况虽然性质同非法侵入住宅一样,但在解释上不能直接看做是"非法侵入"。在国外一些国家的立法中,将此类受要求而不退出的情况加以列举,也属于侵入住宅罪。我国刑法应当参照国外的立法例加以修改。同时,为表述上的方便,建议将非法搜查罪和非法侵入住宅罪分条

---

① 参见最高人民法院刑法修改小组:《关于刑法总则修改的若干问题(草稿)(1989年3月)》、最高人民检察院刑法修改小组:《修改刑法研究报告(1989年10月12日)》,载高铭暄、赵秉志编:《新中国刑法立法文献资料总览》(下),中国人民公安大学出版社1998年版,第2282页、第2489页。

规定。① 立法工作机关在1996年8月8日和8月31日的修改草稿中曾采纳了这一建议,分条规定了非法搜查罪和非法侵入住宅罪,并进一步叙明了非法侵入住宅罪的罪状,即"非法侵入他人住宅,经合法居住人明示要求离开而强行滞留的",构成非法侵入住宅罪。然而,在1996年10月10日的修订草案(征求意见稿)及以后的稿本中,立法工作机关放弃了对非法侵入住宅罪罪状予以叙明的方式,又重新将上述两种犯罪合并在一个条文中规定:"非法搜查他人身体、住宅,或者非法侵入他人住宅的,处三年以下有期徒刑或者拘役。"

在研拟过程中,也有部门提出,在司法实践中,经常发生国家工作人员,特别是司法工作人员滥用职权非法搜查他人的情况,这类人员实施非法搜查比一般人要容易得多,而且危害也大。如果在法条中不明确规定滥用职权的非法搜查,并规定从重处罚,实践中对这部分罪行就很难引起足够的重视,也不足以警戒国家工作人员滥用职权非法搜查他人的行为。② 立法工作机关经过研究和论证,采纳了这一建议,在1996年12月中旬的修订草案中,增加了"司法工作人员滥用职权,犯前款罪的,从重处罚"的规定,同时在本罪的法定刑中增加了管制刑。后来,立法机关基于管制刑在分则中总体布局的综合考虑,在1997年3月1日的修订草案中又删除了本罪法定刑中的管制。

这样,最后通过的1997年《刑法》第245条的规定是:"非法搜查他人身体、住宅,或者非法侵入他人住宅的,处三年以下有期徒刑或者拘役。司法工作人员滥用职权,犯前款罪的,从重处罚。"

十七、侮辱罪、诽谤罪(第246条)

1979年《刑法》第145条规定:"以暴力或者其他方法,包括用'大字报'、'小字报',公然侮辱他人或者捏造事实诽谤他人,情节严重的,处三年以下有期徒刑、拘役或者剥夺政治权利。前款罪,告诉的才处理。但是严重危害社会秩序和国家利益的除外。"

在将上述规定纳入新刑法典的研拟中,立法稿本上有所反复的问题是应否保留"大字报"、"小字报"的内容。1988年的3个稿本曾删除了这一内容,1996年8月8日的刑法分则修改草稿直接照搬了1979年刑法典的规定,1996年8月31日的修改草稿又恢复了1988年稿的写法,删除了"大字报"、"小字报"的内容,但到了1996年10月10日的征求意见稿,立法工作机关又在此罪罪状中恢复了"大字

---

① 参见最高人民检察院刑法修改小组:《修改刑法研究报告(1989年10月12日)》,载高铭暄、赵秉志编:《新中国刑法立法文献资料总览》(下),中国人民公安大学出版社1998年版,第2489—2490页。

② 同上书,第2487—2488页。

报"、"小字报"的内容。

在征求意见的过程中,一些学者和部门提出,我国1979年刑法典是根据1978年《宪法》制定的,1978年《宪法》第45条曾规定公民有"运用大鸣、大放、大辩论、大字报的权利"。1982年新《宪法》第35条已将"四大"的规定取消,因此,"大字报"在我国是违背宪法规定的。如果有人仍以"大字报"的形式侮辱、诽谤他人,就可以包括在本罪法条的"其他方法"之内。① 立法工作机关采纳了这一建议,最终在1996年12月中旬的修订草案中删除了这一内容,同时在本罪的法定刑中增加规定了管制。由此,最终形成了1997年《刑法》第246条的规定:"以暴力或者其他方法公然侮辱他人或者捏造事实诽谤他人,情节严重的,处三年以下有期徒刑、拘役、管制或者剥夺政治权利。前款罪,告诉的才处理,但是严重危害社会秩序和国家利益的除外。"

十八、刑讯逼供罪、暴力取证罪(第247条)

1979年《刑法》第136条规定:"严禁刑讯逼供。国家工作人员对人犯实行刑讯逼供的,处三年以下有期徒刑或者拘役。以肉刑致人伤残的,以伤害罪从重论处。"

在将上述规定纳入新刑法典的研拟过程中,主要围绕如下问题进行了研究和讨论:

(1)关于本罪的归属。在1979年刑法典中,本罪被归入了"侵犯公民人身权利、民主权利罪"一章中。对此,有学者和部门提出,刑讯逼供罪侵犯的是双重客体,既侵犯了公民的人身权利,也侵犯了国家机关的正常活动,而且此罪首要的表现是一种渎职行为,因此,宜将此罪归入"渎职罪"一章中。1988年11月16日以及12月25日的修改草稿即曾采纳了上述建议。后来考虑到,刑讯逼供等行为主要侵犯的是公民的人身权利,这种权利应为刑法所重点保护的客体,于是,在之后的研拟中,立法工作机关又将本罪放在"侵犯公民人身权利、民主权利罪"一章中。

(2)关于本罪主体的确定。在研拟中,有学者和部门提出,将此罪的主体限定为国家工作人员,既不符合刑讯逼供罪的实质,也不符合实际情况。从实践中看,办理刑事案件的人,不是所有的国家工作人员,而主要是司法工作人员,以及其他一些虽非司法工作人员,但是有调查或协助司法工作人员办案责任的人员,有的有国家工作人员身份,有的则没有这种身份,因此,根据刑讯逼供的实质以及实际中

---

① 参见最高人民法院刑法修改小组:《关于刑法总则修改的若干问题(草稿)(1989年3月)》,载高铭暄、赵秉志编:《新中国刑法立法文献资料总览》(下),中国人民公安大学出版社1998年版,第2282页。

存在的问题,应当将此罪的主体改为"司法工作人员和其他协助办理刑事案件的人员"。① 经过研究,立法工作机关部分采纳了这一建议,在1996年12月中旬及其以后的修订草案中,将此罪的主体由"国家工作人员"修改为"司法工作人员"。

(3) 关于本罪的对象。我国1979年刑法典及1988年的3个修改稿本均将本罪的犯罪对象限定为"人犯",对此,一些学者和部门提出,这在实践中是有问题的。"人犯"的概念一般理解为已经进入刑事审判程序的刑事被告人,而在实践中,刑讯逼供针对的多是未进入刑事审判程序的犯罪嫌疑人,况且1996年《刑事诉讼法》对刑事诉讼当事人的称谓已作了规范,为求得法与法之间的协调一致,宜将本罪的对象限定为"犯罪嫌疑人、刑事被告人"。② 立法工作机关采纳了这一建议,1996年8月31日的修改草稿将本罪的对象限定为"犯罪嫌疑人、刑事被告人",1996年10月10日的修订草案(征求意见稿)曾删除"刑事被告人",后来考虑到实践中也经常发生对刑事被告人实施刑讯逼供的现象,故此,1996年12月中旬及其以后的稿本,又恢复了1996年8月31日稿本的写法。

(4) 关于暴力取证行为的犯罪化问题。在1979年刑法典以及1988年的3个稿本中,没有暴力取证犯罪的规定和写法。在研拟中,有部门和学者提出,实践中经常发生司法工作人员为取得证据而对有关的证人、被害人或者其他人使用暴力或者肉刑的现象,这类行为的性质和危害同刑讯逼供是一样的,有必要作为犯罪处理,建议将其与刑讯逼供罪规定在一起,使用同一个法定刑。③ 经过研究,立法工作机关采纳了这一建议。自1996年8月31日的刑法修改草稿起,在原刑讯逼供罪的法条中,植入了"使用暴力逼取证人证言"的内容,并为1997年刑法典所沿用。

(5) 关于致人重伤、死亡问题。1979年刑法典有刑讯逼供致人伤残的规定:"以肉刑致人伤残的,以伤害罪从重处罚。"鉴于这一规定遗漏了经常有所发生的"死亡"的后果,故在1988年9月的刑法修改稿中,立法工作机关增加规定了刑讯逼供致人死亡的处理规定,即:"以肉刑致人伤残或者死亡的,以重伤罪从重处罚。"显然,以肉刑致人死亡,却要以伤害罪从重处罚,这在逻辑上是说不通的。故此,在1988年11月16日的稿本中,立法工作机关又恢复了1979年刑法典的写法。到了1988年12月25日稿,立法工作机关曾经删除了原来的"以肉刑致人伤残的,以伤害罪从重处罚"的规定,而以情节加重犯的规定取而代之,即该稿第138条规定:"国家工作人员对人犯实行刑讯逼供的,处二年以下有期徒刑或者拘役;情节严重的,处二年以上七年以下有期徒刑。"该稿将"以肉刑致人伤残"这种后果代之以

---

① 参见最高人民检察院刑法修改小组:《修改刑法研究报告(1989年10月12日)》,载高铭暄、赵秉志编:《新中国刑法立法文献资料总览》(下),中国人民公安大学出版社1998年版,第2483页。
② 同上书,第2484页。
③ 同上书,第2485页。

"情节严重",一些学者和部门认为这种修改不太明确,立法仍应明确具体地规定后果。故此,在1996年8月31日的修改草稿中,立法工作机关基本上又恢复了1979年刑法典的写法,但这一写法仍然没有解决刑讯逼供致人死亡的处理问题,而且"以伤害罪从重处罚"一句,在实践中经常发生是定伤害罪还是以伤害罪的刑罚量刑的意见分歧。为此,到了1996年12月中旬的修订草案,立法工作机关明确将其表述为:"致人伤残、死亡的",依照故意伤害罪、故意杀人罪定罪从重处罚。该稿的这一写法最终为新刑法典所采纳。

(6)关于本罪法定刑写法的演变。1997年《刑法》第247条虽然沿用了1979年刑法典关于本罪法定刑的写法,但在研拟的稿本中,本罪法定刑的写法也曾发生过一些细微的变化。例如,1988年12月25日的修改稿本为本罪设定了两档法定刑,即:对于基本犯,处2年以下有期徒刑或者拘役;情节严重的,处2年以上7年以下有期徒刑。在1996年12月中旬的稿本中,立法工作机关为本罪法定刑增加规定了管制,这一写法在之后的多个稿本中曾得到了维持。但到了1997年3月1日的修订草案,立法机关基于管制刑在刑法分则总体布局的综合考虑,又删除了管制的规定。

综上所述,经过以上的修改和调整,最终形成的1997年《刑法》第247条的规定是:"司法工作人员对犯罪嫌疑人、被告人实行刑讯逼供或者使用暴力逼取证人证言的,处三年以下有期徒刑或者拘役。致人伤残、死亡的,依照本法第二百三十四条、第二百三十二条的规定定罪从重处罚。"

十九、虐待被监管人罪(第248条)

1997年《刑法》第248条的规定系在1979年《刑法》第189条规定的基础上修改而来的。第189条规定:"司法工作人员违反监管法规,对被监管人实行体罚虐待,情节严重的,处三年以下有期徒刑或者拘役;情节特别严重的,处三年以上十年以下有期徒刑。"在刑法修订研拟过程中,对这一规定主要进行了如下的调整和修改:

(1)关于本罪的归属。在1979年刑法典、1998年的3个修改稿本以及1996年8月8日的分则修改草稿中,虐待被监管人罪均曾被归入"渎职罪"一章中。后来考虑到虽然此罪侵犯了国家机关的管理秩序,但这不应当作为主要的客体,从行为人实施犯罪的手段上看,此罪侵犯的主要客体应为被监管人的人身权利。有鉴于此,自1996年8月31日的刑法修改草稿起,立法工作机关将此罪归入"侵犯公民人身权利、民主权利罪"一章中。

(2)关于本罪的主体。1979年刑法典以及一些修改稿本均将本罪的主体限定为司法工作人员,对此,在研拟中,有部门提出,实践中虐待被监管人的不仅仅是司法工作人员,还有监管场所的一般职工,负有看守或押解责任的武警、民兵等,这些人的体罚虐待行为如果单以伤害看待,与司法工作人员相比,就有失公平;未达伤害程度的,就处理不了。建议将本罪的主体规定为"司法工作人员或者其他有监管、看守、押解被监管人责任的人员"。[①] 也有人提出,将本罪的主体限定为司法工作人员,过于宽泛,从实践中看,对被监管人实施体罚虐待的,基本上都是监狱、拘留所、看守所等监管人员,应当对本罪的主体作适当的限制。经过研究,立法工作机关部分采纳了上述建议,自1996年10月10日的修订草案(征求意见稿)起,将本罪的主体修改为"监狱、拘留所、看守所等监管机构的监管人员"。

（3）关于本罪的行为方式。在1979年刑法典中,立法机关将本罪的行为方式限定为体罚虐待,但在实践中,经常发生对被监管人实施殴打的情况。一般而言,"殴打"与"体罚虐待"是不同的。"殴打"往往采用暴力的方式进行,而"体罚虐待"则不一定采用这种方式。考虑到这种差异,为满足罪刑法定原则明确性的要求,立法工作机关在1996年10月10日的修订草案(征求意见稿)中为本罪的罪状增设了"殴打"的内容,并最终为新刑法典所采纳。

（4）关于致人伤残、死亡问题。1979年刑法典对虐待被监管人致人伤亡处理并没有作出明确的规定,但鉴于体罚虐待是直接加害于他人身体的行为,致人伤亡的情况较为常见,应当对此作出明确的规定。关于规定的方式,有部门建议,在刑法条文"情节特别严重"之后增加规定"致人重伤"、"致人死亡",适当提高此罪的最高法定刑。也有人建议,采用援引定罪处罚的规定模式。立法工作机关经过研究采纳了第二种意见,在1996年12月中旬的修订草案中,增设了"致人伤残、死亡的,依照本法第二百一十五条[②]、第二百一十三条[③]的规定定罪从重处罚"的规定。该稿的这一写法最后被写入1997年刑法典中。

（5）关于指使他人虐待被监管人的处理。从实践中看,监管人员往往并不直接对被监管人实施体罚虐待和殴打,而是指使其他人实施这种行为。对于这种情况如何处理,在实践中曾有不同的理解和把握,有必要对此从立法上予以明确和强调。有鉴于此,立法工作机关在1996年10月10日的修订草案(征求意见稿)中,增设了"监管人员指使、纵容被监管人殴打或者体罚虐待其他被监管人的,依照前款规定处罚"的规定。这一写法为之后的许多稿本所采纳。后来,考虑到"纵容"系消极的放纵,在这类案件中不易认定,为慎重起见,立法机关在1997年3月13日的修订草案中删除了"纵容"的表述。

此外,在研拟中,立法工作机关还曾在1996年12月中旬的稿本中,为此罪基

[①] 参见最高人民检察院刑法修改小组:《修改刑法研究报告(1989年10月12日)》,载高铭暄、赵秉志编:《新中国刑法立法文献资料总览》(下),中国人民公安大学出版社1998年版,第2495—2496页。
[②] 本条规定的是故意伤害罪。
[③] 本条规定的是故意杀人罪。

本犯的法定刑增设了管制刑,但到了1997年3月1日的修订草案,立法机关又将其予以删除。

经过以上的修改和调整,最终形成的1997年《刑法》第248条的规定是:"监狱、拘留所、看守所等监管机构的监管人员对被监管人进行殴打或者体罚虐待,情节严重的,处三年以下有期徒刑或者拘役;情节特别严重的,处三年以上十年以下有期徒刑。致人伤残、死亡的,依照本法第二百三十四条、第二百三十二条的规定定罪从重处罚。监管人员指使被监管人殴打或者体罚虐待其他被监管人的,依照前款的规定处罚。"

二十、煽动民族仇恨、民族歧视罪(第249条)

我国《宪法》第4条规定:"禁止对任何民族的歧视和压迫,禁止破坏民族团结和制造民族分裂的行为。"为了贯彻落实《实法》的这个规定,禁止煽动民族仇恨、民族歧视行为,立法机关特设置本罪。从条文拟制过程看,1996年8月31日刑法修改草稿在"妨害社会管理秩序罪"一章的"扰乱公共秩序罪"一节中的第8条规定:"煽动民族、宗教歧视、仇视、敌视,情节严重的,处三年以下有期徒刑、拘役或者管制,可以并处或者单处剥夺政治权利。"1996年10月10日刑法修订草案(征求意见稿)第267条除将上述条文中的"仇视、敌视"改为"仇恨"外,其余均未动。到了1997年2月17日修订草案(修改稿),将前面几稿中的"宗教"字样删去,并增加一个量刑档次,具体而言,该稿第296条规定:"煽动民族仇恨和民族歧视,情节严重的,处三年以下有期徒刑、拘役、管制或者剥夺政治权利;情节特别严重的,处三年以上十年以下有期徒刑。"到了1997年3月1日的修订草案,才第一次将本罪移入本章之中。该草案第249条规定:"煽动民族仇恨、民族歧视,情节严重的,处三年以下有期徒刑、拘役、管制或者剥夺政治权利;情节特别严重的,处三年以上十年以下有期徒刑。"这一写法最终成为1997年《刑法》第249条。

二十一、出版歧视、侮辱少数民族作品罪(第250条)

本条规定最初见于1997年3月13日的刑法修订草案。在第八届全国人民代表大会第五次会议讨论中,有代表提出,对在出版物中刊登歧视、侮辱少数民族风俗习惯的内容,造成严重后果的行为,应当规定为犯罪。为此,全国人大法律委员会建议在刑法中增加一条规定:"在出版物中刊载歧视、侮辱少数民族的内容,情节恶劣,造成严重后果的,对直接责任人员,处三年以下有期徒刑、拘役或者管制。"这一写法最后获得通过,成为1997年《刑法》第250条。

二十二、非法剥夺公民宗教信仰自由罪、侵犯少数民族风俗习惯罪(第251条)

1979年《刑法》第147条规定:"国家工作人员非法剥夺公民的正当的宗教信仰自由和侵犯少数民族风俗习惯,情节严重的,处二年以下有期徒刑或者拘役。"

在刑法修订研拟中,有人曾建议删除本条规定。考虑到1979年刑法原有此条,删去容易使信教公民和少数民族产生一些不必要的误解,立法机关没有采纳这一建议。

在将上述规定的写法纳入研拟中的刑法典草案稿时曾进行过如下的调整:一是在1996年10月10日的修订草案(征求意见稿)中,立法工作机关删除了本罪原罪状中的"正当",这是因为,既然剥夺行为系非法的,就意味着宗教信仰自由等是正当的、合法的,"正当"的限制是重复的、多余的,故予以删除。二是在1996年12月中旬的刑法修订草案中,立法工作机关曾对本罪增设了管制刑,但在1997年3月1日的修订草案中,立法机关基于综合平衡的考虑又将其予以删除。三是在1997年2月17日的修订草案(修改稿)中,本罪的主体由之前稿本规定的"国家工作人员"被修改为"国家机关工作人员"。

经过以上的修改和调整,最终形成的1997年《刑法》第251条的规定是:"国家机关工作人员非法剥夺公民的宗教信仰自由和侵犯少数民族风俗习惯,情节严重的,处二年以下有期徒刑或者拘役。"

二十三、侵犯通信自由罪(第252条)

1979年《刑法》第149条规定:"隐匿、毁弃或者非法开拆他人信件,侵犯公民通信自由权利,情节严重的,处一年以下有期徒刑或者拘役。"1997年《刑法》第252条完全沿用了这一规定,未作任何修改。

当然,在刑法修订研拟中,立法工作机关对于本罪的写法也曾尝试进行修改和调整。例如,1988年9月的刑法修改稿曾经删除本罪罪状中"侵犯公民通信自由权利"的内容,认为本罪的客体没有必要写明。但也有人认为,"侵犯公民通信自由权利"不仅仅是反映客体的描述,也是客观行为状态的描述,还是需要写上。因此,之后的稿本又恢复了1979年刑法典对此的表述。在1996年10月10日的修订草案(征求意见稿)中,立法工作机关曾将本罪的对象由原先规定的"信件"修改为"邮件",后来考虑到本罪的客体为公民通信自由权利,之后的稿本又将本罪对象改回为"信件"。在1996年12月中旬的修订草案中,立法工作机关曾对本罪的法定刑增设了管制,但在1997年3月1日的修订草案中,立法机关基于综合平衡的考虑,又将其予以删除。

二十四、私自开拆、隐匿、毁弃邮件、电报罪（第253条）

本条规定之罪系在1979年《刑法》第191条规定的基础上修改而来的,第191条规定:"邮电工作人员私自开拆或者隐匿、毁弃邮件、电报的,处二年以下有期徒刑或者拘役。犯前款罪而窃取财物的,依照第一百五十五条贪污罪从重处罚。"在将这一规定纳入新刑法典草案稿的研拟过程中,曾对如下问题进行过研究和讨论:

（1）关于本罪的归属。在1979年刑法典、1988年的3个刑法修改稿本以及1996年8月8日的刑法分则修改草稿中,本罪均曾被归入"渎职罪"一章中。后来,考虑到邮政工作人员不是国家机关工作人员,有许多甚至不属于从事公务的国家工作人员,所以,这些人实施的私自开拆、隐匿、毁弃邮件、电报的行为主要侵犯的是公民的通讯自由,宜将其归入"侵犯公民人身权利、民主权利罪"一章中。有鉴于此,立法工作机关自1996年8月31日的刑法修改草稿起,遂将此罪由渎职罪调整到侵犯公民人身权利、民主权利罪一章中。

（2）本罪的实施应否要求行为人利用职务之便。在1988年9月的刑法修改稿本中,立法工作机关曾在此罪罪状中增加规定了"利用职务之便"的内容,后来考虑到若增设这一内容,势必会缩小本罪的归罪范围,从而使那些不是利用职务之便实施的行为得不到应有追究。故在之后的稿本中,立法工作机关删除了这一内容。

（3）关于本罪主体。在1979年刑法典及一些修改稿本中,本罪的主体曾被限定为邮电工作人员,后来,考虑到与《中华人民共和国邮政法》的称谓相协调的需要,1997年3月13日的修订草案将此罪主体修改为"邮政工作人员"。

（4）关于窃取财物的处理。对于这种行为如何处理,在研拟的刑法稿本中曾经有过一些变化。1988年9月的稿本规定对这种行为依照盗窃罪从重处罚。由于该稿本将此罪归入渎职罪中,因此,属于国家工作人员的邮政人员实施本罪行为的,似更符合贪污罪的特征,故1988年11月16日、12月25日以及1996年8月8日的分则修改草稿规定对此行为依照贪污罪从重处罚或者依照贪污罪论处。在1996年8月31日稿中,立法工作机关将本罪归入"侵犯公民人身权利、民主权利罪"一章,相应的,邮政工作人员窃取财物的,不再以贪污罪论处,而是规定依照侵占罪从重处罚。到了1996年10月10日的修订草案（征求意见稿）,对此行为的处理则被修改为依照盗窃罪从重处罚。这一写法最终为新刑法典所沿用。

此外,在研拟中,立法工作机关曾在1996年12月中旬的稿本中对此罪增设了管制刑,后来出于对管制刑综合平衡考虑的需要,立法机关在1997年3月1日的稿本中又将其予以删除。

经过以上的修改和调整,最终形成的1997年《刑法》第253条的规定是:"邮政工作人员私自开拆或者隐匿、毁弃邮件、电报的,处二年以下有期徒刑或者拘役。

犯前款罪而窃取财物的,依照本法第二百六十四条的规定定罪从重处罚。"

二十五、出售、非法提供公民个人信息罪,非法获取公民个人信息罪(第253条之一)

本条之罪系2009年2月28日通过的《刑法修正案(七)》所规定,之所以作此规定,是因为近年来,一些国家机关和电信、金融等单位在履行公务或者提供服务活动中获得的公民个人信息被非法泄露的情况时有发生,对公民的人身、财产安全和个人隐私构成严重威胁。对这类侵害公民权益情节严重的行为,应当追究刑事责任。有鉴于此,该修正案第7条规定,在《刑法》第253条后增加一条,作为第253条之一:"国家机关或者金融、电信、交通、教育、医疗等单位的工作人员,违反国家规定,将本单位在履行职责或者提供服务过程中获得的公民个人信息,出售或者非法提供给他人,情节严重的,处三年以下有期徒刑或者拘役,并处或者单处罚金。窃取或者以其他方法非法获取上述信息,情节严重的,依照前款的规定处罚。单位犯前两款罪的,对单位判处罚金,并对其直接负责的主管人员和其他直接责任人员,依照各该款的规定处罚。"

二十六、报复陷害罪(第254条)

1979年《刑法》第146条规定:"国家工作人员滥用职权、假公济私,对控告人、申诉人、批评人实行报复陷害的,处二年以下有期徒刑或者拘役;情节严重的,处二年以上七年以下有期徒刑。"

在将上述规定写入新刑法典草案稿的研拟过程中,曾围绕着如下问题进行过一些研究和讨论:

(1)关于本罪的归属。1979年刑法典和1988年9月的刑法修改稿本将本罪归入"侵犯公民人身权利、民主权利罪"一章中,在研拟过程中,有部门提出,此条之罪是一种职务性犯罪,又特指国家工作人员,应移入"渎职罪"一章中。立法工作机关采纳了这一建议,1988年11月16日和12月25日的刑法修改稿本曾将本罪放在"渎职罪"一章中。后来考虑到,此罪主要侵犯的是公民的控告权、申诉权、批评权以及举报权,故在1996年8月8日及其以后的稿本中,此罪又被移入"侵犯公民人身权利、民主权利罪"一章中。

(2)在研拟中,有部门提出,1979年刑法典对此罪对象的列举并不完全,打击报复的实质是泄私愤,所以此罪的对象应当是广泛的,主张在法条中用"其他利害关系人"概括没有列举的其他人。立法工作机关经过研究后认为,增加这种概括性的规定过于宽泛,不易把握。有鉴于此,除了1988年的3个稿本对本罪法条增加列举"证人"外,并没有作概括性的规定。而且自1996年8月8日的分则修改草稿起,立法工作机关又删除了之前稿本所列举的"证人",从而恢复了1979年刑法典所列举的对象范围。

(3) 关于本罪主体。在1979年刑法典以及一些刑法修改稿本中,本罪的主体均被限定为国家工作人员,但到了1997年2月17日的修订草案(修改稿),立法机关又将此罪的主体修改为"国家机关工作人员"。

(4) 在1996年12月中旬的稿本中,立法工作机关曾对此罪的法定刑增加规定了管制刑,然而到了1997年3月1日的修订草案,基于对管制综合平衡考虑的需要,立法机关又将其予以删除。

经过以上的修改和调整,最终形成的1997年《刑法》第254条的规定是:"国家机关工作人员滥用职权、假公济私,对控告人、申诉人、批评人、举报人实行报复陷害的,处二年以下有期徒刑或者拘役;情节严重的,处二年以上七年以下有期徒刑。"

二十七、打击报复会计、统计人员罪(第255条)

本条规定最初见于1997年3月13日的修订草案。在第八届全国人民代表大会第五次会议讨论中,有代表提出,会计法、统计法要求会计、统计人员必须严格依照法律的规定履行职责,单位领导人对依法履行职责、抵制违法干预的会计和统计人员实行打击报复的,应当规定为犯罪。采纳这一建议,立法机关遂在1997年3月13日的修订草案第255条规定:"公司、企业、事业单位、机关、团体的领导人,对依法履行职责、抵制违反会计法、统计法行为的会计、统计人员实行打击报复,情节恶劣的,处三年以下有期徒刑或者拘役。"经大会通过后即成为1997年《刑法》第255条。

二十八、破坏选举罪(第256条)

1979年《刑法》第142条规定:"违反选举法的规定,以暴力、威胁、欺骗、贿赂等非法手段破坏选举或者妨害选民自由行使选举权和被选举权的,处三年以下有期徒刑或者拘役。"

在刑法修订研拟中,对此罪罪状的写法曾经有过3次较大的修改和调整:

(1) 1988年9月和11月16日的稿本对本罪罪状的写法曾沿用了1979年刑法典的规定,到了1988年12月25日的修改稿本,立法工作机关对此罪作了两处明显的修改:一是删除了原规定中的"违反选举法的规定"的表述;二是将此罪中的选举明确为国家权力机关的选举。即:"以暴力、威胁、欺骗、贿赂等非法手段破坏国家权力机关的选举或者妨害选民自由行使选举权和被选举权的",构成本罪。

(2) 在1996年8月8日的刑法分则修改草稿中,立法工作机关对此罪的罪状曾采用分项列举的方式加以规定,即:"违反选举法的规定,破坏选举,有下列情形之一的,处三年以下有期徒刑、拘役或者剥夺政治权利:(一) 以暴力、威胁、欺骗、行贿等手段,妨害公民自由行使选举权和被选举权的;(二)伪造选举证件、文件、资料的;(三)伪造、更改选举结果的。"该稿的这一写法为1996年8月31日的修改草稿所采纳。到了1996年10月10日的修订草案(征求意见稿),立法工作机关参照《中华人民共和国全国人民代表大会和地方各级人民代表大会选举法》的有关规定,对上述稿本分项列举的内容作了调整,即:"(一)以暴力、威胁、欺骗、贿赂等手段破坏选举或者妨害选民和代表自由行使选举权和被选举权的;(二)伪造选举证件、虚报选举票数或者有其他违法行为的;(三)对于控告、检举选举中违法行为的人,或者对于提出要求罢免代表的人进行压制、报复的。"其他内容与其前两个稿本的写法相同。该征求意见稿的写法为之后的多个稿本所沿用。

(3) 在1997年2月17日的修订草案(修改稿)中,立法机关放弃了对此罪罪状采用分项列举的方式,并以之前的稿本为基础,对本罪的罪状作了较大的调整,即:"在选举各级人民代表大会代表和国家机关领导人员时,以暴力、威胁、欺骗、贿赂、伪造选举文件、虚报选举票数等手段破坏选举或者妨害选民和代表自由行使选举权和被选举权,情节严重的",追究刑事责任。该稿对本罪罪状的这一写法最终被新刑法典所采纳。

关于本罪的法定刑,也曾有过一些微调。考虑到本罪侵犯的客体是公民的选举权和被选举权,对行为人规定判处剥夺政治权利具有处罚的针对性,有助于实现刑法预防犯罪的目的,故自1988年11月16日的修改稿本起,立法工作机关对本罪的法定刑增加规定了剥夺政治权利。此外,在1996年12月中旬的稿本中,立法工作机关曾对本罪规定了管制,后来,基于对管制综合平衡考虑的需要,1997年3月1日的修订草案又将其予以删除。

经过上述修改和调整,最终形成的1997年《刑法》第256条的规定是:"在选举各级人民代表大会代表和国家机关领导人员时,以暴力、威胁、欺骗、贿赂、伪造选举文件、虚报选举票数等手段破坏选举或者妨害选民和代表自由行使选举权和被选举权,情节严重的,处三年以下有期徒刑、拘役或者剥夺政治权利。"

二十九、暴力干涉婚姻自由罪(第257条)

1979年《刑法》第179条规定:"以暴力干涉他人婚姻自由的,处二年以下有期徒刑或者拘役。犯前款罪,引起被害人死亡的,处二年以上七年以下有期徒刑。第一款罪,告诉的才处理。"

在刑法修订研拟过程中,1997年2月17日的修订草案(修改稿)将"引起被害人死亡"的表述修改为"致使被害人死亡",这一写法被之后的修改稿本及通过的新刑法典所沿用。此外,在研拟中,1996年12月中旬的稿本曾对本罪增设了管制刑,但到了1997年3月1日的修订草案,立法机关又将其予以删除。经过上述修改,最终形成了1997年《刑法》第257条的规定。

三十、重婚罪(第258条)

1979年《刑法》第180条规定:"有配偶而重婚的,或者明知他人有配偶而与之结婚的,处二年以下有期徒刑或者拘役。"

1997年《刑法》第258条完全沿用了上述规定,没有作任何修改。当然,在刑法修订研拟过程中,立法工作机关也曾对此罪的法定刑进行过微调,即在1996年12月中旬的修订草案中,曾对本罪增设了管制刑。后来,基于对管制在分则中的布局予以综合平衡的需要,1997年3月1日的修订草案又将其删除了。

三十一、破坏军婚罪(第259条)

1979年《刑法》第181条规定:"明知是现役军人的配偶而与之同居或者结婚的,处三年以下有期徒刑。"

在刑法修订研拟中,如何将上述规定写入新刑法典草案稿先后进行过一些修改和调整:

(1)在1996年8月31日的修改草稿中,立法工作机关以1979年刑法典的写法为基础,对本罪的法定刑增设了拘役,这一法定刑的写法最终为1997年刑法典所采纳。

(2)在1996年12月中旬的稿本中,立法工作机关又对本罪的法定刑增设了管制,即:对于本罪,处3年以下有期徒刑、拘役或者管制。然而到了1997年3月1日的修订草案,立法机关又删除了管制的规定。

(3)在1997年2月17日的修订草案(修改稿)中,立法机关在1979年刑法典规定的基础上为本罪增设了第2款的规定,即:"利用职权、从属关系,以威胁、利诱手段,多次奸淫现役军人的妻子,现役军人告诉的,以破坏军人婚姻论,依照前款的规定处罚。"考虑到利用职权、从属关系,以威胁的手段奸淫现役军人的妻子的行为更符合强奸罪的特征,因此1997年3月1日的修订草案对此作了修改,即:"利用职权、从属关系,以胁迫手段奸淫现役军人的妻子的,依照本法第二百三十六条①的规定定罪处罚。"这一写法最后被吸纳进新刑法典中。

在修订研拟中,也有部门和地方提出,对于本罪,立法上应该增设"明知是现役军人的配偶而与之通奸造成严重后果"构成犯罪的规定,以体现对现役军人婚姻的特殊保护。② 后来考虑到通奸属于双方自愿的,刑法不宜对其干预,况且"严重后果"的实质内容也不易把握,故立法机关最后没有采纳这一建议。

---

① 本条规定的是强奸罪。
② 参见《中央有关部门、地方及法律专家对刑法修订草案(征求意见稿)的意见》,载高铭暄、赵秉志编:《新中国刑法立法文献资料总览》(下),中国人民公安大学出版社1998年版,第2168页。

经过以上的修改和调整,最后形成的 1997 年《刑法》第 259 条的规定是:"明知是现役军人的配偶而与之同居或者结婚的,处三年以下有期徒刑或者拘役。利用职权、从属关系,以胁迫手段奸淫现役军人的妻子的,依照本法第二百三十六条的规定定罪处罚。"

三十二、虐待罪(第 260 条)

1979 年《刑法》第 182 条规定:"虐待家庭成员,情节恶劣的,处二年以下有期徒刑、拘役或者管制。犯前款罪,引起被害人重伤、死亡的,处二年以上七年以下有期徒刑。第一款罪,告诉的才处理。"

在刑法修订研拟中,曾围绕如下问题对本罪法条的写法进行过调整和修改:

(1) 关于告诉才处理的规定。有部门提出,在司法实践中,被虐待的被害人多是年幼的儿童或者卧病无法行动的老人。这些人的自身状况使他们往往无能力对虐待者"告诉"。如在刑法条文中只规定"告诉的才处理",则不利于保护这部分无能力告诉的被虐待者的合法权益,故应增加"无能力告诉的除外"这一规定。立法工作机关采纳了这一建议,在 1988 年 9 月的刑法修改稿中为本罪增设了"本人不能告诉的除外"的规定。后来,考虑到刑法分则中告诉才处理的规定有多处,因种种原因致使被害人无法告诉的情形,可以作为一个共性问题集中规定在刑法典总则中①,故此,在 1988 年 11 月 16 日及其以后的修改稿本中,没有再在本罪中对此种情形专门作出规定。

(2) 在 1997 年 2 月 17 日的修订草案(修改稿)中,立法机关将"引起被害人死亡"的表述修改为"致使被害人死亡",这一写法被之后的修改稿本及通过的新刑法典所沿用。

(3) 1996 年 12 月中旬的稿本曾对本罪增设了管制刑,但到了 1997 年 3 月 1 日的修订草案,立法机关又将其予以删除。

经过以上的研拟,最终形成的 1997 年《刑法》第 260 条的规定是:"虐待家庭成员,情节恶劣的,处二年以下有期徒刑、拘役或者管制。犯前款罪,致使被害人重伤、死亡的,处二年以上七年以下有期徒刑。第一款罪,告诉的才处理。"

三十三、遗弃罪(第 261 条)

1979 年《刑法》第 183 条规定:"对于年老、年幼、患病或者其他没有独立生活能力的人,负有扶养义务而拒绝扶养,情节恶劣的,处五年以下有期徒刑、拘役或者管制。"

1997 年《刑法》第 261 条完全沿用了上述规定,未作任何修改。

---

① 参见《刑法》第 98 条。

三十四、拐骗儿童罪（第262条）

1979年《刑法》第184条规定："拐骗不满十四岁的男、女，脱离家庭或者监护人的，处五年以下有期徒刑或者拘役。"

在刑法修订研拟中，立法工作机关和立法机关围绕如下问题对本罪法条进行了修改和调整：

（1）关于本罪的主观目的。1988年9月的刑法修改稿中，立法工作机关以1979年刑法典的规定为基础，增加了"以营利为目的犯前款罪的，依照贩卖人口罪处罚"的规定。这表明，本罪的主观方面只能是营利以外的其他目的。但在研拟中，也有部门提出，在司法实践中，构成拐骗儿童罪的，多是以收养为目的而拐骗儿童的，原刑法条文对拐骗儿童罪的主观要件未予规定，容易产生歧义，建议增加"以收养为目的"这一规定。1988年11月16日和12月25日的刑法修改稿本采纳了这一建议。后来，考虑到在本罪法条中增加规定这一目的不完全符合司法实际，人为地限制了本罪的归罪范围，故此，在1996年8月31日及其以后的稿本中，没有再在此罪罪状中规定犯罪的主观目的的要件。

（2）关于此罪的对象。在研拟中，有学者和部门提出，刑法原条文中"不满十四岁的男、女"这一概念不准确，没有体现出本罪侵犯的对象系未成年人这一特征，建议将此罪法条中的"男、女"修改为"未成年人"。1996年12月中旬的修订草案采纳了这一建议。到了1997年2月17日的修订草案，为了避免年龄计算时理解上的分歧，立法机关将原先规定的"十四岁"修改成"十四周岁"。此外，1988年12月25日的刑法修改稿第216条曾将本罪的对象界定为"不满十三岁的儿童"，后来出于对未成年人实行充分保护的考虑，之后的稿本又改回1979年刑法原条文"不满十四"岁（周岁）的规定。

（3）偷盗婴儿的处理。对此，有部门提出，在司法实践中，经常遇到以收养为目的而偷取他人婴儿的案件，1979年刑法原条文的规定无法包容这一情况，建议增加"偷取他人婴儿"的规定。1988年11月16日和12月25日的修改稿本曾采纳了这一建议，即："以收养为目的，拐骗不满十四岁的男、女，脱离家庭或者监护人的，或者偷取他人婴儿的"，追究刑事责任。但后来考虑到，"偷取"行为可以为"拐骗"的概念所包容，而且此罪的犯罪对象可以包容"婴儿"，没有必要对此作出专门的规定，故此，之后的稿本没有再涉及这一问题。

总之，经过以上的研拟，最终形成的1997年《刑法》第262条的规定是："拐骗不满十四周岁的未成年人，脱离家庭或者监护人的，处五年以下有期徒刑或者拘役。"

三十五、组织残疾人、儿童乞讨罪(第262条之一)

近年来,一些不法分子为了非法牟利,以欺骗、胁迫、利诱等手段专门组织残疾人、未成年人进行乞讨,严重侵犯了残疾人、未成年人的人身权利,危害了他们的身心健康,同时也破坏了社会的正常管理秩序,社会危害性严重,应当予以惩治。因此,早在2005年2月全国人大常委会审议的《刑法修正案(五)》(草案)中就曾对本罪行为作出了规定:"以欺骗、胁迫、利诱等手段组织残疾人或者不满十四周岁的未成年人乞讨,从中牟取利益的,处三年以下有期徒刑、拘役,并处罚金。"对于在这些犯罪活动中对残疾人、未成年人有非法拘禁、伤害等犯罪行为的,还应当依照刑法的规定数罪并罚。后来,考虑到《中华人民共和国治安管理处罚法》(草案)尚在审议修改过程中,本罪的规定也需要与正在研拟中的《中华人民共和国治安管理处罚法》相协调和衔接,故立法机关建议《刑法修正案(五)》暂不对此罪作出规定。2005年8月28日《中华人民共和国治安管理处罚法》审议通过后,立法机关又将此罪重新列入《刑法修正案(六)》进行研拟,并在2006年6月29日获得通过。《刑法修正案(六)》第17条规定,在《刑法》第262条后增加一条,作为第262条之一:"以暴力、胁迫手段组织残疾人或者不满十四周岁的未成年人乞讨的,处三年以下有期徒刑或者拘役,并处罚金;情节严重的,处三年以上七年以下有期徒刑,并处罚金。"

三十六、组织未成年人进行违反治安管理活动罪(第262条之二)

本条之罪系《刑法修正案(七)》新增的一种犯罪。其立法背景是,从实践中看,一些不法分子组织未成年人从事扒窃、抢夺等违反治安管理活动的情况,在一些地方比较突出,这些行为严重地扰乱了社会治安秩序,损害了未成年人的身心健康。对此应在刑法中作出专门规定予以惩治。经过研究,立法机关最终在《刑法修正案(七)》第8条规定,在《刑法》第262条之一后增加一条,作为第262条之二,内容为:"组织未成年人进行盗窃、诈骗、抢夺、敲诈勒索等违反治安管理活动的,处三年以下有期徒刑或者拘役,并处罚金;情节严重的,处三年以上七年以下有期徒刑,并处罚金。"

第五章

侵犯财产罪

一、抢劫罪(第263条)

1979年《刑法》第150条规定:"以暴力、胁迫或者其他方法抢劫公私财物的,处三年以上十年以下有期徒刑。犯前款罪,情节严重的或者致人重伤、死亡的,处十年以上有期徒刑、无期徒刑或者死刑,可以并处没收财产。"

抢劫罪是司法实践中常见多发的犯罪,而1979年刑法典对抢劫罪应处10年以上有期徒刑、无期徒刑或者死刑条件的"情节严重"的规定,过于笼统,缺乏可操作性,难以适应司法实践的需要。必须列举出应当适用加重法定刑的特别严重的情形,以增强法条的可操作性。有鉴于此,早在国家立法机关启动全面修订刑法工作后不久,就开始在一些稿本中做这方面的尝试。例如,1988年11月16日和12月25日的刑法修改稿即对抢劫加重犯的情形作了列举,由此形成了基本罪与加重犯两个构成模式。这两个稿本对抢劫罪列举了5种可以适用"十年以上有期徒刑、无期徒刑或者死刑"的特别严重的情形,即:"(一)抢劫银行、金库、珍贵文物,情节特别严重的;(二)致人重伤或者死亡的;(三)犯罪集团的首要分子;(四)多次抢劫或者抢劫公私财物数额特别巨大的;(五)有其他特别严重情节的。"1996年8月8日的分则修改草稿以上述写法为基础进行了修改:将上述第(一)项内容修改为"抢劫银行或者其他金融机构";删除了"致人重伤或者死亡"以"入室抢劫"取而代之。在1996年8月31日的刑法修改草稿中,又作了较大的改动,具体写法是:"(一)抢劫银行或者其他金融机构的;(二)入户抢劫的;(三)在公共交通工具上抢劫的;(四)抢劫集团的首要分子;(五)多次抢劫或者抢劫数额巨大的;(六)抢劫致人重伤、死亡的;(七)对在海上航行的船只实施抢劫、破坏等海盗行为的;(八)冒充军警人员抢劫的;(九)有其他特别严重情节的。"到了1996年10月10日的修订草案(征求意见稿),立法工作机关删除了8月31日草稿第(九)项"有其他特别严重情节的"规定,代之以"抢劫军用物资或者抢险、救灾、救济物资"。在1996年12月中旬和12月20日的稿本中,又对本罪列举的加重情节作了较大的调整,即:"(一)入户抢劫的;(二)在公共交通工具上抢劫的;(三)多次抢劫或者抢劫数额巨大的;(四)抢劫致人重伤、死亡的;(五)冒充军警人员抢劫的;(六)持枪抢劫的;(七)抢劫军用物资或者抢险、救灾、救济物资的。"以上述写法为基础,立法机关在1997年1月10日的修订草案中增加规定了"抢劫银行或者其他金融机构",由此形成了1997年刑法典关于此罪加重情节的规定。

1979年刑法典对抢劫罪的处罚,仅仅对情节严重的抢劫罪规定了"可以并处没收财产",没有罚金的规定。这种规定现状对于以侵犯财产为主要客体的抢劫罪而言,不能不说是一个缺憾。有鉴于此,1988年11月16日及其以后的稿本均规定了财产刑。例如,1988年11月16日的稿本对此罪的基本犯和加重犯就分别规定了"并处罚金或者没收财产"和"并处没收财产"。这一写法为以后的诸多稿本所沿用。后来考虑到对于一般情节的抢劫规定没收财产,失之严厉;对于加重情节的犯罪,增加规定"并处罚金",可使法官根据被告人的具体情况斟酌适用,具有一定的灵活性。故在1997年3月13日的修订草案中,立法机关对此罪财产刑的规定作了调整,即:对于基本犯,取消了没收财产的规定;对于加重犯,增加了并处罚金的规定。

经过以上的修改和调整,最后形成了1997年《刑法》第263条的规定:"以暴力、胁迫或者其他方法抢劫公私财物的,处三年以上十年以下有期徒刑,并处罚金;有下列情形之一的,处十年以上有期徒刑、无期徒刑或者死刑,并处罚金或者没收财产:(一)入户抢劫的;(二)在公共交通工具上抢劫的;(三)抢劫银行或者其他金融机构的;(四)多次抢劫或者抢劫数额巨大的;(五)抢劫致人重伤、死亡的;(六)冒充军警人员抢劫的;(七)持枪抢劫的;(八)抢劫军用物资或者抢险、救灾、救济物资的。"

二、盗窃罪(第264条)

1979年刑法典是将盗窃罪与诈骗罪、抢夺罪一起规定的。第151条规定的是本罪的基本犯,即:"盗窃、诈骗、抢夺公私财物数额较大的,处五年以下有期徒刑、拘役或者管制。"第152条系加重犯的规定:"惯窃、惯骗或者盗窃、诈骗、抢夺公私财物数额巨大的,处五年以上十年以下有期徒刑;情节特别严重的,处十年以上有期徒刑或者无期徒刑,可以并处没收财产。"1982年3月8日全国人大常委会通过的《关于严惩严重破坏经济的罪犯的决定》提高了本罪的法定最高刑,该决定规定,犯盗窃罪,情节特别严重的,处10年以上有期徒刑、无期徒刑或者死刑,可以并处没收财产。

在刑法修订研拟中,盗窃罪在法条写法上是变化较大的犯罪之一。从诸稿本对此罪写法的演变看,1988年的3个稿本的写法变化最大。其中,1988年9月的刑法修改稿本将盗窃罪的对象列举在基本犯的罪状中,即:"盗窃公私财物、电力、煤气、科技成果,数额较大或者情节严重的,处五年以下有期徒刑、拘役,可以并处罚金;惯窃、盗窃金库、银行、珍贵文物或者盗窃数额巨大的,处五年以上十年以下有期徒刑;数额特别巨大或者情节特别严重的,处十年以上有期徒刑、无期徒刑或者死刑、并处没收财产。"由于将电力、煤气和科技成果纳入盗窃罪的基本构成中不尽妥当,而决定量刑的因素也比较复杂,故在11月16日的稿本中,立法工作机关采用了与抢劫罪同样的模式,将其分为基本犯和加重犯两部分。即该稿第160条规定:"盗窃公私财物的,处三年以下有期徒刑或者拘役,可以单处或者并处罚金;数额巨大或者情节严重的,处三年以上十年以下有期徒刑,并处罚金;有下列情形之一,情节特别严重的,处十年以上有期徒刑、无期徒刑或者死刑,并处罚金或者没收财产:(一)盗窃银行、金库、珍贵文物的;(二)携带凶器盗窃的;(三)盗窃数额特别巨大的;(四)惯窃;(五)犯罪集团的首要分子;(六)有其他特别严重情节的。盗窃电力、煤气、智力成果的,依照前款规定处罚。"12月25日的修改稿第173条规定:"盗窃公私财物数额较大或者具有多次盗窃、结伙盗窃、入室盗窃、携带凶器盗窃情节的,处三年以下有期徒刑或者拘役,可以单处或者并处罚金;数额巨大或者情节严重的,处三年以上十年以下有期徒刑,并处罚金;有下列情形之一,情节特别严重的,处十年以上有期徒刑、无期徒刑或者死刑,并处罚金或者没收财产:(一)盗窃银行、珍贵文物的;(二)盗窃数额特别巨大的;(三)惯窃;(四)盗窃集团的首要分子;(五)有其他特别严重情节的。"

20世纪90年代以后,对本罪法条的研拟主要集中在以下三个方面:

(1)本罪基本罪状的表述。1996年8月8日的刑法分则修改草稿将本罪的基本罪状表述为:"盗窃公私财物,数额较大或者多次盗窃、入室盗窃"。考虑到入室盗窃中的"入室"概念模糊,不易把握,于是,1996年8月31日的草稿将"入室盗窃"修改成了"入户盗窃",这一写法为1996年10月10日的征求意见稿、1996年12月中旬的修订草案所沿用。到了1996年12月20日的修订草案,立法机关删除了"入户盗窃"的表述,如此一来,本罪的基本罪状就被修改为:"盗窃公私财物,数额较大或者多次盗窃"。这一写法最终为新刑法典所采用。

(2)关于本罪死刑的去留。在1996年8月12日至16日全国人大常委会法制工作委员会邀请的专家座谈会上,专家们一致认为,对盗窃罪不应判处死刑。主要理由是:第一,从古今中外的法律规定看,对盗窃罪一般都没有规定死刑。第二,盗窃罪判死刑与其他犯罪的处刑不平衡,如与抢夺罪相比,抢夺罪性质比盗窃严重,却没有死刑;与贪污罪相比,国家工作人员利用职务或者工作上的便利进行盗窃,不算盗窃算贪污,起刑点比盗窃罪高出好几倍,而最高刑却一样,定罪量刑很不平衡。第三,盗窃罪是秘密窃取他人财物,并不危及人的生命、健康。所以,从这类犯罪的社会危害性上看也没有必要判死刑。[①] 立法工作机关在1996年10月10日的

[①] 参见全国人大常委会法工委刑法室1996年9月6日整理:《法律专家对〈刑法总则修改稿〉和〈刑法分则修改草稿〉的意见》,载高铭暄、赵秉志编:《新中国刑法立法文献资料总览》(下),中国人民公安大学出版社1998年版,第2141—2142页。

修订草案(征求意见稿)中曾采纳了上述建议,对盗窃罪没有规定死刑。后来,受"死刑原则上既不增加也不减少"思想的影响,在1996年12月中旬的修订草案中,立法工作机关又为本罪增加规定了死刑。

(3) 如何从立法上限制此罪死刑。作为一种常见多发的犯罪,自1982年的《关于严惩严重破坏经济的罪犯的决定》颁行以后,盗窃罪曾经是适用死刑较多的犯罪之一。为了严格限制死刑的适用,在刑法修订研拟过程中,主要尝试通过明确规定可以适用加重法定刑情节的方式来限制死刑的适用。在1996年8月8日的修改草稿中,立法工作机关规定对此罪可以适用"十年以上有期徒刑、无期徒刑或者死刑,并处没收财产"的情节有:"(一) 盗窃银行或者其他金融机构的;(二) 盗窃数额特别巨大的;(三) 盗窃集团的首要分子;(四) 有其他特别严重情节的。"在1996年8月31日的刑法修改草稿中,立法工作机关删除了上述稿本中的第(四)项概括性的规定,保留了其余的三项内容。到了1996年10月10日的修订草案(征求意见稿),立法工作机关曾一度取消了此罪死刑的规定,但在1996年12月中旬的稿本中,在法条中又概括性地规定:"数额特别巨大或者情节特别严重的,处十年以上有期徒刑、无期徒刑或者死刑,并处没收财产。"由此对本罪恢复了死刑。在1996年12月20日的稿本中,立法机关又删除了本罪的死刑规定。但到了1997年1月10日的修订草案,立法机关一方面对此罪恢复规定了死刑,另一方面基于切实有效地限制死刑的考虑,对此罪法条的写法又恢复了1996年最初两个稿本的写法模式,在法条中明确规定了"处无期徒刑或者死刑"的情节,即:"(一) 多次入室盗窃,数额巨大的;(二) 盗窃金融机构,数额巨大的;(三) 盗窃珍贵文物,情节严重的。"该稿本的这一写法为1997年2月17日和3月1日的修订草案所沿用,到了3月13日的修订草案,立法机关以之前稿本的写法为基础,作了两处修改:一是删除了"多次入室盗窃,数额巨大"的情节;二是将盗窃金融机构可处死刑的数额明确限定为"特别巨大"。该稿的这一写法最后被1997年刑法典所沿用。

此外,在一些稿本中,曾规定"携带凶器盗窃的,以抢劫罪论处",如1996年10月10日的修订草案(征求意见稿),1996年12月20日的修订草案也有类似规定。在征求意见过程中,一些专家学者、部门和地方提出,将在盗窃时携带凶器,在实施犯罪过程中没有使用的也按抢劫罪论处,混淆了盗窃罪与抢劫罪的界限,在法理上说不通,而且在司法实践中易造成混乱,同时,"凶器"的概念也难以界定,建议删除这一规定。也有人主张可将携带凶器盗窃作为盗窃罪的从重处罚情节。① 经过研究,立法机关在1997年1月10日及其以后的稿本中,没有再对此作出规定。

经过以上的修改和调整,最终形成的1997年《刑法》第264条的规定是:"盗窃

---

① 参见《中央有关部门、地方及法律专家对刑法修订草案(征求意见稿)的意见》,载高铭暄、赵秉志编:《新中国刑法立法文献资料总览》(下),中国人民公安大学出版社1998年版,第2169页。

公私财物,数额较大或者多次盗窃的,处三年以下有期徒刑、拘役或者管制,并处或者单处罚金;数额巨大或者有其他严重情节的,处三年以上十年以下有期徒刑,并处罚金;数额特别巨大或者有其他特别严重情节的,处十年以上有期徒刑或者无期徒刑,并处罚金或者没收财产;有下列情形之一的,处无期徒刑或者死刑,并处没收财产:(一)盗窃金融机构,数额特别巨大的;(二)盗窃珍贵文物,情节严重的。"

由于1997年刑法典对盗窃罪可以适用死刑的情形作了严格的限定,有关部门、一些全国人大代表、有些部门和专家多次提出,盗窃罪属于非暴力的财产性犯罪,一般情况下不会造成人身或者其他方面的严重损害。同时也不属于社会危害性最严重的犯罪,从1997年刑法典颁行后的实践看,本罪的死刑规定极少适用,建议取消盗窃罪可以判处死刑的规定。故此《刑法修正案(八)》废止了本罪的死刑,在此基础上调整了本罪的法定刑。同时有关部门提出,实际中一些盗窃行为,如入户盗窃、扒窃、携带凶器盗窃等行为,虽然严重危害到广大人民群众的财产安全,并对群众人身安全形成威胁,具有严重的社会危害性,但往往由于案犯一次作案案值达不到定罪标准无法对其定罪处理,只能做治安处罚,打击力度不够,难以形成有效震慑,因此,建议基于司法实践的需要对其犯罪构成也作补充修改。

《刑法修正案(八)》也采纳了上述建议,由此经过修正形成的《刑法》第264条的规定是:"盗窃公私财物,数额较大的,或者多次盗窃、入户盗窃、携带凶器盗窃、扒窃的,处三年以下有期徒刑、拘役或者管制,并处或者单处罚金;数额巨大或者有其他严重情节的,处三年以上十年以下有期徒刑,并处罚金;数额特别巨大或者有其他特别严重情节的,处十年以上有期徒刑或者无期徒刑,并处罚金或者没收财产。"

三、与电信线路和码号关联的盗窃罪(第265条)

在刑法修订研拟过程中,有部门提出,实践中非法并机、偷接他人电话线路的行为较为常见,这些行为不仅侵犯了他人财产权利,给被害人造成经济损失,而且也会影响电信系统的信息安全,故有必要对盗用他人电信设施、电信码号等行为予以犯罪化。[①] 立法机关经过研究,采纳了这一建议。在1997年1月10日的修订草案第252条中对此作出了规定:"以牟利为目的,盗接他人通信线路的,复制他人电信码本或者明知是盗接、盗窃复制的电信设备、设施而使用的,依照本法第二百五十一条[②]的规定定罪处罚。"立法机关在以后的稿本中作了个别文字改动并对被援

[①] 参见《中央有关部门、地方及法律专家对刑法修订草案(征求意见稿)的意见》,载高铭暄、赵秉志编:《新中国刑法立法文献资料总览》(下),中国人民公安大学出版社1998年版,第2217页。

[②] 本条规定的是盗窃罪。

引的法条序号作相应的调整后,最终形成1997年《刑法》第265条的规定:"以牟利为目的,盗接他人通信线路、复制他人电信码号或者明知是盗接、复制的电信设备、设施而使用的,依照本法第二百六十四条的规定定罪处罚。"

四、诈骗罪(第266条)

在刑法修订研拟中,关于诈骗罪的法条写法多有反复,变化较大。在1988年9月的稿本中,立法工作机关为本罪设置了三个档次的法定刑,即:"骗取公私财物,数额较大的,处五年以下有期徒刑;惯骗或者骗取财物数额巨大的,处五年以上十年以下有期徒刑;数额特别巨大或者情节特别严重的,处十年以上有期徒刑、无期徒刑,并处没收财产。"1988年11月16日的修改稿在本罪的基本犯法定刑中增加规定了"可以单处或者并处罚金",同时列举规定了可以适用"十年以上有期徒刑或者无期徒刑,并处没收财产"的情节特别严重的情形。具体而言:"诈骗公私财物的,处五年以下有期徒刑或者拘役,可以单处或者并处罚金;数额巨大的,处五年以上十年以下有期徒刑,并处罚金;有下列情形之一,情节特别严重的,处十年以上有期徒刑或者无期徒刑,并处没收财产:(一)诈骗公私财物数额特别巨大的;(二)惯骗;(三)诈骗集团的首要分子;(四)有其他特别严重情节的。"在1988年12月25日的稿本中,立法工作机关在上述稿本写法的基础上,调整了本罪的法定刑,即第一档刑由之前稿本的"五年以下有期徒刑或者拘役,可以单处或者并处罚金"修改为"三年以下有期徒刑或者拘役,可以单处或者并处罚金";第二档刑由之前的"五年以上十年以下有期徒刑,并处罚金"修改为"三年以上十年以下有期徒刑,并处罚金"。1996年8月8日的修改草稿删除了作为加重情节的惯骗,这样可以适用"十年以上有期徒刑或者无期徒刑,并处没收财产"的情节就变成了三项,即:"(一)诈骗数额特别巨大的;(二)诈骗集团的首要分子;(三)有其他特别严重情节的。"

鉴于诈骗罪是一种以侵犯他人的财产权利为特征的犯罪,立法上对其设定法定刑主要应以骗取数额的大小为依据。对于诈骗集团而言,对其定罪量刑也主要应以涉案金额的大小而定,如果涉案金额较小,即使是集团的首要分子也不足以适用本罪最严重档次的法定刑。于是,1996年8月31日的修改草稿没有再把诈骗集团的首要分子作为此罪严重的情节,同时不再列举加重情节的若干情形。具体而言:"诈骗公私财物数额较大的,处五年以下有期徒刑或者拘役,可以并处或者单处罚金;诈骗数额巨大或者情节严重的,处五年以上十年以下有期徒刑,并处罚金;诈骗数额特别巨大或者情节特别严重的,处十年以上有期徒刑或者无期徒刑,并处没收财产。"

之后,以8月31日的稿本为基础,先后对此罪法条进行了如下的修改和调整:(1)在1996年10月10日的修订草案(征求意见稿)中,立法工作机关调整了本罪的法定刑,即第一档刑由之前稿本的"五年以下有期徒刑或者拘役,可以单处或者并处罚金"修改为"三年以下有期徒刑或者拘役,可以单处或者并处罚金";第二档刑由之前的"五年以上十年以下有期徒刑,并处罚金"修改为"三年以上十年以下有期徒刑,并处罚金"。同时,鉴于立法拟对金融领域和市场经济领域其他诈骗犯罪作出专门的规定,为了避免混淆此罪与彼罪的界限,该稿专门规定:"本法另有规定的,依照规定。"

(2) 在1996年12月中旬的稿本中,立法工作机关对本罪的基本犯法定刑增加规定了管制刑。

(3) 在1997年3月1日的修订草案中,立法机关将本罪基本犯中原先规定的"可以并处或者单处罚金"的表述修改为"并处或者单处罚金"。

(4) 在1997年3月13日的修订草案中,立法机关对本罪第三档的法定刑增加了并处罚金的规定。同时,出于逻辑上更加周延的考虑,立法机关在通过的刑法典中,在原先的"诈骗数额巨大或者情节严重"和"诈骗数额特别巨大或者情节特别严重"中的"情节"之前分别增加了"其他"的限定。

经过以上的修改和调整,最后形成的1997年《刑法》第266条的规定是:"诈骗公私财物,数额较大的,处三年以下有期徒刑、拘役或者管制,并处或者单处罚金;数额巨大或者有其他严重情节的,处三年以上十年以下有期徒刑,并处罚金;数额特别巨大或者有其他特别严重情节的,处十年以上有期徒刑或者无期徒刑,并处罚金或者没收财产。本法另有规定的,依照规定。"

五、抢夺罪(第267条)

1979年刑法典是将抢夺罪与盗窃罪、诈骗罪一起规定的。在刑法修订研拟中,立法工作机关对抢夺罪作了单独规定。1988年9月的刑法修改稿拟写的条文是:"抢夺公私财物数额较大的,处五年以下有期徒刑;数额巨大的,处五年以上十年以下有期徒刑;数额特别巨大或者情节特别严重的,处十年以上有期徒刑或者无期徒刑,并处没收财产。"11月16日的修改稿对上述写法作了三处调整:一是取消了本罪基本构成中的"数额较大"的要求;二是对本罪第一档法定刑增加规定了"可以单处或者并处罚金";三是对第二档法定刑增设了"并处罚金"。

1988年12月25日的稿本又调整了本罪第一档和第二档法定刑中的主刑,即:"抢夺公私财物,数额较大的,处三年以下有期徒刑或者拘役,可以单处或者并处罚金;数额巨大的,处三年以上十年以下有期徒刑,并处罚金;数额特别巨大或者情节特别严重的,处十年以上有期徒刑或者无期徒刑,并处没收财产。"该稿本的这一写法为之后的1996年8月8日和8月31日的修改草稿所沿用。

在之后的研拟中,以前述写法为基础,先后进行了如下调整:

(1) 在1996年10月10日的修订草案(征求意见稿)中,增设了"携带凶器抢夺的,以抢劫罪论处"的规定。鉴于司法实践中对"论处"的把握存在不同的见解,在一定程度上影响了司法的统一性和权威性,故在1996年12月中旬的稿本中,立法工作机关明确规定对此种情形以抢劫罪定罪处罚,并最终被写入新刑法典中。

(2) 在1996年12月中旬的稿本中,立法工作机关对本罪第一档的法定刑增加规定了管制。

(3) 在1997年3月1日的修订草案中,立法机关将本罪基本犯中原先规定的"可以并处或者单处罚金"的表述修改为"并处或者单处罚金"。

(4) 在1997年3月13日的修订草案中,立法机关对本罪第三档的法定刑增加了并处罚金的规定。同时出于逻辑上更加周延的考虑,立法机关在审议通过的刑法典中,在原先的"数额巨大或者情节严重"和"数额特别巨大或者情节特别严重"中的"情节"之前分别增加了"其他"的限定。

经过以上的修改和调整,最终形成的1997年《刑法》第267条的规定是:"抢夺公私财物,数额较大的,处三年以下有期徒刑、拘役或者管制,并处或者单处罚金;数额巨大或者有其他严重情节的,处三年以上十年以下有期徒刑,并处罚金;数额特别巨大或者有其他特别严重情节的,处十年以上有期徒刑或者无期徒刑,并处罚金或者没收财产。携带凶器抢夺的,依照本法第二百六十三条的规定定罪处罚。"

六、聚众哄抢罪(第268条)

聚众哄抢罪是1997年刑法典新增的一种犯罪。在刑法修订研拟中,一些学者和部门提出,从司法实践看,哄抢公私财物的现象在一些地区很猖獗,尤其是哄抢林木、煤炭、水产品、铁路材料等情况突出。为此,国务院于1982年曾发布《关于坚决制止哄抢和侵占国家资财的决定》,但禁而不止,愈演愈烈。为打击这种行为,保护国家、集体、个人的财产,有必要规定此罪。① 但也有部门提出,对于哄抢案件中参与哄抢的人,可以根据他们行为的性质定罪量刑。否则,如果是群众性的抢夺、抢劫、盗窃,仅因为它们是群众性的就不以这些犯罪处罚,而定罪刑更轻的哄抢罪,有可能鼓励哄抢,因此,不应当在刑法中规定哄抢罪。② 立法机关最终采纳了第一种意见。

从刑法修改稿本的写法演变看,1988年9月的刑法修改稿以"公然"为犯罪的客观要求,以"首要分子"为归罪对象,为本罪设置了两档法定刑。具体写法是:"公然哄抢公私财物的,对首要分子处五年以下有期徒刑或者拘役;情节严重的,处

---

① 参见最高人民法院刑法修改小组:《关于刑法分则修改的若干问题(草稿)(1989年3月)》,载高铭暄、赵秉志编:《新中国刑法立法文献资料总览》(下),中国人民公安大学出版社1998年版,第2314页。

② 参见最高人民检察院刑法修改小组:《修改刑法研究报告(1989年10月12日)》,载高铭暄、赵秉志编:《新中国刑法立法文献资料总览》(下),中国人民公安大学出版社1998年版,第2508页。

五年以上有期徒刑,可以并处罚金或者没收财产。"对于这一写法,有人提出,从实践中看,哄抢往往数十人、上百人乃至更多,不易查出首要分子,打击面又不能过大,建议只对情节严重的给予刑罚制裁,对于一般参与者,予以治安处罚。采纳这一建议,立法工作机关在1988年11月16日的稿本中规定:"哄抢公私财物,情节严重的,处五年以下有期徒刑或者拘役,可以单处或者并处罚金;情节特别严重的,处五年以上有期徒刑,并处罚金。"1988年12月25日的稿本在上述写法的基础上调整了本罪的主刑,即:第一档主刑由原先规定的"五年以下有期徒刑或者拘役"修改为"三年以下有期徒刑或者拘役";第二档主刑由"五年以上有期徒刑"修改为"三年以上十年以下有期徒刑"。

在1996年8月8日的分则修改草稿中,立法工作机关恢复了对首要分子和积极参加者予以归罪的立法模式,具体而言:"聚众哄抢公私财物数额较大或者情节严重的,对首要分子和其他积极参加者,处三年以下有期徒刑或者拘役,可以单处或者并处罚金;数额特别巨大或者情节特别严重的,处三年以上十年以下有期徒刑,并处罚金。"1996年8月31日的刑法修改草稿一方面提高了本罪的法定刑;另一方面对首要分子和其他积极参加者区别开来予以处罚。具体写法是:"聚众哄抢公私财物数额较大或者情节严重的,对首要分子处五年以下有期徒刑或者拘役,可以并处罚金;数额特别巨大或者情节特别严重的,处五年以上有期徒刑、无期徒刑,并处罚金或者没收财产。积极参加聚众哄抢的,比照首要分子从轻或者减轻处罚。"到了1996年10月10日的修订草案(征求意见稿),立法工作机关对此罪的写法又作了较大的修改和调整,具体而言,该稿第241条规定:"聚众哄抢公私财物,数额较大或者情节严重的,对首要分子和积极参加的,处三年以下有期徒刑或者拘役,可以并处罚金;数额巨大或者情节特别严重的,处三年以上有期徒刑,并处罚金或者没收财产。"

在之后的研拟中,以1996年10月10日征求意见稿的写法为基础,先后进行了如下的修改和调整:

(1)在1996年12月中旬的修订草案中,立法工作机关对本罪第一档的法定刑增设了管制刑。

(2)在1997年2月17日的修订草案(修改稿)中,立法机关对本罪第二档主刑设置了上限,即"三年以上十年以下有期徒刑"。

(3)在1997年3月1日的修订草案中,本罪第一档罚金刑由之前的"可以并处罚金"修改为"并处罚金";第二档中的附加刑由之前的"并处罚金或者没收财产"修改为"并处罚金"。

(4)在审议通过的刑法典中,出于逻辑上更为周延的考虑,之前写法中的"情节严重"和"情节特别严重"的表述分别被修改为"有其他严重情节"和"有其他特别严重情节"。

经过以上的修改和调整,最终形成的1997年《刑法》第268条的规定是:"聚众哄抢公私财物,数额较大或者有其他严重情节的,对首要分子和积极参加的,处三年以下有期徒刑、拘役或者管制,并处罚金;数额巨大或者有其他特别严重情节的,处三年以上十年以下有期徒刑,并处罚金。"

七、转化型抢劫罪(第269条)

1979年《刑法》第153条规定:"犯盗窃、诈骗、抢夺罪,为窝藏赃物、抗拒逮捕或者毁灭罪证而当场使用暴力或者以暴力相威胁的,依照本法第一百五十条抢劫罪处罚。"

在刑法修订研拟中,关于转化型抢劫罪的前置行为和主观目的等的表述多有变化和反复。一些学者和部门提出,不应要求盗窃、抢夺等构成犯罪,才能转化为抢劫,因为盗窃、抢夺达不到数额较大,而实施了上述行为的,同数额较大而实施上述行为的性质相同,可将"罪"改为"行为"。① 采纳这一建议,立法工作机关在1988年9月的刑法修改稿中作了相应的修改,即第153条规定:"实施盗窃、诈骗、抢夺行为,为隐匿赃物、抗拒扭送、拘留、逮捕或者毁灭罪证而当场使用暴力或者以暴力相威胁的,依照本法第一百五十条抢劫罪处罚。"对于这一写法,有部门提出,窝藏一般在现场以外的地方进行,宜将"窝藏"改为"防护";同时,处罚仅指量刑方面,而论处则既包括定罪也包括量刑,因此,依照抢劫罪"处罚"宜修改为依照抢劫罪"定罪处罚"。② 立法工作机关在1988年11月16日和12月25日的稿本中采纳了这一建议。

在1996年8月8日和8月31日的修改草稿中,立法工作机关不仅拓展了转化型抢劫罪前置行为的范围,而且在法条中明确对此以抢劫罪追究刑事责任。具体而言:"盗窃、诈骗、抢夺或者聚众哄抢公私财物,为窝藏赃物、抗拒抓捕或者毁灭罪证而当场使用暴力或者以暴力相威胁的,依照抢劫罪追究刑事责任。"

在之后的研拟中,有部门和学者提出,实践中未见到诈骗转化为抢劫的案例,理论上分析,这种转化的可能性也不大。另外,参照外国的立法例,均无诈骗转化为抢劫罪的规定,建议去掉诈骗。③ 采纳这一建议,立法工作机关在1996年10月10日的修订草案(征求意见稿)中,以1979年刑法典的规定为基础,删除了法条中的"诈骗"。具体写法是:"犯盗窃、抢夺罪,为窝藏赃物、抗拒逮捕或者毁灭罪证而当场使用暴力或者以暴力相威胁的,依照抢劫罪的规定处罚。"1996年12月中旬的

---

① 参见最高人民法院刑法修改小组:《关于刑法分则修改的若干问题(草稿)(1989年3月)》,载高铭暄、赵秉志编:《新中国刑法立法文献资料总览》(下),中国人民公安大学出版社1998年版,第2313页。
② 同上注。
③ 同上书,第2314页。

稿本在 10 月 10 日征求意见稿的基础上,作了两处修改:一是考虑到逮捕一般不可能在犯罪现场进行,故将原规定的"抗拒逮捕"修改为"抗拒抓捕";二是为消除此种情况仅依照抢劫罪处罚的误解,将原规定的依照抢劫罪"处罚"修改为依照抢劫罪"定罪处罚"。即:"犯盗窃、抢夺罪,为窝藏赃物、抗拒抓捕或者毁灭罪证而当场使用暴力或者以暴力相威胁的,依照本法第二百四十三条[①]的规定定罪处罚。"这一写法为之后的多个稿本所沿用。到了 1997 年 3 月 1 日的修订草案,立法机关在这一写法的基础上重新增加规定了诈骗。由此最终形成了 1997 年《刑法》第 269 条的规定:"犯盗窃、诈骗、抢夺罪,为窝藏赃物、抗拒抓捕或者毁灭罪证而当场使用暴力或者以暴力相威胁的,依照本法第二百六十三条的规定定罪处罚。"

八、侵占罪(第 270 条)

本条规定之罪系 1997 年刑法典新增的一种犯罪。在刑法修订研拟中,一些学者和部门提出,经济体制改革以来,承包租赁企业、中外合资企业、私营企业、个体和集体联营等企业都出现了非法侵占合法持有公私财物的行为。此类案件,或因犯罪主体不符合贪污罪的构成要件,或因所侵占的财产究竟是公是私难以区分,在处理上有困难,无法可依,因此有必要在刑法中对侵占罪作出规定。[②]

在 1988 年的刑法修改稿本中,对侵占罪的法条研拟基本上是基于弥补贪污罪立法处理类似行为的不足而进行的。例如 1988 年 9 月的刑法修改稿拟写了两个方案。

第一个方案是:"侵占自己经手、管理的他人财物或者遗失物、漂流物的,处五年以下有期徒刑或者拘役;数额巨大、情节严重的,处五年以上有期徒刑;情节特别严重的,处无期徒刑或者死刑。犯前款罪的,并处没收财产或者判令退赔。"

第二个方案是以侵占罪取代贪污罪,即:"以侵吞、盗窃、骗取或者其他手段非法侵占自己经手、管理的他人财产或者遗失物、漂流物的,处五年以下有期徒刑或者拘役;数额巨大、情节严重的,处五年以上有期徒刑;数额特别巨大或者情节特别严重的,处无期徒刑或者死刑。犯前款罪的,并处没收财产或者责令退赔。"

1988 年 11 月 16 日的稿本第 166 条规定:"侵占公共财物或者他人财物,数额较大的,处五年以下有期徒刑或者拘役,可以单处或者并处罚金;数额巨大或者情节严重的,处五年以上有期徒刑,并处罚金;数额特别巨大或者情节特别严重的,处无期徒刑,并处没收财产。"到了 1988 年 12 月 25 日的稿本,立法工作机关修改了

---

① 本条规定的是抢劫罪。
② 参见最高人民法院刑法修改小组:《关于刑法分则修改的若干问题(草稿)(1989 年 3 月)》,载高铭暄、赵秉志编:《新中国刑法立法文献资料总览》(下),中国人民公安大学出版社 1998 年版,第 2315 页。

本罪对象的表述,并对本罪法定刑的写法作了调整,即第 180 条规定:"侵占公私财物,数额较大或者情节严重的,处三年以下有期徒刑或者拘役,可以单处或者并处罚金;数额巨大的,处三年以上十年以下有期徒刑,并处罚金;数额特别巨大或者情节特别严重的,处十年以上有期徒刑,并处罚金或者没收财产。"

1995 年 2 月 28 日,全国人大常委会通过了《关于惩治违反公司法的犯罪的决定》,该决定将职务侵占行为予以犯罪化。自此以后,在刑法典修订研拟中,对侵占罪法条的起草就不再将原本属于职务侵占的行为包含于其中。例如,1996 年 8 月 8 日的分则修改草稿规定:"将自己代为收管的他人财物非法占为己有,数额较大的,处二年以下有期徒刑或者拘役,或者单处罚金;数额巨大或者情节严重的,处五年以下有期徒刑,并处没收财产。将他人的埋藏物或者遗失物非法占有,数额较大,拒不交出的,依照前款的规定处罚。"对于上述写法,鉴于此罪第二档法定刑与第一档法定刑没有做到很好的衔接,1996 年 8 月 31 日的刑法修改草稿作了一些改进,并将此罪规定为告诉才处理的犯罪,即:"将自己代为收管的他人财物非法占为己有,数额较大的,处二年以下有期徒刑或者拘役,或者单处罚金;数额巨大或者情节严重的,处二年以上五年以下有期徒刑,并处罚金。将他人的埋藏物或者遗忘物非法占有,数额较大,拒不交出的,依照前款规定处罚。犯本条罪,告诉的才处理。"

1996 年 10 月 10 日的修订草案(征求意见稿)在 8 月 31 日稿写法的基础上,为本罪的基本构成增加了"拒不退还"的规定,同时对本罪第一档法定刑作了微调,即:"将自己代为收管的他人财物非法占为己有,数额较大,拒不退还的,处二年以下有期徒刑、拘役或者罚金;数额巨大或者情节严重的,处二年以上五年以下有期徒刑,并处罚金。将他人的遗忘物或者埋藏物非法占有,数额较大,拒不交出的,依照前款规定处罚。本条罪,告诉的才处理。"

对于征求意见稿的写法,之后的研拟又进行了一些调整和修改:在 1996 年 12 月中旬的稿本中,立法工作机关曾对本罪基本犯的法定刑增设了管制刑;在 1997 年 2 月 17 日的修订草案(修改稿)中,立法机关将原先规定的"代为收管"修改为"代为保管";在 1997 年 3 月 1 日的修订草案中,删除了之前稿本对本罪增设的管制刑,同时将本罪中的"情节严重"修改成了"有其他严重情节"。

经过以上的修改和调整,最终形成的 1997 年《刑法》第 270 条的规定是:"将代为保管的他人财物非法占为己有,数额较大,拒不退还的,处二年以下有期徒刑、拘役或者罚金;数额巨大或者有其他严重情节的,处二年以上五年以下有期徒刑,并处罚金。将他人的遗忘物或者埋藏物非法占为己有,数额较大,拒不交出的,依照前款的规定处罚。本条罪,告诉的才处理。"

九、职务侵占罪(第 271 条)

本条规定原系 1995 年《违反公司法的犯罪的决定》对 1979 年刑法典补充规定

的一种犯罪。该决定第 10 条规定:"公司董事、监事或者职工利用职务或者工作上的便利,侵占本公司财物,数额较大的,处五年以下有期徒刑或者拘役;数额巨大的,处五年以上有期徒刑,可以并处没收财产。"第 12 条规定:"国家工作人员犯本决定第九条、第十条、第十一条规定之罪的,依照《关于惩治贪污罪贿赂罪的补充规定》的规定处罚。"

如前所述,在刑法修订研拟中,1988 年的 3 个稿本对侵占罪的法条是基于弥补贪污罪在处理侵占公私财物行为方面的不足而拟写,在这些稿本中,侵占罪的法条实际上也包括了职务侵占的内容。自从 1995 年《违反公司法的犯罪的决定》颁行以后,职务侵占罪法条的研拟就开始围绕着该决定的规定而进行。

在 1996 年 8 月 8 日的分则修改草稿中,立法工作机关对本罪手段的表述采用了与贪污罪相同的写法,即:"公司、企业单位的管理人员或者其他工作人员,利用职务或者工作上的便利,采取侵吞、盗窃、骗取等非法手段侵占本单位财物,数额较大的,处五年以下有期徒刑或者拘役;数额巨大的,处五年以上有期徒刑,可以并处没收财产;数额特别巨大的,或者数额巨大、情节特别严重的,处无期徒刑。"1996 年 8 月 31 日的修改草稿不仅拓展了本罪主体的范围,简化了本罪的行为手段,而且将《违反公司法的犯罪的决定》第 11 条的规定改写后纳入其中,同时,对本罪的法定刑也作了较大的调整。具体写法是:"公司、企业或者其他单位的人员,利用职务或者工作上的便利,侵占本单位财物,数额较大的,处五年以下有期徒刑或者拘役;数额巨大的,处五年以上有期徒刑或者无期徒刑,可以并处没收财产。国家工作人员有前款行为的,依照贪污罪的规定处罚。"1996 年 10 月 10 日的修订草案(征求意见稿)与上述写法相比,主要作了三处调整:一是将原先规定的"侵占本单位财物"修改为"将本单位财物非法占为己有"。二是增设了"非法将用于扶贫和其他公益事业的社会捐助或者专项基金的财物占为己有的,以贪污罪论处"作为本罪的第 2 款规定。三是由于增设了第 2 款的规定,相应的调整了第 3 款的写法,即:"国家工作人员有前两款行为的,依照本法第三百三十一条①的规定处罚。"1996 年 12 月中旬的修订草案对本罪法条的写法又作了较大的调整,具体内容是:"公司、企业或者其他单位的人员,利用职务或者工作上的便利,将本单位财物非法占为己有,数额较大的,处五年以下有期徒刑或者拘役;数额巨大的,处五年以上有期徒刑或者无期徒刑,可以并处没收财产。公司、企业或者其他单位的人员,利用职务或工作上的便利非法将用于扶贫和其他公益事业的社会捐助或者专项基金的财物占为己有的,依照本法第三百三十八条②、第三百三十九条③的规定定罪处罚。国家

---

① 本条规定的是贪污罪的刑事责任。
② 本条规定的是贪污罪的定义。
③ 本条规定的是贪污罪的刑事责任。

工作人员有前两款行为的,依照本法第三百三十八条、第三百三十九条的规定定罪处罚。"

在之后的研拟中,立法机关以上述写法为基础,先后进行了以下的修改和调整:

(1) 有部门、地方和学者提出,非法将用于扶贫和其他公益事业的社会捐助或者专项基金的财物占为己有的,以贪污论处,这一规定是不妥当的。可以规定对具有这种情节的从重处罚,不宜改变罪名。立法机关在1997年1月10日的修订草案中采纳了这一建议,对于这种行为,将原先的依照贪污罪定罪处罚的规定修改为"依照前款①规定从重处罚"。另一方面,随着国家工作人员的内涵和外延的逐步厘清,立法机关在该稿中修改了国家工作人员有本罪行为的处理的规定,即:"国有公司、企业或者其他单位中从事公务的人员和国家机关、国有公司、企业、事业单位委派到非国有单位从事公务的人员有前两款行为的,依照本法第三百三十六条②、第三百三十七条③的规定处罚。"

(2) 1997年2月17日的修订草案(修改稿)删除了本罪的无期徒刑以及非法将社会捐助或者专项基金的财物占为己有处理的规定。同时,放弃了1997年1月10日修订草案对国家工作人员有本罪行为的处理的写法,恢复到1996年12月中旬稿的写法上。

(3) 在1997年3月1日的修订草案中,对于国家工作人员有本罪行为的处理,立法机关又回到1997年1月10日修订草案的写法上。

(4) 在1997年3月13日的修订草案中,立法机关将本罪原先规定的"利用职务或者工作上的便利"修改为"利用职务上的便利"。

经过以上的修改和调整,最终形成的1997年《刑法》第271条的规定是:"公司、企业或者其他单位的人员,利用职务上的便利,将本单位财物非法占为己有,数额较大的,处五年以下有期徒刑或者拘役;数额巨大的,处五年以上有期徒刑,可以并处没收财产。国有公司、企业或者其他国有单位中从事公务的人员和国有公司、企业或者其他国有单位委派到非国有公司、企业以及其他单位从事公务的人员有前款行为的,依照本法第三百八十二条、第三百八十三条的规定定罪处罚。"

十、挪用资金罪(第272条)

本条规定原系1995年《违反公司法的犯罪的决定》对1979年刑法典补充规定的一种犯罪。该决定第11条规定:"公司董事、监事或者职工利用职务上的便利,

---

① 该款规定的是职务侵占罪。
② 本条规定的是贪污罪的定义。
③ 本条规定的是贪污罪的刑事责任。

挪用本单位资金归个人使用或者借贷给他人,数额较大、超过三个月未还的,或者虽未超过三个月,但数额较大、进行营利活动的,或者进行非法活动的,处三年以下有期徒刑或者拘役。挪用本单位资金数额较大不退还的,依照本决定第十条规定的侵占罪论处。"第12条规定:"国家工作人员犯本决定第九条、第十条、第十一条规定之罪的,依照《关于惩治贪污罪贿赂罪的补充规定》的规定处罚。"

在刑法修订研拟中,立法工作机关基本上是以《违反公司法的犯罪的决定》的上述写法为基础拟写本罪法条的。1996年8月8日的分则修改草稿规定:"公司、企业单位的管理人员或者其他工作人员,利用职务或者工作上的便利,挪用本单位资金归个人使用或者借贷给他人,数额较大、超过三个月未还的,或者虽未超过三个月,但数额较大、进行营利活动的,或者进行非法活动的,处三年以下有期徒刑或者拘役。挪用本单位资金数额较大不退还的,依照本法第六条①规定的侵占罪论处。"

与前稿写法相比,1996年8月31日的修改草稿主要有四处修改:一是修改了本罪的职务要件,即由原先规定的"利用职务或者工作上的便利"修改为"利用职务上的便利"。二是修改了本罪的法定刑。前稿为本罪设置了一个档次的法定刑,8月31日的稿本则设置了两档法定刑,并且提高了基本刑的最高刑,即对于本罪基本犯,"处五年以下有期徒刑或者拘役";"情节严重的,处五年以上有期徒刑"。三是删除了挪用资金数额较大不退还的规定。四是增设了"国家工作人员有前款行为的,依照本法有关挪用公款罪的规定处罚"的规定。

1996年10月10日的修订草案(征求意见稿)综合了1996年8月8日和8月31日稿的写法:一是本罪第1款规定的职务要件维持了8月31日稿的写法,其余内容则沿用了8月8日稿的写法;二是对于国家工作人员有本罪行为的规定沿用了8月31日修改草稿的写法。具体而言:"公司、企业或者其他单位的工作人员,利用职务上的便利,挪用本单位资金归个人使用或者借贷给他人,数额较大、超过三个月未还的,或者虽未超过三个月,但数额较大、进行营利活动的,或者进行非法活动的,处三年以下有期徒刑或者拘役;挪用本单位资金数额较大不退还的,依照侵占罪的规定处罚。国家工作人员有前款行为的,依照本法第三百三十二条②的规定处罚。"

对于征求意见稿的写法,在之后的研拟中,先后进行了一系列的修改和调整:

(1) 在1996年12月中旬的稿本中,立法工作机关曾对本罪增设了管制刑,后来在1997年3月1日的修订草案中,立法机关又将此处的管制予以删除。

(2) 鉴于国家工作人员的概念已逐步厘清,故立法机关在1997年1月10日的

---

① 指该分则修改草稿第五章(侵犯财产罪)第6条。
② 本条规定的是挪用公款罪。

修订草案中,对国家工作人员有本罪行为的规定作了更为具体的规定,即:"国有公司、企业或者其他单位中从事公务的人员和国家机关、国有公司、企业、事业单位委派到非国有单位从事公务的人员有前款行为的,依照本法第三百三十九条①的规定处罚。"到了1997年2月17日的修订草案(修改稿),立法机关对于国家工作人员有本罪行为的处理规定作了简化,基本上回到了1996年10月10日修订草案(征求意见稿)的写法上,有所区别的是,2月17日稿将原先规定的依照挪用公款罪的规定"处罚"修改成了依照挪用公款罪的规定"定罪处罚"。1997年3月1日的修订草案除维持2月17日的修订草案(修改稿)关于依照挪用公款罪的规定"定罪处罚"的表述外,其他内容基本上又回到了1997年1月10日修订草案的写法上。

(3)在1997年2月17日的修订草案(修改稿)中,立法机关对"数额较大不退还的",明确规定了法定刑,即:"处三年以上十年以下有期徒刑"。在1997年3月13日的修订草案中,立法机关对适用"三年以上十年以下有期徒刑"的情节增加规定了"挪用本单位资金数额巨大"的情形。

经过以上修改和调整,最后形成了1997年《刑法》第272条的规定:"公司、企业或者其他单位的工作人员,利用职务上的便利,挪用本单位资金归个人使用或者借贷给他人,数额较大、超过三个月未还的,或者虽未超过三个月,但数额较大、进行营利活动的,或者进行非法活动的,处三年以下有期徒刑或者拘役;挪用本单位资金数额巨大的,或者数额较大不退还的,处三年以上十年以下有期徒刑。国有公司、企业或者其他国有单位中从事公务的人员和国有公司、企业或者其他国有单位委派到非国有公司、企业以及其他单位从事公务的人员有前款行为的,依照本法第三百八十四条的规定定罪处罚。"

十一、挪用特定款物罪(第273条)

在1979年刑法典中,挪用特定款物罪规定在刑法分则第三章"破坏社会主义经济秩序罪"一章中,该法第126条规定:"挪用国家救灾、抢险、防汛、优抚、救济款物,情节严重,致使国家和人民群众利益遭受重大损害的,对直接责任人员,处三年以下有期徒刑或者拘役;情节特别严重的,处三年以上七年以下有期徒刑。"

在刑法修订研拟过程中,围绕1979年刑法典对此罪的写法先后进行了一系列的修改和调整:

(1)1988年9月的修改稿在1979年刑法典规定的基础上增加规定了一款,即:挪用以上款物,归个人使用的,按照挪用公款罪处罚。1998年11月16日的稿

---

① 此处可能有误,因为1997年1月10日修订草案第339条规定的是"组织他人卖淫罪"和"强迫他人卖淫罪",援引这两种犯罪的法定刑显然不合理。正确援引的条文应是第352条(挪用公款罪)。

本将前稿增设的一款修改为:"挪用国家救灾、抢险、防汛、优抚、救济款物归个人使用的,依照个人挪用公款罪的规定论处。"

(2) 1988 年 12 月 25 日的修改稿将本罪从"破坏社会主义经济秩序罪"一章移入"渎职罪"一章,对本罪罪状增加了犯罪主体的内容,同时对前两稿增设的第 2 款的内容也作了调整。具体法条是:"国家工作人员挪用救灾、抢险、防汛、优抚、救济款物,情节严重,致使国家和人民群众利益遭受重大损害的,处三年以下有期徒刑或者拘役,情节特别严重的,处三年以上七年以下有期徒刑。国家工作人员挪用前款规定的款物归个人使用的,依照第一百三十四条[①]的规定从重处罚。"同时还规定,集体经济组织工作人员或者其他从事公务的人员犯该条罪的,依照该条的规定处罚。

(3) 1996 年 8 月 31 日的刑法修改草稿沿用了 1979 年刑法典规定的写法,并将此罪规定在"侵犯财产罪"一章中。

(4) 1996 年 10 月 10 日的修订草案(征求意见稿)将原规定的"致使国家和人民群众利益遭受重大损害"修改为"致使人民群众利益遭受重大损害"。后来,到了 1997 年 1 月 10 日的修订草案,立法机关又放弃了这种修改,恢复了 1979 年刑法典规定的写法。

(5) 1996 年 12 月中旬的修订草案曾为本罪基本犯的法定刑增设了管制,但后来,在 1997 年 3 月 1 日的修订草案中,立法机关又将其予以删除。

(6) 在 1997 年 3 月 13 日的修订草案中,立法机关扩展了本罪对象的范围,将用于"扶贫"和"移民"的款项纳入其中。

经过以上的修改和调整,最后形成的 1997 年《刑法》第 273 条的规定是:"挪用用于救灾、抢险、防汛、优抚、扶贫、移民、救济款物,情节严重,致使国家和人民群众利益遭受重大损害的,对直接责任人员,处三年以下有期徒刑或者拘役;情节特别严重的,处三年以上七年以下有期徒刑。"

十二、敲诈勒索罪(第 274 条)

1979 年《刑法》第 154 条规定:"敲诈勒索公私财物的,处三年以下有期徒刑或者拘役;情节严重的,处三年以上七年以下有期徒刑。"

在刑法修订研拟中,对上述规定先后进行了如下的修改和调整:

(1) 1988 年 9 月的修改稿维持了 1979 年刑法典的写法,但后来考虑到本罪属于财产性犯罪,为不让犯罪分子在经济上占到便宜,应当对其规定罚金刑,故此,在 1988 年 11 月 16 日和 12 月 25 日的稿本中,立法工作机关在 1979 年刑法典写法的基础上对本罪第一档法定刑规定了"可以单处或者并处罚金";对本罪第二档法定

---

① 本条规定的是挪用公款罪。

刑规定了"并处罚金"。

（2）在1996年8月8日和8月31日的修改草稿中，立法工作机关以1979年刑法典的写法为基础，提高了此罪的法定刑。即：对于基本犯，处5年以下有期徒刑或者拘役；情节严重的，处5年以上有期徒刑。

（3）考虑到1979年刑法典对本罪罪状的描述过于简单，不易把握，故1996年10月10日的修订草案（征求意见稿）第247条对本罪的罪状作了描述，即"以威胁方法敲诈勒索公私财物"。其法定刑则沿用了之前8月8日稿的写法。

（4）1996年12月中旬和12月20日以及1997年1月10日的修订草案放弃了前述1996年的3个稿本的写法，仍以1979年刑法典的写法为蓝本，在此罪第一档法定刑中增加规定了管制。具体写法是："敲诈勒索公私财物的，处三年以下有期徒刑、拘役或者管制；情节严重的，处三年以上七年以下有期徒刑。"1997年2月17日的修订草案（修改稿）将这一写法中的第二档法定刑修改成了"三年以上十年以下有期徒刑"。

（5）1997年3月1日的修订草案以1997年2月17日修改稿的写法为基础，对本罪增加了"数额较大"和"数额巨大"等情节的规定。即：数额较大的，处3年以下有期徒刑、拘役或者管制；数额巨大或者有其他严重情节的，处3年以上10年以下有期徒刑。

经过以上的修改和调整，由此而形成的1997年《刑法》第274条的规定是："敲诈勒索公私财物，数额较大的，处三年以下有期徒刑、拘役或者管制；数额巨大或者有其他严重情节的，处三年以上十年以下有期徒刑。"近年来，敲诈勒索已经成为黑恶势力攫取财富积聚经济实力的一个常用手段，尤其是一些地方的黑恶势力团伙，凭借人多势众，恶名昭著，频繁实施敲诈勒索行为。而且敲诈勒索的手段日益复杂多样，受害人难以举证其人身遭受威胁，给打击此类犯罪造成困难。即便案件被破获，由于该罪法定最高刑只有10年有期徒刑，存在打击不力的问题。为了适应司法实践惩治黑社会性质组织犯罪的需要，立法机关通过《刑法修正案（八）》对本条规定从两个方面作了修改补充：一是调整了本罪的入罪门槛，将"多次敲诈勒索"的行为补充规定为本罪的基本构成要件行为；二是提高了本罪的法定最高刑。经过这两个方面的修改和补充，最终形成的本条的新规定是："敲诈勒索公私财物，数额较大或者多次敲诈勒索的，处三年以下有期徒刑、拘役或者管制，并处或者单处罚金；数额巨大或者有其他严重情节的，处三年以上十年以下有期徒刑，并处罚金；数额特别巨大或者有其他特别严重情节的，处十年以上有期徒刑，并处罚金。"

十三、故意毁坏财物罪（第275条）

1979年《刑法》第156条规定："故意毁坏公私财物，情节严重的，处三年以下有期徒刑、拘役或者罚金。"

在对本罪的修订研拟中,1988年9月的刑法修改稿第156条有两种方案:一是"故意毁坏公私财物,情节严重的,处三年以下有期徒刑、拘役或者罚金;情节特别严重的,处三年以上七年以下有期徒刑,可以并处罚金。"二是将"故意毁坏公私财物"改为"故意毁坏他人财物",其他内容则与前方案相同。

1988年11月16日和12月25日的修改稿基本上采用了9月稿的第一种写法,但也作了一些微调:一是完善了此罪第一档法定刑中的罚金规定;二是提高了第二档法定刑的最高刑。具体而言:"故意毁坏公私财物,情节严重的,处三年以下有期徒刑或者拘役,可以单处或者并处罚金;情节特别严重的,处三年以上十年以下有期徒刑,并处罚金。"

在1996年8月8日的修改草稿中,立法工作机关对本罪情节的表述作了完善,即:"故意毁坏公私财物,数额较大或者情节严重的,处三年以下有期徒刑、拘役或者罚金;数额巨大或者情节特别严重的,处三年以上十年以下有期徒刑,并处罚金。"到了1996年8月31日稿,立法工作机关对此罪的法定刑作了微调,即将这一写法第一档法定刑中的罚金修改为"单处或者并处罚金"。

从1996年10月10日的修订草案(征求意见稿)的写法看,立法工作机关放弃了之前研拟的写法,直接沿用了1979年刑法典的写法。到了1996年12月中旬的修订草案,立法工作机关又对此罪的情节和法定刑作了较大的调整,不仅完善了情节的规定,而且也增加规定了第二档的法定刑。具体写法是:"故意毁坏公私财物,数额较大或者情节严重的,处三年以下有期徒刑、拘役、管制或者罚金;数额巨大或者情节特别严重的,处三年以上七年以下有期徒刑。"12月中旬稿的这一写法为之后的诸多稿本所沿用。到了1997年3月1日的修订草案,立法机关删除了之前修订草案稿本第一档法定刑中的管制。供审议通过的刑法稿本中,立法机关基于逻辑上更为周延的考虑,对此罪中的"情节"作了"其他"的定语限制。

这样,经过以上的修改调整,最终通过的1997年《刑法》第275条的规定是:"故意毁坏公私财物,数额较大或者有其他严重情节的,处三年以下有期徒刑、拘役或者罚金;数额巨大或者有其他特别严重情节的,处三年以上七年以下有期徒刑。"

十四、破坏生产经营罪(第276条)

1979年《刑法》第125条是作为破坏社会主义经济秩序罪规定的,罪名为"破坏集体生产罪",其内容是:"由于泄愤报复或者其他个人目的,毁坏机器设备、残害耕畜或者以其他方法破坏集体生产的,处二年以下有期徒刑或者拘役;情节严重的,处二年以上七年以下有期徒刑。"

在对本罪法条修订研拟中,1988年的3个稿本依然将本罪归入"破坏社会主义经济秩序罪"一章。其中,9月的稿本不仅修改了本罪的对象,而且也提高了本罪的法定刑。具体而言,该稿第125条规定:"毁坏生产、科研设备、设施或者以其他方法破坏生产的,处三年以下有期徒刑或者拘役,可以单处或者并处罚金;情节严重,处三年以上十年以下有期徒刑。"在研拟中,有人提出,上述写法只有两个量刑档次,不足以实现罪刑相适应,建议再增加一个"情节特别严重"的档次,故11月16日和12月25日的稿本为本罪设定了三个档次的法定刑,具体而言:"毁坏生产、科研设备、设施或者以其他方法破坏生产的,处三年以下有期徒刑或者拘役,可以单处或者并处罚金;情节严重的,处三年以上十年以下有期徒刑,并处罚金;情节特别严重的,处十年以上有期徒刑,并处罚金。"

在1996年10月10日的修订草案(征求意见稿)中,本罪被归入了"侵犯财产罪"一章,同时,考虑到1979年刑法典原先规定的"集体生产"只能是指全民所有制单位和集体所有制单位的生产,无法涵盖其他性质的单位的生产经营,故该稿对本罪的对象也作了修改。即第249条规定:"由于泄愤报复或者其他个人目的,毁坏机器设备、残害耕畜或者以其他方法破坏生产经营的,处二年以下有期徒刑或者拘役;情节严重的,处二年以上七年以下有期徒刑。"

对于征求意见稿的上述写法,在之后的研拟中先后进行了两次调整:一是在1996年12月中旬的稿本中,立法工作机关在本罪第一档法定刑中增加规定了管制刑。二是在1997年2月17日的稿本中,立法机关又调整了此罪的法定刑,即:对于本罪的基本犯,处3年以下有期徒刑、拘役或者管制;情节严重的,处3年以上7年以下有期徒刑。

经过以上的调整,最后形成了1997年《刑法》第276条的规定:"由于泄愤报复或者其他个人目的,毁坏机器设备、残害耕畜或者以其他方法破坏生产经营的,处三年以下有期徒刑、拘役或者管制;情节严重的,处三年以上七年以下有期徒刑。"

十五、拒不支付劳动报酬罪(第276条之一)

本条系2011年2月25日全国人大常委会通过的《刑法修正案(八)》新增加的一种犯罪,旨在通过对拒不支付劳动报酬的行为的惩治,加强对民生的保护。从立法草案写法的演变看,拒不支付劳动报酬行为入罪的条件曾经有过一些变化。在2010年8月23日的草案中,本罪的写法是:"有能力支付而不支付或者以转移财产、逃匿等方法逃避支付劳动者的劳动报酬,情节恶劣的,处三年以下有期徒刑或者拘役,并处或者单处罚金;造成严重后果的,处三年以上七年以下有期徒刑,并处罚金。单位犯前款罪的,对单位判处罚金,并对其直接负责的主管人员和其他直接责任人员,依照前款的规定处罚。有前两款行为,尚未造成严重后果,在提起公诉前支付劳动者的劳动报酬,并依法承担相应赔偿责任的,可以不追究刑事责任。"在草案审议中,有的常委委员提出,《劳动法》第91条、《中华人民共和国劳动合同法》第85条及《劳动保障监察条例》第26条对不支付劳动者报酬的行为,规定了由政府有关部门责令其支付的措施。为了更好地维护广大劳动者的合法权益,宜将刑事处罚与行政监管措施相衔接，建议在草案上述规定中增加经政府有关部门责令支付仍不支付的情形，以更有效地预防和惩处这类侵害劳动者合法权益的违法行为。立法工作机关经过研究采纳了这一建议，在提交人大常委会的三次审议稿中，将"责令支付"规定为恶意欠薪行为入罪的关键条件。与此同时，原草案第3款"可以不追究刑事责任"的规定被修改为"可以减轻或者免除处罚"。

这样，最终通过的《刑法》第276条之一的规定是："以转移财产、逃匿等方法逃避支付劳动者的劳动报酬或者有能力支付而不支付劳动者的劳动报酬，数额较大，经政府有关部门责令支付仍不支付的，处三年以下有期徒刑或者拘役，并处或者单处罚金；造成严重后果的，处三年以上七年以下有期徒刑，并处罚金。单位犯前款罪的，对单位判处罚金，并对其直接负责的主管人员和其他直接责任人员，依照前款的规定处罚。有前两款行为，尚未造成严重后果，在提起公诉前支付劳动者的劳动报酬，并依法承担相应赔偿责任的，可以减轻或者免除处罚。"

第六章

妨害社会管理秩序罪

第一节　扰乱公共秩序罪

一、妨害公务罪(第277条)

在1979年刑法典中,妨害公务罪与拒不执行判决、裁定罪一同被规定在第157条中。该条规定:"以暴力、威胁方法阻碍国家工作人员依法执行职务的,或者拒不执行人民法院已经发生法律效力的判决、裁定的,处三年以下有期徒刑、拘役、罚金或者剥夺政治权利。"

考虑到一个条文规定数个犯罪不利于贯彻罪刑法定原则以及罪刑相适应原则的要求,在立法机关将全面修订刑法列入国家立法规划之后的第一个刑法修改稿即1988年9月稿中,即将妨害公务罪抽出来用一个条文加以规定。该稿在1979年刑法典规定的基础上,增加规定了第二档的法定刑,即:"情节严重的,处三年以上七年以下有期徒刑。"在1988年11月16日和12月25日的修改稿中,此罪罪状的表述与1979年刑法典的相同,有所不同的是,其法定最高刑由原先规定的"三年"提高到了"五年"。

关于新《刑法》第277条第1款的写法演变,1996年8月8日分则修改草稿的写法与1988年11月16日稿本的写法基本相同,即:"以暴力、威胁方法阻碍国家工作人员依法执行职务的,处五年以下有期徒刑、拘役或者罚金。"1996年8月31日的修改草稿对8月8日稿的写法作了两处调整:一是降低了本罪的法定最高刑,即由"五年"降低到"三年";二是在法定刑中增加规定了剥夺政治权利。该稿的这一写法为1996年10月10日的修订草案(征求意见稿)所沿用。

在之后的研拟中,以这一写法为基础,先后进行了一系列的修改和补充:一是在1996年12月中旬的修订草案中,立法工作机关对此罪增加规定了管制刑。二是在1997年2月17日的修订草案(修改稿)中,立法机关将此罪罪状由原先规定的"国家工作人员"修改为"国家机关工作人员"。三是在1997年3月13日的修订草案中,立法机关删除了之前稿本中规定的剥夺政治权利。至此形成了1997年《刑法》第277条第1款的规定。

就本条第2款的写法演变来看,最先将妨害人大代表依法执行职务的行为明文犯罪化的是1996年12月中旬的修订草案。该草案第256条第3款规定："以暴力、威胁方法阻碍全国人民代表大会和地方各级人民代表大会代表依法执行代表职务的，依照第一款的规定处罚。"这一写法为之后的诸多稿本所沿用。到了1997年2月17日的修订草案（修改稿），立法机关将这一规定由之前稿本的第3款调整到第2款，由此，原规定中的"依照第一款的规定处罚"也相应修改为"依照前款的规定处罚"。这一写法最终为1997年刑法典所采纳。

新《刑法》第277条第3款规定的是妨害红十字会工作人员依法履行职责的处理问题。本款是为了与1993年10月31日通过的《中华人民共和国红十字会法》（以下简称《红十字会法》）相衔接而规定的，该法第15条第2款规定："在自然灾害和突发事件中，以暴力、威胁方法阻碍红十字会工作人员依法履行职责的，比照刑法第一百五十七条的规定追究刑事责任。"从写法的演变上看，最先将这一规定写入刑法稿本的是1996年12月中旬的修订草案，该草案第256条第4款规定："以暴力、威胁方法阻碍红十字会工作人员依法履行职责的，依照第一款的规定处罚。"由于《红十字会法》第15条第2款的规定有"在自然灾害和突发事件中"的限制，故为了与该法更好地协调，1997年3月1日的修订草案，在本款的罪状描述中增加了"在自然灾害和突发事件中"的规定。该草案的这一写法最后被吸纳于1997年刑法典中。

新《刑法》第277条第4款是妨害国家安全机关和公安机关依法执行职务的规定。该规定是为了衔接1993年2月22日通过的《中华人民共和国国家安全法》（以下简称《国家安全法》）的有关规定而作出的。该法第27条规定："以暴力、威胁方法阻碍国家安全机关依法执行国家安全工作任务的，依照刑法第一百五十七条的规定处罚。故意阻碍国家安全机关依法执行国家安全工作任务，未使用暴力、威胁方法，造成严重后果，比照刑法第一百五十七条的规定处罚；情节较轻的，由国家安全机关处十五日以下拘留。"从《刑法》第277条第4款的写法演变上看，最先将《国家安全法》上述规定的精神吸纳到刑法修改稿本的是1996年8月8日的分则修改草稿，该草稿规定："故意阻碍国家安全机关依法执行国家安全工作任务，未使用暴力、威胁方法，造成严重后果的，依照第一款的规定处罚。"1996年8月31日的刑法修改草稿曾一度删除了这一规定。1996年10月10日的修订草案（征求意见稿）又恢复了1996年8月8日草稿的写法。到了1996年12月中旬的修订草案，立法工作机关又在本款罪状的描述中增加了故意阻碍国家安全机关、公安机关依法执行国家安全工作任务的内容。该稿的这一写法最后被写入新刑法典中。

此外，在研拟中，立法工作机关起草的一些稿本对妨害公务致人重伤、死亡或者杀害、伤害国家工作人员等情形也作了规定。例如,1996年8月8日的分则修改草稿规定："犯前款罪，杀害、伤害国家工作人员的，依照本法有关规定从重处罚。"1996年8月31日的草稿也规定："犯前款罪,致人重伤、死亡的,依照本法关于伤害罪的规定处罚;杀害国家工作人员的,依照本法有关规定从重处罚。"后来,考虑到对这些情形的处理可以通过罪数理论加以解决,故在1996年10月10日的修订草案(征求意见稿)及其以后的稿本中,没有再对此作出规定。

综上所述,经过以上的修改和补充,最终形成的1997年《刑法》第277条的规定是:"以暴力、威胁方法阻碍国家机关工作人员依法执行职务的,处三年以下有期徒刑、拘役、管制或者罚金。以暴力、威胁方法阻碍全国人民代表大会和地方各级人民代表大会代表依法执行代表职务的,依照前款的规定处罚。在自然灾害和突发事件中,以暴力、威胁方法阻碍红十字会工作人员依法履行职责的,依照第一款的规定处罚。故意阻碍国家安全机关、公安机关依法执行国家安全工作任务,未使用暴力、威胁方法,造成严重后果的,依照第一款的规定处罚。"

二、煽动暴力抗拒法律实施罪(第278条)

本条规定之罪系从1979年《刑法》第102条规定的反革命宣传煽动罪的基础上分解而来的。从立法稿本的写法演变上看,煽动暴力抗拒法律实施罪的写法最初见于1996年8月31日的刑法修改草稿,该稿规定:"煽动群众暴力抗拒国家法律实施的,处三年以下有期徒刑、拘役或者管制,可以并处或者单处剥夺政治权利。"1996年10月10日的修订草案(征求意见稿)第251条的规定对上述写法作了两处修改:一是在前述稿本对此罪罪状写法的基础上,增加了"扰乱社会秩序"的规定;二是增设加重情节的法定刑,即:"造成严重后果的,处三年以上七年以下有期徒刑,可以并处剥夺政治权利。"征求意见稿的这一写法为1996年12月中旬、12月20日的修订草案所沿用。到了1997年1月10日的修订草案,立法机关进一步明确了本罪的罪状,对煽动的方式作了规定,即:"以捏造事实、散布谣言或者其他方法煽动群众暴力抗拒国家法律实施,扰乱社会秩序的",追究刑事责任。其法定刑的写法则与1996年10月10日的征求意见稿相同。到了1997年2月17日的修订草案(修改稿),立法机关放弃了在罪状中对煽动的方式明确规定的写法,恢复了征求意见稿对本罪罪状的表述,并调整了此罪的法定刑。具体条文是:"煽动群众暴力抗拒国家法律实施的,处三年以下有期徒刑、拘役、管制或者剥夺政治权利;造成严重后果的,处三年以上七年以下有期徒刑。"1997年3月1日的稿本,在前稿写法的基础上,拓展了本罪犯罪对象的范围,增加规定了抗拒国家行政法规实施的内容。

经过以上的修改和调整,最后形成了1997年《刑法》第278条的规定:"煽动群众暴力抗拒国家法律、行政法规实施的,处三年以下有期徒刑、拘役、管制或者剥夺政治权利;造成严重后果的,处三年以上七年以下有期徒刑。"

三、招摇撞骗罪(第279条)

本条之罪系在1979年《刑法》第166条规定的基础上修改而成的。1979年《刑法》第166条规定:"冒充国家工作人员招摇撞骗的,处三年以下有期徒刑、拘役、管制或者剥夺政治权利;情节严重的,处三年以上十年以下有期徒刑。"

在刑法修订研拟中,1988年的3个稿本除了将此罪的归属由1979年刑法典的"妨害社会管理秩序罪"一章修改为"妨害公务罪"一章外,具体写法与1979年刑法典的规定相比没有任何变化。1996年8月8日的分则修改草稿由于取消了"妨害公务罪"一章,故此,此罪又被归入"妨害社会管理秩序罪"一章中。在具体条文上,该稿对此罪拟写了两款,第1款的写法与1979年《刑法》第166条的规定相同,第2款系新增的,即:"冒充国家工作人员亲属招摇撞骗,情节严重的,处三年以下有期徒刑、拘役、管制或者剥夺政治权利。"1996年8月31日的刑法修改草稿在8月8日稿写法的基础上,增加了"冒充现役军人、人民警察招摇撞骗的,从重处罚"的规定。

在此后的专家座谈中,有专家提出:"冒充国家工作人员亲属"的条款规定不妥,因为《刑法》第166条主要是为了维护国家机关的形象而规定的;冒充其他身份的情况很多,如可以冒充其亲属,也可以冒充其朋友,危害性相对来说要小一些,不宜规定冒充国家工作人员亲属招摇撞骗犯罪。因此建议删去"冒充国家工作人员亲属"的条款。[①] 1996年10月10日的刑法修订草案(征求意见稿)采纳了这一建议,没有再规定"冒充国家工作人员亲属"的条款,同时也删除了"冒充现役军人、人民警察招摇撞骗"的规定,仅保留了"冒充国家工作人员招摇撞骗"的规定,具体写法与1979年刑法典的规定相同。征求意见稿的写法为12月中旬和12月20日的修订草案所沿用。在1997年1月10日的修订草案中,立法机关又对本罪恢复了"冒充现役军人、人民警察招摇撞骗"的规定。到了1997年2月17日的修订草案(修改稿),由于冒充现役军人招摇撞骗的行为被归入"危害国防利益罪"一章中,故该稿第277条第2款仅保留"冒用人民警察招摇撞骗的,从重处罚"的规定;同时,将此罪第1款中的犯罪对象由之前稿本的"国家工作人员"修改为"国家机关工作人员"。至此,最后形成了1997年《刑法》第279条的规定:"冒充国家机关工作人员招摇撞骗的,处三年以下有期徒刑、拘役、管制或者剥夺政治权利;情节严重的,处三年以上十年以下有期徒刑。冒充人民警察招摇撞骗的,依照前款的规定从重处罚。"

[①] 参见全国人大常委会法工委刑法室1996年9月6日整理:《法律专家对〈刑法总则修改稿〉和〈刑法分则修改草稿〉的意见》,载高铭暄、赵秉志编:《新中国刑法立法文献资料总览》(下),中国人民公安大学出版社1998年版,第2143页。

四、伪造、变造、买卖国家机关公文、证件、印章罪,盗窃、抢夺、毁灭国家机关公文、证件、印章罪,伪造公司、企业、事业单位、人民团体印章罪,伪造、变造居民身份证罪(第280条)

本条规定之罪系在1979年《刑法》第167条规定的基础上修改补充而来的。1979年《刑法》第167条规定:"伪造、变造或者盗窃、抢夺、毁灭国家机关、企业、事业单位、人民团体的公文、证件、印章的,处三年以下有期徒刑、拘役、管制或者剥夺政治权利;情节严重的,处三年以上十年以下有期徒刑。"

1997年《刑法》第280条第1款规定了两种犯罪:伪造、变造、买卖国家机关公文、证件、印章罪和盗窃、抢夺、毁灭国家机关公文、证件、印章罪。从刑法修改稿本对这两种犯罪的写法的演变上看,1988年9月的刑法修改稿在1979年刑法典的基础上,将1979年刑法对此条规定之罪的第一档法定刑中的"管制"修改成了"罚金"。其他内容与1979年刑法典的规定相同。1988年11月16日和12月25日的修改稿在9月稿写法的基础上,对本罪第一档法定刑增加规定了"管制"。1996年8月8日的分则修改稿虽然将伪造、变造、盗窃、抢夺、毁灭国家机关公文、证件、印章的行为与其他伪造、变造行为规定在一个条文中,但在写法上与1979年刑法典的写法明显不同。该稿规定:"妨害公文、证件、印章管理,有下列行为之一的,处三年以下有期徒刑、拘役、管制或者剥夺政治权利;造成严重后果的,处三年以上十年以下有期徒刑:(一)伪造、变造或者盗窃、抢夺、毁灭国家机关公文、证件、印章的;(二)刻字业违反管理规定承制国家机关、企业、事业单位、人民团体的印章,造成严重后果的;(三)伪造、变造居民身份证,情节严重的。"1996年8月31日的修改草稿除了对上述写法中第(二)项的规定有所微调外,其他内容以及具体写法则基本相同。到了1996年10月10日的修订草案(征求意见稿),立法工作机关对本罪法条又作了较大的调整,第252条根据犯罪对象的不同,区分为三款加以规定。其中,第1款规定:"伪造、变造或者盗窃、抢夺、毁灭国家机关公文、证件、印章的,处三年以下有期徒刑、拘役、管制或者剥夺政治权利;情节严重的,处三年以上十年以下有期徒刑。"这一款的写法被以后的诸多稿本所沿用。到了1997年2月17日的修订草案(修改稿),鉴于司法实践中买卖国家机关公文、证件、印章的现象较为突出,故立法机关在本款规定中增加规定了"买卖"。该稿这一款的写法最后被1997年刑法典所采纳。

1997年《刑法》第280条第2款规定了"伪造公司、企业、事业单位、人民团体印章罪"。如前所述,在1996年8月31日修改草稿及其以前的稿本中,本罪系与其他伪造、变造的犯罪规定在一个条文中的。直到1996年10月10日的修订草案(征求意见稿),才将本罪用一个独立的条款规定下来。该稿第253条第2款规定:"伪造企业、事业单位、人民团体的印章的,处三年以下有期徒刑。"1996年12月中旬的修订草案对上述写法作了两处修改：一是在本罪罪状中增加规定了"公司"；二是修改了本罪的法定刑，即由10月10日征求意见稿规定的"三年以下有期徒刑"修改为"三年以下有期徒刑、拘役、管制或者剥夺政治权利"。该稿的这一写法最后为1997年刑法典所沿用。

1997年《刑法》第280条第3款规定了"伪造、变造居民身份证罪"。从刑法修改稿本对此罪的写法演变看，最先将伪造、变造居民身份证的行为犯罪化的是1996年8月8日的分则修改草稿，正如前引该稿法条所显示的那样，该稿将这种行为作为妨害公文、证件、印章罪的一项行为与其他伪造公文、证件、印章的行为一起规定在一个条文中。按照该稿的规定，伪造、变造居民身份证，情节严重的，构成妨害公文、证件、印章罪。到了1996年10月10日的修订草案（征求意见稿），伪造、变造居民身份证的行为作为一种独立的犯罪被规定在该稿第253条第3款中，即："伪造、变造居民身份证的，处二年以下有期徒刑或者拘役；情节严重的，处二年以上七年以下有期徒刑。"

在之后的研拟中，对于征求意见稿的写法先后进行了两次修改和调整：

（1）在1996年12月中旬的稿本中，对本罪第一档法定刑增加规定了管制和剥夺政治权利，即该档刑被调整为"处二年以下有期徒刑、拘役、管制或者剥夺政治权利"。该稿对本罪规定的第二档法定刑与10月10日征求意见稿的写法相同。

（2）1997年2月17日的修订草案（修改稿）在1996年12月中旬稿写法的基础上，再一次调整了法定刑，即：对于本罪的基本犯，处3年以下有期徒刑、拘役、管制或者剥夺政治权利；情节严重的，处3年以上7年以下有期徒刑。这一写法最后为1997年刑法典所采纳。

综上所述，经过以上的修改和调整，最终形成的1997年《刑法》第280条的规定是："伪造、变造、买卖或者盗窃、抢夺、毁灭国家机关的公文、证件、印章的，处三年以下有期徒刑、拘役、管制或者剥夺政治权利；情节严重的，处三年以上十年以下有期徒刑。伪造公司、企业、事业单位、人民团体的印章的，处三年以下有期徒刑、拘役、管制或者剥夺政治权利。伪造、变造居民身份证的，处三年以下有期徒刑、拘役、管制或者剥夺政治权利；情节严重的，处三年以上七年以下有期徒刑。"

五、非法生产、买卖警用装备罪（第281条）

本条之罪系1997年刑法典新增的一种犯罪。在刑法修订研拟中，本罪的写法最初见于1997年1月10日的刑法修订草案。该草案第268条规定："非法制造、买卖军警制式服装、专用标志、警械，情节严重的，处三年以下有期徒刑、拘役或者管制，可以单处或者并处罚金。单位犯前款罪的，对单位判处罚金，并对其直接负责的主管人员和其他直接责任人员，依照前款规定处罚。"在1997年2月17日的修订草案（修改稿）中，由于立法机关将非法制造、买卖武装部队的制式服装等行为规定在"危害国防利益罪"一章中,故该稿将原先规定的"军警制式服装"修改为"人民警察制式服装",罚金的规定也由之前规定的"可以单处或者并处"修改为"单处或者并处"。在1997年3月1日的修订草案中,立法机关对本罪客观方面行为的表述作了微调,即由之前规定的"非法制造、买卖"修改为"非法生产、买卖"。在提供审议通过的刑法稿中,鉴于司法实践中生产、买卖人民警察车辆号牌的犯罪行为较为突出,故此,立法机关专门在本罪罪状中"专用标志"前增加了"车辆号牌等"字样。经过以上的修改和调整,最终形成的1997年《刑法》第281条的规定是:"非法生产、买卖人民警察制式服装、车辆号牌等专用标志、警械,情节严重的,处三年以下有期徒刑、拘役或者管制,并处或者单处罚金。单位犯前款罪的,对单位判处罚金,并对其直接负责的主管人员和其他直接责任人员,依照前款的规定处罚。"

六、非法获取国家秘密罪,非法持有国家绝密、机密文件、资料、物品罪(第282条)

本条规定之罪系1997年刑法典新增的犯罪。这两种犯罪的写法最初见于1997年1月10日的刑法修订草案,该草案第269条规定:"窃取属于国家秘密的文件、资料或者其他物品的,处七年以下有期徒刑或者拘役。"第2款规定:"非法持有属于国家秘密的文件、资料或者其他物品,拒不说明来源与用途的,处三年以下有期徒刑、拘役或者管制。"在1997年2月17日的修订草案(修改稿)第280条中,立法机关对上述写法作了两处修改:一是在第1款规定的罪状中,明确了犯罪的手段,即:构成非法获取国家秘密罪,要求行为人"以窃取、刺探、收买方法"非法获取。二是在第2款规定的罪状中,明确了非法持有的国家秘密的等级,即只有非法持有属于"国家绝密、机密的文件、资料或者其他物品"的,才构成此罪。该草案对第2款的修改,最后为1997年刑法典所采纳。

鉴于之前的两个稿本对非法获取国家秘密罪设置的法定刑过于简单,跨度大,故在1997年3月1日的修订草案中,立法机关对此罪的法定刑进行了修改,以增强其可操作性。即:对于非法获取国家秘密罪的基本犯,处3年以下有期徒刑、拘役或者管制;情节严重的,处3年以上7年以下有期徒刑。鉴于本罪属于侵犯国家秘密的犯罪,对此罪规定剥夺政治权利,既可以对这种行为实现否定性的政治性评价,也有助于预防行为人利用其所享有的政治权利再犯此类犯罪,故立法机关在1997年3月13日的修订草案中,对此罪的第一档刑增加规定了剥夺政治权利。

经过以上的修改和调整,最后形成的1997年《刑法》第282条的规定是:"以窃取、刺探、收买方法,非法获取国家秘密的,处三年以下有期徒刑、拘役、管制或者剥夺政治权利;情节严重的,处三年以上七年以下有期徒刑。非法持有属于国家绝密、机密的文件、资料或者其他物品,拒不说明来源与用途的,处三年以下有期徒刑、拘役或者管制。"

七、非法生产、销售间谍专用器材罪(第283条)

本罪是1997年刑法典新增之罪。国家对间谍专用器材的生产和销售一直进行严格的管理。但是,也有一些不法分子出于不法动机,非法生产、销售间谍专用器材,不仅危害这方面的管理秩序,而且由于流入社会为一些不法分子所使用,给国家和人民利益造成严重损害。为此法律上必须严加禁止。1993年通过的《中华人民共和国国家安全法》第21条规定:"任何个人和组织都不得非法持有、使用窃听、窃照等专用间谍器材。"在刑法修订研拟中,为了发挥刑法最后法的作用,立法机关在1997年1月10日的修订草案第270条中规定了此罪,即:"非法生产、销售窃听、窃照等专用间谍器材的,处三年以下有期徒刑、拘役或者管制。"该稿的这一写法最终被1997年《刑法》第283条所采纳。

八、非法使用窃听、窃照专用器材罪(第284条)

本罪系1997年刑法典新增之罪。窃听、窃照专用器材是国家公安、安全机关执行特殊任务而使用的工具。使用该工具的目的在于维护国家的安全和利益。但是,使用必须符合国家法律、法规的规定,否则就会危害社会的正常管理秩序和公民的合法权益。为此刑法有必要作出规定。1997年3月13日的刑法修订草案第284条规定:"非法使用窃听、窃照专用器材,造成严重后果的,处二年以下有期徒刑、拘役或者管制。"1997年《刑法》第284条最后沿用了该草案对此罪的写法。

九、非法侵入计算机信息系统罪,非法获取计算机信息系统数据、非法控制计算机信息系统罪,提供侵入、非法控制计算机信息系统程序、工具罪(第285条)

非法侵入计算机信息系统罪系1997年刑法典新增之罪。此罪的写法最初见于1996年10月10日的刑法修订草案(征求意见稿)中,该稿第254条规定:"违反规定,侵入国家事务、国防建设、尖端科学技术领域的计算机信息系统的,处三年以下有期徒刑或者拘役,可以单处或者并处罚金。"在之后的研拟中,对这一写法先后进行了两次修改和调整:

(1) 考虑到此罪罪状中"违反规定"的含义过于广泛,为贯彻罪刑法定原则明确性的要求,1996年12月中旬的修订草案第260条将"违反规定"修改为"违反国家规定";同时,在此罪的法定刑中增设了管制。

(2) 1997年3月1日的刑法修订草案第283条对于此罪的法定刑再次作了修改,即删除了原写法中的管制和罚金的规定。由此形成1997年《刑法》第285条的规定:"违反国家规定,侵入国家事务、国防建设、尖端科学技术领域的计算机信息系统的,处三年以下有期徒刑或者拘役。"

1997年刑法典颁布以后,有部门提出,当前,一些不法分子利用技术手段非法侵入1997年《刑法》第285条规定以外的计算机信息系统,窃取他人账号、密码等信息,或者对大范围的他人计算机实施非法控制,严重危及信息网络安全,对这类严重违法行为应当追究刑事责任。立法机关经过研究,最后在《刑法修正案(七)》中对原第285条的规定补充了两个条款,将非法获取计算机信息系统数据、非法控制计算机信息系统,以及提供侵入、非法控制计算机信息系统程序、工具的行为规定为犯罪。

经过《刑法修正案(七)》修正后的《刑法》第285条的规定是:"违反国家规定,侵入国家事务、国防建设、尖端科学技术领域的计算机信息系统的,处三年以下有期徒刑或者拘役。违反国家规定,侵入前款规定以外的计算机信息系统或者采用其他技术手段,获取该计算机信息系统中存储、处理或者传输的数据,或者对该计算机信息系统实施非法控制,情节严重的,处三年以下有期徒刑或者拘役,并处或者单处罚金;情节特别严重的,处三年以上七年以下有期徒刑,并处罚金。提供专门用于侵入、非法控制计算机信息系统的程序、工具,或者明知他人实施侵入、非法控制计算机信息系统的违法犯罪行为而为其提供程序、工具,情节严重的,依照前款的规定处罚。"

十、破坏计算机信息系统罪(第286条)

本条规定之罪系1997年刑法典新增的一种犯罪,旨在加强对计算机信息系统的管理和保护,保障计算机信息系统功能的正常发挥,维护计算机信息系统的安全运行。从立法稿本的写法上看,该罪的写法最初见于1996年10月10日的刑法修订草案(征求意见稿),该稿第255条规定:"违反规定,对计算机信息系统功能进行删除、修改、增加、干扰,造成计算机信息系统不能正常运行,后果严重的,处五年以下有期徒刑或者拘役,可以并处或者单处罚金。违反规定,对计算机信息系统中存储、处理或者传输的数据和应用程序进行删除、修改、增加的操作,后果严重的,依照前款规定处罚。故意制作、传播破坏性程序,影响计算机系统正常运行,后果严重的,依照第一款规定处罚。"

1996年12月中旬的修订草案第261条对上述写法作了一些细节上的修改:将"违反规定"改为"违反国家规定";在第3款规定中,列举了计算机病毒这一最为常见、最为典型的破坏性程序,即由原先的"故意制作、传播破坏性程序"的写法修改为"故意制作、传播计算机病毒等破坏性程序"。1997年3月1日的修订草案第284条对此罪的法定刑作了删减,删除了"可以并处或者单处罚金"的规定。到了1997年3月13日的修订草案第286条又对此罪的法定刑进行了完善,增加了"后果特别严重的,处五年以上有期徒刑"的规定。至此,最后形成了1997年《刑法》第286条的规定:"违反国家规定,对计算机信息系统功能进行删除、修改、增加、干扰,造成计算机信息系统不能正常运行,后果严重的,处五年以下有期徒刑或者拘役;后果特别严重的,处五年以上有期徒刑。违反国家规定,对计算机信息系统中存储、处理或者传输的数据和应用程序进行删除、修改、增加的操作,后果严重的,依照前款的规定处罚。故意制作、传播计算机病毒等破坏性程序,影响计算机系统正常运行,后果严重的,依照第一款的规定处罚。"

十一、利用计算机实施的有关犯罪(第287条)

本条规定系1997年刑法典新增的条款,旨在明确有关法律的界限,以便于司法实践中办理与计算机关联的犯罪时有所遵循。

从立法修订的过程看,该条的写法始见于1997年2月17日的修订草案(修改稿),该稿第284条规定:"利用计算机实施金融诈骗、盗窃、贪污、挪用公款、窃取国家秘密或者其他犯罪的,依照本法有关规定定罪处罚。"这一写法最后被1997年《刑法》第287条所沿用。

十二、扰乱无线电通讯管理秩序罪(第288条)

本条规定之罪系1997年刑法典新增的一种犯罪,旨在加强国家对无线电频谱资源的管理,维护国家无线电通讯秩序。

从刑法修改稿本的写法看,1997年2月17日的修订草案(修改稿)最先规定了此罪,该稿第285条规定:"违反国家规定,擅自设置、使用无线电台(站),或者擅自占用频率,经责令停止使用后拒不停止使用,干扰无线电通讯正常进行,造成严重后果的,处三年以下有期徒刑、拘役或者管制,并处或者单处罚金。单位犯前款罪的,对单位判处罚金,并对其直接负责的主管人员和其他直接责任人员,依照前款的规定处罚。"这一写法最后被吸收到1997年《刑法》第288条中。

十三、聚众"打砸抢"的处理(第289条)

1979年刑法典在"侵犯公民人身权利、民主权利罪"一章第137条第1款规定:"严禁聚众'打砸抢'。因'打砸抢'致人伤残、死亡的,以伤害罪、杀人罪论处。毁坏或者抢走公私财物的,除判令退赔外,首要分子以抢劫罪论处。"第2款规定:"犯前款罪,可以单独判处剥夺政治权利。"

在刑法修订研拟中,1996年8月8日和8月31日的修改草稿将该条规定归入"妨害社会管理秩序罪"一章,具体写法则照搬了1979年刑法典的上述规定。在研拟中,有部门提出,建议取消"打砸抢"犯罪的规定。其理由是:

(1)现行刑法中规定的"打砸抢"犯罪是当时总结"文革"十年的教训作出的规定,是特定历史条件下的产物,现在已经时过境迁,没有保留的必要。

(2)"打砸抢"不是法律用语,而是"十年动乱"时期创造的政治术语,没有明确的外延和内涵。

（3）实施该条所规定的行为,按照刑法规定的其他条文,能得到妥善的处理。

（4）关于"打砸抢"犯罪的规定在实践中早已废而不用了。

（5）这样的条文和罪名在外国刑法和我国刑法史上都未采用过。① 1996 年 8 月 12 日至 16 日全国人大常委会法制工作委员会邀请的专家座谈会上,与会专家们也一致认为:1996 年 8 月 8 日的刑法分则修改草稿中的"打砸抢"不是法律术语,而且具体行为实际包含在伤害、杀人、抢劫、故意毁坏财物等犯罪中,犯什么罪就可以定什么罪,笼统规定一个聚众"打砸抢"犯罪不妥,建议删去这一规定。②

立法工作机关没有采纳上述建议,但在 1996 年 10 月 10 日的修订草案(征求意见稿)中,对此条的写法也作了一些修改,即在第 258 条中增加了"聚众'打砸抢'的,对首要分子和其他积极参加的,处三年以下有期徒刑、拘役或者管制"的规定。由此可见,由于这一规定既有罪状也有法定刑,可视为一种独立的罪名,即聚众"打砸抢"罪。在之后的一些稿本中,立法工作机关曾一度删除了聚众"打砸抢"的规定。但后来考虑到当前社会中聚众"打砸抢"犯罪行为仍会在一定范围内存在,在 1997 年刑法典对"打砸抢"具体犯罪行为已作基本规定的情况下在修订刑法时再规定聚众"打砸抢"的犯罪条文,可以起到提示司法工作人员注意的作用。故此,到了 1997 年 3 月 1 日的修订草案,立法机关又恢复了聚众"打砸抢"的规定,但在 1979 年刑法典规定的基础上,也作了一些改进:一是将第 1 款中的"严禁聚众'打砸抢'"的字样删除,这是对刑法罪状描述用语的规范化。二是在规定中明确了被援引的法条,并明确指出以被援引的法条定罪处罚,这样的用语比原先规定的"论处"更为科学和规范。1997 年 3 月 13 日的修订草案删除了原第 2 款"可以单独判处剥夺政治权利"的规定。

经过以上的修改和调整,最后形成的 1997 年《刑法》第 289 条的规定是:"聚众'打砸抢',致人伤残、死亡的,依照本法第二百三十四条、第二百三十二条的规定定罪处罚。毁坏或者抢走公私财物的,除判令退赔外,对首要分子,依照本法第二百六十三条的规定定罪处罚。"

十四、聚众扰乱社会秩序罪、聚众冲击国家机关罪(第 290 条)

1979 年《刑法》第 158 条规定:"禁止任何人利用任何手段扰乱社会秩序。扰

---

① 参见最高人民法院刑法修改小组:《关于对〈中华人民共和国刑法(修订草案)〉(征求意见稿)的修改意见(1996 年 11 月 8 日)》,载高铭暄、赵秉志编:《新中国刑法立法文献资料总览》(下),中国人民公安大学出版社 1998 年版,第 2438 页。

② 参见全国人大常委会法工委刑法室 1996 年 9 月 6 日整理:《法律专家对〈刑法总则修改稿〉和〈刑法分则修改草稿〉的意见》,载高铭暄、赵秉志编:《新中国刑法立法文献资料总览》(下),中国人民公安大学出版社 1998 年版,第 2143 页。

乱社会秩序情节严重,致使工作、生产、营业和教学、科研无法进行,国家和社会遭受严重损失的,对首要分子处五年以下有期徒刑、拘役、管制或者剥夺政治权利。"

1997年《刑法》第290条第1款规定的是聚众扰乱社会秩序罪,系在1979年刑法典上述规定的基础上修改而成的。在1988年9月的刑法修改稿本中,对1979年刑法典的规定作了三处修改:一是删除了"禁止任何人利用任何手段扰乱社会秩序"的规定,这是对罪状描述方式的规范化。二是规定了基本犯的法定刑,即"三年以下有期徒刑、拘役、罚金或者剥夺政治权利"。三是将"首要分子"和"情节严重的"规定为可处"三年以上五年以下有期徒刑"的加重情节。

1988年11月16日的修改稿在1979年刑法典规定的基础上进一步简化了此罪的规定,该稿第170条规定:"扰乱社会秩序,致使工作、生产、营业和教学、科研无法进行,国家和社会遭受严重损失的,处五年以下有期徒刑、拘役、管制或者剥夺政治权利。"1988年12月25日的刑法修改稿将聚众扰乱社会秩序的犯罪行为分立为两个条文加以规定。第182条规定了聚众骚乱罪,即:"聚众骚乱,破坏社会秩序的,对首要分子或者积极参加的,处五年以下有期徒刑、拘役、管制或者剥夺政治权利;情节严重的,处五年以上有期徒刑。"第183条规定了扰乱机关、企业事业单位秩序罪,即:"扰乱机关、企业事业单位秩序,致使工作、生产、营业和教学、科研无法进行的,处五年以下有期徒刑、拘役、管制或者剥夺政治权利。"

1996年8月8日和8月31日的修改草稿,立法工作机关放弃了1988年3个稿本的写法,完全恢复了1979年刑法的规定。对于这一写法,在专家座谈会中,一致建议删去第一句的禁止性规定。于是,立法工作机关采纳了这一意见,在1996年10月10日的刑法修订草案(征求意见稿)第256条第1款中,删除了第一句的禁止性规定;与此同时,补充了"其他积极参加的,处三年以下有期徒刑、拘役、管制或者剥夺政治权利"的规定,将首要分子和积极参加者区分为两个量刑幅度,从而使得最高刑提高到7年有期徒刑。具体写法是:"扰乱社会秩序,情节严重,致使工作、生产、营业和教学、科研无法进行,造成严重损失的,对首要分子处三年以上七年以下有期徒刑;对其他积极参加的,处三年以下有期徒刑、拘役、管制或者剥夺政治权利。"1997年3月13日的刑法修订草案第290条在第一句"扰乱社会秩序"前添加了"聚众"二字,由此形成了1997年《刑法》第290条第1款的规定:"聚众扰乱社会秩序,情节严重,致使工作、生产、营业和教学、科研无法进行,造成严重损失的,对首要分子,处三年以上七年以下有期徒刑;对其他积极参加的,处三年以下有期徒刑、拘役、管制或者剥夺政治权利。"

1997年《刑法》第290条第2款规定的是聚众冲击国家机关罪,此罪为1997年刑法典新增的一种犯罪。其写法最初见于1996年10月10日的修订草案(征求意见稿),该稿第256条第2款规定:"冲击国家机关,致使国家机关工作无法进行,造成严重损失的,对首要分子处七年以上有期徒刑;其他积极参加的,处七年以下有期徒刑、拘役、管制或者剥夺政治权利。"1997年2月17日的刑法修订草案(修改稿)第286条第2款对上述写法进行了微调,即在"冲击国家机关"前面增添了"聚众"二字。1997年3月1日的刑法修订草案第288条第2款在前稿写法的基础上,又调整了此罪的法定刑幅度:将首要分子的处罚修改为"五年以上十年以下有期徒刑";其他积极参加者的最高刑修改为"五年"。由此,形成了1997年《刑法》第290条第2款的规定:"聚众冲击国家机关,致使国家机关工作无法进行,造成严重损失的,对首要分子,处五年以上十年以下有期徒刑;对其他积极参加的,处五年以下有期徒刑、拘役、管制或者剥夺政治权利。"

十五、聚众扰乱公共场所秩序、交通秩序罪(第291条)

1979年《刑法》第159条对本罪作了规定。该条规定:"聚众扰乱车站、码头、民用航空站、商场、公园、影剧院、展览会、运动场或者其他公共场所秩序,聚众堵塞交通或者破坏交通秩序,抗拒、阻碍国家治安管理工作人员依法执行职务,情节严重的,对首要分子处五年以下有期徒刑、拘役、管制或者剥夺政治权利。"

1997年刑法典虽然对1979年刑法典的上述写法并未作大的修改,仅仅删除了法定刑中的剥夺政治权利,但在刑法修订研拟中,立法工作机关也曾对此进行过尝试性修改。1988年9月的修改稿曾将此罪的法定刑区分规定为两档:对于基本犯,处2年以下有期徒刑、拘役或者罚金;情节严重的或者首要分子,处5年以下有期徒刑、拘役或者剥夺政治权利,可以并处罚金。在1988年11月16日和12月25日的修改稿中,立法工作机关以1979年刑法典规定为基础,删除了原先规定的聚众扰乱公共场所秩序行为中的"聚众",删除了"首要分子"的表述,这意味着,无论是否首要分子,只要其行为达到了情节严重的程度,即应负刑事责任。其他的内容则与1979年刑法典的规定相同。

从1996年及以后的刑法修改稿本看,对此罪的写法基本上沿用了1979年刑法典的规定。到了1997年3月13日的修订草案,立法机关删除了此罪法定刑中的"剥夺政治权利",至此,最终形成了1997年《刑法》第291条的规定。

十六、投放虚假危险物质罪,编造、故意传播虚假恐怖信息罪(第291条之一)

本条之罪系2001年12月29日全国人大常委会通过的《刑法修正案(三)》第8条对1997年刑法典补充规定的一种新罪。"9·11"恐怖事件发生后,在美国出现了投放炭疽病毒的恐怖活动,继而发生了以虚假的炭疽病毒制造社会恐慌的事件,也出现了故意编造其他虚假的恐怖信息、人为地制造社会恐怖、意在使社会陷入混乱的现象。从我国刑法的视角看,这些行为不属于危害公共安全方面的犯罪,难以适用危害公共安全罪的规定,而在原有刑法中又缺乏相应的规定。鉴于这些事件本身具有相当程度的可复制性,故为有效地惩治和防范此类行为,《刑法修正案(三)》增设了这两种犯罪的规定:"投放虚假的爆炸性、毒害性、放射性、传染病病原体等物质,或者编造爆炸威胁、生化威胁、放射威胁等恐怖信息,或者明知是编造的恐怖信息而故意传播,严重扰乱社会秩序的,处五年以下有期徒刑、拘役或者管制;造成严重后果的,处五年以上有期徒刑。"

十七、聚众斗殴罪(第292条)

本条规定之罪系从1979年《刑法》第160条规定的流氓罪分解而来,其写法最初见于1996年8月8日的刑法分则修改草稿,该稿规定:"聚众斗殴的,对首要分子和其他积极参加的,处三年以下有期徒刑、拘役或者管制;有下列情形之一的,对首要分子和其他积极参加的,处三年以上十年以下有期徒刑:(一)多次聚众斗殴的;(二)聚众斗殴人数多,规模大,社会影响恶劣的;(三)在公共场所或者交通要道聚众斗殴,造成社会秩序严重混乱的;(四)持械聚众斗殴的。犯前款罪,致人重伤、死亡或者造成其他严重后果的,对首要分子和罪恶重大的,处十年以上有期徒刑、无期徒刑或者死刑。"1996年8月31日的修改稿对本罪的罪状作了动机的限制,即增加了"出于私仇、争霸"的规定,其他内容则与前稿相同。

聚众斗殴罪应否规定死刑,在有关座谈会上,有专家提出,不应规定死刑,致人重伤、死亡的,应当按照故意伤害罪、故意杀人罪的规定处罚。① 立法工作机关经过研究采纳了这一建议,在此后的1996年10月10日的刑法修订草案(征求意见稿)第259条中,致人重伤、死亡的情形不再作为本罪的加重情节,而是规定依照伤害罪、杀人罪处罚,其他内容则与8月8日的分则修改草稿的规定相同。1996年12月中旬的稿本在征求意见稿的基础上,又进一步完善了"致人重伤、死亡"的规定,明确规定对于此种情形,不仅要依照被援引的故意伤害罪和故意杀人罪处罚,也要依此定罪。在之后的研拟中,立法机关根据故意伤害罪和故意杀人罪条文的变化,相应调整了本条被援引的法条序号。

经过以上的修改和补充,最后形成了1997年《刑法》第292条的规定:"聚众斗殴的,对首要分子和其他积极参加的,处三年以下有期徒刑、拘役或者管制;有下列情形之一的,对首要分子和其他积极参加的,处三年以上十年以下有期徒刑:(一)多次聚众斗殴的;(二)聚众斗殴人数多,规模大,社会影响恶劣的;(三)在公共场所或者交通要道聚众斗殴,造成社会秩序严重混乱的;(四)持械聚众斗殴的。聚众斗殴,致人重伤、死亡的,依照本法第二百三十四条、第二百三十二条的规定定罪处罚。"

---

① 参见全国人大常委会法工委刑法室1996年9月6日整理:《法律专家对〈刑法总则修改稿〉和〈刑法分则修改草稿〉的意见》,载高铭暄、赵秉志编:《新中国刑法立法文献资料总览》(下),中国人民公安大学出版社1998年版,第2143页。

十八、寻衅滋事罪(第 293 条)

本条规定之罪系从 1979 年《刑法》第 160 条规定的流氓罪分解而来,其写法最初见于 1996 年 8 月 31 日的刑法修改草稿,该草稿对此罪的写法采纳了 1996 年 7 月公安部《关于分解流氓罪的建议》所提供的方案,即:"有下列寻衅滋事行为之一,破坏社会秩序的,处七年以下有期徒刑、拘役或者管制,可以并处罚金:(一) 以打人取乐,随意殴打人,情节恶劣的;(二) 多次向人身、车辆、住宅抛投石块、污物的;(三) 强拿硬要或者任意损毁公私财物,情节严重的;(四) 耍赖打横,占领公共场所,或者污损公共设施,情节严重的;(五) 追逐、拦截他人或者车辆,情节恶劣的;(六) 在公共场所起哄闹事,造成公共场所秩序严重混乱的。"①在 1996 年 10 月 10 日的修订草案(征求意见稿)中,此罪法定刑的写法与前稿没有变化,但罪状由原先规定的六项经过删改归并后变为四项,即:"(一) 随意殴打他人,情节恶劣的;(二) 追逐、拦截、辱骂他人,情节恶劣的;(三) 强拿硬要或者任意损毁、占用公私财物,情节严重的;(四) 在公共场所起哄闹事,造成公共秩序严重混乱的。"这四项内容的写法后来为 1997 年刑法典所沿用。

在之后的立法修订研拟中,立法机关在之前稿本的基础上,先后两次调整了此罪法定刑的写法:一是 1997 年 3 月 1 日的刑法修订草案第 291 条降低了本罪的最高刑,即由之前规定的"七年"修改为"五年"。二是 1997 年 3 月 13 日的修订草案第 293 条删除了"可以并处罚金"的规定。至此,最终形成了 1997 年《刑法》第 293 条的规定:"有下列寻衅滋事行为之一,破坏社会秩序的,处五年以下有期徒刑、拘役或者管制:(一) 随意殴打他人,情节恶劣的;(二) 追逐、拦截、辱骂他人,情节恶劣的;(三) 强拿硬要或者任意损毁、占用公私财物,情节严重的;(四) 在公共场所起哄闹事,造成公共场所秩序严重混乱的。"

新刑法典颁行后,随着社会的发展,本罪法条在司法实践中的适用也存在着一定的困扰。有地方提出,某些犯罪分子时常纠集他人,横行乡里,严重扰乱社会治安秩序,扰乱人民群众的正常生活。其攫取利益的手段逐渐由过去的"打砸抢"等暴力手段演变成更多地使用所谓"软暴力"。由于这类滋扰群众行为的个案难以构成重罪,即使被追究刑事责任,也关不了多长时间,抓了放,放了抓,社会不得安宁,群众没有安全感。而且公安机关反映,刑法规定寻衅滋事罪最高刑只有 5 年有期徒刑,在实践中对寻衅滋事犯罪判刑很轻,判处缓刑的不少,有的甚至只以治安案件处理。这样处理的结果,犯罪分子尤其是一些黑恶势力非但没有受到应有的严厉打击,反而变本加厉为非作恶,恶势力的名声更大了,影响力、恐吓力更强了,社

---

① 参见高铭暄、赵秉志编:《新中国刑法立法文献资料总览》(下),中国人民公安大学出版社 1998 年版,第 2682 页。

会公众对此反映强烈。因此,建议增加具体的行为方式的规定,提高该罪的刑罚。

有鉴于此,《刑法修正案(八)》完善了寻衅滋事罪的规定:"有下列寻衅滋事行为之一,破坏社会秩序的,处五年以下有期徒刑、拘役或者管制:(一)随意殴打他人,情节恶劣的;(二)追逐、拦截、辱骂、恐吓他人,情节恶劣的;(三)强拿硬要或者任意损毁、占用公私财物,情节严重的;(四)在公共场所起哄闹事,造成公共场所秩序严重混乱的。纠集他人多次实施前款行为,严重破坏社会秩序的,处五年以上十年以下有期徒刑,可以并处罚金。"

十九、组织、领导、参加黑社会性质组织罪,入境发展黑社会组织罪,包庇、纵容黑社会性质组织罪(第294条)

本条第1款规定的是"组织、领导、参加黑社会性质组织罪"。在刑法修订研拟中,有部门提出,近年来,我国有组织犯罪向黑社会犯罪演化的趋势明显,带黑社会性质的犯罪越来越多,这是有组织犯罪数量增多以及犯罪分子经验积累的必然结果。当前,尽管我国内地还没有像意大利黑手党、我国香港地区三合会那样大规模的黑社会组织,但是一些犯罪组织已完全具备这些黑社会组织所具有的典型的犯罪手法特点。而且,自改革开放以来,境外黑社会组织对我国内地的渗透性犯罪不断增多。对此,我国的刑事政策曾把带黑社会性质的犯罪作为打击的重点,党和国家领导人也多次指示要认真研究,重点打击黑社会势力,并通过宣传机器宣传这方面的刑事政策。所以,在这种情况下,黑社会犯罪已成为一种危害突出、党和政府以及人民群众非常关心的犯罪现象,因此,非常有必要在刑法中对此作出明确的有针对性的规定。①

经过研究,立法工作机关采纳了上述建议,在1996年10月10日的修订草案(征求意见稿)中首次规定了此罪,即第261条规定:"有组织地进行违法犯罪活动,以暴力、威胁或者其他手段为非作恶,称霸一方,欺压群众,对首要分子或者其他罪恶重大的,处五年以上有期徒刑。"在研拟中,有部门提出,征求意见稿中第261条关于有组织犯罪的规定,并不能涵盖黑社会犯罪,因此,建议增加组织、领导、参加黑社会组织罪的规定,即:"组织、领导黑社会组织的,处五年以上十年以下有期徒刑;其他积极参加的,处五年以下有期徒刑。"

立法工作机关基本上采纳了上述建议,同时考虑到我国当前出现的是带有黑社会性质的犯罪集团,明显的、典型的黑社会组织犯罪还没有出现,故1996年12月中旬的修订草案第266条规定的是组织、领导、参加黑社会性质组织罪,而非黑

---

① 参见公安部修改刑法领导小组办公室:《关于增设有组织犯罪和黑社会犯罪的设想(1996年7月)》,载高铭暄、赵秉志编:《新中国刑法立法文献资料总览》(下),中国人民公安大学出版社1998年版,第2661—2662页。

社会组织犯罪。具体内容是:"组织、领导以暴力、威胁或者其他手段,有组织地进行违法犯罪活动,称霸一方,为非作恶,欺压、残害群众,严重破坏经济、社会生活秩序的黑社会性质的组织的,处三年以上十年以下有期徒刑;其他参加进行违法活动的,处三年以下有期徒刑、拘役或者管制。"这一稿本的写法为之后的一些修订草案所沿用。到了1997年3月1日的修订草案,立法机关对此罪的写法作了较大的调整:一是在此罪的基本罪状中,与"组织"和"领导"行为相并列,增加了"积极参加"的行为。二是将之前规定的"其他参加进行违法活动"的表述修改为"其他参加"。三是在对其他参加者规定的法定刑中增加规定了剥夺政治权利。至此形成了1997年《刑法》第294条第1款的规定,即:"组织、领导和积极参加以暴力、威胁或者其他手段,有组织地进行违法犯罪活动,称霸一方,为非作恶,欺压、残害群众,严重破坏经济、社会生活秩序的黑社会性质的组织的,处三年以上十年以下有期徒刑;其他参加的,处三年以下有期徒刑、拘役、管制或者剥夺政治权利。"

1997年刑法典颁行后,为了保障全国开展的"打黑除恶"专项斗争的顺利进行,并为了消除最高司法机关在专项斗争中对"黑社会性质组织"认定上存在的分歧,2002年4月28日全国人大常委会专门通过了《关于〈中华人民共和国刑法〉第二百九十四条第一款的解释》,对"黑社会性质的组织"的含义作出了解释。即:"黑社会性质的组织应当同时具备以下特征:(一)形成较稳定的犯罪组织,人数较多,有明确的组织者、领导者,骨干成员基本固定;(二)有组织地通过违法犯罪活动或者其他手段获取经济利益,具有一定的经济实力,以支持该组织的活动;(三)以暴力、威胁或者其他手段,有组织地多次进行违法犯罪活动,为非作恶、欺压、残害群众;(四)通过实施违法犯罪活动,或者利用国家工作人员的包庇或者纵容,称霸一方,在一定区域或者行业内,形成非法控制或者重大影响,严重破坏经济、社会生活秩序。"

本条第2款规定的是"入境发展黑社会组织罪"。近年来,境外黑社会组织成员入境进行违法犯罪活动的现象时有发生,对社会危害很大,因此,立法机关根据司法实践的需要,在刑法中增设了此罪。从法条的写法演变看,此罪的写法最初见于1996年12月中旬的修订草案,该草案第266条第3款规定:"境外的黑社会组织到中华人民共和国境内发展组织成员或者进行违法活动的,依照第一款的规定处罚。"这一写法为之后的许多稿本所沿用。后来,考虑到境外黑社会组织到境内进行违法活动的含义较为宽泛,不易把握罪与非罪的界限,故1997年2月17日的修订草案(修改稿)第290条第3款删除了原写法中的"或者进行违法活动"的表述。由于之前稿本的写法为此罪设置了援引的法定刑,而该条第1款组织、领导、参加黑社会性质组织罪分别依照行为人在黑社会性质组织中作用和地位的不同设置了两档法定刑,由此,在适用第2款的规定时,必然会产生此罪究竟应当适用第1款哪一档法定刑的难题。有鉴于此,立法机关在1997年3月13日的修订草案第294

条第 2 款中,对此罪规定了独立的法定刑,即:"三年以上十年以下有期徒刑"。至此,形成了 1997 年《刑法》第 294 条第 2 款的规定,即:"境外的黑社会组织的人员到中华人民共和国境内发展组织成员的,处三年以上十年以下有期徒刑。"

本条第 3 款规定的是犯本条第 1 款和第 2 款规定之罪又有其他犯罪行为的数罪并罚问题。本款规定的写法最初见于 1996 年 12 月中旬的修订草案,而且是针对"组织、领导、参加黑社会性质组织"又犯其他犯罪的情形而规定的,不适用于入境发展黑社会组织罪。后来考虑到境外的黑社会组织也有可能在我国领域内实施其他犯罪,对此,同样会遇到犯"入境发展黑社会组织罪"又有其他犯罪行为的处理问题,有鉴于此,到了 1997 年 3 月 13 日的修订草案,立法机关将该款规定移至入境发展黑社会组织罪的规定之后,并明确规定本款数罪并罚的规定也适用于入境发展黑社会组织罪。由此,形成了 1997 年《刑法》第 294 条第 3 款的规定,即:"犯前两款罪又有其他犯罪行为的,依照数罪并罚的规定处罚。"

本条第 4 款规定的是"包庇、纵容黑社会性质组织罪",其法条的写法最初规定在 1997 年 2 月 17 日的修订草案(修改稿)第 290 条第 4 款中,即:"国家机关工作人员包庇黑社会性质的组织,纵容黑社会性质的组织进行违法犯罪活动的,处三年以下有期徒刑、拘役、管制或者剥夺政治权利;情节严重的,处三年以上十年以下有期徒刑。"对于这一写法,1997 年 3 月 1 日的修订草案第 292 条第 4 款进行了两处调整:考虑到原写法"包庇黑社会性质的组织,纵容黑社会性质的组织"的表述容易产生"包庇"和"纵容"二者究竟是兼具还是选择关系的问题,故立法机关在"纵容"之前增加了"或者",由此表明了二者之间的选择关系。另外,立法机关在该稿中删除了此罪的"管制"刑。至此,形成了 1997 年《刑法》第 294 条第 4 款的规定:"国家机关工作人员包庇黑社会性质的组织,或者纵容黑社会性质的组织进行违法犯罪活动的,处三年以下有期徒刑、拘役或者剥夺政治权利;情节严重的,处三年以上十年以下有期徒刑。"

1997 年刑法典颁行后,为适应司法实践惩治和防范黑社会性质组织犯罪的需要,准确地认定这类犯罪,《刑法修正案(八)》对本条规定作了较大幅度的修改和补充:

(1)将全国人大常委会关于黑社会性质组织的立法解释吸收到本条中。在立法过程中,一种意见建议,修改本条规定中"称霸一方,为非作恶,欺压、残害群众"等文学性修饰语言。但另一种意见认为,条文中的这段描述虽然用的不是法律语言,但在概括黑社会性质组织的非法控制特征时却十分形象。在没有找到更精确的法律语言表述之前,建议还是维持原规定不作改动为好。经过认真研究,《刑法修正案(八)》采纳了后一种意见。

(2)简化了本条第 1 款之罪的罪状表述,针对不同层次的行为主体分别规定了轻重不同的法定刑。在打黑实践中,几乎所有的黑社会性质的组织都可以将组织成员划分为组织、领导者,积极参加者和一般参加者三个层次。修改后,刑幅不仅科学,打击也更精确。修改后的《刑法》第294条将原来的两个主体层次和两档刑划分为三个主体层次和三档刑:对黑社会性质组织的组织者、领导者的刑罚由原来的"三年以上十年以下有期徒刑"提高为"七年以上有期徒刑,并处没收财产";对积极参加的,"处三年以上十年以下有期徒刑,可以并处罚金或者没收财产";其他参加的,"处三年以下有期徒刑、拘役、管制或者剥夺政治权利,可以并处罚金"。之所以增设财产刑,是由于以往实践中对涉黑财产大多没有没收,一些黑社会性质组织成员在服刑时还受到"组织"接济和照顾,不但自己定期有"生活费",家属还能领取"抚慰费",其家属和组织成员还能利用巨额金钱四处活动,打通关节。被判刑的成员出狱后能立即重回涉黑组织的怀抱。可见在打击黑社会性质组织犯罪活动时,仅惩治其具体犯罪,不铲除其黑色经济基础,只能导致该犯罪组织领导人的更迭,很难从根本上将其清除,消除其再犯能力。故此对黑社会性质组织犯罪的罪犯增加财产刑。

(3)明确规定包庇、纵容黑社会性质组织,又有其他犯罪行为的,依照数罪并罚的规定处罚。

这样,经过修正后的《刑法》第294条的规定是:"组织、领导黑社会性质的组织的,处七年以上有期徒刑,并处没收财产;积极参加的,处三年以上七年以下有期徒刑,可以并处罚金或者没收财产;其他参加的,处三年以下有期徒刑、拘役、管制或者剥夺政治权利,可以并处罚金。境外的黑社会组织的人员到中华人民共和国境内发展组织成员的,处三年以上十年以下有期徒刑。国家机关工作人员包庇黑社会性质的组织,或者纵容黑社会性质的组织进行违法犯罪活动的,处五年以下有期徒刑;情节严重的,处五年以上有期徒刑。犯前三款罪又有其他犯罪行为的,依照数罪并罚的规定处罚。黑社会性质的组织应当同时具备以下特征:(一)形成较稳定的犯罪组织,人数较多,有明确的组织者、领导者,骨干成员基本固定;(二)有组织地通过违法犯罪活动或者其他手段获取经济利益,具有一定的经济实力,以支持该组织的活动;(三)以暴力、威胁或者其他手段,有组织地多次进行违法犯罪活动,为非作恶,欺压、残害群众;(四)通过实施违法犯罪活动,或者利用国家工作人员的包庇或者纵容,称霸一方,在一定区域或者行业内,形成非法控制或者重大影响,严重破坏经济、社会生活秩序。"

二十、传授犯罪方法罪(第295条)

本条规定之罪原系1983年9月2日全国人大常委会通过的《关于严惩严重危害社会治安的犯罪分子的决定》第2条对1979年刑法典补充规定的一种犯罪。该决定第2条规定:"传授犯罪方法,情节较轻的,处五年以下有期徒刑;情节严重的,处五年以上有期徒刑;情节特别严重的,处无期徒刑或者死刑。"

在刑法修订研拟中,应否将此罪纳入新刑法典,比较一致的意见是持否定态度。主要理由是:传授犯罪方法罪的内涵与外延太广泛,实践中不好掌握;传授犯罪方法往往与教唆犯罪交叉在一起,很难区分,实践中单独按传授犯罪方法定罪处罚的极少,实施传授犯罪方法的行为,按照刑法关于教唆犯的规定,完全可以解决此种犯罪的刑事责任问题,不存在无法处理的问题。[①]

从立法修订的稿本看,1988年11月16日和12月25日的修改稿本将此罪写入其中,但与《关于严惩严重危害社会治安的犯罪分子的决定》的写法相比,对此罪的罪状和法定刑作了一些调整。具体写法是:"传授犯罪方法的,处二年以下有期徒刑或者拘役;情节严重的,处二年以上七年以下有期徒刑。"1996年8月8日和8月31日的修改草稿曾删除了此罪的规定。到了1996年10月10日的修订草案(征求意见稿),立法工作机关在该稿第262条又重新恢复了此罪。但与《关于严惩严重危害社会治安的犯罪分子的决定》的规定相比,征求意见稿对此罪作了四处调整:一是删除了此罪基本构成中"情节较轻"的规定;二是对此罪基本犯的法定刑增加规定了拘役;三是降低了此罪第二档法定最高刑,即由原先规定的"五年以上有期徒刑"修改为"五年以上十年以下有期徒刑";四是降低了此罪第三档法定最低刑,删除了死刑的规定,即由原先规定的"无期徒刑或者死刑"修改为"十年以上有期徒刑或者无期徒刑"。1996年12月中旬的修订草案对本罪罪状的写法保留了10月10日征求意见稿的修改,但放弃了该征求意见稿对本罪法定刑的写法,改而基本上恢复了《关于严惩严重危害社会治安的犯罪分子的决定》的写法,具体写法是:"传授犯罪方法的,处五年以下有期徒刑或者拘役;情节严重的,处五年以上有期徒刑;情节特别严重的,处无期徒刑或者死刑。"1997年3月1日的修订草案第293条在这一写法的基础上,对此罪的第一档法定刑增加规定了管制刑,由此形成了1997年《刑法》第295条的规定。

从1997年刑法典颁行以来的司法实践看,本罪的死刑规定基本上没有适用过,故此为适应此次从立法上严格限制死刑、削减死刑的需要,我国立法机关通过《刑法修正案(八)》删除了此罪死刑的规定,并重新调整了其法定刑,经过这次修正后的条文的规定是:"传授犯罪方法的,处五年以下有期徒刑、拘役或者管制;情节严重的,处五年以上十年以下有期徒刑;情节特别严重的,处十年以上有期徒刑或者无期徒刑。"

二十一、非法集会、游行、示威罪(第296条)

本条之罪系1997年刑法典新增的一种犯罪。1989年10月31日通过的《中华

---

① 参见最高人民法院刑法修改小组:《关于刑法分则修改的若干问题(草稿)(1989年3月)》、《中央有关部门、地方及法律专家对刑法修订草案(征求意见稿)的意见》,载高铭暄、赵秉志编:《新中国刑法立法文献资料总览》(下),中国人民公安大学出版社1998年版,第2334、2171页。

人民共和国集会游行示威法》(以下简称《集会游行示威法》)第 29 条第 3 款规定:"未依照本法规定申请或者申请未获许可,或者未按照主管机关许可的起止时间、地点、路线进行,又拒不服从解散命令,严重破坏社会秩序的,对集会、游行、示威的负责人和直接责任人员依照刑法第一百五十八条的规定追究刑事责任。"在刑法修订研拟中,《集会游行示威法》的上述规定首先被写入 1996 年 8 月 8 日的刑法分则修改草稿中,该稿规定:"举行集会、游行、示威,未依照法律规定申请,或者未获许可,或者未按照主管机关许可的起止时间、地点、路线进行,又拒不服从解散命令,严重破坏社会秩序的,对集会、游行、示威的负责人和直接责任人员,处五年以下有期徒刑、拘役、管制或者剥夺政治权利。"1996 年 8 月 31 日的修改草稿对上述写法作了一处微调,即将之前稿本中的"未依照法律规定申请,或者未获许可"修改为"未依照法律规定申请或者申请未获许可",由此而形成了 1997 年《刑法》第 296 条的规定。

关于非法结社是否入罪的问题,在刑法修订研拟中,有人建议规定此罪。但多数学者认为,从保障公民权利的角度出发,不宜对此作出规定。而且非法结社的情况比较复杂,如果仅仅违反有关登记管理,行政处罚即可;如果非法结社后进行违法犯罪活动,可以依法处理,对于组织、领导图谋颠覆人民民主专政政权、推翻社会主义制度或者分裂国家、破坏统一的集团的犯罪,"危害国家安全罪"一章中已经作了规定。① 立法工作机关经过研究,采纳了多数说的观点,始终没有在刑法修订稿中规定非法结社罪。

二十二、非法携带武器、管制刀具、爆炸物参加集会、游行、示威罪(第 297 条)

本罪是 1997 年刑法典新增的一种犯罪。1989 年 10 月 31 日的《集会游行示威法》第 29 条第 1 款规定:"举行集会、游行、示威,有犯罪行为的,依照刑法有关规定追究刑事责任。"第 2 款规定:"携带武器、管制刀具或者爆炸物的,比照刑法第一百六十三条的规定追究刑事责任。"在刑法修订研拟中,《集会游行示威法》上述规定的精神被吸收到 1996 年 8 月 8 日的分则修改草稿中,该稿规定:"携带武器、管制刀具或者爆炸物参加集会、游行、示威的,处三年以下有期徒刑或者拘役。"对于该稿的写法,之后研拟的稿本先后对其进行了一系列的修改和调整:

(1) 在 1996 年 8 月 31 日的刑法修改草稿中,对此罪的罪状增加规定了"违反法律规定",以突出强调这种行为的非法性。

---

① 参见全国人大常委会法工委刑法室 1996 年 9 月 6 日整理:《法律专家对〈刑法总则修改稿〉和〈刑法分则修改草稿〉的意见》,载高铭暄、赵秉志主编:《新中国刑法立法文献资料总览》(下),中国人民公安大学出版社 1998 年版,第 2143—2144 页。

（2）在1996年12月中旬的修订草案中，对此罪增加规定了管制刑。

（3）考虑到此罪是行为人在行使政治权利的过程中实施的，故对此罪规定剥夺政治权利，既可以体现立法对这种行为的否定性的政治评价，也有助于预防其以后利用政治权利再次犯罪。所以，立法机关在1997年3月1日的修订草案中，对此罪增加规定了剥夺政治权利。

此外，在刑法修订研拟中，也有专家提出，刑法修订稿本将非法携带管制刀具参加集会、游行、示威的行为规定为犯罪，明显不妥，建议删除此罪罪状的"管制刀具"。① 立法工作机关考虑到非法携带管制刀具参加游行等行为具有相当程度的危害性，应予追究刑事责任，故没有采纳这一建议。

综上，经过以上的修改和调整，最后形成的1997年《刑法》第297条的规定是："违反法律规定，携带武器、管制刀具或者爆炸物参加集会、游行、示威的，处三年以下有期徒刑、拘役、管制或者剥夺政治权利。"

二十三、破坏集会、游行、示威罪（第298条）

本条之罪系1997年刑法典新增的一种犯罪。《集会游行示威法》第30条规定："扰乱、冲击或者以其他方法破坏依法举行的集会、游行、示威的，公安机关可以处以警告或者十五日以下拘留；情节严重，构成犯罪的，依照刑法有关规定追究刑事责任。"为了切实与上述规定相协调，充分发挥刑法最后法的作用，1996年8月8日的刑法分则修改草稿规定："扰乱、冲击或者以其他方法破坏依法举行的集会、游行、示威，情节严重，造成公共秩序混乱的，处五年以下有期徒刑、拘役、管制或者剥夺政治权利。"考虑到实践中会对"情节严重"与"造成公共秩序混乱"之间的关系产生理解上的分歧，故立法工作机关在1996年10月10日的修订草案（征求意见稿）第265条中，删除了此罪中的"情节严重"的表述。由此形成了1997年《刑法》第298条的规定："扰乱、冲击或者以其他方法破坏依法举行的集会、游行、示威，造成公共秩序混乱的，处五年以下有期徒刑、拘役、管制或者剥夺政治权利。"

二十四、侮辱国旗、国徽罪（第299条）

本条规定之罪是对1990年6月28日全国人大常委会通过的《关于惩治侮辱中华人民共和国国旗国徽罪的决定》的规定修改而来的。该决定规定："在公众场合故意以焚烧、毁损、涂划、玷污、践踏等方式侮辱中华人民共和国国旗、国徽的，处三年以下有期徒刑、拘役、管制或者剥夺政治权利。"在刑法修订研拟中，除了1996

---

① 参见全国人大常委会法工委刑法室1996年9月6日整理：《法律专家对〈刑法总则修改稿〉和〈刑法分则修改草稿〉的意见》，载高铭暄、赵秉志编：《新中国刑法立法文献资料总览》（下），中国人民公安大学出版社1998年版，第2145页。

年8月8日的分则修改草稿曾将原先规定的"公众场合"修改为"公共场合"外,之后的稿本再没有对此作任何修改,并最终将该规定纳入1997年刑法典中。

二十五、组织、利用会道门、邪教组织、利用迷信破坏法律实施罪,组织、利用会道门、邪教组织、利用迷信致人死亡罪(第300条)

1979年《刑法》第99条规定:"组织利用封建迷信、会道门进行反革命活动的,处五年以上有期徒刑;情节较轻的,处五年以下有期徒刑、拘役、管制或者剥夺政治权利。"1983年9月2日全国人大常委会通过的《关于严惩严重危害社会治安的犯罪分子的决定》又对此作了补充规定:组织反动会道门,利用封建迷信,进行反革命活动,严重危害社会治安的,可以在《刑法》第99条规定的最高刑以上处刑,直至判处死刑。在将这一规定纳入1997年刑法典的过程中,立法机关不仅改变了此罪犯罪客体的性质,而且也对犯罪的客观方面和法定刑作了较大的相应调整。

1997年《刑法》第300条第1款规定的是"组织、利用会道门、邪教组织、利用迷信破坏法律实施罪",在国家立法机关决定对"反革命罪"一章作重大的修改和调整以后,此罪的写法最先见于1996年10月10日的修订草案(征求意见稿)第268条中,该条第1款规定:"组织会道门、邪教团体或者利用迷信奸淫妇女、鼓动他人自杀或者破坏国家法律实施的,处三年以上七年以下有期徒刑;情节特别严重的,处七年以上有期徒刑。"到了1997年1月10日的修订草案,立法机关将组织会道门、邪教团体或者利用迷信奸淫妇女的行为从中抽了出来,并规定以强奸罪定罪处罚,这样,该草案第284条第1款规定之罪的罪状就仅剩下组织会道门、邪教团体或者利用迷信"破坏国家法律实施"或"鼓动他人自杀"两项内容。在对修订草案征求意见的过程中,有部门曾提出,"邪教团体"的提法目前尚未明确界定,建议不提为宜。立法机关考虑到邪教团体在社会中的客观性和严重危害性,没有完全采纳该部门的建议,但基于措辞上的考虑,在1997年2月17日的修订草案(修改稿)第297条第1款中,"邪教团体"被修改为"邪教组织"。到了1997年3月1日的修订草案,立法机关对此罪罪状的表述又作了较大的修改:一是将组织会道门、邪教组织或者利用封建迷信鼓动他人自杀的行为作了修改后从中抽出安排在该稿第298条第2款中;二是在此罪法条中增加了"利用会道门、邪教组织"行为的规定;三是在此罪的对象中增加规定了"行政法规"。该稿的这一写法最后被吸纳到1997年《刑法》第300条第1款中,即:"组织和利用会道门、邪教组织或者利用迷信破坏国家法律、行政法规实施的,处三年以上七年以下有期徒刑;情节特别严重的,处七年以上有期徒刑。"

1997年《刑法》第300条第2款规定的是"组织、利用会道门、邪教组织、利用迷信致人死亡罪"。如上可知,自1996年10月10日的修订草案(征求意见稿)开始,一直将鼓动他人自杀的行为与破坏国家法律实施的行为一起加以规定的,直到

1997年3月1日的修订草案,立法机关才将该行为从中抽取出来,并加以修改后,作为一个独立的条款规定下来。具体的写法是:"组织和利用会道门、邪教组织或者利用迷信蒙骗他人,致人死亡的,依照前款的规定处罚。"这一写法最终被写进1997年《刑法》第300条第2款规定中。

1997年《刑法》第300条第3款是"援引强奸罪、诈骗罪定罪处罚"的规定。在1996年10月10日的修订草案(征求意见稿)中,立法工作机关仅仅对利用迷信诈骗他人财物的行为作了规定,该稿第268条第2款规定,以迷信活动诈骗财物的,依照诈骗罪处罚。该款规定对于这种行为依照诈骗罪处罚,但如何定罪,势必会在司法实践中产生理解上的分歧。为此,1996年12月中旬的修订草案明确规定,对于这种行为,不仅要依照诈骗罪处罚,而且也要依此定罪。组织会道门、邪教组织等奸淫妇女的行为一直是与组织会道门、邪教组织等破坏国家法律实施的行为在一个条款中作为一种犯罪加以规定的,然而,到了1997年1月10日的修订草案,立法机关将这种奸淫行为独立出来并规定以强奸罪定罪处罚。该稿第284条第3款规定,组织会道门、邪教团体或者利用迷信奸淫妇女、诈骗财物的,分别依照强奸罪、诈骗罪的规定定罪处罚。

对于这一写法,在之后的研拟中,立法机关先后对其进行了两次修改:一是在1997年2月17日的修订草案中,立法机关将原先规定的"邪教团体"修改为"邪教组织";二是在1997年3月1日的修订草案中,立法机关增加了利用会道门、邪教组织等实施奸淫妇女、诈骗财物的规定。至此,形成了1997年《刑法》第300条第3款的规定:"组织和利用会道门、邪教组织或者利用迷信奸淫妇女、诈骗财物的,分别依照本法第二百三十六条、第二百六十六条的规定定罪处罚。"

二十六、聚众淫乱罪、引诱未成年人聚众淫乱罪(第301条)

本条之罪系从1979年《刑法》第160条规定的流氓罪法条分解修改而来。

1997年《刑法》第301条第1款规定的是聚众淫乱罪,其作为一种独立犯罪的写法最初见于1996年8月8日的分则修改草稿,即:"聚众淫乱的,对首要分子或者屡教不改的,处七年以下有期徒刑或者拘役。"1996年8月31日的刑法修改草稿对此罪的写法进行了两处修改:一是将原先规定的"屡教不改"修改为"多次参加者";二是将此罪的法定刑由原先规定的"七年以下有期徒刑或者拘役"修改为"五年以下有期徒刑或者拘役"。到了1996年10月10日的修订草案(征求意见稿),立法工作机关又调整了此罪的罪状,即由原先的"聚众淫乱"修改为"聚众进行淫乱活动"。具体写法是:"聚众进行淫乱活动的,对首要分子或者多次参加者,处五年以下有期徒刑或者拘役。"这一写法为之后的诸多稿本所沿用。到了1997年3月1日的修订草案,立法机关在此罪的法定刑中又增加规定了管制刑。至此,最后形成了1997年《刑法》第301条第1款的规定:"聚众进行淫乱活动的,对首要分子或者多次参加的,处五年以下有期徒刑、拘役或者管制。"

附带指出,在对此罪法条进行修订研拟中,也有专家曾经提出,聚众淫乱对社会的实际危害不大,不一定非要作为犯罪加以规定,建议刑法取消聚众淫乱罪的规定。① 但立法机关最后并没有采纳这一建议。

1997年《刑法》第300条第2款规定的是"引诱未成年人聚众淫乱罪",其写法最初见于1996年10月10日的修订草案(征求意见稿)第269条第2款的规定,即:"引诱未成年人参加聚众淫乱活动的,依照前款规定从重处罚。"这一规定经增加一个"的"字后,最终被写进1997年《刑法》第301条第2款中,即:"引诱未成年人参加聚众淫乱活动的,依照前款的规定从重处罚。"

二十七、盗窃、侮辱尸体罪(第302条)

本罪是1997年刑法典新增的一种犯罪。在刑法修订研拟中,一些部门提出,实践中,盗掘坟墓的案件时有发生,有的影响很坏,危害性大,特别是随着挖掘坟墓或者在其他场合侮辱、破坏尸体的现象的发生,不仅对死者亲属的感情造成了严重的伤害,而且也造成了该地区社会秩序的混乱,而刑法没有对此罪专门规定,不好追究刑事责任,建议修订的刑法将此种行为规定为犯罪。② 立法工作机关采纳了这一建议,在1996年10月10日的刑法修订草案(征求意见稿)中,对此作了规定,即第270条规定:"盗窃、侮辱尸体的,处三年以下有期徒刑或者拘役。"1996年12月中旬的修订草案第275条对这一写法中的刑罚补充规定管制刑以后,最终形成了1997年《刑法》第302条的规定:"盗窃、侮辱尸体的,处三年以下有期徒刑、拘役或者管制。"

二十八、赌博罪、开设赌场罪(第303条)

本条之罪系在1979年《刑法》第168条规定的基础上并经《刑法修正案(六)》的修正而成的。1979年《刑法》第168条规定:"以营利为目的,聚众赌博或者以赌博为业的,处三年以下有期徒刑、拘役或者管制,可以并处罚金。"

在刑法修订研拟中,1988年9月的修改稿对赌博犯罪的写法与1979年刑法典的规定相比变化较大:不仅取消了原规定中"以营利为目的"的主观要件,而且将为赌博提供条件的行为也犯罪化,同时增加规定了加重情节的法定刑。具体写法

---

① 参见全国人大常委会法工委刑法室1996年9月6日整理:《法律专家对〈刑法总则修改稿〉和〈刑法分则修改草稿〉的意见》,载高铭暄、赵秉志编:《新中国刑法立法文献资料总览》(下),中国人民公安大学出版社1998年版,第2143页。

② 参见最高人民检察院刑法修改小组:《修改刑法研究报告(1989年10月12日)》,载高铭暄、赵秉志编:《新中国刑法立法文献资料总览》(下),中国人民公安大学出版社1998年版,第2509—2510页。

是:"赌博或者为赌博提供条件,情节严重的,处三年以下有期徒刑、拘役或者罚金;情节特别严重的,处三年以上有期徒刑,可以并处罚金。"在之后的研拟中,有部门提出,1979年刑法典中规定的"以赌博为常业"的情形,在实践中较为少见,而多为"多次赌博"且"屡教不改"的人,建议删除1979年刑法典中规定的"以赌博为常业"的表述。此外,1979年刑法典对此罪规定的法定刑偏低,建议将此罪的最高刑提高到"五年"。① 立法工作机关在1988年11月16日和12月25日的修改稿中采纳了这一建议,即:"聚众赌博或者多次赌博屡教不改的,处五年以下有期徒刑、拘役或者管制,可以并处罚金。"

到了1996年以后,立法工作机关基本上放弃了1988年3个稿本对此罪研拟的写法,而仍以1979年刑法典的写法为基础进行修改。1996年8月8日的分则修改草稿分两款对此罪进行规定:第1款的写法照搬了1979年《刑法》第168条的规定;第2款是本罪单位犯罪的规定,即:"单位犯前款罪,对单位处以罚金;对直接负责的主管人员和其他直接责任人员依照前款规定处罚。"到了1996年8月31日的刑法修改草稿,立法工作机关仅保留了上述写法中的第1款的规定,而删除了此罪单位犯罪的规定。为了更有力地惩治和防范赌博犯罪的发生,在1996年12月中旬的修订草案中,立法工作机关为此罪罪状增加了"开设赌场"的规定。考虑到立法用语更为明确规定的需要,在1997年3月1日的修订草案中,立法机关将原先规定的"可以并处罚金"的表述修改成了"并处罚金"。该稿的这一写法最终成为1997年《刑法》第303条的规定:"以营利为目的,聚众赌博、开设赌场或者以赌博为业的,处三年以下有期徒刑、拘役或者管制,并处罚金。"

1997年刑法典颁行后,随着赌博犯罪社会危害性的日趋严重,特别是开设赌场犯罪行为日益猖獗,2006年6月29日全国人大常委会通过的《刑法修正案(六)》专门将"开设赌场"的行为从赌博罪中分离出来规定为独立的犯罪,并加重了对开设赌场行为的处罚力度。

综上,经过修正后的《刑法》第303条的规定是:"以营利为目的,聚众赌博或者以赌博为业的,处三年以下有期徒刑、拘役或者管制,并处罚金。开设赌场的,处三年以下有期徒刑、拘役或者管制,并处罚金;情节严重的,处三年以上十年以下有期徒刑,并处罚金。"

二十九、故意延误投递邮件罪(第304条)

本罪是1997年刑法典新增的一种犯罪,其写法最初见于1997年2月17日的

---

① 参见最高人民法院刑法修改小组:《关于刑法分则修改的若干问题(草稿)(1989年3月)》,载高铭暄、赵秉志编:《新中国刑法立法文献资料总览》(下),中国人民公安大学出版社1998年版,第2328页。

刑法修订草案(修改稿),该稿第301条规定:"邮政工作人员严重不负责任,故意延误投递邮件,致使公共财产、国家和人民利益遭受重大损失的,处三年以下有期徒刑、拘役或者管制。"1997年3月1日的刑法修订草案第302条对此罪的法定刑进行了删减,删除了原先写法中的管制。1997年3月13日的刑法修订草案对此罪的刑罚再次进行了修改,将此罪最高刑修改为2年。至此,形成了1997年《刑法》第304条的规定:"邮政工作人员严重不负责任,故意延误投递邮件,致使公共财产、国家和人民利益遭受重大损失的,处二年以下有期徒刑或者拘役。"

第二节 妨害司法罪

一、伪证罪(第305条)

本条规定之罪是在1979年《刑法》第148条规定的伪证罪的基础上修改而成的,第148条规定:"在侦查、审判中,证人、鉴定人、记录人、翻译人对与案件有重要关系的情节,故意作虚假证明、鉴定、记录、翻译,意图陷害他人或者隐匿罪证的,处二年以下有期徒刑或者拘役;情节严重的,处二年以上七年以下有期徒刑。"

在刑法修订研拟中,有学者和部门提出,此罪实施的时间条件是不完整的,没有完整地体现整个刑事诉讼的过程,建议对此罪实施的时间条件进行修改。立法工作机关采纳了这一建议,在1988年的3个修改稿中,将原"在侦查、审判中"的规定修改为"在侦查、起诉、审判中",其他内容则与1979年刑法典的规定一致。然而,在1996年8月8日的刑法分则修改草稿中,立法工作机关对此罪又完全恢复1979年刑法典的写法。到了1996年8月31日的刑法修改草稿,立法工作机关对本罪成立的时间条件再次进行了修改,将"侦查、审判"字样删除,替换为"刑事诉讼",以使表述更为准确、简练。在1996年10月10日的刑法修订草案(征求意见稿)中,立法工作机关对此罪的罪状和法定刑又作了较大的修改和调整:删除了此罪罪状中犯罪目的即"意图陷害他人或者隐匿罪证"的规定,同时对此罪的法定刑进行了调整,将基本犯的法定刑调整为"三年以下有期徒刑或者拘役";将情节严重情形的法定刑调整为"三年以上十年以下有期徒刑"。以上述写法为基础,1996年12月中旬的修订草案第277条对本罪的基本犯的法定刑作了微调,即补充规定了管制刑。在1997年3月1日的刑法修订草案第303条中,立法机关以前一稿为基础对此罪的写法作了两处调整:一是在此罪罪状的表述中,恢复了1979年刑法典关于此罪犯罪目的的规定;二是删除了1996年12月中旬的修订草案对此罪补充规定的管制刑。到了1997年3月13日的修订草案,立法机关又对此罪的法定刑作了调整,即将此罪情节严重情形的法定最高刑由之前稿本的"十年"修改成了"七年"。由此形成了1997年《刑法》第305条的规定:"在刑事诉讼中,证人、鉴定人、记录人、翻译人对与案件有重要关系的情节,故意作虚假证明、鉴定、记录、翻译,意图陷害他人或者隐匿罪证的,处三年以下有期徒刑或者拘役;情节严重的,处三年以上七年以下有期徒刑。"

应当指出的是,在对伪证罪法条研拟征求意见的过程中,有人提出,将伪证罪限于刑事诉讼明显不妥,在民事、行政诉讼中作伪证的,也应追究刑事责任。立法机关曾一度采纳了这一建议,在1997年1月10日的刑法修订草案第288条第2款中补充规定:"在民事、行政诉讼中,证人、鉴定人、记录人、翻译人对与案件有重要关系的情节,故意隐匿证据或者作虚假证明、鉴定、记录、翻译,情节严重的,处三年以下有期徒刑、拘役或者管制。"然而,到了1997年2月17日的刑法修订草案(修改稿),考虑到这一行为可以被妨害作证罪以及帮助毁灭、伪造证据罪的立法规定所涵盖,立法机关最终又删除了该写法。

二、辩护人、诉讼代理人毁灭证据、伪造证据、妨害作证罪(第306条)

本条规定之罪是1997年刑法典新增的一种犯罪,其写法最初见于1996年8月31日的刑法修改草稿,该稿第六章第二节第3条规定:"律师在办理案件过程中,帮助犯罪嫌疑人、被告人隐匿、毁灭、伪造证据或者串供、威胁、引诱证人改变证言或者作伪证以及进行其他干扰司法机关诉讼活动行为的,处五年以下有期徒刑。"1996年10月10日的修订草案(征求意见稿)第273条对此罪罪状进行了修改:添加了"在刑事诉讼中,律师故意提供虚假证据或者隐匿、毁灭证据";将罪状中的"犯罪嫌疑人、被告人"修改为"当事人";删除了"以及进行其他干扰司法机关诉讼活动行为"的表述。对于此罪的刑罚也作了修改:对于基本犯,处3年以下有期徒刑或者拘役;情节严重的,处3年以上10年以下有期徒刑。具体写法是:"在刑事诉讼中,律师故意提供虚假证据或者隐匿、毁灭证据,帮助当事人隐匿、毁灭、伪造证据或者串供、威胁、引诱证人改变证言或者作伪证的,处三年以下有期徒刑或者拘役;情节严重的,处三年以上十年以下有期徒刑。"1996年12月中旬的修订草案第278条对征求意见稿的写法又作了三处调整:一是将本罪的主体由"律师"修改为"律师或者其他辩护人";二是删除了"故意提供虚假证据"的内容,在此罪罪状中添加了"伪造证据";三是对此罪基本犯的法定刑补充规定了管制刑。

此后,立法机关以1996年12月中旬稿本的写法为基础,对此罪的主体和法定刑作了多次修改和调整:一是在1997年2月17日的修订草案(修改稿)中,立法机关将此罪的主体由之前"律师或者其他辩护人"的规定修改为"辩护人、诉讼代理人";二是在1997年3月1日的修订草案中,立法机关删除了此罪法定刑中的管制刑;三是在1997年3月13日的修订草案中,立法机关将此罪的法定最高刑由之前规定的"十年"降低为"七年"。

需要特别指出的是,在本罪法条的起草研拟过程中,围绕着要不要对此罪作出规定,曾发生过较大的争议。一些部门和地方提出,伪证罪和阻止证人作证罪可以包括律师提供虚假证据等行为,没有必要再对律师专门重复规定一条。同时,刑事诉讼法刚刚对律师制度作了重大改革,这样规定不利于律师作用的发挥,影响律师参与刑事诉讼活动的信心和积极性。此外,公、检、法等机关的工作人员在办案过程中也存在提供虚假证据的问题,修订草案并未作单独规定,对律师也不应单独规定,建议删去该条。另一种意见则主张保留此条,主要理由是:律师在诉讼中具有特殊身份,地位重要,修改后的《刑事诉讼法》增加了律师的诉讼权利,对律师的行为进行规范,有积极意义。① 立法机关最终采取了折中的方案,一方面保留了该罪名;另一方面在1997年3月13日的刑法修订草案第306条第2款中特别说明:"辩护人、诉讼代理人提供、出示、引用的证人证言或者其他证据失实,不是有意伪造的,不属于伪造证据。"

此外,在对该条规定研拟的过程中,也有人提出,诉讼代理人在民事、行政诉讼中实施该条规定行为的也应追究刑事责任。采纳这一建议,立法机关曾在1997年1月10日的刑法修订草案第289条对辩护人、诉讼代理人毁灭证据、伪造证据、妨害作证罪的规定中,增设了第2款的规定:"在民事、行政诉讼中,诉讼代理人有前款行为的,处三年以下有期徒刑、拘役或者管制。"然而,到了1997年2月17日的刑法修订草案(修改稿),立法机关考虑到这一行为可以被妨害作证罪以及帮助毁灭、伪造证据罪的立法规定所涵盖,又删除了这一款的规定。

经过以上的修改和调整,最终形成1997年《刑法》第306条的规定是:"在刑事诉讼中,辩护人、诉讼代理人毁灭、伪造证据,帮助当事人毁灭、伪造证据,威胁、引诱证人违背事实改变证言或者作伪证的,处三年以下有期徒刑或者拘役;情节严重的,处三年以上七年以下有期徒刑。辩护人、诉讼代理人提供、出示、引用的证人证言或者其他证据失实,不是有意伪造的,不属于伪造证据。"

三、妨害作证罪,帮助毁灭、伪造证据罪(第307条)

本条规定之罪是1997年刑法典新增的两种犯罪。1997年《刑法》第307条第1款规定的是妨害作证罪,该罪的写法最初见于1996年8月8日的刑法分则修改草稿,该稿规定:"以暴力、威胁、贿买等方法阻止证人作证或者指使、贿买、胁迫他人作伪证的,处三年以下有期徒刑或者拘役;情节严重的,处三年以上七年以下有期徒刑。"这一写法被吸收到了1996年8月31日的刑法修改草稿中。在1996年10月10日的刑法修订草案(征求意见稿)中,立法工作机关在第274条中又调整了此罪的法定刑,即将此罪的最高刑调整为"十年"。到了1996年12月中旬的刑

---

① 参见《中央有关部门、地方及法律专家对刑法修订草案(征求意见稿)的意见》,载高铭暄、赵秉志编:《新中国刑法立法文献资料总览》(下),中国人民公安大学出版社1998年版,第2171—2172页。

法修订草案,立法工作机关没有再继续沿用10月10日征求意见稿对此罪法定刑的写法,而是以1996年8月8日的修改草稿为基础,对此罪基本犯的法定刑补充规定了管制刑。在1997年2月17日的修订草案(修改稿)中,立法机关又对此罪罪状的表述作了修改,将原先"指使、贿买、胁迫他人作伪证"的规定修改为"指使他人作伪证",删除了原规定中"贿买"和"胁迫"的内容。到了1997年3月1日的刑法修订草案,立法机关基于对管制刑在刑法分则分布的综合考虑,在第305条中删除了之前稿本为此罪规定的管制刑,并由此形成了《刑法》第307条第1款的规定,即:"以暴力、威胁、贿买等方法阻止证人作证或者指使他人作伪证的,处三年以下有期徒刑或者拘役;情节严重的,处三年以上七年以下有期徒刑。"

1997年《刑法》第307条第2款规定的是帮助毁灭、伪造证据罪。该罪的写法最初见于1996年8月8日的刑法分则修改草稿,该稿第六章第二节第3条第2款规定:"教唆、帮助犯罪嫌疑人伪造、隐匿或者毁灭重要证据,妨碍侦查、审理案件,情节严重的,处三年以下有期徒刑或者拘役。"在1996年8月31日的修改草稿中,立法工作机关删除了上述写法中"妨碍侦查、审理案件"的表述,其他内容则与上述写法相同。在之后的研拟中,立法工作机关围绕8月31日稿的写法先后进行了一系列修改:

(1) 在1996年10月10日的修订草案(征求意见稿)中,将原先写法中的"重要证据"的规定修改为"证据"。

(2) 在1996年12月中旬的刑法修订草案中,对此罪的法定刑补充规定了管制刑,但在1997年3月1日的修订草案中,立法机关基于综合平衡管制在分则中的布局的考虑,又删除了管制刑的规定。

(3) 在1997年2月17日的修订草案(修改稿)中,立法机关修改了此罪的罪状,将此罪中的原"犯罪嫌疑人"的写法修改为"当事人",并删除了"教唆当事人隐匿证据"的表述。

经过以上的修改和调整,最后形成的1997年《刑法》第307条第2款的规定是:"帮助当事人毁灭、伪造证据,情节严重的,处三年以下有期徒刑或者拘役。"

1997年《刑法》第307条第3款是对司法工作人员犯此罪从重处罚的规定,其写法最初见于1996年12月中旬的修订草案,该草案第279条第3款规定:"司法人员犯前两款罪的,从重处罚。"出于规范刑法用语的考虑,立法机关在1997年2月17日的修订草案(修改稿)中,将该款中的"司法人员"修改为"司法工作人员",由此形成了1997年《刑法》第307条第3款的规定。

四、打击报复证人罪(第308条)

在我国1979年刑法典中没有专门对打击报复证人罪作出规定,但在一些单行刑法中,对打击报复证人的犯罪行为有所涉及。如1981年6月10日全国人大常委会通过的《关于处理逃跑或者重新犯罪的劳改犯和劳教人员的决定》第3条规定："劳教人员、劳改罪犯对检举人、被害人和有关的司法工作人员以及制止违法犯罪行为的干部、群众行凶报复的，按照其所犯罪行的法律规定，从重或者加重处罚。"1982年3月8日全国人大常委会通过的《关于严惩严重破坏经济的罪犯的决定》中也规定："对执法人员和揭发检举作证人员进行阻挠、威胁、打击报复的，按刑法第一百五十七条妨害社会管理秩序罪或者第一百四十六条报复陷害罪的规定处罚。"

在修订刑法起草研拟中，上述规定的精神曾被吸收到一些刑法修改稿中。例如，1988年11月16日的刑法修改稿本第198条规定："对执法人员、控告人、检举人或证人，进行打击报复的，处二年以下有期徒刑；情节严重的，处二年以上七年以下有期徒刑，可以并处罚金。"1996年12月中旬刑法修订草案第280条对打击报复证人的犯罪行为作了专门的规定，即："对证人进行打击报复的，处三年以下有期徒刑、拘役或者管制；情节严重的，处三年以上七年以下有期徒刑。"1997年3月1日的刑法修订草案第306条将此罪基本犯法定刑中的管制刑删除以后，形成了1997年《刑法》第308条的规定。

五、扰乱法庭秩序罪（第309条）

本条规定之罪是1997年刑法典新增的一种犯罪，其写法最初见于1996年8月8日的分则修改草稿，该草稿规定："聚众哄闹、冲击法庭，侮辱、诽谤、诬陷、殴打司法工作人员或者诉讼参与人，严重扰乱法庭秩序的，处三年以下有期徒刑、拘役或者罚金。"对于该稿的这一写法，在之后的研拟中，又作了一些修改和调整：1996年10月10日的修订草案（征求意见稿）第275条简化此罪罪状的写法，即："聚众哄闹、冲击法庭，或者殴打司法工作人员，严重扰乱法庭秩序，致使审判活动无法进行"。1996年12月中旬的修订草案在原写法的基础上补充规定了管制刑。鉴于"审判活动无法进行"可被"严重扰乱法庭秩序"所涵括，没有必要再在此罪罪状中规定"致使审判活动无法进行"的内容，故1997年2月17日的修订草案（修改稿）删除了这一表述。经过这些修改和调整，最终形成了1997年《刑法》第309条的规定："聚众哄闹、冲击法庭，或者殴打司法工作人员，严重扰乱法庭秩序的，处三年以下有期徒刑、拘役、管制或者罚金。"

六、窝藏、包庇罪（第310条）

本罪系在1979年《刑法》第162条规定的基础上修改而成的。1979年《刑法》第162条规定："窝藏或者作假证明包庇反革命分子的，处三年以下有期徒刑、拘役或者管制；情节严重的，处三年以上十年以下有期徒刑。窝藏或者作假证明包庇其他犯罪分子的，处二年以下有期徒刑、拘役或者管制；情节严重的，处二年以上七年以下有期徒刑。犯前两款罪,事前通谋的,以共同犯罪论处。"

在刑法修订研拟中,立法工作机关对此罪法条的写法曾经作过较大的修改和调整,也有过一些反复。例如,在1988年9月的刑法修改稿中,包庇罪和窝藏罪分别规定在两个条文中。该稿分则第六章第2条规定的是包庇罪,即:"故意隐匿、毁灭罪证或作假证明包庇犯罪分子的,处一年以下有期徒刑、拘役或者管制;情节严重的,处一年以上七年以下有期徒刑。犯前款罪,事前通谋的,以共同犯罪论处。"第3条规定的是窝藏罪,即:"资助或者提供场所窝藏犯罪分子的,处三年以下有期徒刑;情节严重的,处三年以上七年以下有期徒刑,可以并处罚金。"在1988年11月16日和12月25日的修改稿中,立法工作机关又将这两个犯罪合并规定为一个条文,共用一个法定刑。具体写法是:"资助或者窝藏犯罪分子的,故意隐匿、毁灭罪证或者作假证明包庇犯罪分子的,处三年以下有期徒刑、拘役或者管制;情节严重的,处三年以上十年以下有期徒刑。犯前款罪,事前通谋的,以共同犯罪论处。"

与1979年刑法典的规定相比,1996年8月8日的分则修改草稿对窝藏罪和包庇罪的法条作了如下的修改:一是进一步明确了"窝藏"的含义,即所谓"窝藏",是指为犯罪分子提供隐藏处所,提供金钱、物质帮助其逃匿。二是将1979年刑法典原规定中的"反革命分子"修改为"危害国家安全的犯罪分子"。具体写法是:"明知是犯罪分子而为其提供隐藏处所、金钱、物质帮助其逃匿或者作假证明包庇的,处二年以下有期徒刑、拘役或者管制;情节严重的,处二年以上七年以下有期徒刑。明知是危害国家安全的犯罪分子而为其提供隐藏处所、金钱、物质帮助其逃匿或者作假证明包庇的,处三年以下有期徒刑、拘役或者管制;情节严重的,处三年以上十年以下有期徒刑。犯前两款罪,事前通谋的,以共同犯罪论处。"到了1996年8月31日的修改草稿,立法工作机关又对上述写法作了三处修改:一是对上述第1款规定的罪状作了"情节严重"的限定。二是将第二档刑的"情节严重"的表述修改为"造成严重后果"。三是在第2款规定的罪状中增加规定了"严重危害社会治安的犯罪分子"的内容。

对于上述写法,在有关专家座谈会上,有专家提出,对窝藏、包庇危害国家安全的犯罪分子不要单独另写一款,如果觉得窝藏罪、包庇罪法定刑轻了,起刑可以都规定为3年以下。① 立法工作机关经过研究,在1996年10月10日的修订草案(征求意见稿)中采纳了这一建议,取消了依照被窝藏、包庇之罪的性质而分别规定的立法模式。具体写法是:"明知是犯罪的人而为其提供隐藏处所、财物,帮助其逃匿或者作假证明包庇的,处三年以下有期徒刑、拘役或者管制;情节严重的,处三年以

---

① 参见全国人大常委会法工委刑法室1996年9月6日整理:《法律专家对〈刑法总则修改稿〉和〈刑法分则修改草稿〉的意见》,载高铭暄、赵秉志编:《新中国刑法立法文献资料总览》(下),中国人民公安大学出版社1998年版,第2145页。

上十年以下有期徒刑。犯前款罪,事前通谋的,以共同犯罪论处。"这一写法最后被1997年《刑法》第310条所沿用。

七、拒绝提供间谍犯罪证据罪(第311条)

本罪是1997年刑法典新增的一种犯罪,旨在与《国家安全法》的有关规定相协调,以充分发挥刑法最后法的作用。1993年2月22日全国人大常委会通过的《国家安全法》第26条规定:"明知他人有间谍犯罪行为,在国家安全机关向其调查有关情况、收集有关证据时,拒绝提供的,由其所在单位或者上级主管部门予以行政处分,或者由国家安全机关处十五日以下拘留;情节严重的,比照刑法第一百六十二条①的规定处罚。"在刑法修订研拟中,1996年8月8日的刑法分则修改草稿将上述规定的精神吸收于其中。该稿规定:"明知他人有间谍犯罪行为,在国家安全机关向其调查有关情况、收集有关证据时,拒绝提供,情节严重的,依照第二款②规定处罚。"1996年8月31日的刑法修改草稿分则第六章第二节第7条单独对此罪作了规定,其法定刑的写法则直接沿用了8月8日稿中被援引的法条的法定刑。1996年10月10日的刑法修订草案(征求意见稿)第277条对此罪的法定刑进行了修改,即删除了原先规定的情节严重的法定刑。该稿的写法最后被1997年《刑法》第311条所沿用,即:"明知他人有间谍犯罪行为,在国家安全机关向其调查有关情况、收集有关证据时,拒绝提供,情节严重的,处三年以下有期徒刑、拘役或者管制。"

需要指出的是,在刑法修订研拟过程中,有的地方和部门建议,将"明知他人有间谍犯罪行为拒不提供证据"的规定扩大到其他犯罪,主要理由是:刑事诉讼法改革了证人作证的方式,证人在刑事诉讼中的地位和意义更加重要,有些关键证人如果不出庭作证,对证人证言就无法质证,难以保证庭审活动的审理进行。建议拓展本罪的涵盖范围,对其他犯罪拒不作证的,也应规定为犯罪。也有地方认为,证人拒不作证的原因很复杂,根据我国目前的实际情况,在不能确保证人安全的情况下,不宜扩大拒不作证罪的范围。立法机关最终采纳了后者的意见,没有将拒不作证罪的范围扩大到一切犯罪,而仅限于事关国家安全的间谍犯罪,由此合理地控制了刑事制裁的限度。

八、掩饰、隐瞒犯罪所得、犯罪所得收益罪(第312条)

1979年《刑法》第172条规定了窝赃、销赃罪,该条规定:"明知是犯罪所得的

---

① 1979年《刑法》第162条规定的是窝藏、包庇罪。
② 该款规定:"明知是危害国家安全的犯罪分子而为其提供隐藏处所、金钱、物质帮助其逃匿或者作假证明包庇的,处三年以下有期徒刑、拘役或者管制;情节严重的,处三年以上十年以下有期徒刑。"

赃物而予以窝藏或者代为销售的,处三年以下有期徒刑、拘役或者管制,可以并处或者单处罚金。"

在刑法修订研拟中,此罪法条的写法经历了一个变化的过程。1988年9月的修改稿以1979年刑法典的写法为基础,进行了两处修改:一是在此罪罪状中增加规定了"收买"赃物的行为;二是将此罪法定刑中的管制刑予以删除。1988年11月16日和12月25日的刑法修改稿以8月8日稿对此罪罪状的写法为基础,增加规定了"情节严重"的表述,其法定刑的写法则直接沿用了1979年刑法典的规定。1996年8月8日的修改草稿删除了之前稿本为此罪增加的"情节严重"的规定,同时将此罪罪状中的"收买"赃物的行为修改为"收购"赃物。具体写法是:"明知是犯罪所得的赃物而予以窝藏、收购或者代为销售的,处三年以下有期徒刑、拘役或者管制,可以并处或者单处罚金。"该稿的这一写法为之后的一些修改稿本所沿用。到了1997年2月17日的修订草案(修改稿),考虑到转移赃物的行为也属于涉赃行为的典型表现形式,故立法机关在该稿第309条增加规定了"转移"赃物的行为。为了进一步明确和规范刑法用语,1997年3月1日的修订草案将原先的"可以并处或者单处罚金"的规定修改为"并处或者单处罚金"。该稿的这一修改最终形成了1997年《刑法》第312条的规定:"明知是犯罪所得的赃物而予以窝藏、转移、收购或者代为销售的,处三年以下有期徒刑、拘役或者管制,并处或者单处罚金。"按照有关司法解释,该条规定的罪名由原先的"窝赃、销赃罪"改为"窝藏、转移、收购、销售赃物罪"。

1997年刑法典颁行后,立法机关根据司法实践以及刑法条文之间相协调的需要,先后对此罪的规定进行了两次修改:

(1) 2006年6月29日《刑法修正案(六)》第19条对此罪的罪状和法定刑进行的修改,即:"明知是犯罪所得及其产生的收益而予以窝藏、转移、收购、代为销售或者以其他方法掩饰、隐瞒的,处三年以下有期徒刑、拘役或者管制,并处或者单处罚金;情节严重的,处三年以上七年以下有期徒刑,并处罚金。"之所以作上述修改,是因为:一方面,在实践中有部门提出,原规定中的犯罪对象是否包括"赃款"不明确;另一方面,考虑到立法机关对洗钱罪的上游犯罪的范围虽然进行了一些扩大,但根据有关国际公约的要求,对于掩饰、隐瞒所有犯罪所得的财物及其收益的行为均应作为犯罪处理,在法律中也应当明确。故对本罪作上述修改。

(2) 2009年2月28日通过的《刑法修正案(七)》第10条对此罪的修改,即在《刑法》第312条中增加一款作为第2款:"单位犯前款罪的,对单位判处罚金,并对其直接负责的主管人员和其他直接责任人员,依照前款的规定处罚。"根据刑法的规定,洗钱罪是可以由单位实施的,而作为兜底性规定的掩饰、隐瞒犯罪所得、犯罪所得收益罪却没有对单位实施此类犯罪行为作出规定,显然是一个缺漏,从实践中看,这类犯罪有些是单位实施的,故此,为进一步完善刑法的反洗钱措施,立法机关在此罪中增设了单位犯罪的规定。

九、拒不执行判决、裁定罪(第313条)

本条规定之罪是在1979年《刑法》第157条规定的基础上修改而来的,1979年《刑法》第157条规定:"以暴力、威胁方法阻碍国家工作人员依法执行职务的,或者拒不执行人民法院已经发生法律效力的判决、裁定的,处三年以下有期徒刑、拘役、罚金或者剥夺政治权利。"该条款规定了妨害公务罪和拒不执行判决、裁定罪两个罪名。在刑法修订研拟中,本罪被独立出来单独列条加以规定。

从此罪法条的写法演变看,经历了一个变化的过程。1988年9月的修改稿直接将1979年《刑法》第157条规定的罪状的后半句及法定刑移植过来,由此形成了该稿对拒不执行判决、裁定罪的规定。1988年11月16日和12月25日的修改稿对前稿的写法作了两处调整:一是在此罪罪状中增设了"以暴力、威胁方法"的限定。二是提高了此罪法定刑的上限,即由原先"三年"的规定修改为"五年"。具体写法是:"以暴力、威胁方法拒不执行人民法院已经发生法律效力的判决、裁定的,处五年以下有期徒刑、拘役、罚金或者剥夺政治权利。"

在之后的研拟中,有部门提出,实践中以暴力、威胁方法拒不执行判决、裁定的很少见,大多数是以"拖"、"泡"、"躲避"以及隐匿财物等方法拒不执行,故应删除"以暴力、威胁方法"的表述;该罪的处罚不宜过重,以原规定的最高刑3年为宜。① 经过研究,立法工作机关在1996年8月8日的分则修改草稿中部分采纳了上述建议。具体写法是:"以隐瞒、欺骗、转移财产等方法抗拒人民法院对已经发生法律效力的判决、裁定的执行的,处三年以下有期徒刑、拘役、剥夺政治权利或者罚金。犯前款罪使用暴力、威胁方法的,依照本法关于阻碍公务罪的规定从重处罚。"在1996年8月31日的刑法修改草稿中,立法工作机关对上述写法作了两处调整:一是删除了此罪罪状表述中"欺骗"的方法;二是在此罪罪状中增加规定了"情节严重"的表述。

到了1996年10月10日的修订草案(征求意见稿),立法工作机关对此罪的写法又作了较大的修改和调整:一是放弃了之前稿本对此罪罪状的写法,重新表述了这种犯罪的罪状;二是考虑到此罪与政治权利没有直接关系,故删除了之前稿本对此罪规定的剥夺政治权利。

具体而言,该稿第279条规定:"对人民法院的判决、裁定有能力执行而拒不执行,情节严重的,处三年以下有期徒刑、拘役、管制或者罚金。"在1997年3月1日

---

① 参见最高人民法院刑法修改小组:《关于刑法分则修改的若干问题(草稿)(1989年3月)》,载高铭暄、赵秉志编:《新中国刑法立法文献资料总览》(下),中国人民公安大学出版社1998年版,第2338页。

的修订草案第311条中,立法机关删除了之前稿本对此罪规定的管制。经过这一修改,最后形成了1997年《刑法》第313条的规定:"对人民法院的判决、裁定有能力执行而拒不执行,情节严重的,处三年以下有期徒刑、拘役或者罚金。"

1997年刑法典生效后,针对1997年《刑法》第313条的规定,一些部门反映,该条所规定的"裁定"是否包括人民法院依法执行支付令、生效的调解书、仲裁决定、公证债权文书等所作的裁定,在实践中存在着不同的认识;同时,一些国家机关工作人员由于地方保护主义思想在作怪,利用职权严重干扰人民法院的执行工作,从而导致法院的裁判不能执行,对于这种行为,也应当明确法律责任。基于此,立法机关经过研究,于2002年8月29日通过了《关于〈中华人民共和国刑法〉第三百一十三条的解释》,该解释指出,《刑法》第313条规定的"人民法院的判决、裁定",是指"人民法院依法作出的具有执行内容并已发生法律效力的判决、裁定。人民法院为依法执行支付令、生效的调解书、仲裁裁决、公证债权文书等所作的裁定属于该条规定的裁定"。同时,该解释规定:"下列情形属于刑法第三百一十三条规定的'有能力执行而拒不执行,情节严重'的情形:(一)被执行人隐藏、转移、故意毁损财产或者无偿转让财产、以明显不合理的低价转让财产,致使判决、裁定无法执行的;(二)担保人或者被执行人隐藏、转移、故意毁损或者转让已向人民法院提供担保的财产,致使判决、裁定无法执行的;(三)协助执行义务人接到人民法院协助执行通知书后,拒不协助执行,致使判决、裁定无法执行的;(四)被执行人、担保人、协助执行义务人与国家机关工作人员通谋,利用国家机关工作人员的职权妨害执行,致使判决、裁定无法执行的;(五)其他有能力执行而拒不执行,情节严重的情形。国家机关工作人员有上述第四项行为的,以拒不执行判决、裁定罪的共犯追究刑事责任。国家机关工作人员收受贿赂或者滥用职权,有上述第四项行为的,同时又构成刑法第三百八十五条、第三百九十七条规定之罪的,依照处罚较重的规定定罪处罚。"

十、非法处置查封、扣押、冻结的财产罪(第314条)

本罪是1997年刑法典新增的一种犯罪,其最初的写法见于1996年8月8日的刑法分则修改草稿,该稿第六章第二节第10条规定:"隐藏、转移、变卖、毁损已被司法机关查封、扣押、冻结的财产,情节严重的,处三年以下有期徒刑、拘役或者罚金。"在1996年8月31日的刑法修改草稿第六章第二节第13条关于此罪的规定中,在"毁损"前添加了"故意"字样,以强调毁损行为的主观故意性。此外,1996年12月中旬的刑法修订草案曾对此罪的法定刑进行了修改,补充规定了管制刑。但1997年3月1日的刑法修订草案第312条又将所补充规定的管制刑删除。经过以上修改,最后形成的1997年《刑法》第314条的规定是:"隐藏、转移、变卖、故意毁损已被司法机关查封、扣押、冻结的财产,情节严重的,处三年以下有期徒刑、拘役或者罚金"。

十一、破坏监管秩序罪(第315条)

本罪是1997年刑法典新增的一种犯罪,其写法最初见于1988年9月的刑法修改稿,该稿分则第六章第9条规定:"违反监管法规、破坏监管秩序,情节严重的,处五年以下有期徒刑或者剥夺政治权利。"1988年11月16日的刑法修改稿第195条规定了抗拒改造犯罪,并未将其他破坏监管秩序的行为规定为犯罪。1988年12月25日的刑法修改稿第208条明确了此罪的主体,具体写法是:"被关押的犯罪分子,违反监管法规,扰乱监管秩序,情节恶劣的,处五年以下有期徒刑。"

1994年12月29日全国人大常委会通过了《中华人民共和国监狱法》,该法第58条规定了破坏监管秩序的处理问题,即:"罪犯有下列破坏监管秩序情形之一的,监狱可以给予警告、记过或者禁闭:(一) 聚众哄闹监狱,扰乱正常秩序的;(二) 辱骂或者殴打人民警察的;(三) 欺压其他罪犯的;(四) 偷窃、赌博、打架斗殴、寻衅滋事的;(五) 有劳动能力拒不参加劳动或者消极怠工,经教育不改的;(六) 以自伤、自残手段逃避劳动的;(七) 在生产劳动中故意违反操作规程,或者有意损坏生产工具的;(八) 有违反监规纪律的其他行为的。依照前款规定对罪犯实行禁闭的期限为七天至十五天。罪犯在服刑期间有第一款所列行为,构成犯罪的,依法追究刑事责任。"

1996年8月8日的刑法分则修改草稿第六章第二节第11条就是根据《监狱法》的上述规定删改而成的。具体写法是:"依法被关押的罪犯,有下列破坏监管秩序行为之一,情节严重的,加处三年以下有期徒刑:(一) 殴打监管人员的;(二) 组织或者煽动其他被监管人破坏监管秩序的;(三) 制造或者私藏凶器的;(四) 聚众闹事,扰乱正常监管秩序的;(五) 殴打、体罚或者指使他人殴打、体罚其他被监管人的。"

对于"加处",在有关座谈会上,一些专家提出,"加处"是否绝对相加,要不要受刑法关于"有期徒刑不能超过二十年"的限制,在实践中很有争议,因此,"加处"的规定不妥当,建议规定一个法定刑,适用数罪并罚的原则。[①] 1996年8月31日的刑法修改草稿采纳了这一建议,同时也对前稿列举的破坏监管秩序的行为作了修改,将"组织或者煽动其他被监管人破坏监管秩序"修改为"组织其他被监管人破坏监管秩序",将"制造或者私藏凶器的"这一项删除。具体而言:"依法被关押的罪犯,有下列破坏监管秩序行为之一,情节严重的,处三年以下有期徒刑:(一) 殴打监管人员的;(二) 组织其他被监管人破坏监管秩序的;(三) 聚众闹事,

---

[①] 参见全国人大常委会法工委刑法室1996年9月6日整理:《法律专家对〈刑法总则修改稿〉和〈刑法分则修改草稿〉的意见》,载高铭暄、赵秉志编:《新中国刑法立法文献资料总览》(下),中国人民公安大学出版社1998年版,第2144页。

扰乱正常监管秩序的;(四)殴打、体罚或者指使他人殴打、体罚其他被监管人的。"该稿的这一写法最后被写进1997年刑法典中。

当然,在对此罪法条的起草研拟中,也有部门和地方曾建议,将《监狱法》第58条"拒不参加劳动或者消极怠工"的规定吸收到此罪的规定中,因为有的犯罪分子长期抗拒劳动改造,多次教育屡教不改,影响很坏。这种行为其主观上有抵触刑罚制裁的故意,客观上直接扰乱了正常监管秩序,对情节严重的,应予治罪。① 有的建议将《监狱法》第58条未被列入此罪的其他破坏监管秩序的行为也补充规定到此罪罪状中。考虑到有些行为的社会危害程度并没有达到必须采用刑法予以制裁的程度,立法机关没有采纳这些建议。

十二、脱逃罪、劫夺被押解人员罪(第316条)

1979年《刑法》第161条对脱逃罪作了规定,即:"依法被逮捕、关押的犯罪分子脱逃的,除按其原犯罪行判处或者按其原判刑期执行外,加处五年以下有期徒刑或者拘役。以暴力、威胁方法犯前款罪的,处二年以上七年以下有期徒刑。"1981年6月10日全国人大常委会通过的《关于处理逃跑或者重新犯罪的劳改犯和劳教人员的决定》对脱逃罪进行了修正,该决定第2条第1款规定:"劳改犯逃跑的,除按原判刑期执行外,加处五年以下有期徒刑;以暴力、威胁方法逃跑的,加处二年以上七年以下有期徒刑。"

在刑法修订研拟过程中,主要围绕如下问题对脱逃罪法条的起草进行了研究和修改:

(1)关于"加处"刑罚的问题。鉴于"加处"刑罚给司法实践带来诸多问题,在1988年的3个稿本中,立法工作机关曾删除了"加处"的规定。但到了1996年8月8日的分则修改草稿,立法工作机关又基本上恢复了1979年刑法典的规定,即"依法被关押的罪犯、犯罪嫌疑人、被告人脱逃的,加处五年以下有期徒刑或者拘役。以暴力方法脱逃的,加处五年以上十年以下有期徒刑。"对于这一写法,在有关专家座谈会上,一些专家提出,何谓"加处",是否等于绝对的相加,要不要受"有期徒刑数罪并罚时不能超过二十年"的限制,这些问题在司法实践中争议较大,建议删除"加处"的规定。② 考虑到刑法总则中规定了数罪并罚的原则,对脱逃罪规定一个法定刑,根据并罚的原则来计算行为人应当服的刑期似更可取,故在之后的刑法修改稿本中,再也没有在此罪中规定"加处"刑罚的内容。

---

① 参见《中央有关部门、地方及法律专家对刑法修订草案(征求意见稿)的意见》,载高铭暄、赵秉志编:《新中国刑法立法文献资料总览》(下),中国人民公安大学出版社1998年版,第2172页。

② 参见全国人大常委会法工委刑法室1996年9月6日整理:《法律专家对〈刑法总则修改稿〉和〈刑法分则修改草稿〉的意见》,载高铭暄、赵秉志编:《新中国刑法立法文献资料总览》(下),中国人民公安大学出版社1998年版,第2144页。

（2）本罪的犯罪主体问题。根据1979年刑法典的规定,脱逃罪的犯罪主体是依法被逮捕、关押的犯罪分子,1988年的3个稿本也延续了1979年刑法典的这一表述。在1996年8月8日的刑法分则修改草稿中,立法工作机关首次对此罪的主体作出修改,即将原先规定的"犯罪分子"修改为"罪犯、犯罪嫌疑人、被告人"。在1996年10月10日的刑法修订草案(征求意见稿)中,立法工作机关曾删除了"被告人"的规定。1996年12月中旬及其之后的一些刑法修订草案甚至恢复了"犯罪分子"的表述。后来考虑到,将尚未经司法审判定罪量刑的人统称为犯罪分子是不符合法理的,立法机关在1997年2月17日的刑法修订草案(修改稿)第313条中,将"犯罪分子"修改为"罪犯、被告人、犯罪嫌疑人"。最后审议通过的1997年刑法典将脱逃罪的主体也维持为"罪犯、被告人、犯罪嫌疑人"。

（3）关于"以暴力、威胁方法"脱逃的处理。在1979年刑法典以及《关于处理逃跑或者重新犯罪的劳改犯和劳教人员的决定》中,对于以暴力、威胁方法脱逃的,均规定了独立的法定刑。这一写法为1988年的3个稿本所沿用。到了1996年8月8日的分则修改草稿,立法工作机关对此罪的写法改变了以往"罪状＋法定刑"的模式,而将这种情况视为妨害公务罪从重处罚的情节。具体写法是:"犯前款罪使用暴力、威胁方法的,依照本法关于阻碍公务罪的规定从重处罚。"在1996年8月31日的修改草稿中,立法工作机关又恢复了1979年刑法典对此罪规定的"罪状＋法定刑"的模式,有所不同的是,该稿删除了以威胁方法脱逃处以较重刑罚的规定,而仅仅保留了"以暴力方法脱逃"处以较重刑罚的规定。后来,考虑到以暴力、威胁方法脱逃的,只要行为人没有造成严重后果,仍然可以为此罪的构成要件所涵括,如果造成了此罪构成要件不能涵括的严重后果时,可以依照其他犯罪处理,没有必要在此罪中对此作出专门的规定,故在1996年10月10日的修订草案(征求意见稿)及其之后的修订草案中,没有再专门对"以暴力、威胁方法脱逃"的情形作出规定。

经过以上的修改和调整,最后形成的1997年《刑法》第316条第1款的规定是:"依法被关押的罪犯、被告人、犯罪嫌疑人脱逃的,处五年以下有期徒刑或者拘役。"

1997年《刑法》第316条第2款规定的是劫夺被押解人员罪,其写法最初见于1996年8月8日的刑法分则修改草稿,该稿规定:"劫夺在押的罪犯、犯罪嫌疑人的,处三年以上十年以下有期徒刑。"1996年8月31日的修改草稿对前述规定的写法进行了一处修改,即在此罪罪状中增加列举了"被告人"的规定。到了1996年10月10日的刑法修订草案(征求意见稿),立法工作机关将此罪与脱逃罪一起规定在征求意见稿第282条中,同时将此罪的主体由之前的"在押的罪犯、犯罪嫌疑人、被告人"的表述修改为"押解途中的罪犯、犯罪嫌疑人",并将此罪的法定刑区分为两个量刑档次;对于此罪的基本犯,处3年以上7年以下有期徒刑;情节严重的,处7年以上有期徒刑。在1996年12月中旬的刑法修订草案中,立法工作机关对此罪的主体又增加规定了"被告人",经过这一修改和调整,最后形成了1997年《刑法》第316条第2款的规定,即:"劫夺押解途中的罪犯、被告人、犯罪嫌疑人的,处三年以上七年以下有期徒刑;情节严重的,处七年以上有期徒刑。"

十三、组织越狱罪、暴动越狱罪、聚众持械劫狱罪(第317条)

1979年《刑法》第96条规定有聚众劫狱罪和组织越狱罪,并把这两个犯罪归入刑法典分则第一章"反革命罪"一章中。第96条规定:"聚众劫狱或者组织越狱的首要分子或者其他罪恶重大的,处无期徒刑或者十年以上有期徒刑,其他积极参加的,处三年以上十年以下有期徒刑。"由于这两种犯罪在1979年刑法典中是反革命罪,反革命罪的成立要求行为人具有"反革命的目的",从实践中看,聚众劫狱和组织越狱的犯罪人不一定具有反革命目的,而且事实上,在实践中有时也很难确定行为人是否具有反革命的目的。故此在对刑法进行修订的研拟中,立法工作机关从1996年8月8日的分则修改草稿起,将这两种犯罪归入"妨害社会管理秩序罪"一章中。

从具体的写法看,1988年的3个修改稿本曾删除了组织越狱罪和聚众劫狱罪的规定,这样,若司法实践中发生了这类行为,可以按照聚众叛乱罪和暴力脱逃罪定罪处罚。在1996年8月8日的分则修改草稿中,聚众劫狱的犯罪系与劫夺在押人员罪规定在一个条文中的,而组织越狱罪则与脱逃罪一起规定在一个条文中。具体的写法是:"聚众犯前款罪①的,对首要分子或者罪恶重大的,处十年以上有期徒刑;情节特别严重的,处无期徒刑或者死刑;对其他参加的,处三年以上十年以下有期徒刑。组织越狱的,对首要分子或者罪恶重大的,处十年以上有期徒刑;组织越狱使用暴力或者情节特别严重的,处无期徒刑或者死刑;对其他参加的,处三年以上十年以下有期徒刑。"在1996年8月31日的修改草稿中,立法工作机关删除了组织越狱的条款,而保留了聚众劫狱的规定。

到了1996年10月10日的修订草案(征求意见稿),立法工作机关一改以往对这些犯罪分散进行规定的写法,而将其规定在一个条文中。具体而言,该稿第283条规定:"组织越狱的首要分子或者其他罪恶重大的,处五年以上有期徒刑;其他积极参加的,处五年以下有期徒刑或者拘役。暴动越狱或者聚众持械劫狱的首要分子或者其他罪恶重大的,处十年以上有期徒刑或者无期徒刑;情节特别严重的,处死刑;其他积极参加的,处三年以上十年以下有期徒刑。"

对于上述的写法,在之后的研拟中,立法机关先后进行了两次修改和调整:一是在1997年2月17日的修订草案(修改稿)中,立法机关将上述规定中的"罪恶重

---

① 此款规定的是劫夺在押人员罪。

大"的表述修改成了"罪行重大"。二是在1997年3月13日的修订草案中,立法机关放弃了2月17日稿的上述修改,将1996年10月10日稿中的"其他罪恶重大"的表述修改成了"积极参加";原规定中的"其他积极参加"的表述被修改为"其他参加"。

经过这次修改和调整,最后形成了1997年《刑法》第317条的规定:"组织越狱的首要分子和积极参加的,处五年以上有期徒刑;其他参加的,处五年以下有期徒刑或者拘役。暴动越狱或者聚众持械劫狱的首要分子和积极参加的,处十年以上有期徒刑或者无期徒刑;情节特别严重的,处死刑;其他参加的,处三年以上十年以下有期徒刑。"

第三节 妨害国(边)境管理罪

一、组织他人偷越国(边)境罪(第318条)

1979年《刑法》第177条规定了组织、运送他人偷越国(边)境罪,即:"以营利为目的,组织、运送他人偷越国(边)境的,处五年以下有期徒刑、拘役或者管制,可以并处罚金。"1994年3月5日全国人大常委会通过了《关于严惩组织、运送他人偷越国(边)境犯罪的补充规定》[以下简称《偷越国(边)境犯罪的补充规定》],对1979年刑法典的上述规定作了补充和修改,该补充规定第1条规定:"组织他人偷越国(边)境的,处二年以上七年以下有期徒刑,并处罚金;有下列情形之一的,处七年以上有期徒刑或者无期徒刑,并处罚金或者没收财产:(一)组织他人偷越国(边)境集团的首要分子;(二)多次组织他人偷越国(边)境或者组织他人偷越国(边)境人数众多的;(三)造成被组织人重伤、死亡的;(四)剥夺或者限制被组织人人身自由的;(五)以暴力、威胁方法抗拒检查的;(六)违法所得数额巨大的;(七)有其他特别严重情节的。对被组织人有杀害、伤害、强奸、拐卖等犯罪行为,或者对检查人员有杀害、伤害等犯罪行为的,可以依照法律规定判处死刑。"

在刑法修订研拟中,1988年的3个稿本基本上是围绕1979年《刑法》第177条的规定进行修订研拟的。1988年9月的刑法修改稿仅删除了此罪法定刑中的管制刑,并把"可以并处罚金"修改为选择性的单处罚金,对此罪的罪状未作修改。1988年11月16日和12月25日的刑法修改稿关于此罪的法定刑恢复了1979年刑法的规定,包括恢复了管制刑。

1994年全国人大常委会通过《偷越国(边)境犯罪的补充规定》以后,立法工作机关对此罪法条的写法即围绕着这一补充规定的写法而进行研拟。由于补充规定第1条第1款的规定被直接移植到1996年8月8日的刑法分则修改草稿第六章第三节第 1 条第 1 款①中,故之后的研拟主要是对此罪第 2 款规定的写法进行修改和调整。例如,1996 年 8 月 31 日的修改草稿对此罪原第 2 款"可以依照法律规定判处死刑"的规定进行了修改,规定对这种情形依照刑法的有关规定处罚,而不是可以依照法律规定判处死刑。在 1997 年 2 月 17 日的修订草案(修改稿)中,立法机关又进一步明确了对此罪的处理,即由原先的"依照本法有关规定处罚"修改为"依照本法有关规定定罪处罚"。到了 1997 年 3 月 13 日的修订草案,立法机关考虑到"依照本法有关规定定罪处罚"在实践中容易产生要不要数罪并罚的争议,故将原先"依照本法有关规定定罪处罚"的写法明确修改为"依照数罪并罚的规定处罚"。至此,1997 年《刑法》第 318 条第 2 款的规定是:"犯前款罪,对被组织人有杀害、伤害、强奸、拐卖等犯罪行为,或者对检查人员有杀害、伤害等犯罪行为的,依照数罪并罚的规定处罚。"

二、骗取出境证件罪(第 319 条)

本条之罪原系《偷越国(边)境犯罪的补充规定》对 1979 年刑法典补充规定的一种犯罪,该补充规定第 2 条规定:"以劳务输出、经贸往来或者其他名义,弄虚作假,骗取护照、签证等出境证件,为组织他人偷越国(边)境使用的,依照本规定第一条的规定处罚。单位有前款规定的犯罪行为的,对单位判处罚金,并对直接负责的主管人员和其他直接责任人员,依照本规定第一条的规定处罚。"

立法机关在将上述规定吸收到新刑法典的研拟过程中,1997 年 3 月 13 日的修订草案对上述写法进行了实质性的修改,该草案将原先的援引法定刑的规定修改为独立的法定刑,即:对于基本犯,处 3 年以下有期徒刑,并处罚金;情节严重的,处 3 年以上 10 年以下有期徒刑,并处罚金。经过这次修改,最后形成了 1997 年《刑法》第 319 条的规定:"以劳务输出、经贸往来或者其他名义,弄虚作假,骗取护照、签证等出境证件,为组织他人偷越国(边)境使用的,处三年以下有期徒刑,并处罚金;情节严重的,处三年以上十年以下有期徒刑,并处罚金。单位犯前款罪的,对单位判处罚金,并对其直接负责的主管人员和其他直接责任人员,依照前款的规定处罚。"

三、提供伪造、变造的出入境证件罪,出售出入境证件罪(第 320 条)

本条之罪原系《偷越国(边)境犯罪的补充规定》对 1979 年刑法典补充规定的两种犯罪,该补充规定第 3 条规定:"为他人提供伪造、变造的护照、签证等出入境证件,或者倒卖护照、签证等出入境证件的,处五年以下有期徒刑,并处罚金;情节严重的,处五年以上有期徒刑,并处罚金。

---

① 此后对这一款的写法始终未变,直至成为 1997 年《刑法》第 318 条第 1 款。

在刑法修订研拟中,1996年10月10日的修订草案(征求意见稿)第286条对上述写法作了一处修改,即将原先"倒卖护照"的规定修改成了"出售护照",由此形成了1997年《刑法》第320条的规定。

四、运送他人偷越国(边)境罪(第321条)

在1979年刑法典中,本罪行为系与组织他人偷越国(边)境的行为相并列作为"组织、运送他人偷越国(边)境罪"的选择式罪状而规定。1994年全国人大常委会通过的《偷越国(边)境犯罪的补充规定》将运送他人偷越国(边)境的行为作为一种独立的犯罪单列出来。该补充规定第4条规定:"运送他人偷越国(边)境的,处五年以下有期徒刑、拘役或者管制,并处罚金;有下列情形之一的,处五年以上十年以下有期徒刑,并处罚金:(一)多次实施运送行为或者运送人数众多的;(二)所使用的船只、车辆等交通工具不具备必要的安全条件,足以造成严重后果的;(三)违法所得数额巨大的;(四)有其他特别严重情节的。在运送他人偷越国(边)境中造成被运送人重伤、死亡,或者以暴力、威胁方法抗拒检查的,处七年以上有期徒刑,并处罚金。对被运送人有杀害、伤害、强奸、拐卖等犯罪行为,或者对检查人员有杀害、伤害等犯罪行为的,可以依照法律规定判处死刑……"

如前所述,立法工作机关在此罪法条起草研拟中,1988年的3个稿本基本上是围绕1979年《刑法》第177条的规定进行修订研拟的。《偷越国(边)境犯罪的补充规定》通过以后,立法工作机关对本罪法条的起草研拟即转向了对补充规定写法的修改和调整。由于补充规定第4条第1款和第2款的规定被直接移植到1996年8月8日刑法分则修改草稿第六章第三节第4条第1、2款①中,故之后的研拟主要是对此罪第3款规定的写法进行修改和调整。1996年10月10日的修订草案(征求意见稿)对此罪原第3款的"可以依照法律规定判处死刑"的规定进行了修改,规定对这种情形依照刑法的有关规定处罚,而不是可以依照法律规定判处死刑。在1997年2月17日的修订草案(修改稿)中,立法机关又进一步明确了对此的处理,即由原先的"依照本法有关规定处罚"修改为"依照本法有关规定定罪处罚"。到了1997年3月13日的修订草案,立法机关考虑到"依照本法有关规定定罪处罚"在实践中容易产生要不要数罪并罚的争议,故将原先"依照本法有关规定定罪处罚"的写法明确修改为"依照数罪并罚的规定处罚"。由此,形成了1997年《刑法》第321条第3款的规定:"犯前两款罪,对被运送人有杀害、伤害、强奸、拐卖等犯罪行为,或者对检查人员有杀害、伤害等犯罪行为的,依照数罪并罚的规定处罚。"

---

① 此后对这两款的写法始终未变,直至成为1997年《刑法》第321条第1、2款。

五、偷越国(边)境罪(第 322 条)

本条之罪原系 1979 年《刑法》第 176 条的规定:"违反出入国境管理法规,偷越国(边)境,情节严重的,处一年以下有期徒刑、拘役或者管制。"1994 年的《偷越国(边)境犯罪的补充规定》对该条规定作了两处修改:一是删除了 1979 年刑法典中的"违反出入国境管理法规"的表述;二是将本罪的法定最高刑由"一年"修改为"二年",删除了原先规定的管制,并增加了并处罚金刑的规定。具体写法是:偷越国(边)境,情节严重的,处二年以下有期徒刑或者拘役,并处罚金。

在对此罪法条修订研拟中,1988 年的 3 个稿本基本上是围绕着 1979 年《刑法》第 176 条的规定研拟的。如 1988 年 9 月的修改稿对此罪罪状的写法与 1979 年刑法典的相同,有所不同的是删除了原规定中的管制刑,并补充规定了罚金刑。但 1988 年 11 月 16 日和 12 月 25 日的稿本又改回了 1979 年刑法典对此罪的写法。

在 1996 年 8 月 8 日的分则修改草稿中,立法工作机关以《偷越国(边)境犯罪的补充规定》对此罪罪状的表述为基础,增加规定了"违反出入国(边)境法律、法规",其法定刑则与《偷越国(边)境犯罪的补充规定》对此罪规定的法定刑相同。在 1996 年 8 月 31 日的修改草稿中,立法工作机关以上述分则修改草稿的写法为基础,将原先"违反出入国(边)境法律、法规"的表述简化为"违反出入境管理法规"。到了 1996 年 10 月 10 日的修订草案(征求意见稿),立法工作机关又从罪状和法定刑两个方面对此罪作了较大的调整:从罪状上看,对偷越国(边)境的手段作了限制,并删除了原先"情节严重"的表述,即:"使用伪造、变造的出入境证件偷越国(边)境的",构成本罪。从法定刑上看,该写法降低了此罪的法定最高刑,即由 8 月 31 日稿的"二年"有期徒刑修改为"一年"有期徒刑。后来,1996 年 12 月中旬的修订草案第 294 条又修改了 10 月 10 日征求意见稿的写法,即:"违反国(边)境管理法规,偷越国(边)境,情节严重的,处一年以下有期徒刑、拘役或者管制,并处罚金。"该草案的这一写法最后被 1997 年《刑法》第 322 条所沿用。

六、破坏界碑、界桩罪,破坏永久性测量标志罪(第 323 条)

本条之罪原系 1979 年《刑法》第 175 条的规定:"故意破坏国家边境的界碑、界桩或者永久性测量标志的,处三年以下有期徒刑或者拘役。以叛国为目的的,按照反革命罪处罚。"

在刑法修订研拟中,对此罪法条写法的研拟主要是围绕着上述第 2 款规定的去留而进行的。在 1988 年 9 月的修改稿中,鉴于反革命罪的罪名拟更名为危害国家安全罪,故上述第 2 款规定中的"按照反革命罪处罚"的表述被修改为"按照危害国家安全罪处罚"。在 1988 年 11 月 16 日的刑法修改稿中,立法工作机关仅将 1979 年《刑法》第 175 条第 1 款写入该稿本中,删除了该条第 2 款的规定。1988 年

12月25日的稿本对上述第2款的表述作了实质性的修改,即:"以叛国为目的的,依照第九十九条破坏国防或者其他重要公共设施、设备罪的规定处罚。"在1996年8月8日的分则修改草稿中,立法工作机关除了将"反革命罪"修改为"危害国家安全罪"外,其余内容则直接沿用了1979年刑法典的写法。到了1996年8月31日的修改草稿,立法工作机关最终删除了1979年刑法典原第2款的规定,并且一直延续到1997年新刑法典通过。

此外,在研拟中,对此罪的法定刑也曾作过一些改动。例如,1996年12月中旬的修订草案曾以1979年刑法典的写法为基础,在此罪法定刑中补充规定了管制刑,这一写法为之后的一些修订草案所沿用。到了1997年3月1日的修订草案,立法机关出于综合平衡管制刑在分则中的布局的考虑,又删除了管制刑的规定。经过以上的调整,1979年《刑法》第175条第1款的规定就成了1997年《刑法》第323条的规定。

第四节 妨害文物管理罪

一、故意损毁文物罪、故意损毁名胜古迹罪、过失损毁文物罪(第324条)

1997年《刑法》第324条规定的"故意损毁文物罪"和"故意损毁名胜古迹罪"系在1979年《刑法》第174条规定的"破坏珍贵文物、名胜古迹罪"的基础上分解修改而成的。1979年《刑法》第174条规定:"故意破坏国家保护的珍贵文物、名胜古迹的,处七年以下有期徒刑或者拘役。"

在刑法修订研拟中,1988年的3个刑法修改稿本对此罪的写法基本上是围绕着1979年刑法典的规定而进行研拟的。1988年9月的修改稿在1979年刑法典规定的基础上,增加规定了加重情节的法定刑,即:"情节严重的,处七年以上有期徒刑"。1988年11月16日和12月25日的稿本在9月稿的基础上,对此罪的两档法定刑增加了罚金刑的规定,具体写法是:"故意破坏国家保护的珍贵文物、名胜古迹的,处七年以下有期徒刑或者拘役,可以并处罚金;情节严重的,处七年以上有期徒刑,并处罚金。"

在1996年8月8日和8月31日的修改草稿中,立法工作机关对此罪的写法作了较大的调整:一是修改了本罪的行为,即将原先"破坏"的表述修改为"损毁"。二是在1979年刑法典原规定的基础上,对本罪的法定刑增加规定了罚金。到了1996年10月10日的修订草案(征求意见稿),立法工作机关一改以往将两种犯罪行为规定在一个条款中的立法模式,而对"故意损毁珍贵文物"和"故意损毁名胜古迹"的犯罪行为单列两个条款分别加以规定,并为其增设了单位犯罪的规定。该稿第290条第1款规定:"故意损毁国家保护的珍贵文物的,处三年以下有期徒刑或者拘役,单处或者并处罚金;情节严重的,处三年以上十年以下有期徒刑,并处罚金。"第 2 款规定:"故意损毁国家保护的名胜古迹,情节严重的,处五年以下有期徒刑或者拘役,单处或者并处罚金。"第 3 款规定:"单位犯前两款罪的,对单位判处罚金,并对其直接负责的主管人员和其他直接责任人员,依照前两款的规定处罚。"

在 1996 年 12 月中旬的修订草案中,立法工作机关对上述规定又作了如下的修改:一是在上述第 1 款规定的第一档法定刑中增加规定了管制刑,同时将该档刑中的罚金由原先的"单处或者并处罚金"修改为"可以并处或者单处罚金"。二是将原先第 2 款规定的法定刑中的"单处或者并处罚金"修改为"并处或者单处罚金"。该稿对故意损毁名胜古迹罪的修改,最终形成了 1997 年《刑法》第 324 条第 2 款的规定。

到了 1997 年 2 月 17 日的修订草案(修改稿),立法机关对故意损毁文物罪的罪状作了修改,即在之前稿本写法的基础上,增加规定了"或者被确定为全国重点文物保护单位、省级文物保护单位的文物"的内容,同时删除了此罪单位犯罪的规定。具体写法是:"故意损毁国家保护的珍贵文物或者被确定为全国重点文物保护单位、省级文物保护单位的文物的,处三年以下有期徒刑、拘役或者管制,可以并处或者单处罚金;情节严重的,处三年以上十年以下有期徒刑,并处罚金。"在 1997 年 3 月 1 日的修订草案中,立法机关对前稿中的法定刑作了两处修改:一是删除了此罪第一档刑中的管制;二是将上述第一档刑中的"可以并处或者单处罚金"的规定修改为"并处或者单处罚金"。由此,形成了 1997 年《刑法》第 324 条第 1 款的规定。

1997 年《刑法》第 324 条第 3 款规定的"过失损毁文物罪"是 1997 年刑法典新增加的一种犯罪,其写法最初见于 1996 年 8 月 8 日的刑法分则修改草稿,该稿规定:"过失损毁国家保护的珍贵文物,情节严重的,处三年以下有期徒刑、拘役或者罚金。"在 1996 年 8 月 31 日的刑法修改草稿中,立法工作机关将之前稿本中的"情节严重"修改为"造成严重后果",其他内容则与前稿的写法相同。到了 1996 年 12 月中旬的修订草案,立法工作机关对此罪的法定刑又增加了管制刑的规定。这一写法为之后的多个稿本所沿用。在 1997 年 2 月 17 日的修订草案(修改稿)中,立法机关对此罪的罪状和法定刑又作了较大的修改和调整:一是在罪状中,增加规定了"或者被确定为全国重点文物保护单位、省级文物保护单位的文物"的内容;二是就法定刑而言,立法机关删除了之前稿本中的罚金的规定。1997 年 3 月 1 日的修订草案又删除此罪法定刑中的管制,最终形成了 1997 年《刑法》第 324 条第 3 款的规定。

综上所述,经过修改和调整以后,最终形成的 1997 年《刑法》第 324 条的规定是:"故意损毁国家保护的珍贵文物或者被确定为全国重点文物保护单位、省级文物保护单位的文物的,处三年以下有期徒刑或者拘役,并处或者单处罚金;情节严重的,处三年以上十年以下有期徒刑,并处罚金。故意损毁国家保护的名胜古迹,情节严重的,处五年以下有期徒刑或者拘役,并处或者单处罚金。过失损毁国家保护的珍贵文物或者被确定为全国重点文物保护单位、省级文物保护单位的文物,造成严重后果的,处三年以下有期徒刑或者拘役。"

二、非法向外国人出售、赠送珍贵文物罪(第325条)

本罪是1997年刑法典新增的一种犯罪。根据1991年6月29日修订的《中华人民共和国文物保护法》(以下简称《文物保护法》)第31条第4款的规定:"任何组织或者个人将收藏的国家禁止出口的珍贵文物私自出售或者私自赠送给外国人的,以走私论处。"为了与《文物保护法》的规定相协调,切实充分地发挥刑法最后法的作用,立法工作机关在1996年8月8日的刑法分则修改草稿中,将上述规定的精神贯彻于其中。该稿规定:"将私人收藏的珍贵文物私自出售、赠送给外国人的,依照本法关于走私文物罪的规定处罚。"到了1996年10月10日的修订草案(征求意见稿),立法工作机关对此罪的上述写法作了较大的修改:一是对此罪的罪状增加了"违反文物保护法规"的规定;二是为此罪增设了独立的法定刑。这意味着,对于非法向外国人出售、赠送珍贵文物的行为,不再以走私罪论处,而是以一种独立的犯罪追究刑事责任。具体写法是:"违反文物保护法规,将私人收藏的珍贵文物私自出售、赠送给外国人的,处五年以下有期徒刑或者拘役。"

1996年12月中旬的修订草案又对上述写法中的罪状作了三处修改:一是对珍贵文物的性质作了限定,即只有国家禁止出口的珍贵文物,才能成为本罪的对象;二是在"赠送"的表述中增加了"私自"的限制;三是增加了此罪单位犯罪的规定。

具体而言:"违反文物保护法规,将收藏的国家禁止出口的珍贵文物私自出售或者私自赠送给外国人的,处五年以下有期徒刑或者拘役。单位犯前款罪的,对单位判处罚金,并对其直接负责的主管人员和其他直接责任人员,依照前款的规定处罚。"到了1997年3月13日的修订草案,考虑到行为人往往会从此罪行为中获取利益,故此立法机关对此罪的法定刑增加了"可以并处罚金"的规定,并由此形成了1997年《刑法》第325条的规定。

三、倒卖文物罪(第326条)

本罪是1997年刑法典新增的一种犯罪,其写法最初见于1996年8月8日的刑法分则修改草稿,该稿规定:"倒卖国家禁止买卖的文物,情节严重的,处五年以下有期徒刑或者拘役,并处罚金;情节特别严重的,处五年以上十年以下有期徒刑,并处罚金。"在1996年10月10日的修订草案(征求意见稿)中,立法工作机关对此罪的罪状作了两处修改:一是在此罪条文前端增加了"以牟利为目的"的规定;二是修改了此罪的犯罪对象,即由之前的"国家禁止买卖的文物"修改为"国家禁止自由买卖的文物"。到了 1997 年 2 月 17 日的修订草案(修改稿),立法机关以 1996 年 10 月 10 日征求意见稿的写法为基础,又进一步明确了此罪的犯罪对象,即由征求意见稿的"国家禁止自由买卖的文物"修改为"国家限制买卖的文物",同时,增设了单位犯罪的规定。到了 1997 年 3 月 13 日的修订草案,"国家限制买卖的文物"又被修改为"国家禁止经营的文物",由此最终形成 1997 年《刑法》第 326 条的规定:"以牟利为目的,倒卖国家禁止经营的文物,情节严重的,处五年以下有期徒刑或者拘役,并处罚金;情节特别严重的,处五年以上十年以下有期徒刑,并处罚金。单位犯前款罪的,对单位判处罚金,并对其直接负责的主管人员和其他直接责任人员,依照前款的规定处罚。"

四、非法出售、私赠文物藏品罪(第 327 条)

本罪是 1997 年刑法典为与《文物保护法》相衔接而新增的一种犯罪,《文物保护法》第 31 条第 2 款规定:"全民所有制博物馆、图书馆等单位将文物藏品出售或者私自赠送给非全民所有制单位或者个人的,对主管人员和直接责任人员比照刑法第一百八十七条[1]的规定追究刑事责任。"

在刑法修订研拟中,上述规定的精神被立法工作机关首先吸收进 1996 年 8 月 8 日的刑法分则修改草稿中,该稿规定:"全民所有制博物馆、图书馆等单位将文物藏品出售或者私自赠送给非全民所有制单位或者个人的,对单位判处罚金,并对直接负责的主管人员和其他直接责任人员,处三年以下有期徒刑或者拘役,可以并处或者单处罚金。"以这一写法为基础,1996 年 8 月 31 日的刑法修改草稿作了两处修改:一是在本罪条文前端添加了"违反文物保护法规"的内容;二是将此罪罪状中的"全民所有制"的表述修改为"国有","非全民所有制"的规定修改为"非国有"。到了 1997 年 3 月 13 日的修订草案,立法机关删除了此罪法定刑中的"可以并处或者单处罚金"的规定,经过这一修改,最终形成了 1997 年《刑法》第 327 条的规定:"违反文物保护法规,国有博物馆、图书馆等单位将国家保护的文物藏品出售或者私自送给非国有单位或者个人的,对单位判处罚金,并对其直接负责的主管人员和其他直接责任人员,处三年以下有期徒刑或者拘役。"

五、盗掘古文化遗址、古墓葬罪,盗掘古人类化石、古脊椎动物化石罪(第 328 条)

本条第 1 款规定的盗掘古文化遗址、古墓葬罪系对 1991 年 6 月 29 日全国人大常委会通过的《关于惩治盗掘古文化遗址古墓葬犯罪的补充规定》的规定修改而成的。该补充规定规定:"盗掘具有历史、艺术、科学价值的古文化遗址、古墓葬的,

---

[1] 1979 年《刑法》第 187 条规定的是玩忽职守罪。

处三年以上十年以下有期徒刑,可以并处罚金;情节较轻的,处三年以下有期徒刑或者拘役,可以并处罚金;有下列情形之一的,处十年以上有期徒刑、无期徒刑或者死刑,并处罚金或者没收财产:(一)盗掘确定为全国重点文物保护单位和省级文物保护单位的古文化遗址、古墓葬的;(二)盗掘古文化遗址、古墓葬集团的首要分子;(三)多次盗掘古文化遗址、古墓葬的;(四)盗掘古文化遗址、古墓葬,并盗窃珍贵文物或者造成珍贵文物严重破坏的。"

对于这一写法,在刑法修订研拟中,曾先后进行过两次调整:一是1996年12月中旬的修订草案对此罪较轻情节的法定刑增加了管制刑的规定;二是1997年3月1日的修订草案将原先的"可以并处罚金"的规定修改为"并处罚金"。经过上述修改,最后形成了1997年《刑法》第328条第1款的规定。鉴于新刑法典颁行以来的司法实践,本罪的死刑规定基本上没有适用过,故此为适应从立法上严格限制死刑、削减死刑的需要,全国人大常委会通过《刑法修正案(八)》删除了此罪死刑的规定。

本条第2款规定的盗掘古人类化石、古脊椎动物化石罪是1997年刑法典新增的一种犯罪,其写法最初见于1996年10月10日的刑法修订草案(征求意见稿)第294条第2款的规定,即:"盗掘国家保护的具有科学价值的古人类化石和古脊椎动物化石的,依照前款的规定处罚。"这一写法为后续各稿所沿用,到了1997年2月17日修订草案(修改稿),把"依照前款规定处罚"修改为"依照前款的规定处罚",从而最终成为1997年《刑法》第328条第2款的规定。

1997年刑法典颁行后,一些地方出现了走私、盗窃、损毁、倒卖、非法转让具有科学价值的古脊椎动物化石和古人类化石的严重违法行为,由于刑法对此没有专门作出处罚规定,司法机关在处理这些行为时产生了不同的认识。为明确法律界限,消除分歧,经过研究,全国人大常委会于2005年12月29日通过了《关于〈中华人民共和国刑法〉有关文物的规定适用于具有科学价值的古脊椎动物化石、古人类化石的解释》,该解释规定:刑法中有关文物的规定,同样适用于具有科学价值的古脊椎动物化石和古人类化石。

六、抢夺、窃取国有档案罪,擅自出卖、转让国有档案罪(第329条)

档案是指过去和现在的国家机构、社会组织以及个人从事政治、军事、经济、科学、技术、文化、宗教等活动直接形成的对国家和社会有保存价值的各种文字、图表、声像等不同形式的历史记录。全国人大常委会于1987年9月5日通过、1996年7月5日修正的《中华人民共和国档案法》,对档案的管理、利用、公布以及法律责任等都作了明确的规定。刑法作为后盾法,特就保护国有档案作出规定。

抢夺、窃取国有档案罪和擅自出卖、转让国有档案罪是1997年刑法典新增的犯罪,其写法首先见于1997年3月13日的刑法修订草案,该草案第329条规定:

"抢夺、窃取国家所有的档案的,处五年以下有期徒刑或者拘役。违反档案法的规定,擅自出卖、转让国家所有的档案,情节严重的,处三年以下有期徒刑或者拘役。有前两款行为,同时又构成本法规定的其他犯罪的,依照处罚较重的规定定罪处罚。"上述规定一字未改地成为1997年《刑法》第329条的规定。

第五节 危害公共卫生罪

一、妨害传染病防治罪(第330条)

本条之罪是立法机关为与1989年2月21日通过的《中华人民共和国传染病防治法》①(以下简称《传染病防治法》)的有关规定相对接而在1997年刑法典中新增的一种犯罪。1989年《传染病防治法》第35条规定:"违反本法规定,有下列行为之一的,由县级以上政府卫生行政部门责令限期改正,可以处以罚款;有造成传染病流行危险的,由卫生行政部门报请同级政府采取强制措施:(一)供水单位供应的饮用水不符合国家规定的卫生标准的;(二)拒绝按照卫生防疫机构提出的卫生要求,对传染病病原体污染的污水、污物、粪便进行消毒处理的;(三)准许或者纵容传染病病人、病原携带者和疑似传染病病人从事国务院卫生行政部门规定禁止从事的易使该传染病扩散的工作的;(四)拒绝执行卫生防疫机构依照本法提出的其他预防、控制措施的。"第37条规定:"有本法第三十五条所列行为之一,引起甲类传染病传播或者有传播严重危险的,比照刑法第一百七十八条②的规定追究刑事责任。"

在刑法修订研拟中,1996年8月8日的修改草稿并没有列举具体的妨害传染病防治的行为,而是采用空白罪状的立法方式来描述此罪的罪状。具体而言:"违反传染病防治法的规定,引起甲类传染病传播或者有传播严重危险的,处三年以下有期徒刑或者拘役,可以并处或者单处罚金。单位犯前款罪的,对单位判处罚金,并对直接负责的主管人员和其他直接责任人员,依照前款的规定处罚。"考虑到上述写法中法定最高刑只有3年,恐难满足罪责刑相适应原则的要求,故在1996年8月31日的刑法修改草稿中,立法工作机关将此罪的法定最高刑修改为"七年"。到了1996年10月10日的修订草案(征求意见稿),立法工作机关对此罪法条的写法又进行了较大的调整。从罪状上看,采用了空白罪状和叙明罪状相结合的方式来描述;从法定刑上看,根据情节的不同,为此罪设置了两档的法定刑。具体而言,第295条第1款规定:"违反传染病防治法的规定,有下列情形之一,引起甲类传染病

---

① 该法于2004年8月28日修订通过。
② 1979年《刑法》第178条规定的是妨害国境卫生检疫罪。

传播或者有传播严重危险的,处三年以下有期徒刑或者拘役;后果特别严重的,处三年以上七年以下有期徒刑;……"立法工作机关直接将《传染病防治法》第35条规定的4种情形移植到了此罪罪状中。该条第2款规定的是单位犯此罪的刑罚处罚。

之后,又对上述写法进行过一系列的删改和调整:

(1) 在1996年12月中旬的刑法修订草案中,立法工作机关曾对此罪基本犯的法定刑增加了管制刑,后来,到了1997年3月1日的刑法修订草案,立法机关又删除了此处增设的管制刑。

(2) 在1997年2月17日的修订草案(修改稿)中,立法机关曾将之前稿本的单位犯罪的规定删除,后来考虑到,实践中单位可以实施此罪行为,若删除单位犯罪的规定,会给司法实践认定此罪带来一定的困扰,故在1997年3月1日的修订草案中,立法机关又对此罪增加了单位犯罪的规定。

(3) 在1997年3月1日的修订草案中,立法机关增加了甲类传染病确定依据的规定。此外,在全国人大常委会开会分组审议中,关于此罪的罪状,有委员提出,应该删除第(一)项"供水单位供应的饮用水不符合国家规定的卫生标准"的规定,理由是,此类情况较普遍,难以操作。① 立法机关最后没有采纳该建议。

这样,经过以上研拟而形成的1997年《刑法》第330条的规定是:"违反传染病防治法的规定,有下列情形之一,引起甲类传染病传播或者有传播严重危险的,处三年以下有期徒刑或者拘役;后果特别严重的,处三年以上七年以下有期徒刑:(一)供水单位供应的饮用水不符合国家规定的卫生标准的;(二)拒绝按照卫生防疫机构提出的卫生要求,对传染病病原体污染的污水、污物、粪便进行消毒处理的;(三)准许或者纵容传染病病人、病原携带者和疑似传染病病人从事国务院卫生行政部门规定禁止从事的易使该传染病扩散的工作的;(四)拒绝执行卫生防疫机构依照传染病防治法提出的预防、控制措施的。单位犯前款罪的,对单位判处罚金,并对其直接负责的主管人员和其他直接责任人员,依照前款的规定处罚。甲类传染病的范围,依照《中华人民共和国传染病防治法》和国务院有关规定确定。"

二、传染病菌种、毒种扩散罪(第331条)

本条规定之罪渊源于1989年2月21日通过的《传染病防治法》第38条的规定:"从事实验、保藏、携带、运输传染病菌种、毒种的人员,违反国务院卫生行政部门的有关规定,造成传染病菌种、毒种扩散,后果严重的,依照刑法第一百一十五

---

① 参见《八届全国人大常委会第二十四次会议分组审议刑法修订草案(修改稿)的意见》,载高铭暄、赵秉志编:《新中国刑法立法文献资料总览》(下),中国人民公安大学出版社1998年版,第2201页。

条①的规定追究刑事责任;情节轻微的,给予行政处分。"

在刑法修订研拟中,1996年8月8日的分则修改草稿增加规定了传染病菌种、毒种扩散罪,其罪状的写法直接沿用了《传染病防治法》第38条的规定,在此基础上,为此罪增设了独立的法定刑,即:"三年以下有期徒刑或者拘役"。考虑到这一写法中的法定最高刑只有3年,恐难满足罪责刑相适应原则的要求,故在1996年8月31日的刑法修改草稿中,立法工作机关曾将此罪的法定最高刑修改为"七年"。到了1996年10月10日的修订草案(征求意见稿),立法工作机关对此罪的法定刑又重新作了调整,即:"后果严重的,处三年以下有期徒刑或者拘役";"后果特别严重的,处三年以上七年以下有期徒刑"。此外,1996年12月中旬的刑法修订草案曾对此罪基本犯的法定刑增加了管制刑的规定,后来,到了1997年3月1日的刑法修订草案,立法机关基于综合平衡管制在刑法分则中的布局的考虑,又将管制刑予以删除。

经过以上的修改和调整,最后形成了1997年《刑法》第331条的规定:"从事实验、保藏、携带、运输传染病菌种、毒种的人员,违反国务院卫生行政部门的有关规定,造成传染病菌种、毒种扩散,后果严重的,处三年以下有期徒刑或者拘役;后果特别严重的,处三年以上七年以下有期徒刑。"

三、妨害国境卫生检疫罪(第332条)

本条规定是在1979年《刑法》第178条规定的基础上修改而来的。1979年《刑法》第178条规定:"违反国境卫生检疫规定,引起检疫传染病的传播,或者有引起检疫传染病传播严重危险的,处三年以下有期徒刑或者拘役,可以并处或者单处罚金。"

在刑法修订研拟中,如何将此罪写入新刑法典经历了一个变化和反复的过程。1988年11月16日的刑法修改稿第187条对此罪罪状和法定刑进行了微调,即将"违反国境卫生检疫规定"修改为"违反卫生检疫规定",由此拓展了此罪的适用范围;其法定最高刑由原来规定的"三年"修改为"一年"。1988年12月25日的刑法修改稿对此罪罪状的表述沿用了11月16日稿的写法,但此罪法定最高刑又由11月16日稿的"一年"恢复为"三年"。

在1996年8月8日的刑法分则修改草稿中,立法工作机关对此罪法条的写法作了较大的修改:一是鉴于我国1986年12月2日全国人大常委会通过了《中华人民共和国国境卫生检疫法》(以下简称《国境卫生检疫法》),故立法工作机关将1979年刑法典原先"违反国境卫生检疫规定"的表述修改为"违反国境卫生检疫法的规定";二是在"违反国境卫生检疫法的规定"之后增加规定了"逃避国境卫生检

---

① 1979年《刑法》第115条规定的是危险物品肇事罪。

疫"的内容;三是为此罪增加了单位犯罪的条款,即:"单位犯前款罪的,对单位判处罚金,并对直接负责的主管人员和其他直接责任人员,依照前款的规定处罚。"该稿对此罪法定刑的写法沿用了1979年刑法典的规定。1996年8月31日的刑法修改草稿除了将8月8日稿的单位犯罪的规定予以保留以及将此罪的法定最高刑由之前规定的"三年"修改为"五年"外,其罪状的表述则沿用了1979年刑法典的规定。在1996年10月10日的修订草案(征求意见稿)中,除将之前稿本有关此罪单位犯罪的条款予以保留外,此罪的罪状和法定刑照搬了1979年刑法典的规定。

在之后的研拟中,以征求意见稿的写法为基础先后作了以下的调整和修改:一是在1996年12月中旬的修订草案中,立法工作机关对此罪的法定刑增加了管制刑的规定;二是在1997年2月17日的修订草案(修改稿)中,为使表述简洁起见,立法机关将此罪罪状原先的"或者有引起检疫传染病传播严重危险"的表述修改为"或者有传播严重危险";三是在1997年3月1日的修订草案中,立法机关又将1996年12月中旬的修订草案对此罪增设的管制刑予以删除。

经过这一修改,最终形成了1997年《刑法》第332条的规定:"违反国境卫生检疫规定,引起检疫传染病传播或者有传播严重危险的,处三年以下有期徒刑或者拘役,并处或者单处罚金。单位犯前款罪的,对单位判处罚金,并对其直接负责的主管人员和其他直接责任人员,依照前款的规定处罚。"

四、非法组织卖血罪、强迫卖血罪(第333条)

本条规定是1997年刑法典新增的两种犯罪,1996年10月10日立法工作机关首次将其写入刑法修订草案中,该草案第298条规定:"非法组织他人出卖血液的,处五年以下有期徒刑,可以并处罚金;以暴力、威胁方法强迫他人出卖血液的,处五年以上十年以下有期徒刑,并处罚金或者没收财产。有前款行为,对他人造成伤害的,依照伤害罪的规定处罚。"对于这一写法,之后又进行了如下的修改和调整:

(1) 1996年12月中旬的修订草案对上述第2款的写法作了修改,即将原先的"依照伤害罪的规定处罚"的表述修改为依照故意伤害罪"定罪处罚"。

(2) 在1997年2月17日的修订草案(修改稿)中,立法机关对此罪第一档刑中的罚金规定由原先的"可以并处罚金"修改为"并处罚金"。

(3) 在1997年3月13日的修订草案中,立法机关删除了此罪第二档刑中的"没收财产"。

经过上述修改和调整,最终形成了1997年《刑法》第333条的规定:"非法组织他人出卖血液的,处五年以下有期徒刑,并处罚金;以暴力、威胁方法强迫他人出卖血液的,处五年以上十年以下有期徒刑,并处罚金。有前款行为,对他人造成伤害的,依照本法第二百三十四条的规定定罪处罚。"

五、非法采集、供应血液、制作、供应血液制品罪，采集、供应血液、制作、供应血液制品事故罪(第334条)

本条规定是1997年刑法典新增的犯罪。在1996年8月8日的刑法分则修改草稿中，"采集、供应不洁血液"系作为传播、扩散传染病的一种犯罪方法而规定的。具体规定是："以采集、供应不洁血液、投放传染病菌种、毒种或者其他方法故意传播、扩散传染病，情节严重的，处七年以下有期徒刑或者拘役；造成传染病流行或者致人死亡、重伤或者情节特别严重的，处七年以上有期徒刑、无期徒刑或者死刑。过失犯前款罪，造成传染病流行或者致人死亡、重伤的，处五年以下有期徒刑或者拘役；后果特别严重的，处五年以上十年以下有期徒刑。"1996年8月31日的刑法修改草稿删除了上述过失犯罪的规定，并将"采集、供应不洁血液"的行为从中抽取出来单独作为一种犯罪加以规定。具体而言："采集、供应不洁血液，危害人体健康，情节严重的，处七年以下有期徒刑；情节特别严重的，处七年以上有期徒刑或者无期徒刑。"

在1996年10月10日的刑法修订草案(征求意见稿)第299条中，立法工作机关采用3款规定了这两种犯罪。其中，该条第1、2款规定的是"非法采集、供应血液、制作、供应血液制品罪"，即："非法采集、供应血液或者制作、供应血液制品，足以危害人体健康的，处五年以下有期徒刑或者拘役。非法采集、供应血液或者制作、供应血液制品，对人体造成严重危害的，处五年以上十年以下有期徒刑；造成特别严重后果的，处十年以上有期徒刑或者无期徒刑。"第3款规定的是"采集、供应血液、制作、供应血液制品事故罪"，即："经国家主管部门批准采集、供应血液或者制作、供应血液制品的部门，不依照规定进行检测或者违背其他操作规定，造成危害人民群众身体健康后果的，对单位判处罚金，并对其直接负责的主管人员和其他直接责任人员，处七年以下有期徒刑或者拘役。"对于该条写法，在之后的修订研拟中，先后进行了如下的修改和调整：

(1) 在1996年12月中旬的修订草案中，对原第3款写法中的"造成危害人民群众身体健康后果"的表述修改为"造成危害他人身体健康后果"。1997年3月1日的修订草案又将原第3款规定的法定刑修改为"五年以下有期徒刑或者拘役"。经过这一修改，最后形成了1997年《刑法》第334条第2款的规定。

(2) 在1997年2月17日的修订草案(修改稿)中，立法机关出于立法技术上的考虑，对"非法采集、供应血液、制作、供应血液制品罪"的两款规定合并为一款，具体写法是："非法采集、供应血液或者制作、供应血液制品，不符合国家规定的标准，足以危害人体健康的，处五年以下有期徒刑或者拘役；对人体健康造成严重危害的，处五年以上十年以下有期徒刑；造成特别严重后果的，处十年以上有期徒刑或者无期徒刑。"

(3)在1997年3月13日的修订草案中,鉴于非法采集、供应血液、制作、供应血液制品罪的实行往往与行为人片面追求不法的经济利益相关,故立法机关对此罪增加了财产刑的规定。

经过以上修改和调整,最终形成的1997年《刑法》第334条的规定是:"非法采集、供应血液或者制作、供应血液制品,不符合国家规定的标准,足以危害人体健康的,处五年以下有期徒刑或者拘役,并处罚金;对人体健康造成严重危害的,处五年以上十年以下有期徒刑,并处罚金;造成特别严重后果的,处十年以上有期徒刑或者无期徒刑,并处罚金或者没收财产。经国家主管部门批准采集、供应血液或者制作、供应血液制品的部门,不依照规定进行检测或者违背其他操作规定,造成危害他人身体健康后果的,对单位判处罚金,并对其直接负责的主管人员和其他直接责任人员,处五年以下有期徒刑或者拘役。"

六、医疗事故罪(第335条)

在实践中,医疗事故时有发生。在1979年刑法典中没有规定医疗事故罪,主要是当时对这种行为是否犯罪化尚无足够把握。1987年6月29日国务院发布《医疗事故处理办法》,其第24条规定:"医务人员由于极端不负责任,致使病员死亡、情节恶劣已构成犯罪的,对直接责任人员由司法机关依法追究刑事责任。"1987年8月31日最高人民检察院发布的《关于正确认定和处理玩忽职守罪的若干意见(试行)》第3条将严重医疗事故定性为玩忽职守犯罪行为。上述规定为立法机关规定本罪提供了坚实的基础。最初拟写本罪的是1996年10月10日的刑法修订草案(征求意见稿),该稿第300条规定:"医务人员由于严重不负责任,造成病人死亡或者严重损害病人身体健康的,处三年以下有期徒刑或者拘役。"对于这一写法,在之后的研拟中,先后作了3次修改:

(1)在1996年12月中旬的刑法修订草案第306条中,立法工作机关对此罪的法定刑增加了管制刑的规定。

(2)在1997年2月17日的修订草案(征求意见稿)中,为规范和明确刑法用语,将此罪罪状中原"病人"的称谓修改为"就诊人"。

(3)在1997年3月1日的修订草案中,立法机关删除了之前稿本为此罪增设的管制刑的规定。

经过这些修改,最后形成了1997年《刑法》第335条的规定:"医务人员由于严重不负责任,造成就诊人死亡或者严重损害就诊人身体健康的,处三年以下有期徒刑或者拘役。"

七、非法行医罪、非法进行节育手术罪(第336条)

1997年《刑法》第336条第1款规定的非法行医罪系1997年刑法典新增的一

种犯罪,其最初的写法见于1996年10月10日的刑法修订草案(征求意见稿),该稿第301条规定:"未取得医生资格的人非法行医,情节严重的,处三年以下有期徒刑或者拘役,可以单处或者并处罚金;造成病人死亡或者严重损害病人身体健康的,依照伤害罪的规定处罚。"在1996年12月中旬的修订草案中,立法工作机关以上述写法为基础,为本罪的基本犯法定刑增加了管制的规定,其他内容则基本上沿用了征求意见稿的写法。在1996年12月20日的修订草案中,立法机关对此罪的主体又作了进一步明确的表述,即由之前稿本的"未取得医生资格的人"修改为"未取得医生执业资格的人"。到了1997年2月17日的修订草案(修改稿),为规范和明确刑法的用语,立法机关将原规定中"病人"的称谓修改为"就诊人",并将此罪原罚金刑的规定由"可以单处或者并处罚金"修改为"单处或者并处罚金"。考虑到故意伤害罪有多档的法定刑,之前稿本规定对此罪的加重情节依照故意伤害罪的规定处罚,会给司法实践带来适用上的困惑,故在1997年3月13日的稿本中,立法机关对非法行医加重情节的法定刑作了明确的规定,并最终形成了1997年《刑法》第336条第1款的规定:"未取得医生执业资格的人非法行医,情节严重的,处三年以下有期徒刑、拘役或者管制,并处或者单处罚金;严重损害就诊人身体健康的,处三年以上十年以下有期徒刑,并处罚金;造成就诊人死亡的,处十年以上有期徒刑,并处罚金。"

1997年《刑法》第336条第2款规定的非法进行节育手术罪也是1997年刑法典新增的一种犯罪。在1988年9月的刑法修改稿本中,立法工作机关曾规定了破坏计划生育罪,即:"以营利为目的,破坏计划生育,情节严重的,处二年以下有期徒刑、拘役或者罚金。"在研拟中,对此罪的设立曾有不同的意见,认为如果设立此罪,文字上需要再进一步推敲。根据条文表述的内容,构成本罪要求行为人主观上以营利为目的,但是这似乎又不能很好地概括实践中的现实情况。有鉴于此,在1988年11月16日的刑法修改稿第187条中,对此罪罪状的写法又作了细化,具体写法是:"以营利为目的,非法为妇女摘取节育环、出具假出生证明或者以其他方法破坏计划生育,情节严重的,处三年以下有期徒刑、拘役、管制或者罚金。"由于对此罪的写法以及要不要规定此罪存在着较大的分歧,在以后的诸多稿本中,均没有对此罪作出规定。直到1997年3月1日的刑法修订草案,立法机关才在该草案第333条第2款中规定:"未取得医生执业资格的人擅自为他人进行节育复通手术、假节育手术或者摘取宫内节育器,造成就诊人死亡或者严重损害就诊人身体健康的,依照本法第二百三十四条的规定定罪处罚。"考虑到故意伤害罪有多档的法定刑,3月1日草案中对此罪规定援引故意伤害罪的法定刑处罚,会给司法实践带来适用上的困惑,故在1997年3月13日的修订草案中,立法机关对非法进行节育手术的犯罪行为的法定刑作了明确的规定,并在此罪的罪状"假节育手术"之后增加了"终止妊娠手术"的内容,由此而最终形成了1997年《刑法》第336条第2款的规定:"未取得医生执业资格的人擅自为他人进行节育复通手术、假节育手术、终止妊娠手术或者摘取宫内节育器,情节严重的,处三年以下有期徒刑、拘役或者管制,并处或者单处罚金;严重损害就诊人身体健康的,处三年以上十年以下有期徒刑,并处罚金;造成就诊人死亡的,处十年以上有期徒刑,并处罚金。"

八、妨害动植物防疫、检疫罪(第337条)

本条原规定的是"逃避动植物检疫罪",是1997年刑法典新增的一种犯罪,其写法最初见于1996年8月8日的刑法分则修改草稿,该稿规定:"违反进出境动植物检疫法的规定,逃避进出境动植物检疫,引起重大动植物疫情的,处三年以下有期徒刑或者拘役,可以并处或者单处罚金。单位犯前款罪的,对单位判处罚金,并对直接负责的主管人员和其他直接责任人员,依照前款的规定处罚。"1996年10月10日修订草案(征求意见稿)将8月8日稿中的"逃避进出境动植物检疫"简化为"逃避动植物检疫",并在"直接负责的主管人员"之前加一"其"字。1997年3月1日的修订草案将上述写法中的"可以并处或者单处罚金"的规定修改为"并处或者单处罚金",由此形成了1997年《刑法》第337条的规定:"违反进出境动植物检疫法的规定,逃避动植物检疫,引起重大动植物疫情的,处三年以下有期徒刑或者拘役,并处或者单处罚金。单位犯前款罪的,对单位判处罚金,并对其直接负责的主管人员和其他直接责任人员,依照前款的规定处罚。"

从司法实践看,引发重大动植物疫情危险的,不仅有逃避进出境动植物检疫的行为,还有逃避依法实施的境内动植物防疫、检疫的行为。对后一类造成严重危害的违法行为,也应当追究刑事责任。有鉴于此,全国人大常委会于2009年2月28日通过《刑法修正案(七)》,对1997年《刑法》第337条第1款的规定作了修正:"违反有关动植物防疫、检疫的国家规定,引起重大动植物疫情的,或者有引起重大动植物疫情危险,情节严重的,处三年以下有期徒刑或者拘役,并处或者单处罚金。"由于这一修正,本条的罪名也就改变为"妨害动植物防疫、检疫罪"。

第六节 破坏环境资源保护罪

一、污染环境罪(第338条)

本条原规定的是"重大环境污染事故罪",是1997年刑法典新增的一种犯罪。其写法最初见于1996年8月8日的分则修改草稿,该草稿使用3个条文分别规定了"土地污染"、"水体污染"和"大气污染"3种犯罪。其中,按照该草稿的写法,"水体污染"犯罪的成立要求行为产生实际危害后果;"大气污染"犯罪的成立,要求其行为足以严重污染环境即可,而不要求产生实际污染的结果;"土地污染"犯罪的成立,既不要求其行为产生实际的污染环境的结果,也不要求其行为足以严重污染环境,只要行为人违反国家规定向耕地、森林、草原或者其他陆地排放、倾倒有放射性、含传染病病原体的有毒物质、危险废物,即可成立此罪。到了1996年8月31日刑法修改草稿,立法工作机关对这3种犯罪的罪状作了统一的要求,即这3种犯罪的成立,必须具有"导致公私财产重大损失或者人身伤亡的严重后果"。

后来,考虑到这种以污染对象的性质来区分规定的立法模式过于繁琐,而且犯罪成立的要求也没有什么实质的区别,故在1996年10月10日的刑法修订草案(征求意见稿)中,立法工作机关将其合并在一起规定。该稿第303条规定:"违反国家规定向陆地、水体、大气排放或者倾倒有放射性的污染物、含传染病原体的有毒物质或者其他危险废物,造成重大环境污染事故,致使公私财产遭受重大损失或者人身伤亡的严重后果的,处三年以下有期徒刑或者拘役,可以并处或者单处罚金;后果特别严重的,处三年以上七年以下有期徒刑,并处罚金。"1996年12月中旬的刑法修订草案对上述写法作了三处修改:一是上述条文中的"陆地"被替换为"土地";二是为此罪增设了"处置"废物的行为。三是在此罪第一档法定刑中增加了"管制"刑的规定。到了1997年3月1日的刑法修订草案,立法机关以1996年12月中旬稿本的写法为基础,对此罪的表述又作了一些微调:为使罪状的表述更加规范,原写法中"放射性的污染物"的表述被修改为"放射性的废物";"含传染病原体的有毒物质"的表述被修改为"含传染病病原体的废物";"可以并处或者单处罚金"的规定被修改为"并处或者单处罚金"。这一修改,最终形成了1997年《刑法》第338条的规定:"违反国家规定,向土地、水体、大气排放、倾倒或者处置有放射性的废物、含传染病病原体的废物、有毒物质或者其他危险废物,造成重大环境污染事故,致使公私财产遭受重大损失或者人身伤亡的严重后果的,处三年以下有期徒刑或者拘役,并处或者单处罚金;后果特别严重的,处三年以上七年以下有期徒刑,并处罚金。"

从1997年刑法典颁行后实践情况看,由于上述规定的入罪门槛较高,该罪以实际造成的公私财产损失或者人员伤亡作为犯罪构成要件,意味着无论行为人对环境已经造成多么严重的污染,但是只要没有造成公私财产的重大损失或者人身伤亡的严重后果,就不能追究行为人的刑事责任。从已经发生的一些重大环境污染事件来看,当地政府采取紧急措施,花费大量人力物力,避免了人身伤亡的严重后果的发生,但由于法律要求的危害后果没有发生,行为人难以受到刑事制裁。同时,刑法规定造成重大环境污染事故的排放物是"向土地、水体、大气排放、倾倒或者处置有放射性的废物、含传染病病原体的废物、有毒物质或者其他危险废物",范围过窄。有毒物质并非都是废物,对环境造成严重污染的也不光是废物和有毒物质,还有其他有害物质。

有鉴于此,全国人大常委会于2011年2月25日通过的《刑法修正案(八)》对本罪的罪状作了调整,修改后的法条为:"违反国家规定,排放、倾倒或者处置有放射性的废物、含传染病病原体的废物、有毒物质或者其他有害物质,严重污染环境的,处三年以下有期徒刑或者拘役,并处或者单处罚金;后果特别严重的,处三年以上七年以下有期徒刑,并处罚金。"由于《刑法修正案(八)》对本罪的罪状作了较大幅度的修改,原罪名已经无法准确地体现出修改后的罪状的本质特征,故罪名亦由原先的"重大环境污染事故罪"修改为"污染环境罪"。

二、非法处置进口的固体废物罪、擅自进口固体废物罪(第339条)

本条规定之罪系1997年刑法典新增的犯罪。1996年4月1日施行的《中华人民共和国固体废物污染环境防治法》(以下简称《固体废物污染环境防治法》)第66条规定:"违反本法规定,将中国境外的固体废物进境倾倒、堆放、处置,或者未经国务院有关主管部门许可擅自进口固体废物用作原料的,由海关责令退运该固体废物,可以并处十万元以上一百万元以下的罚款。逃避海关监管,构成走私罪的,依法追究刑事责任。以原料利用为名,进口不能用作原料的固体废物的,依照前款规定处罚。"

为与上述规定相对接,切实发挥刑法最后法的作用,1996年10月10日的修订草案(征求意见稿)将上述规定的精神吸收其中。具体写法是:"违反国家规定,将中国境外不能用作原料的固体废物进境倾倒、堆放、处置,足以污染环境的,处五年以下有期徒刑或者拘役,可以并处罚金;造成重大环境污染事故,致使公私财产遭受重大损失或者人身伤亡的严重后果的,处五年以上十年以下有期徒刑,并处罚金;后果特别严重的,处十年以上有期徒刑,并处罚金。未经国务院有关主管部门许可,擅自进口固体废物用作原料,造成重大环境污染事故,致使公私财产遭受重大损失或者人身伤亡的严重后果的,处五年以下有期徒刑或者拘役,可以并处罚金;后果特别严重的,处五年以上十年以下有期徒刑,并处罚金。"这一写法为之后的诸多稿本所沿用。

到了1997年3月1日的修订草案,立法机关对此条规定作了较大的修改和调整:一是将第1款的规定由之前的危险犯形态修改为行为犯,即取消了"足以污染环境"的表述;二是将第1款原先"中国境外不能用作原料的固体废物"的表述修改为"境外的固体废物";三是将上述规定中"人身伤亡的严重后果"的表述修改为"严重危害人体健康";四是将原写法中"可以并处罚金"的规定修改为"并处罚金";五是将《固体废物污染环境防治法》第66条第2款规定的内容吸收到该草案中。经过这些修改,最后形成了1997年《刑法》第339条的规定:"违反国家规定,将境外的固体废物进境倾倒、堆放、处置的,处五年以下有期徒刑或者拘役,并处罚金;造成重大环境污染事故,致使公私财产遭受重大损失或者严重危害人体健康的,处五年以上十年以下有期徒刑,并处罚金;后果特别严重的,处十年以上有期徒刑,并处罚金。未经国务院有关主管部门许可,擅自进口固体废物用作原料,造成重大环境污染事故,致使公私财产遭受重大损失或者严重危害人体健康的,处五年以下有期徒刑或者拘役,并处罚金;后果特别严重的,处五年以上十年以下有期徒刑,并处罚金。以原料利用为名,进口不能用作原料的固体废物的,依照本法第一百五十五条的规定定罪处罚。"

1997年刑法典颁行后,立法机关鉴于走私固体废物无法计算应缴税额,而且无法定刑可资遵循,司法机关对此在量刑上存在一定的困难,同时考虑到走私液态废物和气态废物,也应适用走私废物的规定,故立法机关于2002年12月28日通过《刑法修正案(四)》专门规定在《刑法》第152条中增加一款,作为该条第2款:"逃避海关监管将境外固体废物、液态废物和气态废物运输进境,情节严重的,处五年以下有期徒刑,并处或者单处罚金;情节特别严重的,处五年以上有期徒刑,并处罚金。"为配合这一修正,《刑法修正案(四)》对1997年《刑法》第339条第3款的规定也相应修改为:"以原料利用为名,进口不能用作原料的固体废物、液态废物和气态废物的,依照本法第一百五十二条第二款、第三款的规定定罪处罚。"

三、非法捕捞水产品罪(第340条)

本条之罪渊源于1979年《刑法》第129条的规定:"违反保护水产资源法规,在禁渔区、禁渔期或者使用禁用的工具、方法捕捞水产品,情节严重的,处二年以下有期徒刑、拘役或者罚金。"在刑法修订研拟中,对此罪法条的研拟和改进主要是围绕着此罪归属以及法定刑的修改进行的。

从归属上看,在1988年9月的刑法修改稿中,此罪被规定在"破坏社会主义经济秩序罪"一章中,1988年11月16日和12月25日的修改稿本将其归属在单设的"破坏自然环境罪"一章中。在1996年8月8日和8月31日的修改草稿中,立法工作机关在"破坏社会主义经济秩序罪"一章单设了"破坏环境和自然资源罪"一节,而此罪则归属于该节。到了1996年10月10日的修订草案(征求意见稿),立法工作机关又将"破坏环境和生态环境罪"一节放置在"妨害社会管理秩序罪"一章中,原来节名历经改为"破坏环境罪"、"破坏环境保护罪"、"破坏环境资源保护罪",但本罪的归属不变,一直维持到1997年刑法典通过。

从法定刑的写法演变看,1988年9月修改稿对1979年刑法典的写法作了两处修改:一是提高了第一档法定最高刑,即由原先的"二年"修改为"三年";二是增加了第二档法定刑,即:"情节特别严重的,处三年以上七年以下有期徒刑,可以并处罚金。"1988年11月16日和12月25日的刑法修改稿删除了9月稿对此罪规定的加重情节的法定刑,同时罚金刑的规定也由"可以单处罚金"修改为"可以单处或者并处罚金"。这一写法为1996年8月8日的分则修改草稿所沿用。在1996年8月31日的刑法修改草稿中,立法工作机关放弃了之前研拟的写法,对此罪的写法照搬了1979年刑法典的规定。到了1996年10月10日的刑法修订草案(征求意见稿),立法工作机关在第305条规定了此罪,以1979年刑法典的规定为基础,将法定最高刑由原先的"二年"修改为"三年"。1996年12月中旬的修订草案第311条在此罪的法定刑中增加了管制刑的规定,由此而形成了1997年《刑法》第340条的规定:"违反保护水产资源法规,在禁渔区、禁渔期或者使用禁用的工具、方法捕捞水产品,情节严重的,处三年以下有期徒刑、拘役、管制或者罚金。"

四、非法猎捕、杀害珍贵、濒危野生动物罪,非法收购、运输、出售珍贵、濒危野生动物、珍贵、濒危野生动物制品罪,非法狩猎罪(第341条)

1997年《刑法》第341条第1款规定的是非法猎捕、杀害珍贵、濒危野生动物罪和非法收购、运输、出售珍贵、濒危野生动物、珍贵、濒危野生动物制品罪。该款规定是在1988年11月8日全国人大常委会通过的《关于惩治捕杀国家重点保护的珍贵、濒危野生动物犯罪的补充规定》的基础上修改补充而来的。在该补充规定中,立法机关为1979年刑法典补充了"非法捕杀珍贵、濒危野生动物罪",即:"非法捕杀国家重点保护的珍贵、濒危野生动物的,处七年以下有期徒刑或者拘役,可以并处或者单处罚金;非法出售倒卖、走私的,按投机倒把罪、走私罪处刑。"

从此款写法的演变看,在1988年9月的刑法修改稿中,立法工作机关并没有将此罪行为单设条款加以规定,而是沿用1979年刑法典的规定,将"破坏珍禽、珍兽或者其他野生动物资源"的行为与非法狩猎的行为揉在一起,规定在一个条款中。在1988年11月16日的刑法修改稿中,立法工作机关将上述破坏行为从中抽出来,用一个条文规定了破坏国家重点保护的珍贵动植物资源罪。到了1988年12月25日的修改稿,立法工作机关直接将上述补充规定中的"非法捕杀珍贵、濒危野生动物罪"移植其中。

在1996年8月8日的刑法分则修改草稿中,立法工作机关以《关于惩治捕杀国家重点保护的珍贵、濒危野生动物犯罪的补充规定》的写法为基础,进行了两处修改和调整:一是对此罪第一档法定刑中的罚金进行了修改,即由原先的"可以并处或者单处罚金"的规定修改为"并处罚金"。二是增加了加重情节的法定刑,即:"情节严重的,处七年以上有期徒刑,并处罚金。"同时,规定倒卖国家重点保护的珍稀、濒危野生动物及其制品的行为构成犯罪。

在1996年8月31日的刑法修改草稿中,立法工作机关开始将"非法收购、运输、出售珍贵、濒危野生动物、珍贵、濒危野生动物制品"的行为犯罪化,并将其与"非法捕杀珍贵、濒危野生动物"的行为一起规定在一个条款中,具体写法是:"非法捕杀国家重点保护的珍贵、濒危野生动物的,或者非法收购、运输、加工、出售国家重点保护的珍贵、濒危野生动物、珍稀植物及其制品的,处七年以下有期徒刑或者拘役,可以并处罚金;情节严重的,处七年以上有期徒刑,并处罚金或者没收财产。"在1996年10月10日的修订草案(征求意见稿)中,立法工作机关从此罪规定中删除了"非法收购、运输、加工、出售国家重点保护的珍稀植物及其制品"的行为,其法定刑采用了1996年8月31日刑法修改草稿的写法。到了1997年3月1日的刑法修订草案,立法机关在第338条对这两种犯罪的罪状和法定刑又进行了较大的修改:一是为使立法用语更加明确规范,立法机关将原先的"捕杀"修改为"猎捕、杀害"。二是删除了此罪罪状中"非法加工国家重点保护的珍贵、濒危野生动物及其制品"的行为。三是重新梳理了此罪的法定刑,其法定刑幅度也由原先规定的两档增加规定为三档。该草案的写法最终形成了1997年《刑法》第341条第1款的规定:"非法猎捕、杀害国家重点保护的珍贵、濒危野生动物的,或者非法收购、运输、出售国家重点保护的珍贵、濒危野生动物及其制品的,处五年以下有期徒刑或者拘役,并处罚金;情节严重的,处五年以上十年以下有期徒刑,并处罚金;情节特别严重的,处十年以上有期徒刑,并处罚金或者没收财产。"

1997年《刑法》第341条第2款非法狩猎罪的规定渊源于1979年《刑法》第130条的规定:"违反狩猎法规,在禁猎区、禁猎期或者使用禁用的工具、方法进行狩猎,破坏珍禽、珍兽或者其他野生动物资源,情节严重的,处二年以下有期徒刑、拘役或者罚金。"在1988年9月的修改稿中,立法工作机关对此罪的规定基本上沿用了1979年刑法典的规定,有所不同的是,重新梳理并增加规定了加重情节的法定刑。到了1988年11月16日的修改稿,立法工作机关从此罪罪状中删除了"破坏珍禽、珍兽或者其他野生动物资源"的行为。具体写法是:"违反狩猎法规,在禁猎区、禁猎期或者使用禁用的工具、方法进行狩猎,情节严重的,处三年以下有期徒刑或者拘役,可以单处或者并处罚金。"

在1996年8月8日的分则修改草稿中,立法工作机关对此罪的罪状作了微调,即将此罪罪状中的"进行狩猎"修改为"捕杀野生动物"。1996年8月31日的刑法修改草稿又恢复了1988年11月16日修改稿对此罪罪状的写法,仅仅调整了此罪的法定刑,即由原先规定的"处三年以下有期徒刑或者拘役,可以单处或者并处罚金"修改为"处二年以下有期徒刑、拘役或者罚金"。到了1996年10月10日的修订草案(征求意见稿),立法工作机关以1996年8月31日修改草稿的写法为基础,对此罪的罪状增加了"破坏野生动物资源"的规定,法定刑也由8月31日修改草稿的"二年"提高到"三年"。在1996年12月中旬的修订草案中,立法工作机关又在前稿的基础上对此罪法定刑增加了管制刑的规定。该草案的这一写法最后被写进1997年《刑法》第341条第2款中,即:"违反狩猎法规,在禁猎区、禁猎期或者使用禁用的工具、方法进行狩猎,破坏野生动物资源,情节严重的,处三年以下有期徒刑、拘役、管制或者罚金。"

五、非法占用农用地罪(第342条)

我国是一个人均耕地面积较少的国家,珍惜和保护每一寸土地是我国的基本国策。为了加强土地的管理与保护,国家先后颁行了一系列土地保护的法律和法规,但仍不能有效地制止非法占用土地的行为。为此,对于非法占用农用地情节严重的行为,有必要予以犯罪化。

本条规定之罪是1997年刑法典新增并经2001年8月31日全国人大常委会通过的《刑法修正案(二)》修正演变而来的。

在1988年9月和11月16日的刑法修改稿中,立法工作机关曾采用两个条文,对破坏耕地和草原植被的犯罪行为作了规定。到了1988年12月25日的修改稿,立法工作机关删除了破坏耕地和草原植被的犯罪规定,而将非法转让、买卖或者侵占耕地的行为规定为犯罪。具体表述是:"违反土地管理法规,非法转让、买卖或者侵占耕地,情节严重的,处三年以下有期徒刑或者拘役,可以单处或者并处罚金;情节特别严重的,处三年以上七年以下有期徒刑,并处罚金。"在之后的研拟中,除了一些稿本将污染土地酿成事故的行为规定为犯罪外,并没有其他针对土地资源犯罪的规定。直到1997年3月1日的刑法修订草案,立法机关才将非法占用耕地的行为作为犯罪写入修订草案中。该草案第339条规定:"违反土地管理法规,非法占用耕地改作他用,数量较大,造成耕地大量毁坏的,处五年以下有期徒刑或者拘役,并处或者单处罚金。"这一写法最后被写入1997年《刑法》第342条中。

1997年刑法典实施后,随着社会的发展,实践中出现了一些新的情况和问题,其突出表现是:一些地方、单位和个人以各种名义毁林开垦、非法占用林地并改作他用,对森林资源和林地造成了极大的破坏。对这种毁林开垦和非法占用林地改作他用的违法行为,由于1997年刑法典没有设定相应的罪名,又无法扩张解释其他罪名追究刑事责任。为了有效地制止毁林开垦和乱占滥用林地的违法行为,切实保护森林资源,经过研究和论证,全国人大常委会于2001年8月31日通过《刑法修正案(二)》对此罪罪状进行了补充修改,修正以后的条文是:"违反土地管理法规,非法占用耕地、林地等农用地,改变被占用土地用途,数量较大,造成耕地、林地等农用地大量毁坏的,处五年以下有期徒刑或者拘役,并处或者单处罚金。"由于立法机关将犯罪对象由"耕地"扩增至所有农用地,故其罪名也由原来的"非法占用耕地罪"相应修改为"非法占用农用地罪"。同时,为了准确适用法律,消除司法实践中的理解分歧,全国人大常委会于2001年8月31日通过了《关于〈中华人民共和国刑法〉第二百二十八条、第三百四十二条、第四百一十条的解释》,该解释规定:"刑法第二百二十八条、第三百四十二条、第四百一十条规定的'违反土地管理法规',是指违反土地管理法、森林法、草原法等法律以及有关行政法规中关于土地管理的规定。"

六、非法采矿罪、破坏性采矿罪(第343条)

1997年《刑法》第343条第1款规定的非法采矿罪系新增加的一种犯罪。早在1988年,立法工作机关就将非法采矿的犯罪行为写入修改稿本中,例如1988年9月的刑法修改稿将非法采矿和破坏性采矿的行为合并在一起加以规定,具体写法是:"违反矿产资源保护法规,未经批准、超越批准的范围或者采取破坏性方法开采矿藏,造成矿产资源破坏,情节严重的,处三年以下有期徒刑、拘役或者罚金;情节特别严重的,处三年以上七年以下有期徒刑,可以并处罚金。"11月16日和12月25日的刑法修改稿也规定:"违反矿产资源保护法规,非法开采矿藏,造成矿产资源破坏,情节严重的,处三年以下有期徒刑或者拘役,可以单处或者并处罚金;情节特别严重的,处三年以上十年以下有期徒刑,并处罚金。"

1996年8月29日全国人大常委会对《中华人民共和国矿产资源法》(以下简称《矿产资源法》)进行了修正,根据修正后的《矿产资源法》第39条的规定:"违反本法规定,未取得采矿许可证擅自采矿的,擅自进入国家规划矿区、对国民经济具有重要价值的矿区范围采矿的,擅自开采国家规定实行保护性开采的特定矿种的,责令停止开采、赔偿损失,没收采出的矿产品和违法所得,可以并处罚款;拒不停止开采,造成矿产资源破坏的,依照刑法第一百五十六条①的规定对直接责任人员追究刑事责任。单位和个人进入他人依法设立的国有矿山企业和其他矿山企业矿区范围内采矿的,依照前款规定处罚。"在之后的研讨中,立法工作机关即以上述规定的写法为蓝本起草非法采矿罪的法条。例如,1996年8月31日的修改草稿规定:"违反保护矿产资源法规,未取得采矿许可证擅自采矿的,擅自进入国家规划矿区、对国民经济具有重要价值的矿区范围采矿的,擅自开采国家规定实行保护性开采的特定矿种的,经责令停止开采后拒不停止开采,造成矿产资源破坏的,处三年以下有期徒刑或者拘役,可以并处或者单处罚金。"1996年12月中旬的修订草案对上述写法作了三处修改:一是将原先"违反保护矿产资源法规"的表述修改为"违反矿产资源保护法的规定";二是在此罪的罪状"对国民经济具有重要价值的矿区"之后增加了"他人矿区"的规定;三是在此罪的法定刑中增加了管制刑的规定。为与《矿产资源法》的称谓相一致,立法机关在1997年2月17日的修订草案(修改稿)中,将原先"违反矿产资源保护法的规定"修改为"违反矿产资源法的规定"。到了1997年3月1日的修订草案,立法机关对此罪法定刑的写法又作了较大的调整,即将原先规定的一个档次的法定刑修改为两个档次。

经过这一修改,形成了1997年《刑法》第343条第1款的规定,即:"违反矿产资源法的规定,未取得采矿许可证擅自采矿的,擅自进入国家规划矿区、对国民经

---

① 1979年《刑法》第156条规定的是故意毁坏公私财物罪。

济具有重要价值的矿区和他人矿区范围采矿的,擅自开采国家规定实行保护性开采的特定矿种,经责令停止开采后拒不停止开采,造成矿产资源破坏的,处三年以下有期徒刑、拘役或者管制,并处或者单处罚金;造成矿产资源严重破坏的,处三年以上七年以下有期徒刑,并处罚金。"之后,执法机关反映,实践中存在着大量无证开采矿产资源的犯罪行为,但列入公安机关立案侦查的案件不多,移送到检察机关审查起诉的非法采矿案件更少,而能起诉到法院又能以非法采矿罪作出判决的更是寥寥无几。主要是因为原规定入罪门槛太高,不易操作。为了增强法条的可操作性,《刑法修正案(八)》对本罪法条作了修改,修改后的条文是:"违反矿产资源法的规定,未取得采矿许可证擅自采矿,擅自进入国家规划矿区、对国民经济具有重要价值的矿区和他人矿区范围采矿,或者擅自开采国家规定实行保护性开采的特定矿种,情节严重的,处三年以下有期徒刑、拘役或者管制,并处或者单处罚金;情节特别严重的,处三年以上七年以下有期徒刑,并处罚金。"

1997年《刑法》第343条第2款规定的是破坏性采矿罪。如前所述,1988年9月的刑法修改稿曾将非法采矿和破坏性采矿行为合并在一起加以规定。但之后的诸多稿本中,立法工作机关没有再将破坏性采矿的行为作为犯罪写入其中。

然而,1996年8月29日修正的《矿产资源法》对破坏性采矿的行为是有明确规定的,该法第44条规定:"违反本法规定,采取破坏性的开采方法开采矿产资源的,处以罚款,可以吊销采矿许可证;造成矿产资源严重破坏的,依照刑法第一百五十六条的规定对直接责任人员追究刑事责任。"为与该法的这一规定相协调,立法机关以此规定为蓝本,在1997年3月1日的修订草案第340条第2款中对破坏性采矿罪作了规定,即:"违反矿产资源法的规定,采取破坏性的开采方法开采矿产资源,造成矿产资源严重破坏的,处五年以下有期徒刑或者拘役,并处罚金。"这一写法最后被写入1997年《刑法》第343条第2款中。

七、非法采伐、毁坏国家重点保护植物罪,非法收购、运输、加工、出售国家重点保护植物、国家重点保护植物制品罪(第344条)

非法采伐、毁坏国家重点保护植物罪是2002年12月28日全国人大常委会通过的《刑法修正案(四)》对1997年《刑法》第344条规定的非法采伐、毁坏珍贵树木罪修改而成的。

从立法稿本的写法演变看,非法采伐、毁坏珍贵树木罪的写法最初见于1996年10月10日的刑法修订草案(征求意见稿),该稿第308条规定:"违反森林法的规定,非法采伐、毁坏珍贵树木的,处三年以下有期徒刑或者拘役,可以并处罚金;情节严重的,处三年以上七年以下有期徒刑,并处罚金或者没收财产。"对于这一写法,在之后的研拟中,先后进行了3次修改和调整:

(1)在1996年12月中旬的修订草案中,立法工作机关对此罪第一档法定刑增加了管制刑的规定。

（2）在1997年2月17日的修订草案中,立法机关删除了此罪第二档法定刑中的"没收财产"。

（3）为更明确和规范起见,立法机关在1997年3月1日的修订草案中,将原第一档法定刑中的"可以并处罚金"的规定修改为"并处罚金"。

由此,形成了1997年《刑法》第344条的规定:"违反森林法的规定,非法采伐、毁坏珍贵树木的,处三年以下有期徒刑、拘役或者管制,并处罚金;情节严重的,处三年以上七年以下有期徒刑,并处罚金。"

1997年刑法典颁行后,随着社会的发展,在此罪实施过程中也出现了新的问题。有关部门提出,除珍贵树木以外,根据国家关于野生植物保护的规定,还有许多国家重点保护的珍贵野生植物同样具有重要经济和文化科学研究价值。而实践中,毁坏珍贵野生植物的情况较为严重,建议刑法对这种新情况作出相应规定。经过研究,立法机关在《刑法修正案（四）》中不仅将非法采伐、毁坏珍贵树木罪的规定修正成为非法采伐、毁坏国家重点保护植物罪,而且也增设了非法收购、运输、加工、出售国家重点保护植物、国家重点保护植物制品罪。经过《刑法修正案（四）》修改后的1997年《刑法》第344条的规定是:"违反国家规定,非法采伐、毁坏珍贵树木或者国家重点保护的其他植物的,或者非法收购、运输、加工、出售珍贵树木或者国家重点保护的其他植物及其制品的,处三年以下有期徒刑、拘役或者管制,并处罚金;情节严重的,处三年以上七年以下有期徒刑,并处罚金。"

八、盗伐林木罪,滥伐林木罪,非法收购、运输盗伐、滥伐的林木罪（第345条）

1979年《刑法》第128条规定了盗伐林木罪和滥伐林木罪,该条规定:"违反保护森林法规,盗伐、滥伐森林或者其他林木,情节严重的,处三年以下有期徒刑或者拘役,可以并处或者单处罚金。"

在刑法修订研拟中,盗伐林木和滥伐林木的犯罪最初一直是合并在一个条文中规定的,并且立法工作机关对盗伐、滥伐林木,据为己有的行为也单独作了规定。例如1988年11月16日的刑法修改稿第151条规定:"违反森林管理法规,盗伐、滥伐森林或者其他林木,情节严重的,处三年以下有期徒刑或者拘役,可以单处或者并处罚金;情节特别严重的,处三年以上十年以下有期徒刑,并处罚金。盗伐、滥伐林木,据为己有的,处五年以下有期徒刑或者拘役,可以单处或者并处罚金;情节严重的,处五年以上有期徒刑,并处罚金。"在1988年12月25日的稿本中,立法工作机关沿用了上述第1款的写法,对于上述第2款写法,删除了滥伐林木据为己有的规定。在1996年8月8日的刑法分则修改草稿中,立法工作机关对这两种犯罪的写法沿用了1979年刑法典的规定,并在此基础上,对之前稿本关于采伐林木据为已有的写法进行了调整,即:"实施前款行为,采伐他人林木据为己有的,依照盗窃罪的规定处罚。"1996年8月31日的刑法修改草稿基本上沿用了刑法分则修改草稿的这一写法。

到了1996年10月10日的修订草案(征求意见稿),立法工作机关对此罪法条的写法又作了较大的调整,共有5款规定,即:"盗伐森林或者其他林木,数量较大的,处三年以下有期徒刑或者拘役,可以并处或者单处罚金;数量巨大的,处三年以上七年以下有期徒刑,并处罚金;数量特别巨大的,处七年以上有期徒刑,并处罚金。违反森林法的规定,滥伐森林或者其他林木,数量较大的,处三年以下有期徒刑或者拘役,可以并处或者单处罚金;数量巨大的,处三年以上七年以下有期徒刑,并处罚金。滥伐他人经营管理的森林或者其他林木的,依照第一款的规定处罚。在林区非法收购明知是盗伐、滥伐的林木的,依照第一款、第二款的规定处罚。盗伐、滥伐国家级自然保护区内的森林或者其他林木的,从重处罚。"其中,该条第5款的写法最后被写入1997年刑法典中。对于该条前四款写法,在之后的研拟中,先后进行了如下的修改:

(1) 在1996年12月中旬的修订草案中,立法工作机关对这两种犯罪的第一档法定刑增加了管制刑的规定。

(2) 在1997年2月17日的修订草案中,立法机关删除了1996年10月10日征求意见稿第3款的规定,并将其第4款修改成"非法收购盗伐、滥伐的林木罪",即:"以牟利为目的,在林区非法收购明知是盗伐、滥伐的林木,情节严重的,处三年以下有期徒刑、拘役或者管制,并处或者单处罚金;情节特别严重的,处三年以上七年以下有期徒刑,并处罚金。"

(3) 在1997年3月1日的修订草案中,立法机关将原先写法中的"可以并处或者单处罚金"的规定修改为"并处或者单处罚金"。

经过以上的修改和调整,最后形成的1997年《刑法》第345条的规定是:"盗伐森林或者其他林木,数量较大的,处三年以下有期徒刑、拘役或者管制,并处或者单处罚金;数量巨大的,处三年以上七年以下有期徒刑,并处罚金;数量特别巨大的,处七年以上有期徒刑,并处罚金。违反森林法的规定,滥伐森林或者其他林木,数量较大的,处三年以下有期徒刑、拘役或者管制,并处或者单处罚金;数量巨大的,处三年以上七年以下有期徒刑,并处罚金。以牟利为目的,在林区非法收购明知是盗伐、滥伐的林木,情节严重的,处三年以下有期徒刑、拘役或者管制,并处或者单处罚金;情节特别严重的,处三年以上七年以下有期徒刑,并处罚金。盗伐、滥伐国家级自然保护区内的森林或者其他林木的,从重处罚。"

1997年刑法典颁行后,《刑法修正案(四)》根据司法实践的需要,对第345条第3款的规定作了补充和修改,即:"非法收购、运输明知是盗伐、滥伐的林木,情节严重的,处三年以下有期徒刑、拘役或者管制,并处或者单处罚金;情节特别严重的,处三年以上七年以下有期徒刑,并处罚金。"其立法背景是,近年来各地加大了植树的力度,林区与非林区的界限已不明显,非林区也存在成片的森林需要保护,有关部门建议取消"在林区"的限制。同时,本条还规定了盗伐林木罪、滥伐林木罪和非法收购盗伐、滥伐的林木罪。有关部门反映,这类犯罪案件大量是在运输环节查获的,有些违法运输人员往往就是盗伐、滥伐、非法收购行为的直接参与者或者帮助者。但由于司法机关认识不一致,很难及时处理,建议将非法运输明知是盗伐、滥伐的林木的行为增加规定为犯罪。立法机关采纳上述建议,遂作出了上述修改。由于该款内容作了修正,其罪名也相应由"非法收购盗伐、滥伐的林木罪"修正成为"非法收购、运输盗伐、滥伐的林木罪"。

九、本节单位犯罪的处罚(第346条)

1997年《刑法》第346条是单位犯本节之罪的处罚规定。自1996年8月8日的分则修改草稿将其写入研拟的稿本以来,曾先后进行了多次条文编码和措辞上的修改和调整,最终形成了1997年《刑法》第346条的规定:"单位犯本节第三百三十八条至第三百四十五条规定之罪的,对单位判处罚金,并对其直接负责的主管人员和其他直接责任人员,依照本节各该条的规定处罚。"

第七节 走私、贩卖、运输、制造毒品罪

一、走私、贩卖、运输、制造毒品罪(第347条)

在1979年刑法典中,我国立法机关只规定了制造、贩卖、运输毒品罪,即第171条规定:"制造、贩卖、运输鸦片、海洛因、吗啡或者其他毒品的,处五年以下有期徒刑或者拘役,可以并处罚金。一贯或者大量制造、贩卖、运输前款毒品的,处五年以上有期徒刑,可以并处没收财产。"1988年1月21日全国人大常委会通过的《关于惩治走私罪的补充规定》第1条对走私毒品的行为作出了规定:"走私鸦片等毒品、武器、弹药或者伪造货币的,处7年以上有期徒刑,并处罚金或者没收财产;情节特别严重的,处无期徒刑或者死刑,并处没收财产;情节较轻的,处7年以下有期徒刑,并处罚金。"1990年12月28日全国人大常委会通过的《关于禁毒的决定》(以下简称《禁毒决定》)第2条又对上述规定进行了修改和补充:"走私、贩卖、运输、制造毒品,有下列情形之一的,处十五年有期徒刑、无期徒刑或者死刑,并处没收财产:(一)走私、贩卖、运输、制造鸦片一千克以上、海洛因五十克以上或者其他毒品数量大的;(二)走私、贩卖、运输、制造毒品集团的首要分子;(三)武装掩护走私、贩卖、运输、制造毒品的;(四)以暴力抗拒检查、拘留、逮捕,情节严重的;(五)参与有组织的国际贩毒活动的。走私、贩卖、运输、制造鸦片二百克以上不满一千克、

海洛因十克以上不满五十克或者其他毒品数量较大的,处七年以上有期徒刑,并处罚金。走私、贩卖、运输、制造鸦片不满二百克、海洛因不满十克或者其他少量毒品的,处七年以下有期徒刑、拘役或者管制,并处罚金。利用、教唆未成年人走私、贩卖、运输、制造毒品的,从重处罚。对多次走私、贩卖、运输、制造毒品,未经处理的,毒品数量累计计算。"

在刑法修订研拟中,1988年的3个刑法修改稿是以1979年刑法典以及《关于惩治走私罪的补充规定》为蓝本而起草此罪法条的。在这3个稿本中,均有走私毒品的犯罪规定,虽然此罪法定刑的设置与《关于惩治走私罪的补充规定》的写法有所不同,但由于这3个稿本将毒品作为走私罪的一种对象与其他货物、物品并列加以规定,故从规定模式上,与《关于惩治走私罪的补充规定》的写法大致相同。就制造、贩卖、运输毒品罪而言,这3个稿本基本上沿用了1979年刑法典的写法,有所不同的是,立法工作机关在此罪惯犯的规定上,补充了情节严重的法定刑。

1990年12月28日的《禁毒决定》通过后,立法工作机关在之后对此罪法条的起草中,就开始以《禁毒决定》的有关规定为蓝本而进行,并先后进行了如下的删改和补充,最后形成了1997年《刑法》第347条的规定:

(1)在1996年10月10日的修订草案(征求意见稿)第310条中,立法工作机关删除了"毒品数量累计计算"的规定,并在该条第1款中增设规定:"走私、贩卖、运输、制造毒品,无论数量多少,都应当追究刑事责任,予以刑事处罚。"对于增设的这一款规定,在刑法草案征求意见中,争议很大,有部门和地方提出,这一规定太绝对,与犯罪概念中的"情节显著轻微危害不大的,不认为是犯罪"的规定相矛盾,在实践中也很难做到,建议删去这一规定。有地方建议对制造、贩卖、运输少量毒品,情节轻微的,增加可以实行劳动教养的规定。也有的部门认为应当保留以上规定,这样规定更能明确地表明我国对毒品犯罪的态度。① 立法机关最终采纳了第三种建议,以此表明我国对于毒品犯罪决不姑息纵容而是严惩不贷的态度。

(2)在1997年1月10日的修订草案中,立法机关又恢复了1996年10月10日征求意见稿被删除的"毒品数量累计计算"的规定。

(3)在1997年3月1日的修订草案中,立法机关增加了"向未成年人出售毒品的,从重处罚"的规定。

(4)在修订草案审议中,有部门提出,在毒品中甲基苯丙胺的危害十分严重,建议在修订刑法时明确规定走私、贩卖、运输、制造甲基苯丙胺的具体处刑数量标准。立法机关在1997年3月13日的稿本中采纳了这一建议,并为此罪增设了单位犯罪的条款。

---

① 参见《中央有关部门、地方及法律专家对刑法修订草案(征求意见稿)的意见》,载高铭暄、赵秉志编:《新中国刑法立法文献资料总览》(下),中国人民公安大学出版社1998年版,第2172—2173页。

这样，经过以上的修改和调整，最终形成的1997年《刑法》第347条的规定是："走私、贩卖、运输、制造毒品，无论数量多少，都应当追究刑事责任，予以刑事处罚。走私、贩卖、运输、制造毒品，有下列情形之一的，处十五年有期徒刑、无期徒刑或者死刑，并处没收财产：（一）走私、贩卖、运输、制造鸦片一千克以上、海洛因或者甲基苯丙胺五十克以上或者其他毒品数量大的；（二）走私、贩卖、运输、制造毒品集团的首要分子；（三）武装掩护走私、贩卖、运输、制造毒品的；（四）以暴力抗拒检查、拘留、逮捕，情节严重的；（五）参与有组织的国际贩毒活动的。走私、贩卖、运输、制造鸦片二百克以上不满一千克、海洛因或者甲基苯丙胺十克以上不满五十克或者其他毒品数量较大的，处七年以上有期徒刑，并处罚金。走私、贩卖、运输、制造鸦片不满二百克、海洛因或者甲基苯丙胺不满十克或者其他少量毒品的，处三年以下有期徒刑、拘役或者管制，并处罚金；情节严重的，处三年以上七年以下有期徒刑，并处罚金。单位犯第二款、第三款、第四款罪的，对单位判处罚金，并对其直接负责的主管人员和其他直接责任人员，依照各该款的规定处罚。利用、教唆未成年人走私、贩卖、运输、制造毒品，或者向未成年人出售毒品的，从重处罚。对多次走私、贩卖、运输、制造毒品，未经处理的，毒品数量累计计算。"

二、非法持有毒品罪（第348条）

本条规定之罪是在对《禁毒决定》第3条规定进行修改和调整的基础上形成的。《禁毒决定》第3条规定："禁止任何人非法持有毒品。非法持有鸦片一千克以上、海洛因五十克以上或者其他毒品数量大的，处七年以上有期徒刑或者无期徒刑，并处罚金；非法持有鸦片二百克以上不满一千克、海洛因十克以上不满五十克或者其他毒品数量较大的，处七年以下有期徒刑、拘役或者管制，可以并处罚金；非法持有鸦片不满二百克、海洛因不满十克或者其他少量毒品的，依照第八条第一款①的规定处罚。"

在刑法修订研拟中，围绕着上述规定的写法进行了如下的修改和调整：一是在1996年8月8日的刑法分则修改草稿中，立法工作机关删除了"禁止任何人非法持有毒品"和因持有毒品不足法定标准而予以行政处罚的规定。二是1997年3月13日刑法修订草案第348条在此罪罪状中添加了关于"甲基苯丙胺"的规定，并对此罪的法定刑重新作了梳理。该草案的这一写法最后为1997年《刑法》第348条所沿用，即："非法持有鸦片一千克以上、海洛因或者甲基苯丙胺五十克以上或者其他毒品数量大的，处七年以上有期徒刑或者无期徒刑，并处罚金；非法持有鸦片二百克以上不满一千克、海洛因或者甲基苯丙胺十克以上不满五十克或者其他毒品数

---

① 《禁毒决定》第8条第1款规定："吸食、注射毒品的，由公安机关处十五日以下拘留，可以单处或者并处二千元以下罚款，并没收毒品和吸食、注射器具。"

量较大的,处三年以下有期徒刑、拘役或者管制,并处罚金;情节严重的,处三年以上七年以下有期徒刑,并处罚金。"

三、包庇毒品犯罪分子罪,窝藏、转移、隐瞒毒品、毒赃罪(第349条)

本条规定之罪是在对《禁毒决定》第4条规定进行修改和调整的基础上形成的。《禁毒决定》第4条规定:"包庇走私、贩卖、运输、制造毒品的犯罪分子的,为犯罪分子窝藏、转移、隐瞒毒品或者犯罪所得的财物的,掩饰、隐瞒出售毒品获得财物的非法性质和来源的,处七年以下有期徒刑、拘役或者管制,可以并处罚金。犯前款罪事先通谋的,以走私、贩卖、运输、制造毒品罪的共犯论处。"

对于上述写法,在刑法修订研拟中,先后进行了如下的修改和调整:

(1) 在1996年8月8日和8月31日的修改草稿中,立法工作机关对此罪法定刑增加了"并处没收财产"的规定。

(2) 在1996年10月10日的修订草案(征求意见稿)第312条中,立法工作机关在上述修改草稿的基础上,对此罪法条作了两处修改:一是修改了此罪的法定刑,即将原先的"七年以下有期徒刑、拘役或者管制,可以并处罚金或者没收财产"的规定修改为"三年以下有期徒刑、拘役或者管制"和"三年以上十年以下有期徒刑"两个档次;二是将《禁毒决定》第11条第1款"国家工作人员犯本决定规定之罪的,从重处罚"的规定经过修改和补充吸收到征求意见稿第312条中作为第2款,即:"缉毒人员或者其他国家机关工作人员掩护、包庇走私、贩卖、运输、制造毒品的犯罪分子的,依照前款规定从重处罚。"

(3) 在1997年2月17日的修订草案中,立法机关删除了此罪原写法中的"掩饰、隐瞒出售毒品获得财物的非法性质和来源的"规定。

经过以上的修改和调整,最后形成了1997年《刑法》第349条的规定:"包庇走私、贩卖、运输、制造毒品的犯罪分子的,为犯罪分子窝藏、转移、隐瞒毒品或者犯罪所得的财物的,处三年以下有期徒刑、拘役或者管制;情节严重的,处三年以上十年以下有期徒刑。缉毒人员或者其他国家机关工作人员掩护、包庇走私、贩卖、运输、制造毒品的犯罪分子的,依照前款的规定从重处罚。犯前两款罪,事先通谋的,以走私、贩卖、运输、制造毒品的共犯论处。"

四、走私制毒物品罪、非法买卖制毒物品罪(第350条)

本条规定之罪是在对《禁毒决定》第5条规定进行修改和调整的基础上形成的。《禁毒决定》第5条规定:"对醋酸酐、乙醚、三氯甲烷或者其他经常用于制造麻醉药品和精神药品的物品,应当依照国家有关规定严格管理,严禁非法运输、携带进出境。非法运输、携带上述物品进出境的,处三年以下有期徒刑、拘役或者管制,并处罚金;数量大的,处三年以上十年以下有期徒刑,并处罚金;数量较小的,依照海关法的有关规定处罚。明知他人制造毒品而为其提供前款规定的物品的,以制造毒品罪的共犯论处。单位有前两款规定的违法犯罪行为的,对其直接负责的主管人员和其他直接责任人员,依照前两款的规定处罚,并对单位判处罚金或者予以罚款。"

在刑法修订研拟过程中,对此罪法条的研拟主要是围绕着对《禁毒决定》第5条写法的修改而进行的。在1996年8月8日的刑法分则修改草稿中,立法工作机关对《禁毒决定》的上述写法作了两处修改:一是进一步明确了此罪的罪状表述,即:"违反国家规定非法运输、携带醋酸酐、乙醚、三氯甲烷或者其他经常用于制造麻醉药品和精神药品的物品进出境"。二是对《禁毒决定》第5条第3款单位违法犯罪的规定作了修改,删除了单位违法的处理,即:"单位有前两款规定的犯罪行为的,对其直接负责的主管人员和其他直接责任人员,依照前两款的规定处罚,并对单位判处罚金。"这一写法为以后的诸多稿本所沿用。到了1996年12月中旬的修订草案,立法工作机关在该草案第320条第1款的规定中,增加了"非法买卖制毒物品"的犯罪规定,并对单位犯罪的表述作了措辞上的修改。在1997年3月1日的修订草案中,立法机关又将此罪罪状原先的"其他经常用于制造麻醉药品的物品进出境"的写法修改为"其他用于制造毒品的原料或者配剂进出境"。该稿的这一写法最后被吸收到1997年《刑法》第350条的规定中,即:"违反国家规定,非法运输、携带醋酸酐、乙醚、三氯甲烷或者其他用于制造毒品的原料或者配剂进出境的,或者违反国家规定,在境内非法买卖上述物品的,处三年以下有期徒刑、拘役或者管制,并处罚金;数量大的,处三年以上十年以下有期徒刑,并处罚金。明知他人制造毒品而为其提供前款规定的物品的,以制造毒品罪的共犯论处。单位犯前两款罪的,对单位判处罚金,并对其直接负责的主管人员和其他直接责任人员,依照前两款的规定处罚。"

五、非法种植毒品原植物罪(第351条)

本条之罪是在立法机关在对《禁毒决定》第6条规定进行修改的基础上形成的。该决定第6条规定:"非法种植罂粟、大麻等毒品原植物的,一律强制铲除。有下列情形之一的,处五年以下有期徒刑、拘役或者管制,并处罚金:(一)种植罂粟五百株以上不满三千株或者其他毒品原植物数量较大的;(二)经公安机关处理后又种植的;(三)抗拒铲除的。非法种植罂粟三千株以上或者其他毒品原植物数量大的,处五年以上有期徒刑,并处罚金或者没收财产。非法种植罂粟不满五百株或者其他毒品原植物数量较小的,由公安机关处十五日以下拘留,可以并处三千元以下罚款。非法种植罂粟或者其他毒品原植物,在收获前自动铲除的,可以免除处罚。"

在刑法修订研拟中,1988年12月25日的刑法修改稿第193条第3款曾规定:

"非法种植罂粟等毒品原植物,情节严重的,依照第一款①的规定处罚。"《禁毒决定》颁行后,立法工作机关就开始以该决定的规定为蓝本来起草研拟此罪法条。在1996年8月8日的修改草稿中,立法工作机关删除了《禁毒决定》第6条第3款行政处罚的规定,其他内容则与该决定的写法相同。该草稿的这一写法为之后的修改稿本所沿用并最终写进1997年《刑法》第351条中,即:"非法种植罂粟、大麻等毒品原植物的,一律强制铲除。有下列情形之一的,处五年以下有期徒刑、拘役或者管制,并处罚金:(一) 种植罂粟五百株以上不满三千株或者其他毒品原植物数量较大的;(二) 经公安机关处理后又种植的;(三) 抗拒铲除的。非法种植罂粟三千株以上或者其他毒品原植物数量大的,处五年以上有期徒刑,并处罚金或者没收财产。非法种植罂粟或者其他毒品原植物,在收获前自动铲除的,可以免除处罚。"

六、非法买卖、运输、携带、持有毒品原植物种子、幼苗罪(第352条)

本罪是1997年刑法典新增的一种犯罪,其写法最初见于1996年12月中旬的刑法修订草案第322条的规定:"非法买卖、运输、携带、持有未经灭活的罂粟等毒品原植物种子或者幼苗,数量较大的,处三年以下有期徒刑、拘役或者管制,可以并处或者单处罚金"。1997年3月1日刑法修订草案对此罪的罚金刑部分进行了微调,将"可以并处或者单处罚金"修改为"并处或者单处罚金"。这一写法最后被写进1997年《刑法》第352条中。

七、引诱、教唆、欺骗他人吸毒罪,强迫他人吸毒罪(第353条)

本条之罪是在《禁毒决定》第7条规定的基础上修改而来的。该决定第7条规定:"引诱、教唆、欺骗他人吸食、注射毒品的,处七年以下有期徒刑、拘役或者管制,并处罚金。强迫他人吸食、注射毒品的,处三年以上十年以下有期徒刑,并处罚金。引诱、教唆、欺骗或者强迫未成年人吸食、注射毒品的,从重处罚。"

在刑法修订研拟中,1997年3月1日的刑法修订草案第350条第1款对引诱、教唆、欺骗他人吸毒罪的法定刑进行了修改,将原先的"处七年以下有期徒刑、拘役或者管制,并处罚金"修改为"处三年以下有期徒刑、拘役或者管制,并处罚金;情节严重的,处三年以上七年以下有期徒刑,并处罚金"。由此形成了1997年《刑法》第353条的规定:"引诱、教唆、欺骗他人吸食、注射毒品的,处三年以下有期徒刑、拘役或者管制,并处罚金;情节严重的,处三年以上七年以下有期徒刑,并处罚金。强迫他人吸食、注射毒品的,处三年以上十年以下有期徒刑,并处罚金。引诱、教唆、欺骗或者强迫未成年人吸食、注射毒品的,从重处罚。"

---

① 该条第1款规定的是制造、贩卖、运输毒品罪。

八、容留他人吸毒罪(第354条)

本条规定系在对《禁毒决定》第9条规定进行修改的基础上形成的。《禁毒决定》第9条规定:"容留他人吸食、注射毒品并出售毒品的,依照第二条①的规定处罚。"

在1996年8月8日的刑法分则修改草稿及其以后一些稿本中,上述规定在被写入这些稿本时,在表述上并没有发生实质的变化,因为《禁毒决定》以及这些稿本均规定对容留他人吸毒并出售毒品的行为依照走私、贩卖、运输、制造毒品罪处罚,因此,本条规定其实就是一种独立的犯罪。但到了1996年12月中旬和12月20日的修订草案,对这种行为处理的写法发生了变化,即依照走私、贩卖、运输、制造毒品罪定罪处罚,据此,这种行为不再是一种独立的犯罪。

在对修订草案征求意见的过程中,有部门和地方提出,出售毒品的行为已经包含在走私、贩卖、运输、制造毒品罪的贩卖行为中,因此,建议删去"并出售毒品"的规定,只要容留他人吸毒就构成犯罪。② 立法机关采纳了该建议,在此后的1997年1月10日的刑法修订草案第336条中将"出售毒品"行为删除,并对"容留他人吸毒"行为规定了独立的法定刑,即:"容留他人吸食、注射毒品的,处三年以下有期徒刑、拘役或者管制。"1997年3月1日的刑法修订草案第351条对此罪的法定刑增设了"并处罚金"的规定。由此而形成了1997年《刑法》第354条的规定:"容留他人吸食、注射毒品的,处三年以下有期徒刑、拘役或者管制,并处罚金。"

九、非法提供麻醉药品、精神药品罪(第355条)

本条规定渊源于《禁毒决定》第10条第2、3款的规定,即:"依法从事生产、运输、管理、使用国家管制的麻醉药品、精神药品的人员违反国家规定,向吸食、注射毒品的人提供国家管制的麻醉药品、精神药品的,处七年以下有期徒刑或者拘役,可以并处罚金。向走私、贩卖毒品的犯罪分子或者以牟利为目的,向吸食、注射毒品的人提供国家管制的麻醉药品、精神药品的,依照第二条的规定处罚。单位有第二款规定的违法犯罪行为的,对其直接负责的主管人员和其他直接责任人员,依照第二款的规定处罚,并对单位判处罚金。"

在将上述写法纳入研拟中的刑法典过程中,曾先后进行了如下的修改:

(1)在1996年8月8日的刑法分则修改草稿中,立法工作机关对上述单位违法犯罪的规定进行了修改,删除了对单位违法的处罚的内容,即:"单位有前款规定

---

① 《禁毒决定》第2条规定的是走私、贩卖、运输、制造毒品罪。
② 参见《中央有关部门、地方及法律专家对刑法修订草案(征求意见稿)的意见》,载高铭暄、赵秉志编:《新中国刑法立法文献资料总览》(下),中国人民公安大学出版社1998年版,第2173页。

的犯罪行为的,对其直接负责的主管人员和其他直接责任人员,依照前款的规定处罚,并对单位判处罚金。"对于这一写法,经过之后的稿本一些措辞上的调整后,被吸收到1997年《刑法》第355条第2款规定中。

(2) 对于向走私、贩卖毒品者或者以牟利为目的向吸毒者提供国家管制的麻醉药品、精神药品的行为,《禁毒决定》以及一些稿本均规定,依照走私、贩卖、运输、制造毒品罪处断,这意味着此处的规定其实就是一种独立的犯罪。但到了1996年12月中旬和12月20日的修订草案,对这种行为处理的写法发生了变化,即依照走私、贩卖、运输、制造毒品罪定罪处罚。据此,这种行为便不再是一种独立的犯罪。

(3) 在1997年3月1日的修订草案中,立法机关修改了非法提供麻醉药品、精神药品罪的法定刑,即由之前稿本"处七年以下有期徒刑或者拘役,可以并处罚金"的规定修改为"处三年以下有期徒刑或者拘役,并处罚金;情节严重的,处三年以上七年以下有期徒刑,并处罚金"。

(4) 在1997年3月13日的修订草案中,立法机关将之前稿本条文中的"向吸食、注射毒品的人提供国家管制的麻醉药品、精神药品"修改为"向吸食、注射毒品的人提供国家规定管制的能够使人形成瘾癖的麻醉药品、精神药品"。

经过以上的修改和调整,最后形成的1997年《刑法》第355条的规定是:"依法从事生产、运输、管理、使用国家管制的麻醉药品、精神药品的人员,违反国家规定,向吸食、注射毒品的人提供国家规定管制的能够使人形成瘾癖的麻醉药品、精神药品的,处三年以下有期徒刑或者拘役,并处罚金;情节严重的,处三年以上七年以下有期徒刑,并处罚金。向走私、贩卖毒品的犯罪分子或者以牟利为目的,向吸食、注射毒品的人提供国家规定管制的能够使人形成瘾癖的麻醉药品、精神药品的,依照本法第三百四十七条的规定定罪处罚。单位犯前款罪的,对单位判处罚金,并对其直接负责的主管人员和其他直接责任人员,依照前款的规定处罚。"

十、毒品犯罪的再犯问题(第356条)

本条规定渊源于《禁毒决定》第11条第2款的规定,1996年8月8日的刑法分则修改草稿将其写入第六章第六节第9条第2款中,历经各稿沿用,并最终形成了1997年《刑法》第356条的规定:"因走私、贩卖、运输、制造、非法持有毒品罪被判过刑,又犯本节规定之罪的,从重处罚。"

十一、毒品的概念及数量计算(第357条)

1997年《刑法》第357条第1款关于毒品概念的规定渊源于《禁毒决定》第1条的规定,1996年10月10日的修订草案(征求意见稿)将其写入第318条第1款中,当时列举的毒品名称有鸦片、海洛因、吗啡、大麻、可卡因,从1996年12月中旬的修订草案起,又将甲基苯丙胺(冰毒)增列进去,并最终为1997年《刑法》第357

条第1款所沿用,即:"本法所称的毒品,是指鸦片、海洛因、甲基苯丙胺(冰毒)、吗啡、大麻、可卡因以及国家规定管制的其他能够使人形成瘾癖的麻醉药品和精神药品。"

在刑法修订研拟中,关于毒品数量是否需要以纯度为计量原则的问题曾产生过争议,主要有两种意见①:一种意见认为,征求意见稿第318条关于毒品的数量不以纯度折算的规定有利于从严打击毒品犯罪。另一种意见认为,毒品的纯度不同,危害程度不同,量刑也应当不同,司法实践中缴获的毒品纯度是很悬殊的,如果仅规定以毒品的数量作为定罪量刑的依据而不看毒品的纯度,既不符合实际情况,也容易给实践中的执法工作造成失误,特别是一些涉及适用死刑的案件,故建议删去此款规定。立法机关最终采纳了第一种建议,在1997年《刑法》第357条第2款规定:"毒品的数量以查证属实的走私、贩卖、运输、制造、非法持有毒品的数量计算,不以纯度折算。"

第八节 组织、强迫、引诱、容留、介绍卖淫罪

一、组织卖淫罪,强迫卖淫罪,协助组织卖淫罪(第358条)

1997年《刑法》第358条第1、2款规定的组织卖淫罪渊源于1991年9月4日全国人大常委会通过的《关于严禁卖淫嫖娼的决定》第1条第1款的规定,该款规定:"组织他人卖淫的,处十年以上有期徒刑或者无期徒刑,并处一万元以下罚金或者没收财产;情节特别严重的,处死刑,并处没收财产。"

在刑法修订研拟中,1996年8月8日的分则修改草稿及其以后的多个稿本对此罪的写法,均直接移植了《关于严禁卖淫嫖娼的决定》第1条第1款的规定。对于这一写法,在1996年8月12日至16日的专家座谈会上,一些专家提出,从组织卖淫罪的起刑点为10年以上以及情节特别严重的绝对处死刑来看,这个罪是刑法规定的第一重罪,作此规定,是不理智的,是感性立法,建议降低起刑点并去掉死刑。② 立法机关部分采纳了上述建议,同时为了减少死刑的条文数量,在1996年12月20日的刑法修订草案中,将组织卖淫罪和强迫卖淫罪合并规定在一个条文的两款中,即:"组织他人卖淫或者强迫他人卖淫的,处五年以上十年以下有期徒刑,并处一万元以下罚金;有下列情形之一的,处十年以上有期徒刑或者无期徒刑,并

---

① 参见《中央有关部门、地方及法律专家对刑法修订草案(征求意见稿)的意见》,载高铭暄、赵秉志编:《新中国刑法立法文献资料总览》(下),中国人民公安大学出版社1998年版,第2173页。

② 参见全国人大常委会法工委刑法室1996年9月6日整理:《法律专家对〈刑法总则修改稿〉和〈刑法分则修改草稿〉的意见》,载高铭暄、赵秉志编:《新中国刑法立法文献资料总览》(下),中国人民公安大学出版社1998年版,第2144页。

处一万元以下罚金或者没收财产:(一)组织他人卖淫,情节严重的;(二)强迫不满十四岁的幼女卖淫的;(三)强迫多人卖淫或者多次强迫他人卖淫的;(四)强奸后迫使卖淫的;(五)造成被强迫卖淫的人重伤、死亡或者其他严重后果的。有前款所列情形之一,情节特别严重的,处无期徒刑或者死刑,并处没收财产。"到了1997年2月17日的修订草案(修改稿),立法机关对上述写法中的罚金刑作了调整,即将原先限额罚金的规定修改为无限额罚金制。同时,从该草案稿起,把年龄的表述从"岁"改为"周岁"。该草案稿的写法最后被写入1997年刑法典中。

在1979年刑法典中,第140条规定了强迫妇女卖淫罪,即:"强迫妇女卖淫的,处三年以上十年以下有期徒刑。"1983年9月2日全国人大常委会通过的《关于严惩严重危害社会治安的犯罪分子的决定》第1条对情节特别严重的强迫妇女卖淫行为规定了可以加重处刑,直至判处死刑。1991年的《关于严禁卖淫嫖娼的决定》又对强迫妇女卖淫罪作了补充修改,《关于严禁卖淫嫖娼的决定》第2条规定:"强迫他人卖淫的,处五年以上十年以下有期徒刑,并处一万元以下罚金;有下列情形之一的,处十年以上有期徒刑或者无期徒刑,并处一万元以下罚金或者没收财产;情节特别严重的,处死刑,并处没收财产:(一)强迫不满十四岁的幼女卖淫的;(二)强迫多人卖淫或者多次强迫他人卖淫的;(三)强奸后迫使卖淫的;(四)造成被强迫卖淫的人重伤、死亡或者其他严重后果的。"

在刑法修订研拟中,1988年的3个稿本基本上是以1979年刑法典的规定为基础对此罪法条进行研拟的。例如,1988年9月的修改稿在1979年刑法典写法的基础上增加了情节严重的法定刑,即:"十年以上有期徒刑或者无期徒刑"。1988年11月16日和12月25日的稿本在上述写法第二档法定刑中又增加了"并处没收财产"的规定。

1991年的《关于严禁卖淫嫖娼的决定》通过后,1996年8月8日的刑法分则修改草稿及其以后的一些稿本则直接移植了《关于严禁卖淫嫖娼的决定》的写法。到了1996年12月20日的修订草案,立法机关出于减少死刑条文数量的考虑,将此罪与组织卖淫罪合并规定在一个条文中,并经过如前所述的修改和调整,最终形成了1997年《刑法》第358条第1、2款的规定。

1997年《刑法》第358条第3款规定的是协助组织卖淫罪,此罪系在1991年《关于严禁卖淫嫖娼的决定》第1条第2款规定的基础上经过修改而成的。《关于严禁卖淫嫖娼的决定》第1条第2款规定:"协助组织他人卖淫的,处三年以上十年以下有期徒刑,并处一万元以下罚金;情节严重的,处十年以上有期徒刑,并处一万元以下罚金或者没收财产。"在刑法修订研拟中,立法工作机关直接将上述规定的写法移植到1996年8月8日的修改草稿及其以后的修订稿本中。到了1996年12月20日的修订草案,立法机关对此罪的法定刑进行了调整:对于此罪的基本犯,处5年以下有期徒刑,并处1万元以下罚金;情节严重的,处5年以上10年以下有期徒刑,并处1万元以下罚金或者没收财产。在1997年2月17日的修订草案(修改稿)中,立法机关又对上述写法中的罚金刑作了调整,即将原先限额罚金的规定修改为无限额罚金制。该草案稿的写法最后被写入1997年刑法典中。此外,在研拟中,也有专家提出,此罪不单独定罪,而按照组织卖淫罪的共犯同样可以得到妥善的处理。立法机关基于"原则上没有什么问题的就尽量不修改"的立法修订指导思想,没有采纳这一建议。

总之,经过以上的修改和调整,最终形成的1997年《刑法》第358条的规定是:"组织他人卖淫或者强迫他人卖淫的,处五年以上十年以下有期徒刑,并处罚金;有下列情形之一的,处十年以上有期徒刑或者无期徒刑,并处罚金或者没收财产:(一)组织他人卖淫,情节严重的;(二)强迫不满十四周岁的幼女卖淫的;(三)强迫多人卖淫或者多次强迫他人卖淫的;(四)强奸后迫使卖淫的;(五)造成被强迫卖淫的人重伤、死亡或者其他严重后果的。有前款所列情形之一,情节特别严重的,处无期徒刑或者死刑,并处没收财产。协助组织他人卖淫的,处五年以下有期徒刑,并处罚金;情节严重的,处五年以上十年以下有期徒刑,并处罚金。"

1997年刑法典颁行后,有部门提出,近年来,社会上出现了专门为卖淫场所招募、运送人员的组织和个人,他们虽不参加卖淫场所的组织卖淫、强迫卖淫活动,但为了牟利,致使许多女性陷入不幸境地,对这种"帮凶"行为也应追究刑事责任。立法机关采纳了这种意见,于2011年2月25日通过的《刑法修正案(八)》将1997年《刑法》第358条第3款修改为:"为组织卖淫的人招募、运送人员或者有其他协助组织他人卖淫行为的,处五年以下有期徒刑,并处罚金;情节特别严重的,处五年以上十年以下有期徒刑,并处罚金。"

二、引诱、容留、介绍卖淫罪,引诱幼女卖淫罪(第359条)

我国1979年《刑法》第169条规定了引诱、容留妇女卖淫罪,即:"以营利为目的,引诱、容留妇女卖淫的,处五年以下有期徒刑、拘役或者管制;情节严重的,处五年以上有期徒刑,可以并处罚金或者没收财产。"1983年9月2日全国人大常委会通过的《关于严惩严重危害社会治安的犯罪分子的决定》第1条对情节特别严重的引诱、容留妇女卖淫的行为规定了可以加重处刑,直至判处死刑。1991年9月4日全国人大常委会通过的《关于严禁卖淫嫖娼的决定》第3条第1款又对这一规定作了补充和修改,即:"引诱、容留、介绍他人卖淫的,处五年以下有期徒刑或者拘役,并处五千元以下罚金;情节严重的,处五年以上有期徒刑,并处一万元以下罚金;情节较轻的,依照治安管理处罚条例第三十条的规定处罚。"罪名也相应修改为"引诱、容留、介绍卖淫罪"。

在刑法修订研拟中,1988年9月的修改稿基本上沿用了1979年刑法典的规定。对于这一写法中的"以营利为目的",有部门提出,实践中往往遇到并非"以营利为目的"而是出于奸淫或者其他目的而引诱、容留妇女卖淫的情况,有的情节严重,应当定罪,但如果必须"以营利为目的",就不好追究这种人的刑事责任。建议删除此罪罪状中的"以营利为目的"的表述。① 立法工作机关采纳了这一建议,在1988年11月16日的修改稿中,删除了这一目的的表述。

1991年的《关于严禁卖淫嫖娼的决定》通过后,立法工作机关开始在之后的稿本中以《关于严禁卖淫嫖娼的决定》的写法为蓝本起草研拟此罪法条。在1996年8月8日的刑法分则修改草稿第六章第七节第3条中,立法工作机关删除了《关于严禁卖淫嫖娼的决定》第3条中的行政处罚规定的内容,其他内容则直接来源于《关于严禁卖淫嫖娼的决定》的规定。该稿本的这一写法为之后的多个修改稿本所沿用。到了1997年2月17日的修订草案(修改稿),立法机关对上述写法中的罚金刑作了调整,即将原先限额罚金的规定修改为无限额罚金制。在1997年3月1日的修订草案中,立法机关又对此罪的法定刑作了微调,即在此罪第一档法定刑中增加了管制的规定,由此而形成了1997年《刑法》第359条第1款的规定。

1991年的《关于严禁卖淫嫖娼的决定》第3条第2款规定:"引诱不满十四岁的幼女卖淫的,依照本决定第二条关于强迫不满十四岁的幼女卖淫的规定处罚。"② 之后,立法工作机关研拟的一些稿本基本上沿用了这一规定。到了1996年12月中旬的修订草案,立法工作机关对此条的用语作出了微调,即将原先依照强迫卖淫罪处罚的规定修改为依照强迫卖淫罪"定罪处罚"。后来,考虑到就行为本质而言,引诱行为根本不同于强迫,显然,对于引诱不满14岁的幼女卖淫的依照强迫卖淫罪定罪处罚,不尽妥当。故在1997年3月13日的刑法修订草案第359条中,立法机关将此种犯罪行为独立化,并规定了独立的法定刑。

经过以上的修改和调整,最终形成的1997年《刑法》第359条的规定是:"引诱、容留、介绍他人卖淫的,处五年以下有期徒刑、拘役或者管制,并处罚金;情节严重的,处五年以上有期徒刑,并处罚金。引诱不满十四周岁的幼女卖淫的,处五年以上有期徒刑,并处罚金。"

三、传播性病罪、嫖宿幼女罪(第360条)

传播性病罪原系1991年9月4日全国人大常委会通过的《关于严禁卖淫嫖娼的决定》第5条第1款规定的犯罪,该款规定:"明知自己患有梅毒、淋病等严重性病卖淫、嫖娼的,处五年以下有期徒刑、拘役或者管制,并处五千元以下罚金。"在刑

---

① 参见最高人民法院刑法修改小组:《关于刑法分则修改的若干问题(草稿)(1989年3月)》,载高铭暄、赵秉志编:《新中国刑法立法文献资料总览》(下),中国人民公安大学出版社1998年版,第2328页。

② 按《关于严禁卖淫嫖娼的决定》第2条的规定,强迫不满14岁的幼女卖淫的,处10年以上有期徒刑或者无期徒刑,并处1万元以下罚金或者没收财产;情节特别严重的,处死刑,并处没收财产。

法修订研拟中,立法工作机关曾将上述规定直接移植进1996年8月8日的刑法分则修改草稿及其以后的一些稿本中。到了1997年2月17日的修订草案(修改稿),立法机关对此罪法定刑的写法作了微调,即将原先限额罚金的规定修改为无限额罚金制,并最后写入1997年《刑法》第360条第1款中,即:"明知自己患有梅毒、淋病等严重性病卖淫、嫖娼的,处五年以下有期徒刑、拘役或者管制,并处罚金。"需要提及的是,在对此罪研拟中,有部门曾建议,在修订草案关于此罪的规定中增加"明知有艾滋病而卖淫、嫖娼"的规定,因为性病包括不了艾滋病。立法机关最终没有采纳这一建议。

嫖宿幼女罪原系1991年9月4日全国人大常委会通过的《关于严禁卖淫嫖娼的决定》第5条第2款规定的犯罪,该款规定:"嫖宿不满十四岁的幼女的,依照刑法关于强奸罪的规定处罚。"在刑法修订研拟中,立法工作机关曾将上述规定直接移植进1996年8月8日的刑法分则修改草稿及其以后的一些稿本中。到了1996年12月中旬的修订草案,立法机关对此款规定的立法用语作了微调,即将之前依照强奸罪的规定处罚的表述修改为依照强奸罪"定罪处罚"。后来考虑到嫖宿幼女罪中的幼女有卖淫的行为,与强奸罪中的受害者相比,二者是有一定区别的,对嫖宿幼女行为单独定罪并规定独立的法定刑比较妥当。故在1997年3月13日的刑法修订草案第360条第2款中,立法机关对此罪规定了独立的法定刑,即:"嫖宿不满十四周岁的幼女的,处五年以上有期徒刑,并处罚金。"这一写法最后就成为1997年《刑法》第360条第2款。

四、利用本单位条件犯本节之罪的处理(第361条)

1991年9月4日全国人大常委会通过的《关于严禁卖淫嫖娼的决定》第6条规定:"旅馆业、饮食服务业、文化娱乐业、出租汽车业等单位的人员,利用本单位的条件,组织、强迫、引诱、容留、介绍他人卖淫的,依照本决定第一条、第二条、第三条[①]的规定处罚。前款所列单位的主要负责人,有前款规定的行为的,从重处罚。"

在刑法修订研拟中,上述规定首先被写进1996年8月8日的修改草稿中,虽然1996年8月31日的草稿没有对此作出规定,但之后的修订草案稿本又恢复了这一写法。从具体写法上看,在1996年最初的几个稿本中,对于利用本单位条件犯本节之罪的,依照组织卖淫罪等的规定处罚。显然,这一写法仅仅解决了对此罪的处罚问题,如何定罪,则不免会产生疑问。为此,在1996年12月中旬及其以后的修订草案中,明确规定要依照组织卖淫罪等定罪处罚。这种写法最后被吸纳进1997年刑法典中。关于单位主要负责人处理的规定,1997年2月17日的修订草案

[①] 《关于严禁卖淫嫖娼的决定》第1、2、3条分别规定了组织卖淫罪,强迫卖淫罪,协助组织卖淫罪,引诱、容留、介绍卖淫罪。

(修改稿)也对其表述作了微调,即将原先"有前款规定的行为"的表述修改为"犯前款罪"。

这样,经过如上的研拟,最终形成的1997年《刑法》第361条的规定是:"旅馆业、饮食服务业、文化娱乐业、出租汽车业等单位的人员,利用本单位的条件,组织、强迫、引诱、容留、介绍他人卖淫的,依照本法第三百五十八条、第三百五十九条的规定定罪处罚。前款所列单位的主要负责人,犯前款罪的,从重处罚。"

五、对本节之罪予以包庇的处理(第362条)

本条规定是在1991年9月4日全国人大常委会通过的《关于严禁卖淫嫖娼的决定》第8条基础上修改而成的。该条规定:"旅馆业、饮食服务业、文化娱乐业、出租汽车业等单位的负责人和职工,在公安机关查处卖淫、嫖娼活动时,隐瞒情况或者为违法犯罪分子通风报信的,依照刑法第一百六十二条[1]的规定处罚。"自1996年8月8日将此条规定写入刑法修改稿本以来,先后进行了如下的调整:一是在1996年12月中旬的修订草案中,立法工作机关将原先依照窝藏、包庇罪处罚的规定修改为依照窝藏、包庇罪定罪处罚,由此解决了司法实践中对此情况如何定罪的困惑和分歧。同时,删除了原先法条中"隐瞒情况"的表述。二是鉴于"为违法犯罪分子通风报信的,依照本法第××条的规定定罪处罚"的规定入罪条件过于宽泛,在1997年2月17日的修订草案(修改稿)中,增加了"情节严重"的限制。三是为使立法用语更加简洁规范,立法机关在1997年3月13日的修订草案中将原先的"负责人和职工"的表述修改为"人员"。

经过以上的研拟和修改,最终形成的1997年《刑法》第362条的规定是:"旅馆业、饮食服务业、文化娱乐业、出租汽车业等单位的人员,在公安机关查处卖淫、嫖娼活动时,为违法犯罪分子通风报信,情节严重的,依照本法第三百一十条的规定定罪处罚。"

第九节 制作、贩卖、传播淫秽物品罪

一、制作、复制、出版、贩卖、传播淫秽物品牟利罪,为他人提供书号出版淫秽书刊罪(第363条)

我国1979年《刑法》第170条规定了制作、贩卖淫书、淫画罪,即:"以营利为目的,制作、贩卖淫书、淫画的,处三年以下有期徒刑、拘役或者管制,可以并处罚金。"

---

[1] 1979年《刑法》第162条规定的是窝藏、包庇反革命分子罪和窝藏、包庇罪。《关于严禁卖淫嫖娼的决定》所指的应是窝藏、包庇罪。

1990年12月28日全国人大常委会通过的《关于惩治走私、制作、贩卖、传播淫秽物品的犯罪分子的决定》对1979年刑法典作了补充和修改。该决定第2条规定："以牟利为目的,制作、复制、出版、贩卖、传播淫秽物品的,处三年以下有期徒刑或者拘役,并处罚金;情节严重的,处三年以上十年以下有期徒刑,并处罚金;情节特别严重的,处十年以上有期徒刑或者无期徒刑,并处罚金或者没收财产。情节较轻的,由公安机关依照治安管理处罚条例的有关规定处罚。为他人提供书号,出版淫秽书刊的,处三年以下有期徒刑或者拘役,并处或者单处罚金;明知他人用于出版淫秽书刊而提供书号的,依照前款的规定处罚。"同时,该决定还设专条规定单位犯本决定之罪的实行双罚制。

在刑法修订研拟过程中,1988年的三个刑法修改稿都是针对1979年刑法典的相关条文进行修改补充的。1988年9月的刑法修改稿分则第七章第7条曾规定："制作、贩卖或者传播淫秽影片、录像带、录音带、图片、书刊、淫画或者其他淫秽物品,情节严重的,处五年以下有期徒刑、拘役或者罚金;情节特别严重的,处五年以上有期徒刑,可以并处罚金或者没收财产。"在1988年11月16日的刑法修改稿中,立法工作机关简化了此罪的罪状,并对其法定刑进行了修改,该稿第178条规定："制作、贩卖、传播淫书、淫画或者其他淫秽物品,情节严重的,处五年以下有期徒刑、拘役或者管制,可以并处罚金;情节特别严重的,处五年以上有期徒刑或者无期徒刑,并处罚金。"该稿第179条第2款规定："非法出版、销售淫书、淫画或者其他淫秽物品的,依照第一百七十八条规定处罚。"1988年12月25日的刑法修改稿对上述第179条第2款的规定又进行了修改,该稿第192条第2款规定："非法出版、销售淫秽图书、报刊、音像制品的,依照第一百九十一条制作、贩卖淫秽物品罪的规定处罚。"

1990年12月28日《关于惩治走私、制作、贩卖、传播淫秽物品的犯罪分子的决定》通过后,立法工作机关对此罪法条的研拟开始转向以该决定的规定进行修改和完善上。例如,1996年8月8日的刑法分则修改草稿第六章第八节第1条就基本上吸纳了该决定第2条的规定,但也作了一些调整:一是删除了该决定第2条第1款中的"情节较轻的,由公安机关依照治安管理处罚条例的有关规定处罚"的规定;二是将该决定第2条第2款中的"并处或者单处罚金"的规定修改为"可以并处或者单处罚金";三是将原集中规定的单位违法犯罪的条款规定在此罪法条中,并删除了单位违法的表述。到了1996年8月31日的刑法修改草稿,立法工作机关对此罪的法条又作了一些改动:删除了前稿中的单位犯罪的规定,并将为他人提供书号出版淫秽书刊罪的罚金规定由"可以并处或者单处"修改为"并处或者单处"。其他内容则与前稿的写法相同。在1996年12月中旬的修订草案中,立法工作机关以1996年8月31日稿的写法为基础,对第1款规定之罪的基本犯以及第2款规定之罪的法定刑增加了管制刑的规定,由此而形成了1997年《刑法》第363条的规定:"以牟利为目的,制作、复制、出版、贩卖、传播淫秽物品的,处三年以下有期徒刑、拘役或者管制,并处罚金;情节严重的,处三年以上十年以下有期徒刑,并处罚金;情节特别严重的,处十年以上有期徒刑或者无期徒刑,并处罚金或者没收财产。为他人提供书号,出版淫秽书刊的,处三年以下有期徒刑、拘役或者管制,并处或者单处罚金;明知他人用于出版淫秽书刊而提供书号的,依照前款的规定处罚。"

二、传播淫秽物品罪、组织播放淫秽音像制品罪(第364条)

本条规定渊源于1990年12月28日全国人大常委会通过的《关于惩治走私、制作、贩卖、传播淫秽物品的犯罪分子的决定》第3条第1—4款的规定,即:"在社会上传播淫秽的书刊、影片、录像带、录音带、图片或者其他淫秽物品,情节严重的,处二年以下有期徒刑或者拘役。情节较轻的,由公安机关依照治安管理处罚条例的有关规定处罚。组织播放淫秽的电影、录像等音像制品的,处三年以下有期徒刑或者拘役,可以并处罚金;情节严重的,处三年以上十年以下有期徒刑,并处罚金;情节较轻的,由公安机关依照治安管理处罚条例的有关规定处罚。制作、复制淫秽的电影、录像等音像制品组织播放的,依照第二款的规定从重处罚。向不满十八岁的未成年人传播淫秽物品的,从重处罚。"

在刑法修订研拟中,对上述规定的写法先后作了如下的修改:

(1)在1996年8月8日的刑法分则修改草稿第六章第八节第2条中,立法工作机关对此罪的写法作了两处调整:一是删除了上述决定第3条第1款中的"情节较轻的,由公安机关依照治安管理处罚条例的有关规定处罚"的规定;二是将原集中规定的单位违法犯罪的条款规定在此罪法条中,并删除了单位违法的表述。

(2)在1996年8月31日的刑法修改草稿中,立法工作机关删除了之前稿本对此罪法条增加的单位犯罪的规定。

(3)在1996年12月中旬的修订草案中,立法工作机关对传播淫秽物品罪的法定刑以及组织播放淫秽音像制品罪的第一档法定刑增加了管制刑的规定。

(4)在1997年2月17日的修订草案(修改稿)中,立法机关对传播淫秽物品罪的罪状作了微调,即删除了原规定中的"在社会上"的表述。

(5)1997年3月1日的修订草案对组织播放淫秽音像制品罪的法定刑作了修改,将罚金刑由原先的"可以并处罚金"的规定修改为"并处罚金"。

至此,最终形成了1997年《刑法》第364条的规定:"传播淫秽的书刊、影片、音像、图片或者其他淫秽物品,情节严重的,处二年以下有期徒刑、拘役或者管制。组织播放淫秽的电影、录像等音像制品的,处三年以下有期徒刑、拘役或者管制,并处罚金;情节严重的,处三年以上十年以下有期徒刑,并处罚金。制作、复制淫秽的电影、录像等音像制品组织播放的,依照第二款的规定从重处罚。向不满十八周岁的未成年人传播淫秽物品的,从重处罚。"

三、组织淫秽表演罪(第365条)

本条之罪系1997年刑法典新增加的一种犯罪,其写法最初见于1996年10月10日的刑法修订草案(征求意见稿)第327条的规定:"组织进行淫秽表演的,处三年以下有期徒刑或者拘役,并处罚金;情节严重的,处三年以上十年以下有期徒刑,并处罚金。"在1996年12月中旬的修订草案第335条中,立法工作机关对此罪第一档法定刑增加了管制刑的规定。该草案对此罪的写法最后形成1997年《刑法》第365条,即:"组织进行淫秽表演的,处三年以下有期徒刑、拘役或者管制,并处罚金;情节严重的,处三年以上十年以下有期徒刑,并处罚金。"

四、单位犯罪的处罚(第366条)

本条规定源于《关于惩治走私、制作、贩卖、传播淫秽物品的犯罪分子的决定》第5条的规定:"单位有本决定第一条、第二条、第三条规定的违法犯罪行为的,对其直接负责的主管人员和其他直接责任人员,依照各该条的规定处罚,对单位判处罚金或者予以罚款,行政主管部门并可以责令停业整顿或者吊销执照。"在刑法修订研拟中,1996年8月8日的刑法分则修改草稿曾对该决定第5条对单位违法犯罪的规定进行了修改和调整,删除了单位违法的处罚性规定,并将原先的集中性规定分散在各条之罪中。到了1996年8月31日的刑法修改草稿,立法工作机关曾将本节的单位犯罪予以删除,这意味着,单位不能构成本节之罪。1996年10月10日的修订草案(征求意见稿)对本节之罪又重新规定了单位犯罪,并采用了《关于惩治走私、制作、贩卖、传播淫秽物品的犯罪分子的决定》集中规定的模式。之后的稿本一直采用这种模式,并维持到新刑法典通过,即第366条规定:"单位犯本节第三百六十三条、第三百六十四条、第三百六十五条规定之罪的,对单位判处罚金,并对其直接负责的主管人员和其他直接责任人员,依照各该条的规定处罚。"

五、淫秽物品的界定(第367条)

本条规定源于《关于惩治走私、制作、贩卖、传播淫秽物品的犯罪分子的决定》第8条的规定:"本决定所称淫秽物品,是指具体描绘性行为或者露骨宣扬色情的诲淫性的书刊、影片、录像带、录音带、图片及其他淫秽物品。有关人体生理、医学知识的科学著作不是淫秽物品。包含有色情内容的有艺术价值的文学、艺术作品不视为淫秽物品。淫秽物品的种类和目录,由国务院有关主管部门规定。"在研拟中,立法工作机关删除了该决定第8条第4款的规定,将决定的前三款规定写入1996年10月10日的修订草案(征求意见稿)中,并最终被1997年《刑法》第367条所沿用。

第七章

危害国防利益罪

一、危害国防利益罪专章的增设

在刑法修订研拟中,有军队部门提出,刑法典分则应当设置专章对危害国防利益的犯罪行为作出专门的规定。其主要理由是:

(1) 从实践中看,随着我国改革开放的不断深化和社会主义市场经济体制的建立,危害国防利益方面的犯罪出现了新的形势和特点。以国防利益为客体的犯罪行为有增无减,不仅给国家和军队造成巨大的直接经济损失,而且严重干扰了部队的正常训练和国家的战备工作,危害了国家的国防安全。这些犯罪现象,其形成的原因是多方面的,有的属于国防意识淡薄,有的属于各种利益尤其是经济利益的驱使,有的属于执法不严、打击力度不够。此外,我国对危害国防利益犯罪的刑事立法不完善,也是造成这些犯罪现象日趋严重的一个重要原因。

(2) 从法理上分析,我国刑法典分则是以各类犯罪侵犯的同类客体的性质为依据而设置分则体系的。危害国防利益罪侵犯的同类客体是国防利益,国防利益是国家的一种特殊利益,它具有相对独立性,是刑法分则其他任何一种同类客体所代替不了的,因此将其在刑法分则中独立作为一种类罪,在理论上是有充分依据的。

(3) 从国外的立法看,有相当一部分国家的刑法均把危害国防罪或者类似犯罪作为类罪规定在分则中,这些国家的刑法典显然为我们提供了很好的立法例。[1]

立法机关经过研究采纳了以上的建议,自 1997 年 2 月 17 日的刑法修订草案(修改稿)起,设置专章规定了危害国防利益罪。

二、阻碍军人执行职务罪、阻碍军事行动罪(第 368 条)

1997 年《刑法》第 368 条第 1 款规定的是阻碍军人执行职务罪。《惩治军人违反职责罪暂行条例》第 10 条明确规定了军人阻碍执行职务罪,此罪的主体是现役军人。实践中,经常会出现非现役军人阻碍执行职务的情况,对此显然无法按照军

---

[1] 参见中国人民解放军军事科学院军事研究部:《危害国防罪立法研究(征求意见稿)》(1994 年 9 月)》,载高铭暄、赵秉志编:《新中国刑法立法文献资料总览》(下),中国人民公安大学出版社 1998 年版,第 2822—2827 页。

人阻碍执行职务罪追究刑事责任,在一些情况下也无法按照妨害公务罪定罪处罚。为此,有必要在刑法中把采用暴力、威胁的方法阻碍军人执行职务的行为规定为犯罪。立法机关在1997年2月17日的修订草案(修改稿)第362条第1款中规定了此罪,1997年3月13日的修订草案又对此罪增设了罚金刑的规定,由此形成了1997年《刑法》第368条第1款的规定,即:"以暴力、威胁方法阻碍军人依法执行职务的,处三年以下有期徒刑、拘役、管制或者罚金。"

1997年《刑法》第368条第2款规定的是阻碍军事行动罪,其写法最初见于1997年2月17日的修订草案(修改稿)第362条第2款:"故意阻碍武装部队军事行动,造成严重后果的,处五年以下有期徒刑或者拘役。"这一写法最后被1997年《刑法》第368条第2款所沿用。

三、破坏武器装备、军事设施、军事通信罪,过失损坏武器装备、军事设施、军事通信罪(第369条)

武器装备、军事设施、军事通信设备和器材是重要的国防物质力量,是部队战斗力的重要组成部分,是国防建设的重要内容。从实践中看,随着我国社会主义市场经济体制的进一步发展,各种破坏国防设施的犯罪活动日益猖獗,严重地危害了国防设施的安全。1979年刑法典把破坏国防设施的犯罪行为融进破坏交通工具、交通设施等犯罪中,不仅犯罪性质定性不准确,而且从犯罪对象来看也包括不了所有的国防设施。这种立法状况不利于严厉打击这类社会危害性严重的行为。基于此,立法机关在1997年2月17日的修订草案(修改稿)第363条中规定了破坏武器装备、军事设施、军事通信罪,即:"破坏武器装备、军事设施或者破坏军事通信的,处三年以下有期徒刑、拘役或者管制;破坏重要武器装备、军事设施、军事通信的,处三年以上十年以下有期徒刑;情节特别严重的,处十年以上有期徒刑、无期徒刑或者死刑。战时从重处罚。"1997年3月13日的修订草案对此罪的罪状作了简化,即删除了原写法中"或者破坏"的表述,最后被吸收到1997年《刑法》第369条中。

过失损坏武器装备、军事设施、军事通信罪是2005年2月28日《刑法修正案(五)》对1997年刑法典新增的一种犯罪,其立法背景是,一些地方在生产建设过程中野蛮施工、违章作业,致使军事通信光缆等通信设施遭到破坏的情况比较突出,严重危及国家的军事设施和军事通信的安全。针对这种情况,一些全国人大代表提出议案,建议在刑法中增加过失损坏军事通信罪的规定,以打击此类犯罪,维护国防利益。经过调查和研究,立法机关最终采纳了这一建议,通过《刑法修正案(五)》,在1997年《刑法》第369条中补充规定了此罪。这样,经过该修正案修订的该条规定是:"破坏武器装备、军事设施、军事通信的,处三年以下有期徒刑、拘役或者管制;破坏重要武器装备、军事设施、军事通信的,处三年以上十年以下有期徒刑;情节特别严重的,处十年以上有期徒刑、无期徒刑或者死刑。过失犯前款罪,造成严重后果的,处三年以下有期徒刑或者拘役;造成特别严重后果的,处三年以上七年以下有期徒刑。战时犯前两款罪的,从重处罚。"

四、故意提供不合格武器装备、军事设施罪,过失提供不合格武器装备、军事设施罪(第370条)

武器装备、军事设施是保卫国家、巩固国防的重要物质基础,是国防资产的重要组织部分。将不合格的武器装备、军事设施提供给部队,不仅会给国家造成财产损失,而且将严重危害部队官兵的生命安全,影响部队的作战、训练,削弱部队战斗力,危害国防安全。有鉴于此,1997年2月17日的修订草案(修改稿)第364条规定了本罪,即:"明知是不合格的武器装备、军事设施而提供给武装部队的,处五年以下有期徒刑或者拘役;情节严重的,处五年以上十年以下有期徒刑;情节特别严重的,处十年以上有期徒刑、无期徒刑或者死刑。过失犯前款罪,造成严重后果的,处三年以下有期徒刑、拘役或者管制;造成特别严重后果的,处三年以上七年以下有期徒刑。单位犯第一款罪的,对单位判处罚金,并对其直接负责的主管人员和其他直接责任人员,依照第一款的规定处罚。"1997年3月1日修订草案第367条基本上沿用了2月17日修订草案(修改稿)第364条的规定,仅有一处改动,即将第2款中的第一档法定刑中的管制刑删去,由此最终形成1997年《刑法》第370条的规定。

五、聚众冲击军事禁区罪、聚众扰乱军事管理区秩序罪(第371条)

从实践中看,扰乱军事禁区、军事管理区秩序的犯罪活动时有发生,严重干扰和破坏了军事部门的军事活动,1979年刑法典原本是把这种犯罪的规定包容于第158条扰乱社会秩序罪中的。但由于这种犯罪扰乱的是军事禁区、军事管理区的秩序,比起扰乱一般的社会秩序在性质上更为严重,故应单独设立,并予以从重处罚。有鉴于此,立法机关在1997年2月17日的修订草案(修改稿)第365条规定了此罪,即:"聚众哄闹、冲击军事禁区和军事管理区,严重扰乱军事禁区和军事管理区秩序,致使军事单位工作无法进行的,对首要分子,处七年以上有期徒刑;其他积极参加的,处七年以下有期徒刑、拘役、管制或者剥夺政治权利。"到了1997年3月13日的修订草案,考虑到聚众冲击军事禁区的行为社会危害性更大,需要从严惩处,故在该草案中,立法机关对上述写法区分了两款加以规定,即:"聚众冲击军事禁区,严重扰乱军事禁区秩序的,对首要分子,处五年以上十年以下有期徒刑;对其他积极参加的,处五年以下有期徒刑、拘役、管制或者剥夺政治权利。聚众扰乱军事管理区秩序,情节严重,致使军事管理区工作无法进行,造成严重损失的,对首要分子,处三年以上七年以下有期徒刑;对其他积极参加的,处三年以下有期徒刑、拘役、管制或者剥夺政治权利。"1997年《刑法》第371条最终沿用了这一写法。

六、冒充军人招摇撞骗罪（第372条）

在刑法修订研拟中，有军队部门提出，从实践中看，社会上不少犯罪分子利用军人的威信，冒充军人办企业、做买卖。有的冒充士兵，有的冒充军官，还有的甚至冒充将军，严重地干扰了军队的管理秩序，损害了军人的形象，给军队建设造成了恶劣的影响。对于冒充军人办企业、做买卖的行为，1979年刑法典并没有设立相关的法律依据；对于冒充军人招摇撞骗的行为，1979年刑法典是将其包容在第166条冒充国家工作人员招摇撞骗罪中。而这样处理，从犯罪的客观方面看不尽合理，因为这种犯罪侵害的主要是军人的威信和军队的正常活动，因此有学者建议在危害国防利益罪中单独设立冒充军人罪。① 立法机关部分采纳了这一建议，在1997年2月17日的修订草案（修改稿）第366条增设了冒充军人招摇撞骗罪，即："冒充军人招摇撞骗的，依照本法第二百七十七条②的规定处罚。"到了1997年3月13日的修订草案，立法机关对此罪取消了援引法定刑的模式，为其规定了独立的法定刑，并最终写入1997年《刑法》第372条中，即："冒充军人招摇撞骗的，处三年以下有期徒刑、拘役、管制或者剥夺政治权利；情节严重的，处三年以上十年以下有期徒刑。"

七、煽动军人逃离部队罪，雇用逃离部队军人罪（第373条）

从实践中看，现役军人脱离部队逃跑的现象时有发生，边远部队更为严重，煽动军人逃离部队的行为会导致逃兵现象愈演愈烈，严重破坏兵役制度的实施，干扰部队的管理秩序，具有严重的社会危害性，因此应当予以犯罪化。另外，在《惩治军人违反职责罪暂行条例》中，立法机关虽然已将军人逃离部队的行为规定为犯罪，然而，单纯对逃离部队的行为予以惩治，并不足以有效地防止这种犯罪行为的发生，因为在实践中，明知是逃离部队的军人而仍然予以雇用的行为在客观上对逃离部队的行为起着一定的帮助作用，有必要将雇用逃离部队的军人的行为也规定为犯罪，以实现标本兼治的功效。有鉴于此，立法机关在1997年2月17日的修订草案（修改稿）第367条中，增加规定了这两种犯罪，即："煽动军人逃离部队或者明知是逃离部队的军人而雇用，情节严重的，处三年以下有期徒刑、拘役或者管制。"1997年《刑法》第373条沿用了这一写法。

---

① 参见中国人民解放军军事科学院军事研究部：《危害国防罪立法研究（征求意见稿）》（1994年9月）》，载高铭暄、赵秉志编：《新中国刑法立法文献资料总览》（下），中国人民公安大学出版社1998年版，第2842页。

② 此条规定的是招摇撞骗罪。

八、接送不合格兵员罪(第374条)

在刑法修订研拟中,有军队部门提出,在征兵工作中有两种现象比较突出:一种是有些应服兵役的人千方百计地逃避服兵役;另一种是有些不符合条件的如有劣迹的人员,却千方百计地要到部队,以逃避制裁。之所以产生这种情况,与负责征兵的人员有密切的关系。个别征兵工作人员在征兵工作中徇私舞弊,编造假情况,使得一些本应服兵役的人员逃过了服役义务,而把一些有劣迹的人员甚至是罪犯征到部队中,严重地影响了部队建设,甚至带来严重恶果。因此,有学者建议,在刑法中将征兵工作人员徇私舞弊的行为规定为犯罪。[①] 立法机关在1997年2月17日的修订草案(修改稿)中采纳了这一建议,该稿第368条规定:"在征兵工作中徇私舞弊,输送不合格兵员,情节严重的,处三年以下有期徒刑、拘役或者管制;造成特别严重后果的,处三年以上七年以下有期徒刑。"之后的两个稿本分别对此罪的法定刑和罪状作了两处微调:1997年3月1日的修订草案删除了上述写法中管制刑的规定;1997年3月13日的修订草案将原先"输送"的表述修改为"接送"。由此而形成了1997年《刑法》第374条的规定:"在征兵工作中徇私舞弊,接送不合格兵员,情节严重的,处三年以下有期徒刑或者拘役;造成特别严重后果的,处三年以上七年以下有期徒刑。"

九、伪造、变造、买卖武装部队公文、证件、印章罪,盗窃、抢夺武装部队公文、证件、印章罪,非法生产、买卖武装部队制式服装罪,伪造、盗窃、买卖、非法提供、非法使用武装部队专用标志罪(第375条)

1997年《刑法》第375条第1款规定的是伪造、变造、买卖武装部队公文、证件、印章罪以及盗窃、抢夺武装部队公文、证件、印章罪,其最初写法见于1997年2月17日的修订草案(修改稿)第369条第1款的规定,即:"伪造、变造、买卖或者盗窃、抢夺武装部队公文、证件、印章的,处三年以下有期徒刑、拘役、管制或者剥夺政治权利;情节严重的,处三年以上十年以下有期徒刑。"后续各草案直至1997年《刑法》第375条第1款沿用了这一写法。

1997年《刑法》第375条原第2款规定的是非法生产、买卖军用标志罪,其最初写法见于1997年2月17日的修订草案(修改稿)第369条第2款的规定,即:"非法制造、买卖武装部队制式服装、专用标志,情节严重的,处三年以下有期徒刑、拘役或者管制,可以并处或者单处罚金。"在之后的研拟中,立法机关对该稿本中的法

[①] 参见中国人民解放军军事科学院军事研究部:《危害国防罪立法研究(征求意见稿)》(1994年9月)》,载高铭暄、赵秉志编:《新中国刑法立法文献资料总览》(下),中国人民公安大学出版社1998年版,第2848页。

定刑和罪状作了三次微调:在1997年3月1日的修订草案中,"非法制造"的写法被修改为"非法生产","可以并处或者单处罚金"的写法被修改为"并处或者单处罚金";在1997年3月13日的修订草案中,在"专用标志"之前增加了"或者车辆号牌等";为使表述更加规范和明确,审议通过的刑法典删除了"或者车辆号牌"中的"或者"。经过这些修改和调整后,最终形成的1997年《刑法》第375条第2款的规定是:"非法生产、买卖武装部队制式服装、车辆号牌等专用标志,情节严重的,处三年以下有期徒刑、拘役或者管制,并处或者单处罚金。"

对于上述第2款的规定,2009年2月28日全国人大常委会通过的《刑法修正案(七)》立足于司法实践的需要,删除了此款规定中的"车辆号牌等专用标志"的表述,修改后的第2款规定是:"非法生产、买卖武装部队制式服装,情节严重的,处三年以下有期徒刑、拘役或者管制,并处或者单处罚金。"根据2009年10月16日施行的最高人民法院、最高人民检察院《关于执行〈中华人民共和国刑法〉确定罪名的补充规定(四)》,本款规定的罪名亦相应修改为"非法生产、买卖武装部队制式服装罪"。

1997年《刑法》第375条第3款规定的伪造、盗窃、买卖、非法提供、非法使用武装部队专用标志罪系2009年2月28日《刑法修正案(七)》修订设立的一种犯罪,即:"伪造、盗窃、买卖或者非法提供、使用武装部队车辆号牌等专用标志,情节严重的,处三年以下有期徒刑、拘役或者管制,并处或者单处罚金;情节特别严重的,处三年以上七年以下有期徒刑,并处罚金。"其立法背景是,近年来,盗窃、出租、非法使用军队车辆号牌的情况时有发生,扰乱社会管理秩序,损害军队形象和声誉,影响部队战备训练等工作的正常进行。对这类情节严重的行为,应当追究刑事责任。于是立法机关在《刑法》第375条第3款专设此罪。

1997年《刑法》第375条第4款是单位犯罪的规定,该款规定系在1997年《刑法》第375条原第3款规定的基础上经《刑法修正案(七)》修改而成。本款单位犯罪规定的最初写法见于1997年2月17日的修订草案(征求意见稿)第369条第3款的规定,按照该款的规定,单位不仅可以实施该条第2款规定的非法生产、买卖军用标志的犯罪,而且也可以构成该条第1款规定的伪造、变造、买卖、盗窃、抢夺武装部队公文、证件、印章犯罪。考虑到伪造、变造等犯罪属于传统上不能由单位构成的犯罪,故在1997年3月1日的修订草案中,立法机关明确规定了单位只能构成非法生产、买卖军用标志的犯罪,并规定了双罚制的处罚原则。该稿的这一写法最终为1997年刑法典所沿用。后来,由于《刑法修正案(七)》对1997年《刑法》第375条增加了第3款的规定,且单位也可构成该款之罪,故立法机关对该条单位犯罪的规定也作了相应的调整,由原第3款改列为第4款,内容是:"单位犯第二款、第三款罪的,对单位判处罚金,并对其直接负责的主管人员和其他直接责任人员,依照各该款的规定处罚。"

十、战时拒绝、逃避征召、军事训练罪，战时拒绝、逃避服役罪（第376条）

随着市场经济的发展，征兵工作中出现了一些新的情况。在一些发达地区的城市和农村，拒绝、逃避服兵役的情况开始出现。预备役人员战时拒绝、逃避征召或者军事训练，违反国防法律规定的公民国防义务，必将影响部队兵员的补充和素质的提高，危害国防利益。为此，1984年《中华人民共和国兵役法》（以下简称《兵役法》）第61条第2款规定："在战时，预备役人员拒绝、逃避征召或者拒绝、逃避军事训练，情节严重的，比照《中华人民共和国惩治军人违反职责罪暂行条例》第六条第一款①的规定处罚。"鉴于这种行为的社会危害性程度，同时考虑到《惩治军人违反职责罪暂行条例》规定的内容也要被纳入新刑法典中，为更好地与《兵役法》的上述规定协调，有必要在刑法典中对此作出规定。故1997年2月17日的修订草案（修改稿）第370条对此作了规定："预备役人员战时拒绝、逃避征召或者军事训练，情节严重的，处三年以下有期徒刑或者拘役。应征公民战时拒绝、逃避服役，情节严重的，处二年以下有期徒刑或者拘役。"1997年3月13日的修订草案对上述第2款的写法作了微调，即将"应征公民"的表述修改为"公民"。由此，形成了1997年《刑法》第376条的规定。

十一、战时故意提供虚假敌情罪（第377条）

在《惩治军人违反职责罪暂行条例》中，有军人谎报军情行为的犯罪规定，但对非军人实施同样行为的，没有作出规定。战时故意向武装部队提供虚假敌情，不仅违反国防法律规定的公民国防义务，而且也会干扰军事指挥员和指挥机关的战略决策，甚至导致决策的错误，直接危害作战，危害国防利益。有鉴于此，1997年2月17日的修订草案（修改稿）第371条规定："战时故意向武装部队提供虚假敌情，造成严重后果的，处三年以上十年以下有期徒刑；造成特别严重后果的，处十年以上有期徒刑或者无期徒刑。"这一写法最终被纳入1997年《刑法》第377条中。

十二、战时造谣扰乱军心罪（第378条）

在《惩治军人违反职责罪暂行条例》中，有适用于军人的战时造谣惑众，扰乱军心的犯罪规定，但对非军人实施同样行为的，却没有作出规定。战时造谣惑众、扰乱军心的行为，背离国防法律规定的公民国防义务和解放军政治工作的基本原则，会极大地挫伤军队的士气，妨害作战，危害国防利益。有鉴于此，立法机关在

---

① 此款规定的是逃离部队罪，即："违反兵役法规，逃离部队，情节严重的，处三年以下有期徒刑或者拘役。"

1997年2月17日的修订草案(修改稿)中规定了战时造谣扰乱军心罪,该稿第372条规定:"战时造谣惑众,扰乱军心的,处三年以下有期徒刑或者拘役;情节严重的,处三年以上十年以下有期徒刑。"1997年3月1日修订草案第375条对此罪的基本犯法定刑增加了管制刑。在1997年3月13日的修订草案中,立法机关维持了上述法定刑中管制刑的规定,从而最终形成了1997年《刑法》第378条的规定:"战时造谣惑众,扰乱军心的,处三年以下有期徒刑、拘役或者管制;情节严重的,处三年以上十年以下有期徒刑。"

十三、战时窝藏逃离部队军人罪(第379条)

在刑法修订研拟中,有军队部门提出,从实践中看,现役军人脱离部队逃跑的现象比较严重,而军人逃跑回家后,被家庭或者社会上有关其他人窝藏,并在这些人的帮助下逃匿,给部队缉拿逃兵造成困难。致使逃兵现象愈演愈烈,严重地破坏了兵役制度的实施,干扰了部队的管理秩序。1979年刑法中没有把这种行为规定为犯罪,但从行为的社会危害性来看,应当单设此罪。① 经过研究,立法机关采纳了这一建议,在1997年2月17日的修订草案(修改稿)第373条中规定了此罪,即:"战时明知是逃离部队的军人而为其提供隐蔽处所、财物,情节严重的,处三年以下有期徒刑或者拘役。"该稿本的这一写法最终被纳入1997年《刑法》第379条中。

十四、战时拒绝、故意延误军事订货罪(第380条)

在刑法修订研拟中,有军队部门提出,随着市场经济的发展,有些企事业单位觉得接受军事订货的经济利益太少,拒绝承担或者千方百计地逃避承担军事订货义务,严重威胁军队的生存条件。战时拒绝、故意延误军事订货情节严重的行为,其危害性更大,而1979年刑法却没有把这种行为规定为犯罪。考虑到其行为的社会危害性程度,建议在刑法中将这种行为规定为犯罪。② 立法机关经过研究最终采纳了这一建议,在1997年2月17日的修订草案(修改稿)第374条中对此作出了规定,即:"战时拒绝或者故意延误军事订货,情节严重的,对单位判处罚金,并对其直接负责的主管人员和其他直接责任人员,处五年以下有期徒刑或者拘役;造成严重后果的,处五年以上有期徒刑。"该稿本的这一写法最终被纳入1997年《刑法》第380条中。

---

① 参见中国人民解放军军事科学院军事研究部:《危害国防罪立法研究(征求意见稿)》(1994年9月)》,载高铭暄、赵秉志编:《新中国刑法立法文献资料总览》(下),中国人民公安大学出版社1998年版,第2844页。
② 同上书,第2845页。

十五、战时拒绝军事征收、征用罪(第381条)

在刑法修订研拟中,有军队部门提出,拒绝、逃避军事征用、劳务的犯罪活动,虽然目前还不是十分突出,但具有发生的现实可能性。而且在动员或战时可能会发生更多。这会严重妨害军事行动,贻误战机。对于此类犯罪,一些西方国家的刑法都作了规定,而我国1979年刑法没有规定这个罪,考虑到这种行为具有严重的社会危害程度,建议在刑法中把这种行为规定为犯罪。[①] 立法机关经过研究,最终采纳了这一建议,在1997年2月17日的修订草案(修改稿)第375条中规定了此罪,即:"战时拒绝军事征用,情节严重的,处三年以下有期徒刑或者拘役。"这一写法最终为1997年《刑法》第381条所沿用。

随着社会情势发生变化,2009年8月27日第十一届全国人民代表大会常务委员会第十次会议通过了《全国人民代表大会常务委员会关于修改部分法律的决定》,该决定第二部分规定了将部分法律"征用"的写法修改为"征收、征用",《刑法》第381条在列举之中,据此,应将该条的表述修改为:"战时拒绝军事征收、征用,情节严重的,处三年以下有期徒刑或者拘役。"该罪名也相应调整为"战时拒绝军事征收、征用罪"。

[①] 参见中国人民解放军军事科学院军事研究部:《危害国防罪立法研究(征求意见稿)》(1994年9月)》,载高铭暄、赵秉志编:《新中国刑法立法文献资料总览》(下),中国人民公安大学出版社1998年版,第2850页。

第八章

贪污贿赂罪

一、专章规定贪污贿赂罪问题

在刑法修订研拟中,贪污贿赂罪要不要设置专章问题,曾产生过较大的争议。概括而言,主要有两种观点:第一种观点主张将贪污贿赂罪归入"渎职罪"一章,作为渎职罪一章的一节加以规定。主要理由是:贪污贿赂行为是最典型的渎职行为,理应作为渎职罪的一部分加以规定。如果将贪污贿赂罪作为独立的一章,与渎职罪一章并列,将破坏刑法分则体系的统一性和科学性。① 第二种观点赞成将贪污贿赂罪设专章在刑法中加以规定。主要理由是:刑法分则的分章,不一定完全按照同类客体的标准,可以按不同标准进行分类,一切要以有利于执行为前提。早在20世纪50年代,我国就专门制定了《惩治贪污条例》,1988年全国人大常委会又专门制定了《关于惩治贪污罪贿赂罪的补充规定》,在刑事诉讼法中,也是将贪污贿赂犯罪作为一类犯罪来规定的。从国外的立法看,也有一些国家专门制定了反贪污贿赂等方面的法律或者在有关的刑事法律中对贪污贿赂犯罪作集中的规定。在刑法中专门设立贪污贿赂犯罪一章,可以突出贪污贿赂犯罪的本质特征,突出该类犯罪对国家政权的极端危害性,符合当前反腐败斗争的实际需要,有利于检察机关的反贪污贿赂工作。②

从刑法修改稿本的具体写法看,1988年的3个稿本并没有将贪污贿赂犯罪作专章规定,这些犯罪分散规定在侵犯财产罪、渎职罪章中。到了1996年8月8日的刑法分则修改草稿,立法工作机关才在刑法分则中设置贪污贿赂罪专章,这样,原先分散在刑法分则罪章中的贪污贿赂类的犯罪就被集中规定在专设的贪污贿赂罪一章。尽管在之后的研拟中,对于这种设置仍存在着争议,但最终审议通过的新刑法典依然维持了这种格局。

---

① 参见最高人民法院刑法修改小组:《关于对〈中华人民共和国刑法(修订草案)〉的修改意见的函(1997年1月2日)》,载高铭暄、赵秉志编:《新中国刑法立法文献资料总览》(下),中国人民公安大学出版社1998年版,第2447页。

② 参见最高人民检察院刑法修改研究小组:《关于刑法修改中几个问题的意见的报告(1996年9月13日)》,载高铭暄、赵秉志编:《新中国刑法立法文献资料总览》(下),中国人民公安大学出版社1998年版,第2622—2623页。

二、贪污罪(第 382 条)

1979 年《刑法》第 155 条规定:"国家工作人员利用职务上的便利,贪污公共财物的,处五年以下有期徒刑或者拘役;数额巨大、情节严重的,处五年以上有期徒刑;情节特别严重的,处无期徒刑或者死刑。犯前款罪的,并处没收财产,或者判令退赔。受国家机关、企业、事业单位、人民团体委托从事公务的人员犯第一款罪的,依照前两款的规定处罚。"1979 年刑法典对贪污罪规定的这一量刑标准,并没有规定具体的数额,司法机关感到难以掌握。有鉴于此,根据司法实践经验,全国人大常委会于 1988 年 1 月 21 日通过了《关于惩治贪污罪贿赂罪的补充规定》(以下简称《贪污罪贿赂罪补充规定》)对 1979 年刑法典作了补充和修改。该补充规定第 1 条规定:"国家工作人员、集体经济组织工作人员或者其他经手、管理公共财物的人员,利用职务上的便利,侵吞、盗窃、骗取或者以其他手段非法占有公共财物的,是贪污罪。与国家工作人员、集体经济组织工作人员或者其他经手、管理公共财物的人员勾结,伙同贪污的,以共犯论处。"该补充规定第 2 条对此罪的法定刑以及共犯的处罚、数额的累计等问题作了规定。

在立法机关将全面修订刑法列入国家立法规划之初,全国人大常委会法工委刑法室曾对贪污罪的完善提出过三种修改方案:

(1)根据《贪污罪贿赂罪补充规定》,对原第 155 条贪污罪的主体和处刑作一些调整,仍执行补充规定。

(2)删去贪污罪的规定,将其包括在新增加的侵占罪中。

(3)扩大贪污罪的内容,使其既包括侵占又包括受贿等(如采取此办法,可以考虑将贪污罪在刑法分则中专列一章)。①

1988 年 9 月的刑法修改稿对贪污罪立法的完善提供了两种方案:

(1)分别规定贪污罪和侵占罪,在这种方案中,立法工作机关对贪污罪的界定除了将原先的"其他经手、管理公共财物的人员"删除外,其他内容基本上直接沿用了《贪污罪贿赂罪补充规定》的写法。

(2)以侵占罪取代贪污罪,在这种方案中,侵占罪的构成不仅包括侵占遗失物、漂流物,还包括原贪污罪的内容。到了 1988 年 11 月 16 日的修改稿,立法工作机关对贪污罪主体的表述直接沿用了《贪污罪贿赂罪补充规定》的写法,关于贪污罪行为手段,该稿放弃了《贪污罪贿赂罪补充规定》所采用的列举的方法,而是笼统地界定为"侵吞"公共财物。

---

① 参见全国人大常委会法工委刑法室:《关于修改刑法的初步设想(初稿)(1988 年 9 月)》,载高铭暄、赵秉志编:《新中国刑法立法文献资料总览》(下),中国人民公安大学出版社 1998 年版,第 2110 页。

具体而言,该稿第 167 条对贪污罪的界定是:"国家工作人员、集体经济组织工作人员或者其他经手、管理公共财物的人员,利用职务上的便利,侵吞公共财物的,是贪污罪。"1988 年 12 月 25 日的修改稿简化了此罪主体的表述,按照该稿的界定,此罪的主体只能是国家工作人员,集体经济组织工作人员和其他经手管理公共财物的人员不能构成此罪。

到了 1996 年以后,对此罪法条的研拟采纳了立法工作机关 1988 年曾提出的原则上沿用《贪污罪贿赂罪补充规定》写法的第一种修改方案。也就是说,此后稿本采用专条分别规定了贪污罪的概念和法定刑。从之后的研拟看,各稿本对贪污罪的界定的分歧主要集中在主体的界定上。在 1996 年 8 月 8 日的刑法分则修改草稿第九章第 1 条中,立法工作机关将贪污罪的主体界定为"国家工作人员或者经手、管理国家财物的人员"。该稿对贪污罪主体的这一写法为之后的诸多稿本所沿用。到了 1997 年 1 月 10 日的修订草案,立法机关对此罪主体的表述更为具体,不仅包括国家工作人员,还包括国有单位或者其他经手、管理国家财物的人员,即"国家工作人员、国有公司、企业、事业单位或者其他经手、管理财物的人员"。1997 年 2 月 17 日的修订草案(修改稿)直接将此罪主体替换为总则中界定的各类国家工作人员,即"国家机关、国有公司、企业、事业单位、人民团体中从事公务的人员和国家机关、国有公司、企业、事业单位委派到非国有公司、企业、事业单位、社会团体从事公务的人员"。后来,考虑到刑法总则对国家工作人员已有界定,再在此罪主体中明确列举国家工作人员的范围,既繁琐又没有必要,故立法机关在 1997 年 3 月 1 日的修订草案中又将此罪的主体界定为"国家工作人员"。同时,鉴于受国有单位委托管理、经营国有财产的人员往往会利用经手、管理公共财物的便利条件实施侵吞或者窃取行为,因此为更好地保护公共财物,在 1997 年 3 月 13 日的修订草案中立法机关将"受国家机关、国有公司、企业、事业单位、人民团体委托管理、经营国有财产的人员"亦增列为贪污罪的主体。

关于本罪的犯罪对象,在刑法修订研拟中,刑法修改稿本的写法不尽相同。1996 年 10 月 10 日的修订草案(征求意见稿)将此罪的犯罪对象限定为国家财物,对于这一界定,在征求意见过程中,有地方提出,这一规定没有将集体资产包括在其中,有所遗漏,建议修改为"公共财物"。① 立法工作机关采纳了这一建议。但是股份合作制企业的财产能否成为贪污罪的对象?对此,最高人民检察院提出,目前股份合作制企业发展得很快,各种经济成分混合运作的情况很多,建议法律明确规

---

① 参见《中央有关部门、地方及法律专家对刑法修订草案(征求意见稿)的意见》,载高铭暄、赵秉志编:《新中国刑法立法文献资料总览》(下),中国人民公安大学出版社 1998 年版,第 2174 页。

定凡有国有企业投资的企业财产,都应作为贪污罪的对象。① 从之后研拟的修订草案看,立法工作机关并没有采纳这一建议。

此外,在1996年12月中旬、12月20日以及1997年1月10日的修订草案中,曾对"将国有资产转移到境外化公为私"的行为也作出了规定。如1996年12月中旬的修订草案第340条规定:"国有公司、企业的工作人员利用职务上的便利,将国有资产转移到境外化公为私的,以贪污论处。"对此,在研拟中,一些地方提出,这种行为本来就属于贪污的一种行为表现形式,本身就是明显的贪污,不必重复作出规定。立法机关经过研究,采纳了这一建议,自1997年2月17日的修订草案(修改稿)起,就没有再对此作出规定。

经过以上的研拟和修改,最终形成的1997年《刑法》第382条第1、2款的规定是:"国家工作人员利用职务上的便利,侵吞、窃取、骗取或者以其他手段非法占有公共财物的,是贪污罪。受国家机关、国有公司、企业、事业单位、人民团体委托管理、经营国有财产的人员,利用职务上的便利,侵吞、窃取、骗取或者以其他手段非法占有国有财物的,以贪污论。"

1997年《刑法》第382条第3款是贪污罪共犯的规定,该款的写法渊源于《贪污罪贿赂罪补充规定》第1条第2款的规定。立法工作机关将该款的规定写入研拟中的刑法稿本始于1996年8月8日的刑法分则修改草稿,该草稿规定:"与国家工作人员或者其他经手、管理国家财物的人员勾结,伙同贪污的,以共犯论处。"之后的稿本对该款写法的演变取决于这些稿本对此罪主体的界定。到了1997年3月1日的修订草案,由于此罪的主体被界定为国家工作人员,故共犯条款的写法就变为"与国家工作人员勾结,伙同贪污的,以共犯论处"。在1997年3月13日的修订草案中,由于立法机关在此罪法条中将"受国家机关、国有公司、企业、事业单位、人民团体委托管理、经营国有财产的人员"也列为贪污罪的主体,故该草案对贪污罪共犯的规定就演变为"与前两款所列人员勾结,伙同贪污的,以共犯论处"。这一写法最终被1997年《刑法》第382条第3款的规定所沿用。

三、贪污罪的处罚(第383条)

如前所述,由于1979年《刑法》第155条没有具体数额的规定,过于原则,不易把握,不便于司法操作和适用,故1988年全国人大常委会专门制定的《贪污罪贿赂罪补充规定》对此作了补充和修改。该补充规定第2条规定:"对犯贪污罪的,根据情节轻重,分别依照下列规定处罚:(一) 个人贪污数额在5万元以上的,处10年

---

① 参见最高人民检察院刑法修改研究小组:《关于对〈中华人民共和国刑法(修订草案)〉(征求意见稿)的修改意见(1996年11月15日)》,载高铭暄、赵秉志编:《新中国刑法立法文献资料总览》(下),中国人民公安大学出版社1998年版,第2639页。

以上有期徒刑或者无期徒刑,可以并处没收财产;情节特别严重的,处死刑,并处没收财产。(二) 个人贪污数额在 1 万元以上不满 5 万元的,处 5 年以上有期徒刑,可以并处没收财产;情节特别严重的,处无期徒刑,并处没收财产。(三) 个人贪污数额在 2000 元以上不满 1 万元的,处 1 年以上 7 年以下有期徒刑;情节严重的,处 7 年以上 10 年以下有期徒刑。个人贪污数额在 2000 元以上不满 5000 元,犯罪后自首、立功或者有悔改表现、积极退赃的,可以减轻处罚,或者免予刑事处罚,由其所在单位或者上级主管机关给予行政处分。(四) 个人贪污数额不满 2000 元,情节较重的,处 2 年以下有期徒刑或者拘役;情节较轻的,由其所在单位或者上级主管机关酌情给予行政处分。二人以上共同贪污的,按照个人所得数额及其在犯罪中的作用,分别处罚。对贪污集团的首要分子,按照集团贪污的总数额处罚;对其他共同贪污犯罪中的主犯,情节严重的,按照共同贪污的总数额处罚。对多次贪污未经处理的,按照累计贪污数额处罚。"

关于贪污罪处刑标准的确定,在刑法修订研拟中,曾有不同的观点:一种观点认为,各地发展水平不同,经济发展速度也很快,为了保持刑法的稳定性,建议不规定具体的数额标准,只规定"数额较大"、"数额巨大",由司法机关根据实际情况作司法解释。另一种观点则认为,为更有效地遏制并惩治腐败犯罪,刑法应当对贪污罪规定具体的数额标准,对此,可参考 1988 年全国人大常委会《贪污罪贿赂罪补充规定》对此罪处刑数额标准的写法。

从具体的写法演变看,1988 年的 3 个刑法修改稿本显然采纳了第一种建议,如 1988 年 9 月的稿本为此罪设置了三个档次的法定刑:对于基本犯,处 5 年以下有期徒刑或者拘役;数额巨大、情节严重的,处 5 年以上有期徒刑;数额特别巨大或者情节特别严重的,处无期徒刑或者死刑。1988 年 11 月 16 日的刑法修改稿以上述写法为基础,分别对此罪的三个档次的法定刑增加了财产刑的规定。

1996 年以后的修改稿本对此罪法定刑的写法显然是采纳了第二种观点,即以《贪污罪贿赂罪补充规定》对此罪法定刑的写法为基础展开研拟。在 1996 年 8 月 8 日的刑法分则修改草稿第九章第 2 条中,立法工作机关一方面将《贪污罪贿赂罪补充规定》关于贪污共犯的处理以及数额累计计算的规定移植到该条文中,另一方面也大幅提高了贪污罪处刑的数额标准,具体写法是:"对犯贪污罪的,根据情节轻重,分别依照下列规定处罚:(一) 个人贪污数额在十万元以上的,处十年以上有期徒刑或者无期徒刑,可以并处没收财产;情节特别严重的,处死刑,并处没收财产。(二) 个人贪污数额在五万元以上不满十万元的,处五年以上有期徒刑,可以并处没收财产;情节特别严重的,处无期徒刑,并处没收财产。(三) 个人贪污数额在五千元以上不满五万元的,处一年以上七年以下有期徒刑;情节严重的,处七年以上十年以下有期徒刑。个人贪污数额在五千元以上不满一万元,犯罪后自首、立功或者有悔改表现、积极退赃的,可以减轻处罚,或者免予刑事处罚,由其所在单位或者上级主管机关给予行政处分。(四)个人贪污数额不满五千元,情节较重的,处二年以下有期徒刑或者拘役;情节较轻的,由其所在单位或者上级主管机关酌情给予行政处分。二人以上共同贪污的,按照个人所得数额及其在犯罪中的作用,分别处罚。对贪污集团的首要分子,按照集团贪污的总数额处罚;对其他共同贪污犯罪中的主犯,情节严重的,按照共同贪污的总数额处罚。对多次贪污未经处理的,按照累计贪污数额处罚。"

在之后的研拟中,以1996年8月8日刑法分则修改草稿该条文的写法为蓝本,围绕以下两个问题展开讨论:

(1)关于犯贪污罪后自首、立功问题。按照上述刑法分则修改草稿该条文第(三)项的写法,如果贪污数额较少且自首、立功或者有悔改表现、积极退赃的,可以减轻处罚,或者免予刑事处罚,由其所在单位或者上级主管机关给予行政处分。这一写法为之后的诸多稿本所沿用。到了1997年2月17日的修订草案(修改稿),立法机关对此罪条文第(三)项规定的法定刑作了简化,取消了犯贪污罪后自首、立功的规定,并将犯贪污罪积极退赃的可以从宽处罚列为第2款的规定。具体说,第(三)项规定是:"个人贪污数额在五千元以上不满五万元的,处一年以上七年以下有期徒刑;情节严重的,处七年以上十年以下有期徒刑。"第2款规定是:"犯贪污罪积极退赃的,可以从轻处罚;其中个人贪污数额在五千元以上不满一万元,积极退赃的,可以减轻处罚,全部退赃的,可以免除处罚,由其所在单位或者上级主管机关给予行政处分。"对于这一写法,在全国人大常委会开会分组审议中,有委员提出,这样规定不利于遏制贪污,并可能使一些人产生侥幸心理,建议删除这一款,或者只保留"犯贪污罪积极退赃的,可以从轻处罚"的规定。有同志建议在"积极退赃"之前加上"主动坦白交代"的规定,即"犯贪污罪主动坦白交代并积极退赃的",以体现我国坦白从宽的政策。也有委员认为,这一款中"行政处分"不应与刑事处罚同列,建议删除"行政处分"的规定。① 经过研究,到了1997年3月13日的修订草案,立法机关放弃了前稿将积极退赃单列一款的写法,同时考虑到自首、立功作为法定从宽的情节,其适用不会仅限于贪污数额较少的情况,故该草案在1996年8月8日的修改草稿写法的基础上,删除了第(三)项中自首、立功的规定。由此形成了1997年《刑法》第383条第1款的规定。

(2)关于贪污共犯的处刑问题。在1996年8月31日的刑法修改草稿中,立法工作机关曾删除了贪污罪共犯处罚原则的规定。到了1996年10月10日的修订草案(征求意见稿),立法工作机关又将《贪污罪贿赂罪补充规定》关于贪污共犯的处罚原则的规定移植到该稿第331条第2款中。在1996年12月中旬的修订草案中,

---

① 参见《八届全国人大常委会第二十三次会议分组审议刑法修订草案的意见》,载高铭暄、赵秉志编:《新中国刑法立法文献资料总览》(下),中国人民公安大学出版社1998年版,第2202页。

立法工作机关删除了原"对其他共同贪污犯罪中的主犯,情节严重的,按照共同贪污的总数额处罚"的规定,仅保留了共同贪污的处罚原则以及对首要分子处罚原则的规定。后来考虑到在刑法典总则中对共同犯罪的处罚原则已作了统一的规定,没有必要再在刑法典分则中对此罪的共同犯罪的处罚原则作重复性的规定,故在1997年1月10日及其以后的修订草案中,立法机关没有再对贪污罪共犯处罚原则作出规定。

此外,关于此罪条文第(四)项规定的法定刑,立法工作机关曾在1996年12月中旬的修订草案中增加了管制刑的规定,然而,到了1997年3月1日的修订草案,立法机关又将其予以删除。

总之,经过以上的研拟,最终形成的1997年《刑法》第383条的规定是:"对犯贪污罪的,根据情节轻重,分别依照下列规定处罚:(一)个人贪污数额在十万元以上的,处十年以上有期徒刑或者无期徒刑,可以并处没收财产;情节特别严重的,处死刑,并处没收财产。(二)个人贪污数额在五万元以上不满十万元的,处五年以上有期徒刑,可以并处没收财产;情节特别严重的,处无期徒刑,并处没收财产。(三)个人贪污数额在五千元以上不满五万元的,处一年以上七年以下有期徒刑;情节严重的,处七年以上十年以下有期徒刑。个人贪污数额在五千元以上不满一万元,犯罪后有悔改表现、积极退赃的,可以减轻处罚或者免予刑事处罚,由其所在单位或者上级主管机关给予行政处分。(四)个人贪污数额不满五千元,情节较重的,处二年以下有期徒刑或者拘役;情节较轻的,由其所在单位或者上级主管机关酌情给予行政处分。对多次贪污未经处理的,按照累计贪污数额处罚。"

四、挪用公款罪（第384条）

挪用公款罪原系1988年全国人大常委会通过的《贪污罪贿赂罪补充规定》第3条规定的犯罪,即:"国家工作人员、集体经济组织工作人员或者其他经手、管理公共财物的人员,利用职务上的便利,挪用公款归个人使用,进行非法活动的,或者挪用公款数额较大、进行营利活动的,或者挪用公款数额较大、超过3个月未还的,是挪用公款罪,处5年以下有期徒刑或者拘役;情节严重的,处5年以上有期徒刑。挪用公款数额较大不退还的,以贪污论处。挪用救灾、抢险、防汛、优抚、救济款物归个人使用的,从重处罚。挪用公款进行非法活动构成其他罪的,依照数罪并罚的规定处罚。"

在刑法修订研拟中,以《贪污罪贿赂罪补充规定》第3条的写法为基础,围绕如下问题进行了研拟:

(1)挪用公款罪主体的表述。在1988年9月和11月16日研拟的两个修改稿本中,立法工作机关对挪用公款罪主体的表述采用了《贪污罪贿赂罪补充规定》的写法,即只有国家工作人员、集体经济组织工作人员和其他经手、管理公共财物的人员,才能成为挪用公款罪的主体。1988年12月25日的修改稿本删除了集体经济组织工作人员和其他经手、管理公共财物的人员,将此罪的主体限定为国家工作人员。到了1996年8月8日的刑法分则修改草稿,立法工作机关又将此罪的主体限定为"国家工作人员或者经手管理国家财物的人员"。该稿对挪用公款罪主体的这一写法为之后的诸多稿本所沿用。到了1997年1月10日的修订草案,立法机关对此罪主体的表述作了更为具体的规定,不仅包括国家工作人员,还包括国有单位或者其他经手、管理国家财物的人员,即"国家工作人员、国有公司、企业、事业单位或者其他经手、管理国家财物的人员"。在1997年2月17日的修订草案(修改稿)中,立法机关甚至直接将此罪主体替换为总则中界定的各类国家工作人员,即"国家机关、国有公司、企业、事业单位、人民团体中从事公务的人员和国家机关、国有公司、企业、事业单位委派到非国有公司、企业、事业单位、社会团体从事公务的人员"。后来,考虑到既然刑法总则对国家工作人员已有界定,再在此罪主体中明确列举国家工作人员的范围,过于繁琐,故立法机关在1997年3月1日的修订草案中又将此罪的主体界定为"国家工作人员"。这一写法最终为1997年刑法典所沿用。

(2) 关于挪用公款不退还的处理。按照《贪污罪贿赂罪补充规定》的规定,对于挪用公款数额较大不退还的,以贪污罪论处。这一写法为之后的一些稿本所沿用。对于这一写法,有部门和学者提出,其缺陷是显然的:一是挪用公款罪和贪污罪的犯罪构成是不同的。挪用公款数额较大不退还,是挪用公款的一个情节,属严重后果,不符合贪污罪的特征。二是此处的"数额较大"是与挪用公款罪罪状中的"数额较大"为同一数额,还是与贪污罪中的"数额较大"为同一数额,在实践中容易产生歧义,这势必会造成司法实践的混乱。三是这一规定有悖定罪的主客观相统一原则的要求,有客观归罪之嫌。① 立法机关经过研究,在1997年1月10日的修订草案中,将原先"挪用公款数额较大不退还的,以贪污罪定罪处罚"的规定修改为"挪用公款数额巨大不退还的,处十年以上有期徒刑或者无期徒刑"。这一写法最终被写入1997年刑法典中。

(3) 关于此罪从重处罚情节的完善。根据《贪污罪贿赂罪补充规定》的规定,挪用救灾、抢险、防汛、优抚、救济款物归个人使用的,从重处罚。这一写法在研拟中被许多修改稿本所沿用。到了1997年3月13日的修订草案,考虑到"移民"和"扶贫"的款物与该写法中的其他款物具有相同的性质,应当对挪用移民和扶贫款

---

① 参见最高人民法院刑法修改小组:《关于对〈中华人民共和国刑法(修订草案)〉(征求意见稿)的修改意见(1996年11月8日)》,最高人民检察院刑法修改小组:《修改刑法研究报告(1989年10月12日)》,载高铭暄、赵秉志编:《新中国刑法立法文献资料总览》(下),中国人民公安大学出版社1998年版,第2443、2473页。

物与挪用其他款物作同样评价,有鉴于此,在该草案中,立法机关增列了"移民"和"扶贫"的款物。

（4）关于挪用公款进行非法活动的处理。按照《贪污罪贿赂罪补充规定》的规定,挪用公款进行非法活动构成犯罪的,依照数罪并罚的原则处理。立法工作机关曾将其写入1996年8月8日的刑法分则修改草稿中。后来考虑到对于这种情况,可以依照刑法理论中的罪数理论加以解决,故在1996年8月31日的刑法修改草稿及其以后的修订草案中,没有再对此作出规定。

（5）关于挪用公物、有价证券的问题。在研拟中,有部门提出,从实践中看,挪用公物或者证券归个人使用或进行营利活动的案件各地均有发生。被挪用的公物有粮食、商品、设备等,证券有粮票、国库券等。把挪用对象扩大到公物、证券是非常有必要的。因为,公款、公物可以相互转化,区别对待不科学;它们都可以直接用于营利性或者其他非法活动;款物、证券都可以作为贪污的对象,而挪用与贪污的区别仅在于侵犯所有权程度的不同,不应有对象上的差别。[1] 考虑到挪用公物的情况比较复杂,若将挪用公物的行为犯罪化,容易混淆法律的界限;挪用有价证券的行为与挪用公款无异,可以通过适用解释的方式来解决行为人的刑事责任问题,故立法机关没有采纳上述建议。

经过以上的研拟,最终形成的1997年《刑法》第384条的规定是："国家工作人员利用职务上的便利,挪用公款归个人使用,进行非法活动的,或者挪用公款数额较大、进行营利活动的,或者挪用公款数额较大、超过三个月未还的,是挪用公款罪,处五年以下有期徒刑或者拘役;情节严重的,处五年以上有期徒刑。挪用公款数额巨大不退还的,处十年以上有期徒刑或者无期徒刑。挪用用于救灾、抢险、防汛、优抚、扶贫、移民、救济款物归个人使用的,从重处罚。"

1997年刑法典颁行后,为了解决司法实践中对"归个人使用"在认识上的分歧,全国人大常委会于2002年4月28日通过了《关于〈中华人民共和国刑法〉第三百八十四条第一款的解释》,该解释规定："有下列情形之一的,属于挪用公款'归个人使用'：（一）将公款供本人、亲友或者其他自然人使用的;（二）以个人名义将公款供其他单位使用的;（三）个人决定以单位名义将公款供其他单位使用,谋取个人利益的。"

五、受贿罪（第385条）

1979年《刑法》第185条第1款规定："国家工作人员利用职务上的便利,收受贿赂的,处五年以下有期徒刑或者拘役。赃款、赃物没收,公款、公物追还。"第2款

---

[1] 参见最高人民检察院刑法修改小组:《修改刑法研究报告(1989年10月12日)》,载高铭暄、赵秉志编:《新中国刑法立法文献资料总览》(下),中国人民公安大学出版社1998年版,第2472页。

规定:"犯前款罪,致使国家或者公民利益遭受严重损失的,处五年以上有期徒刑。"1982年3月8日全国人大常委会通过的《关于严惩严重破坏经济的罪犯的决定》对此罪进行了修改:"国家工作人员索取、收受贿赂的,比照刑法第一百五十五条贪污罪论处;情节特别严重的,处无期徒刑或者死刑。"1988年全国人大常委会通过的《贪污罪贿赂罪补充规定》对此罪又作了进一步的修改和补充:一是明确了受贿罪的定义,即:"国家工作人员、集体经济组织工作人员或者其他从事公务的人员,利用职务上的便利,索取他人财物的,或者非法收受他人财物为他人谋取利益的,是受贿罪。"二是对受贿罪共犯作了规定,即:"与国家工作人员、集体经济组织工作人员或者其他从事公务的人员勾结,伙同受贿的,以共犯论处。"三是规定了经济受贿条款,即:"国家工作人员、集体经济组织工作人员或者其他从事公务的人员,在经济往来中,违反国家规定收受各种名义的回扣、手续费,归个人所有的,以受贿论处。"四是细化了此罪的法定刑,即:"对犯受贿罪的,根据受贿所得数额及情节,依照本规定第二条的规定处罚;受贿数额不满一万元,使国家利益或者集体利益遭受重大损失的,处十年以上有期徒刑;受贿数额在一万元以上,使国家利益或者集体利益遭受重大损失的,处无期徒刑或者死刑,并处没收财产。索贿的从重处罚。因受贿而进行违法活动构成其他罪的,依照数罪并罚的规定处罚。"

1997年《刑法》第385条的规定渊源于上述补充规定,在立法修订研拟中,以上述补充规定的写法为基础,围绕着如下问题进行了研拟:

(1)受贿罪的主体。在刑法修订研拟中,一些专家、部门提出,受贿罪的主体应当限于国家工作人员,不应包括集体经济组织工作人员和其他从事公务的人员。这样的限定有利于整肃吏治,树立廉洁政府,也有利于维护国有企事业单位的正常活动。从各稿本的具体写法看,1988年9月的修改稿沿用了《贪污罪贿赂罪补充规定》对此罪的界定,不仅国家工作人员可以构成受贿罪,而且集体经济组织的工作人员和其他从事公务的人员均可以构成此罪。到了1988年11月16日和12月25日的修改稿,立法工作机关缩小了此罪的主体范围,将受贿罪的主体限定为国家工作人员。自1996年8月8日的刑法分则修改草稿起,又扩张了受贿罪的主体范围,即不仅包括国家工作人员,而且其他从事公务的人员也可以构成此罪。例如,在1997年1月10日的修订草案中,立法机关即将此罪的主体界定为国家工作人员、国有公司、企业、事业单位中从事公务的人员以及其他从事公务的人员。1997年2月17日的修订草案(修改稿)直接将此罪主体替换为总则中界定的各类国家工作人员,即"国家机关、国有公司、企业、事业单位、人民团体中从事公务的人员和国家机关、国有公司、企业、事业单位委派到非国有公司、企业、事业单位、社会团体从事公务的人员"。后来考虑到,既然刑法总则对国家工作人员已有界定,再在此罪主体中明确列举国家工作人员的范围,过于繁琐,故立法机关在1997年3月1日的修订草案中将此罪的主体又恢复为"国家工作人员"。

（2）"利用职务便利"是否必要。对此存在着两种意见：一种意见认为，受贿是"职务行为"，而不是"职务关系"，主张将"职务便利"改为"国家工作人员实施职务行为或者允诺实行职务行为，收取他人财物的，是受贿罪"。也有人主张将此罪的职务要件修改为"国家工作人员就其职务行为，索取或者非法收受他人财物的，是受贿罪"。另一种意见认为，实践中收受贿赂，不一定都实施职务行为，主张维持利用职务便利的规定。① 经过研究和论证，在各修改稿本以及通过的刑法典中采纳了第二种意见。

（3）"为他人谋取利益"应否作为此罪的要件？对此存在着两种意见：一种意见主张删除"为他人谋取利益"的要件，认为，只要是利用职务上的便利，索取或者非法收受他人财物的，就构成受贿罪，这样规定，更能体现对国家工作人员的严格要求。另一种意见认为，"为他人谋取利益"应作为受贿罪的要件，这样规定才能体现受贿罪权钱交易的特征。"索取"和"非法收受"，都是受贿，都是权钱交易，因此，构成犯罪的条件不应有区别，即均应以"为他人谋取利益"为要件，建议修改为"国家工作人员，利用职务上的便利，为他人谋利，索取或者非法收受他人财物的，是受贿罪"②。从各个修改稿本以及通过的刑法典看，立法机关维持了《贪污罪贿赂罪补充规定》的写法。

（4）关于此罪的对象。在研拟中，有人提出，将贿赂的范围限定为"财物"，不符合现在的实际情况，现在行贿大量采取免费出国、旅游、提供各种服务等方式，不仅仅是给财物，还包括其他财产性利益，建议增加这方面的规定。③ 另一种观点则主张，法条中不应明确规定"财产性利益"，因为"财物"实际上包含了"财产性利益"，其具体的含义可以通过司法解释加以解决。④

（5）关于受贿共犯的规定。如前所述，《贪污罪贿赂罪补充规定》对受贿共犯问题作了明确的规定，即与国家工作人员等相勾结，伙同受贿的，以受贿罪共犯论处。1996年8月8日的刑法分则修改草稿基本上沿用了这一规定。后来，考虑到刑法典总则中对共同犯罪已有明确的规定，在分则中没有必要再对具体犯罪的共同犯罪问题作出重复性的规定，故自1996年8月31日的刑法修改草稿起，再没有

---

① 参见全国人大常委会法工委刑法室1996年9月6日整理：《法律专家对〈刑法总则修改稿〉和〈刑法分则修改草稿〉的意见》，载高铭暄、赵秉志编：《新中国刑法立法文献资料总览》（下），中国人民公安大学出版社1998年版，第2147页。

② 同上注。

③ 参见《八届全国人大常委会第二十三次会议分组审议刑法修订草案的意见》、《中央有关部门、地方及法律专家对刑法修订草案（征求意见稿）的意见》，载高铭暄、赵秉志编：《新中国刑法立法文献资料总览》（下），中国人民公安大学出版社1998年版，第2190、2175页。

④ 参见全国人大常委会法工委刑法室1996年9月6日整理：《法律专家对〈刑法总则修改稿〉和〈刑法分则修改草稿〉的意见》，载高铭暄、赵秉志编：《新中国刑法立法文献资料总览》（下），中国人民公安大学出版社1998年版，第2147页。

对这类受贿共犯的问题作出规定。

（6）关于经济受贿。对于《贪污罪贿赂罪补充规定》中经济受贿的规定，1996年8月8日的分则修改稿及其之后的修订草案均吸纳了这一规定，只是在此罪主体的表述上有所不同。随着1997年3月1日的修订草案对此罪主体的界定，也最终完成了此款规定的研拟。

总之，经过以上的研拟，最终形成的1997年《刑法》第385条的规定是："国家工作人员利用职务上的便利，索取他人财物的，或者非法收受他人财物，为他人谋取利益的，是受贿罪。国家工作人员在经济往来中，违反国家规定，收受各种名义的回扣、手续费，归个人所有的，以受贿论处。"

六、受贿罪的处罚（第386条）

1997年刑法典关于受贿罪罪状与法定刑分开规定，并援引贪污罪处罚的模式渊源于《贪污罪贿赂罪补充规定》。在1988年的3个刑法修改稿本中，立法工作机关对此罪规定的是独立的法定刑，既参照1979年《刑法》第185条第1款和第2款的写法，又提高了此罪的法定刑，并对此罪规定了死刑。到了1996年8月8日的刑法分则修改草稿，立法工作机关考虑到受贿罪"以赃计罪"的传统和特性，改而采用了上述补充规定的写法，即："对犯受贿罪的，根据受贿所得数额及情节，依照本章①第二条②的规定处罚；受贿数额不满五万元，使国家利益或者集体利益遭受重大损失的，处十年以上有期徒刑；受贿数额在五万元以上，使国家利益或者集体利益遭受重大损失的，处无期徒刑或者死刑，并处没收财产。索贿的从重处罚。"该稿的这一写法为之后的一些修订草案所沿用。后来，考虑到既对此罪规定按照贪污罪的法定刑处罚，又在此条规定中另立两档法定刑，容易导致法定刑适用上的混乱，故在1997年3月13日的修订草案中，不再在此条中另行规定两档法定刑，即该草案第386条规定："对犯受贿罪的，根据受贿所得数额及情节，依照本法第三百八十三条的规定处罚。"这一写法最终被1997年《刑法》第386条所沿用。

关于"索贿的从重处罚"的规定，一些稿本对此写法也有一定的变化。例如，1996年12月中旬的修订草案第343条第2款规定："国家工作人员或者其他从事公务的人员，利用职务上的便利，敲诈勒索他人财物的，依照前款规定从重处罚。"之后的一些修订草案均有类似的写法。后来，考虑到索贿构成受贿罪时同样需要具备受贿罪成立的其他条件，没有必要在此对其他构成要件要素作重复性的叙述，故在1997年3月13日的修订草案中，立法机关维持了《贪污罪贿赂罪补充规定》对此的写法，即将"索贿的从重处罚"作为最后一句写入第386条中。

---

① 指第九章贪污罪贿赂罪。
② 指贪污罪。

此外，根据《贪污罪贿赂罪补充规定》的规定，因受贿而进行违法活动构成其他罪的，依照数罪并罚的规定处罚。在刑法修订研拟中，一些修改稿本沿用了这一规定，例如，1996年8月8日的刑法分则修改草稿和1996年10月10日的修订草案（征求意见稿）均有此规定。后来，考虑到这种情形可以依照刑法理论的罪数理论加以解决，没有必要对此作出专门的规定，故自1996年12月中旬的修订草案起，删除了这一规定。

七、单位受贿罪（第387条）

本条之罪系在《贪污罪贿赂罪补充规定》第6条规定的基础上修改补充而成的。该补充规定第6条规定："全民所有制企业事业单位、机关、团体，索取、收受他人财物，为他人谋取利益，情节严重的，判处罚金，并对其直接负责的主管人员和其他直接责任人员，处5年以下有期徒刑或者拘役。"

在刑法修订研拟中，各刑法修改稿本对此罪法条写法的演变主要是围绕着其主体范围的变化而进行的。在1996年8月8日的刑法分则修改草稿中，立法工作机关对此罪主体的界定沿用了《贪污罪贿赂罪补充规定》的写法。到了1996年8月31日的修改草稿，立法工作机关考虑到国家机关的特殊性，故在此稿中没有再把国家机关列为此罪主体，这样，此罪的主体就被界定为"企业事业单位、社会团体"。在1996年10月10日的修订草案（征求意见稿）中，对于此罪的主体，基本上沿用了《贪污罪贿赂罪补充规定》的写法，有所不同的是，原"全民所有制企业事业单位"的写法被修改成了"国有企业事业单位"。到了1996年12月中旬的修订草案，考虑到国有公司亦有索取、非法收受他人财物的可能性，故在此罪的法条中增列了国有公司。在1997年1月10日的修订草案（修改稿）中，立法机关考虑到对国家机关判处罚金在理论和实践中有所失当，故特对国家机关实施此罪行为单列一款，即该稿第355条第2款规定："机关犯前款罪的，对直接负责的主管人员和其他直接责任人员，处五年以下有期徒刑或者拘役。"到了1997年2月17日的修订草案（修改稿），立法机关又取消了将国家机关单列一款加以规定的做法，该稿第381条规定："国家机关、国有公司、企业、事业单位、人民团体，索取、非法收受他人财物，为他人谋取利益，情节严重的，对单位判处罚金，并对其直接负责的主管人员和其他直接责任人员，处五年以下有期徒刑或者拘役。"这一写法最终为1997年《刑法》第387条第1款所沿用。同时，在1997年3月1日的修订草案中，立法机关在该草案第384条增设了国有单位经济受贿的规定，即："前款所列单位，在经济往来中，在账外暗中收受各种名义的回扣、手续费的，以受贿论，依照前款的规定处罚。"这一写法最终被写进1997年《刑法》第387条第2款中。

八、斡旋受贿(第388条)

在刑法修订研拟中,有部门提出,国家工作人员利用其他工作人员的职务行为为他人谋取利益,本人从中索取或收受贿赂的情况在司法实践中比较常见,按现行法律规定,如果不是利用本人的职权或地位所形成的影响而收受贿赂的就不能作为受贿罪处理。因此应该借鉴世界上大多数国家的成功立法经验,吸收司法解释中的有关规定,增设斡旋受贿罪,规定单独的罪状和法定刑,其条文设计可以表述为:"国家工作人员利用本人职权或者地位所形成的便利条件,通过其他国家工作人员职务上的行为,为请托人谋取不正当利益,从中向请托人索取或者非法收受财物的,或者其他财产性利益,数额较大的,处三年以下有期徒刑或者拘役;数额巨大的,处三年以上十年以下有期徒刑;数额特别巨大的,处十年以上有期徒刑或者无期徒刑,并处没收财产。"①

立法工作机关部分采纳了上述建议,在1996年8月31日的刑法修改草稿中,对斡旋受贿作了规定:"国家工作人员利用本人职权或者地位形成的便利条件,通过其他国家工作人员职务上的便利,为请托人谋取利益,从中向请托人索取或者收受财物(或其他财产性利益)的,以受贿论处。"1996年10月10日的修订草案(征求意见稿)对上述写法作了一些调整,从而最终形成了1997年《刑法》第388条的规定:"国家工作人员利用本人职权或者地位形成的便利条件,通过其他国家工作人员职务上的行为,为请托人谋取不正当利益,索取请托人财物或者收受请托人财物的,以受贿论处。"

九、利用影响力受贿罪(第388条之一)

近年来,关于受贿行为出现了新的变化,有些全国人大代表和有关部门提出,一些国家工作人员的配偶、子女等近亲属,以及其他与该国家工作人员关系密切的人,利用该国家工作人员的职权或者地位形成的便利条件,通过其他国家工作人员职务上的行为,为请托人谋取不正当利益,自己从中索取或者收受财物。同时,一些已经离职的国家工作人员,虽然已经不再具有国家工作人员的身份,但利用其在职时形成的影响力,通过其他国家工作人员的职务行为为请托人谋取不正当利益,自己从中索取财物或者收受财物,对情节严重的,也应当作为犯罪追究刑事责任。有鉴于此,2009年2月28日全国人大常委会通过的《刑法修正案(七)》对此作了规定,在《刑法》第388条后增加一条作为第388条之一:"国家工作人员的近亲属

---

① 参见最高人民检察院刑法修改研究小组:《关于刑法修改中几个问题的意见的报告(1996年9月13日)》,载高铭暄、赵秉志编:《新中国刑法立法文献资料总览》(下),中国人民公安大学出版社1998年版,第2626页。

或者其他与该国家工作人员关系密切的人,通过该国家工作人员职务上的行为,或者利用该国家工作人员职权或者地位形成的便利条件,通过其他国家工作人员职务上的行为,为请托人谋取不正当利益,索取请托人财物或者收受请托人财物,数额较大或者有其他较重情节的,处三年以下有期徒刑或者拘役,并处罚金;数额巨大或者有其他严重情节的,处三年以上七年以下有期徒刑,并处罚金;数额特别巨大或者有其他特别严重情节的,处七年以上有期徒刑,并处罚金或者没收财产。离职的国家工作人员或者其近亲属以及其他与其关系密切的人,利用该离职的国家工作人员原职权或者地位形成的便利条件实施前款行为的,依照前款的规定定罪处罚。"

十、行贿罪（第389条）

1979年《刑法》第185条第3款将行贿罪与介绍贿赂罪规定在一个条文中,即:"向国家工作人员行贿或者介绍贿赂的,处三年以下有期徒刑或者拘役。"在1988年全国人大常委会通过的《贪污罪贿赂罪补充规定》中,立法机关将行贿罪单列了出来,对其罪状和法定刑分两条加以规定。该补充规定第7条规定:"为谋取不正当利益,给予国家工作人员、集体经济组织工作人员或者其他从事公务的人员以财物的,是行贿罪。在经济往来中,违反国家规定,给予国家工作人员、集体经济组织工作人员或者其他从事公务的人员以财物,数额较大的,或者违反国家规定,给予国家工作人员、集体经济组织工作人员或者其他从事公务的人员以回扣、手续费的,以行贿论处。因被勒索给予国家工作人员、集体经济组织工作人员或者其他从事公务的人员以财物,没有获得不正当利益的,不是行贿。"

在刑法修订研拟中,1988年的3个稿本基本上没有参照《贪污罪贿赂罪补充规定》的上述写法研拟行贿罪法条。例如,1988年9月的修改稿将行贿罪的罪状界定为"为谋取不正当利益向国家工作人员行贿"。1988年11月16日和12月25日的稿本则直接沿用1979年刑法典的写法,将行贿罪与介绍贿赂罪规定在一个条文中。自1996年8月8日的分则修改草稿起,立法机关转而开始围绕《贪污罪贿赂罪补充规定》的写法来研拟此罪法条,而且主要是针对行贿罪对象的表述进行斟酌和推敲,可以说,行贿罪对象的立法变化与受贿罪主体的演变一样,具有相同的立法背景和理由。立法机关最终将其对象限定为"国家工作人员",由此形成了1997年《刑法》第389条的规定:"为谋取不正当利益,给予国家工作人员以财物的,是行贿罪。在经济往来中,违反国家规定,给予国家工作人员以财物,数额较大的,或者违反国家规定,给予国家工作人员以各种名义的回扣、手续费的,以行贿论处。因被勒索给予国家工作人员以财物,没有获得不正当利益的,不是行贿。"

十一、行贿罪的处罚(第390条)

在1979年刑法典中,行贿罪的规定比较原则,法定刑只有一个幅度,而且也没有设置分化、瓦解行贿受贿利益共同体的从宽处理的规定。而在《贪污罪贿赂罪补充规定》中,对行贿罪法定刑的规定就更具可操作性,《贪污罪贿赂罪补充规定》第8条规定:"对犯行贿罪的,处5年以下有期徒刑或者拘役;因行贿谋取不正当利益,情节严重的,或者使国家利益、集体利益遭受重大损失的,处5年以上有期徒刑;情节特别严重的,处无期徒刑,并处没收财产。行贿人在被追诉前,主动交代行贿行为的,可以减轻处罚,或者免予刑事处罚。因行贿而进行违法活动构成其他罪的,依照数罪并罚的规定处罚。"

在刑法修订研拟中,1988年的3个稿本基本上没有参照《贪污罪贿赂罪补充规定》中行贿罪法定刑的写法,而是另起炉灶,重新起草和拟定。其中,1988年9月的修改稿对行贿罪规定了两个法定刑档次:对于基本犯,处5年以下有期徒刑或者拘役;情节严重的,处5年以上15年以下有期徒刑。1988年11月16日的修改稿仅保留了上述写法中的第一档法定刑。考虑到刑法典总则中已将有期徒刑的上限限定为15年,没有必要再在分则中明确写出其上限,故在1988年12月25日的修改稿中,立法工作机关删除了9月稿中15年上限的表述。

自1996年8月8日的刑法分则修改草稿起,立法工作机关转而开始围绕补充规定的写法来研拟此罪的法定刑,并经过以下的修改和调整:一是在1996年8月31日的刑法修改稿中,立法工作机关曾删除了《贪污罪贿赂罪补充规定》中对主动交代行贿行为的予以从宽处理的规定。二是在1996年10月10日的修订草案(征求意见稿)中,立法工作机关除了将原规定中"集体利益"的表述予以删除外,其他内容又恢复了《贪污罪贿赂罪补充规定》的写法。这一写法为之后的多个修订草案所沿用。三是考虑到"因行贿而进行违法活动构成其他罪的,依照数罪并罚的规定处罚"的情形可以通过刑法理论的罪数理论加以解决,而且一概通过数罪并罚的规定予以处理也不尽妥当,故在1997年2月17日的修订草案(修改稿)中,立法机关没有再对此作出规定。

经过以上的修改最终形成了1997年《刑法》第390条的规定:"对犯行贿罪的,处五年以下有期徒刑或者拘役;因行贿谋取不正当利益,情节严重的,或者使国家利益遭受重大损失的,处五年以上十年以下有期徒刑;情节特别严重的,处十年以上有期徒刑或者无期徒刑,可以并处没收财产。行贿人在被追诉前主动交代行贿行为的,可以减轻处罚或者免除处罚。"

十二、对单位行贿罪(第391条)

本条之罪是1997年刑法典为严密行贿犯罪惩治体系而新增设的一种犯罪,

1997年3月13日的修订草案第391条规定了此罪,即:"为谋取不正当利益,给予国家机关、国有公司、企业、事业单位、人民团体以财物的,或者在经济往来中,违反国家规定,给予各种名义的回扣、手续费的,处三年以下有期徒刑或者拘役。单位犯前款罪的,对单位判处罚金,并对其直接负责的主管人员和其他直接责任人员,依照前款的规定处罚。"这一写法最后就成为1997年《刑法》第391条的规定。

十三、介绍贿赂罪(第392条)

如前所述,1979年《刑法》第185条第3款将行贿罪与介绍贿赂罪规定在一个条文中,对于介绍贿赂的,处3年以下有期徒刑或者拘役。在刑法修订研拟中,要不要将此罪写入研拟中的刑法典,曾有不同的看法。有人认为,介绍贿赂人在介绍贿赂的过程中,总是要代表行贿或受贿人一方,对行贿人或受贿人起帮助或既教唆又帮助的作用。对此,完全可以根据刑法总则关于共同犯罪的规定对介绍贿赂人以行贿或受贿罪的共犯处罚,没有必要单独设立一个介绍贿赂罪。在1988年9月的修改稿以及1996年8月8日的分则修改草稿中,立法机关就没有规定介绍贿赂罪。后来考虑到介绍贿赂确实具有不同于行贿或受贿共犯的特性,不宜取消,在1996年8月31日的修改草稿中,立法工作机关又恢复了介绍贿赂罪的规定,即:"介绍他人进行贿赂犯罪的,处三年以下有期徒刑或者拘役;情节严重的,处三年以上七年以下有期徒刑。"到了1996年12月中旬的修订草案,立法工作机关对上述写法又作了较大的修改和调整:一是进一步明确了此罪的罪状,简化了此罪的法定刑,将原先的两档法定刑修改为一个档次;二是为分化瓦解行贿受贿犯罪分子,对主动交代介绍贿赂行为的,规定可以从宽处理。具体写法是:"向国家工作人员介绍贿赂的,处三年以下有期徒刑、拘役或者管制。介绍贿赂人在被追诉前主动交代贿赂行为的,可以减轻处罚或者免除处罚。"在1997年2月17日的修订草案(修改稿)中,立法机关对此罪的对象作了修改,即将原先"国家工作人员"的规定修改为"国家机关工作人员"。1997年3月1日的修订草案又将此罪的对象恢复规定为"国家工作人员",并且为限制此罪的成立范围,在其罪状中增加了"情节严重"的规定,同时,删除了之前稿本对此罪规定的管制刑。由此而形成了1997年《刑法》第392条的规定:"向国家工作人员介绍贿赂,情节严重的,处三年以下有期徒刑或者拘役。介绍贿赂人在被追诉前主动交代介绍贿赂行为的,可以减轻处罚或者免除处罚。"

十四、单位行贿罪(第393条)

本条规定之罪源自《贪污罪贿赂罪补充规定》第9条的规定:"企业事业单位、机关、团体为谋取不正当利益而行贿,或者违反国家规定,给予国家工作人员、集体经济组织工作人员或者其他从事公务的人员以回扣、手续费,情节严重的,判处罚金,并对其直接负责的主管人员和其他直接责任人员,处 5 年以下有期徒刑或者拘役。因行贿取得的违法所得归私人所有的,依照本规定第八条①的规定处罚。"

自立法工作机关首先将本罪写入 1996 年 8 月 8 日的分则修改草稿起,主要围绕着本罪的如下问题进行修改和调整:

(1) 关于本罪主体的表述。在 1996 年 10 月 10 日的修订草案(征求意见稿)中,考虑到对国家机关判处罚金在理论上和实践中不尽妥当,立法工作机关曾在此罪主体的列举中删除了"机关";1996 年 12 月中旬的修订草案又恢复了《贪污罪贿赂罪补充规定》的写法,并在此基础上增加规定了"公司"。后来,考虑到刑法典总则已对单位犯罪作出了明确的规定,没有必要再在分则具体罪状中对单位种类作重复列举,故在 1997 年 2 月 17 日的修订草案(修改稿)中,立法机关将原先列举的写法以概括性的"单位"取而代之。

(2) 关于此罪对象的表述。此罪对象的立法变化与受贿罪主体的演变一样,具有相同的立法背景和理由。在此不再赘述。

(3) 关于行贿违法所得归个人所有的处理。按照《贪污罪贿赂罪补充规定》的写法,对于此种情形,是按照行贿罪处罚的,然而,这种写法会产生究竟是按照行贿罪定罪还是按照单位行贿罪定罪的理解分歧。为消除这种分歧,自 1996 年 12 月中旬的修订草案起,将其明确为依照行贿罪定罪处罚。

通过以上的修改和研拟,最终形成的 1997 年《刑法》第 393 条的规定是:"单位为谋取不正当利益而行贿,或者违反国家规定,给予国家工作人员以回扣、手续费,情节严重的,对单位判处罚金,并对其直接负责的主管人员和其他直接责任人员,处五年以下有期徒刑或者拘役。因行贿取得的违法所得归个人所有的,依照本法第三百八十九条、第三百九十条的规定定罪处罚。"

十五、公务、外交活动中的贪污(第 394 条)

本条规定源自《贪污罪贿赂罪补充规定》第 10 条的规定,即:"国家工作人员在对外交往中接受礼物,依照国家规定应当交公而不交公,数额较大的,以贪污罪论处。"在刑法修订研拟中,1996 年 8 月 8 日和 8 月 31 日的修改草稿沿用了这一规定的写法,到了 1996 年 10 月 10 日的修订草案(征求意见稿),考虑到在国内公务活动中接受礼物,应当交公而不交公的,同样具有贪污的性质,故立法工作机关在此条中增加了"国内公务活动"的规定。为使立法用语更加规范明确,在 1996 年 12 月中旬的修订草案中,立法工作机关将原先依照贪污罪"论处"的表述修改为依照贪污罪"定罪处罚",由此最终形成了 1997 年《刑法》第 394 条的规定:"国家工作人员在国内公务活动或者对外交往中接受礼物,依照国家规定应当交公而不交公,

---

① 《贪污罪贿赂罪补充规定》第 8 条规定的是行贿罪的法定刑。

数额较大的,依照本法第三百八十二条、第三百八十三条的规定定罪处罚。"

十六、巨额财产来源不明罪、隐瞒境外存款罪(第395条)

1997年《刑法》第395条规定的是巨额财产来源不明罪和隐瞒境外存款罪,此条规定源自《贪污罪贿赂罪补充规定》第11条的规定,即:"国家工作人员的财产或者支出明显超过合法收入,差额巨大的,可以责令说明来源。本人不能说明其来源是合法的,差额部分以非法所得论,处5年以下有期徒刑或者拘役,并处或者单处没收其财产的差额部分。国家工作人员在境外的存款,应当依照国家规定申报。数额较大、隐瞒不报的,处2年以下有期徒刑或者拘役;情节较轻的,由其所在单位或者上级主管机关酌情给予行政处分。"在将上述规定写入刑法典草案稿的研拟过程中,曾进行过一些微调:在1996年12月中旬的修订草案中,立法工作机关曾对隐瞒境外存款罪的法定刑增加了管制刑的规定,但到了1997年3月1日的修订草案,立法机关基于综合平衡管制刑在分则中的布局的考虑,又将其予以删除;在1997年3月13日的修订草案中,巨额财产来源不明罪中原先"并处或者单处没收其财产的差额部分"的表述被修改为"财产的差额部分予以追缴"。经过这一修改,最终形成了1997年《刑法》第395条的规定:"国家工作人员的财产或者支出明显超过合法收入,差额较大的,可以责令说明来源。本人不能说明其来源是合法的,差额部分以非法所得论,处五年以下有期徒刑或者拘役,财产的差额部分予以追缴。国家工作人员在境外的存款,应当依照国家规定申报。数额较大、隐瞒不报的,处两年以下有期徒刑或者拘役;情节较轻的,由其所在单位或者上级主管机关酌情给予行政处分。"

在1997年刑法典实施过程中,一些全国人大代表和中央司法机关提出,第395条第1款规定的刑罚偏轻,为适应反腐败斗争的需要,有必要加重对巨额财产来源不明罪的处罚。基于此,2009年2月28日全国人大常委会通过的《刑法修正案(七)》将《刑法》第395条第1款修改为:"国家工作人员的财产、支出明显超过合法收入,差额巨大的,可以责令该国家工作人员说明来源,不能说明来源的,差额部分以非法所得论,处五年以下有期徒刑或者拘役;差额特别巨大的,处五年以上十年以下有期徒刑。财产的差额部分予以追缴。"

十七、私分国有资产罪、私分罚没财物罪(第396条)

在刑法修订研拟中,最高人民检察院提出,在实践中,私分国有资产的现象非常普遍,人数多、数额大,造成国有资产严重流失,社会危害性不比贪污小。因为受"为公不犯法"、"法不责众"思想的影响,这种行为的社会危害性没有引起足够的重视,为了加强对国有财产的保护,有必要在刑法中作出补充规定。①

经过研究和论证,立法工作机关采纳了这一建议,将私分国有资产犯罪写入1996年10月10日的修订草案(征求意见稿)中,该稿第344条规定:"国有企业事业单位、机关、团体,违反国家规定,截留应当上交国家的税金、罚没财物或者其他国有资产,以单位名义集体私分给个人,数额较大的,对其直接负责的主管人员和其他直接责任人员,处三年以下有期徒刑,可以并处或者单处罚金;数额巨大的,处三年以上七年以下有期徒刑,可以并处罚金。"在1996年12月中旬的修订草案第353条中,立法工作机关对此罪的罪状和法定刑作了较大的调整:一是将此罪的主体表述为"国有公司、企业、事业单位、机关、团体";二是删除了原写法中的"截留",如此则可在一定程度上避免此罪认定及罪数形态上的麻烦;三是对此罪第一档法定刑增加拘役和管制的规定。该稿的这一写法为1996年12月20日、1997年1月10日的修订草案所沿用。

到了1997年2月17日的修订草案(修改稿),立法机关对此罪的罪状又作了两处修改:一是重新表述了此罪的主体,即由原先的"国有公司、企业、事业单位、机关、团体"的规定修改为"国家机关、国有公司、企业、事业单位、人民团体";二是删除了此罪罪状中列举的"税金"。

在1997年3月1日的修订草案中,立法机关对此罪的法定刑再次作出调整:一是将原先"可以并处或者单处罚金"以及"可以并处罚金"的规定修改为"并处或者单处罚金"以及"并处罚金";二是删除了之前稿本对此罪规定的管制刑。到了1997年3月13日的修订草案,立法机关以1997年3月1日修订草案的写法为基础,将此条规定根据犯罪对象的性质不同区分为两款规定,即:"国家机关、国有公司、企业、事业单位、人民团体,违反国家规定,以单位名义将国有资产集体私分给个人,数额较大的,对其直接负责的主管人员和其他直接责任人员,处三年以下有期徒刑或者拘役,并处或者单处罚金;数额巨大的,处三年以上七年以下有期徒刑,并处罚金。司法机关、行政执法机关违反国家规定,将应当上缴国家的罚没财物,以单位名义集体私分给个人的,依照前款的规定处罚。"该稿的这一写法最终成为1997年《刑法》第396条的规定。

---

① 参见最高人民检察院刑法修改研究小组:《关于刑法修改中几个问题的意见的报告(1996年9月13日)》,载高铭暄、赵秉志编:《新中国刑法立法文献资料总览》(下),中国人民公安大学出版社1998年版,第2625页。

第九章
渎职罪

一、渎职罪立法的共性问题

在刑法修订研拟中,专家学者、司法部门以及其他一些参与立法的部门和机关曾对渎职罪立法的以下问题展开过研究和论证:

(1)渎职罪主体问题。从1979年刑法典以及之后的一些刑法修改稿本对渎职罪主体的界定看,一般均认为,渎职罪的主体只能是国家工作人员。虽然国家工作人员的范围受所研拟的刑法典总则对其界定的限制,但其范围一般并不仅仅限于国家机关工作人员。例如,1996年8月8日的刑法分则修改草稿对国家工作人员的界定就不仅包括国家机关工作人员,还包括在人民团体以及受国家机关委托在企业、事业单位从事公务的人员;1996年10月10日的刑法修订草案(征求意见稿)对国家工作人员的界定范围更宽,具体包括国家机关工作人员、在国家机关以外的其他国有单位中从事公务的人员、受国有单位委派到非国有单位从事公务的人员以及受国有单位委托从事公务的人员。

到了1997年2月17日的修订草案(修改稿),立法机关对渎职罪主体的界定发生了重大的变化,即将之前稿本界定的"国家工作人员"修改为"国家机关工作人员"。对于这一修改,在研拟中,一些部门和专家学者提出,这样的修改大大地缩小了一些罪的适用范围,脱离了与这些犯罪作斗争的实际情况,且没有经过充分的论证,在实际执行中可能会出现很多漏洞和偏差,是不恰当的,建议恢复原"国家工作人员"的规定。[1]立法机关并没有采纳上述建议,这样在通过的1997年刑法典中,渎职罪的主体就被界定为"国家机关工作人员"。

1997年刑法典颁行后,关于渎职罪主体的认定,在司法实践中出现了一些新的情况:一是法律授权规定某些非国家机关的组织,在某些领域代表国家机关行使管理、监督职权;二是在机构改革中,有的地方将原来的一些国家机关调整为事业单位,但仍保留其行使某些行政管理职能;三是有些国家机关将自己行使的职权依法委托给一些组织行使;四是有的国家机关根据工作需要聘用了一部分国家机关

---

[1] 参见最高人民检察院刑法修改研究小组:《关于刑法修改草案(修改稿)的意见(1997年2月20日)》,载高铭暄、赵秉志编:《新中国刑法立法文献资料总览》(下),中国人民公安大学出版社1998年版,第2650页。

以外的人员从事公务。这四类人员虽在形式上未列入国家机关编制,实际上在国家机关中工作或行使国家机关工作人员的权力。这些人员玩忽职守、滥用职权、徇私舞弊时,应否按照国家机关工作人员渎职罪的规定处罚,在实践中存在着不同的认识。为消除这种分歧,统一司法,2002年12月28日全国人大常委会专门制定了《关于〈中华人民共和国刑法〉第九章渎职罪主体适用问题的解释》,该解释规定:"在依照法律、法规规定行使国家行政管理职权的组织中从事公务的人员,或者在受国家机关委托代表国家机关行使职权的组织中从事公务的人员,或者虽未列入国家机关人员编制但在国家机关中从事公务的人员,在代表国家机关行使职权时,有渎职行为,构成犯罪的,依照刑法关于渎职罪的规定追究刑事责任。"

(2)渎职罪一章的法条设置模式。在1996年10月10日的修订草案(征求意见稿)及之后的修订草案中,对渎职罪一章的法条设置最显著的一个特征就是对渎职犯罪行为按照不同的业务部门加以分解规定。对于这种立法模式,在刑法修订研拟中,存在着以下两种不同的意见:

一种意见认为,修订草案以徇私舞弊罪和玩忽职守罪主体的不同行业、职业为划分标准,规定了多种徇私舞弊罪和玩忽职守罪。虽然已规定的犯罪做到了比较明确、具体,但是由于社会分工越来越细,部门种类繁多,而每一部门的工作人员都有可能徇私舞弊或者玩忽职守,如果不加以抽象规定,就会出现举不胜举或者挂一漏万的情况,故这种按不同业务部门分解立法的模式不妥,应当按照玩忽职守行为不同的表现形式及其所反映出来的对社会危害程度的大小,来分解玩忽职守罪。[①]

另一种意见则对渎职罪的这种规定模式持肯定态度,并同时主张在细化上下工夫,其中关键是玩忽职守罪的分解问题。适应司法实践出现的新情况,适当分解玩忽职守罪,以使罪名和罪状能够更加恰当、直接地反映犯罪的行为性质和特点。建议仍保留刑法对玩忽职守罪的规定,并把单行刑事法律、民事、经济、行政法律中的专门规定增加到刑法典中。在罪状的表述上按行为人主观态度的不同,分别设立不同的罪名:凡国家工作人员因过失,未尽职守,致使公共财产、国家和人民利益遭受重大损失的行为,构成玩忽职守罪;国家工作人员故意滥用职权或者超越职权,严重侵犯公民合法权益,或者致使公共财产、国家和人民利益遭受重大损失的行为,构成滥用职权罪;国家工作人员故意放弃应当履行的职责,致使国家和人民利益遭受重大损失的行为,构成放弃职守罪。此外,还应当对一些常见频发的部门

[①] 参见最高人民法院刑法修改小组:《关于对〈中华人民共和国刑法(修订草案)〉的修改意见的函(1997年1月2日)》,载高铭暄、赵秉志编:《新中国刑法立法文献资料总览》(下),中国人民公安大学出版社1998年版,第2447页。

或者行业的玩忽职守行为也单独立罪,以示突出。①

以上两种意见,其实是相辅相成的。按照渎职罪一章的条文设置来看,既有概括性的、共性的,也有结合各部门业务内容和特点的。根据法条竞合原理,特别法条优先适用于普通法条,特别法条包括不了而符合普通法条规定的,则适用普通法条。因此,渎职罪一章的法条设置模式是科学的、可取的。

二、滥用职权罪、玩忽职守罪(第397条)

滥用职权罪是1997年刑法典新增的一种犯罪,玩忽职守罪原系1979年《刑法》第187条的规定:"国家工作人员由于玩忽职守,致使公共财产、国家和人民利益遭受重大损失的,处五年以下有期徒刑或者拘役。"

在刑法修订研拟中,1988年9月的刑法修改稿不仅将原玩忽职守罪修改补充于其中,而且新增了滥用职权罪的规定。这两种犯罪的具体写法分别是:"国家工作人员由于玩忽职守,致使公共财产、国家和人民利益遭受重大损失的,处七年以下有期徒刑或者拘役;情节严重的,处七年以上有期徒刑。""国家工作人员滥用职权,致使国家、集体或个人财产受到重大损失的,处七年以下有期徒刑;情节严重的,处七年以上有期徒刑。"在1988年11月16日和12月25日的刑法修改稿中,立法工作机关将滥用职权罪与玩忽职守罪合并规定到一个条文中,并共用一个法定刑,具体写法是:"国家工作人员滥用职权或者玩忽职守,致使公共财产、国家和人民利益遭受重大损失的,处七年以下有期徒刑或者拘役。"

自1996年以后,立法机关开始将滥用职权罪与玩忽职守罪在法条上予以分离而独立加以规定。例如1996年8月31日的修改草稿分则第八章第1条规定的是玩忽职守罪,即:"国家工作人员不履行或者不认真履行应尽的职责,玩忽职守,致使公共财产、国家和人民利益遭受重大损失的,处五年以下有期徒刑或者拘役;情节特别严重的,处五年以上十年以下有期徒刑。"第2条规定的是滥用职权罪,即:"国家工作人员不正确履行应尽的职责或者违背职责,滥用职权,致使公共财产、国家和人民利益遭受重大损失的,处七年以下有期徒刑或者拘役;情节特别严重的,处七年以上有期徒刑。"1996年10月10日的修订草案(征求意见稿)对玩忽职守罪和滥用职权罪的罪状和法定刑分别作了较大的改动,并明确规定了这两种犯罪的普通法条的地位。第345条规定:"国家工作人员玩忽职守,致使公共财产、国家和人民利益遭受重大损失的,处五年以下有期徒刑或者拘役;情节特别严重的,处五年以上十年以下有期徒刑。本法另有规定的,依照规定。"第346条规定:"国家

---

① 参见最高人民检察院刑法修改研究小组:《关于对〈中华人民共和国刑法(修订草案)〉(征求意见稿)的修改意见(1996年11月15日)》,载高铭暄、赵秉志主编:《新中国刑法立法文献资料总览》(下),中国人民公安大学出版社1998年版,第2642页。

工作人员滥用职权,致使公共财产、国家和人民利益遭受重大损失的,处七年以下有期徒刑或者拘役;情节特别严重的,处七年以上有期徒刑。本法另有规定的,依照规定。"在1996年12月中旬的修订草案中,立法工作机关将上述两种犯罪的罪状合并规定到一个条文中,同时对法定刑作了较大的修改,即:对于基本犯,处3年以下有期徒刑、拘役或者管制;对于加重犯,处3年以上7年以下有期徒刑。到了1997年2月17日的修订草案(修改稿),立法机关对此条的主体作了限制,即由之前的"国家工作人员"修改为"国家机关工作人员"。1997年3月1日的修订草案对此罪又作了两处补充和修改:一是删除了此罪基本犯法定刑中管制刑的规定;二是在第2款中增加了"徇私舞弊"的规定。由此形成了1997年《刑法》第397条的规定:"国家机关工作人员滥用职权或者玩忽职守,致使公共财产、国家和人民利益遭受重大损失的,处三年以下有期徒刑或者拘役;情节特别严重的,处三年以上七年以下有期徒刑。本法另有规定的,依照规定。国家机关工作人员徇私舞弊,犯前款罪的,处五年以下有期徒刑或者拘役;情节特别严重的,处五年以上十年以下有期徒刑。本法另有规定的,依照规定。"

三、故意泄露国家秘密罪,过失泄露国家秘密罪(第398条)

我国1979年《刑法》第186条规定了泄露国家机密罪,即:"国家工作人员违反国家保密法规,泄露国家重要机密,情节严重的,处七年以下有期徒刑、拘役或者剥夺政治权利。非国家工作人员犯前款罪的,依照前款的规定酌情处罚。"在刑法修订研拟中,1988年11月16日的修改稿基本上沿用了这一规定。

1988年9月5日,全国人大常委会通过了《中华人民共和国保守国家秘密法》,该法第31条第1款规定:"违反本法规定,故意或者过失泄露国家秘密,情节严重的,依照刑法第一百八十六条的规定追究刑事责任。"1988年12月25日的刑法修改稿对此罪法条的拟定即综合了上述《保守国家秘密法》以及1979年刑法典的规定,该稿第136条规定:"国家工作人员违反国家保守秘密法规,故意或者过失泄露国家秘密,情节严重的,处七年以下有期徒刑、拘役或者剥夺政治权利。非国家工作人员犯前款罪的,比照前款的规定处罚。"1996年8月8日的刑法分则修改草稿除了将1988年12月25日稿对此罪第2款"比照前款的规定处罚"修改为"依照前款的规定酌情处罚"外,其余内容与1988年12月25日稿本的写法一致。在1996年8月31日的修改草稿中,立法工作机关曾对此罪的对象作出了限定,即由原先"国家秘密"的规定修改为"国家重要秘密",后来,到了1996年10月10日的修订草案(征求意见稿),又对此罪的对象恢复了1996年8月8日稿的写法。这一写法为之后的一些修订草案所沿用。到了1997年2月17日的修订草案(修改稿),立法机关对此罪的主体作了重要的限定,即将原先"国家工作人员"的规定修改为"国家机关工作人员",由此大大缩小了此罪的适用范围。在1997年3月1

日的修订草案中,立法机关又对此罪的法定刑作了重要的调整,即由原先一个档次的法定刑修改调整为两个档次。该稿的这一写法最终为1997年《刑法》第398条所沿用,即:"国家机关工作人员违反保守国家秘密法的规定,故意或者过失泄露国家秘密,情节严重的,处三年以下有期徒刑或者拘役;情节特别严重的,处三年以上七年以下有期徒刑。非国家机关工作人员犯前款罪的,依照前款的规定酌情处罚。"

四、徇私枉法罪,民事、行政枉法裁判罪,执行判决、裁定失职罪,执行判决、裁定滥用职权罪(第399条)

1997年《刑法》第399条第1款规定的徇私枉法罪系在1979年《刑法》第188条规定的基础上修改而成的。该条规定:"司法工作人员徇私舞弊,对明知是无罪的人而使他受追诉、对明知是有罪的人而故意包庇不使他受追诉,或者故意颠倒黑白作枉法裁判的,处五年以下有期徒刑、拘役或者剥夺政治权利;情节特别严重的,处五年以上有期徒刑。"

在刑法修订研拟中,1988年9月的刑法修改稿对此罪的写法照搬了1979年刑法的规定。鉴于"颠倒黑白"的表述不够严谨,实践中不容易把握,故在1988年11月16日和12月25日的刑法修改稿中,立法工作机关删除了"颠倒黑白"的表述。在1996年8月31日的修改草稿中,立法工作机关对此罪的罪状又作了修改和补充并作了技术性的调整,即:"司法工作人员徇私舞弊,具有下列情形之一的,处五年以下有期徒刑、拘役或者剥夺政治权利;情节特别严重的,处五年以上有期徒刑:(一)对明知是无罪的人而使他受追诉、对明知是有罪的人而故意包庇不使他受追诉;(二)在审判活动中故意作枉法裁判的;(三)对不符合减刑、假释、保外就医条件的罪犯,予以减刑、假释或者保外就医的。"

到了1996年10月10日的修订草案(征求意见稿),立法工作机关以1979年刑法典的写法为基础对此罪的罪状和法定刑作了一些较大的调整:一是将此罪原罪状中的"徇私舞弊"规定修改为"徇私枉法"。二是将原规定中的"故意颠倒黑白作枉法裁判"的表述修改为"在审判活动中故意作枉法裁判"。三是对此罪的法定刑进行了修改:对于基本犯,处7年以下有期徒刑、拘役或者剥夺政治权利;对于加重犯,处7年以上有期徒刑。1996年12月中旬的修订草案以征求意见稿的写法为基础,将原"在审判活动中故意作枉法裁判"的表述修改为"在审判活动中故意违背事实和法律作枉法裁判"。到了1997年2月17日的修订草案(修改稿),立法机关对上述写法又作了较大的修改和补充:一是在此罪罪状"徇私枉法"之后增加了"徇情枉法"的规定;二是将原规定中的"审判活动"明确为"刑事、民事、行政审判"。在1997年3月1日的修订草案中,立法机关再次对此罪的罪状和法定刑作出调整:一是在此罪罪状中删除了原写法中"民事、行政审判"的内容。二是调整了此罪的法定刑:对于基本犯,处5年以下有期徒刑、拘役或者剥夺政治权利;情节严重的,处5年以上10年以下有期徒刑;情节特别严重的,处10年以上有期徒刑。到了1997年3月13日的修订草案,立法机关将之前稿本对此罪基本犯规定的剥夺政治权利予以删除,从而最终形成了1997年《刑法》第399条第1款的规定,即:"司法工作人员徇私枉法、徇情枉法,对明知是无罪的人而使他受追诉、对明知是有罪的人而故意包庇不使他受追诉,或者在刑事审判活动中故意违背事实和法律作枉法裁判的,处五年以下有期徒刑或者拘役;情节严重的,处五年以上十年以下有期徒刑;情节特别严重的,处十年以上有期徒刑。"

1997年《刑法》第399条第2款规定的是"民事、行政枉法裁判罪",此罪的写法最初见于1997年2月17日的修订草案(修改稿)第393条的规定,并且此罪的内容系与"徇私枉法罪"规定在一个条文中。具体写法是:"司法工作人员徇私枉法、徇情枉法,对明知是无罪的人而使他受追诉、对明知是有罪的人而故意包庇不使他受追诉的,或者在刑事、民事、行政审判活动中故意违背事实和法律作枉法裁判,情节严重的,处七年以下有期徒刑、拘役或者剥夺政治权利;情节特别严重的,处七年以上有期徒刑。"到了1997年3月1日的修订草案,立法机关将民事、行政审判活动中枉法裁判的内容从上述规定中抽出并单独设立一款作了规定,即第395条第2款规定:"在民事、行政审判活动中故意违背事实和法律作枉法裁判,情节严重的,处五年以下有期徒刑、拘役或者剥夺政治权利;情节特别严重的,处五年以上十年以下有期徒刑。"1997年3月13日的修订草案删除了这一写法中的剥夺政治权利,从而形成了1997年《刑法》第399条第2款的规定。

1997年《刑法》第399条原第3款是与本条之罪相关的罪数问题的规定,其写法最初见于1997年3月1日的修订草案第395条第3款的规定,后来经过对该款中相关被援引的法条序号调整后,写进了1997年《刑法》第395条第3款中,即:"司法工作人员贪赃枉法,有前两款行为的,同时又构成本法第三百八十五条规定之罪的,依照处罚较重的规定定罪处罚。"

1997年刑法典颁行后,2002年全国人大常委会通过的《刑法修正案(四)》根据司法实践的需要又对本条规定作了修改和补充,作为本条第3款的规定补增了"执行判决、裁定失职罪"和"执行判决、裁定滥用职权罪",具体写法是:"在执行判决、裁定活动中,严重不负责任或者滥用职权,不依法采取诉讼保全措施、不履行法定执行职责,或者违法采取诉讼保全措施、强制执行措施,致使当事人或者其他人的利益遭受重大损失的,处五年以下有期徒刑或者拘役;致使当事人或者其他人的利益遭受特别重大损失的,处五年以上十年以下有期徒刑。"作出这一规定的主要考虑是,实践中司法工作人员徇私舞弊,对能够执行的案件故意拖延执行,或者违法采取诉讼保全措施、强制执行措施,给当事人或他人的利益造成重大损失,具有较大社会危害性,能否对此类行为按《刑法》第397条的规定追究刑事责任,刑法未作具体规定,司法机关在适用法律时认识不明确,没有及时追究的情况时有发生,有关部门建议予以明确。立法机关经研究和论证后采纳了这一建议,同时,鉴于执行判决裁定失职、执行判决裁定滥用职权行为与徇私枉法、枉法裁判行为在性质和犯罪表现形式上具有相似性,故在《刑法》第399条中特增设一款加以规定,以有力地打击司法执行活动中的渎职行为,有效地保护当事人的合法权益,切实维护判决的严肃性和司法权威。由于新增第3款,1997年《刑法》第399条原第3款的规定相应变更为第4款,其表述也作了一些修改和调整,即:"司法工作人员收受贿赂,有前三款行为的,同时又构成本法第三百八十五条规定之罪的,依照处罚较重的规定定罪处罚。"

五、枉法仲裁罪(第399条之一)

本条之罪是2006年全国人大常委会通过的《刑法修正案(六)》为1997年刑法典新增加的一种犯罪。对于此罪,其实早在1997年刑法典通过之前的研拟过程中就有所涉及。例如,1996年8月8日的刑法分则修改草稿第八章第3条第2款曾规定:"仲裁人员徇私舞弊,在仲裁过程中违背事实、法律和仲裁规则,枉法仲裁,情节严重的,依照前款①规定处罚。"1996年8月31日的刑法修改草稿第八章第4条第2款规定:"仲裁人员徇私舞弊,在仲裁过程中违背事实和法律,枉法仲裁,情节严重的,依照前款②规定处罚。"然而,自1996年10月10日的修订草案(征求意见稿)起,删除了这一规定。

1997年刑法典颁行后,司法实践中出现了一些仲裁人员收受贿赂、徇私舞弊,故意违背事实和法律枉法仲裁的现象。这种行为严重违背了法律要求,违背了仲裁人员应当遵循的公正、公平原则,给当事人的合法权益造成了重大损害,也给仲裁的权威性和公正性造成恶劣影响,具有严重的社会危害性。有鉴于此,2006年6月29日全国人大常委会通过的《刑法修正案(六)》特对1997年刑法典增设第399条之一,规定了枉法仲裁罪,即:"依法承担仲裁职责的人员,在仲裁活动中故意违背事实和法律作枉法裁决,情节严重的,处三年以下有期徒刑或者拘役;情节特别严重的,处三年以上七年以下有期徒刑。"

六、私放在押人员罪、失职致使在押人员脱逃罪(第400条)

1997年《刑法》第400条第1款规定的私放在押人员罪系在1979年《刑法》第190条规定的私放罪犯罪的基础上修改补充而成的。1979年《刑法》第190条规定:"司法工作人员私放罪犯的,处五年以下有期徒刑或者拘役;情节严重的,处五

---

① 该条第1款规定的是徇私枉法罪。
② 该条第1款规定的是徇私枉法罪。

年以上十年以下有期徒刑。"

在此罪被写入刑法典草案稿的过程中,其写法曾经经历了一个变化和反复的过程。在1988年9月的修改稿中,立法工作机关以1979年刑法典的写法为基础,曾在其罪状中增加了"向罪犯通风报信,泄露诉讼秘密"的内容,其他则沿袭了1979年刑法典的写法。后来考虑到增设的这一规定过于宽泛,不宜把握罪与非罪的界限,故在1988年11月16日和12月25日的修改稿中,立法工作机关又删除了这一内容,同时为了扩张此罪的对象范围,在这两个稿本中,原先"罪犯"的规定也被修改为"人犯"。

在1996年8月8日的刑法分则修改草稿中,立法工作机关在1979年刑法典写法的基础上,修改了此罪的犯罪对象,即将1979年刑法典规定的"罪犯"修改为"犯罪嫌疑人或者罪犯"。在1996年8月31日的刑法修改草稿中,立法工作机关以8月8日的分则修改草稿写法为基础,对此罪的对象又增加了"被告人"。到了1996年10月10日的修订草案(征求意见稿),立法工作机关曾删除了前稿中增设的"被告人",并调整了此罪的法定刑,即:对于基本犯,处7年以下有期徒刑或者拘役;对于加重犯,处7年以上有期徒刑。在1996年12月中旬的修订草案中,立法工作机关又将"被告人"列为此罪的对象,其法定刑则沿用了征求意见稿的写法。这一写法为之后的多个修订草案所沿用。为使刑法用语更加规范严谨,在1997年2月17日的修订草案(修改稿)中,立法机关为此罪对象增加"在押"的限制。到了1997年3月1日的修订草案,立法机关又对此罪的法定刑作了较大的调整,并由此形成了1997年《刑法》第400条第1款的规定,即:"司法工作人员私放在押的犯罪嫌疑人、被告人或者罪犯的,处五年以下有期徒刑或者拘役;情节严重的,处五年以上十年以下有期徒刑;情节特别严重的,处十年以上有期徒刑。"

1997年《刑法》第400条第2款规定的失职致使在押人员脱逃罪系新增加的一种犯罪,其写法最初见于1996年12月中旬的修订草案第358条第2款的规定,即:"司法工作人员由于严重不负责任,致使犯罪嫌疑人、被告人或者罪犯脱逃,造成严重后果的,处五年以下有期徒刑或者拘役;造成特别严重后果的,处五年以上十年以下有期徒刑。"到了1997年2月17日的修订草案(修改稿),为使刑法用语更加严谨明确,立法机关对此罪的对象增加了"在押"的限制。在1997年3月1日的修订草案中,立法机关又对此罪的法定刑作了适当的调整,并由此形成了1997年《刑法》第400条第2款的规定,即:"司法工作人员由于严重不负责任,致使在押的犯罪嫌疑人、被告人或者罪犯脱逃,造成严重后果的,处三年以下有期徒刑或者拘役;造成特别严重后果的,处三年以上十年以下有期徒刑。"

七、徇私舞弊减刑、假释、暂予监外执行罪(第401条)

本条规定之罪系1997年刑法典新增加的一种犯罪,其写法最初见于1996年8

月 8 日的刑法分则修改草稿,即:"司法工作人员违反规定,对不符合减刑、假释、保外就医条件的罪犯,予以减刑、假释或者保外就医,情节严重的,处五年以下有期徒刑。"在 1996 年 8 月 31 日的刑法修改草稿中,立法工作机关曾将徇私舞弊减刑、假释、保外就医的犯罪行为作为徇私枉法罪的一种情形加以规定。到了 1996 年 10 月 10 日的修订草案(征求意见稿),立法工作机关一方面将此行为作为一种独立的犯罪加以规定;另一方面将原先"徇私舞弊减刑、假释、保外就医"的规定修改为"徇私枉法减刑、假释、保外就医"。具体写法是:"司法工作人员徇私枉法,对不符合减刑、假释、保外就医条件的罪犯,予以减刑、假释或者保外就医,情节严重的,处七年以下有期徒刑。"考虑到这种犯罪行为的本质在于徇私舞弊而非徇私枉法,而且保外就医仅仅是监外执行的一种情形,对于其他原因而暂予监外执行的也同样存在着徇私舞弊可能,因此在 1996 年 12 月中旬的修订草案中,立法工作机关将上述稿本中的"徇私枉法"的规定又修改为"徇私舞弊",同时,将原先"保外就医"的规定修改成了"暂予监外执行",其法定刑的写法则与征求意见稿一致。这一写法为之后的诸多稿本所沿用。到了 1997 年 3 月 1 日的修订草案,立法机关对此罪的法定刑作了较大的调整,由原先规定的一个档次的法定刑修改细化成了两个档次,由此而形成了 1997 年《刑法》第 401 条的规定:"司法工作人员徇私舞弊,对不符合减刑、假释、暂予监外执行条件的罪犯,予以减刑、假释或者暂予监外执行的,处三年以下有期徒刑或者拘役;情节严重的,处三年以上七年以下有期徒刑。"

八、徇私舞弊不移交刑事案件罪(第 402 条)

本条之罪系 1997 年刑法典新增的一种犯罪,其最初的写法见于 1996 年 8 月 8 日的刑法分则修改草稿,该稿规定:"行政执法人员徇私舞弊,故意违背事实和法律作枉法决定,情节严重的,处五年以下有期徒刑或者拘役。"在 1996 年 8 月 31 日的刑法修改草稿中,立法工作机关对上述写法的罪状作了补充和修改,在原写法"情节严重"之前增加了"对应当依法移交司法机关追究刑事责任的不移交,以行政处罚代替刑罚或者有其他包庇纵容违法行为"的规定。到了 1996 年 10 月 10 日的修订草案(征求意见稿),立法工作机关对此罪的罪状和法定刑又作了一些调整和修改:一是将原写法中的"徇私舞弊"的规定修改为"徇私枉法";二是删除了原写法中的"以行政处罚代替刑罚或者有其他包庇纵容违法行为"的规定;三是将此罪的法定刑由原写法中的"处五年以下有期徒刑或者拘役"修改为"处七年以下有期徒刑或者拘役"。具体而言:"行政执法人员徇私枉法,故意违背事实和法律作枉法决定,对应当依法移交司法机关追究刑事责任的不移交,情节严重的,处七年以下有期徒刑或者拘役。"在 1996 年 12 月中旬的修订草案中,立法工作机关对此罪的罪状作了微调,即将上述写法中"故意违背事实和法律作枉法决定"与"对应当依法移交司法机关追究刑事责任的不移交"之间的并列关系,通过在后者之前增加"或者"的表述而修改成了选择关系。

1997年2月17日的修订草案(修改稿),立法机关对此罪的罪状和法定刑又作了较大的修改:一是将原先写法中的"徇私枉法"的规定修改为"徇私舞弊";二是删除了原写法中的"故意违背事实和法律作枉法决定"的表述;三是将此罪的法定刑由一个档次修改细化为两个档次。该稿的这一写法最后成为1997年《刑法》第402条的规定:"行政执法人员徇私舞弊,对依法应当移交司法机关追究刑事责任的不移交,情节严重的,处三年以下有期徒刑或者拘役;造成严重后果的,处三年以上七年以下有期徒刑。"

九、滥用管理公司、证券职权罪(第403条)

本条规定之罪系在1995年2月28日全国人大常委会通过的《关于惩治违反公司法的犯罪的决定》第8条规定的基础上修改补充而成的。该决定第8条规定:"国家有关主管部门的国家工作人员,对不符合法律规定条件的公司设立、登记申请或者股票、债券发行、上市申请,予以批准或者登记,致使公共财产、国家和人民利益遭受重大损失的,依照刑法第一百八十七条①的规定处罚。上级部门强令登记机关及其工作人员实施前款行为的,对直接负责的主管人员依照前款规定处罚。"

在刑法修订研拟中,上述两款规定被写进1996年10月10日的修订草案(征求意见稿)时,作了两个方面的补充修改:一是在此罪主体的表述之后,增加了"玩忽职守,滥用职权"的规定。二是将原先援引法定刑的规定修改为独立的法定刑,即:对于基本犯,处5年以下有期徒刑或者拘役;造成特别重大损失的,处5年以上10年以下有期徒刑。在1996年12月中旬的修订草案中,立法工作机关调整了此罪的法定刑,即删除了征求意见稿中第二档法定刑,仅仅保留了第一档法定刑。到了1997年2月17日的修订草案(修改稿),立法机关出于协调统一本章之罪主体的考虑,将此罪的主体由原先的"国家工作人员"的规定修改为"国家机关工作人员"。在1997年3月1日的修订草案中,原写法中的"玩忽职守"的表述被修改为"严重不负责任"。到了1997年3月13日的修订草案,立法机关又将前稿"严重不负责任"的表述修改为"徇私舞弊",由此而形成了1997年《刑法》第403条的规定:"国家有关主管部门的国家机关工作人员,徇私舞弊,滥用职权,对不符合法律规定条件的公司设立、登记申请或者股票、债券发行、上市申请,予以批准或者登记,致使公共财产、国家和人民利益遭受重大损失的,处五年以下有期徒刑或者拘役。上级部门强令登记机关及其工作人员实施前款行为的,对其直接负责的主管人员,依照前款的规定处罚。"

---

① 1979年《刑法》第187条规定的是玩忽职守罪。

十、徇私舞弊不征、少征税款罪（第404条）

本条规定之罪系在1992年9月4日全国人大常委会通过的《中华人民共和国税收征收管理法》第54条①规定的基础上修改补充而成的。该法第54条第1款规定："税务人员玩忽职守，不征或者少征应征税款，致使国家税收遭受重大损失的，依照刑法第一百八十七条②的规定追究刑事责任；未构成犯罪的，给予行政处分。"

立法工作机关在将上述规定写入1996年10月10日的修订草案（征求意见稿）时，删除了有关行政处分的规定，并为此罪规定了独立的法定刑，即：对于基本犯，处5年以下有期徒刑或者拘役；造成特别重大损失的，处5年以上有期徒刑。在1996年12月中旬的修订草案中，立法工作机关又将上述写法中的"玩忽职守"修改为"徇私舞弊"，由此而形成了1997年《刑法》第404条的规定："税务机关的工作人员徇私舞弊，不征或者少征应征税款，致使国家税收遭受重大损失的，处五年以下有期徒刑或者拘役；造成特别重大损失的，处五年以上有期徒刑。"

十一、徇私舞弊发售发票、抵扣税款、出口退税罪，违法提供出口退税凭证罪（第405条）

本条规定系在1995年全国人大常委会通过的《关于惩治虚开、伪造和非法出售增值税专用发票犯罪的决定》第9条规定的基础上修改而成的，该决定第9条规定："税务机关的工作人员违反法律、行政法规的规定，在发售发票、抵扣税款、出口退税工作中玩忽职守，致使国家利益遭受重大损失的，处五年以下有期徒刑或者拘役；致使国家利益遭受特别重大损失的，处五年以上有期徒刑。"

在刑法修订研拟中，上述规定曾被原封不动地写进1996年10月10日的修订草案（征求意见稿）。在1996年12月中旬的修订草案中，立法工作机关将原写法中的"玩忽职守"的规定修改成了"徇私舞弊"。到了1997年1月10日的修订草案，立法机关又增加了违法提供出口退税凭证犯罪行为的规定，这一规定最后被1997年《刑法》第405条第2款所沿用。在1997年2月17日的修订草案（修改稿）中，出于语法修辞上的考虑，立法机关在原写的"发售发票"之前增加了"办理"一词，由此形成了1997年《刑法》第405条的规定："税务机关的工作人员违反法律、行政法规的规定，在办理发售发票、抵扣税款、出口退税工作中，徇私舞弊，致使国家利益遭受重大损失的，处五年以下有期徒刑或者拘役；致使国家利益遭受特别重

---

① 《中华人民共和国税收征收管理法》于1992年9月4日通过后，又经全国人大常委会于1995年2月28日和2001年4月28日两次修正，该法原第54条的规定，已被修正为现行该法第82条第1款的规定："税务人员徇私舞弊或者玩忽职守，不征或者少征应征税款，致使国家税收遭受重大损失，构成犯罪的，依法追究刑事责任；尚不构成犯罪的，依法给予行政处分。"

② 1979年《刑法》第187条规定的是玩忽职守罪。

大损失的,处五年以上有期徒刑。其他国家机关工作人员违反国家规定,在提供出口货物报关单、出口收汇核销单等出口退税凭证的工作中,徇私舞弊,致使国家利益遭受重大损失的,依照前款的规定处罚。"

十二、国家机关工作人员签订、履行合同失职被骗罪(第406条)

本条之罪系1997年刑法典新增的一种犯罪,其写法最初见于1996年10月10日的修订草案(征求意见稿),该稿第355条规定:"国家工作人员在签订、履行经济贸易合同过程中,因严重不负责任被诈骗,致使国家利益遭受重大损失的,对其直接负责的主管人员和其他直接责任人员,处五年以下有期徒刑或者拘役;致使国家利益遭受特别重大损失的,处五年以上十年以下有期徒刑。"1996年12月中旬的修订草案对此罪的法定刑作了调整,即:对于基本犯,处3年以下有期徒刑、拘役或者管制;致使国家利益遭受特别重大损失的,处3年以上7年以下有期徒刑。到了1997年1月10日的修订草案,立法机关对此罪的主体作了补充,即除国家工作人员外,国有企业、事业单位的工作人员也可构成此罪;同时,删除了此罪原写法中的"对其直接负责的主管人员和其他直接责任人员"的表述。在1997年2月17日的修订草案(修改稿)中,立法机关又将此罪的主体修改为"国家机关工作人员",并删除了此罪原写法中的第二档法定刑,该稿第400条规定:"国家机关工作人员在签订、履行合同过程中,因严重不负责任被诈骗,致使国家利益遭受重大损失的,对其直接负责的主管人员和其他直接责任人员,处三年以下有期徒刑、拘役或者管制。"到了1997年3月1日的修订草案,立法机关对上述写法又作了微调,删除了"对其直接负责的主管人员和其他直接责任人员"的表述以及此罪原写法中管制刑的规定。在1997年3月13日的修订草案中,立法机关考虑到"经济贸易合同"的表述外延过小,故删除了原写法中"经济贸易"四字,由此形成了1997年《刑法》第406条的规定:"国家机关工作人员在签订、履行合同过程中,因严重不负责任被诈骗,致使国家利益遭受重大损失的,处三年以下有期徒刑或者拘役;致使国家利益遭受特别重大损失的,处三年以上七年以下有期徒刑。"

十三、违法发放林木采伐许可证罪(第407条)

本条之罪系在1984年9月20日全国人大常委会通过的《中华人民共和国森林法》第35条规定的基础上修改而来的,该法第35条规定:"违反本法规定,超过批准的年采伐限额发放林木采伐许可证或者超越职权发放林木采伐许可证的,对直接责任人员给予行政处分;情节严重,致使森林遭受严重破坏的,对直接责任人员依照《刑法》第一百八十七条①的规定追究刑事责任。"②

在刑法修订研拟中,立法工作机关在将上述规定吸收进1996年10月10日的修订草案(征求意见稿)时,作了一些调整和修改:一是删除了上述写法中"行政处分"的规定;二是在"违反森林法的规定"之后增加了"滥用职权"的规定;三是对此罪增加规定了独立的法定刑,即:"处七年以下有期徒刑或者拘役"。

以征求意见稿的写法为基础,1996年12月中旬的修订草案在此罪罪状"违反森林法的规定"的表述之前增加规定了"林业主管部门的工作人员"这一主体,并将此罪的法定最高刑由征求意见稿的"七年"修改成了"五年"。这一写法为之后的多个修订草案所沿用。到了1997年2月17日的修订草案(修改稿),立法机关对此罪的罪状和法定刑又作了一些调整:一是删除了原罪状写法中"滥用职权"的规定;二是将此罪的法定最高刑由之前稿本的"五年"修改为"三年"。

经过以上的修改,最终形成的1997年《刑法》第407条的规定是:"林业主管部门的工作人员违反森林法的规定,超过批准的年采伐限额发放林木采伐许可证或者违反规定滥发林木采伐许可证,情节严重,致使森林遭受严重破坏的,处三年以下有期徒刑或者拘役。"

十四、环境监管失职罪(第408条)

本条之罪系1997年刑法典新增的一种犯罪,其写法最初见于1996年10月10日的修订草案(征求意见稿),该稿第359条规定:"环境保护部门的工作人员玩忽职守,造成重大环境污染事故,致使公私财产重大损失或者人身伤亡的严重后果的,处五年以下有期徒刑或者拘役;后果特别严重的,处五年以上十年以下有期徒刑。"在1996年12月中旬的修订草案中,立法工作机关将此罪罪状原写法中的"玩忽职守"的规定修改为"严重不负责任",并将"致使公私财产重大损失或者人身伤亡的严重后果"改为"致使公私财产遭受重大损失或者造成人身伤亡的严重后果"。此草案的写法为之后的一些修订草案所沿用。到了1997年2月17日的修订草案(修改稿),立法机关对此罪的罪状和法定刑又作了一些修改:一是对此罪的主体作了限制,即由原先"环境保护部门的工作人员"的规定修改为"负有环境保护监督管理职责的国家机关工作人员";二是将原先"造成重大环境污染事故"的表述修改为"导致发生重大环境污染事故";三是调整了此罪的法定刑,由原先两个档次的法定刑修改为一个档次。

经过以上的修改和调整,最后形成的1997年《刑法》第408条的规定是:"负有

---

① 1979年《刑法》第187条规定的是玩忽职守罪。
② 《中华人民共和国森林法》于1984年9月20日通过后,又经全国人大常委会于1998年4月29日修正,该法原第35条的规定已被修正为现行该法第41条的规定。

环境保护监督管理职责的国家机关工作人员严重不负责任,导致发生重大环境污染事故,致使公私财产遭受重大损失或者造成人身伤亡的严重后果的,处三年以下有期徒刑或者拘役。"

十五、食品监管渎职罪(第408条之一)

2010年8月23日的《刑法修正案(八)》(草案)仅涉及了对《刑法》第143条和第144条规定的危害食品安全犯罪的修改,而没有食品监管渎职犯罪的条文,在征求意见和审议的过程中,有的常委会组成人员、代表、部门和社会公众提出,近几年各地频发的食品安全事件,政府有关部门食品安全监督失职问题应当受到重视。某些职能部门的不作为让食品安全监管几乎形同虚设,一些负有食品安全监管职责的国家机关工作人员,尽管涉嫌玩忽职守或者滥用职权,却很少被追究刑事责任。确保百姓的餐桌安全,单靠处罚相关企业显然不够,必须把失职的监管部门工作人员一并纳入处罚范围,对监管失职人员追究法律责任。刑法应当及时作出相应调整,进一步明确负有食品安全监督管理职责人员渎职行为的刑事责任。立法机关经过研究和论证,最终在《刑法修正案(八)》中增加《刑法》第408条之一,规定了食品监管渎职罪,即:"负有食品安全监督管理职责的国家机关工作人员,滥用职权或者玩忽职守,导致发生重大食品安全事故或者造成其他严重后果的,处五年以下有期徒刑或者拘役;造成特别严重后果的,处五年以上十年以下有期徒刑。徇私舞弊犯前款罪的,从重处罚。"

十六、传染病防治失职罪(第409条)

本罪是从1989年2月21日全国人大常委会通过的《中华人民共和国传染病防治法》第39条的规定修改而来的,该条规定:"从事传染病的医疗保健、卫生防疫、监督管理的人员和政府有关主管人员玩忽职守,造成传染病传播或者流行的,给予行政处分;情节严重、构成犯罪的,依照刑法第一百八十七条①的规定追究刑事责任。"②在1996年10月10日的修订草案(征求意见稿)第360条中,立法机关删除了上述写法中"行政处分"的规定,同时对此罪增加规定了独立的法定刑,具体写法是:"从事传染病的医疗保健、卫生防疫、监督管理的人员和政府有关主管人员玩忽职守,造成传染病传播或者流行,情节严重的,处五年以下有期徒刑或者拘役。"在1996年12月中旬的修订草案中,立法工作机关又将原写法中"玩忽职守"的规定修改为"严重不负责任",由此而形成的写法为之后的多个修订草案所沿

---

① 1979年《刑法》第187条规定的是玩忽职守罪。
② 《中华人民共和国传染病防治法》于1989年2月21日通过后,又经全国人大常委会于2004年8月28日修订通过,原第39条的规定已细化为现行该法第八章(法律责任)的诸多条文的规定。

用。到了1997年2月17日的修订草案(修改稿),立法机关又对此罪主体和法定刑作了一些修改,从而最终形成了1997年《刑法》第409条的规定:"从事传染病防治的政府卫生行政部门的工作人员严重不负责任,导致传染病传播或者流行,情节严重的,处三年以下有期徒刑或者拘役。"

十七、非法批准征收、征用、占用土地罪,非法低价出让国有土地使用权罪(第410条)

本条规定是1997年刑法典新增的两种犯罪,其写法最初见于1997年2月17日的修订草案(修改稿)第404条的规定:"国家机关工作人员徇私舞弊,违反土地管理法规,滥用职权,非法批准征用、占用土地,或者非法低价出让国有土地使用权,情节严重的,处三年以下有期徒刑、拘役或者管制;致使国家或者集体利益遭受特别重大损失的,处三年以上七年以下有期徒刑。"1997年3月1日的修订草案第406条删去了原条文法定刑中的管制刑,从而最终成为1997年《刑法》第410条的规定。

为了准确适用法律,消除司法和执法实践中的理解分歧,全国人大常委会于2001年8月31日通过了《关于〈中华人民共和国刑法〉第二百二十八条、第三百四十二条、第四百一十条的解释》,根据该解释,刑法第四百一十条规定的"违反土地管理法规",是指违反土地管理法、森林法、草原法等法律以及有关行政法规中关于土地管理的规定;"非法批准征用、占用土地",是指非法批准征用、占用耕地、林地等农用地以及其他土地。

随着社会情势发生变化,2009年8月27日第十一届全国人民代表大会常务委员会第十次会议通过了《全国人民代表大会常务委员会关于修改部分法律的决定》,该决定第二部分规定了将部分法律"征用"的写法修改为"征收、征用",《刑法》第410条及其法律解释均在该决定指明之列,据此,《刑法》第410条被修改为:"国家机关工作人员徇私舞弊,违反土地管理法规,滥用职权,非法批准征收、征用、占用土地,或者非法低价出让国有土地使用权,情节严重的,处三年以下有期徒刑或者拘役;致使国家或者集体利益遭受特别重大损失的,处三年以上七年以下有期徒刑。"该条文的罪名也相应调整为"非法批准征收、征用、占用土地罪"和"非法低价出让国有土地使用权罪";同时涉及该条文的上述立法解释的表述也做了微调,将"征用"修改为"征收、征用"。

十八、放纵走私罪(第411条)

本条之罪是从1987年1月22日全国人大常委会通过的《中华人民共和国海关法》第56条的规定修改而来的,该法第56条规定:"海关工作人员滥用职权,故意刁难、拖延监管、查验的,给予行政处分;徇私舞弊,玩忽职守或者放纵走私的,根据情节轻重,给予行政处分或者依法追究刑事责任。"①在刑法修订研拟中,上述规定的精神首先被吸收到1996年10月10日的修订草案(征求意见稿)第361条中,即:"海关工作人员徇私舞弊、放纵走私,情节严重的,处七年以下有期徒刑或者拘役;情节特别严重的,处七年以上有期徒刑。"在1996年12月中旬的修订草案中,立法工作机关对此罪的法定刑作了一些调整,即:对于基本犯,处5年以下有期徒刑或者拘役;情节特别严重的,处5年以上有期徒刑。对于之前稿本对此罪罪状的写法,为避免产生"徇私舞弊"和"放纵走私"之间系可选择关系的误会,在1997年2月17日的修订草案(修改稿)中,立法机关将原先二者之间的顿号修改为逗号,由此更加明确了二者之间的关系。

经过以上的修改,最后形成的1997年《刑法》第411条的规定是:"海关工作人员徇私舞弊,放纵走私,情节严重的,处五年以下有期徒刑或者拘役;情节特别严重的,处五年以上有期徒刑。"

十九、商检徇私舞弊罪、商检失职罪(第412条)

本条规定是从1989年2月21日全国人大常委会通过的《中华人民共和国进出口商品检验法》第29条的规定修改补充而来的,该法第29条规定:"国家商检部门、商检机构的工作人员和国家商检部门、商检机构指定的检验机构的检验人员,滥用职权,徇私舞弊,伪造检验结果的,或者玩忽职守,延误检验出证的,根据情节轻重,给予行政处分或者依法追究刑事责任。"②

在刑法修订研拟中,为加强进出口商品检验,保证进出口商品的质量,维护对外贸易双方的合法权益,促进对外经贸关系的顺利发展,立法工作机关将上述规定的精神吸收进1996年10月10日的修订草案(征求意见稿)第362条中。即:"国家商检部门、商检机构的工作人员和国家商检部门、商检机构指定的检验机构的检验人员,滥用职权,徇私舞弊,伪造检验结果的,处七年以下有期徒刑或者拘役;造成严重后果的,处七年以上有期徒刑。前款所列人员玩忽职守,延误检验出证,致使国家利益遭受重大损失的,处五年以下有期徒刑或者拘役;致使国家利益遭受特别重大损失的,处五年以上十年以下有期徒刑。"对于上述写法,1996年12月中旬的修订草案作了较大的修改和调整:一是删除了原第1款写法中"滥用职权"的表述。二是修改了第1款规定之罪的法定刑,即:对于基本犯,处5年以下有期徒刑或者拘役;造成严重后果的,处5年以上10年以下有期徒刑。三是修改了第2款

---

① 《中华人民共和国海关法》于1987年1月22日通过后,又经全国人大常委会于2000年7月8日修正,该法原第56条的规定已被修正为现行该法第96条的规定。

② 《中华人民共和国进出口商品检验法》于1989年2月21日通过后,又经全国人大常委会于2002年4月28日修正,该法原第29条的规定已被修正为现行该法第59条的规定。

规定的罪状和法定刑,即:"前款所列人员严重不负责任,对应当检验的物品不检验,或者延误检验出证、错误出证,致使国家利益遭受重大损失的,处三年以下有期徒刑、拘役或者管制;致使国家利益遭受特别重大损失的,处三年以上七年以下有期徒刑。"

1997年2月17日的修订草案(修改稿),立法机关以1996年12月中旬修订草案的写法为基础,对此条规定又作了两处修改和调整:一是修改了此罪的主体,即由之前稿本规定的"国家商检部门、商检机构的工作人员和国家商检部门、商检机构指定的检验机构的检验人员"修改为"国家商检部门、商检机构的工作人员";二是删除了第2款规定之罪的第二档法定刑。在1997年3月1日的修订草案中,立法机关删除了第2款规定之罪法定刑中的管制刑,由此而最终形成了1997年《刑法》第412条的规定:"国家商检部门、商检机构的工作人员徇私舞弊,伪造检验结果的,处五年以下有期徒刑或者拘役;造成严重后果的,处五年以上十年以下有期徒刑。前款所列人员严重不负责任,对应当检验的物品不检验,或者延误检验出证、错误出证,致使国家利益遭受重大损失的,处三年以下有期徒刑或者拘役。"

二十、动植物检疫徇私舞弊罪、动植物检疫失职罪(第413条)

本条规定之罪是从1991年10月30日全国人大常委会通过的《中华人民共和国进出境动植物检疫法》第45条的规定修改补充而来的,该法第45条规定:"动植物检疫机关检疫人员滥用职权,徇私舞弊,伪造检疫结果,或者玩忽职守,延误检疫出证,构成犯罪的,依法追究刑事责任;不构成犯罪的,给予行政处分。"

在刑法修订研拟中,为了防止动物传染病、寄生虫病和植物危险性病、虫、杂草以及其他有害生物传入、传出国境,促进对外经济贸易的发展,提高检验检疫工作人员的责任意识,惩治徇私舞弊、严重不负责任的犯罪行为,1996年10月10日的修订草案(征求意见稿)将上述规定吸收于其中,该稿第363条规定:"动植物检疫机关检疫人员滥用职权,徇私舞弊,伪造检疫结果的,处七年以下有期徒刑或者拘役;造成严重后果的,处七年以上有期徒刑。前款所列人员玩忽职守,延误检疫出证,致使国家利益遭受重大损失的,处五年以下有期徒刑或者拘役;致使国家利益遭受特别重大损失的,处五年以上十年以下有期徒刑。"

对于上述写法,在1996年12月中旬的修订草案第374条中作了较大的修改和调整:一是删除了原第1款写法中"滥用职权"的表述。二是修改了第1款规定之罪的法定刑,即:对于基本犯,处5年以下有期徒刑或者拘役;造成严重后果的,处5年以上10年以下有期徒刑。三是修改了第2款规定的罪状和法定刑,即:"前款所列人员严重不负责任,对应当检疫的物品不检疫,或者延误检疫出证、错误出证,致使国家利益遭受重大损失的,处3年以下有期徒刑、拘役或者管制;致使国家利益遭受特别重大损失的,处3年以上7年以下有期徒刑。"到了1997年2月17日的修订草案(修改稿),立法机关在1996年12月中旬修订草案写法的基础上,对此条第2款规定之罪的法定刑作了修改,即删除了第2款规定之罪的第二档法定刑;同时也将该款规定中的"物品"二字修改为"检疫物"。在1997年3月1日的修订草案中,立法机关又删除了第2款规定之罪法定刑中的管制刑,由此形成了1997年《刑法》第413条的规定:"动植物检疫机关的检疫人员徇私舞弊,伪造检疫结果的,处五年以下有期徒刑或者拘役;造成严重后果的,处五年以上十年以下有期徒刑。前款所列人员严重不负责任,对应当检疫的检疫物不检疫,或者延误检疫出证、错误出证,致使国家利益遭受重大损失的,处三年以下有期徒刑或者拘役。"

二十一、放纵制售伪劣商品犯罪行为罪(第414条)

本条规定之罪是从1993年7月2日全国人大常委会通过的《关于惩治生产、销售伪劣商品犯罪的决定》第10条第2款的规定修改而来的。该条款规定:"负有追究责任的国家工作人员对有本决定所列犯罪行为的企业事业单位或者个人,不履行法律规定的追究职责的,根据不同情况依照刑法第一百八十七条或者比照刑法第一百八十八条①的规定追究刑事责任。"

在刑法修订研拟中,此条规定的写法最初见于1996年10月10日的修订草案(征求意见稿)第364条,即:"国家工作人员利用职务,对明知有生产、销售伪劣商品犯罪行为的企业事业单位或者个人,故意包庇使其不受追诉的;负有追究责任的国家工作人员对有生产、销售伪劣商品犯罪行为的企业事业单位或者个人,不履行法律规定的追究职责的,处七年以下有期徒刑或者拘役;情节特别严重的,处七年以上有期徒刑。"在1996年12月中旬的修订草案中,立法工作机关对上述写法中的法定刑作了较大的调整,即:对于基本犯,处3年以下有期徒刑、拘役或者管制;情节特别严重的,处3年以上7年以下有期徒刑。在1997年2月17日的修订草案(修改稿)中,出于同本章之罪主体统一协调的考虑,立法机关将此罪的主体由之前稿本的"国家工作人员"修改为"国家机关工作人员"。到了1997年3月1日的修订草案,立法机关对此罪的罪状和法定刑作了较大的调整,具体写法是:"对生产、销售伪劣商品犯罪行为负有追究责任的国家机关工作人员,徇私舞弊,不履行法律规定的追究职责的,处五年以下有期徒刑或者拘役。"为了限制此罪的处罚范围,到了1997年3月13日的修订草案,立法机关又在此罪罪状中增加了"情节严重"的限制,由此最终形成了1997年《刑法》第414条的规定:"对生产、销售伪劣商品犯罪行为负有追究责任的国家机关工作人员,徇私舞弊,不履行法律规定的追究职责,情节严重的,处五年以下有期徒刑或者拘役。"

---

① 1979年《刑法》第187条和第188条分别规定的是玩忽职守罪和徇私枉法罪。

二十二、办理偷越国(边)境人员出入境证件罪、放行偷越国(边)境人员罪(第415条)

本条规定之罪是从1994年3月5日全国人大常委会通过的《关于严惩组织、运送他人偷越国(边)境犯罪的补充规定》第6条第1款的规定修改而来的。该条款规定:"负责办理护照、签证以及其他出入境证件的国家工作人员,对明知是企图偷越国(边)境的人员予以办理出入境证件的;边防、海关等国家工作人员,对明知是偷越国(边)境的人员,予以放行的,处三年以下有期徒刑、拘役或者管制;情节严重的,处三年以上十年以下有期徒刑。"

在将上述规定纳入1997年刑法典的修订研拟过程中,曾进行了一些修改和补充。在1996年10月10日的修订草案(征求意见稿)第365条中,立法工作机关对该两罪的法定刑作了调整,即:对于基本犯,处5年以下有期徒刑、拘役或者管制;对于加重犯,处5年以上10年以下有期徒刑。1996年12月中旬的修订草案在原单行刑法规定的基础上,又对此罪的第二档法定最高刑作了修改,即由原先"十年"的规定修改为"七年"。到了1997年2月17日的修订草案(修改稿),立法机关出于同本章之罪主体统一协调的考虑,将此罪的主体由原先的"国家工作人员"修改为"国家机关工作人员"。在1997年3月1日的修订草案中,立法机关删除了此罪第一档法定刑中管制刑的规定,由此最终形成了1997年《刑法》第415条的规定:"负责办理护照、签证以及其他出入境证件的国家机关工作人员,对明知是企图偷越国(边)境的人员,予以办理出入境证件的,或者边防、海关等国家机关工作人员,对明知是偷越国(边)境的人员,予以放行的,处三年以下有期徒刑或者拘役;情节严重的,处三年以上七年以下有期徒刑。"

二十三、不解救被拐卖、绑架妇女、儿童罪,阻碍解救被拐卖、绑架妇女、儿童罪(第416条)

本条规定之罪是在1991年9月4日全国人大常委会通过的《关于严惩拐卖、绑架妇女、儿童的犯罪分子的决定》第5条规定的基础上修改而成的。该决定第5条规定:"各级人民政府对被拐卖、绑架的妇女、儿童负有解救职责,解救工作由公安机关会同有关部门负责执行。负有解救职责的国家工作人员接到被拐卖、绑架的妇女、儿童及其家属的解救要求或者接到其他人的举报,而对被拐卖、绑架的妇女、儿童不进行解救,造成严重后果的,依照刑法第一百八十七条的规定处罚;情节较轻的,予以行政处分。负有解救职责的国家工作人员利用职务阻碍解救的,处二年以上七年以下有期徒刑;情节较轻的,处二年以下有期徒刑或者拘役。"

在刑法修订研拟中,对上述规定进行了一些修改和补充。1996年10月10日的修订草案(征求意见稿)第366条首先将上述规定写入其中,该条规定:"对被拐卖、绑架的妇女、儿童负有解救职责的国家工作人员接到被拐卖、绑架的妇女、儿童及其家属的解救要求或者接到其他人的举报,而对被拐卖、绑架的妇女、儿童不进行解救,造成严重后果的,处五年以下有期徒刑或者拘役。负有解救职责的国家工作人员利用职务阻碍解救的,处二年以上七年以下有期徒刑;情节较轻的,处二年以下有期徒刑或者拘役。"在1996年12月中旬的修订草案中,立法工作机关曾对此条第2款规定之罪的第二档法定刑增加了管制刑的规定。到了1997年2月17日的修订草案(修改稿),出于同本章之罪主体统一协调的考虑,立法机关将此罪的主体由原先的"国家工作人员"修改为"国家机关工作人员"。在1997年3月1日的修订草案中,立法机关又删除了1996年12月中旬稿本对此条第2款之罪的第二档法定刑增设的管制刑。

经过以上的修改,最终形成的1997年《刑法》第416条的规定是:"对被拐卖、绑架的妇女、儿童负有解救职责的国家机关工作人员,接到被拐卖、绑架的妇女、儿童及其家属的解救要求或者接到其他人的举报,而对被拐卖、绑架的妇女、儿童不进行解救,造成严重后果的,处五年以下有期徒刑或者拘役。负有解救职责的国家机关工作人员利用职务阻碍解救的,处二年以上七年以下有期徒刑;情节较轻的,处二年以下有期徒刑或者拘役。"

二十四、帮助犯罪分子逃避处罚罪(第417条)

本条规定之罪源自全国人大常委会1991年9月4日通过的《关于严禁卖淫嫖娼的决定》。该决定第9条第1款规定:"有查禁卖淫、嫖娼活动职责的国家工作人员,为使违法犯罪分子逃避处罚,向其通风报信、提供便利的,依照刑法第一百八十八条①的规定处罚。"

对于上述规定的写法,1996年10月10日的修订草案(征求意见稿)在基本维持的基础上,为其增设了独立的法定刑,即:对于该罪的基本犯,处5年以下有期徒刑或者拘役;情节特别严重的,处5年以上有期徒刑。1996年12月中旬的修订草案对此罪的法定刑又重新作了调整:对于此罪的基本犯,处3年以下有期徒刑、拘役或者管制;情节特别严重的,处3年以上7年以下有期徒刑。在1997年2月17日的修订草案(修改稿)中,立法机关对此罪作了两处修改:一是将此罪的主体由之前稿本的"国家工作人员"修改为"国家机关工作人员";二是由于此罪基本犯构成中没有"情节严重"的规定,而此罪第二档法定刑适用的条件却是"情节特别严重",这种设置不尽妥当,故在该稿中,立法机关将第二档法定刑适用的条件由"情节特别严重"修改为"情节严重",同时该档法定最高刑也由之前"七年"的规定修改为"十年"。到了1997年3月1日的修订草案,立法机关删除了此罪第一档法定

---

① 1979年《刑法》第188条规定的是徇私枉法罪。

刑中的管制刑,由此最终形成了1997年《刑法》第417条的规定:"有查禁犯罪活动职责的国家机关工作人员,向犯罪分子通风报信、提供便利,帮助犯罪分子逃避处罚的,处三年以下有期徒刑或者拘役;情节严重的,处三年以上十年以下有期徒刑。"

二十五、招收公务员、学生徇私舞弊罪(第418条)

本条之罪系主要参照1995年3月18日全国人大常委会通过的《中华人民共和国教育法》第77条的规定修改补充而成的。该法第77条规定:"在招收学生工作中徇私舞弊的,由教育行政部门责令退回招收的人员;对直接负责的主管人员和其他直接责任人员,依法给予行政处分;构成犯罪的,依法追究刑事责任。"

在将上述规定写入1997年刑法典的修订研拟过程中,曾进行了一些修改和补充。1996年10月10日的修订草案(征求意见稿)第368条规定:"在招收学生工作中徇私舞弊,情节严重的,除由教育行政部门责令退回招收的人员外,对其直接负责的主管人员和其他直接责任人员,处五年以下有期徒刑或者拘役。"在1996年12月中旬的修订草案中,立法工作机关扩展了此罪的适用范围,将原先限于招收学生工作的规定修改为"在招收公务员、学生或者征兵工作中",同时,将此罪的法定最高刑由之前的"五年"修改为"三年",并对此罪增设了管制刑的规定。该草案的这一写法为1996年12月20日以及1997年1月10日的修订草案所沿用。到了1997年2月17日的修订草案(修改稿),立法机关不仅将此罪的主体由之前的"国家工作人员"修改为"国家机关工作人员",而且也简化了此罪罪状的写法,同时,考虑到征兵工作徇私舞弊的行为侵害的是国防利益,故将征兵工作徇私舞弊的行为从此罪中移到"危害国防利益罪"一章中。到了1997年3月1日的修订草案,立法机关将原写法法定刑中的管制刑予以删除,从而最终形成1997年《刑法》第418条的规定:"国家机关工作人员在招收公务员、学生工作中徇私舞弊,情节严重的,处三年以下有期徒刑或者拘役。"

二十六、失职造成珍贵文物损毁、流失罪(第419条)

本条之罪是从1991年6月29日全国人大常委会修正的《中华人民共和国文物保护法》第31条第3款的规定修改补充而成的。该款规定:"国家工作人员滥用职权,非法占有国家保护的文物的,以贪污论处;造成珍贵文物损毁的,比照刑法第一百八十七条①的规定追究刑事责任。"②

---

① 1997年《刑法》第187条规定的是玩忽职守罪。
② 《中华人民共和国文物保护法》由全国人大常委会于1982年11月19日通过、1991年6月29日修正、2002年10月28日修订通过。正文引证的该法第31条第3款的规定,现已被包含在现行该法第76条之中。

在将上述规定的精神吸收到1997年刑法典中的修订研拟过程中,曾进行过一些修改和补充。1996年10月10日的修订草案(征求意见稿)第369条规定:"国家工作人员玩忽职守,造成珍贵文物损毁或者流失,情节严重的,处五年以下有期徒刑或者拘役。"1996年12月中旬的修订草案对上述写法曾作了三处修改和补充:一是将原写法中"玩忽职守"的规定修改为"严重不负责任";二是将原写法中"情节严重"的表述修改为"后果严重";三是将原先的法定最高刑由"五年"有期徒刑修改为"三年",并增设了管制刑的规定。在1997年2月17日的修订草案(修改稿)第413条中,立法机关对此罪的主体作了修改,即由原先的"国家工作人员"修改为"国家机关工作人员"。到了1997年3月1日的修订草案,立法机关将此罪法定刑中的管制刑予以删除,从而最终形成了1997年《刑法》第419条的规定:"国家机关工作人员严重不负责任,造成珍贵文物损毁或者流失,后果严重的,处三年以下有期徒刑或者拘役。"

第十章

军人违反职责罪

一、关于应否将军人违反职责罪纳入1997年刑法典问题

1979年刑法典颁行后,基于加强军队法制建设,惩治和防范军人违反职责的犯罪行为的需要,1981年6月10日全国人大常委会通过了《中华人民共和国惩治军人违反职责罪暂行条例》(以下简称《惩治军人违反职责罪暂行条例》)。该条例共规定有26个条文,这些条文不仅仅涉及具体罪的分则性规范,而且也有少量属于类罪的宏观性规范。

《惩治军人违反职责罪暂行条例》中的宏观性规范主要有:第1条是条例制定的根据和目的。第2条规定的是军人违反职责罪的概念。第22条是战时缓刑制度的规定。第23条界定了条例与1979年刑法典的关系,即:"现役军人犯本条例以外之罪的,依照《中华人民共和国刑法》有关条款的规定处罚。"第24条是适用于犯罪军人的附加刑的规定,即:"对于危害重大的犯罪军人,可以附加剥夺勋章、奖章和荣誉称号。"第25条规定了条例的适用对象,即:"军内在编职工犯本条例之罪的,适用本条例。"第26条是条例时间效力的规定,即:"本条例自一九八二年一月一日起施行。"《惩治军人违反职责罪暂行条例》从第3条至第21条对军人违反职责罪的具体犯罪作了规定,共规定了31种具体罪。

在刑法修订研拟中,对于军人违反职责罪要否纳入1997年刑法典中,存在着激烈的争议。

一种意见持否定态度,理由是惩治军人违反职责罪条例草案已经八届全国人大常委会第十七次会议审议。军队司法部门对运用惩治军人违反职责罪条例已经比较熟悉,在区分和认定军人违反职责罪与普通犯罪的关系方面已经积累了丰富的经验。惩治军人违反职责罪条例与解放军纪律条令相配套,形成了一个较为完整的预防、惩治军人违反军法、军纪的机制。军人违反职责犯罪的客体特殊,犯罪行为特殊,执法机关特殊,执法手段特殊,应该由特别法规定。[①]

另一种意见则持赞成态度,认为军职罪是刑法的组成部分,将其并入刑法典体

---

① 参见《八届全国人大常委会第二十三次会议分组审议刑法修订草案的意见》,载高铭暄、赵秉志编:《新中国刑法立法文献资料总览》(下),中国人民公安大学出版社1998年版,第2191页。

系中,可增强刑法典体系的科学性和完整性,有利于对全民进行维护国家军事利益的教育,可使广大适龄青年在服役前就受到军法教育,使军人家属理解、支持军人严格履行职责,建议在刑法总则和分则中充分吸收并采纳条例中的内容和意见。①

立法机关最终采纳了第二种意见,诚如王汉斌同志在1997年3月6日在八届全国人大五次会议上所作的《关于〈中华人民共和国刑法(修订草案)〉的说明》指出的那样,1979年制定刑法时,即提出刑法应当规定军职罪,当时因为来不及研究清楚,决定另行起草军职罪暂行条例。1980年制定《惩治军人违反职责罪暂行条例》时,明确说明:"在国家刑法的结构中",军职罪"应属于刑法分则中的一章",并且说明军职罪暂行条例"经人大常委会审定后,先在军内公布试行。待取得比较成熟的经验,再建议按立法程序修改补入刑法"。这次修订刑法,经同军委法制局研究并经军委同意,将军委已提请八届全国人大常委会审议的《中华人民共和国惩治军人违反职责犯罪条例(草案)》,改为刑法分则的一章。这样修订后,国家将制定一部统一的、完整的刑法典,对社会主义法制建设具有重大的意义。②

二、军人违反职责罪(第420条)

本条规定的军人违反职责罪的概念系从《惩治军人违反职责罪暂行条例》第2条规定修改而来,该条例第2条规定:"中国人民解放军的现役军人,违反军人职责,危害国家军事利益,依照法律应当受刑罚处罚的行为,是军人违反职责罪。但是情节显著轻微、危害不大的,不认为是犯罪,按军纪处理。"立法机关在将这一规定写入1997年1月10日的刑法修订草案时,对犯罪主体的表述作了简化,即由条例规定的"中国人民解放军的现役军人"修改简化为"军人",其他内容则沿用了条例的表述。后来考虑到此条规定中的"但书"在《刑法》第13条犯罪概念的界定中已有规定,没有必要在此作重复性规定,故在1997年2月17日的修订草案(修改稿)第414条中立法机关没有再对上述"但书"作出规定,由此形成的写法最终被写入1997年《刑法》第420条中,即:"军人违反职责,危害国家军事利益,依照法律应当受刑罚处罚的行为,是军人违反职责罪。"

三、战时违抗命令罪(第421条)

本条规定之罪系从《惩治军人违反职责罪暂行条例》第17条的规定修改而来。该条例第17条规定:"在战斗中违抗命令,对作战造成危害的,处三年以上十年以下有期徒刑;致使战斗、战役遭受重大损失的,处十年以上有期徒刑、无期徒刑或者

---

① 参见《八届全国人大常委会第二十三次会议分组审议刑法修订草案的意见》,载高铭暄、赵秉志编:《新中国刑法立法文献资料总览》(下),中国人民公安大学出版社1998年版,第2191页。
② 参见王汉斌:《社会主义民主法制文集》(下),中国民主法制出版社2012年版,第602页。

死刑。"

在实践中,对于上述规定将此罪限制在"在战斗中"这一时间条件,普遍感到限制过严,不利于惩治犯罪,故在将上述规定纳入1996年8月31日的刑法修改草稿时,立法工作机关将原先"在战斗中"这一成立此罪的时间条件修改成了"战时"。到了1997年1月10日的修订草案,立法机关曾删除了原写法中"对作战造成危害"的规定,由此降低了定罪量刑的标准。后来,考虑到此罪由原先的结果犯修改为行为犯,致使成立犯罪的门槛过低,与其严重的法定刑的设置不相适应,故在1997年2月17日的修订草案(修改稿)中,立法机关又在此罪的罪状中恢复了"对作战造成危害"的限制,由此形成了1997年《刑法》第421条的规定:"战时违抗命令,对作战造成危害的,处三年以上十年以下有期徒刑;致使战斗、战役遭受重大损失的,处十年以上有期徒刑、无期徒刑或者死刑。"

四、隐瞒、谎报军情罪,拒传、假传军令罪(第422条)

本条规定之罪是从《惩治军人违反职责罪暂行条例》第18条的规定修改补充而来的。该条例第18条规定:"故意谎报军情或者假传军令,对作战造成危害的,处三年以上十年以下有期徒刑;致使战斗、战役遭受重大损失的,处十年以上有期徒刑、无期徒刑或者死刑。"

在刑法修订研拟中,考虑到"拒传"军令的行为同样严重妨害命令的传递,隐瞒军情和谎报军情都会影响领导机关正确决策,危害作战或者其他国防安全利益,故立法工作机关在将上述规定纳入1996年8月31日的刑法修改草稿时,补充规定了此罪的构成要件,具体而言:"故意隐瞒、谎报军情或者拒传、假传军令,对作战造成危害的,处三年以上十年以下有期徒刑;致使战斗、战役遭受重大损失的,处十年以上有期徒刑、无期徒刑或者死刑。"在1997年1月10日的修订草案中,立法机关曾对"隐瞒、谎报军情"和"拒传、假传军令"的行为分立两个条文加以规定,其中,第407条规定:"拒传或者假传作战命令的,处三年以上十年以下有期徒刑;致使战斗、战役遭受重大损失或者有其他特别严重情节的,处十年以上有期徒刑、无期徒刑或者死刑。"第408条规定:"隐瞒、谎报重要的军情或者非军事情报的,处三年以上十年以下有期徒刑;致使战斗、战役遭受重大损失或者有其他特别严重情节的,处十年以上有期徒刑、无期徒刑或者死刑。"到了1997年2月17日的修订草案(修改稿),考虑到此条规定的对象具有相似性,同时也为了切实减少相似性条文的数量,故立法机关在此稿中将前稿的上述两条规定合并到了第416条一个条文中。该条文的写法最后被1997年《刑法》第422条所沿用,即:"故意隐瞒、谎报军情或者拒传、假传军令,对作战造成危害的,处三年以上十年以下有期徒刑;致使战斗、战役遭受重大损失的,处十年以上有期徒刑、无期徒刑或者死刑。"

五、投降罪（第423条）

本条之罪完全沿用了《惩治军人违反职责罪暂行条例》第19条的规定。该条例第19条规定："在战场上贪生怕死，自动放下武器投降敌人的，处三年以上十年以下有期徒刑；情节严重的，处十年以上有期徒刑或者无期徒刑。投降后为敌人效劳的，处十年以上有期徒刑、无期徒刑或者死刑。"

在1997年1月10日的修订草案中，立法机关将上述规定写入其中时曾作了两处明显的改动：一是将上述第1款规定的"情节严重"修改成了"情节特别严重"；二是考虑到"投降后为敌人效劳"可以看做是"情节特别严重"的一种情形，故该修订草案没有再对此作出单独规定。后来，考虑到此罪基本犯构成中没有"情节严重"的规定，而第二档法定刑适用的条件却是"情节特别严重"，这种设置不尽妥当，同时"投降后为敌人效劳"显系情节特别恶劣的一种情形，有必要对此予以突出强调，故在1997年2月17日的修订草案中，立法机关又恢复了《惩治军人违反职责罪暂行条例》第19条的写法。这一写法最终被写进1997年《刑法》第423条中。

六、战时临阵脱逃罪（第424条）

本罪是在《惩治军人违反职责罪暂行条例》第16条规定的基础上修改补充而成的。该条例第16条规定："畏惧战斗，临阵脱逃的，处三年以下有期徒刑；情节严重的，处三年以上十年以下有期徒刑；致使战斗、战役遭受重大损失的，处十年以上有期徒刑、无期徒刑或者死刑。"

对于上述规定，在研拟中，不少人认为，"畏惧战斗"属于行为人的主观心理动机，在司法实践中难以认定，而且临阵脱逃的主观动机也不仅限于此，故在1996年8月31日的刑法修改草稿以及1996年10月10日的修订草案（征求意见稿）中，立法工作机关删除了"畏惧战斗"的表述，并补充了"战时"的规定，具体写法是："战时临阵脱逃的，处三年以下有期徒刑；情节严重的，处三年以上十年以下有期徒刑；致使战斗、战役遭受重大损失的，处十年以上有期徒刑、无期徒刑或者死刑。"到了1997年1月10日的修订草案，立法机关曾提高了第一档和第二档的法定刑，即：第一档的法定最高刑由之前稿本规定的"三年"修改为"五年"，第二档的法定最低刑亦由原先的"三年"修改为"五年"。后来考虑到实践中临阵脱逃的主观动机可能多种多样，大幅提高法定刑不尽妥当，故在1997年2月17日的修订草案（修改稿）第418条中，立法机关又恢复了1996年两个稿本对此罪的写法，并为1997年《刑法》第424条所沿用。

七、擅离、玩忽军事职守罪(第425条)

本罪是在《惩治军人违反职责罪暂行条例》第5条规定的基础上修改补充而来的。条例第5条规定:"指挥人员和值班、值勤人员擅离职守或者玩忽职守,因而造成严重后果的,处七年以下有期徒刑或者拘役。战时犯前款罪的,处五年以上有期徒刑。"

在刑法修订研拟中,1996年8月31日的刑法修改草稿以及1996年10月10日的修订草案(征求意见稿)均曾沿用了《惩治军人违反职责罪暂行条例》的写法。后来,考虑到有关的"管理"人员虽不属指挥人员,但主管某方面的业务工作,并具有特殊职责和相应的管理职权,如果擅离职守或者玩忽职守,也会造成类似的危害后果,故在1997年1月10日的修订草案第432条中,立法机关将原规定中的"指挥人员"的表述修改为"在指挥、管理职位上",同时细化了此罪的法定刑,并删除了原"战时犯前款罪"的规定。具体写法是:"在指挥、管理职位上或者值班、执勤时,擅离职守或者玩忽职守,造成严重后果的,处五年以下有期徒刑或者拘役;情节特别严重的,处五年以上十年以下有期徒刑。"到了1997年2月17日的修订草案(修改稿),立法机关又恢复了《惩治军人违反职责罪暂行条例》的写法。在1997年3月1日的修订草案中,立法机关以前稿的写法为基础,对第1款规定之罪的法定刑重新作了调整,即:对于基本犯,处3年以下有期徒刑或者拘役;造成特别严重后果的,处3年以上7年以下有期徒刑。

经过以上的调整和修改,最终形成了1997年《刑法》第425条的规定:"指挥人员和值班、值勤人员擅离职守或者玩忽职守,造成严重后果的,处三年以下有期徒刑或者拘役;造成特别严重后果的,处三年以上七年以下有期徒刑。战时犯前款罪的,处五年以上有期徒刑。"

八、阻碍执行军事职务罪(第426条)

本条规定之罪是在《惩治军人违反职责罪暂行条例》第10条规定的基础上修改而成的。该条例第10条规定:"以暴力、威胁方法,阻碍指挥人员或者值班、值勤人员执行职务的,处五年以下有期徒刑或者拘役;情节严重的,处五年以上有期徒刑;情节特别严重的或者致人重伤、死亡的,处无期徒刑或者死刑。战时从重处罚。"

在对此罪法条的研拟过程中,立法工作机关曾将《惩治军人违反职责罪暂行条例》的写法移植到1996年8月31日的修改草稿以及1996年10月10日的修订草案(征求意见稿)中。到了1997年1月10日的修订草案,基于表达顺畅的需要,立法机关对此罪第三档法定刑适用的条件作了语词顺序上的微调,即将原先"情节特别严重的或者致人重伤、死亡"的表述修改为"致人重伤、死亡或者有其他特别严重的情节",其他内容则与《惩治军人违反职责罪暂行条例》的规定保持了一致。到了1997年2月17日的修订草案(修改稿),立法机关又对此罪第三档法定刑适用的条件作了微调,即由之前稿本"致人重伤、死亡或者有其他特别严重的情节"的表述修改为"致人重伤、死亡的或者有其他特别严重的情节"。在1997年3月1日的修订草案中,立法机关再次对这一表述进行调整,即在"致人重伤、死亡的"之后添加了逗号,由此最终形成了1997年《刑法》第426条的规定:"以暴力、威胁方法,阻碍指挥人员或者值班、值勤人员执行职务的,处五年以下有期徒刑或者拘役;情节严重的,处五年以上有期徒刑;致人重伤、死亡的,或者有其他特别严重情节的,处无期徒刑或者死刑。战时从重处罚。"

九、指使部属违反职责罪(第427条)

本条之罪是1997年刑法典新增设的一种犯罪。首长滥用职权的行为,直接破坏了部队的正常内部关系,损害了领导的权威,危害了部队的集中统一,故应当对指使部属违反职责的行为予以惩治。为此,1996年8月31日的修改草稿以及1996年10月10日的修订草案(征求意见稿)专门对此作出了规定,即:"滥用职权,指使部属进行违反职责的活动,造成严重后果的,处五年以下有期徒刑或者拘役;情节特别严重的,处五年以上十年以下有期徒刑。"考虑到滥用职权擅自调动部队的行为也同样具有严重的社会危害性,故在1997年1月10日的修订草案第428条中,立法机关曾在此罪罪状中增加了"擅自调动部队"的规定。到了1997年2月17日的修订草案(修改稿),立法机关删除了原先写法中"擅自调动部队"的规定,改而恢复采用了1996年两个稿本的写法,这一写法最终形成了1997年《刑法》第427条的规定。

十、违令作战消极罪(第428条)

本条之罪是1997年刑法典新增设的一种犯罪。临阵畏缩,作战消极的行为,对作战任务的胜利完成会产生严重的影响,为了保证作战的胜利,立法机关特在1997年1月10日的修订草案第410条规定了此罪,即:"临阵畏缩,作战消极,造成严重后果的,处五年以下有期徒刑;致使战斗、战役遭受重大损失或者有其他特别严重情节的,处五年以上有期徒刑。"以这一写法为基础,立法机关在1997年2月17日的修订草案(修改稿)第422条"临阵畏缩"之前增加了"指挥人员违背命令"的规定。到了1997年3月13日的修订草案,立法机关又将2月17日修订草案(修改稿)中的"违背命令"的规定修改为"违抗命令",从而最终形成了1997年《刑法》第428条的规定:"指挥人员违抗命令,临阵畏缩,作战消极,造成严重后果的,处五年以下有期徒刑;致使战斗、战役遭受重大损失或者有其他特别严重情节的,处五年以上有期徒刑。"

十一、拒不救援友邻部队罪(第429条)

本罪是1997年刑法典新增设的一种犯罪。我国人民军队是高度集中统一的武装整体,各部队的利益在根本上是一致的。这种一致性要求各友邻部队在战场上要团结协作,相互配合,相互支援。而在战场上明知友邻部队处境危急请求救援,能救援而不救援,致使友邻部队遭受重大损失的行为,违背了我军作战的基本原则,应当予以惩治。有鉴于此,在1997年1月10日的修订草案第413条中,立法机关特将这种拒不救援友邻部队的行为规定为犯罪,即:"在战场上明知友邻部队处境危急请求救援,能救援而不救援,致使友邻部队遭受重大损失的,对指挥人员处五年以下有期徒刑。"1997年3月1日的修订草案第426条沿用上述规定,仅在"对指挥人员"后面加一逗号,这一写法最终被写进1997年《刑法》第429条中。

十二、军人叛逃罪(第430条)

本条之罪系1997年刑法典新增加的一种犯罪。保卫祖国是军人神圣的职责,叛逃行为背弃了军人的政治使命,背叛国家,直接危害国防安全。因此对这种行为必须依法追究刑事责任。《惩治军人违反职责罪暂行条例》第7条规定了偷越国(边)境外逃罪,即:"偷越国(边)境外逃的,处三年以下有期徒刑或者拘役;情节严重的,处三年以上十年以下有期徒刑。战时从重处罚。"虽然偷越国(边)境外逃的行为与军人叛逃罪的某些行为有相似之处,但二者侵犯的客体是明显不同的,且对前者处罚较轻,不能反映军人叛逃的本质特征和危害,故立法工作机关删除了《惩治军人违反职责罪暂行条例》中偷越国(边)境外逃的规定,在1996年8月31日的修改草稿以及1996年10月10日的修订草案(征求意见稿)中增设了此罪,即:"叛逃境外或者在境外叛逃的,处五年以下有期徒刑或者拘役;情节严重的,处五年以上有期徒刑。驾驶航空器、船舰或者携带武器装备叛逃的,或者有其他特别严重情节的,处十年以上有期徒刑、无期徒刑或者死刑。"在1997年1月10日的修订草案第402条中,立法机关将前述两款规定合并成了一款,并对此罪的法定刑以及加重法定刑的情节表述作了修改和补充,即:"叛逃境外或者在境外叛逃的,处三年以上十年以下有期徒刑;劫持或者驾驶航空器、船舰叛逃的,或者有其他特别严重情节的,处十年以上有期徒刑、无期徒刑或者死刑。"1997年2月17日的修订草案第425条对上述写法又作了较大幅度的修改和补充:一是对此罪作了时间和危害结果的限制,即只有在履行公务期间叛逃,且危害国家军事利益的,才构成此罪;二是调整了此罪的法定刑档次和量刑幅度;三是删除了原写法中"劫持航空器、船舰"的规定。该草案的这一写法最终被写进1997年《刑法》第430条中,即:"在履行公务期间,擅离岗位,叛逃境外或者在境外叛逃,危害国家军事利益的,处五年以下有期徒刑或者拘役;情节严重的,处五年以上有期徒刑。驾驶航空器、舰船叛逃的,或者有其他特别严重情节的,处十年以上有期徒刑、无期徒刑或者死刑。"

十三、非法获取军事秘密罪,为境外窃取、刺探、收买、非法提供军事秘密罪(第431条)

本条之罪系在《惩治军人违反职责罪暂行条例》第4条第3款规定的"窃取、刺探、提供军事机密罪"的基础上修改补充而成的。条例第4条第3款规定:"为敌人或者外国人窃取、刺探、提供军事机密的,处十年以上有期徒刑、无期徒刑或者死刑。"

在刑法修订研拟中,有部门提出,军事秘密关系到国防和军队的安全和利益,《中国人民解放军内务条令》和《中国人民解放军保密条例》都明确规定必须严加保守,无关人员不得以非法手段获取军事秘密。《中国人民解放军保密条例》还规定对抢劫、盗窃军事秘密的要"根据情节轻重,给予纪律处分或依法追究刑事责任"。《惩治军人违反职责罪暂行条例》第4条第3款对为敌人或外国人窃取、刺探军事秘密的行为作了处罚规定,但对不是为敌人或外国人窃取、刺探军事秘密而是以收买或者其他方法非法获取军事秘密的,未作规定。为全面保护军事秘密的安全,有必要对《惩治军人违反职责罪暂行条例》第4条第3款的规定进行修改和补充。① 起初,立法工作机关曾在1996年8月31日的修改草稿以及1996年10月10日的修订草案(征求意见稿)中规定:"为境外的机构、组织、人员窃取、刺探、收买、非法提供军事秘密的,处十年以上有期徒刑、无期徒刑或者死刑。"到了1997年1月10日的修订草案,立法机关对"非法获取军事秘密"的行为作出了规定,同时又对前稿的规定进行了修改和补充,即第403条规定:"以窃取、刺探、收买或者其他方法非法获取军事秘密的,处七年以下有期徒刑;情节特别严重的,处七年以上有期徒刑或者无期徒刑。为敌人或者境外的机构、组织、人员非法获取军事秘密的,或者以抢劫方法获取军事秘密的,处三年以上十年以下有期徒刑;情节特别严重的,处十年以上有期徒刑、无期徒刑或者死刑。"1997年2月17日的修订草案(修改稿)第426条对上述写法作了较大的修改:一是删除了原第1款之罪罪状中的"其他方法"和此罪法定刑中的"无期徒刑";二是删除了原第2款之罪罪状中的"为敌人非法获取军事秘密"以及"以抢劫方法获取军事秘密"的规定,并删除该款第一档的法定刑。具体写法是:"以窃取、刺探、收买方法,非法获取军事秘密的,处七年以下有期徒刑;情节特别严重的,处七年以上有期徒刑。为境外的机构、组织、人员

---

① 参见中国人民解放军军事法院《惩治军人违反职责罪暂行条例》修改组:《〈中华人民共和国惩治军人违反职责犯罪条例(草案)〉条文修改说明》,载高铭暄、赵秉志编:《新中国刑法立法文献资料总览》(下),中国人民公安大学出版社1998年版,第2770—2771页。

窃取、刺探、收买、非法提供军事秘密的,处十年以上有期徒刑、无期徒刑或者死刑。"到了1997年3月1日的修订草案,立法机关又对2月17日的修订草案第426条第1款规定的法定刑档次和量刑幅度作了调整。经过这一次修改,最终形成了1997年《刑法》第431条的规定:"以窃取、刺探、收买方法,非法获取军事秘密的,处五年以下有期徒刑;情节严重的,处五年以上十年以下有期徒刑;情节特别严重的,处十年以上有期徒刑。为境外的机构、组织、人员窃取、刺探、收买、非法提供军事秘密的,处十年以上有期徒刑、无期徒刑或者死刑。"

十四、故意泄露军事秘密罪,过失泄露军事秘密罪(第432条)

本条规定之罪系在《惩治军人违反职责罪暂行条例》第4条第1、2款规定的基础上修改补充而成的。条例的这两款规定是:"违反保守国家军事机密法规,泄露或者遗失国家重要军事机密,情节严重的,处七年以下有期徒刑或者拘役。""战时犯前款罪的,处三年以上十年以下有期徒刑;情节特别严重的,处十年以上有期徒刑或者无期徒刑。"

在刑法修订研拟中,1996年8月31日的修改草稿以及1996年10月10日的修订草案(征求意见稿)曾经沿用了《惩治军人违反职责罪暂行条例》的写法。后来,考虑到《惩治军人违反职责罪暂行条例》的上述写法将故意犯罪和过失犯罪规定在同一条款,并规定同样的法定刑,不尽妥当,故在1997年1月10日的修订草案第404条中,立法机关将这两种性质迥异且危害程度差别较大的犯罪作了区分规定,同时,细化补充规定了一些具体的危害行为,具体写法是:"故意泄露军事秘密,情节严重的,处七年以下有期徒刑;情节特别严重的,处七年以上有期徒刑或者无期徒刑。以营利为目的泄露军事秘密的,将非法获取的军事秘密泄露的,将军事秘密提供给敌人或者非法提供给境外的机构、组织、人员的,处三年以上十年以下有期徒刑;情节特别严重的,处十年以上有期徒刑、无期徒刑或者死刑。过失犯前款罪,处五年以下有期徒刑或者拘役;情节严重的,处五年以上十年以下有期徒刑。"到了1997年2月17日的修订草案(修改稿),立法机关放弃了上述写法的研拟方向,将故意犯罪和过失犯罪又重新规定在一个条款中,即第427条规定:"违反保守国家秘密法规,故意或者过失泄露国家军事秘密,情节严重的,处七年以下有期徒刑或者拘役。战时犯前款罪的,处三年以上十年以下有期徒刑;情节特别严重的,处十年以上有期徒刑或者无期徒刑。"在1997年3月1日的修订草案中,立法机关对上述写法中的法定刑又作了调整,并由此形成了1997年《刑法》第432条的规定:"违反保守国家秘密法规,故意或者过失泄露军事秘密,情节严重的,处五年以下有期徒刑或者拘役;情节特别严重的,处五年以上十年以下有期徒刑。战时犯前款罪的,处五年以上十年以下有期徒刑;情节特别严重的,处十年以上有期徒刑或者无期徒刑。"

十五、战时造谣惑众罪(第433条)

本条规定之罪原系《惩治军人违反职责罪暂行条例》第14条的规定。条例第14条规定:"战时造谣惑众,动摇军心的,处三年以下有期徒刑;情节严重的,处三年以上十年以下有期徒刑。勾结敌人造谣惑众,动摇军心的,处十年以上有期徒刑或者无期徒刑;情节特别严重的,可以判处死刑。"在立法修订研拟中,相关修订草案对此未作任何修改,直接移植到1997年《刑法》第433条规定中。

十六、战时自伤罪(第434条)

本条之罪源自《惩治军人违反职责罪暂行条例》第13条的规定,在刑法修订研拟中,相关立法修订草案未对此作任何改动,而直接移植到1997年《刑法》第434条中,即:"战时自伤身体,逃避军事义务的,处三年以下有期徒刑;情节严重的,处三年以上七年以下有期徒刑。"

十七、逃离部队罪(第435条)

《惩治军人违反职责罪暂行条例》第6条规定:"违反兵役法规,逃离部队,情节严重的,处三年以下有期徒刑或者拘役。战时犯前款罪的,处三年以上七年以下有期徒刑。"在对此罪法条的研拟中,1997年1月10日的修订草案第431条曾对此进行过较大幅度的调整,即:"擅离部队或者逾假不归,情节严重的,处三年以下有期徒刑或者拘役;情节特别严重的,处三年以上七年以下有期徒刑。"由于擅离部队或者逾假不归的原因多种多样,如此规定入罪的门槛太低,容易混淆罪与非罪的界限,故在1997年2月17日的修订草案(修改稿)第430条中,立法机关又恢复了《惩治军人违反职责罪暂行条例》第6条的写法,并最终被写入1997年《刑法》第435条中。

十八、武器装备肇事罪(第436条)

本条之罪系在《惩治军人违反职责罪暂行条例》第3条规定的基础上修改而成的。条例第3条规定:"违反武器装备使用规定,情节严重,因而发生重大责任事故,致人重伤、死亡或者造成其他严重后果的,处三年以下有期徒刑或者拘役;后果特别严重的,处三年以上七年以下有期徒刑。"

在刑法修订研拟中,考虑到在"维护"、"保养"武器装备中肇事的,也具有社会危害性,后果严重的,应当受到刑事追究,故在1997年1月10日的修订草案第426条中,立法机关以《惩治军人违反职责罪暂行条例》第3条的写法为基础,将"违反武器装备使用规定"修改为"违反武器装备使用、维持、保养规定";同时将"发生重大责任事故"修改为"发生责任事故"。到了1997年2月17日的修订草案(修改稿),立法机关又放弃了前稿的第一处修改,将"违反武器装备使用、维护、保养规定"恢复为"违反武器装备使用规定",由此形成的写法最终被写进 1997 年《刑法》第 436 条中,即:"违反武器装备使用规定,情节严重,因而发生责任事故,致人重伤、死亡或者造成其他严重后果的,处三年以下有期徒刑或者拘役;后果特别严重的,处三年以上七年以下有期徒刑。"

十九、擅自改变武器装备编配用途罪(第 437 条)

本罪是 1997 年刑法典新增设的一种犯罪。在刑法修订研拟中,1996 年 8 月 31 日的刑法修改草稿分则第十章第 2 条规定:"违反武器装备使用规定,擅自动用武器装备或者改变武器装备的编配用途,情节严重的,处三年以下有期徒刑或者拘役;情节特别严重的,处三年以上七年以下有期徒刑。使用武器装备进行其他犯罪活动的,依照其所构成的较重的罪从重处罚。"1996 年 10 月 10 日的修订草案(征求意见稿)第 386 条基本沿用了 8 月 31 日稿该条的第 1 款规定,仅将"情节严重"改为"造成严重后果",将"情节特别严重"改为"造成特别严重后果"。后来,有部门提出,挪用武器装备不仅使武器装备管理失控,而且严重影响正常使用,甚至造成武器装备的毁损、丢失或者其他严重后果。《中国人民解放军武器装备管理工作条例》也规定:违反武器装备的性能、编配用途使用武器装备,构成犯罪的,依法追究刑事责任。有鉴于此,刑法应当把挪用武器装备情节严重的规定为犯罪。立法机关采纳了这一建议,在 1997 年 1 月 10 日的修订草案第 423 条中规定了擅自挪用武器装备的犯罪,同时删除了 1996 年两个稿本的上述规定,即:"违反武器装备管理规定,擅自将武器装备挪作他用,情节严重的,处五年以下有期徒刑或者拘役;情节特别严重的,处五年以上十年以下有期徒刑。"在 1997 年 2 月 17 日的修订草案(修改稿)第 432 条中,立法机关又对上述写法中的罪状和法定刑作了较大的调整:一是将原罪状中"擅自将武器装备挪作他用,情节严重"的规定修改为"擅自改变武器装备的编配用途,造成严重后果"的规定;二是重新调整了此罪的法定刑。

经过以上的修改,最终形成的 1997 年《刑法》第 437 条的规定是:"违反武器装备管理规定,擅自改变武器装备的编配用途,造成严重后果的,处三年以下有期徒刑或者拘役;造成特别严重后果的,处三年以上七年以下有期徒刑。"

二十、盗窃、抢夺武器装备、军用物资罪(第 438 条)

本条之罪系在《惩治军人违反职责罪暂行条例》第 11 条规定的基础上修改补充而成的。条例第 11 条规定:"盗窃武器装备或者军用物资的,处五年以下有期徒刑或者拘役;情节严重的,处五年以上十年以下有期徒刑;情节特别严重的,处十年以上有期徒刑或者无期徒刑。战时从重处罚,情节特别严重的,可以判处死刑。"

在刑法修订研拟中,1996 年 8 月 31 日的修改草稿以及 1996 年 10 月 10 日的修订草案(征求意见稿)曾经沿用了《惩治军人违反职责罪暂行条例》的写法。后来考虑到,骗取、抢夺军用物资与盗窃军用物资的危害相当,同样需要依法惩处,故在1997年1月10日的修订草案中,立法机关在第421条规定了盗窃、骗取、抢夺军用物资罪,即:"盗窃、骗取、抢夺军用物资,数额较大的,处五年以下有期徒刑或者拘役;数额巨大或者有其他严重情节的,处五年以上十年以下有期徒刑;数额特别巨大或者有其他特别严重情节的,处十年以上有期徒刑、无期徒刑或者死刑。"同时在第420条规定了盗窃武器装备罪,即:"盗窃武器装备的,处七年以下有期徒刑;情节严重的,处七年以上有期徒刑;情节特别严重的,处无期徒刑或者死刑。"到了1997年2月17日的修订草案(修改稿),立法机关在第433条中又对上述写法作了较大的修改:将盗窃、抢夺不同的对象合并规定在一个条款中,保留了1月10日修订草案第421条规定的法定刑分三个档次的写法,同时特别强调,如果盗窃、抢夺枪支、弹药、爆炸物的,依照盗窃、抢夺枪支、弹药、爆炸物罪规定处罚。

经过以上的修改和调整,最终形成的1997年《刑法》第438条的规定是:"盗窃、抢夺武器装备或者军用物资的,处五年以下有期徒刑或者拘役;情节严重的,处五年以上十年以下有期徒刑;情节特别严重的,处十年以上有期徒刑、无期徒刑或者死刑。盗窃、抢夺枪支、弹药、爆炸物的,依照本法第一百二十七条的规定处罚。"

二十一、非法出卖、转让武器装备罪(第439条)

本条之罪是1997年刑法典新增设的一种犯罪。在刑法修订研拟中,有部门提出,非法出卖、转让武器装备的行为,不仅严重违反了部队武器装备管理制度,而且也严重危害着公共安全。《中国人民解放军武器装备管理工作条例》也规定,未经总参谋部批准,严禁任何单位或者个人擅自馈赠、出售、交换武器装备。触犯刑律,构成犯罪的,依法追究刑事责任。故此,有必要在刑法中将非法出卖、转让武器装备的行为规定为犯罪。立法工作机关采纳了这一建议,在1996年8月31日和10月10日的修改稿本中,规定了"出卖军队编配的武器装备罪",对这种犯罪,处3年以上7年以下有期徒刑;情节严重的,处7年以上有期徒刑;情节特别严重的,处10年以上有期徒刑、无期徒刑或者死刑。在1997年1月10日的修订草案第422条中,立法机关又为此罪增加了"非法转让行为"的规定,并对"武器装备"删除了"军队编配"的限定,即:"非法出卖、转让武器装备的,处三年以上十年以下有期徒刑;出卖、转让主要或者大量武器装备的,或者有其他特别严重情节的,处十年以上有期徒刑、无期徒刑或者死刑。"到了1997年2月17日的修订草案(征求意见稿),立法机关在第434条中对上述写法作了微调:在此罪基本构成"转让"之后增加了"军队"的规定;对此罪加重法定刑适用的条件作了措辞上的修改。

经过以上的修改,最终形成了1997年《刑法》第439条的规定:"非法出卖、转让军队武器装备的,处三年以上十年以下有期徒刑;出卖、转让大量武器装备或者有其他特别严重情节的,处十年以上有期徒刑、无期徒刑或者死刑。"

二十二、遗弃武器装备罪(第440条)

本罪是1997年刑法典新增设的一种犯罪。遗弃武器装备,会严重地削弱我军的战斗力,而且也会对公共安全产生严重的威胁,甚至会被敌人利用,具有严重的社会危害性,故在1997年1月10日的修订草案第424条中,遗弃武器装备的行为被规定为犯罪。具体写法是:"遗弃武器装备的,处五年以下有期徒刑或者拘役;遗弃主要或者大量武器装备的,或者有其他严重情节的,处五年以上有期徒刑。"在1997年2月17日的修订草案(修改稿)第435条中,立法机关对此罪的罪状作了微调,即在原"遗弃武器装备"的表述前增加了"违背命令"的规定。到了1997年3月13日的修订草案,立法机关又对此罪加重法定刑适用的条件作了语词上的微调,即将原先的"遗弃主要或者大量武器装备"的表述修改为"遗弃重要或者大量武器装备"。

经过以上的修改,最终形成的1997年《刑法》第440条的规定是:"违抗命令,遗弃武器装备的,处五年以下有期徒刑或者拘役;遗弃重要或者大量武器装备的,或者有其他严重情节的,处五年以上有期徒刑。"

二十三、遗失武器装备罪(第441条)

本条之罪是1997年刑法典新增设的一种犯罪。遗失武器装备是部队中比较常见的问题,其危害后果也比较严重,故为了加强对武器装备的管理,强化官兵对武器装备的责任意识,立法机关在1997年1月10日的修订草案第425条中规定了此罪,即:"遗失武器装备,情节严重的,处三年以下有期徒刑或者拘役;遗失主要或者大量武器装备的,或者有其他特别严重情节的,处三年以上七年以下有期徒刑。"到了1997年2月17日的修订草案(修改稿),立法机关又对此罪的罪状和法定刑作了较大的调整:一是在此罪罪状中"情节严重"之前增加了"不及时报告"的内容;二是删除了此罪原第二档的法定刑。经过这一修改,最终形成了1997年《刑法》第441条的规定:"遗失武器装备,不及时报告或者有其他严重情节的,处三年以下有期徒刑或者拘役。"

二十四、擅自出卖、转让军队房地产罪(第442条)

本条规定之罪是1997年刑法典新增设的一种犯罪。军队房地产是国防资产的重要组成部分,擅自出卖、转让军队房地产的行为,侵害了国防资产的所有权,应当依法受到刑事追究。故此1997年1月10日的修订草案第429条专门增设了此罪,即:"擅自出卖、转让军队房地产的,处五年以下有期徒刑或者拘役;情节严重的,处五年以上有期徒刑。"在1997年2月17日的修订草案(修改稿)第437条中,立法机关对此罪的罪状和处刑标准作了三处修改：一是在此罪罪状"擅自出卖"之前增加了"违反规定"的限定；二是将此罪基本刑的适用条件限定为"情节严重"；三是将此罪加重刑的适用条件由原先"情节严重"的表述相应调整为"情节特别严重"。到了 1997 年 3 月 1 日的修订草案，立法机关在第 439 条中又对此罪的刑事责任主体作了限定，并适当调低此罪的法定刑。经过这一修改，最终形成了 1997 年《刑法》第 442 条的规定："违反规定，擅自出卖、转让军队房地产，情节严重的，对直接责任人员，处三年以下有期徒刑或者拘役；情节特别严重的，处三年以上十年以下有期徒刑。"

二十五、虐待部属罪（第 443 条）

本罪是在《惩治军人违反职责罪暂行条例》第 9 条规定的基础上修改而成的。条例第 9 条规定："滥用职权，虐待、迫害部属，情节恶劣，因而致人重伤或者造成其他严重后果的，处五年以下有期徒刑或者拘役；致人死亡的，处五年以上有期徒刑。"

在立法修订研拟中，考虑到"迫害"一般属于精神上的伤害，实践中难以认定，故在 1996 年 8 月 31 日和 10 月 10 日的修改稿本中，立法机关删除了此罪原法条中的"迫害"。在 1997 年 1 月 10 日的修订草案第 430 条中，立法机关又将此罪原法条中的"滥用职权"予以删除；将两档法定刑的适用条件重新作了安排：第一档刑中删去"因而致人重伤或者造成其他严重后果"这一要件，把"致人重伤、死亡或者有其他特别严重情节"列为第二档刑的适用条件。然而，到了 1997 年 2 月 17 日的修订草案（修改稿），立法机关发现上述修改不妥，在第 438 条中又恢复了《惩治军人违反职责罪暂行条例》原写法中"滥用职权"的规定和两档法定刑适用条件的规定。经过这一修改，最终形成了 1997 年《刑法》第 443 条的规定："滥用职权，虐待部属，情节恶劣，致人重伤或者造成其他严重后果的，处五年以下有期徒刑或者拘役；致人死亡的，处五年以上有期徒刑。"

二十六、遗弃伤病军人罪（第 444 条）

本罪是在《惩治军人违反职责罪暂行条例》第 15 条规定的基础上修改而来的。条例第 15 条规定："在战场上故意遗弃伤员，情节恶劣的，对直接责任人员，处三年以下有期徒刑。"在刑法修订研拟中，考虑到在战场上遗弃患病军人的危害与遗弃伤员的危害相当，同时鉴于这种行为严重影响部队的士气，损害内部团结，削弱部队战斗力，应予较重的处罚，故在 1997 年 1 月 10 日的修订草案第 418 条中，立法机关一方面拓展了此罪对象的范围，另一方面也提高了此罪的法定刑。具体写法是："在战场上遗弃伤病军人的，处五年以下有期徒刑；遗弃多人的，遗弃后致使伤病军人死亡、被俘、失踪的，或者有其他严重情节的，处五年以上有期徒刑。"到了 1997

年2月17日的修订草案(修改稿),立法机关除了保留前稿对此罪对象的修改和第一档之法定刑外,其他则改而沿用《惩治军人违反职责罪暂行条例》第15条的规定,并由此形成了1997年《刑法》第444条的规定:"在战场上故意遗弃伤病军人,情节恶劣的,对直接责任人员,处五年以下有期徒刑。"

二十七、战时拒不救治伤病军人罪(第445条)

本罪是1997年刑法典增设的一种新罪。一方面,战时拒不救治伤病军人,不仅严重地违背了医务人员救死扶伤的职责,而且也会直接挫伤部队士气,削弱部队的战斗力。另一方面,《中国人民解放军医院医疗工作暂行规则》《关于加强军队医疗单位医德医风建设的暂行规定》等军事法规也规定,对拒不救治伤病军人,构成犯罪的,应依法追究刑事责任。为使这些规定落到实处,刑法应当对这种行为予以明文规定。有鉴于此,在1997年1月10日的修订草案第419条中,立法机关增加规定了"拒不救治伤病军人罪",即:"在救护治疗职位上,拒不救治危重伤病军人的,处五年以下有期徒刑或者拘役;造成伤病军人重残、死亡或者有其他严重情节的,处五年以上有期徒刑。"在之后的研拟中,立法机关又对这一写法先后进行了两次调整:一是在1997年2月17日的修订草案(修改稿)第440条中,立法机关对此罪的罪状作了"战时"和"有条件救治"的限定,这样,在非战时和无条件救治的情况下,就不能适用该条规定定罪量刑;二是在1997年3月1日的修订草案第442条中,立法机关又将此罪第二档法定最高刑由原先"十五年"有期徒刑修改为"十年"。

经过以上的修改和调整,最终形成了1997年《刑法》第445条的规定:"战时在救护治疗职位上,有条件救治而拒不救治危重伤病军人的,处五年以下有期徒刑或者拘役;造成伤病军人重残、死亡或者有其他严重情节的,处五年以上十年以下有期徒刑。"

二十八、战时残害居民、掠夺居民财物罪(第446条)

本罪是在《惩治军人违反职责罪暂行条例》第20条规定的基础上修改补充而成的。条例第20条规定:"在军事行动地区,掠夺、残害无辜居民的,处七年以下有期徒刑;情节严重的,处七年以上有期徒刑;情节特别严重的,处无期徒刑或者死刑。"

在刑法修订研拟中,有部门提出,残害无辜居民、掠夺无辜居民财物,是发生在战区的行为,《惩治军人违反职责罪暂行条例》规定"在军事行动地区",其范围过大,甚至包括了平时的训练、演习地区等,建议在原法条中增加规定"战时"这一前提条件。① 立法机关经过研究和论证,采纳了这一建议,并在 1997 年 1 月 10 日的修订草案第 416 条规定中重新梳理了此罪的法定刑档次,即:"战时在军事行动地区,残害无辜居民或者掠夺无辜居民财物的,处五年以下有期徒刑;情节严重的,处五年以上十年以下有期徒刑;情节特别严重的,处十年以上有期徒刑、无期徒刑或者死刑。"该草案的这一写法最终为 1997 年《刑法》第 446 条所沿用。

二十九、私放俘虏罪(第 447 条)

本罪是 1997 年刑法典增设的一种新罪。俘虏是我军获取对方军事情报的一个重要渠道,具有多种军事价值。私放俘虏的行为,破坏了战时俘虏管理的正常秩序,严重违反了军队的战场纪律,不仅不利于消灭敌人和获取敌方的情况,还有可能暴露我军的情况,危害我军的作战行动和军事利益。有鉴于此,在 1997 年 1 月 10 日的修订草案第 414 条中,立法机关将私放俘虏的行为明文规定为犯罪,即:"私放俘虏的,处五年以下有期徒刑;私放重要俘虏的,私放俘虏多人的,或者有其他严重情节的,处五年以上有期徒刑。"1997 年 2 月 17 日的修订草案(修改稿)第 442 条对上述规定之罪的第二档法定刑适用的条件作了修辞上的微调,并由此形成了 1997 年《刑法》第 447 条的规定:"私放俘虏的,处五年以下有期徒刑;私放重要俘虏、私放俘虏多人或者有其他严重情节的,处五年以上有期徒刑。"

三十、虐待俘虏罪(第 448 条)

本条之罪源自《惩治军人违反职责罪暂行条例》第 21 条的规定:"虐待俘虏,情节恶劣的,处三年以下有期徒刑。"在刑法修订研拟中,立法机关对这一条规定的写法未作任何修改和补充,直接将其移植到 1997 年《刑法》第 448 条中。

三十一、战时缓刑制度(第 449 条)

本条规定源自《惩治军人违反职责罪暂行条例》第 22 条的规定,即:"在战时,对被判处三年以下有期徒刑没有现实危险宣告缓刑的犯罪军人,允许其戴罪立功,确有立功表现时,可以撤销原判刑罚,不以犯罪论处。"在刑法修订研拟中,立法机关在 1997 年 1 月 10 日的修订草案中曾对上述写法进行过修改,该草案第 400 条规定:"战时允许在缓刑考验期限内的军人戴罪立功。对于确有立功表现的,可以撤销原判,不以犯罪论处。"据此可知,适用本条规定必须具备如下条件:一是适用对象只能是依照刑法典总则中的缓刑规定被宣告缓刑的犯罪军人,缓刑的宣告可以

---

① 参见中国人民解放军军事法院《惩治军人违反职责罪暂行条例》修改组:《〈中华人民共和国惩治军人违反职责犯罪条例(草案)〉条文修改说明》,载高铭暄、赵秉志编:《新中国刑法立法文献资料总览》(下),中国人民公安大学出版社 1998 年版,第 2780 页。

在战时,也可以是在平时。二是缓刑考验期限必须全部或者一部发生在战时。三是必须是在战时的缓刑考验期限内有立功表现。到了1997年2月17日的修订草案(修改稿),立法机关在第444条中放弃了对上述写法的研拟,改而恢复了《惩治军人违反职责罪暂行条例》的写法,并最终被写进1997年《刑法》第449条中。

三十二、本章适用范围(第450条)

《惩治军人违反职责罪暂行条例》第23条规定:"现役军人犯本条例以外之罪的,依照《中华人民共和国刑法》有关条款的规定处罚。"第25条也规定:"军内在编职工犯本条例之罪的,适用本条例。"由这两条规定可知,《惩治军人违反职责罪暂行条例》只能适用于现役军人和军内在编职工。但在实践中,究竟何谓"现役军人",普遍感到难以把握其外延,有必要在修订的刑法中对此予以明确。有鉴于此,在1996年8月31日以及10月10日的修改稿本中,对本章之罪的适用范围进行了明确,即:"本章适用于中国人民解放军的现役军官、文职干部、士兵及具有军籍的学员和中国人民武装警察部队的现役警官、文职干部、士兵及具有军籍的学员以及执行军事任务的预备役人员和其他人员。"到了1997年1月10日的修订草案,立法机关曾将"执行军事任务的预备役人员和其他人员"单独作为一款"以军人论"。但在1997年2月17日的修订草案(修改稿)中,立法机关又恢复1996年两个稿本的写法,并最终形成了1997年《刑法》第450条的规定。

三十三、战时的界定(第451条)

"战时"是本章规定中出现频率较高的一个术语,由于《惩治军人违反职责罪暂行条例》对此没有作出立法界定,实践中在认定某些犯罪时产生了一定的困惑和认识上的分歧。有鉴于此,在1996年8月31日以及10月10日的修改稿本中,立法工作机关即对此作出了界定,即:"本章所称战时,是指国家宣布进入战争状态、部队受领作战任务或者遭敌突然袭击时。""军人执行戒严任务或者处置突发性暴力事件时,以战时论。"到了1997年1月10日的修订草案,立法机关曾对上述第2款规定的外延进行了拓展,即:动员、戒严或者进入等级战备状态,以及处置突发性暴力事件时,均以战时论。但在1997年2月17日的修订草案(修改稿)中,立法机关对上述第2款的规定再次恢复为1996年两个稿本的写法。到了1997年3月13日的修订草案,立法机关又对第2款规定中的主语作了修改,即由原先"军人"的规定修改为"部队"。经过这些修改,最终形成的1997年《刑法》第451条的规定是:"本章所称战时,是指国家宣布进入战争状态、部队受领作战任务或者遭敌突然袭击时。部队执行戒严任务或者处置突发性暴力事件时,以战时论。"

附则

本法的施行日期以及相关立法的废止和保留（第452条）

本条规定是为了解决刑法的时间效力以及1997年刑法典与之前全国人大常委会通过的23部单行刑法之间的关系而设置的。其最初的写法见于1997年3月1日的修订草案第449条，即："本法自1997年10月1日起施行。列于本法附件一的全国人民代表大会常务委员会制定的条例、补充规定和决定，已纳入本法或者已不适用，自本法施行之日起，予以废止。列于本法附件二的全国人民代表大会常务委员会制定的补充规定和决定予以保留。其中，有关行政处罚和行政措施的规定继续有效；有关刑事责任的规定已纳入本法，自本法施行之日起，适用本法规定。"该草案的这一写法最终成为1997年《刑法》第452条的规定。

主题词索引

B

办理偷越国(边)境人员出入境证件罪　635
帮助犯罪分子逃避处罚罪　637
帮助毁灭、伪造证据罪　533
绑架罪　457
包庇毒品犯罪分子罪　575
包庇、纵容黑社会性质组织罪　520
保护管辖　180
保险诈骗罪　411
报复陷害罪　122,477
暴动越狱罪　544
暴力干涉婚姻自由罪　479
暴力取证罪　470
暴力危及飞行安全罪　319
爆炸罪　94,308
背叛国家罪　297
背信损害上市公司利益罪　380
背信运用受托财产罪　398
编造并传播证券、期货交易虚假信息罪　392
编造、故意传播虚假恐怖信息罪　517
变造货币罪　383
辩护人、诉讼代理人毁灭证据、伪造证据、妨害作证罪　532
剥夺政治权利　39,48,234
不报、谎报安全事故罪　339
不解救被拐卖、绑架妇女、儿童罪　636
不可抗力　186

C

采集、供应血液、制作、供应血液制品事故罪　558

操纵证券、期货市场罪　393
策动投敌叛变或叛乱罪　87
厂矿重大责任事故罪　98
持械聚众叛乱罪　87
持有、使用假币罪　382
持有伪造的发票罪　425
重婚罪　153
出版歧视、侮辱少数民族作品罪　474
出具证明文件重大失实罪　445
出售出入境证件罪　546
出售、非法提供公民个人信息罪　477
出售、购买、运输假币罪　381
传播性病罪　583
传播淫秽物品罪　587
传染病防治失职罪　631
传染病菌种、毒种扩散罪　555
传授犯罪方法罪　523
串通投标罪　437
从犯　33,208

D

打击报复会计、统计人员罪　478
打击报复证人罪　534
大型群众性活动重大安全事故罪　336
大型群众性重大安全事故罪　336
贷款诈骗罪　407
单位犯罪　210,323
单位受贿罪　374,610
单位行贿罪　614
倒卖车票、船票罪　444
倒卖文物罪　551
盗伐、滥伐森林或者其他林木罪　109

盗伐林木罪 570
盗掘古人类化石、古脊椎动物化石罪 552
盗掘古文化遗址、古墓葬罪 552
盗窃、抢夺、毁灭国家机关公文、证件、印章罪 509
盗窃、抢夺枪支、弹药、爆炸物、危险物质罪 324
盗窃、抢夺武器装备、军用物资罪 650
盗窃、抢夺武装部队公文、证件、印章罪 593
盗窃、侮辱尸体罪 529
盗窃罪 130,409,425,476,485
盗运珍贵文物出口罪 147
颠覆国家政权罪 300
丢失枪支不报罪 328
动植物检疫失职罪 634
动植物检疫徇私舞弊罪 634
渎职罪 158,163,378,470,618
赌博罪 144,529
对单位行贿罪 613
对非国家工作人员行贿罪 375
对外国公职人员、国际公共组织官员行贿罪 375
对违法票据承兑、付款、保证罪 402

F

罚金 47,231
反革命集团罪 89
反革命累犯 61,252
反革命破坏罪 91
反革命杀人、伤人罪 91
反革命煽动罪 92
反革命偷越国境罪 92
反革命罪 85
反攻倒算罪 92
犯罪的概念 20,184
犯罪的未遂 27,203
犯罪的预备 26,202

犯罪的中止 27,204
贩运伪造的国家货币罪 105
妨害传染病防治罪 554
妨害动植物防疫、检疫罪 561
妨害对公司、企业的管理秩序罪 366
妨害公文、证件、印章罪 143,151,510
妨害公务罪 136,505
妨害国(边)境管理罪 545
妨害国境卫生检疫罪 556
妨害婚姻家庭罪 152,157
妨害清算罪 370
妨害社会管理秩序罪 136,505
妨害司法罪 531
妨害文物管理罪 549
妨害信用卡管理罪 387
妨害作证罪 533
放火罪 94,308
放行偷越国(边)境人员罪 636
放纵制售伪劣商品犯罪行为罪 635
放纵走私罪 632
非法剥夺公民宗教信仰自由罪 124,475
非法捕捞水产品罪 109,564
非法采伐、毁坏国家重点保护植物罪 569
非法采集、供应血液、制作、供应血液制品罪 558
非法采矿罪 568
非法持有毒品罪 574
非法持有国家绝密、机密文件、资料、物品罪 511
非法持有、私藏枪支、弹药罪 327
非法出卖、转让武器装备罪 651
非法出售发票罪 423
非法出售、私赠文物藏品罪 552
非法出售用于骗取出口退税、抵扣税款发票罪 423
非法出售增值税专用发票罪 422
非法出租、出借枪支罪 327

非法处置查封、扣押、冻结的财产罪　540
非法处置进口的固体废物罪　563
非法低价出让国有土地使用权罪　632
非法购买增值税专用发票、购买伪造的增值税专用发票罪　423
非法管制他人,非法搜查他人身体、住宅,非法侵入他人住宅罪　120
非法管制罪　120
非法获取公民个人信息罪　477
非法获取国家秘密罪　511
非法获取计算机信息系统数据、非法控制计算机信息系统罪　512
非法获取军事秘密罪　647
非法集会、游行、示威罪　524
非法经营同类营业罪　376
非法经营罪　439
非法拘禁罪　120,456
非法猎捕、杀害珍贵、濒危野生动物罪　565
非法买卖、运输、携带、持有毒品原植物种子、幼苗罪　577
非法买卖制毒物品罪　575
非法批准征用、占用土地　632
非法侵入计算机信息系统罪　512
非法侵入住宅罪　120,468
非法生产、买卖警用装备罪　510
非法生产、买卖武装部队制式服装罪　593
非法生产、销售间谍专用器材罪　511
非法使用窃听、窃照专用器材罪　512
非法收购、运输、出售珍贵、濒危野生动物、珍贵、濒危野生动物制品罪　565
非法收购、运输盗伐、滥伐的林木罪　570,572
非法收购、运输、加工、出售国家重点保护植物、国家重点保护植物制品罪　569
非法狩猎破坏野生动物资源罪　110
非法狩猎罪　565
非法搜查罪　120,468

非法提供麻醉药品、精神药品罪　578
非法吸收公众存款罪　385
非法向外国人出售、赠送珍贵文物罪　551
非法携带枪支、弹药、管制刀具、危险物品危及公共安全罪　329
非法携带武器、管制刀具、爆炸物参加集会、游行、示威罪　525
非法行医罪、非法进行节育手术罪　559
非法占用农用地罪　567
非法制造、出售非法制造的发票罪　423
非法制造、出售非法制造的用于骗取出口退税、抵扣税款发票罪　423
非法制造、买卖、运输、储存危险物质罪　321
非法制造、买卖、运输或盗窃、抢夺枪支、弹药罪　96
非法制造、买卖、运输、邮寄、储存枪支、弹药、爆炸物罪　321
非法制造、销售非法制造的注册商标标识罪　429
非法种植毒品原植物罪　576
非法转让、倒卖土地使用权罪　445
非法组织卖血罪　557
非国家工作人员受贿罪　372,396
非刑罚　40,217,218
诽谤罪　121,469
分裂国家罪　298
附加刑　35,217

G

干涉婚姻自由罪　152
高利转贷罪　384
工程重大安全事故罪　337
公共财产　80,285
公民私人所有的合法财产　80,285
共同犯罪　28,205,209
共同犯罪人　28,209
勾结外国、阴谋危害祖国罪　86

故意 21,185
故意毁坏财物罪 501
故意毁坏公私财物罪 134
故意杀人罪 113,448,472,473,518
故意伤害罪 114,450,472,473,518,557,560
故意损毁名胜古迹罪 549
故意损毁文物罪 549
故意提供不合格武器装备、军事设施罪 591
故意泄露国家秘密罪 621
故意泄露军事秘密罪 648
故意延误投递邮件罪 530
雇用逃离部队军人罪 592
雇用童工从事危重劳动罪 468
拐卖妇女、儿童罪 460
拐卖人口罪 119,157,460
拐骗儿童罪 156,482
管制 41,218
国家工作人员 81,287
国有公司、企业、事业单位人员滥用职权罪 378
国有公司、企业、事业单位人员失职罪 378
过失 21,185
过失爆炸罪 94,310
过失决水罪 94,310
过失损坏电力设备罪 315
过失损坏广播电视设施、公用电信设施罪 319
过失损坏交通工具罪 315
过失损坏交通设施罪 315
过失损坏武器装备、军事设施、军事通信罪 590
过失损坏易燃易爆设备罪 315
过失损毁文物罪 549
过失提供不合格武器装备、军事设施罪 591
过失投放危险物质罪 310

过失泄露国家秘密罪 621
过失泄露军事秘密罪 648
过失以危险方法危害公共安全罪 310
过失致人死亡罪 113,449
过失致人重伤罪 114,449

H

合同诈骗罪 438
缓刑 66,263
贿赂罪 158

J

基本原则 171,177
集资诈骗罪 406,413
假冒商标罪 108
假冒注册商标罪 427
假冒专利罪 430
假释 71,275
间谍、资敌罪 89
间谍罪 304
监外执行 73
减刑 68,230,271
交通肇事罪 97,331
教唆犯 34,208
教育设施重大安全事故罪 338
接送不合格兵员罪 592
劫持船只、汽车罪 318
劫持航空器罪 317
劫夺被押解人员罪 542
介绍贿赂罪 614
金融机构工作人员购买假币、以假币换取货币罪 381
金融凭证诈骗罪 407
金融诈骗罪 406
紧急避险 25,201
拘役 36,42,223
巨额财产来源不明罪 616

拒不救援友邻部队罪　645
拒不支付劳动报酬罪　503
拒不执行判决、裁定罪　136,539
拒传、假传军令罪　642
拒绝提供间谍犯罪证据罪　537
聚众"打砸抢"　116,514
聚众持械劫狱罪　544
聚众冲击国家机关罪　515
聚众冲击军事禁区罪　591
聚众斗殴罪　518
聚众哄抢罪　491
聚众劫狱、组织越狱罪　88
聚众扰乱公共场所秩序、交通秩序罪　138,517
聚众扰乱军事管理区秩序罪　591
聚众扰乱社会秩序罪　515
聚众淫乱罪　528
聚众阻碍解救被收买的妇女、儿童罪　463
决水罪　94,308
军人叛逃罪　646
军人违反职责罪　640

K

开设赌场罪　529
抗税罪　104,416
空间效力　14,177

L

滥伐林木罪　570
滥用管理公司、证券职权罪　627
滥用职权罪　620
类推　78,172
累犯　60,246,247,250—252
立功　46,256,271,655
利用未公开信息交易罪　392
利用影响力受贿　611
量刑　8,54,57—59,243

流氓罪　121,126,138,151,157,454,519,528

M

冒充军人招摇撞骗罪　592
没收财产　52,93,241,307
民事、行政枉法裁判罪　622,623

N

内幕交易、泄露内幕信息罪　389
虐待被监管人罪　161,472
虐待部属罪　653
虐待俘虏罪　655
虐待罪　155,290,481
挪用公款罪　291,397,604
挪用救灾救济款物罪　107
挪用特定款物罪　499
挪用资金罪　397,497

P

叛逃罪　303,307
骗购外汇罪　405
骗取出境证件罪　546
骗取出口退税罪　417
骗取贷款、票据承兑、金融票证罪　385
嫖宿幼女罪　583
票据诈骗罪　407,413,419
破坏电力设备罪　313
破坏广播电视设施、公用电信设施罪　319
破坏环境资源保护罪　561
破坏集会、游行、示威罪　526
破坏集体生产罪　107,134,502
破坏计算机信息系统罪　513
破坏监管秩序罪　540
破坏交通工具、交通设备、电力煤气或其他易燃易爆设备罪　95
破坏交通工具罪　95,311,314

破坏交通设施罪 311,314
破坏界碑、界桩罪 148,548
破坏金融管理秩序罪 380
破坏军婚罪 154,480
破坏社会主义市场经济秩序罪 101,337,
　　340,440,447,502,564
破坏生产经营罪 502
破坏通讯设备罪 96
破坏武器装备、军事设施、军事通信罪 590
破坏性采矿罪 568
破坏选举罪 119,478
破坏易燃易爆设备罪 313
破坏永久性测量标志罪 148,548
破坏珍贵文物、名胜古迹罪 148,549
普遍管辖 180

Q

欺诈发行股票、债券罪 368
签订、履行合同失职被骗罪 377,629
前科报告 293
强奸罪 22,118,127,128,452,462,480,
　　527,528,584
强令违章冒险作业罪 333
强迫妇女卖淫罪 118,581
强迫交易罪 442
强迫劳动罪 466,467
强迫卖血罪 557
强迫卖淫罪 580,583,584
强迫他人吸毒罪 577
强制猥亵、侮辱妇女罪 454
抢夺、窃取国有档案罪 553
抢夺罪 130,131,490,493
抢劫枪支、弹药、爆炸物、危险物质罪 324
抢劫罪 22,129,132,484,490,491,493,
　　494,514
敲诈勒索罪 132,158,457,500
窃取、收买、非法提供信用卡信息罪 387

侵犯财产罪 129,484,500,598
侵犯公民人身权利、民主权利罪 113,448,
　　468,470
侵犯商业秘密罪 432,434
侵犯少数民族风俗习惯罪 124,475
侵犯通信自由罪 126,475
侵犯知识产权罪 427
侵犯著作权罪 431
侵占罪 135,599

R

扰乱法庭秩序罪 535
扰乱公共秩序罪 474,505
扰乱社会秩序罪 137,591
扰乱市场秩序罪 435,440,447
扰乱无线电通讯管理秩序罪 514
容留他人吸毒罪 577
入境发展黑社会组织罪 520

S

煽动暴力抗拒法律实施罪 507
煽动颠覆国家政权罪 300,307
煽动分裂国家罪 299,307
煽动军人逃离部队罪 592
煽动民族仇恨、民族歧视罪 474
擅离、玩忽军事职守罪 643
擅自出卖、转让国有档案罪 553
擅自出卖、转让军队房地产罪 652
擅自发行股票、公司、企业债券罪 388
擅自改变武器装备编配用途罪 650
擅自进口固体废物罪 563
擅自设立金融机构罪 383,384
商检失职罪 633
商检徇私舞弊罪 633
社区矫正 220
神汉、巫婆造谣、诈骗罪 142

生产、销售不符合安全标准的产品罪 350
生产、销售不符合安全标准的食品罪 344,346
生产、销售不符合标准的医用器材罪 349
生产、销售不符合卫生标准的化妆品罪 353
生产、销售假药罪 341,348
生产、销售劣药罪 343
生产、销售伪劣产品罪 340,354
生产、销售伪劣农药、兽药、化肥、种子罪 351
生产、销售伪劣商品罪 340
生产、销售有毒、有害食品罪 346
失火罪 94,310
失职造成珍贵文物损毁、流失罪 638
失职致使在押人员脱逃罪 624,625
时间效力 17,75,153,640,657
时效 74,77,153,248,282,284
适用刑法人人平等原则 171,175
收买被拐卖的妇女、儿童罪 462
首要分子 4,82,207,265,273,292
受贿罪 158,373,396,606,611
数罪并罚 63,121,138,144,258,260,316,366,411,468,483,522,523
司法工作人员 81
私藏枪支、弹药罪 141
私放俘虏罪 655
私放在押人员罪 624
私放罪犯罪 162
私分罚没财物罪 371,616
私分国有资产罪 371,616
私自开拆、隐匿、毁弃邮件、电报罪 475
死刑 45,225,486—488
损害商业信誉、商品声誉罪 435
属地管辖 177
属人管辖 177

T

贪污贿赂罪 372,598

贪污罪 132,162,287,289,291,374,395,476,498,599
坦白 55,63,255
逃避商检罪 446
逃避追缴欠税罪 417,426
逃汇罪 402
逃税罪 413
提供侵入、非法控制计算机信息系统程序、工具罪 512
提供伪造、变造的出入境证件罪 546
提供虚假证明文件罪 371,445,446
铁路运营安全事故罪 331
偷税、抗税罪 104
偷税罪 414,426
偷越国(边)境罪 149,547
投敌叛变罪 87,303
投毒罪 11,94,190,308
投放危险物质罪 190,308
投放虚假危险物质罪 517
投机倒把罪 102,340,355,402,439,440,442,565
投降罪 642
脱逃罪 139,140,249,542

W

外交豁免 182
玩忽职守罪 160,377,619,620
枉法仲裁罪 624
危害公共安全罪 94,308
危害公共卫生罪 554
危害国防利益罪 589
危害国家安全罪 180,251,252,265,295,296,298,302,307,316,525,548,549
危害税收征管罪 413
危险驾驶罪 332
危险物品肇事罪 336,555
为境外窃取、刺探、收买、非法提供国家秘密、

情报罪　305

为境外窃取、刺探、收买、非法提供军事秘密罪　647

为亲友非法牟利罪　376

为他人提供书号出版淫秽书刊罪　585,586

违法发放贷款罪　398,400

违法运用资金罪　398

违反国境卫生检疫规定罪　150

违反危险物品管理规定重大事故罪　99

违规出具金融票证罪　401

违规披露、不披露重要信息罪　369,370

违规制造、销售枪支罪　323

违令作战消极罪　645

伪造、变造、买卖国家机关公文、证件、印章罪　508,509

伪造、变造、买卖武装部队公文、证件、印章罪　593

伪造、变造、转让金融机构经营许可证、批准文件罪　384

伪造、变造股票、公司、企业债券罪　387

伪造、变造国家有价证券罪　387

伪造、变造金融票证罪　386

伪造、变造居民身份证罪　509,510

伪造、出售伪造的增值税专用发票罪　422,426

伪造、倒卖计划供应票证罪　103

伪造、倒卖伪造的有价票证罪　443

伪造、盗窃、买卖、非法提供、非法使用武装部队专用标志罪　593,594

伪造车票、船票、邮票、税票、货票罪　106

伪造公司、企业、事业单位、人民团体印章罪　509

伪造国家货币　105,177,380,381

伪造货币罪　380,381

伪造有价证券罪　106,177,386,387

伪证罪　125,141,531,532

猥亵儿童罪　454,455

窝藏、包庇罪　140,141,535,537,585

窝藏、转移、隐瞒毒品、毒赃罪　575

窝赃、销赃罪　147,537,538

污染环境罪　561,563

诬告陷害罪　116,464

无期徒刑　44,225

武器装备肇事罪　649

武装叛乱、暴乱罪　299

侮辱国旗、国徽罪　526

侮辱罪　121,469

X

吸收客户资金不入账罪　400

洗钱罪　403,538

消防责任事故罪　339

销售假冒注册商标的商品罪　428

销售侵权复制品罪　432

协助组织卖淫罪　580,581

胁从犯　8,30,32,33,168,208

泄露国家机密罪　159

信用卡诈骗罪　409

信用证诈骗罪　408,413

刑罚的目的　35,75,225,282

刑罚的种类　35,217

刑法的任务　3,11,170

刑法的溯及力　18,182

刑法的指导思想　4,83,167

刑事责任能力　24,186,192,193

刑事责任年龄　22,186,187,190,228

刑事政策　168

刑讯逼供罪　115,470,471

行贿罪　158,612

虚报注册资本罪　366,371

虚假出资、抽逃出资罪　367,371

虚假广告罪　436

虚假破产罪　372

虚开发票罪　421,426

虚开增值税专用发票、用于骗取出口退税、抵扣税款发票罪　419,421,426
寻衅滋事罪　264,455,519
徇私枉法罪　161,622
徇私舞弊不移交刑事案件罪　626
徇私舞弊不征、少征税款罪　627
徇私舞弊低价折股、出售国有资产罪　379
徇私舞弊发售发票、抵扣税款、出口退税罪　628
徇私舞弊减刑、假释、暂予监外执行罪　625

Y

掩饰、隐瞒犯罪所得、犯罪所得收益罪　537
医疗事故罪　127,559
遗弃伤病军人罪　653
遗弃武器装备罪　652
遗弃罪　155,156,481
遗失武器装备罪　652
以危险方法危害公共安全罪　308
意外事件　186
阴谋颠覆政府、分裂国家罪　86,300
引诱、教唆、欺骗他人吸毒罪　577
引诱、容留、介绍卖淫罪　144,580,582,584
引诱未成年人聚众淫乱罪　528,529
引诱幼女卖淫罪　582
隐瞒、谎报军情罪　642
隐瞒境外存款罪　178,616
隐匿、故意销毁会计凭证、会计账簿、财务会计报告罪　371
邮电工作人员私拆、隐匿、毁弃邮件、电报罪　162
有价证券诈骗罪　410
有期徒刑　43,224
诱骗投资者买卖证券、期货合约罪　392
运送他人偷越国(边)境罪　150,547

Z

诈骗罪　130,142,418,425,489,493
战时残害居民、掠夺居民财物罪　654
战时故意提供虚假敌情罪　595
战时拒不救治伤病军人罪　654
战时拒绝、故意延误军事订货罪　596
战时拒绝军事征收、征用罪　596,597
战时拒绝、逃避服役罪　594
战时拒绝、逃避征召、军事训练罪　594
战时临阵脱逃罪　643
战时违抗命令罪　641
战时窝藏逃离部队军人罪　596
战时造谣惑众罪　648
战时造谣扰乱军心罪　595
战时自伤罪　649
招收公务员、学生徇私舞弊罪　638
招摇撞骗罪　143,508,592
正当防卫　25,57,195
执行判决、裁定滥用职权罪　622
执行判决、裁定失职罪　622
职务侵占罪　395,495
指使部属违反职责罪　645
制定根据　3,4,35,167
制造、贩卖假药罪　142,344
制造、贩卖、运输毒品罪　146
制作、贩卖、传播淫秽物品罪　585
制作、贩卖淫书、淫画罪　145,585
制作、复制、出版、贩卖、传播淫秽物品牟利罪　585
重大飞行事故罪　330
重大劳动安全事故罪　335,468
重大责任事故罪　310,315,321,330,333,338,344,348,468
重伤　81,114,118,120,127,130,138,155,291,332,347,450,460,462,471,518
主犯　28,33,169,205,603
主刑　35,39,217,231
资敌罪　89,306
资助恐怖活动罪　317

资助危害国家安全犯罪活动罪 302,307
自首 62,63,74,116,159,169,182,208,253,602,603
走私、贩卖、运输、制造毒品罪 572,575,578,579
走私废物罪 358
走私贵重金属罪 356,358
走私国家禁止进出口的货物、物品罪 355
走私核材料罪 355,356
走私假币罪 355,356
走私普通货物、物品罪 359,360,363
走私文物罪 355,356,358,551
走私武器、弹药罪 355,356
走私淫秽物品罪 358,359
走私珍贵动物、珍贵动物制品罪 355,356,358
走私制毒物品罪 575
走私罪 101,207,355,360,362,365,366
阻碍解救被拐卖、绑架妇女、儿童罪 636
阻碍军人执行职务罪 589
阻碍军事行动罪 589,590
阻碍执行公务罪 463
阻碍执行军事职务罪 644

组织播放淫秽音像制品罪 587
组织残疾人、儿童乞讨罪 482
组织出卖人体器官罪 451,452
组织、利用封建迷信、会道门进行反革命活动罪 90,93
组织、利用会道门、邪教组织、利用迷信破坏法律实施罪 527
组织、利用会道门、邪教组织、利用迷信致人死亡罪 527
组织、领导、参加黑社会性质组织罪 520,521
组织、领导、参加恐怖组织罪 316
组织、领导传销活动罪 439
组织卖淫罪 580,584
组织他人偷越国(边)境罪 150,545
组织未成年人进行违反治安管理活动罪 483
组织淫秽表演罪 587
组织越狱罪 140,544
罪数 262,507,520,606,610,613,617,623
罪刑法定原则 78,80,168,171,174
罪责刑相适应原则 171,176

图书在版编目(CIP)数据

中华人民共和国刑法的孕育诞生和发展完善/高铭暄著.—北京：北京大学出版社，2012.5
ISBN 978-7-301-19952-7

Ⅰ.①中… Ⅱ.①高… Ⅲ.①刑法-法制史-中国-现代 Ⅳ.①D924.02

中国版本图书馆CIP数据核字(2011)第265512号

书　　　名	中华人民共和国刑法的孕育诞生和发展完善
著作责任者	高铭暄　著
责 任 编 辑	王建君
标 准 书 号	ISBN 978-7-301-19952-7
出 版 发 行	北京大学出版社
地　　　址	北京市海淀区成府路205号　100871
网　　　址	http://www.pup.cn　http://www.yandayuanzhao.com
电 子 邮 箱	编辑部 yandayuanzhao@pup.cn　总编室 zpup@pup.cn
新 浪 微 博	@北京大学出版社　@北大出版社燕大元照法律图书
电　　　话	邮购部 010-62752015　发行部 010-62750672　编辑部 010-62117788
印 刷 者	涿州市星河印刷有限公司
经 销 者	新华书店
	730毫米×1020毫米　16开本　43.5印张　853千字
	2012年5月第1版　2023年12月第6次印刷
定　　　价	88.00元

未经许可，不得以任何方式复制或抄袭本书之部分或全部内容。
版权所有，侵权必究
举报电话：010-62752024　电子邮箱：fd@pup.cn
图书如有印装质量问题，请与出版部联系，电话：010-62756370